디지털 비즈니스

Digital Business and E-Commerce Management

디지털 비즈니스 제8판

Dave Chaffey · Tanya Arturi · David Edmundson-Bird 지음
김건하 · 김동연 · 유상석 · 이지수 · 장문경 옮김
박기우 감수

Pearson

KM 경문사

Pearson Education South Asia Pte Ltd
3 Temasek Avenue #21-23, Centennial Tower
Singapore 039190

Pearson Education offices in Asia: *Bangkok, Beijing, Ho Chi Minh City, Hong Kong, Jakarta, Kuala Lumpur, Manila, Seoul, Singapore, Taipei, Tokyo*

3 2 1
27 26 25

Cover Image: Weiquan Lin/Moment/Getty Images

발행일: 2025년 7월 4일
공급처: ㈜경문사(02-332-2004/kms2004@kyungmoon.com)
ISBN: 978-981-3351-25-7(93320)
가격: 38,000원

Pearson

http://pearson.com/asia

역자 서문

디지털 비즈니스는 이제 최종 소비자나 기업에게 낯선 영역이 아니다. 2023년을 기준으로 글로벌 전자상거래 시장이 지난 10년간 15.23%의 성장률을 기록했고, 2023년 38조 1,300억 달러에서 2031년 116조 8,600억 달러로 성장할 것으로 예상된다고 하니(구글 AI 참조) 실무적으로나 학문적으로나 그 중요성이 더욱 커지고 있다. 특히 스마트폰을 비롯한 모바일 기기는 그동안 디지털 비즈니스에서 상대적으로 소외되었던 저소득 국가나 저소득 계층에도 새로운 디지털 비즈니스의 기회를 열어주었다.

그럼에도 불구하고 경영학에서 현재와 미래의 관리자에게 디지털 비즈니스를 교육하는 것은 쉽지 않은 일이다. 기술이 급변할 뿐만 아니라 디지털 비즈니스의 범위를 어디까지로 보고 어떤 내용을 가르쳐야 할지 정해진 바가 없기 때문이다. 때로는 경영정보 시스템 개론 과목과 중복되고, 때로는 디지털 비즈니스 모델이나 전략 과목과 중복된다. 그런 탓인지 어떤 교재는 너무 방대한 내용을 담고 있고, 또 어떤 교재는 간략하게 요약된 내용만을 담고 있어 강의 교재를 선택하기도 쉽지 않은 것이 현실이다.

그런 면에서 이 책은 기존 교재의 단점을 극복한 결과물이라고 볼 수 있다. 디지털 비스니스의 출발점인 전자상거래부터 최근에 확장된 디지털 비즈니스와 디지털 트랜스포메이션 개념까지를 내용 범위로 하여 학생과 업계 실무자에게 반드시 필요한 핵심 내용과 방법론을 중심으로 구성되어 있다. 특히 기술과 전략, 마케팅과 공급사슬, 제조업과 서비스업 등 한쪽으로 치우치기 쉬운 부분도 적절한 균형감을 유지하여 조직 내 다양한 직무 또는 다양한 산업 종사자에게 두루 도움이 될 것이다.

학습 방법론 측면에서는 거꾸로 학습 또는 학생 중심 학습 접근 방식에 적합한 학습활동과 토론 문제, 사례 연구를 각 장에 담았다. 강사는 이를 적절히 활용하여 최상의 학습 효과를 거둘 수 있을 것이다. 또한 기존 이론과 개념에 대한 기본 설명은 학위 과정을 밟는 대학원생에게 유용하고, 추가적인 정보를 제공하는 웹 링크는 상급 학년 학부생과 실무자에게 유용할 것이다.

이 번역서를 펴내면서 시대의 변화에 발맞춰 AI를 이용했다. AI가 초벌 번역한 텍스트를 이용하여 역자진이 번역 원고를 완성하는 새로운 방법을 시도하여 출간에 드는 수고를 덜었다. AI의 혜택을 맛보는 기회였지만, 전문적인 내용을 전체적인 맥락에서 이해하고 번역해야 하는 대학 교재의 경우 아직은 전문가의 손길이 절실히 필요하다는 것을 깨닫는 과정이기도 했다. 원서의 내용이 최대한 잘 전달되도록 노력을 아끼지 않은 역자진에게 감사의 말씀을 전한다. 이 책이 디지털 비즈니스 분야에 진출하기 위해 공부하고 있는 학생 그리고 현재 해당 분야에 몸담고 있는 이들에게 도움이 되기를 기대한다.

2025년 6월

박기우

저자 서문

1962년에 존 F. 케네디가 '우리는 달에 갈 것입니다'라는 연설을 한 지 7년 후인 1969년에 미국 NASA는 인간을 달에 착륙시켰다. 컴퓨팅을 활용하여 발사체를 궤도에 올려놓고 우주 비행사를 달에 보낸 것이다. 아폴로 가이던스 컴퓨터(Apollo Guidance Computer, AGC)로 알려진 이 시스템은 개인용 컴퓨터 시대가 도래할 때까지 10년 이상 독보적인 위력을 발휘했다.

그로부터 불과 50년 후, AGC보다 몇 배나 더 강력한 기기를 전 세계 수많은 사람이 몸에 지니고 다닌다. 스마트폰은 NASA의 컴퓨터보다 연산 능력이 뛰어나고 다양한 기능을 제공한다. 심지어 최신 세탁기도 NASA의 컴퓨터보다 더 뛰어난 연산 능력을 갖추고 있다.

이러한 기기는 수많은 디지털 비즈니스 기회의 문을 열어주었지만, 많은 사용자는 이를 가능하게 하는 인프라의 복잡성에 대해 제대로 인지하지 못하고 있다. 디지털 비즈니스를 뒷받침하는 모든 것의 개발은 간단하지 않으며, 점점 더 치열해지는 경쟁 환경에서 올바른 전략적 방향을 선택하여 살아남는 데 많은 어려움이 뒤따른다. 이 길을 걷는 모든 사람이 살아남는 것은 아니다. 하지만 신생 기업이든 기존 기업이든 성공하는 기업은 디지털 기술, 데이터, 디지털 마케팅, 공급사슬 관리와 관련된 올바른 전략적 결정을 내리는 법을 배웠다는 공통점이 있다.

이 책은 현재와 미래의 관리자가 기업을 디지털 비즈니스로 전환하는 데 도움이 되는 지식과 실무 기술을 습득하는 것을 목표로 한다. 이 책에서는 디지털 비즈니스로 전환하는 조직에 필요한 주요 경영 의사결정을 파악하고 검토하며, 이러한 의사결정을 위한 프로세스를 살펴본다. 오늘날 기업은 다음과 같은 문제를 해결해야 하며, 이 책에서 그 답을 찾을 수 있다.

- 어떤 디지털 비즈니스 전략 접근 방식을 취할 것인가?
- 디지털 채널을 사용하여 어떻게 타깃에 도달할 것인가?
- 공급사슬 파트너와 어떻게 통합할 것인가?
- 디지털 비즈니스에 얼마나 투자할 것인가?
- 어떤 프로세스를 디지털 비즈니스의 우선순위로 삼아야 하는가?
- 새로운 비즈니스 모델과 수익 모델을 채택해야 하는가?
- 어떤 마케팅 기술을 사용해야 하는가?
- 기술을 활용하는 조직을 진정한 디지털 비즈니스로 전환하는 데 필요한 주요 변화는 무엇인가?

스타트업이나 중소기업에서도 비슷한 고민을 많이 하지만 보통은 예산이 한정적이라 어려움이 있다. 하지만 소규모이기 때문에 민첩성이 좋다는 장점도 있다.

디지털 비즈니스의 넓은 범위를 고려하여 이 책은 정보 시스템, 전략, 마케팅, 공급사슬, 운영 관리 등 다양한 분야의 기존 접근 방식과 새로운 접근 방식 모델을 활용한 통합적 접근 방식을 취하고 있다.

이 책의 구성

1부에서는 디지털 비즈니스의 기초 개념을 소개하고, 2부에서는 디지털 비즈니스의 전략적 접근 방식과 응용 대안을 검토하며, 3부에서는 전략을 실행하는 방법을 다룬다. 이러한 논리적 순서에 따른 전체 구성에 걸쳐 전자통신이 비즈니스 프로세스를 지원하는 데 어떻게 사용되는지를 살펴볼 것이다.

1부 개요

디지털 비즈니스와 전자상거래에 대해 소개한다. 사례 연구를 통해 다양한 해석과 적용의 예를 소개하고 기본적인 용어와 개념을 명확히 설명한다.

- **1장 디지털 비즈니스의 기초**: 디지털 커뮤니케이션이 기존 비즈니스에 미치는 영향, 디지털 비즈니스와 전자상거래 비즈니스의 차이점을 설명한다.
- **2장 디지털 비즈니스와 전자상거래의 기회 분석**: 디지털 커뮤니케이션을 통해 가능한 새로운 비즈니스 모델과 마켓플레이스 구조를 이해한다.
- **3장 전자상거래 관리**: 전자상거래를 수행하는 데 필요한 기술 옵션에 관한 다양한 비즈니스 모델과 기술에 대해 설명한다.
- **4장 디지털 환경의 주요 과제**: 전략과 실행에 기회와 제약이 되는 기업의 거시적 환경을 설명한다.

2부 전략과 응용

기업 전반의 디지털 비즈니스 전략과 애플리케이션을 개발하기 위한 접근 방식을 살펴보고, 구매 측 전자상거래와 판매 측 전자상거래를 중점적으로 다룬다.

- **5장 디지털 비즈니스 전략**: 디지털 비즈니스 전략을 수립하는 방법 그리고 전략을 어떻게 분석하는지, 전략 목표를 어떻게 정의하며, 비즈니스 전략과 어떻게 통합해야 하는지 살펴본다. 또한 디지털 비즈니스 전략을 실행하는 방법을 설명한다.
- **6장 디지털 공급사슬 관리**: 공급사슬 전략의 관점에서 전자 조달을 포함한 공급사슬과 가치사슬의 효율성을 높이기 위해 기술을 어떻게 적용할 수 있는지 알아본다.
- **7장 디지털 마케팅 전략**: 디지털 마케팅 전략을 실행하기 위한 개념과 프로세스를 소개한다.
- **8장 디지털 커뮤니케이션**: 고객 확보 및 유지를 위해 디지털을 적용한 마케팅 기법을 살펴본다.

3부 실행

디지털 비즈니스 실행의 관리를 설명하면서 디지털 비즈니스 솔루션의 생성 및 유지·관리와 관련된 실질적인 문제를 검토한다.

- **9장 디지털 경험과 서비스 디자인**: 효과적인 디지털 고객 경험과 고객관계 관리를 설계한다.
- **10장 디지털 트랜스포메이션 관리**: 디지털 트랜스포메이션의 핵심 요소와 그로스 해킹의 원칙을 이해한다.

이 책의 대상 독자

학생

이 책은 디지털 비즈니스, 전자상거래, 정보 시스템, 디지털 마케팅 등의 전문가 과정 및 모듈을 수강하는 학부생과 대학원생을 위한 교재이다.

- 인터넷 및 전자상거래 사용에 대한 모듈 등 비즈니스 프로그램의 학부생(디지털 비즈니스, 전자상거래, 디지털 마케팅, 마케팅 등의 전문 학위 또는 경영학, 사업경영, 경영관리 등의 일반 경영학 학위)
- 졸업 프로젝트나 학위 논문용으로 해당 주제를 선택한 학부생
- 디지털 자원 관리, 기업 디지털 커뮤니케이션 등 디지털 비즈니스의 다양한 측면과 관련된 실무 실습을 마친 학부생
- 전자상거래, 디지털 비즈니스, 디지털 마케팅 전문 석사 학위를 취득한 대학원생과 전자상거래, 디지털 마케팅 관련 모듈 및 선택 과목을 포함한 일반 MBA, 경영학 수료증, 경영학 석사 학위를 취득한 대학원생

강사

이 책은 디지털 비즈니스와 전자상거래를 기업에 도입하기 위한 모든 측면을 다루는 포괄적인 가이드이다. 기존 이론과 개념을 바탕으로 저술되었으며, '디지털'과 그 외 미디어의 차이점을 고려하여 기존 모델의 타당성에 의문을 제기한다. 디지털 비즈니스, 전자상거래, 디지털 마케팅 관련 문헌이 계속 증가하고 있으므로 다양한 모듈에 걸쳐 이 책을 활용할 수 있을 것이다. 또한 수업을 뒷받침할 수 있는 다양한 사례 연구, 학습활동, 연습문제가 수록되어 있어 학생 중심 학습을 독려하며, 본문과 각 장 말미에 있는 웹 링크를 통해 특정 주제의 정보를 얻을 수 있다.

실무자

업계 관계자에게도 유익한 내용이 담겨 있다.

- 조직에 도움이 되는 적절한 디지털 비즈니스와 전자상거래 접근 방식을 적용하려는 고위

경영진

- 디지털 비즈니스 및 전자상거래 전략을 수립하고 구현하는 디지털 관리자
- 디지털 마케팅 전략을 수립하고 디지털 커뮤니케이션 채널 구현 및 유지·관리를 담당하는 마케팅 관리자
- 공급사슬 관리에 전자상거래를 활용한 모범 사례를 알고자 하는 공급사슬, 물류, 조달 담당자
- 디지털 리소스 구축에 대한 기술적 세부 사항은 알고 있지만 비즈니스와 마케팅 관련 기본 지식이 부족한 기술 프로젝트 관리자

학습 기능

이 책은 다음과 같은 기능을 통해 독자의 이해를 돕고 학습을 강화하며, 독자가 정보를 쉽게 찾을 수 있도록 설계되었다.

각 장의 서두

- **핵심 주제**: 해당 장에서 다룰 주요 주제 및 사례 연구의 목록
- **학습 목표**: 해당 장을 읽고 학습활동을 완료함으로써 배울 수 있는 내용
- **경영 과제**: 해당 장의 주제와 관련하여 경영자가 직면하는 주요 문제 및 의사결정
- **관련된 주요 장**: 관련된 다른 장의 주제
- **QR 코드**: 해당 장의 주제에 관한 최신 자료로 연결

각 장의 본문

- **개요**: 관련성이 있는 주제를 간결하게 소개
- **학습활동**: 자신의 경험과 연관 짓거나 웹사이트를 참조하여 이해를 심화시키는 활동
- **사례 연구**: 디지털 비즈니스 기업과 관련된 실제 사례
- **최신 트렌드**: 관련 통계 자료를 참조하여 최근 소비자와 기업이 디지털 기술을 도입한 정보
- **보충 자료**: 개념에 대한 상세한 설명 또는 본문에서 다룬 원칙의 예 제시
- **주목할 쟁점**: 디지털 비즈니스 트랜스포메이션에 관여하는 관리자에게 중요한 쟁점
- **핵심 용어**: 본문에서 언급된 중요한 용어
- **요약**: 복습하는 데 도움이 되도록 해당 장의 주요 내용을 요약했다.

각 장의 말미

- **자가 평가 문제**: 해당 장에서 설명한 용어와 개념에 대한 이해를 점검하는 문제
- **토론 문제**: 해당 장의 내용과 관련된 주제에 대해 토론하거나 보고서를 작성하는 문제
- **시험 문제**: 시험에 출제되는 전형적인 서술형 문제
- **참고 문헌**: 해당 장에서 언급된 책, 논문, 기사
- **웹 링크**: 해당 장의 개념이나 주제에 대해 더 자세한 정보를 제공하는 웹사이트

저자 소개

데이브 채피(Dave Chaffey)

스마트인사이츠(www.smartinsights.com)의 공동 설립자이다. 스마트인사이츠는 디지털 마케팅 담당자와 전자상거래 관리자에게 모범 사례와 업계 동향에 대한 조언과 경고를 제공하는 온라인 교육 회사이다.

또한 독립 디지털 마케팅 트레이너 및 컨설턴트로서 3M, 바클레이카드(Barclaycard), HSBC, 메르세데스-벤츠(Mercedes-Benz), 마이크로소프트(Microsoft), 렌토킬(Rentokil) 등의 대기업부터 아르코(Arco), 컨퓨즈드(Confused), 유로피스(Euroffice), 아이투아이(i-to-i), 혼빌(Hornbill) 등의 중소기업에 이르기까지 다양한 규모의 기업을 대상으로 디지털 마케팅 및 전자상거래 전략에 대해 컨설팅하고 있다.

채피는 학생과 마케팅 담당자에게 디지털 마케팅의 최신 모범 사례를 알려주고, 기업이 웹 분석과 시장 통찰력에서 최대한의 가치를 끌어내어 온라인 성과를 개선할 수 있도록 돕는다. 즉 온라인 기회를 최대한 활용하고 낭비를 줄이는 일에 몰두하고 있다.

영국 무역산업부는 채피를 지난 10년간 영국 전자상거래와 인터넷의 발전 및 성장에 기여하고 영향을 끼친 주요 인물로 인정했다. 채피는 CIM(Chartered Institute of Marketing)으로부터 마케팅의 미래를 개척한 세계 50명의 마케팅 전문가 중 한 사람으로 인정받았으며, IDM의 명예 펠로우이기도 하다. 또한 버밍엄대학교, 크랜필드대학교, 더비대학교, 맨체스터메트로폴리탄대학교, 워릭대학교 등에서 디지털 마케팅 및 전자상거래를 강의하고 있다.

휴식 시간에는 달리기, 인디 기타 음악, 가족과의 여행을 즐긴다.

타냐 아르투리(Tanya Arturi)

제약·건강관리 분야를 전문으로 하는 디지털 마케팅 교육 및 컨설팅 회사(www.tanyaarturi.co.uk)를 운영하고 있다. 지금까지 CIM, 하비내시(Harvey Nash), 인그리디언(Ingredion), KPMG, NHS, 알더헤이호스피스(Alder Hey Hospice), 몬산토(Monsanto), 악조노벨(AkzoNobel) 등 다양한 기업과 협력하여 디지털 마케팅 전략 및 디지털 트랜스포메이션을 지원했다.

기술에 대한 열정을 가진 아르투리는 영국 최고의 테크 스타트업 그로스 해킹 전문가로서 이 분야의 기조 연설자로 자주 초청받는다. 현재 맨체스터메트로폴리탄대학교의 부교수로 재직 중이며, MBA 과정과 전략적 마케팅 관리 등의 학부 과정에서 강의하고 있다. 또한 CIM과 긴밀히 협력하여 컨퍼런스에서 강연하고, 상업 교육 워크숍을 운영하며, 다양한 전문 자격증의 레벨 검증 위원으로 활동하고 있다.

@TanyaArturi로 트윗을 올리며 여행, 춤(살사와 서록), 액션 스릴러 영화 감상을 즐긴다.

데이비드 에드먼슨-버드(David Edmundson-Bird)

2004년부터 맨체스터메트로폴리탄대학교에서 디지털 마케팅 및 엔터프라이즈 수석 강사로 재직 중이다. 리즈메트로폴리탄대학교(현 리즈베켓대학교), 샐퍼드대학교, 셰필드핼럼대학교 등에서 근무했으며, 1995년에는 맨체스터에서 두 번째 웹 디자인 회사인 소조(Sozo)를 설립하고, 1999~2002년 동안 아카데미의 최고학습설계자(CLA)로 근무했다.

2007년에는 이컨설턴시(Econsultancy)와 공동으로 맨체스터메트로폴리탄대학교 최초의 디지털 마케팅 석사 과정을, 2016년에는 풀타임 디지털 마케팅 커뮤니케이션 석사 과정을 개설했다. 에드먼슨-버드는 디지털 전략, 검색엔진 마케팅, 콘텐츠 전략을 전문으로 학부, 대학원, MBA 프로그램에서 강의하고 있다. 또한 JD스포트(JD Sport), 매캔에릭슨(McCann Erickson) 등 많은 클라이언트의 상업 프로그램에도 참여하고 있다. 디지털 교육 및 마케팅 비즈니스의 디지털 트랜스포메이션에 대해 컨퍼런스와 미디어에서 폭넓게 강연하고 있다.

@groovegenerator로 업계 관련 트윗과 개인적 트윗을 올린다. 일하지 않을 때는 가족과 함께 시간을 보내며, 전 세계의 식재료로 요리하는 것과 스칸디나비아 느와르 문학을 즐긴다.

차례

Part 1 개요

1 디지털 비즈니스의 기초

2 디지털 비즈니스와 전자상거래의 기회 분석

3 전자상거래 관리

4 디지털 환경의 주요 과제

Part 2 전략과 응용

5 디지털 비즈니스 전략

8 디지털 커뮤니케이션

Part 3 실행

9 디지털 경험과 서비스 디자인

Part 1

개요

1부에서는 디지털 비즈니스와 기업, 구매자, 공급업체, 이해관계자, 소비자와의 연관성을 소개한다. '디지털 비즈니스'와 같은 용어와 개념을 살펴보고, 활동과 사례 연구를 통해 대안적 적용을 검토함으로써 비즈니스, 수익, 기술 모델의 맥락을 정리한다.

1 디지털 비즈니스의 기초

- 디지털 비즈니스 관리
- 디지털 비즈니스와 전자상거래 비즈니스의 차이점
- 디지털 커뮤니케이션이 전통적 비즈니스에 미치는 영향
- 디지털 비즈니스 기회
- 디지털 비즈니스 이해관계자의 기술 도입을 가로막는 장벽
- 디지털 도입에 대한 소비자의 장벽

2 디지털 비즈니스와 전자상거래의 기회 분석

- 디지털 마켓플레이스 분석
- 디지털 마켓플레이스 분석 프로세스
- 마켓플레이스의 거래 장소
- 전자상거래 비즈니스 모델
- 디지털 스타트업 또는 디지털 네이티브 기업

3 전자상거래 관리

- 개요
- 전자상거래 전략
- B2C 및 소매 전자상거래
- B2B 전자상거래
- 전자상거래 제안으로서의 콘텐츠에 대한 사례
- 전자상거래 마켓플레이스와 커뮤니티
- 전자상거래의 보안 문제
- 전자상거래 플랫폼의 실제 개발

4 디지털 환경의 주요 과제

- 사회적 요인
- 법적·윤리적 요인
- 경제적 요인
- 정치적 요인
- 기술적 요인
- 문화적 요인
- 전자상거래 구매 행동에 영향을 미치는 요인
- 전자상거래의 개인 정보 보호와 신뢰
- 인터넷 사용과 관련된 환경 문제
- 전자상거래에 대한 과세
- 자유를 제한하는 법률
- 경제 및 경쟁 요인
- 전자상거래가 국제 B2B 거래에 미치는 영향
- 기술 혁신과 기술 평가

Chapter 1

디지털 비즈니스의 기초

핵심 주제

1. 디지털 비즈니스 관리
2. 디지털 비즈니스와 전자상거래 비즈니스의 차이점
3. 디지털 커뮤니케이션이 전통적 비즈니스에 미치는 영향
4. 디지털 비즈니스 기회
5. 디지털 비즈니스 이해관계자의 기술 도입을 가로막는 장벽
6. 디지털 도입에 대한 소비자의 장벽

사례 연구

1.1 우버의 비즈니스 모델

1.2 7주 만에 아이디어에서 유료 비즈니스로 전환한 버퍼

QR 코드를 통해 이 장의 주제에 관한 최신 자료를 확인할 수 있다.

학습 목표

- 디지털 비즈니스의 의미와 범위, 디지털 비즈니스와 전자상거래의 차이점을 이해한다.
- 디지털 비즈니스에 진입하는 주요 이유와 진입을 가로막는 장벽에 대해 알아본다.
- 기업, 특히 기술 스타트업의 디지털 비즈니스 관리와 관련된 지속적인 비즈니스 과제를 알아본다.

경영 과제

- 직원들에게 디지털 비즈니스의 범위와 의미를 어떻게 설명할 것인가?
- 디지털 비즈니스 도입의 장점과 위험성은?
- 현재의 디지털 역량을 어떻게 평가할 것인가?

관련된 주요 장

- 2장에서 주요 전자상거래 비즈니스 모델과 마켓플레이스 모델을 더 자세히 살펴본다.
- 3장에서 전자상거래를 실현하기 위해 기업이 도입해야 하는 소프트웨어와 하드웨어의 기술 기반을 소개한다.
- 이 장에서 소개한 디지털 비즈니스 전략에 대한 접근법을 5장에서 설명한다.

개요

팀 버너스리 경(Sir Tim Berners-Lee)이 1991년 첫 웹사이트를 만든 이래 기업들은 30년이 넘는 기간 동안 **인터넷**(Internet), **월드 와이드 웹**(World Wide Web, WWW), **모바일 통신**(mobile communication) 혁신에 기반한 기술 기회에 적응하고 비즈니스를 변화시켜왔다. 이러한 **파괴적인 디지털 기술**(disruptive digital technology)을 전개함으로써 혁신적인 기업들은 시장 경쟁력을 높일 수 있는 많은 기회를 얻게 되었다. 표 1.1은 혁신적인 온라인 스타트업의 몇 가지 유명한 사례를 보여준다. 이들은 현재 일반적으로 **디지털 네이티브 브랜드**(digitally native brand, DNB), **디지털 네이티브 버티컬 브랜드**(digitally native vertical brand, DNVB)로 알려져 있다. 학습활동 1.1에서는 이러한 기업의 성공 요인 중 일부를 살펴본다.

기존 멀티채널 브랜드는 이러한 디지털 혁신에 대응해야 하며, 전자상거래의 새로운 비즈니스와 수익 모델(2장에서 설명)에서 얻을 수 있는 기회를 모색할 수 있다. **D2C 전자상거래**[direct-to-customer(D2C 또는 DTC) e-commerce]는 기존 비즈니스에 지속적으로 새로운 기회를 끊임없이 제공하고 있다. 예를 들어 미국에서는 D2C 전자상거래 매출이 지난 6년간 3배 이상 증가하여 전체 전자상거래 매출의 1/7을 차지하고 있다고 인사이더 인텔리전스(Insider Intelligence, 2022)가 보고했다. 시장은 2016년 360억 달러에서 2021년 1,280억 달러로 성장하여 약 6개월 만에 1,000억 달러에 육박하고 있으며, 2024년 말에는 2,000억 달러 이상에 달할 것으로 예측된다. DNVB가 아닌 기존 브랜드가 D2C 전자상거래 매출의 대부분을 주도하고 있으며, 미국 D2C 전자상거래 매출의 75%를 차지한다고 전망한다.

이 책에서는 다양한 디지털 기술의 관련성을 평가하며, 경영자가 기회를 활용하기 위한 전략을 수립하고 실행하는 데 사용할 수 있는 접근 방식을 살펴본다. 또한 만족스러운 고객 서비스 경험 제공, 고객 개인 정보 보호 유지, 보안 관리와 같은 보다 실질적인 위험 관

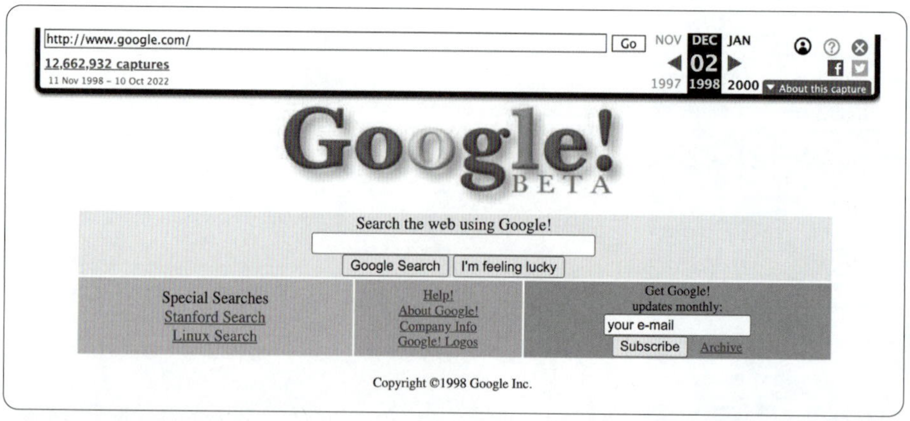

그림 1.1 1998년경 구글

출처: Wayback Machine archive: http://web.archive.org/web/19981111183552/google.stanford.edu. Google and the Google logo are registered trademarks of Google Inc., 허락하에 게재

인터넷 전 세계 컴퓨터를 연결하는 물리적 네트워크. 네트워크 서버의 인프라, 클라이언트 장치와 웹 서버 간에 데이터를 저장하고 전송하는 데 사용되는 서버 간 유무선 통신 링크로 구성된다.

월드 와이드 웹(WWW) 인터넷에 정보를 공개하는 가장 일반적인 방법. 데스크톱 또는 모바일 웹 브라우저를 통해 접속하여 임베디드 그래픽과 HTML/XML로 인코딩된 텍스트를 포함한 인터랙티브 웹 페이지를 표시한다.

모바일 통신 노트북, 태블릿, 휴대폰(고정 액세스 플랫폼 포함), 무선 랜, 3G, 4G, 5G, 위성 등 다양한 무선 연결 형태의 유비쿼터스 기기와 같은 모바일 기기를 사용하여 수행되는 디지털 비즈니스 프로세스 및 커뮤니케이션

파괴적인 디지털 기술 구매자, 공급업체, 파트너, 고객에게 새로운 제품과 서비스의 비즈니스 기회를 제공하고 비즈니스 프로세스를 변화시키는 기술. Danneels(2004)는 파괴적인 기술을 '기업이 경쟁하는 성과 지표를 변화시킴으로써 경쟁의 기반을 변화시키는 기술'로 정의했다. 고객의 요구는 고객이 사용하는 제품에 특정 이점을 추구하도록 유도하고, 경쟁 제품 간 고객 선택의 기초를 형성한다.

디지털 네이티브 브랜드(DNB) 웹사이트나 앱을 통해 온라인으로만 자사 제품이나 서비스를 홍보하고 판매하는 브랜드(물리적 채널을 통해 서비스를 제공하기도 함). 또한 틈새시장을 타깃으로 자사 제품을 유통하는 DNB를 '디지털 네이티브 버티컬 브랜드(DNVB)'라고도 부른다.

D2C 전자상거래 기존 브랜드와 디지털 네이티브 브랜드는 웹사이트, 소셜 미디어, 모바일 앱으로 촉진되는 전자상거래를 통해 고객에게 직접 판매한다.

표 1.1 수익 모델 또는 커뮤니케이션 접근 방식의 혁신 타임라인

설립 연도	기업	혁신과 비즈니스 모델 범주
1994년	Amazon	소매업체
1995년(3월)	Yahoo!	디렉터리와 포털
1995년(9월)	eBay	온라인 경매
1995년(12월)	AltaVista	검색엔진
1996년	Hotmail	웹 메일 바이럴 마케팅(이메일 서명을 이용한 서비스 홍보) 1997년에 마이크로소프트가 인수
1998년	GoTo.com[2001년에 Overture로 거듭남]	클릭당 과금형 검색 마케팅 2003년에 야후가 인수
1998년	Google	검색엔진
1999년	Alibaba	2007년 홍콩 증권거래소에서 17억 달러 규모의 IPO를 달성한 B2B 시장
2001년	Wikipedia	오픈 백과사전
2003년	Skype	피어 투 피어 인터넷 전화 VoIP(Voice over Internet Protocol) 2005년에 이베이가 인수
2003년	Second Life	몰입형 가상 세계
2004년	Facebook	소셜 네트워크 애플리케이션 및 그룹 인스타그램(2010년)도 현재 메타의 소유
2005년	YouTube	동영상 공유 및 평가
2006년	Spotify	음악 트랙 스트리밍
2008년	Bitcoin	블록체인 기반 암호화폐 등장(이더리움은 2015년에 등장)
2011년	WeChat	텐센트가 개발한 중국의 인스턴트 메시지, 소셜 미디어, 모바일 결제 앱
2011년	Twitch	라이브 스트리밍 플랫폼
2012년	Oculus Rift	킥스타터 캠페인으로 출시되었고 메타가 인수한 가상현실 헤드셋
2013년	Slack	공동 팀워크 도구. 디스코드(Discord)는 2015년에 등장한 유사한 소비자 대상 플랫폼
2014년	Google Glass	웨어러블 컴퓨팅 디바이스(사업 중단)
2015년	Apple Watch	웨어러블 컴퓨팅 디바이스
2017년	TikTok	동영상 공유 소셜 네트워크
2018년	IBM Watson, Salesforce Einstein	기업용 머신러닝 서비스
2020년	BeReal, Supernova	보다 윤리적인 소셜 네트워크로 출범

리 방법에 대해서도 알아본다. 이 장에서는 디지털 비즈니스의 범위를 소개하는 것으로 시작한다. 디지털 비즈니스의 주요 기회와 위험, 그리고 도입 촉진 요인과 장벽에 대해 살펴본다.

학습활동 1.1 혁신적인 디지털 비즈니스와 유니콘

목적

디지털 수익 모델과 커뮤니케이션 접근 방식의 혁신을 설명한다.

활동

1. 디지털 광고, 구독 등의 비즈니스에서 사용되는 다양한 유형의 온라인 수익 모델(이 장에서 후술)을 열거하라.
2. 모바일 기기를 사용하는 동안 목격했던 혁신에 대해 생각해본다. 사람들이 온라인에서 시간을 보내거나 구매하는 방식을 변화시킨 주요 비즈니스는 무엇이라고 생각하는가?
3. 많은 스타트업이 성장하지 못하는 상황에서 이러한 서비스가 성공할 수 있었던 공통적인 이유는 무엇이라고 생각하는가?

디지털 비즈니스는 매년, 매월, 심지어 매일 새로운 기회와 도전이 생겨나는 흥미진진한 분야이다. 새로운 기술, 새로운 비즈니스 모델, 새로운 커뮤니케이션 접근법의 끊임없는 도입으로 혁신이 일어나는 것은 당연하다. 예컨대 구글(Google)은 끊임없이 혁신을 거듭하고 있다. 1998년 이후 구글의 서비스는 크게 발전하여 현재 수십억 개의 페이지가 색인화되어 있으며, 웹 메일·클릭당 과금 광고·분석·쇼핑·소셜 네트워크·인공지능 등의 서비스도 모두 구글 비즈니스의 일부가 되었다.

학습활동 1.1을 완료하거나 표 1.1을 통해 새로운 혁신의 속도를 보여주는 다른 예를 살펴보자. 표 1.1에는 현재 우리가 알고 있는 **유니콘**(unicorn)으로 알려진 기업이 포함되어 있다(그 희소성 때문에 유니콘으로 불린다). 그러나 매킨지(McKinsey, 2021)의 보고서에 따르면 전자상거래에서 탄생한 DNB의 90% 이상은 연 매출액이 100만 달러 미만인 것으로 나타났다. 이는 좀 더 보통의 열망을 가진 다른 비즈니스의 잠재력을 보여준다. 소규모 DNVB의 예로는 지속 가능한 물병을 판매하는 스웰(S'well), 양말과 속옷을 판매하는 스탠스(Stance) 등을 꼽을 수 있다.

유니콘 기업 가치가 10억 달러 이상인 하이테크 스타트업. 우버, 에어비앤비, 스냅챗, 드롭박스, 핀터레스트 등이 여기에 포함된다. 기업 가치가 100억 달러 이상인 스타트업은 '데카콘(decacorn)'이라고 한다.

디지털 네이티브 브랜드가 급성장할 수 있는 기회는 미니 사례 연구 1.1의 잘란도(Zalando)가 잘 보여준다. 잘란도는 새로운 시장에 진입하고 비즈니스 모델을 진화시켜 비즈니스를 성장시켰다.

디지털 비즈니스 관리

디지털 비즈니스 기업이 디지털 기술과 미디어를 통해 온라인과 전통적 시장 및 공급 채널을 활용하여 내부 프로세스를 최적화함으로써 기업의 경쟁력을 향상하는 방법

디지털 비즈니스(digital business)는 파트너 및 고객과의 연계, 디지털 미디어를 통한 홍보를 통해 혁신적인 디지털 기술을 기업 전체에 배포하여 기업의 경쟁력을 강화하는 것을 목표로 한다.

디지털 비즈니스의 범위는 전자상거래보다 더 넓다. 이는 1997년에 IBM이 처음 만든 e비즈니스(e-business)라는 용어와 유사하다.

미니 사례 연구 1.1 디지털 미디어와 유통의 힘으로 단기간에 성장한 잘란도

한때 자포스닷컴(Zappos.com)의 성공적인 비즈니스 모델에서 영감을 받아 단일 국가 스타트업으로 출발한 잘란도는 2008년 다비트 슈나이더(David Schneider), 루빈 리터(Rubin Ritter), 로베르트 겐츠(Robert Gentz)가 독일 벤처 캐피털 회사인 Rocket Internet SE로부터 7만 5,000유로를 대출받아 설립한 회사이다. 지금은 60억 유로 규모의 기업이자 유럽 최고의 패션 리테일 플랫폼으로 성장했다. 2008년에는 독일에서만 서비스를 제공했지만 5년 후인 2022년에는 유럽 15개국으로 서비스를 확대하여 5,000만 명의 활성 고객과 1만 7,000명의 직원을 두고 23개국에 서비스를 제공하게 되었다.

현재 잘란도는 해외 프리미엄 브랜드와 국가별 현지화 브랜드를 비롯해 2,500개 이상의 해외 및 현지 브랜드를 판매하고 있다. 서비스를 제공하는 국가마다 해당 문화와 국가 고유의 배송, 결제, 패션, 마케팅 전략을 포함한 맞춤형 사이트를 보유하고 있다.

잘란도가 인기를 얻고 성공한 데에는 미디어, 콘텐츠, 머천다이징, 국가별 현지화 전략, 효과적인 고객 만족 프로그램, 연간 40억 건의 사이트 방문 중 80%를 차지하는 모바일 경험에 대한 집중 등 다양한 이유가 있다. 모바일 앱 사용자들이 더 자주 사이트를 방문하고 더 자주 구매하여 온라인 프로모터 고객 만족도도 높다.

그림 1.2 슈투트가르트의 잘란도 아웃렛 매장

출처: Imago/Alamy Stock Photo

우수한 디지털 경험에 대한 투자는 잘란도(2022)에 다음과 같이 요약된 전략의 중요한 부분이다.

> 패션의 출발점이 되기 위해 상품 구성, 디지털 경험, 편의성 등 고객 경험에 경제적 잉여를 투자하여 고객 만족과 고객 유지를 촉진하는 것을 목표로 하고 있다.

경쟁이 치열한 시장에서 고객을 신속히 늘리기에는 너무 느린 검색엔진 최적화(SEO)나 상대적으로 온라인 판매에 영향을 미치지 못하는 소셜 미디어와 같은 다른 온라인 미디어 기법은 진출한 각국에서 빠른 시간 내에 인지도를 확보하는 데 실패할 수 있기 때문에 구글 애즈(Google Ads) 프로그램은 특히 중요한 역할을 한다. 독일, 오스트리아, 스위스의 주요 지역에서 손익분기점을 달성하는 데 4년 이상이 걸린 것을 통해 알 수 있듯이 구글 광고와 오프라인 광고, 유통 인프라를 활용하려면 상당한 투자가 필요하므로 이러한 해외 전자상거래 비즈니스에는 상당한 초기 지원이 필요하다.

매출의 대부분이 고객 직접 판매 전자상거래에서 발생하지만, 잘란도는 인지도와 도달 범위를 확대할 수 있는 파트너와 함께 다른 비즈니스 모델을 개척하고 있다. 가격에 민감한 소비자를 공략하기 위해 잘란도는 별도의 사이트인 잘란도 라운지(www.zalando-lounge.co.uk)를 개설하여 최고 패션 및 라이프스타일 브랜드 2,500개의 할인 의류를 소개하고 있다. 2021년 6월, 잘란도는 세포라(Sephora)와의 제휴를 발표하여 옴니채널 뷰티 소매업체의 큐레이션을 잘란도와 결합했다.

다른 디지털 네이티브 브랜드와 마찬가지로 잘란도는 현재 잘란도 아웃렛을 통해 제한된 오프라인 매장을 운영하고 있다. 도시 중심부에 위치한 잘란도 아웃렛은 해당 지역의 타깃과 사회·문화에 맞는 콘셉트로 매장이 꾸며졌다. 또한 넓은 통로, 무료 와이파이, 지역의 특색을 살린 인테리어로 편안한 분위기를 제공하며, 잘란도 온라인 쇼핑몰과 잘란도 라운지의 할인 상품을 판매하고 있다.

출처: Zalando(2022)

e비즈니스: 인터넷 기술의 활용을 통한 주요 비즈니스 프로세스의 변화

이 책 6판에서는 디지털 기술이 비즈니스에 미치는 영향에 대한 산업계와 연구의 현재 용법을 반영하여 'e비즈니스'라는 용어를 '디지털 비즈니스'로 변경했다.

디지털 비즈니스는 단순히 기술을 사용하여 기존 프로세스를 자동화하는 것이 아니라, 기술을 적용하여 그러한 프로세스를 변화시키고 비즈니스와 고객에게 부가가치를 창출할

주목할 쟁점 1.1

디지털 비즈니스는 단순한 'IT'와 다른가?

디지털 비즈니스는 새로운 명칭일 뿐이며, 디지털 비즈니스와 기존 IT의 역할은 크게 다르지 않다.

수 있도록 지원하는 디지털 트랜스포메이션을 의미한다. 성공적인 디지털 비즈니스 관리를 위해서는 마케팅, 영업, 신제품 개발, 제조, 인바운드 물류, 아웃바운드 물류 등 가치사슬 전반에 걸친 다양한 비즈니스 프로세스 및 활동에 대한 폭넓은 지식이 필요하다. 또한 기업은 인사 관리와 같은 지원 업무를 통해 새로운 프로세스와 기술에 의한 변화를 관리해야 한다.

디지털 비즈니스 및 수익 모델 혁신

SaaS 비즈니스 애플리케이션과 소프트웨어 서비스가 인터넷과 웹 프로토콜을 통해 제공되고, 애플리케이션이 별도의 서버에서 관리되고 최종 사용자 컴퓨터의 웹 브라우저를 통해 액세스되며, 데이터가 클라우드에 저장된다.

디지털 비즈니스는 새로운 비즈니스 모델과 수익 모델을 채택할 수 있는 기회를 제공한다. 모든 규모의 기업은 비용 효율적인 **SaaS**(software as a service) 애플리케이션을 도입하여 비즈니스를 관리할 수 있다. 과거에 이러한 애플리케이션은 소규모 기업이 감당할 수 없는 비용이 드는 것이었으나, 오늘날에는 웹사이트를 호스팅하거나, 공급업체에 대한 링크를 만들거나, 연락처에 이메일을 보내는 데 저비용 또는 무료 오픈 소스 SaaS를 사용할 수 있다.

공급사슬 관리(SCM) 공급업체, 파트너, 고객에 이르기까지 기업의 모든 공급 활동을 조정하는 것

가치사슬 공급사슬 활동이 고객에게 제공되는 제품 또는 서비스에 어떤 부가가치를 부여할 수 있는지 분석하는 모델

가치 네트워크 기업과 외부 가치사슬을 형성하는 전략적·비전략적 파트너와의 연결

그 정의에서 알 수 있듯이, 디지털 비즈니스에는 전자통신을 사용하여 기업의 **공급사슬 관리**(supply chain management, SCM)의 모든 측면을 강화할 수 있는 방법을 고려하는 것이 포함된다. 또한 기업의 **가치사슬**(value chain)을 최적화하는 것도 포함된다. 가치사슬은 기업의 공급 측면과 수요 측면을 연결하는 다양한 부가가치 활동을 나타내는 개념이다. 디지털 비즈니스 시대에는 상호 연관된 가치사슬 또는 **가치 네트워크**(value network)의 관리도 포함된다.

디지털 수익 모델

온라인 수익 모델 온라인 서비스에서 수익을 창출하는 방법인 디지털 판매, 구독, 광고 등

디지털 비즈니스는 흥미롭고 새로운 **온라인 수익 모델**(online revenue model)을 도입하고 있으며, 새로운 온라인 전용 비즈니스에서도 이러한 모델을 활용할 수 있다. 두 경우 모두 시설 및 직원 비용이 낮기 때문에 온라인에서 수입을 얻는 데 드는 비용이 물리적 채널을 사용할 때보다 낮다.

프리미엄 서비스 체험이나 소량 이용은 무료로 하고 대량 이용이나 더 많은 기능 사용은 유료로 하여 수익을 얻는 모델

프리미엄(freemium) 수익 모델은 디지털 서비스 사용자에게 제한된 서비스를 무료로 체험해볼 수 있는 옵션을 제공하는 접근 방식이다. 이는 이메일 주소나 전화번호를 사용하여 액세스하도록 요청함으로써 잠재고객을 확보하는 기회가 되며, 사용자들에게 유료 서비스 가입을 유도할 수 있다. 예를 들어 온라인에서 파일을 공유하거나 음악을 듣는 데 사용하는 프리미엄 서비스를 생각해보자. 기업 간 거래(B2B)에서 많은 SaaS는 프리미엄 접근 방식을 채택하고 있다. 가령 메일침프(Mailchimp)는 스타트업이나 중소기업에 무료 이메일 서비스를 제공하지만 최대 연락처(현재 500명)와 월 이용 건수(2,500건)가 제한적이다. 소셜 미디어 마케팅 포스팅 및 리포트 서비스인 버퍼(Buffer)도 그중 하나로, 사례 연구 1.2에서 이에 대해 다루었다. 수익 모델은 2장에서 자세히 설명할 것이다.

디지털 비즈니스와 전자상거래 비즈니스의 차이점

이 글의 범위를 설정하기 위해 제목에서 '디지털 비즈니스'와 '전자상거래'를 모두 언급했다. 이 두 용어는 다양한 방식으로 적용되며, 어떤 사람들은 같은 의미로, 어떤 사람들은 전혀 다른 의미로 사용하고 있다. 그러나 기업에서는 일관성 있게 적용함으로써 직원과 외부 이해관계자가 디지털 커뮤니케이션을 어떻게 활용할지 명확히 파악하도록 하는 것이 중요하다. 레이블은 디지털 커뮤니케이션의 활용을 통해 일으키고자 하는 변화의 '범위'를 정의하는 데 편리하다. 기업의 경영자는 디지털 기술을 활용하여 자신이 제안하는 디지털 트랜스포메이션을 직원, 고객, 파트너에게 전달하고 동의를 구해야 한다.

Mougayer(1998)가 지적했듯이, 정의보다는 고객에게 제공할 수 있는 서비스와 디지털 기술을 통해 얻을 수 있는 비즈니스 이점을 이해하는 것이 중요하다.

전자상거래 조직과 외부 이해관계자 간에 전자적으로 이루어지는 모든 정보 교환

전자상거래(electronic commerce, e-commerce)의 범위는 디지털 비즈니스보다 더 좁다. 전자상거래라고 하면 단순히 온라인을 통한 구매와 판매를 의미한다고 생각하고, 아마존과 같은 기업으로부터 소비자가 구매하는 것을 떠올리는 경우가 많다. 그러나 전자상거래는 기업과 그 기업이 상대하는 제삼자 간에 전자적으로 이루어지는 모든 거래라고 볼 수 있다. 이 정의에 따르면 고객 지원이나 상세 정보 요청과 같은 비금융 거래도 전자상거래의 일부로 볼 수 있으며, Kalakota와 Whinston(1997)은 전자상거래에 대해 오늘날에도 유효한 다양한 관점을 언급했다.

- **커뮤니케이션 관점**: 전자적 수단을 통한 정보, 제품, 서비스 제공 또는 지불
- **비즈니스 프로세스 관점**: 비즈니스 트랜잭션과 워크플로 자동화를 위한 기술 적용
- **서비스 관점**: 비용 절감, 서비스 제공의 속도와 품질 향상
- **온라인 관점**: 온라인에서 상품이나 정보를 사고파는 것

이러한 정의는 전자상거래가 단순히 상품 구매와 판매에만 국한된 것이 아니라 공급사슬 전반에 걸친 판매 전, 판매 후 활동도 포함하고 있다는 것을 드러낸다.

판매 측 전자상거래 공급업체 조직과 고객 간의 전자상거래

구매 측 전자상거래 구매 조직과 공급업체 간의 전자상거래

전자상거래가 비즈니스에 미치는 전략적 영향을 평가할 때 그림 1.3과 같이 구매 측과 판매 측의 전자상거래 기회를 파악하는 것이 효과적이다. **판매 측 전자상거래**(sell-side e-commerce)는 기업이 제품을 판매하는 것과 관련된 거래를 말하며, 이에 대해서는 3장에서 살펴보겠다. 한편 **구매 측 전자상거래**(buy-side e-commerce)는 기업이 공급업체로부터 필요한 자원을 조달하는 거래를 말하며, 이는 6장에서 다룰 것이다.

최신 트렌드 **전자상거래의 성장률**

전자상거래 매출은 대부분의 국가에서 매년 10% 내외의 성장률을 보이고 있다(http://bit.ly/smartetailstats). 3장에서 설명하겠지만, COVID-19 사태가 시작되면서 전자상거래를 통한 구매가 더욱 편리해짐으로써 큰 성장을 이루었다.

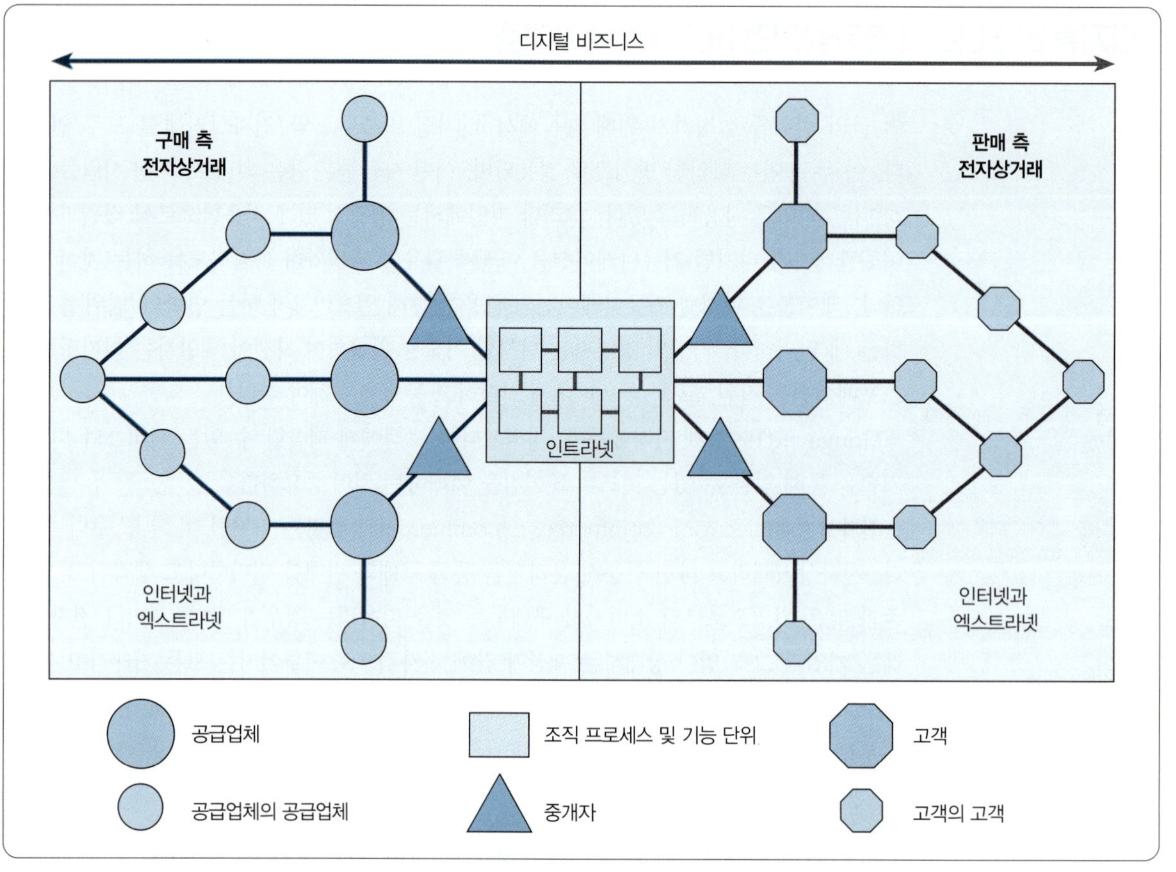

그림 1.3 구매 측 전자상거래와 판매 측 전자상거래의 차이점

전자상거래 관리에는 구매 측과 판매 측의 활동이 모두 포함된다. 또한 확인된 혜택을 제공하기 위한 계획과 자원을 마련하는 것도 포함된다. 이러한 계획은 거래 실패, 사용하기 어렵거나 너무 느린 사이트와 같은 기술적 문제부터 관리 실패를 드러내는 고객 서비스 또는 주문 처리 문제까지 전자상거래 사이트 이용 시 경험할 수 있는 다양한 문제에 대한 관리에 초점을 맞춰야 한다.

소셜 미디어 사용자 생성 콘텐츠(user-generated content, UGC)를 개발하여 사용자들끼리 메시지와 댓글을 주고받는 기능을 제공하는 사이트

소셜 커머스 전자상거래의 하위 집합으로서 상품 평가, 선택, 구매, 기타 소셜 미디어의 상호작용에서 고객의 참여와 상호작용을 유도하는 것. 전자상거래 사이트 또는 제삼자 사이트에서 이러한 참여가 이루어진다.

오늘날 소셜 네트워크와 기업 웹사이트, 블로그, 앱에서 고객들 사이에서 발생하는 **소셜 미디어**(social media) 또는 P2P 상호작용은 온라인 상거래의 역학을 변화시켰다.

소셜 커머스(social commerce)는 소셜 미디어의 인기 및 소셜 미디어에서 직접 구매할 수 있는 '원클릭' 옵션으로 인해 사이트 소유자 입장에서는 작지만 점점 더 큰 비중을 차지하는 전자상거래 형태이다. 이마케터(E-marketer, 2021)는 2022년 미국에서 소셜 커머스의 규모가 300억 달러 이상에 달할 것으로 예상했다. 그러나 이는 미국 전체 전자상거래 매출의 4.4%에 불과하며, 검색 마케팅을 통한 매출 등에 비하면 낮은 수준이다. 여기에는 소셜 네트워크에서의 소매(여행, 이벤트 제외) 구매, 소비자가 소셜 네트워크에서 전자상거래 사이트를 클릭한 경우도 포함된다. 한편 이마케터의 추정에 따르면 중국의 소셜 커머스 거래량이 미국의 10배에 달하여 그 잠재력을 보여준다. 중국에서 인기가 높은 이유 중 하나

최신 트렌드 **모바일 이용량**

온라인 서비스 및 정보에 액세스하는 전체 비율에서 모바일 사용량이 데스크톱 사용량을 추월했다. 하지만 데스크톱과 노트북을 사용하는 시간이 크게 변하지 않았는데, 이는 업무에 가장 많이 사용되는 기기가 데스크톱과 노트북이기 때문이다. 모바일 및 앱 이용에 관한 최신 통계는 http://bit.ly/smartmobilestats에서 확인할 수 있다.

는, 인플루언서가 홍보하는 라이브 스트림 쇼핑이 일반적이기 때문으로, 이는 추천 상품에 대한 즉각적인 구매와 채팅, 반응 버튼을 통한 시청자 참여가 결합된 것이다.

마찬가지로 최근에 고객이 **모바일 앱**(mobile app)을 통해 **모바일 기술 플랫폼**(mobile technology platform)을 선택함에 따라 고객과 상호작용할 수 있는 새로운 플랫폼을 제공하는데, 이러한 플랫폼을 평가하고 우선순위를 정해야 한다.

모바일 앱 휴대폰이나 태블릿에서 사용하도록 개발된 소프트웨어 응용 프로그램으로, 보통은 앱 스토어에서 다운로드한다. 아이폰과 안드로이드 앱이 잘 알려져 있으나 모든 스마트폰이 앱 사용을 지원하며, 사용자에게 정보, 엔터테인먼트, 지도 및 기타 위치 정보 서비스를 제공한다.

모바일 기술 플랫폼 스마트폰, 태블릿, 웨어러블 기술 등 소비자가 다른 소비자 및 기업과 교류하기 위해 사용하는 기기와 서비스

모바일 커머스

모바일 커머스(mobile commerce)와 **모바일 비즈니스**(mobile business)의 잠재력은 모바일 판매의 지속적인 성장세를 보면 알 수 있다.

애플 스토어와 구글 플레이에서 다운로드하는 모바일 앱의 인기가 높아진 것도 모바일 커뮤니케이션의 큰 발전이다. Data.ai의 보고(2022년)에 따르면 팬데믹 이전인 2019년에는 분기당 약 300억 건에 불과했던 앱 다운로드 수가 2022년에는 분기당 약 370억 건을 기록했으며, 이 수치는 여전히 증가하고 있다. 2021년 앱 스토어 매출액은 1,700억 달러로, 전년 대비 19% 증가했다.

모바일 커머스 스마트폰, 태블릿 등의 모바일 기기를 사용하여 무선 연결로 이루어지는 온라인 거래 및 통신

모바일 비즈니스 모바일 기기와 관련된 기술을 활용하여 직원과 이해관계자가 정해진 장소에서 벗어나는 이점을 누릴 수 있는 비즈니스 모델

사용자가 쇼핑하는 동안 앱이나 브라우저를 사용할 수 있기 때문에 모바일 기기의 위치 기반 사용도 중요한 추세이다(미니 사례 연구 1.1 참조). 제품이나 재고가 제조 및 운송될 때 사용되는 위치 기반 추적이 이 활동과 관련된 것이다.

그림 1.3에서 디지털 비즈니스 프로세스는 그림 중앙에 있는 조직적인 프로세스 또는 단위를 의미하며, 여기에는 연구·개발, 마케팅, 제조, 인바운드·아웃바운드 물류가 포함된다. 공급업체와의 구매 측 전자상거래, 고객과의 판매 측 전자상거래도 주요 디지털 비즈니

학습활동 1.2 **오늘날 가장 인기 있는 앱**

이 학습활동은 혼자서도 가능하고, 집단을 이루어 다양한 모바일 기기의 인기 앱을 비교할 수도 있다. 휴대폰의 앱 스토어에서 확인해보거나 Data.ai와 같은 정보 제공업체의 자료(예: Data.ai, 2022) 또는 comScore '모바일 현황' 보고서를 통해 현재 가장 인기 있는 앱을 알아보라.

활동

1. 가장 인기 있는 앱 카테고리를 파악하라.
2. 웹 브라우저를 통해 제공되는 모바일 사이트에 비해 기업이 앱을 통해 브랜드와 서비스를 홍보할 수 있는 기회에 대해 논의하라.

스 프로세스로 간주할 수 있다.

인트라넷과 엑스트라넷

대부분의 인터넷 서비스는 모든 기업이나 소비자가 인터넷을 통해 이용할 수 있다. 그러나 민감한 회사 정보에 접근하는 디지털 비즈니스 애플리케이션의 경우 자격을 갖춘 개인 또는 파트너만 이용하도록 제한해야 한다. 특히 조직 내부의 직원만 정보에 접근할 수 있는 것을 **인트라넷**(intranet)이라고 한다(그림 1.4 참조).

인트라넷 웹 기술을 통해 직원이 정보에 접근하고 공유할 수 있도록 인터넷 표준을 사용하는 사내 사설 네트워크

최근 인트라넷 어워드(Nielsen Norman, 2022) 수상자를 보면 알 수 있듯이, 오늘날 다양한 비즈니스 부문의 다수 팀이 소통하는 데 인트라넷이 사용되고 있다.

- 최대 비영리 의료 시스템 중 하나인 Banner Health(미국)
- 글로벌 투자 기업인 BNY Mellon(미국)
- 선도적 금융 서비스 그룹인 DBS Bank(싱가포르)
- 고품질 스킨케어, 메이크업, 향수, 헤어케어 제품을 제조 및 판매하는 The Estée Lauder Companies Inc.(미국)
- 현재 인공지능과 하이브리드 클라우드 기술에 주력하고 있는 IBM(미국)
- 금융 솔루션 및 교육을 제공하는 선도적 금융 서비스 기업인 Massachusetts Mutual Life Insurance Company(미국)
- 학부 교육에 남다른 노력을 기울이는 프린스턴대학교(미국)
- 디지털 비즈니스 혁신 기업인 Publicis Sapient(미국)
- 건설 서비스, 물, 에너지, 자재 분야에서 활동하는 선도적 그룹인 Sorigué(스페인)
- 모빌리티, 수력 에너지, 깨끗한 물, 친환경 건물 프로젝트 등 복잡하고 지속 가능한 인프라 건설을 전문으로 하는 글로벌 기업인 Webuild S.p.A.(이탈리아)

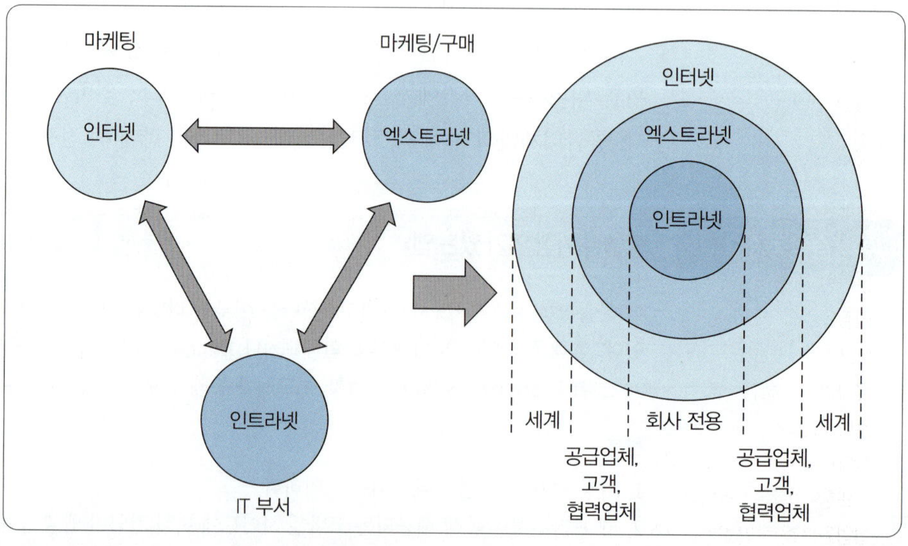

그림 1.4 인트라넷, 엑스트라넷, 인터넷의 관계

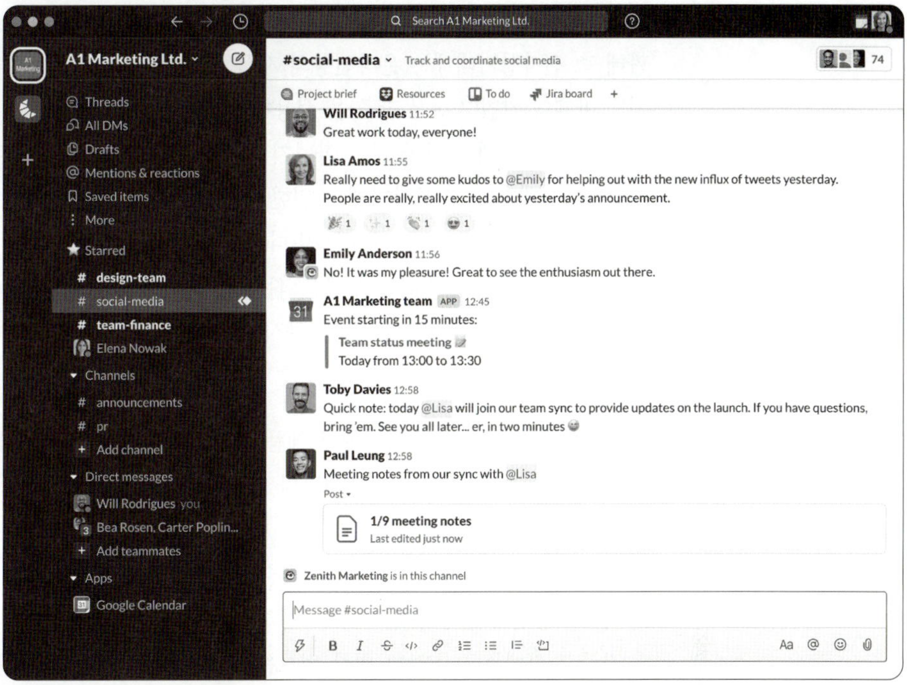

그림 1.5 슬랙 워크스페이스 도구

출처: Slac.com 허락하에 게재

기업용 소셜 미디어 소프트웨어 고객 서비스, 공급사슬 관리, 신제품 개발 등의 비즈니스 프로세스를 지원하기 위해 조직 내에서 직원, 고객, 공급업체 등의 이해관계자가 실시간 협업에 사용하는 시스템

엑스트라넷 회사를 넘어 고객, 공급업체, 협력업체까지 인트라넷을 확장하여 인터넷과 웹 기술을 통해 제공되는 서비스

트위터(Twitter)와 유사한 소프트웨어 서비스인 슬랙(Slack), 팀스(Teams), 얘머(Yammer) 등이 기업 내에서 정보 공유 및 협업 등을 위해 도입되고 있다. 미니 사례 연구 1.2에서는 이러한 **기업용 소셜 미디어 소프트웨어**(enterprise social media software) 도구 중 하나인 슬랙을 다루었다(그림 1.5 참조).

한편 조직의 웹 서비스에 대한 액세스가 조직 외부의 모든 사람이 아닌 일부 파트너로 확장된 경우를 **엑스트라넷**(extranet)이라고 한다.

미니 사례 연구 1.2 슬랙이 디지털 비즈니스의 팀워크를 지원하는 방법

슬랙은 오프라인에서와 마찬가지로 온라인에서도 쉽게 협업할 수 있도록 도와주는 협업 허브이다. 슬랙의 팀워크를 사용하면 온라인 채널에서 주제, 프로젝트 또는 위치별로 대화를 구성하여 적절한 사람들이 참여하고 관련 정보를 한곳에서 확인할 수 있다. 이는 디스코드(Discord)나 트위치(Twitch)에서의 집단 토론과 유사하다. 슬랙의 대화와 정보는 쉽게 검색할 수 있고 부서 간 공유가 가능하기 때문에 장소, 시간, 부서를 초월한 팀 협업을 지원한다.

또한 슬랙은 다른 SaaS 애플리케이션을 사용하는 사람들과의 협업을 지원하기 위해 구글 캘린더(Google Calendar), 드라이브(Drive), 드롭박스(Dropbox), 세일즈포스(Salesforce) 등 수천 개의 다른 앱과 통합하여 해당 채널에서 콘텐츠를 바로 공유할 수 있는 기능을 제공한다. 이는 앱 간에 데이터를 안전하게 공유하는 방법을 정의하는 API(application programming interface)를 기반으로 하며, 슬랙은 메시지를 다른 앱에 통합할 수 있도록 자체 API를 개발했다. API를 통해 다른 앱과 통합하는 것은 많은 디지털 비즈니스의 성공 요인 중 하나이다. 슬랙은 이 도구가 '업무를 더 단순하고, 더 즐겁고, 더 생산적으로 만들어준다'고 말한다.

출처: Slack 2022(www.slack.com)

다양한 유형의 판매 측 전자상거래

판매 측 전자상거래에는 온라인상의 제품 판매뿐만 아니라 디지털 기술을 통해 다양한 디지털 마케팅 기법(7, 8장 참조)을 사용하여 서비스를 마케팅하는 것도 포함된다. 모든 제품이 온라인 판매에 적합한 것은 아니기 때문에 제품 마케팅에 웹사이트를 이용하는 방식은 다양하다. 판매 측 전자상거래를 위한 다섯 가지 주요 온라인 유형을 검토하는 것이 좋은데, 각 유형은 목적이 다르며 시장마다 적합한 유형이 있다. 모든 기업이 이러한 유형을 결합할 수 있기 때문에 명확하게 구분되는 것은 아니지만, 서비스를 제공하는 시장에 따라 강조해야 할 부분이 달라질 수 있다. 웹사이트를 검토할 때 조직에 따라 다섯 가지 기능 중 중점을 두는 부분이 다르다.

1. **전자상거래 사이트**: 온라인에서 제품 구매를 가능하게 한다. 이러한 사이트의 주요 사업적 기여는 제품 판매를 통해서이다. 또한 오프라인에서의 제품 구매를 선호하는 소비자를 위한 정보를 제공함으로써 비즈니스를 지원한다. 여기에는 소매 사이트, 여행 사이트, 온라인 뱅킹 서비스가 포함된다.
2. **서비스 중심의 관계 구축 사이트**: 특히 온라인 판매에 적합한 제품이 아닌 경우 구매를 촉진하고 관계를 구축하기 위한 정보를 제공한다. 웹사이트와 전자 뉴스레터를 통해 구매 결정을 내릴 수 있는 정보를 제공한다. 주요 사업적 기여는 오프라인 판매를 장려하고 잠재고객으로부터 문의 또는 리드를 생성하는 것으로, 이를 리드 생성이라고 한다.
3. **브랜드 구축 사이트**: 브랜드를 지원하는 경험을 제공한다. 일반적으로 온라인에서 상품을 판매하지 않으며, 브랜드의 온라인 경험을 개발하여 브랜드를 지원하는 데 주안점을 두고 있다. 저가, 대량 생산, 빠르게 움직이는 소비재[FMCG(fast-moving consumer goods) 브랜드]가 대표적이다.
4. **퍼블리셔 또는 미디어 사이트**: 다양한 주제에 대한 정보, 뉴스, 엔터테인먼트를 사이트 내 또는 다른 사이트에 대한 링크를 통해 제공한다. 미디어 사이트는 광고, 수수료 기반 판매, 고객 데이터(리스트) 판매 등 다양한 방법으로 수익을 창출한다.
5. **소셜 네트워킹 사이트(SNS)**: 일반적으로 소셜 네트워크는 광고로 수익 모델이 뒷받침되기 때문에 4번 범주에 속한다고 볼 수 있으나 페이스북(Facebook), 링크드인(LinkedIn), 트위터 등의 소셜 네트워크는 기업 및 고객과의 커뮤니케이션에 미치는 영향력 때문에 별도의 범주로 볼 수도 있다. 아이러니하게도 페이스북은 스스로를 퍼블리싱 플랫폼으로 간주하고 있다.

학습활동 1.3을 통해 사이트의 다양한 유형에 대해 알아보자.

디지털 마케팅

디지털 마케팅 마케팅 목표를 달성하기 위해 전통적인 마케팅 커뮤니케이션에 디지털 미디어, 데이터, 기술을 통합하여 활용하는 것

디지털 마케팅(digital marketing)은 판매 측 전자상거래와 밀접한 관련이 있다. 이는 과거에 '인터넷 마케팅' 또는 '전자 마케팅'으로 불렸으며, 7장과 8장에서 자세히 살펴볼 것이다. 디지털 비즈니스 분야의 업무에서 가장 흥미로운 점 중 하나는 마케팅 캠페인과의 관련성을 평가해야 하는 새로운 도구와 기술을 도입하는 것이다.

학습활동 1.3 다양한 유형의 디지털 프레젠스

목적

다양한 유형의 디지털 프레젠스(presence)가 마케팅에 어떻게 활용되고 있는지 알아본다.

활동

한 국가 또는 전 세계에서 다양한 사이트 유형의 인기도를 확인할 수 있다. 비즈니스 비교를 위해 추천하는 리소스는 시밀러웹(Similar Web)이다.

기존 멀티채널 비즈니스와 온라인 전용 비즈니스의 예를 포함하여 다양한 비즈니스 범주로 분류된 다음 각 사이트를 둘러보고, 다섯 가지 범주 중 무엇에 가장 중점을 두는지 알아본다.

1. 전자상거래 사이트
2. 서비스 중심의 관계 구축 사이트
3. 브랜드 구축 사이트
4. 퍼블리셔 또는 미디어 사이트
5. 소셜 네트워킹 사이트

또한 전자상거래 판매, 구독, 광고, 프리미엄 등 온라인 수익 모델의 요소를 알아본다.

기존 채널과 온라인 전용 채널을 포함한 예시 사이트

- 비즈니스 미디어 사이트: Financial Times(www.ft.com), Mashable(www.mashable.com)
- 은행: HSBC(www.hsbc.com), Starling 뱅킹 앱(www.starlingbank.com)
- 패션 리테일: Next(www.next.co.uk), Boohoo(www.boohoo.com)
- 디지털 비즈니스 컨설팅 업체: Econsultancy(www.econsultancy.com), Sapient(www.sapient.com)
- 식품 브랜드: Magnum(www.magnumicecream.com), Huel(www.huel.com)
- 여행사: Kuoni(www.kuoni.co.uk), Kayak(www.kayak.com)
- 최종 제품 제조업: BMW(www.bmw.com), Tesla(www.tesla.com)
- 금융 자문 출판사: Moneyweek(www.moneyweek.co.uk), Money Saving Expert(www.moneysavingexpert.com)

디지털 마케팅은 다음과 같이 간략하게 정의할 수 있다.

디지털 미디어, 데이터, 기술을 적용하여 마케팅 목표를 달성한다.

이 정의는 디지털 마케팅에 대한 투자를 결정하는 것은 기술이 가져오는 결과이지, 기술의 채택이 아니라는 점을 상기시킨다. 또한 제품 선택, 엔터테인먼트, 업무에 디지털 기기가 널리 사용되고 있지만, 우리는 여전히 현실 세계에서 오랜 시간을 보내기 때문에 많은 부문에서 전통적인 미디어와의 통합이 여전히 중요하다는 사실을 기억해야 한다.

실제로 디지털 마케팅은 이 장에서 후술할 온라인 커뮤니케이션 기법(검색엔진 마케팅, 콘텐츠 마케팅, 소셜 미디어 마케팅, 온라인 광고, 이메일 마케팅, 다른 웹사이트와의 제휴 등)과 통합된 기업 웹사이트, 모바일 앱, 소셜 미디어 기업 페이지 등 다양한 형태의 온라인 기업 프레젠스(존재감)를 관리하는 데 중점을 둔다.

고객관계 관리(CRM) 고객과의 장기적 비즈니스를 구축하고 유지하기 위한 접근 방식

이러한 방법은 **고객관계 관리**(customer relationship management, CRM)를 통해 신규 고객 확보, 기존 고객에 대한 서비스 제공 등 고객관계의 발전을 지원하는 목적을 위해 사용된다. 그러나 성공적인 디지털 마케팅을 위해서는 멀티채널 마케팅 커뮤니케이션의 일환으로 전통적 미디어(인쇄물, TV, 다이렉트 메일, 인적 판매 및 지원 등)와 이러한 방법을 통합해야 한다.

디지털 마케팅과 기존 마케팅의 가장 중요한 차이점 중 하나는, 제품 출시나 홍보를 중심으로 한 '버스트(burst)' 캠페인 커뮤니케이션과 달리 디지털 마케팅은 상시 커뮤니케이션을 수반한다는 것이다. 사람들이 서비스를 찾고 이용하는 과정에서 기업이 검색엔진에 지속적으로 노출되고, 소셜 미디어를 통해 서비스를 제공할 수 있도록 충분한 자원을 투입해야 한다.

멀티채널 및 옴니채널 마케팅 고객과의 커뮤니케이션 및 제품 유통은 구매 주기의 다양한 시점에 디지털 채널과 기존 채널의 조합으로 지원된다. 옴니채널은 구매 정보를 알려주는 데 소셜 미디어와 모바일 기반 상호작용의 중요성을 말한다.

멀티채널 마케팅 전략 고객과 기업에 대한 상대적 이점에 따라 다양한 마케팅 채널이 제안 개발 및 커뮤니케이션에서 어떻게 통합되고 서로를 지원해야 하는지를 정의한다.

고객 여정 오늘날 소비자가 다양한 매체를 활용하여 공급업체를 선택하고, 구매하고, 고객 지원을 받는 멀티채널 구매 행동에 대한 것

고객 중심 마케팅 타깃 고객의 행동에 대한 세부적인 지식을 바탕으로 고객의 개별 요구와 욕구를 충족하는 마케팅 접근 방식

고객 인사이트 정성적·정량적 데이터 분석을 기반으로 고객의 요구, 특성, 선호도, 행동에 관한 지식. 특정 인사이트를 통해 공통된 특성을 가진 고객 그룹을 대상으로 마케팅 전략을 수립할 수 있다.

디지털 마케팅의 정의 중 두 번째 부분은 디지털 마케팅을 추진하는 것이 기술이어서는 안 되고, 신규 고객 확보와 기존 고객 유지로부터 얻는 사업적 이익이어야 한다는 것이다. 또한 디지털 마케팅은 단독으로 이루어지는 것이 아니라 전화, 다이렉트 메일, 대면 등의 커뮤니케이션 채널과 통합될 때 가장 효과적이라는 점을 강조하고 있다. **멀티채널 및 옴니채널 마케팅**(multichannel and omnichannel marketing), **멀티채널 마케팅 전략**(multichannel marketing strategy)을 뒷받침하는 인터넷의 역할도 이 책에서 반복적으로 다루는 주제이다(특히 2, 7, 8장에서는 다양한 고객과의 커뮤니케이션 채널과 유통 채널을 지원하는 역할을 설명했다). 또한 디지털 채널은 판매 전과 판매 후, 그리고 고객과의 관계를 발전시키기까지 전체 구매 프로세스 또는 **고객 여정**(customer journey)을 지원하는 데에도 사용되어야 한다. 이는 다양한 마케팅 채널이 고객과 기업에 대한 상대적 장점에 따라 제안 개발 및 커뮤니케이션 측면에서 어떻게 통합되고 서로 지원해야 하는지는 명확히 보여준다.

마지막으로 **고객 중심 마케팅**(customer-centric marketing)에 대한 접근 방식을 설명한다. 디지털 비즈니스의 성공을 위해서는 전자 커뮤니케이션과 기존 커뮤니케이션을 적절히 조합하여 기존 고객을 디지털 채널로 이끌고 신규 고객을 확보하는 계획적 접근 방식이 필요하다는 것을 보여준다. 디지털 고객을 확보하고 유지하려면 고객의 특성과 행동, 가치와 충성도를 조사하여 **고객 인사이트**(customer insight)를 개발한 다음, 관련성 있는 맞춤형 웹 및 이메일 커뮤니케이션을 제공해야 한다.

최신 트렌드 소셜 네트워크 이용

소셜 미디어는 인터넷 사용량의 상당 부분을 차지하며, 사람들은 특히 모바일 기기를 통해 소셜 미디어를 이용하고 있다. 정기적으로 업데이트되는 https://bit.ly/smartsocialstats에서는 여러 국가의 소셜 미디어 보급과 참여도, 최고의 자료 원천 중 일부를 확인할 수 있다.

디지털 커뮤니케이션이 전통적 비즈니스에 미치는 영향

표 1.1에 제시된 기간 동안 기존 기업의 경영자들은 조직을 혁신하기 위해 새로운 디지털 커뮤니케이션 기술을 어떻게 적용할지 결정해야 했다. 이 장의 뒷부분에서 설명하겠지만, 기존 기업들은 일련의 단계를 거쳐 디지털 비즈니스에 대한 접근 방식을 진화시켰다. 새로운 기술, 새로운 비즈니스 모델, 새로운 커뮤니케이션 접근 방식이 지속적으로 도입되면서 끊임없이 혁신이 이루어지고 있다. 따라서 모든 조직은 비즈니스 경쟁력을 높이고 보안, 성능 등의 지속적 위험을 관리할 수 있는 새로운 디지털 커뮤니케이션 접근 방식을 검토해야 한다. 예를 들어 많은 기업은 **디지털 트랜스포메이션**(digital transformation) 프로젝트의 일환으로 현재 도입된 디지털 비즈니스 기술의 이점, 비용, 위험을 재검토하고 있다.

디지털 트랜스포메이션 Stolterman과 Forse는 디지털 기술의 적용으로 인간 사회의 모든 부분에 발생하는 변화라고 설명한다. 비즈니스의 디지털 트랜스포메이션은 조직의 프로세스, 구조, 시스템에 큰 변화가 있으며, 디지털 기술의 적용을 확대하여 조직의 성과를 향상하기 위해 시행된다.

인바운드 마케팅

디지털 세상에서는 고객이 기업의 디지털 프레젠스에 대한 정보를 발견함으로써 접촉을 시작하고 정보를 찾는 경우가 많은데, 이는 '풀(pull)' 메커니즘이다. 과거에는 고객이 기업의 제품이나 서비스와 관련된 검색어를 입력하여 구매 의사를 드러낼 때 검색엔진에서 가시성을 확보하는 것이 특히 중요했지만, 이제는 소셜 미디어 환경에서도 가시성을 확보할 필요가 있다. 가시성과 지속적인 참여가 이루어지지 않으면 판매 기회를 잃게 되므로 디지털 미디어에 투자하는 '상시적' 접근 방식이 중요하다. 이는 고객의 생애주기 전반에 걸쳐 다양한 유형의 디지털 커뮤니케이션을 자동화할 수 있는 방법을 보여주는 그림 1.6에서 확인할 수

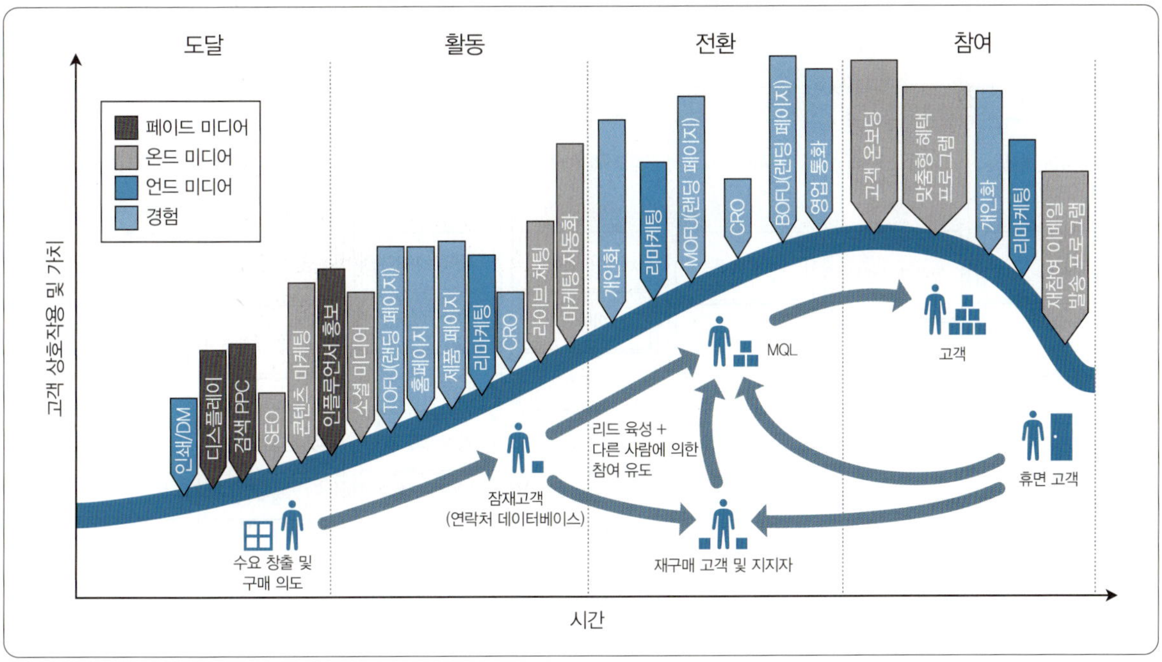

그림 1.6 생애주기 마케팅의 기회: B2B 기업에서의 접점

출처: Smart Insights(2020)

있다. 다양한 유형의 인바운드 커뮤니케이션은 7, 8장에서 자세히 살펴볼 것이다.

인바운드 마케팅 고객은 자신의 요구에 맞는 정보를 적극적으로 찾고 있으며, 콘텐츠 마케팅·검색 마케팅·소셜 미디어 마케팅을 통해 브랜드와의 상호작용이 이루어진다.

검색 마케팅 기업은 검색엔진 결과 페이지에서의 존재감을 높여 관련 검색어에 대한 검색엔진의 가시성을 개선하고자 한다.

콘텐츠 마케팅 수익성 있는 고객 행동을 유도하는 것을 목표로 명확하게 정의된 타깃 고객을 유치·확보·참여시키기 위해 관련성 있고 가치 있는 콘텐츠를 제작·배포하는 마케팅 및 비즈니스 프로세스(Pulizzi, 2012)

소셜 미디어 마케팅 웹에서 고객 및 고객의 상호작용과 참여를 모니터링하고 촉진하여 기업과 브랜드에 대한 긍정적인 참여를 유도한다.

이러한 강력한 마케팅 접근법을 **인바운드 마케팅**(inbound marketing)이라고 한다(Shah and Halligan, 2009). 인바운드 마케팅의 목적은 제품 또는 콘텐츠를 검색하거나 소셜 미디어에서 이끌려 제품 또는 서비스를 구매하려는 의도를 가진 잠재고객을 유도하는 것이다.

인바운드 마케팅은 마케팅 낭비가 줄어들기 때문에 유용하다. **검색 마케팅**(search marketing), **콘텐츠 마케팅**(content marketing), **소셜 미디어 마케팅**(social media marketing)을 이용하여 특정한 잠재고객을 타기팅할 수 있으며, 이러한 잠재고객은 능동적이고 구매 과정 중 많은 부분을 스스로 선택한다. 하지만 이는 마케터가 정해진 대상에게 메시지를 보내 인지도를 높이고 수요를 창출하는 기존의 커뮤니케이션에 비해 통제력이 떨어질 수밖에 없다. 인바운드 마케팅을 옹호하는 다르메시 샤(Dharmesh Shah)와 브라이언 할리건(Brian Halligan)은 콘텐츠, 소셜 미디어, 검색 마케팅이 수요 창출에 중요한 역할을 한다고 주장한다.

콘텍스트: 디지털 마케팅의 7D

인바운드 마케팅과 디지털 비즈니스 전반의 성공 요인을 강조하기 위해 데이브 채피(Dave Chaffey)는 디지털 마케팅을 지원하는 7D를 그림 1.7과 같이 정리했다. 이는 1장에서 소개한 디지털 마케팅을 뒷받침하는 핵심 개념을 정리한 것이다. 디지털 비즈니스에 대한 전략적 접근의 일환으로 검토해야 할 7D 관련 과제는 다음과 같다.

- **디지털 목표**: 디지털 마케팅과 디지털 비즈니스를 활용하여 비즈니스와 브랜드가 달성하고자 하는 바를 검토하고 그 기여도를 평가한다. 디지털 미디어와 기술이 효율성 향상,

그림 1.7 디지털 마케팅의 7D: 전략, 실행, 실천

출처: Chaffey and Ellis-Chadwick(2022), 허락하에 게재

비즈니스 모델과 수익 모델의 혁신을 통해 비즈니스에 어떻게 기여할 수 있는지를 검토한다.

- **디지털 청중**: 온라인 청중의 특성, 행동, 선호도를 이해함으로써 다양한 타깃 세분화에 보다 적합한 콘텐츠와 경험을 제공하고, 경쟁이 치열한 온라인 시장에서 상호작용을 증가시켜 비즈니스 목표를 달성하는 것을 목표로 한다. 디지털 비즈니스에서는 고객뿐만 아니라 고용주, 공급업체, 파트너와 같은 이해관계자도 포함된다.

사물 인터넷(IoT) 고유 식별자가 있는 기기, 소프트웨어, 사물, 사람 또는 동물로 구성된 시스템으로, 사람의 개입 없이 M2M(기계 간 상호작용)으로 네트워크를 통해 데이터를 전송할 수 있다.

- **디지털 기기**: 스마트폰, 태블릿, 노트북, 데스크톱 컴퓨터, TV, 게임기, 스마트스피커, **사물 인터넷**(Internet of things, IoT)을 구성하는 기타 커넥티드 기기의 조합을 사용하여 구매와 상호 프로세스의 부분으로 고객이 비즈니스와 상호작용하는 방식을 이해한다.
- **디지털 플랫폼**: 주요 디지털 플랫폼 또는 온라인 서비스에서 상호작용의 상대적 중요도와 커뮤니케이션 우선순위를 평가하는 것으로, 'FAMGA'라는 약어로 설명되기도 한다. FAMGA는 Facebook(인스타그램, 왓츠앱 소유), Amazon, Microsoft(링크드인 소유), Google(모그룹인 알파벳이 유튜브 소유), Apple을 말한다. 이러한 기업은 기업과 소비자 간의 디지털 상호작용을 중개하는 데 사용되는 운영체제, 브라우저, 앱, 소셜 네트워크, 검색엔진을 개발하는 데 영향력을 행사하고 있다. 한편 전문 온라인 퍼블리셔나 비교 사이트 등 구매에 영향을 미치는 중요한 자체 플랫폼을 갖춘 산업 분야도 있다. 예를 들어 여행 업계의 중요한 플랫폼인 트립어드바이저(TripAdvisor)는 다양한 FAMGA 플레이어가 제공하는 인프라를 사용하여 구축되었다.
- **디지털 미디어**: 광고, 이메일, 메시징, 검색엔진, 소셜 네트워크 등 다양한 커뮤니케이션 채널을 우선적으로 활용하여 잠재고객에게 도달하고 참여를 유도한다.
- **디지털 데이터**: 이제 대부분의 국가에서 기업이 잠재고객의 프로필, 비즈니스와의 상호작용에 대해 수집한 인사이트를 구조화하고 적용하는 것은 법으로 보호받아야 한다.
- **디지털 기술**: 마케팅 기술 또는 '마테크(martech)'는 웹사이트와 모바일 앱을 포함한 인터랙티브 경험을 만드는 데 사용된다. 또한 마케팅 캠페인을 구성하는 디지털 마케팅 채널 활동에 대한 계획, 실행, 최적화, 인사이트, 보고를 지원하는 데에도 기술이 사용된다.

사례 연구 1.1에서는 차량 공유 서비스 회사인 우버(Uber)의 성장에 대해 살펴본다.

기업이 디지털 잠재고객에게 도달하는 방법

기업이 디지털 커뮤니케이션에서 성공하려면 다양한 온라인 커뮤니케이션 도구에 시간과 예산을 어떻게 투자할지 결정해야 한다. 여기서는 주요 투자 옵션을 소개하고 8장과 9장에서 이러한 도구를 자세히 살펴볼 것이다.

온드 미디어, 언드 미디어, 페이드 미디어 옵션

오늘날 마케터가 디지털 잠재고객에게 도달하고 영향력을 행사하는 전략을 수립하기 위해 고려해야 할 미디어 채널은 크게 세 가지 유형으로 분류할 수 있다(그림 1.8 참조).

- **페이드 미디어**(paid media): 검색, 디스플레이 광고 네트워크 또는 제휴 마케팅을 통해

사례 연구 1.1 우버의 비즈니스 모델

콘텍스트

택시 호출 앱 회사인 우버는 샌프란시스코를 찾은 여행자에게 효율적인 택시 여행을 제공하는 작은 앱으로 시작했다. 이 사례는 새로운 디지털 비즈니스를 시작하는 데 필요한 많은 성공 요인을 보여주지만, 한편으로 특정 문제가 다양한 이해관계자를 만족시킬 수 있는 방식으로 해결되지 않으면 고객, 운전자, 더 나아가 사회를 소외시킬 수 있는 위험도 함께 보여준다. 2023년 우버 이용 건수는 하루 평균 약 2,500만 건이고, 분기별 예약 총액은 약 330억 달러에 달한다. 이러한 비즈니스와 그 환경은 빠르게 변화하고 있기 때문에, 이 글을 작성하여 출판하고 독자가 이 페이지를 펼치는 동안에도 새로운 문제와 요인이 등장했을 것이라는 점을 염두에 두기 바란다. 하지만 역사와 기본은 변치 않을 것이다.

이 사례 연구는 본문에서 언급한 다른 사례 연구와 마찬가지로 비즈니스 모델 캔버스(2장 참조)의 주요 범주를 사용하여 요약한 내용을 담고 있다.

가치 제안

"우버는 세상의 이동 방식을 진화시키고 있다. 앱을 통해 고객과 운전자를 원활하게 연결함으로써 도시 접근성을 높이고, 고객에게는 더 많은 가능성을, 운전자에게는 더 많은 비즈니스를 열어준다." 이는 2016년 우버의 미션이다. 2023년까지 우버는 서비스에 대한 부정적인 피드백과 홍보를 바탕으로 더 포용적인 서비스를 만들겠다는 미션을 추가했다.

소비자를 위한 가치 제안

우버 고객은 현지 택시 회사에 전화를 걸거나 길거리에서 직접 택시를 부르는 기존의 방식과 달리 앱을 통해 우버 택시를 호출한다. 앱에 연결된 신용카드나 직불카드로 요금을 결제하기 때문에 현금을 소지할 필요가 없고, 프로모션으로 무료 또는 할인 요금을 제공하기도 한다. 택시 요금은 대체로 기존 최저가와 동일하거나 현지 택시 요금보다 저렴하며, 공항과 같은 특정 목적지까지는 고정 요금이 적용되는 경우도 있다. 전 세계 어디서나 동일한 우버 앱을 사용할 수 있어 현지 택시 업체를 찾을 필요가 없다.

운전자를 위한 가치 제안

운전자는 우버의 직원이 아니다(일부 국가에서는 이것이 위험 요소가 되기도 하는데, 뒤에서 이에 대해 살펴본다). 이 관계의 정확한 성격은 국가와 관할 지역에 따라 다르지만, 우버는 각 운전자를 프리랜서 계약자로 간주한다. 우버는 운전자에게 현지 경쟁업체가 운전자(프리랜서든 고용인이든)에게 지급하는 것보다 더 많은 임금을 지급하겠다고 제안한다. 택시 운전 업무는 대개 보수가 낮고 우버는 더 많은 돈을 주기 때문에 많은 운전자가 가입한다. 또한 우버는 피크 시간대에 더 많은 금액을 지불하는 인센티브를 제공한다[이를 '서지 프라이싱(surge pricing)'이라고 한다]. 우버 앱을 통해 끊임없이 차량이 호출되기 때문에 운전자는 더 높은 수입을 얻을 수 있으며, 운전자는 자신의 이익에 따라 근무 시간을 결정할 것이다.

수익 모델

우버의 투자는 대부분 세계적으로 브랜드 인지도를 높이고 현지 고객 및 운전자 커뮤니티에 대한 제안을 마케팅하는 데 집중되었고, 이를 통해 우버는 강력한 브랜드 인지도를 확보했다. 우버는 차량을 소유하지 않고 운전자가 직접 차량을 제공하며, 일부 시장에서는 차량 임대 계약을 체결하고 있다. 다른 자금은 승차 관리를 지원하는 기술 인프라에 투자하나, 대부분의 자금이 지역 택시 경제에서 높은 시장 점유율을 확보하기 위한 시장 개발 및 유지에 사용된다.

보통 우버는 승차료의 20~30%를 가져가는데, 이는 지역 상황에 따라 차이가 있다. 수요가 많을 때 우버는 서지 프라이싱을 도입한다(앱의 제안 가격과 최종 가격에 배율을 더한다). 이는 수요에 비해 운전자 가동률이 낮은 지역에 더 많은 운전자를 끌어들이는 역할을 한다. 한편 가격에 민감한 고객은 서지 가격이 내려갈 때까지 여행을 미루는 상황이 연출되기도 한다.

또한 우버는 특정 시장에서 차량의 품질에 따른 가격 전략을 갖추고 있다. 예를 들어 미니버스나 고급 리무진과 같은 프리미엄급 차량을 주문하면 프리미엄 가격이 부과된다.

전략

우버의 전략은 디지털 혁신이다. 택시 배차는 표준이 거의 없고 가격에 의해 경쟁이 좌우되는 산업이다. 다른 파괴적 비즈니스와 마찬가지로 우버는 하드웨어를 소유하지 않으며, 차량을 소유한 운전자에게 차량 공유 인프라에 대한 액세스를 제공한다. 또한 고객과 운전자가 모두 사용할 수 있는 리뷰 시스템을 갖추고 있다. 새로운 거점에서는 고객을 확보하고 유지하기 위해 대규모 마케팅 활동을 펼친다. 예를 들면 앱을 처음 사용하는 고객에게 많은 무료 여행을 제공하고, 다른 택시 회사에 다니다 우버로 옮기는 운전자에게 많은 금전적 인센티브를 제공한다. 우버의 목표는 시장 점유율을 높여 지역 시장에서 최대 플레이어가 되는 것이다. 이때 우버는 운임과 운전자에게 지불하는 요금 체계를 변경하기 시작한다. 파편화된 경쟁 시장에서 우버는 대부분의 투자를 이러한 활동에 쏟아붓고 있다. 풍부한 자금력을 바탕으로 신규 시장의 신규 운전자에게 최적의 요금을 제시하여 기존 택시 회사로부터 운전자를 끌어올 수 있다.

경쟁자

우버의 경쟁자는 영업 지역에 따라 다르다. 택시 및 렌터카 사업에서는 지역 택시와 렌터카 회사가 일반적인 경쟁자인데, 이는 특정 도시나 지역에 국한된 경우가 많다. 또한 리프트(Lyft, 미국과 일부 아시아 국가), 커브(Curb, 미국), 디디추싱(Didi Chuxing, 중국), 그랩

(Grab, 일부 아시아 국가), 올라(Ola, 인도) 등의 앱 기반 경쟁도 있다. 중국에서의 경쟁으로 우버는 결국 2016년 초에 중국 사업을 디디추싱에 매각했다. 아시아 경쟁사 중 상당수가 다양한 지역에서 우버와 직접 경쟁하기 위해 힘을 합치고 있어 어려움을 겪고 있다.

위험 요인

우버의 발전 과정에서 기업의 법적·윤리적 행동에 대한 비판적 논평과 항의가 많았다. 여러 국가에서 고용법 위반으로 간주되어 운전자를 프리랜서가 아닌 직원으로 취급해야 한다는 판결이 났고, 이에 따라 우버는 고용 관행을 수정했다.

많은 도시에서 우버는 기존 택시 기사들의 조직적 항의를 받았다. 특히 런던에서는 블랙캡 택시 기사들이 여러 차례 시위와 파업을 벌였다. 유럽에서 우버는 무면허 운전자와 관련하여 현지 법과 규정을 위반했다는 이유로 벌금을 물었다. 또한 운전자가 택시 등록 운전자로 등록되어 있지 않은 관할권에서 운전자의 안전에 대한 우려가 제기되어 큰 비판에 직면했다.

우버가 고려해야 할 미래의 최대 위험 요소 중 하나는 자율 주행 차이다. 우버는 미국의 여러 도시에서 자율 주행 차량 서비스 실험을 시작했다. 자율 주행 차는 흥미로운 딜레마를 낳는다. 운전자를 고용할 필요가 줄어들지만 자율 주행 차 하드웨어에 투자해야 하며, 이는 사업의 자본 활용에 영향을 미칠 것이다. 진짜 문제는 자율 주행 차가 미래 사회와 교통에서 어떤 역할을 할 것인가이다. 한 가지 우려는 자동차 제조업체가 자율 주행 택시 서비스 제공업체로서 여러 시장에서 경쟁할 수 있다는 것이다. 자율 주행 차 개인 소유주는 우버에 속하지 않는 차량 공유 기술을 통해 자신의 차량을 임대용으로 이용할 수 있다. 우버의 가장 큰 진입 장벽인 신규 운전자에게 많은 보수를 지불해야 한다는 것으로, 이는 자율 주행 차가 등장하면 사라질 것이다. 따라서 대대적인 방향 전환이 필요할 것이다.

출처: http://nextjuggernaut.com/blog/how-uber-works-business-model-revenue-uber-insights/https://newsroom.uber.com/

문제

1. 우버와 같은 디지털 비즈니스의 투자자라면 현재 비즈니스의 성공과 미래 성장 가능성을 평가하고 벤치마킹하기 위해 어떤 재무 및 고객 관련 지표를 사용해야 하는가?
2. 우버의 미래 성장 가능성을 저해할 수 있는 주요 비즈니스 위험 평가에 초점을 맞춰 우버의 상황을 분석하라.
3. 2번에서 확인된 주요 비즈니스 위험을 최소화하기 위해 우버가 활용할 수 있는 방법을 제시하라.

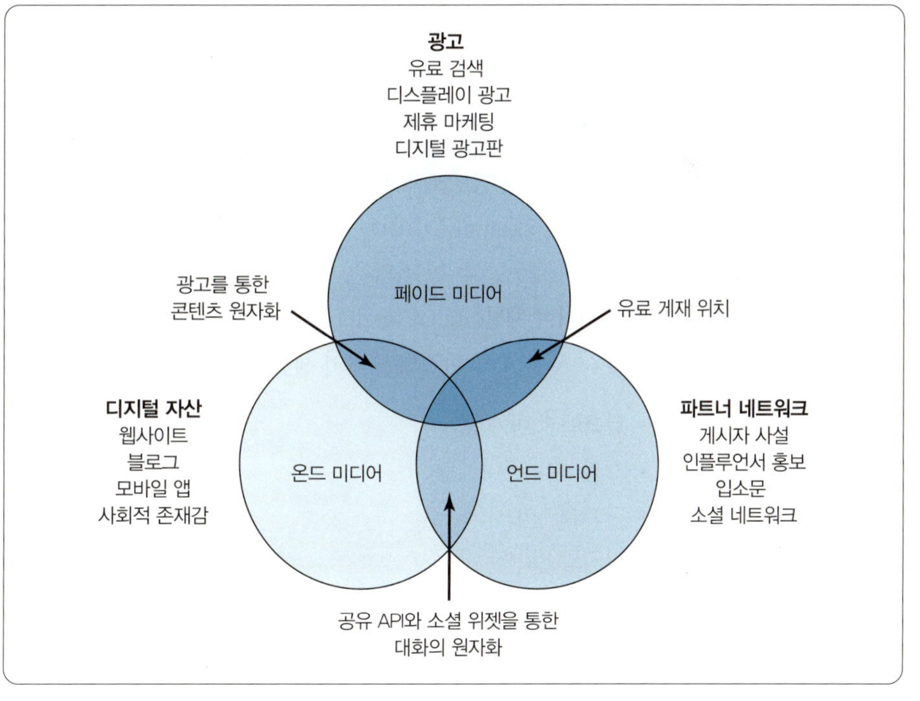

그림 1.8 온라인 미디어 투자의 세 가지 주요 옵션

방문자, 도달 또는 전환에 대한 대가를 지불하는 구매 미디어이다. 인쇄, tv 광고, 다이렉트 메일과 같은 오프라인 전통 미디어는 여전히 중요하며, 유료 미디어 지출의 상당 부분을 차지한다.

- **언드 미디어**(earned media): 전통적으로 언드 미디어는 브랜드 인지도를 높이기 위해 인플루언서를 통해 이루어지는 홍보를 뜻한다. 현재 언드 미디어에는 바이럴 마케팅과 소셜 미디어 마케팅을 통한 입소문이 포함되고 소셜 네트워크, 블로그, 기타 커뮤니티에서의 대화도 포함된다. 언드 미디어는 퍼블리셔, 블로거, 고객 지지자를 비롯한 인플루언서 등 다양한 유형의 파트너를 통해 전개된다고 보는 것이 효과적이다. 또한 온라인과 오프라인에서 이루어지는 소비자와 기업 간 다양한 형태의 대화도 언드 미디어로 볼 수 있다.
- **온드 미디어**(owned media): 브랜드가 소유한 미디어를 말한다. 온라인 온드 미디어에는 기업의 웹사이트, 블로그, 이메일 리스트, 모바일 앱 또는 페이스북, 링크드인, 트위터의 소셜 프레젠스 등이 포함되고, 오프라인 온드 미디어에는 브로셔와 소매점이 포함된다. 다른 매체에 대한 대체 투자라는 점에서, 그리고 다른 매체와 유사한 광고 및 편집 형식을 빌려 제품 홍보 기회를 제공한다는 점에서 기업의 존재 자체를 매체로 간주하는 것이 유익하다. 모든 조직은 멀티채널 퍼블리셔가 되어야 한다.

그림 1.8을 보면 세 가지 유형의 미디어가 중첩되는 부분이 있다. 이러한 중첩을 실현하기 위해서는 캠페인, 자원, 인프라를 통합하는 데 유의해야 한다. 콘텐츠 허브나 사이트의 콘텐츠는 페이스북 API와 같은 프로그램 및 데이터 교환 API로 구동되는 **위젯**(widget)을 통해 다른 미디어 유형 간에 분류(원자화)하여 공유할 수 있다.

위젯 사이트 또는 소셜 네트워크의 공간에 소유자가 내장하는 배지나 버튼으로, 보통은 콘텐츠나 서비스가 다른 사이트에서 제공된다. 위젯이 로드될 때마다 서버와 상호작용하기 때문에 콘텐츠가 실시간으로 업데이트될 수 있다.

주요 디지털 미디어 채널

마케팅 담당자가 디지털 비즈니스 커뮤니케이션 전략의 일환으로 또는 디지털 마케팅 캠페인을 계획할 때 검토해야 할 온라인 커뮤니케이션 방법은 다양하다. 이러한 계획을 돕기 위해 Chaffey와 Smith(2012)는 페이스북, 구글, 인스타그램, 링크드인, 유튜브 등 다양한 플랫폼에서 사용할 수 있는 많은 커뮤니케이션 옵션을 청중에게 도달하기 위한 여섯 가지 **디지털 미디어 채널**(digital media channel)로 단순화했다. Chaffey와 Smith는 청중에게 다가갈 수 있는 주요 디지털 미디어 채널을 검토할 것을 권장한다.

디지털 미디어 채널 디지털 커뮤니케이션 기술은 브랜드 인지도, 친근감, 호감도 등의 목표를 달성하고, 디지털 미디어 사용자가 웹사이트 방문을 통해 브랜드 및 상품과 관계를 맺으며, 최종적으로 전화, 매장과 같은 기존 미디어 채널을 통해 디지털 또는 오프라인 구매로 이어지도록 유도하는 데 사용된다.

- 검색엔진 마케팅
- 소셜 미디어 마케팅
- 디스플레이 광고
- 디지털 PR
- 디지털 파트너십
- 디지털 메시지

마케팅 담당자는 종종 페이드 미디어, 온드 미디어, 언드 미디어(POEM)를 사용하여 투자를 높은 수준으로 설명한다. 우선순위를 쉽게 정하기 위해 그림 1.9에 나타낸 여섯 가지 디지털 미디어 채널과 커뮤니케이션 도구 중 페이드 미디어, 온드 미디어, 언드 미디어를 고

그림 1.9 페이드 미디어, 온드 미디어, 언드 미디어와의 관계를 보여주는 디지털 미디어 채널 또는 커뮤니케이션 도구의 여섯 가지 카테고리

려하는 것이 좋다. 이러한 기법을 조합하면 기업이 고려해야 할 열여덟 가지 디지털 커뮤니케이션 기법이 도출된다. 페이드 미디어 예산이 한정된 기업은 온드 미디어나 언드 미디어 기법에 집중하는 경우가 많다. 또한 오프라인 커뮤니케이션의 경우 기업 웹사이트나 소셜 네트워크로 방문자를 유도하는 역할을 고려해야 한다.

8장에서는 이를 실행하기 위한 실질적 성공 요인과 모범 사례를 설명하고, 장점과 단점, 보다 효과적인 실행을 위한 모범 사례를 살펴본다. 모든 기업이 활용할 수 있는 여섯 가지 주요 미디어 채널과 그중 페이드 미디어, 온드 미디어, 언드 미디어 옵션은 다음과 같다.

클릭당 과금(PPC) 검색 마케팅 검색 사용자가 특정 키워드를 입력하면 검색엔진의 검색 결과 페이지에 스폰서 링크로 표시되는 텍스트 광고(일반적으로 자연 목록의 상단, 오른쪽 또는 하단에 위치)에 기업이 비용을 지불하는 것. 광고 내 하이퍼텍스트 링크가 클릭될 때마다 비용을 지불하지만, 링크가 여러 번 클릭되면 검색엔진에 의해 클릭 사기로 감지되어 비용이 청구되지 않는다.

검색엔진 최적화(SEO) 검색엔진의 자연 검색 결과 또는 유기적 검색 결과 목록(검색 결과 페이지의 본문)에서 선택한 키워드나 문구에 대한 기업 또는 제품의 위치를 높이기 위해 사용되는 구조화된 접근 방식

- **검색엔진 마케팅**: 검색엔진에서 가시성을 확보하여 사용자가 특정 키워드를 입력했을 때 웹사이트를 클릭하도록 유도하는 것이다. 두 가지 주요 검색 마케팅 방법은 **클릭당 과금 검색 마케팅**[pay-per-click(PPC) search marketing]을 이용한 유료 게재, **검색엔진 최적화**(search engine optimization, SEO)를 이용한 자연적 또는 유기적 게재이다. SEO는 구글 서치 콘솔에 의해 모니터링되는 크롤링 가능성을 향상시키기 위해 콘텐츠의 관련성 향상과 기술적 개선을 통한 페이지 최적화와 관련이 있기 때문에 온드 미디어로 간주된다. SEO는 인용이나 투표 수로 계산되는 웹사이트로부터 관련성 있는 '백링크'를 획득함으로써 검색엔진에서 가시성이 향상될 수 있는 곳에서는 언드 미디어 요소도 가지고 있다.
- **소셜 미디어 마케팅**: 소셜 네트워크의 유료 광고와 온드 미디어인 소셜 미디어 피드, 페이지에서 공유되는 콘텐츠를 통한 기업 인지도 확보를 목표로 하는 유기적 소셜 미디어 증폭이 모두 포함된다. 온드 소셜 미디어에서는 퍼블리셔나 파트너가 브랜드 또는 소셜 업데이트를 공유한다.

  Boyd와 Ellison(2007)은 소셜 네트워크의 성장을 다음과 같이 공식적으로 밝혔다.

  > 개인이 ① 경계 시스템 내에서 공개 또는 반공개 프로필을 생성하고, ② 연결을 공유하는 다른 사용자의 목록을 생성하며, ③ 자신의 연결 목록과 시스템 내 다른 사용자가 생성한 연결 목록을 보고 열람할 수 있는 웹 기반 서비스이다.

댓글이나 기타 콘텐츠를 게시하고 콘텐츠를 평가하는 대화형 기능은 의외로 이 정의에 포함되지 않았다.

Weinberg와 Ekin(2011)에 따르면 소셜 미디어는 전통적인 마케팅의 완전한 대체물도 아니고 만능도 아니다. 마케팅 담당자는 소비자에게 직접 메시지를 전달하고 전통적인 목적에 집중함으로써 소셜 미디어를 효과적으로 활용할 수 있다.

- **디스플레이 광고**: 배너, 동영상 등의 온라인 광고 포맷을 퍼블리셔 사이트에서 사용하여 브랜드 인지도를 높이고 타깃 사이트로의 클릭을 유도한다. 일반적으로 광고는 퍼블리셔 사이트에 표시되기 때문에 검색 연동 광고나 소셜 광고와는 다른 투자로 간주된다. 프로그래밍 방식의 디스플레이는 미디어, 다른 광고주와의 거래나 입찰을 통해 타깃 청중을 선택하는 것을 말한다. 배너 광고가 아닌 미디어 사이트에 표시되는 콘텐츠에 대한 게재료를 지불하는 것은 네이티브 광고에 포함되며, 이는 기업이 신문 지면에 특집을 싣기 위해 돈을 쓰는 것과 유사하다. 두 경우 모두 스폰서십과 비슷하며, 브랜드와 퍼블리셔의 연계에 대한 대가를 지불하는 장기적인 관계로 이어질 수 있다.
- **디지털 PR**: 다른 조직이나 사람들, 특히 미디어 사이트 또는 유명인과 같은 인플루언서가 '사이트 밖'에서 기업, 브랜드, 제품에 대해 호의적으로 언급한 것을 극대화하는 것이다. 퍼블리셔의 웹사이트, 블로그, 소셜 네트워크, 타깃 청중이 접속하는 팟캐스트 등에서 이루어지는 이러한 언급은 인지도를 높일 뿐만 아니라 링크를 통한 방문을 유도하고 백링크로 SEO를 지원하는 이점이 있다. 게스트 블로깅은 보통 다른 기업의 웹사이트에 대가 없이 기사를 작성하는 것으로, 이는 흔히 상호 호혜적인 계약이다. 인플루언서 아웃리치(outreach)는 B2B, B2C 커뮤니케이션에 모두 사용되며, 일반적으로 소셜 미디어, 블로그, 팟캐스트를 통해 언급되도록 퍼블리셔가 아닌 개인과 협력하는 것을 말한다. 한편 부정적 또는 긍정적 온라인 브랜드 언급에 대한 대응과 소셜 미디어 뉴스 센터, 블로그 등을 통한 사이트 홍보 활동도 디지털 PR에 포함된다.
- **디지털 파트너십**: 제삼자 웹사이트 또는 웹사이트의 콘텐츠와 메시지를 통해 기업의 온라인 서비스를 홍보하는 장기적 계약을 체결하고 관리한다. 제휴 마케팅은 매출이 발생했을 때만 광고주가 보상을 지급하는 수수료 기반 계약으로 이루어진다. 이는 소매업, 여행업, 금융 서비스업에 가장 적합하며, 제휴 사이트는 온라인 판매가 발생하면 트래픽에 대한 보상을 받는다. 공동 브랜딩(co-branding)은 두 브랜드를 이메일 마케팅이나 네이티브 광고로 소개하는 페이드 미디어 또는 온드 미디어 방식이다. 공동 마케팅(co-marketing)은 이와 비슷하지만, 협력하는 두 기업이 콘텐츠를 공유하여 인지도를 높이고 공유 잠재고객 사이에서 리드를 늘리려는 경우에는 수수료를 지불하지 않는 계약이다. 예를 들어 퍼블리셔인 스마트인사이츠(Smart Insights)와 마케팅 업체인 허브스폿(HubSpot)의 공동 마케팅 계약을 맺은 데이브 채피는 두 브랜드의 인지도를 높이고 리드를 창출하기 위해 공동 조사 보고서를 만들었고, 허브스폿은 전담 공동 마케팅 관리자를 두어 이를 관리하고 있다.
- **디지털 메시지**: 업데이트를 구독하는 개인에게 보내는 디지털 메시지는 전통적으로 이메일 마케팅이 주를 이루며, 비용 효율성이 높기 때문에 여전히 가장 많이 이용되는 디지털

미디어 채널이다. 그러나 웹사이트나 앱의 모바일 푸시 알림을 구독하는 경향이 높은 젊은 층에서는 이메일이 덜 쓰이고 있다. 디지털 메시지의 대안으로는 제삼자 이메일 매거진에 광고 게재(페이드 미디어), 고객 활성화 및 유지를 위한 자사 리스트 활용(온드 미디어), 제삼자 이메일 매거진을 활용한 공동 마케팅 기법 등이 일반적으로 사용된다. 이메일 주소 목록을 구매하거나 대여하는 것은 스팸 행위로 간주되며 개인 정보 보호법에 따라 허용되지 않는다.

웹 2.0에서 웹 3.0으로

디지털 비즈니스의 트렌드를 파악하려는 경영자라면 **웹 2.0**(Web 2.0)과 **웹 3.0**(Web 3.0)을 이해해야 한다. 2004년 이후로 웹사이트 소유자와 개발자 사이에서 웹 2.0의 개념이 부각되었고, 팀 오라일리(Tim O'Reilly)는 웹 2.0의 주요 기술과 원칙을 설명했다(O'Reilly, 2005). '웹 2.0'이라는 레이블 뒤에는 블로그, 팟캐스트, 소셜 네트워크 등 다양한 인터랙티브 도구와 소셜 커뮤니케이션이 포함되어 있으며, 이는 지금도 사용되고 있다.

오늘날에는 **블록체인**(blockchain), **암호화폐**(cryptocurrency) 관련 기술의 중요성을 강조하거나 과장하는 데 웹 3.0이라는 용어를 흔히 사용하곤 한다. 블록체인 기술은 주요 기술 혁신의 관련성 평가가 얼마나 어려운지를 보여주는 한 예이다. Wired(2019)는 "블록체인은 누구에게 물어보느냐에 따라 인터넷 이후 가장 중요한 기술 혁신이거나 문제 해결책이 될 수 있다"고 언급했다. 블록체인과 암호화폐는 4장에서 자세히 다룰 것이다.

웹 2.0 사용자 생성 콘텐츠를 창출하고 커뮤니티 및 소셜 네트워크 참여, 매시업, 표준 데이터 교환 형식, 콘텐츠 등급, 위젯 사용, 태그 지정 등을 장려하기 위해 웹 사용자와 사이트 간의 상호작용을 촉진하는 웹 서비스의 총칭

웹 3.0 블록체인, 암호화폐와 같은 디지털 거래의 보안 분산화를 지원하는 관련 기술을 가리킨다. 이전에 팀 버너스리 경은 자동화된 애플리케이션이 다양한 디지털 서비스에서 데이터에 접근하고, 검색자가 공급자를 선택하는 복잡한 작업을 수행하도록 지원하는 지능형 또는 의미론적 웹을 표현하는 데 웹 3.0이라는 용어를 사용했다.

블록체인 암호화된 거래 기록('블록'이라고 불림)의 묶음으로 구성된 분산형 원장으로, 인터넷 등 P2P 네트워크상에서 보호될 수 있다. 시스템이 안전하며, 거래 내역은 감사 기록을 제공하기 위해 변경될 수 없다.

암호화폐 암호화 기술로 안전성이 확보되어 위조나 이중 사용이 극히 어려운 디지털 화폐 또는 가상 화폐. 비트코인, 이더리움 등의 암호화폐는 블록체인 기술을 기반으로 한 분산형 네트워크이다.

공급사슬 관리

구매 측과 판매 측의 전자상거래를 구분할 때 기업 공급사슬 관리(SCM)의 다른 측면에 주목하게 된다. 공급사슬 관리는 기업의 공급업체에서 고객에게 제품을 배송하기까지의 모든 공급 활동을 조정하는 것이다. (공급사슬 간소화 및 재구축을 위해 전자상거래를 활용할 수 있는 기회에 대해서는 6장에서 자세히 다룰 것이다.) 가치사슬은 기업의 공급 측면과 수요 측면을 연결하는 다양한 부가가치 활동을 나타내는 개념으로, 조직 내에서의 내부 가치사슬과 이러한 활동이 파트너에 의해 이루어지는 외부 가치사슬로 구분할 수 있다. 디지털 비즈니스 시대에 기업은 상호 연관된 많은 가치사슬을 관리하므로 가치 네트워크의 개념도 고려해야 한다(6장 참조).

전자상거래의 비즈니스 모델과 소비자 모델

오늘날에는 기업과 이해관계자 간의 전자상거래 설명할 때 **B2C**(business-to-consumer), **B2B**(business-to-business)로 구분하는 것이 일반화되었다. 그림 1.10은 기업 대 소비자(B2C), 기업 대 기업(B2B) 영역에서 사업을 운영하는 다양한 기업의 예를 보여준다. BP, 델컴퓨터(Dell Computer)와 같은 기업은 소비자와 기업 둘 다에게 판매할 수 있는 제품을 보유하고 있기 때문에 사이트의 각기 다른 부분에서 각각의 잠재고객을 대상으로 제품을 소개하고 있다.

B2C 기업과 소비자 간의 거래

B2B 기업들 간의 거래 또는 마케팅

표 1.1에 제시된 유명 디지털 기업은 주로 B2C 시장에 초점을 맞추고 있다. 그러나 이베

콘텐츠/서비스 소비자 \ 콘텐츠/서비스 공급자	소비자 또는 시민	기업(조직)	정부
소비자 또는 시민	**C2C(소비자 대 소비자)** • eBay • P2P: Skype • 블로그, 커뮤니티 • 제품 추천 • 소셜 네트워크: Instagram, Snapchat	**B2C(기업 대 소비자)** • 거래: Amazon • 관계 구축: BP • 브랜드 구축: Unilever • 미디어 소유: News Corp • 비교 중개: Kelkoo, Pricerunner	**G2C(정부 대 소비자)** • 국가 정부 거래: 세금(HMRC) • 국가 정부 정보 • 지방 정부 서비스
기업(조직)	**C2B(소비자 대 기업)** • 가격 책정 • 소비자 피드백, 커뮤니티, 캠페인	**B2B(기업 대 기업)** • 거래: Eurofce • 관계 구축: BP • 미디어 소유: Emap 비즈니스 간행물 • B2B 시장: EC21	**G2B(정부 대 기업)** • 정부 서비스 및 거래: 세금 • 법적 규정
정부	**C2G(소비자 대 정부)** • 압력 단체 또는 개별 사이트를 통해 정부에 피드백 제공	**B2G(기업 대 정부)** • 정부 기업 및 비정부 기관에 대한 피드백	**G2G(정부 대 정부)** • 정부 간 서비스 • 정보 교환

그림 1.10 기업, 소비자, 정부 기관 간 거래 대안의 개요와 예시

이(eBay)가 '비즈니스, 사무용품, 산업용품'이라는 카테고리에 속하듯이 비즈니스 거래가 수익의 큰 부분을 차지하기 때문에 B2B 커뮤니케이션이 여전히 중요한 경우가 상당수이다. 일부 비즈니스 모델에서는 B2B 거래를 통해 제공되는 광고로 B2C 서비스가 유지되는 경우도 있다. 예를 들어 구글은 대부분의 수익을 B2B 구글 광고 플랫폼에서 얻고 있으며, 페이스북과 인스타그램을 보유한 메타(Meta) 역시 광고 기반 수익이 중요하다.

C2C 소비자가 어떤 제안을 가지고 다른 소비자(또는 동종업계)에게 접근하는 거래

C2B 소비자가 오퍼를 가지고 기업에 접근하는 거래

그림 1.10에는 소비자들 간의 직접 거래인 **C2C**(consumer-to-consumer), 소비자와 기업의 거래인 **C2B**(consumer-to-business)도 나타냈다. 이 두 가지 용어는 널리 사용되지는 않지만, 인터넷 기반 상거래와 그 전 상거래 간의 큰 차이를 드러낸다. C2C(P2P라고도 함)는 비교적 드물었지만 지금은 소셜 네트워크와 시장(이베이, 아마존 마켓플레이스 등)의 형태로 매우 보편화되었다.

웹 초창기에 Hoffman과 Novak(1996)은 기업이 고려해야 할 인터넷의 중요한 특징으로 C2C 상호작용을 제안했지만, 이것이 널리 퍼진 것은 광대역 연결과 소셜 미디어 앱에 대한 모바일 액세스가 증가하면서부터이다. 또한 P2P 거래는 바크(Bark), 크레이그리스트(Craigslist), 검트리(Gumtree)와 같은 디지털 비즈니스 모델의 주요 기반이다.

그림 1.10에는 디지털 서비스나 전자정부 서비스를 제공하는 정부 기관과 공공 서비스 기관도 포함되어 있다. 한편 인트라넷의 활용을 통해 직원을 별도 유형의 소비자로 간주해야 한다는 의견도 있는데, 이는 E2E(employee-to-employee)라고 한다.

닷 정부 정부 및 공공 서비스에 디지털 기술을 적용하여 시민과 기업에 제공하는 것

닷 정부의 정의

닷 정부(Dot Gov)는 정부 및 공공 서비스에 디지털 기술을 적용하는 것을 말한다. 디지털

비즈니스가 고객(시민), 공급업체, 내부 커뮤니케이션과의 거래 및 참여로 이해되는 것과 마찬가지로 닷 정부도 비슷한 범위의 애플리케이션을 다룬다.

- **시민**: 지역 및 국가 차원의 정보 제공, 디지털 서비스 이용이 가능한 시설. 가령 지역 단위에서는 쓰레기 수거일을 알 수 있고, 국가 단위에서는 세금 신고서를 작성할 수 있다.
- **공급업체**: 정부 부처는 방대한 공급업체 네트워크를 보유하고 있다. 전자 공급사슬 관리, 전자 조달(6, 7장 참조)의 잠재적 이익과 단점은 정부에도 유효하다.
- **내부 커뮤니케이션**: 정보 수집 및 발신, 정부 부서 내 효율화를 위한 이메일, 워크플로 시스템 등이 포함된다.

현재 많은 국가에서는 닷 정부를 중요하게 다루고 있다. 유럽연합(EU)은 'i2010(2010년 유럽 정보 사회)'을 출범했는데, 그 목적은 다음과 같다.

> EU의 정보 사회 및 시청각 정책에 대한 통합적 접근 방식을 제공하여 규제, 연구, 배포를 포괄하고 문화적 다양성을 증진한다. (eEurope, 2005)

디지털 비즈니스 기회

디지털 비즈니스 덕분에 크고 작은 조직이 글로벌 시장에서 경쟁할 수 있는 새로운 기회가 등장했다. 이 장의 서두에서 언급했듯이 전자통신이 가져온 큰 변화 중 하나는 정보를 전달하고 변환하는 방식을 어떻게 경쟁 우위로 활용할 수 있는지에 관한 것이다. 전자통신의 파괴적·변혁적 성격에 대한 중요한 내용은 보충 자료 1.1을 참고하기 바란다.

인터넷으로 인해 많은 기업은 기존 디지털 고객 및 공급업체와 더욱 긴밀한 관계를 구축하고 고객을 유지할 수 있는 큰 기회를 얻게 되었다. 고객과 공급업체가 디지털 비즈니스 서비스를 이용하도록 장려함으로써 비용을 크게 절감하는 동시에 구매 및 고객 서비스를 위한 새롭고 편리한 채널을 제공할 수 있다. 기업은 고품질의 디지털 서비스를 제공함으로써 이해관계자와 지속적인 관계를 구축할 수 있다. "디지털 고객은 클릭 한 번, 손가락 한 번으로 경쟁사로부터 멀어진다"는 말이 있지만 이는 단순화된 표현이며, 디지털 서비스 이용을 촉진함으로써 **소프트 록인**(soft lock-in)을 달성할 수 있다. 이는 고객이나 공급업체가 해당 서비스의 가치를 발견하고, 서비스 학습과 시스템과의 통합에 시간을 투자했으며, 전환에 어느 정도 비용이 들기 때문에 해당 서비스를 계속 사용한다는 것을 의미한다. 다양한 목적으로 사용하고 있는 디지털 서비스를 생각해보자. 얼마나 자주 전환하는가? 물론 가장 이상적인 것은 서비스가 사용자의 요구를 충분히 충족하고 가치를 제공함으로써 사용자가 만족하여 다른 서비스로의 전환을 고려하지 않는 것이다.

소프트 록인 고객이나 공급업체는 전환 비용 때문에 특정 디지털 서비스를 계속 사용한다.

전자상거래에서 디지털 기술을 비즈니스에 도입한다는 것은 경영자로서 전자상거래와 디지털 비즈니스가 시장과 기업에 미치는 영향을 평가해야 한다는 것을 의미한다. 소비자와 기업의 행동을 변화시키는 요인은 무엇인가? 어떻게 대응해야 하는가? 어느 정도의 투

보충 자료 1.1 파괴적인 인터넷 기술의 영향에 대한 견해

하버드대학교의 Evans와 Wurster는 1997년에 발표한 논문 〈전략과 정보의 새로운 경제학(Strategy and the new economics of information)〉에서 파괴적인 인터넷 기술과 결합되어 시장에 큰 영향을 미칠 수 있는 정보의 세 가지 특성으로 도달 범위, 풍부함, 제휴를 들었다.

- **도달 범위**: 기업이 교류할 수 있는 잠재고객의 수를 의미하며, 인터넷 덕분에 검색엔진을 통해 콘텐츠를 이용할 수 있게 됨으로써 저렴한 비용으로 국내외로 도달 범위가 확대되었다. 또한 도달 범위는 소비자 인터페이스(매장, 카탈로그, 웹사이트 등)가 아우를 수 있는 다양한 카테고리와 제품 수를 의미한다. 아마존, 이베이, 켈쿠(Kelkoo)와 같은 디지털 기업과 이지젯(easyJet), 테스코(Tesco)와 같이 웹을 사용하여 자사의 제품 범위를 확장한 기존 기업을 통해 이용 가능한 광범위한 제품을 확인할 수 있다.
- **풍부함**: 정보 자체의 특징이다. 인터넷은 제품, 가격, 재고에 대한 보다 상세한 정보를 제공할 수 있으며, 고객의 관심을 끌고 더욱 최신 정보를 제공하기 위해 양방향성과 맞춤성을 높일 수 있다. 그러나 대역폭(일정 시간 동안 통신 회선을 통해 전송할 수 있는 정보의 양), 정보의 정확성과 신뢰성, 보안에 따라 정보의 풍부함이 제한될 수 있다.
- **제휴**: 파트너 관계의 유효성을 의미한다. 디지털상에서는 호환 가능한 다른 조직과 가장 많은 관계를 맺는 조직이 더 큰 도달 범위와 영향력을 얻을 수 있다. 이베이, 구글, 아마존과 같은 디지털 기업이 소셜 네트워킹, 지도, 음성 통신, 디지털 사진 등의 새롭고 다양한 정보 서비스를 제공하기 위해 어떻게 타사와 제휴하고 타사를 인수하는지 생각해보라.

인터넷으로 인해 변화된 자동차 판매와 같은 시장에서는 도달 범위, 풍부함, 제휴를 어떻게 향상할 수 있는지 이해하는 것이 매우 중요하다. 이는 디지털 수단을 통해 자동차를 구매하는 사람의 비율이 높기 때문이 아니라, 대다수가 디지털 도구를 사용하여 선호하는 제조사, 모델, 공급업체를 조사하기 때문이다.

자가 필요한가? 무엇을 우선순위에 두고 얼마나 빠르게 행동해야 하는가? 이러한 질문에 답하는 것은 디지털 비즈니스와 디지털 마케팅 전략을 수립하는 데 필수적이다(이는 2부에서 자세히 다룰 것이다). 그 답을 얻으려면 마케팅 조사(2~4장 참조)를 통해 자사의 시장 부문과 기타 부문의 고객 및 경쟁사의 다양한 활동에 대한 인터넷 도입 현황을 파악해야 한다.

디지털 기술 도입 촉진 요인

기업은 조직의 다양한 부문에 이점이 있는지에 따라 전자상거래와 디지털 비즈니스 도입을 결정한다. 무엇보다도 기업은 디지털 비즈니스의 이점이 수익성에 어떤 영향을 미치는지 또는 조직에 어떤 가치를 부여할 수 있는지를 우려한다. 이를 실현하는 두 가지 주요 방법이 있다.

- 더 많은 고객층에 대한 도달 범위를 확장하고 기존 고객의 충성도와 재구매를 촉진하여 수익을 증가시킬 수 있다.
- 전자적으로 서비스를 제공함으로써 비용(인건비, 운송비, 종이 등의 자재비)을 절감한다.

디지털 기술 도입의 초기 단계에서 정부 보고서(DTI, 2000)는 오늘날에도 새로운 기술 도입과 관련된 두 가지 주요 추진 요인을 밝혔다.

비용/효율성 동인

- 보급품 획득 속도 향상
- 상품 발송 속도 향상
- 판매 및 구매 비용 절감
- 운영 비용 절감

경쟁력 강화 동인

- 고객 요구 사항
- 제공되는 서비스의 범위와 품질 개선
- 전자상거래를 사용하는 기업에 시장 점유율을 빼앗기지 않음

최근에 호주 기업과의 인터뷰에서 Perrott(2005)은 성과를 이끄는 네 가지 핵심 영역으로 비용 편익, 경쟁 압력, 시장 우위, 가치 증대(즉 고객 만족도를 향상하고 강력한 관계를 구축하는 것)을 밝혔다.

잠재적 편익을 검토할 때는 유형적 편익(금전적 절감이나 수익을 확인할 수 있는 것)과 무형적 편익(비용 절감 계산이 더 어려운 것)을 모두 파악하는 것이 효과적이다. 이러한 잠재적 편익을 표 1.2에 정리했다.

브로슈어웨어 기업이 웹사이트에 필요한 차이점을 인지하지 못하고 기존의 종이 기반 홍보물을 단순히 웹사이트에 옮겨놓은 것

Doherty 등(2003)은 소매업체의 인터넷 기술 도입 동인과 장벽을 조사하여 가장 중요한 요인을 파악했다. 표 1.3은 정적인 **브로슈어웨어**(brochureware)(A), 제품 정보가 포함된 활성 웹사이트(B), 상품을 구매할 수 있는 거래 사이트(C)에 이르기까지 인터넷 채택 정도에 따른 중요도 순위를 요약한 것이다. 인터넷 채택과 연관된 가장 중요한 두 가지 요소는 '인터넷 타깃 세분화', 즉 해당 시장의 고객이 일반적으로 인터넷을 채택하고 있는지 여부와 '인터넷 전략'(정의된 인터넷 전략이 마련되어 있는지 여부)임을 알 수 있다. 이는 일관된 인터넷 또는 디지털 비즈니스 전략이 없는 기업이 더 높은 수준의 인터넷 서비스를 사용할 가

표 1.2 전자상거래와 디지털 비즈니스의 유형적·무형적 편익

유형적 편익	무형적 편익
• 새로운 판매 리드에 의한 매출 증가에 따른 수익 증가 –새로운 고객, 새로운 시장 –기존 고객(교차 판매) • 마케팅 비용 절감 –고객 응대 시간 단축 –디지털 판매 –마케팅 커뮤니케이션 인쇄 및 배포 비용 절감 • 공급사슬 비용 절감 –재고 감소 –주문 주기 단축 • 채용, 청구서 지불, 휴가 승인 등의 보다 효율적인 일상 업무 프로세스로 관리 비용 절감	• 기업 이미지 커뮤니케이션 • 브랜드 강화 • PR을 포함한 보다 신속하고 신속한 마케팅 커뮤니케이션을 위한 홍보 • 시장 니즈에 빠르게 대응할 수 있는 제품 개발 생애주기 단축 • 고객 서비스 향상 • 미래를 위한 학습 • 웹사이트 보유에 대한 고객의 기대에 부응 • 신규 파트너 발굴, 기존 파트너 지원 강화 • 마케팅 정보 및 고객 정보 관리 개선 • 제품 관련 고객 피드백

표 1.3 전자상거래 소매업체의 디지털 도입을 촉진하는 핵심 요인

영향을 미치는 요인		A	B	C
1	인터넷 타깃 세분화	3	2	1
2	인터넷 전략	1	1	6
3	인터넷 마켓플레이스	4	5	2
4	인프라 및 개발 역량	2	3	5
5	인터넷 통신	5	6	4
6	인터넷 거래 비용	8	9	10
7	인터넷 비용 기회	6	8	7
8	시장 개척 기회	7	4	3
9	우려 사항	9	10	9
10	소비자 선호도	10	7	8

A: 인터넷 도입(정적 웹사이트), B: 활성 웹사이트, C: 디지털 판매(거래 사이트)
출처: Doherty et al.(2003)의 표를 기반으로 작성

능성이 낮다는 것을 시사한다. 디지털 비즈니스의 도전에 대응한 많은 대기업은 별도의 전자상거래 계획을 수립하고 이를 구현하기 위한 별도의 리소스를 마련했다. 이러한 계획에 포함되어야 할 사항과 이를 구현할 때 고려해야 할 문제를 알아보자.

사례 연구 1.2는 중소기업이 디지털 비즈니스를 시작하는 것의 이점을 보여준다. 또한 디지털 비즈니스를 관리할 때 디지털 서비스를 개선하기 위한 지속적인 투자와 웹사이트 방문자를 끌어들이는 데 필요한 마케팅의 필요성을 강조하고 있다.

디지털 비즈니스 이해관계자의 기술 도입을 가로막는 장벽

디지털 비즈니스 서비스 도입의 기회는 전략적 위험과 실무적 위험을 포함한 위험과 균형을 이루어야 한다. 주요 전략적 위험 중 하나는 디지털 비즈니스 투자에 대한 잘못된 판단이다. 모든 비즈니스 부문에서 디지털 비즈니스를 활용하여 경쟁 우위를 확보한 기업이 있다. 반면에 디지털 비즈니스에 투자하고도 계획 실행의 결함 또는 단순히 부적절한 접근 방식으로 인해 기대한 만큼의 수익을 얻지 못한 기업도 있다. 인터넷과 기술의 영향은 산업마다 다르다. 디지털 비즈니스 도입자 중 하나인 인텔의 앤디 그로브(Andy Grove) 회장은 모든 조직이 다음과 같이 자문해야 한다고 말했다.

> 인터넷은 태풍과 같은 힘인가, 열 배의 힘인가, 아니면 작은 바람인가? 아니면 우리의 비즈니스를 근본적으로 변화시키는 힘인가?
> –앤디 그로브(1996)

이 문장은 경영자가 다양한 디지털 기술에 어떻게 대응해야 하는지를 압축한 셈이다. 인

터넷의 영향은 시간의 흐름에 따라 어떤 기업에는 사소하고 어떤 기업에는 심각하기 때문에 적절한 대응이 필요하다. 그러나 21세기 후반의 10년간 모든 조직이 이해관계자와의 광범위한 네트워크가 요구하는 디지털 도전에 대응해야 한다는 주장은 매우 설득력이 있다.

또한 관리해야 할 실무적 위험도 많으며, 이를 무시하면 나쁜 고객 경험과 나쁜 뉴스 기사로 이어져 기업의 평판을 해칠 수 있다. 앞 절에서 소프트 록인의 개념을 살펴보았는데, 어떤 서비스의 고객 경험이 나쁘면 고객은 다른 디지털 옵션으로 전환할 것이다. 다음은 열악한 디지털 고객 경험의 예이다.

- 피크 시간대 TV 광고 캠페인 이후 웹사이트의 방문자 트래픽이 급증하여 접속하기 힘든 경우
- 해커가 시스템 보안을 뚫고 신용카드 정보를 훔치는 경우
- 기업이 허락을 받지 않은 고객에게 이메일을 보내어 고객을 불편하게 만들고 개인 정보 및 데이터 보호법을 위반할 가능성이 있는 경우
- 주문한 상품의 디지털 주문 처리 문제(주문 누락 또는 지연)가 있는 경우
- 이메일, 문의 양식, 소셜 미디어를 통한 고객 서비스 문의가 적절한 담당자에게 전달되지 않고 무시되는 경우

주목할 쟁점 1.2

중소기업의 디지털 비즈니스 도입 제한

기존 중소기업의 디지털 비즈니스 도입률은 일반적으로 대기업보다 낮다. 이는 주로 정보통신 기술(ICT)의 비즈니스 이점에 대한 경영진과 CEO의 부정적인 태도 때문이다.

그림 1.10을 통해 알 수 있듯이 이러한 위험에 대한 인식은 많은 기업에서 디지털 비즈니스 도입을 제한하는 결과를 초래할 수 있다. 이는 특히 중소기업의 경우 더욱 그렇다(이러한 비즈니스 유형의 디지털 비즈니스 도입 수준과 동인은 4장에서 자세히 살펴볼 것이다).

디지털 비즈니스 실행과 관련된 전략적 과제를 검토하는 또 다른 접근법은 매킨지의 7S 전략 방법론이다(Waterman et al., 1980).

디지털 비즈니스 역량 평가

기업의 디지털 비즈니스 역량을 평가하는 것은 향후 디지털 비즈니스 전략 수립의 출발점이 된다. 5장과 7장에서는 디지털 비즈니스 역량을 평가하고 개선의 우선순위를 파악하기 위해 **단계 모델**(stage model) 또는 다른 형태의 성숙도 모델을 이용하는 방법을 살펴본다. 그림 1.11은 판매 측과 구매 측의 전자상거래 역량을 검토하는 기본 단계 모델의 예로, 기업이 더 복잡한 기술을 도입하고 디지털 비즈니스 대응 프로세스의 범위를 확장하는 방법을 보여준다. 여기서 5단계에는 소셜 커머스가 포함된다.

단계 모델 기업이 다양한 프로세스를 지원하기 위해 정보통신 기술을 활용할 때 어느 정도 진척이 있는지 확인하는 데 사용되는 모델

소비자 기술 채택의 동인

판매 측의 전자상거래 투자를 결정하기 위해 경영자는 웹, 모바일, 인터랙티브 TV와 같은 새로운 서비스 그리고 블로그, 소셜 네트워크, 피드와 같은 특정 서비스를 어떻게 채택할지 평가해야 한다(4장에서는 이러한 수요 분석의 구조화 및 수행 방법을 살펴본다).

디지털 비즈니스 전략 수립을 다루는 5장에서는 고객이 특정 디지털 서비스를 이용하도록 유도하기 위해 전자상거래 서비스 기업이 명확한 **디지털 가치 제안**(digital value

디지털 가치 제안(DVP) 조직의 핵심 제안을 강화하고 비디지털 서비스 및 경쟁사 서비스와 차별화되는 디지털 서비스의 이점에 대한 설명

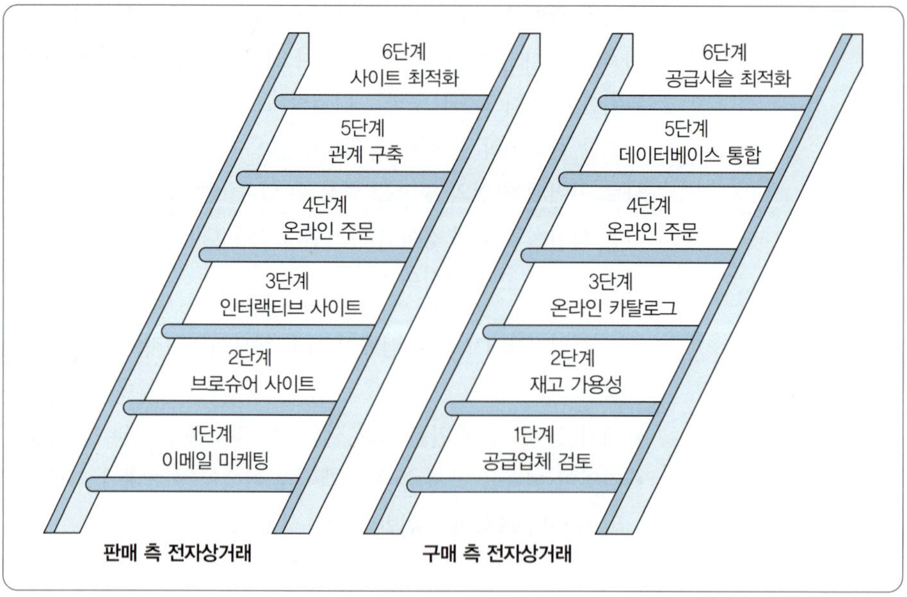

그림 1.11 구매 측과 판매 측 전자상거래의 간단한 단계별 모형

proposition, DVP)을 만드는 것이 얼마나 중요한지를 설명할 것이다. 디지털 서비스의 전형적인 혜택은 다음과 같은 '6C'로 요약할 수 있다.

- **콘텐츠**(content): 1990년대 중반에는 '콘텐츠가 왕'이라는 말이 흔했다. 지금도 관련성 높고 풍부한 콘텐츠가 왕이다. 즉 거래 또는 관계 구축 사이트에서는 구매 프로세스를 지원하기 위해, FMCG 브랜드에서는 제품 사용을 촉진하기 위해 보다 상세하고 심층적인 정보를 제공한다.
- **개인화**(customisation): '아마존 추천'과 같은 웹사이트 페이지 또는 이메일 알림으로 수신되는 콘텐츠의 대량 사용자 지정을 일반적으로 '개인화'라고 한다.
- **커뮤니티**(community): 소비자는 포럼, 채팅방, 블로그 댓글 등을 통해 자유롭게 토론할 수 있다(이에 대해서는 2장과 3장에서 자세히 설명할 것이다).
- **편의성**(convenience): 데스크톱으로 언제든 제품을 선택하고 구매 또는 이용할 수 있다. 즉 365일 24시간 이용 가능한 서비스를 의미한다. 물론 디지털 제품의 이용은 음악 또는 기타 데이터 서비스와 같은 디지털 제품에 국한된다. 아마존은 강풍이 몰아치는 거리에서 크리스마스 쇼핑객이 여러 개의 쇼핑백을 들고 싸우는 오프라인 광고를 통해 편의성이라는 메시지를 강화했다.
- **선택권**(choice): 웹을 이용하면 전통적인 유통 채널보다 더 많은 상품과 공급업체를 선택할 수 있다. 이는 켈쿠, 리부(Reevoo)와 같은 디지털 중개업체의 성공으로 증명되었다. 또한 테스코는 매장보다 더 자세한 정보와 더 다양한 상품(금융, 여행, 가전제품 등)을 선택할 수 있는 기회를 플랫폼을 통해 제공하고 있다.
- **비용 절감**(cost reduction): 디지털 세계에서는 상대적으로 저렴한 비용으로 구매할 수 있다는 인식이 널리 퍼져 있다. 많은 소비자는 디지털 업체의 인건비나 유통비가 거리의

소매업체보다 낮기 때문에 더 저렴한 가격으로 구매할 수 있을 것이라고 기대한다. 1990년대 후반에 저비용 항공사인 이지젯은 디지털 예약 시 2.5파운드의 할인을 제공함으로써 전화 예약에서 디지털 예약으로의 전환을 유도했다.

한편 Rayport와 Jaworski(2003)는 이와 유사한 프레임워크로 7C(context, content, community, customisation, communication, connection, commerce)를 제안했다.

디지털 도입에 대한 소비자의 장벽

여러 국가의 인식을 조사한 설문조사(Booz Allen Hamilton, 2002)에서는 인터넷 사용, 특히 소비자 구매를 가로막는 몇 가지 장벽이 드러났다. 이 설문조사는 인터넷 도입에 대한 소비자의 장벽을 다음과 같이 지적했다.

- 혜택을 인지하지 못함
- 신뢰 부족
- 보안 문제
- 기술 부족
- 비용

어느 국가에나 존재하는 이러한 장벽은 미래 수요를 예측할 때 고려해야 할 사항이다.

사례 연구 1.2 7주 만에 아이디어에서 유료 비즈니스로 전환한 버퍼

이 사례 연구는 소셜 미디어 업데이트를 관리하고 추적하는 B2B SaaS 비즈니스 모델로, 성장을 촉진하기 위해 데이터 중심의 사고방식을 채택한 스타트업 비즈니스가 수익성 높은 성숙한 비즈니스로 발전하는 성공 요인을 보여준다. 세부 내용을 밝히지 않는 기업이 많지만, 버퍼의 창업자는 테스트와 통찰력을 공개적으로 공유하는 '급진적 투명성'을 신조로 삼고 있다.

영국 버밍엄에 자리 잡은 버퍼는 조엘 개스코인(Joel Gascoigne)이 설립한 데이터 기반 회사이다. 개스코인은 소셜 공유와 스케줄링 개선 서비스라는 아이디어가 떠올라 'MVP(Minimal Viable Product)'를 만들었는데, 이는 서비스에 대한 관심을 평가할 수 있는 랜딩 페이지였다. 트위터를 통한 첫 등록과 피드백을 보고 그는 프로젝트를 시작하기로 결심했다. 버퍼(2011)의 설명에 따르면 그는 7주 동안 트위터에서 사용할 버퍼 애플리케이션의 첫 번째 버전을 직접 설계하고 구축했다. 현재는 인스타그램, 페이스북, 핀터레스트, 링크드인도 지원하고 있다.

가치 제안

개스코인은 버퍼의 비전에 대해 다음과 같이 밝혔다. "많은 트위터 클라이언트나 앱의 스케줄링 기능을 가져다 단 하나의 기능으로 만들고 싶었다. 정말 편리하고 즐거운 경험을 선사하는 매우 유용한 애플리케이션을 만드는 것이 목표였다. 기본 아이디어는 각 트윗을 개별적으로 스케줄링하지 않고도 트윗을 대기열에 넣을 수 있는 방법을 만드는 것이었다."

초기 랜딩 페이지 테스트의 유효성을 확인한 후 사람들의 지불 의향을 평가하기 위한 추가 테스트를 실시했다. 그 결과 고급 예약 기능이 있는 유료 서비스와 무료 서비스를 제공하는 부분의 유료화 수익 모델을 고안하게 되었다. 개스코인은 월 5달러, 10달러 요금제의 세부 정보를 클릭하는 사람이 많다는 사실을 확인했는데, 이는 일부 사람들은 비용을 지불할 의향이 있음을 의미했다. 현재 유료 요금제는 월 15달러부터 99달러까지 다양하다.

등록자 수가 임계점에 도달한 후 개스코인은 7주 동안 밤낮없이

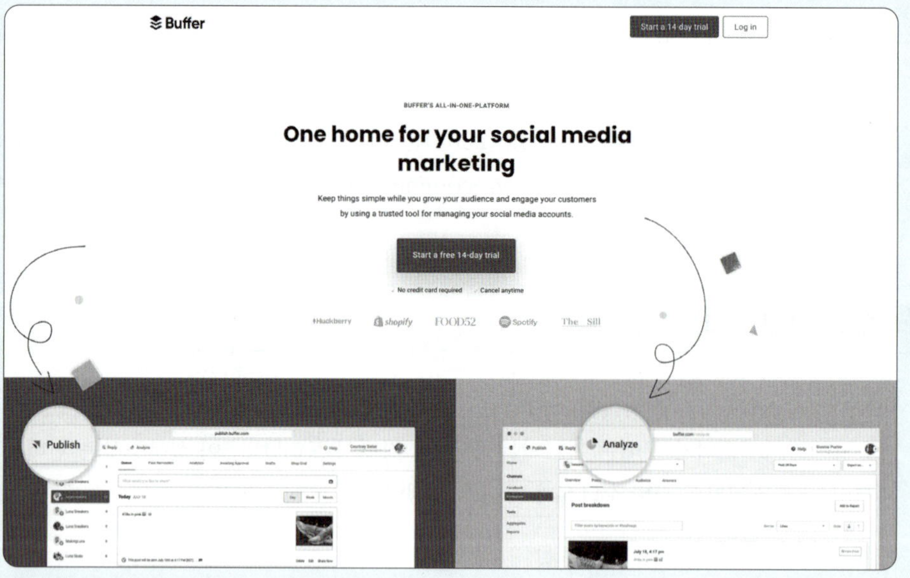

그림 1.12 버퍼의 가치 제안

출처: buffer.com

쉬지 않고 애플리케이션 소프트웨어의 첫 번째 버전을 구축하고 설계했다. 여기에도 MVP의 개념을 적용하여 기능을 최소화하면서도 유료 요금제의 명확한 이점을 제시할 수 있었다. 처음에 개스코인은 웹 개발 계약과 병행하면서 회사를 운영했다.

2016년, 버퍼는 인수를 통해 소셜 미디어 서비스로 기능을 확장하여 '리플라이(Reply)'를 출시했다. 결국 이는 성공하지 못하여 2020년에 폐기되었다.

오늘날 버퍼의 가치 제안 커뮤니케이션(그림 1.12)은 마케팅 캠페인의 일부로 소셜 미디어를 관리하는 마케팅 담당자의 '사용 사례'에 중점을 두고 있다. 일정을 예약하고, 이니셔티브별로 콘텐츠에 태그를 지정하고, 세부 보고서에서 작업을 검토하여 '캠페인 계획 및 분석'을 제공한다. 또한 캠페인을 극대화하기 위해 언제, 무엇을, 얼마나 자주 게시할지에 대한 '자동 예약' 및 권장 사항을 제공한다.

버퍼는 무료 요금제의 기능을 다소 축소했으며, 2018년에는 무료 사용자를 지원하고 서비스를 제공하는 데 비용이 발생하는 부분 유료화 모델의 몇 가지 한계를 강조했다. 버퍼(2020)에 따르면 당시 다음과 같은 문제가 있었다.

- 매주 3만 명이 버퍼의 무료 계정에 가입한다.
- 무료 사용자가 매주 1,000건의 도움을 요청한다.
- 유료 사용자가 8만 명, 활성 무료 사용자가 30만 명 이상이다.

성장을 위한 출시와 마케팅

버퍼는 출시 초기에 무료 요금제에서 유료 요금제로의 전환율이 4%에 불과하다는 것을 발견했다. 출시한 지 4일 만에 첫 유료 고객을 확보하고 몇 주 만에 유료 사용자 100명을 달성했으며, 그 후 9개월 만에 10만 명으로 늘어났다.

새로운 고객이 속속 가입하자 개스코인은 단순히 기능을 늘리기보다는 마케팅과 고객 발굴을 포함한 비즈니스 모델을 평가했다. 개스코인이 밝히길, "첫 유료 고객을 확보한 후, 한 발짝 물러서서 그것이 큰 이정표임을 인식하고 초점을 조금 바꿔야 한다고 판단했다. 개발자로서 그 시점에 더 많은 기능을 추가하는 것은 쉬운 일이다. 마케팅과 추가 고객 발굴에 집중해야 할 때라고 생각했다. 개발, 마케팅, 고객 발굴의 균형을 유지하면서 '충분하다'는 것을 증명할 수 있는 제품을 만들어야 할 때였다."

2011년 초까지 버퍼는 개스코인(2020)이 말한 '라면 수익성', 즉 생활비를 충당할 수 있을 만큼의 수익을 창출하는 수준에 도달했다. 개스코인의 첫 번째 목표는 월 1,200파운드였다.

2011년 7월, 공동 창업자들은 영국에서 미국 샌프란시스코로 회사를 옮기기로 결정했고, 버퍼는 법인화하여 성장하는 데 필요한 투자금을 확보했다. 2012년 10월, 버퍼는 사용자의 1.5~2%가 유료 요금제를 이용하고 있으며 연간 수익이 80만 달러에 이를 것이라고 블로그를 통해 밝혔다.

얼마 지나지 않아 버퍼는 의도적으로 급여 계산 알고리즘을 공개했다. 처음에 10명이었던 직원은 현재 90명으로 늘어났는데, 이 중 대부분은 현지에서 근무하지 않는다. 전 세계적인 팬데믹으로 많은 기업이 원격 근무 방식을 도입하기 전인 2012년부터 버퍼는 이러한 인력을 운영해왔다. 버퍼는 원격 팀의 소속감을 키우기 위해 다음과 같은 공유 가치를 개발했다.

- 긍정을 선택하세요.

- 투명함은 기본입니다.
- 자기 계발에 집중하세요.
- 겸손하세요.
- 먼저 듣고 더 많이 들으세요.
- 명확함을 존중하세요.
- 성찰의 시간을 가지세요.
- 힘들게 살지 말고 더 스마트해지세요.
- 감사를 표현하세요.
- 올바른 일을 하세요.

소셜 미디어 및 콘텐츠 마케팅 전략

소셜 미디어 마케팅 서비스를 제공하는 회사라면 예상할 수 있듯이 소셜 미디어는 버퍼의 성장에 중요한 역할을 하고 있다. 소셜 미디어에서 B2B 서비스가 이룩한 성공은 트위터 팔로워 100만 명, 페이스북과 인스타그램 팔로워 20만 명, 링크드인 팔로워 4만 명이라는 사용자 수가 증명해준다. 소셜 미디어에서의 성공은 결국 콘텐츠 전략을 바탕으로 한다. 버퍼는 창업 이후의 스토리를 전달할 뿐만 아니라 마케팅 담당자들에게 소셜 미디어 마케팅과 마케팅 전반의 개선 방법을 알려주는 블로그를 운영하고 있다. 디지털 마케팅의 모범 사례를 소개하는 블로그뿐만 아니라, 마케팅 담당자가 소셜 미디어 마케팅과 캠페인을 관리하는 데 도움이 되는 템플릿 등의 마케팅 기법을 교육하는 '라이브러리(Library)'도 운영하고 있다.

다음은 인지도 상승을 지원하기 위해 버퍼에서 개발한 콘텐츠 편집 일정을 보여주는 몇 가지 예이다. '클릭베이트(clickbait)' B2B 제목으로 가치를 입증하는 이러한 유형의 콘텐츠가 온라인에서 공유됨으로써 소셜 미디어에서의 확산을 통해 저렴한 비용으로 방문을 유도할 수 있으며, 자연 검색 및 다른 사이트의 백링크를 통한 방문자도 있다.

- **페이스북을 사용하여 비즈니스를 마케팅하는 방법:** 이는 다른 소셜 네트워크의 반복적인 모범 사례를 다루는 가이드 카테고리의 기사이다.
- **왜 우리는 샤워 중에 최고의 아이디어를 떠올리는가 – 창의성의 과학:** 자기 계발 카테고리에서는 교육을 하고 영감을 준다.
- **상위 2만 개 브랜드의 페이스북 게시물 4,300만 건 분석:** 익명의 고객 데이터에서 얻은 교훈 등 최신 데이터와 접근 방식을 트렌드 카테고리를 통해 공유한다.
- **나이키의 인스타그램 성공 비결 – 참여형 커뮤니티 구축:** 이는 사례 연구 카테고리에 있는 내용이다.

고객 발굴 및 유지·관리를 지원하는 마케팅 자동화

새로운 고객이 이메일을 통해 버퍼에 가입하기 때문에 자동 이메일은 잠재고객을 환영하고 고객을 발굴하는 데 핵심적인 기술이다. 무료 플랫폼 또는 체험판을 사용하는 사람을 위한 버퍼의 이메일 시퀀스에는 다음이 포함되어 있다.

- 초기 사용을 권장하는 팀원의 환영 이메일을 통해 게시물을 예약할 수 있다.
- '버퍼를 사용하여 도달 범위, 참여도, 매출을 늘리세요'라는 두 번째 이메일을 보낸다.
- 애널리틱스 보고서로의 링크와 고객 추천이 담긴 세 번째 이메일을 보낸다.
- '최고의 소셜 미디어 마케터가 하는 세 가지 일'을 알려주는 네 번째 이메일을 보낸다.
- 다른 이메일에는 큐레이션된 콘텐츠를 더 쉽게 예약할 수 있도록 브라우저 확장 프로그램과 모바일 앱을 다운로드하는 실질적인 행동이 포함되어 있다.
- 월간 보고서
- 고객 성공 사례에 대한 피드백을 통해 성과가 좋았던 소셜 공유를 강조하고 사람들이 더 많은 정보를 얻도록 독려한다.

결론

2020년 말, 개스코인은 버퍼 구축 10년을 되돌아보는 글을 블로그에 올렸다(Buffer, 2020). 이 글은 온라인 스타트업 비즈니스가 직면한 기회와 도전 그리고 최근의 코로나19로 인한 시장 변화에 대응하기 위해 민첩한 사고방식을 가져야 한다는 것을 보여준다. 또한 개스코인은 온라인 비즈니스를 운영하는 데 따른 보상과 압박에 대해서도 언급했다.

> 창업 초기에는 스타트업을 단거리 달리기라고 생각하기 쉽지만 사실은 마라톤이다. 자신의 페이스를 지키고 자신을 소중히 여기는 것이 중요하다. 정기적인 휴식은 필수적이며, 나는 매년 휴가를 가기 위해 계속 노력할 것이다. 인생과 마찬가지로 회사에도 계절이 있다. 즉 성장 단계, 시장 변화, 역할의 진화가 있다. 초점이 달라지는 시기가 늘 있으며, 이는 이상적인 균형을 향한 끊임없는 여정이다.
>
> 타협하지 않고 성장하는 것은 어렵고, 타협한 후 다시 목적을 찾기 위해 노력해야 할 수도 있다. 이는 지속적인 것을 만들어내는 데 필요한 노력의 한 예이다. 장기적인 성공을 원한다면 되돌아보는 시간을 가지고 열정을 재발견하며 때로는 과감한 변화를 통해 궤도에 오를 수 있어야 한다.

문제

1. 버퍼가 성장하는 데 사용한 데이터 기반 고객 확보 및 유지 기법을 설명하라.
2. 버퍼는 소셜 미디어와 콘텐츠 마케팅을 비즈니스 성장에 어떻게 활용했는가?

요약

1. 전자상거래는 전자적으로 중개되는 구매와 판매를 의미한다. 디지털 상거래로 촉진된 파괴적 혁신으로 인해 많은 새로운 비즈니스 모델과 수익 모델이 탄생했다.
2. 판매 측 전자상거래와 디지털 마케팅에는 조직과 고객 간의 모든 전자상거래가 포함되고, 구매 측 전자상거래에는 조직과 공급업체 간의 거래가 포함된다. 소셜 커머스는 판매 목표를 지원하기 위해 고객과의 상호작용을 촉진한다.
3. 디지털 비즈니스는 기술이 모든 내부 비즈니스 프로세스, 타사와의 상호작용에 어떻게 도움이 될 수 있는지를 나타내는 광범위한 용어이다. 여기에는 구매 측 전자상거래, 판매 측 전자상거래와 내부 가치사슬이 포함된다.
4. 디지털 마케팅에는 검색엔진 마케팅, 소셜 미디어 마케팅, 디스플레이 광고, 디지털 PR, 디지털 파트너십, 디지털 메시지 등 여섯 가지 주요 디지털 마케팅 미디어 채널에서의 페이드 미디어, 온드 미디어, 언드 미디어에 대한 투자가 포함된다. 인바운드 마케팅은 통합 콘텐츠, 소셜 미디어, 검색 마케팅을 사용하여 소비자의 제품 선택에 영향을 미치는 것이다. 디지털 마케팅의 7D는 다양한 디지털 플랫폼에 접근하는 데 사용되는 여러 디지털 기기의 디지털 목표를 지원하는 통합된 맥락을 설명한다. 이는 디지털 마케팅 기술을 통해 관리되는 다양한 디지털 미디어를 사용하여 디지털 고객에게 도달함으로써 가능하지만, 대량의 디지털 데이터 생성을 수반한다.
5. 웹 2.0은 웹 사용자와 사이트 간의 상호작용을 촉진하고, 사용자 생성 콘텐츠 제작, 커뮤니티와 소셜 네트워크 참여, 매시업, 콘텐츠 평가, 위젯 사용, 태그 지정 등을 장려하는 웹 서비스를 말한다. 또한 웹 3.0은 암호화폐, 블록체인과 관련 기술의 사용을 의미한다.
6. 전자상거래와 디지털 비즈니스를 도입하는 주요 비즈니스 동인은 매출 증대와 비용 절감 기회이지만, 고객 서비스와 기업 이미지 개선 등 그 밖의 이점도 많다.
7. 소비자의 디지털 기술 도입은 필요성 부족, 접근 비용, 보안에 대한 우려로 제한되고 있다. 또한 비즈니스에의 도입은 비용에 대한 인식으로 제한되는 경향이 있으며, 투자 수익률을 정량화하기가 어렵다.
8. 전자상거래와 디지털 비즈니스 도입에 성공하는 데 필요한 것은 새로운 기술 도입만이 아니다. 명확하게 정의된 목표, 변화에 적합한 문화 조성, 기술 조합, 파트너십, 조직 구조 등이 무엇보다 중요하다.

연습문제

자가 평가 문제

1. 전자상거래와 디지털 비즈니스를 구분하여 설명하라.
2. 구매 측 전자상거래와 판매 측 전자상거래의 의미를 설명하라.
3. 한 기업을 골라 소셜 미디어, 소셜 커머스의 범위와 이점을 설명하라.
4. 자국의 소비자 및 기업 도입 수준을 요약하라. 도입의 주요 장벽은 무엇인가?
5. 기업이 전자상거래를 도입하려는 이유를 간략하게 설명하라.

6. 기업 간 전자상거래와 기업과 소비자 간 전자상거래의 주요 차이점은 무엇인가?
7. 디지털 비즈니스 도입이 조직의 다양한 측면에 미치는 영향을 간략하게 설명하라.
8. 중개자 또는 인플루언서 사이트와 B2C 기업의 관련성을 설명하라.

토론 문제

1. 디지털 기술이 비즈니스에 미치는 영향을 기업이 어떻게 평가할 수 있는가? 디지털 기술은 일시적인 유행인가, 아니면 큰 영향을 미칠 것인가?
2. 소셜 미디어와 소셜 커머스의 개념, 소셜 미디어가 기업의 목적 달성에 어떻게 도움이 되는지 설명하라.
3. B2B, B2C 기업에서 판매 측 전자상거래를 도입하는 데에는 비슷한 장점과 장벽이 있다. 이에 대해 토론하라.
4. 소셜 미디어 마케팅 기법을 기업 내 그리고 이해관계자에게 어떻게 적용할 수 있는가?
5. 기업의 디지털 프레젠스는 해당 사업 부문과 관계없이 비슷한 목표를 가지고 있는가?

시험 문제

1. 전자상거래와 디지털 비즈니스의 개념은 어떤 관계인지 설명하라.
2. 구매 측 전자상거래와 판매 측 전자상거래를 구분하고 각각의 예를 들라.
3. 기업이 전자상거래를 도입하려는 세 가지 이유를 간략하게 설명하라.
4. 소비자가 전자상거래를 도입할 때의 주요 장벽 세 가지를 제시하고, 기업이 이를 극복할 수 있는 방법을 제안하라.
5. 디지털 비즈니스를 도입하는 데 필요한 기업 내부의 변화를 개괄적으로 설명하라.
6. 소셜 미디어 마케팅 접근법을 기업에 적용했을 때의 이점을 설명하라.
7. 구매 측 전자상거래를 도입하는 기업의 세 가지 위험 요인은 무엇인가?
8. 판매 측 전자상거래를 도입하는 기업의 세 가지 위험 요인은 무엇인가?

참고문헌

Amazon SEC Submissions (2018) www.sec.gov/Archives/edgar/data/1018724/000101872416000170/amzn-20151231xex991.htm.

Booz Allen Hamilton (2002) International E-Economy: Benchmarking the World's Most Effective Policies for the E-Economy. Report published 19 November 2002, London.

Boyd, D. and Ellison, N. (2007) Social network sites: definition, history, and scholarship. *Journal of Computer-Mediated Communication,* 13 (1), 210-30.

Buffer (2011) Idea to Paying Customers in 7 Weeks: How We Did It. By Joel Gascoigne. Buffer Blog. February 16th, 2011. https://buffer.com/resources/idea-to-paying-customers-in-7-weeks-how-we-did-it/ Accessed January 2021.

Buffer (2018) Why We're Changing the Buffer Free Plan. By Joel Gascoigne. Buffer Blog. March 12th, 2018. https://buffer.com/resources/changing-buffer-free-plan/.

Buffer (2020) Reflecting on 10 Years of Building Buffer. By Joel Gascoigne. Buffer Blog. November 30th, 2020. https://buffer.com/resources/10-years/ Accessed January 2021.

Chaffey, D. and Ellis-Chadwick, F. (2022) *Digital Marketing: Strategy, Implementation and Practice.* Pearson Education.

Chaffey, D. and Smith, P.R. (2012) *Emarketing Excellence: Planning and Optimizing Your Digital Marketing,* 4th edn. Routledge, London.

Chaffey, D. (2016) *Mobile Marketing Statistics Compilation, Smart Insights.* Available at: www.smartinsights.com/mobile-marketing/mobile-marketing-analytics/mobile-marketing-statistics.

comScore (2010) comScore Media Metrix Ranks Top-Growing Properties and Site Categories for April 2010. Press release, 10 May. www.comscore.com/Press_Events/Press_Releases/2010/5/comScore_Media_Metrix_Ranks_Top-Growing_Properties_and_Site_Categories_for_April_2010.

Danneels, E. (2004) Disruptive technology reconsidered: a critique and research agenda. *Journal of Product Innovation Management,* 21 (4), 246-58.

Data.ai (2022) State of Mobile 2022 report. https://www.data.ai/en/insights/market-data/state-of-mobile-2022/.

Doherty, N., Ellis-Chadwick, F. and Hart, C. (2003) An analysis of the factors affecting the adoption of the Internet in the UK retail sectors. *Journal of Business Research,* 56, 887-97.

DTI (2000) *Business in the Information Age - International Benchmarking Study 2000.* UK Department of Trade and Industry.

Economist (2000) E-commerce survey. Define and sell. *Supplement,* 26 February, 6-12.

eEurope (2005) Information Society Benchmarking Report. From eEurope (2005) initiative.

E-marketer (2021) Social Commerce Surpasses $30 Billion in the US. Press Release. July 6, 2021.

Evans, P. and Wurster, T.S. (1997) Strategy and the new economics of information. *Harvard Business Review,* September – October, 70-82.

Grove, A. (1996) *Only the Paranoid Survive.* Doubleday, New York.

Hoffman, D.L. and Novak, T.P. (1996) Marketing in hypermedia computer-mediated environments: conceptual foundations. *Journal of Marketing,* 60 (July), 50-68.

Insider Intelligence (2022) Established brands will drive the vast majority of D2C ecommerce sales. Andrew Lipsman, May 3, 2022. https://www.insiderintelligence.com/content/established-brands-will-drive-vast-majority-of-d2c-ecommerce-sales.

Kalakota, R. and Whinston, A. (1997) *Electronic Commerce: A Manager's Guide.* Addison-Wesley, Reading, MA.

Lecinski, J. (2012) Winning the Zero Moment of Truth. Published by Google, available from www.thinkwithgoogle.com/marketing-resources/micro-moments/zero-moment-truth.

Mougayer, M. (1998) E-commerce? E-business? Who e-cares? *Computer World* website (www.computerworld.com), 2 November.

McKinsey (2021) Digitally native brands: Born digital, but ready to take on the world. Dam Broitman, Elizabeth Hunter, and Jennifer Schmidt. 27 October 2021. https://www.mckinsey.com/industries/private-equity-and-principal-investors/our-insights/digitally-native-brands-born-digital-but-ready-to-take-on-the-world.

Nielsen Norman (2022) 2022 Intranet Design Annual Winners https://www.nngroup.com/articles/intranet-design/.

O'Reilly, T. (2005) What Is Web 2? Design Patterns and Business Models for the Next Generation of Software. Web article, 30 September. O'Reilly Publishing, Sebastopol, CA.

Perrott, B. (2005) Towards a manager's model of e-business strategy decisions. *Journal of*

General Management, 30 (4), Summer.

Pulizzi, J. (2012) *Six Useful Content Marketing Definitions,* contentmarketinginstitute.com. Available at: http://contentmarketinginstitute.com/2012/06/content-marketing-definition/.

Rayport, J. and Jaworski, B. (2003) *Introduction to E-Commerce,* 2nd edn. McGraw-Hill, New York.

Shah, D. and Halligan, B. (2009) *Inbound Marketing: Get Found Using Google, Social Media and Blogs.* John Wiley & Sons, Hoboken, NJ.

Smart Insights (2012) Ship Early, Ship Often. By Dave Chaffey, 4 September 2012. Blog post. www.smartinsights.com/goal-setting-evaluation/web-analytics-strategy/ship-early-ship-often.

Smart Insights (2013) A Digital Campaign Example of a Startup Fashion Brand. Blog post, 25 April 2013. www.smartinsights.com/traffic-building-strategy/campaign-planning/startup-fashion-brand-campaign-example.

Smart Insights (2020) What is customer lifecycle marketing? Article by Dave Chaffey, published, April, 2020, https://www.smartinsights.com/ecommerce/web-personalisation/what-is-lifecycle-marketing/.

Waterman, R.H., Peters, T.J. and Phillips, J.R. (1980) Structure is not organization. *McKinsey Quarterly* in-house journal, McKinsey & Co., New York.

Weinberg, B. and Ekin, P. (2011) Social spending: managing the social media mix. *Business Horizons,* 54 (3), 275-82.

Wired (2019) *The WIRED Guide to Blockchain,* by Finley, K. and Barber, G. Published 7 September. https://www.wired.com/story/guide-blockchain/ Accessed January 2021.

Zalando (2022) 2021 Financial report. https://corporate.zalando.com/.

웹 링크

추천 동영상, 분석 도구, 통계 자료 등의 추천 웹사이트 링크 디렉터리는 데이브 채피가 관리하는 https://www.davechaffey.com/book-support에서 확인할 수 있다. 1장의 경우 디지털 비즈니스의 최신 동향에 초점을 둔 미디어 사이트를 소개한다.

Chapter 2

디지털 비즈니스와 전자상거래의 기회 분석

핵심 주제

1. 디지털 마켓플레이스 분석
2. 디지털 마켓플레이스 분석 프로세스
3. 마켓플레이스의 거래 장소
4. 전자상거래 비즈니스 모델
5. 디지털 스타트업 또는 디지털 네이티브 기업

사례 연구

2.1 소규모 남성복 브랜드에서 세계적 브랜드로 성장한 보든

2.2 전략적 민첩성을 발휘하는 유니레버와 P&G

2.3 고객 경험 향상을 위한 옴니채널 성장 전략을 구사하는 메이시스

2.4 스타트업 기업을 위한 글로벌 시장, i-to-i

QR 코드를 통해 이 장의 주제에 관한 최신 자료를 확인할 수 있다.

학습 목표

- 전략 개발을 위해 경쟁사, 고객, 중개업체의 디지털 기술과 미디어 활용도를 평가하는 온라인 시장 분석을 한다.
- 디지털 커뮤니케이션 및 거래의 주요 비즈니스 내용과 시장 모델을 파악한다.
- 온라인 비즈니스, 특히 디지털 스타트업의 비즈니스 내용과 수익 모델의 효과를 평가한다.

경영 과제

- 시장 구조의 변화가 고객 및 파트너와의 거래 방식에 미치는 영향은 무엇인가?
- 인터넷을 활용하려면 어떤 비즈니스 모델과 수익 모델을 고려해야 하는가?
- 온라인 중개업체와 시장 허브가 비즈니스에 미치는 중요성은 무엇이고, 이러한 중개업체와 제휴하기 위해 어떤 조치를 취해야 하는가?

관련된 주요 장

- 3장에서 전자상거래 기술이 어떻게 새로운 비즈니스 모델을 가능하게 하는지 설명한다.
- 4장과 5장에서 새로운 모델과 패러다임에 대한 적절한 전략적 대응을 살펴본다.
- 6장에서 가치사슬의 새로운 모델을 좀 더 자세히 살펴보고, 새로운 중개업자와 시장이 조달에 미치는 영향을 설명한다.
- 8장에서 환경 분석의 또 다른 측면인 온라인 고객 행동 모델을 다룬다.

개요

디지털 마켓플레이스 검색엔진, 소셜 네트워크, 비교 사이트, 목적지 사이트 등 다양한 형태의 온라인 프레젠스를 통해 소비자, 기업, 정부 간의 정보 교환 및 상거래가 이루어진다.

구매 경로 소비자가 제품 또는 서비스 구매를 결정하기 위해 이용하는 다양한 사이트, 채널, 기기, 정보 원천. '사이트 내 전환 경로'라고도 한다.

멀티스크리닝 디지털 TV와 태블릿을 동시에 사용하는 것

2장에서는 **디지털 마켓플레이스**(digital marketplace)에서 기업의 프레젠스를 검토하고 다양한 고객 접점에서 인지도를 높일 수 있는 방법을 소개한다. 오늘날에는 구매 의사결정이 더 많은 접점의 영향을 받기 때문에(그림 2.1 참조) **구매 경로**(path to purchase)가 더욱 복잡해지고 있다. 예를 들어 데스크톱이나 모바일 사이트를 통한 소셜 미디어 사이트 접속과 더불어 전통적 채널에서의 커뮤니케이션이 의사결정에 영향을 미친다. 즉 TV를 보면서 스마트폰이나 태블릿을 사용하는 것과 같이 여러 기기를 동시에 사용하기도 하는데, 이를 **멀티스크리닝**(multiscreening)이라고 한다.

(처음부터 끝까지의) 구매 경로가 선형적 여정인 경우는 매우 드물다. 어떤 검색은 새로운 아이디어로 이어지기도 하고, 고객이 원하는 상품이 달라지기도 한다. 그림 2.1의 고객 여정은 태블릿, 스마트폰, 노트북, TV 등 전형적인 검색 경로를 보여준다.

마이크로소프트는 미국 성인 중 향후 30~90일간 100달러 이상의 소비재 가전제품 구매를 고려 중인 기술 의사결정권자를 대상으로 설문조사를 실시했다(Cosley, 2015). 이 설문조사에서 던진 질문은 다음과 같다.

- 소비자가 인터넷에서 물리적 세계로 (또는 물리적 세계에서 인터넷으로) 이동하는 시기는 언제인가?
- 어떤 인플루언서가 소비자에게 가장 많이 도달하고 영향을 미치는가?
- 여정 중 가장 힘들었던 점은 무엇인가? 반대로 여정 중 가장 가슴에 와닿았던 기쁨은 무엇인가?

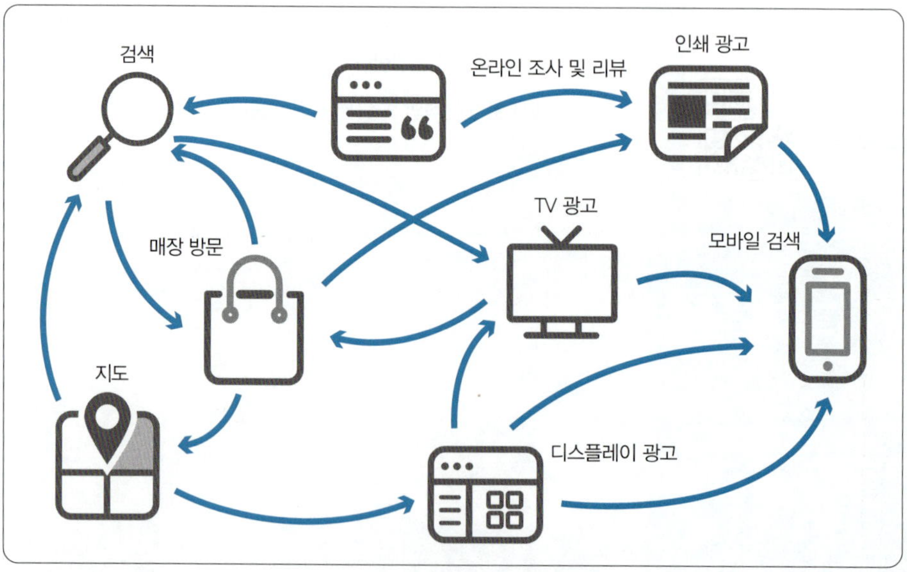

그림 2.1 구매 경로

출처: White paper, From campaigns to context, Experian, https://www.experian.co.uk/assets/marketing-services/white-papers/wp-contextual-marketing.pdf, Page 5. 허락하에 게재

간략한 고객 여정 지도를 보면 대부분의 소비자가 전자제품을 구매할 때 상당히 일관된 패턴을 따른다는 것을 알 수 있다. 소비자는 특징, 가격, 매장 위치에 대한 일반적인 검색으로 시작하는 경향이 있으며, 제품 제조업체의 정보에서 찾아내기도 한다. 이 장의 후반부에서는 좀 더 자세한 여정 지도를 살펴볼 것이다.

기본적인 정보를 어느 정도 확보한 잠재고객은 소셜 미디어, 블로그, 소매업체 웹사이트를 통해 사용자의 후기를 검색한다. 이 시점에 구매 의사를 확인하기 위해 오프라인 매장을 방문하고, 가격에 따라 온라인 또는 매장에서 구매하기도 한다.

디지털 채널이 촉진하는 비즈니스 모델의 변화로 인해 온라인에서 잠재적 구매층에 도달하고, 영향을 미치며, 판매할 수 있는 가장 좋은 방법을 결정하기 위해 신중히 검토해야 한다. D2C(direct-to-consumer) 전자상거래의 중요성이 커지고 있으므로 이를 살펴보고, 인지도를 높이기 위해 온라인 시장과 같은 디지털 중개업체 등을 활용할 필요성도 알아보려 한다. 예측에 따르면 온라인 시장은 매년 15%씩 성장하여 2025년까지 직접 전자상거래 매출에 필적할 것으로 보인다(Internet Retailing, 2022).

기업은 새로운 행동을 이해하는 데 도움이 되는 인사이트를 수집 및 검토하고, 이를 향상하기 위해 다양한 채널에서 가시성과 커뮤니케이션을 개선해야 한다.

목적지 사이트 판매 및 서비스 정보를 제공하는 소매업체 또는 제조업체의 사이트. 미디어 사이트 등과 같은 중개업체가 목적지인 경우도 있다.

B2B 조직을 생각해보자. 과거에는 유통업자 네트워크를 통해 제품을 판매했지만, 전자상거래의 등장으로 이제는 유통업체를 우회하여 브랜드의 **목적지 사이트**(destination site)를 통해 직접 거래할 수 있는 소비자 직거래 기회가 등장했다. 블로그, B2B 시장 등 새로운 유형의 온라인 사이트를 통해 고객에게 다가갈 수 있는 기회도 있다. 또한 e-리테일 목적지 사이트와 같은 B2C 기업은 검색엔진, 가격 비교 사이트, 소셜 네트워크, 블로그, 기타 퍼블리셔 사이트 등의 온라인 중개업체와 인플루언서를 통해 제품을 판매할 수 있다. 이 장에서는 다양한 중개업체의 활용도를 평가하기 위해 다양한 정보 원천을 어떻게 활용할 수 있는지 알아본다. 후반부에서는 전자상거래의 중요한 특징인 디지털 마켓플레이스 구성원 간의 관계 재구축을 디지털 커뮤니케이션이 어떻게 촉진했는지를 살펴본다.

전자상거래 비즈니스 모델과 수익 모델

디지털 커뮤니케이션은 새로운 비즈니스 모델과 수익 모델을 다수 창출했다. 이 장에서는 기존 브랜드 및 비즈니스, 디지털 네이티브 브랜드(DNB, DNVB)와 관련된 전자상거래 관련 수익 모델에 초점을 맞출 것이다. 디지털 중개업체의 경우 제휴 및 광고 수익 등의 수익 모델과도 관련이 있다. 비즈니스 모델 캔버스(Business Model Canvas)는 디지털 네이티브 브랜드와 새로운 사업을 개발하는 기존 기업의 비즈니스 모델을 검토할 수 있는 훌륭한 프레임워크이다. 이 장에서는 디지털 비즈니스 전체보다는 판매 측 전자상거래의 요소를 주로 살펴본다(전체 공급사슬은 6장에서 다룬다).

사례 연구 2.1에서는 영국의 성공적 의류 소매업체인 보든(Boden)를 소개한다. 이는 잘 관리된 고객 중심적 멀티채널 비즈니스가 어떤 성과를 낼 수 있는지를 보여준다.

사례 연구 2.1 소규모 남성복 브랜드에서 세계적 브랜드로 성장한 보든

'중간층' 고객에 초점을 맞춘 글로벌 의류 통신판매 및 전자상거래 기업에 대한 사례 연구로, 옴니채널 비즈니스를 시작할 때의 문제점과 고객 확보에 관한 중요 내용을 알 수 있다.

배경

1991년에 설립된 보든은 영국의 온라인 의류 소매업체로, 2015년에 3억 파운드(약 55%가 해외 매출), 2022년에 3억 5,700만 파운드의 매출을 기록했다. 보든은 영국에 800명 이상의 직원을 두고 있으며, 미국에서 두 번째로 큰 영국 의류 브랜드(2002년 설립)이다. 오늘날 약 150만 명이 보든의 옷을 입고 있다.

보든의 옷을 구매하는 영국 고객의 전형적인 가구 소득은 6만~7만 파운드이다. 이 브랜드는 25~50세 여성을 타깃으로 하나 핵심 타깃은 자녀가 있고 몸에 잘 맞는 옷을 찾는 35세 여성이다.

역사

데이비드 캐머런, 미셸 오바마 등을 팬으로 거느린 중산층 의류 회사 보든은 조니 보든(Johnnie Boden)이 창업했다. 그는 통신판매와 인터넷 스타트업으로 출발하여 처음 10년간 험난한 길을 걸었다.

조니는 대학을 중퇴하고 뉴욕에서 주식 중개인으로 일했으나 스스로도 인정하듯이 별로 잘하지는 못했다. 미국에서 일하는 동안 많은 동료가 카탈로그 통신판매로 옷을 구매한다는 것을 알게 된 그는 1991년에 삼촌에게 물려받은 유산으로 의류 통신판매 사업을 시작했다. 처음에는 의류 틈새 산업 분야에서 '베이식 클래식'을 통해 8개 남성복 품목을 판매했다. 그러나 조니는 남성복 시장이 매우 작고, 당시 남성이 옷에 지출하는 금액이 제한적이라는 것을 깨달았다. 그래서 1년 후 여성복을 출시하고 1996년에는 아동복 '미니 보든(Mini Boden)'을 출시했다.

보든은 1999년, 2003년에 파이퍼프라이빗에쿼티(Piper Private Equity)를 통해 성장 자금을 마련했다. 무엇이 중요한지 파악하기가 어려웠기 때문에 여러 가지를 시도했다. 요즘 여성은 나이에 맞는 옷이 아니라 혁신적인 옷을 원하는 등 여성복 시장은 끊임없이 진화하고 있다. 의류 회사는 현실에 안주할 수 없고 비즈니스는 경쟁적이다. 보든은 '지난 시즌만큼만 하자'는 생각을 가지고 있다. 2001년에 조니가 취한 소액의 배당은 보든의 전환점이 되었다. 2007년에 사모펀드가 철수했을 때 보든은 30배의 투자 수익을 실현했다. 현재 조니의 개인 재산은 약 2억 1,500만 파운드로 추정되며, 《선데이타임즈(The Sunday Times)》의 부자 명단에 이름이 올라 있다.

그림 2.2 조니 보든

출처: Alex Lentati/Evening Standard/Shutterstock

주요 고객 확보 경로

보든은 우편 주문 카탈로그로 판매하다 1999년에 영국 웹사이트를 개설했다. 지금도 카탈로그는 보든의 마케팅 전략에서 중요한 부분을 차지하고 있다. 매출의 80%가 온라인에서 발생하지만, 약 60~70%는 카탈로그에서 비롯된다(키코드/오퍼코드로 추적).

조니는 이렇게 말한다. "대부분의 사람들에게 카탈로그를 받는 것은 인생에서 가장 중요하지 않은 일이기 때문에 그들의 관심을 끌기 위해 모든 수단을 동원해야 한다."

초기에 주로 사용된 고객 확보 경로는 다음과 같다.

- 렌털 메일링 목록
- 2단계 광고
- PR
- 친구 추천
- 《컨트리 리빙(Country Living)》, 《레드(Red)》 등 잡지와의 프로모션 계약

다른 채널을 항상 능가하는 단일 채널이 존재하지 않는다는 것을 발견한 보든은 한 가지 마케팅 커뮤니케이션 채널에 지나치게 집중하지 말고 다양한 활동을 혼합하여 시도할 것을 권장한다. 수익성 측면에서 '친구 추천'은 항상 최고의 마케팅 전술이며, 렌털 메일링 목록을 지속적 고객 확보 도구로 활용하고 있다. 보든은 '항상 숫자를 따라야 한다'면서, 어떤 채널의 성과가 좋지 않으면 그 채널의 사용을 중단해야 한다는 견해를 밝혔다.

브랜드

보든은 '라이프스타일' 기업으로 포지셔닝하고 있으며 독특한 목소리 톤을 자랑한다. 브랜드 제안의 주요 특징은 다음과 같다.

- **개인적 비즈니스:** 고객은 정직하게 이야기하는 것을 좋아한다. 보든은 '평이하게 이야기하는 커뮤니케이션(사람들의 감정에 참여하고자 함)'을 사용하고 있다. 모든 편지와 이메일은 조니가 보내며, 카피라이터 팀이 있음에도 발송 전에 조니가 모든 것을 승인한다. 그들은 브랜드 커뮤니케이션이 유익하고 기분을 좋게 만드는 것이

어야 한다는 접근 방식을 취하고 있으며, 유일한 방법은 자사와 같은 가치를 공유할 수 있는 인재를 고용하는 것이다.

- **PR**: 항상 제품과 마케팅 제안에 초점을 맞춘다. 보든의 모든 PR은 사내에서 이루어진다(과거 광고대행사들의 작업이 브랜드에 적합하지 않았기 때문에 보든은 메시지 작업에 대한 통제를 유지하고자 했다).
- **사진 촬영**: 훌륭한 제품을 만드는 것이 가장 중요하고 그다음은 사진이다. 좋은 사진은 가족 앨범에 담길 만큼 멋진 사진이어야 한다는 것이 보든의 신념이다.
- **브랜드 구축**: 브랜드 제안을 명확히 하는 것이 중요하다. 그러나 수익이 없는 한 돈을 쓰면 안 된다. 보든의 카탈로그나 웹사이트가 브랜드이다.
- **무료 반품**: 누구나 반품을 기대하기 때문에 보든은 이를 전술적 수단으로 활용하고 있다. 무료 반품은 매출 증대 측면에서 효과적이다(단, 배송비와 포장비를 상품 마진에 포함해야 한다). 보든은 세분화된 데이터베이스를 사용하여 지속적으로 제품 간 비교 테스트를 한다. 또한 무료 반품이 바람직한 고객 확보 전략이라고 생각한다. 쉬운 반품은 제품에 대한 자신감을 드러내면서 투기적 구매를 권장한다.

창업 비결

늘 핵심 사업에 집중하는 보든은 2000년에 몇 개의 매장을 열고 오프라인 소매업에 많은 자본을 투입했다. 하지만 매장에서 고객 데이터를 수집한 결과, 카니발리제이션(시장 상호 잠식)이 매우 크다는 것을 깨달았다. 즉 매출의 40%만 증가했고 대부분을 기존 보든 고객에게서 얻었다. 보든은 다른 채널에서 성장하는 것보다 다른 시장에서 성장하는 것이 더 중요하다고 판단하여 미국과 독일에서 사업을 시작했다. 미국은 진입하기 어려운 시장이었지만 첫해에 독일에서 200만 파운드의 매출을 올렸다. 영국에서의 주문 처리가 비교적 수월했기 때문이다.

조니는 온라인 의류 사업을 시작하는 사람들에게 다음과 같이 조언한다.

- 시장에 있는 고객이 누구인지 명확히 하라(고객에게는 직거래, 번화가 상점 등 다양한 선택지가 있다). 경쟁사와 차별화된 매력적인 제안을 제공해야 한다.
- 고객의 목소리에 귀 기울이라. 고객의 목소리에 귀 기울이지 않고 직감을 믿으면 실패하기 십상이다. 무언가가 잘 작동하지 않는다면 멈추어야 한다.
- 우수한 인재를 채용하라. 우수한 직원을 들이기 위해 다소 높은 급여를 주더라도 따지지 말고 채용에 시간을 투자해야 한다.
- 숫자에 주의를 기울이라. 정량적·정성적 조사를 의사결정에 활용한다.

출처: 조니 보든의 인터뷰
www.youtube.com/watch?v=Jj59htgaQ8o
www.youtube.com/watch?v=Ah2ukPYK9Vk
www.youtube.com/watch?v=iCnClFt1zA0
www.youtube.com/watch?v=3EcSnF422jQ
High50: www.youtube.com/watch?v=3fFCJyFKUeQ
www.bbc.co.uk/news/business-26334330
http://startups.co.uk/10-secrets-of-clothing-brand-bodens-success/

디지털 마켓플레이스 분석

상황 분석 조직의 외부 환경, 내부 프로세스, 내부 자원에 대한 정보를 수집하고 검토하여 전략에 반영하는 것

환경 스캐닝 및 분석 환경과 사건을 지속적으로 모니터링하고 그에 따라 대응하는 프로세스

그림 2.2와 같은 기업 환경의 온라인 요소를 이해하는 것은 디지털 비즈니스 전략 수립을 위한 **상황 분석**(situation analysis)의 중요한 부분이다. 또한 환경을 지속적으로 모니터링하는 프로세스도 필요한데, 이를 흔히 **환경 스캐닝 및 분석**(environmental scanning and analysis)이라고 한다.

이러한 시장 변화가 가져오는 기회와 위협에 관한 지식은 비즈니스, 마케팅, 정보 시스템 전략 수립에 종사하는 사람들에게 필수적이다. 이 장에서는 미시적 환경에서 즉각적으로 시장을 분석하기 위한 몇 가지 프레임워크를 소개한다.

온라인 거래를 위한 디지털 마켓플레이스를 평가하는 데에는 이러한 분석 기법이 유용하다. 이 장에서는 이를 간략히 소개하고, 다음 장에서 자세히 살펴볼 것이다.

- **고객 분석**: 디지털 마케팅 제안 및 커뮤니케이션은 고객의 특성, 기술 사용, 행동, 니즈, 욕구를 중심으로 이루어져야 한다. 7장에서는 타깃 청중의 이러한 측면이 집약된 페르소

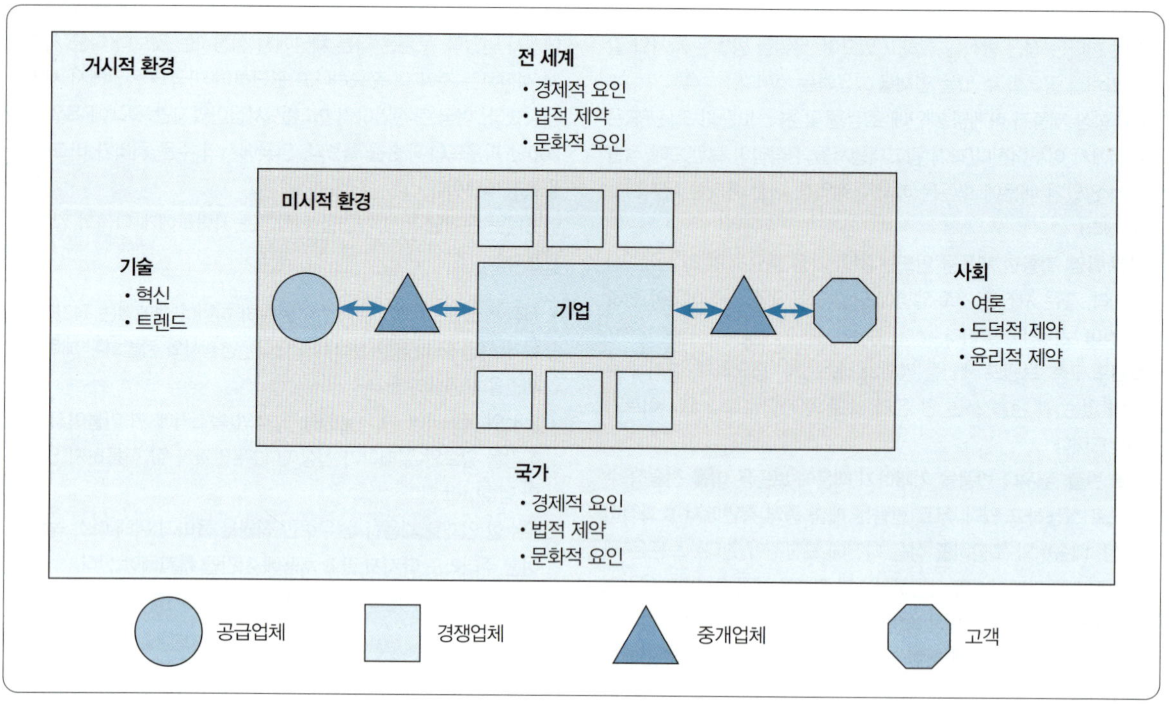

그림 2.3 디지털 비즈니스 서비스가 제공되는 환경

나를 개발하는 방법을 알아본다.

- **마켓플레이스 분석**: 중개업체, 인플루언서, 잠재적 파트너가 포함되며, 구매 행동에 대한 주요 온라인 영향력을 파악하고 검토해야 한다. 고려해야 할 영향력은 검색엔진, 퍼블리셔 미디어 사이트, 블로그, 후기 사이트, 소셜 네트워크 등 다양하다. 시장 분석을 할 때는 새로운 비즈니스 모델과 수익 모델 등 디지털 미디어와 기술로 인한 기회와 위협도 검토한다. 이 장에서는 다양한 유형의 디지털 중개업체에 대해 살펴본다.
- **경쟁사 벤치마킹**: 기업이 특정 시장에서 어떻게 경쟁하는지 이해하는 것이 중요하다. 이는 직간접적인 경쟁자들이 취하는 고객 제안 및 커뮤니케이션 활동, 타 업종의 기업이 식별하는 새로운 접근법에 대한 기회, 개선될 필요가 있는 디지털 마케팅 활동 등에 관한 벤치마킹을 통해 이해할 수 있다. 디지털 마케팅에 관한 경쟁사 벤치마킹은 7장에서도 다룬다.
- **더 넓은 거시적 환경**: 이는 4장에서 다룰 더 포괄적인 전략적 영향력으로, 사회적·법적·환경적·정치적·기술적 영향이 포함된다. 전자상거래를 위한 기술은 3장에서 다룰 것이다.
- **내부 검토**: 상황 분석의 또 다른 주요 부분은 기존 디지털 마케팅 접근 방식의 효과에 대한 내부 검토를 수행하는 것이다. 여기에는 핵심 성과지표(key performance indicator, KPI)와 대시보드, 그리고 디지털 마케팅을 관리하는 데 사용되는 조직의 역량과 프로세스를 강점과 약점으로 정리하여 디지털 마케팅의 현재 성과를 검토하는 것이 포함된다. 5장과 7장에서는 관련 목표와 핵심 성과지표를 선택함으로써 성과를 검토하는 방법을 알아본다.

전략적 민첩성과 D2C 전자상거래

전략적 민첩성 기업의 마켓플레이스 내 변화를 모니터링하고, 대체 전략을 효율적으로 평가하며, 적절한 전략 후보를 선택·검토·실행함으로써 마켓플레이스 내에서 혁신적인 경쟁 우위를 확보할 수 있는 능력

이러한 환경의 기회와 위협에 대응하는 능력을 흔히 **전략적 민첩성**(strategic agility)이라고 한다. 전략적 민첩성은 지식경영 이론과 밀접한 관련이 있는 개념으로, 시장의 기회와 위협을 파악하고 적절한 전략 옵션을 선택하기 위한 건전한 프로세스 개발을 기반으로 한다. 디지털 채널이 기존 비즈니스에 제공하는 새로운 기회의 한 예로 1장에서 소개한 D2C(DTC) 비즈니스 모델을 들 수 있다. COVID-19 팬데믹으로 인해 더 많은 사람이 온라인상에서 구매함으로써 D2C로의 전환이 가속화되고 있다.

일부 브랜드는 이 기회를 활용하기 위해 더 민첩하게 움직였다. 예를 들어 2010년에 나이키의 총매출에서 D2C가 차지하는 비중은 15%에 불과했으나, 자사 사이트와 앱을 통한 광고와 온라인 판매로 2021년에는 D2C를 40%까지 끌어올렸다(Retail Dive, 2021). 또한 나이키는 매장에서의 경험을 지원하는 앱을 개발했다. 앱을 통해 고객은 QR 코드를 스캔하여 스마트폰상에서 상품을 꺼내거나, 피팅룸에 들어갈 수 있으며, 매장 곳곳에 스마트폰으로 가능한 서비스가 표시된다. 따라서 앱이 없는 소비자는 불리한 입장에 처한다.

> **주목할 쟁점 2.1**
>
> **D2C 전자상거래**
>
> D2C 전자상거래 비즈니스 모델은 이제 모든 시장에서 반드시 고려해야 할 필수 요소로 자리 잡았다.

D2C는 스타트업이 오프라인 매장을 보유하지 않고 소비자에게 직접 판매하는 경우에도 사용된다. 사례 연구 2.2에서 언급된 달러셰이브클럽(Dollar Shave Club)은 인수 후 기존 소매점을 통한 판매로 확장을 꾀한 경우이다. 인터넷 인플루언서가 관여하는 D2C의 또 다른 예는 카일리 제너(Kylie Jenner)의 화장품 브랜드인 카일리코스메틱스(Kylie Cosmetics)이다.

사례 연구 2.2 전략적 민첩성을 발휘하는 유니레버와 P&G

유니레버: D2C 인수를 통한 퍼스널 케어 시장에서의 전략적 민첩성 강화

2016년 7월, 유니레버(Unilever)는 온라인 전용 정기 구독 서비스인 달러셰이브클럽을 10억 달러에 인수했다. 디지털 D2C의 신흥 브랜드인 달러셰이브클럽은 월정액으로 면도기를 배송하는데, 유로모니터(Euromonitor)에 따르면 현재 미국 온라인 면도 시장의 54%를 점유하고 있다. 달러셰이브클럽은 P&G(Procter & Gamble) 산하의 질레트(Gillette)가 지배하던 면도기 시장을 빠르게 파괴했다.

이 월정액 구독 서비스는 헤어젤, 보디워시 등의 제품 카테고리로 확장하고 있다. 유니레버에 따르면 달러셰이브클럽 인수는 '파괴를 수용하기' 위한 추진의 일환으로, 달러셰이브클럽의 D2C 비즈니스 모델은 유니레버에 독자적인 소비자 및 데이터 인사이트를 제공할 것이라고 밝혔다. 제삼자 소매업체를 통한 제품 판매에서 구독 서비스를 통한 소비자 직접 타기팅으로 전환함으로써 유니레버는 소비자 서비스 기업으로 거듭나고 있다. 관계를 구축하고 고객 충성도를 높이는 것은 장기적인 수익 확보로 이어질 것이다. 소비자와 보다 직접적인 관계를 구축함으로써 공급사슬 모델을 파괴하는 것은 유니레버가 소매점을 통한 시장 경로에 대한 의존도를 낮추고 퍼스널 케어 제품의 교차 판매와 묶음 판매를 할 수 있음을 의미한다.

그러나 비즈니스인사이더(Business Insider, 2022)는 유니레버가 달러셰이브클럽을 멀티채널 비즈니스에 통합하는 데 따르는 어려움을 과소평가했다고 분석했다. 인수 후 전략의 일환으로 달러셰이브클럽은 50달러짜리 향수, 수염 오일, 고체 비누, 치약 등 다양한 가격대의 신제품을 출시했다. 유니레버는 달러셰이브클럽 제품을 타깃(Target), 월마트(Walmart)와 같은 오프라인 소매점에도 내놓았다. 비즈니스인사이더에 따르면 면도기 카테고리를 넘어 달러셰이브클럽 고객층으로 판매가 확장될 것이라는 예측은 낙관적이며, 온라인 고객 확보 비용이 예상보다 높아 수익성을 달성하기가 어려울 것으로 예상된다.

D2C 전자상거래에 주력하는 P&G

P&G는 2010년 이후 세계적인 경기 둔화로 인해 어려움을 겪어 거의 100개에 달하는 브랜드를 매각했다. CEO인 데이비드 테일러(David Taylor)는 "P&G의 성장을 재개하기 위해 소비자에게 자사 제품과

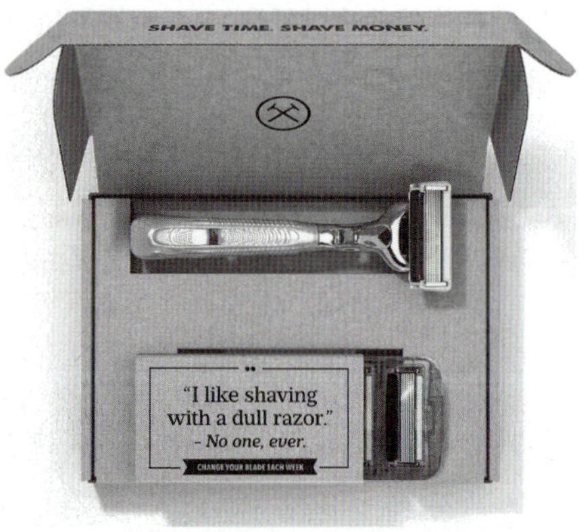

그림 2.4 달러셰이브클럽

출처: Dollar Shave Club, Inc. © 2023, Dollar Shave Club, Inc. All Rights Reserved. 허락하에 게재

그 효익을 알릴 필요가 있다"고 말했다. P&G는 (달러셰이브클럽으로부터) 시장 점유율을 되찾기 위해 2015년 6월 온라인 구독 서비스인 '질레트셰이브클럽(Gillette Shave Club)'을 시작했다. 또한 세탁 브랜드인 타이드포즈(Tide Pods)의 구독 서비스를 개시하는 등, 자사가 몸담고 있는 시장이 온라인 스타트업에 의해 파괴되는 것을 막기 위해 노력하고 있다.

한편 P&G는 전자상거래를 최대한 활용하기 위해 디지털(특히 모바일)에 자원과 투자를 집중하고 있다. 이러한 노력으로 P&G의 글로벌 매출에서 전자상거래가 차지하는 비중이 14%를 기록했고, 당시에 유니레버의 디지털 매출 기여도는 9%에 불과했다(Retail Dive, 2021).

유니레버는 비즈니스에서 전자상거래의 중요성을 인식하고 있다. 전자상거래는 전 세계적으로 연간 20%의 성장률을 보이고 있으며, 영국과 아일랜드에서의 성장률은 약 15%이다. 온라인 거래는 유니레버가 소비자와 소통하는 방식, 소비자가 쇼핑하는 방식에 큰 변화를 가져오고 있다.

유니레버는 수년 전부터 디지털 혁신의 필요성을 인식하고 2014년 영국에 유니레버 파운드리(Unilever Foundry)를 설립했다. 이는 디지털 마케팅 스타트업을 지도하고 투자하는 것을 목표로 하는 스타트업 액셀러레이터이며, 그 대가로 새로운 기술과 트렌드의 인사이트를 얻는다. 이후 유니레버 파운드리는 글로벌 크라우드소싱 커뮤니티를 설립하여 사람들의 협력을 장려하고 지속가능성을 위한 노력을 지원하고 있다.

또한 유니레버는 런던에서 매년 개최되는 전자상거래 해커톤(hackathon, 역주: 짧은 기간 동안 참가자들이 기술을 활용하여 문제를 해결하거나 새로운 아이디어를 도출하고 이를 실현하기 위해 협업하는 행사)과 같은 공동 혁신도 활용하고 있다. 참가자들은 회사와 소매 파트너가 직면한 다음과 같은 도전 과제를 받는다.

- 모든 식료품점이 60분 이내에 배달하면서 수익을 창출할 수 있는 방법은 무엇인가?
- 음성, VR, 센서, 제스처 기반 기술을 이용하여 브랜드와 소매업체의 매출을 올려줄 수 있는 비즈니스 모델은 무엇인가?
- 온라인 식료품 유통 공급사슬의 효율성을 높이고 수익성을 향상하는 데 기술이 어떻게 도움이 될 수 있는가?
- 온라인, 매장, 모바일, TV 등 어디에서 쇼핑을 하든 경계 없는 브랜드 쇼핑 경험을 가능하게 하는 기술은 무엇인가?

유니레버의 경우 전략적 민첩성과 기업가적 스타트업의 혁신 수용이 비즈니스의 핵심인 듯하나, P&G는 뒤처져서 '따라잡기'를 하고 있는 것으로 보인다.

디지털 마켓플레이스 분석 프로세스

온라인 생태계 검색엔진, 미디어 사이트 및 기타 중개업체에서 조직과 경쟁사로 유입되는 온라인 방문자의 행동 또는 흐름

디지털 마켓플레이스 분석은 장기적인 디지털 비즈니스 계획을 수립하거나 단기적인 디지털 마케팅 캠페인을 전개하는 데 중요한 역할을 한다. 마켓플레이스 분석을 완료하면 **온라인 생태계**(online ecosystem)의 일부인 온라인 프레젠스의 주요 유형을 정의할 수 있는데, 온라인 생태계는 검색엔진, 미디어 사이트 및 기타 중개업체에서 조직과 경쟁사로의 고객 여정 또는 온라인 방문자의 흐름을 말한다. 온라인 마켓플레이스의 잠재고객과 고객은 제품, 서비스, 브랜드, 엔터테인먼트를 찾기 위해 검색엔진을 사용한다. 검색엔진은 검색자를 다양한 중개 사이트와 연결하는 유통 시스템 역할을 하기 때문에 해당 분야의 마케터는 사이트 간 방문 흐름을 이해해야 한다.

페이스북, 구글, 세일즈포스와 같은 주요 온라인 기업은 데이터 교환을 통해 웹사이트

표 2.1 멀티채널 전략과 옴니채널 전략

	멀티채널 전략	옴니채널 전략
개념	채널 간 분할	광범위한 모든 채널의 통합
통합 정도	부분	전체
채널 영역	소매 채널: 매장, 웹사이트, 모바일 채널	소매 채널: 매장, 웹사이트, 모바일 채널, 소셜 미디어, 고객 접점
고객관계 초점: 브랜드 대 채널	고객 소매 채널에 초점	고객 소매 채널-브랜드에 초점
목표	채널 목표(채널별 매출, 채널별 경험)	전체적 고객 경험을 제공하기 위해 모든 채널이 함께 작동
채널 관리	채널당 각 채널의 경험을 최적화하기 위한 채널 및 고객 접점 관리 채널과의 상호작용 인지	교차 채널 전체적 경험을 최적화하기 위한 채널 및 고객 접점의 시너지 관리 브랜드와의 상호작용 인지
고객	상호작용을 유발할 가능성이 없음 채널을 병렬로 사용	완전한 상호작용을 유발할 수 있음 채널을 동시에 사용
소매업체	모든 채널의 통합을 제어할 수 없음	모든 채널의 완전한 통합 제어
영업사원	특정 채널 고유의 판매 행동을 다른 채널의 판매 행동과 맞출 필요가 없음	각 고객의 요구와 제품 관련 지식에 따라 다른 논거를 사용하여 판매 행동을 적응시킴

출처: Juaneda-Aensa, M., Mosquera, A. & Sierra Murillo, Y. (2016)

를 연결하는 독자적인 인프라, 즉 온라인 시장 생태계를 개발하여 고객 경험을 제고하고 도달 범위와 영향력을 확대할 수 있는 기회를 제공한다. 예를 들어 페이스북은 웹사이트와 앱 간 데이터 교환을 가능하게 하는 페이스북 플랫폼 API를 개발했다. 다른 웹사이트 소유자는 이를 통해 소비자의 페이스북 상호작용에 대한 정보를 자사 웹사이트나 앱에 반영하고 페이스북 생태계 전체에 사회적 이슈를 공유하여 도달 범위를 확대할 수 있다. 구글은 검색 마케팅 및 모바일과 관련된 독자적 안드로이드 생태계를 개발했다. 시장 분석의 일환으로 기업은 이러한 생태계의 상대적 중요성 그리고 자사의 온라인 서비스를 생태계와 통합하는 데 필요한 자원을 평가하고 계획을 세워야 한다. 현재 대부분의 소매업체는 표 2.1에 정의된 멀티채널 전략 또는 옴니채널 전략 중 하나를 채택하고 있다. 사례 연구 2.3에서는 메이시스(Macy's) 백화점이 옴니채널 성장 전략을 이용하여 고객 경험을 향상하는 방법을 보여준다.

다양한 생태계가 온라인 소비자 행동과 고객 여정에 미치는 영향을 분석하는 것은 오늘날 현실 세계의 물리적 행동을 관찰하는 것만큼이나 중요하다.

그림 2.5에 나타낸 디지털 시장 지도의 주요 요소는 마켓플레이스 분석 과정의 일부로 검토해야 한다.

고객 세분화

마켓플레이스 분석은 온라인 비즈니스의 다양한 타깃 분류를 파악하고 요약하여 해당 분류

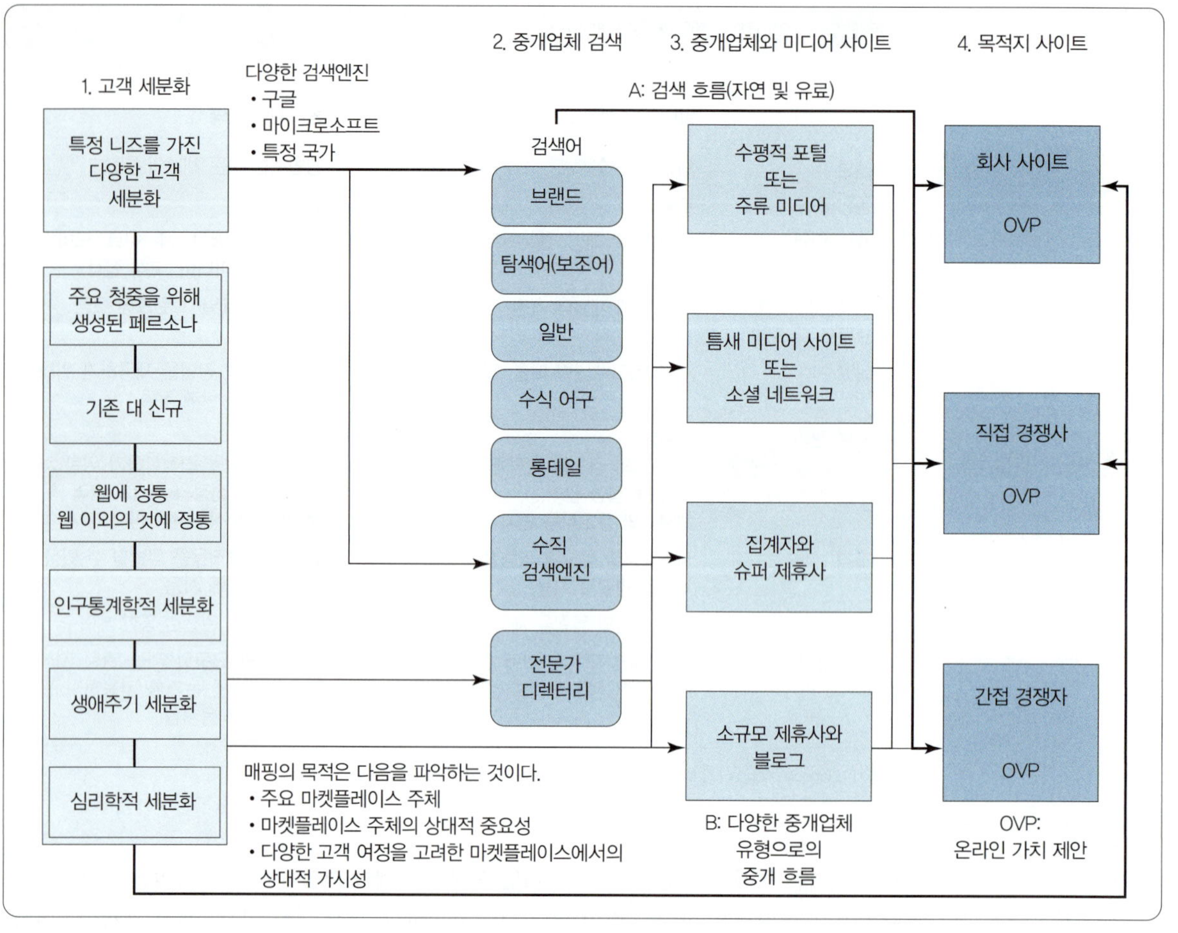

그림 2.5 디지털 마켓플레이스 지도

의 온라인 미디어 소비, 구매 행동, 중개업체와 웹사이트에서 원하는 콘텐츠 및 경험의 유형을 이해해야 한다(고객 분석은 8장에서 자세히 설명한다).

중개업체 검색

각국의 주요 검색엔진을 말한다. 구글, 빙(Bing), 야후(Yahoo!)가 대표적이지만 중국에서는 바이두(Baidu), 러시아에서는 얀덱스(Yandex), 한국에서는 네이버(Naver) 등도 중요한 검색엔진이다. 보충 자료 2.1에 제시된 다양한 검색엔진 공급자의 청중 패널 데이터를 사용하여 국가별 상대적 중요도를 살펴볼 수 있다. 구글 트렌드(Google Trends) 도구는 사이트의 인기, 사이트 찾기에 사용되는 검색어, 이러한 것들이 계절에 따라 어떻게 달라지는지를 평가할 수 있는 무료 도구로, 학생 과제에 유용하다. 그림 2.6은 다섯 가지 소셜 네트워크의 상대적 선호도를 보여준다.

Choi와 Varian(2011)은 구글 트렌드 데이터가 현재 예측, 즉 '나우캐스팅(nowcasting)'에 도움이 될 수 있다고 지적했다. 그리고 "6월 둘째 주 자동차 판매에 대한 쿼리의 양은 몇 주 후인 6월 자동차 판매 보고서(7월에 발표)를 예측하는 데 도움이 될 수 있다"고 주장했

보충 자료 2.1 온라인 시장 분석을 위한 리소스

전략 담당자가 마켓플레이스를 이해하는 데 활용할 수 있는 현재 인터넷 사용 현황과 향후 트렌드에 대한 연구 자료는 매우 다양하다. 표 2.2는 온라인 마켓플레이스 분석에 사용할 수 있는 무료 및 유료 서비스에서 추출하여 요약한 것으로, 정보 검색자 수와 고유 방문자 수로 측정되는 다양한 유형의 사이트 인기도를 평가할 수 있다.

고유 방문자

웹사이트에서 페이지를 요청하는 개별 방문자를 말한다. 사용자가 탐색할 때 이용하는 개별 컴퓨터 또는 장치의 쿠키나 IP 주소를 통해 측정된다.

데이브 채피는 https://www.smartinsights.com/marketplace-analysis/customer-analysis/digital-marketing-statistics-sources/에서 온라인 소비자 행동에 대한 최신 정보 출처를 정리했으며, www.smartinsights.com/book-support에서 다른 출처와 함께 이용할 수 있다.

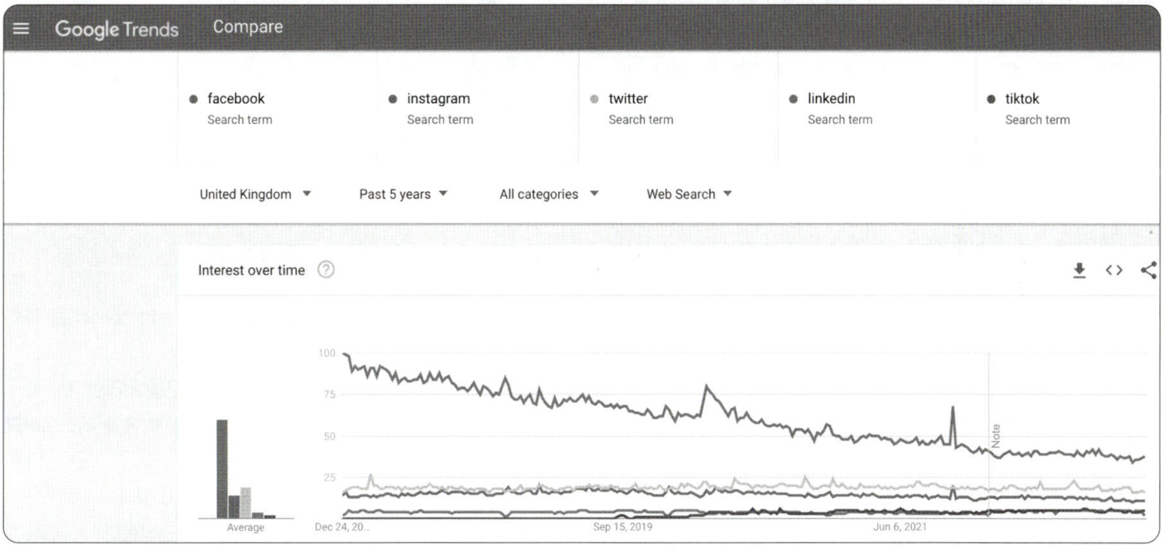

그림 2.6 상품에 대한 소비자의 관심을 파악하는 데 유용한 구글 트렌드

출처: www.google.com/trends

다. 이들은 소비자가 실제 구매보다 훨씬 앞서 구매를 계획하기 시작하는 경우(검색/발견 단계)에 구글 트렌드 쿼리가 이후의 구매를 예측할 수 있는 지표로 유용하다는 것을 발견했다.

기업은 검색 트래픽을 활용하기에 효과적인 사이트를 파악하여 해당 사이트와 제휴하거나 검색엔진 마케팅 및 제휴 마케팅 기법(7장 참조)을 사용하여 검색 트래픽의 점유율을 확보할 필요가 있다. 고객 충성도를 이끌어내어 신뢰를 얻은 유명 브랜드는 온라인에서도 성공할 수 있는 좋은 위치에 있다. 일반적으로 소비자는 URL, 북마크, 이메일을 직접 입력하거나 브랜드 또는 URL을 검색하여 해당 사이트에 바로 접속하기 때문이다. 특정 시장에서 상품을 검색할 때 사용되는 문구의 유형과 양을 평가함으로써 기업의 총 잠재적 기회와 현재 검색어 점유율을 계산할 수 있다. **검색어 점유율**(share of search)은 해당 기업의 사이트에 대한 웹 분석 보고서를 통해 확인할 수 있으며, 이 보고서는 방문자가 실제로 사이트에 도달하기 위해 사용한 정확한 핵심 문구를 나타낸다.

검색어 점유율 특정 시장에서 특정 고객이 달성한 인터넷 검색에서의 점유율

사례 연구 2.3 고객 경험 향상을 위한 옴니채널 성장 전략을 구사하는 메이시스

미국의 손꼽히는 백화점인 메이시스는 1858년에 문을 연 이래 세계적인 브랜드로 성장했다. 블루밍데일스(Bloomingdale's), 블루머큐리(Blue Mercury)를 비롯해 총 887개의 매장을 운영하고 있다.

메이시스는 유기적 성장과 인수를 통해 성장해왔다. 최근에는 매장 포트폴리오를 주기적으로 재구성하는 한편, 디지털 기능과 채널 간 서비스를 적극적으로 확장하고 있다.

업계 전문가들이 '백화점의 죽음'을 예측했음에도 불구하고 메이시스는 수년간 성장을 거듭했다. 메이시스는 쇼핑객의 새로운 디지털 행동에 빠르게 대응하여 스스로를 '미국의 옴니채널 스토어'라고 부른다. 또한 '디지털 하이브리드' 모델을 채택하여 맞춤형 쇼핑 경험을 창출하기 위해 기술을 활용하고 있다.

브라이언 레인바크(Brian Leinbach) 시스템 개발 및 현장 서비스 담당 수석 부사장은 "메이시스 고객의 90%는 매장에서 구매하기 전에 적어도 가끔 온라인에서 조사를 한다"고 말했다. 이에 현지 시장에서의 구매 행동을 안내하는 데 초점을 맞춘 '마이 메이시스(My Macy's)' 캠페인을 도입하고 지속적으로 개선해나가고 있다. 여기에는 고객 대면 스마트 피팅룸부터 RFID 파일럿 프로그램에 이르기까지 다양한 이니셔티브와 기술이 포함되어 있다. 다음은 디지털 이니셔티브 중 일부이다.

- 메이시스와 블루밍데일스는 애플페이(Apple Pay)를 채택했다.
- 제품과 서비스에 쉽게 접근하고 저장할 수 있는 모바일 앱을 통해 메이시스/블루밍데일스 월렛(Macy's/Bloomingdale's Wallet)을 공개했다.

그림 2.7 메이시스 백화점

출처: Stuart Monk/Shutterstock

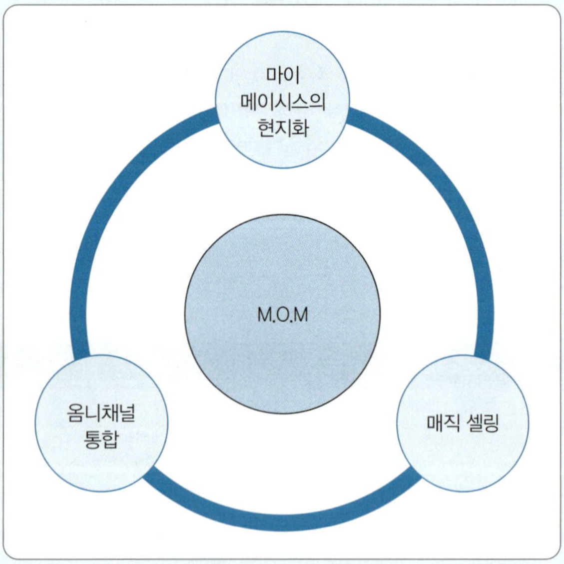

그림 2.8 메이시스의 MOM 고객 참여 전략

- 온라인에서의 구매와 매장에서의 수령(click and collect)을 통합했다.
- 매장 포트폴리오와 물류센터 전반에 걸쳐 주문을 처리한다.
- 온라인 및 모바일 앱에서 구매한 상품의 당일 배송을 테스트하고 있다.
- 아이디어랩(Ideas Lab)에서 신기술을 개발하고 있다.
- 휴대용 PSO 기기로 고객과 소통하고 재고를 관리한다.
- 숍비콘(shopBeacon) 기술을 매장에 도입하여 숍킥(Shopkick) 앱 사용자에게 더욱 개인화된 판매를 제공함으로써 매출을 향상한다.

M(My Macy's localisation): 각 지역 고객의 요구에 맞는 상품 컬렉션과 쇼핑 경험을 제공한다.
O(Omnichannel integration): 고객에게 경계 없는 경험을 제공한다.
M(Magic selling): 특정 소비자의 요구를 충족하는 상품을 선별한다.

궁극적으로 메이시스는 기술을 다양한 커뮤니케이션 채널에서 고객 경험을 지원하는 조력자로 활용하고 있다. 예를 들어, 숍비콘 프로그램에서는 아이비콘(iBeacon) 기술을 숍킥 앱에 통합하고 있다. 이 비콘은 숍킥 앱 사용자에게 스마트폰을 통해 개인화된 할인, 추천 상품, 보상을 제공하는 데 도움이 된다. 쇼핑객이 메이시스 매장에 들어가면 숍비콘은 알림을 받기로 동의한 숍킥 사용자에게 앱을 열도록 알림을 보낸다.

출처: www.slideshare.net/DwightHill/macys-omnichannel-innovations case-study http://marketingland.com/macys-100162

학습활동 2.1 디지털 생태계

목적

온라인 플랫폼과 서비스 제공업체를 통해 커뮤니케이션을 촉진하는 것이 점점 더 중요해지고 있음을 알아본다.

활동

집단별로 소비자가 사용하는 주요 온라인 플랫폼(페이스북 등)과 기기(휴대폰 등)를 정리하고 기업이 자사의 프레젠스를 검토하는 데 중요한 온라인 플랫폼에 대해 논의하라. 주요 플랫폼과 서비스 유형을 파악한 후 이를 분류하여 전체적인 중요도를 검토하라.

중개업체, 인플루언서, 미디어 사이트

집계자 가격 비교 사이트를 가리키는 용어. 금융 서비스, 소매, 여행과 같은 특정 부문에서의 제품, 가격, 서비스 정보, 경쟁업체 비교가 포함된다. 수익 모델은 일반적으로 제휴 수익(CPA), 클릭당 과금 검색 광고(PPC), 디스플레이 광고(CPM) 등이다.

제휴사 보통은 직접 또는 제휴 네트워크를 통해 수수료 기반 계약에 따라 판매자를 홍보하는 회사

집계자(aggregator)와 **제휴사**(affiliate) 같은 미디어 사이트 및 중개업체, 블로그와 브이로그 같은 인플루언서는 주류 브랜드이기 때문에 검색을 통해 또는 직접적으로 고객을 유인하는 데 유용하다. 기업은 그림 2.5에 제시된 카테고리별로 잠재적인 온라인 미디어 및 유통 파트너를 평가해야 한다.

- **주류 뉴스 미디어 사이트와 포털**: 《파이낸셜타임스》, 《타임스》와 같은 전통적인 미디어, 구글 뉴스와 같은 퓨어플레이(pureplay), 집계자
- **소셜 네트워크**: 페이스북, 인스타그램, 스냅챗, 핀터레스트, 트위터, 링크드인 등
- **틈새 미디어 사이트 또는 버티컬 미디어 사이트**: B2B 마케팅을 다루는 Smartinsights.com, SearchEngineLand.com, ClickZ.com, Econsultancy.com
- **가격 비교 사이트**('집계자'라고도 함): MoneySuperMarket, PriceRunner, Comparethemarket, uSwitch
- **슈퍼 제휴사**: 제휴사는 트래픽 조회 의뢰자로부터 매출액 비율 또는 고정 금액의 수수료 기반 계약에 따라 수익을 얻는다. 이는 전자상거래 시장에서 중요하며 매출의 수십 퍼센트를 차지한다.
- **틈새 제휴사, 인플루언서, 블로거/브이로거**: 개인인 경우가 많지만 엄청난 팔로워를 둔 사람도 있다. 예를 들어 영국에서 MoneySavingExpert.com의 마틴 루이스(Martin Lewis)는 매달 수백만 명의 방문자를 거느리고 있으며, 라이프스타일 브이로거인 조엘라(Zoella)의 유튜브 구독자는 BBC보다 많다. 소규모 제휴사와 블로거는 중요한 존재가 될 수 있다.

이러한 사이트 유형의 상대적 중요성은 보충 자료 2.1에 요약된 서비스를 사용하여 평가할 수 있다.

목적지 사이트

목적지 사이트는 마케팅 담당자가 방문자를 유치하려고 노력하는 거래 사이트(소매업체, 금융 서비스, 여행사 등), 제조업체 또는 브랜드의 사이트이다. 그림 2.5는 사이트의 독

표 2.2 디지털 마켓플레이스를 평가하기 위한 조사 도구

서비스	사용법
1. 구글의 도구	구글은 마켓플레이스 분석을 위한 정확한 도구를 제공하는 최고의 정보원 중 하나이다. • Google Trends: 국가별 검색량 추이를 제공한다. • Keyword Planner: 자세한 정보를 제공하며, 광고 내에서 사용할 수 있다. • Think with Google(thinkwithgoogle.com/tools): 시장 조사 및 디지털 트렌드를 제공한다.
2. SimilarWeb(www.similarweb.com)	무료 도구로 대형 웹사이트 방문자와 방문 유도 채널의 방문자를 비교할 수 있다. 표본은 툴바 사용자에 한정된다. 툴바 사용자에 따라 샘플이 달라진다.
3. Rival IQ(https://www.rivaliq.com/free-social-media-analytics/)	경쟁업체 간 벤치마킹을 위한 유료 서비스이며, 업계 벤치마킹은 현재 무료이다.
4. Nielsen(www.nielsen.com)	웹 사용 현황을 소프트웨어로 추적하는 데 동의한 가정 및 직장 사용자를 대상으로 하는 패널 서비스이다. 현지 상위 순위는 여러 국가에서 가장 인기 있는 사이트의 예를 보여준다.
5. ComScore(www.comscore.com)	홈 패널 도구는 유료이지만, 검색엔진 및 퍼블리셔를 위한 모바일 및 데스크톱 소비자 행동에 대한 데이터는 인사이트의 보도 자료 섹션을 통해 무료로 제공된다.
6. Google Analytics	무료 및 유료 서비스를 통해 웹사이트 사용자의 행동을 파악할 수 있다.
7. Interactive Advertising Bureau(IAB)(미국: www.iab.net, 영국: www.iabuk.com, 유럽: www.iabeurope.eu)	다양한 디지털 미디어 채널, 특히 디스플레이 광고와 검색 마케팅에 대한 투자에 초점을 맞춘 조사를 제공하는 유료 서비스이다.
8. Internet Media in Retail Group(IMRG)(www.imrg.org)	소매업계를 위한 데이터, 분석 및 인사이트를 제공한다. IMRG Capgemini Sales 지수는 영국 전자 소매업의 매출 통계를 알려준다.
9. 정부 정보원	영국의 Office for National Statistics(www.ons.gov.uk), EU의 Eurostat(ec.europa.eu/eurostat), 영국의 Ofcom(www.ofcom.org.uk, statistics.gov.uk), 미국의 Data.gov 등이 있다.
10. 비정부 기구	미국의 Pew Internet Surveys(www.pewinternet.org), International Telecoms Union(www.itu.int) 등이 있다.

온라인 가치 제안(OVP) 온라인에서 고객을 참여시키는 데 도움이 되는 브랜드 포지셔닝(콘텐츠, 제품, 서비스, 경험)의 효익에 대한 설명으로, 이상적으로는 경쟁사의 제공물에서 얻을 수 없다.

특한 특징이 요약된 **온라인 가치 제안**(online value proposition, OVP)을 보여준다(4장, 7장 참조). OVP는 시장 분석에서 고려해야 할 중요한 측면으로, 마케팅 담당자는 경쟁사 분석의 일환으로 자사의 OVP를 경쟁사의 OVP와 비교·평가하고, 독특한 온라인 경험을 개발하기 위해 이를 어떻게 개선할 수 있을지 고려해야 한다(경쟁사 분석은 7장에서 다룰 것이다).

마켓플레이스의 거래 장소

전통적인 시장에는 물리적 장소가 존재하지만 인터넷 기반 시장에는 물리적 장소가 없다. 즉 후자는 가상의 시장으로, 이는 시장 내 다양한 행위자 간의 관계가 발생하는 방식에도

영향을 미친다.

디지털 마켓플레이스에는 기업이 고객과 소통하고 판매하기 위해 스스로를 포지셔닝할 때 필요한 대체 가능한 가상 거점이 많다. 경영진은 다양한 사이트 유형의 상대적 중요성, 소비자와 비즈니스의 상호작용, 정보의 흐름을 이해해야 한다. 이 절에서는 디지털 비즈니스 전략에 정보를 제공하기 위해 마켓플레이스의 유통 채널 구조, 거래 장소, 멀티채널 마케팅 모델을 평가하는 방법을 살펴본다. 또한 거래의 상업적 계약에 대해서도 알아본다.

마켓플레이스의 채널 구조 검토

마켓플레이스의 유통 채널 구조는 제조업체와 기업이 고객에게 제품과 서비스를 제공하는 방법을 나타낸다. 그림 2.9는 기업과 소비자 간의 전형적인 채널 구조를 보여준다.

유통 채널은 도매업체, 소매업체와 같은 하나 이상의 중개업체로 구성된다. 그림 2.9에 나타낸 기업과 채널 파트너의 관계는 인터넷에서 얻는 기회에 따라 극적으로 변화할 수 있다. 이는 인터넷이 몇몇 채널 파트너를 우회할 수 있는 수단을 제공하기 때문이다. 이러한 과정은 **탈중개화**(disintermediation) 또는 '중간 상인 배제'로 알려져 있다. 예를 들어 소비자 브랜드는 앞에서 언급한 달러셰이브클럽과 같이 소매업체를 거치지 않고 소비자에게 직접 판매할 수 있다.

탈중개화 지금까지 기업과 고객을 연결해주던 분배업체, 브로커와 같은 중개업체를 배제하는 것

기존 비즈니스 모델을 파괴하는 기술 기업이 많다. 최근의 스타트업 유니콘은 보유한 물리적 자산이 많지 않다. 예를 들어 우버는 세계 최대 택시 회사이지만 차량을 소유하지 않고, 에어비앤비(Airbnb)는 세계 최대 숙박업체이지만 부동산을 소유하지 않으며, 페이스북은 세계에서 가장 인기 있는 미디어를 소유하고 있지만 콘텐츠를 만들지 않는다.

그림 2.10은 단순화된 소매 채널의 탈중개화를 도식화한 것이다. B2B 시장에서는 추가

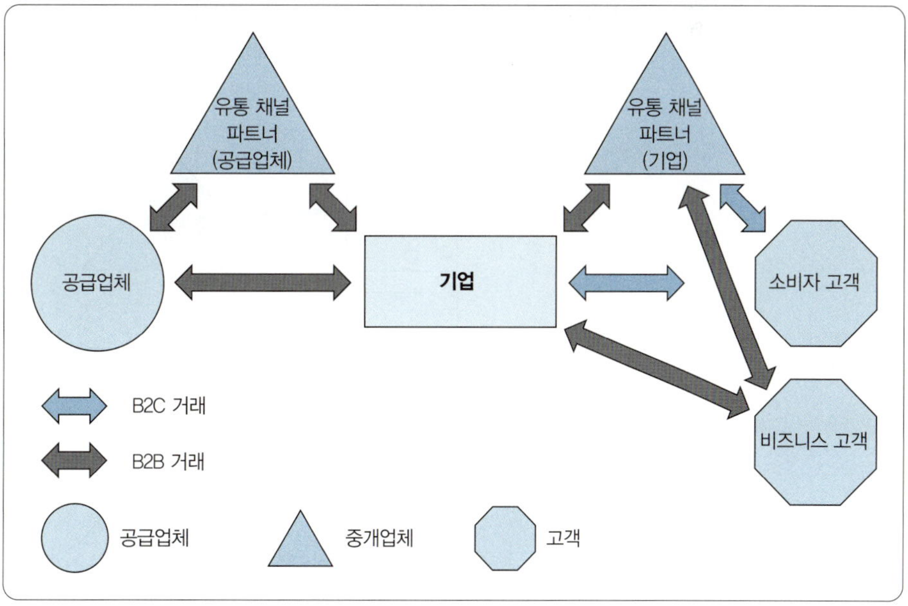

그림 2.9 기업, 공급업체, 고객 간의 B2B 및 B2C 상호작용

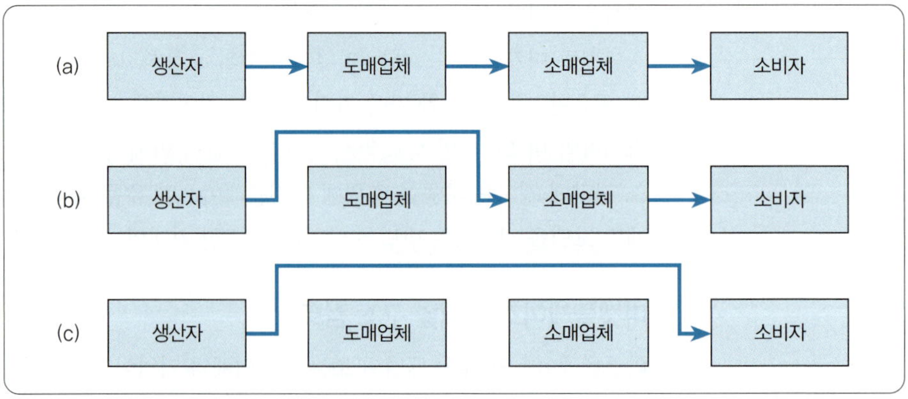

그림 2.10 소비자 유통 채널의 탈중개화: (a) 원래의 상황, (b) 도매업체를 제외한 탈중개화, (c) 도매업체와 소매업체를 모두 제외한 탈중개화

적인 분배업체와 같은 중개업체가 발생할 수 있다. 그림 2.10(a)는 기업이 판매 채널을 통해 제품을 '푸시'하여 마케팅하고 판매하는 예전의 입장을 보여준다. 그림 2.10(b)와 (c)는 도매업체(b) 또는 도매업체와 소매업체(c)를 우회하여 생산자가 소비자에게 직접 판매 및 촉진할 수 있는 두 가지 유형의 탈중개화를 보여준다(D2C 모델, 사례연구 2.2 참조). Benjamin과 Weigand(1995)는 고품질 셔츠 판매를 예로 들어 (b)의 경우 28%, (c)의 경우 62%의 비용 절감이 가능하다고 계산했다. 이러한 절약 비용의 일부는 원가 삭감의 형태로 고객에게 환원될 수 있다.

재중개화 고객과 공급업체 간에 공급업체 검색, 제품 평가 등의 서비스를 제공하는 새로운 중개업체가 등장하는 것

탈중개화가 일어났지만 **재중개화**(reintermediation) 역시 디지털 커뮤니케이션이 가져오는 중요한 현상이다. 그림 2.11(a)는 많은 판매가 영국 자동차협회(The Automobile Association)와 같은 브로커를 통해 이루어지던 전통적인 상황을 보여준다. 그러다 탈중개화로 인해 처음에는 콜센터를 통해, 그다음에는 거래 웹사이트를 통해 직접 판매할 수 있는 기회가 생겼다[그림 2.11(b)]. 그러나 제품 구매자는 여전히 제품 선택에 대한 도움을 필요

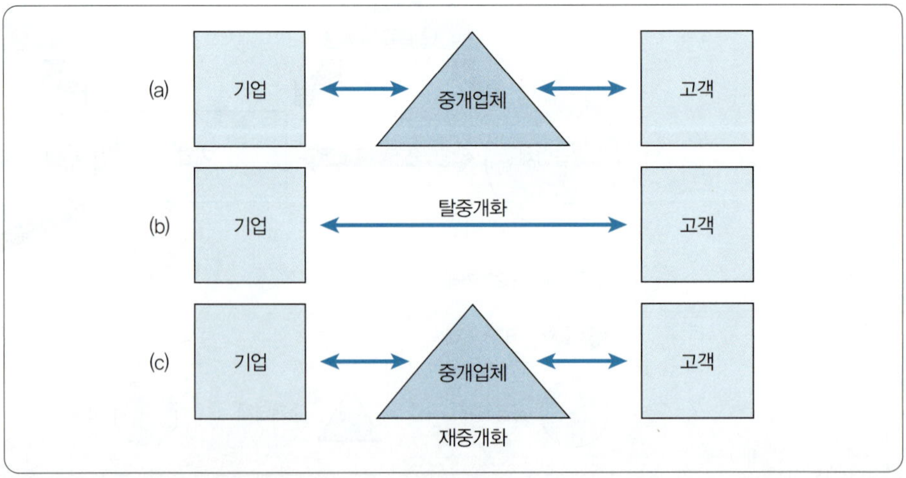

그림 2.11 (a) 원래의 상황, (b) 탈중개화, (c) 재중개화

로 하고 이는 새로운 중개업체의 탄생으로 이어지는데, 이 과정을 재중개화라고 한다[그림 2.11(c)]. 다음은 이러한 접근 방식의 예이다.

- 구매자가 공급업체를 선택할 때 지원하는 새로운 디지털 중개업체를 활용한다.
- 알리바바(Alibaba)와 같은 새로운 디지털 마켓플레이스를 디지털 조달(구매자 관점), 마케팅 및 판매(판매자 관점)에 활용한다.
- 결제(예: PayPal, Stripe), 본인 인증(예: Verisign)을 위한 새로운 서비스를 이용한다.

새로운 중개업체는 소매점과 같은 기존 중개업체의 중개를 배제하더라도 기업이 온라인 비즈니스로서 제대로 기능하는 데 필요한 존재이다. 예를 들어 영국의 머니슈퍼마켓(MoneySuperMarket)과 컨퓨즈드(Confused), 미국의 이서런스(Esurance)와 인서런스(Insurance)는 경쟁력 있는 가격으로 온라인 보험을 찾는 서비스를 제공하는 중개업체이다.

전자상거래 경영자에게 재중개화는 어떤 의미가 있는가? 첫째, 공급업체인 자사가 선택한 시장 분야에서 활동하는 관련 신규 중개업체의 사이트에 표시되는지 확인해야 한다. 이를 위해서는 가격 정보를 포함한 데이터베이스를 다양한 중개업체의 데이터베이스와 통합할 필요가 있다. 여러 중개업체와 파트너십 또는 스폰서십을 맺음으로써 온라인상에서 경쟁사보다 더 높은 가시성을 확보할 수 있다.

둘째, 해당 분야에 포진한 다른 공급업체의 가격을 모니터링하는 것이 중요하다(중개업체 웹사이트를 이용할 수도 있다). 셋째, 자체 중개업체를 설립하는 것이 더 적절할 수도 있다. 예를 들어 DIY 체인인 B&Q는 DIY 고객을 지원하기 위해 자체 중개업체를 설립했지만 그 소유자와는 분리하여 포지셔닝했다. 재중개화에 대응하거나 재중개화를 이용하는 이러한 전술은 **재중개화 대응**(countermediation)으로도 알려져 있다. 한 예로 에어프랑스, BA항공, KLM네덜란드항공, 루프트한자 등 유럽의 9개 항공사가 설립한 오포도(Opodo)를 들 수 있다.

재중개화 대응 기존 기업이 퍼블리셔나 비교 사이트와 같은 새로운 중개업체를 설립하는 것. 이는 신규 사이트일 수도 있고, 인수나 제휴를 통해 획득한 사이트일 수도 있다.

마켓플레이스의 거래 장소

마켓플레이스 구성에 대한 또 다른 관점은 마켓플레이스 내 플레이어들 간의 거래 포지셔닝과 상대적 강점에 관한 것이다. Berryman 등(1998)은 유용한 프레임워크를 만들어 세 가지 유형의 장소를 확인했다. 판매자가 통제하는 사이트는 기업의 메인 홈페이지로, 전자상거래가 가능한 사이트이다. 구매자가 통제하는 사이트는 구매자가 시장 형성을 시작하도록 설정된 중개업체이다. 조달 시스템의 포스팅(게시) 메뉴에서 구매자는 구매하고자 하는 제품을 지정하고, 시스템에 등록된 공급업체에 이메일을 보낸 다음 오퍼를 기다린다. 조달 시스템의 집계자는 소량 주문을 묶어서 대량 주문으로 구매 처리함으로써 구매 비용을 절감한다. 중립 사이트는 가격과 제품 비교를 가능하게 하는 독립적 평가 중개업체이다.

McDonald와 Wilson(2002)은 Berryman 등(1998)의 프레임워크를 업데이트하여 구매자 지향, 판매자 지향이라는 두 가지 유용한 구매 장소를 추가했다.

가장 성공적인 조달 중개업체는 독립적인 업체가 아니라 판매자 중심 또는 판매자가 통제하는 업체인 경우가 많은데, 6장에서 이에 대해 알아본다.

1장에서 언급했듯이 Evans와 Wurster(1999)는 온라인에서 경쟁 우위를 달성하는 데 중요한 세 가지 측면으로 도달 범위, 풍부함, 제휴를 주장했다.

옴니채널 마켓플레이스 모델의 중요성

일반적으로 온라인 구매자는 고객 여정을 따라가면서 여러 채널을 조합하여 이용한다. 제품을 선택하고 브랜드와 상호작용할 때 디지털 채널뿐만 아니라 인쇄물, TV, DM, 옥외광고 등 다른 매체도 함께 이용한다. 따라서 디지털 커뮤니케이션의 효과적인 활용 방법은 옴니채널 마케팅 전략의 일부가 되는 것이다. 옴니채널 마케팅 전략은 다양한 마케팅 채널을 어떻게 통합하고 서로를 지원하게 해야 하는지를 정의하는 것으로, 여러 채널과 기기를 교차하는 제안 개발과 경계 없는 커뮤니케이션을 실현한다. 옴니채널 비즈니스는 다양한 고객의 구매 프로세스를 통한 행동을 이해하고 지원하기 위해 그림 2.12와 같은 고객 여정 지도를 작성한다.

그림 2.13은 게이머가 헤드폰을 선택할 때 실제 고객 여정에서 구매에 미치는 영향의 예를 보여준다. 중개업체가 미치는 구매 영향력은 블로그, 포럼 댓글, 동영상 등 다양한 형태이다.

McDonald와 Wilson(2002)은 인터넷이 가져온 마켓플레이스 변화를 분석하기 위해 '채널 사슬(channel chain)'을 개발했는데, 이는 옴니채널 행동을 이해하기 위해 권장하는 강력한 방법이다. 채널 사슬은 서로 다른 채널을 선호하는 고객에 대한 대체적인 고객 여정

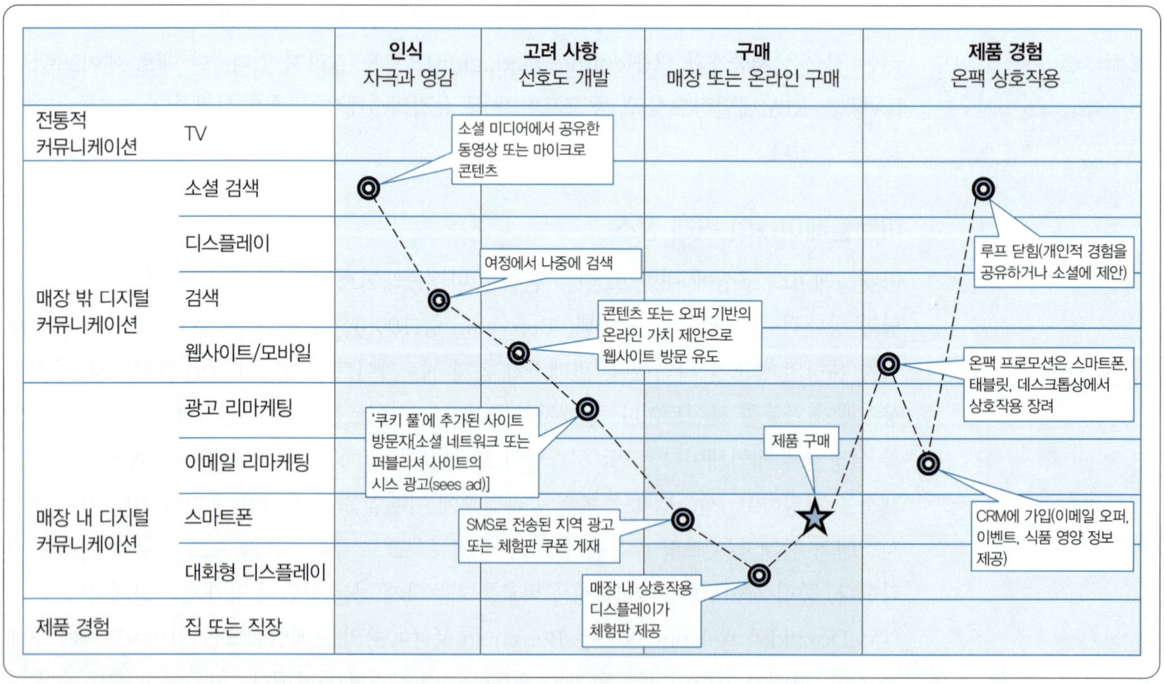

그림 2.12 다양한 미디어와 채널의 영향력을 보여주는 고객 여정 지도의 예

출처: Chaffey and Ellis Chadwick(2022)

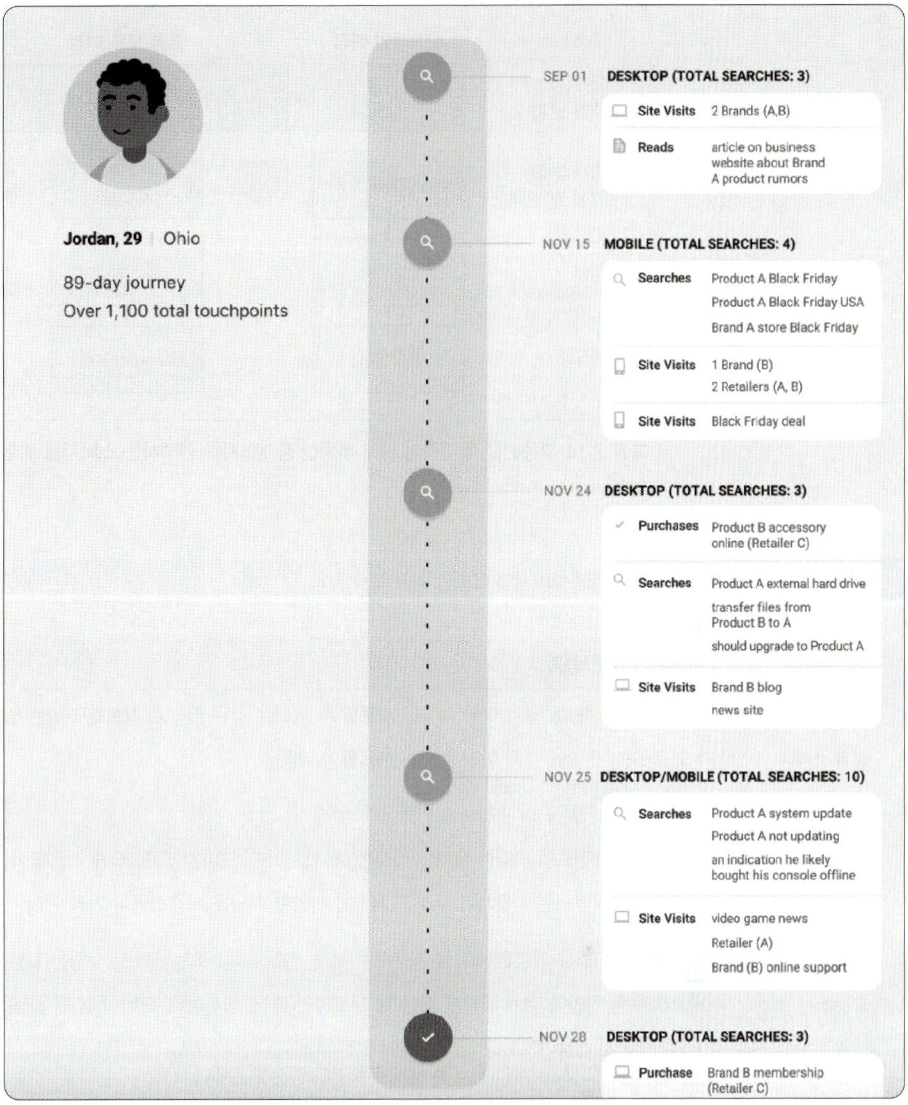

그림 2.13 헤드폰 구매 고객 여정의 예

출처: Google (2018)

을 나타내며, 다양한 고객 여정의 현재와 미래 성과를 평가하는 데 사용할 수 있다. 그림 2.14는 이러한 채널 사슬의 예이다. 시장 지도는 중개업체 및 새로운 유형의 중개업체를 통해 이루어지는 제조업체 또는 서비스 제공업체와 고객 간의 수익 흐름을 보여줄 수 있다. Thomas와 Sullivan(2005)은 채널 선호도를 계산하기 위해 각 고객에게 고유한 식별자를 할당하고 구매의 교차 채널 추적을 이용하여 미국 옴니채널 소매 기업의 예(63%는 오프라인 매장만, 12.4%는 인터넷만, 11.9%는 카탈로그만, 11.9%는 2개의 채널, 1%는 3개의 채널을 이용)를 제시했다.

Juaneda-Ayensa 등(2016)은 개인의 혁신성, 즉 새롭고 다른 제품/채널을 시도하고 새로운 경험을 추구하는 것을 선호하는 정도가 옴니채널 구매 의도에 긍정적인 영향을 미칠

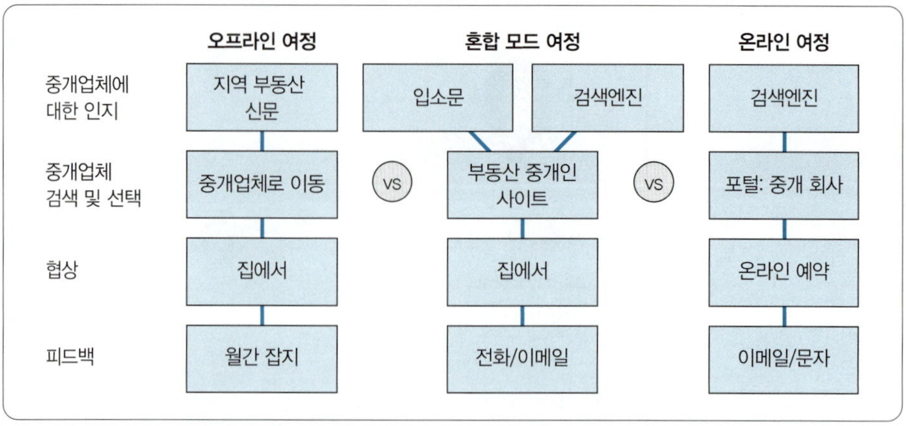

그림 2.14 부동산을 매각하기 위해 부동산 중개업자를 선택하는 소비자를 위한 채널 사슬 지도의 예

출처: Juaneda-Ayensa et al.(2016)

표 2.3 옴니채널 구매 의향에 대한 소비자의 태도와 행동 조사 결과

동기 부여	소비자의 태도/행동
쾌락	• 고객 여정 전반에 걸쳐 여러 채널을 사용할 수 있다는 것은 즐겁고/기쁘고/재밌는 일이다.
성과 기대치	• 고객 여정 전반에 걸쳐 여러 채널을 사용할 수 있다. -사용자가 빠르게 구매할 수 있다. -유용하거나 삶을 더 편리하게 만들어준다.
노력 기대치	• 방문자가 브랜드의 다양한 온라인 플랫폼(예: 웹사이트, 모바일 앱)을 쉽게 사용할 수 있다.
사회적 영향력	• 주요 인플루언서는 사용자가 주어진 시간에 다양한 채널을 사용하면서 가장 편리한 채널을 선택해야 한다고 생각한다. • 의견 선도자들은 다양한 채널을 사용하는 것을 선호하거나 또는 스스로 다양한 채널을 사용한다.
습관	• 고객 여정 전반에 걸쳐 다양한 채널(예: 오프라인 매장, 웹사이트, 모바일 앱)을 사용하는 것이 습관화되어 있다.
보안	• 인터넷에서 신용카드로 구매하는 것이 안전하다. • 온라인 비즈니스에 개인 정보를 제공하는 것이 안전해 보인다.
혁신성	• 새로운 기술을 알게 된 사용자가 이를 사용해볼 방법을 검색한다. • 사용자가 새로운 제품/브랜드를 테스트하기 전에 이미 사용해본 사람들의 의견을 구한다. • 새로운 기술을 실험하는 것을 좋아한다.

출처: Juaneda-Ayensa et al.(2016)

수 있다고 보았다. 표 2.3은 구매자의 동기와 기술 수용을 요약한 것이다. 패션 소매 기업 자라(Zara)와 함께한 소비자 구매 행동 연구에서는 노력 기대치와 성과 기대치가 구매 의향의 중요한 요인으로 나타났다.

거래의 상업적 계약

구매자와 공급자 간의 판매 및 가격 합의를 위해 사용되는 상업적 계약의 유형이라는 또 다른 관점에서 시장을 볼 수도 있다. 주요 상업적 계약 유형은 표 2.4에 정리했다.

표 2.4 상업적 메커니즘과 온라인 거래

상업적(거래) 메커니즘	Nunes 등(2000)의 온라인 거래 메커니즘
1. 협상 거래의 예: 경매와 유사한 메커니즘을 이용할 수 있다.	• 협상: 한 명의 판매자와 구매자 간의 협상 • 지속적 보충: 사전에 설정된 조건하에 지속적인 주문 이행
2. 중개 거래의 예: Comparethemarket과 같은 중개업체	• 경매와 순수 시장을 온라인으로 제공하는 온라인 중개업체를 통해 실현
3. 경매의 예: 이베이(C2C), 알리바바(B2B)	• 판매자 경매: 구매자의 입찰에 따른 최종 가격 결정 • 구매자 경매: 구매자가 여러 판매자에게 가격 요청 • 역경매: 판매자가 수락할 가격을 구매자가 게시
4. 정가 판매의 예: 모든 전자상거래 소매업체	• 정적 호출: 가격이 정해진 온라인 카탈로그 • 동적 호출: 가격과 기능이 계속 업데이트되는 온라인 카탈로그
5. 순수 시장의 예: 전자 주식 거래	• 스폿: 구매자와 판매자의 입찰이 즉시 취소됨
6. 물물교환의 예: 바터카드(Bartercard)	• 물물교환: 구매자와 판매자의 상품 교환

출처: 'The All-In-One-Market', *Harvard Business Review*, pp. 2-3 (Nunes, P., Kambil, A. and Wilson, D. 2000)

주목할 쟁점 2.2

혁신적인 비즈니스 모델

온라인 플랫폼과 관련된 새로운 비즈니스 모델은 온라인 맥락 속에 있는 기존 비즈니스 모델이다. 비즈니스 모델과 수익 모델은 변하지 않았다.

이러한 상업적 계약은 전통적 계약과 유사하다. 구조가 바뀌었다고 보기는 어렵지만, 인터넷으로 인해 다양한 선택의 상대적 중요성이 바뀌었다. 경매는 새로운 제안과 가격을 신속하게 공개할 수 있기 때문에 온라인 판매의 중요한 수단으로 자리 잡았고, 이베이는 자동차, 골동품 등의 상품을 제공하는 소비자로부터 수십억 달러의 매출을 올리고 있다.

다양한 유형의 온라인 중개업체와 인플루언서

그림 2.5에서 보듯이 온라인 비즈니스를 촉진하는 잠재적 파트너로서 다양한 유형의 온라인 또는 디지털 중개업체를 파악하는 것은 마켓플레이스 분석의 중요한 부분이다. 이 절에서는 다양한 유형의 중개업체 및 그들이 채택하는 비즈니스 모델과 수익 모델에 대해 더 자세히 알아보자.

Sarkar 등(1996)은 (주로 B2C 관점에서 그리고 약간의 조정을 가미하여) 다양한 유형의 중개업체를 밝혔으며, 이는 오늘날에도 여전히 존재한다.

- 디렉터리(예: Yahoo!, Excite)
- 검색엔진(예: Google, Bing, Yahoo!)
- 쇼핑 집계자(예: Farfetch, Lyst)
- 가상 재판매업체(예: Amazon)
- 금융 중개업체(예: PayPal)
- 포럼, 팬클럽, 사용자 집단('가상 커뮤니티'라고 총칭)
- 평가업체(서비스 리뷰 또는 비교 사이트)

중개업체의 범위와 제공하는 서비스가 다양하기 때문에 당연히 다양한 유형을 나타내는 용

표 2.5 다양한 유형의 온라인 중개업체

중개업체의 유형	특징	예
포털	인터넷 또는 통신 서비스 제공자 관련	• MSN • Yahoo!
디렉터리	사이트와 기업 상세 정보를 카테고리별로 소개	• Google My Business • Yell
지리적(지역, 국가, 지방)	• 수평 • 수직	• Google 각국 버전 • Yahoo! 국가·도시 버전 • Craigslist
마켓플레이스 또는 경매 사이트	• 수평 • 수직 • 지리적	• EC21 • Bark • Amazon Marketplace
가격 비교 사이트 또는 집계자	가격을 포함한 다양한 기준으로 제품 또는 서비스 비교	• PriceRunner • MoneySupermarket
퍼블리셔 사이트	소비자 뉴스, 비즈니스 뉴스, 엔터테인먼트 중심	• BBC • Guardian • Information Week
리뷰 사이트	제품 또는 공급업체 리뷰 중심	• Reevoo • Trustpilot
검색엔진	검색 중심	• Google • Bing • Baidu • Naver
미디어 유형	스트리밍 미디어 또는 파일 다운로드를 통한 배포	• 음악: Apple iTunes, Spotify • 동영상: YouTube • 멀티미디어 퍼블리셔: BBC iPlayer
수직적 중개	특정 시장 또는 틈새 독자를 대상으로 한 뉴스 및 기타 서비스	• Build UK • G2

어가 발전해왔다. 온라인 마켓플레이스 분석의 일환으로 확인된 주요 중개업체의 유형은 표 2.5와 같다. 특히 마케팅 담당자는 이러한 유형을 이해해야 한다. 기업이 소비자의 구매 프로세스를 지원하기 위해 다양한 유형의 중개업체, 온라인 퍼블리셔, 미디어 소유자 중에 어떠한 역할을 해야 하는지 체크리스트 기능을 하기 때문이다. 소비자와 기업은 공급업체를 찾고 비교하기 위해 중개업체를 점점 더 많이 이용하고 있으므로 해당 분야에서 공급업체가 적합한 유형의 중개업체로 적절하게 표시되는 것이 중요하다.

검색엔진의 중요성

검색엔진 사용자가 키워드를 입력하여 검색하면 관련 페이지의 목록을 제공한다.

검색엔진(search engine)은 오늘날 기업과 제품에 대한 정보를 찾는 주요 방법이므로 온라인 마케팅을 하는 조직에게는 중요한 중개업체이다. 서치엔진와치(Search Engine Watch)의 조사에 따르면 웹 사용자의 90% 이상이 온라인에서 정보를 찾을 때 검색엔진을 이용하고 있다. 표 2.2의 도구를 적용하면 청중 규모 수를 통해서도 검색엔진의 중요성을 알 수 있다. 검색엔진이 마케팅에 어떻게 활용될 수 있는지는 7장에서 자세히 다룰 것이다. 마켓플레이스 분석을 할 때 구글 트렌드와 같은 도구는 기업이 각국의 제품 수요와 브랜드 선호도를 평가하는 데 도움이 된다.

전자상거래 비즈니스 모델

온라인 비즈니스 모델 핵심 제품 및 서비스의 가치 제안, 다양한 시장의 목표 고객, 경쟁적인 온라인 시장 또는 가치사슬에서의 포지셔닝, 수익과 비용 예측 등 기업이 수익을 창출하는 방법을 요약한 것

새로 시작하는 온라인 비즈니스의 성공을 위해서는 **온라인 비즈니스 모델**(online business model)을 명확하게 정의하는 것이 필수적이다. 그러나 이는 인터넷으로 인한 새로운 기회의 관점에서 비즈니스 모델을 개선하거나 새로운 서비스 추가를 고려하는 등 기존 비즈니스에서도 중요하다.

Caudron과 Peteghem(2016)은 디지털 파괴의 배후에 있는 열 가지 비즈니스 모델을 밝혔다.

1. **구독 모델**: 수시로 구입하는 제품 또는 서비스를 취하여 해당 제품 또는 서비스의 지속적 접근에 대해 구독료를 부과하여 반복 습관으로 잠그는(lock-in) 방식에 의한 파괴이다(예: 넷플릭스, 달러셰이브클럽, 애플뮤직).
2. **프리미엄 모델**: 사용자가 기본 서비스나 제품에 대해 데이터 또는 이용 시간에 따라 지불하고, 이후 완전한 서비스로 업그레이드하기 위해 요금을 지불한다(디지털 샘플링에 의한 파괴). 이는 추가 단위나 유통에 대한 한계 비용이 광고 수익이나 개인 데이터 판매보다 낮을 때 작동한다(예: 스포티파이, 링크드인, 드롭박스).
3. **무료 모델**: '제품에 대해 지불하지 않는다면 당신이 제품이다'라는 모델을 통한 파괴이다. 소비자의 관심을 끄는 무료 제품 또는 서비스를 제공함으로써 얻을 수 있는 개인 데이터나 '광고의 핵심'을 판매한다(예: 구글, 페이스북).
4. **마켓플레이스 모델**: 디지털 마켓플레이스 제공을 통한 파괴이다. 구매자와 판매자를 직접 연결해주고 그 대가로 거래 또는 배치 요금이나 중개 수수료를 받는다(예: 이베이, 아이튠즈, 앱스토어, 우버, 에어비앤비).
5. **소유권을 넘어선 접근 모델**: 전통적으로는 구매해야만 얻을 수 있었던 제품과 서비스에 대한 일시적 접근을 제공함으로써 파괴를 일으킨다. 자신의 자산(집, 자동차, 자본)을 차용자에게 빌려줌으로써 수익을 창출하는 이들로부터 수수료를 받는 공유경제 파괴자도 포함된다(예: 지프카, 피어바이, 에어비앤비).
6. **대형 마트 모델**: 압도적인 시장 지배력과 규모를 이용하여 경쟁을 파괴하는 '브랜드 폭격'을 통한 파괴이다. 종종 원가 이하의 가격으로 판매한다(예: 아마존, 애플).
7. **경험 모델**: 뛰어난 경험을 제공함으로써 파괴를 일으키고, 사람들은 이를 위해 기꺼이 돈을 쓸 준비가 되어 있다(예: 테슬라, 애플).
8. **피라미드 모델**: 재판매업자와 제휴사로 이루어진 집단을 모집함으로써 파괴를 일으키며, 흔히 수수료만을 지불한다(예: 아마존, 마이크로소프트, 드롭박스).
9. **온디맨드 모델**: 시간을 수익화하여 약간 비싼 가격으로 즉각적인 접근을 판매함으로써

파괴를 일으킨다. 시간은 없지만 돈이 있는 사람, 시간은 있지만 돈이 없는 사람이 제공하는 제품 또는 서비스에 기꺼이 돈을 지불하려는 사람에게 수수료를 받는 것도 포함된다(예: 우버, 오퍼레이터, 태스크래빗).

10. **생태계 모델**: 구매하면 할수록 가치가 높아지는, 서로 연동되고 상호 의존적인 제품과 서비스의 모음을 판매함으로써 파괴를 일으키며, 소비자의 의존심을 유발한다(예: 애플, 구글).

Osterwald와 Pigneur(2010)가 개발한 비즈니스 모델 캔버스는 온라인 비즈니스의 전략과 비즈니스 모델을 요약할 수 있는 유용한 프레임워크이다. 45개국의 실무자 470명이 참여한 공동 창안 프로젝트로 발표되었으며, 스트래티저 사이트(www.strategyzer.com)에서 앱과 템플릿을 내려받아 이용할 수 있다.

캔버스의 주요 항목은 다음과 같다.

- **가치 제안**: 비즈니스가 청중 고객에게 제공하는 것의 핵심이며, 성공에 가장 중요한 요소이다.
- **고객 세분화**: 가치 제안이 소구할 수 있는 다양한 타깃 청중이다. 비즈니스 모델 캔버스에서 권장되는 대안은 대중시장, 틈새시장, 세분화된 고객 분류 또는 다양한 고객 분류이다.
- **고객관계**: 형성될 관계의 유형으로, 예를 들어 셀프서비스, 자동화된 서비스, 커뮤니티 또는 더 많은 개인 지원 등이 있다. 콘텐츠의 공동 제작도 여기에 포함될 수 있다.
- **채널**: 조직의 서비스를 전달하거나 청중에게 도달하는 방법이다.
- **주요 파트너**: 온라인과 오프라인의 가치 있는 네트워크를 활용하기 위해 파트너십을 맺음으로써 도달 범위를 확장하고, 많은 청중을 확보한 기존 조직과 온라인 인플루언서를 활용하는 기회를 얻을 수 있다.
- **주요 활동**: 수익을 창출하는 가치 제안을 위해 수행해야 하는 주요 활동이다.
- **자원**: 가치 제안을 창출하고 제공하기 위한 활동을 완료하는 데 필요한 다양한 유형의 프로세스와 인력이다.
- **비용 구조**: 다양한 비용 요소를 활동 및 자원과 비교해야 한다. 전통적으로 비용은 고정비와 변동비, 규모의 경제로 구분된다.
- **수익 흐름**: 비즈니스가 수입을 얻는 방법으로, 온라인의 경우 광고 수입, 구독료, 실물 또는 가상 상품 판매, 제휴 기반 수수료 계약 등이 있다. 또한 라이선스와 임대로도 수입을 얻을 수 있다.

그림 2.15는 이러한 비즈니스 모델의 아홉 가지 요소를 어떻게 적용할 수 있는지에 대한 예를 보여준다.

훌륭한 프레임워크이지만 부족한 요소가 무엇인지 항상 고려해야 한다. 비즈니스 모델의 성과를 평가하기 위한 핵심 성과지표(KPI)를 지정하는 방법이 부족하다는 것은 분명하다. 특히 수익 흐름, 비용 구조, 주요 활동과 같은 관련 항목을 추가하는 것이 좋다. 또한 다양

비즈니스 모델 요약

대상: SmartInsights.com
작성자: 데이브 채피

날짜: 2013년 5월 1일
버전: 1.0

주요 파트너
- 분야별 전문가
- 마케팅 대행사 및 프리랜서
- 온라인 퍼블리셔(예: iMedia Connection)
- 퍼블리싱/콘퍼런스 주최자
- 업계 인플루언서와 블로거
- 거래 조직(예: www.theidm.com)

주요 활동
- 콘텐츠 제작
- 경험 창출
- 서비스 프로모션
- 매출 극대화

자원
- 콘텐츠 제작 X2
- 개발 X2
- 마케팅 X1

가치 제안
- 전자책, 강좌, 소프트웨어의 추천을 통해 크로스 채널 마케팅 커뮤니케이션을 개선하여 비즈니스 가치를 높일 수 있도록 지원
- 개별 학습 및 개발 지원
- 구체적인 컨설팅, 교육적 조언 또는 멘토링 제공

고객관계
- 셀프서비스
- 전담 멘토링 및 컨설팅
- 공동 작업: 블로그 게시물 및 포럼

채널
- 검색 마케팅
- 이메일 마케팅
- 파트너 계약
- 소셜 미디어 마케팅
- 유료 광고

고객 세분화
마케팅을 통해 수익을 개선하고자 하는 기업

역할
- 회사 소유주
- 마케팅 관리자
- 디지털 마케팅 관리자
- 컨설턴트

기업의 유형/분야
- 컨설턴트
- 비즈니스 유형
- 대행사
- B2B
- 전자상거래/소매
- 비영리 단체

비용 구조

고정비
- 급여
- 호스팅과 소프트웨어 비용

변동비
- 콘텐츠 제작
- 대행사 마케팅 수수료
- 광고 수수료

수익 흐름
- 기업용·개인용 연간 구독
- 개별 제품 구매
- 광고 수익
- 컨설팅과 교육(직접, 제휴)
- 라이선스 콘텐츠 수익

그림 2.15 비즈니스 모델 캔버스의 예

출처: Smart Insights. 허락하에 게재

한 유형의 경쟁사가 미치는 영향을 직접적으로 고려할 수 없다. 해당 시장에서 이미 성공한 기업의 캔버스가 어떻게 보이는지 생각해보는 것이 도움이 된다(가치 제안, 타기팅과 같은 비즈니스 모델 요소를 정의하는 방법은 5장과 7장에서 더 자세히 살펴볼 것이다).

전략 및 혁신 컨설턴트인 게리 폭스(Gary Fox)는 다양한 형태의 비즈니스 모델과 수익 모델을 검토하기 위해 학습활동 2.2와 같이 온라인 비즈니스 모델의 예를 정리했다.

그림 2.16은 다양한 비즈니스 모델을 검토할 수 있는 대안적 관점을 나타낸 것이다. 비

학습활동 2.2 수익 모델 탐색

목적

디지털 기술로 인해 파괴된 다양한 유형의 비즈니스를 조사하고 그 수익 모델의 구조를 평가한다.

활동

이 절에서 설명한 비즈니스 모델 또는 www.garyfox.co/digital-business-model/에 소개된 다양한 카테고리의 비즈니스 모델을 사용하는 비즈니스의 예를 찾아 왼쪽 열에는 비즈니스 모델을, 오른쪽 열에는 그 예를 기입하라. 몇몇 기업은 여러 비즈니스 모델 또는 하이브리드 비즈니스 모델을 사용하고 있는가? 익숙지 않은 모델이 있는가?

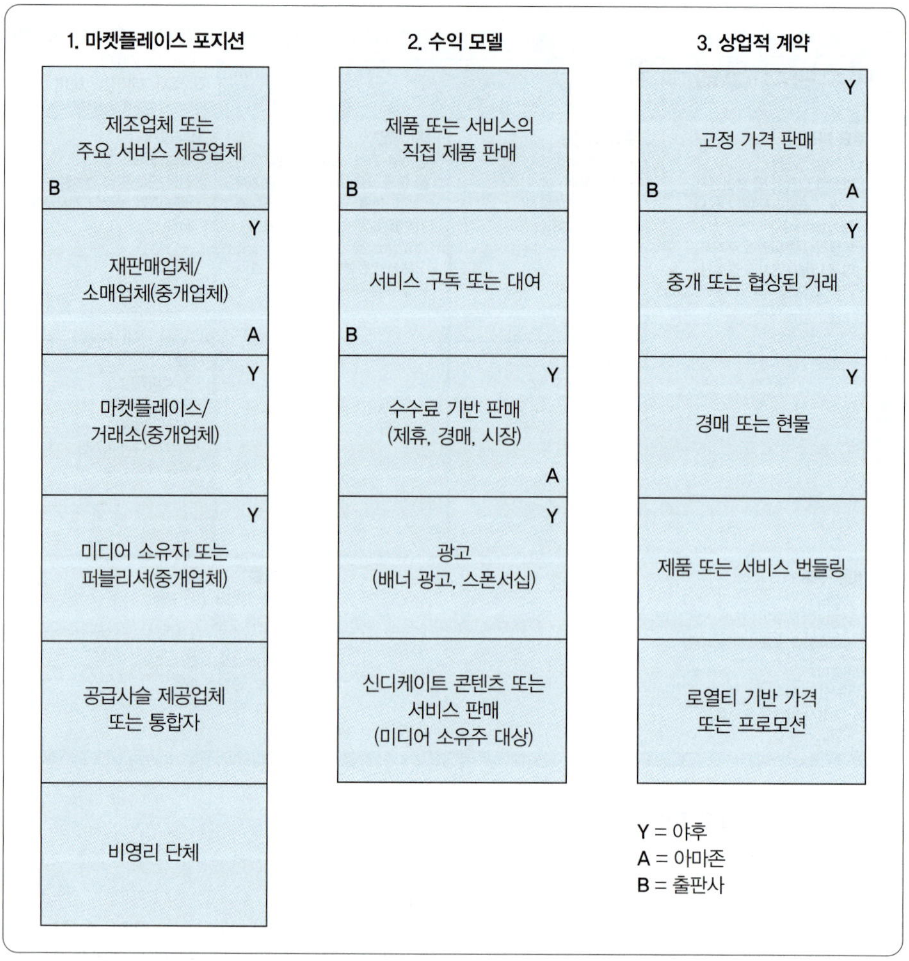

그림 2.16 비즈니스 모델에 대한 또 다른 관점

즈니스 모델을 바라보는 세 가지 관점과 그 예는 다음과 같다. 개별 조직이 다양한 카테고리에서 사업을 전개할 수 있지만, 대부분의 경우 각 관점마다 하나의 카테고리에 초점을 맞춘다. 이러한 비즈니스 모델 분류는 디지털 비즈니스 전략 수립을 위한 도구로 사용할 수 있다.

- **마켓플레이스 포지션의 관점**: 출판사는 제조업체, 아마존은 소매업체, 야후는 소매업체이자 시장 중개업체이다.
- **수익 모델의 관점**: 야후나 아마존은 수수료 기반 판매를 행하는 반면, 출판사는 웹을 통해 직접 판매할 수 있다. 또한 야후는 광고를 수익 모델로 삼고 있다.
- **상업적 계약의 관점**: 야후, 아마존, 출판사 모두 고정 가격 판매를 행하지만, 야후는 마켓플레이스 중개업체 입장에서 다른 대안도 제공하고 있다.

3장에서는 다음과 같은 다양한 유형의 전자상거래 비즈니스 모델을 자세히 알아본다.

- 단일 채널 전자상거래

- 카탈로그 진화형
- 멀티채널 전자상거래
- D2C(브랜드-소비자 직접 거래)
- 옴니채널 경험

수익 모델

수익 모델 조직의 수입을 창출하는 방법을 설명하는 것

수익 모델(revenue model)은 수입을 얻는 다양한 방법을 구체적으로 설명한다. 기존 기업의 수익 모델은 주로 제품 또는 서비스 판매를 통한 수입을 기반으로 하며, 제조업체나 서비스 공급업체가 직접 판매할 수도 있고, 판매 가격의 일부를 챙기는 중개업체를 통해 판매할 수도 있다. 물론 온라인 거래에서도 이 두 가지 수익 모델이 중요하다. 또한 제조업체나 소매업체는 광고 공간 또는 디지털 서비스를 판매하여 수익을 창출할 수도 있다.

온라인 퍼블리셔와 중개업체의 수익 모델

온라인 퍼블리셔의 경우 광고, 온라인 서비스 이용료 등 온라인 기반 수익을 창출할 수 있는 다양한 선택지가 있으며, 온라인 수익 모델의 주요 유형은 다음과 같다. 특히 CPM 디스플레이 광고 사이트, CPC 광고 사이트, 사이트 섹션 또는 콘텐츠 유형의 스폰서십, 제휴 수익은 가격 비교 사이트, 집계자, 소셜 네트워크, 목적지 사이트와 같은 다른 유형의 비즈니스에서도 검토할 수 있으며, 광고를 게재하여 수익을 얻을 수도 있다.

CPM 광고가 1,000회 게재되었을 때 광고주에게 부과되는 비용

CPC 제삼자 사이트의 링크가 클릭될 때마다 광고주에게 부과되는 비용

- **CPM 디스플레이 광고 사이트**: **CPM**(cost per mille)은 '1,000당 비용'을 의미하며, CPT(cost-per-thousand)라고도 한다. 사이트 소유자가 사이트 방문자에 대한 광고 제공 횟수에 따라 광고주에게 비용을 청구하며, 광고는 사이트 소유자 자신의 광고 서버를 통해 제공되거나 구글의 더블클릭(DoubleClick)과 같은 제삼자 광고 네트워크 서비스를 통해 제공될 수 있다.
- **CPC 광고 사이트**: **CPC**(cost per click)는 '클릭당 비용'을 의미한다. 단순히 광고가 표시되는 횟수가 아니라 광고가 클릭된 횟수에 따라 광고주가 비용을 지불한다. 이러한 광고는 일반적으로 콘텐츠 네트워크로 알려진 구글과 같은 검색엔진에서 제공하는 텍스트 광고이다. 구글은 퍼블리셔를 위해 애드센스(AdSense) 프로그램을 제공하고 있으며, 보통은 CPC 기반의 텍스트 또는 이미지 광고이지만 CPM 기반을 선택할 수도 있다. 클릭당 단가는 0.10~5파운드 등 다양하지만, '생명보험'과 같은 카테고리의 경우 40파운드에 달하기도 한다. 그래서 이러한 (수익) 원천으로부터 검색엔진과 퍼블리셔가 얻는 수익이 매우 클 수 있다. 구글이 발표한 보고서(http://investor.google.com)에 따르면 구글의 경우 이러한 수익이 전체 수익의 1/4~1/3을 차지한다.
- **사이트 섹션 또는 콘텐츠 유형의 스폰서십**: 기업은 사이트 채널이나 섹션에 대한 광고료를 지불한다. 예를 들어 HSBC 은행은 현재 ee로 알려진 Orange 광대역 제공업체 포털(www.ee.co.uk)의 'Money' 섹션을 후원했다. 이러한 유형의 계약은 대부분 정해진 연간 금액으로 체결되는 경우가 많다. 또한 어느 쪽도 비용을 지불하지 않는 상호 호혜적 계약일 수도 있는데, 이는 '콘트라 딜(contra-deal)'이라고 불린다.

CPA 제삼자 사이트 클릭 후 발생한 잠재고객 또는 판매 등의 성과에 따라 광고주에게 부과되는 비용

- **제휴 수익**: 수수료 기반 수익으로, 예를 들어 데이브 채피의 사이트인 스마트인사이츠(smartinsights.com)에 아마존 도서가 표시되면 채피는 아마존으로부터 도서 가격의 약 5%를 수수료로 받는다. 이러한 계약은 **CPA**(cost per acquisition)로 알려져 있으며, 광고주가 더 많은 협상력을 가진 CPM 또는 CPC가 점점 더 이러한 방식으로 대체되고 있다. 예를 들어 제조업체인 유니레버는 캠페인에서 얻은 이메일 주소당 보상을 받는 CPA 계약을 협상하고 있다. 그러나 이러한 협상은 퍼블리셔의 힘에 의존하게 된다. 퍼블리셔 입장에서는 CPM 계약의 전체 수익이 더 크기 때문이다. 마찬가지로 퍼블리셔는 클릭률과 광고 수익에 영향을 미치는 광고 소재의 품질과 클릭 인센티브에 영향을 미칠 수 없다.
- **거래 수수료 수익**: 기업이 거래를 촉진하는 대가로 수수료를 받는다. 예를 들어 이베이와 페이팔은 구매자와 판매자 간 거래 비용의 일정 비율을 청구한다. 이는 D2C 또는 멀티채널 비즈니스 모델을 채택한 소매업체나 여행사의 주요 수익 모델이다.
- **콘텐츠 또는 서비스 구독 액세스**: 일정 기간 동안 퍼블리셔의 다양한 문서에 접근할 수 있는데, 이는 흔히 프리미엄 서비스라고 불린다.
- **유료 문서 액세스**: 다운로드 가능한 문서, 동영상, 음악 클립의 일회성 접근에 대한 지불이 발생한다. 비밀번호 또는 **디지털 저작권 관리**(digital rights management, DRM)로 보호될 수도 있고 그렇지 않을 수도 있다. 흔히 퍼블리셔는 프리미엄 수익 모델을 채택하는데, 이 경우에 구독자는 제한된 수의 샘플 기사나 다운로드에 대한 무료 액세스를 얻게 된다. 이는 오늘날 신문사에서 자주 사용하는 접근 방식으로, 예를 들면 한 달에 기사 3개로 제한하는 것이다.

디지털 저작권 관리(DRM) 소프트웨어, 음악, 영화 또는 기타 디지털 데이터와 같은 디지털 서비스나 콘텐츠의 배포를 보호하기 위해 다양한 기술을 사용하는 것

- **이메일 마케팅을 위한 구독자 데이터 액세스**: 사이트가 지닌 고객 데이터도 잠재적 가치가 있다. 고객이 퍼블리셔나 제삼자의 이메일 수신에 동의한 경우 고객에게 다양한 형태의 이메일을 보낼 수 있기 때문이다. 사이트 소유자는 뉴스레터에 게재되는 광고에 대해 비용을 청구할 수도 있고, 광고주를 대신하여 메시지를 전달할 수도 있다[이를 '리스트 렌털(list rental)'이라고도 한다]. 사이트 고객을 대상으로 시장 조사를 실시하는 것도 이와 관련된 접근 방식이다.

온라인 비즈니스 수익 계산

사이트 소유자는 사이트에서 사용하는 네 가지 주요 수익 옵션에서 수익 창출 기술의 조합에 따라 잠재적 수익 모델을 개발할 수 있다(그림 2.16 참조). 사이트 소유자가 수익을 극대화하거나 사이트를 '수익화'할 수 있는 능력을 고려할 때 어떤 요소가 중요한가? 이 모델은 트래픽 수준과 조회된 페이지 수, 다양한 유형의 광고 단위와의 상호작용에 대한 가정을 기반으로 한다. 수익 극대화 능력은 다음 요소를 가지고 그림 2.17과 같은 스프레드시트에서 모델링할 수 있다.

- **광고 단위의 수와 크기**: 각 사이트 섹션 또는 페이지와 광고 단위 수 간에는 미묘한 균형이 필요하다. 광고 단위가 너무 많으면 사이트 이용자에게 나쁜 경험을 줄 수 있고, 너무 적으면 수익이 감소할 수 있다. 그림 2.17에는 각 광고 수익 카테고리의 광고 단위 또는

광고 수익 옵션	측정	사이트
	제공되는 페이지	100,000
디스플레이 광고(CPM)	CPM(1,000건당 비용)	£2
	제공된 재고 비율	40%
	평균 클릭률(CTR %)	0.10%
	페이지당 게재되는 광고 단위	2
	클릭 수(CPM 광고)	80
	수익(디스플레이 광고)	**£160**
	클릭 100건당 수익(EPC)	**£200.0**
	eCPM(디스플레이 광고)	**£1.60**
고정 사이트 실행 스폰서십	제공된 재고 비율	100%
	평균 클릭률(CTR %)	0.30%
	광고 단위 게재 1	1
	클릭 수(고정)	300
	수익(고정 스폰서십)	**£3,000**
	클릭 100건당 수익(EPC)	**£1,000.0**
	eCPM(고정)	**£30.00**
텍스트 광고물 광고(CPC)	제공된 재고 비율	100%
	평균 클릭률(CTR %)	1.00%
	평균 클릭당 비용	£0.30
	페이지당 게재되는 광고 단위	1
	클릭 수(CPC 광고)	1,000
	수익(CPC 광고)	**£300**
	클릭 100건당 수익(EPC)	**£30.0**
	eCPM(CPC 광고)	**£3**
제휴 수수료	제공된 재고 비율	100%
	평균 클릭률(CTR %)	0.50%
	페이지당 게재되는 광고 단위	1
	클릭 수(제휴사)	500
	목적지 전환율(%)	3%
	평균 주문 금액	£100
	수수료 %	10%
	수익(제휴사)	**£150**
	클릭 100건당 수익(EPC)	**£30.0**
	eCPM(제휴)	**£1.50**
사이트 공용 메트릭	클릭 수 합계	**1,880**
	수익 합계	**£3,610**
	클릭 100건당 수익(EPC) 합계	£192.02
	eCPM 합계	£36.10

하늘색 셀 = 입력 변수('가정' 분석을 위해 변수 변경 가능)

파란색 셀 = 출력 변수(계산됨, 오버타이핑 주의)

그림 2.17 사이트 수익 모델 계산 스프레드시트의 예

컨테이너 수에 대한 매개변수가 있다. 광고주는 광고가 최대한 크고 눈에 잘 띄는 위치에 게재될 때 인지도와 반응이 극대화된다는 것을 알고 있다. 보다 정확한 수익 모델은 다양한 페이지 유형에 따라 수익을 개발할 것이다.

- **광고 판매 용량**: 그림 2.17에는 각 카테고리에서 판매된 광고 재고의 비율에 대한 매개변수가 있다. 예를 들어 CPM 디스플레이 광고 수익의 경우 재고의 40%만 판매될 수 있다.

그래서 자체 '하우스 광고'를 가진 퍼블리셔 사이트가 있는데, 이는 모든 광고 공간을 그간 판매할 수 없었음을 나타낸다. 구글 애드센스의 퍼블리셔 프로그램을 이용하면 일반적으로 재고가 모두 사용된다.

- **다양한 광고 모델에 따라 협상되는 요금 수준**: 이는 시장 경쟁과 광고 공간에 대한 수요에 따라 달라진다. CPC, CPA 모델과 같은 '성과에 따른 지불' 광고 옵션에서는 반응에 따라 달라진다. CPC의 경우 사이트 소유자는 광고가 클릭될 때만 수익을 얻고, CPA의 경우 사이트 소유자는 광고가 클릭되어 목적지 사이트에서 제품이 판매될 때만 수익을 얻는다.
- **트래픽양**: 더 많은 방문자는 수익을 생성할 기회가 더 많다는 것을 의미하는데, 더 많은 페이지를 제공하거나(CPM 기반 광고에 도움이 됨) 또는 제삼자 사이트에 클릭을 더 많이 유발(CPC 및 CPA 거래에서 수익을 창출하는 데 도움이 됨)하여 달성된다.
- **방문자 참여도**: 방문자가 사이트에 머무는 시간[고착도(stickiness)]이 길수록 페이지뷰가 쌓이고 광고 수익 기회가 증가한다. 목적지 사이트의 경우 1회 방문당 페이지뷰는 5~10회가 일반적이지만 소셜 네트워크, 미디어 사이트, 커뮤니티의 경우 30회 이상일 수도 있다.

학습활동 2.3 온라인 미디어 사이트의 수익 모델

목적

온라인 퍼블리셔가 수익을 창출할 수 있는 기회의 영역을 파악하기 위해 세 가지 유형의 디지털 퍼블리싱 플랫폼을 참조하여 퍼블리싱에 대한 대안적 접근 방식을 살펴보자.

활동

세 가지 사이트를 방문한 후 다음 활동을 수행하라.

Marketing Profs(www.marketingprofs.com)
Smart Insights(www.smartinsights.com)
The Drum(www.thedrum.com)

1. 광고주와 제휴사의 정보를 살펴보고 각 사이트에서 사용하는 수익 모델을 정리하라.
2. 다양한 수익 모델은 사이트 청중과 사이트 소유자에게 어떤 장단점이 있는가?
3. 상응하는 청중이 있다면 어떤 사이트가 가장 많은 수익을 창출할 것이라고 생각하는가? 다음 수치를 가지고 간단한 스프레드시트 모델을 만들 수 있다.
   - 월간 사이트 방문자 수: 10만 명. 0.5%는 제휴 사이트 클릭, 2%는 평균 주문 값 100 CPM으로 비즈니스 보고서 또는 서비스 구매
   - 월간 페이지 조회 수: 100만 회. 다양한 광고주가 평균적으로 3개의 광고를 20 CPM으로 게재(모든 광고 재고가 판매되었다고 가정했으나 실제로는 거의 그렇지 않음)
   - 주간 뉴스레터 구독자 수: 5만 명. 한 달에 네 번 방송되는 뉴스레터의 광고주는 넷이며, 각각 10 CPM의 요금 지불

주: 제시된 수치는 해당 사이트의 실제 수치가 아님

사이트 소유자는 수익 창출의 모든 접근 방식을 종합적으로 고려하고 최적의 조합을 사용하여 수익을 극대화하려고 하며, 그림 2.17은 그 예이다.

이러한 기법을 사용하여 수익을 창출할 때 포트폴리오 내의 다양한 페이지와 사이트가 얼마나 효과적인지를 평가하기 위해 사이트 소유자는 두 가지 접근 방식을 이용한다. 첫째, 1,000건당 효과적인 비용인 eCPM을 확인한다. 즉 각 페이지 또는 사이트에 대해 광고주가 부담할 수 있는 총액을 보는데, 각 페이지의 광고 단위 수를 늘리면 이 값이 증가한다. 둘째, 페이지 또는 사이트의 수익 창출 효과를 평가하기 위해 클릭당 수익(revenue per click, RPC) 또는 클릭당 소득(earnings per click, EPC)을 확인한다. 이는 사이트 방문자 1,000명당 광고 수익으로 계산할 수도 있다. 제삼의 소매 사이트를 클릭하여 구매하는 경우 수수료를 받는 제휴 마케팅 담당자에게는 이러한 수익이 특히 중요하다.

학습활동 2.3에서는 몇 가지 수익 모델을 살펴본다.

디지털 스타트업 또는 디지털 네이티브 기업

디지털 스타트업의 잠재력을 평가하는 방법을 살펴보며 이 장을 마무리하자. 실리콘밸리 등 미국의 스타트업 경제는 잘 알려져 있지만 유럽에도 많은 기회가 있다. 영국의 DDCMS(2022)는 국가별 디지털 경제에 관한 보고서를 내놓았는데, 이에 따르면 국가별 디지털 경제의 규모에 큰 차이가 있고, 이는 전체 경제 규모와 무관한 것으로 나타났다. 그림 2.18은 '유니콘(기업 가치가 10억 달러 이상인 기업)'인 디지털 비즈니스의 변화를 보여줄 뿐 아니라, 이러한 현상이 미국에서만 발생하는 것이 아님을 나타낸다.

창업자에게 디지털 비즈니스의 장점은 진입 장벽이 낮다는 것이다. 예를 들면 전통적인 기업(물리적 자산을 더 많이 보유)에 비해 거래 비용과 인건비가 절감된다. 기하급수적으로 기술 변화가 일어나고 있으며, 사람들은 이를 이용하여 대체 비즈니스 모델로 대부분의 산업을 파괴하고 있다. Snow(2014)는 석유왕 존 D. 록펠러(John D. Rockefeller)가 10억 달러를 버는 데 46년이 걸린 반면, 마이클 델(Michael Dell)은 14년, 빌 게이츠(Bill Gates)는 12년, 야후 창업자는 4년, 이베이 창업자는 3년, 그루폰(Groupon) 창업자는 2년밖에 걸리지 않았다고 밝혔다. 10장에서는 이러한 기업이 그로스 해킹(growth hacking)을 통해 견인력을 얻는 방법을 소개한다.

디지털 비즈니스 평가

모든 신생 기업과 마찬가지로 투자자가 스타트업의 장기적인 지속가능성을 평가하기란 쉽지 않다. 이러한 기업의 성공과 지속가능성을 평가하는 데 사용할 수 있는 몇 가지 접근법이 있다. 닷컴 기업은 투자 수익을 빨리 얻으려는 투자자가 과대평가하는 경우가 많다. 전통적인 기업과 디지털 스타트업을 비교해보면 몇 가지 뚜렷한 차이가 있다.

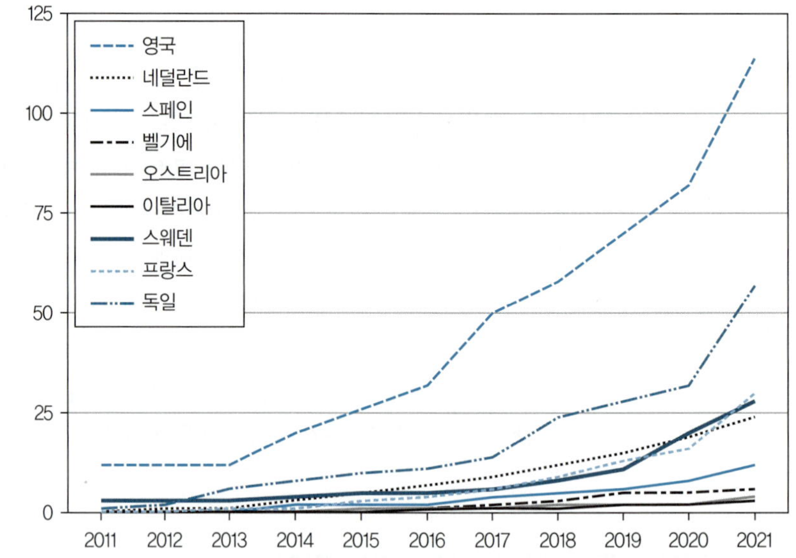

그림 2.18 유럽 국가에서 증가되는 유니콘 기업의 수

출처: DDCMS, https://assets.publishing.service.gov.uk/government/uploads/system/uploads/image_data/file/153008/graph4.svg

기술 스타트업 가치 평가

엔젤 엔젤 투자자 또는 비즈니스 엔젤은 고액의 사적 순자산을 가진 개인 또는 시드 투자자로, 보통은 기업의 주식 지분(일부 소유권)을 대가로 사업 시작에 필요한 자본을 댄다. 개인으로 투자할 수도 있고 신디케이트(엔젤 집단)의 일원으로 투자할 수도 있으며, 일반적으로 1만~5만 파운드를 투자하고 3~8년 동안 투자 수익을 추구한다.

Hudson(2015)은 **엔젤**(angel)과 기업가 사이의 최고 쟁점 중 하나가 수익 창출 전 기업의 가치 평가라고 지적한다. 기업가는 가능한 한 높은 가치를 요구하고, 엔젤은 자금 투자 대비 기업의 합리적인 지분을 구매하려고 더 낮은 가치를 요구한다. 다양한 전문가의 인터뷰에 따르면 스타트업에는 다음과 같은 네 가지 평가 모델이 유효하다.

- **벤처 캐피털 방법**: 출구 시 기대 수익률을 토대로 평가 금액을 산출한다.
- **버커스**(Berkus) **방법:** 스타트업 기업가가 사업화 과정에서 이룬 성과에 다양한 금전적 가치를 부여한다.
- **스코어카드 평가 방법**: 특정 지역에서 대상 기업에 대한 비즈니스의 수직 구조 내에서 발생한 시드/스타트업 거래에 대한 투자 전 가치 평가의 중간값을 해당 기업의 일곱 가지 요소[기업가와 팀의 강점, 사업 기회의 크기, 제품/기술, 경쟁 환경, 마케팅/영업/제휴 관계, 추가 투자의 필요성, 기타 요소(초기 고객 피드백의 우수성 등)]에 따라 조정한다.
- **위험 요소 집계 방법**: 대상 기업의 열두 가지 특성(경영진, 사업 단계, 입법/정치적 리스크, 제조 리스크, 판매/마케팅 리스크, 자금 조달/자본 리스크, 경쟁 리스크, 기술 리스크, 소송 리스크, 국제적 리스크, 평판 리스크, 수익성 있는 잠재적 출구)을 자금 조달이 가능한 스타트업 기업과 비교한다

우버와 같은 기업은 초기에 엔젤로부터 자금을 조달했다. 영국비즈니스엔젤협회(UK Business Angels Association, UKBAA)에 따르면 다음 고려 사항 중 5개 이상에 해당하는 스타트업은 엔젤 투자를 유치할 가능성이 높다.

- **문제 해결**: 제품, 기술, 서비스가 시장과 사회의 진정한 문제를 해결하는가? 해결하고자 하는 데 어려움은 무엇인가?
- **파괴적**: 파괴적이어서 시장에 진정한 영향을 미칠 수 있거나 새로운 틈새시장을 형성할 수 있는 잠재력이 있는가?
- **보호 여부**: 제품이나 기술에 식별 가능한 지적 재산권이 있는가? 이는 특허일 수도 있고 저작권, 브랜드, 기타 무형 자산일 수도 있다.
- **경쟁력**: 시장에서 방어 가능한 포지션을 가지고 있는가? 해당 프로젝트와 경쟁하는 다른 비즈니스는 무엇인가? 어떻게 비교되며, 고유한 세일즈 포인트나 경쟁 우위는 무엇인가?
- **수익**: 해당 비즈니스는 어떻게 수익을 창출하는가? 명확한 수익원이 있는가? 양호한 매출 총이익/순이익이 존재할 가능성이 있는가?
- **확장성**: 확장 가능한 비즈니스 모델을 가지고 있는가? 폭발적인 성장을 이룰 수 있는가?
- **검증된 모델**: 시장에서 어떤 검증을 거쳤는가? 이미 판매했거나 잠재고객에게 시험해보았는가? 시장 테스트 또는 조사 결과를 보여줄 수 있는가?
- **시장**: 시장 규모는 어떠한가? 현실적인 잠재적 시장 점유율을 달성할 수 있는가?
- **세금 감면 기회**: 거래는 EIS/SEIS의 적용을 받고 사전 허가를 받았는가?(아래 참조).
- **출구**: 출구에 대한 열망과 전략을 가지고 있는가?
- **투자에 대한 대가**: 주식을 내놓고 투자자를 임원으로 영입할 준비가 되어 있는가?

이탈률 일정 기간 내에 기업의 제품 또는 서비스를 더 이상 구매하지 않는 고객(보통의 가입자)의 비율

직관적으로 예상할 수 있듯이 이러한 변수를 사용한 모델링은 고객 일인당 매출, 기여 이익률, 광고비가 비슷한 기업에서 장기적인 성공을 좌우하는 것이 **이탈률**(churn rate)임을 보여준다. 다른 관점에서 보면 신규 기업의 고객 확보 비용이 높다는 점을 감안할 때 기업의 장기적 성공을 좌우하는 것은 반복 구매 고객을 유지하는 능력이다. 따라서 온라인 소매업체는 고객 유지를 위해 낮은 마진의 낮은 가격으로 경쟁할 수밖에 없다.

물론 훌륭한 비즈니스 모델이 성공을 보장하는 것은 아니다. 아이디어의 구현 및 실행에 문제가 있다면 실패할 수 있다. 일부 기업에서는 다음과 같은 실행 측면이 실패한 것으로 나타났다.

시장 견인력 제품/서비스에 대해 시장 수요가 있다는 증거. 높은 견인력은 투자자들이 스타트업에 매력을 느낄 가능성이 높다는 것을 의미한다.

- **시장 견인력**(market traction): 온라인 또는 오프라인 마케팅 기술은 사이트에 충분한 고객을 유치하기에 부족하다.
- **성능, 가용성, 보안**: 일부 사이트는 너무 많은 사용자가 몰려 접속 속도가 느리거나, 기술적 문제로 서비스를 이용할 수 없거나 안전하지 않다. 대규모 마케팅 캠페인에도 불구하고 사이트 구축 및 지원 인프라의 지연으로 인해 이용이 불가능한 사이트도 있다.
- **고객 주문 처리**: 사이트 자체는 효과적일지라도 제품이 제대로 신속하게 배송되지 않으면 고객 서비스, 나아가 브랜드 이미지에 악영향을 미친다.
- **트래픽**: 방문자 수, 방문 페이지 수, 구독 전환율, 다양한 소스로부터의 시도 및 판매로 측정된다.
- **충성도**: 재방문하여 수익을 올려주는 사용자를 일정 수준 이상 확보하여 투자 비용을 회

수하는 노력이 필요하다.

시장에 알려지지 않은 스타트업이 신규 고객을 확보하는 것은 어려운 일인 데다 비용도 많이 든다. 중요한 결정은 프로모션에 대한 투자와 이를 온라인, 오프라인 방식에 어떻게 배분할 것인가이다. 보통의 스타트업은 자원이 매우 부족하며, 빠르고 저렴하게 견인력을 확보해야 하기 때문에 하이테크 스타트업 생태계에서 그로스 해킹의 중요성이 커지고 있다(10장 참조). 보험료 비교 사이트인 고컴페어(GoCompare)와 같은 기업은 브랜드가 돋보이도록 TV 광고에 많은 돈을 쏟아붓는다. 오페라 가수 지오(Gio)를 기용한 후 매출이 60% 증가하고 브랜드 인지도가 450% 상승했다. 그러나 많은 스타트업(예: Moonpig, Mumsnet, Zopa)은 초기에 TV 광고 자금이 없어서 PR(호의적인 입소문과 매체에서의 언급), 파트너십, 검색엔진 마케팅 등 다른 마케팅 방법을 통해 유기적으로 성장했다.

사례 연구 2.4는 여행 및 교육 전문 기업이 어떻게 글로벌 비즈니스로 성장했는지를 보여준다.

사례 연구 2.4 스타트업 기업을 위한 글로벌 시장, i-to-i

온라인 TEFL(Teaching English as a Foreign Language) 강좌에 초점을 맞추고 있는 여행 및 교육 전문 기업에 관한 사례로, 마켓플레이스 분석의 중요성을 알 수 있다.

배경

i-to-i(www.i-to-i.com)는 영국, 미국, 아일랜드, 호주에 지사를 두고 있는 국제적인 조직이다. 2001년에 온라인 TEFL 강좌를 시작하여 2000년까지 5만 명이 졸업했으며, 2012년에는 10만 명, 2020년에는 20만 명으로 성장했다. 2015년에는 LoveTeflJobs.com과 제휴하여 졸업생이 전 세계 교단에 설 수 있게 되었다.

역사

데어드르 바운즈(Deirdre Bounds)는 일본, 중국, 그리스에서 영어를 가르치고 시드니에서 배낭여행자용 버스의 운전사로 일한 경력을 바탕으로 i-to-i를 설립했다. 처음에는 TEFL 강좌를 개설했고, 이후 자원봉사 프로젝트 기획으로 발전해나갔다.

2003년부터 i-to-i는 i-to-i 재단을 지원하고 있는데, i-to-i 재단은 i-to-i 가족 중 가장 도움이 필요한 지역사회와 생태 프로젝트에 자금을 지원하는 것을 목표로 하는 자선 단체이다. 2007년에 i-to-i는 TUI 여행 그룹의 일원이 되었다.

제안

i-to-i TEFL 제안의 주요 특징은 다음과 같다.

- **국제 과정 인증**: i-to-i는 영국의 자격시험 감독 기구인 Ofqual의 ODLQC(Open and Distance Learning Quality Council)로부터 외부 인증을 받았으며, 강좌는 Ofqual의 규제를 받아 엄격하게 모니터링되고 항상 최고의 산업 표준을 충족한다. 전 세계적으로 가장 인정받는 기초 영어 교육 자격증 중 하나인 CELTA(Certificate of English Language Teaching to Adults)를 제공한다.
- **세계적 명성**: i-to-i는 전 세계에 4개의 지사를 두고 있으며, TEFL 교육 경험이 12년 이상이다.
- **파트너십**: i-to-i는 STA Travel, Opodo, Lonely Planet 등 다양한 기업에 TEFL 강좌를 제공한다.
- **채용 정보**: LoveTeflJobs를 통해 20개국 이상의 수많은 일자리를 제공하며, 이 데이터베이스는 itoi 메인 사이트에 통합되어 있다.
- **완벽한 학생 지원**: 학생은 해외에서 취업하는 방법, 출국 전 최선의 준비 방법, 최신 취업 기회에 대한 조언을 받을 수 있다.
- **풍부한 경험의 강사진**: i-to-i의 강사진은 모두 3년 이상 해외에서 강의한 경력이 있다.

다음과 같은 'i-to-i TEFL의 약속'은 이러한 제안을 뒷받침한다.

1. 우리는 동급의 저렴한 강좌보다 150% 저렴하게 제공한다.
2. 처음 7일 동안 만족하지 못하면 전액 환불한다.
3. i-to-i의 경험, 높은 학문적 기준과 높은 강좌 품질로 i-to-i의 TEFL 수료증은 전 세계 수천 개의 어학원에서 인정받고 있다.

또한 i-to-i는 학생이 해외에서 TEFL 일자리를 찾도록 도와줄 수 있다.

청중 세분화

i-to-i가 사용하는 주요 세분화는 지리적 세분화이다.

- 영국
- 북미
- 유럽
- 호주와 뉴질랜드
- 기타 지역

지역별로 다른 브로슈어도 준비되어 있다.

또한 잠재고객의 나이와 신분 상태에 대한 정보가 선택 사항으로 수집되지만 이메일 타기팅에는 사용되지 않는다. 신분 상태의 카테고리는 다음과 같다.

- 학생
- 피고용인
- 자영업
- 경력단절
- 무직
- 은퇴

선택 사항 옵션 정보는 특정 잠재고객화 도구로 제한되어 있기 때문에 이메일 타기팅에 사용되지 않는다. 주말 TEFL 강좌의 경우 잠재고객을 대상으로 강좌를 세분화하기 위해 우편번호/도시 정보가 사용된다.

경쟁업체

영국과 호주에 기반을 둔 온라인 TEFL 강좌의 주요 경쟁업체는 cactustefl.com, teflonline.com, tefl.org, eslbase.com, teflcorp.com 등이다. 이러한 사이트가 가치 제안을 전달하는 방식과 제공하는 탐색 체계를 비교할 수 있다.

미디어 믹스

i-to-i는 디지털 미디어 채널을 결합하여 방문, 리드, 판매를 촉진한다.

- PPC(클릭당 과금, 주로 구글 광고)
- 페이스북, 인스타그램, 트위터, i-to-i 자체 여행자 커뮤니티를 활용한 소셜 미디어 마케팅
- 자연(어) 검색(SEO)
- 제휴 마케팅
- 디스플레이 광고
- 이메일 마케팅

고객 여정

사이트의 주요 고객 여정과 '주요 업무'(9장 참조)는 다음과 같다.

- 유형별 강좌 검색 또는 열람
- 위치별 강좌 검색 또는 열람
- 채용과 인턴십 검색 또는 열람
- TEFL 강좌에 대해 배울 수 있는 블로그와 FAQ

주요 클릭 유도 문안은 다음과 같다.

- 브로슈어 다운로드
- TEFL 퀴즈
- 전화 회신 요청 또는 전화
- 급여 계산기
- 쇼핑 카트
- 로그인

브로슈어와 퀴즈는 이름, 이메일 주소, 전화번호를 요청하는 승인(퍼미션) 마케팅의 원칙에 따라 게이트 방식으로 진행된다. 그러한 정보는 관심 정도에 따라 이메일이나 전화로 양육하는 후속 조치를 취하는 데 활용된다. 퀴즈는 참여 장치로 효과적이며, 사내 조사에 따르면 퀴즈 응답자의 구매 전환율이 높다.

디지털 경험은 반응형 웹 디자인(responsive web design, RWD)으로 제공되기 때문에 스마트폰과 데스크톱에서 동일한 옵션을 사용할 수 있다.

신뢰 요인

온라인에서 비슷한 강좌와 서비스를 제공하는 경쟁업체가 많기 때문에 경험의 질을 보장하는 것이 가장 중요하다. i-to-i는 다음과 같이 청중을 안심시키려고 노력한다.

- ODLQC와 Ofqual을 통한 독립적 인증 및 규제
- Reviews.io에 올라온 5,000건 이상의 후기와 평점 4.7점
- 학생들의 추천과 영상
- 다운로드 가능한 회사 연혁 브로슈어
- 홈페이지의 '트러스트 바(Trust bar)'에서 확인할 수 있는 다양한 인증

마케팅 기술

Wappalyzer.com과 Builtwith.com에 따르면 주로 다음과 같은 기술이 사용되고 있다.

- 워드프레스(Wordpress) 콘텐츠 관리 시스템과 MySQL 데이터베이스
- 추적을 위한 구글 태그 매니저(Google Tag Manager), 구글 애널리틱스(Google Analytics), 페이스북 픽셀(Facebook Pixel)
- AB 테스트를 위한 구글 옵티마이즈(Google Optimize)
- 유용성 테스트를 위한 핫자(Hotjar)
- 프로파일링과 리드 생성을 위한 옵틴몬스터(OptinMonster)
- 클라우드플레어(CloudFlare)와 아마존 클라우드프런트(Amazon Cloudfront)의 콘텐츠 전송 네트워크
- 이메일 마케팅, 자동화, CRM을 위한 메일침프(Mailchimp)와 메일건(Mailgun)

- Yoast SEO 플러그인

전환 과정

방문자가 강좌 구매를 결정하는 데 도움이 되는 자세한 콘텐츠가 사이트에 있으며, 여기에는 모듈 개요와 FAQ가 포함된다. 예를 들어 특정 랜딩 페이지가 유료 검색이나 제휴사 방문자의 전환에 사용되지 않으며, 참조 사이트 방문자를 위한 목적지 페이지는 수행된 검색(예: 온라인 TEFL)에 의해 표시된 제품 선호도의 주요 카테고리 페이지이다.

또한 i-to-i는 브로슈어, TEFL 체험단, 이메일 가이드, 수강권 증정과 같은 캠페인 프로모션 등 다양한 참여 장치를 사용하여 리드를 생성하며, 환영 이메일을 통해 리드에 대한 후속 조치를 취한다. 한편 결과는 모니터링하지만 이메일의 경우 적극적으로 후속 조치를 취하지 않는다. 상대적으로 가치가 낮기 때문에 리드에 대한 전화 후속 조치는 없지만, 사이트 방문자는 전환율이 높기 때문에 전화를 걸거나 콜백을 설정하도록 권장하고 있다.

마켓플레이스 과제

i-to-i가 직면한 주요 마켓플레이스 과제는 다음과 같다.

1. 다양한 지역의 경쟁시장에서 존재감을 높이고 전환 효과를 높인다.
   a. i-to-i는 주요 시장인 영국에서는 잘 알려져 있지만, 가격이 핵심 차별화 요소인 마켓플레이스에서 사업을 운영하고 있다(제품이 유사하고, 이미 자리를 잡은 경쟁업체도 있다.
   b. 조사에 따르면 미국에서도 충분한 기회가 있지만, 클릭당 과금 광고의 비용과 자연 검색에서의 프레젠스가 미국에 유리하기 때문에 노출이 제한적이라고 한다.
   c. 영국, 미국, 캐나다, 아일랜드/유럽, 호주, 뉴질랜드 이외 지역에서의 판매가 증가하고 있으며, 이는 성장 시장으로 여겨진다. i-to-i는 이러한 시장에 진출하고자 하지만, 주요 시장의 관심을 분산시키지 않는 비용 효율적인 방법을 사용하려 한다.
2. TEFL 강좌와 그 기회를 모르는 여행 희망자에게 TEFL 강좌를 홍보하고 교육함으로써 수요를 늘려야 한다. 예를 들어 많은 사람이 다른 나라에서의 임시 일자리(예: 술집, 농업)를 구하려 하지만 TEFL에 대해서는 알지 못한다.

문제

1. i-to-i가 비즈니스를 전개하는 국가를 하나 골라 사이트의 주요 유형과 마켓플레이스 지도를 이용하여 관련 비즈니스를 요약하라.
2. i-to-i가 다양한 지리적 시장에서 온라인 프레젠스의 상업적 효과를 측정하기 위해 검토해야 할 다양한 요소에 대해 설명하라.

출처: Smart Insights (2012) i-to-i case study. Dave Chaffey와 Dan Bosomworth가 회사의 동의를 얻어 작성했으며, 이번 판에 맞게 업데이트됨.

요약

1. 모든 기업은 디지털 비즈니스 전략에 반영하기 위해 끊임없이 변화하는 디지털 비즈니스 환경을 모니터링해야 한다. 여기에는 잠재적인 비즈니스 모델과 수익 모델뿐만 아니라 고객의 요구와 경쟁업체, 중개업체가 제공하는 서비스의 발전에 의한 직접적인 마켓플레이스 변화도 포함된다.
2. 온라인 마켓플레이스에서는 B2C, B2B, C2C, C2B 거래가 이루어진다.
3. 인터넷은 도매업체나 소매업체와 같은 기업의 유통 채널 파트너가 D2C 비즈니스 모델에 의해 우회됨에 따라 마켓플레이스에서 탈중개화를 일으킬 수 있다. 또는 인터넷은 서로 다른 목적을 가진 새로운 중개업체가 형성되어 구매자와 판매자를 가상 마켓플레이스나 시장 공간으로 모으는 데 도움을 줌으로써 재중개화를 일으킬 수도 있다. 이러한 변화의 의미를 평가하고 대안적 대응 중개화 전략을 수립하는 것은 전략적으로 매우 중요하다.
4. 마켓플레이스에서의 거래는 판매 측 시장(판매자 통제), 구매 측 시장(구매자 통제) 또는 중립적 시장에서 이루어질 수 있다.
5. 비즈니스 모델은 제공하는 제품, 부가가치 서비스, 수익원, 타깃 고객을 파악하는 등 기업이 수익을 창출하는 방법을 정리한 것이다. 인터넷을 통해 이용할 수 있는 비즈니스 모델의 폭을 넓히는 것은 기존 기업뿐만 아니라 신생 기업에도 중요하다.

6. 디지털 미디어는 프리미엄, 제휴 사이트 추천 수수료, 광고 수익과 같은 새로운 수익 모델의 기회를 제공한다.
7. 거래와 관련된 새로운 상업적 계약의 유형에는 협상 거래, 중개 거래, 경매, 정가 판매, 순수 시장, 물물교환 등이 있다.
8. 디지털 스타트업 기업의 성공은 비즈니스 모델과 수익 모델, 비즈니스 관리 관행에 따라 좌우된다.

연습문제

자가 평가 문제

1. 기업과 소비자 간 거래에 관한 주요 선택지를 개괄적으로 설명하라.
2. 특정 산업을 예로 들어 탈중개화와 재중개화의 개념을 설명하라. 이는 해당 산업에서 비즈니스를 영위하는 기업에 어떤 영향을 미칠 수 있는가?
3. 전자상거래 마켓플레이스에서의 거래를 위한 세 가지 주요 대체 장소를 설명하라.
4. 인터넷을 통해 또는 기존 상거래에서 발생할 수 있는 주요 상거래의 유형은 무엇인가?
5. 디지털 비즈니스에는 가치사슬 활동의 재평가가 포함된다. 디지털 비즈니스를 통해 가치사슬에 어떤 변화가 일어날 수 있는가?
6. 다섯 가지 비즈니스 모델을 나열하라.
7. 잡지사 사이트의 몇 가지 대안적 수익 모델에 대해 설명하라.
8. 다양한 유형의 온라인 마켓플레이스를 요약하여 그림으로 나타내라.

토론 문제

1. "어떤 시장에서도 탈중개화와 재중개화가 동시에 일어난다." 이에 대해 토론하라.
2. 자신이 잘 알고 있는 기업에 대해 인터넷이 제공하는 대체 비즈니스 모델과 수익 모델을 조사하고, 전자상거래의 유형과 장소 관련 옵션을 평가하라.
3. 제조업체나 소매업체를 선정하고, 포털 사이트와 제휴하는 것과 자사 사이트를 통해 동일한 서비스를 제공하는 것을 비교하여 분석하라.
4. 브랜드와 제조업체가 사용하는 D2C 비즈니스 모델의 가능성과 과제에 대해 설명하라.
5. 중개업체 사이트를 선정하고, 인터넷을 통해 이용할 수 있는 다양한 비즈니스 모델과 수익 모델을 얼마나 잘 활용하고 있는지 평가하라.

시험 문제

1. 탈중개화와 재중개화에 대해 예를 들어 설명하라.
2. 온라인 퍼블리셔의 세 가지 수익 모델에 대해 설명하라.
3. 구매 측 전자상거래, 판매 측 전자상거래, 마켓플레이스 기반 전자상거래는 무엇을 의미하는가?
4. 인터넷 경매의 다양한 메커니즘은 무엇인가?
5. 기존 브랜드의 비즈니스 모델을 바꾸기 위해 디지털 비즈니스를 활용하는 두 가지 대안적 접

근 방식을 설명하라.

6. 비즈니스 모델이란 무엇인가? 자신이 선택한 디지털 네이티브 브랜드와 연관 지어 설명하라.

7. 기업에 영향을 미치는 디지털 비즈니스 환경의 요소를 나열하고 기업과의 연관성을 설명하라.

8. 산업재 시장이 구매자와 공급업체 간의 거래를 촉진하기 위해 제공할 수 있는 세 가지 거래 유형에 대해 설명하라.

참고 문헌

Benjamin, R. and Weigand, R. (1995) Electronic markets and virtual value-chains on the information superhighway. *Sloan Management Review,* Winter, 62-72.

Berryman, K., Harrington, L., Layton-Rodin, D. and Rerolle, V. (1998) Electronic commerce: three emerging strategies. *McKinsey Quarterly,* 1, 152-9.

Business Insider (2022) DTC darling Dollar Shave Club was snapped up by Unilever for $1 billion back in 2016. Now insiders, analysts, and even Unilever's CEO are calling it a failure – here's why. Alex Bitter and Ellen Thomas Jun 20, 2022 https://www.businessinsider.com/why-dollar-shave-club-didnt-work-out-for-unilever-2022-2.

Caudron, J. and Peteghem, D.V. (2016) *Digital Transformation: A Model to Master Digital Disruption.* Book Bay.

Chaffey, D. and Ellis-Chadwick, F. (2022) *Digital Marketing: Strategy, Implementation and Practice.* 8th edn. Pearson Education.

Choi, H. and Varian, H. (2011) Predicting the present with Google Trends. 18 December: http://people.ischool.berkeley.edu/~hal/Papers/2011/ptp.pdf.

Cosley, J. (2015) New insights: The consumer journey for electronics. Published on Searchengineland.com: https://searchengineland.com/new-insights-consumer-journey-electronics-237128.

DDCMS (2022) Digital Strategy Policy Paper, 4 October 2022. Department for Digital, Culture, Media & Sport. https://www.gov.uk/government/publications/uks-digital-strategy/uk-digital-strategy.

Evans, P. and Wurster, T.S. (1999) Getting real about virtual commerce. *Harvard Business Review,* November, 84-94.

Google (2018) Inside the purchase journey of 3 deal-seeking shoppers. December 2018. https://www.thinkwithgoogle.com/consumer-insights/consumer-journey/deal-seeker-path-to-purchase/.

Hudson, M. (2015) The art of valuing a Startup. Published on Forbes.com: www.forbes.com/sites/mariannehudson/2015/03/06/the-art-of-valuing-a-startup/#7b0674781d73.

Insider Intelligence (2022) Sizing up the global D2C opportunity. Sara Lebow, 10 June 2022. https://www.insiderintelligence.com/content/sizing-up-global-d2c-opportunity.

Internet Retailing (2022) Marketplaces expected to grow by 15% annually and match direct ecommerce spend by 2025. Paul Skeldon. 19 January 2022. https://internetretailing.net/marketplaces/marketplaces-expected-to-grow-by-15-annually-and-match-direct-ecommerce-spend-by-2025-24274/.

Juaneda-Ayensa, M., Mosquera, A. and Sierra Murillo, Y. (2016) Omnichannel customer behaviour: key drivers of technology acceptance and use and their effects on purchase intention. *Frontiers in Psychology*, 7, 1,117.

Koetsier, J. (2016) There are now 229 unicorn startups, with $175B in funding and $1.3T valuation. Published on Venture Beat at http://venturebeat.com/2016/01/18/there-are-now-229-unicorn-startups-with-175b-in-funding-and-1-3b-valuation/.

McDonald, M. and Wilson, H. (2002) *New Marketing: Transforming the Corporate Future.* Butterworth-Heinemann, Oxford.

Nunes, P., Kambil, A. and Wilson, D. (2000) The all-in-one market. *Harvard Business Review,* May-June, 2-3.

Osterwald, A. and Pigneur, Y. (2010) *Business Model Generation Site: A Handbook for Visionaries, Game Changers and Challengers.* www.businessmodelgeneration.com. John Wiley & Sons, London.

Retail Dive (2021) How Nike is using DTC and data to expand its empire.

Cara Salpini, 23 March 2021, https://www.retaildive.com/news/how-nike-is-using-dtc-and-data-to-expand-its-empire/596602/.

Sarkar, M., Butler, B. and Steinfield, C. (1996) Intermediaries and cybermediaries. A continuing role for mediating players in the electronic marketplace. *Journal of Computer Mediated Communication,* 1 (3). Online-only journal, no page numbers.

Smart Insights (2012) In-depth digital marketing case studies. Last updated December 2012. www.smartinsights.com/guides/digital-marketing-case-studies.

Snow, S. (2014) *Smartcuts: How Hackers, Innovators, and Icons Accelerate Success.* Harper Collins, New York.

Thomas, J. and Sullivan, U. (2005) Managing marketing communications with multichannel customers. *Journal of Marketing,* 69 (October), 239-51.

UK Business Angels Association (n.d.). Introduction to angel investment. Published on the UKBAA website: www.ukbusinessangelsassociation.org.uk/services-for-entrepreneurs/support-and-advice/angel-investment-right-business.

웹 링크

추천 동영상, 분석 도구, 통계 자료 등의 추천 웹사이트 링크 디렉터리는 데이브 채피가 관리하는 https://www.davechaffey.com/book-support에서 확인할 수 있다.

Chapter 3

전자상거래 관리

핵심 주제

1. 개요
2. 전자상거래 전략
3. B2C 및 소매 전자상거래
4. B2B 전자상거래
5. 전자상거래 제안으로서의 콘텐츠에 대한 사례
6. 전자상거래 마켓플레이스와 커뮤니티
7. 전자상거래의 보안 문제
8. 전자상거래 플랫폼의 실제 개발

사례 연구

3.1 파라모

QR 코드를 통해 이 장의 주제에 관한 최신 자료를 확인할 수 있다.

학습 목표

- 전자상거래의 주요 원칙과 비즈니스에서의 실제 적용을 이해한다.
- 전자상거래 제안에 대해 알아본다.
- 전자상거래 제안의 의뢰 및 구현에 대해 알아본다.
- 전자상거래 계획 및 구현을 결정한 배경을 파악한다.

경영 과제

- 전자상거래의 제안과 조직의 현재 및 미래 포지션을 어떻게 연관 짓는가?
- 기업은 전자상거래 제안을 검토할 때 어떤 선택을 할 수 있는가?

관련된 주요 장

- 이 장에서 자세히 설명한 다양한 수익 모델을 2장에서 개략적으로 소개한다.
- 4장에서 디지털 가치 제안의 다양한 요소에 대해 설명한다.
- 9장에서도 디지털 경험 디자인을 다룬다.

개요

전자상거래의 정의

'디지털 비즈니스'와 '전자상거래'를 동일한 것으로 생각하는 사람이 많다. 이 두 개념은 공통된 특성이 몇 가지 있으나 전자상거래를 디지털 비즈니스의 하위 개념으로 보아야 한다. 모든 전자상거래 기업은 본질적으로 디지털 비즈니스이지만, 모든 디지털 비즈니스에 전자상거래 요소가 있는 것은 아니다.

전자상거래에서 '디지털(digital)'은 '비즈니스를 수행하다(conduct business)'라는 의미이다. 여기서 'conduct'라는 단어는 거래의 개념, 즉 'transact'를 전달하기 위해 사용된 것이다. 'transact'라는 단어는 라틴어 및 초기 유럽/인도·유럽 어족의 언어에서 유래했으며, 이는 디지털 비즈니스와 전자상거래의 차이에 대한 영감을 제공한다.

라틴어 '*trans*'에서 유래한 'trans'는 '통해' 또는 '가로질러'라는 의미로 사용된다. 'act'의 어원은 그리스어 '*agein*'과 라틴어 '*actus*'이며, '몰다'라는 의미를 띤다(예: 소 떼를 몰다). '*transagiere*'는 '통해 몰다'라는 뜻이며, 이는 패스트푸드점의 드라이브 스루와 같은 의미는 아니지만, 초기 언어학자들 사이에서는 어떤 문을 통해 소를 몰아넣어 판매가 이루어졌음을 나타내는 것으로 해석된다. '동의' 또는 '합의'를 뜻하는 초기 프랑스어에서 유래한 'transact'는 15세기 무렵부터 영어에 등장하기 시작했다. 이러한 어원은 모두 디지털 비즈니스와 전자상거래 간의 미묘한 차이점을 시사한다.

따라서 전자상거래의 주요 요소는 거래 및 동의와 합의이다. 전자상거래는 다음과 같은 상업적 거래에 중점을 둔다.

- 기업과 개인 간의 거래는 B2C 전자상거래라는 아이디어로 이어진다.
- 기업 간의 거래는 B2B 전자상거래라는 아이디어로 이어진다.

이러한 상업적 거래가 '전자상거래'로 불리는 것은 디지털로 가능하기 때문이다.

디지털로 가능한 거래

독자 중 대부분은 개인적 관점에서 전자상거래에 익숙할 테니 디지털로 가능한 다양한 수준을 이해하는 것이 중요하다. 이러한 수준은 매우 친숙한 것부터 최신 혁신에 이르기까지 다양하다. 디지털로 가능한 거래에서 독자에게 가장 친숙한 플랫폼은 고전적인 인터넷/웹 기반 전자상거래 사이트일 것이며, 이는 플랫폼의 가장 큰 채널이다. 과거에는 데스크톱이나 노트북 컴퓨터에서만 접근 가능했으나, 스마트 모바일 기술이 크게 발전함에 따라 모바일을 통한 이용이 점점 더 증가하고 있다. 거래를 할 때 선호하는 기기로 모바일이 급부상하게 된 것은 전용 모바일 앱의 급격한 성장, 특히 대형 전자상거래 기업들의 모바일 브라우저를 통한 접근 덕분이다.

거래 플랫폼을 획기적으로 변화시킬 수 있는 여러 개발이 현재 진행되고 있다. 소셜 네트워킹 사이트에서 거래 서비스가 산발적으로 이루어지고 있지만 최근 주요 플랫폼에 의해 제한되고 있다. 아시아·태평양 지역에서는 라이브 스트리밍을 이용한 상거래 플랫폼의 이용이 증가하고 있으며, 특히 중국에서는 이러한 플랫폼이 전자상거래의 광범위한 문화적 차원의 일부로 자리 잡고 있다.

더욱 흥미로운 것은 기존의 화면-대면 상호작용에 의존하지 않는 전자상거래라는 개념이다. 아마존 알렉사(Amazon Alexa), 애플 시리(Apple Siri), 구글 어시스턴트(Google Assistant) 등 스마트 어시스턴트 형태의 음성 및 오디오 하드웨어의 등장은 스마트 스피커를 비롯해 인케이스 엔터테인먼트 하드웨어와 같은 인터페이스를 통한 새로운 거래 채널을 열어주었다.

인간과의 상호작용을 넘어 전자상거래에 이용할 수 있는 다른 행동도 있다. 촉각 기술 사용의 증가로 증강현실/가상현실 환경과 심지어 메타버스 환경으로 제안되는 환경에서도 구매할 수 있게 되었다. 또한 인간의 개입이 필요 없는 자동화된 전자상거래라는 개념도 고려할 필요가 있다. 자동화된 재고 관리와 재주문 같은 B2B 비즈니스 프로세스의 예가 많지만(자동화된 재고 관리와 재주문은 잘 개발된 기술), 사물 인터넷 기기의 증가로 소비자 수준에서 이를 탐구하는 개념이 떠오르기 시작했다. 가전제품 제조업체는 냉장고, 냉동고, 기타 주방 용품과 같은 스마트 제품을 점점 더 많이 만들고 있다. 특정 식품의 가용성을 파악할 수 있는 스마트 냉장고나 냉동고는 자동화된 구독 서비스를 통해 식료품점에 쉽게 식품을 재주문할 수 있다. 자동차와 같은 개인 교통수단은 마모된 타이어나 부족한 워셔액과 같은 품목을 자동으로 주문할 수 있다. 이처럼 자동화된 소비는 공급업체가 거래를 방해하는 마찰을 줄이려고 함에 따라 전자상거래의 중요한 기능이 될 수 있다.

전자상거래와 디지털 비즈니스의 차이점

디지털 비즈니스의 하위 집합으로서 전자상거래의 개념을 앞서 살펴보았다. 그렇다면 전자상거래를 두드러지게 만드는 것은 무엇일까? 많은 사람은 전자상거래가 디지털 비즈니스의 좁은 정의에 불과하다고 생각한다. 그러나 디지털 비즈니스는 단순한 거래 그 이상이다. 많은 디지털 비즈니스는 전자상거래를 제공하지만, 디지털 비즈니스의 본질을 구체화하는 다른(아마도 더 영향력 있는) 기능도 가지고 있다.

전자상거래를 제공하나 디지털을 통해 비즈니스의 핵심 프로세스를 변형하지 않은 경우도 있다. 디지털이 제공하는 기회를 활용하기 위해 비즈니스가 내부 프로세스를 조정하지 않았을 수도 있다. 새로운 디지털 관행 요소가 부여한 이점을 활용하지 않거나 기업 전체를 변형하지 않았을 수도 있다. 더 광범한 디지털 비즈니스와 전환의 주제는 10장에서 다룰 것이다.

전자상거래의 독특한 특성에 대한 초기 견해는 Kalakota와 Winston(1997)의 관리자 가이드에서 찾아볼 수 있다. 이들은 오늘날에도 지속되는 전자상거래의 고유한 네 가지 핵심 관점을 식별했다.

- **전자통신**: 전자적 수단을 통한 정보, 제품, 서비스 제공 또는 결제
- **전자상거래 비즈니스 프로세스**: 거래 및 워크플로 자동화를 위한 기술 적용

- **전자 서비스**: 비용 절감, 속도 향상, 서비스 제공 품질 개선 가능
- **온라인 특성**: 온라인에서의 제품/정보 실제 구매 및 판매

이러한 네 가지 관점에 추가적인 관점이 더해지면서 발전하여 이제 전자상거래 제안을 디지털 비즈니스와 별개로 구분할 수 있다. 우리가 생각하는 전자상거래의 주요 원칙은 다음과 같다.

1. 시공간 불가지론

- 전자상거래 제안에 대한 접근은 지구상 어느 곳에서나 하루 중 언제라도 가능해야 한다(365일 24시간 내내 운영).
- 전자상거래 제안은 사용자가 거래 시점에 물리적으로 있을 필요가 없으며, 제안 소유자와 시간적으로 동시에 같이 있을 필요도 없다.

2. 널리 이용 가능한 표준 접근 방식

- 특수하거나 독점적인 추가 기능이 필요치 않은 표준 하드웨어 및 소프트웨어로 전자상거래 제안에 참여할 수 있다.
- 사용자가 특이한 애플리케이션을 설치할 의향이 있을 가능성이 낮고, 모바일 관점에서 볼 때 사용자가 앱을 설치하더라도 해당 앱과 관련된 특이한 것을 설치할 가능성이 낮다.

3. 정보의 가용성과 복잡성

- 이는 전자상거래의 양방향적 관점이다.
  - 사용자는 제품, 서비스 또는 혜택에 대한 방대한 정보에 끌리며, 이러한 정보를 이용하여 구매를 결정한다.
  - 제품 정보의 가용성이 증가함에 따라 비교가 더 쉬워져 이러한 정보를 바탕으로 여러 곳에서 쇼핑할 수 있다.
  - 온라인 쇼핑이 가능하기 전에는 소비자가 단시간에 접근할 수 있는 매장의 수가 제한적이었고, 한 곳에서 얻을 수 있는 정보량도 제한적이었다.
  - 전자상거래 업체는 디지털 마케팅의 검색 가시성을 확보하고 전환을 장려하기 위해 가능한 한 많은 정보를 제공하려고 노력한다.
- 고객으로부터 조직으로의 정보 흐름이 전자상거래를 통해 극적으로 변화했다.
  - (특히 빅데이터와 데이터 마이닝 시대에) 고객 행동에 대한 통찰력은 관찰이 가능하고 대규모 인구로부터 신속하게 대량 수집할 수 있다.
  - 이를 통해 전자상거래 조직은 변화하는 행동 패턴을 재빨리 이해하고, 비즈니스 의사결정에 영향을 미치는 인사이트를 빠르게 활용할 수 있다.

4. 상호작용성과 개인화

- 전자상거래 이전에 소매 환경에서는 정보와 제품이 정적이었다.
  - 제품을 맞춤화할 수 있는 기회가 드물었고 준비하는 데 상당한 시간이 걸렸다.
  - 고객의 유형에 관계없이 모든 사람을 위한 단일 버전의 정보가 생산되었다.

- (기반 기술 덕분에) 전자상거래는 고객에게 보이는 정보를 특정 타깃 세분화 또는 개별 소비자 수준까지 개인화할 수 있음을 의미한다.
  - 이러한 기능 내에서 제품을 개인화하고(예: 맞춤 운동화, 독특한 다중 제품 번들, 새 차를 구성하는 기능) 표준 대량 생산 제품만큼 빨리 배송할 수 있다.
  - 개인이 전자상거래 플랫폼에서 콘텐츠와 상호작용할 수 있는 능력(이미지 조작, 제품 크기 등의 세부 정보 입력)은 기능 자체의 개인화로 이어진다. 상호작용성과 개인화는 밀접하게 연관된다.
- 전자상거래는 현실적인 일대일 마케팅 및 프로모션 기회를 마련하며, 페이지에서 보이는 기능은 이전 방문 및 구매 행동을 기반으로 해당 방문자에게만 고도로 개인화된 인터페이스를 제공한다.

전자상거래의 주요 유형

전자상거래는 크게 세 가지 유형으로 나뉜다.

- B2C(기업 대 소비자) 전자상거래
- B2B(기업 대 기업) 전자상거래
- C2C(소비자 대 소비자) 전자상거래

각 유형의 독특한 특징을 알아보자.

B2C 전자상거래

B2C 전자상거래 소매, 여행(특히 온라인 여행사), 금융(특히 은행과 보험), 부동산 거래(부동산 중개업자) 등 다양한 부문에서 기업과 소비자 간의 판매 및 기타 거래가 전자적으로 이루어진다.

B2C 전자상거래(B2C e-commerce) 기업이 개인 소비자와 연결되는 디지털 비즈니스이다. 현재 B2C 전자상거래가 번성하는 주요 분야는 다음과 같다.

- 소매
- 여행(특히 온라인 여행사)
- 금융(특히 은행과 보험)
- 부동산 거래(부동산 중개업자)
- 기타 서비스 제공업체

이러한 분야의 B2C 전자상거래에서 정기적으로 등장하는 다양한 제공 사항은 다음과 같다.

- 물리적 상품의 소매
- 서비스 제공
- 중개 서비스 제공
- 콘텐츠 제공
- 커뮤니티 및 소셜 네트워킹 서비스 제공
- 마켓플레이스 시설 제공
- 포털 또는 게이트웨이 제공

이는 이 장의 후반부에서 자세히 살펴보겠다.

그림 3.1 B2C 소매 사이트의 예

출처: Lleerogers/iStock Unreleased/Getty Images

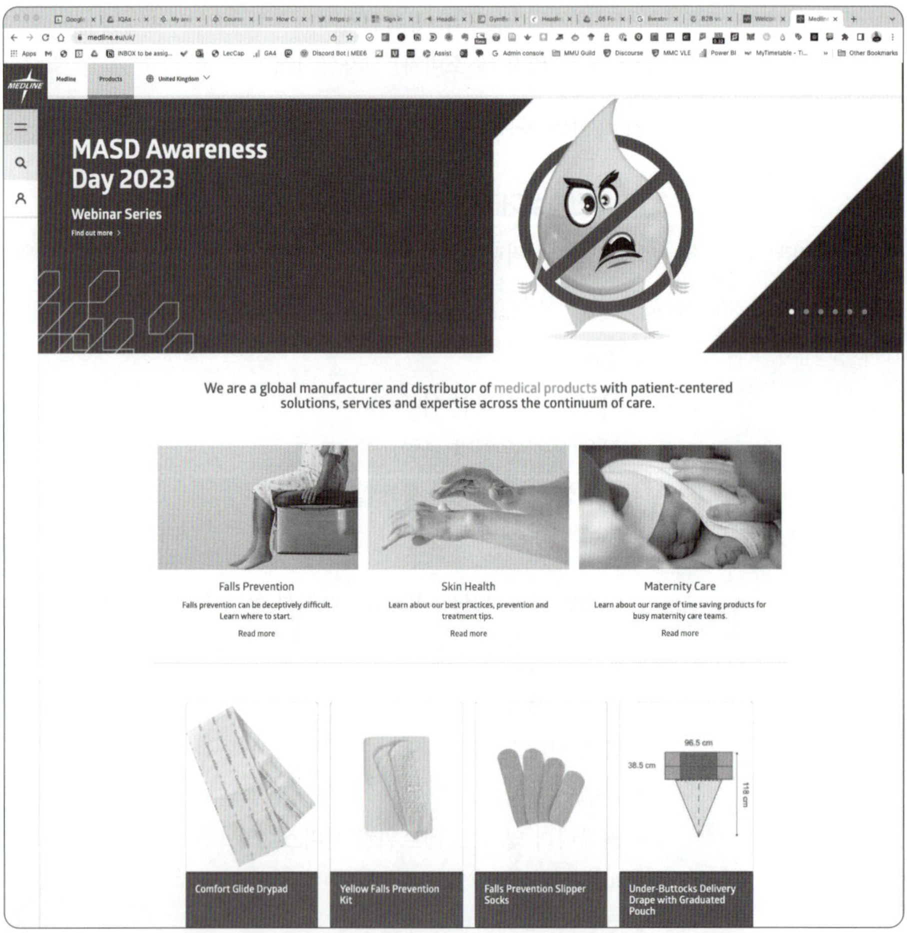

그림 3.2 B2B 전자상거래 사이트의 예

출처: Medline Industries, Inc

그림 3.3 C2C 전자상거래 사이트의 예

출처: M4OS Photos/Alamy Stock Photo

B2B 전자상거래

B2B 전자상거래 판매 및 기타 거래(문의, 고객 서비스 등)가 공급업체와 고객, 도매업체를 비롯한 다양한 기업 간에 전자적으로 이루어진다.

B2B 전자상거래(B2B e-commerce) 기업이 개별 소비자가 아니라 다른 기업과 연결되는 디지털 비즈니스이다. B2B 전자상거래 시장은 B2C 전자상거래에 비해 수익 규모가 훨씬 큰데, 이 장의 후반부에서 이에 대해 자세히 다룰 것이다.

C2C 전자상거래

C2C 전자상거래 소비자 간 전자상거래는 온라인 마켓플레이스에서 이루어진다. 기업도 온라인 마켓플레이스에서 제품을 판매할 수 있다.

C2C 전자상거래(C2C e-commerce)는 개별 소비자가 전용 시장 공간에서 다른 개별 소비자와 거래하는 것으로, 대표적인 예는 다음과 같다.

- 판매 또는 경매 사이트(물물교환 시스템 포함)
  - 대표적인 예로 이베이, 타오바오(TaoBao), 검트리, 크레이그리스트, 빈티드(Vinted)가 있다.
  - 페이스북 마켓플레이스(Facebook Marketplace)는 소셜 네트워킹이 이 분야에 진출한 예이다.
- 우버와 에어비앤비는 C2C 전자상거래 시장 공간으로 분류된다.
- 피버(Fiverr)는 개인이 기업과 소비자에게 서비스를 판매할 수 있는 B2B, C2C 전자상거래 사이트이다.

모바일의 중요성

모바일이 전자상거래에 미치는 영향은 결코 과소평가할 수 없다. 브라우저를 통해 접속하는 '전통적인' 웹 기반 전자상거래 플랫폼이 아닌, 기업이 소유한 네이티브 앱을 통해 점점 더 많은 거래가 이루어지고 있다. 사람들은 앱에서 제품을 구매하는 것은 물론이고, 여행 상품을 구매하거나 여행 계획을 관리할 수도 있다. 앱을 통해서만 이용 가능한 은행 서비스도 있다(스타트업 핀테크 은행의 경우).

대화형 상거래 일반적으로 챗봇과의 텍스트 기반 상호작용을 통해 제품 또는 서비스가 지정된다. 사용자는 원하는 것을 지정하기 위해 자유 형식의 텍스트를 입력하고, 인터페이스에서 제시되는 옵션 중에서 선택할 수 있다.

점점 더 많은 기업이 페이스북 메신저(Facebook Messenger), 왓츠앱(WhatsApp)과 같은 소셜 메시징 앱을 통해 **대화형 상거래**(conversational commerce)를 수행하고 있다. 흔히 챗봇과의 대화를 통해 거래가 이루어지며, 이러한 대화형 상거래 모델은 음성 전자상거래와 매우 흡사하다. 특히 아시아에서는 틱톡(TikTok)과 같은 소셜 비디오 플랫폼을 통한 라이브 스트리밍 커머스가 부상하고 있는데, 이는 라이브 동영상과 상거래를 결합한 것이다.

소셜 전자상거래

소셜 전자상거래 전자상거래 판매는 페이스북, 인스타그램(Instagram), 위챗(WeChat)과 같은 소셜 네트워킹 사이트에서 촉진되거나 지원되며, 종종 인플루언서가 촉진하기도 한다. 통합된 거래는 소셜 네트워크 내에서 직접 결제로 이루어지거나 버튼을 통해 별도의 사이트로 연결될 수 있다.

소셜 전자상거래(social e-commerce)는 고객이 있는 소셜 네트워크에서 거래가 이루어질 수 있는 기회를 제공한다. 가장 눈에 띄는 예는 조직의 소셜 프로필에 '지금 구매' 버튼과 쇼핑 탭이 급증한 것이다. 또한 틱톡과 같은 소셜 비디오 플랫폼을 통한 라이브 스트리밍 커머스의 증가도 거래의 기회를 제공하고 있다.

로컬 전자상거래

로컬 전자상거래는 소비자가 거주하는 인근의 실세계에서 디지털 풀필먼트 채널을 통해 제품과 서비스를 소비할 수 있는 거래로, 다음과 같은 예가 있다.

- 쿠폰 코드
- 배달 주문(테이크아웃 음식과 식료품)
- 승차/택시 호출

다소 불법적인 사례도 몇 가지 있지만 이는 공식적인 비즈니스 경제의 일부가 아니다. 그러나 일부 논평가들은 이러한 불법적 시작이 배달 주문 서비스의 영감이 되었다고 본다.

전자상거래의 진화

EDI EDI가 표준이었음에도 불구하고(지금도 표준), 두 컴퓨터 간의 사적이고 (상대적으로) 독점적인 네트워크에서 B2B 교환 및 상업 거래가 이루어졌다.

미니텔 1981년에 프랑스에서 도입된 미니텔은 오늘날의 기준으로는 작은 화면을 사용하는 비디오, 문자, 전화가 결합된 시스템으로, 표준 전화 네트워크를 통해 통신했다. 프랑스 전화 가입자는 무료로 서비스를 이용할 수 있었고, 신용카드가 아닌 전화 요금으로 결제되었다. 전성기에는 사용자가 300만 명에 달했으며, 이 네트워크를 통해 1만 3,000개 이상의 서비스를 이용할 수 있었다.

디지털 비즈니스와 함께 전자상거래의 기원을 모뎀과 컴퓨터로 전화를 걸고 사업장의 컴퓨터에 접속하는 모뎀 기반 거래로 거슬러 올라갈 수 있다. 저자 중 한 명이 1980년대에 처음 담당했던 일은 원격 주문 입력 시스템을 이용하여 대기업의 사무용 소모품을 주문하는 것이었다. 또한 그 기원은 **EDI**(electronic data interchange, 6장 참조)와 1981년에 시작된 프랑스의 독자적 전자 서비스인 **미니텔**(Minitel)로 거슬러 올라갈 수 있다.

평론가들은 전자상거래의 진정한 도래가 1990년대 중반 NSF에 의한 인터넷 상업적 사용의 규제 완화(*A Brief History of NSF and the Internet*, no date) 및 인터넷의 광범위한 참여 시작과 함께 이루어졌다고 제안한다. 이 시점부터 소매와 상품 판매의 성장이 목격되는데, 1994년 제프 베이조스(Jeff Bezos)가 세운 아마존(Byers, 2007)과 1999년 자포스(Jacobs, 2009)의 출범이 가장 두드러진다.

2000년대 초반에는 웹 기반 전자상거래 제안으로서의 서비스가 성장했다. 어떤 경우에는 1980년대와 1990년대에 콜센터를 중심으로 운영되던 D2C 서비스 비즈니스(1장에서 소개)였으며, 웹 전자상거래 제안으로의 전환이 논리적인 전환이었다. 이는 1990년대 중반 영국의 퍼스트다이렉트(First Direct), 미국의 웰스파고(Wells Fargo), 프레지덴셜(Presidential)과 같은 은행 및 보험의 선두 부문에 의해 크게 주도되었다.

2000년대 후반에는 2007년 아이폰의 출시로 거래를 수행하고 콘텐츠를 소비하는 플랫폼으로서 모바일의 중요성이 더욱 부각되었다. 모바일은 거래를 수행하는 장치로서 이전에도 일부 거래에 이용되었지만, 이는 SMS 기반 거래와 당시 노키아(Nokia) 휴대폰의 본거지였던 핀란드의 몇몇 소규모 거래 서비스에 국한되었다. 아이폰의 등장은 거래가 SMS와 '청구서에 추가' 방식에서 벗어나 풍부하고 새로운 앱 생태계와 모바일 브라우저 접근을 활용할 수 있음을 의미했다. 이는 필연적으로 거래 플랫폼으로서 모바일 웹사이트와 네이티브 앱의 중요성이 커지는 결과를 가져왔다.

2020년대의 새로운 주제

기록이 시작된 이래로 전 세계 국가에서 전자상거래를 통한 수익이 꾸준히 증가하고 있으며, 이는 서구 산업 국가에서 시작되었지만 다른 대륙으로 빠르게 확산되었다. COVID-19로 많은 국가에서 봉쇄 조치를 취하자 소비자들이 물리적 소매 공간에의 접근이 제한된 상황에서 대체 구매원을 찾음으로써 전자상거래 매출이 급증했다. 이러한 매출과 수익의 급격한 도약은 소매업체의 공급사슬과 내부 프로세스에 큰 부담을 주었고, 이들은 온라인 채널의 배송과 **클릭 앤드 컬렉트**(click-and-collect) 서비스에 대한 수요의 큰 변화에 대응하기 위해 고군분투했다.

클릭 앤드 컬렉트 고객이 전자상거래 사이트나 앱에서 주문하고 물리적 주문 처리 지점에서 상품을 수령하는 거래 모델이다. 많은 기업이 이미 이러한 시스템을 운영하고 있었지만 봉쇄 기간 동안 많은 국가에서 대규모로 확산되었다. 소매업체들이 자택 배송 인프라의 부담을 덜고 불필요한 매장 방문을 줄이려고 했기 때문이다. 일반적인 운영에서 클릭 앤드 컬렉트는 고객과 기업에 많은 이점을 제공한다. 수령 지점이 가까운 경우 고객은 집에서 기다리다 배송받을 필요 없이 편한 시간에 상품을 수령할 수 있다. 또한 기업 입장에서는 여러 주문을 한 장소로 일괄 배송함으로써 배송 비용을 절감할 수 있다. 많은 클릭 앤드 컬렉트는 물리적 소매점을 이미 보유한 업체가 운영하고 있기 때문에 상품 배송이 종종 매장의 정기적 배송과 함께 이루어져 효율성이 더욱 높다.

전자상거래 매출이 갑자기 급증하면서 많은 기업이 사업을 확장하게 되었다. 많은 사람이 장기적으로 물리적 구매 거래에서 벗어나는 추세를 활용하려는 새로운 전자상거래가 속속 등장했다.

그러나 봉쇄령이 완화되면서 예상치 못한 결과가 나타났다. 고객이 실세계 구매 습관으로 되돌아가면서 전자상거래 거래도 급감했다(*Pandemic's E-commerce Surge Proves Less Persistent, More Varied*, no date). 급격한 하락세는 봉쇄 이전의 기록과 같은 궤적을 따라 전체 전자상거래 매출 가치가 꾸준히 증가한다는 것을 숨기고 있지만, 많은 기업은 팬데믹 이후 전자상거래에서 더 중요한 역할을 할 것으로 기대했고 일부 확장 활동을 축소해야 했다. 그중 주목할 만한 예로, 캐나다의 전자상거래 거래 플랫폼 공급업체인 쇼피파이(Shopify)는 2022년에 직원의 10%를 감축했다(Bloomberg.com, 2022). 쇼피파이는 전자상거래 활동의 증가가 더 영구적인 특징일 것이라는 잘못된 믿음에 기인했다고 설명했다. 많은 전자상거래 업체는 이러한 대규모 사업 확장과 관련된 비용, 특히 풀필먼트 관련 비용이 팬데믹 이후에도 회수되지 않았다고 보고했다. 전자상거래는 쇠퇴하지 않지만, 봉쇄 기간에 비해 2020년대 중반까지의 예상 성장률은 더 완만한(그래도 여전히 인상적인) 추세이다.

모바일과 거래를 지원하는 모바일 장치의 사용은 앞으로도 전자상거래 분야에서 지배적인 역할을 할 것이다. 데스크톱/노트북 구매가 실질적으로 감소하는 것은 아니고 여전히 상당한 비율의 B2B 거래에서 선호되는 플랫폼이지만, 데스크톱/노트북 구매에 비해 모바일 구매가 꾸준히 증가해왔다.

사람들은 점점 더 오프라인 환경에서 모바일 장치를 사용하여 결제하고 있다. 이는 아마도 중국의 위챗에서 본격적으로 시작되었으나 산업화된 서구에서는 애플페이와 구글 월렛(Google Wallet)으로 더욱 보편화되고 있다. 이 추세는 팬데믹과 더불어 현금 및 카드 기기에서의 PIN 사용 대신 비접촉 결제를 촉진함으로써 다시 가속화되었다. 이러한 모바일 결제 및 지갑 기능은 다양한 채널을 통해 사용 가능하며, 애플페이와 구글 월렛 같은 결제 지갑이 전자상거래 거래의 결제 수단으로 활용되고 있다. 궁극적으로 이는 결제가 클라우드로 이동하여 멀티채널 및 원활한 거래가 가능해짐을 의미한다. 또한 모바일은 음성 거래의 중요성을 높이는 주도적인 역할을 하며, 자동차 운전 중일 때와 같이 이동하면서 주문 또는 핸즈프리 상호작용이 필요한 경우에 특히 그렇다. 따라서 전자상거래 사업자는 음성이 주요 채널이 될 수 있는 인터페이스를 재고하고 있다.

대화형 마케팅 '메신저 마케팅'으로도 알려진 이 마케팅 방식은 고객과의 양방향 대화를 통해 이루어진다. 청중에게 일방적으로 메시지를 전달하는 것이 아니라 개별 고객과 상호작용하고 소통하는 것을 목표로 한다. 초기의 대화형 마케팅은 사람들이 주도했는데, 이는 비교적 노동 집약적인 활동이라 인건비가 높아 고가의 거래에서만 실현 가능했다. 그러나 챗봇은 전자상거래 사이트의 실시간 상담원뿐만 아니라 페이스북 메신저, 왓츠앱과 같은 개인 메시징 채널을 통해 대화형 마케팅을 대규모로 실행할 기회를 제공한다. 이는 음성이 추가되면서 점점 더 흥미로운 제안이 된다.

개인 쇼핑 경험 전통적인 고급 소매점에서 개인 쇼퍼는 고객이 제품을 구매하는 데 도움을 주도록 고용된 사람이었다. 소매점에서 개인 쇼퍼는 고객이 관심을 가질 만한 제품을 추천하거나 알려주었다. 또한 쇼핑을 할 수 없거나 선호하지 않는 고객을 대신하여 제품을 구매하기도 했다.

논평가들은 가까운 미래의 전자상거래 거래, 디자인, 상호작용에 영향을 미칠 수 있는 다양한 시나리오를 제시하고 있다. 특히 고객 서비스 제공(Lucidworks, 2021)에서 많은 소매업체의 챗봇 활용이 증가하고 있다(Nuance Communications, 2020). 그러나 자동화된 **대화형 마케팅**(conversational marketing)을 실제로 통합할 뿐만 아니라 자동화된 대규모 **개인 쇼핑 경험**(personal shopping experience)을 제공할 수 있는 기회도 있다(Merineau, 2021).

또한 논평가들은 인공지능과 머신러닝의 역할이 챗봇의 역할을 넘어 전자상거래 활동에도 큰 영향을 미칠 것으로 예상하고 있다. 정교한 알고리즘을 사용하여 신규 고객과 재방문 고객에게 관련 제품을 추천할 수 있다. 고객의 행동을 학습하여 제품 추천을 개선하고, 전자상거래 경험에서 신뢰할 수 있고 관련성 높은 개인화 수준을 실현할 수 있다.

이 책을 쓰는 시점에 다양한 거시경제적 요인이 전자상거래 부문의 실적에 영향을 미쳤다. 많은 국가에서 봉쇄령이 해제되면서 소비자가 실물 소비로 복귀함에 따라 소매 전자상

보충 자료 3.1 전자상거래 인재와 기술

전자상거래는 기술적 능력의 문제라고 생각하기 쉽지만, 이 책 전체에 걸쳐 반영되었듯이 디지털은 단순히 기술적인 문제가 아니라 비즈니스 문제이다. 물론 하드웨어와 소프트웨어, 보안, 데이터베이스에 초점을 맞추고 있지만 이러한 기술은 데이터 마이닝, 검색엔진 최적화, 인공지능, 머신러닝이 제공하는 기회를 활용하는 데 필요한 기술을 반영하지 않는다.

불이익을 피하기 위해 전자상거래 비즈니스의 인재 관리자는 마케팅을 수행할 수 있는 역량을 신중하게 검토해야 한다. 특히 가치(및 가치사슬)에 관한 고전적인 전략적 사고를 이해하고, 시장과 경쟁자를 이해하며, 산업 부문의 작동 방식과 산업 수직 계열에 대한 인식을 갖추는 것이 중요하다. 브랜드 및 브랜드 관리, 고객 세분화와 타깃층, 캠페인 관리 및 제안 설계에 대한 역량도 신중하게 육성해야 한다.

기업은 기술과 창업 경험을 바탕으로 기업가적 역량을 갖춰야 한다. 또한 재정 및 법적 문제를 이해해야 하며, 국제 전자상거래를 목표로 하는 경우 국내뿐만 아니라 해외의 재정 및 법적 문제를 이해해야 한다. 브렉시트로 인한 전자상거래 비즈니스의 경험은 국경을 넘는 비즈니스 수행의 법적·재정적 어려움을 보여주었다.

거래 매출의 성장 가속도가 급격히 떨어졌다. 봉쇄로 인해 소매 소비자가 유형 상품의 구매 필요성과 연결되었지만, 봉쇄 종료는 물리적 상품 소비의 후퇴, 실세계에서의 경험과 같은 무형 소비의 증가를 의미했다. 여기에 우크라이나의 군사적 분쟁으로 인한 큰 경제적 불확실성이 더해져 에너지의 가용성과 비용 문제가 발생했다. 중국 등의 공급사슬 문제와 맞물려 경제 전망은 극도로 불확실하다. B2C, B2B 거래자는 이러한 불확실성 때문에 고객이 자신 있게 돈을 쓰지 못한다고 우려하지만, 이는 전자상거래에만 국한된 현상이 아니다.

전자상거래 전략

전자상거래 전략에 대한 고찰

전자상거래의 가치 현재 사용되는 언어 방식으로 인해 가치의 의미를 혼동하기 쉽다. '저렴함'과 동의어가 되었지만, 가치는 고객이 제안에 참여할 때 추구하는 '혜택'을 의미해야 한다. 전자상거래에서의 가치 창출은 고객을 끌어들이기 위해 전자상거래 제안에 혜택을 설계하는 것을 의미한다.

전자상거래의 가치 제안 전자상거래 고객이 기업의 전자상거래 제공에서 기대할 수 있는 이점으로, 경쟁사와 비교하여 해당 기업의 서비스 차이를 이해하는 데 도움이 되는 것이다. 여기에는 가격, 서비스, 배송 옵션과 사용자 가이드 또는 조언과 같은 덜 실체적인 혜택이 포함될 수 있다.

전자상거래 전략은 디지털 비즈니스 전략(5장 참조)을 염두에 두고 수행되어야 하지만, **전자상거래의 가치**(value in e-commerce) 개념과 **전자상거래의 가치 제안**(e-commerce value proposition)을 비롯해 별도로 고려해야 할 측면도 있다.

여기서 고려해야 할 디지털 비즈니스 전략의 구성 요소는 다음과 같다.

- 시장 기회
- 경쟁 상황
- 제안의 고유 판매 포인트(unique selling point, USP)와 궁극적 경쟁 우위
- 전자상거래 제안과 조직의 비즈니스 전략 및 마케팅 전략의 관계

그리고 구체적으로 다루어야 할 과제는 다음과 같다.

- 전자상거래의 가치 제안
- 수익 흐름

전자상거래의 가치 제안을 이해하려면 전자상거래가 고객에게 어떤 혜택을 제공하는지, 즉 전자상거래 제안에 참여함으로써 고객에게 어떤 가치가 창출되는지 이해하는 것이 중요하다. 특정 제품 및 서비스(또는 번들)를 특정 타깃 고객에게 제공할 수 있다. 해당 전자상거래 제공이 어떤 니즈를 충족하는가? 이는 제공하는 제품 및 서비스와 관련이 있는가, 아니면 제공 방식과 관련이 있는가?

일반적으로 수익은 전자상거래 제공을 위한 원동력이자 비즈니스 모델의 근간이 된다. 따라서 수익을 어떻게 창출할지, 관련 비용이 무엇인지에 대한 답을 얻어야 한다. 탐색할 수 있는 다섯 가지 일반적 수익 모델이 있다.

- **고전적 판매 모델**: 제품 및 서비스 판매를 통해 직접 수익을 얻는 모델
- **광고 수익 모델**: 광고주로부터 수익을 얻지만 핵심 모델의 소비는 무료인 경우
- **구독 모델**: 고객이 정기적 구독 결제를 통해 제품 및 서비스에 접근할 수 있는 모델
- **프리미엄 모델**: 고객에게 기본 버전을 무료로 제공하지만 프리미엄 버전에는 (고전적 판

보충 자료 3.2 전자상거래 전략에 대한 간단한 체크리스트

- 전자상거래의 가치 제안은 무엇인가?
- 수익 모델은 무엇인가?
- 현재 시장 상황은 어떠한가?
- 고유 판매 포인트(USP)는 무엇인가? 경쟁 우위는 무엇인가?
- 이것이 기업의 비즈니스 전략에 부합하는가?
- 이것이 기업의 마케팅 전략과 마케팅 목표에 부합하는가?

매 또는 구독을 통해) 요금을 부과하는 모델

- **거래 수수료 모델**: 전자상거래 사업자가 거래 수행에 대한 수수료를 받는 모델

이러한 모델의 조합을 하이브리드 수익 모델이라고 한다. 아마존은 프라임, 마켓플레이스, 광고 서비스를 통해 어떤 수익 모델을 제공하는가?

주요 B2C 및 B2B 전자상거래 모델

오늘날 전자상거래 제공에는 여섯 가지 운영 모델이 있다.

- 소매 운영 모델
- 콘텐츠 운영 모델
- 거래자 운영 모델
- 소셜 네트워크 운영 모델
- 집계자 운영 모델
- 마켓플레이스 운영 모델

소매 운영 모델 고전적인 전자상거래로, 온라인에서 상품을 판매하고 자택 배송 또는 클릭 앤드 컬렉트 픽업 방식을 제공한다.

소매 운영 모델(retail operating model)은 우리 모두에게 익숙한 '상품 판매'의 고전적 모델이다. 이러한 모델은 다양한 지역에 서비스를 제공하는 거대한 글로벌 매장부터 단일 인력 매장까지 다양하다. 온라인 전자상거래 사이트만 운영하는 소매점도 있고, 앱을 통해서만 이용 가능한 소매점도 있다. 온라인/앱과 오프라인을 혼합한 다채널 소매점도 있다. 이러한 모델은 진입 장벽이 낮기 때문에 창업이 매우 쉽지만, 인지도가 없는 브랜드를 구축하고 고객을 유치하기가 어렵다. 또한 복제하기가 쉽고 복제당하기도 쉬워서 차별화된 제공을 개발하고 유지하기가 어렵다.

콘텐츠 운영 모델 콘텐츠 전자상거래에는 사운드, 동영상, 이미지, 예술품 등의 산출물 거래가 포함되고, 구독 수익 모델이 흔히 사용된다.

콘텐츠 운영 모델(content operating model)은 최근 몇 년 동안 콘텐츠 매체가 순수 디지털 및 다양한 형태의 디지털로 변화함에 따라 극적인 변화와 성장을 보이고 있다(이 장의 후반부에서 자세히 다룰 것이다). 콘텐츠 전자상거래에는 사운드, 동영상, 이미지, 예술품 등의 산출물 거래가 포함될 수 있으며 구독(예: 넷플릭스), 다운로드당 요금 또는 프리미엄 모델(예: 스포티파이) 등 수익 모델이 다양하다. 콘텐츠 시장에는 기존 콘텐츠 소유자가 지배하는 수직 시장이 있지만, 신규 플레이어가 콘텐츠를 집계하는 시장도 있다. 콘텐츠 제작 및 획득에 드는 비용과 내재된 권리 및 저작권 문제로 인해 진입 장벽이 높다. 따라서 콘텐

츠의 고유 판매 포인트(USP)는 경쟁사에 없는 고유한 콘텐츠를 보유하는 것이다. 후술하겠지만 이 시장은 과열되고 있다.

거래자 운영 모델 은행과 같은 서비스를 제공하기 때문에 고전적인 소매 전자상거래와는 다르다.

거래자 운영 모델(transactor operating model)은 서비스를 제공하는 데 중점을 둔다. 거래자 전자상거래 비즈니스 중 일부는 집계자 전자상거래 비즈니스로도 활동하기 때문에, 집계자 운영 모델과 겹치는 부분이 있다(예: 영국의 comparethemarket.com 또는 남아프리카의 hippo.co.za). 거래자 운영 모델은 금융 서비스에서 큰 비중을 차지하고 주식 거래 앱과 같은 핀테크 현상을 주도하지만, 온라인 여행사와 딜(Deel), 몬스터닷컴(Monster.com)과 같은 온라인 채용 서비스도 여기에 포함된다.

소셜 네트워크 운영 모델 소셜 네트워크 및 데이팅과 같은 전문 커뮤니티를 포함한 전자상거래 서비스가 C2C 플랫폼의 일부로 제공된다.

소셜 네트워크 운영 모델(social network operating model)은 C2C 상호작용을 제공하는 데 중점을 둔다. 이 전자상거래 모델은 종종 프리미엄 및 구독 수익 모델을 통해 유료화되며, 예로는 틴더(Tinder), 범블(Bumble)과 같은 국제적 데이팅 앱이 있다(그림 3.4 참조). 소셜 네트워크 운영 모델은 전문적인 커뮤니티 제공에서 우위를 점하고 있기 때문에 일반적인 소셜 미디어/소셜 네트워크 플레이어 외부를 생각해볼 가치가 있다.

집계자 운영 모델 소매, 여행, 금융 서비스와 같은 부문에서 다양한 공급자의 구매 옵션을 제시하는 비교 사이트가 대표적인 예이다.

집계자 운영 모델(aggregator operating model)은 수요 집계와 공급 집계라는 두 가지 인터페이스 개념을 중심으로 한다. 제안에 따라 거래자, 소셜 네트워크, 마켓플레이스와 모델의 교차점이 있다. 가장 순수한 의미에서 이 모델은 광고 또는 제휴 수익 모델을 중심으로 운영되며, 대표적인 예로 가격 비교 사이트를 들 수 있다.

마켓플레이스 운영 모델 집계자의 한 형태로 간주될 수 있으며 소비자 및 기업 간의 판매가 가능하다.

마켓플레이스 운영 모델(marketplace operating model)은 C2C, B2C, B2B 거래 환경 조성에 중점을 둘 수 있으므로 B2C 전자상거래 모델에만 국한되지 않는다. 중요한 점은 마켓플레이스가 순수한 의미에서 거래를 집계하고(보통은 거래가 가능하여 수익이 창출됨) 수요와 공급을 집계한다는 것이다. 이베이는 대표적인 C2C 마켓플레이스 운영 모델이지

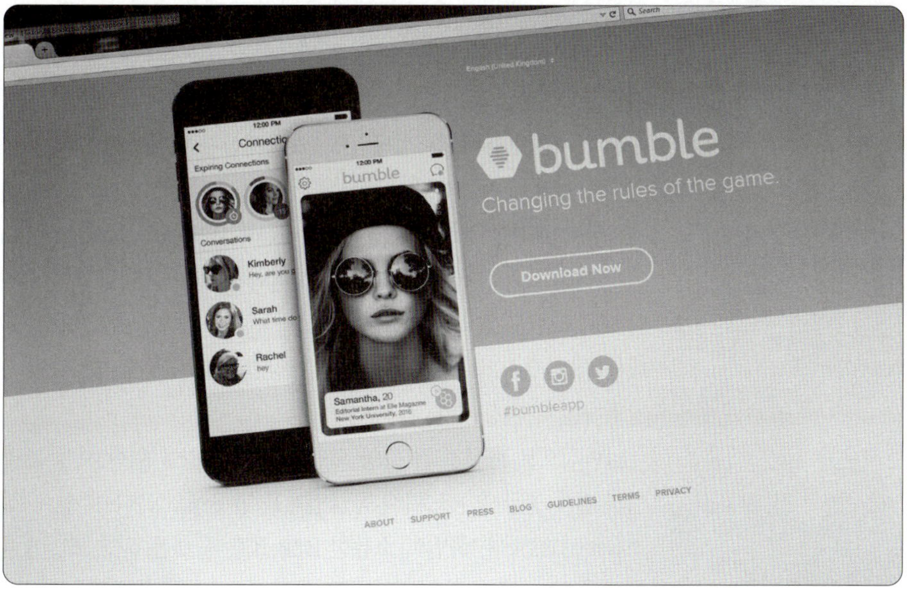

그림 3.4 커뮤니티 거래 사이트의 예

출처: sjscreens/Alamy Stock Photo

만, 점점 더 B2C 마켓플레이스로도 운영되고 있다. 아마존은 2000년대 중반에 B2C 마켓플레이스에 진출했고, 최근에는 B2B 마켓플레이스에도 진출했다. 2021년 마켓플레이스 매출은 1,030억 달러에 달했으며(Coppolla, 2022a), 2022년 말까지 마켓플레이스 매출은 아마존 단위 매출의 58%를 차지했다(Coppolla, 2022b). 소매 마켓플레이스 외에도 에어비앤비와 같은 모델이 있는데, 에어비앤비는 개인 소유의 휴가용 주택에 대한 임대 수요를 집계하고 거래를 촉진한다.

B2B 특화 운영 모델

앞에서 설명한 모델 외에도 B2B에는 고유한 여러 운영 모델이 있으며, 이는 B2B 관계의 공급사슬 특성을 반영한다.

- 도매 운영 모델
- 조달 마켓플레이스 운영 모델
- 사설 B2B 조달 플랫폼 운영 모델
- 사설 수직 운영 모델
- 부문 수직 운영 모델

도매 운영 모델 전통적인 도매 모델의 온라인 등가물로, 기업이 대량의 상품을 할인된 가격에 판매하며, 주로 소매업체에게 판매한다.

도매 운영 모델(wholesale operating model)은 개별 고객사에 상품을 판매하기 위해 만들어진 대규모 사설 전자상거래 비즈니스로, 마크로(Makro)와 메트로(Metro) 브랜드 같은 B2C 소매 모델 및 오프라인 도매 비즈니스와 유사하다. 이는 종종 원스톱 상점으로 포지셔닝되어 소규모 사업자에게 매력적이며, 도매 유통업체에서 발전한 경우도 있다. 앞서 언급했듯이 최근에 아마존은 수익성 높은 이 분야에 진출했다.

조달 마켓플레이스 운영 모델 구매 기업과 판매 기업이 온라인 마켓플레이스에서 제품 및 서비스 구매를 촉진한다.

조달 마켓플레이스 운영 모델(procurement marketplace operating model)은 사설 B2B 기업이 B2C 집계자 운영 모델과 유사한 모델을 운영하는 것이다. 이 모델의 순수한 형태는 구매자와 공급자를 한곳에 모아 비즈니스가 이루어지게 하는 것이며, 자체적으로 상품을 공급하지는 않는다. (1장에서 살펴본) 알리바바는 아마도 전 세계에서 가장 중요한 플레이어일 것이며, 아마존은 성공적인 B2C 제삼자 마켓플레이스 경험을 바탕으로 이 분야에 매우 적극적으로 진출하고 있다.

사설 B2B 조달 플랫폼 운영 모델 일반적으로 사설 수직 운영 모델은 특정 산업을 위한 사설 조달 마켓플레이스로, 해당 산업의 전체 공급사슬을 위해 공급업체를 한곳에 모은다.

사설 B2B 조달 플랫폼 운영 모델(private B2B procurement platform operating model)은 일반적으로 전체 조달 활동의 합리화를 원하는 대규모 다국적 기업을 중심으로 운영된다. 이 모델은 개별 B2B 고객이 집계하는 조달 마켓플레이스 및 도매 운영 모델과는 정반대이다. 사설 B2B 조달 플랫폼은 다양한 B2B 공급업체로부터 대규모 조직에 대한 공급을 집계하는 데 사용된다.

일반적으로 사설 수직 운영 모델은 특정 산업을 위한 사설 조달 마켓플레이스로, 해당 산업의 전체 공급사슬을 위해 공급업체를 한곳에 모은다. 부문 수직 운영 모델은 산업 자체가 소유하고 있으며, 산업이 소유한 B2B 조달 플랫폼 운영 모델에 따라 효과적으로 운영된다. 부문 수직 운영 모델은 단독으로 사설 B2B 조달 플랫폼을 운영할 수 없는 여러 소규모 기업이 소유할 수 있다.

전자상거래 플랫폼 개발 착수

전자상거래 전략이 완료되면 전자상거래 플랫폼 개발 프로세스를 정의하는 일련의 활동이 진행된다.

- 아이디어 구상
- 개발을 관리 문제로 다루기
- 환경 선택
- 모바일 문제
- 전자상거래 개발을 위한 주요 기술 개념

아이디어 구상

훌륭한 모든 비즈니스 실천과 마찬가지로 전자상거래 제안의 구상은 미션에서부터 시작해야 하며, 5장에서 다룰 디지털 비즈니스 전략 실천과 마찬가지로 전체 플랫폼에 대한 비즈니스 목표가 설정되어야 한다.

- 전자상거래 사이트의 개별 페이지나 모바일 앱 화면에도 특정 목표가 있어야 하며, 이는 대상 고객, 판매 목표, 전환율 등의 더 작고 구체적인 목표와 관련된다. 이 모든 것은 전자상거래 전략에서 비롯되어야 한다.
- 비즈니스 환경에 대한 전략적 분석을 참조해야 하며(2장과 4장에서 디지털 환경의 주요 이슈를 더 자세히 다룸), 시장에 대한 이해를 바탕으로 전자상거래 전략에서 통찰력을 얻을 수 있다.
- 비즈니스 모델에 대한 결정을 내려야 한다. 비즈니스 모델은 목표와 일치해야 하며, 사용할 수익 모델을 고려하여 결정한다.

플랫폼의 광범위한 타깃 고객과 개별 페이지나 화면의 더 명확하게 정의된 고객에 대해서도 생각해야 한다. 디지털 마케팅의 타깃 고객과 전자상거래의 타깃 고객은 상당히 중복되며, 5장에서 디지털 마케팅 고객에 대해 자세히 설명할 것이다.

또한 제공하는 서비스에 따라 플랫폼의 콘텐츠 성격을 생각해야 한다. 제공하는 것과 가치 제안에 대한 정적 콘텐츠가 많은가? 끊임없이 변화하는 범위의 제공이 반영된 콘텐츠인가?

플랫폼의 채널 선택을 고려해야 한다. 어디서 거래해야 하는가(조합을 선택할 수 있는 옵션이 있다)?

- 자체 전자상거래 사이트에서
- 마켓플레이스에서(예: 이베이, 아마존의 서드파티)
- 모바일에서 자체 네이티브 앱을 통해
- 자체 전자상거래 사이트 없이 소셜 미디어 플랫폼에 직접 호스팅하여
- 해당 부문의 독특한 환경에서(예: 이벤트브라이트)
- 기타

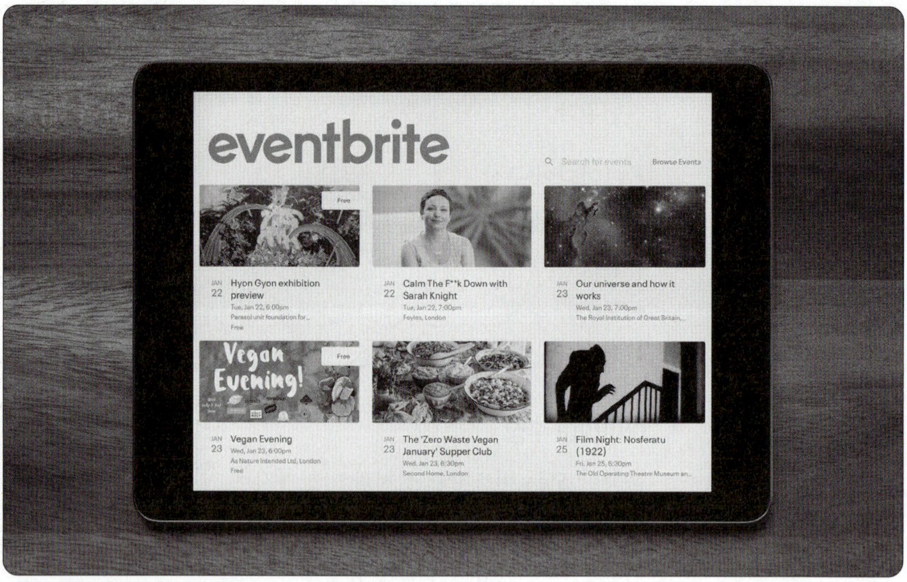

그림 3.5 이벤트 관리를 위한 전문 거래 플랫폼의 예
출처: M4OS Photos/Alamy Stock Photo

개발을 관리 문제로 다루기

(특히 과거에) 대규모 전자상거래 프로젝트는 고도로 구조화된 '폭포수 모델' 시스템의 수명 주기 방법론으로 개발되었다. 이 방법론은 IS/IT 시스템 개발과 긴밀하게 연관되며, 이를 매우 경직되고 기업적인 성격으로 간주하는 시각도 있다. 이러한 접근 방식은 분석 및 계획, 설계, 개발, 테스트, 구현, 유지·관리라는 전통적인 패턴을 따른다.

최근에는 IS/IT 분야의 발전 및 일부 마케팅 접근 방식과 마찬가지로 전자상거래 플랫폼 개발에서 보다 '민첩한' 방식으로의 전환이 이루어지고 있다. 이는 혁신적이라기보다는 진화적 접근 방식을 취하며, 작은 주기의 반복적 변화를 통해 시간이 지남에 따라 전자상거래 플랫폼의 여러 측면이 점진적으로 개선된다. 이러한 접근 방식에서는 개발 작업이 훨씬 더 협력적이며, 개발자, 마케터, 상품 기획자 등의 전문가로 구성된 고도로 통합된 팀이 협력하여 전자상거래 플랫폼을 만든다. 실제로 쇼피파이, 윅스(Wix) 등 사용하기 쉬운 플랫폼이 등장하면서 전자상거래 시장을 개발하는 데 훨씬 더 기회주의적인 접근 방식이 가능해져, 기술에 익숙지 않은 전문가도 프로토타입 스타일로 마켓플레이스를 테스트하고 기회가 상당한 투자를 할 만한지 확인할 수 있다. 엣시(Etsy), 이베이와 같은 마켓플레이스 플랫폼은 이러한 활동을 더 쉽게 만들고, 시장과 고객의 아이디어를 신속하게 테스트할 수 있어 투자 위험을 줄여준다.

전자상거래 플랫폼 또는 환경 선택

플랫폼이나 환경을 고려할 때 다음과 같은 주요 결정이 있으며, 이는 기업 내 여러 요인의 영향을 받는다.

- 처음에 누가 전자상거래 플랫폼을 만들 것인가?
- 장기적으로 누가 전자상거래 플랫폼을 관리하고 유지할 것인가?

이러한 결정은 비즈니스의 역사와 맥락, 규모, 자원, 광범위한 비즈니스 전략 등에 의해 큰 영향을 받는다.

많은 기업이 소규모의 신규 전자상거래 사업을 시작하고, 시범 실험의 일환으로 초기 (소규모) 사업을 사내에서 관리하곤 한다. 만약 이 시범 실험이 성공하고 사업이 정말로 번창하면 특정 문제에 직면할 수 있다. 만약 사내에 전자상거래 역량이 없다면 경험이 풍부한 대행사에 위탁할 수도 있다. 이는 쇼피파이, 우커머스(WooCommerce), 윅스와 같은 환경에서 초기 플랫폼을 구축한 경우에 특히 그렇다. 이럴 때 규모를 확장할 필요가 있으면 많은 기업은 보다 강력한 엔터프라이즈 전자상거래 관리 시스템으로의 확장 작업을 전문 에이전시(예: 마젠토, 사이트코어)에 맡긴다.

한편 전자상거래 사업을 관리 및 유지한 경험이 있고 역량을 가진 기업은 플랫폼 포트폴리오의 일부로 전자상거래 플랫폼을 계속 관리할 가능성이 높다. 확장 가능한 환경에서 처음부터 개발을 진행했을 가능성이 높다.

새로운 전자상거래 플랫폼을 내부에서 개발할 능력이나 역량이 없는 기업이라면 다른 시나리오가 전개된다(경험 많은 전자상거래 기업이라 하더라도 전자상거래 모바일 앱에서는 매우 흔한 경우이다). 이러한 경우 처음에는 플랫폼 개발을 의뢰할 것이다. 만약 사업이 성공적으로 진행되면 기업은 플랫폼의 장기적 관리를 사내에서 할 것인지, 전문 에이전시에 계속 위탁할 것인지 결정해야 한다. 사내에서 능력과 역량을 개발할 수 있다면(그리고 이를 전략적 계획의 일부로 개발하고자 한다면) 플랫폼 관리와 향후 개발을 자체적으로 수행하는 것이 합리적이다. 그러나 많은 기업은 여러 가지 이유로 이 활동을 전문 에이전시에 위탁한다. 플랫폼이 핵심 비즈니스의 일부가 아니거나, 자원과 역량을 확보하기 어렵거나, 관리와 관련된 위험이 자체 역량 보유의 이점보다 더 크기 때문이다.

보충 자료 3.3 모바일 전자상거래 앱의 진화

사람들은 흔히 전자상거래 사이트의 관점에서 전자상거래를 이야기하지만, 모바일 기기가 주요 인터페이스로 자리잡으면서 데스크톱 웹사이트에만 초점을 맞추는 것이 무의미해졌다. 이제 많은 기업은 모바일 친화적/중심적 전자상거래 사이트를 운영하며, 쇼피파이와 같은 전자상거래 플랫폼은 동적인 반응형 플랫폼을 제공한다.

모바일 앱은 개발 비용이 다소 높고 특정 기술 역량에 의해 개발된다. 일부 기업은 모바일 전자상거래 웹 앱(기본적으로 기업의 모바일 전자상거래 웹 프레젠스를 전달하는 '셸')을 개발하는 데 매달리고 있지만, 이러한 앱은 모바일 기기의 모든 기능을 활용하지는 않는다. 그러나 이는 네이티브 모바일 앱에 비해 비교적 저렴한 옵션이다.

네이티브 모바일 전자상거래 앱은 가장 비싸고 기술적으로 어려운 옵션이지만, 네이티브 앱은 빠르게 느껴지고 알림, 카메라 사용 등 모바일 플랫폼의 모든 기능을 활용할 수 있다.

네이티브 앱과 모바일 웹 앱 둘 다 처음에는 사용자가 앱스토어에서 앱을 다운로드해야 한다. 이는 고객 참여에 대한 추가적인 장벽이지만, 일단 다운로드되면 '전통적인' 전자상거래 사이트를 통한 참여보다 더 큰 기회가 펼쳐진다.

자원과 역량에 따라 결정이 달라지는 경우가 많지만, 점점 더 많은 D2C 비즈니스가 더 긴밀한 고객관계를 구축하고 유지하기 위해 네이티브 모바일 앱 우선 전략에 크게 의존하고 있다.

소유한 전자상거래 플랫폼에 대한 대안 옵션을 고려할 때 두 가지 주요 결정은 덜 명확해진다. 아마존, 라쿠텐(Rakuten), 이베이와 같은 마켓플레이스를 통해 거래를 추진하는 옵션은 기업에 더 매력적일 수 있다. 이러한 의미에서 전체 플랫폼이 제삼자에게 위탁된다. 전문 마켓플레이스가 비즈니스에 중요하거나(예: 엣시), 소셜 미디어에서 비즈니스의 존재감이 커서 소셜 미디어 환경에서 거래하는 것이 더 효과적이라고 결정할 수 있다. 이 경우에도 전체 플랫폼이 제삼자에게 위탁된다.

헤드리스 전자상거래의 진화

역사적으로 기업은 전자상거래 플랫폼을 선택하고 그 플랫폼을 중심으로 사업 제안을 구축하곤 했다. 기술의 모든 측면이 그러한 단일 플랫폼에 내장되어 있으며, 매우 경직되고 고립된 방식으로 작동되었다(그림 3.6 참조). 이는 특히 기존 오프라인 소매업체의 경우 문제가 되었는데, 이들은 고립된 채로 새로운 전자상거래 비즈니스를 시작하고 주요 오프라인 비즈니스와 아무런 관계가 없었기 때문이다. 그 결과 고객 데이터와 같은 것에 문제가 발생했다. 예를 들면 전자상거래 비즈니스에는 고객 기록이 있을 수 있지만 오프라인 비즈니스에는 이제야 해당 고객에 대한 기록이 생기는 것이다.

또는 기존 전자상거래 사이트와 병행하여 네이티브 전자상거래 앱을 개발할 수도 있다. 하지만 이 경우에는 별도의 데이터 세트, 재고 세트 등을 운영해야 하는데, 이는 다루기 어려운 문제가 될 수 있으며 데이터 신뢰성 문제를 야기하기도 한다.

멀티채널 시대에 고객은 동일한 기업과 다른 관계를 맺는 것을 원치 않으며, 어떤 채널에서든 일관된 서비스를 받고자 한다. 앱에서 구매하든, 매장에서 구매하든, 마켓플레이스에서 구매하든 전체 비즈니스가 서비스와 기능 면에서 일관성을 유지해야 한다. 단일 시스템의 고립된 구조를 분리하고, 느슨하게 연결되어 있지만 응집력이 높은 구조로 대체하면 전자상거래 비즈니스의 복잡성을 줄이고 일관성을 유지할 수 있는데, 이러한 접근 방식을 **헤드리스 전자상거래**(headless e-commerce)라고 한다.

헤드리스 전자상거래 프런트엔드 사용자 인터페이스(헤드)가 백엔드 전자상거래 및 데이터베이스 기능과 분리된 전자상거래 아키텍처이다. 이는 백엔드 코드의 변경을 최소화하면서 프런트엔드를 업데이트하거나 수정할 수 있다.

헤드리스 전자상거래는 그림 3.7과 같이 프런트엔드와 백엔드가 분리되어 있다. 이는 기업의 여러 인터페이스가 백엔드의 일관된 서비스와 상호작용할 수 있음을 의미한다. 동일한 재고 시스템을 최신 웹사이트 프런트엔드와 모바일로 접근할 수 있다. 다시 말해 모든 인터페이스에서 동일하고 일관된 데이터와 서비스에 접근한다. 리뷰 마이크로서비스, 로열티 프로그램 마이크로서비스 등과 같은 전자상거래 스택의 다양한 마이크로서비스를 추가할 수 있고, 어떤 인터페이스로도 여기에 접근할 수 있다.

헤드리스 전자상거래에서는 프런트엔드와 백엔드의 개발 및 관리를 각기 다른 방식으로

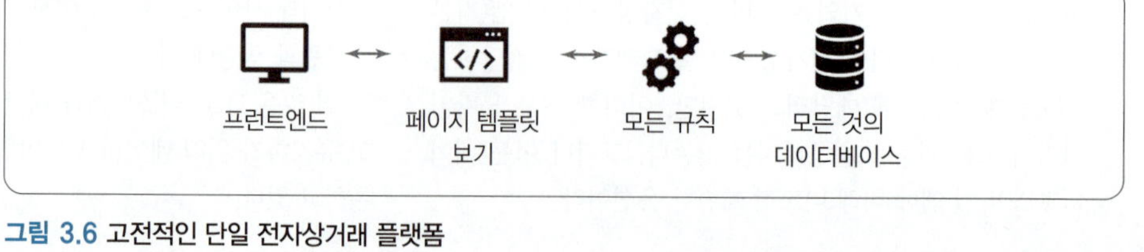

그림 3.6 고전적인 단일 전자상거래 플랫폼

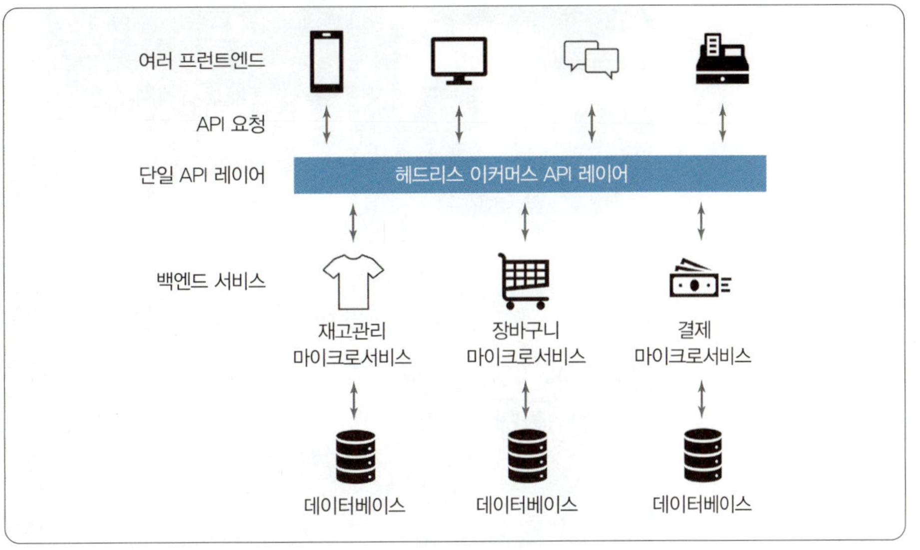

그림 3.7 헤드리스 전자상거래 아키텍처

진행할 수 있다. 개발 및 관리를 사내에서 할지, 전문 에이전시에 맡길지에 대한 결정을 앞서 살펴보았는데, 헤드리스 전자상거래의 경우 기업이 원하는 접근 방식을 선택할 수 있다. 기업은 전체 단일 플랫폼을 위탁하는 것에 관한 문제를 겪지 않고 특정 프런트엔드만을 전문 개발자에게 위탁할 수 있다.

헤드리스 전자상거래는 미래에도 백엔드에 대한 투자를 효과적으로 보호한다. 미래의 프런트엔드를 기회로 사용할 수 있으면 기업은 전체 전자상거래 스택이 아닌 프런트엔드만 개발하면 된다. 또한 수명이 다한 기존 프런트엔드를 폐기하고도 나머지 플랫폼을 위해 백엔드를 유지할 수 있다.

결제 시스템

B2C든 B2B든 C2C든 전자상거래는 기본적으로 구매자와 공급자 간의 금융 거래에 관한 것으로, 거래를 촉진하기 위해 결제 시스템 선택에 주의를 기울여야 한다. 전통적인 전자상거래 사이트에서는 카드 결제가 가장 큰 비중을 차지하나 대체 수단이 증가하고 있다. 또한 중국에서 위챗페이(그림 3.8 참조)가 지배적인 결제 포맷으로 자리 잡은 것은 디지털과 실제 환경에서의 결제 기능을 갖추었기 때문임을 유념할 필요가 있다.

위챗뿐만 아니라 구글페이, 애플페이, 삼성페이와 같은 모바일 결제 시스템도 규모가 커지고 있다. 전자상거래 사이트와 네이티브 앱에서 구매에 사용할 수 있는 이러한 결제 시스템은 저장된 카드 정보에 의존하지만 결제 시 카드 정보를 입력할 필요가 없다. 또한 페이팔과 같이 현장 결제와 모바일을 결합한 결제 방식(페이팔 잔액이나 은행 자동 이체)도 있다.

개인 간(P2P) 결제 온라인 플랫폼을 통해 개인 간에 결제와 송금이 이루어진다.

특정 임시 서비스(예: 대중에게 공개되는 뉴스레터나 동영상 등의 콘텐츠 제작) 제공에는 젤러(Zelle), 벤모(Venmo)와 같은 팁 시스템이 점점 더 사용되고 있다. 새로운 소매(challenger) 은행은 **개인 간(P2P) 결제**(peer-to-peer payment)가 가능한 시스템을 제

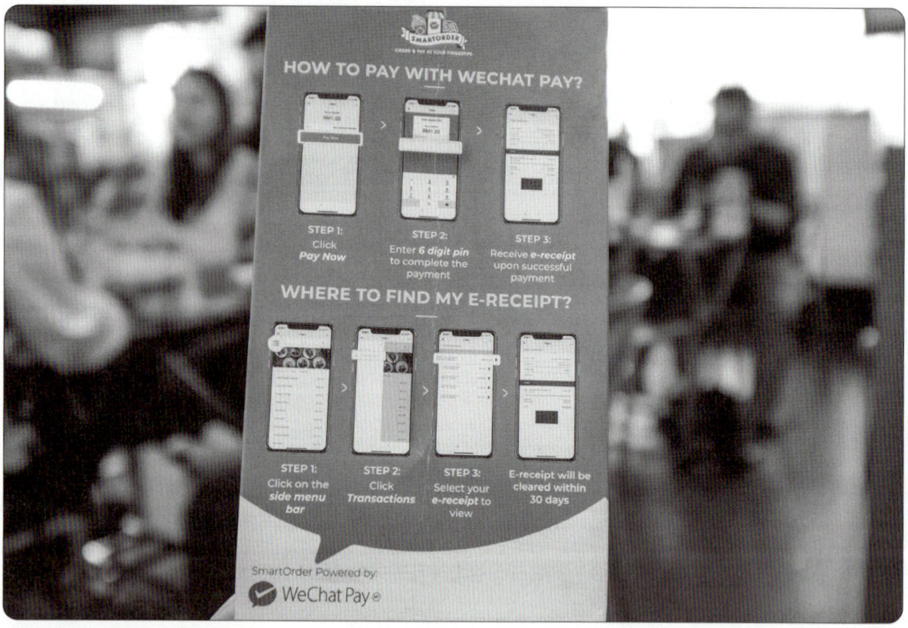

그림 3.8 위챗 결제 플랫폼

출처: Muhamad Iqbal Rosli/Shutterstock

공한다. 예를 들어 몬조은행(Monzo Bank)의 Monzo-to-Monzo 결제 시스템에서는 Monzo 사용자가 다른 Monzo 사용자에게 직접 결제할 수 있고, Monzo-me의 경우 은행 사용자가 링크를 통해 Monzo 비사용자에게 결제를 요청할 수 있다. 그러나 이 시스템 역시 카드 사용에 의존한다.

비트코인, 이더리움과 같은 암호화폐의 성장은 문제와 스캔들의 역사에도 불구하고 법정화폐의 영역 밖에서 거래를 수행할 수 있는 방법을 제공한다. 이러한 거래는 암호화폐 처리 서비스에 의존하며, 이 결제 방식에 대해서는 여전히 회의적인 시각이 많고 신뢰도가 낮다. 이 책을 쓰는 시점에 칩에어(CheapAir)와 버진갤럭틱(Virgin Galactic)은 각각 항공편과 우주여행에 대한 결제를 허용하고 있다.

카드 결제의 형태는 다양할 수 있다. 전통적이고 익숙한 신용카드, 직불카드 외에 기프트카드와 통화카드 같은 선불 결제 카드의 사용이 증가하고 있다. 또한 선불 결제 형식은 소매점의 전통적인 상품권뿐만 아니라 페이팔과 아마존페이의 '잔액' 형태로도 널리 퍼져 있다.

쇼피파이, 에크위드(Ecwid), 우커머스 등 많은 화이트레이블 전자상거래 플랫폼에는 다양한 결제 시스템과 포맷을 사용할 수 있는 구성 요소가 포함되어 있다. 모든 서비스에는 필연적으로 거래 수수료가 따르며, 이는 월 수수료, 개별 거래 수수료 또는 이 두 가지가 혼합된 형태일 수 있다. 대규모 판매자는 매출량에 따라 이러한 수수료를 협상할 수 있는 위치에 있지만, 소규모 판매자는 수수료가 수요에 따라 탄력적이지 않다는 것을 알게 될 것이다. 2021년 말에 아마존은 주요 카드 결제 기관 중 하나인 비자(Visa)와 거래 수수료 문제로 분쟁을 벌였다. 수수료에 합의하기 전까지 한동안 아마존은 비자카드 결제를 허용하지 않았다(Tanna and Dey, 2022).

구매 후 지불(BNPL) 시스템 소비자(또는 기업)가 전액을 선불로 지불하지 않고도 제품을 구매할 수 있는 서비스. 구매 금액의 일부 또는 전체를 빌리고 (이자와 수수료가 있는 경우 이를 포함하여) 나중에 갚는다.

봉쇄 기간과 그 이후에도 비교적 새로운 결제 수단이 등장하여 매우 빠르게 성장했다. 일종의 신용 형태일 수 있지만(제공업체는 강력히 부인), **구매 후 지불(BNPL) 시스템**(buy now pay later system)은 COVID-19 팬데믹 기간 동안 인기를 끌었고 그 이후에도 인기가 계속되고 있다. 이 시스템은 B2C 금융의 한 형태로, 고객이 큰 구매 비용을 일정 기간 동안 정기적으로 소액 지불할 수 있다. 가장 큰 BNPL 제공업체는 클라나(Klarna), 애프터페이(Afterpay), 어펌(Affirm) 등이며, 페이팔도 여기에 포함된다.

BNPL은 고가의 제품 또는 서비스에 대한 고객 반응과 관련된 마찰(특히 구매 포기)을 줄이는 역할을 하며, 이는 일반적인 대출 프로세스에 비해 즉각적인 만족 및 속도와 연관이 있다. 보통은 최종 고객이 지불하는 이자가 없기 때문에 인기가 있다. BNPL 제공업체는 위험을 감수하고 공급업체에 수수료를 지불하며, 이 수수료는 일반적으로 가격을 통해 고객에게 전가된다.

그러나 일부 법적 관할권에서는 BNPL 제공업체에 대한 비판이 있는데, 이는 고객이 정상적인 신용 범위를 벗어나 무담보 부채를 효과적으로 늘릴 수 있기 때문이다. 또한 BNPL 부채를 사기를 통해 취득할 가능성도 있으며, 고객 정보가 무단 도용될 수도 있다.

B2C 및 소매 전자상거래

B2C 및 소매 전자상거래의 전망과 과제

COVID-19와 많은 국가의 봉쇄 조치는 B2C 전자상거래 시장의 성장 궤적에 큰 영향을 미쳤다. 데이터에 따르면 전자상거래 매출이 꾸준히 성장하고 있으며, 블랙프라이데이, 싱글스데이, 사이버먼데이, 크리스마스와 관련된 구매로 인해 10~12월에 특히 증가세를 보였다.

2020년 3월경, 국가를 불문하고 전체 소매 매출에서 온라인 소매 매출이 차지하는 비중이 크게 증가했는데, 하룻밤 사이에 거의 2배로 늘어 성장 궤적이 크게 변화했다. 스태티스타(Statista)에 따르면(Chevalier, 2022) 미국에서는 2019년 11.1%였던 소매 매출의 비중이 2020년 말 14.2%로 증가했다. ONS에 따르면(Lewis, 2022) 영국에서는 2020년부터 2021년 초 사이에 전자상거래를 통한 소매 매출이 전체 매출의 약 20% 미만에서 거의 2배로 증가했다가 2021년 크리스마스 무렵에 약 25%로 하락했다.

이마케터(eMarketer)에 따르면 전체 소매 매출에서 전자상거래가 차지하는 비중이 계속해서 증가할 것으로 예상되지만, 봉쇄 기간에 비하면 덜 급격하게 증가할 것이다(*Worldwide Ecommerce Forecast Update 2022*, 2022). 또한 스태티스타에 따르면 소매 전자상거래 시장이 2021년 5조 달러에서 2025년까지 7조 달러로 성장할 것이며, 이러한 성장의 대부분이 향후 몇 년 동안 남미에서의 디지털 성장에 기인할 것으로 예상된다. 이 책을 쓰는 시점에는 앞서 언급했듯이 복잡한 여러 요인이 경제적 불확실성을 야기하고 있지만,

보충 자료 3.4 **비즈니스 현실: B2C 및 소매 전자상거래**

B2C 전자상거래 제안을 고려할 때 우려해야 할 전략적 문제는 무엇일까? 디지털 비즈니스 모델을 다룰 때 언급하겠지만, 마이클 포터(Michael Porter)의 다섯 가지 힘(Five Forces) 모델이 제기하는 질문은 생각해볼 가치가 있다.

- 당신의 전자상거래 제안과 같은 것을 개발하기가 얼마나 쉬운가?
- 공급업체와 고객의 힘이 얼마나 강력한가?
- 당신의 제공을 대체하기가 얼마나 쉬운가?
- 경쟁이 차별화되었는가, 고도로 상품화되어 있는가?

또한 당신의 생각에 영향을 미치는 환경적 요인과 투자가 필요한 수익을 실제로 창출할 것인지에 대해서도 신중하게 생각해야 한다.

대부분의 논평가들은 성장 경로가 긍정적이고 견고하게 유지될 것으로 믿고 있다.

한편 B2C 소매 활동을 위한 주요 플랫폼으로서 모바일은 시장 및 거래에서의 중요성이 뚜렷하다. 이 책을 쓰는 시점에 모바일은 소매 전자상거래 사이트로의 트래픽 점유율의 73%(데스크톱은 25%), 주문 점유율의 63%(데스크톱은 35%)를 차지하고 있다(*The Shopping Index Q3*, 2022). 트래픽과 주문 간의 격차는 소비자가 모바일로 일부 제품을 조사하지만 최종적으로는 데스크톱으로 주문한다는 것을 시사한다(Han et al., 2022). 그러나 시간이 지남에 따라 이 격차가 점차 줄어들고 있다.

음성이 B2C 구매 습관에 미치는 영향이 가속화되기 시작했다. 음성 비서를 통한 전 세계 전자상거래는 2021년 46억 달러에서 2023년 말 194억 달러, 2026년에는 990억 달러로 증가할 것으로 예상된다(Moar and Esherich, 2021). 하지만 음성 사용이 증가하고 있는 반면에 수익 성장률이 그에 미치지 못한다는 점에서 다소 주의가 필요해진다(Lebow, 2022).

시각 자료의 중요성에도 큰 변화가 일어나고 있다. 주요 검색엔진에서 이미지 검색이 점점 더 중요해지고 있으며, 성인의 1/3이 모바일 이미지 인식 도구를 자주 사용하고 있다(Kemp, 2022). 즉 전자상거래 플랫폼 소유자는 제품 페이지와 화면에 고품질 이미지를 제공하는 데 더 많이 신경을 써야 한다. 이는 필연적으로 전자상거래에서 보다 정교한 시각적 메커니즘, 즉 AR, VR, XR의 미래 중요성에 대한 논의로 이어진다. 전자상거래 대기업들은 전자상거래 제공의 일환으로 AR 기술을 시험했다. 이케아(IKEA)의 대형 프랜차이즈인 잉카그룹(Ingka Group)은 아이폰에 탑재된 LiDAR 기술을 활용하여 고객의 방을 스캔하고 휴대폰에 3D 버전을 구축했다(*IKEA launches new AI-powered, digital experience*, 2022). 이를 통해 고객은 스캔된 방에 가구를 배치할 수 있다. 고가의 고관여 부문에서도 여러 소매업체가 유사한 작업을 수행했으며, 이는 고가 항목의 전환율을 크게 향상하는 것으로 보인다. 이뿐만 아니라 AR 기술을 구매 선택에 활용하면 반품이 줄어든다는 보고도 있다. 이는 비용이 많이 드는 초기 기술이지만, 고가 항목을 취급하는 대형 업체에게는 분명한 이점이 된다.

일반적인 B2C 전자상거래 비즈니스 모델

전자상거래에는 다양한 플랫폼 선택에 걸쳐 다음과 같은 일반적인 모델이 있다. 이러한 모델은 웹 기반, 모바일 또는 소셜 전자상거래 플랫폼에 관계없이 존재한다.

- 단일 채널 전자상거래
- 카탈로그 진화형
- 멀티채널 전자상거래
- 브랜드-소비자 직접 거래(D2C)
- 옴니채널 경험

단일 채널 전자상거래

단일 채널 전자상거래 온라인(웹사이트, 모바일 앱)으로만 제품을 구매할 수 있는 온라인 전자상거래 비즈니스

단일 채널 전자상거래(single e-channel commerce)는 멀티채널 소매업체와 달리 '전통적인' 웹 기반 전자상거래 사이트나 (점점 더 증가하는) 모바일 전용 채널과 같이 유일한 판매 채널이 전자상거래인 소매업체를 말한다. '순수(pureplay)' 전자상거래라고도 불리는 이 비즈니스는 애초에 오프라인 매장이 없었지만, 최근에는 오래된 소매 전자상거래 단일 채널 사업자가 오프라인 매장을 개발하기 시작했는데, 가장 대표적인 예가 바로 아마존이다.

단일 채널 전자상거래는 진입 장벽이 매우 낮기 때문에 시장에 진입하기가 쉽다. 그러나 경쟁이 매우 치열하고, 특히 소비자 기술 등의 특정 분야는 마진이 매우 낮을 수 있다. 또한 상품 시장에서는 가시성을 높이기가 매우 어려울 수 있다. 이러한 비즈니스는 흔히 볼 수 있는데, 가장 잘 알려진 아마존(오프라인 확장 및 마켓플레이스로 발전)뿐만 아니라 영국의 오카도(Ocado), 호주의 코건닷컴(Kogan.com)도 그 예이다. 그러나 잘 알려진 순수 전자상거래 업체들은 멀티채널 플레이어로 진화함에 따라 점점 더 식별하기가 어려워지고 있다.

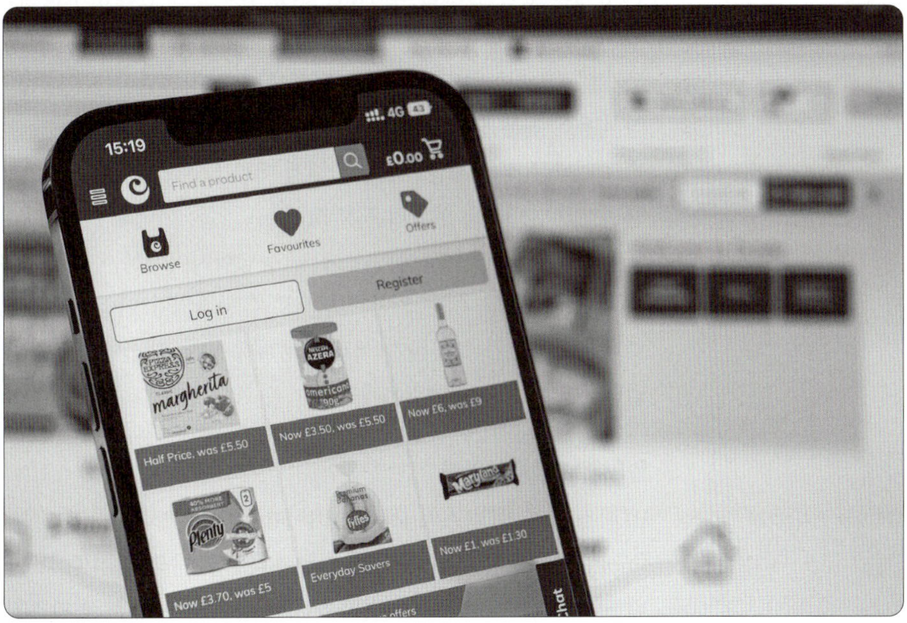

그림 3.9 순수 B2C 전자상거래 소매업체의 예

출처: Just Jus/Shutterstock

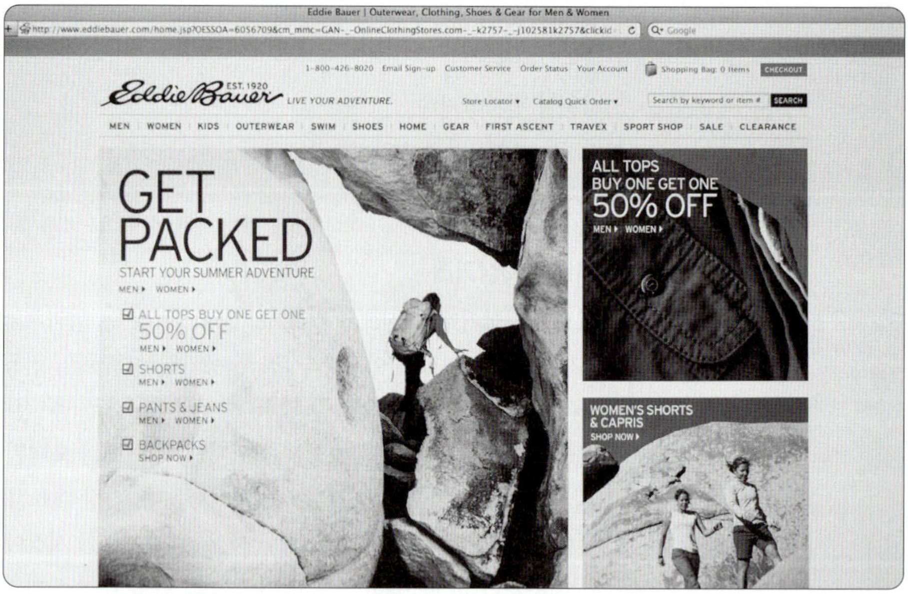

그림 3.10 카탈로그 진화형 기업의 예

출처: NetPhotos/Alamy Stock Photo

카탈로그 진화형

카탈로그 진화형 고객의 집에서 직접 판매하던 전통적인 카탈로그 비즈니스. 방대하고 탄탄한 고객층을 보유한 카탈로그 소매업체는 비교적 쉽게 전자상거래 채널로 전환할 수 있었다.

카탈로그 진화형(catalogue evolver)은 전통적인 카탈로그 비즈니스로, 원래는 고객의 집에서 직접 판매하던 카탈로그 기반 비즈니스 모델이었다. 이러한 카탈로그 소매업체는 종종 충성도 높은 방대한 고객층을 보유하고 있어 전자상거래 채널로의 전환이 비교적 쉽게 이루어졌다.

카탈로그 진화형 비즈니스는 시장에 새로이 진입하는 순수 전자상거래 비즈니스보다 운영 비용이 높은 경향이 있지만, 창고와 공급 및 물류 인프라를 잘 갖추고 있다. 자체 배송망을 관리하는 경우 제삼자 공급업체에 대한 의존도가 낮고, 방대한 기존 상품군의 혜택을 누릴 수 있다. 영국의 엔브라운(N Brown) 그룹, 미국의 에디바우어(Eddie Bauer)와 포터리반(Pottery Barn)이 그 예이다. 한편 동남아시아에서는 이러한 유형의 비즈니스가 크게 발달하지 못했는데, 이는 외딴 지역으로 유통하기가 어렵고 문해력이 떨어져서 과거에 카탈로그 비즈니스가 성공하기 어려웠기 때문이다. 대신에 이 지역에서는 순수 전자상거래와 멀티채널 비즈니스가 더 우세하다.

멀티채널 전자상거래

멀티채널 전자상거래 온라인 및 오프라인 매장을 통해 제품 유통이 결합된 소매업체

'브릭스 앤드 클릭스(bricks-and-clicks)' 비즈니스라고도 불리는 **멀티채널 전자상거래**(multi-channel e-commerce) 비즈니스는 자국의 기존 오프라인 소매업체에서 발전한 비즈니스로, 주로 식품 및 비식품 소매 분야에서 매우 잘 알려진 이름이 여기에 포함된다. 이러한 비즈니스는 전통적인 소매 환경에서 실제적인 존재감을 유지하고 있기 때문에 단일 순수 전자상거래 및 카탈로그 진화형보다 비용이 더 많이 든다. 카탈로그 진화형과 마찬가지로 이는 기업이 창고, 공급 및 물류 인프라를 갖추고 있음을 의미한다. 존루이스(John

Lewis), 미국의 월마트와 타깃, 호주의 울워스(Woolworths) 등이 그 예이다.

브랜드-소비자 직접 거래(D2C)

직접 거래(D2C) 소매 기업 또는 브랜드가 매장이나 도매업체를 통하지 않고 소비자에게 직접 제품을 판매하는 것

직접 거래(D2C) 소매(direct-to-consumer retailing)는 새로운 것이 아니지만, 브랜드가 소비자에게 직접 마케팅하고 판매할 수 있는 상대적인 용이성으로 인해 전 세계적으로 이러한 소매업체가 폭발적으로 증가하고 있다. D2C 소매업체는 시장에 진출하기 위해 전통적인 슈퍼마켓이나 백화점을 통한 경로에 의존해온 기존 브랜드일 수도 있고, 제삼자 소매업체를 피하고 자체 전자상거래를 통해 소비자에게 직접 다가가는 신생 스타트업일 수도 있다. 이러한 기업은 단일 제품에 특화되어 있거나 브랜드의 전체 제품을 소매할 수 있으며, 경우에 따라 오프라인 소매점을 보유하거나 개발하기도 한다. D2C 분야의 많은 스타트업은 중개인을 피하는 전략으로 마진을 개선하고 비용을 절감하려고 한다. 그러나 기존 브랜드의 경우 특히 차별화된 가격 정책으로 인해 D2C의 존재와 기존 제삼자 소매업체 간의 채널 갈등에 대한 우려가 있다. 글로벌 차원의 예로는 2016년 유니레버가 인수한 면도 브랜드 달러셰이브클럽(*Unilever acquires Dollar Shave Club*, 2016), 인도의 오디오 제품 소매업체 노이즈(Noise), 미국과 영국의 건강관리 브랜드 힘스앤드허스(Hims & Hers), 미국의 패션 브랜드 보노보스(Bonobos), 중국의 쉬인(Shein) 등이 있다. 흥미롭게도 루이비통(Louis Vuitton)과 같은 전통적인 서양 럭셔리 브랜드는 중국 시장에 진출할 때 D2C 접근 방식을 취하여 신뢰할 수 없는 마켓플레이스를 피하고 자사의 독점성과 진정성을 유지하려고 한다.

옴니채널 간단히 말해 '다양한' 채널을 의미한다. 판매 관점에서 보면 전통적인 소매업체뿐만 아니라 웹사이트, 모바일 앱 또는 소셜 커머스를 통한 온라인 소매가 포함될 수 있다. 커뮤니케이션 관점에서 보면 유기적 검색과 소셜, 유료 검색, 유료 소셜과 같은 다양한 채널을 통해 소매업체를 홍보하는 것을 의미할 수 있다.

옴니채널 경험

멀티채널과 **옴니채널**(omni-channel)을 구분하기 어려울 때가 있다. 가장 큰 차이점은 멀

그림 3.11 D2C 소매 기업의 예

출처: True Images/Alamy Stock Photo

티채널의 경우 고객이 특정 채널에서 구매를 선택할 수 있고, 모든 거래가 해당 채널 내에서 이뤄진다는 것이다. 반면에 옴니채널의 세계에서는 고객 경험이 채널을 이동할 수 있다. 가장 뚜렷한 예는 고객이 소매업체의 전자상거래 사이트에서 거래의 일부를 진행하고 매장에서 '클릭 앤드 컬렉트'를 선택하는 경우이다. 또 다른 예로 고객이 가구와 같은 제품의 촉각적인 특성을 매장에서 확인한 후 제품을 주문하여 자택으로 배송받는 경우도 있다. 이는 특히 주문 제작되는 제품의 경우에 흔한 일이다.

앞에서 논의한 거의 모든 모델은 옴니채널 경험으로 이어질 수 있으며, 특히 멀티채널 전략의 일환으로 전자상거래 프레젠스를 창출한 전통적 소매업체가 그렇다. 팬데믹으로 많은 국가가 봉쇄된 동안 일부 소매업체는 순수 멀티채널에서 옴니채널로 전환할 수 있었고, 고객이 제품에 접근할 수 있는 동시에 많은 사람이 기존의 오프라인 쇼핑 경험을 위해 매장을 찾는 것을 막는 방법으로 클릭 앤드 컬렉트를 적극적으로 홍보했다.

전자상거래의 B2C 서비스 모델

전자상거래가 창출하는 기회를 독특하게 활용하는 비즈니스 모델이 등장한 몇 가지 분야가 있다. 주요 분야는 다음과 같다.

- 개인 금융(특히 핀테크 비즈니스) 및 금융 서비스
- 국내 부동산 및 주택
- 건강관리
- 교육 및 훈련
- 비즈니스 서비스

주요 비즈니스 모델은 다음과 같다.

- 주식 매매와 같은 거래 중개 또는 주택담보대출과 같은 금융 상품 구매
- 의료 예약 및 상담 서비스와 같은 직접 서비스 제공

서비스의 주요 특징은 제품이 무형이고, 흔히 지식을 기반으로 한다는 것이다. 역사적으로 서비스 제공은 서비스 제공자와 구매자가 같은 장소에 동시에 있어야 했다. 서비스는 시간대에 달려 있으며, 사용되지 않으면 '소멸'될 수 있고 서비스 품질은 가변적이었다. 전자상거래의 경우 높은 수준의 서비스 일관성을 개발할 수 있고 제공자와 고객 간의 동시성 필요성을 제거한다. 대량 맞춤화의 기회는 대량 생산의 경제성을 유지하면서도 개별 서비스를 제공할 수 있게 한다.

개인 금융, 핀테크, 금융 서비스의 독특한 특징

최근 몇 년 동안 여러 국가의 금융 부문에서 대규모 분리와 규제 완화가 이루어지면서 '신흥 은행'[브라질의 누뱅크(NuBank), 미국의 차임(Chime), 중국의 위뱅크(WeBank), 영국의 몬조은행 등)]과 오픈 뱅킹(유럽에서는 PSD2로 알려져 있음)이 성장했다. 이러한 활동은 주로 디지털 전용 또는 디지털 중심으로 운영되는 다양한 금융 사업을 탄생시켰고, 이 중

상당수는 고객에게 광범위한 금융 서비스를 제공하거나 단일 및 제한된 전문 개인 금융 서비스를 제공한다. 향후 기회는 필연적으로 암호화폐의 기회에 초점을 맞추겠지만, 개별 고객에게 고도로 맞춤화된 서비스를 제공할 기회도 있을 것이다. 그러나 이러한 기회를 단순히 광범위한 디지털 비즈니스의 일부가 아니라 전자상거래 기회로 만드는 것은 무엇일까?

가장 명확한 예는 암호화폐 매수와 거래, 주식 매수와 거래 사업이다. 이러한 서비스를 제공하는 앱 기반 비즈니스의 수가 급격히 증가했지만, 암호화폐 거래 세계는 지난 몇 년 동안 암호화폐 시장의 변동성, 금융 스캔들, 경영 부실로 인해 타격을 입었다. 다수의 주식 거래 앱은 대형 전통 금융 기업의 전액 출자 자회사이거나 새로운 소규모 독립 회사로, 이 서비스에 대한 큰 마켓플레이스가 있음을 보여준다.

전통 금융 서비스 제공자와 신규 스타트업의 운영에는 상당한 차이가 있다. 기존의 전통 금융 서비스 제공자는 새로이 진입하는 기업보다 규제와 법률의 복잡성을 훨씬 더 쉽게 탐색할 수 있다. 반면에 금융 스타트업은 거의 순수 단일 채널 전자상거래 비즈니스로, 기존의(때로는 오래된) 비즈니스 구조, 인프라, 프로세스를 가지고 있는 전통적 비즈니스와 달리 서비스 개발에 대한 접근 방식이 더 민첩하다.

포털 및 집계 플랫폼은 금융 전자상거래의 거래 관리에서 상당한 역할을 한다. 미국의 너드월렛(NerdWallet)과 월렛허브(WalletHub), 영국의 컴페어더마켓(Compare The Market)과 고컴페어(GoCompare), 유럽연합의 크레디투스(Kreditus), 인도의 뱅크바자르(BankBazaar), 홍콩의 머니히로(MoneyHero)와 같은 기업을 통해 알 수 있듯이, 전 세계적으로 비교 사이트의 급성장은 하나의 플랫폼에서 개인 금융 서비스를 제공하려는 수요가 크다는 것을 드러낸다. 이러한 모든 전자상거래 플랫폼(웹사이트 또는 앱)은 보험, 주식 거래, 신용 등 주요 금융 서비스를 매우 유사하게 제공한다.

금융 집계자는 자동차 보험 인수인 등의 다양한 공급업체에서 많은 상품을 제공하고, 이러한 상품의 공급 및 여러 사이트에서 광범위한 조사와 구매를 원치 않는 고객의 수요를 모두 집계한다. 그 결과 전통적인 금융 서비스 중개인은 이러한 전자상거래 서비스에 밀려나고, 브랜드 서비스 공급업체는 각 시장에서 가장 인기 있는 플랫폼을 통해 자사의 제안을 내놓게 되었다.

오픈 뱅킹과 규제 완화는 '계좌 집계자'라는 새로운 형태의 집계 전자상거래 비즈니스로 이어졌다. 이 비즈니스에서는 고객이 다양한 금융 상품(은행 계좌, 신용카드, 연금 펀드, 주식 거래 등)을 앱과 같은 한곳에서 확인할 수 있다. 이러한 계좌 집계는 추가 금융 서비스를 판매할 수 있는 기회를 창출하고, 확보한 고객을 대상으로 비교 사이트 비즈니스 역할을 한다. 예를 들어 영국에서는 금융 서비스 앱인 스누프(Snoop)가 큰 성과를 거두고 있다.

이 책을 쓰는 시점에 영국의 부동산 및 주택 시장은 흥미로운 제안을 만들어내고 있다. 부동산 업자와 부동산 중개업자는 전통적인 마켓플레이스에 신규 진입자가 등장하여 비즈니스 모델에 큰 영향을 미쳤으며, 새로운 스타트업이 전자상거래 플랫폼을 통해 순수 부동산 서비스를 제공한다는 것을 알게 되었다. 전통적인 부동산 중개업자는 영국의 라이트무브(Rightmove)나 미국의 질로우(Zillow)와 같은 마켓플레이스에 점점 더 의존하고 있지만, 현지에 사무실을 두지 않는 새로운 스타트업은 고객에게 D2C 부동산 중개 서비스를 제

보충 자료 3.5 스누프

영국의 전자상거래 비즈니스인 스누프는 자금을 관리하는 앱이다. 스누프는 오픈 뱅킹 프로토콜을 통해 다양한 은행 계좌와 신용카드 데이터에 접근하여 개별 소비자의 지출 패턴에 대한 데이터를 수집하고, 이러한 통찰력을 보험, 모바일 통신, 인터넷과 같은 서비스의 신규, 추가, 갱신 판매에 활용하고 있다. 효과적인 비교 비즈니스인 스누프는 금융 서비스 회사로부터의 수수료로 수익을 얻는 집계자이지만, 고객이 고급 자금 관리 기능을 이용할 수 있는 유료 구독 서비스(Snoop Plus)도 제공한다.

공함으로써 전통적인 부동산 중개 비즈니스를 효과적으로 우회하고 있다. 이러한 서비스를 통해 부동산 업자나 부동산 중개업자를 전혀 상대하지 않고도 자가 매매를 관리할 수 있다. 예를 들어 영국의 퍼플브릭(Purple Brick)은 주택 판매자에게 직접 판매하는 서비스를 제공한다(미국과 호주에서는 성공하지 못했다). 부동산 중개 사무소나 방대한 직원 네트워크가 없기 때문에 판매자의 비용이 전통적인 부동산 중개인보다 낮다. 그러나 점차 라이트무브, 질로우와 비슷한 집계 플랫폼 역할을 하면서 기존 부동산 중개업자가 부동산을 홍보할 수 있게 되었다. 다른 많은 경우와 마찬가지로 이러한 부동산 중개업자와 부동산 업자 전자상거래 플랫폼은 주택담보대출 및 주택 보험과 같은 추가 금융 상품을 판매할 수 있는 시장을 집계하는 능력에 크게 의존한다.

온라인 여행사의 독특한 특징

온라인 여행사에 대해 설명하기 전에 팬데믹, 봉쇄, 여행 금지가 여행 및 관광 산업에 미친 영향을 강조하지 않을 수 없다. 온라인 여행사도 이러한 영향에서 자유롭지 않았으며, 정부 지원이 없었다면 많은 소규모 업체가 장기간 살아남지 못했을 것이다.

온라인 여행사는 전자상거래를 통해 특정 산업의 서비스와 경험에 대한 접근을 판매한다. 가장 일반적인 상품은 자동차 렌털, 호텔 예약, 모든 형태의 여행 티켓(주로 철도, 버스, 항공), 패키지여행 예약 등이다. 많은 온라인 여행사는 이러한 상품의 집계자로서 자체 상품뿐만 아니라 제삼자의 보완 서비스도 거래한다. 역사적으로 개별 상품 및 서비스(항공권, 호텔 객실 등)는 동일한 상품이 가격을 기준으로 검색되는 가격 민감성 상품으로 간주되었다. 따라서 많은 온라인 여행사는 호텔 객실이나 맞춤형 패키지를 보다 개인화된 제안으로 만들 수 있는 차별화된 접근 방식을 제공하는 데 중점을 둔다.

온라인 여행사 분야에서 운영되는 비즈니스는 익스피디아(Expedia), 트립어드바이저(TripAdvisor), 부킹닷컴(Booking.com)과 같은 글로벌 기업을 포함하여 1990년대 웹의 부상과 함께 시장에 등장한 순수 전자상거래 업체가 혼재되어 있다. 싱가포르의 아고다(Agoda), 중국의 트립닷컴(Trip.com), 인도의 고이비보(Goibibo)와 같은 지역 전문업체도 있다. 전통적인 여행 비즈니스도 전자상거래 프레젠스를 개발하는 데 뒤처진 것은 아니다. 가족용 여행 및 호텔 브랜드는 모두 직접 예약할 수 있는 자체 전자상거래 플랫폼을 가지고 있으며, 많은 오프라인 여행사는 온라인 예약 기능을 빠르게 추가했다.

일부 온라인 여행사는 매우 집중적이고 계층화된 서비스를 제공하는 반면(예: 항공권 또는 기차표만 제공), 부킹닷컴과 같이 여행 및 관광 관련 서비스를 하나의 포털에서 접근할 수 있도록 수직적으로 통합된 경우도 있다. 이 책을 쓰는 시점에 검색엔진을 통해 항공권, 호텔과 같은 온라인 여행사 서비스를 직접 제공하는 것에 대해 온라인 여행사 마켓플레이스에 혼란이 일어나고 있다. 또한 여행 및 숙박 예약 부문 전체가 에어비앤비, 우버 등 새로운 C2C 마켓플레이스의 등장으로 큰 영향을 받았는데, 이는 이 장 후반부에서 다룰 것이다.

온디맨드 및 로컬 B2C 전자상거래의 특징

온디맨드 서비스 모델은 상품(또는 서비스)을 가능한 한 빨리 또는 즉시 제공하는 것과 관련이 있다. 이러한 플랫폼의 제공은 종종 상품과 서비스의 로컬 마켓플레이스와 관련이 있다. 많은 사람에게 가장 친숙한 글로벌 예로 현지 택시 여행을 위한 우버가 있다. 음식 주문 및 배달도 이와 관련된 일반적인 주제이며, 영국의 딜리버루(Deliveroo)와 저스트잇(Just Eat), 미국의 도어대시(DoorDash)와 그럽허브(GrubHub), 중국의 메이퇀(Meituan)과 어러머(Ele.me), 인도의 조마토(Zomato)가 그 예이다.

또한 식료품 배달 전자상거래 비즈니스도 급증했는데, 일부는 앞서 언급한 음식 주문 배달 기업이 중개하고, 일부는 이 특정 부문에 새로이 진입하는 기업이 주도하고 있다. 미국에서는 인스타카트(Instacart), 십트(Shipt)가 주도하고, 영국에서는 게티르(Getir, 원래 터키 기업)가 대도시권에서 가장 광범위하게 제공하며, 유럽에서는 게티르, 플링크(Flink), 고퍼프(GoPuff)가 지배적이다. 인도의 경우 여러 지역에서 활약하는 다양한 전자상거래 기업이 있지만 빅바스켓(BigBasket)과 블링킷[Blinkit, 정식 명칭은 그로퍼스(Grofers)]

그림 3.12 온디맨드 전자상거래의 예

출처: The Image Party/Shutterstock

이 대도시권에서 큰 가시성을 확보하고 있다. 또한 중국에서는 메이퇀과 어러머가 지배적이다.

소규모 식료품 주문 및 조리된 음식 배달은 인구 밀도가 높은 지역에 크게 의존하며, 따라서 대부분의 국가에서는 대도시권과 도심에 집중된다. 주요 항목은 식료품과 음식에 대한 수요 집계 및 이러한 상품의 집중 공급에 관한 것이다.

소규모 식료품 주문 및 조리된 음식 배달은 봉쇄 기간 동안 크게 성장한 분야로, 이 분야의 전자상거래 기업 및 앱의 수와 규모가 급증했다. 이 비즈니스에 상당한 규모의 벤처캐피털이 투자되었으나, 봉쇄 기간이 끝나고 일상생활 복귀(그리고 지역 내 대면 구매)로 인해 서비스 수요가 상당히 감소했는데, 이는 전자상거래의 전반적인 성장 둔화와 같은 양상을 보인다. 이러한 사업체 중 상당수는 거래를 중단하거나, 식료품과 조리된 음식 배달을 결합한 대규모 기업에 통합되었다. 운영자들은 필요한 규모의 수익을 창출하는 데 어려움을 겪고 있으며, 현재 업체들은 인구가 많은 대도시로 활동 범위를 축소했다. 로컬 전자상거래에 대한 향후 투자는 제한적일 것으로 보이지만, 대도시에서의 조리된 음식 배달은 지속될 것으로 보인다.

로컬 전자상거래는 상당한 윤리적 문제에 직면해 있다. 초단기 임시직 노동자 고용에 대한 비판이 있었는데, 이는 프랑스의 우버, 영국의 딜리버루와 같은 기업에 대한 법적 문제와 비판을 야기했다. 다른 기업들이 주요 조직에서 노동자를 확보하기 위해 고군분투하는 것처럼 로컬 및 온디맨드 전자상거래 비즈니스는 수익성을 유지하면서도 매력적인 일자리를 만드는 데 어려움을 겪고 있다.

보충 자료 3.6 팬데믹 이후 경쟁 환경에서의 신속 배송 전자상거래

게티르, 잽(Zapp), 지피(Jiffy), 고릴라스(Gorillas) 등의 전자상거래 기업은 전 세계 여러 나라에서 봉쇄로 인해 생긴 기회를 재빨리 활용했다. 사람들이 지역 배송을 탐색하기 시작하면서 (그리고 대형 소매업체가 대규모 매장과 허브에서의 배송 서비스 수요를 관리하는 데 어려움을 겪는 동안) 이러한 기업은 소량의 상품을 빠르게 즉시 배송할 수 있다는 이점을 발견했다.

이러한 전자상거래 기업은 지역 식료품 및 조리된 음식 배달에 대한 수요가 빠르게 증가하자 이를 활용함으로써 폭발적으로 성장했다. 이들은 초기에 민첩하게 대응하여 고도로 지역화된 배송 네트워크를 구축하고 식료품점, 음식점과의 협정을 신속히 체결했다.

그러나 초기에는 수요 대응에 어려움을 겪었던 기존 소매업체도 이미 구축된 배송 네트워크를 기반으로 결합된 배송 역량을 확장할 수 있었다. 이후 봉쇄가 해제되면서 신규 업체가 추구할 비즈니스가 많지 않았고, 전자상거래 기업 중 다수가 인수되거나 파산했다. 벤처캐피털 투자자들은 소액 주문으로는 배달원과 운전자의 실질 임금을 유지할 수 없다는 것을 깨달았고, 기업들은 시장 점유율을 확대하기 위해 더 이상 배달 비용을 '보조'할 수 없다는 것을 알게 되었다. 고객이 전통적인 대면 쇼핑으로 되돌아가면서 2021~2022년에 걸쳐 소량 주문 신속 배달 시장이 급격히 위축되었다. 식료품점은 상품 배송을 위해 마진을 지불하는 것을 꺼렸고, 많은 국가에서 이러한 서비스를 운영하는 사업자의 수가 감소했으며, 식료품과 조리된 음식의 신속 배달을 결합한 소수의 주요 업체가 대도시의 부유한 인구 밀집 지역에서 시장을 지배하고 있다. 이러한 대형 업체는 서비스를 다양화하고 있지만, 사실상 '당일 배송' 택배 네트워크의 형태로 변모하여 지불 의향이 있는 고객층을 대상으로 프리미엄 배달 요금을 부과하고 있다. 봉쇄 조치가 없었다면 이 비즈니스 모델은 실패했을 것이라고 보는 시각도 있다.

B2B 전자상거래

B2B 전자상거래의 전망

B2B 상거래는 기업 간에 이루어지는 거래이고, B2B 전자상거래는 이러한 거래가 전자적으로 이루어지는 것을 말한다. 따라서 B2B 전자상거래와 전자 공급사슬 관리 간에 중요한 연결고리가 있으며, 많은 논평가는 B2B 전자상거래를 온라인 주문 시스템과 EDI에서 진화한 것으로 보고 있다. 하지만 B2B 전자상거래의 진화는 B2C 전자상거래의 진화와 매우 유사하다. 이 책을 쓰는 시점에 일부 환경에서는 B2B 전자상거래와 EDI의 일부 형태를 구별하기가 어렵다. 한 가지 관점은 EDI가 반복적이고 종종 자동화된 대규모 주문에 초점을 맞추고 있는 반면, B2B 전자상거래는 보다 비정형적이고 필요에 따라 이루어지는 사람의 주문에 초점을 맞추고 있다는 것이다. 그러나 이러한 구분은 명확하지 않으며, 많은 B2B 전자상거래 애플리케이션에는 EDI 기능이 내장되어 있다. EDI는 EDI 기능이 있는 기존 고객관계에서 작동하는 반면, B2B 전자상거래는 새로운 고객관계와 EDI 기능이 없는 상황에서 작동하는 것을 의미할 수 있다.

많은 분석가는 B2B 전자상거래 시장의 규모가 B2C 전자상거래 시장을 능가하고, 앞으로도 그럴 것으로 전망하고 있다(Digital Commerce 360, 2022). 글로벌 B2B 마켓플레

보충 자료 3.7 B2B 전자상거래의 독특한 특징

기업의 B2B 전자상거래 사이트와 B2C 전자상거래 사이트는 제품 및 서비스의 종류와 고객층이 다르다는 것을 제외하고는 큰 차이가 없어서 구분하기가 어려울 수 있다. 그런데 B2B 전자상거래의 독특한 점은 B2B 마켓플레이스의 확산이다.

- **구매 측 전자상거래 시장**: 일반적으로 대규모 구매 연합체가 소유한 대형 마켓플레이스이다. 공급업체 관계 관리의 비용을 절감하고 복잡성을 줄여 공급 (및 공급업체) 집계를 용이하게 하는 것이 목적이다.
- **B2B 수직 전자상거래 시장**: 항공 산업과 같은 특정 산업에 모든 것을 공급하는 단일 B2B 마켓플레이스이다.
- **B2B 수평 시장**: 소수의 공급업체가 모든 산업 분야에 걸쳐 단일 또는 소규모의 동일한 제품 및 서비스를 제공하는 단일 마켓플레이스이다.

보충 자료 3.8 B2B 전자상거래의 장단점

장점	단점
• 인지되고 관찰된 B2B 공급업체의 비용 절감 • 인지되고 관찰된 B2B 구매자의 조달 비용 절감 • 구매자의 재고 및 창고 비용 절감 가능성 • JIT 및 자동화 활용 기회 • 제품의 시장 출시 속도 향상 • 구매자와 공급업체 간의 파트너십 기회 창출	• 왼쪽에 있는 모든 일이 항상 일어나는 것은 아님

이스의 수익은 2022년 1,300억 달러에 달했으며, 그중 아마존 비즈니스가 약 250억 달러를 차지했다. 많은 국가에서 팬데믹과 봉쇄 조치의 영향으로 B2B 거래가 급격하고 신속하게 전자상거래로 전환되었지만, 이는 이미 진행 중이던 변화의 속도를 가속화한 것에 불과했다. 많은 B2B 기업은 이러한 전환으로 비용 절감과 효율성 향상 간의 연관성을 인식하게 되었고, 자동화가 이루어진 곳에서는 추가적인 생산성 향상도 있었다.

B2B 전자상거래와 B2B 조달 프로세스의 연관성

전형적인 '표준' 구매자/조달 프로세스는 잘 확립된 프로세스이며, 이는 일반적인 B2C 소비자 구매 프로세스와 구분된다. 일부 요소는 동일하지만 몇 가지 중요한 차이점이 있다.

전통적인 프로세스는 기업이 제품 및 서비스를 공급할 공급업체를 찾는 것으로 시작된다. 신중한 검토의 일환으로 구매 당사자는 미리 정해진 기준에 따라 공급업체를 평가하여 어떤 공급업체를 선택할지 결정한다. 공급업체가 결정되면 사양, 주문 수준, 가격, 비즈니스 조건, 신용 조건, 기타 중요한 계약 요소에 대한 협상 과정이 진행된다.

계약이 완료되면 구매 주문서(구매 주문 번호 포함)를 생성하여 판매자로부터 '구매'하는 과정이 시작된다. 이를 통해 판매자는 구매자에게 청구하기 위한 주문 청구서를 생성하고, 주문을 처리하여 이행하며, 궁극적으로 청구와 결제가 이루어진다.

B2B 마켓플레이스의 주요 과제

앞서 언급했듯이 단일 판매 기업이 소유한 B2B 전자상거래 사이트는 여러 면에서 B2C 전자상거래 사이트와 유사하다. 단일 공급업체로부터 조달하려는 데에는 몇 가지 이유가 있다.

B2B 구매자는 일상적인 사업 운영에 필요한 제품과 서비스를 구매할 수 있으며, 따라서 특정 거래에서 최고의 가치를 찾는 것이 동기이다. 많은 소모품을 한곳(도매업체)에서 조달하는 것이 더 저렴할 수도 있고, 해당 공급업체가 우수한 신용 조건을 제공할 수도 있다. 이러한 소모품은 종종 상품화되어 있으며, 차별화된 이점이 없고 가격 주도형인 경우가 많다. 사업 규모가 작을수록 대부분의 소모품을 유통업체/도매업체 모델의 B2B 전자상거래 사

보충 자료 3.9 조달 의사결정

무엇이 주문되고 왜 주문되는지는 프로세스와 주문 접근 방식에 영향을 미치며, 이러한 특성은 B2B 비즈니스가 어디서 발생할지에 대한 결정에 영향을 미친다.

조달 의사결정은 무엇이 구매되는지, 즉 그 목적이 무엇인지에 따라 달라지며, 일반적으로 두 가지 유형이 있다.

- 구매업체가 자체 제품을 만드는 데 필요한 제품과 서비스(원자재)
- 일상적인 사업 운영에 필요한 제품과 서비스

구매 접근 방식은 구매의 성격에 따라 영향을 받는다.

- **주문 계약**(call-off contract): 사전에 합의된 최소한의 제품 또는 서비스 수량을 정해두고 일정 기간 동안 점진적으로 소량의 제품을 조달하는 방식
- **일회성 계약**(one-off contract): 특정 시점의 즉각적 수요를 충족하기 위해 제품 또는 서비스를 임시로 구매하는 방식

이러한 의사결정은 B2B 조달이 어떻게 그리고 어디서 이루어질지를 결정하며, 종종 B2B 제품 및 서비스의 전자상거래 시장에 영향을 미친다.

이트에서 조달할 가능성이 높다.

구매 패턴이 사전에 합의된 주문 계약의 경우, 기업은 해당 제품의 전문 공급업체를 고려할 수 있다. 대형 제조업체나 직접 거래(D2B) 브랜드는 주문 계약을 통해 원자재를 기업에 직접 공급할 수 있다.

반대로 대규모 구매자는 원자재와 소모품을 일회성 및 주문 계약 방식으로 관리 가능한 자체 전자상거래 마켓플레이스를 구축할 수 있다. 소비자와 기업을 대상으로 하는 판매 측 전자상거래 사이트로 잘 알려진 월마트는 거래하는 수천 개의 B2B 공급업체를 모두 관리하기 위해 구매 측 마켓플레이스를 사용한다. 많은 국가의 공공 부문과 정부 조직도 구매 측 전자상거래 마켓플레이스를 운영하고 있다. 알리바바의 초기 개념은 많은 공급업체와 구매 기업을 일회성 및 주문 구매를 위해 집계한 전자상거래 마켓플레이스였다.

수평 시장에서는 특정 제품 및 서비스를 소수의 공급업체가 다양한 산업에 판매하는 판매 측 마켓플레이스에서 일회성 거래가 이루어진다. 이러한 마켓플레이스는 공급 산업 내 공급업체 연합체가 소유할 수도 있고, 제삼자가 중개할 수도 있다. 수평 시장에서 주문 계약 관계의 경우 판매 측 조달 마켓플레이스가 사용되며, 이 역시 공급 산업 내 공급업체 연합체가 소유하거나 제삼자가 중개할 수 있다.

수직 시장에서는 특정 산업을 대상으로 하는 독립적인 제삼자 전자상거래 마켓플레이스가 특정 산업에 맞춤화된 일회성 구매를 제공할 수 있다. 산업 자체가 부문 포털 형태로 주문 계약을 위한 자체 전자상거래 B2B 마켓플레이스를 만들기 위해 협력할 수 있다. 부문 포털은 개별 기업에 비해 공급업체에 대해 상당한 권한을 가질 가능성이 높다.

이 복잡한 마켓플레이스 패턴은 공급업체와 구매자의 권력관계를 그대로 반영하며, 이는 가격 책정, 관계와 같은 문제에 영향을 미친다. 전자상거래 덕분에 과거에 비해 조달 업무가 더 쉬워졌지만, 강력한 구매자나 공급업체는 여전히 조달의 가시성을 어렵게 만들 수 있다. 투명한 파트너십을 구축해야만 공정한 경쟁의 장이 조성될 수 있다. 공급업체가 희소하

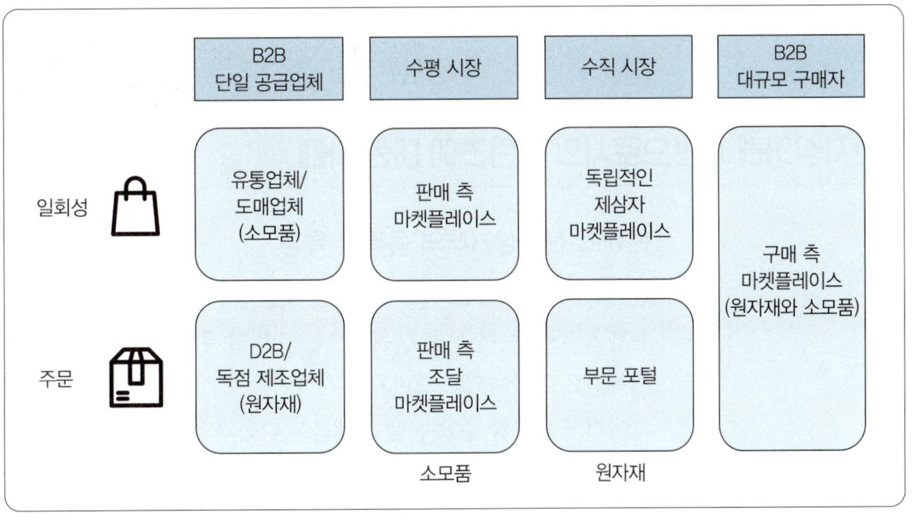

그림 3.13 B2B 전자상거래: 누가 무엇을 왜 파는가

면(또는 공급업체가 제공하는 제품 및 서비스가 부족하면) 공급업체는 관계에서 권력을 쥐게 된다. 반대로 구매자의 구매력이 크고 다양한 공급업체가 있으면 권력이 구매자 측으로 넘어간다. 다양한 전자상거래 시장 모델은 이러한 구매자/공급업체 권력관계를 반영한다.

투명한 전자상거래 마켓플레이스는 상호 연결된 공급사슬 가시성의 기회를 제공할 수 있다. 투명성의 가장 기본적인 수준에서 구매자는 재고 수준/서비스 가용성, 배송 일정, 비용을 확인하고 싶어 한다. 경험에 비추어 볼 때 이는 B2C 전자상거래에서 기본적인 문제처럼 보이지만 항상 제공되는 것은 아니다.

통합된 공급사슬 내 B2B 전자상거래에서 관계의 이점은 구매자가 공급업체에 미래 요구사항을 알리고, 공급업체가 자사의 공급업체에 미래 주문과 예상 또는 계획된 생산에 대해 알릴 수 있다면 더욱 강화될 수 있다. 반대로 공급업체가 풀필먼트 파트너에게 미래 주문과 생산 계획을 알려 풀필먼트를 계획하고 확보할 수 있다면 이러한 관계는 더욱 강화될 것이다.

이와 같은 전자상거래 공급사슬에 대한 관점은 이론적으로 모든 파트너의 적시 생산(just-in-time, JIT) 프로세스, 린 생산, 재고 축소를 가능하게 하며, 이는 최근 전자상거래 공급사슬의 상위 공급업체들이 단순한 구매자-공급자 관계에서 경쟁자가 아닌 파트너로 간주되는 결과를 낳았다.

그러나 영국의 브렉시트, 봉쇄, 핑데믹(pingdemic, 국가 추적 시스템에 의해 COVID-19 확진자와 접촉한 것으로 밝혀진 사람들을 격리하도록 의무화)과 같은 이슈는 이러한 관계가 지나치게 문제가 될 수 있음을 드러냈다. 어떤 경우에는 이러한 린 공급사슬에 지나치게 의존하여 부족이 발생했을 때 문제가 발생했는데, 특히 중국 B2B 공급업체에 대한 의존 관계에서 그러한 일이 일어났다.

또한 B2B 전자상거래에서 린 공급사슬의 환경적 영향에 대한 우려도 많다. 린 공급사슬은 낭비의 최소화에 중점을 두고 있지만, 이는 주로 개별 기업과 자체 내부 프로세스에만 초점을 맞추며, 장거리 제품 운송과 같은 문제의 영향은 B2B 마켓플레이스의 더 넓은 맥락에서 간과되곤 한다.

전자상거래 제안으로서의 콘텐츠에 대한 사례

콘텐츠 전자상거래의 독특한 특성

콘텐츠를 거래 대상으로 제안하는 것은 독특한 개념이다. 옷, 음식과 같은 유형재와 달리 콘텐츠 자체는 무형이다. 콘텐츠는 소비를 위한 서비스이며, 한 번 만들어지면 수백만 번 반복적으로 판매되고 소비되는 자산이다.

여기서 탐구할 주요 콘텐츠 제품은 다음과 같다.

- 동영상
- 오디오

- 서면 자료(뉴스 출판 포함)
- 게임 콘텐츠

주요 업체는 하나의 단일 수직 시장을 차지하는 경향이 있지만 몇 가지 예외도 있다.

콘텐츠 전자상거래에는 몇 가지 독특한 맥락이 있다. 동영상 시장에는 비교적 소수의 대형 기업이 존재하며, 이들은 각기 다른 영역을 차지하고 있다.

동영상 콘텐츠 배급업체는 잘 알려진 아마존 프라임비디오(Prime Video), 넷플릭스(Netflix), 유튜브 프리미엄(YouTube Premium)/구글 TV(Google TV), 나우 TV(Now TV), 애플 TV(Apple TV), 텐센트 비디오(Tencent Video), iQIYI 등이다. 아마존, 넷플릭스와 같은 일부 배급업체는 콘텐츠 제작자이기도 하다. 또한 영화 스튜디오와 같은 기존 콘텐츠 제작업체 및 소유자들도 콘텐츠 배급에 진출했는데, 대표적인 예로 파라마운트플러스(Paramount+)와 디즈니플러스(Disney+)를 꼽을 수 있다. 이 책을 쓰는 시점에 많은 신규 스트리밍 사업자가 시장에 진입하고 있으며, 이 분야의 선두 주자들은 사용자가 서비스 제공업체를 선택하고 일부 플랫폼에서 계정을 해지하면서 구독자 수가 감소하는 현상을 경험하고 있다. 더 많은 콘텐츠 제작업체 및 소유자가 마켓플레이스에 진입하고 있으며, 이들이 기존의 일부 스트리밍 비즈니스에서 콘텐츠를 삭제함으로써 복잡하고 분절된 시장이 형성되고 있다.

오디오 시장에는 음악과 음성(오디오북 형태)이라는 두 가지 형식이 있다. 음악의 경우

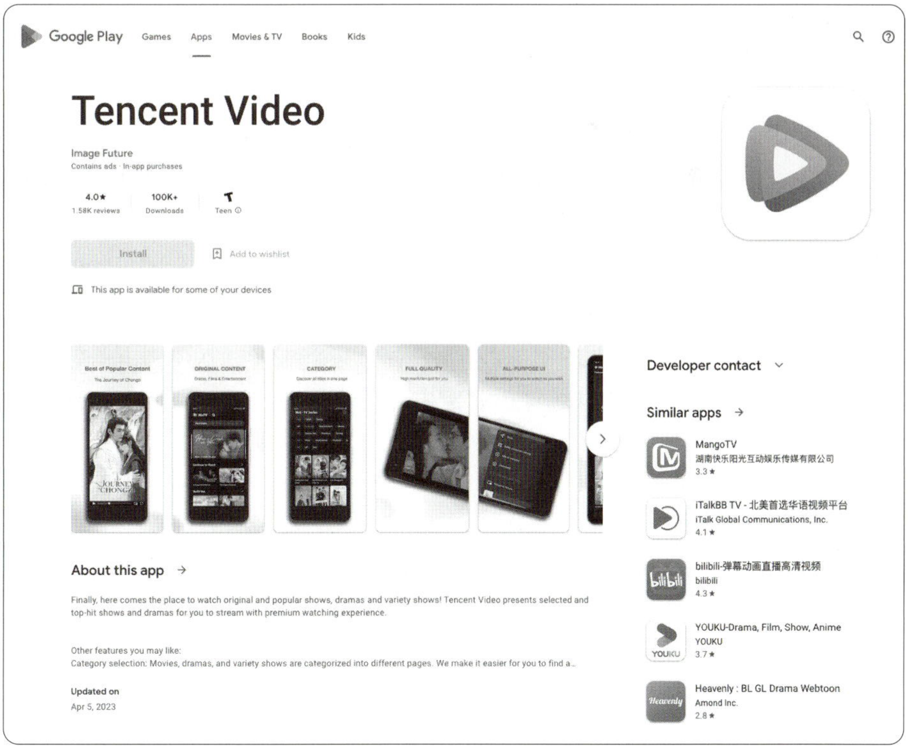

그림 3.14 텐센트의 구글 플레이 페이지

출처: Google LLC

보충 자료 3.10 **콘텐츠 전자상거래의 수익 모델**

일반적으로 사용되는 수익 모델은 다음과 같다.

- 넷플릭스 스탠다드, 스포티파이 프리미엄, 파라마운트플러스, 애플 TV와 같은 구독형
- 스포티파이 프리, 넷플릭스 베이직 광고 요금제와 같은 프리미엄/광고 지원형
- 구글 TV, 아마존 프라임렌털(Prime Rentals), 스카이 시네마(Sky Cinema) 및 스포츠 경기, 라이브 콘서트와 같은 특정 이벤트의 사용량 기반/유료 시청형

유료 다운로드에서 발생하는 수익 감소는 유료 스트리밍의 증가로 상쇄된다. 심지어 게임도 다운로드당 결제 방식에서 월 구독으로 전환되고 있다.

지배적인 몇몇 글로벌 기업이 있는데, 가장 눈에 띄는 것은 스포티파이(Spotify), 애플 뮤직(Apple Music), 사운드클라우드(SoundCloud), 아마존 프라임뮤직(Prime Music)이다. 오디오 음악 소비의 중요한 변화는 음원을 구매하고 다운로드하는 방식에서 구독 모델을 통한 스트리밍 오디오로의 전환이다.

서면 자료(전자책 형태)의 경우 아마존의 킨들(Kindle) 생태계가 지배적이지만 코보(Kobo)도 전 세계적으로 어느 정도 존재감을 가지고 있다. 뉴스 출판 분야에서는 온라인 뉴스가 인쇄 매체를 효과적으로 대체하고 있다. 콘텐츠(뉴스) 출판사는 다른 콘텐츠 전자상거래 비즈니스에 비해 수익이 매우 낮다는 것이 치명적인데, 그 이유는 곧 살펴보겠다.

팬데믹과 봉쇄는 필연적으로 콘텐츠 소비와 거래에 엄청난 영향을 미쳤다. 2020년 영국에서는 뉴스 소비가 32%, 라이브 콘텐츠 스트리밍 소비가 48%, 비동기식 녹화 콘텐츠 소비가 39% 증가되었다(Ofcom, 2021). 예상할 수 있듯이 이와 동시에 콘텐츠 소비 습관의 진화도 계속되었다. 모바일 기기를 통한 전 세계 미디어 소비가 2013년 하루 평균 1시간 38분에서 2020년까지 3시간 36분으로 증가했지만, 방송 라디오와 게임 콘솔을 제외한 기타 거의 모든 플랫폼과 채널의 소비는 감소했다(GWI and WARC, 2021). 이 데이터에 따르면 온라인 플랫폼을 통한 언론 소비는 2013년 하루 평균 42분에서 2020년에는 1시간 13분으로 증가했다. 음악 스트리밍을 통한 오디오 소비는 0에서 하루 평균 1시간 14분으로 증가했다(추가로 팟캐스트 평균 청취 시간은 35분).

콘텐츠 전자상거래는 수익 및 소비자와 관련하여 독특한 상황에 놓여 있다. 고객이 행동기반 타깃 광고에 '눈길을 주는' 대가로 보는 수많은 무료 및 불법 복제 콘텐츠에 익숙해져

보충 자료 3.11 **전자책**

전자책 시장에는 하나의 대형 사업자와 여러 소규모 사업자가 있다. 아마존의 킨들이 시장을 지배하고 있지만 여전히 콘텐츠는 기존 출판업계에 크게 의존하고 있다. 아마존의 킨들 생태계에서는 자가 출판을 허용하지만 그 수익이 매우 적다. 일부 출판사는 PDF 파일을 판매 및 배포하고 있으며, 구매자가 이를 불법 복제하거나 배포하지 않기를 바란다. 또한 일부 출판사(특히 학술 출판사)는 전용 앱을 통한 읽기를 제공한다.

텍스트, 게임, 동영상이 소비용 콘텐츠로 융합됨에 따라 전자책의 미래가 복잡해 보이지만, 하이브리드 콘텐츠(및 콘텐츠 내에서 발생하는 거래)를 지원하기 위한 전자상거래의 거래 기회는 무궁무진하다.

비용 지불을 꺼리는 경향이 점점 커지고 있다. 소비자는 저품질, 저가치 콘텐츠는 무료여야 하지만 고품질, 고가치 콘텐츠는 지불할 가치가 있다고 생각하는 듯하다. 그러나 이 책을 쓰는 시점에는 경제적 불확실성과 상당한 인플레이션이 결합된 상황에서 유료 콘텐츠 제공자가 크게 증가함에 따라(특히 동영상 콘텐츠 분야) 소비자가 제공자를 선택하고 유료 서비스 구독을 취소하기 시작했다. 이제 넷플릭스와 아마존 프라임비디오는 구독을 유지하기 위해 광고가 포함된 무료 콘텐츠에 대한 접근을 제공하고 있다.

점점 더 분명해지고 있는 것은 전자상거래 콘텐츠의 다양한 측면이 변화하고 결합하는 과정이다. 기존의 콘텐츠 배급업체들이 발 빠르게 콘텐츠 제작으로 이동하고 콘텐츠 자체도 진화하여 오디오, 동영상, 게임플레이, 텍스트 콘텐츠가 하나의 콘텐츠로 결합되는 등 이 부문의 구조가 변화하고 있다. 콘텐츠를 소비하는 데 사용되는 기기도 발전하여 전자상거래 활동이 콘텐츠 소비에 사용되는 기기, 앱, 애플리케이션 내에서 이루어지고 있다. 예를 들어 애플 및 안드로이드 기기로 음악, 비디오, 게임, 텍스트를 소비할 수 있지만 애플이나 안드로이드 생태계에 국한된 것은 아니다. 그러나 아마존의 파이어(Fire) 기기는 사실상 폐쇄된 환경을 조성하여 아마존 생태계 내의 콘텐츠만 이용할 수 있다.

전자상거래 제안으로서의 엔터테인먼트

엔터테인먼트는 흥미로운 전자상거래 제안으로, 앞서 언급했듯이 유형 상품의 교환이 포함되지 않는다. 자연스럽게 콘텐츠는 엔터테인먼트 제안의 일부를 구성한다. 동영상을 엔터테인먼트로 간주한다면 동영상 자산을 판매하거나 대여하는 기회가 있으며, 구독 서비스 또는 실시간 주문형 라이브 스트리밍을 제공할 수도 있다. 오디오의 경우에도 비슷한 모델이 존재하며, 오디오 자산을 판매하거나 오디오 스트리밍 구독 서비스 또는 실시간 주문형 스트리밍을 제공하는 기회가 있다. 소비 패턴(봉쇄 기간 제외)을 보면 집에서 벗어나 소비를 이동하는 추세가 나타난다. 동영상 소비의 변화에는 친구나 가족과의 듀얼 스크린 상호작용 및 적극적 경험(넷플릭스의 브랜치 매니저 프로그램에서 볼 수 있듯이 시청자가 동영상 콘텐츠와 상호작용하여 영화의 방향을 변경)의 증가가 포함된다. 큰 화면이 아닌 모바일 기기에서의 시청이 점점 더 증가하고, 이러한 기기는 공급업체(애플, 구글, 삼성, 화웨이)의 해당 구매 플랫폼과 밀접하게 연결되어 있다. 오디오 소비(음악 또는 오디오북)도 이와 유사하다. 오디오 스트리밍은 집 밖에서 눈에 띄게 증가하고 있으며, 사용자는 출퇴근이나 운동 등 다른 일을 할 때 이 엔터테인먼트를 이용한다. 다시 말해 구매 또는 구독을 쉽게 관리할 수 있는 모바일 장치로 청취하며, 제조업체 자체 매장이나 콘텐츠 배포 앱을 통해서도 청취가 가능하다. 한편 아마존 알렉사와 같은 스마트 스피커를 통해서도 오디오 스트리밍이 상당히 이루어지고 있는데, 이는 훨씬 더 엄격하게 거래가 통제되는 분야이다.

게임 전자상거래는 다른 차원을 제공한다. 역사적으로 게임 시장의 대부분은 하드웨어 게임을 매장에서 구매하는 콘솔 기반이거나, 동일한 방식으로 게임을 구매하는 휴대용 기기 기반이었다. 그러나 소프트웨어 게임 다운로드(예: 닌텐도의 이스토어), 온라인 게임 플레이, 〈포트나이트: 세이브 더 월드(Fortnite: Save the World)〉와 같은 구독 모델로 상당히 전환되었다. 또한 하드코어 게이머에서 보다 캐주얼한 게임 플레이로 상당한 전환이 이

그림 3.15 엔터테인먼트 거래 비즈니스의 예

출처: M4OS Photos/Alamy Stock Photo

루어지면서 모바일 게임 플레이로 많이 옮겨갔다. 확률형 아이템, 기타 인게임 구매와 관련된 윤리적 문제도 있다. 또한 일부 예외를 제외하고 애플과 구글은 상당한 비율의 인앱 구매(매출의 최대 30%)를 유지하고 있다. 게임플레이 거래가 전자상거래의 기회가 될지는 불확실하지만, 성장하는 e스포츠 분야에 기회가 있을 수 있다(트위치는 거래가 발생할 수 있는 미래의 기회에 대한 아이디어를 제공한다).

보충 자료 3.12 게임의 주요 수익원인 확률형 아이템의 문제

확률형 아이템은 게임의 가상 세계에서 구매할 수 있는 아이템이다. 여기에는 무료 플레이 게임을 수익화하기 위한 추가 아이템, 게임플레이를 향상하거나 게이머에게 가치 있는 아이템이 포함될 수 있다.

일부 게이머는 이러한 확률형 아이템이 기본 게임플레이의 질을 떨어뜨리므로 합리적인 게임플레이를 위해 소비자가 구매해야 한다고 주장한다. 그러나 미성년자에게 확률형 아이템을 판매하고, 통제되지 않은 구매가 이루어질 수 있는 가능성에 대해 현실적인 우려가 제기되었다. 또한 일부 확률형 아이템은 도박 메커니즘과 사실상 동일하다. 즉 확률형 아이템 구매는 그 안에 실제로 가치 있는 것이 들어 있는지 확인하는 도박과 같다. 그 결과 일부 법적 관할권에서는 확률형 아이템 판매를 등록되지 않은 도박의 한 형태로 간주하여 불법화했다. 그러나 이는 복잡한 문제이며, 많은 국가에서 여전히 논의의 대상이다. EA와 같은 게임 회사, 애플과 같은 플랫폼 거래 소유자를 기소하는 법적 소송이 여러 건 발생했다.

전자상거래 마켓플레이스와 커뮤니티

원칙적으로 소셜 네트워크는 전자상거래 플랫폼으로 자리 잡기에 좋은 아이디어이다. 소셜 네트워크는 단일 플랫폼에서 고객 및 고객 수요를 집계하며, 행동이나 지리적 위치, 심리적 특성에 따라 사용자를 묶어 타깃 고객을 쉽게 설정할 수 있게 한다. 하지만 소셜 네트워크는 문제점도 내포하고 있다. 전체적으로 보면 소수의 플랫폼이 상당한 통제력을 행사하는, 사실상 과점 상태가 형성되어 있다. 또한 플랫폼의 작동 방식이 지역에 따라 다를 수 있으며, 일부 소셜 네트워크와 기능은 특정 국가나 지역에만 국한되어 있다. 특히 중국에서는 라이브 스트리밍 상거래가 매우 널리 퍼져 있지만, 이 책을 쓰는 시점에 중국 외 지역에서는 그다지 보편화되지 않았다.

메타가 소유한 플랫폼들의 광고 수익은 2010년 이후 한두 번의 예외를 제외하고는 지속적으로 증가해왔으며, 이는 상거래에 대한 관심이 상당히 높다는 것을 시사한다. 개별 네트워크에서 대규모로 증가하는 사용자 수와 결합되어 다크 소셜 플랫폼(예: 왓츠앱, 페이스북 메신저)을 비롯한 이러한 플랫폼은 자체적으로도 전자상거래 플랫폼으로서 매력적인 제안이다.

단일 플랫폼에서의 집계를 통해 특정 커뮤니티를 특정 전자상거래 제안으로 타기팅할 수 있는데(플랫폼이 광고 제안을 제시하는 방식과 유사), 이는 집계 접근 방식에 따라 영향을 받을 수 있다.

가장 일반적인 집계 방식은 모두를 위한 '단일 플랫폼 집계'이다. 특별한 이유가 있다기보다는 사람들은 '모두가 있는 곳'이라는 이유로 페이스북이나 트위터와 같은 플랫폼에 가입한다. 이들은 플랫폼 참여를 통해 비슷한 생각을 가진 다른 참여자들과 추가적인 연계를 추구할 수 있지만, 그것이 최초의 집계 이유는 아니다.

AIO(activity, interest, opinion) 심리적 특성 집계는 특정 뮤지션이나 장르의 팬, 특정 게임을 하는 게이머와 같이 공통 관심사를 중심으로 소통하기 위해 네트워크에 가입할 때 발생한다(또는 단일 플랫폼에서 사람들이 그룹에 모이는 경우). 이러한 형태의 집계는 대규모 단일 일반 플랫폼에서 발생할 수 있으며, 해당 커뮤니티를 위해 특별히 제작된 플랫폼에서 발생할 수도 있다.

소유된 커뮤니티 집계는 기업이 해당 기업 주위에 사람들이 모이도록 장려하기 위해 맞춤형 커뮤니티를 만들 때 발생한다. 이는 페이스북 페이지 및 그룹, 링크드인 그룹 등으로 형성될 수 있으며, 기업은 디스코스(Discourse), 슬랙, 디스코드와 같은 커뮤니티 플랫폼을 사용하여 주류 대형 소셜 네트워크에서 벗어난 맞춤형 커뮤니티 플랫폼을 만들 수도 있다. 또한 이러한 기업은 AIO 심리적 특성에 따라 사용자를 집계할 수 있다.

실무 커뮤니티는 사람들이 특정 전문 분야나 기술적 작업을 중심으로 모일 때 발생한다. 예컨대 예술적 실무나 전문 직무를 중심으로 하는 커뮤니티가 이에 해당한다. 이러한 커뮤니티는 길드(Guild)와 같은 사설 네트워크 또는 더 큰 플랫폼(예: 링크드인의 HR 전문가 그룹)에 존재할 수 있다.

문화적 또는 신념에 기반한 집계는 사람들이 종교적 소속이나 민족적 차원과 같은 문화적 차원의 공유 신념을 중심으로 소통하기 위해 네트워크에 참여할 때 발생한다. 이러한 집계 방식도 대규모 단일 일반 플랫폼에서 발생할 수 있으며, 해당 커뮤니티를 위해 특별히 제작된 플랫폼에서 발생할 수도 있다.

이러한 집계 특성은 자체적으로 전자상거래 사이트나 앱을 가지고 있더라도 소셜 네트워크를 흥미로운 제안으로 만든다. 소셜 네트워크는 사람들이 자주 방문하고 상당한 시간을 보내는 환경이다(듀얼 스크린을 사용하는 시간 포함). 소셜 네트워크의 특성상 사람들이 관심 있는 것을 공유할 수 있는 장소이며, 여기에 당신의 제안을 포함할 수 있다. 그리고 소셜 네트워크는 웹사이트나 광범위한 인터넷에 비해 덜 형식적이고 덜 기술적이라는 인식이 있는데, 이는 사람들이 당신의 제안에 참여하려는 욕구를 높일 수 있다.

전자상거래 플랫폼으로서의 소셜 네트워크

이 책을 쓰는 시점에는 소셜 네트워크에 특화된 전자상거래 플랫폼의 예상된 붐이 아직 실현되지 않았다. 예를 들어 페이스북 숍은 페이스북과 인스타그램을 통해 고객이 직접 보고 구매할 수 있는 기능이지만 미국 내로 제한되어 있으며, 메타의 커머스 매니저(Commerce Manager)를 통해 제한된 수의 기업에만 제공되는데 서비스, 항공권, 호텔, 자동차, 부동산 판매는 불가능하다. 현재 페이스북은 작동하는 전자상거래 사이트와 자체 결제 관리 시스템이 필요하다. 메타의 체크아웃 기능도 미국 내로 제한되어 있다. 근본적으로 이는 전 세계 대부분의 판매자에게 페이스북과 인스타그램이 플랫폼 내에서 거래가 이루어질 수 있도록 하기보다는 잠재고객을 외부의 전자상거래 플랫폼으로 유도하는 것을 의미한다. 쇼피파이와 같은 전자상거래 플랫폼 관리 시스템은 페이스북과의 통합 구성 요소를 제공하여 프로세스를 간소화할 수 있지만, 여전히 별도의 전자상거래 사이트이기도 하다.

핀터레스트도 유사한 상황이다. 핀터레스트에는 전용 전자상거래 플랫폼이 없기 때문에 핀터레스트의 쇼핑 플랫폼과 사용자의 전자상거래 사이트 간에 통합을 해야 한다. 마찬가지로 트위터의 트위터 숍도 기존 전자거래 사이트와의 통합이 필요하다.

틱톡 앱 내에서 직접 결제가 가능한 틱톡 쇼핑은 중국, 동남아시아의 일부 국가, 영국 등 극히 제한된 시장에서만 이용할 수 있다. 이 인프라의 대부분은 쇼피파이가 개발했다. 페이스북과 핀터레스트의 경우처럼 외부 전자상거래 사이트를 통합할 수 있는 동일한 기회가 있다.

중국 시장에서는 위챗 인프라 내에서 미니프로그램이라는 소규모 전자상거래 앱을 만들 수 있다. 위챗의 내장 결제 기능인 위챗 페이는 이를 더 일반적인 제안으로 만들고, 현재 서구의 소셜 커머스 플랫폼보다 좀 더 발전된 상태이다.

이 책을 쓰는 시점에 메타와 핀터레스트가 근본적인 전자상거래 기능과 관련하여 어떤 발전 경로를 따를지는 명확하지 않다. 애플과 구글 앱스토어 인앱 결제의 성공적인 수익 흐름을 고려할 때 이러한 발전이 빠르게 진행되지 않는 것은 놀라운 일이다. 발전을 막는 상당한 기술적 장애물이 있을 수 있지만, 근본적인 소셜 커머스의 방향이 명확하지 않고, 아마도 현재로서는 소셜 네트워크가 메타버스 프로젝트에 더 중점을 두고 있을 가능성도 있다.

거래 관점에서 더욱 흥미로워질 수 있는 분야는 라이브 스트리밍 전자상거래이다. 관심을 모으는 커뮤니티로서의 e스포츠는 가상 제품의 거래뿐만 아니라 물리적 제품을 판매하는 장소로서도 수익성 있는 환경이 될 수 있는 잠재력이 있다. 중국에서는 타오바오 라이브(TaoBao Live)를 통해 브랜드 라이브 스트리밍을 시청하는 팔로워가 스트리밍 앱 내에서 직접 구매할 수 있다. 타오바오 라이브는 제품을 홍보하기 위해 '호스트[key opinion leader(KOL) 또는 key opinion consumer(KOC)]'로 알려진 인플루언서를 잘 활용하고 있다. 문화적 관점에서 이는 시청자들로 하여금 더 큰 신뢰와 진정성을 느끼게 한다. 문화적 조건이 맞다면 이러한 현상은 전 세계적으로 널리 확산될 가능성이 있다.

앞서 언급한 아마존의 트위치 플랫폼은 라이브 스트리밍 전자상거래의 실질적인 기회가 될 수 있다. 통합된 전자상거래 거래는 중국 플랫폼의 라이브 스트리밍에 비해 상대적으로 제한적이다. 사용자는 트위치의 비츠(Bits)를 사용하여 스트리머와 직접 거래할 수 있지만, 이는 주로 프리미엄 상호작용을 잠금 해제하거나 스트리머에게 보상을 주기 위한 것이며, 스트리밍 경험 이외의 것을 구매하기 위한 것이 아니다. 이 책을 쓰는 시점에 트위치 월렛(Twitch Wallet)은 프리미엄 구독과 비츠 구매만을 허용한다. 이 기능이 중국처럼 라이브 스트리밍을 통한 상품 거래로 확장되지 않을 근본적인 이유는 없지만, 현재로서는 스트리머의 자체 상품 판매조차도 아마존 사이트의 특정 카테고리(Twitch Loot Cave)로 이동해야 한다.

마켓플레이스의 작동 방식

B2B 맥락에서의 마켓플레이스는 앞에서 이미 다루었다. 마켓플레이스는 고객을 집결시킨다는 점에서 소셜 네트워크와 유사하지만, 특정 시장의 제품과 서비스에 대한 수요를 중심으로 집계된다는 점에 차이가 있다. 경매 사이트와 마켓플레이스는 중복 및 교차되는 점이 일부 있다. 또한 몇몇 마켓플레이스는 기존의 대형 전자상거래 사이트에서 성장해왔다. 앞서 언급했듯이 아마존은 제삼자 마켓플레이스를 크게 성장시켜 이제는 전체 매출의 절반 이상을 차지하고 있다. B2C 측면에서는 월마트, 이베이, 엣시, 라쿠텐, 알리바바와 같은 마켓플레이스가 유명하다.

보충 자료 3.13 구글 쇼핑은 마켓플레이스인가

구글 쇼핑(Google Shopping)과 진정한 마켓플레이스는 몇 가지 공통된 특성이 있다. 구글 쇼핑은 검색 행동을 중개하여 다양한 공급업체로부터 제품에 대한 소매 옵션을 집계한다. 그러나 구글의 인프라 내에서 거래가 이루어지지 않기 때문에 고객이 소매 전자상거래 사이트로 안내되는 광고 환경에 불과하다.

다른 수직형에 대한 구글의 집계와 관련하여 흥미로운 측면이 몇 가지 있다. 구글 예약 서비스는 검색 결과, 구글 로컬 팩 또는 구글 지도(Google Maps)를 통해 직접 예약할 수 있는데, 레스토랑 예약, 이벤트 티켓 구매, 미용 및 건강관리와 같은 서비스 예약이 가능하다. 하지만 이러한 모든 서비스는 제휴사를 통해 연결되며(지역에 따라 크게 다름), 사실상 비즈니스 거래 시스템으로의 안내 서비스이다. 이 기능은 구글의 음성 비서와 통합하면 더욱 흥미로워진다.

호텔 예약과 항공권 예약도 마찬가지이다. 구글은 검색을 기반으로 공급업체 옵션을 집계하지만, 거래는 파트너 사이트에서 이루어진다.

자체 전자상거래 플랫폼을 구축 및 관리하는 것보다 기업이 마켓플레이스를 통해 거래하는 것에는 대상 고객 수요의 집계 등 많은 이점이 있다. 일부 판매자는 전자상거래 운영을 아웃소싱하는데, 실질적으로 전자상거래 사이트 관리를 전문 조직에 위탁하여 위험을 줄이려고 한다. 마켓플레이스는 수요를 집계하기 때문에 판매자는 자체 전자상거래 채널을 통해 접근할 수 없는 고객에게도 또 다른 채널의 접근을 제공할 수도 있다. 많은 마켓플레이스는 판매자에게 정교한 공급 및 물류 인프라에 접근할 수 있는 서비스를 제공한다. 아마존은 제삼자 마켓플레이스 판매자에게 창고 보관, 재고 관리, 주문 처리 등의 서비스를 유료로 제공하여 판매자는 물리적 설비를 소유하지 않고도 완전한 서비스를 제공할 수 있다. 많은 마켓플레이스는 구글 서치(Google Search)와 같은 생태계 내에서 영향력 있는 위치를 차지하고 있어 제품 검색 결과를 지배할 수 있다. 해당 수직 분야에서 관련성 있는 제품 검색에 아마존, 이베이, 엣시가 나타나지 않는 경우는 드물다.

하지만 마켓플레이스에만 의존하는 것에는 몇 가지 중요한 단점도 있다. 판매자는 종종 높은 월 구독료뿐만 아니라 매출과 관련된 높은 수수료 수준을 지적한다. 마켓플레이스의 모든 서비스 구성 요소마다 수수료가 부과된다. 또한 많은 판매자는 신제품을 마켓플레이스에 출시하면 모조품이나 모방 서비스가 금방 등장한다고 불만을 토로한다. 심지어 일부 판매자는 마켓플레이스가 제삼자 판매자의 제품 성과 데이터를 관찰하고, 특정 카테고리나 디자인이 잘 팔리면 자체적으로 제품을 생산하여 오리지널 브랜드보다 저렴한 가격에 판매한다고 주장한다. 2021년에 로이터(Reuters)는 인도 아마존이 제삼자 판매자의 내부 성과 데이터를 체계적으로 활용하고, 직접 복제하여 판매할 수 있는 제품을 식별하는 방식에 대해 보도했다(Kalra and Stecklow, 2021).

마켓플레이스 거래에 참여하기 전에 고려해야 할 몇 가지 결정과 통찰이 있다. 가장 먼저 고려해야 할 것은 해당 기업이 왜 자체 전자상거래 플랫폼을 원하지 않는지 이해하는 것이다. 소유권 리스크를 제거하기 위해, 시장에서 새로운 제안을 테스트하기 위해, 수요가 집계되는 곳에 제안을 배치하기 위해 등 그 이유는 다양하다. 기업이 마켓플레이스에 참여할 수밖에 없다고 느끼고, 고객이 해당 마켓플레이스에 있을 것이라고 기대할 수도 있다.

마켓플레이스가 부과하는 모든 수수료와 커미션을 이해하는 것은 기업의 수익 모델에 매우 중요하다. 이러한 수수료는 판매 가격에 얼마나 추가되는가? 판매가 규모화되면 수수료는 상당한 액수가 되므로, 판매가 많아질 경우 수요에 대해 유연성을 유지할 필요가 있는지 물어야 한다. 일부 마켓플레이스는 판매량이 증가함에 따라 '품목당' 수수료가 줄어드는 단계별 수수료를 제공하기도 한다.

기업은 마켓플레이스의 초점을 명확히 할 필요가 있다. 금융 서비스와 같이 특정 제안에 대한 수요를 집계하는 전문 플랫폼을 점유하는 다수의 경쟁자가 있는 전문 마켓플레이스인가, 아니면 아마존이나 알리바바와 같이 범위와 규모 때문에 수요를 집계하는 훨씬 더 광범위한 마켓플레이스인가? 대상 고객이 얼마나 집중되어 있는가? 즉 집계된 고객이 매우 집중되어 있는가, 아니면 여러 가지 이유로 모이는 매우 광범위한 고객인가? 집중된 고객의 수가 적을 수도 있지만, 전문화된 마켓플레이스에서는 구매 의도가 더 명확할 수 있다. 반면에 광범위한 고객은 타기팅하기가 더 어려울 수 있지만, 막대한 규모 덕분에 집중되지 않

보충 자료 3.14 아마존 검색 결과와 가시성 문제

수많은 전자상거래 토론 포럼에서는 아마존 사이트 내 검색 결과가 정당한지, 아니면 가시성을 확보하기 위해 비용을 지불한 판매자나 아마존 자체 브랜드의 상품이 검색 결과의 첫 페이지를 차지하는지에 대한 논쟁이 벌어지고 있다. 가전제품과 같이 경쟁이 치열한 틈새시장에서 유료 목록이 명확하게 표시되지 않은 채로 보이는 경우가 있다는 비난도 있다. 《워싱턴포스트(Washington Post)》는 상당한 양의 검색 결과가 아마존 자체 상품과 유료 상품을 홍보하고, 이로 인해 상품에 대한 유기적 검색 결과가 침해된다는 우려를 표명했다(Fowler, 2022). 또한 복스(Vox)는 아마존에 나오는 모든 것이 합법적인 검색 결과가 아니라 광고일 뿐이라고 주장했다(Rey, 2022). 제삼자 판매자의 입장에서 문제는 마켓플레이스가 진정한 시장으로 기능하느냐, 광고비를 지불할 의향이 있는 판매자나 아마존 자체의 상품에 유리하게 조작되었느냐인데, 아마존은 이러한 주장을 강력히 부인하고 있다.

은 불명확성이 상쇄될 수 있다.

기업은 플랫폼의 경쟁자 수를 조사해보아야 한다. 경쟁자가 증가하면 해당 기업의 가시성이 감소하게 된다(그리고 마켓플레이스 자체가 혼잡한 마켓플레이스에서 가시성을 높이기 위한 추가 지불을 독려하기도 한다). 광범위한 마켓플레이스에서 특정 제품 카테고리 자체가 특히 가시성이 높은지 고려해야 한다. 만약 특정 제품이 광범위한 마켓플레이스에서 인기가 낮다면 경쟁자 수와 상관없이 우연한 구매의 대상이 되기 어려울 수 있다.

이는 나중에 살펴보겠지만, 어떤 거래 모델이 사용 가능(또는 강제)한가? 마켓플레이스에서 고정된 '지금 바로 구매' 가격만 실행할 것인가, 동적 경매를 실행할 것인가, 아니면 둘 다 실행할 것인가? 경매라면 어떤 형식으로 진행할 것인가? 강제 경매는 수요가 적거나 공급이 많으면 더 낮은 가격에 판매될 가능성이 있다. 강제적인 고정 가격은 공급 부족을 이용할 기회를 없앨 수 있다.

거래 비즈니스로서 경매의 독특한 특성

경매의 역사는 고대 그리스와 로마로 거슬러 올라가지만, 18세기까지 세계의 다른 지역에서 경매가 널리 퍼졌다는 증거는 많지 않다. 이제 경매는 상거래에서 친숙한 개념이 되었고, 인터넷을 통한 광범위한 참여로 인해 경매 시스템의 접근성이 크게 확대되었다.

경매의 세 가지 기본 모델은 순방향 경매, 역경매(더치 경매), 이중 경매이다. 이러한 모델은 B2C, B2B, C2C 마켓플레이스에서 발생할 수 있다.

가장 친숙한 모델은 순방향 경매로, 판매자가 판매할 품목을 등록하고 입찰을 통해 가능한 한 높은 가격을 받는 방식이다. 순방향 경매의 목적은 판매자가 관심 있는 고객들로부터 최고 가격을 받을 수 있는 기회를 제공하는 것이다. 반면에 역경매는 관심 있는 고객들에게 가능한 한 낮은 가격을 제시하는 것이 목적이며, 종종 동일한 제품을 공급하는 업체들이 경쟁하는 방식으로 진행된다. 이베이는 C2C에서 가장 잘 알려진 순방향 경매 플랫폼일 것이다. 이베이 스토어프런트(Storefront)는 B2C 판매자에게도 이러한 기능을 제공할 수 있다. 전 세계적으로는 동남아시아의 알리옥션(Ali Auction)과 같은 예가 있으며, 개별 국가에 특화된 지역 플랫폼도 많이 있다.

역경매에서는 높은 가격이 설정된 후 가격이 하락하다가 고객이 특정 가격에 입찰하면 그 가격이 고정된다. 이러한 경매는 특히 미국 정부 구매와 같은 구매자 소유의 마켓플레이스에서 자주 사용된다.

비크리(Vickrey) 경매라고도 알려진 이중 경매는 다소 드물다. 이는 순방향 경매와 역경매의 요소를 결합하여 제품 번들을 판매하는 고객과 판매자 모두의 반응에 따라 가격을 높이거나 낮추는 방식이다. 요점은 낮은 가격은 수요를 증가시키고 높은 가격은 수요를 감소시키므로 경매의 목적은 수요와 공급이 일치되는 가격의 균형점을 찾는 것이다. 이중 경매는 매우 전문화된 마켓플레이스에서 사용되며, 종종 전자상거래 영역 밖에서도 사용된다.

전자상거래 경매는 디지털 비즈니스에 몇 가지 특정 용도를 제공한다. 경매는 초과 재고를 신속하게 처분하고 현금을 유동하는 데 사용할 수 있다. 예를 들어 패션 소매업체는 시즌 종료 후 남은 재고를 경매로 처분함으로써 재고에 묶인 현금을 회수하고 재고 및 저장 공간을 관리할 수 있다. 경매 거래 방식은 희귀 상품에 대한 최고 가격을 이끌어내는 유용한 방법이 될 수 있으며, 기업은 시장에서 특정 상품의 실제 가치를 평가할 수 있다. 심지어 기업이 자체 전자상거래 플랫폼을 구축할 필요 없이 해당 상품에 대한 시장이 있는지도 파악할 수 있다. 또한 여러 기업은 재고를 경매 사이트로 옮겨 정가 판매 비즈니스와 '할인' 매장을 분리하고, 두 플랫폼 간에 명확한 흐름(및 가치)을 유지한다.

허위 입찰 판매자와 연결된 경매 입찰자가 의도적으로 상품 가격을 올리기 위해 입찰하여 다른 구매자들이 더 높은 가격에 입찰하도록 유도하는 행위로, 이로 인해 최종 가격이 인위적으로 상승하게 된다. 허위 입찰자들은 대개 새로운 입찰 계정을 사용하거나 가끔씩만 구매 활동을 한다. 많은 마켓플레이스는 이러한 활동을 추적할 수 있는 시스템을 갖추고 있지만, 감지되지 않고 넘어가는 경우도 있다.

실드 입찰 입찰자들이 공모하여 다른 입찰자들을 경쟁에서 배제하는 행위. 첫 번째 입찰자는 매우 낮은 가격으로 입찰하고, 두 번째 입찰자는 인위적으로 높은 가격을 제시하여 잠재 입찰자들의 관심을 즉시 제거한다. 마지막 순간에(대개 경매 종료 직전에) 높은 가격의 입찰자가 경매에서 철회하여 결국 매우 낮은 입찰가로 경매가 낙찰된다. 많은 마켓플레이스는 이러한 활동을 추적할 수 있는 시스템을 갖추고 있지만 종종 감지되지 않고 넘어간다.

마켓플레이스에서 경매 거래를 관리하고 참여하는 것은 고객과 판매자 모두에게 위험이 따른다. 구매자 입장에서는 **허위 입찰**(shill bidding)로 인해 상품의 가격이 인위적으로 상승하여 더 높은 입찰을 강요받을 위험이 항상 존재한다. 공급업체들의 비공식적인 카르텔이 경매 마켓플레이스에서 최소 시작 가격과 최저 가격을 합의하여 설정할 가능성도 있다.

판매자 입장에서는 허위 입찰의 반대인 **실드 입찰**(shield bidding)이 발생할 위험이 있으며, 이는 최종 입찰가를 낮추고 조직적으로 발생하는 경우 수익을 감소시킬 수 있다. 곧 살펴보겠지만 사기 계정, 도난당한 결제 수단, 사기 결제의 사용으로 인해 판매자가 손해를 볼 수 있다. 이러한 문제는 경매 절차에만 국한되지 않으며, 경매를 통해 판매된 상품이 합법적인 이유로 반품되는 경우에도 발생할 수 있다. 이때 반품된 상품이 판매자가 원래 제공한 상품이 아니라면 반품 사기로 이어질 수 있다.

사례 연구 3.1 파라모

파라모(Páramo)는 윤리적인 생산 기준과 환경 지속 가능성에 중점을 둔 소비자 및 전문가용 고급 아웃도어 기술 의류를 생산하는 기업이다. 파라모는 독특한 두 가지 전자상거래를 운영하고 있으며, 전자상거래와 오프라인 매장에서 판매하기 위해 다른 소매업체에도 제품을 공급한다. 주요 전자상거래 사이트(영국, 독일, 유럽연합 및 국제 사이트의 변형 포함)는 https://www.paramo-clothing.com/에서 접근할 수 있으며, 이월 제품, 수리된 제품, 반품된 제품, 할인된 단종 제품을 판매하기 위한 별도의 이베이 스토어프런트도 운영하고 있다.

파라모는 이 두 매장을 분리함으로써 각기 다른 두 가지 고객을 대상으로 하는 가격 차별화를 적용할 수 있다. 주요 전자상거래 사이트는 최신 디자인에 비용을 지불할 의향이 있는 고가치 고객을 대상으로 하고, 이베이 스토어는 비용을 중시하는 가격 민감형 고객을 대상으로 한다.

전자상거래의 보안 문제

전자상거래의 특별한 보안 문제

보안 문제는 이 책의 다른 부분에서 설명하듯이 광범위한 디지털 비즈니스의 문제이지만, 전자상거래 조직에는 특정 우려 사항이 있다. 금융 거래와 관련된 활동은 광범위한 사이버 범죄의 영역에서 악의적인 행위자에게 전자상거래를 매력적인 기회로 만들기 때문에 이 절에서는 전자상거래와 직접적으로 관련된 보안 문제에 집중한다.

전자상거래 비즈니스에서 가장 큰 걱정거리는 도난당한 데이터로, 특히 제품과 서비스를 사기적으로 취득하는 데 이러한 데이터가 사용되는 경우이다. 도난 후 악용되는 주요 항목은 다음과 같다.

- 도난당한 카드의 열여섯 자리 번호와 카드 뒷면의 세 자리 보안 번호
- 사용자 확인 데이터(보안 질문)
- 오래된 신용카드와 직불카드의 마그네틱 부분에서 해킹된 원시 데이터
- 도난당한 은행 로그인 정보
- 페이팔과 같은 온라인 결제 서비스 로그인 정보
- 여권, 신분증과 같은 도난당한 개인 신분 정보
- 구글, 애플, 페이스북 로그인과 같은 일반 네트워크 로그인 정보
- 고품질로 스캔된 개인 신원 증명서

전자상거래의 주요 보안 위협

전자상거래 비즈니스(및 금융 서비스 제공업체)는 공격이 점점 더 정교해지고 있음을 깨닫고 있으나 그것을 막기 위해 도입된 대책은 새로운 문제를 야기한다. 전자상거래 비즈니스의 딜레마는 거래 과정을 안전하게 유지하면서도 구매 가능성을 높이기 위해 프로세스에서 마찰을 제거하는 것이다. 보안 장벽이 너무 많으면 구매자는 거래 과정에서 이탈하게 되지

보충 자료 3.15 메이지카트 문제

메이지카트(Magecart)는 특정 형태의 웹 스키밍(web skimming)으로, 해커가 전자상거래 사이트에 악성 코드를 삽입하여 사용자가 양식에 입력한 데이터를 추출한다. 이는 주로 결제 과정에서 신용카드 및 기타 결제 정보를 훔치는 데 사용된다. 메이지카트는 특히 마젠토(Magento) 기반의 전자상거래 사이트를 공격하는 것으로 유명했다. 하지만 웹 스키밍은 마젠토가 지원하는 사이트에만 국한되지 않는다.

메이지카트 공격의 피해를 입은 사이트는 경험이 부족한 소규모 업체에만 국한되지 않는다. 2018년 초에 티켓마스터(Ticketmaster)가 공격을 당했을 뿐만 아니라 영국항공(British Airways)과 워너뮤직(Warner Music)도 공격을 피하지 못했다. 우커머스 플랫폼은 2021년에 침해당했고, 호주의 산불 구호 기부 사이트(Bushfire)도 영향을 받았다.

플랫폼 소유자와 전자상거래 플랫폼 제공업체의 많은 노력에도 불구하고 메이지카트는 여전히 문제가 되고 있으며, 크고 작은 수많은 사이트가 해커의 웹 스키밍 공격에 노출되고 있다. 2023년 초에는 대규모 정부 소유 기업인 온타리오주류관리위원회(Liquor Control Board of Ontario)가 공격을 받았다.

만, 보안이 충분하지 않으면 비즈니스(및 고객)가 위험에 처할 수 있다.

거래 시점에 보안을 염두에 두더라도 종종 개별 기업의 전자상거래 사이트와는 별개의 곳에서 사기 문제가 발생한다. 신원 도용은 완전히 합법적인 결제 방법을 사용하여 사기적으로 제품과 서비스를 구매하는 것을 의미한다. 일부 고객은 은행이나 카드 제공업체에서 **환불**(chargeback) 서비스를 악용하는 등 그 자체로 사기적인 플레이어가 될 수 있으며, 사실상 무료로 제품과 서비스를 받는다.

환불 은행이나 신용카드 서비스 내에서 고객이 배송되지 않은 제품 또는 서비스에 대해 돈을 환불받을 수 있도록 마련된 프로세스이다. 다양한 관할 구역에서 이는 법적으로 의무화되어 있거나 카드 제공업체가 부가 서비스로 제공하기도 한다. 사실상 환불은 판매자와 카드 발급자 간의 결제 취소를 통해 분쟁 해결 과정의 일환으로 결제를 되돌리는 형태이다.

전자상거래 비즈니스는 직접적으로 영향을 미치는 두 가지 추가적 사기 유형에 직면하게 된다. 첫 번째로, 공격자가 피해자에 대한 상당한 지식이나 통제력을 가지고 있을 때 카드의 부정사용이 발생할 수 있다. 예를 들면 보안 문구, 2단계 인증을 위한 피해자의 휴대폰에 대한 접근 등이 있다. 이러한 일이 발생하면 가장 정교한 사기 탐지 시스템도 무력화된다. 두 번째는 삼각 사기로, 도난당한 신용카드와 보안 세부 정보를 획득하여 소액의 상품을 구매하고 이를 피해자에게 발송하는 방식이다. 피해자에게는 놀라운 일이겠지만 처음에는 자신의 신용카드로 이루어진 사기 행위와 연결 짓지 못하는 경우가 많다. 이 과정이 확립되면 범죄자는 대규모 구매를 진행하여 다른 주소(대개 픽업 또는 회수 시설)로 배송하게 한다. 피해자는 나중에야 이를 발견하고 그 후 공급업체도 알게 된다.

전자상거래 플랫폼의 실제 개발

고전적인 전자상거래 사이트를 시작하든, 네이티브 앱을 고려하든, 전자상거래 플랫폼의 실제 개발을 위한 정보를 제공하는 데 사용할 수 있는 공통된 접근 방식이 있다.

전자상거래는 B2B, C2C, B2C 시나리오를 모두 포괄해야 하지만, B2C 소매 전자상거래의 많은 사례는 모든 경우에 의미가 있다. 고객이 전자상거래 사이트, 카테고리 페이지 또는 제품 페이지에 도달했을 때는 이미 획득 과정이 진행된 상태이며, 전환에 초점을 맞춰야 한다. 전자상거래의 요소는 고객 획득에 영향을 미칠 수 있으며, 전자상거래 플랫폼을 개발할 때 이러한 요소를 고려해야 한다.

전자상거래 사용자 경험의 기본

전자상거래를 개발할 때 기업이 관심을 두는 세 가지 주요 차원은 다음과 같다.

- 경험의 중요성
- 탐색의 중요성
- 제품 페이지의 발견 가능성

이는 전자상거래 제안의 중요한 부분을 구성하며, 효과적으로 구현하지 않으면 전환율과 재구매가 제한될 수 있다. 사용성의 원칙과 관행은 디지털 경험을 다루는 9장에서 자세히 살펴볼 것이다.

대부분의 고객에게 전자상거래 경험은 본질적으로 시각적이다(보충 자료 3.16 참조). 그

보충 자료 3.16 전자상거래 경영과 시각장애 고객

전자상거래 사업자는 시각장애인(전맹, 색맹, 부분 시력 장애 등)이 사이트에 접근할 수 있도록 해야 한다. 모든 고객이 시각적으로 구성된 전자상거래 사이트를 이용할 수 있는 것은 아니다. 많은 시각장애인은 전자상거래 사이트에 접근하기 위해 화면 읽기 도구를 사용하지만, 널리 이용되는 사이트 중 일부는 부적절한 코딩으로 인해 시각장애인이 쉽게 접근할 수 없다. 따라서 이들을 위해 접근성을 개선하는 것이 중요하다. 동영상 자막, 모든 이미지에 대체 텍스트(alt text) 포함, 고대비 사용, 키보드 탐색 등의 간단한 조치는 접근성을 크게 향상할 수 있다.

사회적 증거 설득 심리학의 한 요소로, 제품 사용자가 제품의 인기에 대한 신뢰성을 입증한다. 사용자 사회적 증거에서 잠재고객은 제품을 사용해본 고객이 작성한 리뷰를 신뢰한다.

러나 전자상거래 사이트 경험에는 성공을 개선하는 몇 가지 핵심 요소가 있는 것으로 보인다.

제품 동영상은 고객의 관여가 더 많은 필요한 제품의 경우에 중요한 요소이다. 2018년 초에 구글은 50% 이상의 고객이 브랜드 또는 제품 구매를 결정하는 데 온라인 동영상이 도움을 주었다고 보고했다(Google/Ipsos, 2018). 제품을 더 자세히 검사해야 하거나[**사회적 증거**(social proof)의 일부로 고객이 동일시할 수 있는 사용자가 일상적으로 제품을 사용하는 모습을 보거나, 가구와 같은 제품이 방 안에서 어떻게 보이는지 확인하는 등] 감정적 관여가 높을 때 동영상은 전환을 증가시키는 것으로 보인다.

제품 페이지의 리뷰는 전환에 매우 중요한 역할을 할 수 있다. 리뷰는 해당 제품을 사용해본 고객이 있다는 증거이자 해당 인사이트가 진짜라는 증거로서 잠재고객에게 사회적 증거를 제공한다(가짜 리뷰 등의 문제를 제외하는 경우). 리뷰의 중요성은 광고를 신뢰하지 않는 젊은 구매층일수록 더욱 중요한데, 연구에 따르면 거의 모든 고객이 전자상거래 사이트에서 제품을 볼 때 리뷰를 읽는 것으로 밝혀졌다(PowerReviews Team, 2021). 고객은 제품뿐만 아니라 기업과 서비스에 대해서도 리뷰를 참고한다. 리뷰 수와 평균 별점은 매우 시각적이라 고려와 전환에 영향을 미친다. 고객은 리뷰 수가 많고 평균 별점이 높을수록 더 편안함을 느끼지만, 리뷰어 수가 매우 적다면 신뢰하지 않을 것이다(Maslowska et al., 2017).

제품 설명이 제품에 대한 모든 것을 알려줄 수 있는 기회라 하더라도, 제품 FAQ는 불가피한 고객 질문에 대한 답변을 제공할 수 있는 큰 기회를 제공한다. 이 또한 사회적 증거와 연결되는데, 사용자 생성 콘텐츠를 통해 FAQ를 만들 수 있는 기회는 잠재고객에게 신뢰를 줄 수 있다. 아마존은 사이트에 표시된 거의 모든 제품에 대해 이 기능을 제공하며, 잠재고객이 질문을 하면 기존 고객에게 이메일을 보내기도 한다.

제품 가용성은 고려를 증가시키고 전환을 얻는 중요한 방법이 될 수 있다. 순수 전자상거래 모델에서는 재고 가용성이 두 가지 방식으로 영향을 미칠 수 있다. 높은 재고 수준은 구매자에게 어느 정도의 안도감을 주며 자신감을 가지고 전환할 수 있게 한다. 반면에 낮은 재고 수준은 FOMO(fear of missing out, 놓칠까 두려운 심리) 요소에 기반한 구매 충동을 유발할 수 있지만, 이를 싸구려 마케팅 전략으로 보는 냉소적인 고객도 있다. 재고가 표시되지 않았을 때('재고 있음'이라는 표시조차 없을 때) 고객은 일시적으로 망설일 수 있다. 시각적으로 확인할 수 없으면 고객은 주문하는 데 불편함을 느낄 수 있다. 전자상거래 플랫폼은 재고가 없을 때 제품을 공개할지에 대해 다양한 선택지(예: 재입고 알림)를 제공할 수 있다. 일부 판매자는 재고가 없는 경우, 특히 한정판 제품이고 미래 재고가 확실치 않을 때는 제품을 공개하지 않는 것을 선호한다.

전자상거래 플랫폼이 통합된 옴니채널 비즈니스의 일부인 경우 온라인과 오프라인 매장 재고 가용성을 모두 표시할 수 있는 기회가 매력적인 제안을 만들 수 있다. 온라인에서는 품절이지만 가까운 매장에 재고가 있을 때 잠재고객은 온라인에서 구매하고 매장에서 직접 수령하는 것을 편안하게 생각할 수 있다. 두 가지 모두 제공되므로 잠재고객은 구매를 어떻게 이행할지 결정할 수 있다.

내비게이션 문제

내비게이션은 전자상거래 경험의 중요한 부분이므로 그 자체에 특별한 주의를 기울일 가치가 있다. 전자상거래 자산(사이트 또는 앱)은 고객이 찾고자 하는 제품과 서비스를 빠르고 쉽게 찾을 수 있는 방법을 제공해야 한다. 이를 위해 전자상거래 사이트는 개발자가 아닌 사람에게 의미 있는 내비게이션 방식을 제공해야 한다. 기업은 고객의 맥락을 이해하고 고객의 탐색 및 쇼핑 행동을 파악하여 내비게이션에 대한 접근 방식을 결정해야 한다.

그림 3.16의 예는 가상의 회사인 KLKA가 고객의 쇼핑을 어떻게 이해하고 있는지를 보여준다. 이 예에서는 남성 의류와 여성 의류를 처음부터 구분한다. 고객 중 일부는 카테고리(예: 의류, 신발, 운동용품 등)에 따라 제품을 찾고자 한다. 'NEW ARRIVALS' 컬렉션을 보면 회사가 중요하게 여기는 카테고리가 약간 다르게 나타난다. 또한 제품 사용보다는 브랜드를 기준으로 제품을 찾고자 하는 고객도 유치할 수 있고, 성과가 가장 좋은 카테고리도 유치할 수 있다.

페이지 상단에 있는 사이트 검색의 두드러진 점을 주목할 필요가 있다. 이곳은 고객이 메뉴를 탐색하지 않고도 특정 품목이나 브랜드를 직접 탐색할 수 있도록 돕는다. 사이트 검색에는 자동 완성 기능이 있어 해당 문구와 일치하는 항목이 몇 개인지 표시된다. 그림 3.17에서는 가상의 브랜드인 Hard Cart의 두드러짐을 보여준다.

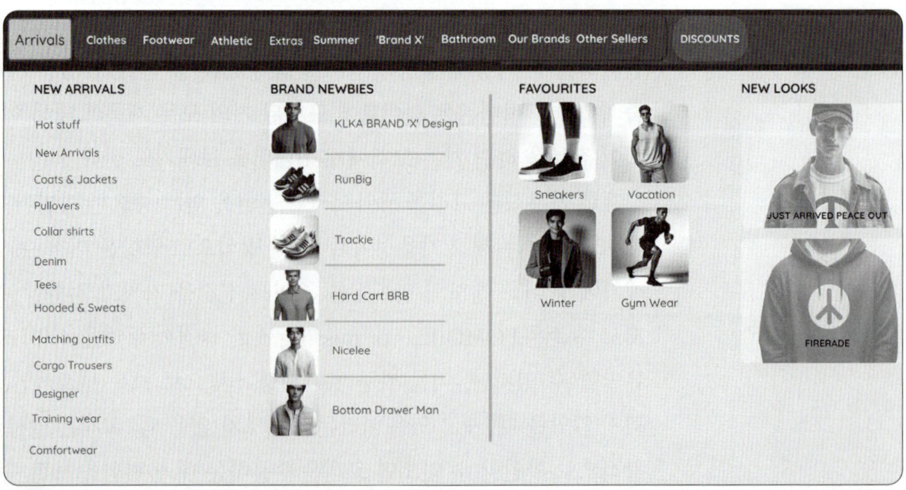

그림 3.16 KLKA 내비게이션

그림 3.18은 의류 카테고리 내 내비게이션에 초점을 맞추고 있다. KLKA는 고객이 매우 특정한 카테고리 검색에 집중할 수 있도록 하지만, 동시에 고객이 가격과 사용 사례 컬렉션('SHOP BY COLLECTION'으로 계절 행사나 출근복과 같은 특정 이벤트 품목 선택 가능)

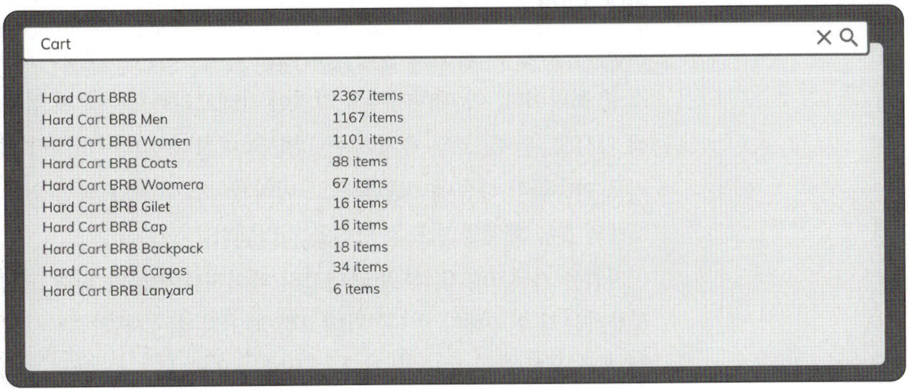

그림 3.17 KLKA 사이트 내 검색

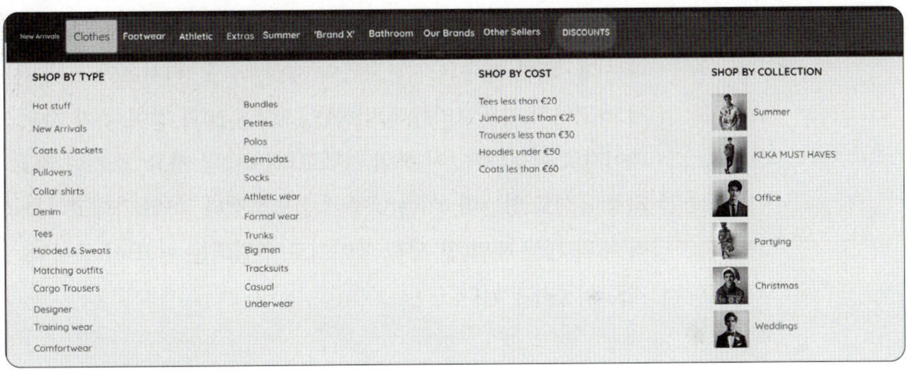

그림 3.18 KLKA 의류 카테고리

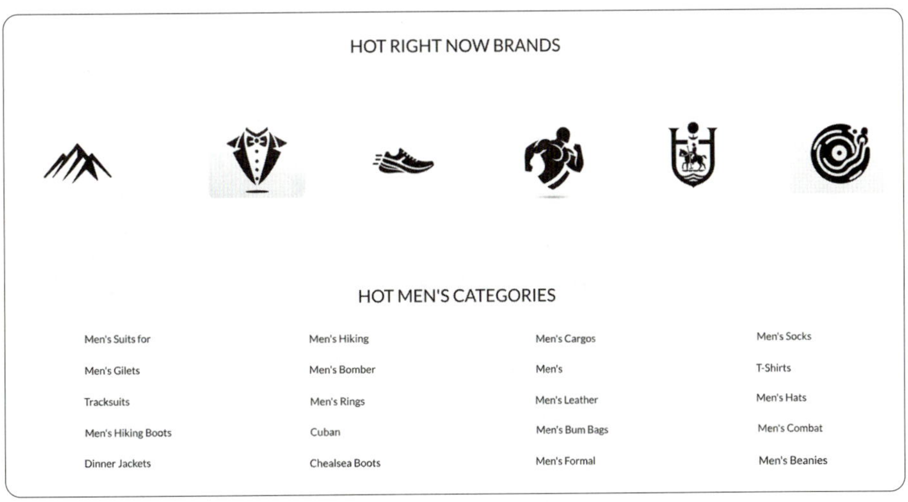

그림 3.19 KLKA 하단 내비게이션

을 중심으로 탐색하는 데 관심이 있음을 알고 있다. 또한 그림 3.19에서는 고객을 특정 인기 브랜드와 제품 카테고리로 유도하기 위해 남성 카테고리 페이지의 하단 내비게이션을 어떻게 활용하는지를 볼 수 있다.

카테고리화

제품 목록 페이지라고도 불리는 카테고리 페이지는 전자상거래 자산 내에서 핵심 구성 요소 중 하나이다. 이 페이지에서 기업이 카테고리화를 어떻게 접근하는지는 전환율, 전체 검색 가시성, 판매, 고객 유지에 큰 영향을 미칠 수 있다. 고객이 카테고리를 통해 제품 페이지로 이동하기 때문에 필연적으로 내비게이션 문제와 직접 연관된다. 카테고리는 기업이 제품의 분류 체계를 만드는 방식을 나타낸다.

기업은 카테고리 및 하위 카테고리 페이지를 만들기 위해 고객이 스스로 제품을 어떻게 분류하는지 이해해야 한다. 카테고리 페이지에는 사람들의 사고방식이 반영되어야 하며, 각 제품 유형에 각기 다른 접근 방식이 적용된다. 또한 많은 기업은 구글 쇼핑의 중요성을 인식하고 있으며 그 시스템과 통합해야 하기 때문에 구글의 제품 카테고리화(및 분류 체계 생성) 방식을 파악하는 것이 중요하다.

그림 3.16에 제시된 KLKA의 예로 돌아가보자. KLKA는 (대상 고객을 남성과 여성으로 나눈 후) 의류 카테고리를 코트와 재킷, 후드, 티셔츠와 조끼, 신발 등으로 구분한다. 여기서 카고바지 카테고리를 클릭하면 그림 3.20과 같이 추가 하위 카테고리가 있는 카테고리 페이지로 이동하며, 이 하위 카테고리는 슬림 카고, 스키니 카고 등으로 분류된다. 또한 필터링 옵션도 있는데, 이는 나중에 설명하겠다. 하위 카테고리를 선택하면 해당 하위 카테고리 내의 제품 배열(및 제품 페이지로 연결되는 링크)이 표시되는 최종 하위 카테고리 페이지로 이동하게 된다.

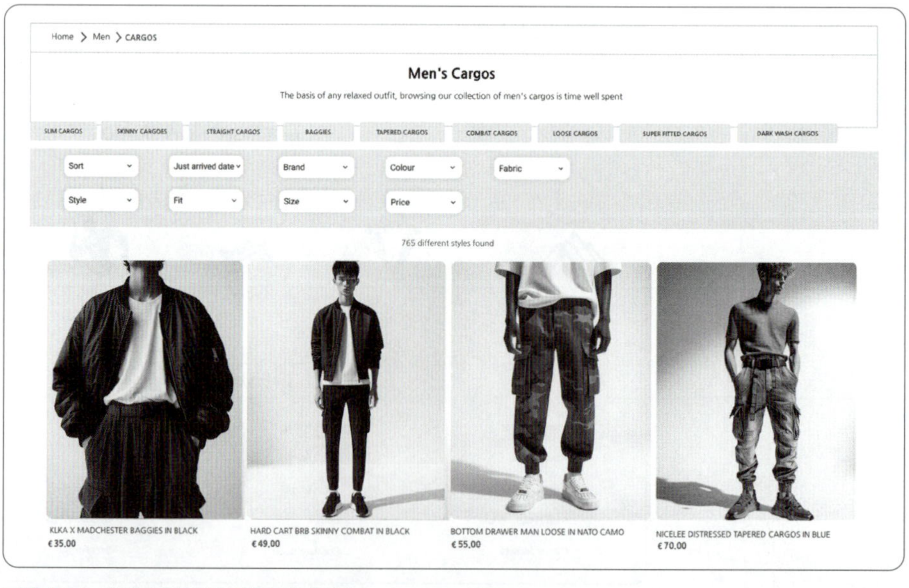

그림 3.20 KLKA 카고바지 하위 카테고리

컬렉션은 카테고리와는 조금 다르다. 컬렉션은 제품 유형의 분류 체계라기보다 기업이 특정 목적을 위해 다양한 제품 유형을 통합하는 방법이다. 그림 3.18에서 KLKA는 여름, 사무실, 파티 등의 테마에 따라 컬렉션을 구성했다. 컬렉션에는 특정 테마를 반영하는 다양한 제품 유형의 큐레이션된 집합이 포함될 수 있다. 예를 들어 여름 컬렉션에는 특정 신발과 다양한 의류 품목이 포함된다.

또한 컬렉션 이름은 영구적일지라도 그 안의 품목이 정기적으로 변경될 수 있다. 기업이 제품 유형을 기준으로 분류한 경우 브랜드가 영구적인 컬렉션으로 묶이곤 한다. 브랜드는 다양한 카테고리의 제품을 보유할 가능성이 높다. 오래된 제품이 단종되면 새로운 제품이 추가될 수 있다.

한편 일정 기간 동안만 존재하는 컬렉션을 만들어 특정 제품의 품목을 포함하고 이후 제거하기도 한다. 예컨대 의류 소매업체는 다양한 제품 유형의 품목이 포함된 컬렉션으로 '2025년 여름' 제품군을 출시하고, 판매 기간이 끝나면 해당 컬렉션을 제거하지만 제품 유형은 유지한다.

행동 촉구

'행동 촉구(call-to action, CTA)'는 기업이 잠재고객에게 무엇을 하기를 원하는지 설명하는 콘텐츠 요소를 의미하는 고전적인 마케팅 용어이며, 일반적으로 명령 형태로 작성된다. 이 행동 자체는 비즈니스에 대한 일종의 전환을 나타낸다.

CTA는 단순히 '지금 구매' 또는 '장바구니에 추가'와 같은 버튼 형태로 제품 페이지에 나타날 수 있다. 그러나 CTA는 그 자체로도 '행동'을 나타낼 수 있다. 고객이 행동하도록 촉

보충 자료 3.17 마이크로 전환과 매크로 전환

마케팅의 광범위한 관점에서 매크로 전환은 기업의 입장에서 고객이 수행하길 바라는 '큰' 행동을 의미한다. 전자상거래 관점에서 주요 매크로 전환 목표는 다음과 같다(전자상거래 모델에 따라 다르다).

- 주문 완료
- 유료 콘텐츠 구독 가입

마케팅 및 판매에는 다른 매크로 전환의 예가 있지만 여기서는 관련이 없다. 하지만 전자상거래에서 중요한 마이크로 전환의 예도 존재하며, 이는 탐색 전환, 상호작용 전환, 참여 전환으로 구분할 수 있다. 전자상거래 탐색 전환의 예는 다음과 같다.

- 카테고리 페이지에서 제품 페이지로의 링크 클릭
- 제품 페이지 보기
- 결제 프로세스 진입
- 검색 결과에서 클릭하여 이동

전자상거래 상호작용 전환의 예는 다음과 같다.

- 장바구니에 제품 추가
- 제품 페이지에서 제품 동영상 시청
- 제품 페이지 공유 또는 '좋아요' 클릭 등의 소셜 활동

전자상거래 참여 전환의 예는 다음과 같다.

- 일정 시간 이상 전자상거래 사이트에 머무름
- 일정 목표 이상 제품 및 카테고리 페이지 조회
- 일정 목표 이상 제품 페이지/카테고리/사이트 방문 빈도/최신성

마이크로 전환은 매크로 전환의 발생 가능성을 이해하는 데 중요할 수 있다. 그러나 일반적으로 마이크로 전환은 전자상거래 비즈니스의 주요 목표가 되면 안 된다.

그림 3.21 달러셰이브클럽의 CTA
출처: Dollar Shave Club

구하려면 그럴 만한 이유나 동기가 있어야 한다.

사이트에 처음 방문한 고객을 대상으로 할 때는 고객의 '리스크를 줄여주는 것'이 유용할 수 있다. 리스크를 줄이는 CTA의 예로는 할인 제공(예: 오늘 구매하면 20% 할인)이 있다.

CTA는 장바구니에 담긴 제품이 수요로 인해 잠시만 유지된다는 것을 암시할 수도 있다. 이벤트 티켓을 판매하는 전자상거래 사이트에서는 '지금 구매하세요! 티켓은 10분 동안만 예약됩니다'와 같은 CTA를 사용한다.

성공적인 CTA 중 일부는 고객이 원하는 혜택이나 해당 제품을 사용함으로써 피하고 싶은 문제를 위험 감소 요소와 함께 호소한다. 그림 3.21에서 보듯이 달러셰이브클럽은 여러 요소를 결합한 CTA를 사용한다. 'NEED A SMOOOOTH SHAVE?(매끄러운 면도를 원하시나요?)'는 고객이 찾는 이점에 호소한다. 'Try'는 행동을 유도하고, 'Try for £5' 버튼은 CTA에 위험 감소 요소를 제공한다(£5는 이 제품 유형에 대한 저가 체험판으로 간주된다).

어떤 스타일이든 CTA는 제품 페이지에서 가장 먼저 눈에 띄는 요소 중 하나여야 하며, 잠재고객이 스크롤하지 않고도 쉽게 찾을 수 있어야 한다.

카피와 콘텐츠의 중요성

제품 설명에 사용되는 언어의 중요성은 아무리 강조해도 지나치지 않다. CTA도 그 범주에 속하지만, 제품 설명에 사용되는 카피를 작성할 때 고려해야 할 요소가 또 있다.

양질의 콘텐츠라면 특정 제품 기능이 잠재고객이 추구하는 가치(또는 이점)를 제공하거나 잠재고객이 직면한 문제를 해결하는 방법에 초점을 맞춰야 한다. 잠재고객이 제품 페이지에서 처음 보는 카피에 제품의 기능이나 기본 특징만 설명하는 함정에 빠지기 쉽다. 잠재고객이 처음 볼 곳에 양질의 카피를 넣으면 전환 가능성을 높일 수 있다.

모범 사례의 주요 요소

전자상거래 플랫폼을 반응형으로 만드는 것의 중요성

제품 검색과 조사는 이제 본질적으로 모바일 활동이지만(구글 자체 문서에 따르면 주로 모바일 버전의 사이트를 색인화하고 순위를 매김), 잠재고객은 단일 기기나 단일 유형의 장치에만 국한되지 않는다(Google Search Central, no date). 따라서 기업이 제공하는 제품 또는 서비스에 따라 대상 고객과 그들의 행동에 미치는 영향을 고려하여 사이트를 설계하는 것이 중요하다.

저가치, 저관여 제품은 고객이 광범위한 조사나 고려를 필요로 하지 않을 수 있다. 만약 모바일 경험이 주요 판매 경로이고 모바일 경험으로 충분하다면 단순히 모바일 전용 경험에만 집중할 수 있다. 반대로 고가치, 고관여 제품은 이중적인 반응형 접근이 필요할 수 있다. 고객은 처음에는 모바일로 조사하다가 더 자세히 살펴보기 위해 데스크톱 경험으로 전환하기도 한다. 가구나 명품과 같은 품목은 데스크톱을 통해 전환될 수 있다. 고객이 제품에 대한 신뢰를 높이기 위해 고해상도 이미지나 동영상을 더 큰 화면으로 확인하고 싶어 할 수 있기 때문이다. 많은 경우 B2B 고객은 데스크톱에서 모든 조사와 전환을 수행하기 때문에, 구글 검색 가시성 문제가 발생할 가능성이 있음에도 불구하고 모바일 우선 접근 방식은 적합하지 않을 수 있다. B2B 판매 주기는 길고, B2C 제품에 대한 가벼운 조사보다 훨씬 더 복잡한 과정이기 때문이다. 그러나 이는 미세한 차이이며, 개별 B2B 기업은 자사의 제품과 서비스에 대한 대상 고객의 행동을 잘 인식해야 한다.

잠재고객의 신뢰 구축

기존 브랜드는 신뢰를 바탕으로 한 브랜드 평판을 갖추고 있으므로 이러한 기업은 전자상거래 고객 사이에서 신뢰를 형성하는 데 유리한 입장에 있다. 반대로 고객에게 잘 알려지지 않은 기업 또는 대상 고객 사이에서 인지도가 낮은 기업의 경우 잠재고객에게 어필할 수 있는 자신감과 신뢰감을 조성하기 위해 다른 접근 방식을 개발해야 한다.

신뢰 신호 자물쇠 기호, 최근에 구매한 고객 수, 브랜드 유산에 대한 설명 등 웹사이트 디자인 요소

신뢰 신호(trust signal)의 사용은 잠재고객의 신뢰를 구축하는 데 매우 중요할 수 있다. 제품 설명에 우수한 제품 카피와 고품질의 전문적 이미지를 사용하면 이를 홍보할 가능성이 높으며(신뢰할 수 없는 기업은 그렇게 하지 않을 것이라는 관점에서), 잘 설계되고 개발된 전자상거래 경험도 제공한다. 유명한 리뷰 플랫폼의 솔직한 리뷰도 도움이 된다(잠시 후 리뷰에 대해 자세히 설명하겠다). 실제적이고 가시성이 있는 주소 및 이 주소를 참조하는 반품 정책도 신뢰를 높이는 요소이다. 또 다른 신뢰 신호는 유용하고 관련성 있는 콘텐츠(예: 특정 재료를 사용하는 요리법, 장비 사용법)를 제공함으로써 기업이 전문성을 갖추었음을 보여주는 것이다. 또한 일부 전자상거래 기업은 재고가 없는 동안에는 사이트에 제품

보충 자료 3.18 FOMO가 신뢰에 미치는 위험성

널리 사용되고 있는 FOMO(놓칠까 두려운 심리)는 불안과 같은 심리적 요인을 이용하는 기법이다. 즉 잠재고객이 제품 또는 서비스를 얻지 못할 경우 겪을 수 있는 문제에 대한 우려를 이용하는 것이다. 일부 논평가는 진정성이 없는 FOMO를 매우 단기적인 전술로 간주하며, 제품 또는 서비스가 고객의 니즈와 잘 부합하는 경우에만 FOMO를 사용할 필요가 있다고 지적한다. 어떤 시나리오에서는 제품의 유통기한 또는 이벤트의 근접성(예: 티켓 판매)과 같이 희소성 문제가 있을 때 FOMO를 사용할 수 있다. 중요한 점은 장기적인 관계를 고려해야 한다는 것이다. 고객이 기업과의 거래에서 지속적으로 불안감을 느끼거나, 더 나쁜 경우 희소성이 진짜가 아니라 FOMO가 거짓임을 깨닫는 경우 장기적인 헌신을 이끌어내지 못할 수도 있다.

을 표시하지 않는다(또는 재고 없음을 명확히 표시하고, 다시 재고가 생기면 이메일로 알림을 받을 수 있는 옵션을 제공한다).

추천 접근법, 교차 판매, 업셀링

전자상거래 페이지에서 특정 제품이나 서비스를 접했을 때 고객은 다양한 동기와 의도를 가지고 방문했을 수 있다. 만약 고객이 그 시점에 본 특정 제품에 대해 확신하지 못한다면 기업은 고객을 완전히 잃지 않도록 해야 한다.

예를 들어 팻페이스(FatFace)의 제품 페이지에서는 제품 설명 하단에 있는 일련의 추천이 제품 페이지의 주요 부분에 있는 대체품으로 표시된다. 이는 원래 품목과의 카테고리 유사성 또는 컬렉션 내 관련성 또는 필터의 유사성에 따라 선택된 것이다. 이러한 추천의 동기는 고객이 구매하지 않고 떠나지 않게 하는 것이다.

'Complete the Look(룩 완성)' 탭은 팻페이스가 주요 제품과 함께 사용할 수 있는 보완 품목을 **교차 판매**(cross-selling)할 수 있는 기회를 제공한다. 이러한 품목은 때때로 컬렉션과 연관되거나 제품에 맞게 특별히 (수동으로) 큐레이션될 수 있다. 교차 판매 목적으로 컬렉션을 사용하면 다양한 제품 시리즈에 대한 보완 품목을 자동으로 표시할 수 있어서 좋다.

교차 판매 주요 제품만으로는 채워지지 않는 니즈를 충족하기 위해 관련 제품이나 보완적인 제품 및 서비스를 판매하는 것

업셀링 원래 구매하려는 제품의 상위 버전을 판매하는 것

예를 들어 그림 3.22에서는 **업셀링**(upselling) 기법을 사용하여 잠재고객이 표준 '전륜구동' 모델에서 더 비싼 'AWD 구동' 모델로 업그레이드하도록 유도한다. 두 번째 버튼을 클릭하면 'GT'라는 매력적인 요소를 사용하여 업그레이드에만 해당하는 고유한 기능이 표시된다.

이렇게 신중하게 개발된 추천, 교차 판매, 업셀링 기회를 제공하면 고객 이탈을 줄이고, 고객에게 압박감을 주지 않으면서도 더 높은 매출 또는 주문을 이끌어낼 수 있다.

리뷰 시스템 접근법

앞서 언급했듯이 가시적인 고객 리뷰는 사회적 증거의 중요한 요소를 제공한다. 리뷰는 신

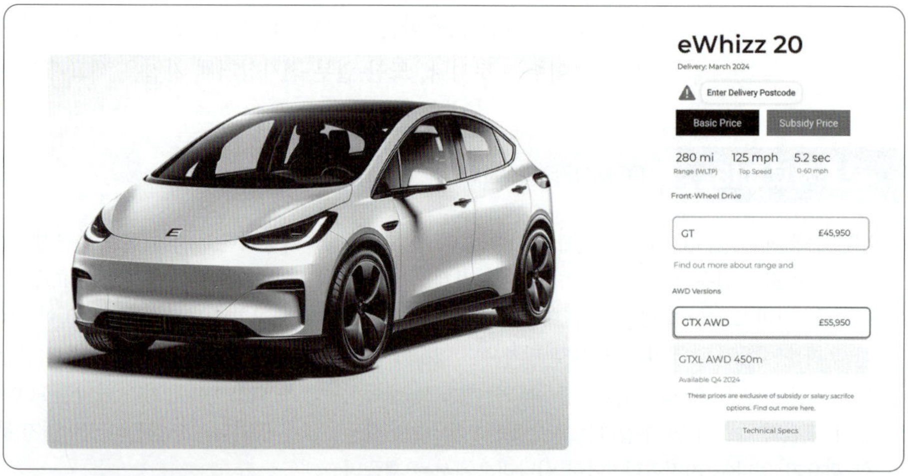

그림 3.22 가상의 자동차 업셀링

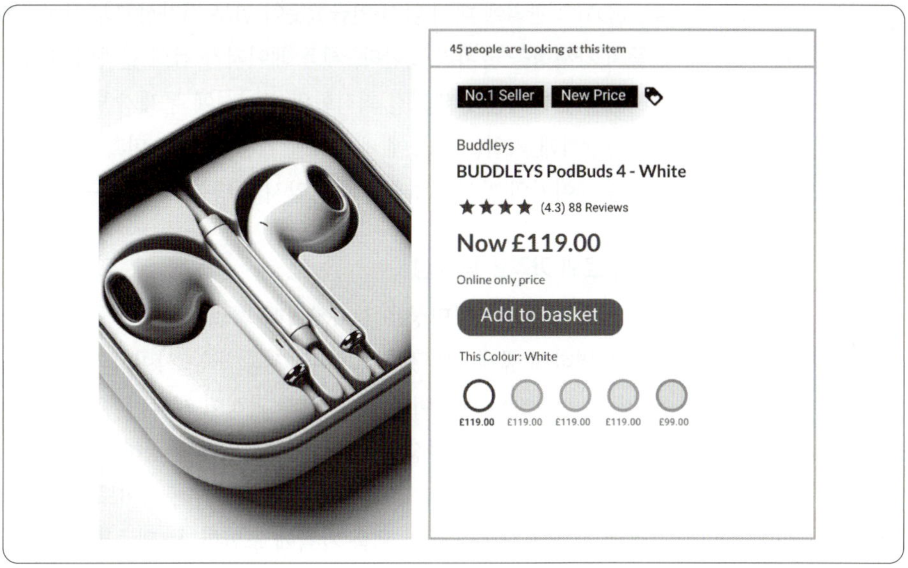

그림 3.23 가상의 리뷰 시스템

뢰의 일부를 형성하고 사람들의 자신감을 키워준다. 다양한 리뷰 시스템은 신뢰를 표현하는 다양한 메커니즘을 제공한다.

리뷰 평점(별점 또는 숫자)과 그 밖의 리뷰 요소(리뷰어 수)를 제품 페이지 상단에 눈에 잘 띄게 배치하는 것이 중요하다. 많은 잠재고객이 콘텐츠에 참여할 때(그리고 이후에 전환을 결정할 때) 계속 진행할지 여부를 결정하기 위해 이 정보를 빠르게 훑어보기 때문이다. 예를 들어 그림 3.23에서는 별점 4개, 평점 4.3점, 리뷰 수 88개가 눈에 띄는 요소로 표시되어 있다. 실제 리뷰는 페이지 하단에 있지만 리뷰 수 88개의 링크를 클릭하여 접근할 수 있다.

부정적인 리뷰를 삭제하고 싶겠지만 이를 그대로 두는 것은 오히려 신뢰 신호가 될 수 있다. 이는 기업이 고객을 계속 머물게 할 만큼 제안에 충분한 자신감이 있다는 것을 잠재고객에게 보여준다. 앞서 언급했듯이 압도적으로 긍정적인 평가는 불신감을 조성하거나 리뷰가 가짜라는 믿음을 불러일으킬 수 있다.

제품 가용성 관리

실시간 재고 가시성은 온라인 주문 및 배송 또는 클릭 앤드 컬렉트를 통한 오프라인 이행 여부에 따라 전자상거래 제품 페이지의 전환에 영향을 미치는 요인이 될 수 있다. 고객이 과거에 제품을 구매하고 결제한 후 이메일을 통해 품절이라는 사실을 알게 되었던 경험을 상기시킬 수 있기 때문에 명확한 재고 가용성은 신뢰 신호로 작용할 수 있다.

고객은 재고가 많은 제품을 쇼핑할 때 기업의 지속성과 장기성을 느끼게 된다. 따라서 재고가 얼마 남지 않았을 때 기업은 FOMO를 조성할지 고려해야 한다. 일부 전자상거래 사이트는 '재고 O개/재고 준비 중'이라고 표시하거나, 제품이 재입고되면 고객이 이메일로 알림을 받을 수 있는 옵션을 제공하여 이를 관리한다.

FOMO 관리에 대해 앞서 언급했듯이 일부 전자상거래 사이트에서는 재고가 없는 경우 제품의 가시성을 줄이기도 한다. 제품 페이지가 검색 결과에 표시되지만 클릭 시 404 오류 메시지가 반환되면 검색엔진 최적화의 가시성에 문제가 발생할 수 있다. 이러한 이유로 많은 전자상거래 기업은 나중에 재입고될 제품의 경우 명확한 품절 메시지를 표시한다. 품절된 제품 페이지의 가시성을 확보하면 앞서 설명한 추천 접근법을 통해 고객을 유지할 수 있다.

수수료와 가격의 투명성

수수료와 가격의 투명성은 전자상거래 기업이 최종 가격을 구성하는 모든 요소를 처음부터 투명하게 공개하는 것을 말한다. 제품 또는 서비스의 기본 비용 외에 가장 일반적인 요소로는 판매세와 배송비가 있다. 결제 과정이 시작된 후에 숨겨진 비용이 드러나는 것은 장바구니 포기 현상의 가장 큰 원인 중 하나임에 분명하다(*48 Cart Abandonment Rate Statistics 2023-Cart & Checkout*, 2023). 많은 전자상거래 사이트에서는 특히 고가 제품이나 대량 주문의 경우 표준 배송비를 제품 가격에 포함한다. 제품 페이지에서 배송비를 투명하게 공개하면 고객이 구매를 결정할 때 흥미로운 인센티브가 될 수 있다. 만약 장바구니에 담긴 제품의 가격이 특정 임곗값 이하이면 일부 전자상거래 사이트는 '25달러를 추가로 구매하고 무료 배송 혜택을 받으세요'와 같은 정보를 표시한다. 고객은 쇼핑 비용과 매력적인 추가 구매에 대한 비용을 비교하여 결정을 내릴 수 있다. 명확한 가격 책정은 빠른 배송, 프리미엄 서비스 등 다양한 주문 처리 옵션을 제공할 수 있게 한다.

가격 투명성은 세일 품목의 영향력에도 영향을 미친다. 일부 지역에서는 특정 기간 동안 높은 가격에 판매된 기록이 없는 것을 할인된 제품으로 광고하는 것이 불법이다. 가격에 민감한 일부 고객은 정상가보다 할인된 제품에 끌릴 수 있지만, 많은 잠재고객은 특히 블랙프라이데이, 싱글스데이와 같은 이벤트 때 일부 기업이 제공하는 할인을 불신하기 시작했다. 'Which?' 연구에 따르면 영국에서 광고된 블랙프라이데이 세일의 98%는 실제로 연중 다른 시기에 같은 가격이거나 심지어 더 저렴했던 것으로 밝혀졌다(Walsh, 2022). 세일 또는 할인 제품을 주요 전자상거래 플랫폼에서 멀리 떨어뜨려 놓으면(예: 파라모) 가격 투명성 문제를 방지할 수 있다고 주장할 만한 사례가 있을 수 있다. 일부 전자상거래 기업은 블랙프라이데이를 주요 소매 이벤트로 여기지만 여기에 전혀 참여하지 않는 전자상거래 소매업체도 많다(Ferguson, 2021).

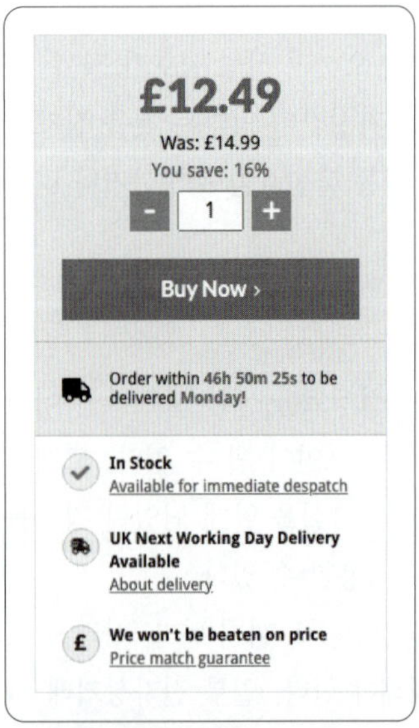

그림 3.24 이스페어스의 배송 1

출처: Screenshot © eSpares

풀필먼트 선택 및 정보

풀필먼트 선택은 전환율에 직접적인 영향을 미칠 수 있는데, 특히 잠재고객이 선택의 영향을 확인할 수 있을 때 그렇다. 풀필먼트 선택의 가시성은 가격 투명성과 밀접한 관련이 있다. 예를 들어 전자상거래 기업은 무료 배송을 제공하면서 더 긴 배송 기간(예: 표준 배송)을 명시할 수 있다. 또한 특정 요금의 빠른 배송 옵션도 제공할 수 있다.

그림 3.24에서 이스페어스(Espares)는 가장 빠른 배송일을 강조하는데, 이 경

우에는 주말이 다가오고 있기 때문에 가장 빠른 배송일이 월요일이다. 이러한 동적 시스템은 고객이 구매하려는 요일에 따라 변경된다.

사용 가능한 배송 옵션에 대한 명확한 링크가 있다. 그림 3.25에서는 주문 규모와 배송 속도에 대한 명확한 가격과 함께 배송 옵션의 명확한 레이아웃이 있다. 이러한 수준의 투

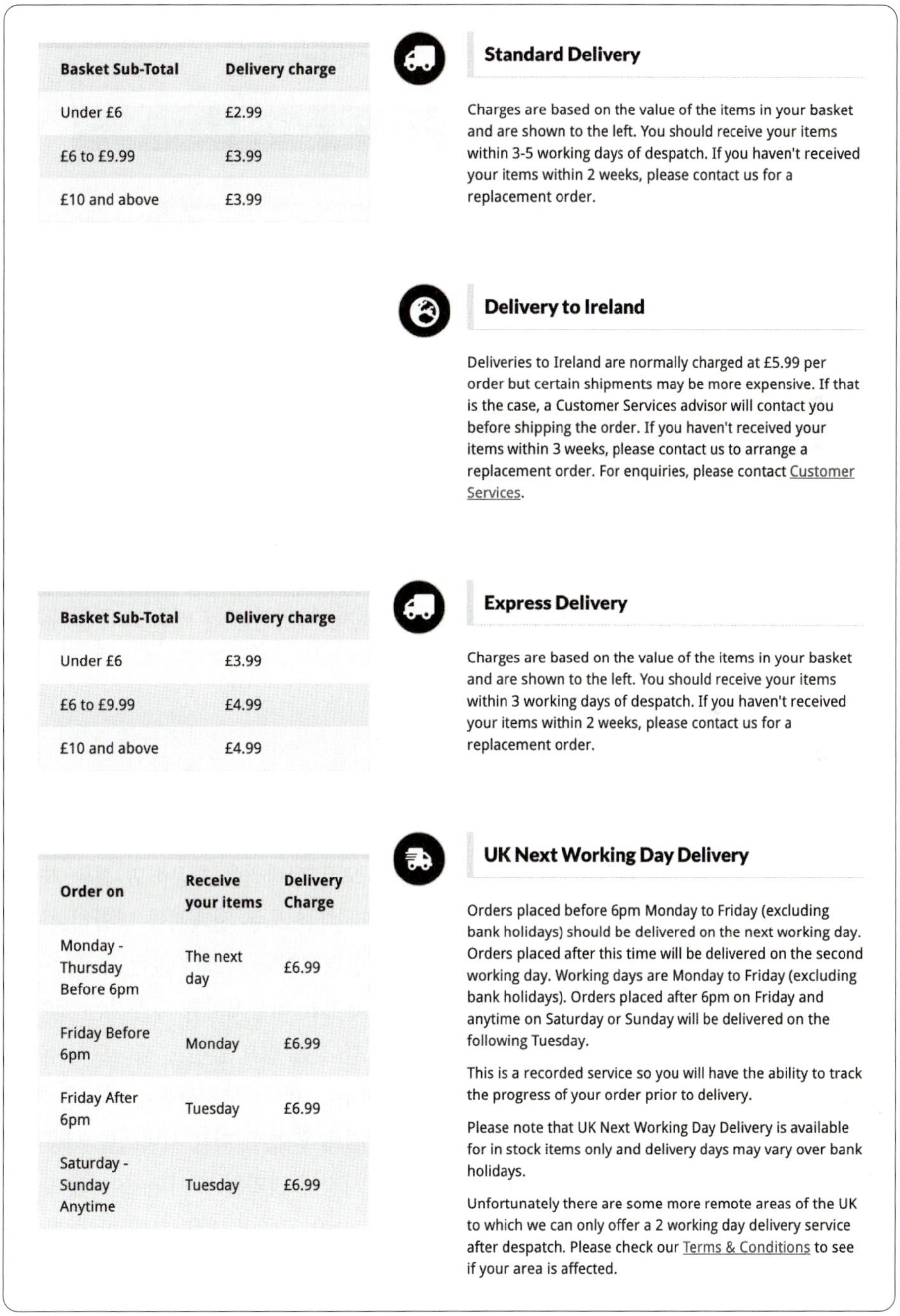

Basket Sub-Total	Delivery charge
Under £6	£2.99
£6 to £9.99	£3.99
£10 and above	£3.99

Standard Delivery

Charges are based on the value of the items in your basket and are shown to the left. You should receive your items within 3-5 working days of despatch. If you haven't received your items within 2 weeks, please contact us for a replacement order.

Delivery to Ireland

Deliveries to Ireland are normally charged at £5.99 per order but certain shipments may be more expensive. If that is the case, a Customer Services advisor will contact you before shipping the order. If you haven't received your items within 3 weeks, please contact us to arrange a replacement order. For enquiries, please contact Customer Services.

Basket Sub-Total	Delivery charge
Under £6	£3.99
£6 to £9.99	£4.99
£10 and above	£4.99

Express Delivery

Charges are based on the value of the items in your basket and are shown to the left. You should receive your items within 3 working days of despatch. If you haven't received your items within 2 weeks, please contact us for a replacement order.

Order on	Receive your items	Delivery Charge
Monday - Thursday Before 6pm	The next day	£6.99
Friday Before 6pm	Monday	£6.99
Friday After 6pm	Tuesday	£6.99
Saturday - Sunday Anytime	Tuesday	£6.99

UK Next Working Day Delivery

Orders placed before 6pm Monday to Friday (excluding bank holidays) should be delivered on the next working day. Orders placed after this time will be delivered on the second working day. Working days are Monday to Friday (excluding bank holidays). Orders placed after 6pm on Friday and anytime on Saturday or Sunday will be delivered on the following Tuesday.

This is a recorded service so you will have the ability to track the progress of your order prior to delivery.

Please note that UK Next Working Day Delivery is available for in stock items only and delivery days may vary over bank holidays.

Unfortunately there are some more remote areas of the UK to which we can only offer a 2 working day delivery service after despatch. Please check our Terms & Conditions to see if your area is affected.

그림 3.25 이스페어스의 배송 2

출처: Schreenshop © eSpares

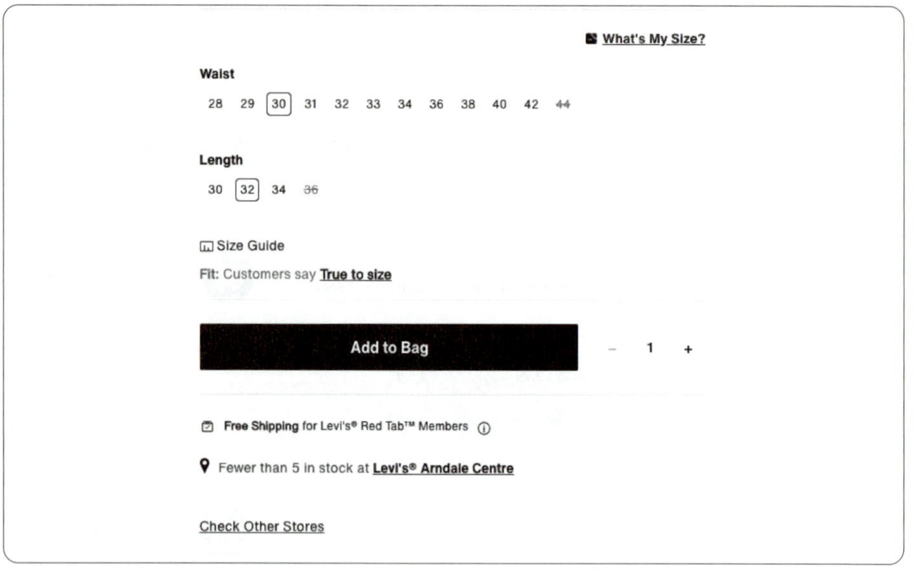

그림 3.26 리바이스의 가용 풀필먼트

출처: Screenshot © LEVI STRAUSS & CO

명성을 통해 고객은 신중하게 결제를 선택을 할 수 있으며, 언제 이행이 이루어질지 분명히 할 수 있다.

그림 3.26에서는 고객이 특정 사이즈의 재고를 가까운 매장에서 확인할 수 있다. 이는 고객이 제품을 배송받고자 하는지, 아니면 빠른 배송 요금을 내지 않고 빨리 수령하고자 하는지에 영향을 미치게 된다.

결제 옵션

오늘날의 고성능 전환 페이지는 다양한 결제 옵션을 제공한다. 마스터카드(MasterCard), 비자, 아메리칸익스프레스(American Express)를 제공하는 것은 잠재고객에게 단일 결제 옵션(카드)으로만 간주된다. 모든 선택권을 제공하면 전환 가능성이 높아질 수 있다. 제품, 서비스 또는 고객 유형에 따라 다른 모든 선택지를 명확히 하는 것이 중요하므로 페이팔과 같은 옵션도 제공하는 것이 합리적이다(카드가 없는 젊은 층에게는 중요할 수 있다). 모바일 사이트나 앱의 경우 구글페이와 애플페이를 제공하는 것이 합리적이며(데스크톱에서도 동일하게 작동), 고객이 카드를 찾을 필요 없이 결제하도록 유도할 수 있다. 이는 특히 충동구매에 효과적일 수 있다. 일부 고객이 구매 시점에 이의를 제기하는 것을 극복할 수 있다는 상당한 증거가 있으므로, 결제 후 분할 지불 서비스를 제공하면 전환율도 개선될 것이다.

이러한 결제 옵션은 구매 시점에 명확히 표시되어야 하며, '장바구니/카트에 추가' 접근 방식의 일부가 되어야 한다. 단일 구매의 경우 결제 방법 자체가 하나의 동작으로 작용할 수 있어 고객이 해당 결제 옵션을 통해 결제를 완료하도록 유도할 수 있다.

그림 3.27의 전자상거래 사이트는 카드 결제가 당연히 존재한다는 가정하에 지금 구매하고 나중에 결제하는 옵션을 명확히 강조한다. 고객이 결제 단계로 이동하면 그림 3.28과 같

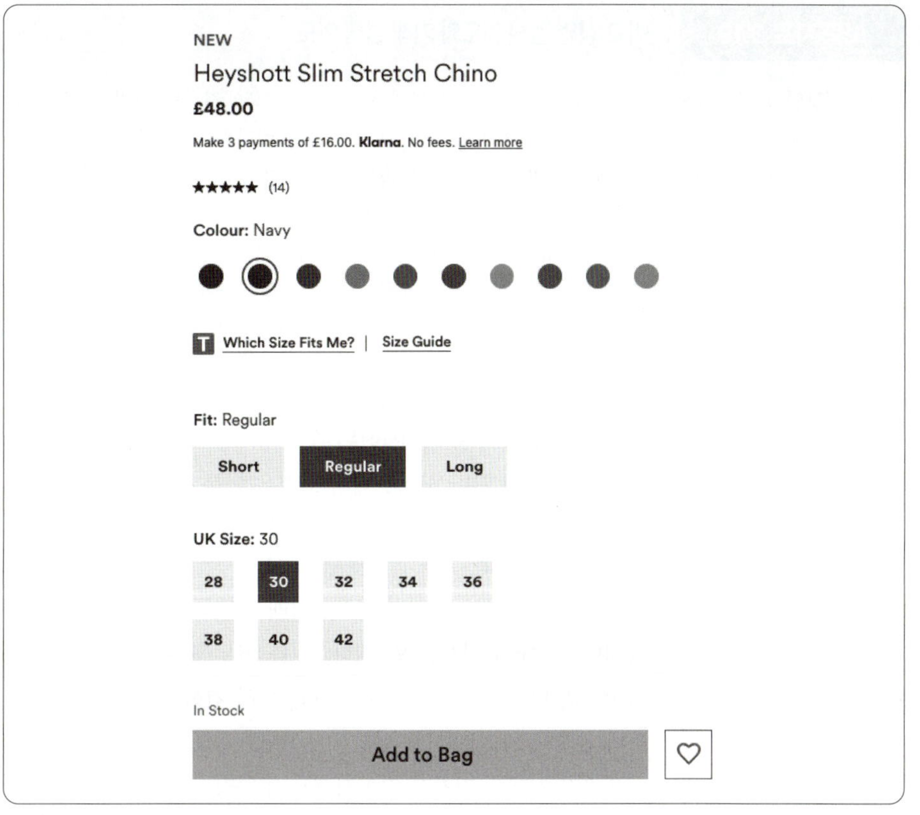

그림 3.27 팻페이스의 클라나(Klarna) 옵션

출처: Screenshot © FatFace

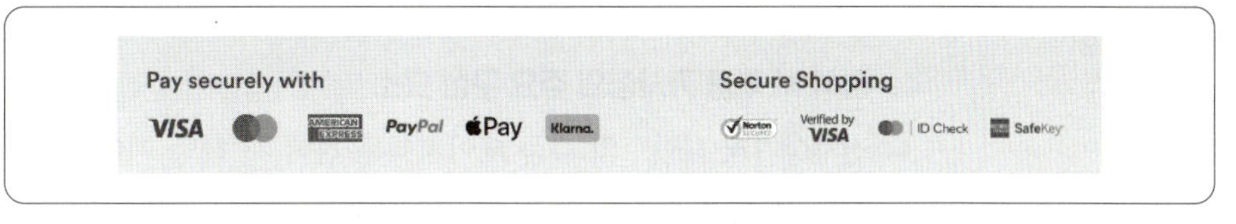

그림 3.28 팻페이스의 결제 옵션

출처: Screenshot © FatFace

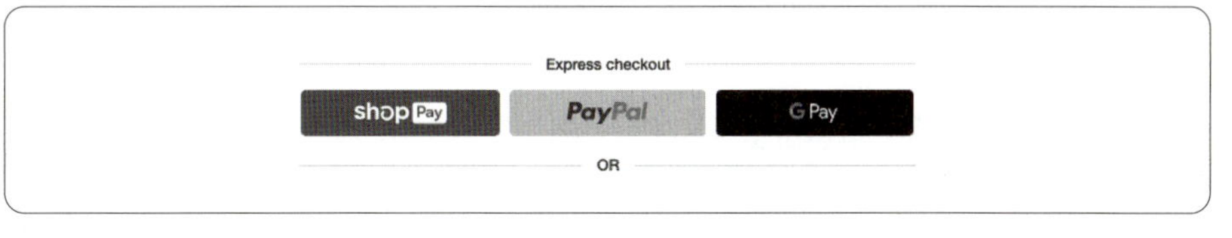

그림 3.29 쇼피파이의 신속 결제

출처: Screenshot © Shopify

이 사용 가능한 모든 결제 옵션이 표시된다.

일부 매장에서는 제품 페이지에서 또는 고객이 결제 단계에 진입할 때 신속 결제 옵션을 제공한다. 그림 3.29는 많은 쇼피파이 기반 사이트에서 제공하는 세 가지 신속 결제 방식을

보충 자료 3.19 비교/상업 검색 의도와 거래 검색 의도

비교/상업 검색 의도와 거래 검색 의도의 차이를 이해하는 것이 중요하다. 이는 전자상거래에서 각기 다른 페이지 및 화면의 역할과 관련이 있다. 예컨대 의류의 경우 검색엔진 사용자는 한정사를 사용하여 상업 검색을 입력할 수 있다(예: 여름철 최고의 의상). 이때 카테고리 페이지나 컬렉션은 해당 의도로 검색하는 고객을 타기팅하는 데 사용될 수 있다.

검색엔진 사용자가 거래 검색 의도의 형태로 보다 상세한 쿼리를 생성하는 경우라면 곧 구매할 것이고, 본질적으로 매우 구체적인 제품을 구매할 곳을 찾고 있는 것이다. 고객은 자신이 무엇을 찾고 있는지 알고 있기 때문에 제품명, 스타일, 심지어 모델 번호가 포함된 긴 쿼리를 생성할 수 있다. 이때 제품 페이지는 특정 거래 검색 쿼리를 타기팅하는 데 주로 사용된다.

보여준다. 숍페이(Shop Pay)는 쇼피파이가 제공하는 대규모 고객 참여 앱 및 서비스의 일부로, 쇼피파이 기반 사이트에서 고객은 이를 통해 신속 결제를 사용할 수 있다.

검색에 의한 발견

전환이 이루어지는 장소인 전자상거래 플랫폼의 개발은 전자상거래 비즈니스의 고객 획득 마케팅과 분리되어서는 안 된다. 이를 염두에 두고, 신규 고객을 유치하는 데 전자상거래 사이트의 다양한 부분이 하는 역할, 특히 **검색 의도**(search intent)를 기억하는 것이 중요하다.

검색 의도 검색 쿼리의 목적을 의미하며, 쿼리의 이유와 동기를 제공한다. SEO 전문가는 검색 의도를 파악하여 사용자에게 가장 적절한 콘텐츠를 제공하려고 한다.

유기적 검색은 전자상거래 사이트에 가장 큰 트래픽 제공자 중 하나가 될 수 있다. 인터넷 여정의 절반은 제품과 브랜드 조사를 위한 것(Google/Ipsos, 2018)임을 고려하는 동시에 검색 대상 고객을 염두에 두고 제품, 카테고리, 컬렉션 페이지를 개발해야 한다. 또한 검색이 모바일 우선 활동이라는 것을 받아들이려면 모바일 경험에 초점을 맞춰야 한다.

검색 시 제품 가시성의 주요 구성 요소

전자상거래 사이트의 제품 페이지에는 검색 시 해당 페이지의 가시성에 중요한 역할을 할 수 있는 특정 요소가 있다. 이러한 요소는 제품 설명의 사본을 만들고 제품 페이지를 구성할 때 고려해야 하지만, 사본과 함께 제품 페이지를 개발하는 것은 주로 전환을 목적으로 한다. 여기서는 SEO의 메커니즘을 깊이 파고들지는 않을 것이며, 제품 페이지 개발에 포함해야 할 핵심 구성 요소만 좀 더 알아보자.

보충 자료 3.20 방 안의 곰, 아마존

사람들의 검색 행동에서 인상적인 것 중 하나는 검색 방식이다. Jungle Scout(2022)에 따르면 미국 소비자의 60% 이상은 제품을 검색할 때 아마존을 먼저 이용하며, 검색엔진을 이용하는 비율은 50% 미만이다. 이는 소비자가 제품을 조사하기 위해 먼저 전자상거래 거대 기업을 사용한다는 것을 시사한다. 또한 이는 마켓플레이스의 거대한 힘을 보여주며, 아마존에서 마켓플레이스 공급업체가 되는 주요 이유 중 하나일 것이다. 뿐만 아니라 아마존의 많은 목록이 유기적 및 유료 제품 검색 결과에도 나타나 아마존은 더욱 강력한 제품 쇼핑 목적지가 되고 있다.

URL

URL은 전자상거래의 레이아웃과 구조를 설명하는 것처럼 보여야 하며, 사람들이 이해할 수 있는 카테고리와 컬렉션을 반영해야 한다. 제품 페이지의 html 파일명에는 주요 핵심 문구를 비롯해 가능하다면 기타 자세한 제품 정보 및 한정자, 특정 제품 유형의 모델 번호가 포함되어야 한다.

제목 태그

SEO의 관점에서 제목 태그의 길이는 50~60자여야 하며 70자를 초과하면 안 된다. SEO 실무자들은 타기팅하는 주요 핵심 문구가 제목 태그의 시작 부분에 나타나야 한다고 제안한다. 제목 태그는 검색 시 제품 페이지의 가시성에 영향을 미치는 가장 중요한 단일 구성요소 중 하나일 수 있다.

메타 설명

메타 설명(메타 태그라고도 함)의 내용은 알고리즘에서 검색 가시성을 결정할 때 사용되지는 않지만, 단어 자체는 검색 결과에서 제목 태그 단어 아래에 나타난다. 이러한 단어 자체의 콘텐츠는 광고 문구의 일부로서 검색을 향상할 수 있는 기회이다. 이는 사용자가 검색결과를 클릭할지 여부에 영향을 미칠 것이며, 장기적으로 클릭 수가 증가하면 향후 검색에서 페이지의 관련성이 결정될 수 있다.

H1 헤더로서의 제품명

제품명은 H1 태그여야 하며, 여기에는 타기팅하는 주요 핵심 문구와 롱테일 검색을 설명하기 위한 기타 자세한 제품 정보 및 한정자가 포함되어야 한다. 일부 실무자는 특정 제품 유형에 대해 모델 번호를 사용하는 것을 선호한다.

제품 설명

제품 설명에는 잠재고객의 전환을 유도하는 언어를 포함하고, 고객이 찾는 혜택이나 해결하려는 문제와 연결된 기능을 명확히 제시해야 한다. 또한 주요 키워드를 처음 150~200개 단어에 포함하고, 관련 주제 키워드를 사용한 H2 부제목 태그로 적절하게 구분된 섹션으로 나누어야 한다. 언어는 검색엔진을 위해 작성된 것이 아니라 사람들에게 자연스럽게 다가가야 한다.

최적화된 제품 이미지

이미지 파일명은 의미가 있어야 한다. 제품 페이지의 메인 이미지에는 주요 키워드를 (자연스럽게) 반영하는 파일명을 붙인다. 다른 이미지에도 관련 주제 키워드를 (자연스럽게) 참조할 수 있는 의미 있는 파일명을 붙인다. 또한 시각장애인의 이미지 접근성을 높이기 위해 이미지의 대체 텍스트 태그에 의미 있는 언어를 사용해야 한다. 이는 이미지 검색을 통한 이미지 및 해당 제품 페이지의 가시성도 향상할 수 있다.

다른 제품 페이지 및 카테고리로의 링크

전자상거래 사이트 제작자는 제품을 구성하는 방법에 대한 인간의 이해와 일치하도록 사이트 분류법을 고려해야 한다. 이는 검색 시 사이트의 가시성과 개별 페이지에 영향을 미칠 수 있다. 각 제품 페이지에는 전자상거래 사이트의 다른 관련 페이지로 연결되는 링크가 있어야 하며, 이 링크를 통해 더 광범위한 주제 또는 주제 그룹의 일부로 다른 관련 제품을 보여준다. 제품 카테고리는 서로 관련된 키워드 그룹을 포함하는 효과적인 주제 클러스터이다.

요약

1. 전자상거래는 디지털 비즈니스의 하위 분야로, 특히 소매 부문에서 온라인 판매 거래를 촉진하는 플랫폼이 제공하는 서비스에 중점을 둔다. 여행, 금융 서비스, B2B 또한 전자상거래가 중요할 수 있는 부문이다.
2. 제품과 공급업체에 대한 정보가 증가함에 따라 더욱 쉽게 비교할 수 있게 되었다. 비교 또는 집계 서비스와 같은 마켓플레이스, 구글 쇼핑과 같은 광고 서비스에서 눈에 잘 띄는 목록이 중요해졌다.
3. 멀티채널 비즈니스에서는 전자상거래 서비스와 오프라인 채널의 통합을 고려해야 한다. 예를 들어 소매업체는 클릭 앤드 컬렉트 서비스를 제공하고 있다.
4. 전자상거래 전략에는 경쟁사와 비교하여 효과적인 전자상거래 가치 제안을 정의하는 것이 포함된다.
5. 전자상거래 전략에는 다양한 형태의 가치 창출이 포함된다. 아마존과 같은 거대 전자상거래 사업자는 광고, 주문형 서비스, 구독 또는 B2B 서비스에서 수익을 창출하는 하이브리드 수익 모델을 운영한다.
6. B2B 관계의 공급사슬 특성을 지원하는 고유한 B2B 운영 모델에는 도매 운영 모델, 조달 마켓플레이스 운영 모델, 사설 B2B 조달 플랫폼 운영 모델, 사설 및 부문별 수직 운영 모델 등이 있다.
7. 거래 플랫폼을 만들 때 헤드리스 전자상거래의 경우 프런트엔드와 백엔드의 개발 및 관리를 다양한 방식으로 개발할 수 있다. 구매 후 지불(BNPL)과 같은 다양한 결제 옵션은 유연한 인프라와 더 쉽게 통합할 수 있다.
8. 소셜 네트워크와 커뮤니티는 인플루언서 활용, 라이브 스트리밍과 같은 소셜 커머스 활동을 통해 수요와 판매를 촉진하여 전자상거래를 지원할 수 있다.
9. 설계에 모범 사례를 적용하면 전자상거래 플랫폼의 전환율을 높이는 데 도움이 되는 익숙한 경험, 프로세스, 기능을 개발할 수 있다.

연습문제

자가 평가 문제

1. 전자상거래와 디지털 비즈니스의 차이점은 무엇인가?
2. 좋아하는 전자상거래 소매업체를 살펴보고, 해당 플랫폼에 사용된 모범 사례 요소를 확인하라.
3. 다양한 전자상거래 소매업체 플랫폼에서 잘못된 사례를 파악하고, 이를 개선하는 방안을 제시하라.

토론 문제

1. 광범위한 전자상거래 유형 세 가지에 대해 설명하라.
2. 소매 전자상거래의 주요 특징을 설명하라.
3. 마켓플레이스 전자상거래 소매업체를 선정하고, 해당 기업이 자체 전자상거래 플랫폼을 개발하지 않고 제삼자 소매업체로서 마켓플레이스 서비스를 선택한 이유를 설명하라.
4. COVID-19 팬데믹 이전에 분석가들이 예상했던 만큼 소셜 전자상거래가 확산되지 않은 이유를 설명하라.
5. 인공지능은 미래 전자상거래 사업가에게 어떤 영향을 미칠 것인가? 긍정적 영향과 부정적 영향을 모두 고려하여 설명하라.
6. 단일 채널 전자상거래 비즈니스와 멀티채널 전자상거래 비즈니스의 장단점에 대해 설명하라.
7. CEO는 소매업에 기존 전자상거래 사이트 접근 방식을 채택해야 한다고 믿지만, 당신은 네이티브 전자상거래 앱을 채택해야 한다고 생각한다. 두 가지의 장단점을 설명하라. 또한 앱 선택의 이유, 앱 접근 방식을 선택하지 않는 경우의 문제와 위험을 설명하라.

시험 문제

1. 디지털 비즈니스와 별개의 전자상거래를 결정하는 진화된 네 가지 관점을 설명하라.
2. 자신이 완전히 새로운 제품의 개발자라고 가정하라. 이 제품을 판매하는 데 사용할 수 있는 다양한 플랫폼에 대한 옵션 및 특정 플랫폼을 선택한 이유를 설명하라.
3. 아마존에서 제삼자 소매업체가 되는 데에는 어떤 위험이 따르는가?

참고 문헌

48 Cart Abandonment Rate Statistics 2023 – Cart & Checkout (2023) *Baymard Institute.* Available at: https://baymard.com/lists/cart-abandonment-rate (Accessed: 24 February 2023).

A Brief History of NSF and the Internet (no date). Available at: https://www.nsf.gov/news/news_summ.jsp?cntn_id=103050 (accessed 25 November 2022).

Bloomberg.Com (2022) Shopify Tumbles Most Since May After Staff Cuts and CEO's Gloomy Outlook, 26 July. Available at: https://www.bloomberg.com/news/articles/2022-07-26/shopify-to-cut-10-of-staff-with-most-workers-gone-by-day-s-end (accessed 28 November 2022).

Byers, A. (2007) *Jeff Bezos: the founder of Amazon.com*. 1st edn. New York: Rosen Pub. Group

(Internet career biographies).

Chevalier, S. (2022) *U.S. e-commerce share of retail sales 2021-2025, Statista.* Available at: https://www-statista-com.mmu.idm.oclc.org/statistics/379112/e-commerce-share-of-retail-sales-in-us/ (accessed 13 December 2022).

Coppolla, D. (2022a) *Amazon: global net revenue by product 2021, Statista.* Available at: https://www-statista-com.mmu.idm.oclc.org/statistics/672747/amazons-consolidated-net-revenue-by-segment/ (accessed 8 December 2022).

Coppolla, D. (2022b) *Amazon: third-party seller share 2022, Statista.* Available at: https://www-statista-com.mmu.idm.oclc.org/statistics/259782/third-party-seller-share-of-amazon-platform/ (accessed 8 December 2022).

Digital Commerce 360 (2022) *2022 B2B Marketplace 400 Report.* Available at: https://www.digitalcommerce360.com/product/b2b-marketplace-report/ (accessed 17 January 2023).

Ferguson, D. (2021) Black Friday: largest boycott planned by independent retailers. *The Observer,* 21 November. Available at: https://www.theguardian.com/business/2021/nov/21/black-friday-largest-boycott-planned-by-independent-retailers (accessed 24 February 2023).

Fowler, G.A. (2022) *Perspective | It's not your imagination: Shopping on Amazon has gotten worse, Washington Post.* Available at: https://www.washingtonpost.com/technology/interactive/2022/amazon-shopping-ads/ (accessed 6 February 2023).

Google Search Central (no date) *Mobile-first Indexing Best Practices | Google Search Central | Documentation, Google Developers.* Available at: https://developers.google.com/search/docs/crawling-indexing/mobile/mobile-sites-mobile-first-indexing (accessed 24 February 2023).

Google/Ipsos (2018) *How People Shop with YouTube.* Available at: https://www.thinkwithgoogle.com/consumer-insights/consumer-trends/youtube-product-discovery-statistics/ (accessed 22 February 2023).

GWI and WARC (2021) *Media consumption overview: 2013–2020.*

Han, S. *et al.* (2022) Mapping consumer's cross-device usage for online search: Mobile- vs. PC-based search in the purchase decision process. *Journal of Business Research,* 142, 387–99. Available at: https://doi.org/10.1016/j.jbusres.2021.12.051.

IKEA launches new AI-powered, digital experience (2022). Available at: https://www.ikea.com/us/en/newsroom/corporate-news/ikea-launches-new-ai-powered-digital-experience-empowering-customers-to-create-lifelike-room-designs-pub58c94890 (accessed 16 December 2022).

Jacobs, A. (2009) 'Happy Feet', *The New Yorker,* 7 September. Available at: https://www.newyorker.com/magazine/2009/09/14/happy-feet (accessed 25 November 2022).

Jungle Scout (2022) *Consumer Trends Report: Q2 2022.* Available at: https://www.junglescout.com/wp-content/uploads/2022/06/Jungle-Scout-Consumer-Trends-Report-Q2-2022.pdf (accessed 21 February 2023).

Kalakota, R. and Whinston, A.B. (1997) *Electronic commerce: a manager's guide.* Reading, Mass: Addison-Wesley.

Kalra, A. and Stecklow (2021) Amazon copied products and rigged search results, documents show'. *Reuters,* 13 October. Available at: https://www.reuters.com/investigates/special-report/amazon-india-rigging/ (accessed 1 February 2023).

Kemp, S. (2022) *Digital 2022: Global Overview Report — DataReportal – Global Digital Insights, DataReportal.* Available at: https://datareportal.com/reports/digital-2022-global-overview-report (accessed 16 December 2022).

Kemp, S. (2023) *Digital 2023: Global Overview Report, DataReportal – Global Digital Insights.* Available at: https://datareportal.com/reports/digital-2023-global-overview-report (accessed 21 February 2023).

Lebow, S. (2022) *Voice assistant use is strong, Insider Intelligence.* Available at: https://www.insiderintelligence.com/content/voice-assistant-use-strong-revenue-potential-not-much (accessed 16 December 2022).

Lewis, R. (2022) *Retail sales, Great Britain – Office for National Statistics.* Available at: https://www.ons.gov.uk/businessindustryandtrade/retailindustry/bulletins/retailsales/july2022 (accessed 13 December 2022).

Lucidworks (2021) *Survey Reveals that Shoppers Want More from Chatbots, Are Interested in Recommended Content, and Are Hesitant to Return to Stores After the Pandemic, GlobeNewswire News Room.* Available at: https://www.globenewswire.com/news-release/2021/06/22/2251195/0/en/Survey-Reveals-that-Shoppers-Want-More-from-Chatbots-Are-Interested-in-Recommended-Content-and-Are-Hesitant-to-Return-to-Stores-After-the-Pandemic.html (accessed 30 November 2022).

Maslowska, E., Malthouse, E.C. and Bernritter, S.F. (2017) Too good to be true: the role of online reviews' features in probability to buy. *International Journal of Advertising,* 36(1) 142–63. Available at: https://doi.org/10.1080/02650487.2016.1195622.

Merineau, É. (2021) *Lacoste Partners with Heyday AI to Usher in a New Era of Digital Clienteling and Personalized Customer Experiences, Heyday.* Available at: https://heyday.hootsuite.com/post/lacoste-heyday-ai/ (accessed 30 November 2022).

Moar, J. and Esherich, M. (2021) *Voice Assistants: Market Forecasts, Monetisation Strategies & Conpetitive Advantages 2021-2026, Juniper Research.* Available at: https://www.juniperresearch.com/researchstore/innovation-disruption/voice-assistants-market-research-report (accessed 16 December 2022).

Nuance Communications (2020) *H&M Extends Nuance Virtual Assistant and Live Chat to Google's Business Messages.* Available at: https://www.prnewswire.com/news-releases/hm-extends-nuance-virtual-assistant-and-live-chat-to-googles-business-messages-301145901.html (accessed 30 November 2022).

Ofcom (2021) *Effects of Covid-19 on online consumption in the UK.*

Pandemic's E-commerce Surge Proves Less Persistent, More Varied (no date) *IMF.* Available at: https://www.imf.org/en/Blogs/Articles/2022/03/17/pandemics-e-commerce-surge-proves-less-persistent-more-varied (accessed 28 November 2022).

PowerReviews Team (2021) *Survey: The Ever-Growing Power of Reviews, PowerReviews.* Available at: https://www.powerreviews.com/insights/power-of-reviews-survey-2021/ (accessed 22 February 2023).

Rey, J.D. (2022) *Basically everything on Amazon has become an ad, Vox.* Available at: https://www.vox.com/recode/2022/11/10/23450349/amazon-advertising-everywhere-prime-sponsored-products (accessed 6 February 2023).

Tanna, S. and Dey, M. (2022) 'Amazon accepts Visa credit cards in global truce over fees', *Reuters,* 17 February. Available at: https://www.reuters.com/technology/visa-reaches-agreement-with-amazon-over-payment-fees-2022-02-17/ (accessed 8 February 2023).

The Shopping Index Q3 (2022) *Salesforce.com.* Available at: https://www.salesforce.com/resources/research-reports/shopping-index/ (accessed 16 December 2022).

Unilever acquires Dollar Shave Club (2016) *Unilever.* Available at: https://www.unilever.com/

news/press-and-media/press-releases/2016/unilever-acquires-dollar-shave-club/ (accessed 16 January 2023).

Walsh, H. (2022) *How to avoid fake Black Friday deals, Which?* Available at: https://www.which.co.uk/reviews/black-friday/article/black-friday-deals-how-to-check-if-a-black-friday-deal-is-real-aKtJD2L0zJEt (accessed 24 February 2023).

Worldwide Ecommerce Forecast Update 2022 (2022) *Insider Intelligence.* Available at: https://www.insiderintelligence.com/content/worldwide-ecommerce-forecast-update-2022 (accessed 13 December 2022).

웹 링크

추천 동영상, 분석 도구, 통계 자료 등의 추천 웹사이트 링크 디렉터리는 데이브 채피가 관리하는 https://www.davechaffey.com/book-support에서 확인할 수 있다.

Chapter 4

디지털 환경의 주요 과제

핵심 주제

1. 사회적 요인
2. 법적·윤리적 요인
3. 경제적 요인
4. 정치적 요인
5. 기술적 요인
6. 문화적 요인
7. 전자상거래 구매 행동에 영향을 미치는 요인
8. 전자상거래의 개인 정보 보호와 신뢰
9. 인터넷 사용과 관련된 환경 문제
10. 전자상거래에 대한 과세
11. 자유를 제한하는 법률
11. 경제 및 경쟁 요인
12. 전자상거래가 국제 B2B 거래에 미치는 영향
13. 기술 혁신과 기술 평가

사례 연구

4.1 소셜 미디어와 유명 인플루언서의 변화

QR 코드를 통해 이 장의 주제에 관한 최신 자료를 확인할 수 있다.

학습 목표

- 기업의 디지털 비즈니스와 디지털 마케팅 전략에 영향을 미치는 거시적 환경의 다양한 요인을 파악한다.
- 법적, 개인 정보 보호, 윤리적 제약 또는 기회가 기업에 미치는 영향을 알아본다.
- 경제, 정부의 디지털 경제 정책, 세제 등 거시경제적 요인의 역할을 알아본다.

경영 과제

- 디지털 비즈니스 전략을 수립하고 실행할 때 고려해야 할 법적 문제 등 제약 조건은 무엇인가?
- 고객 확보 및 유지라는 마케팅 목표를 달성하는 동시에 고객의 신뢰와 개인 정보 보호를 어떻게 보장할 수 있는가?
- 인공지능, 웹 3.0과 같은 기술 혁신의 비즈니스 연관성을 어떻게 평가할 것인가?

관련된 주요 장

- 2장에서 온라인 마켓플레이스의 다양한 요소를 소개한다.
- 전략적 접근법에서는 기업을 둘러싼 환경이 전략에 미치는 제약을 고려해야 하는데, 이는 5장, 6장, 8장에서 설명한다.
- 6장, 8장, 9장에서 인공지능과 머신러닝의 구체적인 적용에 대해 자세히 살펴본다.
- 경쟁시장에서 전략적 우위를 점하기 위한 디지털 트랜스포메이션의 추진 방법은 10장에서 다룬다.

개요

디지털 비즈니스 전략과 전자상거래 전략의 출발점은 기업을 둘러싼 환경, 즉 시장을 분석하는 것이다. 일반적으로 기업의 환경은 다음과 같다.

- **거시적 환경**: 기업 운영에 간접적으로 영향을 미치는 외부 요인
- **미시적 환경**: 공급업체, 경쟁사, 중개업체, 고객 등 기업에 직접적으로 영향을 미치는 내부 요인

이러한 환경의 요인을 표 4.1과 그림 4.1에 요약했다. 그림 4.1은 2장에서 처음 제시했던 것으로, 온라인 시장과 미시적 환경의 힘을 평가하는 방법 및 그것이 기업에 미치는 영향을 보여준다.

이 장에서는 널리 사용되는 SLEPT(social, legal, economic, political, technological) 프레임워크를 사용하여 그림 4.1의 바깥쪽 파란색 상자에 요약된 거시적 환경 요인의 역할에 집중할 것이다. 이러한 요인은 PEST(political, economic, social, technological) 요인으로도 알려져 있지만, 디지털 비즈니스에 영향을 미치는 법률의 중요성을 강조하는 데 효과적이기 때문에 SLEPT를 사용한다. 한편 PESTLE(political, economic, social, technological, legal, environmental)은 환경도 고려하는 것이며, 이 장에서는 윤리적 요인을 다루면서 환경을 고려하겠다. SLEPT 요인은 다음과 같다.

- **사회적 요인**: 다양한 활동에서 인터넷 사용을 결정하는 소비자 인식의 영향이 포함된다.
- **법적·윤리적 요인**: 온라인에서 제품을 홍보하고 판매하는 방법을 결정한다. 정부는 사회를 대표하여 개인 정보 보호에 대한 권리를 보호하려고 한다.
- **경제적 요인**: 국가와 지역에 따른 경제 성과의 차이는 소비 패턴과 국제 무역에 영향을 미친다.
- **정치적 요인**: 각국 정부와 다국적 조직은 인터넷의 미래 도입과 관리, 인터넷의 규칙을 결정하는 데 중요한 역할을 한다.
- **기술적 요인**: 기술 변화는 제품 판매 방식에 새로운 기회를 제공한다.

표 4.1 기업의 거시적 환경과 미시적 환경의 요인

거시적 환경	미시적 환경(디지털 마켓플레이스)
사회적	기업
법적, 윤리적, 과세	고객
경제적	공급업체
정치적	경쟁사
기술적	중개업체
경쟁적	일반 대중

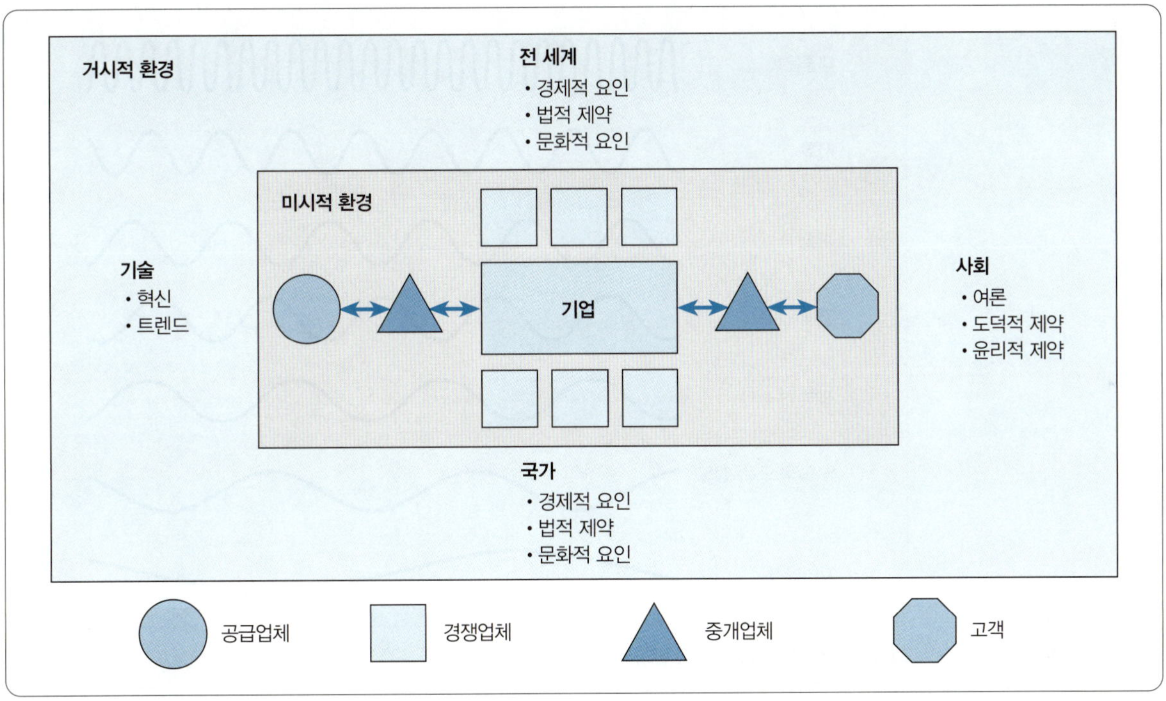

그림 4.1 미시적 환경과 거시적 환경

출처: Chaffey and Ellis-Chadwick(2012), 허락하에 게재

전자상거래 담당 관리자에게 제기되는 각 요인의 새로운 문제를 살펴보자.

학습활동 4.1을 수행하면서 디지털 비즈니스 관리자가 고려해야 할 가장 중요한 거시적 환경 요인에 대해 생각해보자. 모든 영향 요인에 동일한 가중치를 부여하는 것이 아니라 현재 환경에서 가장 중요한 요인(예: 법률, 기술 혁신)에 초점을 맞추는 것이 중요하다.

학습활동 4.1에서 확인된 문제를 비롯해 경제적·경쟁적 압력과 같은 기타 문제는 빠르게 변화하는 경향이 있으며, 특히 기술 발전과 관련된 역동적인 요인이 두드러진다.

그림 4.2는 거시적 환경 요인 평가의 어려움을 보여준다. 관리자는 항상 환경을 파악하고, 어떤 변화가 자신의 영향 범위와 관련이 있는지를 평가하며, 연간 계획 주기 동안 이에 대한 조치를 취해야 한다. 사회문화의 변화와 신기술의 도입 및 채택은 매우 빠른 경향이 있으며, 연간 계획 중 1년 동안 일부 변화에 대한 민첩한 대응이 필요할 수도 있다. 정부 및 법적 변화는 더 긴 시간 척도에 걸쳐 일어나는 경향이 있지만, 새로운 법률이 비교적 빨리 도입되는 경우도 있다. 따라서 관리자는 경쟁력과 서비스 제공에 필수적인 요인을 파악하고 이를 모니터링해야 한다. 기술적·법적 요인은 전자상거래를 관리하는 데 가장 중요하므

학습활동 4.1 **사회적·법적·윤리적 문제**

전자상거래 사이트 관리자가 고려해야 할 사회적·법적·윤리적 문제를 모두 나열하라. 사이트에 접속할 때 자신이나 친구 또는 가족에게 해당될 수 있는 현재의 문제를 바탕으로 답변한다.

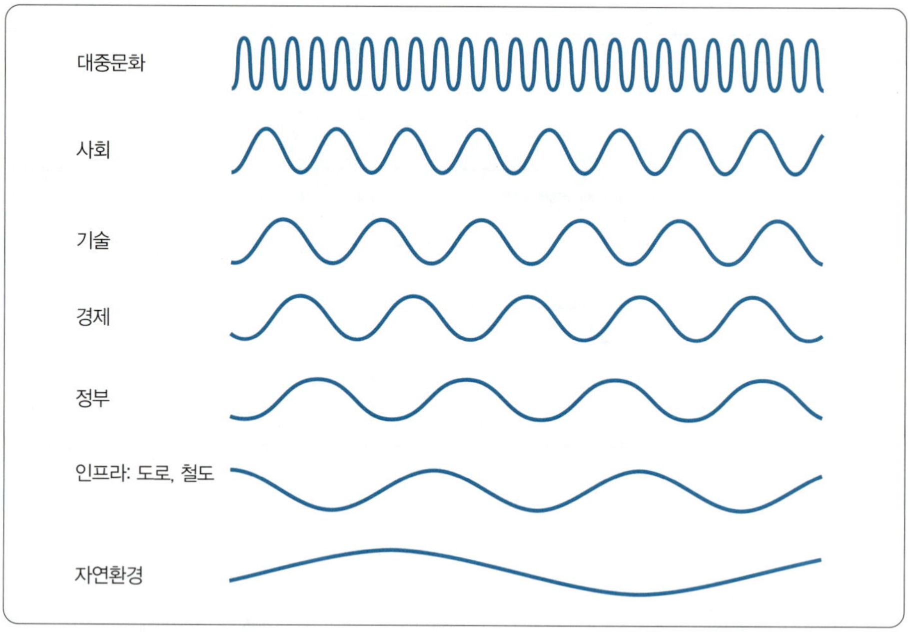

그림 4.2 변화의 물결: 환경 변화의 다양한 시간 척도

로 집중적으로 살펴야 한다.

법률은 전자상거래 관리자가 해결해야 할 가장 중요한 문제 중 하나이며, 일부 법적 문제를 표 4.2에 제시했다. 각 항목과 관련하여 준수해야 할 구체적인 법률은 이 장의 후반부에서 다룰 것이다.

환경 스캐닝 환경과 사건을 지속적으로 모니터링하고 그에 따라 대응하는 프로세스

이러한 환경 요인을 모니터링하지 않거나 적절히 대응하지 않는 기업은 경쟁력을 유지하지 못하고 실패할 수 있다. 환경을 모니터링하는 프로세스인 **환경 스캐닝**(environmental scanning)이 임시적으로 수행되곤 하지만, 보고 절차가 없다면 경영자가 일부 주요 변화를 알아채지 못할 수 있다. 정보를 평가하고 그에 따라 대응하려면 환경 분석이 필요하다.

사회적 요인

모든 국가에는 특정 아이디어, 제품/서비스, 커뮤니케이션에 대한 태도와 의견이 다른 사람들이 있으며, 이러한 차이의 핵심 요소는 다음과 같다.

- 문화
- 연령, 성별 등의 인구통계
- 사회적 라이프스타일
- 국가적 구조
- 풍요/부
- 종교

표 4.2 디지털 마케팅을 규제하는 중요한 법률

법적 문제	영향을 받는 디지털 마케팅 활동
1. 데이터 및 개인 정보 보호	☑ 직접적으로는 양식에 데이터를 입력하는 방식으로, 간접적으로는 웹 분석을 통해 행동을 추적하는 방식으로 이루어지는 개인 정보 수집·저장·사용·삭제 ☑ 이메일 마케팅과 SMS 모바일 마케팅 ☑ 소비자 간 마케팅 메시지 전달을 촉진하는 바이럴 마케팅 활용 ☑ 콘텐츠 개인화 및 사이트에서의 추적을 위한 쿠키와 기타 기술 사용 ☑ 광고 네트워크, **행동 타기팅 광고**(behavioral ad targeting)를 활용하는 기업 사이트 등 사이트 간 추적을 위한 쿠키 사용 ☑ 소셜 네트워크의 고객 정보 활용 ☑ 사용자 PC에 설치된 디지털 자산을 마케팅 목적으로 사용하는 행위(예: 악성 코드)
2. 장애와 차별	☑ 다양한 디지털 환경에서 시각장애인을 위한 이미지 등의 콘텐츠 접근성 　☑ 웹사이트 　☑ 이메일 마케팅 　☑ 모바일 마케팅 　☑ IPTV ☑ 청각장애, 운동장애 등 기타 장애에 영향을 미치는 접근성
3. 브랜드 및 상표 보호	☑ 상표 및 브랜드 이름 사용 　☑ 도메인 이름 　☑ 사이트 콘텐츠(검색엔진 최적화용) 　☑ 유료 검색 광고 캠페인(예: 구글 애즈) ☑ 파트너, 퍼블리셔, 소셜 네트워크를 포함한 제삼자 사이트에서의 브랜드 표현 ☑ 직원 명예 훼손
4. 지식 재산권	☑ 디지털 저작권 관리(digital rights management, DRM)를 통해 텍스트 콘텐츠, 이미지, 동영상, 음성, 사운드 등의 디지털 자산 보호
5. 계약	☑ 전자 계약의 유효성 　☑ 취소 　☑ 반품 　☑ 가격 오류 ☑ 통신판매법 ☑ 전자상거래 서비스 제공자가 구매자와 다른 세제를 적용받는 경우의 국제 과세 문제
6. 온라인 광고	☑ 기존 미디어와 유사한 문제
7. 소셜 미디어	☑ 제안의 표현 ☑ 불쾌감 유발 행위(예: 바이럴 마케팅) ☑ 해당 회사에서 근무하고 있는 직원이 추천을 게시하여 회사를 허위로 표시하는 행위 ☑ 명예 훼손(다른 소셜 네트워크 사용자에 대한 비방 및 명예 훼손) ☑ 소셜 미디어 내의 고객 정보 보호 ☑ 지식 재산권(소셜 미디어에서의 고객 정보 소유권) ☑ 소셜 미디어 내의 프로모션 및 공모전 ☑ 저작권법(제작자의 허락 없이 사진이나 동영상을 온라인에 게시하는 행위)
8. 환경	☑ 전자·전기 폐기물 처리 지침(Waste Electrical and Electronic Equipment, WEEE) 규정 ☑ 이 소비자보호법은 브랜드가 오해의 소지가 있는 환경적 주장을 하는 것을 제한하고 전기제품 제조업체가 기존에 사용된 제품을 구매하여 재활용하도록 요구한다.

행동 타기팅 광고 방문자가 사이트 내에서 이동하거나 사이트 간에 이동할 때 방문자의 선호도를 나타내는 특정 사이트나 콘텐츠 유형에 따라 광고 타깃을 설정하는 것

좋은 예는 인플루언서의 역할 증가와 같은 사회적·문화적 변화에 따른 인터넷 사용으로 인해 소비자의 구매 행동이 변화한 것이다. '자극'은 일종의 마케팅 '푸시'이지만, 의사결정 과정(첫 번째 진실의 순간)의 대부분은 소비자가 슈퍼마켓 진열대에 있을 때이다. 그리고 두 번째 진실의 순간은 소비자가 제품을 구매하여 집으로 가져가서 사용해보고 의견을 형성할

주요 온라인 인플루언서 유명인, 해당 분야에서 잘 알려진 사람, 온라인에서 타깃 청중이 귀를 기울이고 교류하는 퍼블리셔 등을 말한다. 온라인 인플루언서 아웃리치 또는 블로거 아웃리치는 기업이 더 많은 고객에게 다가가고 참여시키도록 돕는다. 최근에는 동영상 블로거(유튜버)가 인기를 끌고 있다.

마이크로인플루언서 소셜 미디어 팔로워 수가 많지 않지만 한정된 네트워크를 통해 영향력을 보유한 사람으로, 이들이 모이면 큰 영향력을 행사할 수 있다.

쇼루밍 소비자가 오프라인 매장에서 제품을 본 후 온라인 구매를 결정하는 것으로, 온라인에서 더 저렴하게 구매할 수 있는지(또는 프로모션이나 혜택이 있는지) 확인하기 위해 주로 모바일 기기를 사용한다.

때이다.

그러나 구글이 ZMOT(zero moment of truth, 진실의 순간)라고 표현하는 것은 피드백 루프가 있는 경우이다. 트립어드바이저와 같은 사이트의 이용이 증가함에 따라 다른 소비자의 구매 행동에 영향을 미치는 온라인 리뷰를 쉽게 남길 수 있게 되었다. 또한 소셜 미디어 피드에서 인플루언서가 구매를 독려하고, 소셜 미디어 플랫폼의 일부인 소셜 커머스 기능을 통해 구매를 유도할 수 있게 되면서 구매자의 행동이 변화하고 있다. 시장 내 **주요 온라인 인플루언서**(key online influencer)를 파악하는 것은 타깃 고객에게 도달하고 그들을 참여시키는 데 중요하다(미니 사례 연구 4.1 참조). 인터넷 시대 이전에 비해 **마이크로인플루언서**(microinfluencer) 또한 브랜드 선호도를 형성하는 데 중요할 수 있다.

전자상거래와 관련된 또 다른 문화적 변화는 소비자의 제품 구매 프로세스가 달라지고 있다는 것이다. 소비자가 오프라인 매장에서 제품을 직접 보고 온라인에서 구매하는 **쇼루밍**(showrooming)이 증가했는데, 이는 대개 온라인에서 더 저렴한 가격으로 구매하려는 욕구에서 비롯된 것이다. 푸시온의 조사(PushOn, 2021)에 따르면 쇼핑객의 약 30%는 적극적으로 쇼루밍을 하고 있다. Gensler 등(2017)은 쇼루밍의 일부 동인을 연구했다. 모바일 쇼핑객의 분류를 다룬 보충 자료 4.1은 과거의 연구를 기반으로 하지만, 오늘날에도 여전히 관련성이 있는 행동 범주를 보여준다.

미니 사례 연구 4.1 소셜 미디어 인플루언서가 의견을 형성하는 방법: 육식주의자부터 비건까지

웨일러(Whaler)는 인플루언서 마케팅을 활용하여 브랜드를 지원하는 마케팅 에이전시이다. 이 회사의 공동 설립자 중 한 명인 닐 월러(Neil Waller)는 인플루언서 마케팅에 대해 이렇게 말했다. "누구나 다른 사람의 집에 숙박할 수 있었지만, 에어비앤비는 안전망을 구축하여 이를 가능하게 하고 확장되게 만들었다." 월러는 이와 유사한 원칙을 적용하여 인플루언서 네트워크를 구축하고 온라인 커뮤니티에서 신뢰를 쌓아 기업이 소셜 미디어 인플루언서 캠페인을 최대한 활용할 수 있도록 돕고 있다. 디올(Dior)의 #DiorLoveChain 캠페인, 보다폰(Vodafone)의 #BeUnlimited 캠페인을 통한 데이터 무제한 요금제 인지도 향상, 네이키드글로리(Naked Glory)의 육류 불포함 식품 출시 등 많은 브랜드와 함께 일했다.

네이키드글로리는 'Summer Eating' 캠페인을 통해 인지도를 높이고자 했고, 웨일러는 크리에이티브 인플루언서 15명을 섭외하여 네이키드글로리의 육류 불포함 식품군을 소개하는 독창적인 콘텐츠를 제작했다. 그 결과 63,700건의 참여를 얻고 캠페인 지원 자산이 크게 증가했다. 스토리 노출이 예상보다 훨씬 높았으며, 가장 좋은 성과를 거둔 스토리는 인지도를 높이고 고객의 구매 의욕, 재구매, 추천에 도움이 되었다.

인플루언서는 인스타그램, 페이스북과 같은 소셜 미디어 플랫폼을 통해 오피니언 리더로서 소비자의 행동 의도를 형성한다. 이것이 효과적으로 작동하기 위해서는 소비자의 관심사, 성격과 인플루언서의 메시지 품질, 가치관이 상당히 일치해야 한다(Casalo et al., 2020). 네이키드글로리의 인플루언서들은 웨일러의 기대 이상으로 캠페인을 전개하여 37%의 자산 증가를 이끌어냈다. 그리하여 네이키드글로리는 육식주의자도 즐길 수 있는 비건 브랜드라는 인식이 널리 퍼졌다. 소셜 미디어 마케팅과 SMMF(social media marketing framework)에 대한 예는 사례 연구 4.1을 참조하기 바란다.

출처: Casalo, L. V., Flavin, C. and Ibanez-Sanchez, S. (2020) https://qz.com/quartzy/1376749/whalar-is-showing-dior-and-nike-how-to-influence- people-in-the-instagram-age/ https://studio.whalar.com/whalar-x-naked-glory-dont-preach-to-the-converted/

보충 자료 4.1 모바일 쇼핑객 세분화

컬럼비아대학교 경영대학원과 Aimia(2013)는 '모바일 쇼핑객(M-shopper)'의 5개 분류와 그 구매 행동을 파악했다.

1. **익스플로이터**(exploiter, 6%): 온라인에서 구매하려고 이미 계획하고 있으며 항상 최저가를 선택한다. 이들은 온라인 구매를 계획하고 매장에 가서 직접 제품을 살펴본 후 구매하는 경향이 있다. 가격 이외에도 무료 배송, 온라인 로열티 혜택, 온라인 반품 규정 등의 이유로 온라인에서 구매한다. 이 계층은 여성이 좀 더 많고 소득이 약간 낮다.
2. **사비**(savvy, 13%): 5개 분류 중 가장 디지털에 민감한 계층이다. 이들은 열성적이고 자주 정보를 탐색하며, 매장에서 모바일 기기를 사용하여 가격을 비교하고 제품의 세부 정보를 확인하며 사용자 리뷰를 찾는 경향이 강하다. 익스플로이터와 마찬가지로 이들의 매장 방문은 미리 계획되어 있으나, 온라인에서 더 싸게 구매할 수 있다는 것을 알면서도 매장에서 구매할 가능성이 높다. 또한 로열티 프로그램 가입에 적극적이며, 소매점의 제안과 혜택을 받아들일 가능성이 높다. 이 계층은 대체로 30세 미만이며, 남성의 비율이 다소 높다(전체 모바일 쇼핑객의 58%).
3. **가격 민감형**(19%): 가격에 민감하며, 인터넷에서 같은 가격 또는 그 이하로 구매할 수 있다는 것을 알면 소매점에서 구매하지 않는다. 그러나 모바일 쿠폰, 택배 배송, 연장 보증 등의 할인 혜택이 있다면 매장에서 구매하도록 설득이 가능하다. 이 계층은 29세 이상일 가능성이 높고 남녀 비율이 동일하다.
4. **전통주의자**(30%): 매장에서의 구매를 고집하는 소비자로, 스마트폰을 세부 정보 확인 용도로만 사용한다. 이들은 가격 확인보다는 친한 사람에게 문자 메시지를 보내거나 전화 통화를 하기 위해 모바일 기기를 사용하는 경향이 강하다. 또한 오프라인 매장을 더 신뢰하고 반품 규정이 더 나을 것으로 기대하기 때문에 온라인에서 더 저렴한 가격을 찾기보다는 매장에서 구매할 가능성이 더 높다. 이 계층은 여성이 좀 더 많고, 일반적으로 55세 이상이다.
5. **경험 추구형**(32%): 가장 큰 분류이다. 이들은 우수한 매장 경험을 매우 중요하게 생각하며, 온라인에서 더 저렴한 가격을 발견하더라도 매장에서 구매할 의향이 있다. 또한 한정 판매, 사전 쇼핑, 유명인 이벤트 등 매장에서의 전문적 경험을 통해 구매 의욕이 커지는 경향이 있다. 이 계층은 젊고(30세 이하) 데이터 요금제를 사용하는 태블릿을 지녔을 가능성이 높다. 영국의 소매업체인 데벤함스(Debenhams)는 이 분류를 개척하기 위해 최근에 매장을 '라이프스타일 목적지'로 탈바꿈시켜 커피와 식사뿐만 아니라 메이크업, 피부 관리, 눈썹 관리, 헤어 관리를 제공하고 있다.

사례 연구 4.1 소셜 미디어와 유명 인플루언서의 변화

소셜 미디어의 도달 범위와 영향력은 마케팅 환경을 어떻게 변화시키고 재편할까? 사람들이 타인의 사적인 삶에 매료됨에 따라 인간 활동의 모든 측면에 영향을 미칠 수 있는 소셜 미디어의 능력이 증가되었다(Alalwan et al., 2017). 그러나 상업적으로 볼 때 이러한 디지털 커뮤니케이션 미디어의 관리와 거버넌스는 종종 무정부 상태이다(Felix et al., 2016). 그럼에도 불구하고 연구에 따르면 디지털 마케팅 관리자는 소셜 미디어를 체계적이지 않은 방식으로 도입하는 경우보다 일관성 있고 더 강력한 방식으로 소셜 미디어를 사용하도록 기업을 포지셔닝할 수 있다.

이러한 파괴적인 디지털 커뮤니케이션 채널의 복잡성을 조사하기 위해 유명 소셜 미디어 사례에서 몇 가지를 살펴보고 전략적 소셜 미디어 마케팅 프레임워크(Felix et al., 2016)를 적용한다.

소셜 미디어 마케팅 프레임워크(SMMF)

Felix 등(2016)은 소셜 미디어 마케팅의 네 가지 차원을 제안했는데, 이 프레임워크는 소셜 미디어의 전략적 활용을 고려하는 종합적인 방법을 제공한다.

- **범위**: 소셜 미디어 플랫폼이 최종 사용자를 즐겁게 하거나 정보를 전달하는 콘텐츠를 제공하는 단방향 커뮤니케이션 도구로 사용되는 정도 또는 최종 사용자와 기업 간의 상호작용을 촉진하는 본격적인 협업 환경으로 사용되는 정도에 초점을 맞춘다.
- **문화**: 소셜 미디어를 전통적인 대중 마케팅 채널로 사용하는지, 아니면 개방적이고 유연하며 소셜 미디어 플랫폼의 스타일을 수용하는 보다 현대적인 접근 방식을 취하는지를 구분한다.
- **구조**: 소셜 미디어가 조직에서 어떻게 배치되는지 살펴본다. 소셜

미디어의 활용이 경영진의 통제 아래 있고 소셜 미디어를 담당하는 직원에 대한 프로토콜이 명확히 정의되어 있는가, 아니면 소셜 미디어의 활용이 모든 직원의 책임이기 때문에 마케팅 책임자의 역할이 불필요한가?

- **거버넌스**: 회사 규정 및 직원이 소셜 미디어 플랫폼에서 할 수 있는 말과 할 수 없는 말을 어느 정도까지 허용할 것인지와 관련이 있다.

SMMF는 소셜 미디어 활용의 근본적인 복잡성 그리고 그 적용과 관리에 대한 다면적인 접근의 중요성을 강조한다. 그렇다면 SMMF가 각 증거의 도달 범위와 성공에 빛을 밝히는 데 도움이 되는지 확인하기 위해 최근 화제가 된 소셜 미디어 활동을 살펴보자.

증거 1: 유명인의 참여(카일리코스메틱스)

페이스북, 트위터, 인스타그램, 링크드인 등의 소셜 미디어 플랫폼은 텍스트, 사진, 동영상, 음성, 블로그, 메시지 등 다양한 형태의 개인적·상업적 정보를 공유하도록 유도하고 있다. 2018년 2월, 유명인이자 소셜 미디어 인플루언서인 카일리 제너(Kylie Jenner)가 "더 이상 이러한 메시지를 읽지 않는다"고 트윗하여 스냅챗의 가치를 15억 달러나 떨어뜨렸다는 보도가 나왔다. 항상 사람들의 관심을 끌기 위해 노력하는 카일리는 갓 태어난 딸의 흐릿한 사진을 올려 단 몇 시간 만에 1,100만 개의 '좋아요'를 받았다(BBC, Newsround, 2018). 카일리는 미국에서 리얼리티 프로그램 〈Keeping Up With the Kardashians〉로 유명한 킴 카다시안(Kim Kardashian)과 친척 관계이다. 킴을 비롯한 카다시안-제너 가족은 소셜 미디어에서 강력한 존재감을 드러내는데, 이는 금전적으로도 가치가 있다(Gajanan, 2017). 카일리는 디지털 소셜 미디어의 영향력을 활용하여 2년 만에 4억 달러 규모의 화장품 사업을 일구었다. 카일리코스메틱 웹사이트에서는 고객이 해당 메이크업 제품으로 꾸민 사진을 #KylieCosmetics를 사용하여 공유하도록 권장하고 있다. 카일리는 유튜브의 10대용 메이크업 튜토리얼을 통해 소셜 미디어에 관심을 가지게 되었고, 그러한 지식과 온라인 프로그램을 이용하여 화장품 브랜드를 성장시켰다.

증거 2: 정치 캠페인(#graby ourwallet)

섀넌 콜터(Shannon Coulter)는 도널드 트럼프(Donald Trump)의 여성 비하 발언을 계기로 이방카 트럼프(Ivanka Trump)의 의류를 사지 말라고 촉구하는 캠페인을 시작했다. 즉 #grabyourwallet 캠페인은 이방카의 패션 브랜드를 취급하는 소매업체를 보이콧하는 행동을 촉구했다. 소셜 미디어 캠페인이 확산되자 니먼마커스(Nelman Marcus), 벨크(Belk), 노드스트롬(Nordstrom) 등 미국의 대형 브랜드 소매업체는 해당 제품을 판매해야 할지 재고했다. 흥미롭게도 이러한 소매업체 중 불매 운동과 매출 간의 연관성을 실제로 밝힌 곳은 없다. 그러나 이방카의 브랜드는 #grabyourwallet 캠페인이 시작된 이후 매출이 21% 증가했으며, 이는 카테고리와 시장 확대에 기인한 것으로 알려졌다. 콜터에 따르면 이 캠페인은 보다 광범위하게 '반트럼프 감정'으로 발전했고, 도널드 트럼프와 연관된 기업에 대한 불매 운동으로 이어졌다(Halzack, 2017). 콜터는 이를 같은 의견을 가진 소비자들이 적극적으로 참여할 수 있는 방법이라고 생각한다.

증거 3: 재무 규정 준수

금융 서비스업계는 일반적으로 위험을 기피하기 때문에 처음에는 소셜 미디어가 큰 위협이었으며, 그 결과 많은 은행, 건축 조합 및 기타 금융 기관이 소셜 미디어 플랫폼에 참여하지 않으려 했다. 하지만 많은 고객은 다른 생각을 가지고 있었다. 고객은 자신과 관련된 모든 기업 및 서비스 제공업체로부터 점점 더 실시간 응답을 요구했다. 이에 기업들이 핀테크에 투자하기 시작하여 더 빠르고 향상된 서비스가 제공되었을 뿐만 아니라 소셜 미디어가 널리 보급되었다. 페이스북, 트위터와 같은 플랫폼은 고객과의 상호작용을 촉진하는 채널로, 타기팅 및 틈새시장 확대를 개선하는 마케팅 채널로, 새로운 상품 제공 채널로, 새로운 비즈니스 모델을 모색하는 채널로 활용되고 있다(Eldridge, 2017). 그러나 여기에 가장 큰 위협이 있다. 금융 서비스는 소셜 미디어를 도입함으로써 GAFAM(구글, 애플, 페이스북, 아마존, 마이크로소프트)에 '고객 마인드셰어'를 양보하고, 지금까지 금융 서비스를 제공하지 않았던 사업자가 오랜 전통의 금융 서비스 기업을 대체할 수 있는 길을 열어주었다(Birch, 2018).

증거 4: 지역적이고 개인적인 소셜 미디어

2010년 출범한 인스타그램은 첫해에 1,000만 명의 회원을 유치하여 현재 활성 사용자가 8억 명 이상에 달하며, 이는 점점 더 빨리 증가하고 있다. 이러한 성장의 한 요인은 페이스북(인스타그램 소유주)과 스냅챗의 경쟁에 있다. 인스타그램은 기능을 추가하고 사진 갤러리를 공유할 수 있는 기회를 늘리면서 페이스북을 닮아가고 있다(Manjoo, 2017).

문제

1. SMMF의 차원을 사용하여 다음을 분석하라.
   (a) 카일리 제너의 화장품
   (b) 섀넌 콜터의 #grabyourwallet
2. SMMF는 다음을 수행하는 데 어떻게 도움이 되는가?
   (a) 소셜 미디어 활용과 관련하여 금융 서비스업계에서 일어나는 일의 해석
   (b) GAFAM으로부터 은행과 건축 조합을 보호하는 데 도움이 될 수 있는 소셜 미디어 활용에 대한 전략적 솔루션 제공

법적 · 윤리적 요인

캐나다의 로열티와 저작권법 때문에 스포티파이가 캐나다에 진출하는 데 수년이 걸렸던 것처럼 일반적으로 법률의 변화는 비즈니스 환경에 영향을 미칠 수 있다. 이 장의 후반부에서 더 자세히 살펴볼 주요 법적 요인은 다음과 같다.

- 2018년 유럽 전역에서 시행된 일반 데이터 보호 규정(General Data Protection Regulation, GDPR)의 적용을 받는 데이터 보호 및 개인 정보 보호법(특히 이메일 관련)
- 장애와 차별에 관한 법률
- 브랜드 및 상표 보호
- 지식 재산권
- 계약법
- 온라인 광고법

경제적 요인

경제의 요소와 그 상태에 관한 경제적 요인에는 다음과 같은 것이 포함된다.

- 시장 성장과 고용
- 인플레이션율
- 금리
- 통화 및 재정 정책
- 환율

전자상거래 관점에서 좋은 예는 동적 가격 책정(dynamic pricing) 분야이다. 이는 경쟁사의 가격, 수요와 공급, 소비 습관, 시간대, 위치, 운영 체제 등 다양한 시장 조건에 따라 거래 전자상거래 사이트가 제품/서비스 가격을 변경하는 알고리즘을 사용하는 것이다. 예를 들어 아이패드는 고가의 기기로 간주되기 때문에 아이패드로 검색하는 방문자를 더 부유하게 여기고 정가 없이 제품 또는 서비스의 가격을 인상하는 기업도 있다.

정치적 요인

어떤 국가에서 비즈니스를 할 때 기업은 다음과 같은 정치적 상황을 고려해야 한다.

- 경제의 디지털화를 지원하는 정부 정책
- 거래 및 판매 소재지 또는 부가가치세와 관련된 세법

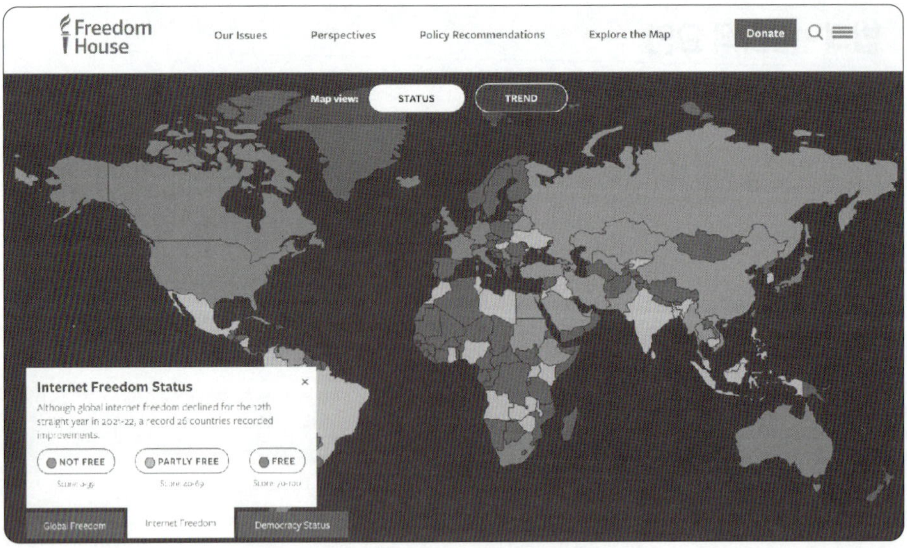

그림 4.3 세계의 인터넷 자유 현황

출처: freedomhouse.org

- 소셜 미디어 플랫폼에 대한 접근 등의 자유를 제한하는 법안

정부 정책은 기업과 소비자가 디지털 기술과 미디어를 채택하도록 장려하는 것이다. 이러한 정책은 기업의 전자상거래 활동을 지원하는 기회가 될 수 있다. 예를 들어 영국 정부는 디지털 견습생 제도를 도입하여 기존보다 저렴한 비용으로 전문 지식과 훈련을 제공하고 있다.

이 장의 후반부에서 다룰 테지만, 인터넷에 대한 접근을 통제하려는 정부의 움직임이 활발해지고 있다는 데 주목할 필요가 있다. 윤리적 문제는 차치하고라도 검색엔진, 소셜 미디어와 같은 플랫폼을 해당 국가의 국민이 이용할 수 없다면 기업의 비즈니스와 홍보 기회가 제한될 것이다. 그림 4.3은 정부의 인터넷 통제로 영향을 받는 국가의 수를 보여준다.

기술적 요인

이 책은 타인과의 연결에서 제품 및 서비스 구매에 이르기까지 새로운 기술이 사람과 기업의 행동 방식을 어떻게 변화시키는지에 대한 내용을 담고 있다. 3장에서는 기술이 전자상거래를 어떻게 지원할 수 있는지에 초점을 맞추었다. 기업이 정기적인 상황 분석의 일환으로 고려해야 할 주요 기술적 요인은 다음과 같다.

- **물리적 장치와 디지털 플랫폼 등의 기술에 대한 소비자와 기업의 도입 변화**: 이는 구매 프로세스에 영향을 미친다. 예를 들어 스마트폰이 대중화되었을 때 기업이 이러한 환경 변화를 인식하는 것이 중요했다. 스마트폰은 유비쿼터스 개인용 디지털 기술이지만, 그림 4.4는 이것이 항상 그런 것은 아니며 웹사이트도 데스크톱 사용을 지원해야 한다는 것을

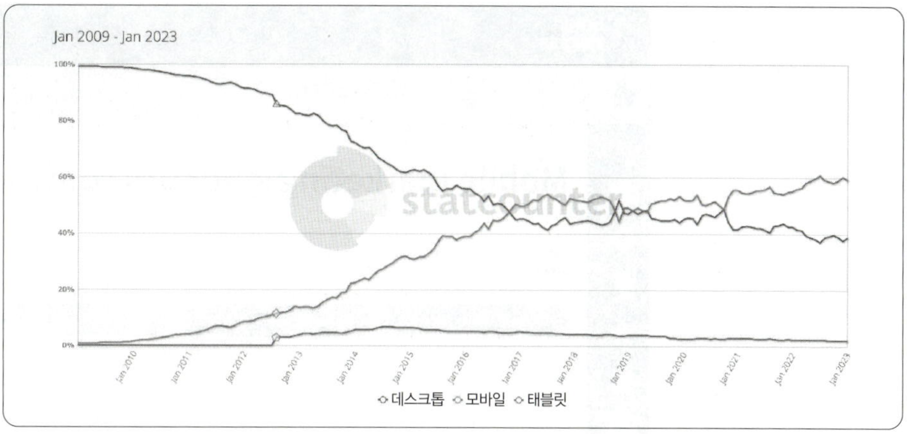

그림 4.4 세계의 온라인 데스크톱 및 모바일 점유율(2009년 1월~2023년 1월)
출처: https://gs.statcounter.com/platform-market-share/desktop-mobile-tablet

보여준다. 의외로 태블릿은 중요하지 않다. 데스크톱 사용을 충분히 고려하지 않는 모바일 우선 디자인 방법론(9장 참조)이 적절하지 않을 수도 있다.

- **디지털 비즈니스를 뒷받침하는 소프트웨어, 하드웨어, 디지털 플랫폼의 혁신**: 오늘날 디지털 비즈니스를 지원하는 주요 혁신 중 하나로 인공지능이 주목을 받고 있다. 공급사슬 관리와 마케팅에 대한 인공지능 적용은 6장과 8장에서 자세히 설명할 것이다. 스마트인사이츠(2022)는 매년 발표되는 가트너(Gartner)의 기술 **하이프 사이클**(hype cycle)을 검토하면 신기술을 이해하는 데 도움이 된다고 밝혔다. 가트너가 꼽은 두 가지 새로운 트렌드는 **제너레이티브 AI**(generative AI)와 **감정 AI**(emotion AI)이다. 이 장의 후반부에서는 제너레이티브 AI 서비스인 챗GPT(ChatGPT)에 사용된 오픈AI(OpenAI)의 대규모 언어 모델 'GPT'의 파괴적 기술에 대해 설명하겠다. 또한 8장의 미니 사례 연구 8.1(전 세계 마케터에게 AI 카피라이팅 도구를 제공하는 라이트소닉)에서는 GPT를 활용한 서비스를 다룬다.

하이프 사이클 특정 기술의 채택, 비즈니스에의 적용, 성숙도를 도식화한 것

제너레이티브 AI 인공지능 알고리즘이 대규모 언어 모델(large language model, LLM)과 이미지를 사용하여 자연어 생성(natural language generation, NLG)을 통해 이미지와 사본을 만드는 데 사용된다.

감정 AI 인공지능 알고리즘이 메시지에 대한 인간의 반응에 영향을 미치는 크리에이티브, 타기팅 등의 요소를 평가하고, 반응을 이끌어내기 위해 가장 적합한 크리에이티브를 추천한다.

이 장의 마지막 절에서는 기업이 전략의 일환으로 기술 개발을 검토할 때 활용할 수 있는 방법을 살펴본다. 신기술 투자에 대한 재정적 정당성뿐만 아니라 윤리, 법률과 같은 다른 환경 문제와 겹치는 고려 사항이 있을 수도 있다. 한 예로 대기업의 AI 도입이 잠재적인 인종적 편견을 고려하지 않는다는 비판이 있다. 예컨대 애플과 구글이 제공하는 AI 얼굴 인식은 모든 인종을 대표하지 않는 훈련 데이터 세트에서 정보를 얻었다. 또한 자동화된 지원서 심사 소프트웨어가 인종적 편견을 드러내는 경우도 있다. 영국의 정보위원회(Information Commissioner)는 다음과 같이 지적했다.

> AI 시스템은 편향되거나 차별이 반영된 데이터로 학습하기 때문에 성별, 인종, 나이, 건강 상태, 종교, 장애, 성적 취향 또는 기타 특성에 따라 사람들에게 차별적인 영향을 미치는 출력이 생성될 수 있다.
>
> AI 시스템이 데이터를 통해 학습한다고 해서 그 결과물이 차별적이지 않다는 것을 보장하지는 않으며, AI 시스템 훈련 및 테스트에 사용되는 데이터와 그 설계 및 사용 방식은 객관적인 정당성 없이 특정

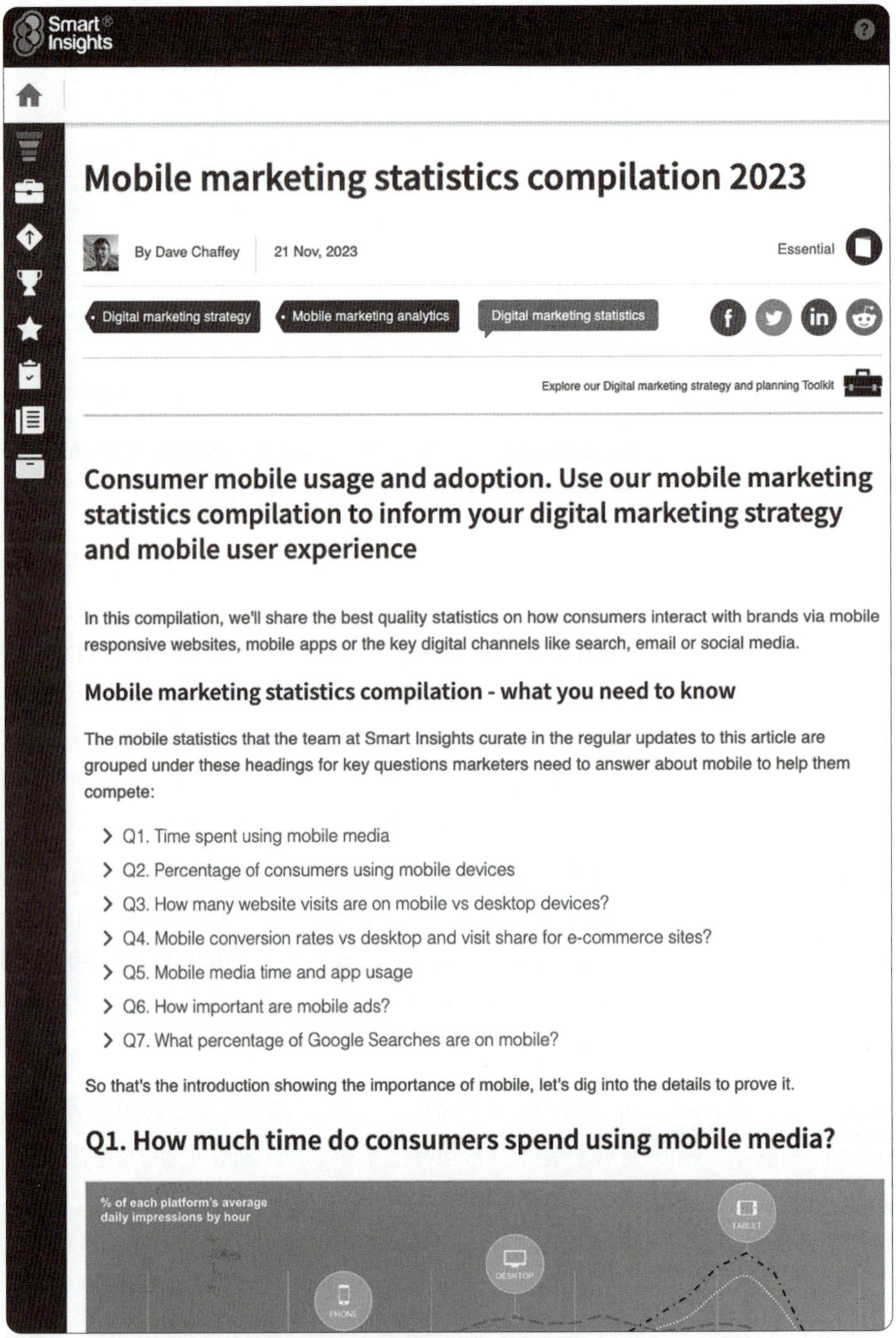

Smart Insights

Mobile marketing statistics compilation 2023

By Dave Chaffey | 21 Nov, 2023 Essential

Digital marketing strategy · Mobile marketing analytics · Digital marketing statistics

Explore our Digital marketing strategy and planning Toolkit

Consumer mobile usage and adoption. Use our mobile marketing statistics compilation to inform your digital marketing strategy and mobile user experience

In this compilation, we'll share the best quality statistics on how consumers interact with brands via mobile responsive websites, mobile apps or the key digital channels like search, email or social media.

Mobile marketing statistics compilation - what you need to know

The mobile statistics that the team at Smart Insights curate in the regular updates to this article are grouped under these headings for key questions marketers need to answer about mobile to help them compete:

- Q1. Time spent using mobile media
- Q2. Percentage of consumers using mobile devices
- Q3. How many website visits are on mobile vs desktop devices?
- Q4. Mobile conversion rates vs desktop and visit share for e-commerce sites?
- Q5. Mobile media time and app usage
- Q6. How important are mobile ads?
- Q7. What percentage of Google Searches are on mobile?

So that's the introduction showing the importance of mobile, let's dig into the details to prove it.

Q1. How much time do consumers spend using mobile media?

% of each platform's average daily impressions by hour

그림 4.5 스마트인사이츠의 모바일 마케팅 통계집

출처: SmartInsights.com(http://bit.ly/smartmobilestats)

집단을 불리하게 취급하는 AI 시스템으로 이어질 수 있다. (ICO, 2022)

특정 법률이 이와 같은 요소를 포괄하기에는 부족할 수도 있지만, 기술 플랫폼 제공업체가 이러한 윤리적 문제를 고려하지 않는 것은 분명히 비윤리적이고 명성에 해가 될 수 있다.

AI 도입으로 인해 발생하는 또 다른 윤리적 문제는 업무 수행에서 사람에 대한 의존도를 얼마나 낮출 수 있는가이다. 결국 AI가 더 반복적이고 단순한 작업을 수행하게 됨에 따라 실업자가 증가할 것이다.

문화적 요인

인터넷의 사회적·문화적 영향은 디지털 서비스에 대한 수요와 온라인 구매 및 다양한 유형의 전자상거래 서비스 사용 경향에 영향을 미치기 때문에 전자상거래의 관점에서 중요하다. 예를 들어 블록버스터의 DVD 대여 비즈니스 모델은 넷플릭스와 같은 스트리밍 서비스의 등장으로 더 이상 작동하지 않는다.

스마트폰은 사람들이 가족, 친구와 교류하는 방식을 변화시켰다. 이러한 문화적 변화는 기업과의 교류 방식에도 영향을 미치고 있다(그림 4.5 참조). 예를 들어 사람들은 페이스북, 인스타그램, 링크드인, 왓츠앱, 위챗 등의 플랫폼에서 챗봇이나 메신저를 통한 기업과의 온라인 채팅으로 고객 문의에 대한 답변을 듣고자 한다. 하지만 모든 기업이 이러한 서비스를 제공하는 것은 아니다.

학습활동 4.2를 완료하고 인터넷과 관련된 사회적 문제 중 몇 가지를 검토해보자.

전자상거래 구매 행동에 영향을 미치는 요인

디지털 비즈니스 관리자는 사람들이 온라인으로 주문하는 것에 대해 느끼는 불안감을 이해하고, 이러한 장벽을 극복하기 위한 조치를 취해야 한다. 그림 4.6은 사람들이 인터넷에서 구매할 때 겪는 문제를 요약한 것이다. 소비자가 느끼는 일반적인 불안감과 기타 문제는 다음과 같다.

- **신용카드 정보 도난**: ONS(2023a)에 따르면 2022년 3월 말까지 영국과 웨일즈에서 발생한 사기 범죄는 450만 건으로, 이는 2년 전보다 25% 증가한 수치이다. 주요 사기 유형은 은행 및 신용 계좌 사기, 소비자 및 소매 사기, 선불금 사기이며, 이를 줄이기 위한 대책을 강조하는 것이 중요하다.
- **가짜 온라인 상점**: 일부 사람들은 실제 주소나 위치가 없는 '가상' 기업에서 구매하는 것을 불안해한다. 따라서 전자상거래 기업은 회사 주소를 포함한 명확한 연락처 정보를 표시하고, 독립적인 고객 리뷰[트러스트파일럿(Trustpilot), 피포(Feefo) 등]의 링크를 제공하

학습활동 4.2 소비자 도입의 실현 요인과 장벽

목적

기업과 소비자가 온라인을 추천하는 이유와 거부하는 이유를 파악한다.

활동

자국의 인터넷에 대한 최근 설문조사를 찾아본다. 특히 고객이 구매하기 위해 인터넷을 이용한 이유, 경험한 문제(그림 4.6), 인터넷을 전혀 이용한 적이 없는 사람의 수에 주목하라. 인터넷은 보편화되어 있지만, 소셜 미디어에 글을 올리는 것과 같은 다양한 활동은 연령대에 따라 크게 다르다는 점에 유의해야 한다.

모든 국가의 최신 데이터를 살펴보는 것은 실용적이지 않으므로 www.smartinsights.com에서 인터넷 및 기술 도입에 관한 열 가지 주요 조사 자료를 살펴보라.

문제

1. 다양한 활동에 대한 매체 사용 수준을 정리하고 그 이유를 설명하라.
2. 이러한 다양한 활동의 도입률을 높이는 주요 원동력과 장벽은 무엇이며, 도입률을 높이기 위해 기업이 취해야 할 조치는 무엇인가?

또는 친구나 가족을 대상으로 인터넷에 대한 태도와 이용 현황을 파악하는 임시 설문조사를 고안하라. 질문의 예는 다음과 같다.

- 온라인에서 제품을 구매한 적이 있는가?
- 아무것도 구매하지 않았다면 그 이유는 무엇인가?
- 데스크톱과 모바일 중 무엇을 이용하여 구매했는가?
- 구매 시 사용하는 기기가 구매 가치에 따라 달라지는가?
- 매달 몇 시간 동안 온라인에 접속하는가?
- 이메일을 얼마나 많이 받거나 보내는가?
- 인터넷 사용을 방해하는 요소는 무엇인가?
- 인터넷의 어떤 점에 대해 우려하는가?

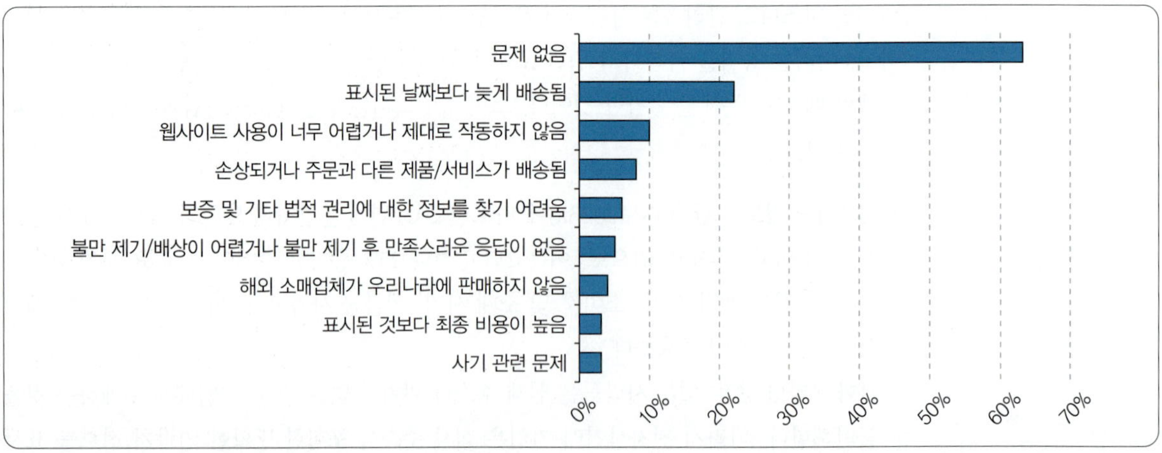

그림 4.6 인터넷에서 구매할 때의 문제

출처: https://ec.europa.eu/eurostat/statistics-explained/index.php?title=E-commerce_statistics_for_individuals

며, 시행 중인 보안 조치를 설명하여 신뢰를 전달함으로써 그러한 불안감을 극복할 수 있다. 또한 해당 기업이 가짜일지도 모른다는 의심을 제거하고 신뢰도를 높이기 위해 수상 경력이나 '공식 파트너' 로고 등을 드러낸다.

- **정보 거래의 가능성**: 온라인에서 구매하기 위해 정보를 제공한 고객은 제삼자의 권유 메일, 카탈로그, 제안이 쏟아질까 봐 걱정하게 된다. 이를 해결하는 한 가지 방법은 명확한 개인 정보 보호 정책을 제공하고, 고객이 어떤 정보를 얼마나 자주 받을지 선택할 수 있게 하는 것이다.
- **제품의 실제 상태에 대한 불확신**: 많은 고객은 쇼핑의 감각적 측면에 의존하며, 제품을 느끼거나 만지거나 냄새를 맡을 수 없기 때문에 잘못된 구매 선택을 할까 봐 걱정한다. 이를 극복하는 데 도움이 되는 방법 중 하나는 제품 동영상, 증강현실(예: 스튜디오에서 모델이 제품을 입고 걷는 모습을 촬영한 동영상), 3D 이미지, 제품의 치수·소재·무게 등의 상세 정보를 제공하는 것이다.
- **주문 제품 분실**: 주문한 제품이 분실되거나 제때 도착하지 않을까 봐 걱정하는 고객도 있다. 이에 점점 더 많은 온라인 소매업체가 다양한 배송 옵션과 주문 추적 서비스를 제공하고 있다.
- **영업사원의 도움**: 일반적으로 온라인 구매는 일방적이라는 인식이 있으며, 어떤 사람들은 지식이 풍부한 영업사원과 자신의 니즈에 대해 논의하는 것을 좋아한다. 따라서 일부 전자상거래 기업은 교육용 동영상과 비교표를 사용하여 추가 정보를 제공한다. 그러나 최근에는 영업 지원 및 고객 서비스를 위한 라이브 채팅이 크게 증가하고 있으며, 인터컴(Intercom, 2023)에 따르면 라이브 채팅 사용자는 다른 사용자에 비해 웹사이트에서 고객으로 전환될 가능성이 82% 더 높다. 메신저에서 단 한 번 답변을 받는 것만으로도 전환 가능성이 50% 증가한다고 밝혔다. 또한 6개의 메시지를 주고받는 간단한 대화는 방문자가 고객으로 전환될 확률을 250% 높여준다.
- **디지털 미니멀리즘으로 이어지는 디지털 과잉**: 디지털 미니멀리즘은 조지타운대학교 컴퓨터공학과 교수인 칼 뉴포트(Cal Newport)가 대중화한 개념이다. 그는 《Digital Minimalism: Choosing a Focusing Life in a Noisy World》(2020)에서 디지털 미니멀리즘을 "자신이 중요하게 여기는 것을 강력하게 지원하는 소수의 최적화된 활동에 온라인 시간을 집중하고 그 외에는 손을 대지 않는 기술 활용 철학"으로 정의했다.

디지털 미니멀리즘이 자신에게 해당되는지는 보충 자료 4.2에서 확인해보기 바란다. 디지털 미니멀리스트가 되고자 하는 사람이 늘어날수록 소셜 네트워크는 기업에 효과적인 디지털 커뮤니케이션 도구가 될 수 없다. 이미 많은 국가에서는 페이스북, 트위터와 같은 플랫폼의 활성 사용자가 크게 감소하고 있다.

웹에 대한 접근과 이용을 가로막는 이러한 장벽은 여전히 존재하며, 각국 정부는 일부 사회 계층의 '사회적 배제(웹에 대한 접근과 이용 기회 부족)'를 우려하고 있다. 또 다른 장벽으로 지역 차단(사용자의 출신 국가에 따라 특정 접근 또는 콘텐츠를 차단하거나 제한하는 관행)과 같은 기술적 문제도 있다.

보충 자료 4.2 디지털 미니멀리즘

디지털 미니멀리즘이라는 개념에 주목한 칼 뉴포트는 디지털 기기 및 서비스를 오랜 시간 이용하는 것과 그로 인한 폐해에 대해 생각해보라고 권고한다. 페이스북, 트위터, 유튜브, 인스타그램은 매일 수십억 명이 사용하는 대표적인 앱이다. 뉴포트에 따르면 이러한 앱의 중독성은 어느 정도 의도된 것으로, '주의력 엔지니어(attention engineer)'가 반복 사용을 유도하는 기능을 만듦으로써 광고 수익 증가로 이어진다. 넷플릭스가 의뢰하여 2019년에 내놓은 영화 〈소셜 딜레마(The Social Dilemma)〉에는 이와 비슷한 견해가 담겨 있다. 이 영화에서는 디지털 중독의 영향을 보여주고, 디지털 플랫폼에서 일했던 사람들이 '주의력 경제'의 배경이 되는 사고방식을 설명한다.

앱을 확인하기 위해 수시로 휴대폰을 들여다보는 사람들도 있다. Bubsy(2018)가 말하길, "소셜 미디어 플랫폼은 도박 회사와 같은 기법을 사용하여 심리적 의존성을 만들어내고 있다. 우리는 특정 제품이나 브랜드에 얽매일 수 있다." 알림을 보내 업데이트를 유도하거나, 스크롤을 유도하여 더 많은 콘텐츠를 찾게 하거나, 기타 인터랙티브한 보상을 제공함으로써 사용자는 도박꾼이 슬롯머신의 핸들을 당기는 것처럼 화면을 당겨서 업데이트하게 될 수도 있다. 이러한 수준의 참여는 광고에 긍정적인 결과를 가져올 수 있지만, 연구에 따르면 소셜 미디어를 많이 사용하는 사람은 우울증이나 과도한 불안감을 겪을 수 있으며, 최소한 모바일 앱에 많은 시간을 쏟게 된다.

뉴포트는 디지털 미니멀리즘의 세 가지 원칙을 권장한다.

- **어수선함은 비용을 초래한다.** 뉴포트는 미니멀리스트가 너무 많은 기기, 앱, 온라인 서비스, 특히 소셜 네트워크를 사용하는 것이 부정적인 영향을 미칠 수 있으며, 더 중요한 다른 일이나 긍정적인 영향을 미치는 '가치 있는 여가' 활동에 대한 관심과 집중력 부족으로 인해 일부 디지털 활동의 개별적인 가치를 상쇄할 수 있음을 인식해야 한다고 제안한다. 뉴포트는 페이스북이나 다른 소셜 네트워크를 정기적으로 사용한 적이 없지만, 그러한 소셜 네트워크 없이도 컴퓨터 과학자로서 그리고 작가로서 성공할 수 있다고 믿는다.
- **최적화가 중요하다.** 뉴포트는 어떤 온라인 서비스를 사용하는지, 그로 인한 비용과 편익을 고려하는 디지털 정리를 완료해야 한다고 제안한다. 예를 들어 소셜 네트워크 앱을 삭제하고 데스크톱에서만 소셜 네트워크에 접속함으로써 일부 활동을 제한하거나 완전히 차단할 수 있다. 프리덤(Freedom) 또는 셀프컨트롤(Self Control), 앱의 경우 콜드터키(Cold Turkey) 또는 플립드(Flipd)와 같은 다양한 도구를 이용하여 소셜 네트워크나 기타 웹사이트와 앱의 사용을 제한하는 것이 좋다.
- **분명한 의도는 만족감을 준다.** 이는 미니멀리스트가 되면 다른 활동에 더 많은 시간을 할애하고 집중할 수 있다는 긍정적인 측면을 강조한다. 대부분의 미니멀리스트는 디지털 기술 사용을 완전히 피하는 것이 아니라 디지털 서비스 사용을 검토한 다음 무엇에 집중해야 할지 결정한다.

www.davechaffey.com/book-support에서 디지털 단절을 설명하는 동영상과 TEDx 강연을 볼 수 있다. 또한 〈소셜 딜레마〉에서 발췌한 내용(https://www.youtube.com/watch?v=uaaC57tcci0)도 추천한다.

사용자 액세스 요구 사항 이해

온라인 서비스를 이용하는 온라인 고객의 성향을 완전히 이해하려면 사용자의 접속 장소, 접속 기기, '웹보그래픽스(webographics)'도 고려해야 한다. 웹보그래픽스는 Grossnickle과 Raskin(2001)이 만든 용어로, 다음과 같은 내용을 포함한다.

- 접속 장소(집 또는 직장)
- 접속 기기(모바일 기기를 포함한 브라우저 및 컴퓨터 플랫폼)
- 연결 속도(광대역과 광섬유)
- 경험 수준
- 이용 형태

• 사용 수준

새로운 디지털 기술과 미디어 플랫폼의 재조명

온라인 구매 행동 소비자와 사업자가 제품과 서비스를 선택하거나 구매할 때 인터넷을 다른 커뮤니케이션 채널과 함께 어떻게 활용하는지 평가하는 것

효과적인 온라인 서비스를 개발하려면 고객의 **온라인 구매 행동**(online buyer behavior)과 동기를 이해해야 한다. 이 주제는 2장과 8장에서 더 깊이 있게 다룬다. 2장에서는 미시적 환경을 고찰하여 다양한 유형의 디지털 중개업체가 구매를 촉진할 가능성이 있는지 검토할 필요가 있다고 설명했다. 거시적 환경 검토의 일환으로 디지털 미디어 플랫폼 이용에 대한 장기적인 문화적 트렌드가 디지털 중개업체의 중요성에 어떤 영향을 미칠 수 있는지 살펴보아야 한다. 예컨대 최근 몇 년간 틱톡, 인스타그램, 유튜브의 짧은 동영상은 문화적 영향력이 커졌는데, 이는 인플루언서가 더욱 중요해졌음을 의미한다. 마찬가지로 스포티파이, 애플 뮤직, 구글 플레이 등의 플랫폼에서 제공되는 팟캐스트도 인기가 높아지고 있다.

그림 4.7은 보다 인터랙티브한 경험을 창출하기 위한 디지털 미디어 활용의 장기적인 추세를 보여준다. PDF 다운로드와 같은 정적인 콘텐츠에서 보다 인터랙티브하고 개인화된 콘텐츠 형식, 스트리밍 오디오 및 동영상 미디어로 이동하여 현재 최첨단은 증강현실과 가상현실이며, 메타버스는 잠재적으로 미래를 대표하는 미디어이다.

다음 절에서는 기업이 관련성을 평가해야 하는 미래의 디지털 경험에 영향을 미치는 디지털 기술과 미디어의 최근 혁신을 소개한다. 6장과 8장에서는 디지털 비즈니스의 인공지능 및 머신러닝 애플리케이션에 대해 자세히 살펴볼 것이다.

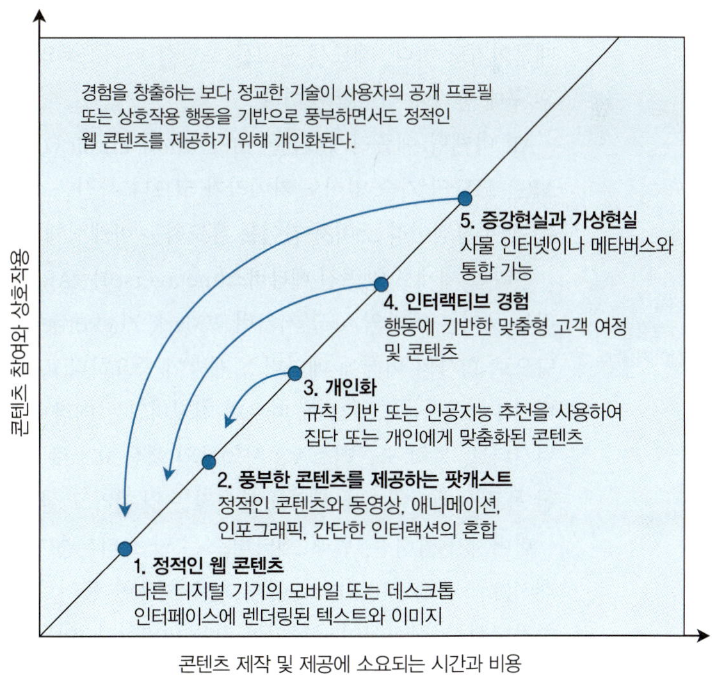

그림 4.7 디지털 경험과 콘텐츠 고도화의 연속성

출처: Chaffey and Ellis-Chadwick(2021)

가상현실, 증강현실, 메타버스

가상현실(VR) 가상현실 헤드셋과 소프트웨어 기술이 사용자가 가상의 환경에서 물리적으로 존재하는 것처럼 느끼게 하는 몰입형 삼차원 공간을 생성한다.

증강현실(AR) 웹캠이나 휴대폰의 디지털카메라로 촬영한 실제 디지털 데이터를 혼합하여 현실 세계에 디지털 오버레이를 생성한다.

확장현실(XR) 증강현실, 혼합현실, 가상현실을 통틀어 일컫는 포괄적인 용어

혼합현실(MR) 현실 세계와 가상 세계를 융합하여 물리적 세계와 디지털 세계가 공존하고 실시간으로 상호작용할 수 있는 새로운 환경과 시각화를 창출하는 것

가상현실(virtual reality, VR)과 **증강현실**(augmented reality, AR)은 몰입감 넘치는 최고 수준의 디지털 인터랙션을 제공한다. 두 기술 모두 몇 년 전부터 사용 가능해졌기 때문에 많은 브랜드와 대행사가 웹 경험보다 더 높은 참여와 브랜드 회상을 달성하기 위해 이러한 기술을 시도하는 캠페인을 내놓았다. 많은 사람은 모바일 게임 〈포켓몬 고(Pokémon GO)〉를 통해 또는 인스타그램, 스냅챗의 필터를 통해 증강현실을 알게 되었다. 의료, 항공, 자동차 등의 산업에서는 업무를 지원하기 위해 증강현실 도구를 만들어냈다. 소매업체 이케아는 증강현실 앱을 제공하는데, 고객은 이 앱을 통해 생활 공간에 가구를 배치해 볼 수 있다. 한편 **확장현실**(extended reality, XR)은 가상현실, 증강현실, **혼합현실**(mixed reality, MR)을 포괄하는 용어이다. 혼합현실은 증강현실의 확장으로, 사용자가 겹쳐서 표시되는 물체와 상호작용하여 표시 방식을 바꿀 수 있다.

조너선 스튜어(Steuer, 1992)는 그 자신이 텔레프레젠스라고 일컬은 것에 영향을 미치는 기술적 변수를 검토하면서 VR의 잠재력을 처음으로 설명한 사람 중 한 명이다. 여기에는 속도, 범위, 매핑과 같은 인터랙티브 요소와 너비, 깊이와 같은 선명도 요소가 포함되었다. 이후 VR 기술은 비약적으로 발전했지만, 멀미와 낮은 해상도 등의 한계로 인해 마케팅에의 대규모 도입이 중단된 상태이다. 전판에서는 헤드셋을 이용하여 휴가지를 선택하도록 돕는 버진애틀랜틱항공(Virgin Atlantic)의 VR 활용 사례를 소개한 바 있다. 그러나 메타의 오큘러스(Oculus), 구글 카드보드(Google Cardboard), 구글 데이드림(Google Daydream), 유튜브 360(arvr.google.com) 등 저가형 VR 헤드셋의 인기가 높아지고 있음에도 불구하고 마케팅에 VR을 활용하는 사례는 제한적이다. 이는 기기 및 소비자 보급이 제한적이기 때문이기도 하다. 헤드셋 광고를 포함한 페이스북의 메타버스 마케팅에 대한 투자는 체험 후 구매 증가에 일조할 것이다.

AR 마케팅 애플리케이션은 Milgram과 Fumio(1994)가 정의한 혼합현실의 한 예이다. AR은 고도의 기술 없이도 카메라가 코드나 사진을 스캔하여 스마트폰으로 체험할 수 있다는 것이 장점이라 소비자 참여를 유도하는 마케팅에 활용하는 사례가 늘고 있다.

메타버스 가상 환경에서 게임, 작업, 커뮤니케이션을 할 수 있는 온라인 세계로, 보통은 VR 헤드셋, 채팅, 동영상이 지원된다.

온라인 세계로 알려진 **메타버스**(metaverse)는 AR, VR과 밀접한 관련이 있다. '메타버스'라는 용어는 메타의 마크 저커버그(Mark Zuckerberg)가 광범위한 환경에 대한 평가를 바탕으로 회사의 미래에 메타버스 개발이 중요하다고 주장하면서 각광을 받기 시작했다. 더버지(The Verge, 2021)에 따르면 저커버그는 메타버스의 개념을 비즈니스 전반의 여러 이니셔티브, 특히 오큘러스 VR 사업부의 핵심 요소로 보고, '이 모든 이니셔티브의 가장 중요한 목표는 메타버스에 생명을 불어넣는 것'이라고 설명했다.

더버지가 밝히길, 원래 '메타버스'는 닐 스티븐슨(Neal Stephenson)이 SF 소설 《스노 크래시(Snow Crash)》(1992)에서 처음 사용한 용어로, 온라인 공유 공간에서 물리적 현실, 증강현실, 가상현실이 융합되는 것을 의미한다. 어느 정도 나이가 있는 독자라면 2003년에 출시되어 한때 미래 메타버스의 선구자로 화제를 모았던 '세컨드 라이프(Second Life)'를 기억할 것이다. 2013년에 100만 명의 사용자를 확보하면서 정점을 찍은 이 가상 세계는 지

학습활동 4.3 AR 애플리케이션으로 고객 참여를 유도하는 방법

자파(Zappar) 플랫폼을 사용하는 브랜드의 사례를 통해 AR 적용 사례를 살펴보자.

활동

사례를 살펴보고, 브랜드가 다양한 유형의 고객과 목표를 가진 캠페인에 AR을 어떻게 통합할 수 있는지 요약하라.

자파 소개

런던 치즈윅에 본사를 둔 자파의 팀은 12개 국적과 18개 언어로 구성되어 있으며, 원격 근무를 위해 '최적의 장소에서 일할 수 있는 방법'을 제안한다. 'Zappar'라는 이름은 고객이 ZAP을 할 수 있는 AR 앱을 제공한다는 의미를 띠고 있다. 자파는 거의 모든 것(인쇄 광고, 브로슈어, 매장, 제품 패키지, 장소 등)을 동영상, 애니메이션, 게임, 콘테스트, 데이터 수집 메커니즘, 소셜 공유 등을 제공하는 대화형 배포 채널로 전환할 수 있는 플랫폼을 대행사와 브랜드에 제공한다. 자파는 디바이스를 통해 볼 수 있는 세계에 새로운 시각적 차원을 더하는 디지털 디스커버리 채널로서, 이 플랫폼을 통해 모든 접점을 매력적인 콘텐츠로 전환할 수 있다. 그림 4.8과 같은 네 가지 주요 시장에서 솔루션을 제공하며, 다양한 분야의 몇 가지 예는 다음과 같다(zappar.com/showcase 참조).

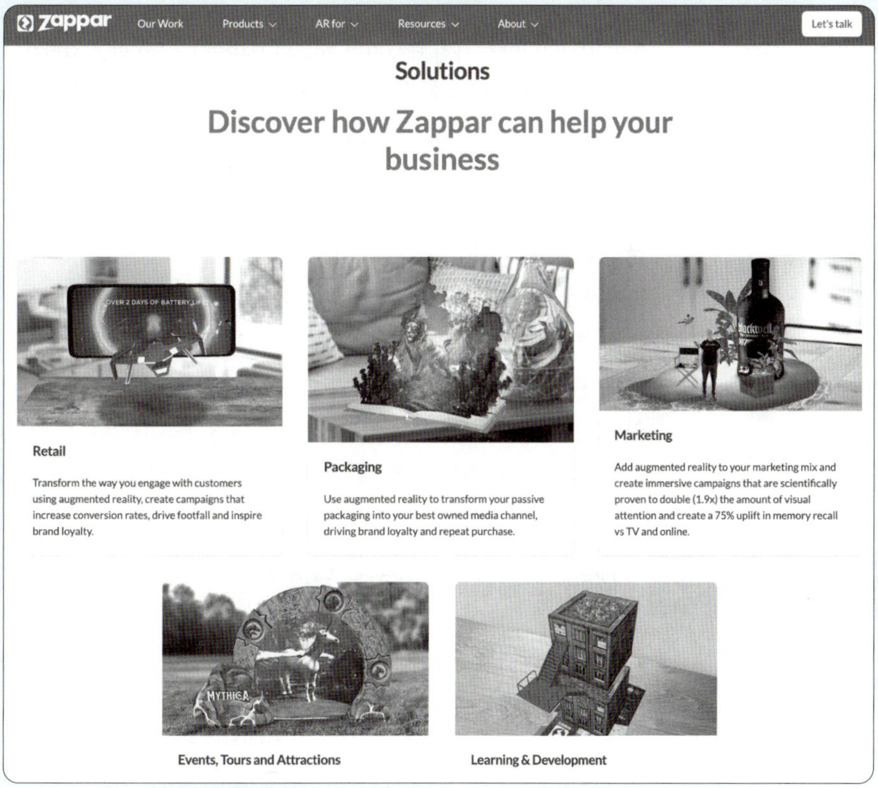

그림 4.8 자파의 증강현실 산업 솔루션

출처: zappar.com/solutions/

크리에이티브 시각화: 악사(AXA)와 리버풀 FC

프리미어리그 우승을 기념하여 리버풀 FC와의 협력 관계를 지속하고 팬들이 좋아하는 팀과 함께 축하할 수 있는 기회를 제공했다. '#TogetherWeWin' 캠페인을 통해 팬은 QR 코드를 스캔하여 팀의 유명 선수들과 함께 기념사진을 찍을 수 있는 기회를 얻었다. 캠페인 해시태그를 붙여 사진을 저장하고 온라인에 공유하도록 장려했다.

퓨리나 원 28일 챌린지

퓨리나(Purina)와 협력하여 28일간의 챌린지에 참여할 수 있는 기회를 제공했다. 웹AR 체험을 통해 반려동물의 식단을 퓨리나 원(Purina ONE)으로 바꾸면 어떤 이점이 있는지, 28일 동안 어떤 변화가 일어날지 인터랙티브한 방식으로 확인할 수 있게 했다. 챌린지를 완료하면 온라인 또는 매장에서 사용 가능한 5달러 쿠폰을 주었다.

바이어스도르프(니베아 선)

바이어스도르프(Beiersdorf)와 함께 니베아 선(NIVEA SUN)의 건강 및 지속 가능성이 지닌 이점을 홍보하는 소매 경험을 제작했다. 이 경험에는 웹AR을 통한 제품 360도 투어가 포함되며, 판매 시점에 고객에게 정보를 제공한다. 고객이 코드를 스캔하면 자외선 차단과 지속 가능성 등 다양한 여름용 제품에 대한 영상과 정보를 확인할 수 있다.

네슬레 미니언즈 70년대 포토 사진 필터

고객이 미니언즈의 인기 캐릭터를 접할 수 있는 AR이다. 네슬레(Nestlé) 고객은 상자를 스캔하여 재미있는 미니언즈 사진 테두리와 70년대 테마의 다양한 얼굴 필터를 사용할 수 있다. 이렇게 사진을 찍어 소셜 미디어에 공유함으로써 브랜드 참여의 좋은 기회가 된다.

출처: zappar.com/about/, zappar.com/showcase

금도 운영되고 있다.

메타가 개발한 메타버스만 있는 것이 아니다. 사실상 다양한 사람들에게 서비스를 제공하는 플랫폼 또는 앱인 메타버스가 많이 있다. 로블록스(Roblox)와 같은 일부 메타버스는 헤드셋을 사용하지 않아도 되기 때문에 메타의 메타버스보다 더 많은 참여를 이끌어내고 있다(미니 사례 연구 4.2).

메타나 로블록스와 같은 잘 알려진 메타버스 외에도 미래의 메타버스 환경은 웹 3.0 정

미니 사례 연구 4.2 메타버스를 통해 참여하는 로블록스

2022년에 로블록스 커뮤니티는 플랫폼에서 1,500만 개 이상의 경험을 열람했으며, 개발자와 크리에이터는 매일 1만 5,000개 이상의 경험을 게시했다. 이 커뮤니티는 2022년에 23% 성장했으며, 매일 전 세계의 5,600만 명 이상이 창작, 놀이, 탐험, 학습, 교류를 하며 493억 시간 이상을 보냈다. 로블록스 사용자의 절반 이상은 13세 이상이다.

2022년에 이코노미 팀은 마켓플레이스에 공개되는 아이템의 90% 이상이 크리에이터가 만든 아이템이라는 이정표를 달성했다. 알로요가(Alo Yoga), 스포티파이, NFL 등은 로블록스를 통해 수백만 명과 소통하고 있으며, 로블록스는 기업이 흥미진진한 액티베이션과 가상 제품을 만들 수 있는 기능을 제공한다. 2022년에는 100개가 넘는 브랜드 액티베이션이 시작되었다.

출처: https://blog.roblox.com/2023/01/2022-year-in-review-letter-from-our-ceo/

디앱(분산형 애플리케이션) 스마트 계약과 프런트엔드 사용자 인터페이스를 결합한 분산형 네트워크에 구축된 애플리케이션. 스마트 계약은 오픈 API처럼 접근성이 높고 투명하며, 이더리움과 같은 암호화폐 플랫폼에서 이용할 수 있다.

신에 부합하는 **디앱**(DApp), 즉 **분산형 애플리케이션**(decentralized application)으로 구성될 것이다. 댑레이더(DappRadar)는 모바일 앱 스토어와 유사한 방식으로 다양한 앱을 다양한 카테고리로 분류하여 나열하고 있다. 예를 들어 디센트럴랜드(Decentraland)는 사용자가 소유한 최초의 가상 세계를 만들고, 탐험하며, 거래할 수 있는 기회를 제공한다.

웹 3.0, 블록체인, 암호화폐

1장에서 이미 소개했듯이 이는 향후 큰 파괴력을 가진 기술이 될 것이다. 웹 3.0은 프라이버시를 중시하고, 높은 사용성을 갖춘 인터넷 지원 애플리케이션 및 서비스 개발에 초점을 맞춘 개념으로, 사용자가 자신의 데이터와 다른 사용자 및 서비스 간의 상호작용을 제어할 수 있다는 전제를 바탕으로 하고 있다. 웹 3.0 애플리케이션은 분산형 네트워크상에 구축되어 기업의 통제가 적고, 사용자들끼리 직접 상호작용할 수 있다. 이는 FAMGA에 속하는 페이스북(메타), 아마존, 마이크로소프트, 구글, 애플이 사용자에게 데이터에 대한 완전한 통제권을 주지 않고, 사용자에게 그들의 데이터에 대한 직접적인 보상을 제공하지 않으면서 온라인 정보를 통제하고 수익을 창출하던 기존의 데이터 소유권 및 통제 모델과 대비된다.

웹 3.0, 블록체인, 암호화폐의 응용 분야에는 분산형 애플리케이션(디앱), 스마트 계약, 분산 스토리지, 분산 컴퓨팅, 분산 합의 등이 있으며, 웹 3.0은 디지털 자산, 토큰, 디지털 통화에 바탕을 둔 미래 디지털 경제의 기반이 될 수 있다. 이러한 기술은 금융에서 게임에 이르기까지 다양한 산업에서 활용되며, 누구나 이용할 수 있는 안전하고 투명한 솔루션을 만들어내고 있다. 여기서는 디지털 비즈니스의 일부로서 블록체인과 암호화폐의 가능성을 살펴보자. 미니 사례 연구 4.3에서는 데이터 사용 관리를 개선하기 위한 웹 3.0 이니셔티브를 소개한다.

블록체인 기술은 주요 기술 혁신의 관련성을 평가하는 것이 얼마나 어려운지를 보여주는 한 예이다. Wired(2019)는 블록체인 가이드에서 "누구에게 물어보느냐에 따라 블록체인은 인터넷 이후 가장 중요한 기술 혁신이거나 문제를 찾는 해결책일 수 있다"고 말했다. 물론 마케팅 커뮤니케이션 관점에서 볼 때 프로그램에 따른 미디어 구매를 지원하는 데 활용될 수는 있지만, 인공지능 및 예측 분석 기술(6장 참조)에 비하면 대부분의 기업에 그다지 큰

미니 사례 연구 4.3 거대 기업으로부터 인터넷을 되찾겠다고 약속한 '솔리드 프로젝트'

웹 3.0의 주요 원칙 중 하나는 일반 사용자에게 데이터에 대해 더 큰 권한을 부여하는 분산형 인터넷이라는 개념이다. 솔리드(Solid, 'social linked data'의 약자)는 Pod라는 분산형 데이터 저장소에 데이터를 안전하게 저장할 수 있는 사양을 제공한다. Pod는 다양한 애플리케이션에서 접근할 수 있는 안전한 개인용 웹 서버와 같은 역할을 한다. 데이터가 누군가의 Pod에 저장되면 해당 Pod에 접근 가능한 사람이나 애플리케이션을 제어할 수 있다(미리 보기 예시는 solidproject.org/apps 참조).

플랑드르는 세계 최초로 솔리드를 광범위하게 도입된 지역으로, 2022년 봄에 정부 기관과 기업 간의 안전한 사용자 데이터 교환을 지원하는 데이터 유틸리티 회사가 설립되었다. 이는 모빌리티 및 부동산 분야에서 모든 관계자에게 이점이 있으며, 사용자와 기업 간의 신뢰 관계를 구축할 수 있다. 잠재적인 애플리케이션은 모두 솔리드를 기반으로 한다.

미니 사례 연구 4.4 블록체인이 제품 혁신을 지원하는 방식

IBM과 같은 기술 공급업체는 다양한 블록체인 애플리케이션을 개발하고 있다. 그중 다수는 마케팅보다는 공급사슬 및 물류 관리에 초점을 맞추고 있지만 유용한 혁신이다. 이러한 애플리케이션의 예는 다음과 같다.

- 독일에 본사를 둔 헨켈(Henkel)의 뷰티 소비자 브랜드(henkel.com)는 포장재 절감 및 순환 경제 촉진이라는 목표의 일환으로 사회적 기업인 플라스틱뱅크(Plastic Bank)와 파트너십을 맺었다. 그림 4.9와 같이 아이티에서 플라스틱을 수거하는 사람들에게 지불하는 데 블록체인이 사용되고 있다.
- 북유럽에 본사를 둔 금융 서비스 제공업체 노르디아(Nordea)는 유럽의 주요 은행과 협력하여 무역 금융 플랫폼 'we.trade'를 개발하여 새로운 파트너와의 거래에 따른 리스크와 관리 비용을 절감하고, 중소기업의 국제 거래에 도움을 주고 있다. 노르디아의 글로벌 무역 금융 및 운영 자본 관리 책임자인 파트리크 제카르(Patrik Zekkar)는 이점에 대해 다음과 같이 설명했다. "블록체인 솔루션 개발을 위한 IBM과의 파트너십, 은행과의 협업을 통해 우리 혼자서는 할 수 없었던 일을 할 수 있게 되었다. 현재 유럽 중소기업 시장의 30%에 도달할 수 있게 되었다."
- 미국에 본사를 둔 B2B 서비스 트루티켓(True Tickets)은 이벤트 및 콘서트 티켓 판매에 블록체인을 활용하고 있다. 블록체인은 모든 구매자와 판매자를 식별하여 티켓의 출처를 저장하고, 티켓과 구매자가 합법적인지 확인하는 데 도움이 된다. 또한 티켓 판매 플랫폼은 불변의 장부 역할을 하여 아티스트, 공연장, 주최자, 팬이 티켓 생성부터 사용까지의 각 단계에서 티켓을 추적할 수 있다. COVID-19 팬데믹 이후에는 티켓리스 솔루션도 제공할 수 있게 되었다.
- 프로그램에 따른 광고 서비스로 퍼블리셔와 광고주를 지원하는 마케팅 기술 기업 미디어오션(Mediaocean)은 IBM과 협력하여 미디어 공급사슬 투명화를 위해 노력하고 있다. 이를 통해 대행사와 클라이언트는 미디어 구매 공급사슬과 데이터 수집의 모든 거래와 수수료를 확인함으로써 감사 절차, 시간 및 비용을 절감할 수 있다.

출처: IBM(2020)에 소개된 사례 요약. 자세한 내용은 www.henkel.com, www.nordea.com, true-tickets.com, www.mediaocean.com 참조.

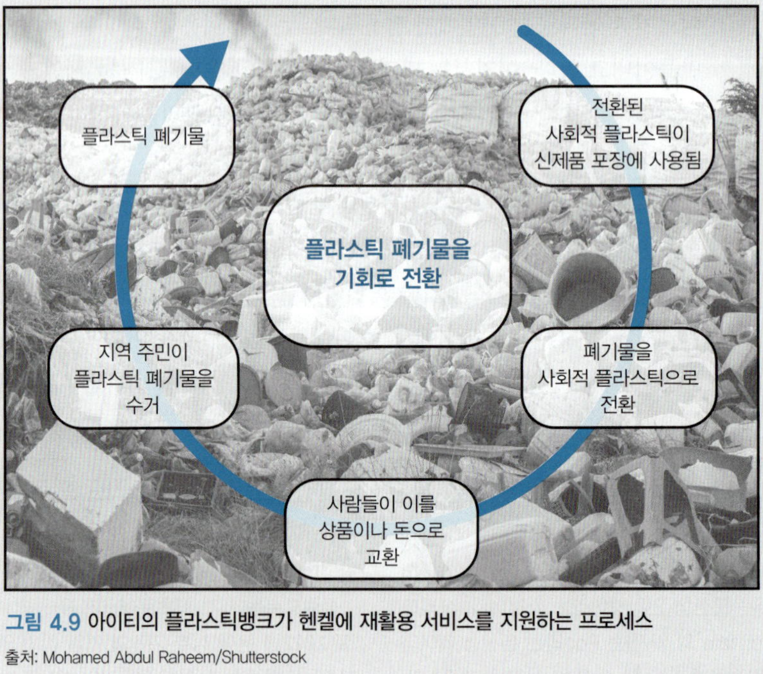

그림 4.9 아이티의 플라스틱뱅크가 헨켈에 재활용 서비스를 지원하는 프로세스

출처: Mohamed Abdul Raheem/Shutterstock

의미가 없다. 하지만 미니 사례 연구 4.4에서 확인할 수 있듯이 다양한 산업에는 블록체인을 활용한 마케팅 혁신의 기회가 있다.

블록체인 기술은 암호화 기술의 일종으로, 여러 참가자가 접근할 수 있는 거래 그룹의 안전한 데이터베이스를 사용하여 다양한 거래를 촉진하고 감사 추적을 제공하는 데 도움이 된다. 블록체인의 원조이자 가장 잘 알려진 애플리케이션은 2008년에 출시된 비트코인이다. 비트코인은 누구나 사본에 접근할 수 있는 공개 원장과 거래 데이터베이스를 기반으로 하며, 은행이나 다른 중개자와 같은 중앙 공급자가 없는 탈중앙화된 디지털 통화 또는 암호화폐이다. 원장의 각 변경 사항은 가상 코인을 송금하는 사람이 해당 코인의 실제 소유자임을 증명하기 위해 암호로 서명된다. 이때 계산 퍼즐을 풀어 새로운 비트코인을 생성하고 거래 원장을 유지하는 비트코인 채굴이라는 과정이 포함된다. 비트코인 채굴자는 채굴된 각 코인에 대해 보상을 받지만, 고급 기술 비용과 비트코인 하나를 채굴하는 데 드는 수천 달러의 전기료 때문에 틈새시장으로 여겨지고 있다. 그러나 암호화폐를 채굴하는 데 드는 에너지가 지구 온난화에 영향을 미칠 정도이므로 심각한 문제이다. 비트코인은 여전히 전력 부담이 있지만, 2022년에 이더리움으로 변경되면서 아일랜드나 오스트리아에서 사용되는 전력만큼의 전력을 절약할 수 있게 되었다.

암호화폐의 장점과 상대적 성공을 감안할 때 많은 정부는 금융 관리를 우려하고 있다. 그 대응책으로 중앙은행 디지털 화폐(Central Bank Digital Currency, CBDC)가 제안되었는데, 이는 블록체인 기술을 기반으로 하며 현재 많은 국가에서 검토 중이다.

미니 사례 연구 4.4에서 다루었듯이 다른 산업 분야에서는 프라이빗 블록체인을 사용하기도 한다. 보안이 된 http, 즉 https와 마찬가지로 거래 시 보안을 보장하는 공개키와 개인키가 사용된다.

전자상거래의 개인 정보 보호와 신뢰

윤리 기준 사회적·도덕적으로 용인되는 습관이나 행동

윤리 기준(ethical standard)은 일반적으로 사회가 용인하는 것으로 간주되는 개인적 또는 사업적 관행이나 행동을 의미한다. 윤리적 문제와 관련 법률은 인터넷 비즈니스 환경에서 마케팅 담당자가 고려해야 할 중요한 사항이다. 소비자의 개인 정보 보호는 전자상거래 서비스 유무에 관계없이 모든 유형의 기업에 영향을 미치는 중요한 윤리적 문제이다.

많은 국가에서 법률로 제정된 또 다른 윤리적 문제는 장애인이 쉽게 이용할 수 있는 인터넷 서비스를 제공하는 것이다. 또한 온라인 상거래와 통신판매에 관한 법률도 있다.

개인 정보 보호법

프라이버시 개인이 사생활을 침해받지 않을 도덕적 권리

신원 도용 타인의 신원을 당사자의 승인이나 동의 없이 도용하는 행위

제삼자가 사생활을 침해하는 것을 피할 수 있는 개인의 도덕적 권리를 **프라이버시**(privacy)라고 한다. 특히 **신원 도용**(identity theft)이 급격히 증가함에 따라 소비자는 신원, 좋아하는 것, 싫어하는 것과 같은 개인 데이터의 프라이버시에 큰 관심을 가지게 되었다. 많은 소비자는 전자상거래 서비스를 이용할 때 자신의 프라이버시나 신원이 침해될 수 있다

고 생각한다. ONS(2023a)에 따르면 영국의 국가사기정보국(National Fraud Intelligence Bureau, NFIB)에 보고된 사기는 2014년 약 50만 건에서 2022년 약 94만 건으로 거의 2배 가까이 증가했다.

영국 정부의 국가 사이버 안보 전략(2016년 11월 발표)에는 사이버 범죄가 다음과 같이 정의되어 있다.

- **사이버 의존형 범죄**: 정보통신 기술(ICT) 기기를 사용하여 저지르는 범죄로, 기기가 범죄를 저지르는 도구인 동시에 범죄의 표적이 되기도 한다(예: 금전적 이익을 얻기 위한 악성 코드 개발 및 유포, 데이터나 네트워크를 도용·손상·왜곡·파괴하기 위한 해킹).
- **사이버 활용형 범죄**: 컴퓨터, 컴퓨터 네트워크 또는 기타 정보통신 기술의 활용으로 규모와 범위가 확대되는 기존 범죄(사이버 활용 사기, 데이터 절도 등)를 말한다.

영국에서 1990년에 제정된 컴퓨터 오용법(Computer Misuse Act, CMA)은 해킹, 서비스 거부 등 컴퓨터 시스템에 대한 범죄 및 공격과 관련된 법률이다. 2016년에는 영국 기업 5개 중 1개의 비율로 사이버 공격을 받았으며(BBC News, 2017), 이 수치는 매년 증가하고 있다. 디지털 비즈니스 및 전자상거래와 관련된 사이버 범죄의 가장 일반적인 형태는 다음과 같다.

- **피싱**(phishing): 가짜 이메일 메시지를 통해 인터넷 사용자로부터 개인 정보를 얻는 행위
- **신원 도용**: 개인 정보를 악용하는 행위
- **해킹**(hacking): 웹사이트나 컴퓨터 네트워크를 정지시키거나 악용하는 행위

예를 들어 영국의 문화·미디어·스포츠부(Department of Culture, Media and Sport)는 소셜 미디어 플랫폼을 통한 온라인 피해를 막기 위한 새로운 대책을 제안했다. 이는 기업과 광고주가 사용자의 안전을 지키고 불법 행위를 방지할 책임이 있다는 것을 의미한다. 영국은 온라인 세상을 더 안전하게 만들기 위해 강제적인 조치를 도입한 최초의 국가이다.

한편 대기업들이 인터넷 보안 시스템을 지속적으로 개선하고 있기 때문에 많은 중소기업도 공격의 표적이 되었다. 피싱은 소규모 전자상거래 기업에 대한 가장 흔한 공격 중 하나이다.

보충 자료 4.3에서는 최근에 발생한 대규모 사이버 공격을 통해 해커의 전술을 확인할 수 있다.

디지털 비즈니스에서 개인 데이터가 중요한 이유

소비자들은 온라인상의 프라이버시를 크게 우려하고 있지만 마케팅 담당자 입장에서는 소비자에 대한 정보가 매우 유용하다. 고객의 요구, 특성, 행동을 이해함으로써 보다 개인화되고 타기팅된 커뮤니케이션을 창출하여 매출을 증대할 수 있기 때문이다. 그렇다면 마케팅 담당자는 이 딜레마에 어떻게 대응해야 할까? 마케팅 활동이 최신 데이터 보호법 및 개인 정보 보호법에 부합하는지 확인하는 것은 당연한 일이다. 그러나 법률에 대해서는 다양한 해석이 가능하기 때문에 기업은 특정 마케팅 기법을 적용함으로써 얻을 수 있는 비즈니

보충 자료 4.3 **최근의 사이버 공격**

2015년 10월, 인터넷 서비스 제공업체인 톡톡(TalkTalk)이 사이버 공격을 받아 해커가 15만 명 이상의 고객 개인 정보에 접근하는 사건이 발생했다. 해커가 인터넷 트래픽으로 디지털 시스템에 과부하를 일으키는 분산 서비스 거부(distributed denial of service, DDoS) 공격을 가하여 웹사이트를 오프라인으로 전환시킨 것이다. 보안 전문가들은 침입자가 DDoS 공격을 교묘히 이용하여 톡톡의 데이터베이스를 겨냥한 2차 공격이 동시에 발생했을 가능성이 있다고 보고 있다. 톡톡은 사이버 보안의 기본 조치를 시행하지 않아 40만 파운드의 벌금을 물었다.

2017년 5월, 영국의 국민보건서비스(National Health Service, NHS)에 대한 대규모 사이버 공격으로 영국 전역의 병원이 혼란에 빠졌다. 의사들의 컴퓨터에 파일 삭제를 막으려면 특정 주소로 300달러의 비트코인*을 지불해야 한다는 메시지가 나타났다. 이에 NHS는 파일을 보호하기 위해 IT 시스템을 종료할 수밖에 없었으며, 이로 인해 전화를 받을 수 없었고, 진료 예약이 취소되었으며, 직원들은 펜과 종이를 사용해야만 했다. 이 해킹은 원하는 금액을 주지 않으면 컴퓨터 소유자가 컴퓨터를 사용할 수 없게 만드는 '랜섬웨어(ransomware)'와 관련이 있다.

*주: 비트코인은 암호화폐/디지털 결제 시스템으로, 사용자 간에 직접 P2P 거래가 이루어지기 때문에 중앙 당국이나 은행이 필요하지 않다.

스 이익과 규정 준수에 따른 재정적 리스크와 평판 관련 리스크를 비교하여 독자적으로 결정을 내려야 한다.

인터넷 마케팅 담당자가 사용하는 윤리와 법률에서 규정하는 주요 정보는 무엇인가? 필요한 정보는 다음과 같다.

- **연락처 정보**: 이름, 주소, 이메일 주소, B2B 기업의 경우 웹사이트 주소 등이다.
- **프로필 정보**: 세분화에 사용할 수 있는 고객 특성에 관한 정보이다. 개인 고객의 경우 나이, 성별, 사회적 그룹, 기업 고객의 경우 기업의 특성, 개별 역할 등이 포함된다(구체적인 정보의 종류와 그 활용 방법은 2장과 7장 참조). Ward 등(2005)의 연구에 따르면 호주의 소비자는 적절한 인센티브가 주어지면 비금융 데이터를 제공할 의향이 있는 것으로 나타났다.
- **플랫폼 이용 정보**: 웹 분석 시스템을 통해 사이트 이용자가 사용하는 컴퓨터의 종류, 브라우저, 화면 해상도에 대한 정보를 수집할 수 있다(9장 참조).
- **행동 정보(단일 사이트)**: 이것은 구매 이력이지만 전체 구매 프로세스도 포함된다. 웹 분석(10장 참조)은 개인이 접속한 웹과 이메일의 콘텐츠를 평가하는 데 사용할 수 있다.
- **행동 정보(여러 사이트)**: 이것은 사용자가 여러 사이트를 방문하고 사이트 간 광고에 어떻게 반응하는지를 나타낼 수 있다. 일반적으로 이 데이터는 개인과 관련이 없는 쿠키 또는 IP 주소를 기반으로 하는 익명 프로필을 사용하여 수집된다.

학습활동 4.3에서 행동 타기팅에 대해 자세히 알아보고, 규제를 강화해야 하는지 생각해 보자.

다양한 유형의 고객 정보가 어떻게 수집되고 사용되는지는 표 4.3에 요약되어 있다. 마케팅 담당자가 고려해야 할 주요 이슈는 사용되는 정보 수집과 추적 데이터 유형의 공개이다. 표 4.3에서 1번과 2번의 정보는 일반적으로 수집 시점에 개인 정보 보호 정책을 통해 쉽게 설명할 수 있으며, 이는 일반적으로 법적 요건이다. 그러나 그 밖의 정보는 사용자가

학습활동 4.3 행동 타기팅 광고에 대한 태도

자신을 행동 타기팅을 이제 막 알게 된 웹 사용자라고 가정하고, 업계에서 제공하는 정보 출처를 활용하여 의견을 제시한다. (일부 국가에서처럼) 행동 타기팅 광고가 금지되어야 하는지, 아니면 허용되어야 하는지에 대해 토론하라.

추천 정보 출처는 다음과 같다.

- 행동 타기팅 광고와 프라이버시에 관한 IAB(Internet Advertising Bureau) 가이드에서는 사용자가 잠재적으로 타기팅될 수 있는 광고 네트워크의 수를 확인할 수 있다. 얼마나 많은 광고 네트워크의 타기팅 대상이 되고 있는가? 이에 대해 어떻게 생각하는가?
- 디지털분석협회(Digital Analytics Association)의 데이터 프라이버시 및 윤리 보고서를 참조한다.
- 구글 애즈에는 다음과 같이 설명되어 있다.

"구글은 100개 이상의 온라인 광고 네트워크 중 하나이다. 구글의 광고 네트워크는 검색, 유튜브, 지메일과 같은 구글 서비스와 구글 디스플레이 네트워크에 광고를 표시하기 위해 구글과 제휴한 200만 개 이상의 웹사이트와 앱으로 구성되어 있다. 광고 네트워크의 구조는 다음과 같다.

열렬한 가정주부인 바버라는 요리 블로그를 운영하고 있다. 바버라는 퍼블리셔라고 불리며, 그녀는 자신의 웹사이트로 수익을 창출하기 위해 구글 애드센스와 협력하여 블로그에 광고 공간을 배치한다. 그리고 구글은 그녀에게 광고 공간에 대한 대가를 지불한다.

개인 트레이너인 조는 개인 트레이닝 레슨을 광고하고 싶어 한다. 조는 광고주라고 불리며, 그는 구글 애즈를 사용하여 광고를 만들고 피트니스에 관심이 있는 사람들에게 표시할 수 있다. 운동 관련 페이지에 자주 방문하는 사람은 조의 광고를 볼 수도 있다."

표 4.3 온라인에서 수집되는 정보의 종류와 관련 기술

정보의 종류	정보 수집 및 활용을 위한 접근 방식과 기술
1. 연락처 정보	• 고객 데이터베이스와 연계된 온라인 양식 • 다음 방문 시 특정 개인을 기억하는 데 사용되는 쿠키
2. 프로필 정보	• 온라인 등록 양식을 통해 소셜 네트워크 및 소매 사이트에서 데이터를 수집한다. • 쿠키를 고객 데이터베이스의 레코드에 연결하여 사람을 특정 세그먼트에 할당하고 해당 세그먼트에 일치하는 콘텐츠를 제공한다.
3. 플랫폼 이용 정보	• 웹 분석 시스템: 방문자의 http 속성을 기반으로 컴퓨터의 종류, 운영체제, 화면의 특성을 파악한다.
4. 행동 정보(단일 사이트)	• 구매 내역이 판매 주문 데이터베이스에 저장된다. 웹 분석에서는 방문한 웹 페이지의 클릭 스트림에 대한 IP 주소의 세부 정보가 저장된다. • 이메일 마케팅의 웹 비콘: 당사자가 이메일을 열었는지 여부를 평가하기 위해 1픽셀의 GIF가 사용된다. • 자사 쿠키는 사이트 방문 중 그리고 이후 방문 시 방문자의 행동을 모니터링하는 데에도 사용된다. • 악성 코드는 비밀번호 등 추가 정보를 수집할 수 있다.
5. 행동 정보(여러 사이트)	• 제삼자 쿠키는 온라인 광고 네트워크 또는 제휴 네트워크와 같은 다양한 출처로부터의 방문을 평가하는 데 사용된다(7장 참조). • 구글과 같은 검색엔진은 쿠키를 사용하여 클릭당 과금 프로그램인 구글 애즈의 광고를 추적한다.

쿠키 모니터링 소프트웨어를 설치했거나 광고를 제공하는 퍼블리셔의 개인 정보 보호 정책을 확인해야만 추적 여부를 알 수 있다.

Mason(1986)은 개인 정보 소유에 관한 윤리적 문제를 다음과 같이 네 가지로 요약했다.

- **프라이버시**: 개인에 대한 어떤 정보를 보유하고 있는가?
- **정확도**: 정보가 정확한가?
- **소유권**: 누가 소유하며, 소유권은 어떻게 이전되는가?
- **접근성**: 누가 어떤 조건으로 이 정보에 접근할 수 있는가?

Fletcher(2001)는 또 다른 관점을 제시하면서 개인과 마케팅 담당자 모두에게 우려되는 문제를 제기한다.

- **투명성**: 누가 어떤 정보를 수집하며, 어떻게 데이터를 수집하고 사용하는지 공개하는가?
- **보안**: 기업이 수집한 정보는 어떻게 보호되는가?
- **책임**: 데이터가 악용될 경우 누가 책임을 져야 하는가?

EU와 영국의 개인 정보 보호법

EU와 영국에서 기업이 준수해야 하는 법률을 살펴본 다음 전 세계의 다른 법률에 대해 간략하게 설명하겠다. EU와 영국은 국민의 프라이버시를 보호하기 위해 법률을 활용하는 노력의 최전선에 있다. 데이터 보호법은 개인을 보호하고, 프라이버시를 지키며, 개인 정보의 악용을 방지하기 위해 제정되었다. 지난 20여 년 동안 많은 법률이 제정되어 기업이 주의해야 할 기존 법률에 규제가 추가되었다. EU와 영국에서 주의해야 할 주요 법률은 다음과 같다.

- **일반 데이터 보호 규정**(General Data Protection Regulation, GDPR): 브렉시트 이후에도 GDPR에 대한 영국의 해석은 유효하며, 유럽경제지역(European Economic Area, EEA)의 고객과 소통하는 영국 기업은 이를 준수해야 한다. 데이터 개혁 법안(Data Reform Bill)은 영국의 GDPR을 대체하기 위한 것이다. 보충 자료 4.4에서 GDPR을 자세히 다루었다.
- **개인 정보 보호 및 전자통신 규정**(Privacy and Electronic Communications Regulations, PECR): 기업이 통신 옵트인 및 옵트아웃에 대한 명확한 선택권을 제공하도록 의무화하기 위한 것이다.
- **데이터 보호 지침**(Data Protection Directive): 영국에서는 1998년에 데이터 보호법(Data Protection Act, DPA)이 제정되었으며, GDPR이 시행됨에 따라 2018년에 업데이트되었다.

유럽에서 고객 및 직원의 개인 정보를 컴퓨터나 파일에 보관하는 기업은 데이터 보호 등록기관에 등록해야 하며(단, 소규모 기업은 예외적으로 제외될 수 있다), 영국에서는 정보위원회(www.ico.gov.uk)에 신고해야 한다.

새로운 GDPR에는 다음과 같은 지침이 포함되어 있다.

보충 자료 4.4 일반 데이터 보호 규정(GDPR)

1998년에 제정된 데이터 보호법은 디지털 시대와 빅데이터의 성장에 대응하지 못했다. 과거에는 기업이 가능한 한 많은 데이터를 수집하기 위해 노력했으며, 그러한 데이터를 어떻게 처리하고 프로파일링 및 분석하여 가치를 창출할 것인가를 고민했다.

새로운 GDPR

GDPR은 2018년에 유럽공동체(European Community) 전체에서 관심을 모으며 영국에서도 제정되었다. EU를 탈퇴한 2020년 12월 31일 이후 영국에서는 기업 및 이해관계자와의 협의를 바탕으로 영국 정부가 개선해야 한다고 판단한 내용으로 이 법이 개정될 예정이다. 제정되면 데이터 보호 및 디지털 정보 법안(The Data Protection and Digital Information Bill)으로 알려지게 될 것이다.

데이터 관리자 및 처리자는 매우 명확한 경계를 준수해야 하기 때문에 '동의'는 디지털 마케팅과 다이렉트 마케팅에서 매우 중요한 역할을 한다. 동의를 얻기 위한 주의 사항은 다음과 같다.

- 데이터 주체가 어떻게 처리에 동의했는지를 증명할 수 있어야 한다. 즉 누가 어떻게 동의했는지를 마케팅이 기록해야 한다.
- 데이터 주체는 언제든지 동의를 철회할 수 있어야 하며(이의 제기권), 동의 철회가 동의를 하는 것만큼 쉬워야 한다. 이는 동의 철회 방법에 관한 정책과 프로세스를 통해 제시되어야 한다.
- 동의는 동일한 목적을 위해 수행되는 모든 처리 활동을 대상으로 해야 한다.
- 여러 목적으로 처리할 때는 모든 목적에 대해 동의를 받아야 한다.
- 데이터 주체가 진정으로 자유로운 선택을 하지 않은 경우 동의가 자유롭게 제공된 것으로 간주되어서는 안 된다.
- 묵묵부답 동의, 미리 체크된 박스 또는 비활성 상태를 동의로 간주하면 안 된다.

일반적으로 동의를 반드시 제공해야 하며, 동의했다고 가정하면 안 된다. '개인 데이터'는 이름, 식별 번호, 위치 정보, 온라인 식별자 또는 자연인의 신체적·생리적·유전적·정신적·경제적·문화적·사회적 정체성에 대한 하나 이상의 고유한 요소를 말하며, GDPR의 '온라인 식별자'에는 IP 주소, 쿠키, 모바일 IP, 검색엔진이 포함된다.

GDPR은 지난 20년 동안 데이터 보호 분야에서 가장 큰 변화로 여겨지고 있다. 디지털 비즈니스와 마케팅의 본질은 온라인에서 개인을 추적하여 프로필을 만들고, 특히 자연인의 개인 취향, 관심사, 신뢰도, 행동, 위치, 이동에 관한 측면을 분석하거나 예측하여 행동을 모니터링하는 것이다. 지역적 범위(제3조)는 특히 행동 모니터링에 적용된다.

- 동의
- 투명성
- 프로파일링
- 고위험군 처리
- 인증
- 행정 처벌
- 위반 통지
- 데이터 전송

다른 국가의 개인 정보 보호 및 전자통신 관련 규정

미국에는 소비자와 기업을 교육하기 위한 개인 정보 보호 이니셔티브가 있으며, 2004년 1월에는 스팸메일 규제를 지원하는 연방법인 CAN-SPAM 법이 도입되었다. 여기에는 사람들이 자신의 컴퓨터를 사이버 공격으로부터 보호하는 방법과 악성 코드를 탐지하고 제거하는 방법도 포함되어 있다. 많은 주에서는 이 무렵부터 온라인에서 소비자를 보호하기 위해 광범위한 개인 정보 보호법을 도입했다. 예를 들어 2018년에 제정된 캘리포니아주 소비자 개인 정보 보호법(California Consumer Privacy Act, CCPA)은 기업이 수집하는 개인 정보를 소비자가 더 많이 통제할 수 있도록 하고 있으며, CCPA 규정에는 이 법의 시행 방법에 대한 지침이 제시되어 있다.

기타 국가의 스팸 방지법은 다음과 같다.

- 호주는 2018년 2월부터 '신고 가능한 데이터 침해(Notifiable Data Breaches, NDB)' 제도를 도입했다.
- 캐나다에는 개인 정보 보호법이 있다.
- 뉴질랜드에는 개인정보보호위원회(Privacy Commissioner)가 있다.
- 모든 국가에 대한 내용은 www.privacyinternational.org, www.spamlaws.com을 참고하기 바란다.

옵트인 고객이 추가 정보 수신에 적극적으로 동의하는 것

옵트인(opt-in) 접근 방식은 이러한 법 제도에서 요구되었고 한동안 많은 기업에서 사용되었다. 동의하지 않은 이메일을 보내는 것은 비윤리적일 뿐만 아니라 고객에게 불편을 끼칠 수 있어 기업의 이익에도 도움이 되지 않는다고 여겨졌기 때문이다. 실제로 이 법은 퍼미션 마케팅이라는 확립된 접근 방식을 따르고 있다.

바이럴 이메일 마케팅

바이럴 이메일 마케팅 온라인 환경에서 다른 사람에게 홍보 메시지를 전송하는 데 이메일을 사용하는 것

개인 정보 보호 및 전자통신 규정(PECR)에서 명시적으로 다루지 않은 비즈니스 관행 중 하나는 **바이럴 이메일 마케팅**(viral email marketing)이다. 이는 사용자가 지인에게 자신의 세부 정보를 제공하는 데 실제로 동의했는지 기업이 확인할 수 없기 때문이다(10장 참조).

개인 정보에 대해 걱정하는 웹 사용자를 안심시키기 위해 업계의 단체는 다양한 노력을 기울이고 있다. 한 예로 트러스트아크(TrustArc)의 경우 검증인이 각 사이트의 개인 정보 보호 정책과 옵트인 또는 옵트아웃 프로세스가 유효한지 확인하며, 개인 정보 보호 선언문에는 다음 내용이 포함되어 있다.

- 사이트에서 정보를 수집하는 방법
- 정보 사용 방법
- 정보 공유 대상
- 사용자가 정보에 접근하고 수정하는 방법
- 사용자가 사이트 이용을 중단하거나 제삼자에게 정보를 제공하지 않도록 결정하는 방법

교육을 목적으로 하는 또 다른 이니셔티브는 겟세이프온라인(GetSafeOnline)이다. 이는 정부와 기업이 만든 사이트로, 소비자가 온라인상의 프라이버시와 보안을 이해하고 관리할 수 있도록 교육하고자 한다. 또한 정부 이니셔티브는 이 분야의 모범 사례를 정의하고 가이드라인 준수를 보장하기 위한 법률을 도입할 수 있다.

다음은 기업이 데이터 보호 및 개인 정보 보호 관련 법을 준수하는지 감사하는 데 필요한 내용을 요약한 체크리스트이다.

보충 자료 4.5 쿠키 없는 미래

쿠키는 각각의 컴퓨터를 식별하기 위해 고객의 컴퓨터에 저장되는 데이터 파일이다.

쿠키의 유형

- **영구 쿠키**(persistent cookie): 여러 세션 동안 사용자의 컴퓨터에 남아 있어 마케팅 담당자가 사이트 재방문을 식별하는 데 가장 중요한 역할을 한다.
- **임시 쿠키**(temporary cookie)/**세션 쿠키**(session cookie): 전자상거래 사이트와 같은 단일 세션의 페이지 내에서 추적하는 데 유용하다.
- **자사 쿠키**(first-party cookie): 현재 사용 중인 사이트에서 제공하는 쿠키이다. 이러한 쿠키는 영구 쿠키 또는 세션 쿠키일 수 있다.
- **제삼자 쿠키**(third-party cookie): 사용자가 현재 보고 있는 사이트가 아닌 다른 사이트에 이용된다. 광고 네트워크가 원격으로 추적하는 포털이나 웹 분석 소프트웨어가 쿠키를 배치하는 포털 사이트가 전형적 예이다. 이는 일반적으로 영구 쿠키이다.

쿠키는 개인용 컴퓨터의 디렉터리에 개별 텍스트 파일로 저장된다. 일반적으로 각 사이트마다 하나의 파일이 있다. 예를 들어 dave_chaffey@british-airways.txt에는 다음과 같이 인코딩된 정보가 포함되어 있다.

FLT_VIS'K:bapzRnGdxBYUU'D:Jul-25-1999' british-airways.com/0 425259904 293574 26 1170747936 29284034*

정보는 기본적으로 식별 번호와 마지막 방문일만 저장되지만 다른 정보도 저장될 수 있다. 쿠키는 특정 브라우저와 컴퓨터에 고유하기 때문에 사용자가 다른 컴퓨터에서 접속하거나 다른 브라우저를 사용하면 사이트는 해당 사용자를 유사한 사용자로 식별할 수 없다.

브라우저 공급업체는 가치 제안의 일환으로 사용자의 온라인 개인 정보 보호에 노력하고 있다. 2008년에는 인터넷 익스플로러 8의 인프라이빗(InPrivate) 기능, 구글 크롬의 시크릿 모드가 출시되었다. 이는 다른 사람들에게 알리고 싶지 않은 사이트를 탐색하는 세션에서 일시적으로 사용할 수 있으며, 이전 쿠키가 삭제되지는 않지만 새로운 영구 쿠키가 생성되지 않는다.

쿠키의 용도

일반적으로 쿠키는 다음과 같이 마케팅에 활용된다.

- **개인을 위한 사이트 맞춤 설정**: 쿠키는 개별 사용자를 식별하고 데이터베이스에서 사용자의 선호도를 얻는 데 사용된다. 아마존과 같은 소매업체는 쿠키를 사용하여 재방문자를 인식하고 관련 제품을 추천할 수 있다. 이러한 접근 방식은 일반적으로 개인(다시 로그인하는 번거로움 제거, 관련 콘텐츠 전달)과 기업(맞춤형 마케팅 메시지 전달) 모두에 유용하다.
- **온라인 주문 시스템**: 이를 통해 테스코와 같은 기업은 고객이 다양한 제품을 주문할 때 바구니에 무엇이 들어 있는지 추적할 수 있다.
- **사이트 내 추적**: 웹트렌즈(Webtrends)와 같은 웹 분석 소프트웨어는 사이트 재방문자의 비율을 파악하기 위해 영구 쿠키를 사용하고 있다. 웹트렌즈와 기타 도구는 더 정확하고 차단 가능성이 낮은 자사 쿠키를 점점 더 많이 사용하고 있다.
- **사이트 간 추적**: 광고 네트워크는 쿠키를 사용하여 특정 컴퓨터 사용자가 특정 배너 광고를 본 횟수를 추적한다. 또한 광고 네트워크의 전체 사이트에 게재된 광고를 추적할 수도 있다.

제휴 네트워크나 구글 애즈와 같은 클릭당 지불 광고 네트워크도 쿠키를 사용하여 제삼자 사이트에서의 클릭부터 목적지 또는 판매자 사이트에서의 판매 및 리드 생성까지 추적한다. 이러한 접근 방식은 제삼자 쿠키를 사용하는 경향이 있다. 예를 들어 구글 애즈에서 전환 추적이 활성화되었을 때 사용자가 광고를 클릭하면 구글은 쿠키를 설정한다. 이 사용자가 제품을 구매하면 구매 확인 페이지에는 구글이 배치한 쿠키를 확인하기 위해 구글이 제공한 스크립트 코드가 포함되며, 일치하는 경우 판매가 광고에 귀속된다. 또 다른 접근 방식으로, 다양한 온라인 캠페인은 목적지 사이트에 대한 링크 내에 다른 추적 매개변수 또는 코드를 가지고 있으며, 사용자가 특정 정보 원천에서 사이트에 도착하면 이것이 식별되고 쿠키가 설정된다. 구매가 확정되면 이 사실이 원래의 정보 원천과 특정 추천인(사이트)으로 돌아갈 수 있다.

현재 클릭당 과금 및 제휴 마케팅에 많은 투자가 이루어짐으로써 추적이 부정확할 수 있는데, 마케팅 담당자는 이를 가장 우려하고 있다. 그러나 쿠키를 차단하거나 삭제해도 판매가 이루어지기 때문에 주요 결과는 온라인 광고 또는 클릭당 과금 마케팅의 ROI가 예상보다 낮아 보일 수 있다는 것이다. 제휴 마케팅의 경우 첫 클릭부터 판매까지 쿠키를 삭제(차단)하면 제삼자에게 비용을 지불할 필요가 없다는 점이 마케팅 담당자에게는 이로울 수 있다.

쿠키와 관련된 개인 정보 보호 문제

중요한 애플리케이션임에도 불구하고 브라우저나 보안 소프트웨어에 의한 차단과 사용자에 의한 삭제가 급격히 증가하고 있다는 것은 인터넷 마케팅 담당자의 입장에서 큰 문제이다. 쿠키는 사용자의 행동을 감시하고 있음을 나타내기 때문에 이를 불신하는 사람이 많다. 또한 다른 사이트가 자신의 개인 정보나 신용카드 정보에 접근하는 것을 두려워하는 사람들도 있다. 그러나 쿠키에 포함되는 것은 데이터베이스에 있는 사용자의 기록을 연결하는 데 쓰이는 짧은 식별자나 숫자이므로 그러한 일은 거의 발생하지 않는다. 쿠키에 접근한 사람이 할 수 있는 최악의 일은 사용자가 방문한 사이트를 알아내는 것이다. 영국의 ICO는 2019년에 쿠키 사용에 대한 지침을 업데이트했으며, 이는 기존의 '쿠키 동의 규칙'보다 강화된 내용을 담고 있다. 쿠키를 사용하는 기업은 최종 사용자에게 쿠키가 무엇을 하는지, 어떻게 사용되는지, 최종 사용자가 쿠키 사용을 어떻게 제어할 수 있는지, 어떤 링크가 제삼자 사이트와 데이터를 공유하는지를 명확히 고지해야 한다(White and Evans, 2019).

쿠키에 대한 법적 제약

개인 정보 보호 및 전자통신 규정(PECR)은 2011년 5월에 업데이트되어 기업에 쿠키 사용 가이드라인을 제공하고 있다. 원래의 2003년 법에는 다음과 같이 규정되어 있다.

다음 요건이 충족되지 않는 한, 개인은 전자통신 네트워크를 사용하여 가입자 또는 사용자의 단말기에 정보를 저장하거나 저장된 정보에 접근할 수 없다.

(a) 사용자에게 정보의 저장 또는 접근 목적에 대해 명확하고 포괄적인 정보를 제공한다.
(b) 사용자에게 해당 정보의 저장 또는 접근을 거부할 수 있는 기회를 제공한다.

(a)는 명확한 개인 정보 보호 정책이 있어야 함을, (b)는 쿠키에 대한 명시적 동의가 필요함을 시사한다. 이는 2013년부터 법률이 시행된 이후 많은 사이트에서 볼 수 있는 내용이다. 즉 사이트를 처음 방문할 때 쿠키 사용에 동의한다는 항목에 체크해야 한다. 이 기능은 이미 웹 브라우저에서 제공되기 때문에 많은 논평자는 이상한 조항이라고 생각했다.

최근에 영국 ICO는 다음과 같이 이 요건을 명확히 규정했다.

> 쿠키를 설정하는 경우 그 사실을 알리고 쿠키의 역할과 이유를 명확하게 설명해야 한다. 또한 사용자의 동의를 얻어야 한다. 동의는 적극적이고 명확하게 이루어져야 한다. 단, 온라인 서비스 제공에 필수적인 쿠키(예: 온라인 장바구니의 항목 기억, 온라인 뱅킹 보안)는 예외로 한다. 타인의 기기에 정보를 저장하거나 정보에 접근하기 위해 다른 유형의 기술을 사용하는 경우에도 동일한 규칙이 적용된다. (ICO, 2022)

쿠키가 없는 미래

사파리 브라우저를 제공하는 애플은 2020년 3월에 제삼자 쿠키의 기본 추적을 삭제했고, 크롬 브라우저를 제공하는 구글도 2022년에 제삼자 쿠키 지원을 종료한다고 발표했다. 이러한 쿠키는 개인화된 디지털 광고를 전달하고 추적을 통해 그 가치를 증명하는 데 중요하기 때문에 대안을 찾기 위해 많은 노력을 기울이고 있다. 이 글을 쓰는 시점에 구글이나 페이스북과 같은 주요 제공업체는 수익 모델에 필수적이기 때문에 솔루션을 제공할 가능성이 높다. 구글(2021)은 개인 정보 보호에 중점을 둔 솔루션으로 'Federated Learning of Cohorts(FLoC)'를 발표했다. 이를 통해 계정이 익명화되어 관심사별로 묶이고, 사용자 정보가 웹에 브로드캐스팅되는 것이 아니라 기기에서 처리된다. 이는 크롬의 프라이버시 샌드박스 기능의 일부이다. 구글은 다른 솔루션을 검토하는 월드와이드웹컨소시엄(World Wide Web Consortium, W3C)의 Improving Web Advertising Business Group을 통해 보다 광범위한 채택을 모색하고 있다.

1. 모든 현지 시장의 개인 정보 보호 및 소비자 보호 지침과 법률을 준수한다. 가능하다면 현지 개인정보 보호 및 보안 인증을 이용한다.
2. 정보를 요청하기 전에 사용자에게 다음 사항을 알린다.
   - 어떤 기업인가?
   - 어떤 개인 정보가 수집·처리·저장되는가?

- 수집 목적은 무엇인가?

3. 민감한 개인 정보를 수집할 때는 동의를 구한다.
4. 명확하고 효과적인 개인 정보 보호 정책을 제공하고 데이터 수집 목적을 설명하여 고객을 안심시킨다.
5. 쿠키 또는 기타 비밀 소프트웨어가 개인 정보를 수집하는 데 사용되는 경우 이를 알린다.
6. 기업의 목적에 꼭 필요한 경우를 제외하고는 개인 정보를 수집하거나 보유하지 않는다. 마케팅 목적으로 추가 정보가 필요한 경우 이를 명확히 밝혀야 하며, 해당 정보의 제공이 자발적으로 이루어져야 한다.
7. 부정확한 데이터임을 알게 되면 수정하고 다른 사람에게 알린다. 잘못된 데이터는 사이트에서 수정할 수 있게 한다.
8. 당사자에게 고지하고 동의를 받은(옵트인) 경우에만 (당사 또는 제삼자가) 마케팅 목적으로 데이터를 사용할 수 있다.
9. 고객이 정보 수신을 중단할 수 있는(옵트아웃) 옵션을 제공한다.
10. 적절한 보안 기술을 사용하여 사이트의 고객 정보를 보호한다.

기타 전자상거래 관련 법

Sparrow(2000)는 현행법하에서 전자상거래 비즈니스의 법규 준수를 검토하는 데 유용한 프레임워크로 여덟 가지 법 분야를 꼽았다.

1. 전자상거래 비즈니스 마케팅

도메인 이름 웹 서버의 이름을 말하며, 보통은 회사명과 동일하게 정한다.

Sparrow는 **도메인 이름**(domain name)을 구매하는 것을 가리키는 데 이 범주를 사용했지만, 이제는 다른 법적 제약도 이 범주에 속한다.

도메인 이름 등록

대부분의 기업은 다양한 제품 라인, 국가 또는 특정 마케팅 캠페인을 위해 여러 도메인을 소유하고 있을 수 있다. 개인이나 기업이 도메인 이름을 등록했는데 다른 기업이 해당 도메인 이름에 대한 권리를 주장할 때 분쟁이 발생하기도 한다.

관련 문제는 브랜드와 상표 보호이다. 온라인 브랜드 평판 관리 및 알림 소프트웨어 도구는 브랜드에 대한 의견이나 언급이 온라인에 게시될 때 실시간 알림을 제공하며, 기본적인 도구는 다음과 같다.

- **구글 알리미**(Google Alerts), **토크워커 알리미**(Talkwalker Alerts): 기업명이나 브랜드명 등의 검색어가 포함된 새로운 페이지가 나타나면 기업에 알려준다.
- **카피스케이프**(Copyscape): 표절로 인해 발생할 수 있는 콘텐츠의 중복을 찾아내는 데 사용된다.

접근성법

청각장애, 시각장애, 운동장애로 인해 웹사이트 이용이 어려운 사용자에 대한 차별에 관한

접근성법 청각장애, 시각장애 등의 장애를 가진 웹사이트 사용자를 보호하는 법

법률을 **접근성법**(accessibility legislation)이라고 한다. 이는 대개 장애 및 차별에 관한 법률에 포함되어 있으며, 현재 많은 국가에서는 온라인 차별 관련 내용을 반영하여 장애인 차별 금지법을 개정하고 있다.

웹 접근성이란 웹사이트를 이용하는 모든 사용자가 장애 유무, 사용 중인 웹 브라우저나 플랫폼에 상관없이 웹사이트를 이용할 수 있도록 하는 것을 말한다. 특히 시각장애인은 접근 가능한 웹사이트를 통해 도움을 받을 수 있다(웹 및 앱 디자인에 대한 접근성 요구 사항은 9장에서 다룰 것이다).

월드와이드웹컨소시엄(W3C)과 같은 인터넷 표준화 단체는 웹 접근성 가이드라인을 적극적으로 홍보하고 있다(www.w3.org/WAI). W3C 사이트에는 웹 콘텐츠의 접근성에 대한 유용한 지침이 게시되어 있다.

2. 전자 계약의 성립(계약법과 원격판매법)

전자 계약의 성립과 관련된 두 가지 측면, 즉 원산지 원칙과 원격판매법에 대해 알아보자.

원산지 원칙

웹사이트에서 구매자와 판매자 간에 체결된 계약은 특정 국가의 법률을 따른다. 유럽에서는 이러한 법률의 대부분이 지역(EU) 차원에서 규정되어 있지만 국가마다 해석이 다르다. 이는 구매자를 위한 혹은 판매자(상인)를 위한 법률이 적용되어야 하는지에 대한 사법 관할권 문제를 불러온다. 2002년에 EU는 '원산지 원칙'을 채택함으로써 계약에 관한 법률은 판매자가 위치한 국가의 법률이 적용된다. 이는 과세를 다루는 절에서 좀 더 살펴보겠다.

원격판매법

Sparrow(2000)는 소매업체를 보호하기 위해 다양한 형태의 면책 조항을 권고했다. 예를 들어 소매업체의 가격 또는 제품 세부 정보에 오류가 있을 때, 이는 확정된 거래가 아니라 '거래를 위한 초대'로서 제품을 표시한 것에 불과하므로 소매업체는 계약을 이행할 의무가 없다. 예를 들어 한 디지털 소매업체는 299파운드짜리 TV를 가격 오류로 인해 2.99파운드에 제공했다. 많은 구매가 이루어졌지만 이 업체는 온라인 주문을 받은 것만으로 계약이 성립되는 것은 아니라고 주장했다. 그러나 이 사건은 소송이 진행되지 않아 판례가 성립되지 않았다.

면책 조항은 웹사이트의 서비스로 인해 사용자에게 문제가 발생한 경우(예: 잘못된 내용에 근거한 행위로 인해 금전적 손실이 발생)의 책임을 제한하는 데에도 유용할 수 있다. 또한 Sparrow는 배송 시기, 제품 파손 및 분실 등의 문제를 언급하는 약관을 작성할 것을 제안했다.

소비자 보호 (원격판매) 규정 2000[Consumer Protection (Distance Selling) Regulations 2000]은 EU의 전자상거래 계약에도 영향을 미친다. 이것은 원래 통신판매(우편 또는 전화) 사용자를 보호하기 위해 제정되었다. 주요 요건은 주문 전에 다음과 같은 항목에 쉽게 접근할 수 있는 콘텐츠를 전자상거래 사이트에 포함해야 한다는 것이다.

- 업체의 이름, 연락처, 주소
- 제품 또는 서비스에 대한 설명
- 세금 포함 가격
- 고객의 결제 방법
- 배송 준비, 비용, 제품 도착까지 소요되는 기간
- 최소 계약 기간과 요금 청구 기간
- 계약 해지 조건
- 고객의 해지 방법, 해지 권리를 상실하는 사유
- 해지 후에도 서비스 이용에 상응하는 비용을 지불해야 하는 경우
- 해지가 가능한 경우의 표준 해지 양식
- 보증금 또는 금융 보증으로 제공되는 금액 조건
- 디지털 콘텐츠의 기능(예: 언어, 소프트웨어 업데이트 방법)
- 계약을 완료하기 위해 전화 또는 기타 통신 수단을 사용할 때 기본요금 이상의 비용이 발생하는 경우

원격판매에 관한 규정뿐만 아니라 다음과 같은 온라인 판매 관련 추가 규정이 있다.

- 주문 시 결제에 대한 안내(예: '지금 결제' 버튼)
- 결제 방법, 배송 옵션 및 비용 표시
- 주문에 필요한 단계 표시
- 고객이 주문 오류를 수정할 수 있는 합리적 조치
- 사용 가능한 언어 표시
- 이용 약관 저장 및 복제 기능 제공
- 연락 가능한 이메일 주소 제공
- VAT 번호 제공(업체가 VAT에 등록된 경우)
- 계약을 완료하기 위해 전화 또는 기타 통신 수단을 사용할 때 기본요금 이상의 비용이 발생하는 경우
- 제품, 서비스, 디지털 콘텐츠에 대한 설명(가능한 한 많은 정보 제공)
- 총금액 또는 계산 방법 표시
- 총배송비 또는 계산 방법 표시
- 최소 계약 기간 표시
- 종료일이 명확하지 않은 계약의 종료 조건

일단 주문이 이루어지면 고객은 '취소할 권리'를 가지게 되며, 업체는 배송이 이루어진 후 14일 이내에 취소할 수 있음을 고객에게 알려야 한다(반품 사유를 설명할 필요는 없다). 단, 다운로드 또는 스트리밍 디지털 서비스(예: 컴퓨터 게임, 책, 휴대폰 앱, 영화, 음악)를 판매하는 경우의 규정은 차이가 있으며, 이러한 디지털 사업자는 다음을 수행해야 한다.

- 콘텐츠를 다운로드 또는 스트리밍하기 전에 고객이 (상품 주문 시와 달리) 배송받은 후

14일 내에 해지할 수 있는 권리를 잃게 된다는 사실을 인지하고 있는지 확인한다.

- 다운로드를 시작하기 전에 즉시 다운로드에 동의하도록 요청한다.
- 계약 전 기타 정보와 함께 이 정보를 계약 확인서에 기재한다.

업체가 이러한 규정을 따르지 않을 경우 고객은 14일 동안 결제 없이 취소할 수 있는 권리가 있다.

3. 결제 및 수령

전자상거래 사이트의 경우 신용카드 발급사, 판매자, 구매자 간의 책임에 관한 법률과 관련된다. 판매자는 고객의 사기 거래와 같은 다양한 상황에 대한 책임을 알고 있어야 한다.

4. 인터넷상에서 체결된 계약의 인증

'인증'은 구매자의 신원을 증명하는 것을 의미한다. 예를 들어 많은 사이트에서는 신용카드 소유자가 본인임을 증명하도록 세 자리 인증 숫자를 요구하는데, 이는 신용카드 번호를 도용할 위험을 줄여준다. 디지털 서명도 구매자(및 가맹점)의 신원을 증명하는 데 도움이 되는 방법이다.

5. 이메일의 위험성

이메일의 주요 위험 중 하나는 개인의 프라이버시를 침해하는 것이다. 앞에서 설명했듯이 많은 국가에서는 스팸을 줄이기 위해 구체적인 법률을 마련하고 있다. 이메일과 관련된 또 다른 문제는 개인이나 기업에 잠재적으로 피해를 줄 수 있는 발언, 즉 명예 훼손이다. 2000년에 영국의 Norwich Union Healthcare 내부 이메일 시스템에 경쟁사인 WPA가 조사를 받고 있으며 규제 당국이 신규 사업 수락을 중단하도록 강요했다는 허위 주장이 올라왔다. 이 게시물은 삭제되지 않고 널리 퍼져나갔으며, 이에 WPA는 명예 훼손으로 소송을 제기했다. 결국 Norwich Union Healthcare가 WPA에 41만 5,000파운드를 지불하면서 사건이 일단락되었는데, 이러한 사례는 비교적 드물다.

6. 지식 재산권 보호

지식 재산권(IPR) 저작권법, 영업 비밀 보호법, 특허법에 의해 보호되는, 기업 또는 개인이 만든 무형 자산

지식 재산권(Intellectual property rights, IPR)은 디자인, 아이디어, 발명품을 보호하며, 여기에는 전자상거래 사이트를 위해 개발된 콘텐츠와 서비스가 포함된다. 저작권법은 저작자, 제작자, 방송사, 공연자가 자신의 저작물이 사용될 때마다 일정한 수익을 얻을 수 있도록 보장함으로써 이들을 보호하기 위한 것이다. 유럽 저작권 지침(European Directive of Copyright, 2001/29/EC)은 2003년에 많은 국가에서 발효되었으며, 인터넷을 통한 방송 스트리밍과 같은 새로운 기술과 접근 방식을 다루고 있다.

상표 기업을 나타내는 고유한 단어 또는 문구로, 일반 텍스트나 디자인된 텍스트, 아트워크 또는 이것들의 조합으로 등록할 수 있다.

온라인에서는 지식 재산권이 두 가지로 도용될 수 있다. 첫째, 웹 콘텐츠를 복사하여 다른 사이트에 게시하는 것은 비교적 흔한 일인데, 평판 관리 서비스를 이용하면 기업의 콘텐츠, 로고, **상표**(trademark)가 다른 사이트에서 어떻게 사용되고 있는지 확인할 수 있다. 예를 들어 카피스케이프는 '스크린스크레이퍼(screenscraper)'를 통해 다른 사이트에 스크랩

된 콘텐츠를 파악한다.

둘째, 기업이 실수로 콘텐츠를 도용할 수도 있다(예: 법을 잘 모르는 직원의 저작권 침해 행위). 또한 거래용 웹사이트를 설계하는 방법 중 일부는 특허를 획득한 것도 있다. 예를 들어 아마존은 '원클릭' 구매 옵션에 대한 특허를 보유하고 있다.

7. 인터넷 광고

영국의 광고 표준 기관 코드(Advertising Standards Authority Code)와 같이 독립 기관에서 시행하는 광고 표준은 인터넷 환경에도 적용된다. 단속이 덜 강력한 온라인에서는 바이럴 효과를 노린 크리에이티브가 실행되곤 한다. 영국에서 ASA는 규정을 위반한 사이트 목록을 업데이트하고 있다.

8. 데이터 보호

이는 앞 절에서 자세히 다루었다.

인터넷 사용과 관련된 환경 문제

전 세계가 이산화탄소와 메탄 배출량을 줄여야 하는 기후 비상사태에 처해 있다는 사실을 대부분 인식하고 있기 때문에 지구의 미래는 사회적 관심사이다. 기술은 일반적으로 환경에 해로운 것으로 여겨지지만, 전자상거래와 디지털 커뮤니케이션이 환경에 이로운 영향을 미칠 수 있다는 주장도 있다. 기업은 스스로를 환경을 생각하는 기업으로 포지셔닝함으로써 비용을 절감할 수도 있다. 오늘날 소비자와 주주는 투명성을 요구하기 때문에 많은 전자상거래 기업은 환경, 사회, 거버넌스(environmental, social, governance, ESG)를 공개하고 있다. 예를 들어 알리바바는 ESG 및 탄소 중립 보고서를 발간하고 있다(미니 사례 연구 4.5 참조). 알리바바그룹은 중국 대기업 중에서도 재생 에너지를 가장 많이 구매하고 있으며, 효율성을 통해 탄소 배출량을 줄였다. 구글과 마찬가지로 알리바바 클라우드(Alibaba Cloud)는 자체 재생 에너지 발전 시설로 많은 에너지를 생산한다.

온라인 쇼핑은 환경적 측면에서도 장점이 있다. 매장에 직접 가지 않아도 되고, 모든 제품이 집이나 직장으로 효율적으로 배송되는 상황을 상상해보라. 그러면 교통량이 크게 줄어들 것이다. 온라인 쇼핑은 상당히 성장하고 있어 영향을 미칠 수 있다. 영국에서는 ONS(2023b)의 연구에 따르면 전체 소매 매출의 26%가 온라인에서 이루어지고 있다. 그러나 쇼핑을 위한 이동은 여전히 전체 자동차 이동의 20%를 차지하고 있으며, IMRG (Internet Media in Retail Group)의 조사에 따르면 영국에서 전자상거래의 중요성이 여전히 높고 2016년 온라인 소매 매출이 1,300억 파운드를 넘어섰다. 2007년에 IMRG는 Go Green, Go Online 캠페인을 시작하면서 전자상거래가 환경 친화적인 여섯 가지 이유를 밝혔다.

- **주행 거리 감소**: 영국에서는 쇼핑을 위한 자동차 이동이 전체 이동의 20%, 주행 거리의

미니 사례 연구 4.5 세계 최대 규모의 B2B 마켓플레이스, 알리바바

1999년에 중국 항저우에서 마윈(馬雲)이 설립한 알리바바는 전 세계 수백만 명의 구매자와 공급업체에 서비스를 제공하는 글로벌 도매 거래의 선도적 플랫폼으로 성장했다. GMV(gross merchandise value) 기준으로 세계 최대의 온라인 및 모바일 상거래 기업인 알리바바그룹은 알리바바, 타오바오, 알리익스프레스(AliExpress), 티몰(Tmall), 쥐화수안(Juhuasuan)을 거느리고 있다.

2022년, 알리바바그룹은 중국 내 소비자 비즈니스의 연간 활성 소비자 10억 명을 돌파하면서 역사적인 이정표를 세웠다. 매출액은 321억 8,800만 달러에 달했다. 중국 상거래, 현지 소비자 서비스, 디지털 미디어 및 엔터테인먼트 부문을 아우르는 알리바바그룹의 중국 소비자 사업은 1조 2,580억 달러의 GMV를 창출했다. 아마존과 마찬가지로 타오바오와 티몰은 자국 소비자의 일상생활에서 중요한 부분을 차지하고 있다. 거래 플랫폼인 타오바오 딜스(Taobao Deals)는 타오바오의 전자상거래 생태계에 처음으로 쇼핑객을 유입하는 데 기여했다. 국제 소비자 및 도매업자의 연간 활성 소비자 수는 총 3억 500만 명에 달한다.

창업자인 마윈은 전직 교사로, 중국의 수출 호황을 타고 번역 회사를 차린 후 1995년에 미국을 방문했다. 미국 체류 중 마윈은 인터넷을 검색해보고 중국에 대한 정보를 거의 찾을 수 없다는 것을 알게 되었다. 그래서 그는 귀국 후 해외 고객을 찾는 중국 기업의 디렉터리인 '차이나페이지(China Pages)'를 만들었다. 이 사업은 실패로 끝났지만 마윈은 굴하지 않고 동업자 18명을 모아 1999년에 알리바바를 설립했다.

알리바바 창업자들은 인터넷이 '경쟁 조건을 공평하게 만든다'는 믿음을 가지고, 소규모 기업이 혁신과 기술을 활용하여 성장하고 국내 및 글로벌 시장에서 더 효과적으로 경쟁할 수 있도록 지원했다. 알리바바그룹은 중국의 소규모 수출업체, 제조업체, 기업가의 글로벌 판매를 지원하는 최초의 웹사이트를 개설한 이래로 온라인 및 모바일 상거래의 글로벌 리더로 성장했다. 오늘날 알리바바그룹과 관련 기업은 도매 시장과 전자상거래 시장을 제공할 뿐만 아니라 클라우드 컴퓨팅, 디지털 미디어, 엔터테인먼트, 혁신 이니셔티브 등의 사업을 전개하고 있다.

오늘날 알리바바그룹은 102년 동안 지속될 '좋은 기업'을 목표로 설득력 있는 장기 비전을 제시하고 있다. '좋은 기업'이 되는 방법이 정의된 ESG 및 탄소 중립 보고서를 발간하고 있으며, 2036년 사업 비전은 글로벌 소비자 20억 명에게 서비스를 제공하고, 1,000만 개의 사업체가 수익을 창출하며, 1억 개의 일자리를 창출하는 것이다.

그림 4.10 알리바바를 세운 마윈

출처: Christian Charisius/dpa/Alamy Live News/Alamy Stock Photo

12%를 차지한다. 스위스 온라인 식료품점 LeShop.ch의 조사에 따르면 고객이 자동차로 쇼핑하는 대신 온라인에서 구매하기로 결정할 때마다 CO_2 배출량이 3.5kg 줄어든다고 한다.

- **재고 감소:** 델이 실천하고 있듯이 생산 전에 제품 주문을 받는 것은 판매되지 않으면 폐기되는 노후 제품의 생산을 막음으로써 에너지와 천연자원의 낭비를 줄일 수 있다.
- **인쇄물 감소:** 온라인 전자 뉴스레터와 브로슈어는 종이와 배포 비용을 절감할 수 있다.
- **포장 감소:** 이론적으로는 온라인에서 판매되는 제품의 경우 화려한 포장이 필요 없지만, 소프트웨어나 전자 제품 등 대부분의 제품은 여전히 포장되어 있기 때문에 이 주장은 설득력이 떨어진다. 하지만 다운로드되는 음악의 경우 포장이나 플라스틱이 쓰이지 않는다.
- **폐기물 감소:** 조달, 제조, 유통의 공급사슬 전반에 걸쳐 인터넷은 제품 및 유통 주기를 줄

이는 데 도움이 된다. 이베이, 아마존 마켓플레이스와 같은 경매 서비스가 재활용과 재사용을 촉진할 수 있다는 주장도 있다.

- **비물질화(디지털화)**: 소프트웨어, 음악, 동영상과 같은 제품을 디지털 형식으로 이용할 수 있다.

MIT(2021)는 전자상거래가 CO_2 배출량 감소에 미치는 영향에 대한 최근 연구를 정리했는데, 이에 따르면 다양한 이동 시나리오를 모델링한 결과 온라인 쇼핑이 기존 소매업보다 75% 더 지속 가능한 것으로 나타났다. '도시형 라스트마일 시설(Urban Last-Mile Facility)' 시나리오(쇼핑객이 사물함이나 지역 내 픽업 지점을 이용하는 경우)에서는 교통수단에서 발생하는 모든 배출량이 50% 감소했다.

전자상거래에 대한 과세

인터넷을 통한 세계화를 반영하여 세법을 어떻게 바꿀 것인가는 많은 정부가 고민해온 문제이다. 전자상거래 업체와 기타 디지털 서비스 제공업체는 다양한 판매 지역의 법률을 고려해야 한다. 당초 우려는 기존 법률이 구매 패턴의 변화에 대응하지 못할 경우 인터넷이 중앙 정부나 지방 정부의 세수를 크게 감소시킬 수 있다는 것이었다.

과세 관할권은 어떤 거래에서 발생하는 과세 소득을 중앙 정부 또는 지방 정부가 취득할 것인가를 결정한다. 전자상거래 이전의 국제 조세 조약 제도하에서는 소득을 수령하는 기업이 거주하는 국가(거주국)와 해당 기업이 소득을 얻는 국가(원천국)로 과세권이 나뉘었다. 2002년에 EU는 전자 서비스에 대한 부가가치세(VAT) 부과 및 징수 방법에 관한 두 가지 법률을 제정했다. 이는 1998년에 오타와에서 개최된 경제협력개발기구(OECD) 회의에서 합의된 원칙에 따른 것이다. 이 원칙은 "소비가 이루어지는 관할권에서 소비세(VAT 등)가 과세되어야 한다"고(즉 원산지 원칙) 규정하고 있다. 이러한 법률은 유럽 국가의 전자상거래 경쟁력 강화에 기여했다.

전자상거래 관련 온라인 과세 규정은 사업자의 비즈니스를 간소화하고 소비자에게 투명성을 도입하기 위해 발전해왔으며, 2021년에 유럽공동체는 EU에 VAT 관련 전자상거래 규정을 도입했다(European Commission, 2021). 이제 EU 내외에 있는 온라인 판매자는 'Mini One Stop Shop(일명 VAT MOSS)'이라는 전자 포털에 등록할 수 있게 되었으며, 이를 통해 각 회원국과의 거래가 아닌 EU 전역에서의 판매에 대한 모든 VAT 의무를 관리할 수 있다.

브렉시트 이후 영국은 EU에 속하지 않기 때문에 온라인 판매세가 더욱 복잡해졌다. 영국에서 디지털 서비스를 판매하는 EU 회원국 및 비회원국 기업은 더 이상 원산지 원칙이 적용되지 않기 때문에 영국에서 등록과 납세를 해야 한다. 아발라라(Avalara, 2021)는 다음과 같이 정리했다.

- 135파운드 미만 거래의 경우 영국 및 영국 외 거주자는 웹사이트 체크아웃을 통해 판매

VAT를 청구하고 영국 정부에 세금을 납부해야 한다.

- 135파운드 이상 수입품의 경우 판매자는 통관 시 수입 VAT(및 관세)를 지불하고, 영국 VAT 번호가 있으면 환급받을 수 있다. 또한 판매자는 고객이 세관이나 배송업체에 지불하게 할 수도 있다.

쇼피파이(2021)에 따르면 미국에서는 온라인 판매자가 각 주의 세법을 준수해야 하기 때문에 복잡하다. '경제적 넥서스(일반적으로 한 주에서의 매출이 10만 달러 이상)'를 가진 기업은 각 주에 판매세를 등록해야 하며, 이후 아발라라와 같은 세금 소프트웨어 애플리케이션을 사용하여 납세 의무를 관리할 수 있다.

자유를 제한하는 법률

정부는 인터넷에서 소비자의 프라이버시를 보호하기 위해 법을 제정하지만 일부 개인과 기업은 그 법이 너무 제한적이라고 생각한다. 영국에서 새로운 통신법(Telecommunications Act)과 수사권 규제법(Regulation of Investigatory Powers Act, RIP)은 ISP를 통과하는 모든 통신을 감시할 수 있는 권한을 보안 부대에 부여하는 법으로, 제정되기까지 몇 년이 걸렸다. 인프라 제공자, 특히 ISP의 비용 부담으로 인해 격렬한 논쟁이 벌어졌고, 물론 많은 시민과 직원도 감시당하는 것을 달갑게 여기지 않았다.

프리덤하우스(Freedom House)는 검열과 국가 통제에 반대하는 캠페인을 전개하는 인권 단체이다. 프리덤하우스의 설명에 따르면 기술의 역할도 이러한 활동의 일부이다.

> 급속히 발전하는 정보통신 기술은 전 세계 민주주의에 큰 영향을 미치고 있다. 시민을 동원하고 뉴스와 논평을 전달할 수 있는 새로운 플랫폼을 제공했지만 반민주주의 세력의 검열, 감시, 착취의 대상이 되기도 한다.
>
> 출처: https://freedomhouse.org/issues/technology-democracy

최신 '인터넷의 자유(Freedom on the Net)' 보고서는 정부가 온라인 공간을 더 쉽게 통제하기 위해 점점 더 많은 글로벌 인터넷을 차단하고 있으며, 2023년에는 53개 정부가 비폭력적인 정치적·사회적·종교적 콘텐츠가 포함된 웹사이트를 차단하여 표현의 자유와 정보 접근권을 침해할 것이라고 지적했다. 이러한 차단의 대부분은 국외에 있는 정보원을 대상으로 한다. 보고서에 따르면 76%는 정치적·사회적·종교적 콘텐츠를 게시한 개인이 체포 또는 기소된 국가에 거주하고 있으며, 69%의 국가는 정부 성향의 논객을 통해 온라인 대화를 조작하고 있다. 그림 4.3은 이 보고서에 따른 국가별 인터넷 자유를 보여준다.

경제 및 경쟁 요인

디지털 경제 사회적 또는 경제적 이익을 달성하기 위해 온라인 기술, 미디어, 네트워크를 기반으로 하는 국민, 기업, 정부 간 디지털 교류 및 전자상거래의 역동적 시스템

각국의 경제 건전성과 경쟁 환경은 전자상거래 가능성을 결정하며, 여기에는 **디지털 경제**(digital economy)에 대한 평가를 비롯한 해당 국가의 디지털 성숙도가 포함된다. 1장에서 소개한 온라인 의류 소매업체 잘란도와 같은 브랜드를 생각해보라. 잘란도는 사업 확장의 일환으로 25개국에 진출했는데, 각국에서 비즈니스 사례의 일부로 디지털 경제의 강점을 검토해야 한다. 이때 온라인에 접속할 수 있는 타깃 고객의 수와 해당 카테고리(의류)의 구매자 수에 대한 현재와 미래 예측을 고려한다. 또한 현지 판매, 마케팅, 운영을 위한 정부의 잠재적인 지원도 검토한다. 그 규모는 잠재적 시장 규모에 따라 달라진다. 이는 금리 우대나 교육 및 역량 개발 지원의 형태가 될 수 있다. 물론 소규모 기업의 경우 각국의 세제 및 법적 요건을 고려해야 함에도 불구하고 한 국가에 물리적 거점 없이 온라인으로 디지털 서비스를 판매하는 것이 현실적일 것이다.

기업 경영자는 정부 기관이 인터넷 보급을 통제하기 위해 취하는 다음과 같은 정치적 행동을 알고 있어야 한다.

- 소비자와 기업에 인터넷 도입의 이점을 널리 알리고 국가의 경제적 번영을 향상한다.
- 기업 간 모범 사례 전파로 이어질 수 있는 연구를 후원한다.
- 개인 정보 보호, 과세 관리 등 환경을 규제하는 법률을 제정한다.
- 디지털 경제의 성장 및 발전을 위한 기회를 창출하는 전략을 수립한다.

영국 DDCMS(2022)가 발표한 국가별 디지털 경제의 중요성에 관한 보고서에 따르면 국가마다 디지털 경제의 규모에 큰 차이가 있으며, 이는 전체 경제 규모와 무관하다. 각국 정부는 디지털 경제의 성숙도를 높이기 위해 노력하고 있는데, 이는 해당 국가의 온라인 비즈니스에 긍정적인 영향을 줄 수 있다.

정보 사회 기업과 지역사회 내에서 디지털 정보에 대한 광범위한 접근과 전송이 가능한 사회

유럽위원회(European Commission)는 전자상거래 촉진 및 규제를 위한 정부 조직의 역할에 대해 몇 가지 예를 제시했다. 이에 따르면 사회적으로 포괄적인 **정보 사회**(information society)의 특징은 다음과 같다.

- 일반 사람들이 민간 기관이나 공공 기관의 중개에 의존하지 않고도 쉽고 간편하게 커뮤니케이션 채널에 접근할 수 있다.
- 일상생활을 할 때, 사회에 참여할 때, 어려움에 처했을 때 도움을 받을 수 있는 필수적인 정보를 무료로 또는 매우 저렴한 비용으로 쉽게 얻을 수 있다.
- 정보 처리와 커뮤니케이션에 많은 투자를 한다.

한편 유네스코는 후발 개도국을 정보 사회로 발전시키는 데 적극적으로 참여해왔다.

현지화

국제 시장을 개척하는 기업의 경우 해당 국가 및 지역에 맞게 콘텐츠를 조정하는 것이 국제

화 프로세스에서 중요할 것이다. 웹사이트는 다양한 국가의 고객을 지원하기 위해 다음을 고려해야 한다.

- 다양한 제품 요구 사항
- 언어의 차이
- 문화의 차이

또한 국가 및 지역에 따라 다음 항목을 변경해야 한다.

- 콘텐츠 제공 언어
- 문구의 톤과 스타일
- 웹사이트 디자인(국가에 따라 특정 색상이나 이미지가 적절하지 않거나 효과가 떨어질 수 있음)
- 각국의 관련 언어 콘텐츠를 확실히 표시하기 위한 검색엔진 최적화(8장 참조)
- 제품 라인업
- 제품 가격
- 통화 및 결제 옵션
- 현지 고객 서비스/접점
- 현지 날짜와 시간

Singh와 Pereira(2005)는 현지화 수준을 평가하는 프레임워크를 제공한다.

- **표준화된(현지화되지 않은) 웹사이트**: 단일 사이트에서 모든 고객 분류(국내·국외)에 대응
- **반현지화된 웹사이트**: 단일 사이트에서 모든 고객에게 서비스를 제공하나 해외 고객에게는 해외 자회사의 연락처 정보 제공
- **현지화된 웹사이트**: 해외 고객을 위한 언어 번역이 포함된 국가별 웹사이트
- **고도로 현지화된 웹사이트**: 언어 번역이 포함된 국가별 웹사이트(시간, 날짜, 우편번호, 통화 형식 등 기타 현지화 포함)
- **문화적으로 맞춤화된 웹사이트**: 타깃 고객층의 문화에 완전히 몰입한 웹사이트

현지화 정도를 결정하는 것은 경영자에게 어려운 과제이다. 현지 취향이 중요하다는 것은 이미 입증된 사실이지만, 비용과 증가될 수 있는 전환율 간의 균형을 맞추기 어려운 경우가 많기 때문이다.

현지화가 중요함에 따라 현지 언어 전문가를 고용하고 AI 기반 기계 번역(machine translation, MT) 기술을 사용하는 에이전시를 통해 주요 현지화 산업이 발전해왔다. 표 4.4는 현지화 서비스 제공업체에 대한 정보를 요약한 것이다. 업체들의 통합이 계속되고 있지만 상위 100개 업체가 전체 언어 산업에서 차지하는 비율이 17.9%에 불과한데, 이는 언어 서비스 산업이 여전히 파편화되어 있음을 나타낸다. 이러한 기업은 현지화 프로세스를 관리하고 번역하기 위해 현지화 관리 소프트웨어(예: https://www.g2.com)를 사용하고 있다.

표 4.4 10대 언어 서비스 제공업체

순위	회사	2021년 수익(100만 달러)	주요 사업
1	TransPerfect(미국)	1,110.0	번역, 생명과학, 법률
2	RWS(영국)	955.3	번역, 특허, 생명과학, IT
3	Language-Line Solutions(미국)	750.0	통역, 번역·현지화, 의료, 정부
4	Keywords Studios(아일랜드)	596.9	비디오게임 서비스
5	Lionbridge(미국)	545.9	번역, 생명과학, 테크놀로지, 법률, 게임·엔터테인먼트
6	Iyuno-SDI Group(미국)	450.0	미디어 현지화
7	Appen(호주)	447.3	데이터 회사
8	translate plus(영국)	353.4	번역, 더빙, 제조, 마케팅
9	Acolad Group(프랑스)	307.3	번역·현지화, 제조, 생명과학, 정부
10	Welocalize(미국)	299.0	번역·현지화, 데이터·AI, 테크놀로지, 법률, 생명과학

출처: Nimdzi(2022)

전자상거래가 국제 B2B 거래에 미치는 영향

Hamill과 Gregory(1997)는 글로벌 기업 간 거래에서 전자상거래의 전략적 의미를 강조했다. 이들은 가격 차이에 대한 기업의 인식이 높아짐에 따라 국경을 넘나드는 가격 표준화가 진행될 것이라고 지적한다. 또한 인터넷을 통한 직접 마케팅 및 판매로 인해 대리점, 판매점과 같은 전통적인 중개자의 중요성이 감소할 것이라고 예측한다.

일반적으로 대기업은 이미 글로벌 시장에서 경쟁하고 있거나 이를 위한 자금력을 갖추고 있다. 대부분의 정부는 중소기업이 전자상거래를 통해 국제 시장에 진출할 수 있도록 장려하고 있는데, Hamill과 Gregory(1997)는 표 4.4에 제시된 중소기업의 국제화를 가로막는 장애 요인을 확인했다.

최근 연구에 따르면 중소기업은 디지털 기술을 활용하여 비즈니스를 지원하는 데 여전히 어려움을 겪고 있는 것으로 나타났다(OfCom, 2022). 이는 직원 수가 1~249명인 약 2,000개 기업의 세분화를 통해 밝혀졌으며, 별표(*)로 표시된 두 가지 카테고리만 높은 성숙도를 보였다.

- 체념하고 당황함(13%)
- 조심스럽고 불안함(16%)
- 기본은 갖췄지만 서비스가 부족함(24%)*
- 참여가 좋고 활성화되어 있음(15%)*
- 참여하지는 않지만 만족스러움(19%)
- 기본에 충실함(14%)

인터넷 거버넌스

인터넷 거버넌스 인터넷의 운영과 활용을 관리하는 것

인터넷 거버넌스(Internet governance)는 인터넷의 성장과 활용을 관리하기 위해 도입된 통제를 말한다.

Dyson(1998)은 관할권의 다양한 계층을 다음과 같이 제시했다.

- 각국을 구성하는 물리적 공간(법률이 존재함)
- ISP(물리적 세계와 가상 세계를 연결함)
- 도메인 네임 관리(ICANN) 및 커뮤니티
- 트러스트아크와 같은 기관

인프라를 관리하는 조직 역시 거버넌스에서 중요한 역할을 한다.

기술 혁신과 기술 평가

전자상거래를 관리하는 데 가장 큰 과제 중 하나는 어떤 새로운 기술 혁신이 경쟁 우위를 가져다줄 수 있는지를 파악하는 것이다. 사실 아무도 미래를 예측할 수 없으며 많은 기업이 제품 시장을 오해하고 있다.

> '전화'는 커뮤니케이션 수단으로 진지하게 고려하기에는 단점이 너무 많다. 이 기기는 본질적으로 우리에게 아무런 가치가 없다. –웨스턴유니언 사내 메모(1876)

> 누가 배우의 이야기를 듣고 싶어 할까? –워너브러더스 창립자 해리 워너(1927)

> 전 세계적으로 컴퓨터 5대 정도의 시장이 있다고 생각한다. –IBM 회장 토머스 왓슨(1943)

> 개인이 집에 컴퓨터를 둘 이유가 없다. –디지털이큅먼트코퍼레이션 사장 켄 올슨(1977)

모든 기업이 기술적으로 혁신적일 수 있는 능력(경우에 따라서는 예산)을 가지고 있는 것은 아니다. 일반적으로 기업이 할 수 있는 최선의 방법 중 하나는 현재 상황을 분석하고 필요시 신속하게 대응하는 것이다. 애플에서 휴먼 인터페이스 팀을 설립하고 애플 최초의 인터페이스 가이드라인을 제정한 브루스 토냐니치(Bruce Toganizzi)는 더 미래 지향적인 관점을 가지고 있다(Econsultancy, 2007).

> 성공적인 기술 예측은 불연속성을 감지하고 그로 인한 추세를 예측하는 것을 기반으로 한다.

그는 아이폰과 이후 제스처 인터페이스를 기반으로 한 기타 기기의 도입을 예로 들었다. 불연속성의 또 다른 최근 사례는 챗GPT의 신속한 도입이다(미니 사례 연구 4.6 참조).

웹사이트에 도입된 기술 외에도 웹사이트 방문자를 유치하기 위한 새로운 접근 방식(예: 유료 검색엔진 등록, 새로운 형태의 배너 광고나 이메일 마케팅 사용 여부)의 적합성을 평

미니 사례 연구 4.6 제너레이티브 AI 서비스 챗GPT의 쾌속 질주

오픈AI의 CEO인 그레그 브로크먼(Greg Brockman)은 2022년 12월 5일 자신의 트위터를 통해 이렇게 밝혔다. "출시한 지 5일 만에 챗GPT 사용자가 100만 명을 돌파했다. 이는 지금까지의 어떤 기술이나 플랫폼보다 빠른 보급이다." 표 4.5의 수치를 살펴보라. 참고로 챗GPT는 2년 전에 개발된 GPT-1, GPT-2와 같은 기존의 대형 언어 모델을 기반으로 하고 있기 때문에 5일이라는 숫자는 오해를 불러일으킬 수 있다. 그럼에도 불구하고 챗GPT와 유사한 제너레이티브 AI 서비스가 어떤 혼란을 가져올지 지켜보는 것은 흥미롭다.

챗GPT 사용에는 많은 윤리적 문제가 따를 수도 있다. 《타임(Time)》(2022)이 보도한 문제 중 하나는 오픈AI가 '혐오 발언'을 줄여 챗GPT의 독성을 약화하기 위해 에이전시를 통해 시간당 2달러 이하의 케냐 노동자를 고용했다는 것이다(https://www.business-humanrights.org/en/latest-news/openai-and-sama-hired-underpaid-workers-in-kenia-to-filter-toxic-content-for-chatgpt/ 참조). 그러나 일부 AI 서비스와 달리 독성을 줄이는 방법을 고려했다는 점은 긍정적이다. AI 도입으로 인해 발생하는 또 다른 윤리적 문제는 업무 수행에서 사람에 대한 의존도가 어느 정도까지 감소하느냐이다.

챗GPT가 출시된 후 마이크로소프트는 GPT 기반 채팅 쿼리 기능을 검색엔진 빙에 탑재했고, 구글은 빙의 기능과 유사한 AI 기반의 새로운 SGE(Search Generative Experience)와 바드(Bard)를 사전 발표했다. 이러한 서비스가 커뮤니케이션과 사회, 더 나아가 고용과 의료에 어떤 영향을 미칠지 주목된다.

8장에서는 챗GPT를 활용한 서비스를 미니 사례 연구 8.1에서 다루고, 이러한 도구를 사용할 때 발생하는 문제점도 알아본다.

표 4.5 사용자 100만 명에 도달하는 데 걸린 시간

기술 또는 플랫폼	시간
챗GPT	5일
아이폰	74일
인스타그램	2.5개월
스포티파이	5개월
페이스북	10개월
에어비앤비	2.5년
넷플릭스	3.5년

가해야 한다(전략 결정은 5장에서 다룰 것이다).

새로운 기술의 도입에 대해 어려운 결정을 내려야 하는 경영자는 다음과 같은 유형으로 구분된다.

- 너무 비싸거나 검증되지 않았다고 생각하기 때문에 또는 단순히 이점이 비용을 능가한다고 믿지 않기 때문에 해당 기술을 무시한다.
- 과장된 광고를 믿고 확신하여 자세한 평가 없이 해당 기술을 채택한다.
- 해당 기술을 평가하고 채택 여부를 결정한다.

얼리 어답터 새로운 기술과 기법에 투자하는 기업이나 부서

Rogers(1983)는 이러한 보급-채택 과정을 규명하고 혁신가(innovator), **얼리 어답터**(early adopter), 초기 다수(early majority), 후기 다수(late majority), 후발 주자(laggard)로 분류했다(그림 4.11 참조).

그림 4.11을 분석 도구로 사용하는 방법은 크게 두 가지이다. 첫째, 어떤 기술이나 제품을 채택할 때 고객이 어느 단계에 도달했는지 파악하는 데 사용할 수 있다. 예를 들어 인터넷은 이제 명확한 도구이며 많은 선진국에서 채택의 후기 단계에 접어들었는데, 이는 마케팅 목적으로 인터넷을 사용하는 것이 필수적임을 시사한다. 둘째, 경영자는 다른 기업이 새로운 기술을 채택하는 것을 조직적 관점에서 주목할 수 있다. 예를 들어 건설 산업의 공급업체는 다른 디지털 기업이 개인화를 채택한 사례를 살펴보고 해당 기술의 가치를 평가할

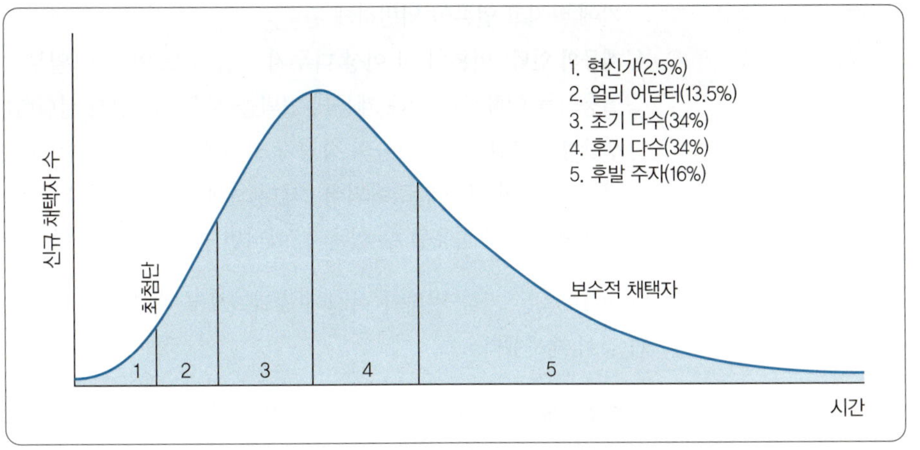

그림 4.11 보급-채택 곡선

출처: Rogers (1983)

수 있다.

기술 분석 업체인 가트너는 특정 기술의 성숙도, 채택, 비즈니스에의 적용을 평가하기 위해 혁신 확산에 대한 또 다른 도식적 표현을 개발했다. 그림 4.12는 2016년의 새로운 트렌드를 보여주는 예이다.

1. **혁신 트리거**: 하이프 사이클의 첫 번째 단계는 획기적인 발전, 제품 출시 또는 중요한 언론 보도와 관심을 불러일으키는 사건이다.
2. **부푼 기대의 정점**: 다음 단계에서는 일반적으로 홍보의 열기가 과도한 열광과 비현실적인 기대를 낳는다. 기술 적용의 경우 성공 사례도 있지만 실패 사례가 더 많다.
3. **환멸의 골짜기**: 기술이 기대에 부응하지 못하고 금세 유행에 뒤처짐으로써 환멸의 골짜

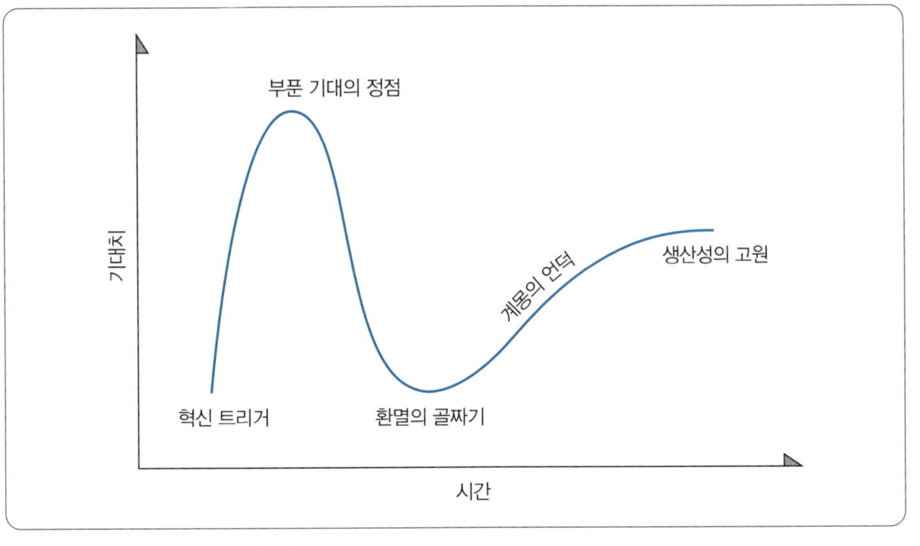

그림 4.12 가트너의 하이프 사이클

출처: Gartner Methodologies, Hype Cycle, https://www.gartner.com/en/research/methodologies/gartner-hype-cycle

기에 빠지고 언론이 외면하게 된다.

4. **계몽의 언덕**: 언론이 더 이상 다루지 않을 수도 있지만, 일부 기업은 해당 기술의 장점과 실용화를 이해하기 위해 계몽의 언덕을 계속 오르면서 실험한다.
5. **생산성의 고원**: 해당 기술의 장점이 널리 입증되고 수용됨에 따라 생산성의 고원에 도달한다. 기술이 점차 안정화되어 2세대, 3세대로 진화한다. 고원의 최종 높이는 해당 기술이 광범위하게 적용될 수 있는지, 아니면 틈새시장에만 이로운지에 따라 달라진다.

Trott(1998)는 기술 변화와 혁신에 효과적으로 대응하기 위해 기업에 필요한 사항을 다음과 같이 제시했다.

- **성장 지향성**: 단기적 비전보다 장기적 비전
- **경계**: 환경 스캐닝 능력
- **기술에 대한 헌신**: 기술에 투자하려는 의지
- **위험 수용**: 통제된 위험을 감수하려는 의지
- **기능 간 협력**: 기능적 영역을 넘어서는 협력 능력
- **수용성**: 외부에서 개발된 기술에 대응할 수 있는 능력
- **여유**: 새로운 기술 기회를 조사할 시간 확보
- **적응성**: 변화를 받아들이는 마음가짐
- **다양한 기술**: 기술, 비즈니스 기법, 경험

기업이 얼리 어답터가 되는 것에는 '출혈 우위'라고도 불리는 선도적 우위의 실패 위험이 따른다. 새로운 기술은 버그가 있거나, 기존 시스템과 잘 통합되지 않거나, 마케팅상의 이점이 기대에 미치지 못할 수도 있다. 물론 위험을 감수하는 것은 보상이 높기 때문으로, 경쟁사가 사용하지 않는 기술로 우위를 점할 수 있다. 10장에서는 디지털 트랜스포메이션과 그로스 해킹에 대해 자세히 다룰 것이다.

신흥 기술 식별을 위한 접근 방식

PMP(2008)는 기업에 경쟁력을 안겨줄 수 있는 신기술을 식별하기 위한 네 가지 접근 방식을 밝혔다.

기술 스카우팅 축구 스카우팅과 유사한 구조화된 접근 방식으로 기술 혁신을 검토하는 것

- **기술 네트워킹**(technology networking): 개인은 개인 네트워크와 **기술 스카우팅**(technology scouting)으로 트렌드를 모니터링한 다음 정보 공유를 지원하는 인프라와 프로세스를 통해 공유한다. PMP(2008)는 노바티스(Novartis)가 엑스트라넷과 대면 행사를 통해 특정 기술에 대한 사내외 전문가 간의 정보 공유를 촉진하고 있다고 설명한다.

크라우드소싱 고객 또는 파트너와의 네트워크를 활용하여 신제품 및 프로세스 혁신을 위한 통찰력을 얻는 것

- **크라우드소싱**(crowdsourcing): 특정 문제를 해결하려는 조직은 크라우드 소싱을 통해 고객, 파트너, 발명가의 아이디어 시장에 쉽게 접근할 수 있다. 레고(LEGO)는 신제품 개발 논의에 고객을 참여시키는 것으로 잘 알려져 있으며, 이노센티브(InnoCentive)는 크라우드소싱의 최대 상업적 사례 중 하나로, '탐색자'와 '해결자'의 관계를 연결하고 관리하는 온라인 마켓플레이스이다. 탐색자는 비즈니스 과제나 기회에 대한 새로운 해결책을

찾는 연구·개발 기업이고, 해결자는 이노센티브에 등록된 17만 명의 회원이며, 해결자는 비즈니스와 기술을 포함한 다양한 영역의 문제를 해결하면 5,000~100만 달러의 상금을 받을 수 있다.

- **기술 사냥**(technology hunting): 신생 기업의 역량을 파악하여 새로운 기술을 체계적으로 검토하는 것이다. 예를 들어 브리티시텔레콤(British Telecom)은 최대 1,000개의 신생 기업에 대해 체계적으로 검토하여 자사의 역량을 향상할 수 있는 관련성을 평가하고 있다.
- **기술 마이닝**(technology mining): 공개된 문헌에 언급된 기술을 대상으로 하는 전통적인 문헌 조사이다. 도이치텔레콤(Deutsche Telekom AG)은 오토노미(Autonomy)와 같은 소프트웨어를 특허, 논문, 저널, 기술 보고서, 트렌드 연구 중에서 잠재적인 기술 솔루션을 나타내는 패턴을 검색한다. 구글 알리미와 같은 무료 서비스를 통해 기술 키워드 검색을 설정하는 간단한 방법도 있다.

우리는 여기에 한 가지를 더 추가하고 싶다.

스타트업 인큐베이터 교육, 전문가 멘토링, 고문 및 투자자 접근, 사무실 공간 등의 서비스를 제공하여 스타트업의 발전을 지원하는 기업. 비즈니스에 대한 소액 지분의 대가로 시드머니를 제공하기도 한다.

- **기술 인큐베이터**(technology incubator): 일부 기업은 자체적인 **스타트업 인큐베이터**(start-up incubator)를 설립하기도 한다. 예를 들어 존루이스는 제이랩(JLab)을 설립했는데, 이는 사물 인터넷을 활용하여 고객이 채널을 넘나들며 쇼핑할 수 있는 새로운 방법을 찾기 위한 것이다. 또한 유니레버는 유니레버 파운드리를 설립했다. 한편 파운더스팩토리(Founders Factory)가 개발한 또 다른 모델은 브랜드가 스타트업과 파트너십을 맺어 자금을 지원하고 잠재적 시장 테스트를 하는 것이다. 파운더스팩토리는 이러한 방법을 이용하여 전 세계적으로 300개 이상의 스타트업을 확장하고 있다. 숍서클(Shop Circle)은 파운더스팩토리 플랫폼을 통해 구매한 다양한 전자상거래 플랫폼 앱을 위해 6,500만 달러를 모금했는데, 그중 상당수는 쇼피파이의 앱 스토어에 통합되었다. 인큐베이터는 긍정적인 변화를 가져오는 힘이 될 수 있다. 미국의 소매업체 세포라는 2023년 브랜드 인큐베이터 프로그램 엑셀러레이트(Accelerate)를 유색 인종 스타트업 창업자에게 집중했다. 그 결과 Moodeaux, Brown Girl Jane, Range Beauty, Glosshood, Seaspire Skincare, Oui the People, Of Other Worlds 등 7개 뷰티 브랜드가 선정되었고, 이들은 멘토링, 제품화 지원, 보조금, 투자자 소개, 북미 세포라 매장에서의 제품 판매 기회를 얻었다.

또한 새로운 개념이 얼마나 빠르게 채택되는지 확인하는 것도 유용하다. 제품 또는 서비스가 빠르게 채택되는 경우 이를 '급속 확산'이라고 하는데, 대표적인 예로 인터넷 접속을 들 수 있다. 선진국에서는 인터넷 사용이 TV 사용보다 더 빠르게 확산되었다. 인터넷이 가능한 휴대폰은 상대적으로 보급이 더딘 제품이다.

그렇다면 새로운 기술과 기법에 직면했을 때 전자상거래 관리자는 어떤 행동을 취해야 할까? 균형 잡힌 접근 방식을 취해야 한다는 것 말고는 뚜렷한 정답이 없다. 많은 새로운 기법을 유행으로 치부하거나 '자사의 시장과 무관한 것'으로 분류하기는 쉽다. 그러나 경쟁

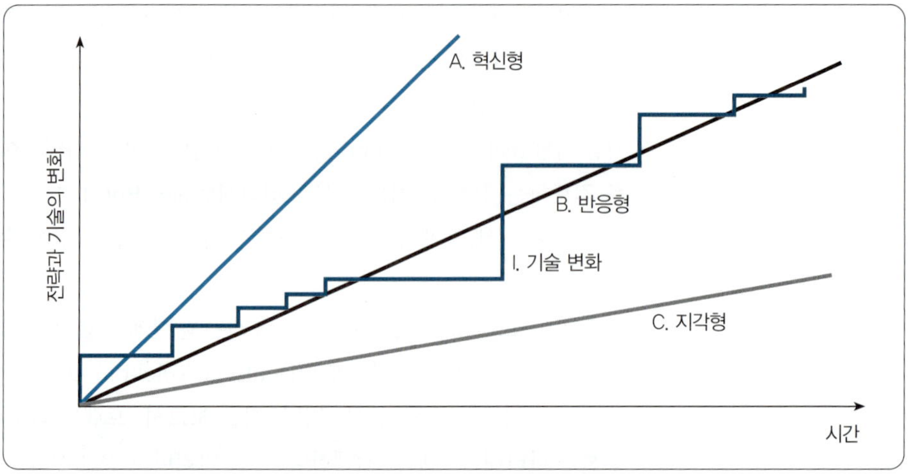

그림 4.13 기술 변화에 대한 대안적 대응

사는 아마도 새로운 기술을 검토하고 그중 일부를 도입할 것이므로 새로운 기술에 대한 신중한 검토가 필요하다. 따라서 환경 스캐닝의 일환으로 부문 내 또는 다른 부문의 최고 사이트를 벤치마킹해야 한다. 그러나 타사의 혁신을 기다렸다가 사이트를 통해 그 결과를 검토하면 6~12개월의 시간이 허비될 수 있다(이에 대해서는 10장에서 자세히 설명할 것이다).

그림 4.13은 그 선택지를 나타낸 것이다. 계단형인 I는 시간 경과에 따른 기술의 변화를 보여주는데, 이는 FAMGA 마케팅 플랫폼의 새로운 기능처럼 작은 점진적 변화일 수도 있고, 새로운 디지털 마케팅 또는 디지털 조달 기술의 도입처럼 고객에게 가치를 제공하고 비즈니스 성과를 향상하는 데 더 중요한 변화일 수도 있다. 그리고 A는 혁신적 비즈니스 기법을 사용하거나, 기술을 일찍 도입하거나, 기술이 현재 제공할 수 있는 것보다 앞서가는 기업, C는 기술 활용의 가능성에 비해 뒤늦게 기술을 도입한 보수적인 기업이다. 또한 B는 이상적인 상황으로, 얼리 어답터가 새로운 아이디어를 시도하는 것을 지켜보고 비즈니스에 긍정적인 영향을 미치는 아이디어를 채택하는 경우이다.

요약

1. 기업이 환경 변화에 대응하고, 법적·윤리적 제약에 조치를 취하며, 소비자 행동과 신기술 또는 정부의 디지털 경제 이니셔티브가 변화함으로써 발생하는 기회를 파악하기 위해 환경 스캐닝 및 분석이 필요하다.
2. 환경적 제약은 미시적 환경 요인(5장 참조), 이 장에서 SLEPT 프레임워크를 통해 살펴본 거시적 환경 요인과 연관이 있다.
3. 정보 사회로의 전환 중 일부로 이해해야 할 사회적 요인에는 인터넷과 디지털 플랫폼에 대한 접근성, 커뮤니케이션 도구로서의 인식 등 구매자의 행동 특성이 포함된다.
4. 윤리적 문제에는 소비자의 프라이버시와 개인 정보 보호의 필요성이 포함된다. 고객 정보 수

집 및 활용, 쿠키, 다이렉트 이메일 사용 등은 프라이버시 문제에 해당한다.

5. 전자상거래 관리자가 고려해야 할 법적 요인은 접근성, 도메인 이름 등록, 광고, 저작권, 데이터 보호, 원격판매, 법률 등이다.
6. 이 장에서 살펴본 경제적 요인은 무역을 위한 인터넷 활용의 지역적 차이이다. 전자상거래 예산을 수립할 때는 시장마다 다른 경제 상황을 고려해야 한다.
7. 정치적 요인에는 디지털 경제 이니셔티브의 일환으로 전자상거래를 장려하면서도 이를 통제하려는 정부의 역할이 포함된다.
8. 기술이 급변함에 따라 고객 및 경쟁사의 기술 도입을 지속적으로 모니터링하고 적절히 대응해야 한다. 대기업은 혁신 연구소나 인큐베이터를 통해 중소기업과 협력함으로써 민첩성을 유지할 수 있다. 이 장에서 살펴본 신기술은 증강현실, 블록체인, 암호화폐, 제너레이티브 AI(챗GPT 포함), 가상현실, 웹 3.0 등이다.

연습문제

자가 평가 문제

1. 환경 스캐닝이 필요한 이유는 무엇인가?
2. 각 거시적 환경 요인이 웹사이트에서 제공하는 콘텐츠와 서비스를 어떻게 직접적으로 촉진하는지 예를 들어 설명하라.
3. 소비자의 인터넷 접속을 지배하는 사회적 요인에 대해 설명하라. 사람들이 인터넷에 접속하면 기업은 어떻게 이러한 영향을 극복할 수 있는가?
4. 전자상거래 관리자는 소비자의 개인 정보 보호와 보안을 위해 어떤 조치를 취해야 하는가?
5. 어느 국가에서든 기업이 행동하는 데 따르는 일반적인 법적 제약은 무엇인가?
6. 정부는 인터넷 사용을 어떻게 통제하려고 하는가?
7. 각 대륙의 디지털 기기 도입 패턴을 간략하게 설명하라.
8. 기업은 혁신적 인공지능을 어떻게 관리해야 하는가?

토론 문제

1. 자신이 은행의 전자상거래 관리자가 되었다고 가정하고, 은행 웹사이트의 규정 준수를 평가하는 데 필요한 법적·윤리적 문제의 체크리스트를 작성하라.
2. 전자상거래 관리자는 기술 혁신을 어떻게 모니터링하고 대응해야 하는가?
3. 여행, 책, 장난감, 의류와 같은 소매 부문의 예를 3~4개 사용하여 고객의 개인 정보 보호와 보안을 달성할 수 있는 다양한 접근 방식을 벤치마킹하라.
4. 웹 3.0은 다양한 분야에서 디지털 비즈니스를 전개하는 기업에 어떤 기회를 제공할 수 있는가?
5. 기업이 인공지능 애플리케이션을 도입할 때 고려해야 하는 환경적 요인을 간략하게 설명하라.
6. 일반 데이터 보호 규정(GDPR)에 따른 2018년 영국 데이터 보호법(www.gov.uk/data-protection)의 여덟 가지 원칙은 전자상거래 관리자가 자사 웹사이트의 법적 준수를 보장하기 위해 취해야 할 조치와 어떻게 관련되는가?

시험 문제

1. 인터넷 거버넌스의 종류에 대해 설명하라.
2. 기업이 모니터링해야 하는 거시적 환경 요인에 대해 간략하게 설명하라.
3. 환경 스캐닝의 목적을 설명하라.
4. 웹사이트가 사용자의 개인 정보 보호를 위해 사용할 수 방법에 대해 세 가지 예를 들어 설명하라.
5. 새로운 전자상거래 상점을 개설할 때 어떤 법률을 준수해야 하는가?
6. 새로운 기술의 도입에서 보급-채택의 개념을 설명하라.
   (a) 기술 혁신을 구매하는 소비자
   (b) 기술 혁신을 전개하는 기업

참고 문헌

Alalwan, A.A., Ranan, N.P., Dwivedia, Y.K. and Algharabat (2017) Social media in marketing: A review and analysis of the existing literature, *Telematics and Informatics,* 34, 1, 177-90.

Arnott, D. and Bridgewater, S. (2002) Internet, interaction and implications for marketing. *Marketing Intelligence and Planning,* 20 (2), 86-95.

Avalara (2021) UK 2021 VAT on ecommerce B2C imports https://www.avalara.com/vatlive/en/vat-news/uk-post-brexit-vat-on-e-commerce-b2c-imports.html.

BBC News (2017) Cyber attacks 'hit one in five UK firms'. Available at: www.bbc.co.uk/news/business-39625468.

Birch, D. (2018) Forget banks, in 2018 you'll pay through Amazon and Facebook, Wired, 2 February, http://www.wired.co.uk/article/banks-data-tech-giants.

BBC Newsround (2018) Kylie Jenner 'sooo over' Snapchat – wiping £1 billion off its value, http://www.bbc.co.uk/newsround/43167084; Kylie Jenner baby photo causes social media Stormi, http://www.bbc.co.uk/newsround/42972664.

Busby, M. (2018) Social media copies gambling methods 'to create psychological cravings', The Guardian, 8 May, https://www.theguardian.com/technology/2018/may/08/social-media-copies-gambling-methods-to-create-psychological-cravings.

Casalo, L.V., Flavin, C. and Ibanez-Sanchez, S. (2020) https://qz.com/quartzy/1376749/whalar-is-showing-dior-and-nike-how-to-influence-people-in-the-instagram-age/ https:// studio.whalar.com/whalar-x-naked-glory-dont-preach-to-the-converted/.

Chaffey, D. and Ellis-Chadwick, F. (2021) *Digital Marketing: Strategy, Implementation and Practice.* Pearson Education, Harlow.

CIFAS (2013) CIFAS (Credit Industry Fraud Association) Press release: Fraud continues to pose problems in 2012.

Columbia Business School and Aimia (2013) *Showrooming and the Rise of the Mobile-Assisted Shopper.* Published September 2013. Report available at: https://www8.gsb.columbia.edu/globalbrands/sites/globalbrands/files/images/Showroo-ming_Rise_Mobile_Assisted_Shopper_Columbia-Aimia_Sept2013.pdf.

Dyson, E. (1998) *Release 2.1A Design for Living in the Digital Age.* Penguin, London.

DDCMS (2022) Digital Strategy Policy Paper, 4 October 2022. Department for Digital, Culture, Media & Sport. https://www.gov.uk/government/publications/uks-digital-strategy/uk-digital-strategy.

Econsultancy (2007) E-business briefing interview. Bruce Tognazzini on human–computer interaction. Interview published November.

Edelman (2017) Trust Barometer 2017–UK Findings. Available at: www.edelman.co.uk/magazine/posts/edelman-trust-barometer-2017-uk-findings.

Eldridge, R. (2017) How social media is shaping financial services, https://www.huffingtonpost.com/richard-eldridge/how-social-media-is-shapi_b_9043918.html.

eEurope (2005) Information Society Benchmarking Report. From eEurope (2005) initiative.

European Commission (2015) Monitoring the Digital Economy & Society 2016–2021. Published in December 2015. Available at: https://ec.europa.eu/nternat/statistics-explained/index.php/Digital_economy_and_society_statistics_-_households_and_individuals.

European Commission (2021) VAT: New e-commerce rules in the EU will simplify life for traders and introduce more transparency for consumers. https://ec.europa.eu/commission/presscorner/detail/en/ip_21_3098.

Felix, R., Rauschnabel, A. and Hinch, C. (2016) Elements of strategic social media marketing: A holistic framework. *Journal of Business Research,* 70, 118-26.

Fletcher, K. (2001) Privacy: the Achilles heel of the new marketing. *Interactive Marketing,* 3 (2), 128-40.

Freedom House (2022) *Freedom on the Net 2022 Countering an Authoritarian Overhaul of the Internet* https://freedomhouse.org/report/freedom-net/2022/countering-authoritarian-overhaul-internet.

Gajanan, M. (2017) The most valuable business lessons we can all learn from the Kar-dashians, Fortune, 18 October, http://fortune.com/2017/10/18/kardashian-family-business-lessons-kim-kylie-kris/ (accessed July 2021).

Gartner (2010) Gartner's Hype Cycle: Special Report for 2010. Report summary available at www.gartner.com/it/page.jsp?id=1447613 (accessed July 2021).

Gensler, S., Neslin, S. and Verhoef, P. (2017) The showrooming phenomenon: it's more than just about price. *Journal of Interactive Marketing,* 38, 29-43, https://doi.org/10.1016/j.intmar.2017.01.003.

Godin, S. (1999) *Permission Marketing.* Simon and Schuster, New York.

Google (2012) The new multiscreen world: understanding cross-platform consumer behavior. Available at: http://services.google.com/fh/files/misc/multiscreenworld_final.pdf.

Google Shopper Sciences (2011) The zero moment of truth macro study. Published April 2011: www.google.com/think/research-studies/the-zero-moment-of-truth-macro-study.html.

Grossnickle, J. and Raskin, O. (2001) *The Handbook of Online Marketing Research: Knowing Your Customer Using the Net.* McGraw-Hill, New York.

Halzack, S. (2017) Grab your wallet: The woman who began boycott of Trump products in US retailers, Independent, 14 February, http://www.independent.co.uk/news/world/americas/grab-your-wallet-trump-boycott-products-us-retailers-shannon-coulter-nordstrom-donald-jr-ivanka-eric-a7579776.

Hamill, J. and Gregory, K. (1997) Internet marketing in the internationalization of UK SMEs.

Journal of Marketing Management, 13, 9-28.

IBM (2020) Top client success stories with IBM Blockchain., https://www.ibm.com/blockchain/use-cases/success-stories/.

ICO (2022) *What do we need to do to ensure lawfulness, fairness, and transparency in AI systems?* Data protection theme note. https://ico.org.uk/for-organisations/guide-to-data-protection/key-dp-themes/guidance-on-ai-and-data-protection/what-do-we-need-to-do-to-ensure-lawfulness-fairness-and-transparency-in-ai-systems/#howshouldweaddress.

Intercom (2023) Article: How live chat increases conversion rates https://www.intercom.com/blog/why-live-chat/.

Manjoo, F. (2017) Why Instagram is becoming Facebook's next Facebook, The New York Times, 26 April, https://www.nytimes.com/2017/04/26/technology/why-instagram-is-becoming-facebooks-next-facebook.html.

Mason, R. (1986) Four ethical issues of the information age. *MIS Quarterly,* March.

MediaCom (2017) *Britain Decoded.* Available at: http://files.clickdimensions.com/groupmcom-afriy/files/britaindecoded_25jan.pdf?_cldee=bWNtbG9uYWxsbWFpbHVzZXJzQG1lZGlhY29tLmNvbQ%3D%3D&recipientid=contact-01180a9d8056e31185da005056b001fe-d41ca29cdc414b6baa7eb428bfe4d2e7&utm_source=ClickDimensions&utm_medium=email&utm_campaign=Britain%20Decoded&esid=dde57656-7be4-e611-808d-005056b001fd&urlid=0.

Milgram, P. and Fumio, K. (1994) A taxonomy of mixed reality visual displays. *IEICE Trans. Information Systems,* E77-D, 12. 1321-1329.

MIT (2021) Retail Carbon Footprints: Measuring Impacts from Real Estate and Technology, 12 January 2021. https://realestateinnovationlab.mit.edu/research_article/retail-carbon-footprints-measuring-impacts-from-real-estate-and-technology/.

Multilingual (2008) Localizing a localizer's website: the challenge. Jan/Feb, 30-33.

Newport, C. (2020) *Digital Minimalism: Choosing a Focusing Life in a Noisy World.* Penguin, London, UK.

Nimdzi (2022) The 2022 Nimdzi 100: The Ranking of the Top 100 Largest Language Service Providers, https://www.nimdzi.com/nimdzi-100-top-lsp/.

NMA (2008) Profile – Travis Katz. Author: Luan Goldie. *New Media Age magazine,* published 31 January.

Ofcom (2022) SME Communications Experience Research 2022, https://www.ofcom.org.uk/research-and-data/multi-sector-research/general-communications/sme-research/sme-consumer-communications-experience-2022.

ONS (2023a) Nature of fraud and computer misuse in England and Wales: year ending March 2022. https://www.ons.gov.uk/peoplepopulationandcommunity/crimeandjustice/articles/natureoffraudandcomputermisuseinenglandandwales/yearendingmarch2022.

ONS (2023b) Retail sales, Great Britain: December 2022, https://www.ons.gov.uk/businessindustryandtrade/retailindustry/bulletins/retailsales/december2022.

PMP (2008) Supply Chain & Manufacturing Systems Report. PMP Research Report published at: https://www.crimsonandco.com/images/stories/pdf/conspectus_supplychain_march2010_v2.pdf. March.

PushOn (2021) Webrooming vs Showrooming. A report by PushON. https://www.pushon.co.uk/wp-content/uploads/2021/10/Webrooming-vs-Showrooming-Report-by-PushON.pdf.

Richards, L. (2012) Stats: Do consumers appreciate live chat on websites? Available at: https://econsultancy.com/blog/10644-stats-do-consumers-appreciate-live-chat-on-websites/.

Rogers, E. (1983) *Diffusion of Innovations,* 3rd edn. Free Press, New York.

Shopify (2021) Ecommerce Sales Tax: A Guide to Economic Nexus & Ecommerce. Business Jan 1, 2021 by Jessica Lockhar. https://www.shopify.com/uk/enterprise/online-sales-tax-ecommerce.

Siikavirta, H., Punakivi, M., Karkkainen, M. and Linnanen, L. (2003) Effects of e-commerce on greenhouse gas emissions: a case study of grocery home delivery in Finland. *Journal of Industrial Ecology,* 6 (2), 83-97.

Singh, N. and Pereira, A. (2005) *The Culturally Customized Web Site, Customizing Web Sites for the Global Marketplace.* Butterworth-Heinemann, Oxford.

Smart Insights (2022) Latest Gartner Hype Cycles for Digital Marketing: 2009-2022, by Dave Chaffey 02 Oct, 2022 https://www.smartinsights.com/managing-digital-marketing/marketing-innovation/technology-for-innovation-in-marketing/.

Sparrow, A. (2000) *E-Commerce and the Law. The Legal Implications of Doing Business Online.* Financial Times Executive Briefings, London.

Steuer, J. (1992) Defining virtual reality: dimensions determining telepresence. *Journal of Communication,* 42, (4), 73-93.

The Verge (2021) Mark in the Metaverse. Facebook's CEO on why the social network is becoming 'a metaverse company'. Casey Newton, 22 July 2021.

Trott, P. (1998) *Innovation Management and New Product Development.* Financial Times Prentice Hall, Harlow.

Ward, S., Bridges, K. and Chitty, B. (2005) Do incentives matter? An examination of on-line privacy concerns and willingness to provide personal and financial information. *Journal of Marketing Communications,* 11 (1), 21-40.

White, L. and Evans, M. (2019) The UK ICO updates its guidance on cookies, Norton Rose Fulbright Blog Network 10 July, https://www.dataprotectionreport.com/2019/07/the-uk-ico-updates-its-cookie-guidance/.

Wired (2019) The WIRED Guide to the Blockchain by Finley, K. and Barber G. Published 7 September. https://www.wired.com/story/guide-blockchain/ Accessed January 2021.

Wired (2023) The Impact of Web 3.0 with Sir Tim Berners-Lee & John Bruce | WIRED Smarter. YouTube recording of Wired Smarter Event. https://www.youtube.com/watch?v=Ay7GSLX9tHM.

웹 링크

추천 동영상, 분석 도구, 통계 자료 등의 추천 웹사이트 링크 디렉터리는 데이브 채피가 관리하는 https://www.davechaffey.com/book-support에서 확인할 수 있다.

Part 2

전략과 응용

2부에서는 디지털 비즈니스 전략 및 애플리케이션 개발 접근 방식에 대해 조직 전체(5장), 구매 측면 전자상거래(6장), 판매 측면 전자상거래(7장, 8장)에 중점을 두고 검토한다.

Chapter 5

디지털 비즈니스 전략

핵심 주제

1. 디지털 비즈니스 전략의 개요
2. 전략 분석
3. 전략 목표
4. 전략 정의
5. 전략 실행
6. 디지털 비즈니스 전략의 조정 및 영향

사례 연구

5.1 m티켓 앱을 재설계하여 수익이 급증한 아리바버스

5.2 산드비크스틸의 인터넷 수익 기여도 설정

5.3 디지털 마켓플레이스에 혁신을 일으킨 자포스

5.4 부닷컴의 실패가 남긴 교훈

QR 코드를 통해 이 장의 주제에 관한 최신 자료를 확인할 수 있다.

학습 목표

- 디지털 비즈니스의 성숙도를 향상하기 위해 적절한 전략 프로세스 모델을 따른다.
- 디지털 비즈니스 전략을 생성하고 선택하기 위한 도구를 적용한다.
- 디지털 비즈니스의 성숙도를 높이기 위한 대안적인 전략적 접근 방식을 설명한다.

경영 과제

- 디지털 비즈니스 전략은 전통적 비즈니스 전략과 어떻게 다른가?
- 디지털 비즈니스 전략을 기존 비즈니스 전략 및 정보 시스템 전략과 어떻게 통합해야 하는가?
- 디지털 비즈니스의 투자 우선순위와 수익률을 어떻게 평가해야 하는가?

관련된 주요 장

- 6장에서 공급사슬 및 조달 관리 프로세스에 디지털 비즈니스 전략을 구체적으로 도입하는 방법을 살펴본다.
- 7장과 8장에서는 디지털 마케팅과 고객관계 관리가 디지털 비즈니스의 개념과 어떻게 연관되어 있는지 설명하고, 전자상거래와 디지털 마케팅 계획에 접근한다.
- 9장과 10장에서는 디지털 비즈니스 전략 실행의 실무적인 측면을 살펴본다.

개요

디지털 비즈니스 전략을 수립하려면 비즈니스, 마케팅, 공급사슬 관리, 정보 시스템 전략 수립 등 기존 접근 방식을 융합해야 한다. 그 목적은 디지털 기술, 데이터, 미디어를 적용하여 비즈니스의 전반적인 디지털 성숙도를 향상하고 경쟁력을 강화하는 데 있다. 디지털 비즈니스 전략 수립 및 실행은 **디지털화**(digitalisation)를 통해 거의 모든 비즈니스 프로세스를 개선하기 위한 기술을 적용해야 하기 때문에 복잡하다.

디지털화 개선된 비즈니스 프로세스 및 비즈니스 모델의 선택을 통해 비즈니스 경쟁력을 향상하기 위해 디지털 기술, 미디어, 데이터를 활용하는 과정

다행히도 전략 프로세스 모델을 활용하면 구조화, 전략, 개발, 실행에 도움이 되며, 이 장에서는 이러한 모델을 다룰 것이다. 복잡한 대규모 기업의 경우 비즈니스의 다양한 부분에 변화를 일으키는 것을 목표로 하는 장기적 디지털 트랜스포메이션 프로젝트(10장 참조)를 통해서만 디지털 성숙도가 개선될 수 있다는 점을 염두에 두어야 한다.

이 장에서는 디지털 비즈니스 전략을 수립하는 프로세스의 핵심 내용을 살펴보자.

디지털 비즈니스 전략 수립의 원동력

디지털 비즈니스에서는 기존 프로세스의 디지털화뿐만 아니라 디지털 혁신을 통해 시장의 힘에 어떻게 대응할 것인지를 고민해야 한다. 기술 분석 업체인 가트너(2023)는 디지털화의 정의에서 프로세스보다 비즈니스 모델 개선에 초점을 맞출 것을 강조하고 있다.

> 디지털화는 디지털 비즈니스로의 전환 과정으로, 디지털 기술을 활용하여 비즈니스 모델을 바꾸고 새로운 수익과 가치를 창출할 수 있는 기회를 제공하는 것이다.

디지털 전략 프로세스 디지털화와 비즈니스 모델 검토를 통해 비즈니스 경쟁력을 강화하기 위해 디지털 기술에 대한 기업의 미래 투자 우선순위를 정의한 것으로, 디지털 기술이 비즈니스 전반의 목표를 어떻게 지원할 수 있는지를 포괄한다.

컨설턴트들은 (디지털 비즈니스 전략이 아닌) **디지털 전략**(digital strategy)이라는 용어를 자주 사용하며, 이는 기술 중심의 디지털화를 위한 구조화된 프로세스의 필요성을 시사한다. 예를 들어 매킨지의 컨설턴트인 Dawson 등(2016)은 디지털 기술을 활용하여 수요와 공급의 균형을 무너뜨림으로써 가능한 파괴적 선택에 대해 설명한다. 혁신을 포함한 변화의 수단으로는 새로운 디지털 가치 제안을 통해 새로운 발전 시장을 창출하거나 최신 공급을 발굴하는 것(예: 플랫폼을 통해 많은 숙박 시설을 이용할 수 있게 한 에어비앤비) 등이 있다.

그러나 이 책의 저자는 비즈니스 프로세스와 비즈니스 모델 혁신을 모두 활용하는 조합이 디지털화라고 생각한다.

파괴적 혁신 혁신이 새로운 시장을 창출하거나 기존 시장에서 비즈니스를 용이하게 하는 것으로, 기존 시장을 선도하는 기업이나 일반적인 방식을 대체하는 경우가 많다.

디지털 비즈니스의 중요한 원동력 중 하나는 **파괴적 혁신**(disruptive innovation)을 관리하는 것이다. 디지털 비즈니스 전략은 디지털 파괴를 관리하기 위한 방향성을 제시할 수 있기 때문에 가치가 있다. 그림 5.1은 기업이 시장 수익성을 고려할 때 도움이 되는 파괴적 혁신 모델을 보여준다.

제품 맥락에서 디지털 혁신의 예를 들자면, 일부 사람들이 사용하는 비싸고 복잡한 제품을 보다 저렴하고 쉽게 이용할 수 있는 제품으로 바꾸는 것(완전히 새로운 시장을 창출하는 것)이다. 1980년대의 상징적인 휴대용 음악 기기인 소니의 카세트테이프 플레이어 '워크맨'

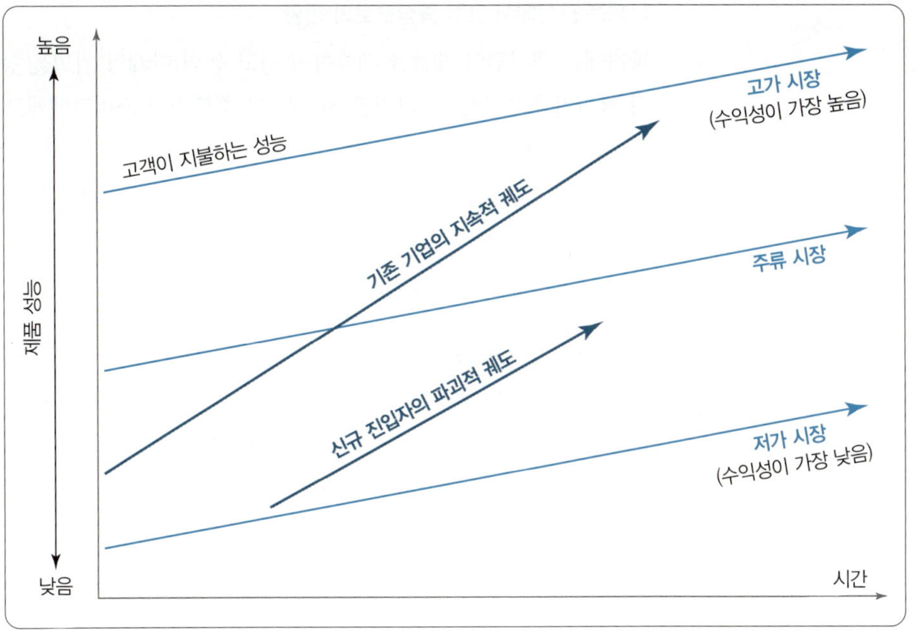

그림 5.1 파괴적 혁신 모델

출처: What Is Disruptive Innovation? By Clayton M. Christensen, Michael E. and RaynorRory McDonald from December 2015 issue, https://hbr.org/2015/12/what-is-disruptive-innovation

에서 2001년 10월에 출시된 애플 '아이팟'으로의 전환이 그러한 예이다. 아이팟이 출시될 당시 사진이나 동영상을 편집하고 대규모 음악 라이브러리를 관리할 수 있는 '디지털 허브'로서 개발되었기 때문에 새로운 디지털 가치 제안의 한 예라고 할 수 있다. 스티브 잡스는 제품 발표 행사에서 이렇게 말했다. "음악은 모든 사람의 삶의 일부이기 때문에 … 전 세계적으로 매우 큰 목표 시장입니다. 음악에는 국경이 없죠."

서비스 산업에서 파괴적 혁신을 제공하는 기업도 점점 늘어나고 있다. 이들은 기술, 고객 행동과 데이터 가용성의 변화를 이용하여 전통적 서비스에 대한 혁신적 대안을 창출하고 있다. 교통 분야의 우버, 호텔 및 숙박 분야의 에어비앤비가 대표적인 예이다.

《매킨지(McKinsey Quarterly)》의 기사(D'Emidio et al., 2015)에 따르면 서비스 혁신에서 성공하기 위한 접근법은 다음 세 가지 요소를 결합하는 것이다.

- 제품 제조업체가 연구·개발에 쏟는 것만큼의 강도와 관심으로 서비스 혁신에 대해 집중
- 고객 경험을 개인화하고 고객이 스스로 할 수 있도록 돕는 능력
- 서비스 제공 방식을 단순화(경우에 따라서는 자동화)하려는 의지

이를 위해 기업은 내부 프로세스가 아닌 고객에 집중할 수 있도록 보다 협력적인 업무 방식을 찾아야 한다.

디지털 파괴의 핵심 요소는 다음과 같다.

1. 제품 중심에서 고객 중심으로의 전환

과거에는 대기업이 제품을 개발하여 광고 등의 마케팅 기법을 통해 시장에 밀어넣고 제품이 팔리기를 기대했다. 하지만 지금은 그 주도권이 소비자에게로 넘어갔고, 소비자는 자신이 원하는 제품과 서비스를 적극적으로 찾고 있다. 소비자는 단순히 '팔리는 것'이 아니라 자신의 니즈에 맞는 기업에서 구매하고 싶어 한다. 한 예로 블록버스터의 종말을 꼽을 수 있다. 오늘날 사람들은 매장에 가서 영화 DVD를 빌리고 다음날 돌려주는 것이 아니라 태블릿, 스마트폰 등으로 다양한 영화를 24시간 내내 스트리밍하여 볼 수 있게 되었다.

2. 고비용, 고위험, 느린 시장 출시에서 저비용, 저위험, 빠른 시장 출시(실패)로의 전환

과거에는 새로운 제품 또는 서비스를 개발하는 데 시간과 비용이 많이 들고, 출시된 후에야 성공 또는 실패를 가늠할 수 있었기에 위험 부담이 컸다. 당시에는 비용에 연구·개발 및 마케팅 비용이 모두 포함되어 있었다. 하지만 지금은 디지털 도구의 발달로 기업은 '최소 실행 가능 제품'(부가 기능이 없는 기본 제품)을 만들어 몇몇 고객에게 테스트하고 피드백을 받아 적용하거나 신속히 제품을 철수할 수 있다(이는 10장에서 자세히 다룰 것이다).

3. 혁신이 틈새시장에 안착한 후 주류시장에 빠르게 영향을 미침

기존 마케팅은 비용이 많이 들기 때문에 기업은 우선 틈새시장을 겨냥한 마케팅을 통해 비용을 절감했다. 하지만 지금은 소셜 미디어, 블로거, 검색엔진 마케팅 등으로 신제품에 대한 '화제'를 빠르고 쉽게 만들어내며, 이를 통해 주류시장에 훨씬 더 빠르게 영향을 미치고 전 세계 고객에게 도달할 수 있다.

4. 긴 제품 개발 주기에서 신속한 아이디어 도출, 반복, 제공, 최적화로의 전환

마케팅 환경이 변화하면서 기업은 제품 개발 기간을 단축하고 제품 및 서비스를 지속적으로 테스트하고 개선할 수 있게 되었다. 많은 제품이 디지털화되어 생산 비용이 줄어들고 국제 시장에서 소비자에게 높은 편의성을 제공하고 있다(예: 높은 인쇄·유통 비용을 대신하는 전자책 단말기 킨들). (10장에서 디지털 트랜스포메이션에 대해 자세히 다룰 것이다.)

5. 팩스, 휴대폰과 같은 기기에서 앱, 공유경제, 크라우드펀딩으로의 전환

팩스와 같은 하드웨어 기기의 개발은 소비자의 구매 행동 변화로 이어졌다. 모바일 기기용 앱이 더 많이 개발되고, 기업은 '공유경제'(같은 생각을 가진 사람들의 커뮤니티 내에서 가치 교환을 창출하고, 기업과의 진짜 개인화된 경험을 추구)에서 운영된다. 한 예로 크라우드펀딩은 은행을 통한 자금 조달의 대안이 되고 있다.

디지털 혁신 기업의 대표적인 예는 다음과 같다.

- **우버**: 앱 기반 택시 호출 회사
- **넷플릭스**: 다양한 기기에서의 온디맨드 동영상 스트리밍
- **에어비앤비**: 공유 커뮤니티를 통한 전 세계 휴가 및 비즈니스용 숙박 시설 임대 서비스
- **글레니건**(Glenigan): 연락처, 잠재고객, 업계 인사이트에 대한 접근을 제공함으로써 영

국 건설 산업을 혁신하는 B2B 기업의 좋은 예
- **챗GPT**: 구글이 독점해온 검색엔진 시장을 뒤흔들 대화형 인공지능 서비스

디지털 혁신은 물리적 제품(사물)과 서비스를 모두 연결할 수 있다는 점에서 주목할 만하다. 좋은 예는 시스템, 프로세스, 사용자 경험을 개선하는 사물 인터넷 분야에서 찾아볼 수 있다. 4장에서 언급했듯이 사물 인터넷은 사물이 연결된 기기와 데이터를 교환할 수 있는 기술(전자 기기, 센서 등)이 내장된 물리적 사물의 네트워크를 말한다.

구글의 네스트와 스마트시티

구글은 2014년에 스마트 온도 조절기, 화재경보기, 보안 카메라를 제조하는 네스트랩스(Nest Labs)를 32억 달러에 인수했다. 네스트랩스에서 가장 인기 있는 제품은 가정용 온도 조절기인 네스트(Nest)로, 이는 사람들의 생활을 더 편안하게 해주고 에너지 낭비(환경 보호와 가계 비용 절감)를 줄이도록 설계되었다. 네스트에는 사용량을 모니터링하고 기록하는 소프트웨어 알고리즘이 탑재되어 있어 사용량 프로필을 구축하고 그 이후 자체적으로 설정한다.

또한 구글은 사이드워크랩스(Sidewalk Labs)를 설립했다. 이는 스마트시티 스타트업으로, 정부가 도시를 더욱 효율적으로 운영하는 것을 돕는 기술을 구축하기 위한 것이다. 스마트시티 프로젝트는 의료, 공공사업, 교통, 폐기물 관리 등 도시의 공공 인프라를 보다 효율적으로 관리함으로써 정부의 비용 절감과 삶의 질 향상을 돕는 것을 목표로 한다.

아마존의 대시버튼

2015년에 아마존은 아마존 프라임 고객을 위한 '대시버튼(Dash Button)'을 내놓았다. 이는 세제와 같은 일반 가정용품을 재주문할 수 있는 와이파이 지원 버튼이었다. 그러나 2019년 3월 1일에 자동 재주문과 정기 구매로 인해 대시버튼이 불필요해졌다고 밝히면서 폐지했으며, 알렉사의 음성 인식 쇼핑이 이 버튼의 뒤를 이을 것이라고 주장했다.

애플의 애플워치

애플은 스마트 워치 형태의 웨어러블 기술로 애플워치를 출시했다. 이 기기를 아이폰에 연결하면 이메일을 읽고, 전화 통화를 하고, 피트니스 트래커와 같은 용도의 앱을 사용할 수 있다. 이는 디지털 혁신을 통해 기술이 일반적인 업무, 제품, 서비스를 변화시키는 몇 가지 예에 불과하다.

이 장에서는 기존의 비즈니스 원칙을 따르면서도 새로운 디지털 혁신과 채널에 따른 차이를 파악하고 활용하는 방법을 신중하게 검토하여 디지털 비즈니스 전략을 어떻게 구축할 수 있는지를 알아본다. 쉽게 말해 디지털 비즈니스는 '온라인에서 비즈니스를 하는 방법'을 정의하는 것이 아니라, '고객과의 커뮤니케이션, 파트너와의 커뮤니케이션, 사내 커뮤니케이션에서 수익성과 프로세스를 개선하기 위해 디지털 기술을 적용하여 비즈니스를 다르게 수행하는 방법'을 의미한다. 이 장의 도입부에서는 디지털 기술과 미디어가 제공하는 기회를 바탕으로 개발해야 할 비즈니스 모델의 예를 언급했다.

이 장에서는 디지털 비즈니스 전략을 소개한 후, 디지털 비즈니스 전략을 수립하기 위한 프레임워크로 따라야 할 적절한 전략 프로세스 모델을 다룬다. 이 장은 다음과 같은 고전적 4단계 전략 프로세스 모델을 중심으로 구성되어 있으며, 각각에 대해 디지털 비즈니스 전략을 검토하고 개선하기 위한 관리적 조치를 다룬다.

1. 전략 평가
2. 전략 목표
3. 전략 정의
4. 전략 실행

디지털 비즈니스 전략의 개요

전략 기업의 미래 방향과 행동을 정의한 것으로, 특정 목표를 달성하기 위한 접근 방식

전략(strategy)은 기업 또는 기업 일부의 미래 방향과 행동을 정의한 것이다. Johnson과 Scholes(2017)는 기업 전략을 다음과 같이 정의한다.

> 장기적인 기업의 방향과 범위: 변화하는 환경에서 시장의 요구를 충족하고 이해관계자의 기대에 부응하기 위해 자원을 구성하여 기업의 이점을 실현한다.

Lynch(2000)는 전략을 기업의 목적의식이라고 했다. 그러나 목적만으로는 전략이라고 할 수 없고 계획과 행동도 필요하다고 지적했다.

디지털 비즈니스 전략은 기업 전략, 사업 전략, 마케팅 전략과 공통점이 많다. 전략의 본질을 요약한 다음 인용문은 각각의 전략에 똑같이 적용될 수 있다.

- 마켓플레이스에서의 현재 성과를 기반으로 한다.
- 목표를 달성하는 방법을 정의한다.
- 목표 달성을 위한 자원 배분을 설정한다.
- 시장에서 경쟁하기 위해 선호하는 전략적 옵션을 선택한다.
- 기업의 발전을 위한 장기적 계획을 제공한다.
- 경쟁사에 비해 적절한 포지셔닝을 개발하여 세분화된 고객에게 제공되는 가치 제안을 정의함으로써 경쟁 우위를 파악한다.

Johnson과 Scholes(2017)는 조직, 특히 대기업이나 글로벌 기업에는 다양한 수준의 전략이 있다고 지적한다. 그림 5.2는 이를 간략하게 나타낸 것이다. Johnson과 Scholes는 기업의 전반적인 목적과 범위를 다루는 '기업 전략', 특정 시장에서 성공적으로 경쟁하는 방법을 정의하는 '사업 단위 전략', 기업 및 사업 단위 전략 달성을 목표로 하는 '운영 전략'으로 구분한다. 또한 '기능별 전략'은 기업 및 사업 단위 전략이 다양한 기능 영역과 비즈니스 프로세스에서 어떻게 운영되는지를 나타낸다. 기능별 또는 프로세스 전략은 마케팅, 공급사슬 관리, 인적 자원, 재무 및 정보 시스템 전략 등을 말한다.

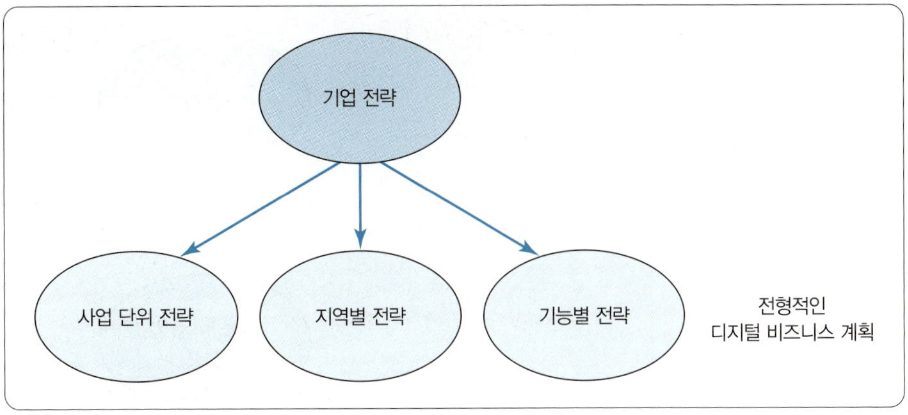

그림 5.2 다양한 형태의 조직 전략

디지털 비즈니스 전략 디지털 기술, 미디어, 데이터를 기존 비즈니스 활동에 적용하여 비즈니스 전략을 지원하고 영향을 미치며 경쟁 우위를 확보할 수 있는 접근 방식으로, '디지털 전략'이라고도 한다.

디지털 비즈니스 전략(digital business strategy)은 어디에 해당할까? 다른 조직들이 이에 대해 논의하고 합의해야 하기 때문에 그림 5.2는 디지털 비즈니스 전략이 어느 수준에서 정의되어야 하는지를 보여주지는 않는다. 디지털 비즈니스 전략은 기능별 전략 내에서, 예컨대 마케팅 계획이나 물류 계획 또는 정보 시스템(information system, IS) 전략의 일부로 통합되는 경향이 있음을 알 수 있다. 이러한 접근 방식의 위험성은 디지털 비즈니스 전략이 조직 계획 내에서 더 높은 수준으로 인식되지 않을 수 있다는 것이다. 부킹닷컴, 델, 이지젯, 스포티파이, 시스코(Cisco) 등 디지털 비즈니스를 선도하는 기업은 디지털 비즈니스가 기업 전략 개발의 요소이며, 디지털 플랫폼과 미디어를 적용하는 변혁을 우선시하고 자원을 투입한다는 것이 특징적이다.

디지털 비즈니스 전략의 필수 조건

디지털 비즈니스 전략이 명확하게 정의되지 않은 경우 다음과 같은 결과를 초래할 수 있다.

- 기회를 제대로 평가하지 못하거나 디지털 비즈니스 이니셔티브에 대한 자원 부족으로 기회를 잃음으로써 더 정통한 경쟁업체가 경쟁 우위를 차지하게 된다.
- 디지털 비즈니스 전략의 방향을 부적절하게 설정할 수 있다(예: 구매 측, 판매 측 또는 내부 프로세스 지원에 대한 잘못된 강조 등 잘못된 목표 정의).
- 기술적 차원에서 디지털 비즈니스의 제한된 통합으로 인해 여러 시스템에서 정보 사일로가 발생한다.
- 다양한 기능에서 디지털 비즈니스 개발의 중복으로 인해 자원이 낭비되고 모범 사례 공유가 제한된다.

이러한 문제를 피하기 위해 기업은 기업 목표를 기반으로 한 디지털 비즈니스 전략을 원한다. Rowley(2002)가 지적했듯이 디지털 비즈니스 전략은 기업 전략의 목표를 지원해야 하며, 기능적 마케팅 전략과 공급사슬 관리 전략도 지원해야 한다(공급사슬 관리 전략에 대한 자세한 내용은 6장에서 다룰 것이다).

그러나 이러한 기업 목표는 환경 분석을 통해 확인된 디지털 네트워크 도입과 관련된 새

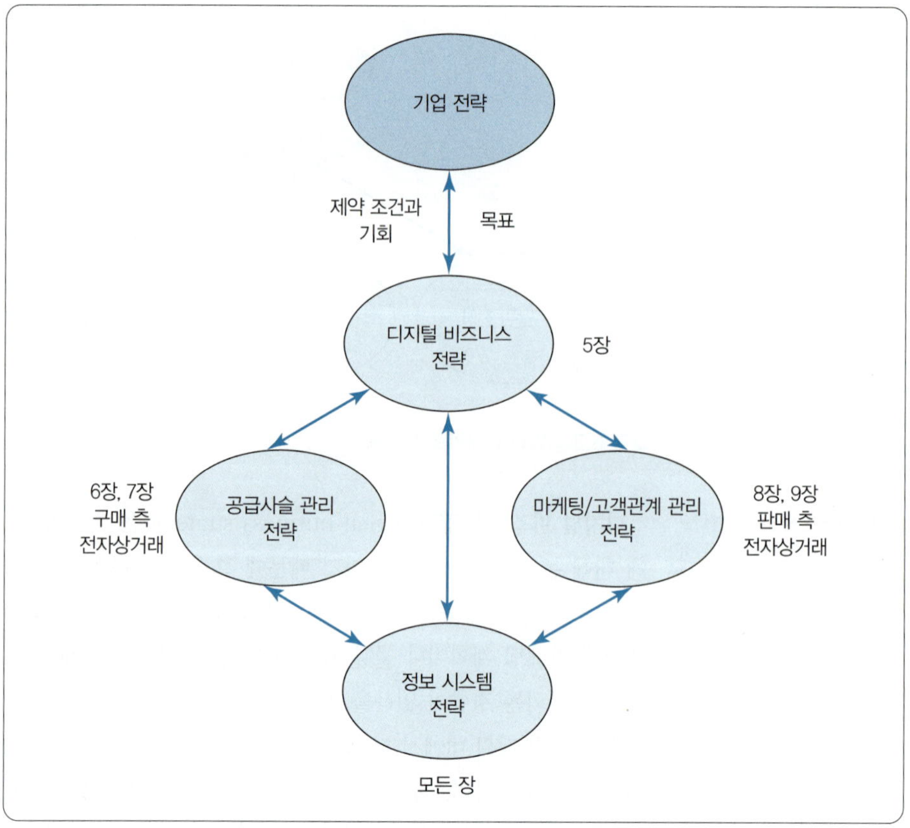

그림 5.3 디지털 비즈니스 전략과 다른 전략의 관계

로운 기회와 위협을 기반으로 해야 한다. 오늘날 디지털 비즈니스 전략은 기업 전략을 지원할 뿐만 아니라 기업 전략에 영향을 미쳐야 한다고 할 수 있다. 그림 5.3은 디지털 비즈니스 전략이 기업 및 기능별 전략과 어떻게 연관되어야 하는지를 보여주며, 각 주제를 다루는 장도 표시되어 있다.

디지털 채널 전략

디지털 채널 전략 기업이 전자 미디어를 통해 고객 및 파트너와 소통하기 위해 어떻게 구체적인 목표를 설정하고 차별화 전략을 수립해야 하는지를 뜻한다.

디지털 비즈니스 전략의 중요한 측면은 기업을 위한 **디지털 채널 전략**(digital channel strategy)을 새롭게 창출하는 것이다. 이러한 채널에 대한 구체적인 목표와 접근 방식을 정의하는 것이 중요한데, 이는 기존 프로세스를 디지털 채널을 통해 단순히 복제하는 것을 방지하기 위함이다. 단순 복제는 효율성을 창출할 수 있지만, 디지털 기술을 활용하여 기업을 더욱 효과적으로 만드는 잠재력을 충분히 발휘할 수 없다. 새로운 디지털 플랫폼이나 기술이 출시되면 기업은 관련이 있는 경우 이를 구현하기 위한 전략적 이니셔티브를 수행해야 하므로 우리는 일반적인 '디지털 채널'이라는 용어를 사용한다. 이러한 전략은 구매 측, 판매 측 또는 내부 인프라와 관련될 수 있다. 다음은 디지털 채널 전략의 예이다.

- 특정 채널 전략을 갖춘 포괄적인 디지털 채널, 멀티채널 또는 옴니채널 전략
- 전자상거래 또는 옴니채널 전략

- 소셜 미디어 전략
- 고객관계 관리 전략(8장 참조)
- 공급사슬 또는 기업 자원 계획 전략(6장 참조)
- 전자 조달 전략(6장 참조)
- 플랫폼 전략

동시에 시행하기에는 재정적·운영적으로 현실적이지 않은 잠재적 계획이 많을 수도 있다. 따라서 이 장의 후반부에서 설명하듯이 로드맵을 작성하고 우선순위를 정할 필요가 있다.

스타트업과 소기업의 경우 이 장에서 설명하는 디지털 비즈니스 전략과의 관련성이 많지 않을 것이며, 이들의 과제는 강력한 비즈니스 모델을 구축하고 기업의 성장을 달성하는 것이다. 2장에서는 스타트업의 비즈니스 모델 구축을 위한 도구로 비즈니스 모델 캔버스를 추천했다. 미니 사례 연구 5.1에서는 스타트업이 타깃 고객에게 다가갈 수 있는 접근 방식을 다루고, 10장에서는 초기 성장을 위해 사용되는 '그로스 해킹' 전략을 살펴볼 것이다.

멀티채널 디지털 비즈니스 전략 기업이 직접 및 간접 커뮤니케이션 채널을 결합하여 고객과 상호작용하는 방법

옴니채널 비즈니스 전략 온라인 및 오프라인 채널에 걸친 사용자 경험을 통합하여 고객에게 완전히 통합된 쇼핑 경험을 제공하는 접근 방식

디지털 채널 전략은 **멀티채널 디지털 비즈니스 전략**(multichannel digital business strategy)의 일환으로 온라인 채널을 다른 채널과 함께 사용하는 방법을 정의해야 한다. 이는 고객과 기업에 상대적으로 유리한 점을 기반으로 다양한 마케팅 및 공급사슬 채널이 어떻게 통합되고 상호 지원해야 하는지를 정의하는 것이다. 대안으로 기업은 **옴니채널 비즈니**

미니 사례 연구 5.1 소비자 대상 스타트업이 사용자 1,000명을 확보하기까지의 전형적인 과정

레니 라치츠키(Lenny Rachitsky)는 Figma, Substack, Vanta, Snackpass, Whatnot, Cerebral, Future, Levels, Mindbloom, Hipcamp, Reforge, Zip, Stytch Runway, Census, Descript, Pachama 등 150개 이상의 기업에 투자했다. 그는 30만 명 이상의 구독자를 보유한 서브스택(Substack) 뉴스레터인 'Lenny's Newsletter'를 통해 온라인 스타트업 비즈니스의 성장을 촉진하는 실용적 기법에 대한 경험을 공유하고 있다.

그는 사용자 1,000명을 확보하기까지의 전형적인 경로를 다음과 같이 설명한다.

- 친구나 동료(예: 이메일, SNS 게시, 전화)
- 온라인, 오프라인을 불문하고 타깃 고객이 모이는 장소(예: 포럼, 대학 캠퍼스, 크레이그리스트 등)
- 인플루언서 모집

그는 다른 기법도 추천하는데, 마켓플레이스나 플랫폼의 경우 다음과 같은 방법을 시도할 수 있다.

- 타깃이 되는 사람들에게 연락하기(예: 이메일 발송, 유명인에게 DM 발송)
- 물리적 배치 확보(예: 스티커, 전단지)
- 수요를 견인하기 위한 공급 확대

그리고 '주목할 만한' 스토리가 있는 경우에는 다음 방법을 사용할 수 있다.

- 언론 보도
- 바이럴 콘텐츠 생성 시도

라치츠키의 기사는 온라인 비즈니스 창업자에게 추천할 만하다. 그중에서도 특히 주목할 만한 것은 경주용 자동차 성장 프레임워크(racecar growth framework)로, 그는 창업자에게 비즈니스를 고성능 경주용 자동차처럼 생각하라고 권유한다. 자동차가 빨리 달리기 위한 구성 요소는 성장 모델의 구성 요소이기도 하다.

- (성장) 엔진: 성장의 대부분을 주도하는 자생적 성장 루프(예: 바이럴, 퍼포먼스 마케팅, 콘텐츠, 영업)
- 터보 부스트: 일시적으로 성장을 가속화하지만 오래 지속되지 않는 단발성 이벤트(예: PR, 이벤트, 슈퍼볼 광고)
- 윤활유: 성장 엔진을 보다 효율적으로 가동하기 위한 최적화(예: 고객 전환율 향상, 브랜드 파워 강화, 더 많은 고객 유치)
- 연료: 엔진을 가동하는 데 필요한 투입물(예: 자본, 콘텐츠, 사용자)

출처: https://www.lennysnewsletter.com/p/consumer-business-find-first-users, https://www.reforge.com/blog/racecar-growth-framework

스 전략(omnichannel business strategy)을 추구할 수 있다. 이는 기업이 사용자/고객 경험을 제공하는 데 사용할 수 있는 크로스 채널 비즈니스 모델로, 오프라인 및 온라인 채널(예: 웹사이트, 전화, 오프라인 매장, 라이브 웹 채팅, 모바일 애플리케이션)을 아우르는 원활한 고객 경험을 제공한다.

마지막으로 디지털 비즈니스 전략이 디지털 네트워크를 통해 사내에서 가치를 얻는 방법도 정의해야 한다. 예를 들어 인트라넷 또는 슬랙, 얘머와 같은 폐쇄형 소셜 네트워크를 통해 직원들의 지식을 공유하고 프로세스의 효율성을 향상하는 방법이 있다. Myers 등(2004)은 멀티채널 마케팅에 필요한 의사결정의 유용한 요약을 제시했다.

멀티채널 (및 옴니채널) 디지털 비즈니스 전략의 핵심 특징은 채널 전략이라는 것이며, 다음과 같은 사항을 따른다.

- 디지털 채널 도입을 벤치마킹하기 위해 구체적인 디지털 비즈니스 목표를 설정해야 한다.
- 디지털 비즈니스 전략은 다음과 같은 방법을 정의한다.
  - 디지털 채널 활용의 이점을 소통하는 방법
  - 디지털 채널 도입 대상 고객 및 파트너의 우선순위를 정하는 방법
  - 디지털 채널에서 판매 또는 구매 제품의 우선순위를 정하는 방법
  - 디지털 채널의 목표를 달성하는 방법
- 디지털 채널 전략은 모든 거래 당사자에게 차별화된 가치를 창출하는 데 중점을 둔다.
- 디지털 채널은 단독으로 존재하는 것이 아니기 때문에 채널 통합을 관리하고, 모든 제품 또는 서비스에 디지털 채널 도입이 적합하지 않거나 모든 파트너에게 충분한 가치를 창출하는 것은 아니라는 사실을 인식해야 한다. 이러한 온라인 채널의 선택적 도입은 판매 측 전자상거래 맥락에서 '적절한 채널링(right-channeling)'으로 불리기도 한다(표 5.9 참조). 적절한 채널링은 다음과 같이 요약할 수 있다.
  - 적절한 고객에게 접근
  - 적절한 채널 사용
  - 적절한 메시지나 제안 제공
  - 적절한 시기
- 디지털 비즈니스 전략은 인트라넷과 폐쇄형 소셜 네트워크를 통해 직원들의 지식을 공유하고 프로세스의 효율성을 향상함으로써 기업이 전자 네트워크를 통해 사내에서 가치를 얻는 방법도 정의한다.

플랫폼 전략

예컨대 Rellier와 Rellier(2017)가 연구한 비교적 새로운 유형의 전략으로, 플랫폼 참여자들이 다른 참여자들의 존재(예: 커뮤니티 형성)로부터 얻는 이익을 중심으로 시장에 진입하는 것과 관련이 있다. 플랫폼 자체는 다양한 집단을 연결하고 다른 참가자들로부터 이익을 얻을 수 있는 환경(컴퓨팅 또는 기타)이다. 플랫폼에는 페이스북과 인스타그램, 구글과 링크드인 같은 검색 및 소셜 미디어를 위한 고객 대면 플랫폼(FAMGA), 아마존 웹 서비스

(Amazon Web Services)와 구글 클라우드(Google Cloud) 같은 기술 플랫폼이 모두 포함된다. 또한 엣시(공예), 미디엄(Medium) 또는 서브스택(출판), 쇼피파이(전자상거래), 트립어드바이저(여행), 스팀(Steam) 또는 트위치(게임) 등 특정 분야에서 중요한 디지털 플랫폼도 포함된다. 이들은 가치를 공동 창출하는 것이다. 또한 플랫폼은 '네트워크 효과'의 힘에 의존하고 있다. 즉 더 많은 사용자를 끌어들임에 따라 더 나은 경험을 제공하여 사용자들은 더 큰 가치를 얻을 수 있다.

플랫폼의 부상은 클라우드, 소셜, 모바일이라는 기술에 의해 주도되었다. Bonchek와 Choudary(2013)는 플랫폼 전략의 성공 여부가 다음 세 가지에 의해 결정된다고 밝혔다.

- **연결**: 사람들이 플랫폼을 이용(참여)하고 공유(거래)하기가 얼마나 쉬운가?
- **매력**: 플랫폼이 참여자(생산자와 소비자)를 얼마나 잘 끌어들이는가?
- **흐름**: 플랫폼이 가치 교환과 공동 창출을 얼마나 잘 촉진하는가?

B2B 플랫폼의 예로 이노센티브를 들 수 있다. 이는 개방형 혁신 '풀(pull)' 플랫폼으로, 공학, 과학 등의 솔루션을 전문 해결사와 연결해준다.

Hagel(2015)에 따르면 일반적인 플랫폼의 유형은 다음과 같다.

- **집합 플랫폼**(aggregation platform): 다양한 리소스를 모아 사용자가 해당 리소스와 연결될 수 있도록 도와준다. 이러한 플랫폼은 거래 또는 과업 중심적인 경향이 강하며(즉 필요한 솔루션을 찾고, 거래를 하고, 다음 단계로 이동한다), 세 가지 하위 범주로 ① 과학 데이터베이스와 같은 데이터/정보 통합 플랫폼, ② 머니슈퍼마켓, 앱 스토어, 이베이와 같은 마켓플레이스/브로커 플랫폼, ③ 이노센트, 캐글(Kaggle)과 같이 문제를 제시하고 최고 해결책에 보상을 제공할 수 있는 콘테스트 플랫폼이 있다.
- **소셜 플랫폼**(social platform): 공통 관심사에 대해 소통하고자 하는 많은 사람을 모아 플랫폼 이용자 간에 장기적인 관계를 구축하고 강화하는 데 중점을 둔다. 페이스북과 트위터가 대표적인 예이다.
- **동원 플랫폼**(mobilisation platform): 공통 관심사를 다음 단계의 행동으로 연결하도록 설계되어 있다. 즉 개별 참가자를 넘어 무언가를 달성하기 위해 사람들을 움직여 함께 행동하게 만드는 것을 목적으로 한다. 한 예로 크라우드소싱을 이용한 비즈니스 아이디어/기업 확장이 있다. 이는 크라우드펀딩으로도 알려져 있으며, 인기 있는 플랫폼으로 크라우드펀더(Crowdfunder)와 킥스타터(Kickstarter)가 있다.

디지털 비즈니스의 전략 프로세스 모델

전략 프로세스 모델 전략 개발에 접근하기 위한 프레임워크

어떤 유형의 전략을 개발하기 전에 경영진은 전략을 수립하고 실행하기 위한 프로세스에 합의해야 한다. **전략 프로세스 모델**(strategy process model)은 디지털 비즈니스 전략 개발의 모든 핵심 활동이 포함되도록 논리적 순서를 제시하는 프레임워크를 제공한다. 또한 디지털 비즈니스 전략이 지속적인 개선 과정의 일부로서 진화할 수 있도록 보장한다.

디지털 비즈니스가 등장하기 전부터 비즈니스 및 마케팅 전략 수립을 위한 다양한 전략 프로세스 모델이 제시되었다. 경영진은 이러한 모델을 디지털 비즈니스 전략 개발에 어느

학습활동 5.1 **디지털 비즈니스 전략 프로세스 모델 선택**

목적

기존 전략 프로세스 모델을 디지털 비즈니스에 적용할 수 있는지 파악한다.

활동

자신이 접해본 적이 있는 전략 프로세스 모델 3~4개를 생각해보라. 이는 표 5.1과 같은 모델일 수 있다. 표 5.1의 열은 독립적이고, 행은 모델 간에 대응하지 않는다는 점에 유의하라.

문제

1. 각 모델의 장단점은 무엇인가?
2. 모델들의 공통점은 무엇인가? 적절한 전략 프로세스 모델의 주요 요소를 나열하라.

표 5.1 대체 전략 프로세스 모델

Jelassi와 Enders(2008): 디지털 비즈니스 전략 프레임워크	Johnson과 Scholes(2017): 병렬 기업 전략 모델	McDonald(1999): 순차적 마케팅 전략 모델	Smith(1999): SOSTAC® 순차적 마케팅 전략 모델
외부 분석(예: 시장, 고객, 경쟁사), 내부 분석(예: 인적, 재정적, 운영적)을 정리한 SWOT	전략 분석(환경, 자원, 기대, 목표, 문화)	상황 검토(마케팅 감사, SWOT 분석, 가정)	상황 분석
사명과 목적	전략 선택(선택지 생성, 선택지 평가, 전략 선택)	목표 설정(사명, 기업 목표)	목표 설정
경쟁 우위 유지와 새로운 시장을 개척을 통해 가치를 창출하고 획득하기 위한 전략 수립	전략 실행(자원 계획, 인력 및 시스템, 조직 구조)	전략 수립(마케팅 목적과 전략, 기대 성과 추정, 대체 계획 및 혼합 식별)	전략
내부 조직, 공급업체, 사용자 및 고객과의 상호 작용을 포함한 전략 실행		자원 배분 및 모니터링(예산, 첫해 실행 계획)	전술, 행동, 통제

주목할 쟁점 5.1

디지털 비즈니스의 책임

중규모 기업 또는 대기업에는 디지털 비즈니스에 특화된 책임자를 배치해야 한다. 비전문가가 담당하는 것으로는 충분하지 않다.

정도 적용할 수 있을까? 전략 프로세스 모델은 강조하는 방식과 용어가 다르지만 모두 공통적인 요소를 가지고 있다. 이러한 공통적인 요소를 확인하기 위해 학습활동 5.1을 수행해보자.

그림 5.5는 전략 프로세스 모델의 주요 요소를 시각적으로 나타낸 것이며, 본문에 자세히 설명되어 있다. 공통적인 요소는 다음과 같다.

- 내부 및 외부 환경 스캐닝 또는 분석이 필요하다. 스캐닝은 전략 수립 동안 그리고 경쟁사에 대응하기 위한 지속적 프로세스로 이루어진다. 디지털 비즈니스에서는 새로운 디지털 플랫폼이 만들어지고 기업과 소비자가 채택함에 따라 기회와 위협을 보다 지속적으로 검토할 필요가 있다(4장 참조).
- 비전과 목표를 명확히 표현해야 한다. 디지털 비즈니스는 장기적인 대전환을 필요로 하기 때문에 직원과 시장에 전략의 의도를 전달하려면 명확성이 요구된다. 또한 전략 실행이 순조롭게 진행되고 있는지 점검하기 위해서도 목표가 필수적이다.

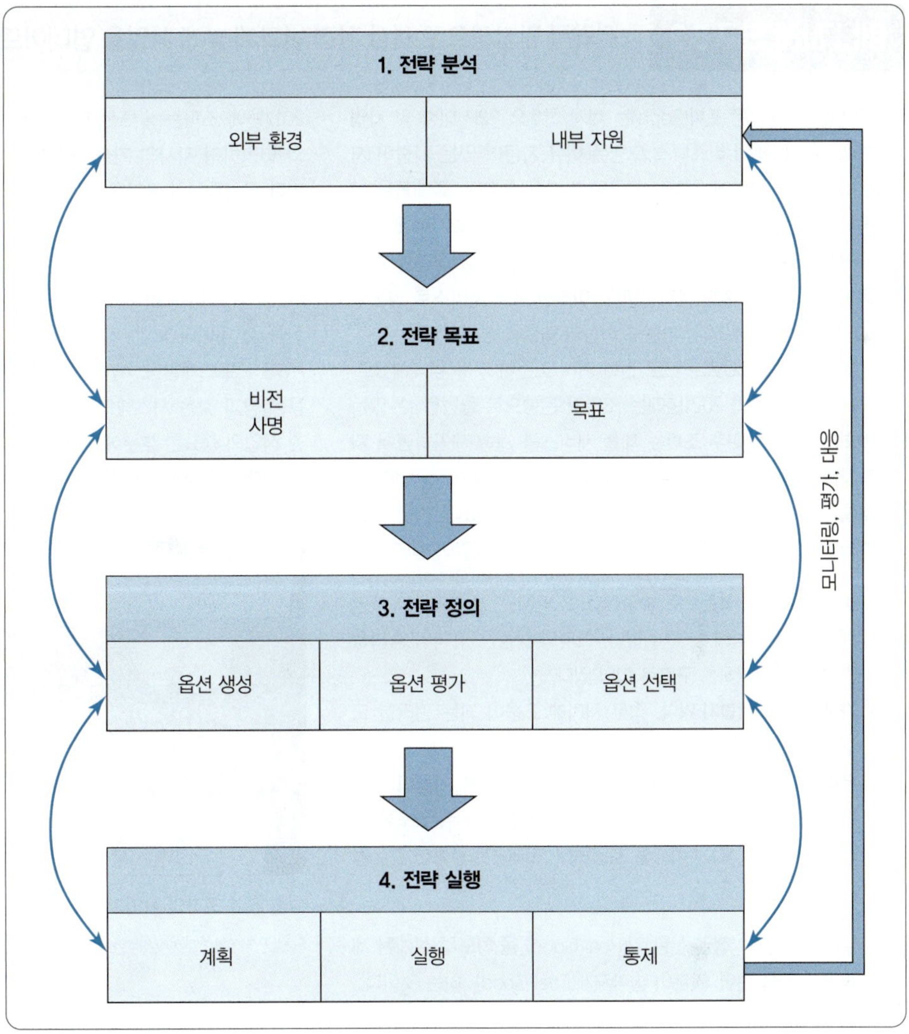

그림 5.5 디지털 비즈니스의 전략 프로세스 모델(범용 전략 프로세스 모델)

- 전략 정의는 전략 옵션의 생성, 평가, 선택으로 나눌 수 있다.
- 전략 개발 후에는 전략 실행 과정의 일환으로 전략 실행 계획 수립(확정)이 이루어진다.
- 운영 및 전략의 효과성 문제를 모니터링하고 그에 따라 운영 또는 전략을 조정하려면 통제가 필요하다. 디지털 비즈니스에서는 디지털 분석을 사용하여 최적화가 가능하다(10장 참조). 여기에는 데스크톱 및 모바일 서비스를 통한 사용자 행동 추적과 소셜 미디어를 통한 정성적 피드백이 포함된다. 이러한 통찰력은 이행을 개선하는 데 유용한데, 가령 전자상거래 서비스의 매출 전환율을 높이기 위한 아이디어를 얻을 수 있다.

모델은 이러한 요소가 일반적으로 순차적이라고 제안하지만 실제로는 반복적이며 이전 단계를 참조해야 한다.

Jelassi와 Enders(2008)는 전자상거래 전략을 정의하는 세 가지 핵심 차원이 있다고 제안한다.

미니 사례 연구 5.2 전략적 민첩성으로 시장 환경 변화에 맞게 사업을 업데이트하는 조파

2005년에 설립된 조파(Zopa)는 세계 최초의 P2P 대출 및 차입 거래소이다. 초기 비즈니스 모델은 여유 자금이 있는 사람이 자금이 필요한 사람에게 직접 자금을 빌려줄 수 있는 플랫폼을 제공하는 것이었다. 조파는 디지털 플랫폼을 통해 저축자에게는 더 유리한 저축 금리를, 대출자에게는 더 유리한 대출 금리를 제공할 수 있었다. 2020년까지 조파는 이러한 P2P 서비스로 영국의 50만 명 이상에게 60억 파운드 이상의 대출을 성사시켰다.

2020년에는 COVID-19로 인해 거래 조건이 더욱 엄격해졌고, 규제 변경에 따라 2021년에는 조파가 은행으로 출범할 수 있는 기회도 있었다. 이후 조파는 대출 서비스를 계속 제공하면서 저축자를 위해 FSC(Financial Services Conduct Authority)의 보호를 받는 고정 기간 예금 옵션을 제공하기 시작했다. 기존 은행과의 차별화를 위해 조파는 브랜드 제안을 다음과 같이 설명한다.

- **공정한 거래를 표준으로 제공한다.** 조파에는 신규 고객에게만 혜택을 주는 식의 함정이 없다. 조파의 상품은 고객이 승리하면 조파도 승리하는 구조로 되어 있다.
- **자금 관리가 어렵지 않다.** 업무 처리에 도움이 되는 편리한 도구, 필요시 상담할 수 있는 직원이 마련되어 있다.
- **우리는 '충분함'을 넘어선다.** 고객의 요구에 귀를 기울이고 고객의 요구에 맞춰 변화한다. 우리는 쉽게 진화할 수 있도록 설계되어 있으며, 최신 기술을 사용하여 고객에게 훌륭한 경험을 제공한다.

우리의 사명은 '정말 선한 일(Real Good)'을 하도록 설계된 제품으로 돈을 벌어 '기분이 좋아지게(Feel Good)' 하는 것이다.

2017년에 조파는 솔루션 제공업체인 헬레클라우드(HeleCloud)와 협력하여 자사의 기술 플랫폼을 아마존 웹 서비스(AWS) 및 기타 공급업체의 클라우드 기반 기술을 포함하도록 전환하고, 매우 빠르고 빈번한 배포가 가능하면서도 안전하고 규정을 준수하는 완전 자동화된 소프트웨어 수명주기 관리 프로세스를 개발했다. 헬레클라우드는 네트워크 연결(AWS VPC를 통해), 저장 및 전송 중 데이터 보안, 키 관리, 가용성 및 재해 복구(AWS EC2, AWS 오토스케일링, AWS 로드밸런서를 통해), 태그 지정 및 비용 할당과 같은 시스템의 인프라 요소를 설계하고 구현했다. 또한 작업의 중요한 부분에는 인프라의 중요하고 까다로운 구성 요소에 대한 성능 엔지니어링도 포함되었다.

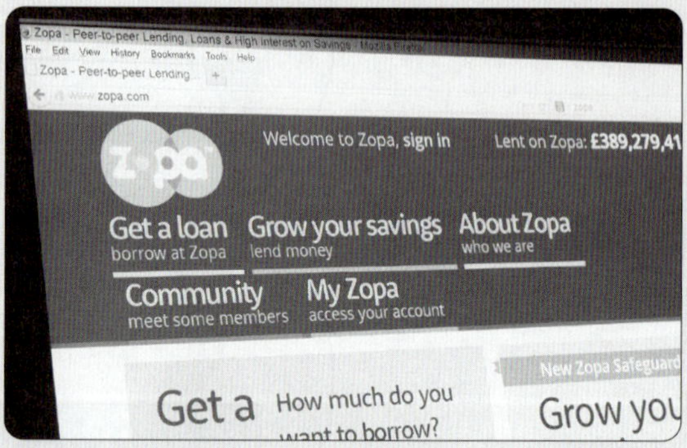

그림 5.4 조파의 사업과 챗봇 지원 옵션

출처: Andrew Walters/Alamy Stock Photo

출처: https://www.zopa.com/about, https://helecloud.com/case-studies/zopa-case-study/, https://www.zopa.com/about/our-story

- 기업은 어디서 경쟁할 것인가? (즉 외부 미시적 환경의 어떤 시장인가?)
- 기업은 어떤 가치를 창출할 것인가? (수익 증대 또는 비용 절감을 통해 가치를 창출하는 전략의 선택)
- 기업은 가치를 제공하기 위해 어떻게 설계되어야 하는가? (내부 구조와 자원, 외부 기업과의 인터페이스 포함, 10장 참조)

그림 5.5의 화살표는 전략 프로세스 모델을 적용하는 방식의 중요한 차이점을 강조하고 있다. Lynch(2000)는 Mintzberg와 Quinn(1991)의 연구를 참조하여 **처방적 전략**(prescriptive strategy) 접근법과 **창발적 전략**(emergent strategy) 접근법을 구분했다. 처방적 전략 접근법에서는 전략 분석을 통해 전략을 개발한 후 이를 실행한다. 즉 전략이 사전에 처방된다. 반면에 창발적 전략 접근법에서는 전략 분석, 전략 개발, 전략 실행이 서로 연관되어 있다.

처방적 전략 전략 분석, 전략 수립, 전략 실행이 순차적으로 연결되어 있다.

창발적 전략 전략 분석, 전략 수립, 전략 실행이 서로 연관되어 있어 함께 이루어진다.

현실적으로 대다수 기업의 전략 개발 및 계획 프로세스에는 처방적 전략과 창발적 전략의 요소가 포함된다. 처방적 요소는 구조화된 연간 또는 반기별 예산 편성 프로세스나 장기적인 3년간 롤링 마케팅 계획 프로세스이다. 그러나 보다 짧은 기간 내에 기업은 전략적 민첩성(2장 참조)과 시장 역학에 빠르게 대응할 수 있는 창발적 프로세스도 필요하다. 〈Econsultancy〉(2008)는 전자상거래 실무자들과의 인터뷰를 바탕으로 창발적 전략 또는 전략적 민첩성을 촉진하는 접근 방식을 연구했다(표 5.2 참조).

표 5.2 창발적 전략을 지원하는 데 사용되는 접근 방식

창발적 전략의 측면	창발적 디지털 전략을 지원하는 데 사용되는 접근 방식
전략 분석	• 기업 내 다양한 부서의 직원들이 해당 부문 내부 또는 외부의 경쟁업체가 새로운 접근 방식을 도입하는 것을 모니터링하도록 장려 • 경쟁업체가 도입한 새로운 기능에 대해 월별 또는 분기별로 보고하는 제삼자 벤치마킹 서비스 • 사이트 기능에 대한 새로운 아이디어를 제안하고 검토하는 데 사용되는 임시 고객 패널 • 주요 업무 완수를 위한 사용성에 대한 분기별 종단적 테스트 • 시청자 패널 데이터(comScore와 Nielsen) 구독 및 온라인 서비스의 인기 변화 검토
전략 수립 및 선택	• 우선순위 변경에 유연하게 대응할 수 있는 예산 • 장기간에 걸친 검토 주기를 단축하기 위해 합의된 한도 내에서 전용 또는 고정 IT 예산 확보 • 디지털 채널 전략 그룹은 매달 회의를 열고 새로운 웹 기능 구현에 대한 결정을 내릴 권한을 부여받음
전략 실행	• 신속한 개발을 가능하게 하는 애자일 개발 기법 활용 • 사이트의 일부를 새로운 도구 시험 공간으로 활용(예: 구글 엑스랩). 이 영역은 이제 존재하지 않음

출처: Econsultancy(2008)

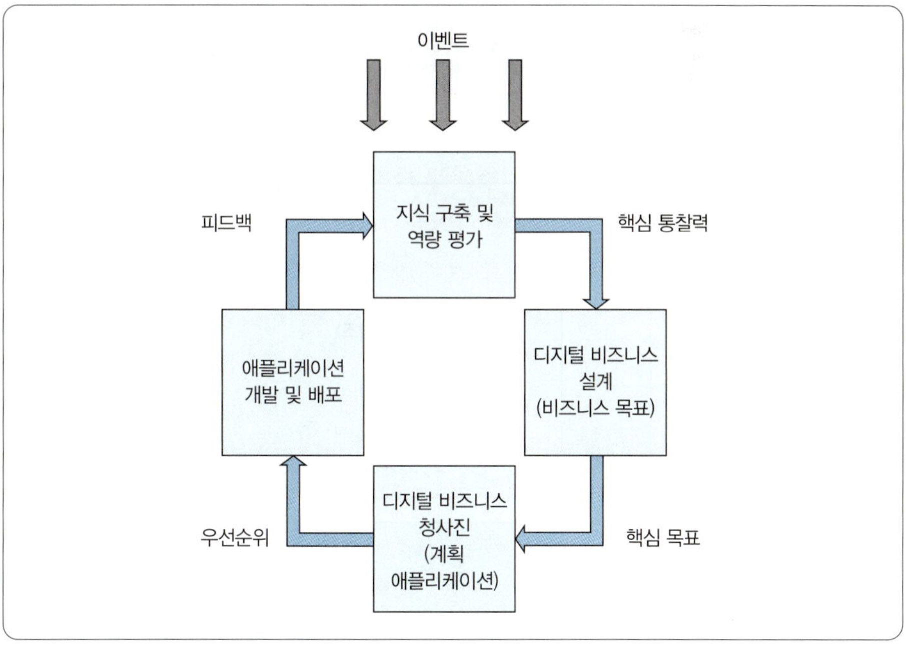

그림 5.6 역동적인 디지털 비즈니스 전략 모델

출처: Kalakota and Robinson(2000)을 기반으로 작성

Kalakota와 Robinson(2000)은 디지털 비즈니스에 특화된 역동적인 창발적 전략 프로세스를 권장한다(그림 5.6 참조). 이 프로세스는 기본적으로 그림 5.5와 유사한 특징이 있지만, 신규 애플리케이션에 대한 투자 우선순위를 지속적으로 검토하고 조정하는 데 중점을 둔다.

전략 분석

전략 분석 기업의 내부 프로세스와 자원, 외부 시장 요인에 대한 정보를 수집하고 검토하여 전략 정의에 반영하는 것

전략 분석(strategic analysis) 또는 상황 분석에는 다음 사항에 대한 검토가 포함된다.

- 디지털 비즈니스 역량과 현재까지의 결과를 시장에서의 활동 검토 맥락에서 평가하기 위한 기업 내부 자원 및 프로세스
- 고객의 수요와 행동, 경쟁업체의 활동, 시장 구조와 공급업체, 파트너 및 중개업체와의 관계 등 즉각적인 경쟁 환경(미시적 환경, 2장 참조)
- 기업이 비즈니스를 영위하는 광범위한 환경(거시적 환경, 4장에서 살펴본 사회적·법적·경제적·정치적 요인이 포함됨)

이러한 과정을 그림 5.7에 요약했다. 앞서 설명했듯이 효과적이고 즉각적인 디지털 비즈니스를 위해서는 상황 분석 또는 환경 스캐닝이 스캐닝을 실행하고 얻은 지식에 따라 행동할 책임을 명확하게 파악하는 지속적인 프로세스로 만들어야 한다.

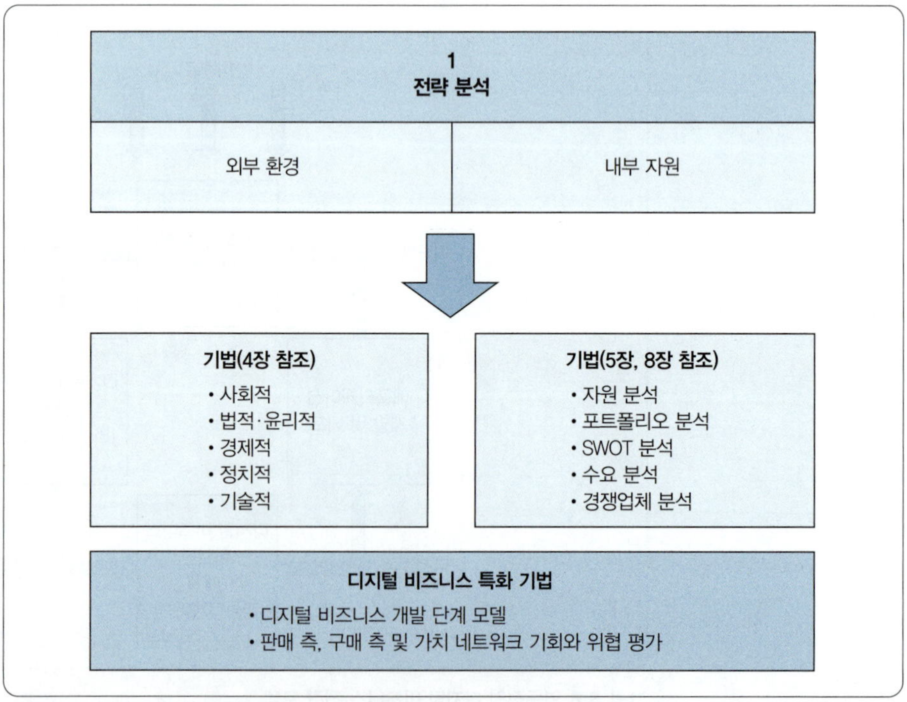

그림 5.7 디지털 비즈니스의 전략적 상황 분석 요소

자원 및 프로세스 분석

자원 분석 기업의 기술적·재정적·인적 자원 그리고 이러한 자원이 비즈니스 프로세스에서 어떻게 활용되는지를 검토하는 것

디지털 비즈니스의 **자원 분석**(resource analysis)은 주로 디지털 비즈니스 역량, 즉 기업이 이를 뒷받침할 수 있는 적절한 기술적 인프라와 애플리케이션 인프라, 재정적·인적 자원을 얼마나 갖추고 있는지에 관한 것이다. 이러한 자원은 효율적인 비즈니스 프로세스를 제공하기 위해 결합되어야 한다.

Jelassi와 Enders(2008)는 자원 분석과 역량 분석을 다음과 같이 구분했다.

- 자원은 가치 창출에 활용할 수 있는 유형 및 무형의 자산이다. 유형 자원에는 IT 인프라, 오프라인 매장, 금융 자본이 포함된다. 무형 자원에는 기업의 브랜드와 신용, 직원의 지식, 라이선스, 특허 등이 포함된다.
- 역량은 가치 창출을 지원하기 위해 자원을 효과적으로 활용하는 기업의 능력을 나타낸다. 이는 디지털 비즈니스를 관리하는 데 사용되는 구조와 프로세스에 따라 달라진다.

디지털 비즈니스 개발 단계별 모델

단계 모델은 기업의 프로세스를 지원하는 정보통신 기술 자원의 활용이 어느 정도 진행되었는지를 검토하는 데 도움이 된다. 이 모델은 전통적으로 기업 내 비즈니스 정보 시스템의 현재 적용을 분석하는 데 인기가 있었다. 예를 들어 Nolan(1979)의 6단계 모델은 단순한 데이터 처리로 시작하여 통제 및 통합된 시스템을 통한 비즈니스 정보 시스템의 성숙한 채택에 이르기까지 기업 내 정보 시스템 사용의 발전을 언급하고 있다.

기업 내 또는 시장 전체에서 정보통신 기술의 현재 활용도를 평가할 때, 기업이 디지털 비즈니스를 실현하기 위한 기술 인프라와 지원 체제를 어느 정도 갖추고 있는지를 분석하는 것이 도움이 될 수 있다. Quelch와 Klein(1996)은 판매 측 전자상거래의 발전을 언급하며 5단계 모델을 개발했는데, 이는 오늘날에도 유효하다. 연구(1장, 4장 참조)에 따르면 아직은 많은 기업의 디지털 비즈니스 역량이 제한적이고 모델의 초기 단계에 있다. 기존 기업의 경우 다음과 같은 단계로 이루어진다.

1. **이미지 및 제품 정보**: 기본적인 '브로슈어' 웹사이트 또는 온라인 디렉터리에 존재
2. **정보 수집**: 온라인 양식을 통해 문의 가능
3. **고객 지원 및 서비스**: 자주 묻는 질문과 포럼 또는 온라인에서 질문할 수 있는 '웹 셀프 서비스' 장려
4. **내부 지원 및 서비스**: 지원 프로세스를 돕는 마케팅 인트라넷 구축
5. **거래**: 온라인 판매와 같은 금융 거래 또는 고객이 엑스트라넷을 통해 상세한 제품 및 주문 정보에 접근할 수 있는 eCRM 시스템 구축

Chaffey와 Ellis-Chadwick(2012)은 판매 측 전자상거래에 여섯 가지 선택지가 있다고 밝혔다.

- **레벨 0**: 웹사이트가 없거나 웹상에 존재하지 않는다.
- **레벨 1**: 기업명이 나열된 웹사이트에 이름이 올라 있다. 이 단계에서는 웹사이트가 없다.

- **레벨 2**: 기본적인 기업 또는 제품 정보가 게재되어 있는 단순한 정적 정보 웹사이트로, '브로슈어'라고도 한다.
- **레벨 3**: 단순한 인터랙티브 사이트로, 사용자가 사이트에서 검색하고 정보를 조회하기 위해 질문을 할 수 있으며 이메일 문의도 가능하다.
- **레벨 4**: 사용자와의 거래를 지원하는 인터랙티브 사이트이다. 제공되는 기능이 기업마다 다르지만 일반적으로 온라인 구매로 국한되어 있다.
- **레벨 5**: 전체 구매 프로세스를 지원하는 완전한 인터랙티브 사이트이다. 개별 고객과의 관계 마케팅을 제공하고 모든 범위의 마케팅 교류를 촉진한다.

7장에서는 기업의 디지털 마케팅 성숙도를 시각적으로 살펴볼 것이다(그림 7.8 참조).

한편 구매 측 전자상거래를 고려하면 제품 조달 애플리케이션의 해당 수준을 파악할 수 있다.

- **레벨 1**: 제품 조달에 웹을 이용하지 않고, 공급업체와의 전자적 통합이 없다.
- **레벨 2**: 중개 사이트, B2B 거래소, 공급업체 사이트를 통해 경쟁 공급업체를 검토하고 선택한다. 주문은 기존 방식으로 이루어진다.
- **레벨 3**: 중개 사이트, B2B 거래소, 공급업체 사이트를 통해 EDI(electronic data interchange)를 사용하여 전자적으로 주문이 이루어진다. 기업의 시스템과 공급업체의 시스템이 통합되지 않은 상태이며, 조달 시스템이나 회계 시스템에 주문을 다시 입력해야 한다.
- **레벨 4**: 기업의 조달 시스템과 통합되어 전자적으로 주문이 이루어진다.
- **레벨 5**: 기업의 조달, 제조 요구 사항 계획 및 재고 관리 시스템과 완전히 통합되어 전자적으로 주문이 이루어진다.

이러한 전형적인 웹사이트 개발 단계 모델은 거래형 전자상거래를 통해 제품을 온라인으로 판매하는 기업에 가장 적합하다는 것을 기억해야 한다. 실제로 다양한 유형의 온라인 프레젠스와 비즈니스 모델에 대해 각각 다른 목표를 가진 단계 모델을 개발할 수 있다. 표 5.3에 디지털 비즈니스 개발을 위한 단계 모델의 종합적으로 정리했다. 기업은 왼쪽 열에 제시된 디지털 비즈니스 개발의 다양한 측면에 대해 1~4단계의 연속선상에서 자신의 위치를 평가할 수 있다.

목표를 달성하기 위한 전략과 전술을 고안할 때 기업은 단계 모델로 돌아가서 미래에 달성하고자 하는 혁신의 수준을 파악할 수 있다.

애플리케이션 포트폴리오 분석

기업 내 현재 비즈니스 애플리케이션 포트폴리오 분석은 현재 정보 시스템 역량을 평가하고 미래 전략을 수립하는 데 사용된다. 정보 시스템 연구에서 널리 적용되는 프레임워크는 McFarlan과 McKenney(1993)의 프레임워크에 Ward와 Griffiths(1996)가 수정을 가한 것이다. 그림 5.8은 디지털 비즈니스 맥락에서 B2B 기업에 적용된 포트폴리오 분석 결과를 보여준다. 인사 관리, 재무 관리, 생산라인 관리 시스템 등 현재 애플리케이션은 앞으로도

표 5.3 디지털 비즈니스 발전을 위한 단계 모델

	1. 웹 존재	2. 전자상거래	3. 통합 전자상거래	4. 디지털 비즈니스
이용 가능한 서비스	브로슈어 또는 제품 카탈로그, 고객 서비스와의 상호작용	구매 측 또는 판매 측의 거래형 전자상거래	전사적 자원 관리(ERP) 또는 레거시 시스템과 통합된 구매 측 및 판매 측 시스템, 서비스 개인화	모든 조직 내 프로세스 및 가치 네트워크 요소와의 완전한 통합
조직 범위	고립된 부서(예: 마케팅 부서)	조직 간	조직 간	기업 전체 및 그 이상(엑스트라프라이즈)
전환	기술 인프라	전자상거래를 위한 기술과 새로운 책임	사내 업무 프로세스 및 기업 구조	디지털 비즈니스 문화로의 전환, 비즈니스 프로세스 및 파트너와의 연결
전략	제한된 전략	비즈니스 전략과 잘 통합되지 않은 판매 측 전자상거래 전략	가치사슬 접근법을 통한 비즈니스 전략과 통합된 전자상거래 전략	비즈니스 전략의 일부로 포함된 디지털 비즈니스 전략

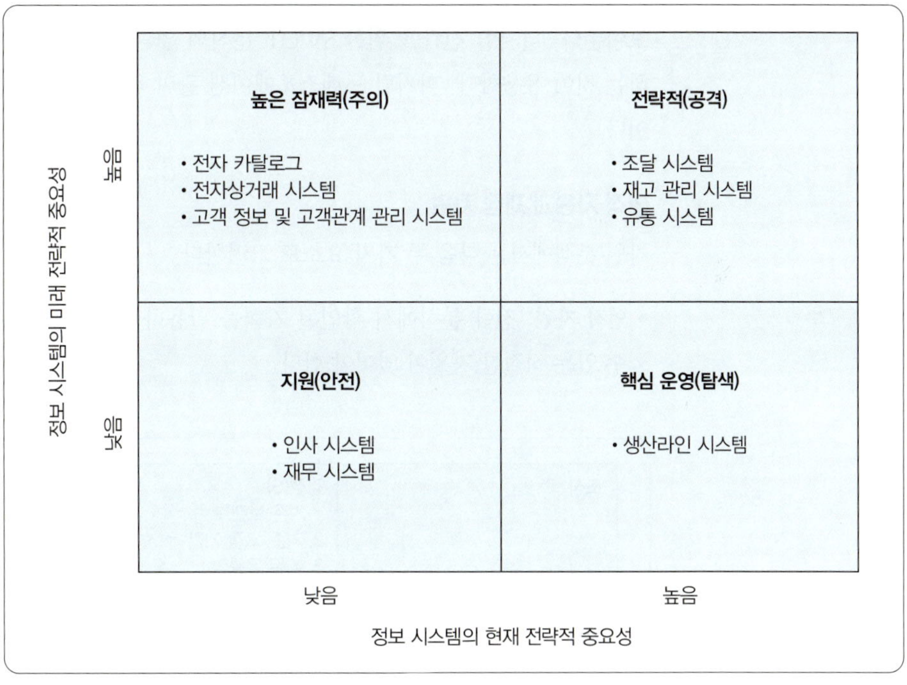

그림 5.8 B2B 기업에 대한 포트폴리오 분석 요약 애플리케이션의 예

비즈니스 운영을 계속 지원할 것이며, 향후 투자 우선순위가 아니다. 반면에 경쟁 우위를 확보하기 위해 온라인에서 동적 고객 카탈로그를 유지하고, 온라인 판매를 수행하며, 고객 구매 행동에 대한 마케팅 정보를 수집하는 애플리케이션의 중요성이 커질 것이다. 전자 조달, 물류와 같은 애플리케이션은 디지털 비즈니스의 맥락에서 계속 중요할 것이다.

또한 포트폴리오 분석은 가장 적합한 미래 인터넷 프로젝트를 선택하는 데 자주 사용된

다. 포트폴리오 분석 방법의 약점은 오늘날 애플리케이션이 단일 디지털 비즈니스 소프트웨어 또는 '전사적 자원 관리' 애플리케이션에 의해 제공된다는 것이다. 이를 감안하면 정보 시스템 도입을 통해 외부 및 내부 고객에게 제공할 서비스를 정의하는 것이 더 적절할 수 있다.

조직 및 정보 시스템 SWOT 분석

SWOT 분석 강점, 약점, 기회, 위협에 대한 분석

SWOT 분석[SWOT(strength, weakness, opportunity, threat) analysis]은 기업이 내부 자원을 강점과 약점 측면에서 분석하고, 외부 환경을 기회와 위협 측면에서 비교하는 데 유용한, 비교적 간단하면서도 강력한 도구이다. SWOT 분석은 현재 상황 분석뿐만 아니라 전략 수립을 위한 도구로 사용될 때 가장 큰 가치가 있으며, 이를 위해 그림 5.9와 같이 강점, 약점, 기회, 위협을 조합하여 SWOT 매트릭스를 만들면 효과적이다. 이는 위협에 대응하고 기회를 활용하는 전략을 수립하여 디지털 비즈니스 전략에 반영할 수 있다.

Solis(2014)는 디지털 트랜스포메이션을 촉진하는 요인과 장벽을 나타낸 시각 자료를 제시했다(그림 5.10 참조). 이는 효과적인 디지털 고객 경험을 창출하기 위해 소셜 미디어, 모바일 플랫폼, 실시간 마케팅과 같은 파괴적인 디지털 기술을 어떻게 활용해야 하는지를 보여준다. 디지털 전략을 위한 SWOT 분석의 일환으로 이러한 촉진 요인과 장벽을 검토하는 것이 유용하다. 디지털 트랜스포메이션 관리 접근법은 10장에서 더 자세히 살펴볼 것이다.

인적 자원과 재정 자원

자원 분석에서는 다음 두 가지 요소도 고려한다.

- **인적 자원**: 전략 분석에서 확인된 기회를 활용하려면 디지털 비즈니스 솔루션을 제공할 수 있는 적절한 자원이 있어야 한다.

조직	강점(S) 1. 기존 브랜드 2. 기존 고객 기반 3. 기존 유통망	약점(W) 1. 브랜드 인식 2. 중개업체 이용 3. 기술 4. 채널 간 지원
기회(O) 1. 교차 판매 2. 신규 시장 3. 신규 서비스 4. 제휴/공동 브랜드	SO 전략 강점을 활용하여 기회를 극대화 **= 공격 전략**	WO 전략 기회를 활용하여 약점을 극복 **= 공격 전략을 위한 강점 구축**
위협(T) 1. 고객 선택 2. 신규 진입자 3. 신규 경쟁 제품 4. 채널 갈등	ST 전략 강점을 활용하여 위협을 최소화 **= 방어 전략**	WT 전략 약점과 위협을 극복 **= 방어 전략을 위한 강점 구축**

그림 5.9 SWOT 분석

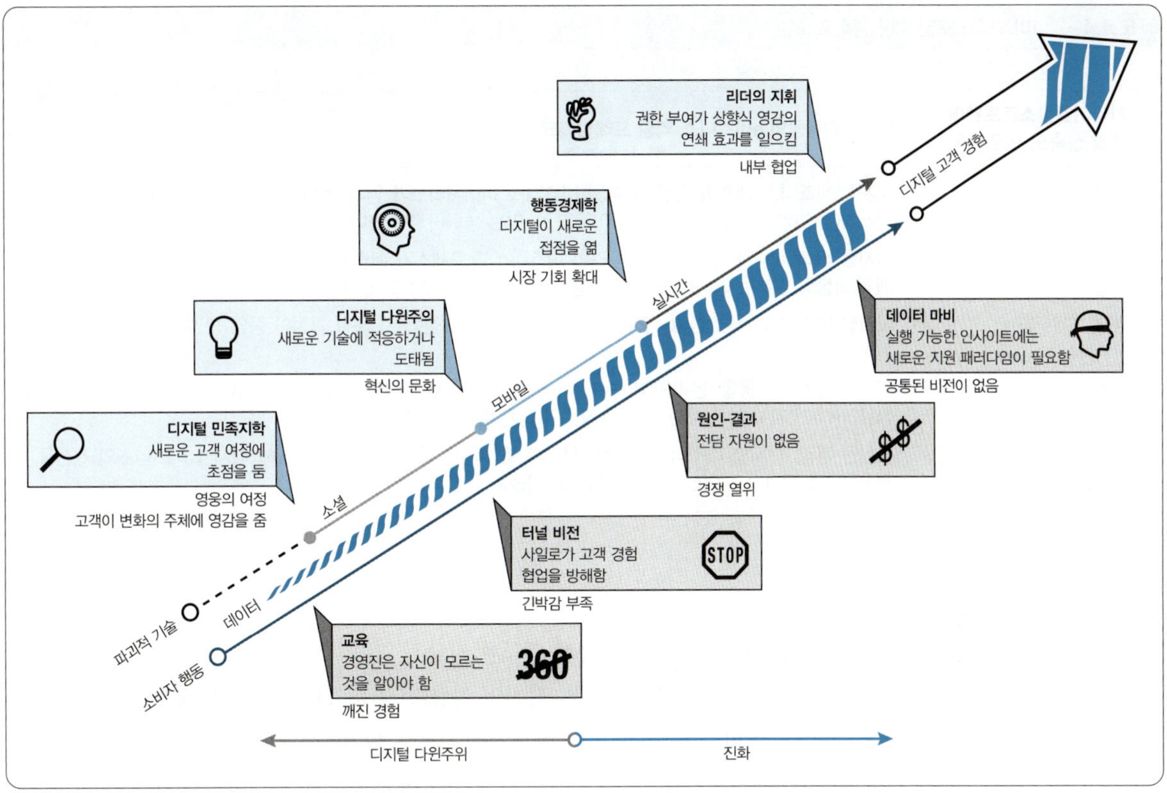

그림 5.10 디지털 트랜스포메이션 촉진 요인과 장벽

출처: Solis(2014), 허락하에 게재

- **재정 자원**: 정보 시스템에 대한 재정 자원 평가는 일반적으로 새로운 시스템 확장을 위한 투자 평가 및 예산 편성의 일부로 수행되며, 이는 이 장의 후반부에서 다룬다.

내부 자원의 평가는 외부 자원과 균형을 이루어야 한다. Perrott(2005)는 이 분석을 위한 간단한 프레임워크를 만들었다. 그는 디지털 비즈니스의 채택이 내부 역량과 인센티브, 외부 힘과 역량 간의 균형에 따라 결정된다고 제안했다. 또한 시장 내 기업이 차지할 수 있는 네 가지 사분면을 정의했다.

- **시장 주도형 전략**: 내부 역량/인센티브가 높고 외부 힘/인센티브가 낮은데, 이는 초기 수용자에게서 흔히 볼 수 있는 상황이다.
- **역량 구축**: 내부 역량/인센티브가 낮고, 외부 힘/인센티브가 높다. 후발 수용자.
- **시장 주도형 전략**: 내부 역량/인센티브와 외부 힘/인센티브가 모두 높다.
- **현상 유지**: 내부 역량/인센티브와 외부 힘/인센티브가 모두 낮아 변화를 강요할 필요가 없다.

이 매트릭스에서 기업의 위치는 Perrott(2005)가 제안한 외부 요인의 벤치마킹을 통해 결정된다. 이 외부 요인에는 전자적으로 제공되는 경쟁업체 제품 또는 서비스 비율, 전자적으로 이루어지는 고객과의 경쟁업체 커뮤니케이션 비율, 전자적 활동에 매력을 느끼는 다양

표 5.4 eB비즈니스 도입 역량 성숙도 모델

카네기멜론소프트웨어 개발 성숙도 프로세스	아토스컨설팅의 e비즈니스 역량 프레임워크
레벨 1: 초기	디지털 비즈니스 계획이 없음: 디지털 비즈니스 이니셔티브가 임시적이고, 계획적이지 않으며, 심지어 무질서하다. 기업이 일관되게 약속을 이행할 수 있는 능력이 부족하다.
레벨 2: 반복	디지털 비즈니스 인식: 기본적인 온라인 비즈니스 프로세스가 확립되어 다시 성공을 이룰 수 있지만 아직 계획 과정의 일부는 아니다. 기업의 역량 개발에 초점을 맞추고 있다.
레벨 3: 정의	디지털 비즈니스 가능: 중앙 집중화된 온라인 비즈니스 전략 및 계획 과정이 중앙 모델(IT와 역량)로 진행된다.
레벨 4: 관리	디지털 비즈니스 통합: 온라인 비즈니스가 부서 및 사업부 계획의 일부이다. 디지털 비즈니스 프로세스 및 애플리케이션에 대한 상세한 성과 측정을 수집하여 관리에 활용한다.
레벨 5: 최적화	확장된 기업: 디지털 비즈니스가 기업 전략의 핵심이며, 정량적 피드백을 통해 디지털 비즈니스의 개선을 지속적으로 평가하고 혁신적인 아이디어와 기술을 시험적으로 도입한다.

한 고객 분류(및 공급 측 공급업체 또는 파트너) 비율이 포함된다. 평가해야 할 내부 요인은 내부 또는 외부 IT 공급업체를 통해 제공할 기술적 역량, 레거시 시스템으로부터 전환하려는 욕구 또는 전환할 수 있는 능력, 직원의 역량(전자 비즈니스 수행에 필요한 지식, 기술, 태도) 등이다. 또한 집행 비용 대비 절감되는 비용도 여기에 포함된다.

단계 모델은 내부 역량 및 구조를 평가하는 데에도 사용할 수 있다. 예를 들어 아토스컨설팅(Atos Consulting, 2008)은 역량 성숙도 프레임워크를 정의했다(표 5.4 참조). 이는 카네기멜론소프트웨어엔지니어링연구소(현재 CMMI연구소)가 기업의 소프트웨어 개발 관행 개선을 지원하기 위해 고안한 역량 성숙도 모델을 기반으로 한다. (10장에서는 단계 간 변화 관리를 실현하는 방법을 더 자세히 설명할 것이다.)

경쟁 환경 분석

전략 분석의 일환으로 외부 요인도 평가한다. 이미 2장에서 기업의 외부 기회와 위협을 파악하기 위해 어떻게 마켓플레이스 분석을 수행할 수 있는지를 살펴보았는데, 여기서는 수요 분석을 검토하고 경쟁 위협에 대해 좀 더 자세히 살펴보자.

수요 분석

디지털 비즈니스 전략 목표를 추진하는 핵심 요인은 고객, 파트너, 내부 사용자의 다양한 디지털 기술 플랫폼과 전자상거래 서비스 접근 및 이용에 대한 현재 수준과 미래 전망이다. 이를 **수요 분석**(demand analysis)이라고 하며, 수요 분석을 활용하는 것은 디지털 마케팅 계획 수립에서의 주요 활동이다(7장에서 자세히 다룰 것이다).

수요 분석 전자상거래 서비스에 대한 기존 고객과 잠재고객의 수요를 평가하는 것

구매 측 전자상거래에서 기업은 공급업체가 제공하는 전자상거래 서비스도 고려해야 한다(공급업체가 몇 개인지, 그들이 어디에 위치하는지 등).

표 5.5 인터넷이 다섯 가지 경쟁력에 미치는 영향

구매자의 협상력	• 선택의 폭이 넓어지고 고객 지식과 가격 투명성이 향상됨으로써 가격이 낮아질 가능성이 높기 때문에 온라인 구매자의 힘이 더욱 커진다. 즉 전환 행동이 촉진된다. • B2B 기업의 경우 고객과의 전자적 연결을 형성하는 것은 관계가 깊어지고 전환 비용이 증가하게 되므로 '소프트 록인'을 초래할 수 있다.
공급자의 협상력	• 기업이 구매할 때 전자 조달과 디지털 마켓플레이스로 인해 선택의 폭이 넓어지고 상품화가 증가됨에 따라 공급자의 협상력이 약화된다. • 구매자의 협상력에도 그 반대의 논리가 적용된다. • 상품화로 인해 공급업체 차별화가 감소한다. • 전자 조달은 전환 비용을 절감할 수 있지만, 선호하는 시스템의 사용은 록인 효과를 가져올 수 있다.
대체 제품 및 서비스의 위협	• 새로운 디지털 제품이나 확장 제품을 더 쉽게 도입할 수 있기 때문에 대체는 큰 위협이 될 수 있다. • 시장 점유율 잠식을 피하기 위해 새로운 대체 제품 및 서비스의 도입을 신중하게 모니터링해야 한다. • 인터넷 기술로 제품 및 서비스를 빠르게 도입할 수 있다. • 이 위협은 이 장의 후반부에서 다룰 새로운 비즈니스 모델과 관련이 있다.
진입 장벽	• 고정비 절감으로 진입 장벽이 낮아지고, 특히 전통적으로 번화가에 자리해야 하거나 이동식 판매 인력이 필요했던 소매업과 서비스업에 새로운 경쟁자가 나타날 수 있다. • 시장 점유율 잠식을 피하기 위해 신규 진입자를 신중하게 모니터링해야 한다. • 인터넷 서비스는 전통적인 서비스보다 모방이 쉽기 때문에 '빠른 추종자'에게 유리하다. 인지도가 높고 신뢰할 수 있는 브랜드를 구축하는 데 드는 비용은 주요 진입 장벽 또는 비용이며, 새로운 진입자는 고객이 전환 비용을 극복하도록 유도해야 한다.
기존 경쟁자 간 경쟁	• 인터넷은 상품화를 촉진하여 제품 차별화를 더 어렵게 만든다. • 제품 수명주기가 짧아지고 신제품 개발 리드타임이 감소함에 따라 경쟁이 더욱 치열해진다. • 인터넷은 글로벌 시장으로의 진출을 촉진하며, 잠재적으로 낮은 비용 기반으로 인해 경쟁자 수를 증가시킬 수도 있다.

경쟁 위협 평가

기업에 영향을 미치는 다섯 가지 주요 경쟁력에 대한 마이클 포터의 고전적 모델(1980)은 디지털 비즈니스 시대에 발생하는 위협을 검토하는 데 여전히 유효한 프레임워크를 제공한다. 표 5.5는 마이클 포터가 다섯 가지 경쟁력의 프레임워크를 사용하여 인터넷이 비즈니스에 미치는 영향에 대한 고전적 분석을 정리한 것이다(Porter, 2001).

디지털 비즈니스 맥락에서 그림 5.11은 디지털 비즈니스에 적용되는 경쟁 위협에 중점을 두어 업데이트된 주요 위협을 보여준다. 위협은 구매 측(업스트림 공급사슬) 위협, 판매 측(다운스트림 공급사슬) 위협, 경쟁 위협으로 분류되어 있다. 포터(1980)가 제시한 다섯 가지 경쟁력 모델과의 주요 차이점은 구매 측과 판매 측에서 중개자(또는 파트너)로부터 발생하는 경쟁 위협을 구분하고 있다는 것이다.

경쟁 위협

신규 진입자의 위협

전통적인 오프라인 기업, 즉 도서, 금융 서비스와 같은 제품을 판매하는 소매업체에게 이는 흔한 위협이었다. 예를 들어 유럽에서 전통적인 은행은 조파와 같은 완전히 새로운 스타트업 경쟁자 또는 인터넷을 사용하여 해외 시장 진입을 촉진하는 다른 지리적 시장의 기존 기업에 의해 위협을 받았다. 네덜란드에 본사를 둔 금융 서비스 그룹인 ING는 시장 개발을

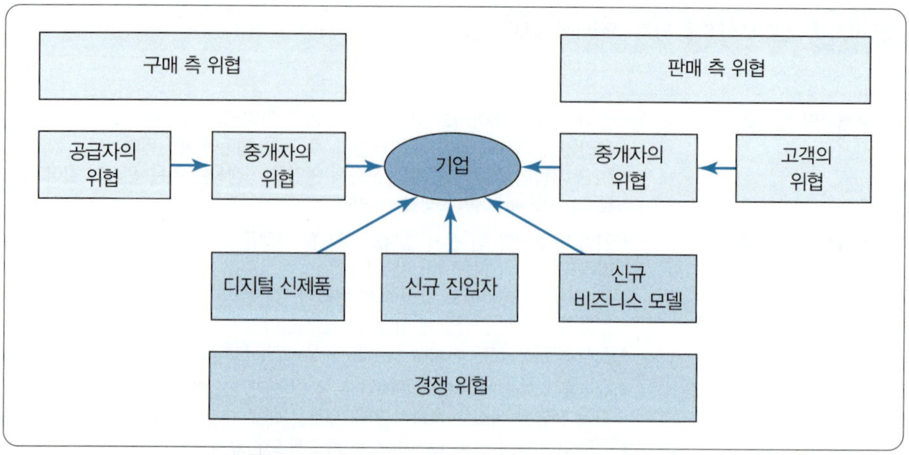

그림 5.11 디지털 비즈니스에 작용하는 경쟁 위협

촉진하기 위해 인터넷을 활용하고 있다. 이러한 신규 진입자는 자사 제품을 판매하기 위한 유통망 구축 및 유지 비용이 들지 않고 제품에 제조 기반이 필요하지 않기 때문에 단기간에 성공을 거둘 수 있었다. 즉 진입 장벽이 낮았다. 그러나 신규 진입자가 성공하려면 마케팅과 고객 서비스 실행에서 시장 리더가 되어야 하며, 이를 달성하기 위한 비용이 높을 것이다. 이러한 경쟁 위협은 화학 산업이나 석유 산업과 같은 제조 및 공정 산업을 비롯한 수직적 B2B 시장에서는 투자 진입 장벽이 훨씬 높기 때문에 잘 나타나지 않는다.

디지털 신제품의 위협

이러한 위협은 기존 기업뿐만 아니라 신규 기업에서도 발생할 수 있다. 인터넷은 특히 정보 기반 서비스를 저렴한 비용으로 제공하는 수단으로 매우 유용하다. 가장 큰 위협은 주가 제공, 디지털 미디어 콘텐츠 또는 소프트웨어 제공과 같이 디지털 제품 이행이 인터넷을 통해 이루어질 수 있는 경우에 발생할 가능성이 높다. 이는 많은 비즈니스 부문에 영향을 미치지 않을 수도 있지만 신문·잡지·도서 출판, 음악·소프트웨어 유통과 같은 일부 비즈니스 부문에서는 매우 중요하다. 사진 분야에서 코닥(Kodak)은 전통적인 필름의 수요 감소라는 큰 위협에 대응하기 위해 디지털카메라 제품군을 늘려 이 수익원을 강화하고, 고객에게 디지털 사진을 인쇄하고 공유할 수 있는 온라인 서비스를 제공하려고 노력했다. 궁극적으로 이러한 접근 방식은 성공하지 못했다(사람들이 대개 스마트폰으로 사진을 찍기 때문이다). 이 위협의 정도는 그림 5.11의 맥락에서 제품 검토를 통해 평가할 수 있다.

신규 비즈니스 모델의 위협

이 또한 기존 기업 또는 신규 기업에서 발생할 수 있다. 이 위협은 새로운 서비스 제공 방식에 관한 것이기 때문에 경쟁 위협과 관련이 있다. 기존 경쟁자에 의한 위협은 앞으로도 계속되겠지만, 인터넷은 쉬운 가격 비교, 디지털 비즈니스의 혁신과 신제품 개발, 대안적 비즈니스 및 수익 모델의 도입을 과거보다 더 짧은 시간 안에 가능하게 하여 경쟁을 증가시켰다고 할 수 있다. 이는 지속적인 환경 스캐닝의 필요성을 다시 한번 강조한다(이 위협에 대응하기 위해 채택할 수 있는 전략의 예는 2장 참조).

판매 측 위협

고객의 위협

이는 아마도 디지털 거래가 가져올 수 있는 가장 큰 위협일 것이다. 인터넷을 이용하여 제품을 평가하고 가격을 비교할 때 고객의 협상력이 크게 증가한다. 특히 가격 비교 플랫폼에서 비교할 수 있는 표준화된 제품의 경우 더욱 그렇다. 상품의 경우 B2B 거래에서의 경매가 가격을 낮추는 유사한 효과를 나타낼 수 있다. 기존에는 상품으로 간주되지 않던 일부 제품의 구매가 가격에 더 민감하게 반응할 수도 있는데, 이러한 과정을 **상품화**(commoditisation)라고 한다. 상품화되는 제품의 예로는 전자 제품과 자동차가 있다. (온라인 가격 책정 문제는 7장에서 다룰 것이다.)

상품화 제품 선택이 차별화된 특징, 장점, 부가가치 서비스보다 가격에 더 의존하게 되는 과정

B2B 분야에서는 디지털 채널의 사용 용이성으로 인해 고객이 공급업체를 쉽게 바꿀 수 있어 전환 비용이 낮아지는 문제도 있다.

중개자의 위협

다운스트림 채널의 중요한 위협은 탈중개화로 인한 채널 갈등이 발생할 경우 파트너나 유통업체의 손실 가능성이다(2장 참조). 중개자와 특히 집계자 간의 긴장 그리고 이를 해결하기 위한 전략은 보험사인 다이렉트라인(Direct Line)의 접근 방식에서 확인할 수 있다. 다이렉트라인은 영국 자동차 보험 시장의 약 80%를 차지하고 있음에도 불구하고 집계자인 머니슈퍼마켓과 제휴하지 않았다.

또 다른 다운스트림 위협은 구매자와 판매자를 연결해주는 중개자(또 다른 형태의 파트너)의 증가이다. 여기에는 리부와 같은 소비자 포털, EC21과 같은 B2B 거래소가 포함된다. 한 기업이 이 포털에 부재하는 동안 경쟁업체들이 포털에 나타나거나, 더 나쁘게는 포털들이 경쟁업체와 독점 계약을 맺고 있다면, 이는 시장의 상당 부분을 잠재적으로 잃을 수 있음을 의미한다.

구매 측 위협

공급자의 위협

이는 위협이라기보다는 기회로 간주될 수 있다. 기업은 비용 절감과 공급사슬 효율 증가를 이유로 공급업체가 EDI 또는 인터넷 EDI와 같은 디지털 도구를 사용하여 주문을 처리하도록 요구할 수 있다. 또한 인터넷은 공급자 교체 장벽을 낮추기 때문에 공급자의 힘을 약화하는 경향이 있는데, 특히 B2B 거래소의 출현으로 인해 이러한 경향이 두드러진다. 그러나 공급자가 기업들을 연결하는 독자적인 기술을 고집하는 경우에는 공급자를 변경하는 비용이나 복잡성 때문에 '소프트 록인'이 발생한다.

중개자의 위협

B2B 거래소와 같은 구매 측 중개자의 위협은 판매 측 중개자보다 적을 수 있지만, 이러한

서비스를 사용함으로써 발생하는 위험은 고려해야 한다. 여기에는 특히 각 중개자와의 통합에 다른 표준이 요구되는 경우 통합 비용이 포함된다. 중개자가 자리를 잡으면 수수료를 인상할 수 있는 위협도 존재한다.

위에서 검토한 바에 따르면 위협의 정도는 기업이 운영하는 특정 시장에 따라 달라질 것임이 분명하다. 일반적으로 가장 큰 위협을 받는 것은 소매 유통업체를 통해 판매하고 인터넷이나 택배로 고객에게 쉽게 전달할 수 있는 제품을 보유한 기업일 것이다.

경쟁자 분석

경쟁자 분석 기존 및 신규 경쟁자가 제공하는 디지털 비즈니스 서비스와 고객의 채택에 대해 검토하는 것

경쟁자 분석(competitor analysis)은 디지털 비즈니스 상황 분석의 중요한 측면이다. 또한 디지털 비즈니스 전략으로 이어질 디지털 마케팅 계획을 수립하는 주요 활동이다(7장 참조).

자원-우위 매핑

핵심 역량 고객에게 특정한 이익을 제공하는 기술 또는 기술력을 포함한 자원

고객 가치 제품 품질, 서비스 품질, 가격, 이행 시간에 의존하는 가치

내부 자원의 강점을 외부 기회에 맞춰 매핑하는 것은 유용하다. 예를 들어 경쟁자의 약한 부분을 파악하고 공격할 수 있다. 내부 강점을 파악하기 위한 접근법 중 하나는 **핵심 역량**(core competency)을 정의하는 것이다. Lynch(2000)는 핵심 역량을 고객에게 특정한 이익을 제공하거나 경쟁자 대비 **고객 가치**(customer value)를 향상하는 지식, 기술 또는 기술력을 포함한 자원이라고 설명한다. Deise 등(2000)은 고객 가치가 제품 품질, 서비스 품질, 가격, 이행 시간에 따라 달라진다고 정의한다. 따라서 핵심 역량을 이해하려면 이러한 영역에서 기업이 경쟁자와 어떻게 차별화되는지를 이해해야 한다. 이때 경쟁자의 전자상거래 서비스를 벤치마킹하는 것이 중요하다(7장 참조). 생산 비용이 낮을수록 가격이 낮아지기 때문에 경쟁자 대비 기업의 비용 기반도 중요하다. Lynch(2000)는 목표 설정과 전략 정의에서 핵심 역량을 강조해야 한다고 주장한다.

전략 목표

전략 목표 기업의 사명, 비전, 목표에 대한 기업의 성명과 커뮤니케이션

기업의 **전략 목표**(strategic objective)를 정의하고 전달하는 것은 모든 전략 프로세스 모델의 핵심 요소이다. ① 전략 정의 및 구현 요소는 목표를 달성하기 위한 최선의 방법을 지향해야 하고, ② 전반적인 성공은 실제 결과를 목표와 비교하고 전략을 개선하기 위한 행동을 취함으로써 평가되며, ③ 명확하고 현실적인 목표는 직원과 파트너에게 디지털 비즈니스 이니셔티브의 목표와 의미를 전달하는 데 도움이 되기 때문이다. 일반적으로 목표 설정은 전략 분석과 병행하여 이루어진다. 즉 반복 프로세스의 일부로 디지털 비즈니스에 대한 비전과 전략을 정의한다.

그림 5.12는 이 절에서 다룰 전략 목표 설정의 중요한 측면 중 일부를 보여준다.

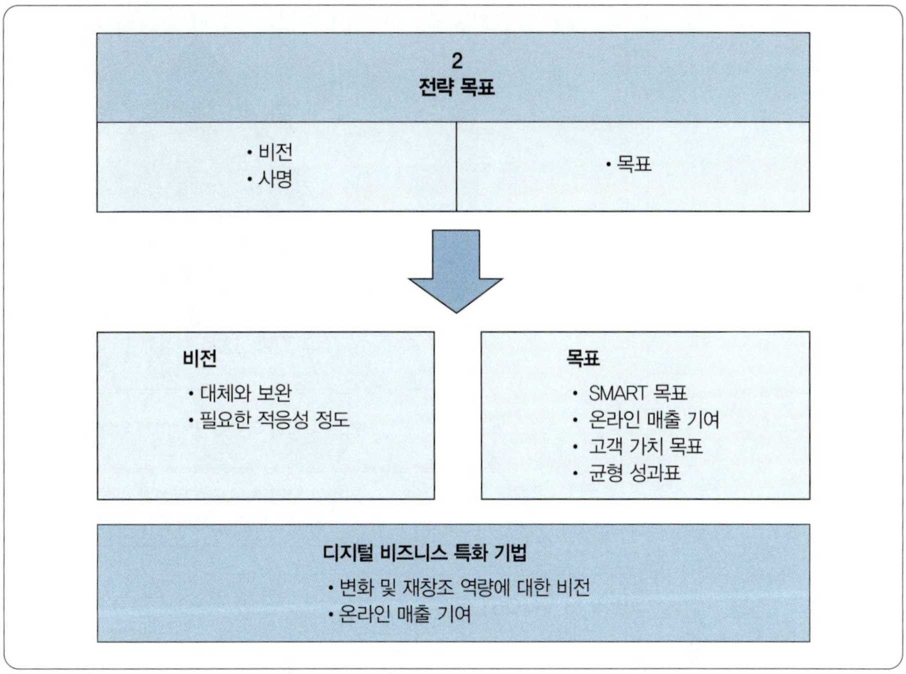

그림 5.12 디지털 비즈니스 전략 목표 설정의 요소

비전과 사명 정의

Lynch(2000)에 따르면 기업 비전은 '기업의 가능하고 바람직한 미래 상태에 대한 심상'으로 정의된다. 디지털 비즈니스에 대한 구체적인 기업 비전을 정의하는 것은 기업의 전략적 이니셔티브(비즈니스 정렬) 및 시장과 관련하여 디지털 비즈니스를 맥락화하는 데 도움이 된다. 또한 디지털 비즈니스 전환 이니셔티브에 장기적인 강조를 부여하는 데 도움이 된다.

비전 선언문 기업의 명확하고 고무적인 장기적 방향을 나타낸다.

사명 선언문 기업이 하는 것과 그 목적을 명확하게 전달한다.

디지털 비즈니스에 대한 **비전 선언문**(vision statement) 또는 **사명 선언문**(mission statement)은 미래 디지털 채널의 범위와 광범한 목표를 정의하는 간결한 요약으로, 기업에 어떻게 기여하고 고객 및 파트너와의 상호작용을 어떻게 지원할지 설명한다. Jelassi와 Enders(2008)는 사명 선언문을 작성할 때 다음과 같은 정의를 제시해야 한다고 밝혔다.

- **비즈니스 범위(어디서)**: 제품, 고객 분류 및 기업이 온라인에서 경쟁하고자 하는 지리적 시장을 포함한 시장
- **고유 역량(어떻게)**: 디지털 비즈니스 제품 또는 서비스 측면에서 기업이 어떻게 포지셔닝하고 차별화할 수 있는지에 대한 높은 수준의 견해
- **가치(왜)**: 흔하지는 않지만, 기업 또는 디지털 비즈니스 이니셔티브에 영감을 주는 것이 무엇인지 나타낼 수 있는 감정적 요소

VMOST

어떤 비즈니스든 VMOST(vision, mission, objectives, strategy, tactics) 분석(그림 5.13 참조)으로 시작하는 것이 좋다. 이는 비즈니스의 주요 요소를 개략적으로 설명하고 전략을

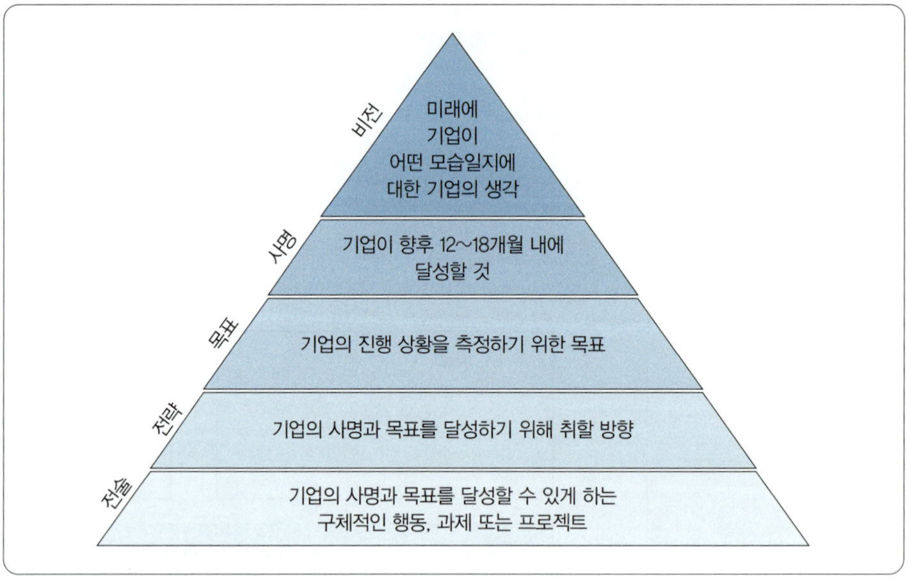

그림 5.13 VMOST 분석

결정하는 데 도움이 되는 간단한 모델이다.

많은 기업에는 자신의 야망을 범위로 설정하고 비즈니스의 성공 요소를 강조하는 데 사용되는 최상위 사명 선언문을 가지고 있다. 보충 자료 5.1은 몇 가지 예를 보여준다.

비전 선언문은 채널이 기업을 지원하는 장기적인 그림을 정의하여 전략적 우선순위를 설정하는 데 사용될 수 있다. 보충 자료 5.1과 같은 간결한 비전 선언문은 자칫 일반화될 수 있다는 것이 단점이므로 다음과 같이 가능한 한 구체적으로 만드는 것이 좋다.

- 주요 비즈니스 전략과 산업 문제, 목표를 참조한다.
- 온라인 고객 확보, 전환 또는 경험, 유지 측면을 참조한다.
- 약어나 암기법으로 기억에 남게 만든다.

보충 자료 5.1 비전 선언문 또는 사명 선언문의 예

다음은 이 책의 사례 연구에 등장하는 디지털 비즈니스의 몇 가지 예이다. 효과적인 비전 선언문에 대해 설명한 기준을 얼마나 충족하는지 평가해보자.

- **아마존**: 자사가 세계에서 가장 고객 중심적인 조직이며, 누구나 무엇이든 구매할 수 있는 장소라고 설명한다.
- **델**: 고객의 의견을 경청하고, 고객이 신뢰하고 가치를 두는 혁신적인 기술과 서비스를 제공한다.
- **자포스**: 비전은 고객, 직원, 공급업체에게 행복을 제공하는 것이다. 자포스 직원이 'WOW 철학'이라고도 부르는 사명 선언문은 가능한 한 최고의 고객 서비스를 제공하는 것이다. 서비스를 통해 WOW를 전달한다.
- **알리바바**: 기업이 마케팅, 판매, 운영 방식을 혁신할 수 있도록 돕는 것이 사명이다. 알리바바는 판매자, 브랜드 및 기타 기업이 인터넷의 힘을 활용하여 사용자, 고객과 소통할 수 있도록 기본적인 기술 인프라와 마케팅 범위를 제공한다.
- **구글**: 사명은 전 세계의 정보를 체계화하여 모두가 접근 가능하고 유용하게 만드는 것이다.
- **슬랙**: 업무 생활을 더 단순하고 즐겁고 생산적으로 만들자.

- 상위 수준의 목표를 통해 비전 선언문을 달성할 수 있도록 목표와 전략에 연결한다.

델은 보충 자료 5.1에서 언급한 단순한 비전을 확장하여 다음과 같이 설명한다.

> 우리의 핵심 비즈니스 전략은 직접 고객 모델, 관련 기술 및 솔루션, 고효율 제조 및 물류를 중심으로 구축된다. 그리고 우리는 전 세계의 더 많은 상업 고객과 개인 소비자에게 다가갈 수 있도록 새로운 유통 채널을 추가하여 핵심 전략을 확장하고 있다. 이 전략을 사용하여 우수한 가치, 관련 고품질 기술, 맞춤형 시스템 및 서비스, 우수한 서비스와 지원, 구매 및 사용이 용이한 차별화된 제품과 서비스를 통해 최상의 고객 경험을 제공하기 위해 노력하고 있다.

다음은 이 책의 저자 중 데이브 채피가 근무했던 멀티채널 기업의 디지털 비전 선언문으로, 직원들에게는 다음과 같이 요약되었다.

> 1 × 2 × 3

- ××××년까지 유럽 최대 온라인 시청자 점유율(1위)
- ××××년까지 총매출의 절반을 온라인에서 창출
- 우리 직원과 고객 3명 중 1명이 우리의 온라인 서비스를 좋아하고 친구에게 추천
- ××××년까지 고객 서비스 접촉의 2/3 전자화

모호한 사명 선언문도 많은데, 이 선언문은 단순하면서도 미래의 목표에 연결될 수 있을 만큼 구체적이다. 몇몇 기업이 사용하는 보다 일반적인 '호소문'으로는 '디지털 기본(Digital by Default)', '디지털 우선(Digital First)', '디지털 DNA(Digital DNA)'가 있다.

다음은 멀티채널 소매업체의 보다 자세한 비전 선언문이다.

> 우리의 디지털 채널은 고객이 제품을 쉽게 찾고, 비교하고, 선택할 수 있게 하며, 구조적인 제품 진열 방식을 사용하여 전환율을 개선하고, 대다수 고객에게 우수하다고 평가받는 경험을 제공할 것이다.

비전 선언문의 다양한 측면(밑줄 친 부분)은 동료들과 논의할 때 다음과 같이 확장될 수 있다.

- 디지털 채널 = 이메일과 모바일 메시징으로 지원되는 웹사이트
- 찾기 = 사이트 내 검색 기능 개선
- 비교, 선택 = 상세한 제품 설명, 풍부한 미디어 및 평점 사용
- 제품 진열, 전환율 개선 = 자동화된 제품 진열 기능을 통해 관련 제품을 제시하여 전환율과 평균 주문 금액을 극대화. 또한 AB 테스트(10장 참조), 다변량 테스트와 같은 구조화된 테스트 기법 사용
- 우수하다고 평가받는 경험 = 정기적으로 고객 만족도와 충성도를 직접 경쟁자 및 다른 산업과 비교하여 웹사이트 개선

시나리오 기반 분석 미래 환경 모델을 다양한 출발점에서 개발하는 것

시나리오 기반 분석(scenario-based analysis)은 목표 설정에 앞서 미래의 대안적 비전을

논의하는 데 유용한 접근법이다. Lynch(2000)는 시나리오 기반 분석이 한 기업의 환경에서 가능한 미래 모델에 관한 것이라고 설명하며 다음과 같이 밝혔다.

> 목표는 예측하는 것이 아니라 일련의 가능성을 탐색하는 것이다. 시나리오는 다양한 출발점에서 다른 상황을 취한다.

Lynch는 수요 분석을 기반으로 한 정량적 예측과 시나리오 기반 계획의 질적 접근을 구분한다. 디지털 비즈니스 관점에서 탐구할 수 있는 시나리오는 다음과 같다.

- 업계에서 한 기업이 인터넷을 사용하여 지배적인 입지를 차지한 경우
- 주요 고객이 조직적 장벽으로 인해 전자상거래를 채택하지 않는 경우
- 해당 업계에서 주요한 탈중개화가 발생하는 경우(2장 참조)
- B2B 마켓플레이스가 해당 업계에서 지배적이 되거나 지배적이 되지 않는 경우
- 새로운 온라인 진입자 또는 대체품이 해당 업계를 변화시키는 경우

이러한 유형의 분석을 수행함으로써 미래에 대한 다양한 관점의 동인을 더 잘 이해하고, 새로운 전략을 수립하며, 전략적 위험을 평가할 수 있다.

판매 측 전자상거래 관점에서 비전의 핵심 측면은 인터넷이 기업의 다른 채널을 '보완'하거나 '대체'할 것인지이며, 이를 직원 및 기타 이해관계자에게 전달하는 것이 중요하다.

디지털 기술의 영향은 산업마다 상이하다. Kumar(1999)는 다음과 같은 경우에 그 영향을 검토하는 방법을 제안했다.

1. 고객의 인터넷 접속률이 높은 경우(이는 현재 많은 시장에서 당연한 일이다.)
2. 인터넷이 다른 매체보다 더 나은 가치 제안을 제공할 수 있는 경우(즉 온라인 구매 경향이 높다.)
3. 인터넷을 통해 제품을 전달할 수 있는 경우(이는 대체를 위해 필수적이지 않다고 주장될 수 있다.)
4. 제품이 표준화될 수 있는 경우(사용자가 구매하기 위해 직접 볼 필요가 없다.)

Kumar의 조건 중 최소 두 가지가 충족되면 대체 효과가 나타날 수 있다. 예를 들어 여행 서비스의 온라인 구매는 조건 1, 2, 4를 충족함으로써 오프라인 매장이 더 이상 존속하지 못할 수 있다. 이러한 조건이 충족되는 정도는 가령 시간이 갈수록 인터넷 접근성과 온라인 구매 경향이 커짐에 따라 달라질 것이다.

조달과 같은 구매 측 활동에 대해서도 유사한 미래 비전을 수립할 수 있다. 기업은 온라인 조달 및 전자 지원 공급사슬 관리가 종이 기반 조달 및 공급사슬 관리를 어떻게 보완하거나 대체할 것인지에 대한 비전을 가질 수 있다(6장 참조).

디지털 비즈니스가 비즈니스 가치를 창출하는 방법

Chaffey와 White(2010)가 강조했듯이 디지털 비즈니스가 창출하는 기업 가치의 대부분은 정보와 기술을 보다 효과적으로 활용하여 가치사슬 전반에 걸쳐 새로운 부가가치 서비스를

제공하고 프로세스 간 통합을 이루는 데 있다. 주요 방법은 다음과 같다.

- **가치 추가**: 고객에게 더 우수한 품질의 제품과 서비스를 제공함으로써 매출 증대를 실현한다. 정보는 고객의 특성과 요구, 서비스에 대한 만족도를 더 잘 이해하는 데 사용될 수 있다. 또한 시장을 감지하고 대응하는 데에도 사용된다. 기업이 시장에서 경쟁하기 위한 전략을 세울 수 있도록 수요 동향, 경쟁업체의 제품과 활동에 대한 정보를 모니터링해야 한다. 예를 들어 모든 기업은 데이터베이스를 사용하여 고객의 개인적 특성과 거래 내역을 저장한다. 이는 고객이 언제 다른 제품을 구매했는지, 마케팅 캠페인에 반응했는지, 다른 온라인 서비스를 사용했는지 등을 보여준다. 데이터 마이닝을 통한 이러한 데이터베이스 분석은 고객의 선호도를 이해하고 그들의 요구를 더 잘 충족하는 제품을 마케팅하는 데 사용될 수 있다. 기업은 **감지 및 대응 커뮤니케이션**(sense and respond communication)을 이용할 수 있다. 아마존이 제공하는 개인 맞춤형 추천 서비스가 대표적인 예이다. 모바일 서비스 이용 확대는 현재 기업이 추가적인 가치를 창출할 수 있는 중요한 방법이며, 기존 수익을 보호하는 방법도 고려해야 한다. 광고 수익에 의존하는 페이스북, 구글과 같은 디지털 비즈니스는 모바일 기기 접속자가 증가함에 따라 광고에 의한 사용자 일인당 평균 수익(1장 참조)을 유지할 수 있도록 광고 서비스를 변경해야만 했다. 다른 유형의 비즈니스도 모바일을 활용하여 부가가치를 높이고 있다. 예를 들어 사례 연구 5.1에서 보듯이 아리바버스(Arriva Bus)는 최근 m티켓 앱을 재설계하여 수익을 17% 이상 증가시켰다.

감지 및 대응 커뮤니케이션 기업이 웹사이트나 이메일 커뮤니케이션에 대한 고객의 반응을 통해 나타나는 선호도를 모니터링하여 관련 있고 개인화된 타깃 커뮤니케이션으로 고객을 목표로 삼는다.

- **비용 절감**: 정보를 통한 비용 절감은 비즈니스 프로세스를 더 효율적으로 만들어 달성된다. 효율성은 정보를 활용하여 기존보다 적은 자원으로 서비스를 조달·생성·판매·제공함으로써 달성할 수 있다. 기술은 서류 작업을 줄이고, 자동화를 통해 프로세스 운영에 필요한 인적 자원을 줄이며, 내부 및 외부 커뮤니케이션을 개선하는 데 적용된다.
- **위험 관리**: 위험 관리는 기업 내에서 정보를 잘 활용하는 것을 말한다. Marchand(1999)는 위험 관리가 어떻게 재무, 회계, 감사, 기업 성과 관리와 같은 기능과 직업을 어떻게 창출했는지를 언급했다.
- **새로운 현실 창조**: Marchand는 '새로운 현실 창조'라는 표현을 사용하여 정보와 신기술이 어떻게 혁신에 사용될 수 있는지, 즉 제품 또는 서비스를 개발하는 새로운 방식을 창조하는 데 사용될 수 있음을 설명한다. 이는 특히 디지털 비즈니스에 적합한 표현이다.

목표 설정

효과적인 전략 개발 프로세스는 일반적인 목표 및 전략을 보다 구체적인 목표 및 성과지표와 연결한다. 이러한 연관성을 달성하는 한 가지 방법은 도표를 작성하는 것으로, 표 5.6은 가상의 기업을 예로 보여준다. 각각의 목표에는 보다 일반적인 목표에 대한 진전을 보장하기 위한 구체적인 핵심 성과지표(KPI) 및 이러한 목표를 달성하기 위한 시간 프레임이 필요하다. 디지털 비즈니스의 역동성에도 불구하고 프로세스를 재설계해야 하는 일부 목표는 즉시 달성할 수 없다. 목표의 우선순위를 정하면 직원에게 디지털 비즈니스의 비전을 전달

사례 연구 5.1 mTicket 앱을 재설계하여 수익이 급증한 아리바버스

아리바버스는 mTicket 앱의 전반적인 사용자 경험을 개선하여 사용자 수를 늘리고, 앱 스토어 평점을 높이며, 인앱 티켓 구매를 촉진하고자 했다. 고객 조사를 바탕으로 최적의 고객 여정을 설계하고, 프로토타입을 구축하여 시장 테스트를 진행했으며, 새롭게 바꾼 브랜드의 외관과 느낌에 맞춰 페이지를 재설계했다. 그 결과 고객에게 매우 긍정적인 반응을 얻었으며, 단 2주 만에 앱 스토어의 평점이 별 1개에서 3개로 상승했다. 또한 첫 3개월 동안 1만 건 이상의 추가 거래가 이루어졌다.

목적과 목표

영국의 버스 운영업체 아리바버스는 매년 15억 건 이상의 버스 여행을 제공한다. 최근 비즈니스의 중심이 모바일로 크게 이동함에 따라 매월 100만 명 이상의 고객이 모바일 기기를 이용하여 모바일에 최적화된 웹사이트와 모바일 티켓 앱에 접속하고 있다. 2014년 말에 아리바버스는 모바일 채널을 통한 사용 증가 및 판매 수익 증대를 위한 재개발 프로그램의 일환으로 mTicket 앱의 사용자 경험 디자인을 개편했다.

아리바버스의 mTicket 앱 개선 캠페인의 목표는 다음과 같이 세분화되었다.

- 앱 스토어 평점을 별 1개에서 별 3개로 높이기
- 앱 구매당 평균 사용자 수익 증대
- 티켓 구매에 소요되는 시간 단축
- 구매한 티켓을 더 쉽고 빠르게 이용할 수 있도록 개선
- 새로운 아리바버스 브랜드를 반영하는 경험 창출
- 주간 및 연간 티켓과 같은 고가 티켓 추가 판매

구현, 실행, 전술

기본으로 돌아가 진정한 사용자 인사이트를 수집하는 것이 앱 재설계의 핵심이 되었다. 아리바버스는 주요 이해관계자들과 페르소나 워크숍을 개최하여 현재 앱 사용자를 더 잘 이해하고 니즈와 동기를 파악하기 위해 노력했다. 이 인사이트는 클릭 가능한 프로토타입에 직접 반영되었고, 이를 철저히 테스트하여 사용자 여정과 초기 디자인을 더욱 정제했다.

또한 구매 여정 전반의 페이지 수를 줄여 한 페이지에서 모든 종류의 티켓을 소개할 수 있게 했다. 이를 통해 티켓 가격을 강조하고 더 나은 절약을 제공하는 고가 티켓의 추가 판매 기회를 제공할 수 있게 되었다. 드롭다운 인터랙션은 원클릭 버튼으로 대체하고, 티켓에 대한 짧은 설명과 오프라인 모드를 도입하여 참여도를 높였다. 그 후 아리바버스는 앱과 고객 웹사이트의 외관과 느낌을 통일시켜 직관적인 사용자 경험과 깨끗하고 현대적인 느낌을 주었다.

결과

아리바버스는 고객이 왜 mTicket 앱을 사용하는지, 앱에서 무엇을 원하는지 살펴봄으로써 새로운 브랜드 이미지에 부합하는 고도로 개선된 사용자 경험을 개발할 수 있었다. 전면적인 개편의 결과, 아리바버스는 특히 출시 당시 앱 스토어 리뷰에서 매우 긍정적인 반응을 얻었다. 당초 캠페인 목표대로 2주 만에 별 3개를 얻었다.

아리바버스는 지금까지 수익은 17% 이상, 거래 건수는 15% 이상 증가했다. 이는 첫 3개월 동안 1만 건 이상의 추가 거래에 이루어졌음을 나타낸다.

출처: https://econsultancy.com/case-studies/view/arriva-bus-redesigned-m-ticket-app-triggers-100000-additional-transactions

그림 5.14 아리바버스 앱

표 5.6 가상 B2B 기업의 목적, 전략, 목표(우선순위 순)

목표	목표 달성을 위한 전략	구체적인 목표(핵심 성과지표)
1. 새로운 지리적 시장에서의 수익 창출	1. 표준 제품을 위한 전자상거래 시설 구축, 해당 시장에 대리인 배정	1. 연말까지 총 100만 파운드 매출 달성, 온라인 수익 기여도 70% 달성
2. 소규모 소매업체 구매로부터의 수익 증가	2. 표준 제품을 위한 전자상거래 시설 구축	2. 2년 차까지 소매점 매출을 전체 매출의 15%에서 25%로 증대, 온라인 수익 기여도 30% 달성
3. 주요 계정 고객의 유지 보장	3. 엑스트라넷 시설 개발과 영업사원의 지속적 지원을 통해 소프트 록인 달성	3. 주요 계정 고객 다섯 곳 유지, 이 다섯 고객의 온라인 수익 기여도 100% 달성
4. 원자재 조달 효율성 개선	4. 전자 조달 시스템 개발	4. 연말까지 조달 비용 5% 절감, 2년 차까지 10% 절감, 구매의 80%를 온라인에서 달성
5. 신제품 개발의 시장 출시 시간 단축 및 비용 절감	5. 협업 및 프로젝트 관리 도구 활용	5. 3년 차까지 시장 출시 비용 및 시간을 평균 10% 절감
6. 유통업체와 파트너 네트워크의 효율성 보호 및 증대	6. 파트너 엑스트라넷 구축, 종이 없는 지원을 목표로 설정	6. 주요 5개 지리적 시장에서 판매 비용을 30% 절감

보충 자료 5.2 SMART 목표 설정

SMART는 다양한 전략 또는 모든 비즈니스 프로세스의 개선을 추진하기 위해 설정된 목표의 적합성을 평가하는 데 사용된다.

S(specific, 구체성): 목표가 현실 세계의 문제와 기회를 측정할 수 있을 만큼 구체적인가?

M(measurable, 측정 가능성): 정량적 또는 정성적 속성을 적용하여 지표를 만들 수 있는가?

A(actionable, 실행 가능성): 성능 개선에 정보를 활용할 수 있는가?

R(relevant, 관련성): 관리자가 직면한 특정 문제에 정보를 적용할 수 있는가?

T(time-related, 시간 관련성): 지표 또는 목표가 정의된 시간 프레임과 관련이 있는가?

표 5.6의 세 번째 열(핵심 성과지표)은 SMART 디지털 비즈니스 목표의 예를 보여준다.

다음은 디지털 기여 목표를 설정한 브랜드의 예이다.

- 아디다스는 2025년까지 소비자 직접 판매의 매출 비중을 50%까지 끌어올리는 것을 목표로 한다(Retaildive, 2021).
- 네슬레는 2025년까지 전자상거래를 통한 매출을 약 2배로 늘리는 것을 목표로 한다(Reuters, 2021).

Kearney(2022)는 소비자 직접 판매 비즈니스에서 이러한 목표를 예측하기 위한 접근 방식을 연구하고 있다.

하고 전략 달성을 위한 자원을 배분하는 데 도움이 될 수 있다. 다른 전략 목표와 마찬가지로 디지털 비즈니스의 목표는 SMART(보충 자료 5.2 참조)가 되어야 하며, 효율성과 효과성의 척도를 모두 포함해야 한다.

효율성 프로세스를 완료하는 데 필요한 자원이나 시간을 최소화하는 것, 즉 올바르게 일을 하는 것

효과성 프로세스 목표를 달성하고 필요한 산출물과 성과를 창출하는 것, 즉 올바른 일을 하는 것

간단히 말해 **효율성**(efficiency)은 '일을 올바르게 하는 것'으로, 최소한의 자원을 사용하여 최단시간에 프로세스를 완료하는 것을 의미한다. 한편 **효과성**(effectiveness)은 '올바른 일을 하는 것'으로, 올바른 활동을 수행하고, 필요한 산출물과 성과를 창출하며, 경쟁 우위를 위해 최선의 전략을 적용하는 것을 의미한다. 기업이 디지털 비즈니스와 전자상거래 목표를 설정할 때는 효율성 지표에 주목하기 쉽지만, 이러한 지표는 도출되는 전체 가치를 파악하지 못하는 경우가 많다. 효과성 측정은 얼마나 많은 고객과 파트너가 디지털 비즈니스 서비스를 이용하고 있는지 그리고 수익성에 기여하는 이익의 증분을 평가한다. 예를 들어

영국항공과 같은 항공사는 디지털 채널 서비스를 통해 비용을 절감(효율성 상승)할 수 있지만, 온라인 예약자 점유율 감소(효과성 하락)에 직면할 수 있다. 효과성이란 온라인 판매를 통한 수익 창출과 내부 프로세스 또는 공급사슬 효율성 개선이라는 목표의 상대적 중요성을 의미할 수도 있다. 따라서 후자에 초점을 맞추는 것이 더 효과적일 수도 있다.

성과 관리 시스템은 기업의 성과를 모니터링·분석·개선하기 위해 필요하다(이를 달성하기 위한 웹 분석과 같은 시스템의 활용은 10장에서 다룰 것이다).

온라인 수익 기여도

온라인 수익 기여도(ORC) 인터넷이 매출에 직접적 또는 간접적으로 기여한 정도를 평가한 것으로, 보통은 전체 매출에서 차지하는 비율로 나타낸다.

수요 분석, 경쟁자 분석 및 Kumar(1999)가 정의한 것과 같은 요소를 고려하면 **온라인 수익 기여도**(online revenue contribution, ORC) 목표를 설정할 수 있다. 온라인 수익 기여도는 온라인 거래를 통해 직접적으로 창출되는 기업 수익의 비율을 나타낸다. 온라인을 통한 간접 기여도는 온라인 프레젠스에 의해 판매에 영향을 미치지만, 구매는 기존 채널에서 이루어지는 경우를 나타낼 수 있다. 온라인 수익 기여도 목표는 다양한 유형의 제품, 고객 분류, 지리적 시장에 따라 지정할 수 있다. 또한 웹 또는 모바일 커머스와 같은 다양한 디지털 채널에 대해 설정할 수도 있다.

판매 측 전자상거래를 위한 전환 모델링

전환 최적화 마케팅 커뮤니케이션을 이용하여 잠재고객에서 실제 고객으로의 전환을 극대화하는 것

숙련된 전자상거래 관리자는 디지털 마케팅의 효율성에 대한 전환 모델 또는 폭포수 모델을 구축하여 미래 매출을 예측하는 데 도움을 준다. 이러한 접근 방식은 기업이 특정 시장에서 점유율을 확보할 수 있는지 성공 가능성을 판단하는 데 도움이 된다. **전환 최적화**(conversion optimisation)를 통해 가능한 한 많은 잠재적 사이트 방문자를 실제 방문자로 전환하고, 이를 다시 리드, 고객 및 재방문 고객으로 전환할 수 있다. 이에 대한 자세한 내용은 보충 자료 5.3을 참고하기 바란다(10장에서 더 자세히 다룰 것이다).

따라서 디지털 채널의 잠재적 영향력을 평가하려면 구매 프로세스의 여러 단계에서 채널 간 전환을 평가하는 추적 또는 연구를 도입하는 것이 유용하다. 예를 들어 웹사이트에 고유한 전화번호를 사용하여 웹사이트에 의해 영향을 받은 콜센터 전화량을 나타낼 수 있다. 이

보충 자료 5.3 전환 모델링

Berthon 등(1998)이 제안한 개념적 측정 프레임워크는 구매 결정 과정과 효과 계층 모델의 산업 마케팅 개념을 기반으로 하며, 전환 마케팅에 적용될 수 있다. 이 모델은 구매 결정의 다양한 단계를 통해 잠재고객을 끌어들이기 위한 오프라인 및 온라인 커뮤니케이션의 효율성을 평가한다. 이 모델에서 정의된 주요 측정 비율은 다음과 같다.

- **인지 효율성**: 목표 웹 사용자 수/전체 웹 사용자 수
- **위치 가능성(매력 효율성)**: 개별 방문 수/검색자 수
- **접촉 효율성**: 활성 방문자 수/방문 수
- **전환 효율성**: 구매 수/활성 방문 수
- **유지 효율성**: 재구매 수/구매 수

전환 모델은 기업 내 인터넷 마케팅을 개선하는 데 유용하다. 다양한 유형의 전환 효율성은 온라인 및 오프라인 마케팅 커뮤니케이션이 마케팅 성과를 달성하는 데 얼마나 효과적인지 이해하는 데 중요한 역할을 하기 때문이다.

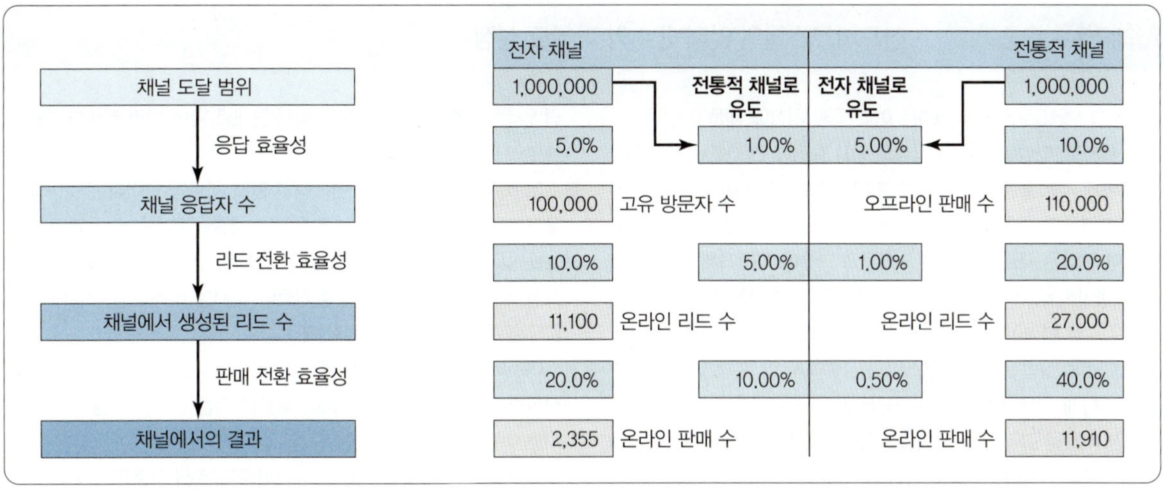

그림 5.15 온라인 소매업체 전환 모델링의 예

러한 인사이트는 그림 5.15에서 보듯이 매출 수준에 대한 예산 모델에 통합될 수 있다. 이 모델은 특정 기간 동안 10만 명의 고유 방문자 중 5,000명(5%)이 실제로 오프라인 리드가 될 수 있음을 보여준다.

디지털 채널 서비스 기여도 서비스형 프로세스 중 전자 채널을 통해 완료되는 프로세스의 비율

디지털 채널 서비스 기여도(digital channel service contribution)는 온라인 채널을 통해 완료되는 서비스형 프로세스의 비율을 의미한다. e서비스(인터넷 셀프서비스를 이용하는 고객의 비율), e조달(온라인에서 구매하는 다양한 유형의 구매 비율), 인트라넷 또는 엑스트라넷을 통해 이용되는 행정 프로세스 시설 등이 여기에 포함된다.

ROPO 구글이 만든 용어로, 'research online purchase offline'을 의미한다.

ROPO(research online purchase offline)는 구글(2010)의 연구에서 처음 소개된 용어이다. 이 연구에서는 독일의 보다폰 웹사이트와 매장에서 모바일 및 브로드밴드 계약 결정 과정 중 나타난 인터넷의 역할을 웹 사용자 패널 1만 6,000명과 이들의 구매 의도 및 실구매에 관한 설문조사를 바탕으로 검토했다. 두 서비스 모두 약 1/3의 사용자가 온라인에서 계약한 것으로 나타났다. 그러나 상당수는 오프라인에서 계약했다. 그림 5.16은 멀티채널 행동을 평가하고 요약하는 데 유용한 프레임워크로, 오프라인에서 조사하고 온라인에서 구

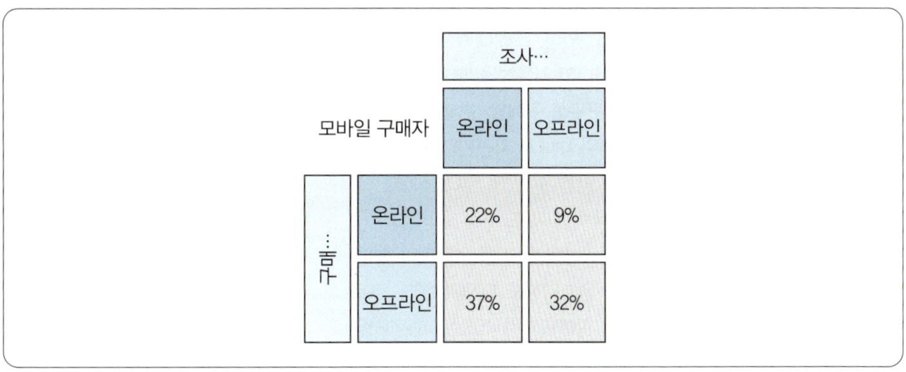

그림 5.16 ROPO의 예

출처: Google

사례 연구 5.2 산드비크스틸의 인터넷 수익 기여도 설정

산드비크스틸(Sandvik Steel)은 여러 국제 시장에 제품을 판매하는 철강 회사로, 다양한 지리적 시장의 목표 설정에 인터넷 수익 기여도를 어떻게 사용할 수 있는지를 보여주는 대표적인 예이다.

닷컴 열풍이 한창이던 시절, 스웨덴의 산드비크스틸과 같은 소위 구경제 기업은 새로운 온라인 스타들의 그늘에 가려지게 되었다. 그러나 인터넷 및 기타 기술 주식의 폭락으로 주식 시장과 비즈니스 현장에 가혹한 현실이 닥친 지금, 많은 기존 기업이 인기를 되찾고 있다.

1862년에 설립된 산드비크스틸의 경험에서 알 수 있듯이 인터넷을 능숙하게 활용하면 고객 및 공급업체와의 관계를 크게 개선하고 상당한 비용을 절감할 수 있다. 스톡홀름 북쪽의 산드비켄에 본사를 둔 이 회사의 활동은 인터넷 가상 세계와는 거리가 멀어 보인다. 산드비크스틸은 절삭 공구, 특수 강철, 광산 및 건설 기계를 제조하고 있으나 오랫동안 IT를 지지해왔다. 연간 IT 예산은 약 10억 스웨덴 크로나(약 1,484억 원)에 달한다.

CEO인 클라스 오케 헤드스트룀(Clas Åke Hedström)은 이렇게 말했다. "우리는 1969년에 처음으로 IT 전략을 수립했다. 당시에는 인터넷을 예견하지 못했다." 그리고 IT가 최근에야 회사에 봉사하는 것에서 고객에게 혜택을 주는 것으로 전환되었다고 덧붙였다.

그룹의 절삭 공구 사업부인 코로만트(Coromant)에서 인터넷 비즈니스 개발 임원직을 맡고 있는 아른핀 프레데릭손(Arnfinn Fredriksson)은 30년 된 IT 경험을 웹 시대에 맞추려면 기술에 대한 깊은 이해 그 이상이 필요하다고 말한다. 그는 "주요 도전 과제는 IT와 시스템이 아니라 태도, 통찰력, 사람들이 이것이 일상 업무의 일부임을 이해하고 받아들이게 하는 '소프트한' 것들이다"라고 설명한다. 이는 비즈니스 요구에 집중하고 인터넷 과대광고를 집어치우는 것을 의미한다.

특수강을 취급하는 산드비크스틸은 거래를 넘어 고객을 위한 솔루션도 제공하고 있다. 이 회사의 엑스트라넷을 통해 사용자는 전 세계의 재고 정보, 카탈로그 및 교육 보조 자료를 얻고 온라인 토론에 참여할 수 있다.

코로만트와 산드비크스틸의 디지털 비즈니스 활동은 주로 고객과의 관계를 강화하는 데 초점을 맞추고 있다. 프레데릭손이 말하길, "고객 가치는 제품을 구매했을 때가 아니라 사용했을 때 창출된다."

따라서 코로만트는 고객이 웹에서 공구를 구매할 수 있을 뿐만 아니라, 코로만트가 설정한 매개변수 범위 내에서 자신만의 제품을 설계하고 최적의 사용법에 대한 조언을 받을 수 있게 한다. 적절한 절삭 공구를 선택하고 효과적으로 사용하면 제조 부품 총비용의 약 10%를 절감할 수 있다. 디지털 비즈니스 전략은 이를 고려해야 했다.

또한 전통적인 판매처를 우회하는 채널 경쟁도 피해야 했다. 코로만트의 공구는 대부분 고객에게 직접 판매되지만 40%는 재판매 업체를 통해 판매되고 있다. 게다가 지역별로 큰 차이가 있는데, 북유럽에서는 매출의 80% 이상을 직접 판매로 얻는 반면 북미에서는 대부분의 매출을 간접 판매로 얻고 있다.

이 회사의 접근 방식은 전통적인 판매 채널과 협력하는 것이었다. 프레데릭손은 "많은 기업이 전통적인 채널을 우회하려다 판매와 관계를 잃고 있다"고 말한다. 또한 그는 고객과의 관계(개인화 강화, 글로벌 시장 진출 확대 등)는 장기적인 디지털 비즈니스 전략의 가장 중요한 축이 될 것이라고 밝혔다.

이것이 진정한 경쟁 우위를 가져다준다. 기존 고객을 인터넷으로 전환하고 신규 고객을 확보하며 비용을 절감하는 것도 중요하다. 하지만 이는 다른 기업도 마찬가지일 것이다.

고객에 대한 온라인 서비스를 강화하기 위해 코로만트는 각 고객에게 개인화된 웹 페이지를 제공할 계획이다. 이를 통해 회사는 신제품, 자재, 생산성 향상에 대한 조언을 제공할 수 있다. 또한 확장된 웹 제공에 교육도 포함될 것이다.

이 사례 연구를 인용한 원본 기사에서는 디지털 기여도를 높이기 위한 산드비크스틸의 접근 방식을 예로 들었다. 다음은 그 예이다.

- 향후 6개월 내에 미국 EDI 비율을 40%까지 끌어올리고자 한다.
- 프레데릭손은 2년 내에 총주문의 40~50%가 웹을 통해 이루어지기를 기대한다.
- 정해진 시간 내에 200명의 주요 고객이 엑스트라넷을 사용하게 하고, 최소 80%의 주요 고객으로부터 엑스트라넷이 산드비크스틸과 거래하는 주된 이유임을 확인한다.

오늘날 산드비크스틸은 디지털화가 비즈니스에 어떻게 기여할 수 있는지에 대한 명확한 비전과 구체적인 목표를 가지고 있다. 3D 프린팅, 로봇 공학, AI와 같은 기술은 산드비크스틸과 그 고객에게 데이터의 중요성을 증가시켰다. 산드비크스틸의 CEO인 스테판 비딩(Stefan Widing)은 이렇게 설명한다.

> "디지털화는 제조업의 경험과 지식이 실시간으로 내부 및 외부, 인간과 기계 간에 공유되는 것을 의미한다. 2025년 목표는 사업 부문에서 디지털 솔루션 및 서비스 관련 총매출액 50억 크로나를 달성하는 것이다."

출처: Andrew Fisher, Sandvik Steel, 4 June 2001. https://www.home.sandvik/en/stories/articles/2020/11/stefan-widing-on-industry-4.0/

문제

1. 앞에서 설명한 산드비크스틸의 디지털 비즈니스 전략을 요약하라.
2. 산드비크스틸이 거래하는 다양한 국가에서 온라인 구매 비율이 다른 이유를 제시하라.

매하는 상황도 보여준다. 이러한 행동은 소비자가 온라인에서 구매를 평가하고자 하는 핸드셋과 같은 제품에서 흔히 나타난다.

사례 연구 5.2에서는 몇몇 기업의 목표 설정을 소개하고, 학습 활동 5.2에서는 비교적 초기 채택 단계에 있는 다양한 산업의 예를 알아본다.

온라인 수익 기여도에 상응하는 구매 측정 지표는 온라인을 통해 달성된 조달의 비율이다. 이는 주문, 송장 발행, 배송, 결제의 전자 거래 비율로 세분화될 수 있다(6장 참조). Deise 등(2000)은 자재 및 서비스 조달을 위한 세 가지 비즈니스 목표로 공급업체 성과 향상, 간접 조달의 주기 및 비용 절감, 총 획득 비용 절감을 제시했으며, 각각의 목표에 대한 지표를 개발할 수 있다.

학습활동 5.2 디지털 채널의 중요성 평가

목적

전자상거래에 대한 인터넷의 적합성 평가와 관련된 문제를 알아본다.

활동

다음 각 제품과 서비스에 대해 해당 제품 또는 서비스 제공에 대한 인터넷의 적합성을 평가한 후, 이를 그림 5.17의 그래프에 표시하고 그 이유를 제시하라. 또한 표 5.7에서 자국의 다양한 제품에 대해 2년, 5년, 10년 후의 직접 및 간접 온라인 수익 기여도를 추정하라. 각 범주 내에서 특정 제품을 선택하라.

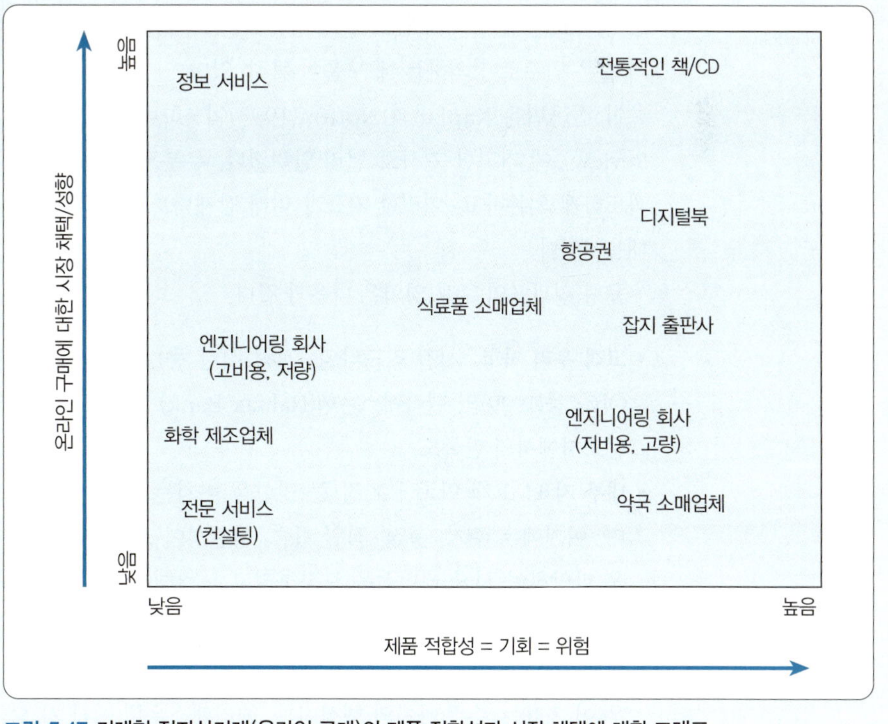

그림 5.17 거래형 전자상거래(온라인 구매)의 제품 적합성과 시장 채택에 대한 그래프

표 5.7 B2B 기업의 온라인 수익 기여도 비전

제품/서비스	현재	2년 후	5년 후	10년 후
예: 자동차, 미국	5%	10%	25%	50%
직접 온라인 판매	50%	70%	90%	95%
간접 온라인 판매				
금융 서비스				
직접 온라인 판매				
간접 온라인 판매				
의류				
직접 온라인 판매				
간접 온라인 판매				
비즈니스 사무용품				
직접 온라인 판매				
간접 온라인 판매				

목표 설정을 위한 균형성과표 접근법

균형 성과표 비즈니스 성과를 설정하고 모니터링하기 위한 프레임워크로, 지표가 고객 이슈, 내부 효율성 지표, 재무 지표, 혁신성에 따라 구조화된다.

균형 성과표(balanced scorecard)와 같은 통합 지표는 기업의 전략을 목표로 전환하고 전략 실행을 모니터링할 수 있는 지표를 제공하는 수단으로 널리 사용되고 있다. 균형 비즈니스 성과표는 잘 알려져 있고 널리 사용되는 프레임워크로, 디지털 비즈니스의 목표를 다음과 같은 범주로 정의하는 데 도움이 될 수 있다.

이 접근법은 Kaplan과 Norton(1993)이 《하버드 비즈니스 리뷰(Harvard Business Review)》에 기고한 기사로 널리 알려졌다. 부분적으로는 매출, 수익성 같은 재무 지표에 과도하게 의존하고, 이러한 지표가 미래 잠재력보다는 과거 성과를 측정하는 경향에 대한 대응이었다.

균형 성과표의 주요 영역은 다음과 같다.

- **고객 우려 사항**: 시간(리드타임, 견적 시간 등), 품질, 성능, 서비스, 비용이 포함된다. Olve 등(1999)의 핼리팩스은행(Halifax Bank) 예시 지표: 지점 방문자 및 지점 고객 설문조사에서의 만족도
- **내부 지표**: 고객 만족에 가장 큰 영향을 미치는 비즈니스 프로세스를 기반으로 해야 하며, 여기에는 주기, 품질, 직원 기술, 생산성이 포함된다. 또한 기업은 중요한 핵심 역량을 파악하여 시장 리더십을 보장하려고 노력해야 한다. 핼리팩스은행 예시 지표: ATM 가용성(%), 주택담보대출 신청 전환율(%), 주택담보대출 연체율(%)
- **재무 지표**: 매출, 비용, 수익성, 자본 수익률과 같은 전통적인 지표이다. 상장 기업의 경우 이 지표는 주주 가치의 핵심이다. 핼리팩스은행 예시 지표: 총수입(파운드), 주택담보대출 제안액(파운드), 대출액(파운드)

표 5.8 B2B 기업 디지털 비즈니스 균형 성과표의 예

균형 성과표의 구성 요소	목표 지표
고객 관점	고객 확보율(온라인에서 생성된 리드 수) 고객 유지율(온라인 서비스를 사용하는 비율) 고객 만족도 지수
프로세스	신제품 개발 평균 기간(월) 조달 리드타임 영업 주기 리드타임
재무	온라인 채널의 수익 기여도 온라인 채널의 이익률 다양한 전자 서비스 사용을 통한 파트너의 비용 절감
혁신과 직원 개발	연간 신제품 출시 수 직원당 교육 시간(연간 목표 30시간)

- **학습과 성장**: 혁신과 직원 개발로, 혁신은 시간 경과에 따른 가치의 변화(직원 가치, 주주 가치, 신제품 매출 비율 및 가치)로 측정할 수 있다.

이 네 가지 영역 각각에 대해 경영진은 목표, 특정 지표, 목적 및 이를 달성하기 위한 이니셔티브를 정의한다. 스칸디아라이프(Skandia Life)와 같은 일부 기업의 경우 균형 성과표가 전체 비즈니스 전략 프로세스의 프레임워크를 제공한다. Olve 등(1999)은 결과에만 집중하지 않고 결과에 긍정적인 영향을 미칠 성과 동인도 고려한다는 것이 균형 성과표의 또 다른 이점이라고 지적한다. 예를 들어 기술 투자와 직원 교육은 성과 동인이다.

최근에 균형 성과표는 비즈니스 전략과 정보 시스템 전략을 일치시키기 위한 유용한 도구로 제시되고 있다. 예를 들어 der Zee와 de Jong(1999)을 참조하라.

표 5.8은 B2B 기업이 디지털 비즈니스 전략을 지원하기 위해 균형 성과표를 어떻게 전개할 수 있는지를 개괄적으로 보여준다(자세한 예는 7장 참조).

전략 정의

전략 정의 전략 목표를 달성하기 위한 전략 수립, 검토, 선택

전략 정의(strategy definition)는 앞에서 언급한 비전과 목표에 따라 이루어진다. 전략은 비전과 목표에 따라 공식화되기 때문에 자주 재검토하고 수정해야 한다.

이 절에서는 디지털 비즈니스 전략을 수립하는 경영진이 직면하는 주요 전략적 결정에 대해 살펴본다. 그림 5.18에서 보듯이 전략 정의의 각 영역에서 경영진은 다양한 선택지를 생성하고 검토하며 선택하고자 할 것이다. 먼저 디지털 비즈니스의 판매 측면과 구매 측면을 검토하는 것으로 시작한다.

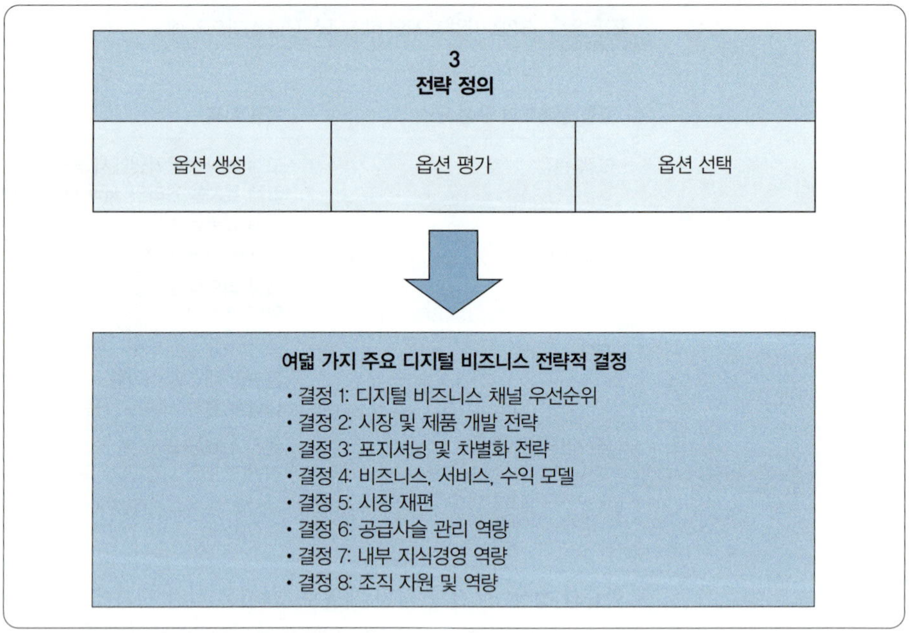

그림 5.18 디지털 비즈니스 전략 정의의 요소

디지털 비즈니스 전략 옵션 선택

디지털 비즈니스 전략 옵션을 검토할 때 평가해야 할 다양한 전략 및 디지털 비즈니스 서비스 대안이 있을 것이다. 제한된 자원은 일부 애플리케이션만 실용적이라는 것을 의미한다. 브로슈어 사이트를 보유한 기업의 일반적인 옵션은 다음을 구현하는 것이다.

- 거래형 전자상거래 기능
- 온라인 카탈로그 기능
- eCRM 시스템(리드 생성 시스템)
- eCRM 시스템(고객 서비스 관리)
- eCRM 시스템(사용자 콘텐츠 개인화)
- 사무용품 전자 조달 시스템
- 유통업체와 대리점을 위한 파트너 관계 관리 엑스트라넷
- 소셜 네트워크 및 고객 포럼

포트폴리오 분석은 가장 적합한 디지털 비즈니스 프로젝트를 선택하는 데 사용할 수 있다. Daniel 등(2001)은 잠재적인 전자상거래 기회를 기업이 제공할 수 있는 기회의 가치로 평가해야 한다고 제안한다. 마찬가지로 McDonald와 Wilson(2002)은 기업에 대한 매력과 고객에 대한 매력의 매트릭스를 기반으로 평가해야 한다고 제안한다.

또한 Tjan(2001)은 디지털 애플리케이션에 대해 적합성(기업의 역량)과 실행 가능성(투자 수익률) 간의 매트릭스 접근 방식을 제안한다. 그는 각 애플리케이션의 실행 가능성을 평가하기 위해 다음과 같은 지표를 제시했는데, '적합성'에 대한 지표는 다음과 같다.

- 핵심 역량과의 정합성
- 타사 이니셔티브와의 정합성
- 조직 구조와의 적합성
- 기업 문화 및 가치와의 적합성
- 기술적 구현의 용이성

다음은 '실행 가능성'에 대한 지표이다.

- 시장 가치 잠재력(투자 수익률)
- 긍정적인 현금 흐름까지의 시간
- 인력 요구 사항
- 자금 요구 사항

이 책의 저자 중 데이프 채피의 보고서 〈Econsultancy〉(2008)는 현재의 전자상거래 역량을 벤치마킹하고 전략적 우선순위를 파악하기 위한 기초로 포트폴리오 분석을 권장한다(그림 5.19 참조). 기업의 가치와 적합성에 대한 다섯 가지 기준(및 상대적 효과에 대한 점수 또는 평가)은 다음과 같다.

- **생성된 비즈니스 가치**(0~50): 이는 프로젝트의 증분 재무 혜택을 기반으로 해야 한다. 방문자 수(신규 고객 및 재방문자), 전환율, 생성된 결과의 예상 변화를 나타내는 전환 모델

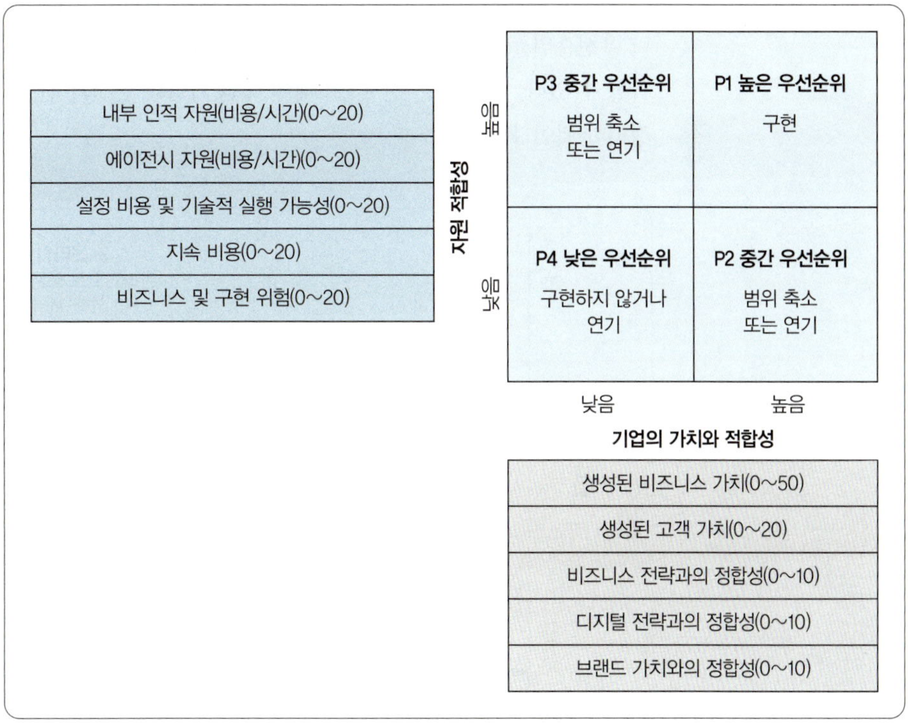

그림 5.19 디지털 비즈니스 전략 대안 평가 매트릭스

출처: Econsultancy(2008)

을 기반으로 할 수 있다. 이때 고객의 평생 가치를 고려해야 한다.

- **생성된 고객 가치**(0~20): 이는 '소프트한' 지표로, 제공된 프로젝트가 고객의 감정에 미치는 영향을 평가한다. 예를 들어 고객이 사이트를 추천할 가능성이 높아지거나 낮아지는지, 재방문 또는 재구매 가능성이 높아지는지 등을 평가한다.
- **비즈니스 전략과의 정합성**(0~10): 현재 비즈니스 목표를 직접적으로 지원하는 프로젝트는 추가 가중치를 부여받아야 한다.
- **디지털 전략과의 정합성**(0~10): 디지털 전략도 동일하게 평가한다.
- **브랜드 가치와의 정합성**(0~10): 브랜드 가치도 동일하게 평가한다.

잠재적인 디지털 비즈니스 프로젝트의 비용 요소는 내부 인적 자원(비용/시간), 에이전시 자원(비용/시간), 설정 비용 및 기술적 실행 가능성, 지속 비용, 비즈니스 및 구현 위험에 대한 요구 사항을 기반으로 한다.

결정 1: 디지털 비즈니스 채널 우선순위

디지털 비즈니스 전략은 표 5.6에 제시된 다양한 전략 목표의 우선순위에 따라 지시되어야 한다. 표 5.6의 목표 1~3과 같이 '판매 측 다운스트림 채널'의 우선순위가 높다면 전략은 이러한 목표에 자원을 집중하는 것이다. 세계적으로 잘 알려져 있으며 새로운 시장에 제품을 제공할 수 없는 B2B 기업의 경우 '구매 측 업스트림 채널' 전자상거래와 가치사슬 관리에 대한 초기 투자가 더 적절할 수 있다.

물리적 및 온라인 판매를 모두 갖춘 멀티채널 비즈니스의 경우 디지털 비즈니스 채널 전략 우선순위는 그림 5.20에서 보듯이 '오프라인과 온라인'의 적절한 혼합을 얻는 것으로 요약될 수 있다. 이 그림은 전자상거래에 대한 기업의 헌신과 전통적인 채널에 미치는 영향을 정리한 것이다.

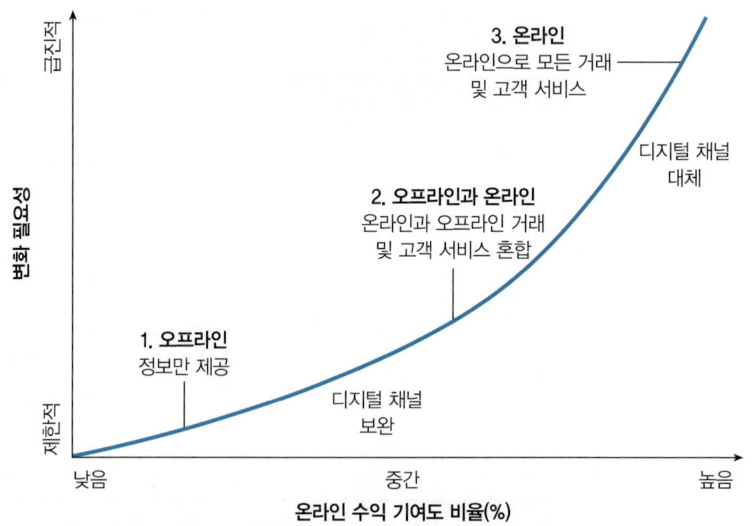

그림 5.20 인터넷이 채널로서 중요한지에 대한 기업의 전략적 선택

디지털 플랫폼 다각화

오늘날에는 디지털 채널과 전통적인 채널 간의 단순한 투자 문제를 넘어 다양한 디지털 플랫폼에 대한 투자와 지원의 우선순위를 결정해야 한다(1장 참조). 소비자(또는 채널 파트너)의 사용 수준이 가장 높고 가장 좋은 상업적 보상을 제공할 플랫폼 조합에 대한 결정을 내려야 한다(표 5.9 참조). 개별적으로 투자를 배분하는 것은 실용적이지 않으며 최상의 수익을 가져다주지도 않는다. 해야 할 주요 우선순위 결정은 다음과 같다.

- 모바일 애플리케이션에 대한 투자 및 지원
- 모바일 플랫폼 내에서 반응형 디자인에 대한 모바일 최적화 데스크톱 사이트(3장, 4장 참조), 모바일 사이트 지원 플랫폼(예: iOS 스마트폰 및 태블릿, 안드로이드, 윈도우)에 대한 투자

표 5.9 '올바른 채널링' 활용의 예

올바른 채널링 전략의 예	채널 채택을 달성하기 위한 애플리케이션과 전술	대표적인 업종과 기업의 예
1. 디지털 채널을 통해 중소기업에 판매 및 서비스 제공	• 계정 관리자를 통해 직접 서비스를 제공할 수 없는 낮은 판매량의 중소기업 고객에게 엑스트라넷을 통한 판매 및 서비스를 위해 인터넷을 사용 • 편리함과 다른 옵션의 부재로 인해 고객 채널 채택을 권장	• B2B • 델의 하드웨어, 메시지랩스안티바이러스(MessageLabs Antivirus)의 스팸 방지 및 이메일 관리 서비스와 같은 소프트웨어 서비스 • HSBC와 같은 상업은행
2. 대규모 기업과의 계정 관리 관계를 오프라인에서 직접 또는 파트너 회사를 통해 유지	• 전략 1의 반대 • 계정 관리자를 통해 대규모, 높은 판매량의 고객과 대면 및 전화로 미팅 • 고객 채널 채택은 개인 서비스와 서비스 수준 및 구매 옵션을 협상할 수 있는 능력에 의해 권장	• B2B • 대규모 고객을 위한 델의 계정 관리자 • '고액 자산' 개인과 재무 관리에 대해 논의하는 은행의 '관계 관리자'
3. 소비자가 디지털 채널을 통해 구매하도록 장려	• 온라인 구매 고객은 판매 비용이 낮지만 판매 과정에서 고객이 경쟁업체의 제안을 평가하고 낮은 전환율을 보일 위험이 있음 • 고객 채널 채택은 오프라인 채널에 비해 '인터넷 가격'을 낮추고 더 많은 선택권과 더 많은 편리함을 제공하는 제안을 설명함으로써 장려	• DirectLine.com, Morethan.com과 같은 보험사 • 테스코, 커리스(Currys)와 같은 소매업체
4. 판매 과정 중 오프라인 전환 옵션 제공	• 전략 3이 매장 또는 콜센터 고객 상호작용보다 낮은 전환율을 보일 수 있으므로 웹 판매 과정에서 전화 회신 또는 라이브 채팅 기능 제공 • 고객 채널 채택은 명확한 연락처 번호를 제공함으로써 장려(홈페이지가 아닌 고객 여정 중간 단계에서)	• DirectLine.com, Morethan.com과 같은 보험사
5. 고객을 웹 셀프서비스로 이주	• 고객이 웹을 통해 자신의 계정을 관리하도록 장려하고, 그 결과 회사의 서비스 제공 비용이 낮아짐 • 이메일 알림 및 온라인 청구서를 포함 • 고객 채널 채택이 디지털 채널 채택을 장려하는 마케팅 캠페인을 통해 촉진되고, 서비스 요금 절감 등을 포함할 수 있음	• B2C • 이동통신사, 공익 설비 회사, 은행, 정부(세금 신고)와 같은 서비스 제공업체
6. 다양한 고객 유형에 따른 선택적 서비스 수준 제공	• 통합 CRM 시스템을 통해 기업은 고객의 가치를 실시간으로 판단하고, 해당 고객이 어느 대기열에 배치될지 또는 어느 콜센터로 안내될지 평가할 수 있음	• 대부분의 기업은 공개적으로 인정하지 않지만 금융 서비스 기업, 이동통신 네트워크 제공업체, 일부 순수 온라인 기업 사이에서 흔한 관행

- 페이스북, 링크드인, 트위터, 핀터레스트, 인스타그램, 스냅챗 및 기타 소셜 네트워크 등 소셜 미디어 플랫폼 지원에 대한 투자

결정 2: 시장 및 제품 개발 전략

디지털 채널을 통해 어떤 시장을 공략하고 가치를 창출할지를 결정하는 것은 전략적으로 중요한 고려 사항이다. 디지털 비즈니스 전략 관리자는 새로운 기술을 바탕으로 비즈니스 범위를 확장하여 새로운 시장과 제품을 다룰 것인지 결정해야 한다. 결정 1과 마찬가지로 아무것도 하지 않는 선택에 대한 두려움과 실패한 전략의 낮은 투자 수익률에 대한 두려움 사이의 균형을 맞춰야 한다. Ansoff(1957)의 모델은 마케팅 관리자가 디지털 기술을 활용하여 시장 및 제품 개발을 논의하는 수단으로 여전히 유용하다(이 결정은 7장에서 다루는 디지털 마케팅 관점에서 고려된다). 시장 및 제품 개발 매트릭스는 무엇을 판매할지(x축의 제품 차원), 누구에게 판매할지(y축의 시장 차원)를 다양화하여 판매량을 늘리기 위한 전략을 파악하는 데 도움이 될 수 있다(그림 5.21 참조). 이러한 전략을 통해 창출된 매출에 대한 구체적인 목표를 설정해야 하기 때문에 이 결정은 목표 설정과 밀접한 관련이 있다.

1. **시장 침투**: 이 전략은 디지털 채널을 활용하여 기존 시장에 기존 제품을 더 많이 판매하는 것을 포함한다. 인터넷은 시장 침투 전략을 통해 매출 성장을 달성하거나 매출을 유지하는 데 큰 잠재력을 가지고 있다. 그림 5.21은 시장 침투를 위해 인터넷을 사용하는 주요 방법 중 일부를 보여준다.

시장 성장 \ 제품 성장	기존 제품	새로운 제품
새로운 시장	**시장 개발 전략** 인터넷을 사용하여 목표 설정 • 새로운 지리적 시장 • 새로운 고객 세분화	**다각화 전략** 인터넷을 사용하여 지원 • 관련 비즈니스로의 다각화 • 비관련 비즈니스로의 다각화 • (공급업체와의) 업스트림 통합 • (중개업체와의) 다운스트림 통합
기존 시장	**시장 침투 전략** 인터넷을 사용하여 • 시장 점유율 성장: 온라인에서 더 효과적으로 경쟁 • 고객 충성도 개선: 기존 고객을 온라인으로 전환하고 기존 제품, 서비스, 브랜드에 가치를 추가 • 고객 가치 개선: 서비스 비용을 줄이고 구매 또는 사용 빈도와 양을 증가시켜 고객의 수익성 향상	**제품 개발 전략** 인터넷을 사용하여 • 기존 제품에 가치 추가 • 디지털 제품 개발(새로운 전달/사용 모델) • 결제 모델 변경(구독, 사용당 지불, 번들) • 제품 범위 확대(특히 전자 소매업체)

그림 5.21 다양한 성장 전략을 뒷받침하는 인터넷 활용

- **시장 점유율 성장**: 웹사이트가 방문자를 판매로 전환하는 데 효율적이라면 기업은 온라인에서 보다 효과적으로 경쟁할 수 있다.
- **고객 충성도 개선**: 기존 제품, 서비스, 브랜드에 온라인 가치를 추가함으로써 기존 고객을 온라인으로 전환하여 고객에 대한 가치를 높이고 충성도를 향상할 수 있다(결정 6 참조).
- **고객 가치 개선**: 고객이 기업에 제공하는 가치는 서비스 제공 비용(즉 고객에게 제공하는 가격)을 줄이고 동시에 구매 또는 사용 빈도와 양을 증가시켜 고객의 수익성을 높임으로써 향상할 수 있다.

2. **시장 개발**: 여기서 온라인 채널은 새로운 시장에 판매하는 데 사용되며, 고객 국가의 판매 인프라를 지원할 필요 없이 국제적으로 저비용 광고의 이점을 활용한다. 기존 제품을 새로운 세분 시장이나 다른 유형의 고객에게 판매할 수도 있다. 이는 단순히 웹사이트를 보유하는 것의 부산물일 수 있다. 인터넷은 지금까지 타기팅되지 않았던 하위 세분 시장에 판매할 수 있는 또 다른 기회를 안겨주기도 한다. 웹사이트의 고객이 기존 고객과 상당히 다르다는 것을 많은 기업이 발견했기 때문에 이러한 분석은 전략에 도움이 될 것이다.
3. **제품 개발**: 많은 기업은 기존 제품에 가치를 더하거나 확장하는 데 웹을 이용할 수 있다. 예를 들어 자동차 제조업체는 잠재적으로 웹사이트를 통해 자동차의 성능과 서비스 정보를 제공할 수 있다. 그러나 인터넷을 통해 제공될 수 있는 진정한 신제품이나 서비스는 특정 유형의 제품에만 적용될 수 있다. 이는 전형적으로 디지털 미디어 또는 정보 제품이다. 소매업체는 제품 범위를 확장하고 새로운 번들 옵션을 온라인으로 제공할 수도 있다.
4. **다각화**: 이 분야에서는 새로운 시장에 판매되는 신제품이 개발된다. 인터넷만으로는 이러한 고위험 비즈니스 전략을 촉진할 수 없지만 기존보다 낮은 비용으로 이를 촉진할 수 있다. 다음과 같은 옵션이 있다.
   - **관련 비즈니스로의 다각화**: 예를 들어 저비용 항공사가 웹사이트나 고객 이메일을 통해 여행 관련 서비스를 홍보할 수 있다.
   - **비관련 비즈니스로의 다각화**: 웹사이트를 이용하여 고객에게 관련성이 낮은 제품 홍보할 수 있다.
   - (공급업체와의) **업스트림 통합**: 제조업체 또는 소매업체가 공급업체와의 데이터 교환을 통해 공급사슬을 더 잘 제어할 수 있다.
   - (중개업체와의) **다운스트림 통합**: 온라인 중개업체와 같은 유통업체와의 데이터 교환을 통해 이루어진다.

타깃 마케팅 전략 적절한 고객 집단을 평가하고 선택하며, 적절한 제안을 개발하는 것

이와 밀접하게 연관된 문제는 기업이 **타깃 마케팅 전략**(target marketing strategy)을 어떻게 변경해야 하는지에 대한 고찰이다. 이는 세분화, 즉 유사한 특성을 공유하는 고객 집단을 식별하는 것에서 시작된다. 타기팅에는 다양한 분류와 선택적으로 소통하는 것이 포함된다(이는 7장에서 자세히 다룰 것이다). 일반적으로 온라인에서 타기팅되는 고객 분류의

예는 다음과 같다.

- **가장 수익성 높은 고객**: 인터넷을 통해 이익 기준 상위 20%의 고객에게 맞춤형 제안을 제공함으로써 더 많은 반복 거래와 교차 판매를 유도할 수 있다.
- **대기업(B2B)**: 이들에게 서비스를 제공하기 위해 엑스트라넷을 제작하여 충성도를 높일 수 있다.
- **소기업(B2B)**: 대기업은 전통적으로 영업사원과 계정 관리자를 통해 서비스를 제공해왔지만 소기업은 계정 관리자에 드는 비용이 부담스러울 수도 있다. 그러나 인터넷을 이용하면 소기업도 높은 비용 효율성을 달성할 수 있다.
- **구매 단위의 특정 구성원(B2B)**: 웹사이트는 다양한 관심사에 대한 자세한 정보를 제공하여 구매 결정을 지원해야 한다. 예를 들어 제품 사용자를 위한 기술 문서, 전자 조달 구매 관리자를 위한 절감 정보, 의사결정자에게 기업에 대한 믿음을 주는 정보 등을 제공한다.
- **다른 매체로는 접근하기 어려운 고객**: 젊은 운전자를 타깃으로 삼으려는 보험사는 온라인 커뮤니케이션을 그 수단으로 활용할 수 있다.
- **브랜드에 충성하는 고객**: Aaker와 Joachimsthaler(2000)가 제안했듯이 브랜드에 충성하는 고객에게 어필하는 서비스를 제공하여 브랜드 옹호자로서의 역할을 지원할 수 있다.
- **브랜드에 충성하지 않는 고객**: 웹사이트를 통해 인센티브, 프로모션, 우수한 서비스 품질을 제공하여 이러한 고객을 유지할 수 있다.

결정 3: 포지셔닝 및 차별화 전략

타기팅할 고객을 파악했다면 기업은 네 가지 주요 변수인 제품 품질, 서비스 품질, 가격, 이행 시간에 따라 경쟁업체 대비 온라인 서비스를 최적으로 포지셔닝하는 방법을 정의해야 한다.

Chaston(2000)은 온라인 시장에서 기업을 포지셔닝하기 위한 네 가지 전략적 초점 옵션이 오늘날에도 여전히 유효하다고 주장했다. 그는 이러한 전략이 기존 강점을 바탕으로 하되 온라인 시설을 사용하여 포지셔닝을 향상할 수 있다고 언급했다.

- **제품 성능 우수성**: 온라인 제품 맞춤화 제공 또는 리뷰와 상세 제품 정보를 포함하여 향상한다. 세탁기, 냉장고 등의 가전제품을 판매하는 AO 사이트를 예로 들 수 있다.
- **가격 성능 우수성**: 경쟁력 있는 가격을 제공하는 것으로, 아마존이 대표적인 예이다. 구매력과 매장 네트워크의 부족으로 인해 아마존은 가격 경쟁력을 갖추는 것을 목표로 하는데, 모든 제품군이 아니라 가장 잘 팔리는 제품만 그렇게 하고 있다. 이는 덜 인기 있는 '롱테일' 제품에서도 높은 생산성을 보인다.
- **거래 우수성**: 세포라와 같은 전자상거래 브랜드는 개인화, 고객 리뷰, 가격 정보와 유연한 배송 옵션과 결합하여 뷰티 제품에 대한 거래 우수성을 제공한다.
- **관계 우수성**: 탁월한 브랜드 경험의 창출과 관련이 있다(9장 참조). 이는 감정적 요소, 디자인에 영향을 받는 요소와 사용 편이성, 콘텐츠 품질, 성능을 기반으로 한 합리적 요소로 구성된다. 세포라는 거래 우수성뿐만 아니라 커뮤니티를 제공하여 화장품에 대해 논

의하는 600만 명 이상의 회원을 끌어들였다. 또한 단순한 제품 판매를 넘어 가이드와 퀴즈를 제공하고 있다. B2B 전자상거래의 경우 유로피스(Euroffice), RS컴포넌츠(RS Components) 사이트와 같은 개인화 기능을 통해 고객이 주문 내역을 확인하고 반복적으로 주문할 수 있다. 이러한 요소 간의 복잡한 상호작용은 사용자 연구 및 피드백 기법(9장, 10장 참조)을 사용하여 고객이 인식하는 경험의 품질을 이해하는 것이 중요함을 의미한다.

이러한 포지셔닝 옵션은 포터의 비용 우위, 제품 차별화, 혁신의 경쟁 전략(Porter, 1980)과 많은 공통점을 공유하기 때문에 여전히 유효하다. 많은 논평가는 경쟁력을 유지하려면 이러한 모든 영역에서 우수성을 결합해야 한다고 믿기 때문에 포터의 전략은 비판을 받아왔다. 이는 판매 측 전자상거래에서도 마찬가지이며, 브랜드 경험이 특히 중요하다는 것을 시사한다. 이러한 전략적 옵션은 상호 배타적이지 않으며, 오히려 성공을 위한 필수 조건이다.

고객이 성과를 판단하는 기준의 유형은 제안을 벤치마킹하는 데 사용할 수 있다. 벤치마킹에 일반적으로 사용되는 기준을 표 5.10에 정리했다. 테스코(식료품 소매), 스마일

표 5.10 온라인 소매업체 평가를 위한 점수표 기준의 예

점수표 범주	점수표 기준
1. 사용 용이성	• 기능 시연 • 계정 개설 및 거래 프로세스 간소화 • 디자인과 탐색의 일관성 • 적절한 사용자 상호작용 원칙 준수 • 데이터를 통합하여 소비자가 자주 접근하는 정보에 대한 효율적인 액세스 제공
2. 고객 신뢰도	• 전화, 이메일, 지점 위치 등 고객 서비스 옵션의 가용성, 깊이, 범위 • 고객 서비스 센터에 전화와 이메일로 접수되는 간단한 기술적 질문과 산업별 질문을 정확하고 신속하게 해결할 수 있는 능력 • 개인 정보 보호 정책, 서비스 보증, 요금, 수수료에 대한 설명 • 평가된 각 웹사이트는 공개 영역, 보안 영역(사용 가능한 경우)의 속도와 신뢰성을 위해 매일 5분마다 모니터링 • 재정적 강점, 기술적 능력 및 독립성, 사업 연수, 온라인 연수, 무역 조직의 회원 자격
3. 온사이트 자원	• 특정 제품의 가용성 • 온라인에서 각 제품을 거래할 수 있는 능력 • 온라인에서 서비스 요청을 할 수 있는 능력
4. 관계 서비스	• 온라인 도움말, 튜토리얼, 용어 사전, 자주 묻는 질문 • 조언 • 데이터 개인화 • 사이트를 사용자 정의할 수 있는 기능 • 향후 거래의 편의를 위한 고객 데이터 재사용 • 세금 신고 또는 반복 구매와 같은 기업 및 개인 요구 사항 지원 • 단골 고객에 대한 인센티브
5. 총비용	• 일반적인 서비스 및 구매 품목 • 배송 및 취급으로 인한 추가 요금 • 최소 잔액 • 이자율

(Smile, 온라인 뱅킹), 아마존(일반 소매) 등 이 책을 쓰는 시점에 종합 점수가 가장 높은 소매업체들은 시장 리더로 인정받고 있으며, 점수표의 각 범주에서 강력한 성과를 보이고 있다. 이러한 평가는 고객 성과를 제공하기 위한 투자 및 구조 조정을 가능하게 하는 전략의 결과이다.

마케팅 믹스 기업이 제공하는 고객 제안을 요약하는 다양한 요소로, 마케팅 믹스의 7P는 가격(price), 제품(product, 브랜딩 포함), 유통(place), 프로모션(promotion), 사람(people), 프로세스(process), 물리적 증거(physical evidence)를 말한다.

7장에서는 세분화, 포지셔닝, 차별적 우위 창출이 디지털 마케팅 전략에 어떻게 통합되어야 하는지를 자세히 살펴볼 것이다. 또한 전자상거래 서비스의 차별적 우위와 포지셔닝을 명확히 하고 전달하는 방법을 **마케팅 믹스**(marketing mix)의 7P를 기반으로 한 온라인 가치 제안(OVP)의 개발을 통해 알아본다.

디지털 비즈니스 전략에 대한 다른 관점을 알 수 있는 학습활동 5.3으로 이 절을 마무리한다.

학습활동 5.3 B2C 기업의 디지털 비즈니스 전략

목적

다양한 디지털 비즈니스 전략의 적합성을 평가한다.

개요

가트너그룹, 포레스터(Forrester), IDC리서치(IDC Research) 및 '빅4' 컨설팅 회사와 같은 많은 산업 분석가는 디지털 비즈니스 전략을 제안하고 있다. 이 중 많은 전략이 광범위하게 시도되지 않았기 때문에, 보고서에서 제안된 접근법을 평가한 다음 적절한 조치를 선택하는 것이 핵심 관리 기술이 될 것이다.

활동

1. IDC리서치가 추천하는 다음의 접근 방식 요약을 검토하라(Picardi, 2000). 이러한 전략 요소 중 무엇이 B2C 기업과 가장 관련이 있다고 제안하겠는가?
2. 자신이 잘 알고 있는 기업에 대해 이 절의 여덟 가지 전략 결정을 검토하라.

IDC리서치의 디지털 비즈니스 전략 접근 방식 요약

Picardi(2000)는 판매 측 전자상거래를 위한 여섯 가지 전략을 제시했다. 이러한 접근법은 경쟁력을 유지하는 데 필요한 응답 시간도 설명하고 있어 흥미롭다.

1. **온라인 소매 공격**: 경쟁업체의 가격을 자주 비교하여 거기에 맞추거나 더 나은 가격을 제시하는 공격적 경쟁 방식이다. 고객이 쇼핑 비교 사이트를 점점 더 많이 이용하고 있기 때문에 기업의 가격 포지셔닝이 확실히 유리한지 확인하는 것이 중요하다. 라쿠텐, 트래블리퍼블릭(Travel Republic)과 같은 쇼핑 사이트는 카테고리 내 모든 유사 항목의 가격을 제공할 뿐만 아니라 최저가를 보장한다. 이러한 사이트는 기존 소매업에서는 불가능한 가격 정책 알고리즘 기반 소규모 이익을 실시간 가격 조정을 통해 구현했다.
2. **온라인 소매 방어**: 전통적인 기업이 '온라인 소매 공격'에 대응하기 위해 사용할 수 있는 전략적 접근 방식이다. 여기에는 가격 외 브랜드의 다른 측면을 기반으로 한 차별화가 포함된다. Picardi(2000)가 인용한 IDC리서치의 연구에 따르면, 인터넷에서는 제품의 평균 가격이 일반적으로 낮지만, 신뢰할 수 있는 출처에서 더 많은 정보를 제공받았을 때 가장 저렴한 제품을 구매하는 소비자가 전체의 절반 이하로 나타났다. 즉 온라인에서는 가격 분산이 실제로 증가할

수 있다. 최저가가 항상 판매로 이어지지 않는 이유는 다음과 같다.

- 사이트 사용 및 주문 용이성(예: 아마존 원클릭은 새로운 공급업체를 사용하는 것보다 아마존에서 주문하는 것이 훨씬 더 쉽다.)
- 부가 정보(예: 다른 고객이 올린 서평은 아마존의 서비스를 향상한다.)
- 애프터서비스(예: 아마존의 신속하고 일관된 이행 및 배송 알림은 사이트에 대한 신뢰를 증가시킨다.)
- 보안 및 고객 개인 정보 보호에 대한 신뢰
- 아마존 프라임을 통한 익일 배송

이러한 요인 덕분에 아마존은 경쟁업체보다 높은 가격을 책정하면서도 온라인 서점 중 가장 많은 판매량을 달성할 수 있다. 요컨대 신뢰는 차별화와 충성도의 수단이 된다.

3. **E2E(end-to-end) 통합**: 인터넷을 이용하여 비용을 절감하고 제품의 품질을 높이며 배송 시간을 단축하는 효율성 전략이다. 이 전략은 자동화된 공급사슬(6장 참조) 및 내부 가치사슬로의 이동을 통해 달성된다.
4. **시장 창출**: Picardi(2000)는 시장 창출을 '사이버 공간에서 시장 청산 및 부가 서비스를 공급하는 비즈니스로, 그 결과 공급업체의 통합된 생태계가 형성되는 것'이라고 정의했다. 구체적으로 이 전략에는 B2B 거래소(6장 참조)와 같은 시장 형성 사이트와 공급사슬을 통합하고 지속적으로 수정하는 것이 포함된다.
5. **고객을 디자이너로**: 이 전략은 차별화 수단으로, 고객이 제품을 개인화할 수 있도록 기술을 활용하는 것이다. 이 접근 방식은 특히 정보 제품에 적합하지만, 이제는 자동차와 같은 제조 제품도 고객이 세밀하게 지정할 수 있게 되었다. 이러한 전략을 중심으로 비즈니스를 구축한 온라인 소매업체인 콘트라도(Contrado)는 고객이 맞춤 제작된 의류, 직물, 홈웨어에 자신의 디자인을 인쇄할 수 있는 기능을 제공한다.
6. **오픈 소스 가치 창출**: 가장 유명한 예로는 전 세계 30만 명 이상의 협력자가 운영체제 리눅스(Linux)를 만들고 상업적으로 성공시킨 것이다. Picardi(2000)는 기업이 문제를 해결하기 위해 외부 자원을 더 많이 활용할 것을 제안했다.

결정 4: 비즈니스, 서비스, 수익 모델

제품 개발 옵션과 밀접한 관련이 있는 인터넷 전략 공식의 또 다른 측면은 새로운 비즈니스 모델과 수익 모델(2장 참조)의 기회를 검토하는 것이다. 제공하는 경험의 질을 향상하기 위해 서비스 혁신을 지속적으로 검토하는 것도 디지털 비즈니스에서 중요하다. 예를 들어 여행사 TUI의 혁신에는 여행지에 대한 여행 가이드, 여행지와 호텔의 동영상 투어, 맞춤형 휴가, 휴가 상품을 알려주는 이메일 알림 서비스 등이 포함된다. 이러한 혁신은 경쟁업체와의 차별화를 통해 온라인 브랜드의 충성도를 높이는 데 도움이 된다.

기업이 혁신의 기회를 검토하지 않으면 경쟁자와 신규 진입자가 반드시 그렇게 할 것이기 때문에 새로운 모델과 접근법을 평가하는 것이 중요하다. 인텔의 앤디 그로브 회장은 '편집증 환자만이 살아남는다'는 유명한 말을 하며, 새로운 수익 기회와 경쟁업체의 혁신을 검토해야 할 필요성을 시사했다. 새로운 비즈니스 모델을 테스트하고 실험하려는 의지도 필요하다. 구글, 페이스북과 같은 기술 선도 기업은 다른 기업을 인수함으로써 끊임없이 혁신하고 있다.

이러한 기업은 사내 연구·개발에 투자하고 지속적으로 새로운 서비스를 개발 및 시험하고 있다. 그럼에도 광범위하지 않은 수익 모델 같은 급진적이지 않은 변화도 가치가 있을 수 있다. 예를 살펴보자.

- 거래형 전자상거래 사이트(예: 테스코)는 광고 공간을 판매하거나 공동 브랜드 프로모션을 온사이트 또는 이메일 뉴스레터나 목록을 통해 실행하여 타사에 자사 고객에 대한 접근 권한을 판매할 수 있다.
- 소매업체나 미디어 소유자는 ISP, 이메일 서비스, 사진 공유 서비스와 같은 화이트레이블 서비스를 온라인으로 판매할 수 있다.
- 기업은 자사 제품과 경쟁하지 않는 보완 제품을 판매함으로써 이익을 얻을 수 있다. 예를 들어 출판사는 온라인 소매업체와 제휴 계약을 맺고 책을 판매할 수 있다.
- 제조업체는 직접 판매하거나 시장 통합 또는 '구매처' 서비스를 통해 구매를 장려할 수 있다. 예를 들어 소비재 및 B2B 제조업체인 3M은 현재 소비자를 위한 매장을 제공하고 있지만 모든 제품을 취급하는 것은 아니다. 반려동물 사료 브랜드인 로얄캐닌(Royal Canin)은 온라인으로 구매할 수 있는 옵션을 오프라인 매장에서 제공하고 있다. 이러한 시스템에는 제조업체와 소매업체 시스템 간의 깊이 있는 통합이 필요하다.

결정 5: 시장 재편

2장에서는 디지털 커뮤니케이션이 마켓플레이스 내에서 '탈중개화', '재중개화', '재중개화 대응'을 통해 새로운 시장 구조를 창출할 수 있는 기회를 제공한다고 했다. 이러한 선택지를 검토해야 한다.

결정 6: 공급사슬 관리 역량

검토해야 할 주요 디지털 비즈니스 전략 결정 사항은 다음과 같다(공급사슬 관리와 전자 조달은 6장에서 자세히 살펴볼 것이다).

- 비용을 절감하고 시장 출시 시간을 단축하기 위해 공급업체와 더 밀접하게 통합해야 하는가(예: 엑스트라넷 구축)?
- 온라인 조달을 통해 지원해야 하는 재료 및 공급업체와의 상호작용 유형은 무엇인가?
- 비용 절감을 위해 디지털 마켓플레이스에 참여할 수 있는가?

온라인 신발 소매업체 자포스는 다른 많은 소매업체와 동일한 제품을 제공함에도 불구하고 고객 중심 전략이 어떻게 전략적 우위를 가져올 수 있는지를 보여주는 대표적인 예이다. 사례 연구 5.3에서 자포스의 접근 방식을 자세히 다루었다.

결정 7: 내부 지식경영 역량

기업은 내부 디지털 비즈니스 역량, 특히 지식 공유와 프로세스 개발 방식을 검토해야 한다. 고려해야 할 문제는 다음과 같다.

사례 연구 5.3 디지털 마켓플레이스에 혁신을 일으킨 자포스

토니 셰이(Tony Hsieh)는 공동 창업한 스타트업을 마이크로소프트에 2억 6,500만 달러에 매각하여 24세에 수백만 달러를 벌었다. 처음에 그는 온라인 신발 소매업체인 자포스의 고문 겸 투자자로 합류했다가 이후 CEO로 취임했다. 셰이가 자포스에 합류한 1999년에 이 온라인 소매업체의 연간 총매출액은 160만 달러였다. 셰이는 첫 10년 동안 연매출 10억 달러 달성, 일하기 좋은 기업 목록에 등극이라는 두 가지 목표를 세웠다.

소비자 지향적인 온라인 비즈니스는 일반적으로 고객 유지보다는 고객 확보에 중점을 둔다. 하지만 자포스는 고객 및 직원 유지에 중점을 두고 있으며, 고객 유지율이 75%, 직원 유지율이 85%에 이른다.

이러한 유지율은 기업 문화가 최우선이라는 셰이의 관점을 바탕으로 열정과 흥분을 유지했기 때문이다. 셰이는 기업 문화 조성을 투자로 여겼으며, '와우(wow)' 고객 서비스를 제공하는 것이 핵심이었다. 자포스의 직원에게는 대본이나 통화 시간 지표가 없으며, 각각의 통화 시 자신의 개성을 발휘하고 고객을 행복하게 만들기 위해 행동할 수 있는 권한이 부여된다. 자포스는 직원이 각 고객과 개인적인 감정적 유대감(personal emotional connection, PEC)을 형성하기를 바란다. 《하버드 비즈니스 리뷰》(2010)의 기사에서 셰이는 '섹시하지 않고 수준 낮은 기술처럼 들릴지 모르지만, 전화는 최고의 브랜딩 도구 중 하나'라고 밝혔다.

자포스의 기업 문화는 셰이가 고안한 열 가지 핵심 가치를 바탕으로 형성되었고, 2020년에 셰이가 세상을 떠난 후 그의 유산이 되었다.

1. 서비스를 통해 '와우'를 전달하라.
2. 변화를 수용하고 추진하라.
3. 재미와 약간의 괴상함을 만들라.
4. 모험적이고 창의적이며 개방적인 사고를 가져라.
5. 성장과 학습을 추구하라.
6. 소통을 통해 개방적이고 정직한 관계를 구축하라.
7. 긍정적인 팀과 가족 정신을 구축하라.
8. 적은 것으로 더 많은 것을 하라.
9. 열정적이고 결단력 있게 행동하라.
10. 겸손하라.

또한 자포스의 채용 프로세스는 독특하다. 지원자는 두 번의 면접을 거치면서 업무 수행 능력, 기업 문화와의 적합성을 평가받는다. 모든 합격자는 5주간 교육을 받는데, 여기에는 2주간의 콜센터 전화 응대 교육이 포함된다. 또한 헌신도를 테스트하기 위해 모두에게 2,000달러를 받는 대신 그만두라는 제안도 한다(단 3%만이 이 제안을 수락한다). 자포스는 480쪽 분량의 '문화 책(Culture Book)'도 가지고 있다(이는 www.zapposinsights.com/culture-book에서 다운로드할 수 있다).

자포스의 직원은 무료 점심, 무료 자판기, 사내 도서관, 낮잠 방, 무

그림 5.22 자포스의 맞춤형 책상

출처: Ronda Churchill/Bloomberg via Getty Images

료 의료 혜택을 누리고 있다. 또한 자포스는 직원이 책상을 맞춤화하고 사무실 환경을 정글로 꾸미는 등 즐거운 업무 환경을 조성하게 한다(그림 5.22 참조).

크레이그 에이킨스(Craig Akins)는 〈Econsultancy〉에서 자포스에 대해 다음과 같이 언급했다(Charlton, 2014).

> 우리의 최고 고객은 반품률이 가장 높더라도 가장 많은 돈을 쓰고 가장 수익성이 높은 고객이기도 하다. 자포스의 운영 방식은 구매자에게 가장 저렴한 신발을 제공하는 것이 아니라 최고의 서비스를 제공하는 것이다. 따라서 365일 반품 정책과 무료 왕복 배송 서비스를 제공한다.
>
> 또한 사람들의 불편을 해결하고 모든 채널에서 최적화된 경험을 창출하는 데 중점을 두는 '자포스 연구소(Zappos Labs)'를 운영하고 있다. 예를 들어 고객이 거리에서 본 제품의 사진을 찍어 자포스 직원에게 문자, 이메일, 인스타그램을 통해 보내면 직원이 고객에게 온라인에서 구매할 수 있는 링크를 보내준다.

이러한 기업 문화 덕분에 자포스는 2008년에(창업한 지 10년 만에) 총매출 10억 달러라는 목표를 달성했다. 2009년에 자포스는 아마존에 12억 달러에 매각되었으며, 여전히 독립된 브랜드로서 성공적으로 운영되고 있다.

2020년에 셰이는 21년간 역임한 CEO 자리에서 물러났으나, 안타깝게도 그해에 집에 불이 나서 세상을 등지고 말았다.

출처: www.ft.com/content/98240e90-39fc-11e0-a441-00144feabdc0, www.zapposinsights.com/about/zappos/our-unique-culture, http://econsultancy.com/blog/65231-ten-lessons-zappos-can-teach-us-about-staff-and-customer-retention, http://www.nunwood.com/excellence-centre/blog/2016/customer-experience-strategy-how-zappos-became-a-2016-us-top-ten-customer-brand/

- 신제품 개발, 고객 및 공급사슬 관리와 같은 다양한 비즈니스 프로세스를 지원하기 위해 인트라넷을 어떻게 확장할 수 있는가?
- 경쟁력을 향상하기 위해 직원 간의 지식 공유를 어떻게 확산 및 촉진할 수 있는가?

(인트라넷 관리 문제는 3장을 참조하라.)

결정 8: 조직 자원 및 역량

디지털 비즈니스 전략에 대한 결정 사항을 검토하고 선택한 후, 디지털 비즈니스 우선순위를 달성하기 위해 기업이 어떻게 변화해야 하는지를 결정해야 한다. 표 5.11은 디지털 비즈니스 전략을 성공적으로 수행하기 위해 검토하고 변경해야 할 조직 역량의 다양한 측면을 보여준다. 이러한 측면에는 다음이 포함된다.

- **전략 프로세스 및 성과 향상**: 디지털 비즈니스 이니셔티브를 선택·구현·검토하는 과정
- **구조**: 전자상거래와 기술 역량의 위치, 사용되는 소프트웨어 및 하드웨어 인프라, 직원의 기술
- **고위 경영진의 참여**: 디지털 비즈니스 전략은 변혁적이므로 고위 경영진의 지지가 필요하다.
- **마케팅 통합**: 우리는 적절한 채널을 사용하여 통합된 고객 및 파트너 커뮤니케이션의 중요성을 강조해왔다. 이를 위해 기술 및 마케팅 담당자는 더욱 긴밀하게 협력해야 한다.
- **온라인 마케팅 집중**: 전략적 이니셔티브는 고객 확보(사이트 방문자 유도), 전환(리드 및 매출 창출), 유지(디지털 채널의 지속적 사용 유도)에 중점을 둔다.
- **다른 기업과의 제휴**: 일부 서비스는 다른 기업과의 제휴를 통해 가장 잘 제공할 수 있다.

이러한 주제는 10장에서 디지털 트랜스포메이션을 다루면서 더 자세히 살펴볼 것이다.

표 5.11 〈Econsultancy〉(2008) 연구를 기반으로 한 전자상거래 채택의 역량 성숙도 모델

레벨	전략 프로세스 및 성과	구조(전자상거래의 위치)	고위 경영진의 참여	마케팅 통합	온라인 마케팅 집중
1. 계획되지 않음	제한적: 온라인 채널은 비즈니스 계획 과정의 일부가 아님. 웹 분석 데이터를 수집하지만 검토하거나 실행할 가능성이 낮음	실험: 명확한 중앙 집중식 전자상거래 자원이 비즈니스 내에 없음. 주요 책임은 보통 IT 부서에 있음	제한적: 기획에 직접적으로 관여하지 않으며, 관여할 필요도 별로 느끼지 못함	통합 부족: 일부 관심 있는 마케터가 전자 커뮤니케이션 도구를 실험할 수 있음	콘텐츠 중심: 온라인 브로슈어 및 카탈로그 제작. 첫 번째 스타일 가이드라인 채택
2. 분산 관리	저수준: 계획에 온라인을 참조하지만 채널별 구체적 목표가 제한적임. 관심 있는 직원에 의한 일부 캠페인 분석이 있음	분산: 소규모 중앙 전자상거래 그룹 또는 단일 관리자, 아마도 마케팅에 의해 통제되는 지휘 그룹이 있음. 별도의 여러 웹사이트나 온라인 이니셔티브가 존재하며, 예컨대 검색 마케팅, 이메일 마케팅을 위한 도구와 대행사가 채택됨. 브랜드나 비즈니스에서 전자 커뮤니케이션에 대한 자금이 제한될 수 있음	인식: 경영진이 온라인 채널의 지출 및 잠재력을 인식하기 시작함	분리: 전자 커뮤니케이션 도구의 도입이 증가하고 별도의 사이트 및 마이크로사이트의 성장이 지속됨. 미디어 지출은 여전히 오프라인이 지배적임	트래픽 중심: 클릭당 과금 검색 마케팅과 제휴 마케팅을 통해 사이트 방문자를 유도하는 것에 대한 강조가 증가함
3. 중앙 집중 관리	구체적: 특정 채널 목표 설정. 웹 분석 기능이 캠페인 효과성을 통합 보고하는 데 완전히 통합되지 않음	중앙 집중: 콘텐츠 관리 및 웹 분석을 위한 공통 플랫폼. 디지털 에이전시의 우선 공급자 목록. 중앙 집중화된 독립적 전자상거래 기능, 그러나 일부 디지털 관련 책임은 국가, 제품 또는 브랜드별로 나누어짐	참여: 연례 검토에 직접 참여하여 마케팅, IT, 운영, 재무 관련 고위 경영진이 참여하는 검토 구조를 보장함	거리 두기: 마케팅과 전자상거래가 주로 기획 과정에서 함께 작업. 캠페인 내에서의 검토가 제한적. 전자상거래 팀 고위 구성원들이 조직 전반에 걸쳐 디지털 마케팅 채택을 장려하는 책임을 짐	전환 및 고객 경험 중심: 사용성, 접근성 및 콘텐츠 관리 시스템 개정(검색엔진 최적화 포함)을 위한 이니셔티브가 이 단계에서 일반적임
4. 분권화된 운영	정교화: 전자상거래와 마케팅 간의 긴밀한 협력. 매월 목표와 성과 검토. 통합된 보고 체계 지향. 프로젝트 사후 보고	분권화: 디지털 마케팅 기술이 더욱 발전하여 전자상거래가 비즈니스 또는 국가 수준에서 계획과 실행에 통합됨. 디지털 소매업체는 일반적으로 직접 채널 조직을 채택하고, 전자상거래는 그중 하나의 채널. 온라인 채널의 손익 책임은 때때로 기업이나 브랜드에 의해 관리되지만 검색, 제휴, 이메일 마케팅 등 지속적인 디지털 커뮤니케이션 지출을 위한 중앙 예산이 있음	성과 주도: 최소 월 단위로 검토에 참여함	협력: 마케팅과 전자상거래가 연중 긴밀히 협력. 디지털 미디어 지출이 비즈니스와 소비자를 위한 온라인 채널의 중요성을 반영하기 시작함	유지 중심: 고객 구매 및 응답 행동 분석과 이메일 마케팅에 중점을 둔 명확히 정의된 접촉 전략 실행을 위한 이니셔티브. 충성도 동인이 잘 알려져 있고 관리됨
5. 통합 및 최적화	멀티채널 프로세스: 다양한 채널의 상호작용 및 재정적 기여도를 잘 이해하고, 이에 따라 자원 배분 및 개선	통합: 비즈니스 내 대부분의 디지털 기술이 마케팅 또는 직접 판매 운영에 배치됨. '프런트엔드' 시스템 개발 기술은 일반적으로 전자상거래 팀에 유지됨	내재화: 깊이 있는 참여가 덜 필요함. 연간 계획 및 반기별 또는 분기별 검토가 이루어짐	완전함: 마케팅 팀이 디지털 마케팅 기술을 완벽하게 갖추고 있지만 필요시 대행사나 중앙 전자상거래 자원에서 전문 자원을 호출. 전통적인 예산 편성 과정에 의해 온라인의 잠재력이 제한되지 않음	최적화 중심: 접근 플랫폼 및 고객 경험 기술의 발전에 따라 획득, 전환, 유지를 개선하기 위한 이니셔티브. 성과를 촉진하기 위해 임시 다학제적 팀 활용 가능

전략 실행

전략 실행 전략 목표를 달성하는 데 필요한 계획, 행동, 통제

전략 실행(strategy implementation)에는 전략 목표를 달성하는 데 사용되는 모든 전술이 포함된다. 필요한 주요 전술과 행동을 그림 5.23에 요약했다. 이러한 행동은 2부의 나머지 부분과 3부에서 더 자세히 설명할 것이다.

(디지털 트랜스포메이션에 따른 변화를 관리하기 위한 몇 가지 접근 방식과 기업이 보다 민첩하게 대응할 수 있는 방법은 10장에서 설명한다.)

실패한 디지털 비즈니스 전략

자신의 실수를 공개적으로 드러내고 싶어 하는 기업은 거의 없지만, 실패한 기업의 이름은 잘 알려져 있다. 부(Boo, 의류 소매), 이토이스(eToys, 소매), 시디나우(CDNow, 소매), 피파드(Peapod, 온라인 식료품점), 버디컬넷(VerticalNet, 온라인 B2B 마켓플레이스), 몬두스(Mondus, B2B 마켓플레이스)가 그러한 예이다. 이 외에도 많은 인터넷 기업이 파산 또는 합병을 겪었고, 전자상거래에 투자했다가 만족할 만한 성과를 얻지 못한 기업도 많다.

그렇다면 이로부터 무엇을 배울 수 있을까? 온라인 기업의 실패는 대개 더 근본적인 문제에서 비롯된다. Miller(2003)는 많은 디지털 기업의 실패를 분석하여 오판을 검토했다. 그가 생각하기에 기업이 저지른 가장 큰 실수는 '시장이 닷컴의 혁신을 채택하는 속도를 매우 과대평가한 것'이다. 게다가 새로운 혁신이 기존 제품 제공을 빠르게 대체할 것이라고 가정했다. 예컨대 온라인 식료품 쇼핑이 전통적인 식료품 쇼핑을 빠르게 대체할 것이라고 가정했다. 심지어 가장 성공적인 온라인 소매업체 중 하나인 테스코도 인터넷 소매 매출 비율이 낮고, 이를 달성하는 데 몇 년이나 걸렸다. 다음은 Miller가 언급한 또 다른 이유이다.

- **타이밍 오류**: 초고속 광대역 인터넷 접속이 대중화되기 전에 디지털 엔터테인먼트 다운로드 서비스를 제공한 것을 예로 들 수 있다. 이 경우의 교훈은 온라인 제품 수요에 대한

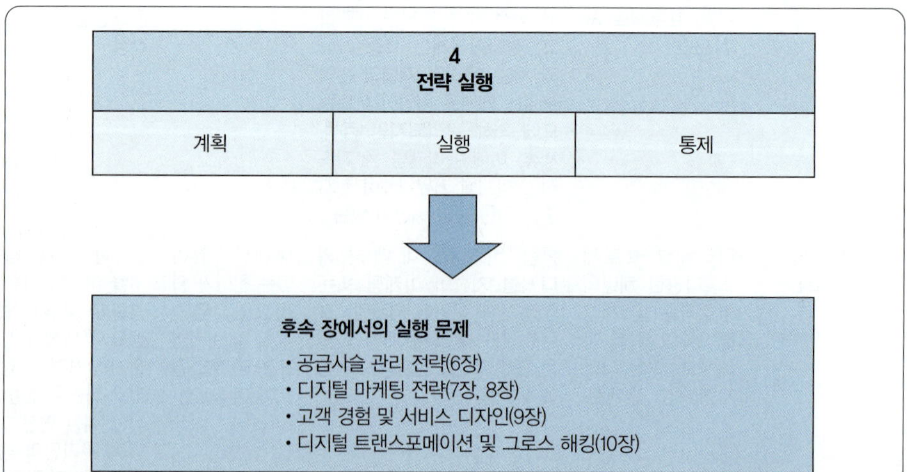

그림 5.23 디지털 비즈니스 전략 실행의 요소

충분한 조사가 수행되지 않았다는 것이다.

- **창의성 부족**: 많은 서비스가 기존 비즈니스 모델이나 다른 온라인 소매 서비스를 모방했다. 경쟁업체의 차별화 요소와 역량 그리고 모방된 서비스로 인해 소비자가 공급자를 변경하기 충분한지에 대한 조사가 불충분했다.
- **무료 서비스 제공**: 많은 서비스가 사이트 방문자 및 가입을 확보하기 위해 무료로 제공되었고, 이후 약간 더 나은 서비스에 대한 비용을 지불하도록 유도하기가 어려워졌다. 이는 균형을 맞추기 어려운 문제이다.
- **과도한 야망**: 많은 경쟁 기업 사이에서 투자자를 확보하기 위해 일부 기업가는 자사 제품에 대한 수요와 성장을 과장했다.

이 밖에도 스타트업과 기존 기업이 항상 범하는 전형적인 실수를 다음과 같다.

- **상황 분석**: 신제품의 수요와 경쟁력 조사에서 충분치 않은 엄격성
- **목표 설정**: 비현실적인 목표 설정, 더 나쁜 것은 명확한 목표를 설정하지 않는 것
- **전략 정의**: 비즈니스 모델과 수익 모델, 목표 시장, 제품 차별화, 가격 책정, 배포 등에 대한 잘못된 결정
- **실행**: 고객 서비스 품질, 인프라, 변화 관리에 대한 문제

중소기업의 디지털 비즈니스 전략 실행 성공 요인

Jeffcoate 등(2002)은 중소기업의 디지털 비즈니스 전략 실행 성공 요인에 대해 평가했다. 이들은 다음과 같은 열한 가지 핵심 성공 요인을 제안했는데, 이는 더 큰 기업에도 유용하게 적용될 수 있다.

- **콘텐츠**: 제품 또는 서비스의 효과적인 표현
- **편의성**: 웹사이트의 사용 편의성
- **통제**: 기업이 관리할 수 있는 정의된 프로세스의 정도
- **상호작용**: 개별 고객과의 관계 구축 수단
- **커뮤니티**: 뜻을 같이하는 개인 또는 조직 집단과의 관계 구축 수단(이 장의 '플랫폼 전략' 부분 참조).
- **가격 민감성**: 제품 또는 서비스가 온라인에서 가격 경쟁에 민감한 정도
- **브랜드 이미지**: 전자상거래에서 신뢰할 수 있는 브랜드명을 구축하는 능력
- **헌신**: 인터넷 활용에 대한 강력한 동기와 혁신 의지
- **파트너십**: 전자상거래 벤처 기업이 인터넷상에서의 입지를 활용하고 비즈니스를 확장하기 위해 파트너십(가치사슬 관계)을 사용하는 정도
- **프로세스 개선**: 기업이 비즈니스 프로세스를 변경하고 자동화할 수 있는 정도
- **통합**: 파트너십과 프로세스 개선을 지원하기 위한 기반 IT 시스템 간의 연결

사례 연구 5.4는 대규모 디지털 비즈니스가 어떻게 실패했는지를 보여주는 예로, 비즈니스가 거래 중단을 초래할 수 있는 특정 측면을 이해하는 데 유용한 참고 자료이다.

사례 연구 5.4 부닷컴의 실패가 남긴 교훈

"자정까지 2,000만 달러를 모으지 못하면 부닷컴(Boo.com)은 끝이다." 2000년 5월 18일, 부닷컴의 CEO인 에른스트 말름스텐(Ernst Malmsten)이 말했다. 투자금의 절반을 모았지만 너무 부족했고 게다가 너무 늦었다. 문을 연 지 1년이 채 되지 않은 부닷컴은 마침내 자정에 문을 닫았다. 다음 날 신문 헤드라인은 부닷컴의 붕괴를 집중 보도하면서 유럽의 첫 번째 대형 인터넷 피해자라고 말했다.

부닷컴은 의류 소매업체의 전자상거래 관리 문제뿐만 아니라 어떤 유형의 기업에서도 발생할 수 있는 전자상거래 전략 및 관리의 실패를 드러내며, 모든 비즈니스의 가치 있는 사례 연구로 기록되었다.

배경

부닷컴은 1998년에 스웨덴 기업가 에른스트 말름스텐, 카이사 레안데르(Kajsa Leander), 파트리크 헤델린(Patrik Hedelin)이 설립했다. 말름스텐과 레안데르는 전문 출판사를 세우고 온라인 서점 보쿠스닷컴(bokus.com)을 만든 경험이 있었다. 1997년에 이 서점은 아마존, 반스앤드노블(Barnes & Noble)에 이어 세계에서 세 번째로 큰 온라인 도서 소매업체가 되었다. 말름스텐과 레안데르는 1998년에 보쿠스닷컴을 매각하고 억만장자가 되었다. 보쿠스닷컴의 재무 이사였던 파트리크 헤델린이 부닷컴에 합류했고, 당시 그들은 새로운 벤처를 후원하는 투자자들로부터 경험이 풍부한 유럽 인터넷 기업가로 인정받았다.

비전

부닷컴의 비전은 세계 최초의 온라인 글로벌 스포츠 소매 사이트가 되는 것이었다. 유럽 브랜드이지만 세계적인 인기를 누리고자 했다. 스포츠 및 패션 소매 부문의 아마존이라고 생각해보라. 출시 당시에는 유럽과 미국에서 동시에 문을 열 예정이었고, '부문의 아마존화'를 목표로 했다. 그러나 아마존은 모든 시장에서 동시에 출시되지 않았다. 미국에서 먼저 자리를 잡은 후 유럽으로 넘어갔다.

브랜드명

말름스텐 등(2001)에 따르면 부(Boo)라는 브랜드명은 영화 〈10〉으로 유명한 영화배우 보 데릭(Bo Derek)의 이름에서 따온 것이다. 'bo.com'을 사용할 수 없었기 때문에 'o'를 추가한 'Boo.com'을 도메인명 딜러로부터 2,500달러에 얻었다. 부닷컴의 마케팅 이사 로브 탈보트(Rob Talbot)에 따르면 'Boo'는 "각국에서 쉽게 철자를 쓸 수 있고 기억하기 쉬운 이름이었다. … 특별한 의미가 없는 무언가였다."

목표 시장

부닷컴은 '젊고 부유하며 패션에 민감한' 18~24세 고객을 겨냥했다. 전 세계적으로 목표 시장이 부닷컴이 취급하는 스포츠 및 패션 브랜드에 관심을 가질 터였다. 부닷컴은 이 분야의 의류 시장이 매우 크다고 보았기 때문에 성공을 위해 해당 시장의 극히 일부만 공략하면 된다고 생각했다. 당시 이 시장의 규모와 성공의 근거에 대한 견해는 《뉴미디어 에이지(New Media Age)》(1999)에 제시되어 있다.

> 600억 달러 규모의 이 산업은 온라인에 접속하는 X세대가 주도하고 있으며, 시장 조사에 따르면 그들은 무엇이 유행하고 무엇이 촌스러운지, 그리고 제품을 빨리 받아볼 수 있는 방법을 알고 싶어 한다. 만약 부닷컴이 패션을 따라잡고 최신 트렌드를 제공할 수 있다면 확실히 수익성이 높은 시장이 될 것이다.

소매 분석가들도 시장의 성장을 점쳤고, 버딕트(Verdict)는 영국의 온라인 쇼핑 성장을 1999년 6억 파운드에서 2005년 125억 파운드로 예측했다.

그러나 《뉴미디어 에이지》(2005)는 다음과 같이 우려를 나타냈다.

> 우편 주문/홈쇼핑의 세계에서 옷과 운동화는 반품률이 높다. 20대는 인터넷에 접속할 수 있고 가처분소득이 있을 수 있지만 우편 주문의 주요 시장이 아니다. 부닷컴과 비슷한 곳이 아직까지는 없다.

제안

부닷컴은 투자자에게 제안할 때 "명망 있는 레저 및 스포츠웨어 브랜드를 취급하는 세계 최고의 인터넷 소매업체가 되겠다"고 밝혔다. 그러한 브랜드에는 폴로(Polo), 랄프로렌(Ralph Lauren), 타미힐피거(Tommy Hilfiger), 나이키, 휠라(Fila), 라코스테(Lacoste), 아디다스(Adidas) 등이 포함되었다. 스포츠웨어와 패션 제품을 함께 제공하는 것이 제안이었다. 스포츠웨어는 디자이너 의류보다 사이즈가 표준화되어 있어 정확한 치수의 필요성이 낮다고 생각했다.

부닷컴 소유주는 가능한 한 오프라인 쇼핑 경험을 재현하는, 사용하기 쉬운 경험을 개발하고자 했다. 브랜딩 전략의 일환으로 처음에는 제니(Jenny), 나중에는 미스 부(Miss Boo)라는 가상 판매원이 개발되었다. 가상 판매원은 사이트 내에서 사용자를 안내하고 유용한 팁을 제공했다. 사용자는 제품을 모델에 끌어다 놓고 3D로 확대하거나 회전하여 다양한 각도에서 볼 수 있었다. 이를 실현하기 위해 재고 관리 및 유통 소프트웨어와 함께 기술을 구축했다. 기술을 구현하는 데 문제가 있어 투자자에게 약속한 시간보다 출시가 6개월 늦어지면서 여러 공급업체가 교체되어 기술에 큰 투자가 필요했다.

마네킹에 옷을 입히고 카탈로그를 채우는 데에도 많은 비용이 들었다. 2000년에는 봄/여름 패션 콘텐츠에 약 600만 달러를 쏟아부었다. 각 제품을 촬영하는 데 200달러가 들었는데, 이는 매달 50만 달러 이상에 해당했다.

부닷컴의 사용자 경험은 속도에 대한 비판을 많이 받았지만, 투자자들에게 영향을 미칠 수 있는 놀라운 요소를 가지고 있었던 것으로 보인다. 분석가인 닉 마골리스(Nik Margolis)는 《뉴미디어 에이지》(1999)에서 그러한 요소를 다음과 같이 묘사했다.

부닷컴에서 본 것은 최근 몇 년 동안 본 것 중 가장 똑똑한 웹 경험이다. 제품과 콘텐츠의 프레젠테이션은 모두 창의적이고 경험을 제공한다. 물론 사무실에서는 모든 것이 빠르게 로드되지만, 나는 부닷컴 직원이 8초 이내 한 페이지 다운로드 약속을 지킬 것이라는 데 확신을 얻었다. 8초라는 시간이 그리 길지는 않지만, 문제는 기다릴 가치가 있느냐이다.

오늘날 유럽의 사용자는 대부분 광대역을 이용하지만 1990년대 후반에는 주로 전화 접속을 이용했고, 제품을 보기 위해 소프트웨어를 다운로드해야만 했다.

제안의 커뮤니케이션

초기 계획에서는 TV와 신문을 통한 광범위한 '고충격' 마케팅 캠페인을 언급했다. 개념의 참신함과 비즈니스의 인간적인 측면을 활용하는 데에는 공공 관계(public relation, PR)가 중요했다(레안데르는 이전에 전문 모델이자 말름스텐의 파트너였다). 이 PR은 처음에는 패션 및 스포츠웨어 거래에 집중되었고, 이후 타깃층이 읽을 가능성이 높은 출판물로 확대되었다. 이러한 PR 이니셔티브의 성공은 출시 알림을 받으려는 35만 개 이메일의 사전 등록으로 판단할 수 있다. 출시에 대해 말름스텐 등(2001)은 "마케팅과 PR 비용이 단 2,240만 달러였음에도 불구하고 우리는 세계적인 브랜드를 만드는 데 성공했다"고 설명했다.

부닷컴의 브랜드 가치를 높이기 위해 럭셔리 온라인 패션 잡지 〈붐(Boom)〉이 창간되었으며, 다양한 언어로 펴내는 데 직원이 꽤 필요했다. 이 잡지는 판매를 직접 지원하는 카탈로그가 아니라 기존 패션 잡지와 경쟁하는 출판 사업이었다. 또한 기존 고객을 위해 매달 다른 제품을 소개하는 44쪽 분량의 인쇄 카탈로그인 〈룩 북(Look Book)〉이 제작되었다.

몇 개월 만에 구축된 글로벌 브랜드

말름스텐 등(2001)은 몇 개월 만에 글로벌 브랜드를 만드는 도전을 잘 설명했다. JP모건(J.P. Morgan), LVMH, 베네통패밀리(Benetton Family)의 투자를 포함한 첫 번째 자금 조달에서 약 900만 달러를 조성한 후, 창업자들은 앞으로 채용할 직원들이 수행해야 할 수많은 작업을 파악하고 출시를 계획했다. 이러한 작업은 사무실 인프라, 물류, 제품 정보, 가격 책정, 프런트엔드 애플리케이션, 콜센터, 포장, 공급업체, 로고 디자인, 광고/PR, 법적 문제, 채용 등 많은 조직에서 익숙한 27개의 책임 영역으로 나뉘었다. 부닷컴은 전성기 때 350명의 직원을 두었고, 런던에서만 100명 이상이 근무했다. 뮌헨, 뉴욕, 파리, 스톡홀름에도 사무실이 있었다. 처음에 부닷컴은 영국 영어, 미국 영어, 독일어, 스웨덴어, 덴마크어, 핀란드어로 제공되었으며, 출시 후 프랑스, 스페인, 이탈리아 현지화 버전이 추가되었다. 사이트에 각국의 언어와 통화를 사용하고, 현지 가격을 반영하여 각국에 맞게 조정했다. 주문은 미국 켄터키주 루이빌과 독일 쾰른에 위치한 창고에서 처리 및 배송되었다. 이 비즈니스는 비교적 성공적이었고 정시 배송률이 거의 100%였다.

부닷컴은 전형적인 채널 갈등을 겪었다. 처음에는 패션 및 스포츠 브랜드가 부닷컴을 통해 제품을 제공하기 어려웠다. 제조업체는 대규모 고급 패션 및 스포츠 소매업체와 많은 소규모 소매업체를 통해 이미 유통망을 구축해놓았기 때문이다. 의류 브랜드가 부닷컴을 통해 할인된 가격으로 자사 제품을 판매하도록 허용하면 소매업체의 이익과 상충하게 되고, 온라인에서 싸게 떨이로 판매되는 제품이라는 부정적 시선을 브랜드 이미지에 투사할 수 있다. 추가적인 가격 책정 문제는 다른 시장에서 지역 또는 구역 가격 책정 시 발생한다. 예를 들어 미국의 가격이 종종 유럽보다 저렴하며, 유럽의 다양한 국가에서도 변동이 있다.

사업 타당성 제시

오늘날에는 투자자들이 1억 3,000만 달러를 투자할 만큼 자신감이 있었고, 전성기 때 부닷컴의 가치가 최고 3억 9,000만 달러로 평가되었다는 것이 믿기지 않는다. 그러나 이러한 투자의 대부분은 세계적인 브랜드가 되어 '선점자 우위'를 얻겠다는 창업자들의 비전을 바탕으로 한 것이었다. 물론 매출 예상치가 있었지만 이러한 예상치가 항상 시장 잠재력에 대한 정확하고 상세한 분석을 기반으로 한 것은 아니었다. 말름스텐 등(2001)에 따르면 출시 직전 AOL과 야후에 성공적으로 투자한 래리 레니헌(Larry Lenihan)이 대표로 있는 피쿼트 캐피털(Pequot Capital)과 미팅을 가졌다. 부닷컴 경영진은 매출 예상치를 제공할 수 있었지만, '목표 방문자 수는 얼마인가? 목표 전환율은 얼마인가? 고객당 지출 금액은 얼마인가? 고객 획득 비용은 얼마인가? 고객 획득 비용에 대한 투자 회수 기간은 얼마인가?' 등 비즈니스 잠재력을 모델링하는 데 필요한 근본적인 질문에는 대답할 수 없었다. 이러한 수치를 얻자 분석가는 비현실적이라고 판단했으며, "흥미 없다. 솔직히 말해서 크리스마스까지 사업이 지속되지 않을 것 같다"라고 말하며 자리를 마무리했다.

1999년 11월 3일, 사이트가 문을 연 첫날 고유 방문자가 약 5만 명이었지만 주문자는 1,000명당 4명(전환율 0.25%)에 불과했다. 이는 전환율을 정확하게 모델링하는 것이 얼마나 중요한지를 보여준다. 낮은 전환율은 기술 문제의 징후인 한편, 부정적인 PR도 초래했다. 한 리뷰어는 "신발 한 켤레를 사기 위해 81분을 기다렸고, 그 신발을 받기 위해 일주일을 더 기다렸다"고 말했다. 이러한 문제가 해결되면서 전환율이 개선되었고, 첫 주가 끝날 무렵 22만 8,848건의 방문이 609건의 주문으로 이어져 6만 4,000달러의 가치를 달성했다. 출시 6주 만에 35만 3,000달러의 매출을 올렸고, 전환율은 크리스마스 전보다 2배 이상 증가한 0.98%를 기록했다. 그러나 다운로드 시간을 단축하고 전화 접속 사용자를 위한 '저대역폭 버전'을 도입하기 위해 6개월 이내에 재출시를 해야 했다. 그 결과 판매 프로모션에서의 전환율이 거의 3%에 달했다. 일부 지역에서는 판매 실적이 기대에 미치지 못했으며, 미국에서의 판매는 계획했던 40%에 비하여 20%에 그쳤다.

경영진은 11월에 18개국, 22개 브랜드로 전개하던 사업을 이듬해 봄에는 31개국, 40개 브랜드로 성장시키기 위해서는 더 많은 투자가 필요하다고 판단했다. 매출이 2000~2001년 1억 달러에서 2003~2004년 13억 5,000만 달러로 증가할 것으로 예측되었으며, 이는 2003~2004년 마케팅 비용 1억 230만 달러가 원동력이 될 것이다. 2003~2004년까지 5,190만 달러의 이익이 예상되었다.

종말

부닷컴은 2000년 5월 18일에 종말을 고했다. 급증하는 마케팅 비용, 기술 비용, 임금을 충당할 투자금을 조달할 수 없었기 때문이다.

출처: Malmsten et al.(2001), New Media Age(1999) 등을 바탕으로 데이브 채피가 작성.

문제

1. 부닷컴의 실패를 불가피하게 만든 전략적 마케팅 가정과 결정은 무엇인가? 아직도 사업을 운영 중인 닷컴 생존자들(예: lastminute.com, Egg.com, Firebox.com)과 비교해보라.
2. 마케팅 믹스 프레임워크를 사용하여 제품, 가격, 유통, 프로모션, 프로세스, 사람, 물적 증거에서 부닷컴의 마케팅 전술을 평가하라.
3. 부닷컴 창업자들의 비전은 여러 면에서 '시대를 앞서가는 아이디어'였다고 할 수 있다. 부닷컴이 채택하여 매력적인 온라인 고객 경험을 창출하는 데 사용한 전자 소매 기술 중 현재 보편화되고 있는 것의 예를 들라.

디지털 비즈니스 전략의 조정 및 영향

디지털 비즈니스 전략에서 필수적인 부분은 정보 시스템 전략이 변화를 어떻게 지원하는지에 대한 고려이다. Willcocks와 Plant(2000)는 미국, 유럽, 오스트랄라시아의 주요 기업 58개를 대상으로 한 연구에서 정보 시스템을 활용하여 정보를 관리하는 것이 디지털 비즈니스의 성공에 중요한 이유를 밝혔다. 이들은 선도 기업들이 정보와 기술의 기여를 명확히 구분하고 이를 별도로 고려하는 데 능숙하다는 것을 발견했다. 그리고 경쟁 우위가 기술에서 비롯되는 것이 아니라 정보를 어떻게 수집·저장·분석·적용하느냐에서 비롯된다는 점을 강조한다.

비즈니스 조정 접근법 정보 시스템 전략은 CSF 분석과 같은 기법을 통해 비즈니스 전략에서 생성된다.

정보 시스템 전략 개발에서 확립된 측면은 비즈니스 영향 또는 조정에 대한 정보 시스템 전략의 초점이다. **비즈니스 조정 접근법**(business-alignment)에서는 정보 시스템이 정의된 비즈니스 전략을 직접 지원할 수 있는 방법을 검토하기 위해 하향식 접근법을 사용한다. Pant와 Ravichandran(2001)은 디지털 비즈니스 전략에 대해 다음과 같이 말했다.

> 조정 모델은 정보 시스템의 계획과 우선순위를 기업의 전략 및 비즈니스 목표와 일치시키는 데 중점을 둔다.

조정의 중요성은 디지털 채널 전략 이니셔티브 비즈니스 사례 우선 투자 매트릭스(그림 5.8)에서 강조된다. 정보 시스템을 목표 및 핵심 성공 요인(critical success factor, CSF)(표 5.6)에 연계하는 것은 조정 접근법을 사용하는 방법 중 하나이다. 또 다른 방법은 기존 비즈니스 프로세스 분석을 통해 데이터 및 애플리케이션 필요성을 도출하는 비즈니스 시스템 계획 방법론을 사용하는 것이다.

비즈니스 영향 정보 시스템 전략은 새로운 기술과 프로세스가 비즈니스 전략에 긍정적인 영향을 미칠 수 있는 기회를 분석한다.

비즈니스 영향(business-impacting) 접근법은 상향식 접근법을 통해 정보 시스템 도입에서 비즈니스 전략에 긍정적인 영향을 미칠 수 있는 새로운 기회가 있는지를 판단한다. 새로운 하드웨어 및 소프트웨어 기술은 정보 시스템 관리자 및 기타 관리자가 모니터링하고 경쟁 우위를 달성할 수 있는지를 평가한다. Pant와 Ravichandran(2001)은 다음과 같이 언급했다.

> 영향 모델은 정보 기술이 조직의 업무와 프로세스에 미치는 잠재적 영향을 중점적으로 다루며, 정보 시스템 배포 기회를 파악하기 위한 기반으로 사용된다.

영향 접근법에는 파트너와의 통합을 위해 비즈니스 프로세스를 재설계하는 것도 포함될 수 있다. Sultan과 Rohm(2004)은 세 조직을 대상으로 한 연구를 바탕으로 인터넷 전략을 비즈니스 목표와 일치시키기 위한 다양한 형태를 식별했으며, 그 프레임워크는 다음과 같은 전략 목표를 제시한다.

- **비용 절감 및 가치사슬 효율성**: 예를 들어 B2B 공급업체인 에이비딕(ABDick)은 인터넷을 통해 프린터 소모품을 판매하여 서비스 콜을 줄였다.
- **수익 창출**: 리복(Reebok)은 러닝머신과 같이 강력한 유통 계약이 없는 제품의 직접 라이선스 판매를 위해 인터넷을 활용한다.
- **채널 파트너십**: 엑스트라넷을 이용하여 유통업체와 파트너십을 맺는다.
- **커뮤니케이션 및 브랜딩**: 자동차 회사인 토요타(Toyota)는 고객과 긴밀한 관계를 맺기 위해 토요타 오너스(Toyota Owners) 플랫폼을 개발했다.

가치사슬 분석(6장 참조)은 영향 접근법에 사용될 수 있다. 예를 들어 비즈니스 전략의 일환으로 비용을 절감하고 효율성을 높이기 위해 전자 조달의 필요성을 파악할 수 있다. 이 기법은 정보 시스템의 내부적 활용뿐만 아니라 시장 거래소와 같은 혁신적인 방법을 통해 공급업체와 같은 외부 조직과 통합하는 방법도 고려하기 때문에 가치가 있다.

영향 및 조정 기법은 상호 배타적일 필요가 없다. 디지털 비즈니스 전략의 초기 개발 단계에서 정보시스템 전략이 디지털 비즈니스 전략을 확실히 지원하도록 비즈니스 조정 접근법을 적용할 수 있다. 비즈니스 영향 접근법도 정보 시스템이 제공하는 새로운 기회를 확인하는 데 유용하다. 예를 들어 관리자는 워크플로 관리 소프트웨어와 같은 비교적 새로운 기술을 사용하여 효율성과 고객 서비스를 향상하는 방법을 고려할 수 있다.

정보 시스템을 사용하여 비즈니스 성과에 영향을 미치는 궁극적인 표현은 비즈니스 프로세스 재설계(9장 참조)를 통해 이루어진다. 정보 시스템과 비즈니스 전략에 관한 영향 전략 또는 조정 전략의 적용은 기업 내에서 정보 시스템에 부여된 중요성에 따라 달라진다.

정보 시스템 전략의 요소

Ward와 Griffiths(1996)는 정보 시스템 전략 계획에 다음 세 가지 요소가 포함된다고 제안했다.

- **비즈니스 정보 전략**: 정보가 비즈니스를 지원하는 방법으로, 여기에는 특정 유형의 비즈니스를 관리하는 애플리케이션이 포함된다.

- **정보 시스템 기능 전략**: 어떤 서비스가 제공되는가?
- **정보 시스템/IT 전략**: 적절한 기술, 애플리케이션, 프로세스 인프라를 제공한다(3장 참조).

디지털 비즈니스의 등장은 기업의 정보 시스템 자원의 전략적 중요성을 분명히 높이고 있다. 그러나 디지털 비즈니스의 목표를 달성하기 위한 정보 시스템 전략 수립은 다양한 관점에서 볼 수 있기 때문에 복잡하다. 표 5.12는 디지털 비즈니스에서 정보 시스템 관리자가 구현해야 하는 정보 시스템 전략의 다양한 측면에 대한 체크리스트이며, 이러한 측면의 대부분은 이 책의 2부와 3부에서 설명한 비즈니스 및 기술 문제에 대한 해결책이다.

이제 정보 시스템 관리자가 직면하는 가장 중요한 문제 중 하나를 더 자세히 살펴보자.

주목할 쟁점 5.2

정보 시스템 관리자의 영향력

디지털 비즈니스 시대에는 정보 시스템 관리자/최고정보책임자(CIO)의 이사회 수준 대표가 필수적이다.

투자 평가

디지털 비즈니스의 맥락에서 투자 평가는 다음을 의미한다.

- 디지털 비즈니스를 지원하는 정보 시스템에 대한 전반적인 지출 수준
- 어떤 비즈니스 애플리케이션에 투자할 것인지에 대한 결정(포트폴리오 분석)
- 개별 애플리케이션에 대한 비용/효익 평가

어떤 비즈니스 애플리케이션에 투자할 것인지에 대한 결정

그림 5.8의 B2B 기업을 대상으로 설명한 것과 같은 포트폴리오 분석을 통해 전략 및 회생 카테고리에 속하는 기업을 선택하여 추가 투자를 위한 적용 우선순위를 결정하는 데 사용할 수 있다. 디지털 비즈니스 목표에 우선순위가 할당된 경우 다양한 애플리케이션에 대한 상대적 우선순위와 투자 금액도 결정에 도움이 될 수 있다(표 5.4 참조).

전통적으로 정보 시스템에 대한 투자는 그 중요도와 기업에 대한 기여도에 따라 분류되었다. 예를 들어 Robson(1997)은 네 가지 유형의 비즈니스 정보 시스템 투자에 대해 설명했다.

- **운영 가치 투자**: 기업의 일상적인 운영에 중요한 시스템에 대한 투자이다. 이러한 시스템은 효율성 향상 또는 비용 절감에 도움이 되는 경우가 많지만 비즈니스 성과에 직접적으로 기여하는 것은 아니다.
- **전략적 가치 투자**: 비즈니스 성과를 향상하고 매출을 증대하는 데 도움이 된다. 고객관계 관리 시스템은 고객 충성도를 높여 기존 고객으로부터 추가 매출을 창출할 수 있다.
- **임계치 투자**: 기업을 운영하는 데 반드시 필요한 비즈니스 정보 시스템에 대한 투자이다. 투자 수익률이 부정적일 수 있지만 경쟁에서 살아남기 위해 필요하다.
- **인프라 투자**: 중장기적으로 이익을 가져오는 상당한 투자가 될 수 있다. 일반적으로 내부 네트워크, 디지털 연결, 새로운 하드웨어에 대한 투자가 포함된다.

기업은 비즈니스에 미치는 영향에 따라 잠재적 정보 시스템 투자의 우선순위를 정할 수 있다. 유사한 접근 방식은 상황 분석 부분에서 설명한 애플리케이션 포트폴리오를 명시하는

표 5.12 정보 시스템 전략의 다양한 요소

정보 시스템 전략 요소	명시해야 하는 것	선택한 전술(애플리케이션)을 돕기 위한 접근법	명세
비즈니스 기여 관점 (5장)	애플리케이션이 어떻게 디지털 비즈니스 목표를 달성하는가	• 영향 및 조정 • 포트폴리오 분석 • 투자 유형	• 주요 시스템 구현
정보 관리 전략(10장)	통합 정보 및 지식경영 전략	• 내부 및 외부 자원을 통한 정보 관리 및 지식경영 요구 사항 감사 • 보안 감사	• 기업정보표준화위원회 • 전사적 자원 관리, 지식경영, 데이터 웨어하우스, 인트라넷 및 엑스트라넷 프로젝트
애플리케이션 관점 (3장, 10장)	애플리케이션 획득 우선순위	• 포트폴리오 분석 투자 평가	• 위와 동일
프로세스 관점(디지털 비즈니스의 공급사슬 관점)(6장)	애플리케이션과 인프라가 어떻게 프로세스 및 가치사슬 활동을 지원하는가, 새로운 프로세스가 필요한가	• 프로세스 매핑 및 분석 • 가치사슬 분석	• 거래 전자상거래와 통합된 전사적 자원 관리
부서(기능) 관점(3장)	어떤 애플리케이션이 다양한 부서를 지원하는가	• 포트폴리오 분석	• 애플리케이션 표준화
인프라 관점(3장)	네트워크 용량 및 서비스 수준	• 애플리케이션의 비용/혜택 타당성 조사	• 총 소유 비용 관리 • 아웃소싱
커뮤니케이션 관점 (8장)	기술을 사용한 프로세스 효율성과 고객 서비스 품질 향상	• 커뮤니케이션 볼륨 및 복잡성 감사 • 우선순위 설정	• 이메일, 그룹웨어, 워크플로 시스템 • 지식경영
사용자 서비스 관점 (8장)	내부 및 외부 시스템 사용자에 대한 헬프데스크 서비스	• 서비스 수준 감사, 비즈니스에 미치는 영향, 이후 우선순위 설정	• 아웃소싱 • 문의 관리 시스템
고객 및 파트너 관계 관리 관점(6장, 8장)	고객 및 파트너 관계 관리를 위한 시스템 투자	• 고객 및 파트너 관계 관리 시스템 • 통합 표준 사용(EDI, XML)	• 웹사이트의 CRM 기능 • 통합
자원 관점(9장)	관련 정보 시스템 기술을 어떻게 획득하고 개발하는가	• 기술 감사 및 산업 비교 • 최종 사용자 컴퓨팅	• 기술 파트너 • 아웃소싱 • 채용 전략 • e러닝 및 기술 이전
변화 관리 관점(10장)	디지털 비즈니스를 달성하기 위해 조직 문화와 구조 변화를 어떻게 관리하는가	• 기존 변화 관리 접근 방식 적용	• 위험 관리 • 프로젝트 관리
내부 통합 관점 (3장, 6장)	가치사슬 전반에 걸친 전체 애플리케이션 아키텍처	• 정보 접근 제한 분석, 암호화	• 전사적 자원 관리
외부 통합 관점 (3장, 9장)	내부 애플리케이션과 파트너 간의 연결을 어떻게 관리하는가	• 연결 설정의 용이성 분석, 우선순위 결정	• 시스템 통합업체에 아웃소싱 • ERP를 통한 표준화 • 정보 시스템의 구매 및 판매 중개업체와의 통합
법적 제약 접근법(4장)	국제법적·윤리적 제약 내에서 기업이 유지되도록 어떻게 보장하는가	• 전문가의 조언 구하기	• 전문 변호사 및 개인 정보 보호 정책

학습활동 5.4 디지털 비즈니스 투자의 유형

목적

정보 시스템 투자의 우선순위를 정하는 방법을 이해한다.

활동

1. 다음 투자가 Robson(1997)의 네 가지 투자 범주 중 어디에 해당하는지 집단별로 토론하라.
   (a) 전자 조달 시스템
   (b) 거래형 전자상거래 웹사이트
   (c) 직원에게 웹 서버를 호스팅하고 인터넷 연결을 제공하기 위한 ISP와의 계약
   (d) 복잡한 고객 주문을 관리하는 워크플로 시스템(예: 주문 처리)
   (e) 기업 네트워크 업그레이드
2. (a)~(e) 중에서 두 가지에 투자할 수 있는 충분한 자금이 있다면 무엇을 선택하겠는가?

것이다. 그림 5.8에서는 전략적이고 잠재력이 큰 범주에 속하는 애플리케이션에 우선순위를 부여해야 함이 분명하다. 이제 학습활동 5.4를 수행하라.

요약

1. 디지털 비즈니스 전략 프로세스 모델은 다음과 같은 특징을 공유하는 경향이 있다.
   - 지속적인 내부 및 외부 환경 스캐닝 또는 분석이 필요하다.
   - 비전과 목표에 대한 명확한 진술이 필요하다.
   - 전략 개발은 구성과 선택으로 나눌 수 있는데, 핵심은 기업과 이해관계자에게 제공하는 디지털 채널에서 차별화된 혜택을 평가하고, 이후 다양한 비즈니스 활동과 파트너에게 가장 적합한 채널을 선택하는 것이다.
   - 전략을 개발한 후에는 전략 실행으로 전략 실행 계획 수립이 이루어진다.
   - 문제를 감지하고 그에 따라 전략을 조정하기 위해 통제가 필요하다.
   - 시장의 변화에 대응해야 한다.
2. 이 장에서는 디지털 비즈니스 전략 개발의 프레임워크로 4단계 모델을 사용했다. 이 프레임워크에서 디지털 비즈니스의 주요 이슈는 다음과 같다.
3. 전략 분석: 기업의 미시적 환경과 거시적 환경을 지속적으로 스캐닝해야 하는데, 특히 변화하는 고객의 니즈, 경쟁업체의 행동 및 비즈니스 모델, 신기술이 제공하는 기회에 중점을 둔다.
4. 전략 목표: 기업은 디지털 채널이 다른 커뮤니케이션 채널을 보완하는지 또는 대체하는지에 대한 명확한 비전과 변화에 대처하는 역량을 갖추어야 한다. 명확한 목표를 정의하고, 특히 온라인 매출 기여에 대한 목표를 설정해야 한다.
5. 전략 정의: 디지털 비즈니스 전략의 핵심 요소는 다음과 같다.
   - 디지털 비즈니스 채널 우선순위: 기업에 대한 중요성(대체 또는 보완)과 구매 측면 또는 판매 측면에 대한 강조

- 필요한 재구조화의 형태
- 비즈니스 모델과 수익 모델
- 시장 재편
- 시장 및 제품 개발 전략
- 포지셔닝 및 차별화 전략

6. 전략 실행: 2부의 나머지 부분과 3부에서 자세히 다룬다.
7. 정보 시스템 전략은 디지털 비즈니스 전략을 관리하기 위해 영향 및 조정 기법을 조합하여 사용해야 한다. 정보 시스템 전략에는 다양한 관점이 있는데, 그중에서도 정보 관리 또는 지식 경영과 기술 및 애플리케이션 인프라에 중점을 두는 관점이 가장 중요하다.

연습문제

자가 평가 문제

1. 디지털 비즈니스 전략 모델의 주요 특징은 무엇인가?
2. 소매업체 또는 제조업체를 선택하고 상황 분석의 주요 요소가 무엇인지 설명하라.
3. 앞에서 선택한 소매업체 또는 제조업체의 디지털 비즈니스 목표를 정의하기 위한 다양한 방법과 지표를 제시하라.
4. 앞에서 선택한 소매업체 또는 제조업체의 디지털 비즈니스를 채택하기 위한 다양한 전략적 옵션을 평가하라.

토론 문제

1. 기존의 오프라인 조직이 '오프라인과 온라인' 또는 '온라인'으로 전환하여 온라인 매출을 증대하기 위한 다양한 재구성 옵션을 평가하라.
2. 디지털 비즈니스로 전환하려는 기업이 선택할 수 있는 주요 전략 정의 옵션 또는 결정에 대해 설명하라.
3. 1994~1999년에 아마존은 5억 달러 이상의 손실을 보았지만, 그 기간이 끝날 무렵의 가치가 200억 달러 이상이었다. 2000년 초에 아마존은 첫 정리해고를 단행하여 전 세계 직원의 2%에 해당하는 150명을 해고했다. 2000년 후반에는 아마존의 가치가 절반 이하로 떨어졌다. 아마존의 전략과 역사, 성공 기준, 미래에 대한 리포트를 작성하라. 아마존에 대한 프로필은 《와이어드(Wired)》의 아카이브(www.wired.com)를 참조하라.
4. 부닷컴의 실패 원인을 분석하라. 부닷컴의 새로운 비즈니스 모델의 지속가능성을 조사하고 평가하라.
5. 기존 비즈니스는 디지털 조직의 비즈니스 접근 방식에서 무엇을 배울 수 있는가?
6. 비즈니스 프로세스 재설계와 디지털 비즈니스 개념의 유사점과 차이점은 무엇인가? 디지털 비즈니스 개념은 비즈니스 프로세스 재설계와 같은 운명을 맞이할 것인가?
7. 한 기업을 선택하고 플랫폼 전략의 장점과 문제에 대해 설명하라.
8. 디지털 비즈니스 전략을 개발하는 다양한 접근 방식을 비교하라.

시험 문제

1. 디지털 비즈니스 전략의 주요 요소를 정의하라.
2. 자신이 국내 항공사의 현직 디지털 비즈니스 관리자라고 가정하라. 기업의 목표를 설정하기 위해 어떤 프로세스를 사용할 것인가? 일반적인 목표 세 가지와 그것을 측정하는 방법을 제시하라.
3. 생산성 역설 및 그것이 관리자에게 미치는 영향에 대해 설명하라.
4. 디지털 비즈니스를 구현하는 범위와 시간 프레임에 대해 경영진이 선택할 수 있는 옵션은 무엇인가?

참고 문헌

Aaker, D. and Joachimsthaler, E. (2000) *Brand Leadership.* Free Press, New York.

Ansoff, H. (1957) Strategies for diversification. *Harvard Business Review,* September–October, 113-24.

Atos Consulting (2008) Ebusiness maturity framework. Published 4 November at http://blog.ch.atosconsulting.com/atos-consultings-digital-workplace-maturity-assessment-tool-new-version/.

Berthon, P., Lane, N., Pitt, L. and Watson, R. (1998) The World Wide Web as an industrial marketing communications tool: models for the identification and assessment of opportunities. *Journal of Marketing Management,* 14, 691-704.

Boncheck, M. and Choudary, S.P. (2013) Three Elements of a Successful Platform Strategy. *Harvard Business Review,* January.

Chaffey, D. and Ellis-Chadwick, F. (2012) *Digital Marketing: Strategy, Implementation and Practice,* 5th edn. Financial Times Prentice Hall, Harlow.

Chaffey, D. and White, G. (2010) *Business Information Management: Improving Performance Using Information Systems,* 2nd edn. Financial Times Prentice Hall, Harlow.

Charlton, G. (2014) Ten lessons Zappos can teach us about staff and customer retention. Available at: http://econsultancy.com/blog/65231-ten-lessons-zappos-can-teach-us-about-staff-and-customer-retention.

Chaston, I. (2000) *E-Marketing Strategy.* McGraw-Hill, Maidenhead.

Daniel, E., Wilson, H., McDonald, M. and Ward, J. (2001) *Marketing Strategy in the Digital Age.* Financial Times Prentice Hall, Harlow.

Dawson, A., Hirt, M. and Scanlan, J. (2016) The economic essentials of digital strategy. *McKinsey Quarterly,* 15 March 2016.

D'Emidio, T., Dorton, D. and Duncan, E. (2015) Service Innovation in a Digital World. Published by *McKinsey Quarterly* in February 2015. Available at: www.mckinsey.com/business-functions/operations/our-insights/service-innovation-in-a-digital-world.

Deise, M., Nowikow, C., King, P. and Wright, A. (2000) *Executive's Guide to Digital Business. From Tactics to Strategy.* Wiley, New York.

der Zee, J. and de Jong, B. (1999) Alignment is not enough: integrating business and information technology management with the balanced business scorecard. *Journal of Management Information Systems,* 16 (2), 137-57.

Econsultancy (2008) Managing Digital Channels Research Report. Author: Dave Chaffey.

Available from www.econsultancy.com.

Gartner (2023) Information Technology Glossary. https://www.gartner.com/en/information-technology/glossary/digitalization

Google (2010) New GfK ROPO study with Vodafone. Published on Google Barometer Blog October 20th. http://googlebarometer.blogspot.com/2010/10/new-gfk-ropo-study-with-vodafone.html (no longer available).

Hagel, J. (2015) The Power of Platforms. Published by Deloitte University Press on 15 April, 2015. Available at: https://dupress.deloitte.com/dup-us-en/focus/business-trends/2015/platform-strategy-new-level-business-trends.html.

Jeffcoate, J., Chappell, C. and Feindt, S. (2002) Best practice in SME adoption of e-commerce. *Benchmarking: An International Journal,* 9, 122-32.

Jelassi, T. and Enders, A. (2008) *Strategies for Digital Business: Creating Value Through Electronic and Mobile Commerce,* 2nd edn. Financial Times Prentice Hall, Harlow.

Johnson, G. and Scholes, K. (2017) *Exploring Corporate Strategy: Text and Cases,* 11th edn. Financial Times Prentice Hall, Harlow.

Kalakota, R. and Robinson, M. (2000) *Digital Business. Roadmap for Success.* Addison-Wesley, Reading, MA.

Kaplan, R.S. and Norton, D.P. (1993) Putting the balanced scorecard to work. *Harvard Business Review,* September-October, 134-42.

Kearney (2022) Digital sales forecasting, part 1: What is the right forecasting approach for your e-commerce/D2C business? https://www.kearney.com/digital/article/-/insights/digital-sales-forecasting-part-1-what-is-the-right-forecasting-approach-for-your-e-commerce-d2c-business-.

Kumar, N. (1999) Internet distribution strategies: dilemmas for the incumbent. *Financial Times,* Special Issue on Mastering Information Management, no. 7, Electronic Commerce.

Lynch, R. (2000) *Corporate Strategy.* Financial Times Prentice Hall, Harlow.

Mcafee, A. and Brynjolfsson, E. (2008) Investing in the IT that makes a competitive difference. *Harvard Business Review,* 7/8, 98-107.

McDonald, M. (1999) Strategic marketing planning: theory and practice. In *The CIM Marketing Book,* 4th edn, M. Baker (ed.). Butterworth-Heinemann, Oxford, 50-77.

McDonald, M. and Wilson, H. (2002) *New Marketing: Transforming the Corporate Future.* Butterworth-Heinemann, Oxford.

McFarlan, F. and McKenney, J. (1993) *Corporate Information Systems Management.* Prentice Hall, London.

Malmsten, E., Portanger, E. and Drazin, C. (2001) *Boo Hoo. A* Dot.com *Story from Concept to Catastrophe.* Random House, London.

Marchand, D. (1999) Hard choices for senior managers. In *Mastering Information Management,* D. Marchand, T. Davenport and T. Dickson (eds). Financial Times Prentice Hall, Harlow, 187-92.

Miller, T. (2003) Top ten lessons from the Internet shakeout. Article on Webmergers.com, www.webmergers.com/data/article.php?id=48 (no longer available).

Mintzberg, H. and Quinn, J. (1991) *The Strategy Process,* 2nd edn. Prentice Hall, Upper Saddle River, NJ.

Myers, J., Pickersgill, A, and Van Metre, E. (2004) Steering customers to the right channels. *McKinsey Quarterly,* no. 4.

New Media Age (1999) Will Boo.com scare off the competition? By Budd Margolis. *New Media*

Age, 22 July. Online only: www3.telus.net/kim_milnes/Boo.com_case.pdf (no longer available).

New Media Age (2005) Delivering the goods. By Nic Howell. *New Media Age,* 5 May.

Nolan, R. (1979) Managing the crisis in data processing. *Harvard Business Review,* March–April, 115-26.

Olve, N., Roy, J. and Wetter, M. (1999) *Performance Drivers. A Practical Guide to Using the Balanced Scorecard.* Wiley, Chichester.

Pant, S. and Ravichandran, T. (2001) A framework for information systems planning for digital business. *Logistics Information Management,* 14 (1), 85-98.

Perrott, B. (2005) Towards a manager's model of digital business strategy decisions. *Journal of General Management,* 30 (4), 73-89.

Phillips, S. (2000) Retailer's crown jewel is a unique customer database. *Financial Times,* 4 December.

Picardi, R. (2000) *EBusiness Speed: Six Strategies for eCommerce Intelligence.* IDC Research Report. IDC, Framingham, MA.

Plant, R. (2000) *ECommerce: Formulation of Strategy.* Prentice Hall, Upper Saddle River, NJ.

Porter, M. (1980) *Competitive Strategy.* Free Press, New York.

Porter, M. (2001) Strategy and the Internet. *Harvard Business Review,* March, 62-78.

Quelch, J. and Klein, L. (1996) The Internet and international marketing. *Sloan Management Review,* Spring, 60-75.

Rellier, C. and Rellier, B. (2017) *Platform Strategy: How to Unlock the Power of Communities and Networks to Grow Your Business.* Routledge.

Retaildive (2021) Adidas aims for DTC to be 50% of sales by 2025 https://www.retaildive.com/news/adidas-aims-for-dtc-to-be-50-of-sales-by-2025/596509/

Reuters (2021) Nestle aims to nearly double sales via e-commerce by 2025, November 17th, 2021. https://www.reuters.com/business/retail-consumer/nestle-aims-generate-quarter-total-sales-e-commerce-by-2025-2021-11-17/

Revolution (2005) Campaign of the Month, by Emma Rigby. *Revolution,* October, 69.

Robson, W. (1997) *Strategic Management and Information Systems: An Integrated Approach.* Pitman, London.

Rowley, J. (2002) Synergy and strategy in e-commerce. *Marketing Intelligence and Planning,* 20 (4), 215-20.

Sircar, S., Turnbow, J. and Bordoloi, B. (2000) A framework for assessing the relationship between information technology investments and firm performance. *Journal of Management Information Systems,* Spring, 16 (4), 69-98.

Smith, P. (1999) *Marketing Communications: An Integrated Approach,* 2nd edn. Kogan Page, London.

Solis, A. (2014) Digital transformation: why and how companies are investing in the new business models to lead digital customer experiences. SocialMediaToday. Published 10 April 2014.

Strassman, P. (1997) *The Squandered Computer.* Information Economics Press, New Canaan, CT.

Strategy (2017) Inside 3M's quest to be both big and fast. Jeremy Lloyd, 28 March 2017. https://strategyonline.ca/2017/03/28/inside-3ms-quest-to-be-both-big-and-fast

Sultan, F. and Rohm, A. (2004) The evolving role of the Internet in marketing strategy. *Journal of Interactive Marketing,* 19 (2), 6-19.

Tjan, A. (2001) Finally, a way to put your Internet portfolio in order. *Harvard Business Review,* February, 78-85.

Ward, J. and Griffiths, P. (1996) *Strategic Planning for Information Systems.* Wiley, Chichester.

Willcocks, L. and Plant, R. (2000) Business Internet strategy – moving to the net. In *Moving to Digital Business,* L. Willcocks and C. Sauer (eds). Random House, London, 19-46.

웹 링크

추천 동영상, 분석 도구, 통계 자료 등의 추천 웹사이트 링크 디렉터리는 데이브 채피가 관리하는 https://www.davechaffey.com/book-support에서 확인할 수 있다.

Chapter 6

디지털 공급사슬 관리

핵심 주제

사례 연구

QR 코드를 통해 이 장의 주제에 관한 최신 자료를 확인할 수 있다.

학습 목표

- 공급사슬 관리 및 조달의 디지털화에 따른 주요 이점을 이해한다.
- 공급사슬 관리와 전자 조달을 지원하는 정보 시스템의 잠재성을 알아본다.
- 조달 방법을 분석하여 비용 절감을 평가한다.

경영 과제

- 공급사슬 관리 전자 조달에 어떤 기술을 도입해야 하며, 우선순위를 어떻게 정하는가?
- 조직 내부 및 외부에서 공급사슬의 어떤 요소를 관리해야 하며, 기술을 활용하여 이를 어떻게 촉진할 수 있는가?
- 어떤 전자 조달 방식을 채택해야 하는가?
- 온라인 공급사슬 관리와 전자 조달의 실질적인 문제는 무엇인가?

관련된 주요 장

- 1장에서 디지털 비즈니스의 핵심 요소로서 공급사슬을 소개한다.

개요

공급사슬 관리(SCM) 공급업체와 파트너, 고객에 이르기까지 기업의 모든 공급 활동을 조정하는 것

공급사슬 관리(supply chain management, SCM)란 본질적으로 기업의 운영과 관련된 자재의 흐름과 관련 정보의 흐름을 최적화하는 것을 말한다. 소비자와 다른 기업의 변화하는 수요에 대응하여 효율성을 높이기 위해 수년에 걸쳐 공급사슬의 디지털화가 이루어졌다. 그러나 COVID-19 팬데믹, '순환 경제'에 따른 지속가능성 개선의 필요성, 시장 불안정성 등 최근의 시장 변화로 인해 공급사슬의 탄력성을 강화해야 한다는 요구가 커지고 있다. 또한 공급사슬은 전자상거래의 확산과 규제 강화로 인해 높아진 고객의 기대치를 충족해야 한다. 전자상거래 사이트의 유통 및 반품 관리는 또 다른 도전 과제이다. Signifyd(2023)에 따르면, 품목에 따라 다르기는 하지만 여성 의류의 경우 반품률이 최대 23%에 달한다. 이는 소매업체에 큰 비용을 초래한다. KPMG의 공급사슬 담당 임원인 이언 프린스(Ian Prince)는 제품을 공급사슬로 반환하는 데 드는 비용이 배송 비용의 2배가 될 수 있다고 밝혔다. 예를 들어 고객이 온라인으로 코트를 구입했을 때, 주문을 받아 배송하는 데에는 3~10파운드가 들지만 반품을 처리하는 데에는 그 2~3배의 비용이 들 수 있다(Ram, 2016).

공급사슬 관리는 구매 측과 판매 측의 전자상거래를 모두 통합하는 개념이기 때문에 2부에서 디지털 비즈니스의 첫 번째 응용 분야로 소개할 것이다. 기업은 공급사슬을 최적화함으로써 공급사슬의 여러 측면을 강화하거나 근본적으로 개선할 수 있다. 디지털 비즈니스의 개념을 나타낸 그림 1.3에서 공급사슬 관리는 구매 측 전자상거래, 내부 커뮤니케이션, 파트너와의 관계, 판매 측 전자상거래를 통해 향상될 수 있다. 디지털 비즈니스 기술은 정보의 흐름을 재정의하고 파트너 간의 정보 공유를 촉진할 수 있다.

인더스트리 4.0 4차 산업혁명의 약자로 사물 인터넷, 클라우드 컴퓨팅, 인공지능, 머신러닝 등의 신기술을 이용하여 제조 공정 및 공급사슬의 효율성과 탄력성을 향상하는 것

공급사슬의 디지털화는 새로운 것이 아니라 50년 이상 지속되었기 때문에 공급업체는 최신 혁신의 참신성을 설명하는 데 어려움을 겪었다. 이에 시스템 공급업체뿐만 아니라 학계에서는 이 분야의 혁신에 대한 관심을 불러일으키기 위해 **인더스트리 4.0**(Industry 4.0), 로지스틱스 4.0(Logistics 4.0) 등과 같은 용어를 널리 사용하고 있다. 예를 들어 Butollo 등(2022), López 등(2022), Rut와 Ostafil(2021)을 참조하라. 세계경제포럼(2016), 매킨지(2022) 등 권위 있는 여러 기관에서 이러한 용어를 채택하고 있으며, 이들은 다음과 같은 새로운 산업혁명으로 설명한다.

- **1차 산업혁명**(1784년): 기계 생산(증기, 물, 기계적 생산 설비)
- **2차 산업혁명**(1870년): 기계 혁명(전기, 대량 생산)
- **3차 산업혁명**(1969년): 디지털 혁명(전자, IT, 자동화 생산)
- **4차 산업혁명**(2014년): 인더스트리 4.0 혁명(공급사슬 디지털화, 인공지능, RFID 태그 센서를 활용한 사이버 물리 시스템)

매킨지(2022)는 인더스트리 4.0의 일환으로 공급사슬 전반에 적용될 수 있는 파괴적 기술 유형을 다음과 같이 제시했다.

- **연결성, 데이터 및 계산 능력**: 클라우드 기술, 인터넷, 블록체인, 센서
- **분석 및 인텔리전스**: 고급 분석, 머신러닝, 인공지능
- **인간-기계 상호작용**: 가상현실(VR)과 증강현실(AR), 로봇과 자동화, 자율주행 차
- **첨단 공학**: 적층 제조(예: 3D 프린팅), 재생 가능 에너지, 나노 입자

이 장에서는 디지털 비즈니스의 고객 만족도를 높이고 반복적인 수익 창출을 지원하는 공급사슬 관리 역량을 향상하기 위해 이러한 기술을 어떻게 활용할 수 있는지 알아본다(사례 연구 6.1 참조).

사례 연구 6.1 공급사슬을 활용하여 경쟁 우위를 확보한 자라

1975년에 스페인에서 아만시오 오르테가(Amancio Ortega)가 설립한 자라는 오늘날 86개국에서 1,770개의 매장을 운영하는 패스트 패션 체인으로 성장했다. 풀앤드베어(Pull&Bear), 버시카(Bershka) 등의 패션 소매 브랜드를 거느린 인디텍스(Inditex)의 2021년 매출은 277억 유로, 매출 총이익은 158억 유로를 기록했다. 75억 유로에 달하는 온라인 매출은 14% 성장하여 전체 매출의 25.5%를 차지했다. 이 그룹은 인공지능을 사용하여 고객의 주문을 처리하는 로봇을 관리하며, 이를 통해 '온라인 구매, 매장 수령(buy online, pick-up in store, BOPIS)' 또는 '클릭 앤드 컬렉트' 옵션을 제공한다. 활성 앱 사용자가 1억 4,600만 명이며, 온라인 방문이 13% 증가하여 62억 건을 기록했다. 또한 소셜 미디어의 팔로워가 2억 2,800만 명에 달한다.

소매업체의 성공에 크게 기여한 요인 중 하나는 공급사슬이다. 자라는 수직적 통합을 통해 공급사슬을 원활하게 운영하고 있다. 공급사슬의 다양한 단계에 있는 업체를 인수함으로써 가치사슬을 더욱 효과적으로 관리하며, 디자인부터 진열, 배송에 이르기까지 공급사슬을 직접 통제하기 때문에 각 단계에서 귀중한 데이터를 수집할 수 있다. 또한 이 데이터를 분석하여 비효율적인 부분과 성공적인 영역을 파악하고 정확히 예측할 수 있다. 자라는 타이코(Tyco)에 의뢰하여 의류의 보안 태그에 마이크로칩을 부착했는데, 이를 통해 판매 가능한 재고를 완벽히 파악하여 예측에 반영할 수 있다. 그리고 제틀로어(Jetlore)의 인공지능 기반 플랫폼을 활용하여 소비자의 행동을 크기, 색상, 핏, 스타일 선호도와 같은 구조화된 예측 속성에 매핑한다.

자라는 매년 약 1만 가지의 다양한 스타일로 약 4억 5,000만 개의 제품을 생산하며, 전 세계의 모든 매장에 매주 2회 소량을 공급한다. 런웨이에 디자인을 처음 공개한 후 단 2주 만에 제품에 반영하여 제조·유통·판매한다. 자체 공급사슬을 보유하고 있는 자라는 시장에 신속하게 출시하는 속도를 경쟁 우위로 삼고 있다. 대부분의 경쟁업체가 10~14주마다 디자인을 변경하는 반면에 자라는 평균적으로 2주마다 디자인을 변경한다.

이를 위해 자라는 '적시 생산' 프로세스를 운영하고 있다. 즉 상당량을 자체적으로 생산하며, 시즌 내 조정에 대비하여 자체 공장 생산 용량의 85%를 확보해둔다. 자라는 보통 스페인에 있는 디자인 본사 근처의 자체 재봉 시설(스페인, 포르투갈, 튀르키예, 모로코)에서 원단 소싱과 재단을 진행한다. 이는 개발도상국의 시설을 이용하는 것보다 임금 비용이 높지만 처리 시간이 훨씬 빠르다.

자라는 시즌 라인의 15~25%만 6개월 전에 확정하고 시즌 시작 시 50~60%를 확정하는데, 이는 최대 50%가 시즌 중반에 디자인 및 제조된다는 것을 의미한다. 따라서 특정 스타일이나 디자인이 새로운 필수 아이템으로 떠오르면 디자이너는 트렌드가 지속되는 동안 재빨리 생산하여 매장에 공급할 수 있다. 내부적으로 매장 관리자는 고객이 좋아하는 것, 싫어하는 것, 원하는 것에 대한 피드백을 제공하며, 이 정보를 전달받은 디자이너는 즉시 스케치 작업을 시작한다.

자라는 수요에 대응할 수 있는 잉여 생산 능력도 보유하고 있다. 보통은 주 4.5일을 풀가동하며, 필요에 따라 임시 교대 근무나 임시 인력을 투입할 수 있는 유연성을 남겨두고 있다. 따라서 배송 빈도가 높고 고객 판매량이 많기 때문에 더 많은 제품을 정가에 판매할 수 있다. 자라는 업계 평균이 60~70%인 것에 비해 의류의 약 85%를 정가에 판매하며, 재고 중 판매되지 않은 품목은 업계 평균인 17~20%에 비해 10% 미만으로 낮은 편이다.

자라는 공급사슬 관리 측면에서 매우 간결한 시스템을 운영하고 있다. 자라의 창고에는 잉여 재고나 불량 재고가 거의 없다. 재고 최적화 모델을 사용하여 매주 두 번씩 모든 매장에 얼마나 많은 양을 배송해야 하는지 결정한다. 신상품이 매장에서 빠르게 이동하고, 일부 제품이 재입고되지 않을 수 있다는 인식은 고객이 즉시 구매하게 만드는 또 다른 동기가 된다. 이러한 접근 방식은 인기 없는 재고가 쌓이는 것을 방지할 수 있다.

시즌 내 빠른 전환은 스페인에 있는 유통 본사 근처의 생산 시설에서 이루어지며, 최신 트렌드를 따라가다가 판매가 저조하더라도 회사가 입는 손실이 매우 적다(즉 실패한 실험이고 다른 스타일을 시도할 시간이 있다). 이러한 애자일 접근법은 마케팅 개념인 '그로스 해킹'(10장 참조)과 매우 유사하다.

그림 6.1 스페인에 위치한 자라 본사
출처: Xurxo Lobato/Getty Images

자라의 물류 중앙 집중화는 매우 체계적인 방식으로 의사결정을 할 수 있는 환경을 조성한다. 자라는 예측 가능하고 신속한 주문 처리 주기를 유지하며, 주 2회 특정 요일과 시간에 주문을 발송한다. 목적지에 따라 의류에 미리 라벨을 붙이고 가격을 책정한다. 이러한 예측 가능성은 자라의 고객에게도 적용되어 고객이 신상품 입고 시점을 알고 매장에 방문할 수 있다.

한편 자라는 강력한 유통망을 통해 유럽 매장에는 24시간 이내에, 미국 및 아시아 매장에는 40시간 이내에 제품을 배송할 수 있다. 넬슨 프라이먼(Nelson Fraiman) 교수에 따르면 자라는 제품 콘셉트부터 매장 출시까지 단 15일밖에 걸리지 않는다. 업계 표준이 6개월이라는 점을 감안할 때 이는 매우 빠른 속도이다.

최근에 López 등(2022)은 자라와 H&M의 공급사슬에 대한 분석에서 패스트 패션 소매업체의 디지털 공급사슬 관리 전략을 살펴보았다. 이 전략은 공급사슬 속도, 반응성, 비용 효율성을 향상하고 오프라인과 온라인 판매 채널을 통합하는 데 중점을 둔다. 의류 제조, 물류, 소매에서의 노동 프로세스 혁신이 제조뿐만 아니라 물류 및 판매 기능의 효율성을 어떻게 향상했는지를 강조한다.

문제

1. 자라는 어떻게 공급사슬 관리를 통해 경쟁 우위를 확보하는가?
2. 자라는 글로벌 대기업이다. 소규모 사업체에 적용할 수 있는 자라의 공급사슬 관리 접근 방식의 핵심 성공 요인은 무엇인가?

출처: https://www.thomasnet.com/insights/zara-supply-chain/, https://static.inditex.com/annual_report_2021/en.html, www.telegraph.co.uk/finance/newsbysector/retailandconsumer/11172562/How-Inditex-became-the-worlds-biggest-fashion-retailer.html, www.supplychain-forum.com/documents/articles/case%20study%20zara1.pdf, López et al.(2022)

전자 조달 구매 요청, 승인, 발주, 납품, 결제 등 구매자와 공급업체 간의 모든 조달 활동을 전자적으로 통합하고 관리하는 것

이 장에서는 **전자 조달**(e-procurement)에 대해서도 알아본다. 전자 조달은 고객에게 직접적인 영향을 미치는 상당한 비용 절감과 기타 이익을 달성하는 데 도움이 되기 때문에 디지털 비즈니스의 전략적 과제이기도 하다.

'구매(purchasing)'와 '조달(procurement)'이라는 용어는 때때로 같은 의미로 사용되곤 하지만, Kalakota와 Robinson(2000)이 지적했듯이 일반적으로 조달은 더 넓은 의미를 띤다. 조달은 공급자로부터 품목을 획득하는 것과 관련된 모든 활동을 의미하며, 여기에는 구

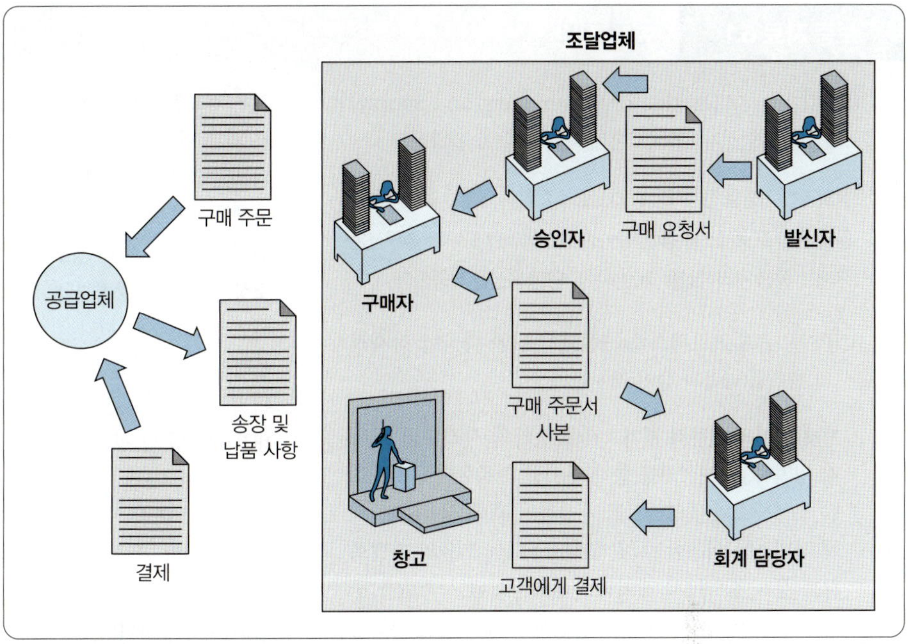

그림 6.2 기업 내 주요 조달 활동

매뿐만 아니라 품목이 사용되기 전의 운송, 입고, 창고 보관과 같은 인바운드 물류도 포함된다. 전자 조달의 이용은 '전략적 소싱'의 일부로 간주되기도 하는데, 이 경우 기업에 상업적으로 큰 이익을 가져다주는 데 이용된다.

그림 6.2는 기업 내 주요 조달 활동과 관련 정보의 흐름을 보여준다. 이 장에서는 최종 사용자의 제품 검색 및 지정, 구매자의 구매, 계정 결제, 창고 내 제품 수령 및 분배 등의 활동에 초점을 맞출 것이다.

전자 조달은 다음과 같은 '구매의 5대 원칙'(Baily et al., 1994) 각각의 성과를 개선하는 데 중점을 두어야 한다.

1. 적절한 가격에
2. 적시에 배송되는
3. 적절한 품질과
4. 적절한 수량의
5. 적절한 공급원으로부터의 아이템 소싱

보충 자료 6.1은 전자 구매에 대한 추가적인 관점을 제공한다.

전자 조달 시스템 조달 기능의 전체 또는 일부를 자동화하는 데 사용되는 전자 시스템

전자 조달은 새로운 것이 아니다. 구매자가 **전자 조달 시스템**(electronic procurement system, EPS), 워크플로 시스템, EDI를 통한 공급업체와의 연결(3장 참조)을 이용하여 조달 프로세스를 자동화하려는 시도가 많았으며, 여기에는 데이터 입력 양식, 스캔 문서, 이메일 기반 워크플로의 조합을 사용한 온라인 입력, 승인, 주문이 포함되었다. 이러한 방식을 '1세대 전자 조달'이라고 부르기도 한다.

보충 자료 6.1 전자 구매

CIPS(Chartered Institute of Procurement and Supply)는 회원들에게 전자 구매에 대해 다음과 같이 설명한다.

> 정보통신 기술을 전자적인 방법으로 결합하여 외부·내부 구매 및 공급 관리 프로세스를 강화하는 것이다. 이러한 도구와 솔루션은 구매 및 공급 관리 개선을 촉진하는 다양한 옵션을 제공한다.

CIPS는 구매 프로세스를 개선하기 위한 다양한 잠재적 옵션의 범위를 다음과 같이 제시한다.

1. **거래 주기의 전반적 평가**: 거래 주기의 시작부터 끝까지 평가하고, 재설계를 통해 주기를 단축한다. 내부 조달 프로세스의 워크플로를 개선하여 최종 사용자가 자체 서비스를 이용할 수 있게 하고, 회사 고유의 카탈로그를 통해 중앙에서 제어하는 탈중앙화된 시스템을 구현한다. 또한 전자 경매, 전자 견적 요청과 같은 새로운 기능을 제공한다.
2. **효율적이고 저렴한 연결 방법 사용**: 인터넷, XML과 같은 효율적이고 저렴한 연결 방법을 사용한다. 하지만 XML은 전자 조달에 필수적이지 않다.
3. **외부 정보원과의 연결**: 포털, e-허브, e-마켓플레이스 등 외부 정보원과의 연결을 제공한다.
4. **외부 공급사슬과의 연결**: 엑스트라넷, EDI, e-허브, e-마켓플레이스 등 외부 공급사슬과의 연결을 통해 공급업체가 실시간 판매 정보를 공유할 수 있다.
5. **소싱**: 인터넷을 통해 새로운 소스를 파악하고 지능형 검색엔진 등을 사용한다.
6. **콘텐츠 관리**: 개인 카탈로그, 공용 카탈로그, 내부 재고 관리, 유지·보수 관리 등
7. **내부 시스템 및 정보원과의 연결**: 재고 관리, 유지·보수 관리, 자재 자원 계획(materials resource planning, MRP) 시스템 등
8. **결제 시스템**: 구매 카드 등
9. **멀티미디어**: 전자 조달에 반드시 멀티미디어 요소가 포함되는 것은 아니다.
10. 상호 이익을 제공하는 지역화된 공급사슬 메커니즘 및 컨소시엄 등의 개선

출처: CIPS(2008)

디지털 비즈니스 개념에서는 기업이 전체 공급사슬의 효율성을 높임으로써 얻을 수 있는 이점에 많은 관심이 집중된다. 아고스(Argos)와 같은 기업은 공급사슬 관리를 위해 기술을 적극적으로 도입하여 수년간 효과를 거두고 있다(사례 연구 6.2 참조).

사례 연구 6.2 e-공급사슬 관리로 고객 편의성을 향상한 아고스

세인즈버리스(Sainsbury's) 산하의 소매업체인 아고스는 공급사슬 관리를 활용하여 멀티채널 판매를 개선하는 데 앞장서고 있다. 2000년에 출시되어 매출이 급증한 아고스의 거래 웹사이트는 예약 서비스 구현의 선구자적인 역할을 했다.

아고스의 연례 보고서에 따르면 KPI인 '디지털 참여율'이 2022년까지 80%에 달했고, 팬데믹 기간인 1년 전에는 90%라는 높은 수치를 달성했다. '클릭 앤드 컬렉트(과거 명칭은 체크 앤드 리저브)' 서비스는 방문객이 매장 재고를 확인하고 나중에 수령할 수 있는 가장 인기 있는 온라인 주문 형태로, 온라인 매출의 절반 이상을 차지했다. 또한 아고스는 수년간 패스트트랙 당일 배송과 지정일 배송 서비스도 제공하고 있다.

공급사슬 통합을 일찍 도입한 아고스는 웹사이트와 다양한 물류 시스템이 통합된 시스템의 일부 기능이 경쟁업체보다 우수했다. 예를 들어 고객에게 실시간으로 재고 현황을 보여주더라도 일부 소매업체의 경우 고객이 매장에서 제품을 수령하기 위해 며칠을 기다려야 하는 반면 아고스 웹사이트에서 예약한 제품은 즉시 수령할 수 있다.

아고스의 멀티채널 소매 부문 책임자인 데이비드 타벅(David Tarbuck)은 아고스가 풀필먼트에 채택한 접근 방식에 대해 다음과 같이 설명한다.

> 아고스의 매장은 영국 시장에서도 독특한 방식이라 체크 앤드 리저브를 도입하기가 용이했다. 고객이 매장 앞에 있고 재고를 매장 뒤편에서 관리하기 때문에 매장의 재고를 명확하게 파악할 수 있다. 즉 어느 매장의 재고 수준을 시스템에 문의하더라도 그 정보가

> 정확하다고 확신할 수 있다.
>
> 고객은 체크 앤드 리저브를 빠르게 받아들였고, 최근 2~3년 동안 그 기세가 가속화되어 출시 후 전년 대비 30% 이상의 성장세를 보였다. 사람들은 집을 나서기 전에 확인할 수 있으며, 불필요한 이동을 덜어주는 편리함을 높이 평가한다. 우리의 모델은 지난 10년 동안 개선되었지만, 다른 소매업체들은 이러한 서비스를 도입하는 과정이 더 어렵고 비용이 많이 든다.

이후 이 멀티채널 소매업체는 홈베이스(Homebase), 세인즈버리스, 런던 지하철역 일부에 소형 매장을 개설했다. 아고스의 디지털 운영 책임자인 마크 스틸(Mark Steel)은 이렇게 말했다. "매장은 우리의 멀티채널 제공에서 정말 중요한 부분이다. 고객은 이러한 물리적 접점을 매우 중요하게 생각한다."

Argos.co.uk의 모바일 트래픽이 600% 증가함에 따라 아고스는 2010년에 첫 아이폰 앱을 출시했다. 2014년 12월에는 모바일 앱을 통한 매출이 28% 증가했으며, 2015년에는 매출의 45%를 디지털 채널에서 얻었다.

아고스의 모바일 앱에서는 집 근처 매장을 설정해두면 이후 예약이 원활하게 이루어진다. 또한 GPS 또는 도시명이나 우편번호를 입력하여 지역 매장을 검색할 수도 있다. 지역 매장의 결과는 구글맵에 표시되고 영업시간, 차량으로 가는 방법, 내 매장으로 설정하는 옵션이 제공된다. 그리고 검색 아이콘을 통해 해당 매장의 재고를 검색할 수 있다. 재고 확인기는 매장에 있는 기계와 동일하게 작동한다. 각 제품 페이지에는 상세한 리뷰 정보가 있어 매장에서 제품을 조사하고 싶은 사람에게 매우 유용한 앱이다. 제품을 선택하면 예약 절차가 간단하다.

아고스는 2014년 해커톤에서 나온 아이디어 중 하나인 5~7세 아동용 '키즈 위시리스트' 앱도 개발했다. 이는 아이들이 아고스에서 역사적으로 좋아했던 경험 중 일부를 재현하는 것이었다. 예를 들면 크리스마스 선물로 받고 싶은 것을 크리스마스 카탈로그에 동그라미로 표시하여 부모님에게 알려주는 것이다.

아고스의 제품 카탈로그는 잘 알려져 있는데, 이는 소매 멀티채널 전략의 일환이기도 하다. 게재된 제품의 구매를 매장에서도 웹에서도 유도할 수 있기 때문이다. 그러나 50년 동안 10억 부 이상 인쇄된 종이 카탈로그는 2020년에 폐지되었다. 원래는 매년 카탈로그 2권을 각각 1,800만 부씩 발행했다. 데이비드 타벅은 카탈로그가 멀티채널 전략에 어떻게 부합하는지 다음과 같이 설명한다.

> 아고스 카탈로그를 라운지나 커피 테이블에 올려놓는 고객이 많다. 이 카탈로그는 아고스에서 쇼핑하는 고객의 출발점인 경우가 많다. 고객은 카탈로그를 훑어보는 동시에 웹사이트를 탐색한다.
>
> 카탈로그에 없는 1만 1,000개 이상의 제품을 온라인에서 팔고 있기 때문에 고객은 이를 확인하거나 최신 제품을 찾기 위해 웹사이트에 접속한다. 카탈로그든 다른 채널이든 고객과 소통하고 고객이 원하는 방식으로 협력하는 것이 중요하다.

타벅은 팀의 구조와 집중력도 성공에 중요하다고 생각한다.

> 우리 회사에는 멀티채널 팀이 있고, 나는 개발 팀과 웹사이트 운영을 이끌며 온라인 전략을 감독한다. 전자상거래 팀, 마케팅 팀, 영업 팀이 비즈니스의 거래 측면을 처리하며 다양한 프로모션 캠페인이 서로 연계되어 채널 간 일관성을 유지하고 있다. 지난 10년 동안 인터넷에 특화된 자체 팀을 구성했으며, 이 전문 팀은 마케팅 및 기타 비즈니스 분야와 긴밀하게 협력해왔다.

2022년 3월, 그레이엄 비가트(Graham Biggart)가 세인즈버리스의 최고혁신책임자로 임명되었다. 그는 세인즈버리스, 아고스, 해비타트(Habitat), 투(Tu) 전반에 걸친 엔드 투 엔드 변화 프로그램을 책임지며 전략 및 미래 비즈니스 모델을 실행한다. 또한 공급사슬, 물류 및 운송 운영, 중앙 비즈니스 서비스 부문도 맡고 있다. 이는 경쟁력 강화를 위한 기술에 지속적으로 투자하는 것의 중요성과 그중에서도 공급사슬의 중요성을 드러낸다.

문제

1. 아고스는 어떻게 공급사슬 관리를 활용하여 고객에 대한 제안을 개선하고 있는가?
2. 아고스의 멀티채널 소매 전략이 성공하는 데 중요한 요인은 무엇인가?

출처: J Sainsbury Annual reports(https://www.about.sainsburys.co.uk) www.campaignlive.co.uk/article/argos-we-want-digital-retail-leader/1350380

디지털 공급사슬 관리의 장점과 도전 과제

공급사슬 관리 능력은 가치사슬의 효율성을 높여 신제품 출시 기간을 단축하고 재고 보유의 필요성을 줄임으로써 수익성을 실현하는 데 가장 중요한 것으로 알려져 있다. 예를 들어 AMR(2008)은 마케팅으로 유명한 나이키가 공급사슬 개선을 통해 지난 4년간 매년 영업이익률을 10~15% 향상했다고 보고했다. 그러나 제품 개발을 위해 끊임없이 혁신하는 나이키와 같은 기업의 경우 '수익성 높은 신제품을 시장에 출시하기 위해 공급, 수요, 제품 관리

표 6.1 공급사슬 관리의 문제와 이를 지원하는 디지털 비즈니스 기술

공급사슬 관리의 문제	문제를 줄이는 디지털 비즈니스 기술
경쟁력을 유지하기 위한 제품 제조 및 유통 비용 절감	• 주문서, 송장, 납품서 전자 전송으로 서류 작업을 줄인다. • 수요를 파악하여 재고 보유량을 줄인다. • 전체 공급사슬에서 정보 및 부품 공급 시간을 단축한다. • 온라인 서비스(SaaS)를 통해 공급사슬 관리 시스템 구매 및 관리 비용을 절감한다.
재고 보유를 줄이는 수요 예측	• 효율적인 소비자 대응(ECR)의 일환으로 고객이 공급업체와 수요를 공유한다.
제품 미도착 또는 소매점 진열대에 제품이 없는 경우	• 벤더가 관리하는 재고를 통해 공급업체가 제품의 가용성에 대한 책임을 진다.
제품 납품 또는 배송 오류	• 인적 오류를 줄인다. • 시스템에 견제 및 균형 시스템을 구축할 수 있다.
높은 재고 비용	• 더 나은 수요 예측과 더 빠른 재고 보충을 통해 전체 공급사슬에서 재고를 줄인다.
신제품 개발 시간	• 온라인 마켓플레이스 등을 통해 잠재적 공급업체 및 부품에 대한 정보를 쉽게 얻을 수 있게 한다.

그룹 간의 끊임없는 협력 체계를 구성'하는 데 적절한 기술을 선택하는 것이 중요하다.

미국 상무부(2023)의 자료에는 공급사슬 전반에 걸쳐 재고를 관리하는 것이 얼마나 어려운지가 잘 드러나 있다. 이 자료의 분석에 따르면 2022년 12월 기준으로 모든 유형의 기업이 총 2조 4,750억 달러의 재고를 보유하고 있으며, 매출액 대비 평균 재고 비율이 다음과 같다.

- 제조업체 1.49
- 소매업체 1.26
- 도매업체 1.36

디지털 기술로 공급사슬 관리의 문제를 어떻게 해결할 수 있는지를 표 6.1에 정리했다.

재고 회전율 매출 원가를 평균 재고로 나눈 값으로, 재고 회전의 효율성을 나타내는 지표

공급사슬의 효율성을 높이려면 매출을 극대화하는 동시에 재고 보유량을 줄여야 한다. 각 기업은 일정 기간(예: 1년) 동안 재고가 판매되거나 사용된 횟수를 측정하는 데 **재고 회전율**(inventory turnover)을 사용한다. 이는 매출 원가를 평균 재고로 나눈 값으로, 낮은 재고 회전율은 재고 과잉 또는 제품 판매가 원활하지 않음을 나타낼 수 있다. 반대로 재고 회전율이 높으면 재고 수준이 불충분하여 비즈니스 손실로 이어질 수 있다.

공급사슬 디지털화의 이점은 IDC(2023) 보고서에서도 강조되었다. 이 보고서는 공급사슬 관리자들에게 이러한 기능이 공급사슬의 성과를 얼마나 향상할 수 있는지를 평가하도록 요청했는데, 그 결과는 다음과 같다.

- 제품 카탈로그 공유: 상당한 개선 42%, 전반적 개선 84%
- 가격 정보 디지털 공유: 상당한 개선 44%, 전반적 개선 82%
- 세관 문서 디지털 공유: 상당한 개선 49%, 전반적 개선 80%
- 송장 디지털 공유: 상당한 개선 42%, 전반적 개선 78%

- 발주서 디지털 공유: 상당한 개선 43%, 전반적 개선 79%
- 사전 선적 공지 디지털 공유: 상당한 개선 44%, 전반적 개선 84%

공급사슬 관리와 전자 조달

공급사슬 관리에는 기업의 공급업체에서부터 고객에 대한 제품 납품에 이르기까지 모든 공급 활동의 조정이 포함된다. 공급사슬의 주요 참여자를 나타낸 그림 6.3에서 (a)는 공급사슬의 주요 구성원으로서 제품을 제조하거나 서비스를 제공하는 조직을 보여준다.

업스트림 공급사슬 기업과 공급업체 및 중개업체 간의 거래가 구매 측 전자상거래와 동일하다.

다운스트림 공급사슬 기업과 고객 및 중개업체 간의 거래가 판매 측 전자상거래와 동일하다.

상업 및 비영리 조직의 경우 대개 **업스트림 공급사슬**(upstream supply chain) 활동과 **다운스트림 공급사슬**(downstream supply chain) 활동을 구분할 수 있다. 업스트림 공급사슬 활동은 구매 측 전자상거래에 해당하고, 다운스트림 공급사슬 활동은 판매 측 전자상거래에 해당한다. 이 장에서는 주로 업스트림 공급사슬 활동의 효율성 개선에 초점을 맞추고, 7장과 8장에서는 다운스트림 공급사슬 활동의 마케팅 측면에 중점을 둘 것이다.

공급사슬 네트워크 기업과 여러 공급사슬에 관여하는 모든 파트너와의 연결

공급사슬 관리에는 공급업체와 구매자뿐만 아니라 공급업체의 공급업체, 고객의 고객과 같은 중개업체도 포함된다[그림 6.3(b) 참조]. 실제로 일부 기업은 1차, 2차, 3차 공급업체 또는 1차, 2차, 더 상위의 고객을 보유한 경우도 있다. 각 기업은 사실상 다양한 제품에 대해 여러 개별 공급사슬을 가지고 있기 때문에 '사슬'이라는 용어로는 부족하며, 기업과 파트너 간의 연결을 더 정확하게 반영하는 **공급사슬 네트워크**(supply chain network)가 더 적절한 용어라고 할 수 있다.

IGD(2017)에 따르면 기술의 활용으로 공급사슬 관리의 변화 속도가 최근 몇 년 동안 눈

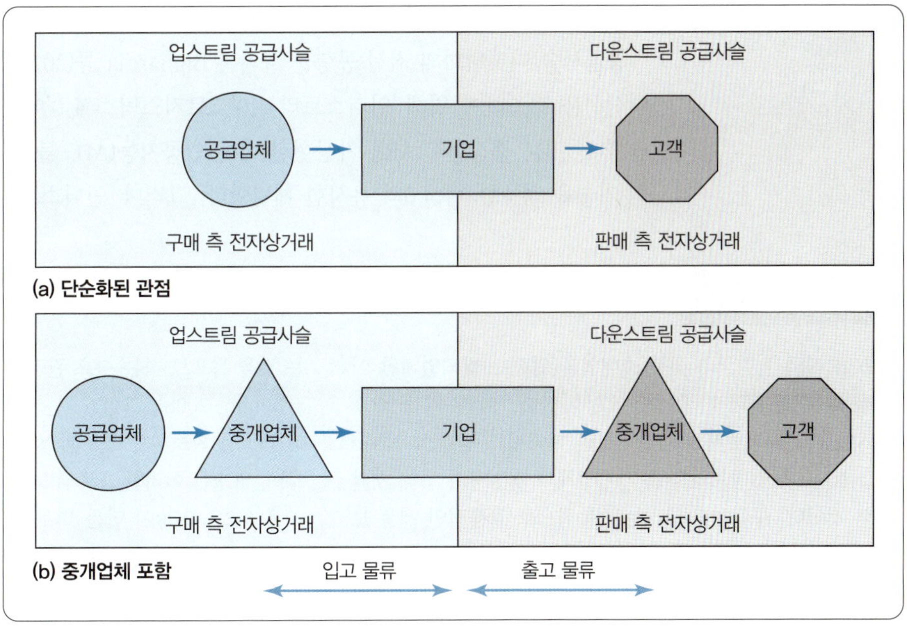

그림 6.3 공급사슬의 구성원

에 띄게 빨라졌다. 이는 디지털 비즈니스가 '변화하는 시장과 심화되는 경쟁에 어떻게 대응할 것인지' 끊임없이 자문해야 한다는 것을 의미한다.

IGD(2017)는 공급사슬 성공의 핵심 요소를 발표했다.

- **고객 중심**: 공급사슬은 고객에게 서비스를 제공하기 위해 존재하며, 최고의 공급사슬은 최종 고객에게 탁월한 서비스를 제공하기 위한 업스트림 프로세스를 구축한다.
- **사람이 주도**: 최고의 공급사슬은 사람을 활용하여 가치를 창출하지만 일부 분야에서는 기술 인력이 부족하다. 따라서 인재 확보, 유지, 재교육은 공급사슬 관리의 중요한 요소이다.
- **기술을 통한 변화**: 기술 혁신과 도입은 공급사슬 혁신에 도움이 되었다. 주요 분야는 자동화, 동기화, 데이터 기반 환경으로의 전환 등이며, 한편 이는 디지털 비즈니스와 온라인 소매업체에 새로운 도전 과제를 안겨준다.
- **탄력성과 대응력**: 기술 도입, 정치 또는 경제 상황의 영향과 같은 거시적 환경(4장 참조)은 혼란과 중단의 증가를 의미한다. 따라서 위험과 그 영향이 어디에 있는지 파악하는 데에는 계획이 필요하며, 이는 탄력성과 대응력이 있는 공급사슬을 구축하기 위한 첫 단계이다.

기술은 공급사슬 관리에 필수적이다. 고객, 공급업체, 중개업체와의 관계 관리가 정보의 흐름과 이들 간의 거래를 기반으로 하기 때문이다. 공급사슬을 강화하는 주요 전략 목표는 고객에게 우수한 가치 제안을 제공하는 것이다. 그중에서도 소매 및 포장 상품 시장에서는 **효율적인 소비자 대응**(efficient consumer response, ECR)이 중요하다(보충 자료 6.2 참조). 고객 가치 향상에는 제품 품질 향상, 고객 서비스 품질 향상, 가격 및 주문 처리 시간 단축이 포함된다(5장 참조). 공급업체로부터 자원을 확보하거나 고객에게 제품을 유통하는 데 효율성을 높이면 운영 비용이 절감되어 수익성이 커진다.

효율적인 소비자 대응(ECR)
제품 구성 전략, 프로모션, 신제품 도입을 최적화하여 고객 수요를 창출하고 충족하는 것

공급사슬 디지털화의 최신 동향을 살펴본 Bigliardia 등(2022)은 공급업체들이 솔루션의 혁신성을 강조하기 위해 '인더스트리 4.0', '로지스틱스 4.0'이라는 용어를 사용한다고 언급했다. 이는 증강현실(AR), 가상현실(VR), 인공지능(AI), 블록체인, 사물 인터넷(IoT) 등의 기술을 적용한 웹 3.0과 유사한 개념이다. 그러나 '인더스트리 4.0', '로지스틱스 4.0'은

보충 자료 6.2 효율적인 소비자 대응(ECR)

ECR 개념은 미국의 식품 소매업을 위해 개발되었지만 이후 다른 제품과 타국에도 적용되었다. 이는 원래 쇼스(Shaw's) 슈퍼마켓의 회장이었던 데이비드 젠킨스(David Jenkins)가 월마트와 같은 경쟁업체와 경쟁하기 위해 개발한 것이다. 공급사슬 관리는 전통적으로 효율적인 제품 보충에 중점을 두었으나 ECR은 제품 구성 전략, 프로모션, 신제품 출시를 최적화하여 고객 수요를 창출하고 충족하는 것을 목표로 하는 수요 관리에 중점을 둔다(Legner and Schemm, 2008). 그림 6.4는 새로운 소비자 제품을 출시하고 재고를 확보하는 프로세스의 복잡성과 리드타임을 보여주며, ECR은 이러한 프로세스의 개선에 초점을 맞춘다.

표 6.2는 ECR이 만든 일부 목표와 전략적 접근 방식이 기업 고객에게도 적용될 수 있음을 보여준다.

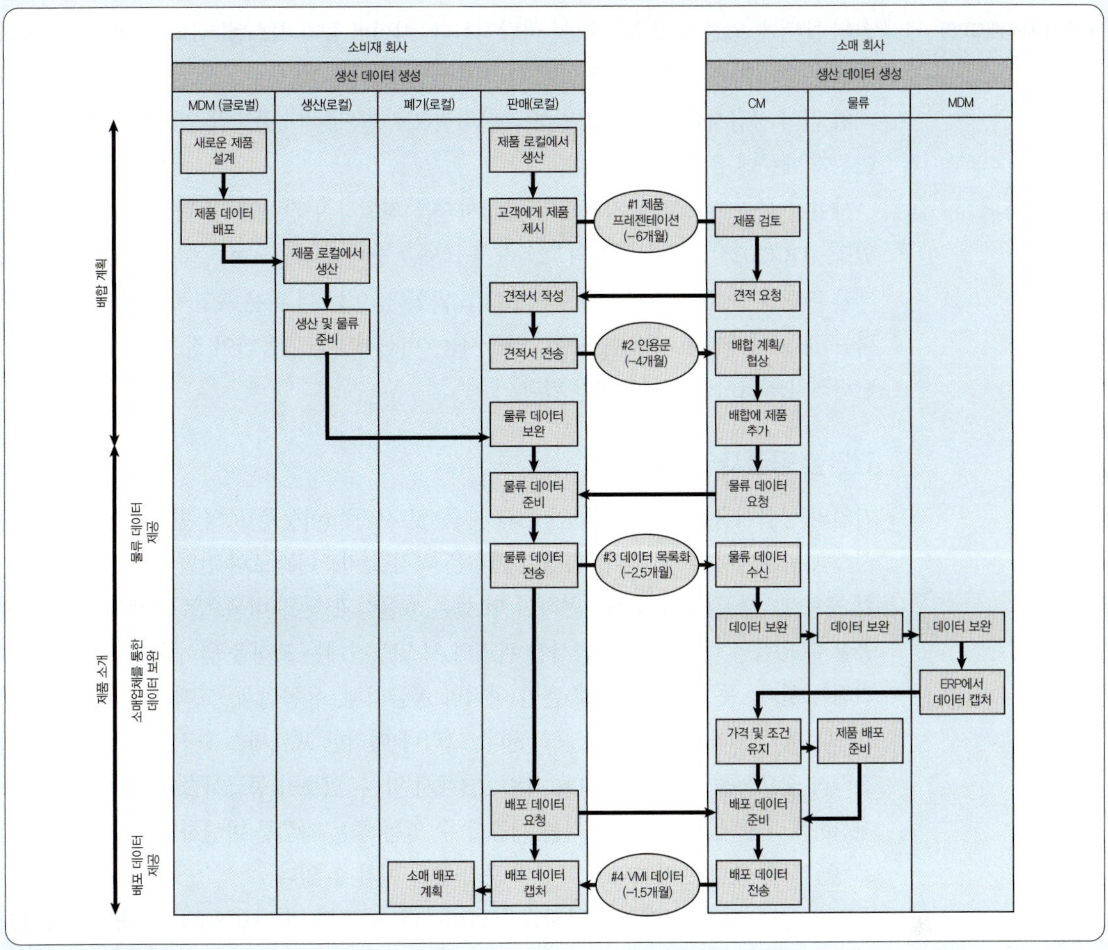

그림 6.4 신제품 출시를 위한 조직 간 프로세스 흐름

출처: Excerpted from Towards the interorganisational product information supply chain: Evidence from the retail and consumer goods industry by C. Legner and J. Schemm © 2008. Used with permission from Association for Information Systems, Atlanta, GA, 404-713-7444, www.aisnet.org.

표 6.2 효과적인 소비자 대응의 목표와 전략

목표	전략
적시에 정확한 종이 없는 정보 흐름	정보 시스템이 뒷받침하는 조직 프로세스의 재검토
소비 수준 변동에 따라 원활하고 지속적인 제품 흐름 가능	아래 전략 참조
매장 공간과 재고의 생산성 최적화	효율적인 제품 구성
주문 프로세스의 시간 및 비용 최적화	효율적인 보충
프로모션 효율성 극대화	프로모션은 전체 공급사슬 계획에 통합됨
신제품 개발 효과 극대화	신제품 개발 프로세스 개선 및 다른 파트너와의 더 나은 사전 계획

사이버 물리 시스템(CPS) 지능형 컴퓨터 기반 시스템으로, 컴퓨터 기반 알고리즘이 프로세스를 제어하거나 모니터링한다. 네트워크로 연결된 임베디드 시스템 하드웨어 및 소프트웨어와 상호작용하며, 다양한 위치와 플랫폼에 설치된 센서와 제어 장치를 통해 작동한다.

일시적인 명칭에 불과하고 정의가 모호하기 때문에 자세히 설명하지 않겠다. 대신 특정 기술의 채택에 초점을 맞추는 것이 바람직하다. **사이버 물리 시스템**(cyber physical system, CPS)은 인공지능 기술이 발전함에 따라 등장한 또 다른 개념이다. 이는 인공지능이 인간의 개입 없이 공급사슬을 보다 기민하고 탄력적으로 만드는 데 중요한 역할을 한다는 것을 보여주기 때문에 유용한 개념이다.

사이버 물리 시스템은 자율적인 공급사슬을 지원하여 장애에 더 탄력적으로 대처할 수 있다. IDC(2023)는 공급업체의 72%가 공급사슬 장애를 겪었으며, 신속하고 효과적인 해결책을 마련할 수 있는 가시성이 부족했다고 밝혔다. 이는 더 나은 통찰력과 유연성이 필요하다는 것을 나타낸다. 기업은 분석, 인공지능, 머신러닝을 활용하여 장애를 피하고 자율적·탄력적인 공급사슬을 구축해야 한다.

간단한 공급사슬 모델

기업의 공급사슬은 자원 획득(인풋)과 제품 및 서비스(아웃풋)로의 변환(프로세스)이라는 시스템 관점에서 볼 수 있다. 이러한 관점은 디지털 비즈니스로의 전환 과정에서 기업이 변환 프로세스를 검토하고 최적화하여 더 높은 효율성과 낮은 비용으로 고객에게 제품을 제공할 수 있음을 나타낸다. 공급사슬 관리의 시스템 경계는 조직을 넘어 확장된다는 것에 유의해야 한다. 즉 내부 프로세스뿐만 아니라 공급업체, 유통업체, 고객과 협력하여 수행되는 프로세스를 개선하는 것도 포함된다. 그러나 이러한 프로세스 관점은 공급사슬 관리의 전략적 중요성을 간과하고 있다. 그림 6.3에서 알 수 있듯이 공급사슬 관리는 제품 성능을 개선하고 고객에게 우수한 가치를 제공할 수 있는 좋은 기회를 마련하기도 한다. 결과적으로 공급사슬 관리는 기업의 수익성에 큰 영향을 미칠 수 있다.

그림 6.5는 B2B 기업의 공급사슬을 보여준다. 디지털 비즈니스에 대응하여 공급사슬을 변경할 때 발생할 수 있는 문제를 알아보기 위해 학습활동 6.1을 수행하라. 이는 B2B 시나리오를 기반으로 하지만, 공급사슬 관리는 B2C 기업 또는 서비스 기업 경영에도 매우 중요하다. 서비스 기업의 경우 물리적 자원보다는 인적 자원, 재무 자원, 정보 자원을 관리해야 하지만 동일한 원칙을 적용할 수 있다.

공급업체 관리 재고(VMI) 공급사슬 파트너는 제조 및 판매에 사용되는 제품의 수요 변동과 재고 수준에 대한 정보를 공유하여 부품 및 판매용 품목의 보충을 관리한다.

공급업체 관리 재고(vendor-managed inventory, VMI)는 전자 공급사슬 및 조달 관리

학습활동 6.1 전형적인 B2B 기업의 공급사슬

목적

B2B 공급사슬의 특성과 디지털 비즈니스 개발의 일환으로 재구축 및 정보 시스템을 통한 변화 가능성을 살펴본다.

활동

1. B2B 기업이 디지털 비즈니스로 전환하는 과정에서 공급사슬을 재구성할 수 있는 기회와 이를 통해 얻을 수 있는 이점에 대해 설명하라. 2장과 탈중개화 및 재중개화에 대한 내용을 참고하라.
2. 1번에서 밝힌 변화를 달성하기 위해 정보 시스템을 어떻게 활용할 수 있는가?

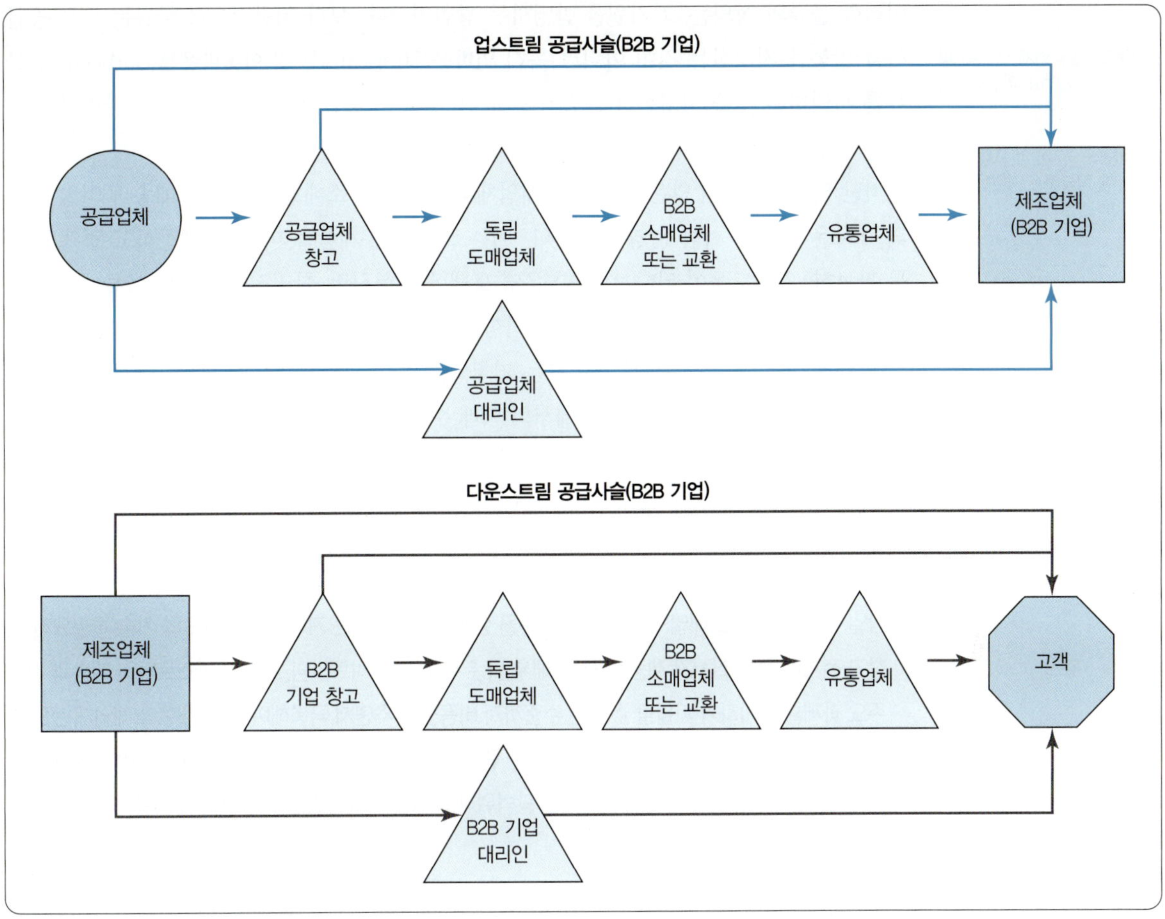

그림 6.5 B2B 기업의 일반적인 공급사슬

의 핵심 개념으로 재고 관리, 구매, 주문 추적의 일상적인 업무를 고객에서 공급업체로 전환하는 것이다.

물류

물류는 공급사슬 관리와 밀접한 개념으로, CILT(Chartered Institute of Logistics and Transport)는 다음과 같이 설명한다.

> 물류는 자원의 시간적 배치로 정의되며, '다섯 가지 적절함'이라고도 한다. 본질적으로 물류는 제품 또는 서비스가 다음을 보장하는 과정이다.

- 적절한 장소에
- 적절한 시간에
- 적정한 수량으로
- 적절한 품질로
- 적절한 가격으로

인바운드 공급업체 및 기타 파트너로부터 기업에 유입되는 물질적 자원을 관리하는 것

아웃바운드 기업이 고객과 중개업체에 공급하는 자원을 관리하는 것

이러한 물류의 정의는 그 기원을 반영하듯 광범위하다. 보다 일반적으로 물류는 모든 공급사슬 활동을 지칭하는 것이 아니라 특히 **인바운드**(inbound) 및 **아웃바운드**(outbound) 물류를 관리하는 것을 지칭한다(그림 6.3 참조). 물류는 공급사슬을 효율적으로 관리하는 데 필수적이다.

지난 몇 년 동안 더 많은 온라인 소매업체와 멀티채널 소매업체가 당일 배송과 익일 배송의 새로운 모델을 시범 운영하고 있다. 이는 고객에게 제품을 더 빨리 제공하고 경쟁 우위를 확보하는 데 도움이 된다. 이러한 운영 모델에는 혁신적·합리적인 가격의 물류 솔루션이 필요하며, 온라인 소매의 점유율이 증가함에 따라 '라스트마일(마지막 배송 단계)'의 중요성이 더욱 커졌다. 다른 성장 분야로는 기차역, 대학, 우체국, 신축 아파트 단지 등에 설치된 아마존 사물함, 편의점/주유소에서의 택배 수령과 같은 대체 수령 및 배송 옵션이 있다.

당일 배송 옵션은 주로 전자상거래가 활성화된 도시에서 제공되며, 공급 측의 발전은 주요 참여자인 택배 물류업체, 택배 중개업체, 소매업체가 주도하고 있다. 다음은 Hausmann 등(2014)과 매킨지(2020)가 작성한 보고서에서 발췌한 내용이다.

> 당일 배송은 모든 소매업체가 서비스 수준을 향상할 수 있는 큰 기회이지만 고도의 기술이 필요하다. 창고 전체에 걸친 실시간 제품 가시성, 매우 짧은 주문 처리 리드타임, 유연한 라스트마일 배송과 같은 주요 과제를 소비자가 지불할 수 있는 수준까지 비용을 낮추면서 극복해야 한다. 대형 소매업체는 B2C 배송을 처리하면서 온라인 쇼핑객이 많은 인구 밀집 지역에서 당일 배송을 빠르고 세밀한 유통 모드로 정착시킬 수 있다. 그러나 이를 위해서는 광범위하고 접근 가능한 표준화된 유통 네트워크를 갖추고 적절한 비용으로 운영해야 한다.
>
> 소매업체는 당일 배송을 제공함으로써 더 많은 이익을 얻을 것으로 예상된다. 아마존의 경험에 따르면 당일 배송을 실제로 선택하는 고객은 소수에 불과하지만, 당일 배송 옵션이 있는 것만으로도 결제 과정에서 구매 전환율이 20~30% 증가한다. 응답자의 절반 이상이 당일 배송 옵션이 있다면 온라인에서 더 자주 구매할 것이라고 답했다.

Hausmann 등(2014)은 기술적으로 앞선 소매업체와 물류 제공업체만이 당일 배송을 제공할 수 있다고 주장한다. 이 수준에 도달하려면 일반적으로 다음과 같은 공급사슬 및 물류 조건을 갖춰야 한다.

- **제품의 지역 가용성**: 대부분의 멀티채널 소매업체는 매장 네트워크를 통해 이를 갖추고 있다. 온라인 소매업체는 초기 단계에서 지역 도시 창고 네트워크 구축에 투자해야 한다(또는 '아마존 주문 처리'와 같은 기존 네트워크를 활용할 수 있다).
- **실시간 재고 파악**: 이는 결제 과정에서 제품의 당일 배송이 가능한지 판단하는 데 필요하다. 또한 물류 제공업체도 실시간 인터페이스를 통해 배송 장소와 시간에 대한 정보를 제공받아야 한다. 많은 소매업체는 이를 해결하는 데 어려움을 겪고 있으며, IT 인프라에 추가로 투자해야 한다.
- **신속한 피킹 및 포장 프로세스**: 아마존의 사례는 리드타임을 단축하려면 물류 인프라에 상당한 투자가 필요하다는 것을 보여준다.

- **유연한 주문 처리 및 배송**: 하루 중 여러 번 또는 임시로 주문을 처리하고 배송할 수 있는 유연성이 필요하다. 지오펜싱(geofencing)과 같은 기술은 물류 제공업체가 새로운 배송에 즉시 대응할 수 있도록 동적인 경로 변경을 지원한다.

푸시 공급사슬 모델과 풀 공급사슬 모델

푸시 공급사슬 고객이 수동적으로 제품을 수령하는 것을 강조하는 공급사슬

풀 공급사슬 제품 및 서비스 사양에 적극적으로 참여하는 고객에게 가치를 제공하기 위해 공급사슬을 활용하는 데 중점을 둔다.

공급사슬에 대한 사고와 마케팅 커뮤니케이션에 대한 사고의 변화는 **푸시 공급사슬**(pull supply chain)의 판매에서 **풀 공급사슬**(pull supply chain) 또는 푸시와 풀 결합 방식으로의 전환을 의미한다. 그림 6.6(a)는 제조업체가 혁신적인 제품을 개발하고, 적절한 목표 시장을 파악한 후, 해당 제품을 시장에 출시하기 위한 유통 채널을 구축한 경우이다. 푸시형 접근 방식의 전형적인 동기는 비용과 효율성을 위해 생산 공정을 최적화하는 것이다.

ECR에 부합하는 대안적 접근법은 풀 모델이다. 이는 고객의 니즈에 초점을 맞추고, 시장 조사를 통해 고객의 요구 사항을 분석하며, 신제품 개발 시 고객 및 공급업체와의 긴밀한 협력으로 시작된다[그림 6.6(b) 참조]. 이 경우 비용 절감과 서비스 품질 향상을 통해 고객에게 가치를 제공하는 공급사슬이 구축된다. 그림 6.6(b)는 EDI와 같은 기술을 사용하여 문서 전송 및 재입력을 최소화함으로써 공급사슬 요소 간의 연결이 더욱 긴밀해지는 것을 보여준다. 풀 모델의 전형적인 동기는 고객 대응, 비용, 효율성을 위해 생산 공정을 최적화하는 것이다. 이러한 접근 방식은 가치사슬의 개념과도 일치한다.

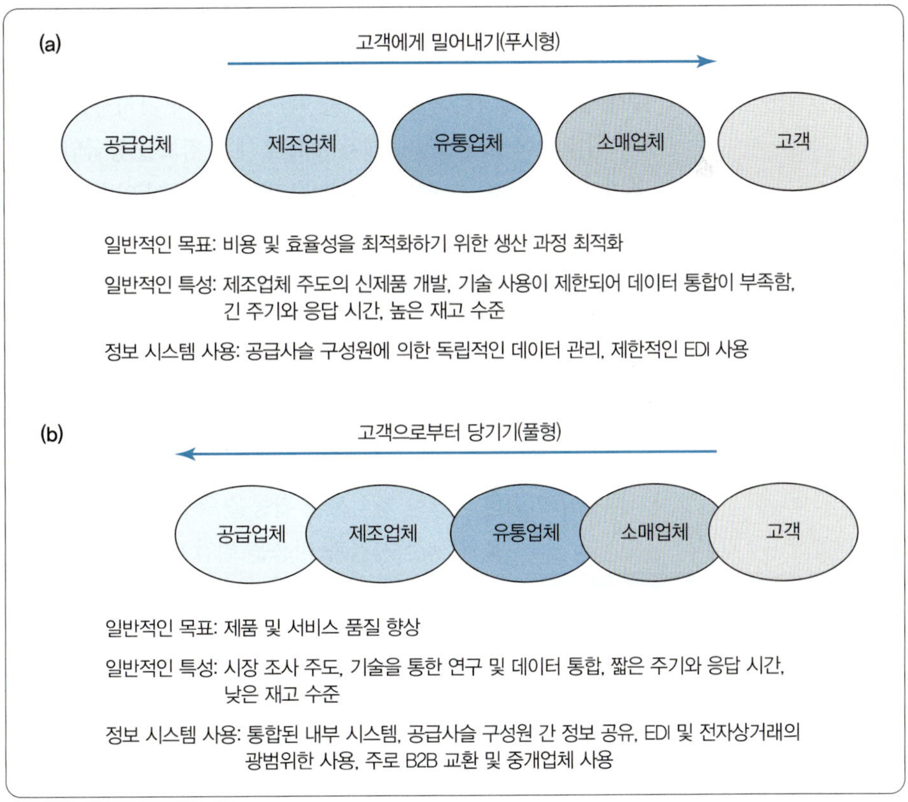

그림 6.6 공급사슬 관리의 푸시형 접근 방식과 풀형 접근 방식

가치사슬

마이클 포터의 가치사슬은 제품 또는 서비스가 구상부터 고객에게 제공되기까지의 과정에서 고객에게 가치를 더하기 위해 기업이 수행하거나 관리할 수 있는 주요 활동을 검토하기 위해 확립된 개념이다(Porter, 1980). 가치사슬은 기업의 공급 측과 수요 측을 연결하는 다양한 부가가치 활동을 설명하는 모델이다. 가치사슬은 기업 '내부' 가치사슬과 파트너가 수행하는 '외부' 가치사슬로 구분할 수 있다. 관리자는 가치사슬의 다양한 부분을 분석함으로써 내부 및 외부 프로세스를 재설계하여 효율성과 효과를 향상할 수 있다. 비용 절감과 가치 증대를 통해 고객이 얻는 혜택은 다음과 같이 이루어진다.

- 조달, 제조, 판매, 유통 등 가치사슬의 각 요소 내에서
- 판매와 유통 간의 인터페이스와 같은 가치사슬의 요소 간에서

이것을 공식화하면 다음과 같다.

가치 = (각 가치사슬 활동의 편익 − 그 비용) + (각 가치사슬 활동 간 인터페이스의 편익 − 그 비용)

디지털 커뮤니케이션은 조달과 같은 활동을 더 효율적으로 만들고 활동 간 데이터 통합을 가능하게 함으로써 가치사슬을 강화할 수 있다. IBF(2008)에 따르면 BT는 전자 조달을 도입하여 2차 가치사슬에서 모든 사무 용품의 95%를 온라인으로 구매할 수 있게 되었다. 그럼으로써 평균 구매 거래 비용이 56파운드에서 40파운드로 낮아졌는데, 이는 수십만 건의 구매에 걸쳐 상당한 절감 효과를 가져왔다. 1차 가치사슬에서는 이점이 훨씬 더 클 수 있다. 예를 들어 소매업체가 제품 수요에 대한 정보를 공급업체와 전자적으로 공유하면 주문 주기가 단축되고, 그 결과 재고 보유량이 줄어들어 양측의 비용이 절감됨으로써 양측의 가치사슬이 강화된다.

기존의 가치사슬 분석[그림 6.7(a)]에서는 제품 또는 서비스를 고객에게 전달하는 데 직접적으로 기여하는 '주요 활동', 이를 가능하게 하는 인풋과 인프라를 제공하는 '지원 활동'을 구분한다. 디지털 비즈니스의 등장으로 지원 활동은 단순한 지원 이상을 제공하게 되었다. 실제로 효과적인 정보 시스템과 인적 자원을 효과적으로 관리하는 것은 주요 활동에 결정적으로 기여한다. 마이클 포터도 이제 이러한 사실을 인정하고 있다.

디지털 기술은 다양한 가치사슬 활동을 통합하는 방법으로 정보의 흐름을 증가시킴으로써 생산 시간과 비용을 절감할 수 있다. Rayport와 Sviokla(1996)는 인터넷이 정보 수집, 조직, 선택, 통합, 배포를 통해 가치를 창출할 수 있다고 주장한다. 이들은 물리적 가치사슬을 반영하는 또 다른 병렬적 가상 가치사슬을 언급한다. 가상 가치사슬은 시장 조사, 조달, 물류, 제조, 마케팅, 유통과 같은 전통적인 가치사슬 활동을 중개하는 데 사용되는 전자상거래이다. 처리는 종이 기반이 아닌 기계 기반 또는 가상으로 이루어진다. 아직은 인간의 개입이 필요한 활동이 많지만, 소프트웨어 에이전트

주목할 쟁점 6.1

새로운 가치사슬 모델

마이클 포터의 전통적인 가치사슬 모델[그림 6.7(a)]은 가치사슬 관리의 프레임워크로서 더 이상 유용하지 않다. 오히려 그림 6.7(b)가 더 적절하다.

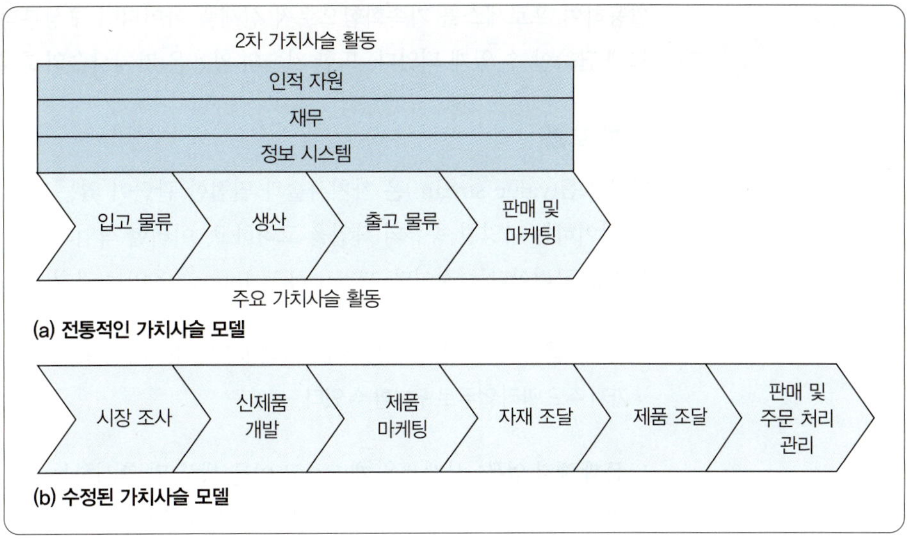

그림 6.7 가치사슬의 두 가지 대안 모델

출처: Deise et al.(2000) Figure 6.4(b)

가 이러한 활동을 수행하는 경우가 많아짐에 따라 가치사슬의 '가상화'가 더욱 증가할 것이다.

사내 가치사슬 재구축

전통적인 가치사슬 모델[그림 6.7(a)]은 글로벌 전자통신의 도래로 재평가되었다. Rut와 Ostafil(2021), Butollo 등(2022)은 디지털화가 가치사슬에 미치는 영향과 관련된 문헌을 검토했다. 전통적인 가치사슬 모델에는 다음과 같은 몇 가지 중요한 약점이 있다.

- 주로 물리적 제품의 제조에 적용되고 서비스 제공에는 적합하지 않다.
- 제품을 고객에게 강요하는 일방통행식 사슬로, 고객의 니즈를 이해하는 것의 중요성은 강조하지 않는다.
- 내부 가치사슬에서는 가치 네트워크의 중요성이 강조되지 않는다[그러나 Porter(1980)는 네트워크 관계를 나타내는 도표를 제시했다].

Deise 등 (2000)은 수정된 가치사슬을 제안했으며, 그림 6.7(b)는 이 모델을 적용한 것이다. 이 가치사슬은 시장 조사 과정에서 시작되며, 디지털 커뮤니케이션을 통해 유통업체 및 고객과의 실시간 환경 스캐닝의 중요성을 강조한다. 예를 들어 대형 전자상거래 기업들은 현재 자사 웹사이트의 프로모션 제안에 대한 고객 반응을 매시간 모니터링하며, 경쟁업체의 제안을 검토하고 그에 따라 수정한다. 마찬가지로 시스코와 같은 제조업체는 고객 및 채널 파트너로부터 정보를 수집하고 이를 신제품 개발에 반영할 수 있도록 피드백 양식과 포럼을 자사 웹사이트에 올려두었다(10장의 '그로스 해킹' 참조). 신제품 개발이 진행됨에 따라 마케팅 전략이 정교해지고, 동시에 신제품 제조·보관·유통에 필요한 자원과 생산 공정을 확보하기 위한 조치를 취한다. 제조업체는 가치사슬을 분석하고 디지털 커뮤니케이션을 활용하여 프로세스를 가속화함으로써 신제품 아이디어 구상부터 시장 출시까지의 시간을 크게 단축할 수 있게 되었다. 또한 기술의 활용은 가치사슬의 효율성을 높인다.

가치 흐름

가치 흐름 고객에게 제품과 서비스를 통해 가치를 전달하는 데 필요한 행동들의 조합

가치 흐름(value stream)은 가치사슬과 밀접한 관련이 있는 개념이다. 차이점은 가치 창출에 관여하는 다양한 종류의 작업을 고려하고, 이러한 작업의 효율성을 어떻게 개선할 수 있는지를 고려한다는 것이다. Womack과 Jones(1998)는 가치 흐름을 다음과 같이 정의한다.

> 가치 흐름은 특정 제품을 완성하여 고객에게 전달하는 데 필요한 모든 구체적인 작업의 집합으로, 세 가지 주요 관리 업무로 구분할 수 있다.

1. **문제 해결 업무**: 신제품을 개발하고 이를 생산 및 출시하는 과정
2. **정보 관리 업무**: 주문을 받고, 생산 일정을 계획하며, 제품을 배송하는 과정
3. **물리적 변환 업무**: 원자재를 최종 제품으로 변환하여 고객에게 전달하는 과정

2번과 3번 업무는 전통적인 가치사슬 활동[그림 6.8(a)]이지만 1번 업무는 그렇지 않다.

Deise 등(2000)이 제시한 고객 가치의 정의를 다시 아래 식에 대입해보면 Womack과 Jones가 제안한 린 사고의 접근법은 이 세 가지 관리 업무 각각에서 낭비를 제거하여 부가

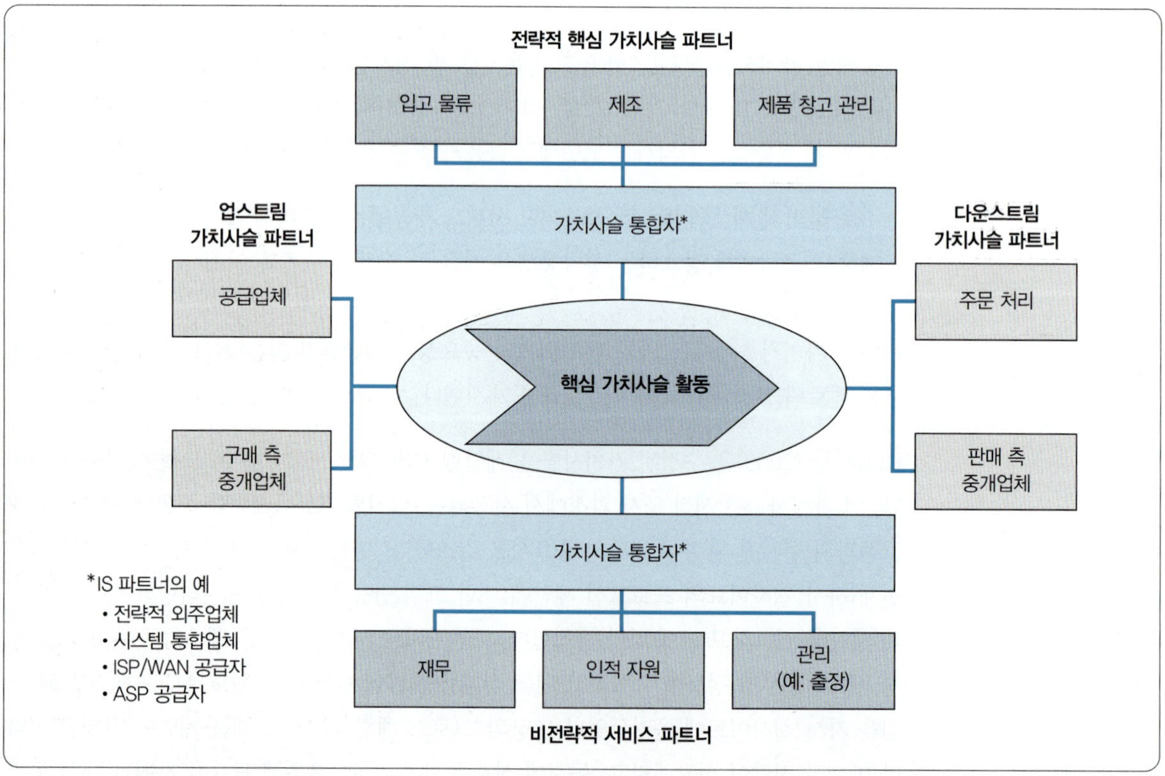

그림 6.8 조직의 가치 네트워크 구성원

출처: Deise et al.(2000)

가치를 높이는 것을 목표로 하고 있음을 알 수 있다. 신제품 개발 및 생산에 소요되는 시간과 비용을 줄임으로써 기업은 이행 시간을 단축하거나 가격을 낮추어 고객 가치를 증대하고 제품과 서비스의 품질을 향상할 수 있다. 전자상거래는 시장 출시 기간과 생산 시간, 비용을 줄이는 데 중요한 역할을 한다.

$$\text{고객 가치(브랜드 인식)} = \frac{\text{제품 품질} \times \text{서비스 품질}}{\text{가격} \times \text{이행 시간}}$$

가치사슬 분석

이는 기업을 개별 활동으로 분해하고 각 단계의 부가가치를 결정하는 분석 프레임워크이다. 이를 통해 기업은 자원이 얼마나 효과적으로 사용되고 있는지 평가할 수 있다. 정보 시스템을 활용하면 가치사슬의 각 요소, 나아가 활동 간 자원 활용의 효율을 높일 수 있다.

정보 시스템에 대한 신규 투자나 업그레이드를 통해 기업이 가치사슬에 긍정적인 영향을 미칠 수 있는 방법은 무엇일까? Porter와 Millar(1985)는 다음과 같은 5단계 프로세스를 제안했다.

- **1단계**: 가치사슬의 정보 집약도(가치사슬의 활동 내, 각 활동 단계 간의 정보 수준과 활용 정도)를 평가한다. 정보 집약도가 높을수록 그리고 양질의 정보에 대한 의존도가 높을수록 새로운 정보 시스템의 잠재적 영향력이 커진다.
- **2단계**: 산업 구조에서 정보 시스템의 역할을 결정한다. 이 단계에서는 산업 내 구매자와 공급자 간의 정보 연결 그리고 이들과 경쟁자들이 새로운 정보 기술에 의해 어떤 영향을 받고 어떻게 반응할지를 이해하는 것이 중요하다.
- **3단계**: 정보 시스템이 경쟁 우위를 창출할 수 있는 방법을 파악하고 순위를 매긴다. 고비용 또는 중요한 활동 영역이 좋은 목표가 될 수 있다.
- **4단계**: 정보 시스템이 어떻게 새로운 비즈니스를 창출할 수 있는지 조사한다.
- **5단계**: 기술 중심이 아닌 비즈니스 중심의 정보 시스템 활용 계획을 수립한다. 이 계획은 적절한 비용-편익 분석에 따라 정보 시스템 투자에 우선순위를 부여해야 한다.

이 프로세스는 기업의 외부 가치사슬에도 적용할 수 있다. Womack과 Jones(1998)는 '가치 흐름 분석'을 다루면서 전체 생산 및 배송 과정을 어떻게 더 효율적으로 만들 수 있는지 검토했다. 이들은 기업이 신제품을 생산하고 고객에게 제품 또는 서비스를 제공할 때 발생하는 모든 활동을 매핑하고 다음과 같이 분류할 것을 제안한다.

1. 고객이 인식하는 가치를 창출하는 활동
2. 가치를 창출하지는 않지만, 제품 개발 또는 생산 시스템에 필요하므로 즉시 제거할 수 없는 활동
3. 가치를 추가하지 않으므로 즉시 제거할 수 있는 활동

이러한 분석을 통해 3번 활동을 제거하고, 2번 활동을 제거하고, 1번 활동을 강화하는 계획을 세울 수 있다. Womack과 Jones는 캔 콜라의 가치 흐름을 예로 들었다. 캔 콜라와 같이

겉보기에 단순한 제품이라도 생산 과정에 많은 활동이 관련되어 있다. 캔 자체의 생산, 사탕무 밭의 설탕과 옥수수 밭의 캐러멜을 이용한 내용물 생산, 패키지 생산 등이다. 캔 자체를 예로 들어 다음과 같이 생산 단계에서 가치 흐름 분석을 수행할 수 있다.

1. 보크사이트 채굴
2. 환원 공장
3. 제련소
4. 열간 압연 공장
5. 냉간 압연 공장
6. 캔 제조 공장
7. 병입업체
8. 지역 유통 센터(regional distribution centre, RDC)
9. 소매점 저장소
10. 가정 저장소

가치 흐름 분석에서는 각 단계의 효율성을 계산한다. 예를 들어 Womack과 Jones(1998)는 7단계인 병입업체(음료를 캔에 담는 단계)에서 입고 보관 4일, 처리 시간 1분, 완제품 보관 5주가 걸린다고 했다. 이러한 분석의 필요성은 전체 공정에서 입고 보관 5개월, 완제품 보관 6개월이 걸리지만 처리 시간은 3시간에 불과하다는 것을 파악함으로써 드러난다. 채굴부터 가정까지 전체 주기는 거의 1년에 달한다. 정보 관리를 통해 이러한 보관 시간을 단축할 수 있다면 보관 용량 감소 측면에서 큰 비용 절감 효과를 얻을 수 있을 것이다. 이러한 혜택은 테스코와 같은 식료품 소매업체에 분명히 나타난다. 테스코는 가치 흐름 분석을 도입한 초기 채택자 중 하나로, 1990년대 후반에 이미 테스코 정보 교환 시스템에 전자상거래를 배치하여 지역 유통 센터와 매장 내 보관 시간을 각각 2일, 3일로 단축했다. 그리고 24시간 내에 지속적인 보충 시스템으로 전환할 수 있었다. 테스코 매장이 월요일 밤에 주문한 제품이 공급업체로부터 지역 유통 센터를 거쳐 수요일 아침 개점 전에 도착한다. 새롭고 혁신적인 공급사슬 관리의 활용으로 테스코는 2022년 테스코 익스체인지(Tesco Exchange)를 도입하여 3,500개 이상의 테스코 공급업체가 잉여 재고나 제품을 다른 공급업체에 판매하거나 기부함으로써 생산 비용을 절감하고 폐기물을 줄일 수 있었다. 테스코 익스체인지는 특정 제품(예: 농작물, 부산물, 원자재, 포장재 등)을 과잉 보유하고 있는 공급업체와 이를 필요로 하는 다른 테스코 공급업체를 연결해주는 새로운 온라인 마켓플레이스이다. 생산 비용 절감은 궁극적으로 고객에게도 혜택을 가져다줄 것으로 예상된다.

가치사슬의 개선은 판매 및 운영 계획(sales and operations planning, S&OP) 시스템을 통해 실행되는 반복적인 개선 계획에 의해 이루어진다. Kjellsdotter와 Jonsson(2010)은 반복 계획 주기의 단계 전반에 걸쳐 디지털 비즈니스의 이점을 다음과 같이 밝혔다.

- **합의된 예측 생성**: 통계적 예측 방법을 사용하여 수요 계획 도구가 다양한 부서와 기업을 통합하여 더 나은 의사결정 지원을 제공한다.

- **사전 배송 계획 수립**: 예측에서 얻은 통찰을 적용하여 계획 수립에 드는 노력을 줄일 수 있다.
- **사전 생산 계획 수립**: 여러 엔티티를 통합하고, 다양한 기능을 조정하며, 최적화 모델을 사용하여 가장 실행 가능한 해결책을 찾을 수 있다.
- **배송 및 생산 계획 조정**: 정보 시각화, 시나리오 분석(예: 자원 가용성 및 고객 요구에 대한 영향 분석)을 통해 계획을 조정한다.
- **배송 및 생산 계획 확정**: 실질적인 비용 절감과 계획 및 일정에 대한 신뢰성 향상이라는 무형의 이점을 포함한 전반적인 혜택을 제공한다.

가치 네트워크

외부 가치사슬(가치 네트워크) 기업과 전략적 파트너 및 비전략적 파트너가 연결되어 외부 가치사슬을 형성한다.

시장 출시 기간을 단축하고 고객 대응력을 높이는 것은 단순히 내부 프로세스의 효율성과 정보 시스템 도입 방식을 재검토하는 것뿐만 아니라, 일부 프로세스를 아웃소싱하기 위해 파트너를 어떻게 참여시킬 것인가를 검토하는 것에서 비롯된다. 포터의 초기 연구에서는 내부 가치사슬뿐만 아니라 **외부 가치사슬(가치 네트워크)**(external value chain, value network)도 고려했다. 기업이 더 많은 활동을 아웃소싱할수록 기업과 파트너 간의 관계 관리가 더욱 중요해진다. Deise 등(2000)은 가치 네트워크 관리를 다음과 같이 설명한다.

> 제약 기반의 실시간 환경에서 변동에 따라 아웃소싱할 항목을 효과적으로 결정하는 프로세스

디지털 커뮤니케이션을 통해 아웃소싱 파트너십의 구축·관리·모니터링에 필요한 정보 전달이 가능해졌다. 이러한 연결은 '가치사슬 통합자'라는 중개자를 통해 이루어지기도 하고, 파트너 간에 직접 이루어지기도 한다. 그 결과 파트너의 가치 네트워크를 관리한다는 개념이 일반화되었다.

Deise 등(2000)의 모델을 기반으로 한 그림 6.8은 가치 네트워크의 파트너를 다음과 같이 분류하여 나타낸 것이다.

- **공급 측 파트너(업스트림 공급사슬)**: 공급업체, B2B 거래, 도매업체, 유통업체 등
- **주요 또는 핵심 가치사슬 활동을 수행하는 파트너**: 어떤 기업은 인바운드 물류 관리를 아웃소싱할 수 있고, 어떤 기업은 제조 공정의 다양한 측면을 아웃소싱할 수 있다. 가상 조직에서는 모든 핵심 활동을 아웃소싱할 수 있다.
- **판매 측 파트너(다운스트림 공급사슬)**: B2B 거래, 도매업체, 유통업체, 고객 등(다른 파트너와 구별되므로 그림에 표시하지 않음)
- **가치사슬 통합자 또는 내부·외부 가치사슬을 중개하는 서비스를 제공하는 파트너**: 이러한 기업은 일반적으로 기업을 위한 전자 인프라를 제공한다.

그림 6.8에 제시된 가치 네트워크 요소와 그림 6.6에 제시된 전형적인 B2B 기업 공급사슬 요소의 유사성은 분명하다. 그러나 가치 네트워크는 다음과 같은 점을 강조하기 위한 다른 관점을 제공한다.

- 파트너와 조직 간, 파트너 간의 직접적인 디지털 상호 연결은 파트너 간의 실시간 정보 교환을 가능하게 한다.
- 네트워크는 시장 상황과 고객의 요구에 따라 쉽게 수정될 수 있다. 새로운 파트너를 네트워크에 쉽게 추가할 수도 있고 기존 파트너를 쉽게 배제할 수도 있다.
- 다양한 유형의 파트너 사이에 각기 다른 유형의 링크가 형성될 수 있다.

제삼자에게 도매식으로 아웃소싱하는 것만이 유일한 선택은 아니다. 형성될 수 있는 다양한 유형의 파트너십은 '파트너십 관리' 절에서 자세히 설명할 것이다. 또한 아웃소싱이 비용 절감을 의미하지 않는다는 점도 기억해야 한다. 마이클 델은 델이 아웃소싱을 가치 없는 프로세스를 제거하는 것으로 보지 않고, 오히려 '고객을 위해 최대의 가치를 창출하기 위해 활동을 조정하는 방법'으로 간주한다(Magretta, 1998). 델은 공급업체 및 유통업체와 협력하여 고객의 특정 주문에 맞추어 컴퓨터를 제작하고 24시간 내에 배송하는 '스마트 셀렉션(Smart Selection)' 프로그램(델이 가장 인기 있는 구성이라고 생각하는 제품을 미리 조립하는 방식)을 통해 고객 서비스를 개선했다.

공급사슬 재구축 옵션

디지털 비즈니스 전략 정의의 일환으로 관리자는 공급사슬 구조를 어떻게 수정할 수 있는지 고려할 것이다. 이러한 선택지는 수년 전부터 존재해왔지만, 인터넷 기술은 보다 효율적인 실현 수단과 더 낮은 비용의 커뮤니케이션 수단을 제공한다.

수직적 통합 공급사슬 활동이 조직 내에서 수행되고 통제된다.

가상 통합 대부분의 공급사슬 활동이 조직 외부에서 제삼자에 의해 수행되고 통제된다.

공급사슬 관리의 옵션은 내부[**수직적 통합**(vertical integration)]와 아웃소싱을 통한 외부 통제[**가상 통합**(virtual integration)]의 연속선상에 있다고 볼 수 있다. 중간 단계는 '수직적 분해' 또는 '공급사슬 분절'이라고 부르기도 한다. 그림 6.9에 이 연속체를 나타냈다.

20세기 후반에는 수직적 통합에서 수직적 분해를 거쳐 가상 통합에 이르는 일반적인 추세를 볼 수 있었다. 자동차 제조 산업에서 전통적으로 자동차 공장은 제철소 근처에 위치하여 원자재를 투입하고 완성품을 내놓는 형태였다. 자동차를 구성하는 다른 부품도 자체적으로 생산하고, 마케팅 등 기타 가치사슬 활동도 거의 자체적으로 이루어졌다. 조명, 인테리어, 장식, 엔진 등 점점 더 많은 부품을 외부에서 조달하는 움직임이 점차 나타났다. 이제 마케팅 활동은 대부분 마케팅 대행사에 맡기고 있다. 또 다른 예는 제약 회사의 약제 급여 관리 기관(민간 및 기업 의료 제도에서 의약품 유통을 관리하는 회사)의 인수이다. 제약 회사의 다운스트림 공급사슬에 속하는 이러한 회사를 인수함으로써 '고객에게 더 가까이 다가가는' 동시에 자사 의약품의 유통을 유리하게 통제하는 것을 목표로 한다.

주목할 쟁점 6.2

핵심 프로세스의 가상 통합 및 아웃소싱

델과 같은 기업이 핵심 비즈니스 프로세스의 아웃소싱과 가상 통합에 성공한 것은 모든 기업이 경쟁력을 갖추기 위해 이 모델을 채택해야 한다는 것을 시사한다.

Hayes와 Wheelwright(1994)는 조직의 수직적 통합 전략 선택에 대한 유용한 프레임워크를 제공한다. 세 가지 주요 결정은 다음과 같다.

- **사업 확장의 방향성**: 공급사슬 업스트림과 다운스트림 중 어느 쪽을 목표

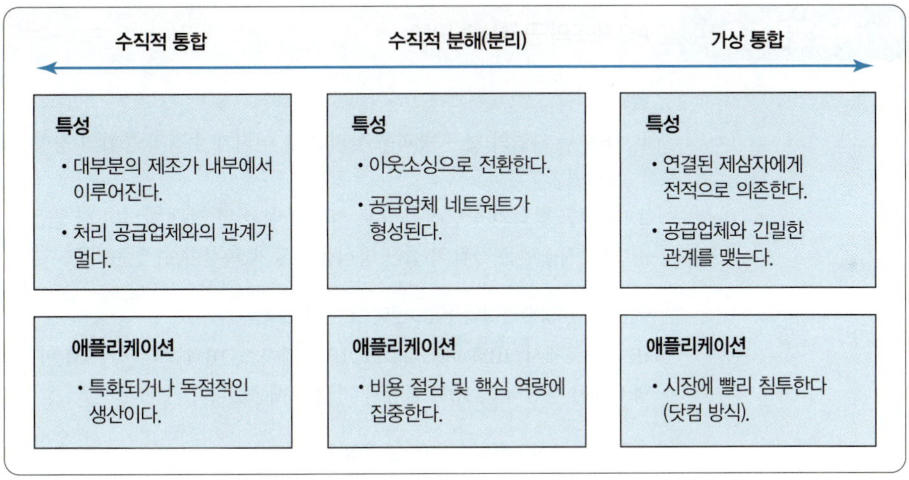

그림 6.9 수직적 통합, 수직적 분해, 가상 통합의 특징

로 할 것인가? 앞서 언급한 제약 회사들은 공급 네트워크의 다운스트림 부분을 인수하기로 결정했다(다운스트림 수직적 통합). 이는 고객에 대한 영향력을 강화할 수 있기 때문에 공격적인 전략 행동이라고도 한다. 제약 회사가 다른 연구소를 인수한다면 이는 업스트림 지향 수직적 통합이며 방어적인 전략이다.

- **수직적 통합의 범위**: 다운스트림 또는 업스트림 수직적 통합을 어디까지 해야 하는가? 원래 자동차 제조업체는 수직 계열화 정도가 높았으나 최근에는 넓은 공정 범위에서 좁은 공정 범위로 전환하고 있다.
- **수직적 통합 단계 간 균형**: 각 공급사슬 단계가 즉각적인 공급사슬을 지원하는 데 어느 정도 집중하는가? 예를 들어 자동차 제조업체의 공급업체가 다른 산업용 부품도 생산한다면 이는 불균형한 상황이 될 것이다.

이러한 개념을 종합하여 전형적인 B2B 기업을 생각해볼 수 있다(그림 6.5 참조). 만약 어떤 기업이 공급사슬의 업스트림 및 다운스트림 요소를 대부분 소유하고 있고 각 요소가 B2B 기업의 활동을 지원하는 데 집중한다면, 이 기업의 전략은 업스트림 및 다운스트림 방향의 수직적 통합을 따르며 광범위한 프로세스 범위와 높은 균형도를 갖추게 될 것이다. 반대로 핵심 역량에 집중하도록 전략을 변경한다면 좁은 프로세스 범위를 갖게 된다고 할 수 있다.

그렇다면 전자통신은 이러한 전략을 어떻게 지원할 수 있을까? 공급사슬 구성원 간의 정보 흐름을 증가시킴으로써 전자상거래는 프로세스 범위를 좁히는 전략을 지원할 수 있다. 그러나 이는 공급사슬의 모든 구성원이 전자화되어 있다는 것을 전제로 한다. 공격적 전략 또는 방어적 전략을 취하는 기업은 전자상거래 채택을 명시함으로써 공급사슬 전체의 효율성을 높일 수 있다. 학습활동 6.2에서는 PC 제조에 대한 두 가지 공급사슬 모델의 개념과 각 접근 방식의 이점을 알아본다.

학습활동 6.2 **PC 제조의 공급사슬 모델**

활동

1. 아래 두 기업의 접근 방식을 살펴보라. 어디가 수직적 통합의 경향이고, 어디가 가상 통합의 경향인가?
2. 각 접근 방식의 장단점을 표로 정리하라. 어떤 접근 방식이 더 좋은가?
3. 정보 시스템은 각각의 접근 방식을 어떻게 촉진할 수 있는가?

접근법 1: 1980년대와 1990년대 초반의 IBM

IBM 프로세서, IBM 하드디스크, IBM 케이스, IBM 모니터, IBM 마우스까지 다양한 부품을 IBM 공장에서 생산하고, IBM 물류가 기업에 배송했다.

접근법 2: 1990년대와 2000년대의 델

인텔 프로세서, 시게이트 하드디스크, 소니 모니터, 마이크로소프트 마우스 등 모든 부품을 각기 다른 위치의 제삼자가 제조했다. 일부 부품의 조립은 제삼자가 수행했다(예: 각 주문에 따라 시스템 유닛에 적절한 모니터를 추가했다).

디지털 비즈니스를 활용한 공급사슬 재구축

정보 공급사슬(ISC) 공급사슬에 대한 정보 중심적 관점으로, 기술 기반 공급사슬 관리의 효율성과 효과성을 달성하기 위한 조직적·기술적 도전 과제를 다룬다.

공급사슬의 효율성을 개선하기 위해 디지털 커뮤니케이션을 활용하는 것은 효과적인 정보 교환 및 공유에 달려 있다. 표준화된 데이터 형식과 데이터 교환의 어려움으로 인해 Marinos(2005), Sun과 Yen(2005)이 제안한 **정보 공급사슬**(information supply chain, ISC)의 최적화 연구가 등장했다. March 등(2007)은 정보 공급사슬을 다음과 같이 설명했다.

> 물리적 공급사슬과 가상 공급사슬에 대한 정보 중심적 관점으로, 각 엔티티가 적절한 정보를 적시에 적절한 엔티티에 안전하게 제공함으로써 공급사슬에 가치를 더하는 것이다. 정보 공급사슬은 정보를 수집·구성·선택·종합·배포함으로써 협력 엔티티에 가치를 창출한다. 정보 공급사슬을 육성하기 위한 과제는 조직과 기술 양면에서 발생하며, 정보 공급사슬에 대한 기술 투자로부터 이익을 얻으려면 조직 내부 및 조직 간 비즈니스 프로세스의 민첩성과 유연성이 필요하다.

정보 비대칭성 공급사슬 구성원 간의 불완전한 정보 공유는 수요와 가격에 대한 불확실성을 증가시킨다.

이 정의는 정보 공급사슬 관리의 범위와 과제를 드러낸다. Legner와 Schemm(2008)에 따르면 소매 및 소비재 산업에는 두 가지 유형의 정보 공유 및 조정 문제가 있다. ① 물리적 수요와 공급사슬을 조정할 수 있게 하는 거래 정보 흐름(수요 신호, 예측, 주문, 배송, 통지 또는 송장), ② 소매업체와 제조업체가 동일한 방식으로 데이터를 해석할 수 있도록 보장하는 맥락적 정보 흐름이 그것이다. 두 연구자는 확립된 문제 중 하나가 '채찍 효과' 또는 **정보 비대칭성**(information asymmetry)이며, 그 결과 수요 신호가 증폭되어 공급사슬을 따라 재고 수준이 변동한다고 설명했다. 앞서 소개한 효율적인 소비자 대응(ECR) 개념은 정보 비대칭성을 줄이기 위한 시도이다. 정보 비대칭성은 기술을 이용하여 줄일 수 있지만 표준과 전문 지식 부재 또는 구현 비용과 같은 기술적 장벽이 이를 가로막는다. 또한 공급사슬 파트너의 신뢰 수준과 정보 보유를 통한 경쟁 우위 등의 조직적 문제도 마찬가지로 중요하다.

이 절에서는 정보 공급사슬을 최적화하기 위한 노력을 검토하고, 정보 공급사슬 지원 기술 도입의 이점에 대해 설명한다. 그리고 기업이 업스트림 및 다운스트림 공급사슬 관리를 지원하기 위해 어떻게 기술을 활용할 수 있는지 살펴본다.

공급사슬 관리를 위한 기술 옵션 및 표준

eSCM을 가능하게 하는 데이터 전송 옵션과 표준 중 일부를 3장에서 소개했는데, 여기에는 다음이 포함된다.

- **EDI**: 주문서, 납품서, 송장을 교환하기 위한 비교적 간단한 방법이다.
- **XML 또는 XML-EDI 기반 데이터 전송**: 주문 요청을 잠재적 공급업체에 전송하는 것과 같은 더욱 정교한 일대다 데이터 전송을 가능하게 한다.
- **미들웨어 또는 소프트웨어**: 외부 시스템의 요청을 실시간으로 통합하거나 변환하는 데 사용되며, 이를 통해 내부 시스템에서 이해하고 후속 조치를 취할 수 있다.
- **B2B를 위한 전통적 웹 기반 전자상거래 매장**: 수동 이메일 주문이나 온라인 구매가 가능하다.

이러한 메커니즘에 의해 전사적 자원 관리(ERP) 시스템을 사용하는 고객의 데이터를 공급업체로 전송할 수 있다. 전사적 자원 관리 시스템에는 제품의 미래 수요를 모델링하고, 제품 제조에 필요한 관련 구성 요소의 자재 명세서를 생성하고 주문하는 데 사용되는 자재 요구 계획 모듈이 포함되어 있다.

B2B 기업과 관련된 e-공급사슬 관리의 대표적인 장점은 다음과 같다.

- **개별 프로세스의 효율성 향상**: B2B 기업이 전자 조달을 도입하면 주문 주기가 빨라지고 주문당 비용이 절감된다.
  장점: 주문 주기 및 주문당 비용 절감
- **공급사슬의 복잡성 감소**: 이는 2장에서 언급된 탈중개화 과정이다. 여기서 B2B 기업은 유통업체나 소매업체를 거치지 않고 자사 전자상거래 사이트에서 직접 판매할 수 있는 기능을 제공한다.
  장점: 채널 유통 및 판매 비용 절감
- **공급사슬 요소 간 데이터 통합 개선**: B2B 기업은 제품 수요에 대한 정보를 공급업체와 공유하여 공급 프로세스를 최적화할 수 있다. 아고스의 멀티채널 소매 전략에 대한 사례 연구 6.2는 시스템과 데이터의 효과적인 통합을 통해 달성할 수 있는 온라인 매출 성장을 보여준다.
  장점: 서류 처리 비용 절감
- **아웃소싱을 통한 비용 절감**: 기업은 재고 보유 비용과 같은 자산과 비용을 제삼자에게 이

전하거나 가상 통합을 활용하여 아웃소싱할 수 있다.

장점: 가격 경쟁을 통한 비용 절감, 생산 능력 및 보유 능력에 대한 지출 감소

• **혁신**: eSCM은 더 다양한 제품을 제공하고 시장 출시 기간을 단축할 수 있는 유연성을 높여야 한다.

장점: 고객 대응력 향상

정보 시스템이 지원하는 업스트림 공급사슬 관리

공급사슬 관리의 업스트림 공정에서 중요한 것은 조달과 업스트림 물류이다. 디지털 비즈니스에서 조달을 지원하기 위해 정보 시스템을 어떻게 활용할 수 있는지가 매우 중요한데, 이는 이 장의 뒷부분에서 자세히 다룰 것이다.

많은 식료품 소매업체는 기술을 활용하여 업스트림 공급사슬을 관리하는 데 앞장서왔다. 예를 들어 테스코는 'TIE(Tesco Information Exchange)'를 구축했고 다른 소매업체들도 이러한 서비스를 개발했다. TIE는 GEIS(GE Information Services)와 공동으로 개발한 엑스트라넷 솔루션으로, 이를 통해 테스코와 공급업체는 거래 정보를 서로 교환할 수 있다. TIE는 테스코의 주요 시스템과 연계되어 있다. 공급업체가 EPOS(electronic point of sale) 데이터 등 관련 최신 정보에 접근하고, 매출을 추적하며, 사내 전화/이메일 디렉터리에 접근하여 적절한 담당자를 즉시 찾을 수 있도록 지원한다.

RFID와 사물 인터넷

RFID 무생물(제품)이든 생물(사람)이든 부착된 것을 모니터링하는 데 사용되는 마이크로칩 기반 전자 태그

RFID(radio-frequency identification) 태그는 공급사슬 관리의 혁신적인 요소로서 물류 목적으로 널리 사용되고 있다. RFID 태그는 창고와 소매점의 개별 품목에 부착할 수 있다. 적절한 RFID 리더기 기술은 재고 수준을 평가하는 데 사용할 수 있다. RFID 리더기를 시스템에 연결하여 제품의 위치와 상태를 인터넷에 업로드할 수 있는데, 이러한 접근 방식을 사물 인터넷이라고 한다. 최근 많은 기업이 RFID 기술을 전략적 계획 수립에 도입하고 있다. RFID를 공급사슬 및 물류 운영에 도입하면 제품·배송·자산 식별을 개선하는 것 이상의 이점을 얻을 수 있다.

정보 시스템이 지원하는 다운스트림 공급사슬 관리

다운스트림 공급사슬 관리의 주요 활동은 아웃바운드 물류와 풀필먼트이다. B2B 맥락에서 공급사슬의 다운스트림에 위치한 고객이 얻을 수 있는 혜택은 물론 업스트림 공급사슬 자동화를 통해 조직이 얻을 수 있는 혜택과 유사하다. 이러한 문제는 7장에서 마케팅 관점으로 다룰 것이며, 이 장에서는 전자상거래의 성공에 있어 풀필먼트의 중요성을 살펴본다.

또한 식료품 소매 시장을 예로 들어 다운스트림 공급사슬 관리에서 전자상거래의 의미를 설명한다. 테스코는 다운스트림 공급사슬 관리에 전자상거래를 활용하는 선도 기업 중 하나이다. 테스코의 다운스트림 공급사슬은 고객에 대한 직접 판매, 즉 지점의 역할을 줄이는 탈중개화 전략(2장 참조)을 취하고 있다. Tesco.com은 이러한 전략을 가장 먼저 도입하여 세계 최대의 온라인 식료품 사이트로 성장했다.

아웃바운드 물류 관리

아웃바운드 물류의 중요성은 웹사이트를 통한 직접 판매를 제공한다는 기대와 관련이 있다. 한마디로 물류는 웹사이트에서 확립된 서비스 약속을 실현하는 데 매우 중요하다.

물류의 중요성 그리고 그것이 수익과 어떻게 연관되는지에 대한 또 다른 관점을 보여주는 예로 아마존의 성공을 들 수 있다. Phillips(2000)는 풀필먼트 메커니즘이 아마존의 비용을 증가시킨다고 보고했다. 이는 아마존 매출의 86%를 차지하는 미국에서 특히 심각한 문제이다. 인구 밀집 지역 간의 거리가 멀기 때문에 배송을 위해 7개의 물류센터 네트워크가 필요하다. Phillips(2000)는 단일 주문을 처리하기 위해 여러 지역에서 제품을 배송해야 하기 때문에 우편 비용과 제품 조립 및 배송 인건비가 많이 든다고 설명한다. 모든 물류센터에 모든 제품을 재고로 보유하는 대안은 재정적으로 불가능하다. 일부 분석가들은 아마존이 물류 전략을 변경하여 유통 업무를 별도의 수익원으로 분리하고, 풀필먼트 아웃소싱을 통해 비용을 절감해야 한다고 지적한다.

공급사슬 관리를 위한 정보 시스템 인프라

공급사슬 가시성 다양한 이해관계자들이 공급사슬 프로세스에 대한 정확하고 관련성 있는 최신 정보에 접근할 수 있게 하는 것

정보 시스템은 직원, 공급업체, 물류 서비스 제공업체, 고객 등 기업의 공급사슬 정보에 접근해야 하는 다양한 이해관계자들에게 **공급사슬 가시성**(supply chain visibility)을 제공해야 한다. 예를 들어 고객은 자신의 주문 상태를 확인하고 싶어 하고, 공급업체는 고객의 대량 주문 시점을 파악하기 위해 기업의 데이터베이스에 접속하고 싶어 한다. 또한 보안도 중요하다. 만약 가격 차이가 있다면 기업은 고객에게 가격 차이를 보여주고 싶지 않을 것이다.

공급사슬 정보 제공에 대한 이러한 요구는 관계자마다 다른 개인화된 뷰를 제공하는 통합 공급사슬 데이터베이스의 필요성을 드러낸다. 그림 6.10은 공급사슬 관리를 위한 전형적인 통합 정보 시스템 기반을 보여준다.

애플리케이션은 공급사슬을 계획하기 위한 애플리케이션과 공급사슬 프로세스를 실행하기 위한 애플리케이션으로 구분할 수 있다. 사례 연구 6.2는 수요 데이터를 수집하고 다양한 데이터베이스와 애플리케이션 간에 데이터를 전송하는 데 새로운 기술이 어떻게 사용되는지를 보여준다.

최신 공급사슬 인프라의 주요 특징은 공급사슬 프로세스와 애플리케이션 간에 정보를 공유할 수 있는 중앙 운영 데이터베이스를 사용하는 것이다. 이 운영 데이터베이스는 일반적으로 SAP, Baan, Prism과 같은 기업 자원 계획 시스템의 일부이며, 일반적으로 공급사슬 계획 및 실행을 위한 애플리케이션과 함께 구매된다. 네트워크 시뮬레이션 및 최적화와 같은 일부 계획 애플리케이션은 다른 소프트웨어 공급업체에서 제공하는 경우가 많다. 문제 발생 시 관리자가 공급사슬 프로세스에 개입하는 데 필요한 정보는 경고로 전달되거나, 파트너와의 연결에 사용되는 보안 사설 인트라넷 또는 엑스트라넷을 통한 지속적인 모니터링에 의해 전달된다.

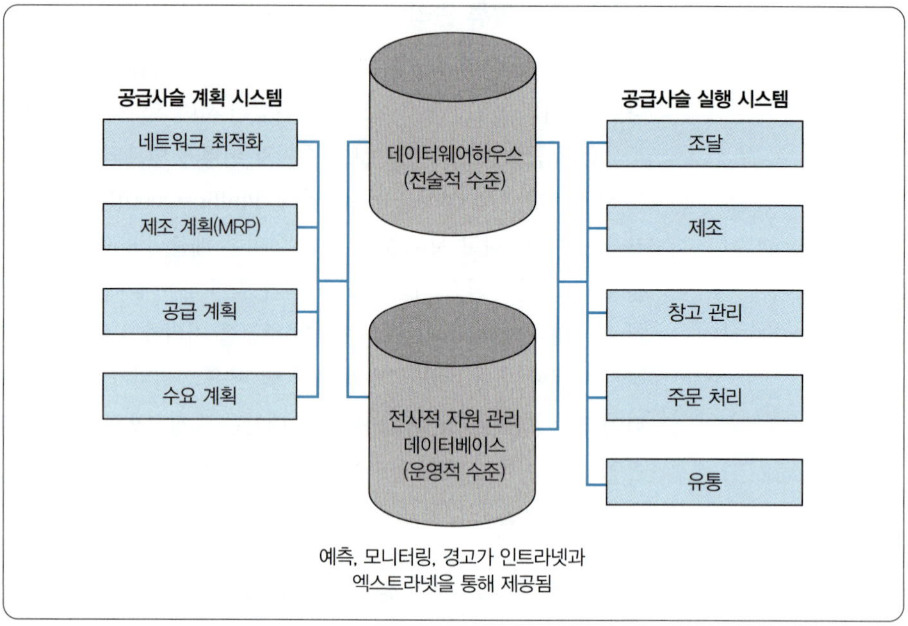

그림 6.10 공급사슬 관리를 위한 전형적인 정보 시스템 인프라

공급사슬 관리의 구현

연결된 소비자들로 인해 공급사슬이 점점 더 복잡해지고 있다. KPMG 보고서(2017)는 다음과 같이 밝혔다.

> 본질적으로 공급사슬 리더의 사명은 적절한 제품을 적절한 시기에 적절한 가격에 적절한 소비자에게 제공하는 것이다. 하지만 연결된 소비자들의 등장으로 소비자가 매장에서, 웹사이트에서, 스마트폰으로, 집에서 버튼 하나만 누르면 원하는 브랜드를 구매할 수 있는 세상에서는 이들의 요구를 충족하는 일이 기하급수적으로 복잡해졌다. 소비자는 집이나 직장에서 수령하거나 사물함으로 배송받으려(독일에서 선호) 할 수 있다.

데이터 표준화 및 교환

호환되지 않는 시스템 간 정보 교환의 어려움은 공급사슬 관리 도입을 가로막는 장벽이었다. 화학 산업에서 성공한 엘리미카(Elemica)와 같은 온라인 마켓플레이스는 수직 부문 내 제한된 파트너 간의 협업을 기반으로 한다. 그러나 보다 다양한 제품을 취급하는 시장에서는 표준화가 더욱 어렵다.

Schemm 등(2007)에 따르면 소매업체가 이러한 접근 방식을 통해 얻는 이점은 다음과 같다.

- 주문 및 품목 관리 50% 개선

- 계산대에서의 쿠폰 거부 40% 감소
- 데이터 관리 노력 30% 절감
- 품절 품목 감소(8% → 3%)에 따른 진열대 가용성 개선

그러나 새로운 기술이 공급사슬을 변화시키기 시작했으며, 특히 창고 내 로봇과 인공지능이 대표적인 예이다. 인공지능 시스템 네트워크는 공급사슬을 설계하고 가장 효과적인 공급사슬을 자동으로 선택할 수 있다.

공급사슬 관리 전략 프로세스

공급사슬 관리의 전략적 접근은 SOSTAC™ 접근 방식(5장, 7장 참조)을 사용하여 정의할 수도 있다. Hughes 등(1998)의 지침에 따른 공급사슬 관리 전략 수립에 대한 SOSTAC™ 접근 방식을 표 6.3에 요약했다. 표 6.3은 전략적 사고에 대한 선형적 접근을 나타내지만, 4장과 5장에서 지적했듯이 기업, 공급업체 및 기타 제삼자와의 공동 개발을 통한 반복적 접근이 필요하다.

Hughes 등(1998)은 공급사슬 개선을 위한 전략을 변화의 범위와 속도에 따라 분류했다. 그림 6.11은 공급사슬에 대한 네 가지 전략 옵션을 보여준다. 범위가 상대적으로 제한된 두 가지 전략은 조달이나 아웃바운드 물류와 같은 개별 프로세스에 적용되며, 운영 수준에서 개선을 실현하는 것으로 볼 수 있다. 이러한 전략은 급진적인 변화의 위험을 최소화하면서 단기적인 이익을 안겨줄 수 있다. 반대로 변화의 범위가 더 광범위할 때는 위험이 커지지만 잠재적 보상도 더 크다. 이러한 변화에는 프로세스의 완전한 재설계나 공급사슬의 대대적인 변경이 포함될 수 있다.

표 6.3 공급사슬 관리에 대한 SOSTAC™ 접근 방식

전략 요소	Hughes 등(1998)의 SCM 접근 방식
상황 분석	데이터를 수집한다. • 공급사슬에 대한 현재 접근 방식의 내부 평가 • 시장 동향 및 고객 기회의 외부 분석
목표 설정	목표를 설정한다. • 필요한 목표 수익 정의 및 주주 가치 실현
전략	전략의 방향과 구조를 잡는다. • 이러한 목표를 달성하기 위한 공급사슬 전략 수립(행동)
전술	업무 개선 전략 및 빠른 성과의 우선순위 지정
행동	변화를 실행하고 기존 사고방식을 재검토한다. • 수요를 평가하는 공급사슬 전략 포럼 설립 • 공급사슬 활동의 부가가치, 비용, 주기 분석 • 주요 프로세스를 면밀히 조사하기 위한 임원 주도의 프로젝트 그룹 계단식 구성 • 스폰서 임원에게 사업 개발 전략 할당
통제	성과를 측정한다. • 전사적 검토에 공급사슬 측정 통합 • 성과 달성을 위한 압박을 유지하는 기준 설정

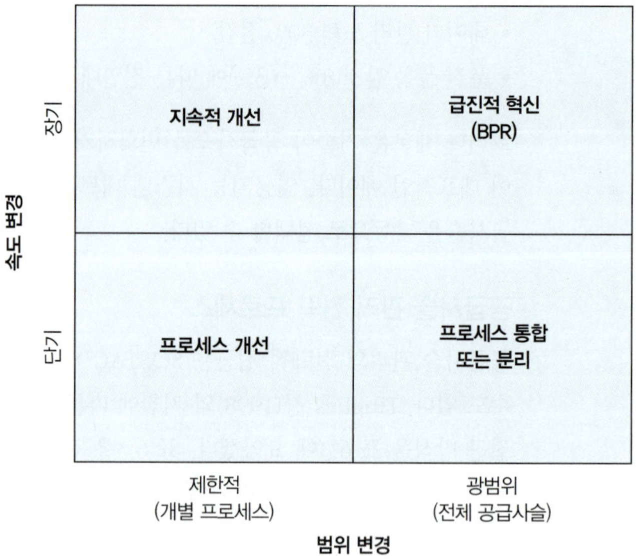

그림 6.11 디지털 비즈니스 공급사슬 혁신을 위한 대안 전략

eSCM 목표 설정 및 성과 관리

eSCM을 효과적으로 관리하려면 시간 및 비용 절감, 고객 서비스 향상 등 eSCM을 통해 얻을 수 있는 혜택을 성과 관리 프레임워크에 적용해야 한다. Sambasivan 등(2009)은 다른 공급사슬 관리 연구자들이 제시한 성과 측정 기준을 통합했다. 이들의 측정 프레임워크는 다음과 같은 측정 척도의 범주를 식별하고 각 측정 척도의 예시를 제시했다.

- **공급사슬 비용**: 총비용, 유통 비용, 제조 비용, 재고 비용
- **수익성**: ROI(투자 수익률)
- **고객 대응성**: 생산 소요 시간, 납기 내 배송된 주문 수, 생산 수량, 주문 충족률, 재고 부족 확률, 미완료 주문 수, 재고 부족 수, 고객 응답 시간, 평균 리드타임, 배송 오류, 고객 불만
- **유연성**: 수량 유연성, 배송 유연성, 제품 믹스 유연성, 신제품 유연성, 계획된 주문 절차, 주문 리드타임, 고객 주문 경로
- **공급사슬 파트너십**: 정보 공유 수준 및 정도, 구매자-판매자의 비용 절감 노력, 품질 향상을 위한 상호 협력 정도, 문제 해결 노력에 대한 상호 지원 정도, 공급업체가 참여하는 단계와 엔티티
- **생산 수준 지표**: 제품 및 서비스 범위, 스케줄링 기술의 효율성, 생산 능력 활용률
- **배송 성과**: 요청일 대비 배송 데이터, 약속일 대비 배송 데이터, 주문 충족 리드타임, 결함 없는 송장 수, 고객 요구를 충족하기 위한 배송 시스템 유연성, 총 배송 비용, 배송 리

드타임
- **고객 서비스 및 만족도**: 유연성, 고객 문의 시간, 거래 후 고객 서비스 측정, 서비스에 대한 고객 인식
- **공급사슬 금융 및 물류 비용**: 자산 및 ROI 관련 비용, 총 재고 비용, 총 현금 흐름 시간
- **비용 성과**: 재료비, 인건비, 기계 에너지 비용, 기계 재료 소비량, 재고 및 작업 중인 재고 수준, 총생산성, 직접 노동 생산성, 고정 자본 생산성, 간접 노동 생산성, 운전 자본 생산성, 부가가치 생산성
- **내부 및 외부 시간 성과**: 시장 출시 기간, 유통 리드타임, 배송 신뢰성, 공급업체 리드타임, 공급업체 신뢰성, 제조 리드타임, 표준 가동 시간, 설정 시간, 대기 시간, 이동 시간, 재고 회전율, 주문 처리 시간
- **품질 성과**: SPC 측정, 기계 신뢰성, 재작업, 품질 시스템 비용, 인바운드 품질, 공급업체 품질 평가, 고객 만족도, 기술 지원, 반품
- **고객관계 관리**: 공급업체 관계 관리 및 주문 처리 프로세스(문서에서는 논의되지 않은 측정 지표)

학습활동 6.3을 수행하면서 eSCM이 이 분야의 성과 향상에 어떻게 도움이 될 수 있는지 생각해보라.

파트너십 관리

공급사슬 재구축의 중요한 요소는 공급업체, 유통업체 등 파트너와의 관계 형태를 검토하는 것이다. 전자상거래로 글로벌화가 진행되면서 파트너십의 형태를 재검토해야 할 필요성이 커지고 있다. 이 절에서는 이러한 파트너십이 어떤 형태를 취해야 하는지 그리고 이를 촉진하기 위해 기술을 어떻게 활용할 수 있는지 살펴본다.

Stuart와 McCutcheon(2000)은 일반적으로 공급 관리(주로 업스트림)에서 파트너십 관리의 주요 원동력이 저비용이라고 밝혔다. 이들은 공급사슬 파트너십의 수정이 대개 '많은 실무자가 받아들여 엄격하게 지키는 지혜'를 따른다고 언급했다. 이러한 접근 방식은 기업에 다음을 요구한다.

- 핵심 역량에 집중한다.

학습활동 6.3 eSCM 성과 관리 프레임워크

목적

eSCM의 이점을 이해하고, 성능 및 운영 관리 개선을 통해 eSCM의 성과를 향상하는 방안을 모색한다.

문제

1. 정보 시스템은 성과 향상에 어떻게 도움이 되는가?
2. 성능 향상을 제한할 수 있는 제약은 무엇인가?

- 공급업체 수를 줄인다.
- 나머지 공급업체와 정보 공유, 신뢰를 바탕으로 한 강력한 파트너십 관계를 구축한다.

Stuart와 McCutcheon(2000)은 이러한 접근 방식이 모든 요구에 적합하지 않을 수 있으며, 필요한 관계의 유형이 최종 목적에 따라 달라질 수 있다고 지적했다. 파트너십을 고려할 때 기업은 공급사슬 프로세스를 어느 정도 통제할 것인지에 대한 옵션을 결정해야 한다. 표 6.4는 파트너십의 전략적 옵션을 기업이 프로세스에 대한 통제와 소유권을 강화하는 순서대로 정리한 것이다. 1번 옵션은 특정 프로세스의 완전한 인소싱이고 2~9번 옵션은 다양한 수준의 아웃소싱이다. 또한 위험을 공유하는 협력적 파트너십(1~5번 옵션)과 시장 경쟁을 통해 가격과 가치의 최적 조합을 달성하기 위한 경쟁적 소싱 사이에도 연속성이 있다. 기업은 아웃소싱을 통해 '프로세스'에 대한 통제력을 잃을 수도 있지만, 계약에 따라 프로세스의 '산출물'에 대한 강력한 통제력을 발휘할 수 있다는 점을 염두에 두어야 한다.

표 6.4에서 보듯이 파트너 간 관계의 깊이가 깊어질수록 정보 교환에 필요한 정보의 양과 복잡성이 증가한다. 장기적인 계약의 경우에는 정보 교환에 다음이 포함된다.

- 단기 주문
- 중장기적 생산 능력 약정
- 장기적 재무 또는 계약 합의

표 6.4 파트너십의 전략적 옵션

파트너 계약	기술 인프라 통합	예
1. 총소유권(회사 주식의 51% 이상)	사내 시스템 통합의 기술적 과제	• 소매업체 아이슬란드(Iceland)가 유통업체 부커(Booker)를 인수했다. • 1993년 이후 시스코는 30건 이상의 인수합병(SCM 관련만 해당되지 않음)을 진행했다.
2. 출자 비율(49% 미만)	사내 시스템 통합의 기술적 과제	시스코는 40개 이상의 하드웨어 및 소프트웨어 공급업체에도 투자하고 있다.
3. 전략적 제휴	신제품 개발을 위한 협업 도구 및 그룹웨어	케이블앤드와이어리스(Cable and Wireless), 컴팩(Compaq), 마이크로소프트가 새로운 디지털 비즈니스 솔루션 'a-Services'를 발표했다.
4. 이익 배분 파트너십	신제품 개발을 위한 협업 도구 및 그룹웨어	정보 시스템 아웃소싱에 때때로 사용되는 계약 방식이다.
5. 장기 계약	위 내용 참조. 서비스 수준 계약 관리 도구가 중요	ISP는 페널티 조항이 포함된 성능 및 가용성 SLA를 설정했다.
6. 우선 공급업체	우선순위 파트너와 상시 EDI 또는 인터넷 EDI 링크 설정	TIE(Tesco Information Exchange)
7. 경쟁 입찰	중개자 또는 구매자 사이트를 통해 진행되는 입찰	바이어 주선 경매(2장 참조)
8. 단기 계약	중개자 또는 구매자 사이트를 통해 진행되는 입찰	바이어 주선 경매(2장 참조)
9. 현물 시장과 경매	중개업체 또는 구매자 웹사이트에서의 경매	B2B 마켓플레이스(예: http://bstock.com)

- 사양이 포함된 제품 설계
- 성능 모니터링, 제품 및 서비스 품질 기준
- 물류

단기적인 관계라면 거래에 관한 간단한 정보(예: EDI 구매 주문서)만 있어도 된다.

Stuart와 McCutcheon(2000)은 좀 더 단순화된 파트너십 옵션을 제시했다. 이들은 파트너십의 선택이 핵심 목표에 따라 달라져야 한다고 제안했다. 만약 비용 절감에 관한 것이라면 경쟁적 긴장이 있는 관계가 필요하다(표 6.4의 6~9번 옵션에 해당). 핵심 목표가 배송 속도 향상, 설계 기능 추가, 맞춤형 요구 등의 부가가치 혜택이라면 6~9번 옵션의 '독립적' 접근 방식이 적절하지 않을 수 있다. 두 연구자는 비용 절감으로 달성한 경쟁 우위라면 단기간에 그칠 가능성이 높기 때문에 기업이 점점 더 부가가치를 통해 얻을 수 있는 이점으로 눈을 돌릴 필요가 있다고 지적했다. 각 공급업체는 어떤 유형의 파트너십이 가장 적합한지 고려해야 한다.

글로벌 유통 관리

Arnold(2000)는 인터넷으로 가능해진 새로운 해외 시장 진출 시 제조업체가 취해야 할 일곱 가지 조치를 제안했다.

- 유통업체를 선택한다. 유통업체에 의해 선택되면 안 된다.
- 신규 고객과의 접점이 있는 유통업체보다는 시장을 개척할 수 있는 유통업체를 찾는다.
- 현지 유통업체를 시장 진입의 일시적 수단이 아닌 장기적 파트너로 대한다.
- 자금, 관리자, 검증된 마케팅 아이디어를 투입하여 시장 진입을 지원한다.
- 처음부터 마케팅 전략에 대한 통제권을 유지한다.
- 유통업체가 시장 및 재무 실적에 대한 상세한 데이터를 제공하는지 확인한다.
- 가능한 한 빠른 시일 내에 국내 유통업체 간 협력 관계를 구축한다.

PwC(2013)가 발표한 글로벌 공급사슬 조사에는 공급사슬 관리를 통해 경쟁력을 향상할 수 있는 현재의 과제와 기회가 잘 정리되어 있다. 이 조사에서는 유럽, 북미, 아시아의 다양한 산업 분야에 있는 공급사슬 전문가 500명의 의견을 평가했는데, 차세대 공급사슬을 '효율적이고, 신속하고, 개별화되어 있으며, 성공에 필요한 속도와 적응력을 갖추고 있다'고 설명했다. 그러나 참가자 중 45%만이 공급사슬이 기업의 전략적 자산으로 간주된다는 데 동의했다. 이 조사는 다양한 산업에 대해 다양한 공급사슬 기능의 지리적 조직을 검증했다는 점에서 의미가 있다. 한 예로 그림 6.12는 소매 및 소비재 부문에서 공급사슬의 글로벌 관리와 현지 관리의 패턴을 나타낸 것이다. 소매 및 소비재 부문에서 기업은 계획, 조달, 실현 활동의 약 7%, 제조 활동의 30%, 배송 활동의 10~55%를 아웃소싱하고 있다. 이 산업에서는 선도 기업의 재고 회전율이 가장 높고(18.2), 다른 어떤 산업의 기업보다 납기 실적이 우수하다. 이 산업에서 후발 기업의 평균 재고 회전율은 3.3이다.

사례 연구 6.3은 RFID 기술을 활용하여 어떻게 공급사슬의 효율성을 높일 수 있는지를 보여준다.

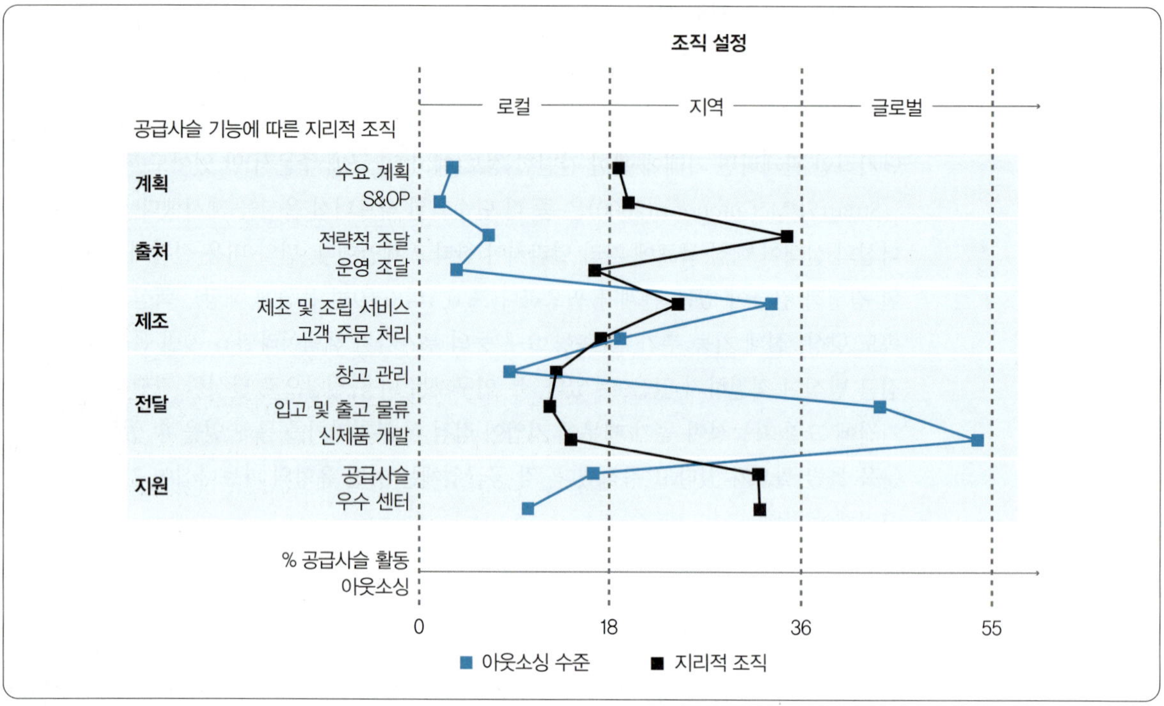

그림 6.12 공급사슬 기능의 글로벌, 지역, 현지 아웃소싱 간 균형

출처: PwC(2013)

사례 연구 6.3 물류 관리의 추적 속도를 높이는 RFID

수년에 걸쳐 공급사슬을 보다 효율적으로 만들기 위해 많은 기술과 기법이 개발되었지만, 유용할 만큼 정확한 정보를 얻기 어렵다는 단순한 이유로 실패하는 경우가 많다. RFID 기술은 작은 무선 태그를 사용하여 공급사슬에서 이동하는 제품을 추적함으로써 이 문제를 해결하고 있다. 개당 약 40센트인 이 태그는 미국, 유럽의 소매업체(월마트가 가장 유명함)와 2005년 미국 국방부가 대형 공급업체에 팔레트와 케이스에 부착하도록 의무화하면서 수요가 급증했다.

RFID 하드웨어와 전자 제품 코드(electronic product code, EPC)라는 고유 번호의 조합을 통해 기업은 태그가 부착된 각 제품에 풍부한 정보를 연관시킬 수 있다. 이 정보는 바코드보다 더 상세할 뿐만 아니라 무선 리더기를 사용하여 읽고 업데이트할 수 있다. 초기 RFID 기술은 기대에 못 미치는 성능이었지만 오늘날의 태그는 포장 케이스가 컨베이어에 있거나 다른 케이스 뒤에 숨어 있어도 안정적으로 판독될 수 있다.

경영 컨설팅 회사 액센추어(Accenture)의 RFID 전문가인 라일 긴스버그(Lyle Ginsberg)는 이렇게 말했다. "RFID는 바코드의 스테로이드로, 바코드에 필요한 사람의 개입이나 시선 문제가 없기 때문에 생산성을 획기적으로 향상할 수 있다."

많은 전문가는 RFID와 EPC의 조합이 공급사슬을 변화시켰다고 생각한다. 더 이상 재고를 세지 않아도 되고, 분실이나 오배송을 막아주며, 공급사슬이나 매장에 얼마나 있는지 추측할 필요가 없어졌다.

미국의 IT 기업 유니시스(Unisys)의 글로벌 비저블 커머스 담당 부사장인 피터 레이젠(Peter Ragen)은 이렇게 말했다. "매장에 무엇이 있는지, 창고에 무엇이 남아 있는지 아는 것만으로도 재고에 대한 가시성을 훨씬 더 높일 수 있다."

RFID를 활용하는 소매업체의 예로는 패션 소매업체 리버아일랜드(River Island)를 들 수 있다. 이 회사는 네답(Nedap)과 제휴하여 실시간 재고 정보로의 전환이라는 목표에 필요한 전문성과 규모를 제공하고 있다. 리버아일랜드는 RFID를 통해 실시간 재고 가시성을 높이고 각 매장의 전체 재고 수준을 모니터링하여 보다 정확한 자동 보충, 매출 증대, 옴니채널 구매 활성화를 이루는 것을 목표로 하고 있다.

리버아일랜드는 아이디 클라우드(iD Cloud)를 이용하여 97% 이상의 재고 정확도를 달성했다. 재고 집계는 매주 한 번씩 이루어진다. 도입 전인 2016년, 리버아일랜드는 1년에 한 번씩 재고를 집계했는데 이 작업에 하루가 걸렸다. 현재는 RFID 핸드헬드와 아이디 클라우드 앱을 사용하여 매장 전체의 RFID 재고 계산을 수행하고 재고

파일을 정리한다. 그 결과 재고 정확도가 향상되어 매출이 크게 증가했으며 매장 배송, BORIS(buy online return in store), BOPIS(buy online pickup in-store)와 같은 옴니채널 서비스를 위한 토대가 마련되었다.

- 매출 5% 증대
- 심각한 재고 부족 11% 감소
- 재고 정확도 72%에서 97%로 향상

출처: Original article explaining the benefits of RFID based on an article by Geoffrey Nairn, Keeping track starts its move to a faster track, Financial Times, 20 April 2005. Reprinted with permission. Updated to include the River Island example, based on a case study by Nedap(https://www.nedap-retail.com/rfid-as-omnichannel-enabler/)

문제

제조업 또는 소매업을 선택하고 해당 업종에 RFID를 적용하는 것의 장점과 위험을 평가하라.

전자 조달의 개요

조달 프로세스

전자 조달이 등장하기 전에 기업의 구매 프로세스는 수십 년 동안 비슷한 방식으로 진행되었다. 표 6.5와 같은 종이 기반 프로세스에서는 최종 사용자가 검색을 통해 품목을 선택하고, 종이 송장을 작성하여 구매 부서의 구매자에게 보낸다(관리자의 승인을 거치다 지연이 발생하기도 한다). 이후 구매자는 주문서를 작성하여 공급업체에 발송한다. 품목이 납품된 후에는 일반적으로 품목, 납품서를 주문서, 송장과 대조하고 결제가 이루어진다. 조달에는 기업 내에서 수령한 제품의 운송·보관·유통도 포함되며, 이를 '인바운드 물류'라고 한다.

학습활동 6.4에서는 전자 조달을 통해 조달 프로세스를 간소화할 수 있는 방법을 알아본다.

표 6.5 전통적인 조달 프로세스의 흐름 분석(일반적인 주기: 5.5일)

작업	차트 기호	시간
1. 제품 검색	●⇨□D▽	1시간
2. 종이 송장 작성	●⇨□D▽	10분
3. 구매자에게 전송	○➔□D▽	1일
4. 구매자의 수신함에 도착	○⇨□◗▽	1/2일
5. 구매자가 주문 번호 입력	●⇨□D▽	10분
6. 구매자가 주문 승인	●⇨□D▽	10분
7. 구매자가 주문서 인쇄	●⇨□D▽	10분
8. 공급업체에 주문 사본과 제품 입고	○➔□D▽	1일
9. 공급업체가 배송	○⇨□D▼	1일
10. 주문서 사본을 회계 부서로 전달	○➔□D▽	1일
11. 청구서 일치 여부 확인	●⇨□D▽	1일
12. 수표 결제	●⇨□D▽	10분

주: 기호는 표 6.6 참조

학습활동 6.4 일반적인 B2B 기업에서 이루어지는 전자 조달 프로세스의 장점 평가하기

목적

기업의 구매와 관련된 업무를 파악하고, 전자 조달을 통한 잠재적 시간 절감 효과를 이해한다.

소개

표 6.5는 전통적인 조달 프로세스를 플로차트 기호로 나타낸 것으로, 이 프로세스는 고위 경영진의 승인이 필요 없는 비교적 낮은 가치의 품목에 적용된다. 시간은 반복 구매 품목보다는 검색을 필요로 하지 않는 신규 품목을 위한 것이다. 표 6.6은 새로운 전자 조달 프로세스를 요약한 것이다.

문제

1. 전통적인 조달 프로세스(표 6.5)의 비효율성은 무엇인가?
2. 이메일 기반 워크플로 시스템을 통한 시스템 자동화로 얻을 수 있는 프로세스상의 이점은 무엇인가?
3. 표 6.6의 전자 조달 프로세스가 더 효율적인 이유는 무엇인가?

표 6.6 신규 전자 조달 프로세스의 흐름 분석(일반적인 주기: 1.5일)

작업	차트 기호	시간
1. 제품 검색	●⇨□D▽	20분
2. 웹 주문	●⇨□D▽	10분
3. 공급업체로부터의 납품	○➔□D▽	1일
4. 청구서 작성	●⇨□D▽	10분
5. 수표 결제	●⇨□D▽	10분

플로차트 기호:
○ 프로세스 ⇨ 이동 □ 검사 D 지연 ▽ 인바운드 제품

조달의 종류

전자 조달의 장점을 이해하고, 전자 조달 도입에 따른 실무적 유의 사항을 파악하려면 조달을 통해 얻을 수 있는 품목의 종류(무엇을 구매하는가)와 주문의 종류(어떻게 구매하는가)를 간략히 살펴볼 필요가 있다. 기업이 무엇을 구매하는지부터 살펴보자.

B2B 기업이라면 제품을 제조하기 위한 철강부터 제품을 가공하기 위한 설비, 사무실에서 사용하는 클립이나 펜까지 모든 것을 구매할 수 있다. 조달은 크게 두 가지 범주로 구분된다. 제품 제조와 관련된 항목(생산 관련 조달)과 운영 또는 비생산 관련 조달이 그것이다. 비즈니스 전반의 운영을 지원하는 운영 관련 조달에는 사무용품, 가구, 정보 시스템, **MRO 물품**(maintenance, repair and operating goods), 케이터링부터 여행에 이르는 다양한 서비스, 컨설팅 및 교육 등의 전문 서비스가 포함된다. 제품 생산을 위한 원자재와 MRO 물품은 비즈니스 운영에 필수적이기 때문에 특히 중요하며, B2B 기업의 경우 제조 장비, 네트워크 케이블, 공정 제어용 컴퓨터 등이 여기에 포함된다.

MRO 물품 생산 공정에서 소비되는 소모품이며, 최종 제품의 일부가 아니다(예: 사무용품, 항공권, 예비 부품).

일반적으로 기업은 두 가지 방법 중 하나를 통해 구매한다.

- **체계적 조달**: 일반 공급업체와의 협상을 통한 계약
- **즉석 조달**: 긴급한 필요를 충족하는 것으로, 일반적으로 공급업체의 신뢰성을 아는 것이 그다지 중요하지 않은 품목

문구류와 같은 품목은 종종 동일한 품목을 반복 구매(직접 재구매)하거나 일부를 변경하여 반복 구매(수정 재구매)한다. 전자 조달 시스템을 이용하면 재구매를 더 쉽게 할 수 있다.

다양한 유형의 전자 조달 참여자

2장에서는 가격 비교 사이트와 같은 다양한 유형의 온라인 중개업체가 소비자의 시장 선택권을 어떻게 변화시켰는지를 살펴보았다. 전자 조달 전략을 개발하는 과정에서 새로운 잠재적 참여자 또는 행위자를 이해하면 도움이 된다. Riggins와 Mitra(2007)는 전자 조달 전략 수립의 일환으로 조달의 변화된 선택지를 이해하기 위해 검토해야 할 중개자를 다음과 같이 제시했다.

- **전통적인 제조업체**: 일반적으로 다른 기업 고객에 판매되는 물리적 제품을 생산한다.
- **직판 제조업체**: 중개업체를 거치지 않고 웹이나 전화 채널을 통해 최종 소비자에게 직접 판매한다는 점을 제외하고는 기존 제조업체와 유사하다. 여기에는 서비스 업체도 포함된다. 직판 제조업체는 직원 항공권 예약과 같은 비즈니스 서비스를 조달하는 기업에 비용 효율적인 선택이 될 수 있다.
- **부가가치 조달 파트너**: 제품과 서비스를 다른 기업에 판매하는 중개자 역할을 한다.
- **온라인 허브**: 엘리미카와 같이 B2B 거래를 통해 수익을 창출하는 산업 전문 수직 포털을 말한다.
- **지식 전문가**: 정보 상품을 생산한다. 예를 들어 이컨설턴시와 스마트인사이츠는 기술 혁신 알림, 모범 사례, 온라인 사용 통계 등의 구독 서비스를 제공한다.
- **온라인 정보 서비스**: 독자적으로 개발했거나 독자적인 편집 관점을 제공하는 고유한 정보를 최종 사용자에게 제공한다.
- **온라인 소매업체**: 신흥 디지털 비즈니스와 전통적인 멀티채널 소매업체가 포함된다. 인터넷 전문 업체인 유로피스(Euroffice)는 기존 업체보다 저렴한 가격으로 사무용품을 제공하며, 스테이플스(Staples)는 매장 네트워크를 갖춘 전통적인 공급업체이다.
- **포털 커뮤니티**: 다양한 온라인 정보 서비스를 통합한 고객 경험을 제공한다. 이는 온라인 정보 서비스, 지식 전문가와 중복된다.

Knudsen(2003)과 Smart(2010)는 전자 조달의 다양한 유형과 응용을 간략하게 분류했는데, 주요 유형은 다음과 같다.

- **e-소싱**: 조달 프로세스의 정보 수집 단계에서 인터넷을 이용하여 잠재적인 신규 공급업체를 발굴하는 것이다.
- **전자 입찰**: 공급업체를 선별하고 정보 제공 요청서(requests for information, RFI) 또는

가격 제안 요청서(requests for price, RFP)를 공급업체에 발송하는 프로세스이다.

- **e-정보**: 공급업체의 적격성을 평가한다. 거래를 수반하지 않고 공급업체의 품질, 재무 상태, 납품 능력에 관한 정보를 다룬다.
- **전자 역경매**: 구매 기업이 인터넷 기술을 통해 최저 가격 또는 최저 가격과 기타 조건을 결합한 제품과 서비스를 구매할 수 있도록 한다.
- **eMRO와 웹 기반 ERP**: 대부분의 전자 조달 애플리케이션의 핵심인 제품 구매 및 공급에 관여한다. 소프트웨어를 사용하여 구매 요청서 작성 및 승인, 주문, 주문한 제품 또는 서비스 수령 프로세스를 관리한다.

전자 조달의 추진 요인

Smart(2010)는 세 기업의 사례 연구를 통해 전자 조달의 비즈니스 이점을 살펴보았다. 그는 전자 조달 채택을 위한 주요 추진 요인 또는 공급업체 선정 기준을 다음과 같이 제시했다.

- **통제**: 규정 준수 개선, 중앙 집중화 달성, 기준 상향 조정, 조달 전략 최적화, 데이터 감사 개선, 지출 제한 규칙과 보고 기능 개선을 통한 예산 관리 강화
- **비용**: 공급업체의 경쟁 심화, 절감 목표 모니터링, 거래 비용 절감을 통한 구매 레버리지 개선
- **프로세스**: 전자 조달 프로세스 간소화 및 표준화를 통한 주기 단축, 관리 프로세스 가시성 향상, 효율적인 송장 결제 실현
- **개인 성과**: 지식 공유, 부가가치 생산성 및 생산성 향상
- **공급업체 관리**: 공급업체 수 절감, 공급업체 관리, 선정 및 통합 개선

표 6.5와 6.6에서 보듯이 직접적인 비용 절감은 프로세스 효율화를 통해 이루어진다. 프로세스 효율화는 제품 검색 및 주문, 납품 및 송장 대조 등에 소요되는 직원의 시간을 줄여준다. 또한 개인 또는 부서에 대한 사전 승인된 지출 예산을 자동으로 검증함으로써 각 주문을 처리하는 데 필요한 인원이 줄어들고 시간이 단축된다. 뿐만 아니라 특별히 인쇄된 주문서, 송장과 같은 물리적 자료의 비용도 절감할 수 있다.

전자 조달로 얻을 수 있는 간접적인 이점도 있다. 표 6.5와 6.6은 주문부터 제품 사용까지의 주기를 단축할 수 있는 방법을 보여준다. 또한 전자 조달은 최적의 가치를 기준으로 다양한 공급업체로부터 제품을 주문하는 데 더 큰 유연성을 제공할 수 있다. 전자 조달은 구매 부서에서 구매자의 역할도 변화시키는 경향이 있다. 발주, 납품, 송장과 발주서 대조 등의 관리 업무가 사라짐에 따라 구매자는 부가가치를 높이는 활동에 더 많은 시간을 할애할 수 있다. 이러한 활동에는 제품 납기와 비용을 개선하기 위해 주요 공급업체와 협력하고 구매 행동을 분석 및 관리하는 것이 포함된다.

Riggins와 Mitra(2007, 그림 6.13)는 전자 조달과 eSCM의 이점을 평가하는 데 유용한

가치 창출 / 차원	효율성	효과성	전략적
계획	전사적 상호작용을 위한 리치 미디어 구현	온라인 경영 정보 시스템 제공	파트너 간 지식경영 촉진
개발	교차 기능 설계를 위한 플랫폼 표준화	파트너 간 세부 요구 사항 공유	가상 조직 전체에서의 동시 설계 지원
인바운드	공급 파트너와의 전자 거래 지원	e-허브 커뮤니티를 통한 공급 유연성 생성	공급 파트너에게 재고 보충 책임 부여
생산	내부 시스템 통합	파트너 간 생산 데이터 교환	글로벌 용량 활용도 최적화
아웃바운드	고객과의 전자 거래 지원	맞춤형 실시간 주문 상태 제공	물류 파트너를 통한 직접 주문 처리 구축

그림 6.13 디지털 비즈니스 e-가치 그리드

출처: Riggins and Mitra(2007)

프레임워크를 개발했다. 이는 프로세스의 효율성과 효과성 측면에서 잠재적 혜택과 기업에 대한 전략적 혜택을 강조하기 때문에 전략 검토에도 활용할 수 있다. 이러한 접근 방식에서 강조하는 가치의 주요 차원은 다음과 같다.

- **계획**: 이는 전자 조달 시스템이 전자 조달에 관한 경영 정보의 질과 보급을 향상할 수 있는 가능성을 보여준다.
- **개발**: 신제품 개발 초기에 제조 원가를 파악하기 위해 전자 조달 시스템을 도입할 수 있다.
- **인바운드**: 이는 전자 조달의 주요 초점으로, 종이 없는 거래에 따른 효율성 향상과 허브 또는 마켓플레이스를 통한 보다 비용 효율적인 조달을 가능하게 한다. 전략적 이점은 VMI를 통해 공급사슬 파트너가 부품 및 판매 품목의 보충을 관리할 수 있다는 것이다.
- **생산**: 제조 관리 시스템과 조달 시스템을 통합하여 부품 가용성 부족으로 인한 제조 제한을 방지한다.
- **아웃바운드**: 고객에 대한 제품 이행의 관리로, 보통은 전자 조달 시스템에서 관리되지 않지만 효율적인 소비자 대응(ECR)을 달성하려면 이러한 시스템을 통해 연계하여 수요를 평가해야 한다.

전자 조달의 장점을 보여주는 예

사례 연구 6.4는 오늘날 많은 기업이 전자 조달을 도입하는 이유를 보여주는 대표적인 예로, 주요 추진 요인은 효율성과 비용 절감이다. 주문 비용이 구매 제품의 가치를 초과하는 경우를 흔히 볼 수 있다.

사례 연구 6.4 공급사슬 관리와 전자 조달로 효율성을 높인 허니웰

허니웰인터내셔널(Honeywell International)은 《포천(Fortune)》이 선정한 100대 기업 중 하나로, 일반 소비자와 B2B 부문의 광범위한 고객을 대상으로 다양한 소비재, 엔지니어링 서비스, 항공우주 시스템을 생산하고 있다.

공급사슬 관리

기업의 최종 성과를 개선하려면 공급사슬 관리를 효과적으로 해야 한다. 즉 적절한 제품을 적절한 방식으로 생산하고, 필요할 때 사용할 수 있어야 한다. 공급사슬 관리와 효과적인 비즈니스 최적화를 위해서는 공급사슬 실행 프로세스와 공급 및 유통 프로세스 간의 통합 정보가 필요하다. 허니웰의 전사적 자원 관리(ERP) 제품은 시스템 응용 프로그램(SAP) 시스템과 같은 ERP 시스템과 허니웰의 경험적 프로세스 지식 시스템을 통합한다. 이를 통해 ERP 시스템과의 강력한 양방향 연결이 구축되어 주문 입력, 회계와 같은 엔터프라이즈 비즈니스 시스템과 프로세스 플랜트 운영을 동기화할 수 있게 되었다.

허니웰은 솔루션을 ERP 및 공급사슬 관리 시스템과 통합함으로써 다음과 같은 이점을 얻었다.

- 생산 주문을 공장 수준의 스케줄링 시스템에 직접 연결하여 보다 긴밀한 공급사슬을 실현했다.
- 액체 및 가스 제품과 같은 일관되지 않은 원시 측정값 대신 수정된 재고를 보고하여 계획 및 재무 분석을 개선했다.
- 공장에서 사용하는 마스터 레시피와 제품 사양서를 배포하여 제품 품질을 향상했다.
- 검사 결과에 대한 링크와 제품 배치 추적을 통해 고객 만족도를 높였다.
- 장비 가동 시간을 정확히 보고하고 유지·보수의 필요성을 평가하여 계획되지 않은 유지·보수를 줄였다.
- 제품 정시 배송, 과잉 재고, 생산 능력 가동률 등 주요 비즈니스 목표에 대한 가시성을 향상했다.

허니웰은 계정 관리, 판매 촉진 광고, 성과 평가부터 직원 포털에 애플리케이션을 올리는 것까지 거의 모든 시스템에서 ERP를 사용하고 있다. 공급사슬의 각 단계는 SAP 기반 ERP 시스템을 통해 명확하게 정의되고 관리된다. 이는 공급업체/재고 관리 및 직원 지식경영에 도움이 되며, 이 모든 것이 실시간으로 추적된다.

전자 조달 시스템

허니웰은 특히 전자 부문에서 매우 복잡한 시스템을 가지고 있다. 여기에는 IC, 저항기, 다이오드, 트랜지스터, 증폭기, 필터, 릴레이 등 주의 깊게 다루어야 하는 미세한 품목이 포함되어 있다. 또한 재고의 규모가 방대하여 관리 및 추적 작업이 훨씬 더 어렵다.

한 팀은 보통 이러한 품목을 100개 이상 주문해야 하며, 7개국 이상에 걸쳐 있는 품목도 있다. 조달 팀은 주문을 받고 전 세계 여러 곳에서 품목을 조달하여 하나의 완전한 패키지로 만든 후 원하는 팀에 보내야 한다. 각 팀에는 재고 관리 팀이 있고, 이들은 인트라넷을 통해 전 세계의 유사한 팀과 연결되어 있다. 이 프로세스에는 여러 부서 간에 이루어지는 많은 웹 트랜잭션이 포함되며, 주문된 각 부품은 여러 승인 단계를 거쳐 주문의 안전성, 보안성, 인증을 보장받는다.

포장과 물류 시스템에도 주의를 기울여야 한다. 같은 날 여러 팀이 같은 품목을 주문할 수도 있고, 같은 장소나 부서로 배송되더라도 다른 팀에 배송될 수 있기 때문이다. 작은 부품을 다른 유사한 주문과 혼동하지 않고, 적절한 품목을 제때 포장하여 배송하는 것이 중요하다. 때로는 수백 개 품목이 들어 있고, 주문한 특정 담당자에게 전달해야 하는 경우도 있다. 주문한 품목이 품절되었을 때는 요구 사항을 충족하기 위해 공급업체에 연락해야 한다. 이러한 공급업체는 엑스트라넷의 로그인 ID를 통해 동일한 ERP 패키지에 접근할 수 있다.

전자 조달 시스템은 입고, 납품, 청구, 송장 처리, 배송 등 전자 물품 구매와 관련된 모든 부분을 처리한다. 조달 시스템에서 ERP를 사용하는 주요 이점은 다음과 같다.

- 구매자의 생산성 향상
- 시스템의 체계화와 예측 가능성
- 주문 도착에 대한 정확한 사전 예측
- 중복 데이터 입력 방지
- 주문 주기 단축
- 재고 감소(세금 절감)

문제

1. 허니웰의 공급사슬 관리와 전자 조달 시스템 통합이 중요한 이유는 무엇인가?
2. 허니웰의 구매 업무 규모를 고려할 때 ERP에 따른 이점은 무엇인가?
3. 전자 조달을 통해 기업의 효율성이 어떻게 향상되는가?

전자 조달 비용 견적

조달 비용을 추정하는 일반적인 방법은 간단하다. 먼저 품목당 평균 조달 비용을 계산한 다음 평균 요청 건수를 곱하면 된다. Tranmit(1999)의 보고서에 몇 가지 예가 제시되어 있다. 일반적인 중기업과 대기업은 매달 1,000~5,000건의 요청서를 발행하고, 품목당 평균 비용 50파운드를 기준으로 연간 60만~300만 파운드를 조달 프로세스에 지출한다. 예외적으로 월 3만~4만 건의 요청서를 발행하는 경우도 있는데, 이럴 때는 연간 조달 비용이 1,800만~4,300만 파운드가 될 수 있다.

전자 조달을 통한 비용 절감액은 다음과 같이 계산한다.

절감액 = 구매 요청 건수 × (원래 비용 − 신규 비용)

비용 절감이 수익성에 미치는 영향

Kluge(1997)의 연구에 따르면 전자 조달을 통해 달성한 비용 절감은 수익성에 큰 영향을 미칠 수 있다. 학습활동 6.5에서는 구매 특성에 따라 기업의 절감액이 어떻게 달라지는지를 알아본다. 가장 큰 절감 효과와 수익성에 미치는 영향은 일반적으로 조달이 주요 비용 요소이고 상대적으로 낮은 가치의 품목에 대한 수요가 많은 제조업에서 나타나는 반면, 서비스업은 비용 절감의 가능성이 낮다. 다시 말해 산업에 따라 잠재적 절감 효과에 큰 차이가 있다(표 6.7 참조).

끝으로 한 가지 주의해야 할 점이 있다. 절감액과 투자 수익을 계산하는 데 사용되는 많은 모델은 그것이 세운 가정만큼만 신뢰할 수 있다.

주목할 쟁점 6.3

전자 조달을 통한 비용 절감

전자 조달의 비용 절감 효과는 실제보다는 이론적인 것이다. 실제로는 조달 인원을 감축해야만 비용을 절감할 수 있다.

표 6.7 산업별 매출 원가에서 조달이 차지하는 비율(Kluge, 1997 추정치)

산업	매출 원가에서 조달 비용이 차지하는 비율
가전제품	60~70%
미니 PC	50~70%
소비재	50~70%
자동차	50~60%
의약품	25~50%
서비스업	10~40%

학습활동 6.5 전자 조달을 통한 비용 절감 및 수익성 모델링

목적

전자 조달을 통한 비용 절감 규모를 좌우하는 기업 내 구매의 다양한 특징을 살펴본다.

활동

자신이 조달 관리자, 정보 시스템 관리자 또는 컨설턴트이고, 전자 조달 시스템에 대한 투자를 승인받기 위해 고위 경영진에게 전자 조달의 비용 절감 효과를 보여주어야 한다고 가정하라. 다음과 같은 사례를 입증하기 위해 두 가상 기업에 대한 스프레드시트 모델을 작성하라.

1. **비용 절감 계산**: 표 6.8과 같은 두 기업의 입력 매개변수를 사용하여 기존 총 구매 비용, 신규 총구매 비용, 주문 건당 비용 변동률, 총 구매 비용 변동률을 계산하는 스프레드시트 모델을 작성하라.

표 6.8 두 기업의 비용 절감 계산 시 입력 매개변수

A 사의 입력 매개변수		B 사의 입력 매개변수	
주문 건수	25,000건	주문 건수	2,500건
기존 주문 단가(평균)	50파운드	기존 주문 단가(평균)	50파운드
신규 주문 단가(평균)	10파운드	신규 주문 단가(평균)	10파운드
평균 주문 금액	150파운드	평균 주문 금액	1,500파운드

2. **수익성 계산**: 표 6.9와 같은 매출액, 기존 구매 비용, 기타 비용, 구매 비용 5% 절감을 입력 매개변수로 하여 전자 조달 도입 전후의 수익성을 계산하는 모델을 개발하고, 수익성 변화를 절댓값(파운드)과 백분율로 나타내라.
3. 입력 매개변수(표 6.9)를 사용하여 발주량과 구매 금액의 차이(표 6.8), 기존 구매 비용과 급여, 자본금과 같은 기타 비용 간의 균형에 대한 모델의 민감도를 분석하라. 전자 조달의 도입으로 수익성이 크게 변화하는 기업의 전형적인 특징을 경영진에게 설명하라.
   - 협상을 통한 조달의 이익은 경쟁자가 될 수 있는 다른 거래소 이용자와 공유될 수 있다.
   - 카탈로그 제작에는 오랜 시간이 걸리고, 공급업체 입장에서는 많은 비용이 든다.
   - 기업 내 문화적 특성(변화에 대한 저항 등)

표 6.9 두 기업의 수익성 계산 시 입력 매개변수

매개변수	A 사	B 사
회전율	10,000,000파운드	10,000,000파운드
기존 구매 비용	5,000,000파운드	1,000,000파운드
기타 비용	4,000,000파운드	8,000,000파운드
구매 비용 절감	20%	20%

이러한 장애물은 전자 조달에만 국한된 것이다. 또한 1장과 4장에서 언급한 도입 비용과 변화 관리 등 디지털 비즈니스 도입에 따른 보다 일반적인 제약도 있다.

이 장의 앞부분에서 언급한 비용 절감을 달성하려면 직원을 재배치하거나 최악의 경우 인력을 감축해야 할 수도 있다. 인력 감축이나 재배치의 위협은 시스템 도입에 대한 저항으로 이어질 가능성이 높기 때문에 관리할 필요가 있다. 구매 관리자는 새로운 시스템 도입의 이유를 신중하게 설명하고, 회사 전체에 대한 이점과 구매 업무에 다양성을 부여하는 방법을 강조해야 한다.

전자 조달 도입의 장벽과 위험 요소

CIPS(2008)에 따르면 전자 조달을 도입하는 데에는 다음과 같은 문제가 있다.

- 경쟁 문제(예: 공동 구매를 이용하는 거래)
- 공급업체의 부정적 인식 가능(예: 전자 경매로 인한 마진 감소)

전자 조달 도입

전자 조달을 도입하는 데에는 모든 정보 시스템과 관련된 변화 관리라는 과제가 따른다. 기존 관행을 반영할 수 있다면 도입이 간단하겠지만 많은 이점을 얻지 못할 수 있으며, 새로운 기술의 사용은 새로운 프로세스에 대한 검토가 필요한 경우가 많다. CIPS(2008)는 몇 가지 재설계가 필요하다고 강조했다.

> 조직은 기존 조달 프로세스 및 시스템을 단순히 자동화하는 것이 아니라 e-소싱/전자 조달을 도입하기 전에 작업 방식 개선과 비즈니스 프로세스 재구축을 고려해야 한다. 구매 및 공급 관리 전문가는 기존 조달 관행이 종이 기반 시스템을 중심으로 발전해온 것인지 검증하고, 이를 대체할 수 있을지 제고해야 한다. CIPS는 가능하다면 전자 조달을 도입하기 전에 프로세스를 재설계할 것을 강력히 권고한다.

전자 조달을 도입하려면 정보 시스템 관리자와 조달 팀이 협력하여 그림 6.2와 같은 다양한 조달 인력과 업무를 연결하는 솔루션을 찾아야 한다. 그림 6.14는 다양한 유형의 정보 시스템이 조달 주기의 각 부분을 어떻게 지원하는지 보여준다. 다양한 유형의 시스템은 다음과 같다.

1. **재고 관리 시스템**: 주로 생산 관련 조달과 관련이 있으며, 재고가 재주문 임계치 이하로 떨어지면 재주문이 필요하다는 것을 강조하는 시스템이다.
2. **CD 또는 웹 기반 카탈로그**: 종이 카탈로그가 전자 형식으로 대체되어 공급업체를 빠르게 찾을 수 있다.
3. **이메일 또는 데이터베이스 기반 워크플로 시스템**: 발신자의 주문 입력, 관리자의 승인, 구

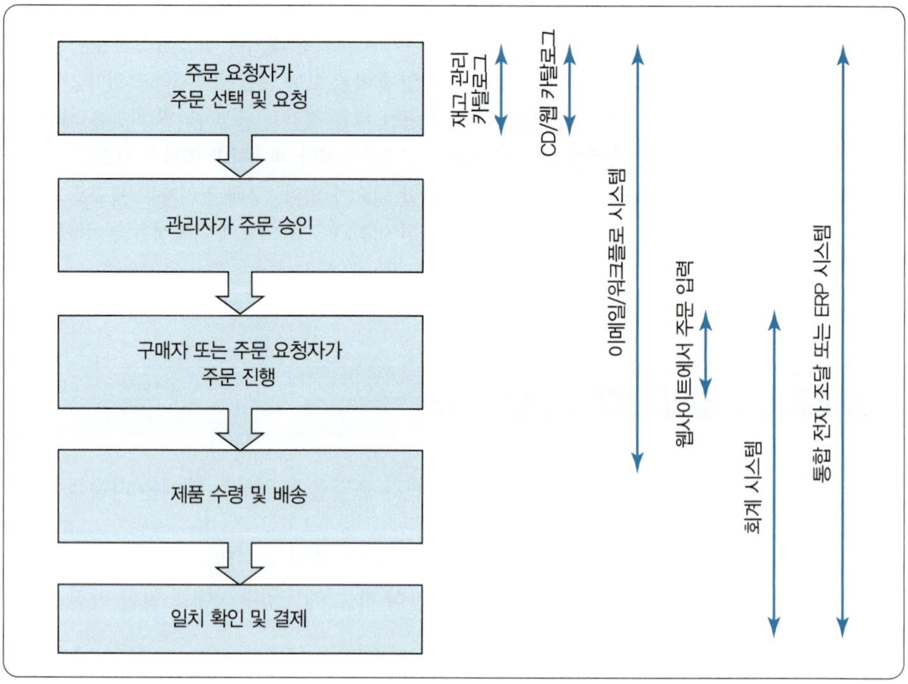

그림 6.14 풀필먼트 주기의 다양한 측면을 관리하는 데 사용되는 다양한 정보 시스템

매자의 발주를 통합한다. 주문이 담당자로부터 다음 담당자에게 전달되어 각 담당자의 받은 편지함에서 대기한다. 이러한 시스템은 회계 시스템으로 확장될 수 있다.

4. **웹사이트에서의 주문 입력**: 구매자는 종종 공급업체의 웹사이트에서 직접 주문할 수 있지만 재입력이 필요하며, 청구 및 회계 시스템과의 통합이 이루어지지 않는다.

   - **회계 시스템**: 네트워크 회계 시스템을 통해 구매 부서의 직원이 주문을 입력할 수 있으며, 이후 회계 부서의 직원은 송장이 도착하면 이를 사용하여 결제를 처리할 수 있다. IFO-Basware(2012)의 글로벌 e-인보이스 보고서에 따르면 자동화는 여전히 제한적이며, 약 절반의 기업이 PDF 첨부 파일이 포함된 이메일 송장을 받고 있다. 약 절반은 서비스 제공업체를 통해 XML 전자 송장을 받고, 14%는 자체 시스템을 통해 송장을 받는다.
   - **통합 전자 조달 또는 ERP 시스템**: 위의 모든 기능을 통합하는 것을 목표로 하며, 공급업체 시스템과의 통합도 포함한다.

기업은 전체 주기의 전자 조달을 달성할 때 어려운 선택에 직면하게 된다. 기존 시스템을 연결하려고 시도할 것인지, 아니면 기존 시스템의 기능을 통합하는 새로운 단일 시스템을 구매할 것인지 선택해야 한다. 새로운 시스템을 구매하는 것은 기술적으로는 가장 간단한 옵션일 수 있지만, 기존 시스템을 통합하는 것보다 더 많은 비용이 들 수 있고 시스템 재교육도 필요하다.

사내 시스템과 공급업체 시스템의 통합

기업은 자사 시스템과 공급업체의 시스템을 연계함으로써 큰 비용 절감 효과와 주기 단축 효과를 얻을 수 있다. 그러나 기업 내 시스템 통합이 어렵다면 타사 시스템과의 통합은 더욱 어렵다. 이러한 상황이 발생하는 것은 공급업체가 다양한 종류의 시스템을 사용하고 통합을 위한 모델도 다르기 때문이다. B2B 전자상거래의 입지에 대한 기본 모델에는 판매 측, 구매 측, 마켓플레이스 기반 모델이 있다(2장 참조). 그림 6.15는 이 세 가지 모델을 보여주며, 각 모델의 장단점을 표 6.10에 정리했다.

2장에서는 제품과 서비스를 공급하는 기업이 이러한 모델 중 어떤 조합으로 제품을 유통할지 결정해야 한다고 설명했다. 구매자의 입장에서는 공급자가 채택한 판매 모델에 따라 제약을 받게 된다.

그림 6.16은 ERP 시스템과 같은 내부 시스템과 외부 시스템을 통합하려는 구매자의 선택지를 보여준다. ERP 시스템과의 연동을 위해 전문 전자 조달 소프트웨어가 필요할 수 있다. 이는 특별한 전자 조달 애플리케이션일 수도 있고, ERP 시스템의 전자 조달 구성 요소와 연동되는 미들웨어일 수도 있다. 전자 조달 시스템은 두 가지 방법으로 가격 카탈로그에 접근할 수 있다. (a)는 여러 공급업체의 전자 카탈로그를 사내 및 방화벽 내에 보관하는 것이다. 이러한 전통적 방법은 데이터가 사내에 저장되어 있어 쉽게 접근할 수 있다는 것이 장점이다. 그러나 카탈로그를 업데이트하려면 방화벽을 넘는 전자적 링크가 있어

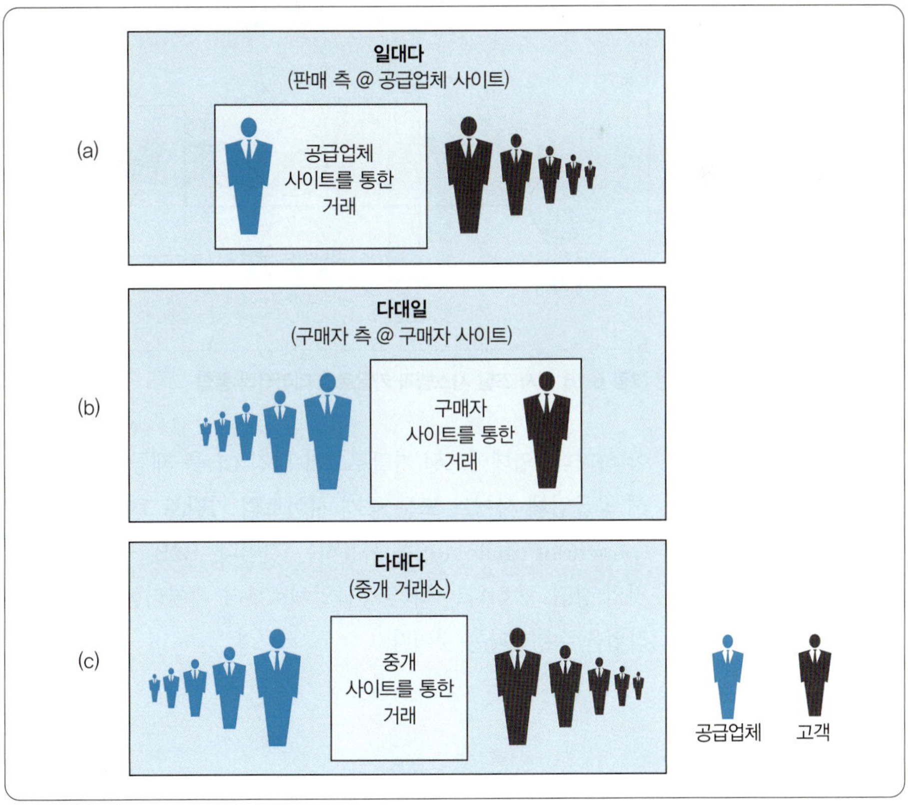

그림 6.15 구매자를 위한 세 가지 주요 전자 조달 모델 대안

표 6.10 구매자를 위한 조달 모델 대안 평가

조달 모델	구매자에게 유리한 점	구매자에게 불리한 점
판매 측 예: 카탈로그 기반 B2B 공급업체	• 검색 • 공급업체에 대한 데이터 보존 의무	• 사이트마다 다른 인터페이스(카탈로그와 주문) • 선택 제한 • ERP/조달 시스템과의 통합이 미흡함 • 제한된 구매 통제
구매 측(제조업체와 주요 공급업체가 주최하는 사설 거래소) 예: 오픈텍스트, SAP, 오라클 등 ERP 공급업체가 개발한 솔루션	• 단순함(단일 인터페이스) • 판매 측보다 더 다양한 선택 • ERP/조달 시스템과의 통합 • 우수한 구매 관리	• 데이터 유지 책임이 구매자에게 있음 • 소프트웨어 라이선스 비용 • 재교육
독립 마켓플레이스 예: EC21	• 단순함(단일 인터페이스) • 공급업체, 제품, 가격 선택의 폭이 가장 넓음 • 종종 통일된 이용 약관 및 주문서 사용	• 마켓플레이스(수평, 수직) 선택에 대한 어려움 • 열악한 구매 관리* • 익숙하지 않은 공급업체의 서비스 수준에 대한 불확실성 • 마켓플레이스의 데이터 포맷과 연동* • ERP와의 통합성이 상대적으로 낮음*

*주: 이러한 단점은 마켓플레이스가 ERP와의 통합을 발전시킴으로써 사라질 것이다.

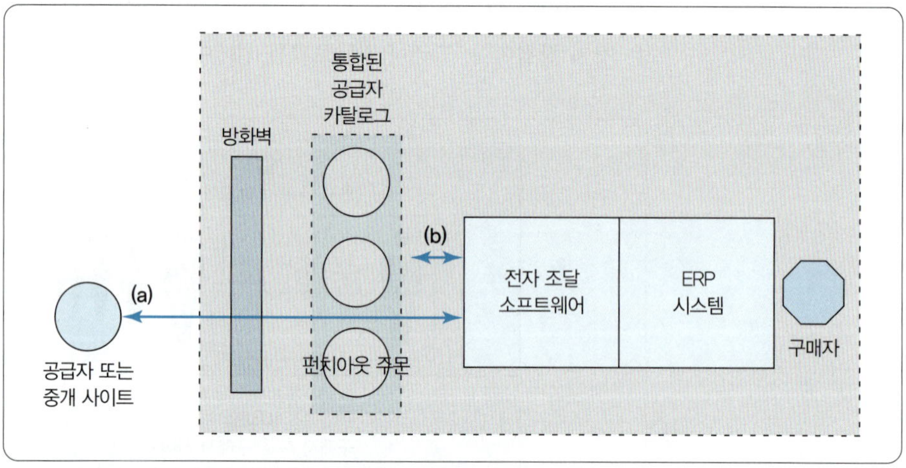

그림 6.16 전자 조달 시스템과 카탈로그 데이터의 통합

펀치아웃 카탈로그 구매 기업이 공급업체나 중개자가 호스팅하는 동적 실시간 카탈로그에 액세스하여 상세한 제품 정보, 가격, 제품 이미지를 확인할 수 있다.

야 하거나, 업데이트된 카탈로그가 담긴 CD를 제공해야 할 수도 있다. (b)는 방화벽을 통해 공급업체 사이트 또는 중개 사이트의 카탈로그에 액세스하기 위한 **펀치아웃 카탈로그**(punchout catalogue)를 사용하는 것이다. B2B 거래소와 같은 중개 사이트에 연결하는 것의 장점 중 하나는 다른 공급업체로부터 데이터를 수집하고 일관된 형식으로 작성하는 작업을 수행한다는 것이다.

B2B 마켓플레이스

2000년 이전에 B2B 마켓플레이스는 B2B 구매를 혁신하는 것으로 각광을 받았으나 많은 기업이 지속 가능한 비즈니스 모델을 구현하는 데 어려움을 겪었다. 그러나 여기서는 화학 산업의 엘리미카와 같이 수직적 산업에서 성공한 마켓플레이스의 사례를 살펴보겠다.

전자 B2B 마켓플레이스 구매자와 판매자 간의 거래를 가능하게 하는 가상 거래 장소

전자 B2B 마켓플레이스(electronic B2B marketplace)는 '마켓플레이스, 거래소, 허브'라고도 불린다. 일반적으로 이는 '재중개화' 현상의 일부이며, 구매자와 공급자로부터 독립된 중개자이다.

B2B 사설 거래소 다양한 제조업체에 제품을 공급하는 제조업체나 주요 공급업체가 조달의 모든 측면을 관리하기 위해 생성하는 포털

지난 몇 년 동안 **B2B 사설 거래소**(private B2B exchange)가 많이 생겨났다. 이는 표 6.5에 언급된 구매 측 거래소이다. 이는 일반적으로 개별 제조업체나 공급업체가 설립하는 거래소로, '공급업체의 벽으로 둘러싸인 정원'이다. 즉 모든 사람이 회원으로 승인을 받아야 하지만, 특정 견적 요청서(request for quotation, RFQ)에 따라 입찰하는 공급업체로 등록하는 양식이나 역경매에 참여하는 양식은 모두에게 개방되어 있다. 단, 각 참여자는 경쟁자의 개입을 피하기 위해 심사 과정을 거치게 된다.

마켓플레이스의 종류

Kaplan과 Sawhney(2000)는 기업의 구매에 대한 기존 분류, 즉 기업이 '어떻게' 구매하는가(시스템 구매인가, 현물 구매인가)와 기업이 '무엇을' 구매하는가(제조 투입물인가, 운영 자원 투입물인가)를 적용하여 B2B 마켓플레이스 분류법을 개발했다. 이들은 표 6.11과 같은 네 가지 유형의 마켓플레이스를 제시했다. 제조 투입물 마켓플레이스는 철강, 건설, 화학 등의 특정 산업에 특화된 수직적 마켓플레이스인 반면, 운영 자원 마켓플레이스는 다양한 산업에 다양한 제품을 제공하는 수평적 마켓플레이스인 경향이 있다.

Kaplan과 Sawhney는 마켓플레이스의 차이에 대해 또 다른 변형을 제시했다. 이는 마켓플레이스가 구매자와 판매자 사이에서 직접 이루어지는지, 아니면 어느 정도의 통합이 이루어지는지에 따라 달라진다. 소비재의 경우 개인의 구매력을 결합하여 대량 할인 혜택을 받을 수 있는 것과 마찬가지로 중소기업도 이러한 혜택을 받을 수 있다. 이는 고객에서 공

표 6.11 Kaplan과 Sawhney(2000)가 구분한 B2B 마켓플레이스의 종류와 예

기업의 구매 방식	기업이 구매하는 것	
	운영 자원	제조 투입물
체계적 소싱	MRO 허브 www.ariba.com(현재 SAP의 일부)	지출 관리 www.jaggaer.com
즉시 소싱	수익 관리자 www.upwork.com	거래소 www.plasticsnet.com

출처: Harvard Business Review from table on p. 99 from 'E-hubs: the new B2B marketplaces', by Kaplan, S. and Sawhney, M., in Harvard Business Review, May–June 2000. 허락하에 게재

급업체로 이어지는 공급사슬을 통해 통합이 이루어지기 때문에 Kaplan과 Sawhney는 이러한 통합을 '역방향 통합'이라고 부른다. 또한 이들은 공급사슬이 전통적인 방식으로 유통업체를 통해 운영되는 것을 '순방향 통합'으로 구분했다. 다양한 제조업체의 PC를 유통하는 유통업체는 다양한 제조업체의 공급을 통합한다. 마켓플레이스는 공급사슬 기능을 결합할 때 가치사슬 통합자 역할을 할 수도 있다.

마켓플레이스에 따라 제공하는 서비스 범위에도 차이가 있다. 공급사슬을 통합하는 등 조달에 국한되지 않는 다양한 서비스를 제공하는 마켓플레이스도 있는데, Sawhney(1999)는 이를 **메타중개자**(metamediary)라고 불렀다. 메타중개자의 한 예인 플라스틱스넷(Plastics Net)은 공급업체 평가, 조달, 추적, 마켓플레이스 정보, 인증 모니터링, 경매, 카탈로그 등의 서비스를 제공한다.

메타중개자 고객과 공급업체 간에 단일 창구와 다양한 서비스를 제공하는 제삼자

전자 조달의 미래

소프트웨어 에이전트 사용자가 제공한 매개변수를 기반으로 인터넷에서 정보를 자동으로 수집하거나 다른 에이전트와 데이터를 교환하는 소프트웨어 프로그램

향후 공급업체와 제품을 검색하는 작업은 **소프트웨어 에이전트**(software agent)가 대신할 수도 있다. 인터넷에서 에이전트는 많은 검색엔진을 통해 마케팅 조사에 활용되고 있으며, 미래에는 제품 검색이나 구매에도 활용될 것이다. 에이전트는 미리 정해진 규칙에 따라 작동하거나 신경망 기술을 사용하여 규칙을 학습할 수 있다. 이러한 규칙에 따라 구매 여부를 결정한다.

가트너(Van der Meulen, 2017)에 따르면 기본적인 인공지능과 머신러닝은 기업의 지출을 수집·분류·분석하는 프로세스를 자동화하고, 절감액을 파악하거나 더 나은 효율성을 창출할 수 있는 새로운 방법을 찾는 데 도움이 되는 일부 조달 애플리케이션에 사용되고 있다. 다음 단계로 일부 조달 기술 공급업체는 자동화와 효율성을 향상하기 위해 인지적 조달 어드바이저(cognitive procurement adviser, CPA)와 가상 개인 비서(virtual personal assistant, VPA)를 개발하고 있다.

가트너의 리서치 디렉터인 매그너스 버그포스(Magnus Bergfors)는 다음과 같이 말했다.

> 조달 VPA는 기존 조달 도구의 최종 사용자 경험을 개선하고 적절한 구매 도구로 유도하여 통제된 지출을 증가시킬 수 있다. CPA는 공급업체 평가와 성과 관리부터 위험 관리, 규정 준수에 이르기까지 모든 분야에서 요약, 추천, 조언을 제공할 수 있다.

또한 Tucker와 Jones(2000)는 소싱에서의 지능형 에이전트 활용을 검토했다. 이들은 에이전트가 가격, 가용성, 납기 등 미리 정의된 정량적 선택 기준에 따라 잠재적인 대체 공급업체를 광범위하게 평가할 것으로 예상했다. 실제로 유사한 지능형 소프트웨어는 금융 시장 투자에도 사용되고 있다. 다만 이 소프트웨어가 공급업체의 신뢰도나 비즈니스 파트너 또는 동반자로서의 역량을 어떻게 평가할지는 명확하지 않다.

요약

1. 공급사슬 관리에는 공급업체와 파트너에서부터 고객에 이르기까지 기업의 모든 공급 활동을 조정하는 것이 포함된다. 업스트림 공급사슬 활동(조달, 인바운드 물류)은 구매 측 전자상거래에 해당하고, 다운스트림 공급사슬 활동(판매, 아웃바운드 물류, 풀필먼트)은 판매 측 전자상거래에 해당한다.
2. 수동적인 고객에 대한 제품 유통을 중시하는 푸시형 공급사슬에서 제품 및 서비스 사양에 능동적으로 관여하는 고객에게 가치를 제공하기 위해 공급사슬을 활용하는 풀형 공급사슬로 공급사슬 관리의 개념이 변화하고 있다.
3. 가치사슬의 개념은 공급사슬 관리와 밀접한 관련이 있다. 공급사슬 요소 간, 요소 내 그리고 요소 간 인터페이스에서 어떻게 가치를 창출할 수 있는지 검토한다.
4. 공급사슬과 가치사슬은 분해 또는 재구성을 통해 수정될 수 있다. 분해에는 공급사슬의 핵심 활동을 외부에 위탁하는 것이 포함된다. 더 많은 활동이 아웃소싱됨에 따라 기업은 가상 조직으로 전환되고 있다.
5. 디지털 기술 도입의 장점은 다음과 같다.
   - 보다 효율적이고 저렴한 비용으로 프로세스 실행
   - 공급사슬의 복잡성 감소(탈중개화)
   - 공급사슬 요소 간의 데이터 통합 개선
   - 동적 아웃소싱의 용이성을 통한 비용 절감
   - 혁신과 고객 대응성 촉진
6. 공급업체로부터 물품을 구매하는 조달 활동에는 구매뿐만 아니라 물품이 사용될 때까지의 운송, 물품 반입, 창고 보관 등이 포함된다. 전자 조달은 모든 조달 활동을 전자적으로 통합하는 것을 의미한다.
7. 전자 조달은 주로 조달에 소요되는 직원의 업무 시간 단축과 재고 감소를 통해 구매 주기 단축과 비용 절감을 달성하는 것을 목표로 한다.
8. 전자 조달 도입의 옵션은 다음과 같다.
   - 판매 측 전자 조달: 일반적으로 구매자의 조달 시스템과 통합되지 않은 판매자 사이트에서 직접 구매
   - 구매 측 전자 조달: 판매자 카탈로그와 구매자 조달 시스템의 통합
   - 마켓플레이스 조달: 여러 공급업체와의 중개 거래를 통한 거래(구매자의 조달 시스템과 통합될 수도 있고 그렇지 않을 수도 있음)
9. 전자 조달 도입에 따른 조직적 장애물은 인력 재배치 및 감축, 공급업체에 대한 불신 등이다.

연습문제

자가 평가 문제

1. 공급사슬 관리를 정의하고, 다음 개념과 어떻게 관련되는지 설명하라.
   - 물류

- 가치사슬의 개념
- 가치 네트워크

2. 가치사슬에 대한 푸시 방식과 풀 방식의 차이를 설명하라.
3. 정보 시스템은 공급사슬을 어떻게 지원할 수 있는가?
4. 공급사슬 관리에서 중요한 전략 옵션은 무엇인가?
5. 기업이 물품을 구매하는 두 가지 주요 방법과 필요한 물품의 두 가지 주요 분야에 대해 설명하라.
6. 전자 조달의 주요 이유를 개괄적으로 설명하라.
7. 전자 조달의 구매 측, 판매 측, 마켓플레이스 기반의 차이를 설명하라.
8. 전자 조달 도입은 기업에 어떤 영향을 미치는가?

토론 문제

1. 전자통신은 어떻게 가치사슬 네트워크의 재구축을 가능하게 하는가?
2. '전자상거래의 등장으로 선형적 가치사슬의 개념이 더 이상 통용되지 않는다'는 의견에 대해 토론하라.
3. 한 산업을 선정하여 B2B 거래로 공급사슬이 어떻게 변화하는지 분석하라.
4. '결국 모든 비즈니스는 공급사슬 대 공급사슬로 귀결된다'는 의견에 대해 토론하라.
5. 한 소매업체를 선정하여 공급사슬의 업스트림부터 다운스트림까지의 관리 전략을 분석하라.
6. 한 산업을 선정하여 구매 및 정보 시스템 전문가가 이용할 수 있는 B2B 마켓플레이스의 현재 대체 옵션과 비즈니스 채택을 검토하고, 5년 후의 상황을 예측하라.
7. 전자 조달을 통한 비용 절감과 수익성 향상에 대해 비판적으로 평가하라.
8. '완전 자동화된 엔드 투 엔드 조달은 현실적이지 않다'는 의견에 대해 토론하라.

시험 문제

1. 공급사슬에 탈중개화, 재중개화, 재중개화 대응 개념이 어떻게 적용되는지 설명하라.
2. 자신이 제약 회사의 공급사슬 관리자로 임명되었다면 공급업체와의 커뮤니케이션을 위해 어떤 디지털 애플리케이션을 사용하겠는가?
3. 전자통신의 증가는 가치 있는 네트워크의 발전에 어떻게 도움이 되는가?
4. 구매자와 공급자 간 관계의 다양한 요소에 정보 기술을 어떻게 활용할 수 있는지 설명하라.
5. 공급사슬 간소화를 위해 전자상거래를 활용하면 어떤 이점이 있는지 산업의 예를 들어 세 가지로 정리하라.
6. 업스트림 공급사슬과 다운스트림 공급사슬을 지원하기 위해 정보 기술을 사용하는 것의 차이점과 유사점을 설명하라.
7. 전자 조달 시스템의 다양한 요소에 대해 설명하라.
8. 기존 조달과 전자 조달의 기업 내 프로세스의 주요 차이점을 그림으로 나타내라.
9. 전자 조달의 주요 이점을 설명하라.
10. 구매 측과 판매 측 전자 조달의 차이를 설명하라. 각 유형의 구매 기업에 대한 이점을 설명하라.
11. 전자 조달을 통해 어떤 비용 절감 효과가 있는지 설명하라.

참고 문헌

AMR (2008) The AMR Research Supply Chain Top 25 for 2008. Value Chain Report: www.amrresearch.com.

Arnold, D. (2000) Seven rules of international distribution. *Harvard Business Review,* November–December, 131–7.

Baily, P., Farmer, D., Jessop, D. and Jones, D. (1994) *Purchasing Principles and Management.* Pitman, London.

Bigliardia, B., Filippellia, A., Petronia, L. and Tagliente (2022) The digitalization of supply chain: a review. https://pdf.sciencedirectassets.com/280203/1-s2.0-S1877050922X00033/1-s2.0-S1877050922003908/main.pdf.

Butollo, F., Gereffi, G., Yang, C., and Krzywdzinski, M. (2022). Digital transformation and value chains: Introduction. Global Networks, 22, 585–594. https://doi.org/10.1111/glob.12388.

CIPS (2008) E-commerce/e-purchasing CIPS knowledge summary. www.kbresearch.com/cips-files/e-commerce%20-%20e-purchasing.pdf.

Deise, M., Nowikow, C., King, P. and Wright, A. (2000) *Executive's Guide to Digital Business. From Tactics to Strategy.* John Wiley & Sons, New York.

Hausmann, L., Hermann, N-A., Krause, J. and Netzer, T. (2014) Same-day delivery: The next evolutionary step in parcel logistics. *McKinsey and Company,* March 2014. Published at: www.mckinsey.com/industries/travel-transport-and-logistics/our-insights/same-day-delivery-the-next-evolutionary-step-in-parcel-logistics.

Hayes, R. and Wheelwright, S. (1994) *Restoring our Competitive Edge.* John Wiley & Sons, New York.

Hughes, J., Ralf, M. and Michels, B. (1998) *Transform Your Supply Chain.* International Thomson Business Press, London.

IBF (2008) 12 ways to use your intranet to cut your costs. Member briefing paper, August. Intranet Benchmarking Forum (www.ibforum.com).

IBM (1998) Shell Chemical re-defines supply chain management with notes. A customer case study.

IDC (2023) Next-Generation B2B Integration Enables a Digital-First, Resilient Supply Chain. Report https://www.opentext.com/digitize-supply-chains.

IGD (2017) IGD's Four Pillars of Supply Chain Success. Available at: www.igd.com/articles/article-viewer/t/igds-four-pillars-of-supply-chain-success/i/16916.

IFO-Basware (2012) 2012 Global e-invoicing study: A shift towards e-invoicing ecosystems. Joint research by the Institute of Financial Operations and Basware. Available from: www.basware.com/knowledge-center/2012-global-e-invoicing.

Kalakota, R. and Robinson, M. (2000) *Digital Business. Roadmap for Success.* Addison-Wesley, Reading, MA.

Kaplan, S. and Sawhney, M. (2000) E-hubs: the new B2B marketplaces. *Harvard Business Review,* May–June, 97–103.

Kjellsdotter, L. and Jonsson, P. (2010) The potential benefits of advanced planning and scheduling systems in sales and operations planning. *Industrial Management & Data Systems,* 110 (5), 659–81.

Kluge, J. (1997) Reducing the cost of goods sold: role of complexity, design relationships. *McKinsey Quarterly,* 2, 212-15.

Knudsen, D. (2003) Aligning corporate strategy, procurement strategy and e-procurement tools. *International Journal of Physical Distribution and Logistics Management,* 33 (8), 720-34.

KPMG (2017) Can your supply chain deliver? Published at: http://home.kpmg.com/xx/en/home/insights/2017/06/can-your-supply-chain-deliver.html.

Legner, C. and Schemm, J. (2008) Towards the inter-organizational product information supply chain - evidence from the retail and consumer goods industries. *Journal of the Association for Information Systems,* 9 (3/4), 119-50, Special Issue.

Line56 (2004) Compuware buys last of Covisint. Article by Jim Ericson, *Line56* (www.line56.com), 6 February.

López, T., Riedler, T., Köhnen, H., and Fütterer, M. (2022) Digital value chain restructuring and labour process transformations in the fast-fashion sector: Evidence from the value chains of Zara & H&M. Global Networks, 22, 684-700. https://doi.org/10.1111/glob.12353

Magretta, J. (1998) The power of virtual integration. An interview with Michael Dell. *Harvard Business Review,* March - April, 72-84.

McKinsey (2020) Same-day delivery: Ready for takeoff. January 31, 2020 https://www.mckinsey.com/industries/retail/our-insights/same-day-delivery-ready-for-takeoff.

March, S., Raghu, T. and Vinze, A. (2007) Cultivating and securing the information supply chain. *Journal of the Association for Information Systems,* 9, 95-7, Special Issue.

Marinos, G. (2005) The information supply chain: achieving business objectives by enhancing critical business processes. *DM Review.*

Phillips, S. (2000) Retailer's crown jewel is a unique customer database. *Financial Times,* 4 December.

PMP (2008) Supply Chain and Manufacturing Systems Report. PMP Research Report published at https://www.crimsonandco.com/images/stories/pdf/conspectus_supplychain_march2010_v2.pdf.

PwC (2013) Global Supply Chain Survey. Report published at: https://www.pwc.com/gx/en/consulting-services/supply-chain/global-supply-chain-survey/assets/global-supply-chain-survey-2013.pdf.

Porter, M. (1980) *Competitive Strategy.* Free Press, New York.

Porter, M. and Millar, V. (1985) How information gives you competitive advantage. *Harvard Business Review,* July - August, 149-60.

Ram, A. (2016) UK Retailers Count the Cost of Returns. Published by the *Financial Times,* January 27, 2016: www.ft.com/content/52d26de8-c0e6-11e5-846f-79b0e3d20eaf.

Rayport, J. and Sviokla, J. (1996) Exploiting the virtual value-chain. *McKinsey Quarterly,* 1, 20-37.

Riggins, F. and Mitra, S. (2007) An e-valuation framework for developing net-enabled business metrics through functionality interaction. *Journal of Organizational Computing and Electronic Commerce,* 17 (2), 175-203.

Rut, J. and Ostafil, M. (2021). The value chain in the digital age. Ekonomika i Organizacja Logistyki. 6. 101-112. 10.22630/EIOL.2021.6.4.31. https://www.researchgate.net/publication/362686397_The_value_chain_in_the_digital_age

Sambasivan, M., Tamizarasu, N. and Zainal, A. (2009) Consolidation of performance measures in supply chain environment. *Journal of Enterprise Information Management,* 22 (6), 660-89.

Sawhney, M. (1999) Making new markets. *Business 2.0,* May, 116-21.

Schemm, J., Legner, C. and Otto, B. (2007) Global Data Synchronisation, Current Status and Future Trends. University of Gallen, Institute of Information Management, Research Report.

Signifyd (2023) The state of UK commerce 2023 https://www.signifyd.com/uk-state-of-commerce-report-2023.

Smart, A. (2010) Exploring the business case for e-procurement. *International Journal of Physical, Distribution and Logistics Management,* 40 (3), 181-201.

Stuart, F. and McCutcheon, D. (2000) The manager's guide to supply chain management. *Business Horizons,* March–April, 35-44.

Sun, S. and Yen, J. (2005) Information supply chain: a unified framework for information-sharing, in *Intelligence and Security Informatics,* P. Kantor, G. Muresan, F. Roberts, D. Zeng, F.-Y. Wang, H. Chen and R. Merkle (eds). Springer, Berlin, 422-9.

Tesco (2022) Tesco suppliers to use online swap-shop to cut costs and reduce waste. 30 November 2022, https://www.tescoplc.com/news/2022/tesco-suppliers-to-use-online-swap-shop-to-cut-costs-and-reduce-waste/.

Tranmit (1999) Procurement Management Systems: A Corporate Black Hole. A survey of technology trends and attitudes in British industry. Tranmit plc, UK. Survey conducted by Byline Research. Report at https://uk.rs-online.com/web/generalDisplay.html?id=hub&cm_mmc=short_url-_-Aug_10-_-esolution-_-purchasing.

Tucker, D. and Jones, L. (2000) Leveraging the power of the Internet for optimal supplier sourcing. *International Journal of Physical Distribution and Logistics Management,* 23 May, 30 (3/4), 255-67.

US Department of Commerce (2023) Manufacturing and Trade Inventories and Sales, December 2022. Published at: www.census.gov/mtis/www/data/pdf/mtis_current.pdf.

Van der Meulen, R. (2017) Prepare for the impact of AI on procurement. Gartner, May. Published at: www.gartner.com/smarterwithgartner/prepare-for-the-impact-of-ai-on-procurement.

Womack, J. and Jones, D. (1998) *Lean Thinking.* Touchstone, Simon and Schuster, London.

World Economic Forum (2016) The Fourth Industrial Revolution: what it means, how to respond, 14 January 2016 https://www.weforum.org/agenda/2016/01/the-fourth-industrial-revolution-what-it-means-and-how-to-respond/.

웹 링크

추천 동영상, 분석 도구, 통계 자료 등의 추천 웹사이트 링크 디렉터리는 데이브 채피가 관리하는 https://www.davechaffey.com/book-support에서 확인할 수 있다.

Chapter 7

디지털 마케팅 전략

핵심 주제

1. 디지털 마케팅
2. 디지털 마케팅 계획
3. 상황 분석
4. 목표 설정
5. 전략
6. 디지털 미디어 커뮤니케이션의 특징
7. 전술
8. 디지털 브랜딩
9. 액션
10. 통제

사례 연구

7.1 디지털 기여도를 향상한 로레알

7.2 AI를 전략적으로 활용하여 마케팅 및 커뮤니케이션을 개선하는 잘란도

QR 코드를 통해 이 장의 주제에 관한 최신 자료를 확인할 수 있다.

학습 목표

- 디지털 비즈니스 전략과 디지털 마케팅 전략을 분리해야 하는 필요성을 이해한다.
- 디지털 마케팅 전략 실행을 위한 디지털 마케팅 계획에 대해 알아본다.
- 전통 미디어와 뉴미디어 마케팅 커뮤니케이션의 특징을 알아본다.

경영 과제

- 전통적인 마케팅 방식에 디지털 마케팅을 어떻게 통합할 것인가?
- 제품과 서비스를 차별화하기 위해 디지털 커뮤니케이션을 활용할 수 있는 방법은 무엇인가?
- 뉴미디어를 수용하기 위해 마케팅믹스와 커뮤니케이션믹스를 어떻게 재정의해야 하는가?

관련된 주요 장

- 4장에서 디지털 마케팅 계획을 뒷받침하는 거시경제적 요인에 대한 관한 근거를 제시한다.
- 이 장과 관련된 여덟 가지 전략적 결정을 5장에서 다룬다.
- 8장에서 촉진 기법과 고객관계 관리를 통한 디지털 마케팅 계획의 실천에 대해 자세히 설명한다.
- 9장에서 전환율 최적화(CRO)를 비롯한 디지털 경험 개발을 다룬다.
- 10장에서 전통적인 마케팅 계획 및 실행 모델이 애자일(민첩한) 접근법에 의해 어떻게 파괴되고 있는지, 더 많은 방문자를 고객으로 전환하기 위해 기업이 무엇을 할 수 있는지에 대해 설명한다.

개요

5장에서는 디지털 비즈니스 전략 수립의 접근 방식을 살펴보았고, 이 장에서는 디지털 마케팅 전략과 계획을 분리하여 살펴볼 것이다. 많은 기업에서는 마케팅 팀이나 전자상거래 팀이 마케팅 계획에 통합되는 디지털 마케팅 계획을 수립하기 때문이다. 디지털 마케팅 계획은 디지털 마케팅을 통해 달성해야 할 구체적인 목표를 명확히 하고, 디지털 미디어와 기술이 가져다주는 마케팅 기회를 활용하고 위협에 대응할 수 있는 경영 자원을 배치하기 위한 디지털 마케팅 전략을 수립하는 데 도움이 될 수 있다. 디지털 마케팅은 기업과 브랜드가 웹사이트뿐만 아니라 모바일 사이트, 앱, 검색, 소셜 미디어, 이메일 마케팅 등의 디지털 플랫폼과 미디어를 어떻게 활용하여 잠재고객과 소통하고 브랜드에 가치를 부여하며 마케팅 목표를 달성할 수 있는지에 초점을 맞춘다. 컨트리어타이어(Country Attire)를 다룬 미니 사례 연구 7.1에서는 소비자 소매를 제공하는 전자상거래 사이트의 마케팅에서 관리해야 할 활동의 범위를 보여준다.

다음과 같이 디지털 마케팅 전략은 고객 생애주기 전반에 걸쳐 마케팅의 상업적 목표를 달성하기 위한 투자 우선순위를 명확히 하는 데 유용하다.

- **고객 확보**: 고객을 사이트로 끌어들이거나 검색엔진, PR, 광고를 통해 고객에게 다가가서 자사 브랜드를 촉진한다.
- **고객 전환**: 사이트 방문자를 참여시켜 잠재고객으로 만들고, 판매 또는 다른 콘텐츠 열람 등 사이트 소유자가 원하는 성과를 달성한다.
- **고객 유지 및 성장**: 디지털 채널을 재이용하게 만들고, 거래 사이트에서는 재구매를 촉진한다.

고객이 다양한 카테고리에서 교차 구매하는 과정을 보면 디지털 마케팅의 중요성을 알 수 있으며, 따라서 디지털 마케팅 투자에 우선순위를 둘 필요가 있다. 또한 1장에서 설명했듯이 고객은 제품과 서비스를 검색하기 때문에 기업은 '상시 접속(always-on)' 상태를 유지해야 한다. 디지털 마케팅에 중점을 두지 않으면 캠페인 기반 마케팅 활동을 우선시하게 됨으로써 상시 접속 활동에 대한 투자가 부족할 수 있다.

RACE(reach-act-convert-engage, 그림 7.1 참조)는 데이브 채피가 개발한 상시 접속 및 캠페인 기반 마케팅에 초점을 맞춘 실용적인 프레임워크로, 마케팅 담당자가 디지털 마케팅 전략을 수립하고, 목표를 설정하고, 성과를 측정하고, 상시 접속 마케팅을 관리하는 데 도움이 된다(Smart Insights, 2010). RACE는 원래 자비에르 블랑(Xavier Blanc)이 개발하고 스티브 잭슨(Steve Jackson)이 저서 《Cult of Analytics》(Jackson, 2009)로 널리 알린 REAN(reach-engage-activate-nurture) 프레임워크를 발전시킨 것이다. RACE는 온라인 마케팅의 성과를 검토하고 효과 개선에 필요한 조치를 취하기 위한 간소화된 접근 방식을 만드는 데 도움이 되도록 고안되었다.

이 장에서는 디지털 마케팅 전략 수립과 관련된 관리 문제에 초점을 맞추고, 다음 장에서

미니 사례 연구 7.1 컨트리어타이어의 디지털 전략 개발

컨트리어타이어(www.countryattire.com)는 줄스(Joules), 바버(Barbour), 해킷(Hackett), 울리치(Woolrich), 헌터(Hunter), 클라크스(Clarks), 테드베이커(Ted Baker) 등과 같이 시대를 초월한 영국 전통 및 현대 패션 브랜드를 제공하는 독립 온라인 소매업체이다. 2006년에 리처드 파커(Richard Parker)와 제니 파커(Jenny Parker) 부부가 설립한 이 회사는 꾸준히 성장하여 다양한 이테일어워즈(eTail Awards)를 수상하고, 《선데이타임스(Sunday Times)》의 패스트 트랙 100(Fast Track 100)에 수차례 이름을 올렸다. 현재 영국 스톡포트의 브레드버리에 위치한 3,345평방미터(약 1,012평) 규모의 본사에서 사업을 운영하고 있다.

이 인터뷰에서는 공동 설립자이자 마케팅 디렉터인 제니 파커가 디지털 마케팅 전략에 대한 접근 방식을 설명한다.

Q. 디지털 마케팅 전략을 수립하는 과정은 어떠한가?

A. 우리의 과제 중 하나는 우리가 '멀티브랜드, 멀티젠더, 멀티카테고리'의 온라인 사업이라는 것이다. 즉 우리의 활동, 캠페인, 컬렉션은 종종 우리가 구매하는 브랜드에 좌우되는 경우가 많다. 수년 동안 우리의 사업은 프리미엄 엔드 투 엔드 서비스를 제공하면서 마진 성장에 집중하는 방향으로 진화해왔다. 우리는 먼저 브랜드별 투자 수준을 조사하고, 이를 컬렉션과 성별에 따라 구분하여 분류한다. 그런 다음 마케팅 채널별로 해당 브랜드의 과거 실적을 조사하고, 어느 정도 예산을 사용할 수 있는지 분석한다.

다음 단계는 브랜드별로 데이터를 세분화하여 오프라인 참여를 활용할 수 있는지 확인하는 것이다. 그리고 브랜드가 다양한 고객에게 어떻게 어필하는지와 고객의 디지털 행동을 조사하여 그들의 크리에이티브 메시지와 우리를 일치시키려고 노력한다. 우리는 지속적으로 성과를 평가하고, 마케팅 채널에 따라 다르기는 하지만 엄격한 투자 수익률(ROI)을 달성한다.

Q. 전자상거래 전략을 어떻게 정의하는가?

A. 고객 조사 및 프로파일링은 우리의 접근 방식에서 중요한 역할을 한다. 우리는 고객 여정을 지속적으로 개인화하여 고객의 기대에 맞는 경험을 제공하고 있다. 예를 들어 우리는 영국의 주요 소비자 유형을 파악하여 'dapper fashionista', 'urban countryites', 'canny conformist', 'core active'로 구분했다.

우리의 핵심 경쟁력 중 하나는 예외적이고 개인적인 고객 서비스를 제공하는 것이다. 3만 2,000개 이상의 리뷰를 바탕으로 한 트러스트파일럿의 종합 점수는 10점 만점에 9.7점이다. 주요 브랜드 파트너의 한정 제품 및 컬렉션, 영국 내 무료 반품, 오후 4시까지 당일 배송, 실시간 재고 확인 등 다양한 서비스 요소를 제공한다.

우리는 멀티채널, 즉 온라인과 오프라인을 활용한 마케팅에 주력하고 있다. 우리가 활용하는 디지털 채널은 PPC 및 리마케팅, SEO, 콘텐츠 생성, 소셜 미디어, 소셜 광고, 인플루언서 아웃리치, 이메일(바구니, 이탈 검색 포기 포함) 등이다. 오프라인 채널은 많이 활용하지 않지만 패널 삽입, 다이렉트 메일, 도어 드롭 등을 활용하고 있다.

Q. 전환율 개선, 사이트 내 새로운 기능 구현은 어떻게 관리하는가?

A. 앞서 말했듯이 우리는 예산이 효과적으로 작동하고 있는지 확인하기 위해 우리가 사용하는 마케팅 채널의 성과를 지속적으로 평가하고 있다. 여기에 이용하는 주요 도구는 A/B 테스트와 다변량 테스트(multivariate testing, MVT), 애자일 마케팅을 위한 실험 로드맵, 이용자 여정 분석을 통한 이용자 행동 기록 등이다.

Q. 마케팅 채널에 적절한 투자를 하기 위한 프로세스는 무엇인가?

A. 우리의 접근 방식은 매우 ROI 중심적이며, 채널별 CPA(cost per acquisition)를 항상 고려한다. 또한 특정 브랜드의 경우 평균 주문 금액(average order value, AOV)이 높고 고객 구매 주기가 길기 때문에 고객 생애 가치(customer lifetime value, CLV)와 전환까지의 채널별 기여도도 측정한다.* 현재 이러한 지표를 정확히 계산하고 향후 개선을 위한 벤치마킹에 사용할 수 있는 새로운 기술을 시험하고 있다. 컨트리어타이어는 계절적 비즈니스를 운영하고 있기 때문에 민첩한 마케팅 접근 방식이 가장 중요하다. 또한 전체 마케팅 비용을 엄격하게 관리하며, 총매출액의 약 9%를 상한선으로 설정하고 있다.

* 주: 고객 생애 가치는 8장에서, 애자일 마케팅과 전환율 최적화는 10장에서 자세히 다룰 것이다.

는 RACE에서 정리한 다양한 디지털 마케팅 채널의 활동을 통해 전략 실행을 위한 성공 요인을 살펴본다. 디지털 마케팅 전략은 기업의 목표를 지원하기 위해 보다 광범위한 비즈니스 및 마케팅 목표와 디지털 비즈니스 전략으로부터 정보를 얻는다. 그림 7.2에서 보듯이 일반적으로 기업에는 계획의 계층 구조가 있으며, 기업 또는 비즈니스 계획이 마케팅 계획

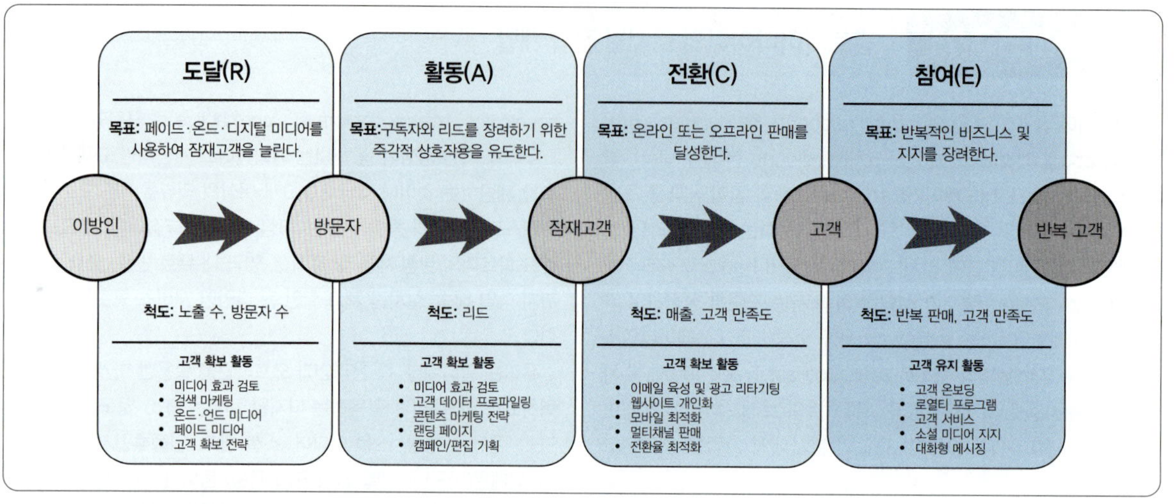

그림 7.1 RACE 옴니채널 마케팅 계획 프레임워크(목표, 활동, 척도의 요약)

출처: Chaffey and Ellis-Chadwick(2022)

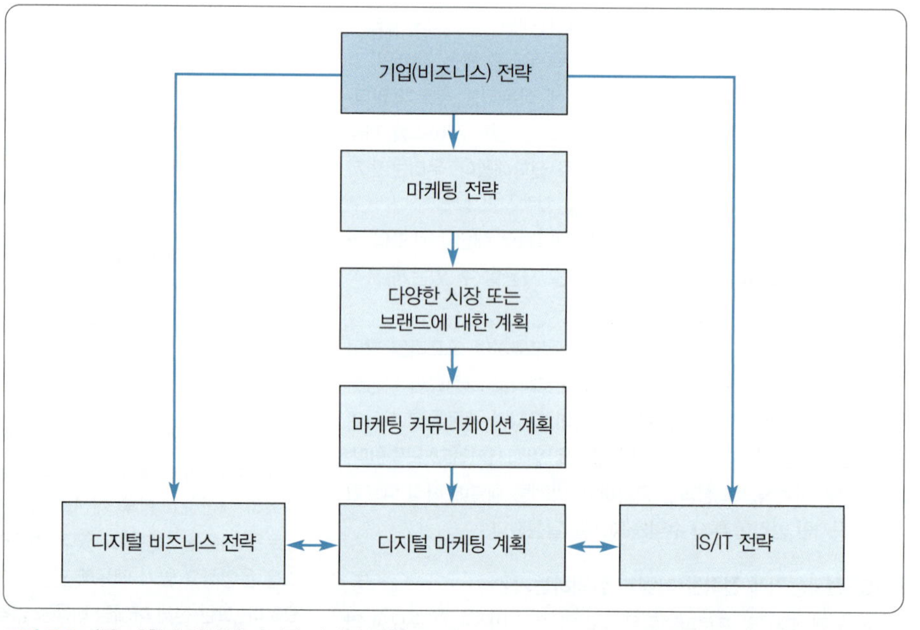

그림 7.2 다른 계획과 연계된 디지털 마케팅 계획

에 반영되고 이것이 제품 또는 지역 시장별 구체적인 마케팅 계획에 반영된다. 보통은 마케팅 계획과 별도로 마케팅 목표를 달성하기 위해 실행해야 할 마케팅 캠페인을 상세히 설명하는 커뮤니케이션 계획이 있다.

이 장의 구성

이 장에서는 마케팅에 대한 사전 지식이 부족하다는 전제하에 마케팅과 디지털 마케팅의 개념을 소개하고, 디지털 비즈니스와의 관계를 설명한다. 그리고 디지털 마케팅 계획을 수립하기 위한 구조적 접근에 대해 알아본다. 이 구조는 5장에서 소개한 것과 유사한 전략 프로세스 모델을 기반으로 한다. 이 장에서는 디지털 미디어를 이용할 때 타깃 마케팅, 마케팅 믹스, 브랜딩과 같은 마케팅 개념이 어떻게 다르게 다루어져야 하는지도 살펴본다.

디지털 마케팅

디지털 마케팅은 '디지털 기술과 미디어를 활용하여 마케팅 목표를 달성하는 것'(Chaffey and Ellis-Chadwick, 2022)이라고 간단히 설명할 수 있다. 이 간결한 정의는, 디지털 마케팅에 대한 투자를 결정하는 것은 기술의 채택이 아니라 기술이 가져오는 결과임을 상기하게 해준다. 그림 7.1의 RACE 프레임워크는 디지털 마케팅 계획에서 다루어야 할 디지털 마케팅 활동을 보다 상세하게 정의하고 있으며, 이러한 활동 중 여러 가지를 8장에서 자세히 살펴볼 것이다. 그러나 주요 디지털 마케팅 계획을 설명할 때, 특히 디지털 전문가가 아닌 사람과 소통할 때는 더 간단한 활동으로 분류하여 설명하는 것이 유용할 수 있다. 데이브 채피는 이러한 핵심 영역을 요약하기 위해 효과적인 디지털 마케팅의 여섯 가지 기둥을 정의했다(표 7.1 참조).

마케팅의 정의

디지털 마케팅이 무엇인지 더 깊이 이해하려면 이 주제의 원래 정의로 돌아가야 한다. 영국 CIM(Chartered Institute of Marketing)은 마케팅을 다음과 같이 정의하고 있다.

> 마케팅은 고객의 요구 사항을 파악하고, 예측하고, 충족하면서 수익을 창출하는 관리 과정이다.

이 정의는 마케팅이 고객에 초점을 맞추고 있음을 강조하는 동시에 수익성을 달성하기

표 7.1 디지털 마케팅의 여섯 가지 기둥

계획 및 거버넌스	목표, 통찰력, 측정	미디어	콘텐츠	경험	대화형 메시징
• 전략적 이니셔티브 • 마케팅 통합 • 디지털 트랜스포메이션 • 비즈니스 및 수익 모델 • 예산과 ROI • 시스템, 구조, 프로세스 • 자원과 기술 • 마케팅 기술 및 데이터 통합	• 예측 • 디지털 KPI • 디지털 대시보드 • 고객 프로파일 • 기여도(미디어부터 판매 유도까지 추적) • 단일 고객 관점	• 페이드 미디어+유료 검색+유료 소셜 • 온드 미디어+유기적 검색+유기적 소셜 • 언드 미디어+디지털 PR+인플루언서 마케팅+공동 마케팅	• 콘텐츠 마케팅 전략 • TOFU(top-of-funnel) • MOFU(middle-of-funnel) • BOFU(bottom of funnel)	• 웹사이트 고객 여정 • 랜딩 페이지 • 구매까지의 멀티채널 경로 • 전환율 최적화 • 개인화 • 모바일 앱(해당되는 경우)	• 이메일 마케팅 • 모바일 메시징 • 휴먼 어시스트 채팅 • 자동화 및 CRM

출처: Smart Insights(2022)

위해 다른 경영 활동과 협력할 필요성을 시사한다. 이 장과 8장에서는 이 정의가 의미하는 과정을 달성하기 위해 디지털 채널을 어떻게 활용할 수 있는지를 중점적으로 살펴볼 것이다.

- **파악**: 고객이 원하는 것을 파악하는 마케팅 리서치에 인터넷을 어떻게 활용할 수 있는가?
- **예측**: 디지털 서비스 수요(온라인 수익 기여도)를 예측하는 것이 디지털 비즈니스에 대한 자원 배분 관리의 핵심임을 살펴보았다(5장).
- **만족**: 디지털 마케팅의 핵심 과제는 디지털 채널을 통해 어떻게 고객 만족을 얻을 수 있는가이다. 이는 사이트가 사용하기 쉬운지, 충분한 성능을 발휘하는지, 관련 고객 서비스 표준이 어떤지, 제품이 어떻게 배송되는지 등의 문제를 제기한다.

스마트인사이츠(2010)는 http://bit.ly/smartfeedback에서 디지털 비즈니스가 마케팅의 일환으로 고객의 니즈와 인식을 이해하고 파악하는 데 사용할 수 있는 여섯 가지 유형의 양방향 온라인 피드백 도구를 제시했다.

- **웹사이트 피드백 도구**: 고객이 각 페이지의 프롬프트를 통해 피드백을 할 수 있는 영구적 기능을 제공한다. 페이지의 내용뿐만 아니라 제품과 서비스에 대한 평가 등을 계속 제공할 수 있도록 지속적으로 운영된다.
- **사이트 이용자의 의도-만족도 조사**: 이용자가 사이트에서 하고자 했던 것과 실제로 달성한 것의 차이를 측정한다.
- **크라우드소싱 제품 의견 소프트웨어**: 웹 피드백보다 더 광범위하여 고객이 잠재적인 새로운 서비스에 대해 의견을 제시할 수 있다. 또한 일부 고객은 사이트 경험이나 고객 경험에 대해 사이트 외부 포럼에서 피드백을 제공하기도 한다(예: GetSatisfaction).
- **간단한 페이지나 콘셉트에 대한 피드백 도구**: 크라우드소싱의 한 형태로, 온라인 패널을 통해 페이지 레이아웃, 메시징 또는 서비스에 대한 피드백을 얻을 수 있다. 콸라루(Qualaroo)와 같은 도구는 방문자가 기업의 서비스에 대해 무엇을 원하는지 구체적인 질문을 하는 데 사용할 수 있다.
- **종합 온라인 설문조사 도구**: 줌머랭(Zoomerang), 서베이몽키(SurveyMonkey)와 같은 도구를 사용하면 저렴한 비용으로 고객을 조사할 수 있다.
- **웹사이트 이탈 의도 조사 도구**: 의도(사이트 방문 이유)와 만족도를 비교한다. 이러한 도구는 웹사이트 또는 모바일 앱에서 원하는 경험과 실제 경험의 차이에 대한 귀중한 통찰력을 제공한다.

'인터넷 마케팅'이라는 용어는 인터넷을 기존 미디어와 함께 사용하여 어떻게 고객을 확보하고 서비스를 제공할 수 있는지에 대한 외부 관점을 가리키는 데 널리 사용되었다. 현재는 '디지털 마케팅'이라는 용어가 가장 일반적으로 사용되고 있다. 마케팅 목표를 달성하기 위한 모든 기술의 활용을 의미하는 디지털 마케팅은 외부 및 내부 관점을 지니고 있다. 이는 외부 및 내부 디지털 커뮤니케이션을 모두 관리하는 디지털 비즈니스의 개념과 일치한다.

인바운드 마케팅

마케팅 전문가들은 디지털 미디어 기반의 이러한 새로운 마케팅 접근 방식을 대개 인바운드 마케팅(1장 참조)이라고 부른다. 인바운드 마케팅은 광고의 낭비를 줄일 수 있기 때문에 강력하다고 여겨진다. 콘텐츠 마케팅과 검색 마케팅은 사전에 자신이 선택한 명확하게 정의된 니즈를 가진 잠재고객을 타기팅하는 데 사용할 수 있다. 하지만 이는 약점이기도 하다. 마케팅 담당자가 정해진 대상에게 메시지를 전달하여 인지도를 높이고 수요를 창출하는 데 도움이 되는 기존 커뮤니케이션에 비해 통제력이 떨어질 수 있기 때문이다. 다르메시 샤(Dharmesh Shah), 브라이언 핼리건(Brian Halligan)과 같은 인바운드 마케팅 지지자들은 콘텐츠, 소셜 미디어, 검색 마케팅이 수요를 창출하는 역할을 한다고 주장한다.

콘텐츠 마케팅

인바운드 마케팅의 성공을 위해서는 방문자를 끌어들이고 그 방문자가 다시 방문하도록 유도할 수 있는 탁월하고 설득력 있는 콘텐츠가 필요하다. 전자상거래 사이트의 구매자 안내, 동영상과 같은 다양한 콘텐츠 유형은 검색엔진을 통해 고객을 유도하는 데 도움이 될 수 있다. 참여 유발 콘텐츠는 소셜 미디어에서 공유될 가능성이 높기 때문에 사이트 방문을 유도할 수 있다. 이메일을 통한 소통이 가능하거나, 웹사이트와 소셜 미디어를 통한 공유 및 지속적 참여를 장려하는 것과 같은 콘텐츠 마케팅의 중요성을 강조하기 위해 콘텐츠 마케팅의 개념과 콘텐츠 전략이 모범 사례 접근 형식으로 발전해왔다. 오늘날 '콘텐츠'는 웹 페이지를 구성하는 정적 콘텐츠와 상호작용을 장려하는 동적 미디어 콘텐츠의 조합을 의미한다. 동영상, 팟캐스트, 사용자 생성 콘텐츠, 인터랙티브 제품 선택 도구 등도 참여 문제를 개선할 수 있는 콘텐츠로 보아야 한다.

콘텐츠 전략이 직면한 문제에서 알 수 있듯이, 오늘날 다양한 유형의 콘텐츠가 다양한 접근 플랫폼을 통해 다양한 형태로 다양한 장소에서 제공되고 있기 때문에 소셜 미디어로 고객을 참여시키는 활동이 점점 더 중요해지고 있다.

이 정의는 콘텐츠 관리를 계획하고 운영하는 데 필요한 다음과 같은 요소를 시사한다.

- **콘텐츠의 참여 가치**: 어떤 유형의 콘텐츠(단순한 제품 및 서비스 정보, 제품 구매 가이드, 참여를 유도하는 게임 등)가 사람들을 끌어들이는가? 경영 컨설팅 회사인 베인앤드컴퍼니(Bain & Co.)의 경영 자원 섹션(그림 7.3)에는 문의와 판매로 이어지는 참여 유도 콘텐츠의 예시가 있다.
- **콘텐츠 미디어**: 일반 텍스트, 플래시·인터넷 애플리케이션·모바일 앱과 같은 동적 미디어(3장 참조), 오디오(팟캐스트), 호스팅 및 스트리밍 동영상 등이다. 일반 텍스트도 HTML 텍스트부터 전자책, PDF에 이르기까지 다양한 형식 옵션이 있다.
- **콘텐츠 배포**: 피드, API, 마이크로포맷 또는 이메일을 통한 직접 전송으로 다양한 유형의 사이트에 콘텐츠를 배포할 수 있다. 피드로 전달된 정보를 표시하는 위젯을 통해 사이트에 콘텐츠를 삽입할 수도 있다.
- **콘텐츠 참여**: 오늘날 효과적인 콘텐츠는 단순히 정적인 소비를 위해 전달되는 것이 아니

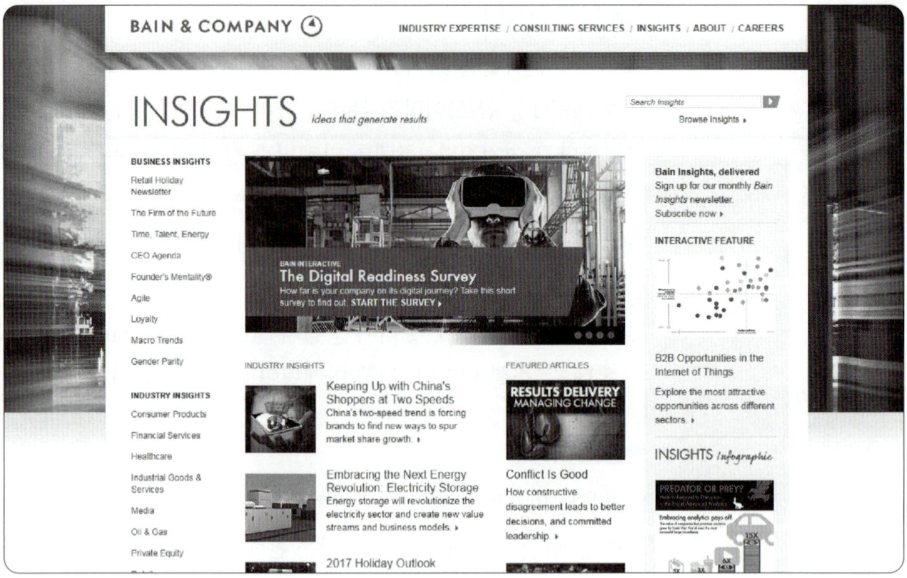

그림 7.3 베인앤드컴퍼니의 경영 자원 섹션(B2B 콘텐츠 마케팅에 대한 설명)

라 댓글, 평점, 리뷰가 가능해야 한다. 또한 원본 장소뿐만 아니라 논의되는 모든 장소에서 모니터링하고 관리할 수 있어야 한다.

- **콘텐츠 액세스 플랫폼**: 화면 해상도가 각기 다른 데스크톱, 노트북, 모바일 기기 등의 다양한 디지털 액세스 플랫폼이 있다. 한편 종이는 인쇄 미디어를 위한 콘텐츠 액세스 플랫폼이다.

학습활동 7.1 콘텐츠의 유효성 감사 및 개선을 위한 콘텐츠 마케팅 매트릭스 활용

현재 콘텐츠 마케팅의 이용을 검토하고 새로운 유형의 콘텐츠를 식별하는 중요한 방법으로 콘텐츠 마케팅 매트릭스를 추천한다.

목적

이 매트릭스는 잠재고객이 콘텐츠의 가치를 어떻게 느끼는지 그리고 비즈니스의 목표에 따라 콘텐츠의 다양한 차원을 고려하는 데 도움이 되도록 구성되어 있다.

활동

기업이 마케팅을 지원하기 위해 다양한 유형의 콘텐츠를 어떻게 이용하고 있는지 확인하기 위해 다음 과정을 수행한다.

1. 다양한 유형의 콘텐츠를 그리드에 표시하여 기업의 현재 콘텐츠의 사용 현황을 검토하라.
2. 2~3개의 경쟁업체(직접 또는 간접)에 대해서도 다양한 유형의 콘텐츠를 그리드에 표시하라.
3. 향후 가능한 콘텐츠의 유형에 대해 브레인스토밍하라.
4. 콘텐츠 투자 기준(예: 도달 범위 확대, 전환 향상, 기존 고객 유지 등)을 정하라.
5. 콘텐츠 투자 기준을 적용하여 콘텐츠 캠페인에서 시범적으로 운용할 2~3개 유형의 콘텐츠를 선정하라.

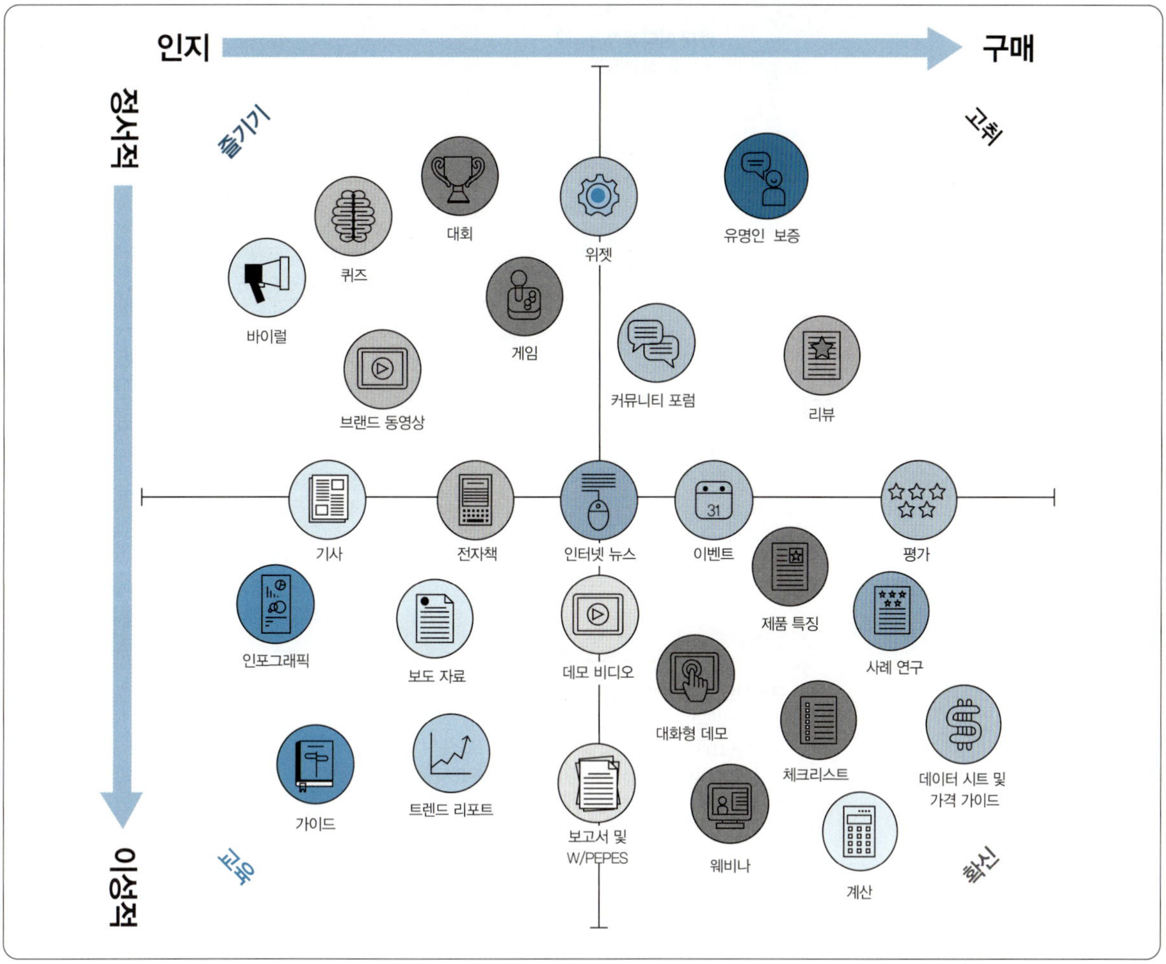

그림 7.4 콘텐츠 마케팅 매트릭스

출처: Smart Insights(2012)

콘텐츠가 디지털 마케팅을 가장 잘 지원하는 방법을 검토하기 위해 데이브 채피와 스마트인사이츠의 댄 보솜워스(Dan Bosomworth)는 콘텐츠 마케팅 매트릭스를 개발했다(그림 7.4 참조). 학습활동 7.1에서는 이 매트릭스를 이용하여 적합한 콘텐츠 유형을 식별하는 방법을 설명한다.

디지털 마케팅 계획

디지털 마케팅 계획 디지털 비즈니스 전략의 마케팅 목표를 달성하기 위한 계획

디지털 마케팅 계획(digital marketing plan)은 보다 광범위한 디지털 비즈니스 전략과 더불어 디지털 비즈니스 전략의 판매 측 목표가 리서치, 커뮤니케이션 등의 마케팅 활동을 통해 어떻게 달성되는지 상세히 설명하기 위해 필요하다. 디지털 마케팅 계획은 마케팅 전략의 목표를 기반으로 하기 때문에 각 접근 방식의 항목, 특히 환경 분석, 목표 설정, 전략 분석

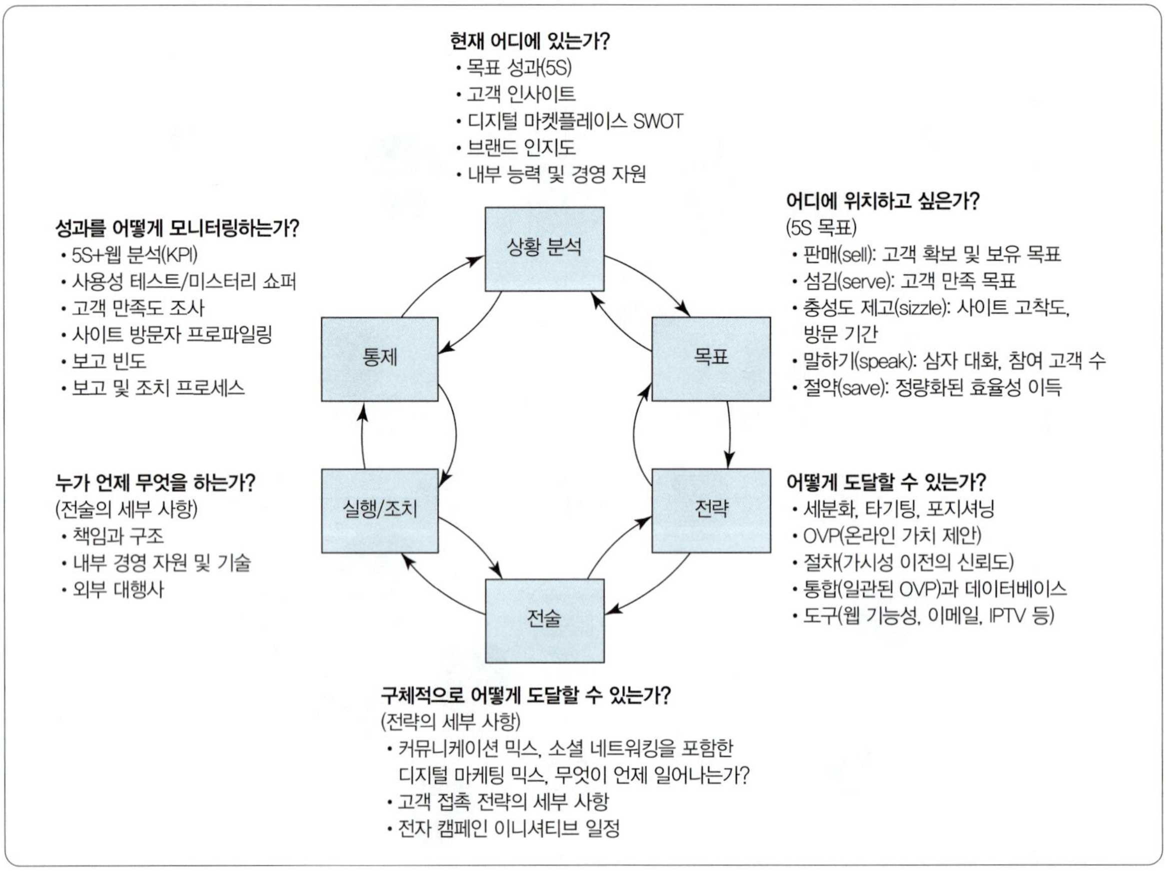

그림 7.5 폴 스미스의 SOSTAC® 계획 수립 프레임워크

출처: Smith, P.R. (2018) SOSTAC® Guide to your Perfect Digital Marketing Plan, published by PR Smith Marketing Ltd. www.PRSmith.org. More information on PR Smith's SOSTAC® visit www.SOSTAC.org

에 중복되는 부분이 있다. 그림 7.2는 디지털 마케팅 활동이 디지털 비즈니스 전략에 어떻게 영향을 미치는지 그리고 그것이 디지털 마케팅 계획에 어떻게 반영되는지를 보여준다.

이 장에서는 디지털 마케팅 계획 수립을 위해 전략 프로세스 모델(5장에서 소개한 것과 유사)을 사용한다. 폴 스미스(Paul Smith, 1999)가 개발한 SOSTAC™ 프레임워크를 사용하는데, 이 프레임워크는 전략 수립부터 실행까지 마케팅 전략에 관여해야 하는 다양한 단계를 정리한 것이다(그림 7.5).

- **상황**: 현재 어디에 있는가?
- **목표**: 어디에 위치하고 싶은가?
- **전략**: 어떻게 도달할 수 있는가?
- **전술**: 구체적으로 어떻게 도달할 수 있는가?
- **실행(조치)**: 우리의 계획은 무엇인가?
- **통제**: 도달했는가?

디지털 마케팅의 효과 측정은 목표 달성 여부를 평가하기 위한 전략 프로세스에서 필수적인 부분이다. 웹사이트와 관련 마케팅 커뮤니케이션의 개선을 통해 디지털 마케팅을 지속적으로 향상하기 위해 통제 단계에서 수집된 웹 분석 데이터(10장 참조) 지표 분석을 활용함으로써 이 과정이 종료된다.

디지털 마케팅 계획을 위한 SOSTAC™ 접근법의 여섯 가지 요소를 살펴보자(이 장과 5장의 중복은 상호 참조를 통해 최소화했다).

디지털 마케팅 계획이 별도로 필요한가

디지털 마케팅 담당자나 전자상거래 담당자 등 디지털 마케팅 활동을 위한 특정 경영 자원이 있다면 그 사람이 디지털 마케팅 계획에 대한 책임을 지게 된다. 그러나 디지털 마케팅 전담 인력이 없다면 디지털 마케팅 계획이 존재하지 않을 가능성이 높다. 이는 마케팅 관리자의 경영 자원이 제한적이거나 다른 우선순위가 있어 디지털 마케팅 계획의 가치를 인식하지 못할 때 이러한 경우가 많다.

디지털 마케팅에 대한 명확한 계획과 통제가 이루어지지 않을 때는 일반적으로 다음과 같은 문제가 발생한다.

- 온라인 서비스에 대한 고객 수요를 조사하지 않았거나, 온라인 마케팅 점유율을 달성하기 위한 경영 자원이 부족하거나, 목표가 설정되어 있지 않거나 비현실적일 경우 과소평가된다.
- 디지털 마케팅에 경영 자원이 충분히 투입되지 않고 명확한 전략이 정의되지 않으면 기존 및 스타트업 경쟁업체가 시장 점유율을 차지할 수 있다.
- 가령 마케팅 조직의 여러 부서가 각기 다른 도구를 구매하거나, 유사한 온라인 마케팅 업무를 수행하기 위해 각기 다른 대행사를 이용한다면 경영 자원의 중복이 발생한다.
- 디지털 마케팅 계획 및 실행에 투입되는 경영 자원이 부족하고, 디지털 마케팅 전문 기술도 부족할 가능성이 높기 때문에 경쟁 위협에 효과적으로 대응하기 어렵다.
- 관계 구축의 일환으로 온라인에서 수집되는 고객 데이터는 불충분하며, 이러한 데이터는 기존 시스템과 잘 통합되지 않는다.
- 온라인 마케팅을 통해 얻는 효율성(예: 커뮤니케이션 비용 절감, 고객 확보 및 유지 캠페인의 전환율 향상)을 잃을 수 있다.
- 잘못된 경영 자원을 사용하거나 마케팅 담당자가 적절한 도구를 가지고 있지 않으면 검색 마케팅, 이메일 마케팅과 같은 온라인 마케팅 도구를 적용할 기회를 놓치거나 비효율적으로 실행될 수 있다.
- 다양한 사내 집단에 의한 조직 내부 IT 시스템 변경 요구 사항에 대해 우선순위를 정하기가 어렵다.
- 온라인 마케팅의 결과가 세부적인 수준에서든 높은 수준에서든 충분히 추적되지 않는다.
- 디지털 마케팅에 대한 고위 경영진의 지원은 (디지털 마케팅이) 주요한 전략적 이니셔티브가 되는 데 필요한 것들을 추진하기에는 충분하지 않은 경우가 많다.

Sultan과 Rohm(2004)은 세 기업에 대한 조사를 바탕으로 기업이 디지털 마케팅 전략을 비즈니스 전략과 일치시키는 전형적인 방법의 예를 제시하고 다음과 같은 전략 목표를 도출했다.

- **비용 절감 및 가치사슬 효율화**: B2B 공급업체가 고객사를 관리하는 관리자 수를 줄이면서도 셀프서비스 고객에 대한 직접 판매를 늘린 경우를 예로 들 수 있다.
- **수익 창출**: 리복은 러닝머신과 같이 강력한 유통 계약이 없는 제품의 직접 라이선스 판매를 위해 인터넷을 활용한다.
- **채널 파트너십**: 공동 마케팅을 통해 상호 보완적인 브랜드와 제휴를 맺고 잠재고객을 참여시킨다.
- **커뮤니케이션 및 브랜딩**: 출판사인 펭귄랜덤하우스(Penguin Random House)는 작가 지망생을 위해 언더라인(www.getunderlined.com)이라는 온라인 커뮤니티를 제공하고 있다.

포스트디지털 시대의 디지털 마케팅 전략

'포스트디지털(post-digital)'이라는 용어는 디지털 마케팅 활동이 단순히 마케팅의 일부가 된 세상을 가리키는 데 오랫동안 사용되었다. 이는 사실상 고객이 세계를 바라보는 관점이다. 예를 들어 고관여 제품 구매와 같이 필요한 경우 기존 채널과 병행하여 스마트폰이나 노트북을 사용하여 제품 또는 서비스를 선택하거나 구매하는 것은 매우 자연스러운 일이다. 유니레버의 커뮤니케이션 책임자인 키스 위드(Keith Weed)는 "우리는 디지털 마케팅을 하는 것이 아니라 디지털 세계에서의 마케팅을 하고 있다"고 말했다(Weed, 2017).

글로벌 컨설팅 기업 액센추어의 그룹 최고기술책임자(CTO)인 폴 도허티(Paul Daugherty)는 〈포스트디지털 시대가 도래한다: 준비되었는가?(The post-digital era is coming: Are you ready?)〉라는 기사에서 다음과 같이 설명했다.

> 디지털은 여전히 중요하지만 이제는 더 이상 차별화 우위가 아니며, 비즈니스를 하기 위한 입장료에 불과하다. 포스트디지털 세상에서는 디지털을 강력하고 새로운 방식으로 활용하는 것이 차별화로 이어진다. 혁신과 차별화에 필요한 기술은 디지털 도구와 개념의 기본적인 도입에 그치지 않는다. 기술에 대한 책임감 있는 접근을 통해 고객, 직원, 비즈니스 파트너, 커뮤니티와의 신뢰를 구축하는 것이 최우선 과제인 시대이다. (Accenture, 2019)

그는 경쟁 우위를 확보하기 위해 디지털 기술을 혁신적으로 활용하는 것이 핵심이라고 강조한다.

디지털 마케팅 전략의 필요성에 의문을 제기하는 목소리도 있다. 칼럼니스트인 마크 리트슨(Mark Ritson)은 마케팅위크(Marketing Week, 2021)에 실린 현대의 취업 면접에 대한 코믹한 예시를 통해 오늘날 마케팅 고위직 구직자의 경우 "디지털 마케팅 전략은 최근 성공한 모든 기업의 핵심이라고 생각한다"라고 말해야 한다고 밝혔다. 그러나 그는 보다 현실적인 답은 다음과 같다고 생각한다. "아니다. 만약 내가 '디지털 마케팅 전략'을 세웠다면, 내가 무엇을 하고 있는지 명확히 알지 못하기 때문이다. 우선 디지털이라는 말은 본질

> **주목할 쟁점 7.1**
>
> **명확한 디지털 마케팅 계획이 필요한가?**
>
> 마케팅 계획 프로세스에 별도의 디지털 마케팅 계획이 꼭 필요한 것은 아니다. 디지털 마케팅은 기존의 마케팅 계획에 통합될 수 있고, 통합되어야 한다.

이 내재적으로 전술적이고, 실행도 전술적이다."

디지털 커뮤니케이션은 전술적이지만, 이 책에서는 디지털 채널이 새로운 비즈니스 수익 모델을 통해 경쟁 우위를 차지할 수 있는 기회를 제공한다는 것 그리고 검색, 콘텐츠, 소셜 미디어 마케팅 등의 디지털 전술을 경쟁업체보다 더 효과적으로 실행함으로써 온라인에서 브랜드의 시인성, 인지도, 선호도를 높일 수 있는 기회를 제공한다는 것을 증명하고자 한다.

스마트인사이츠(2021)의 조사에 따르면 많은 기업이 디지털 트랜스포메이션 프로그램을 이미 도입했거나(27%) 도입할 계획(35%)인 것으로 나타났다. 전략적 디지털 이니셔티브에 대한 요구는 디지털이 기업의 미래에 중요하며, 비즈니스 경쟁력을 위한 새로운 프로세스, 구조, 기술을 개발하기 위해 기업이 초점을 맞출 가치가 있음을 시사한다. 링크드인을 이용하는 기업에서 이루어지는 마케팅의 역할을 살펴보면, 디지털 트랜스포메이션부터 디지털 경험에 이르기까지 그리고 디지털 분석부터 검색, 소셜 미디어, 이메일 자동화 등의 전술에 이르기까지, 디지털 활동을 관리하는 새로운 디지털 마케팅의 역할이 많다. 따라서 디지털 전략의 우선순위를 정하고 통합하는 것이 중요하다. 물론 브랜드 관리자, 제품 관리자, 마케팅 관리자, 캠페인 관리자와 같은 전통적인 역할도 전략 수립 및 실행에 필수적이다.

장기적으로 기업이 디지털 트랜스포메이션 이니셔티브를 통해 디지털 마케팅에 대한 접근 방식을 정의하는 데 성공한다면 매년 별도의 디지털 마케팅 계획을 수립할 필요가 없을 것이다. 디지털 채널을 다른 커뮤니케이션 미디어처럼 간주함으로써 기존 커뮤니케이션 계획에 통합될 수 있기 때문이다.

상황 분석

상황 분석의 목적은 기업의 현재와 미래 비즈니스 환경을 이해하고 시장 상황에 비추어 전략 목표를 현실적으로 설정하는 것이다. 그림 7.6은 디지털 마케팅 계획에 반영되는 상황 분석에서 얻은 내용을 보여준다. 이는 주로 기업의 외부 환경을 나타낸다.

기업의 온라인 환경에 대한 연구는 고객, 경쟁업체, 공급업체, 중개업체와 같은 직접적인 (미시적) 환경과 사회적·법적·정치적·경제적·기술적 특성과 같은 보다 광범위한 (거시적) 환경이 있다고 밝혔다(그림 2.3 참조). 상황 분석은 이러한 모든 요인을 고려하여 목적, 전략, 전술을 정의하는 기반을 형성하며, SLEPT 또는 거시적 환경 요인에 대한 고려 사항이 주요 주제이다(4장 참조). 이 장에서는 고객, 경쟁업체, 중개업체, 시장 구조 등 당면한 시장 상황에 대해 분석해야 할 것에 집중한다.

디지털 마케팅의 효과와 이를 뒷받침하는 인력, 프로세스, 기술 등의 경영 자원을 기반으로 기업의 디지털 마케팅 성숙도를 검토하는 사내 디지털 마케팅 감사도 실시해야 한다. 이 절에서는 이러한 성과 감사를 먼저 살펴보자.

SWOT 분석(기업의 디지털 채널은 5장 참조)은 이 절에서 다루는 다양한 분석을 요약하

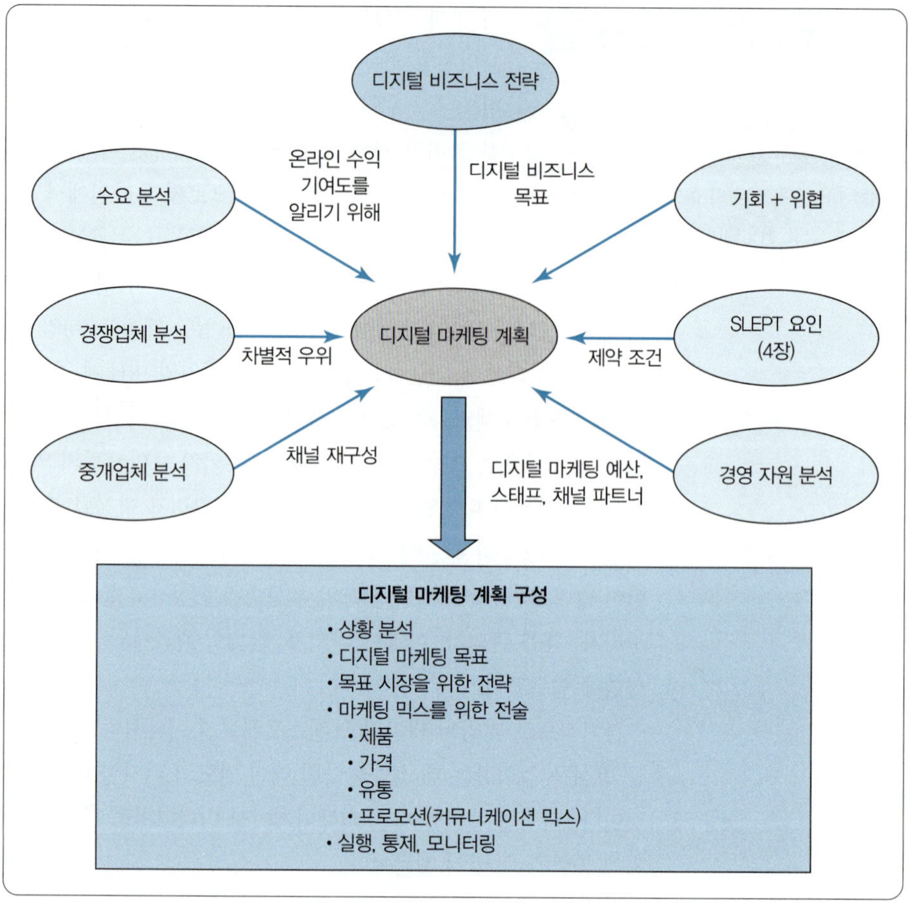

그림 7.6 상황 분석에서 디지털 마케팅 계획 수립에 이르는 과정

는 데 사용할 수 있다. 그림 7.7은 SWOT 분석의 한 예로, 한 단계 더 나아가 다양한 전략 대안(SO/WO/ST/WT 전략)을 포함한 것이다. 이러한 유형의 매트릭스를 TOWS 분석이라고 한다.

사내 디지털 마케팅 성과 감사

내부 감사는 현재 디지털 마케팅의 성과와 인력, 프로세스, 기술 등 기업 자원의 역량을 경쟁업체와 비교하여 평가한다. 또한 현재 웹사이트(또는 전자상거래 서비스)의 성과도 검토한다. 내부 감사에는 전자상거래 사이트의 다음 요소가 포함되어야 한다.

- **비즈니스 효과성**: 웹사이트의 매출, 수익 기여도, 기업 사명에 대한 시사점 등이 포함된다. 또한 사이트 제작 및 업데이트에 소요되는 비용(즉 비용 대비 효익 분석)도 고려한다.
- **마케팅 효과**: 웹사이트를 통해 제공되는 제품 라인별로 다음과 같은 척도를 평가한다. 또한 마케팅 믹스 요소의 활용 방법도 검토한다.
  - 잠재고객
  - 매출

조직	강점(S) 1. 기존 브랜드 2. 기존 고객 기반 3. 기존 유통	약점(W) 1. 브랜드 인지도 2. 중개업체 이용 3. 기술/스킬(부족한 웹 경험) 4. 크로스 채널 지원 5. 이탈률
기회(O) 1. 교차 판매 2. 새로운 시장 3. 새로운 서비스 4. 제휴/공동 브랜딩	**SO 전략** 강점을 활용한 기회 극대화 (공격 전략) **예** • 고객을 웹 전략으로 이주시키기 • 고객 생애주기 또는 기여도 세분화(이메일, 웹)에 걸쳐 고객 접점 전략 개선 • 파트너십 전략(공동 브랜딩, 연계) • 새로운 웹 기반 제품 또는 부가가치 경험(예: 동영상 스트리밍) 출시	**WO 전략** 기회 활용을 통한 약점 대응 (공격 전략을 위한 강점 구축) **예** • 중개 대응 전략(생성 또는 인수) • 검색 마케팅 고객 확보 전략 • 제휴사 기반 고객 확보 전략 • 고객 접점 전략 개선(이메일, 웹)
위협(T) 1. 고객 선택(가격) 2. 신규 참가자 3. 경쟁력 있는 신제품 4. 채널 충돌 5. 소셜 네트워크	**ST 전략** 위협 최소화를 위한 강점 활용 (방어 전략) **예** • 새로운 인터넷 전용 상품 소개 • 웹 서비스에 가치 추가(OVP 개선) • 상호 보완적인 브랜드와의 제휴 • 나만의 소셜 네트워크/고객 리뷰 만들기	**WT 전략** 약점과 위협에 대응 (방어 전략을 위한 강점 구축) **예** • 온라인 가격 차별화 전략 • 저비용 기반 순수 기업 인수/창립 • 전환율, 평균 주문 가치, 생애 가치를 높이기 위한 고객 참여 전략 • 온라인 평판 관리 전략/E-PR

그림 7.7 TOWS 분석의 예

–신규 고객 획득 비용(신규 고객 일인당 비용 또는 CPA)
–유지
–시장 점유율
–브랜드 참여 및 충성도
–고객 서비스

- **디지털 마케팅의 효과**: 웹사이트 이용 방식과 방문자의 특성을 평가하기 위한 구체적인 척도로, 여기에는 웹 분석을 통해 수집되는 고유 방문자 수, 페이지 노출 수와 같은 전문적인 척도 및 포커스 그룹, 기존 고객 설문조사와 같은 전통적인 조사 방법이 포함된다. 마케팅 관점에서는 웹사이트의 가치 제안이 고객에게 미치는 효과도 평가해야 한다.

디지털 마케팅의 모든 측면을 포괄하는 기준에 따라 성숙도를 검토하는 것이 유용하다. 그림 7.8에 제시된 성숙도 검토의 예에서는 표 7.1에 소개된 효과적인 디지털 마케팅의 기둥을 사용했다(이 성숙도 평가에서는 '계획과 거버넌스'를 '마케팅 전략 및 브랜드 전략'과 '디지털 마케팅 전략'으로 구분했다). 각 기둥에 대해 전용 계획, 자원, 측정이 있는지 여부를 각각의 행에서 평가한다. 성숙도는 디지털 마케팅 전용 자원과 관리가 제한적인 레벨 1(초기)부터 디지털 마케팅이 적절히 관리되고 측정 가능한 프로세스가 사용되는 레벨 5(최적화)까지 다양하다.

디지털 마케팅 성숙도 향상

효과적인 현대 마케팅의 일곱 가지 기둥으로 벤치마킹하라.

RACE 성장 시스템 성숙도 평가를 사용하여 일곱 가지 기둥 전반에 걸쳐 개선할 우선순위를 확인할 수 있다. 이 시각적 체크리스트를 통해 자사나 고객사가 통합 디지털 마케팅을 얼마나 잘 활용하고 있는지 점검할 수 있다.

Smart Insights

기둥	1. 초기 단계	2. 관리 단계	3. 정의 단계	4. 계량화 단계	5. 최적화 단계
1. 마케팅 및 브랜드 전략	비즈니스 및 마케팅 계획 개관	연간 마케팅 세부 계획/브랜드 계획이나 장기 비전이 없음	장기 마케팅 및 브랜드 계획	디지털로 조정된 통합 전략 및 로드맵	애자일 비즈니스 및 브랜드 전략
2. 디지털 마케팅 전략	전담 전략이 없음	우선순위 활동을 갖춘 디지털 계획 개관	연간 계획 및 디지털 이니셔티브 로드맵 정의	90일 최적화 접근	애자일 전략적 접근
3. 데이터 및 사이트	디지털 KPI 또는 고유 분석이 없음	주요 매출 목표 정의, 고유 분석 구축	품질 목표 정의, 마케팅 대시보드 사용, 임시 고객 조사	가치 목표 정의, 귀인 모델 사용	생애 가치 KPI, 예측 가능 분석
4. 디지털 미디어	도달률 향상 계획과 캠페인 프로세스가 없음	고객 획득 계획 개관/검색, 소셜 미디어, PR 계획, 예측이 없음	타깃 예측을 갖춘 세부 획득 계획/캠페인 프로세스	온라인 및 오프라인 통합 미디어 계획	ROI 및 고객 생애 가치에 최적화된 미디어
5. 콘텐츠 마케팅 전략	상호작용과 리드를 권장할 만한 전략이 없음	제한된 콘텐츠 마케팅 자산	생애주기별 콘텐츠 마케팅 전략 및 자산	콘텐츠 마케팅에 대한 ROI 정의	콘텐츠 포트폴리오 최적화
6. 디지털 경험	상호작용, 전환, 참여 증가 계획이 없음	페르소나와 여정 지도가 정의되어 있음/임시 웹사이트 테스트	정기적인 간이 테스트 및 고객 피드백/초급 개인화	구조화된 CRO 실험 프로그램/고급 개인화	AI 기반 개인화 및 최적화
7. 디지털 메시징	기본 이메일 프로모션 및 뉴스레터	단순 환영 전략	RACE 전반에 걸친 콘택트 자동화 전략	생애주기별 자동화/대화형 메시징	AI 최적화 콘텐츠 전략
	제한된 계획	기본 계획	경쟁 계획	고도화 계획	애자일 계획

그림 7.8 효과적인 디지털 마케팅의 일곱 가지 기둥을 통한 디지털 마케팅의 성숙도 검토

출처: Smart Insights(2023)

고객 수요 분석

디지털 마케팅과 디지털 비즈니스 전략의 목표를 추진하는 핵심 요인은 다양한 세분 시장에서 전자상거래 서비스에 대한 고객 수요의 현재 수준과 미래 예측이다(5장의 '전략 분석' 참조). 이는 온라인상의 제품 수요에 영향을 미치며, 결과적으로 다양한 온라인 채널에 투입되는 자원을 좌우하게 될 것이다. 수요 분석은 다양한 목표 시장에서 각 디지털 채널과 다양한 서비스에 대한 고객의 현재 및 미래 이용 행태를 조사한다. 이는 시장별로 다음과 같은 질문을 통해 결정할 수 있다.

- 고객사 중 몇 퍼센트가 인터넷에 접속할 수 있는가? 오늘날에는 거의 모든 곳에서 인터넷에 접속할 수 있기 때문에 이 질문은 예전만큼 중요하지 않다.
- 기업의 구매 부서 구성원 중 인터넷에 접속할 수 있는 사람의 비율이 얼마인가?
- 기업의 제품을 온라인으로 구매하는 고객의 비율이 얼마인가? 다양한 카테고리의 온라인 구매 비율을 비교한 자료는 쉽게 찾아볼 수 있다.
- 인터넷에 접속할 수 있는 고객 중 온라인에서 제품을 구매할 의향이 없었지만 디지털 정보의 영향을 받아 오프라인에서 구매하는 비율이 얼마인가?
- 다양한 채널의 고객이 제품 또는 서비스를 수용하는 것을 방해하는 장벽은 무엇이며, 어

떻게 수용을 촉진할 수 있는가?

정통한 디지털 마케팅 담당자는 구글 키워드 플래너, 구글 서치 콘솔과 같은 도구를 사용하여 검색엔진 이용자가 입력한 다양한 검색 키워드의 양을 기반으로 자사 제품 또는 서비스에 대한 수요를 평가한다. 전자상거래 사업자는 구글 애즈, 빙 등의 광고 서비스를 통해 해당 제품을 검색함으로써 구매 의사를 밝힌 소비자를 메시지 전달 대상으로 삼을 수 있다.

특정 시장에서 제품 검색에 사용되는 문구의 양을 통해 그 시장의 해당 검색에 대한 잠재적 기회의 총합과 어느 기업의 현재 점유율을 계산할 수 있다. '검색 점유율'은 해당 기업 사이트의 구글 서치 콘솔에서 구할 수 있는데, 이는 방문자가 검색에 사용한 정확한 키워드에 대한 검색 횟수와 다양한 검색엔진에서 그 사이트에 도달한 횟수를 나타낸다.

검색 점유율은 유기적 검색 마케팅과 유료 검색 마케팅의 효과를 검증할 수 있는 효과적인 척도이다. 고객이 구매 과정의 일환으로 제품 정보를 검색함으로써 검색 의도와 검색량이 특히 많은 고관여 제품 분야의 기업에는 특히 중요한 경쟁 요소이다. 이 책의 전판에서는 마케팅 담당자가 실제 유기적 검색, 유료 검색을 통한 사이트 방문과 구글 애널리틱스가 구글 키워드 플래너와 구글 서치 콘솔에서 얻은 검색 횟수를 기반으로 사이트의 잠재적 방문을 결정하는 것과 비교함으로써 갭 분석 기법의 위력을 보여주었다. 이 용어는 애덤앤드이브디디비(adam&eveDDB)의 효과성 책임자인 레스 비네(Les Binet)의 '브랜드와 광고를 추적하는 새로운 방법'(2020)에서 정의되었으며, 이 연구는 Institute of Practitioners in Advertising Effectiveness의 주간 프레젠테이션에서 발표되었다.

비네는 디지털 전략의 일환으로 상황 분석에 사용할 수 있는 높은 수준의 경쟁업체 벤치마킹 기법에 대해 설명했다. 이 기법은 브랜드 검색 키워드와 연관이 있기 때문에 제품 관련 검색 효과를 검토하는 갭 분석 방법과 다르다.

비네는 검색 점유율을 다음과 같이 정의했다.

검색 점유율 = 브랜드 X에 대한 검색 수/카테고리 내 전체 브랜드 검색 수

이 정의는 웹사이트에 얼마나 많은 사람이 유입되었는지와 상관없이 단순히 특정 브랜드의 검색 횟수나 노출 횟수를 기준으로 한 소비자의 의도와 관련이 있다. 비네와 연구 팀은 세 가지 시장(자동차, 에너지, 전화)의 검색 및 구매 행동에 대한 과거 데이터를 살펴보았는데, 예상대로 검색 점유율과 시장 점유율 사이에 상관관계가 있는 것으로 나타났다. 쉽게 말해 인지도와 매출이 높은 브랜드는 더 많은 사람이 검색한다. 그림 7.9는 LG 휴대폰의 시장 점유율 대비 검색 점유율, 즉 검색량과의 관계를 보여준다. 시장 점유율은 검색 점유율과 함께 증가한 후 감소하며 비슷한 패턴을 보이지만 시차가 있기 때문에 검색 점유율이 선행 지수임을 알 수 있다.

이러한 상관관계가 인과관계를 증명하는 것은 아니다. 그러나 이 연구에서는 검색 점유율의 변화가 시장 점유율에 어떤 영향을 미치는지를 살펴봄으로써 관련성을 입증했다.

이 연구에서 얻을 수 있는 간단하고 실용적인 수확은, 다양한 캠페인과 제품이 출시되고 상시 검색에 대한 투자가 변화함에 따라 시간이 갈수록 브랜드 검색 문구가 어떻게 달라지

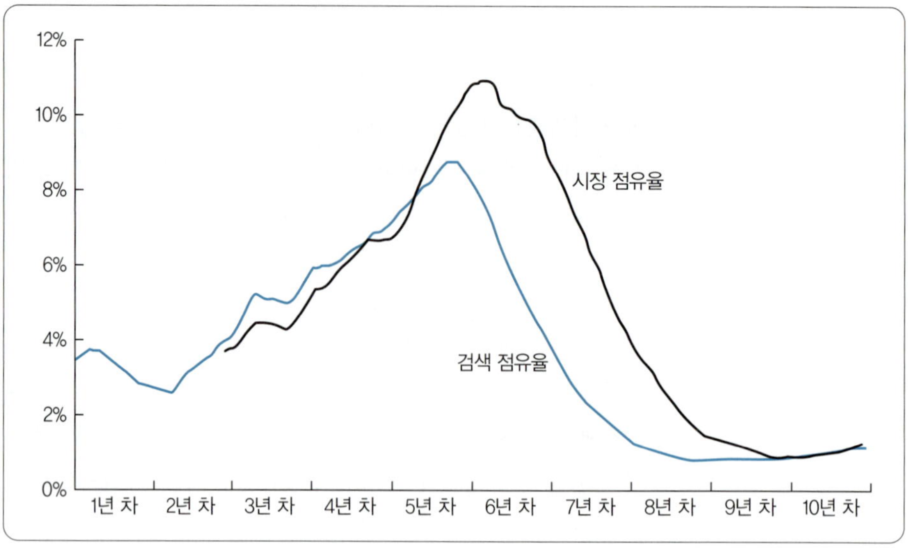

그림 7.9 LG 휴대폰의 검색 점유율과 시장 점유율 간 관계

출처: Binet(2020). 허락하에 게재

는지를 마케팅 담당자가 검토하는 것이다. 구글 트렌드는 이를 위한 간단한 버전을 제공한다. 고려할 만한 또 다른 기술은 다양한 유형의 브랜드 검색을 순수 브랜드 검색으로 나누어 검토하는 것이다. 시트로엥(Citroën)과 제품별 '탐색적' 검색의 예를 살펴보자. 검색자는 제품을 찾을 때 사이트를 방문하지 않고 바로 제품, 서브브랜드와 카테고리를 찾는다. 시트로엥 베를링고, 시트로엥 C4 또는 시트로엥 칵투스를 알고 있는 사람은 바로 검색할 수 있다. 이처럼 제품에 특화된 용어에 대한 검색 의도의 변화는 경쟁업체의 활동에 대비하여 그러한 용어를 촉진한 마케팅 활동의 효과를 평가하는 시간을 통해 모니터링할 수 있다.

질적 고객 조사

고객 분석은 양적 수요 분석에 국한되면 안 된다. Variani와 Vaturi(2000)는 질적 고객 조사를 통해 전략 수립에 활용되는 통찰력을 얻을 수 있다고 밝혔다. 이들은 인구통계뿐만 아니라 니즈, 태도, 인터넷 친밀도 등 타깃 고객의 핵심적인 특징을 파악하려는 그래픽 프로파일링을 제안했다. [9장에서는 온라인 구매자의 행동을 이해하기 위해 고객 **페르소나**(persona)와 **시나리오**(scenario)가 어떻게 개발되는지를 살펴본다.]

페르소나 웹사이트 이용자의 전형적인 특징, 니즈, 동기, 환경에 관한 요약

시나리오 웹사이트 방문자가 요구하는 대안적 과업 또는 결과물로, 다양한 정보 니즈나 경험과 관련된 다양한 과업으로 구성된 일련의 과정 속에서 수행된다.

기업이 이용할 수 있는 다양한 고객 인사이트 출처의 범주와 그 활용을 표 7.2에 요약했다. 기업의 과제는 어떤 유료 또는 무료 서비스를 선택할지 그리고 부가가치를 창출하는 통찰력을 얻기 위해 데이터 검토 및 조치에 필요한 시간을 확보하는 것이다. 저자들의 경험에 따르면 기업의 모든 부서가 데이터를 활용하는 것이 아니라 디지털 팀에서만 활용하는 경우가 많다. 보통 대기업에서는 직원들이 데이터의 존재나 데이터 제공업체를 알지 못하거나, 데이터가 너무 많아서[**빅데이터**(big data)라고 함] 어떻게 활용해야 할지 모른다. 또한 심각한 프라이버시 문제도 있다. 기업은 이러한 데이터를 어떻게 수집하고 활용하는지 투명하게 공개하고 고객에게 선택권을 부여해야 한다(4장 참조).

빅데이터 복잡하고 방대한 데이터로, 그 특징을 흔히 '3V(volume, velocity, variety)'로 나타낸다.

표 7.2 디지털 고객 인사이트 공급자의 유형과 예

인사이트 공급자의 유형	설명	예
VOC	옹호도, 순 추천 점수(net promoter score) 등 온라인 및 멀티채널 경험에 대한 고객 인식, 온라인 평판 관리 도구	www.iperceptions.com www.opinionlabs.com www.foresee.com www.bazaarvoice.com
고객 프로파일 데이터	세분화에 따른 고객 특성	사내 데이터베이스
구매 행동	제품 카테고리, 최근성, 빈도, 금액 등 거래 내역	사내 데이터베이스
웹 분석을 통한 방문자 행동	사이트 내 및 참조처에 관한 랜딩 페이지, 콘텐츠 및 제품의 인기도	https://analytics.google.com/ www.adobe.com/ www.getclicky.com www.Mixpanel.com
청중 패널 데이터	제삼자 사이트에 있는 청중의 양/도달 범위, 프로필	www.experian.com www.comscore.com www.nielsen-online.com
경쟁력 벤치마킹	사이트의 기능 및 특징에 대한 별도의 팀 또는 고객(미스터리 쇼퍼)의 독립적 검토	www.globalreviews.com www.psyma.com www.emysteryshopper.com
캠페인 반응	사이트 방문 및 전환으로 이어지는 디지털 미디어 터치포인트의 조합, 광고 네트워크 행동 타기팅	www.conversantmedia.com www.doubleclickbygoogle.com www.lynchpin.com
실험	AB 테스트 및 다변량 테스트, 사이트 내 행동 타기팅, 온사이트 머천다이징 솔루션	www.maxymiser.com www.optimisely.com www.hotjar.com

현재 많은 디지털 기업은 외부 출처뿐만 아니라 알리다(Alida), 퀄트릭스(Qualtrics)와 같은 플랫폼을 통해 제공되는 VOC(voice of customer, 고객의 소리) 프로그램을 활용하고 있다. 이는 요구되는 온라인 서비스나 콘텐츠의 종류를 파악하는 데 도움이 되고, 제품 또는 서비스에 대한 보다 근본적인 질문도 할 수 있다.

경쟁자 분석

경쟁업체가 전자상거래를 통해 어떻게 고객을 확보하고, 전환하고, 유지하는지 모니터링하는 것은 온라인 미디어의 역동적인 특성 때문에 디지털 마켓플레이스에서 특히 중요하다. 따라서 인쇄 커뮤니케이션보다 훨씬 더 빠르게 새로운 서비스를 론칭하거나 프로모션을 변경할 수 있다. 이러한 역동성은 전략 수립 과정에서 경쟁업체 벤치마킹이 단발성이 아니라 지속적으로 이루어져야 함을 의미한다.

경쟁업체의 온라인 서비스 및 전략에 대한 벤치마킹은 계획 활동의 중요한 부분이며, 가격 또는 프로모션과 같은 새로운 마케팅 접근 방식에 대응하기 위해 지속적으로 수행해야 한다. Chaffey와 Ellis-Chadwick(2022)에 따르면 경쟁업체 벤치마킹에는 각기 다른 목적을 달성하는 다양한 관점이 있다.

- **내부 역량 검토**: 자원 조달, 구조, 프로세스 등의 내부 역량과 외부 사이트의 외부 고객 대응 특징을 비교한다.
- **핵심 제안에서 브랜딩을 거쳐 온라인 가치 제안(OVP)으로**: 핵심 제안은 제공하는 제품의 범위, 가격, 프로모션을 기반으로 하며, 온라인 가치 제안은 브랜드 가치를 높이는 웹 서비스 유형을 설명한다. 이는 이 장의 후반부에서 자세히 다룰 것이다.
- **고객 생애주기의 다양한 측면**: 고객 확보부터 전환, 유지까지. 현실적으로 가능하다면 그림 7.1과 같이 각 경쟁업체의 모든 디지털 마케팅 활동에 대해 경쟁업체의 역량을 벤치마킹해야 한다. 이는 다양한 고객 분류 또는 페르소나 관점에서, 경우에 따라서는 유용성 세션을 통해 평가한다. 검색엔진에서의 성과(2장에서 언급한 도구 사용)는 고객 확보와 브랜드 강점의 핵심 측면으로 검토해야 한다. 유용성뿐만 아니라 가격 책정, 프로모션과 같은 마케팅 믹스의 다양한 측면에 대한 고객의 의견을 구해야 한다.
- **질적 평가부터 양적 평가까지**: 설문조사와 포커스 그룹을 통한 고객의 질적 평가부터 독립 감사인을 통한 고객 획득(사이트 방문자 수, 시장 도달률, 획득 비용, 고객 수, 매출, 수익, 시장 점유율 등), 전환(평균 전환율), 유지(재방문율, 활성 고객 수 등)에 대한 양적 분석까지 다룬다.
- **부문 내외**: 부문 내 유사 사이트 벤치마킹과 부문 외 디지털 퍼블리셔, 소셜 네트워크, 브랜드 사이트 등 보다 선진적인 경향이 있는 부문을 검토한다. 표 7.3은 고객 생애주기에 걸친 벤치마킹에 사용하는 기준이다. 즉 RACE 계획 프레임워크를 사용하여 고객 생애주기에 걸쳐 구조화된, 기준점이 될 수 있는 마케팅 활동을 권장한다. 이는 실용적인 경쟁업체 벤치마킹 프레임워크로 설계되었으며, 학습용 사례 연구와 디지털 마케팅 계획을 지원하는 데 사용할 수 있다. 무료로 이용 가능한 프리미엄 옵션도 있다(davechaffey.com/book-support 참조).
- **재무 척도부터 비재무 척도까지**: 기업의 보고서나 세금 신고서와 같은 경쟁 정보 출처를 검토하면 디지털 채널을 통해 창출된 매출과 이익에 대한 추가 정보를 얻을 수 있다. 그러나 균형 성과표의 측정 프레임워크(5장 참조)에 포함된 것처럼 자원 조달, 혁신, 학습 등 기업의 역량과 관련된 다른 전사적 측면도 고려해야 한다.
- **이용자 경험부터 전문가 평가까지**: 벤치마킹 조사는 유용성에 대한 실제 고객 리뷰와 독립적인 전문가 평가라는 두 가지 관점을 취해야 한다.

학습활동 7.2를 통해 경쟁사의 디지털 비즈니스 서비스를 벤치마킹하는 방법을 이해한다.

중개업체 또는 인플루언서 분석

2장에서는 퍼블리셔 미디어 사이트, 인플루언서 등 디지털을 매개로 한 중개업체가 기업의 웹사이트 트래픽을 촉진하거나 방문자가 콘텐츠를 소비할 때 영향을 미치는 것의 중요성을 강조했다. 따라서 상황 분석에는 특정 시장과 관련된 중개업체를 파악하는 것도 포함된다. 이러한 활동은 공동 마케팅 활동의 전략적 파트너를 식별하는 데 사용할 수도 있고, 온라인 광고 캠페인을 실행할 때 미디어 기획자나 구매자가 수행할 수도 있다.

표 7.3 RACE 계획 프레임워크에서 검토해야 할 경쟁업체 벤치마킹 요소

RACE 목표	마케팅 활동 및 커뮤니케이션 검토	벤치마킹 지원 도구와 기법
도달(reach): 페이드 미디어, 온드 미디어, 디지털 미디어를 이용한 청중 확대	1. 웹사이트: 디지털 채널별 순 방문자 수 등 웹사이트의 도달 범위 비교 2. 유기적 검색 마케팅: 키워드 인지도, 백링크 수, 사이트 속도 3. 유료 검색 마케팅: 타깃 키워드 수, 평균 순위, 클릭당 단가 4. 유기적 소셜 미디어: 도달을 촉진하는 데 사용되는 페이지의 콘텐츠 전략 5. 디지털 광고: 프로그래매틱 광고와 유료 소셜 미디어 활용(광고의 종류와 사용법) 6. 디지털 중개업체: 분야에 따라 비교 사이트, 집계자, 인플루언서, 공동 마케팅(B2B) 등이 포함됨	1. Similarweb.com, Alexa.com과 같은 웹사이트 시청자 정보 도구 2. SEMRush.com, Ahrefs.com과 같은 검색 마케팅 도구는 타깃 키워드의 순위 표시 3. Spyfu.com, SEMRush.com을 통한 구글 광고 노출 점유율 측정 및 경쟁자 분석 4. 팔로워를 직접 비교하거나 Socialbakers.com, Falcon.io와 같은 도구 사용 5. Adbeat.com, WhatRunsWhere.com. RACE의 다른 부분을 지원하기 위한 광고 리타기팅도 사이트 방문 후 확인 가능 6. 정의된 고객 키워드에 대한 검색 결과에 표시되는 중개업체의 수동 검토
활동(act): 가입자와 잠재고객을 촉진하기 위한 빠른 상호작용	1. 고객 여정: 사이트나 앱이 달성하고자 하는 주요 성과는 무엇인가? 2. 브랜드 가치 제안 설명: 오퍼를 어떻게 설명할 것인가? 어떻게 차별화되는가? 3. 타깃 고객 및 프로파일링: 특정 고객에게 어필할 수 있는 콜투액션과 콘텐츠 평가 4. 리드 생성: 리드 마그넷, 즉 구독을 유도하는 오퍼나 콘텐츠는 무엇인가? 5. 콘텐츠 전략: 소비자의 구매 의사결정을 지원하기 위해 콘텐츠를 어떻게 활용할 수 있는가?	1. 내비게이션 및 홈페이지의 콜투액션 수동 평가 2. 홈페이지, 랜딩 페이지, 전환 페이지의 주요 메시지, 목소리 톤, 유효성 검증 수동 검토 3. 청중에게 직접적으로 어필하고 양식의 필드를 통한 프로파일링 수작업 검토 4. 홈페이지의 리드 마그넷 평가, 사이트 내 다양한 섹션의 서비스에 대한 평가 5. 리드 제네레이션을 위한 탑 오브 퍼널뿐만 아니라 미들, 바텀 오브 퍼널 콘텐츠, 블로그, 리소스 센터, 브랜디드 콘텐츠도 포함
전환(convert): 온라인 또는 오프라인 매출 달성	1. 이메일 커뮤니케이션: 웰컴 메일과 네이처 메일의 연락 전략 2. 가격 및 프로모션: 선택한 제품의 가격과 할인 비교 3. 배송 옵션: 해당되는 경우 4. 전환율 최적화: 주요 페이지의 변경 사항 모니터링 가능 5. 영업 지원: 라이브 채팅 및 대화형 마케팅 도구 활용 재검토	1. 크리에이티브 비교는 Benchmarkemail.com, 전달력 비교는 ReturnPath.com 2. Pricezag.com, Minderest.com 등의 유료 서비스 3. 예: 배송비, 클릭앤드콜렉트 등 4. Wachete.com 또는 Changetower.com을 통한 페이지 모니터링, CRO 도구 및 기타 MarTech 사용은 Builtwith.com 또는 Similartech.com으로 평가 가능 5. Intercom.com, Drift.com과 같은 도구 지원
참여(engage): 리피터와 지지자 증가	1. 고객 온보딩: 신규 고객을 어떻게 맞이할 것인가? 2. 고객 충성도: 충성도 제도를 활용하고 있는가? 3. 고객 서비스 및 커뮤니티: 고객 서비스는 어떻게 제공되는가? 4. 고객 대상 이메일 커뮤니케이션: 타깃 오퍼, 고객 대상 뉴스레터 등 고객 대상 이메일 커뮤니케이션 5. 광고 리타기팅: 활동, 전환과도 연관됨	1. 미스터리 쇼핑을 필요로 하는 매뉴얼 리뷰 2. 다양한 레벨을 포함한 매뉴얼 리뷰 3. 소셜 미디어를 포함한 커뮤니티 및 포럼의 옵션에 대한 수동 리뷰 4. 크리에이티브 비교는 Benchmarkemail.com, 전달력 비교는 ReturnPath.com 5. 광고 수동 검토 또는 Adbeat.com, WhatRunsWhere.com 사용

중개업체 상황 분석의 또 다른 주요 측면은 시장에서 구매 조건이 어떻게 진화하고 있는지를 검토하는 것이다. 경쟁업체는 탈중개화와 재중개화를 얼마나 활용하고 있는가? 기존 채널에 대한 조정은 어떻게 변화하고 있는가?

학습활동 7.2 경쟁업체 벤치마킹

목적

경쟁 사이트의 서비스를 이해하려면 벤치마크를 통해 벤치마킹의 가치를 평가하는 것이 유용하다.

활동

대기업으로부터 경쟁사와 비교하여 온라인 서비스의 마케팅 효과를 평가해달라는 의뢰를 받았다고 하자. 이 기업의 서비스에 대한 조사 결과와 개선 방안을 10분 정도의 파워포인트 프레젠테이션으로 발표해야 한다.

항공사·도서 소매업체·도서 출판사·CD·의류 등의 B2C 산업, 석유 회사·화학 회사·건설 회사 등 B2B 산업을 선택하고, 경쟁사를 벤치마킹하는 데 도움이 되는 웹사이트에서 얻을 수 있는 정보의 종류(그리고 웹사이트의 어느 부분에서 접근할 수 있는지)를 파악하라. 기준을 정한 후 각 기업을 벤치마킹하여 인터넷이라는 매체를 가장 잘 활용한다고 생각되는 기업을 정리하라.

목표 설정

효과적인 디지털 마케팅 계획은 명확하게 정의된 목표를 기반으로 한다. 이러한 목표는 전략과 전술에 반영되며, 직원과 투자자에게 전략적 목표를 전달하는 데 도움이 되기 때문이다.

전략은 구체적인 비즈니스 목표를 지원할 때 가장 효과적이라는 것은 널리 알려진 사실이다. 전략과 목표를 일치시키는 효과적인 방법은 전략에 영향을 미친 것으로 보이는 인사이트, 즉 상황 분석에서 도출된 인사이트와 함께 표로 정리하는 것이다. 표 7.3은 고객 확보, 전환, 유지 전략과 이를 실현하기 위한 이메일 마케팅, 검색엔진 마케팅 등 전술과의 연관성을 보여주는 예이다.

5장에서는 SMART 디지털 비즈니스 목표의 중요성을 다루었다. 효율성과 효과성을 결합한 지표를 사용하는 것의 가치를 언급하고, 이를 균형 성과표의 맥락에서 적용할 수 있음을 설명했다. 표 7.4는 디지털 마케팅의 이러한 세부 지표를 나타낸 것이다.

온라인 또는 디지털 수익 기여도를 성과 개선 목표로 정의하는 것의 중요성도 5장에서 살펴보았다. 그림 7.10은 마케팅의 수요 분석과 경쟁자 분석 조사에 기반한 예측으로, 온라인 매출 기여도와 온라인 프로모션 기여도를 결합한 사례이다. 사례 연구 7.1에서는 로레알(L'Oréal)이 어떻게 디지털 매출 기여도를 높였는지 보여준다.

전략

디지털 마케팅 계획의 전략 요소는 디지털 마케팅 목표를 달성하는 방법을 정의한다. 디지털 마케팅 계획은 상황 분석→목표 설정→전략 정의의 반복이기 때문에 전략 정의는

표 7.4 B2C 기업의 관계 목표, 전략, 성과 지표(우선순위)

목표	증거(상황 분석, 통찰력, 사례)	목표 달성을 위한 전략	KPI(핵심 성공 요인)
1. 이번 회계연도에 신규 온라인 고객 5만 명 확보를 목표로 평균 획득 단가(CPA) 30파운드, 평균 수익률 5%를 달성한다.	현재 연간 판매 4만 건 기준의 성장 예측을 바탕으로 새로운 제휴 프로그램 및 SEO 개발에 따른 매출 증가	제휴 마케팅 프로그램 시작 및 SEO 개선, 클릭당 과금 광고와 디스플레이 광고를 기반으로 한 기존 미디어 믹스를 오프라인 미디어에서 지원	전체 온라인 판매에서 CPA 제휴 마케팅 프로그램을 통한 매출 증가분과 비율, 자연 검색 결과 페이지에서 상위권에 자리하는 전략 키워드 수
2. 고객 획득(또는 전환): 3년 이내에 기존 고객의 40%를 '종이 없는' 온라인 청구서 결제 서비스 및 이메일 커뮤니케이션 이용으로 전환한다.	오프라인 다이렉트 마케팅 캠페인을 통한 선택의 증가와 함께 최근의 자연스러운 전환으로 추정	다이렉트 메일·전화 프롬프트·온라인 설득을 이용한 다이렉트 마케팅 캠페인을 통해 도입 유도, 변화를 촉진하는 인센티브 사용	온라인 서비스를 이용하기 위해 등록한 기존 고객의 수와 비율, 최초 등록 후 각 시점에 온라인 서비스를 적극적으로 이용하는 고객의 수와 비율
3. 고객 전환: 온라인 판매 고객 일인당 평균 주문 금액(AOV)을 42파운드로 증가시킨다.	현재 AOV 35파운드에 더해 AOV 20% 증가를 시사하는 모델을 기반으로 성장률 추정	새로운 머천다이징 시스템을 사용하여 다양한 제품 카테고리와 관련된 '차선책'을 사용자에게 표시	제품화/교차 판매 메시지에 반응한 사이트 방문자의 비율
4. 고객 전환: 사이트의 전환율을 3.2%로 높인다.	오른쪽의 전략에 따라 신규 고객 및 기존 고객 전환의 별도 증가를 보여주는 모델	전략 조합 • 신규 고객의 결제 포기에 대한 인센티브가 포함된 이메일 후속 조치 제공 • 베스트셀러 제품을 통한 경쟁력 있는 가격 전략 도입 • 랜딩 페이지의 AB 및 다변량 메시징 개선 • 클릭당 과금 프로그램으로 구매한 트래픽의 품질 향상	제품 카테고리별 신규 고객과 기존 고객의 전환율 차이
5. 고객 유지: 신규 고객의 재구매 전환율 20% 증가시킨다.	이메일을 통한 반복 구매를 촉진하기 위한 제한적인 개인화 기반 비즈니스 사례	• 이메일을 통해 개인화 제품 제안 전달 • 재구매 시 5% 할인 구폰 제공	• 고객 유지 이메일 연락 프로그램의 전환율 향상 • 재구매 할인 캠페인의 판매 전환율 향상
6. 성장: 친구 추천 신규 고객을 연간 1만 명 증가시킨다(바이럴 마케팅 또는 '회원이 (신규) 회원을 확보하는').	연간 2%의 고객이 친구를 추천하는 모델(시범 사업 기준)	다이렉트 메일 및 이메일 추천 프로그램	다이렉트 메일 캠페인 응답률

표 7.5 거래형 전자상거래 사이트의 균형 성과표 프레임워크에서 디지털 마케팅 목표의 예

균형 성과표 섹션	효율성	효과
실적(비즈니스 가치)	• 채널 비용 • 채널 수익성	• 직접적 온라인 기여 • 간접적 온라인 기여 • 이익 기여
고객 가치	• 온라인 도달률(잠재적 방문자 대비 순 방문자 비율) • 획득 비용 또는 판매 비용(CPA 또는 CPS) • 고객 만족도	• 매출액, 객단가 • 신규 고객 • 온라인 시장 점유율 • 결함에 대한 고객 성향 • 고객 충성도 지수
운영 프로세스	• 전환율 • 평균 주문 금액 • (주문) 목록의 크기와 품질 • 이메일 액티브 %	• 이행 시간 • 지원 대응 시간
혁신과 학습(인력, 지식)	• 새로운 접근 방식 테스트 • 사내 디지털 마케팅 교육 • 사내 만족도	• 새로운 접근 방식 도입 • 성과 평가 리뷰

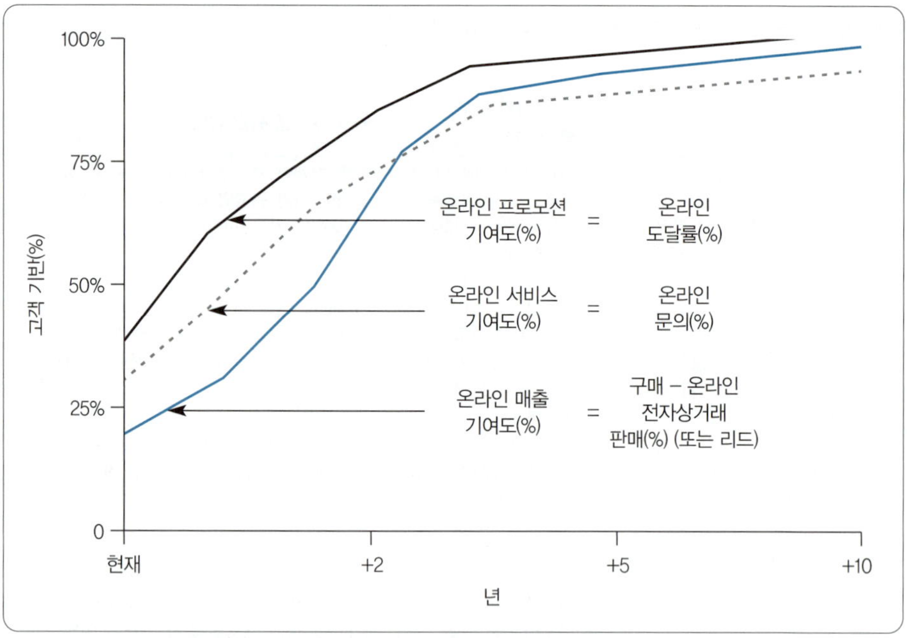

그림 7.10 유럽 소재 B2B 기업의 제품 A에 대한 향후 온라인 프로모션 기여도 및 온라인 수익 평가

사례 연구 7.1 디지털 기여도를 향상한 로레알

배경과 상황

이 사례 연구에서는 로레알 그룹이 디지털 트랜스포메이션의 일환으로 디지털 기술을 도입하여 시장 점유율을 높이고 매출에 대한 디지털 기여도를 향상하기 위해 채택한 전략과 관리 방법을 살펴본다.

로레알 그룹은 소비재(Consumer Products), 프로페셔널 제품(Professional Products), 액티브 코스메틱(Active Cosmetics), 로레알 럭스(L'Oréal Luxe) 등 네 부문으로 구성되어 있다. 각 사업부는 메이블린(Maybelline), 로레알 파리(L'Oréal Paris), 랑콤(Lancôme), 비쉬(Vichy), 매트릭스(Matrix), 헬레나루벤스타인(Helena Rubenstein) 등 인지도가 높은 브랜드로 각기 다른 시장을 공략하고 있다. 각 사업부는 전환의 시기에 기업 목표를 달성하기 위해 다양한 디지털 기술과 채널을 활용해왔다. 모든 사업부는 경쟁 우위를 확보하고 목표 고객을 대상으로 가치를 창출하기 위해 디지털을 적극적으로 도입했다.

로레알 그룹은 스킨케어, 메이크업, 헤어케어, 향수 등 다양한 제품군을 보유하고 있어 전 세계 거의 모든 고객의 니즈에 맞는 제품을 제공할 수 있다.

목표와 사명

로레알 그룹은 뷰티 분야에서 비즈니스를 전개하고 있으며, 기업 목표는 모든 사람에게 안전하고 책임감 있게 생산된 최고 품질의 뷰티 제품을 사용할 수 있는 기회를 제공하는 것이다. 이 목표 선언문에 따라 로레알 그룹은 엄격한 윤리 원칙을 준수하고 다양성을 중시하면서 제품 혁신과 고객 가치 제공이라는 비즈니스에 전략과 관리를 집중하고자 한다. 현재 로레알 그룹에서 디지털은 매우 중요한 역할을 하고 있다.

전략적 디지털 트랜스포메이션

이 기업은 1909년에 설립된 이래 외부 거시적 환경에 대응해왔다. 따라서 연구·개발, 제품 혁신, 커뮤니케이션, 소비자 행동에 미치는 영향을 고려할 때 경영진이 디지털 기술의 중요성을 주의 깊게 주시한 것은 놀라운 일이 아니다. 이 글로벌 기업은 혁신적인 역사를 통해 500개 이상의 브랜드를 보유한 세계 최대의 뷰티 기업으로 성장했다.

내부 환경도 매우 집중적이고 활기찬 분위기이다. 장폴 아공(Jean-Paul Agon)이 CEO로 취임한 2006년 이후 그룹의 매출이 2배로 증가하여 300억 유로에 달했다. 부담이 큰 조직 문화를 조성하기 위해 관리자는 역동적이어야 하며, "누가 올라가고 누가 가라앉을지 파악하기 위해 팀원들 간에 건전한 불안(saine inquietude)을 키워야 한다."(Abboud, 2020). 아공은 직원을 부족이라고 부르는데, 이는 관습, 규범, 가치관을 공유하는 것을 의미하며, 이를 통해 조직 문화가 국경을 넘어 사내 협력과 소통을 촉진할 수 있다. 디지털 트랜스포메이션과 관련하여 변화의 속도는 생존 문제로 여겨졌다. 따라서 디지털 트랜스포메이션을 담당하는 경영진에게 요구하는 것이 컸다. 2015년에 최고디지털책임자(CDO)로 합류한 루보미라 로셰(Lubomira Rochet)는 조직의 디지털 접근 방식을 바꾸고 '소셜 및 디지털 파워하우스'를 만드는 도전적 임무를 맡았다.

한편 로레알 그룹은 전 세계가 디지털 경제로 전환하는 상황에서 어떻게 효과적으로 사업을 운영할 수 있을지 전략적으로 고민한 결과, '디지털 우선 기업'이라는 슬로건을 채택했다. 이는 비즈니스의 모든 부분에 디지털을 활용하는 것을 의미한다. 비즈니스를 변화시키고 기술 중심의 방향을 채택하게 된 것은 변화하는 세상과 조용한 혁명을 일으키고 있는 소비 방식을 반영하기 위해서였다.

전문성 및 역량 개발

디지털 트랜스포메이션에 필요한 역량과 적절한 전문성을 구축하기 위해 다양한 전략적 인수와 제휴가 이루어졌다. 예를 들어 메이크업 및 피부 진단 시스템, 증강현실(AR) 도구와 통합되는 3D 가상 도구를 제공하는 캐나다의 뷰티테크 기업 모디페이스(ModiFace)를 인수했다. 이러한 인수는 뷰티 사업의 혁신(Agnew, 2018)을 지원하고 고객과의 디지털 상호작용을 강화하기 위한 조치였다. 인공지능 기술이 적용된 모디페이스의 증강현실은 실시간 뷰티 컨설팅을 통해 보다 개인화된 관계를 구축할 수 있게 해주었다(Williams, 2018). 고객은 이러한 디지털 도구를 이용하여 메이크업과 헤어컬러 제품을 체험해볼 수 있으며, 이는 페이스북, 인스타그램, 위챗, 티몰 등의 소셜 미디어 플랫폼과도 연동된다. 소셜 미디어 플랫폼과의 연동을 활용하기 위해 가르니에(Garnier)는 구글 렌즈(Google Len), 모디페이스와 제휴하여 미국 월마트 고객이 스마트폰으로 헤어컬러 패키지를 스캔하고 증강현실을 사용하여 시험해볼 수 있게 했다. 미국의 아마존과 영국의 부츠더케미스트(Boots the Chemist)도 비슷한 접근 방식을 취했다(Abboud, 2020). 대규모 개인화는 디지털 혁신의 중요한 원동력이 되고 있다. 랑콤 브랜드와 연동된 자동 생산 라인인 마이 리틀 팩토리(My Little Factory)는 고객 개개인의 피부에 맞는 스킨케어 제품을 생산할 수 있다. 스캐너로 고객 데이터를 수집하여 20분 이내에 매장에서 그 고객만을 위한 크림을 준비한다. 또 다른 디지털 애플리케이션인 비바테크놀로지(Viva Technology)는 인공지능을 이용하여 고객에게 이상적인 파운데이션 색상을 추천한다(Ahssen, 2019).

고객 지향적 변화와 더불어 디지털 팩토리, 데이터 웨어하우스를 통한 확장은 특히 제품 혁신과 관련하여 제조 생산성을 향상하는 데 활용되고 있다. 프로토타입 제작에 3D 프린팅을 사용함으로써 설계 프로세스를 가속화하고 신제품 출시 기간을 단축한다.

또한 새로운 기술을 가진 직원 채용과 대규모 투자를 통해 특별한 전문 지식을 갖춘 인재 풀을 만들었는데, 이는 비즈니스와 기술 지식을 결합한 접근 방식을 나타낸다. 현재 모든 측면에서 디지털 우선 전략을 적용하는 로레알은 디지털 방식으로 통합되어 있다(L'Oral, 2021b).

디지털 우선: 전자상거래와 디지털 마케팅

로레알은 2015년부터 전자상거래 사업을 확장하여 5년 만에 매출의 12%를 달성했다. 이러한 성장세는 계속되고 있으며, 전 세계적인 팬데믹 기간 동안 고객과의 상호작용이 크게 증가했다. 로레알의 마케팅 팀은 데이터 관리 시스템과 인공지능을 이용하여 고객 경험을 최적화하고, 이 정보를 보다 효과적으로 활용하여 판매를 촉진하고 있다.

디지털 마케팅과 소셜 미디어 플랫폼을 활용하여 각 사업부의 온라인 도달 범위를 확대한 결과, 로레알은 인지도가 크게 향상되고 고객 참여가 증가했다. 예를 들어 유튜브 시청률이 많이 상승하면서 인플루언서 수도 증가하고 있다. 또한 디지털 마케팅 채널 사용의 성장 추세가 전 세계적인 팬데믹 기간 동안에도 지속되어 페이스북 메신저, 위챗 등의 채널을 통한 고객과의 상호작용이 40% 증가하여 2021년에 6,000만 건을 돌파했다(MarketLine, 2021). 디지털 채널과 소셜 미디어 플랫폼의 사용은 고객과 상호작용하는 방식을 바꾸었고, 비즈니스 의사결정의 기초가 되는 대량 정보를 제공함으로써 디지털 트랜스포메이션에 기여했다.

디지털 기술은 완전히 새로운 제품을 발명하는 데 사용되고 있다. 틱톡과 스냅챗에서 소비자를 공략하는 디지털 전용 메이크업 도구도 그러한 급진적 혁신 중 하나이다(Fleming, 2020). 소셜 미디어 이용자는 이 디지털 메이크업을 통해 제품을 사용해보고 그 결과를 구글 듀오(Google Duo), 스냅챗, 인스타그램에 공유할 수 있다. 시그니처 페이시스(Signature Faces)를 통해 가상 메이크업을 할 수도 있다. 이는 Z세대의 관심을 끌고 이들이 온라인과 화상 통화에서 자신을 표현할 수 있게 해준다(Serrano, 2020).

사업부와 브랜드

디지털 우선 전략과 디지털 기술, 도구, 기법 도입의 통합적 접근 방식은 로레알의 각 사업부에서 활용되고 있다. 로레알이 어떻게 디지털의 힘을 발휘하는지, 각 사업부에서 꾸준히 추진력을 얻기 위해 디지털 트랜스포메이션이 어떻게 활용되는지를 보여주는 다양한 접근 방식의 몇 가지 예를 살펴보자.

소비재

이 사업부는 소셜 미디어를 통해 소비자 참여를 높이는 방법을 모색하여 기술을 이용하여 브랜드와 고객 간의 거리를 좁히는 데 주력했다. 예를 들어 메이블린 뉴욕은 고객이 좋아하는 제품을 추천하도록 장려하고, 그 제품을 친구나 팔로워에게 판매할 수 있도록 허용했다. 또한 소비자가 선호하는 향수에 투표하게 함으로써 참여도를 높이고 있다(L'Oral, 2021c).

프로페셔널 제품

이 사업부는 헤어드레서가 인플루언서가 되도록 장려하고, 전문 교육을 통해 소비자 경험에 초점을 맞추어 프로페셔널 업계를 혁신하는 데 주력해왔다. 또한 고객의 니즈에 부응할 수 있도록 전문 살롱 팀에 교육을 지원하고 디지털 인텔리전스를 제공한다.

고객 경험과 살롱 콘셉트를 재고할 수 있는 방법을 찾은 로레알은 디지털과 함께 성장하여 자신의 지식과 경험을 비즈니스에 적용하려는 신세대 살롱 운영자를 지원하고 있다. 2019년에는 살롱을 찾는 금발 고객을 겨냥하여 블롱압솔뤼(Blond Absolu) 시리즈를 출시했다. 대표 브랜드인 케라스타즈(Kerastase)가 이끄는 출시 캠페인에서는 홍보대사 9명이 #YouDareWeCare를 통해 자신의 헤어케어에 대해 들려주었다. 이들의 이야기는 로레알 브랜드를 옹호할 뿐만 아니라 전 세계 여성에게 영감을 불어넣었다(L'Oral, 2019).

액티브 코스메틱

이 사업부는 소셜 미디어를 이용하여 고객과 긴밀한 관계를 구축하고 있다. 제품의 기술적 지식이 점점 더 중요해지고 있으며, 고객에게 스킨케어 및 헤어케어 관련 정보를 더 많이 제공함으로써 고객이 더 나은 제품을 선택할 수 있다. 예를 들어 비쉬의 스킨컨설트(SkinConsult) 애플리케이션은 증강현실과 피부과 전문 지식을 활용하여 노화의 징후를 감지하고 피부 관리 방법을 제시한다. 또한 마이 스킨 트랙(My Skin Track) UV 센서와 함께 제공되는 모바일 애플리케이션은 오염, 꽃가루와 기타 기후 조건에 대한 노출을 측정하여 고객의 피부 관리 및 보호를 도와준다.

로레알 럭스

이 사업부는 디지털 기술에 대한 집중과 전개, 국제 무역의 혜택을 누리고 있다. 로레알 럭스는 중국의 최고급 화장품 브랜드이며, 랑콤은 이 지역에서 인기 있는 브랜드이다. 이 사업부는 COVID-19 사태 때 주요 국제 시장에서 전자상거래에 집중했다. 루보미라 로셰는 전 세계적인 팬데믹 기간 동안 비즈니스 계획을 가속화했다. 예를 들어 두바이에서는 뷰티 컨설턴트들에게 온라인상 고객관계를 구축할 수 있도록 전문 교육을 제공했다. 이러한 접근 방식은 소셜 미디어 네트워크와 라이브 스트리밍 이벤트를 통해 큰 인기를 끌었다.

현재 전자상거래는 전체 무역의 25%를 차지하며, 영국에서 괄목할 만한 성장세를 보이고 있다. 팬데믹 기간 동안 미디어 지출의 77%가 디지털에 집중되었다. 로셰는 어렵고 힘든 이 시기에 고객관계를 강화하는 데 디지털이 매우 중요하다고 생각했다(Fleming, 2020).

출처: Abboud(2020); Agnew(2018); Ahssen(2019); Fleming(2020); L'Oral(2019); L'Oral(2021a); L'Oral(2021b); L'Oral(2021c); MarketLine(2021); Serrano(2020); Williams(2018)

문제

1. 로레알 그룹이 발전하는 데 원동력이 되는 디지털 도구와 기술에 대해 설명하라.
2. 대량 개인화는 고객에게 부가가치를 창출할 수 있다. 로레알의 각 사업부가 개인 고객 중심 접근 방식을 통해 얻는 이점이 무엇인지 설명하라.
3. 거시적 환경과 미시적 환경이 로레알의 디지털 우선 전략에 어떤 영향을 미쳤는지 설명하라.
4. 로레알의 사업부 중 하나를 선택하고, 해당 사업부가 현재 어떻게 디지털 기술과 도구를 활용하여 기업 목표를 달성하고 있는지 설명하라.

디지털 마케팅 계획 프로세스에 긴밀하게 통합되어야 한다(그림 7.5). (디지털 비즈니스의 전략 정의에 대한 주요 결정 사항은 5장을 참조하라.) 이 책의 저자 중 데이브 채피는 〈Econsultancy〉(2008)에서 디지털 마케팅 전략에 대한 또 다른 관점은 제시했다. 이 보고서에 따르면 디지털 전략의 결과물은 종종 고객 확보, 전환, 유지의 주요 영역에서 일련의 전략적 전자상거래 이니셔티브가 될 수 있으며, 표 7.6에서 보듯이 효과적인 디지털 마케팅의 여섯 가지 기둥과 관련이 있다. 이러한 전자상거래 이니셔티브는 1년 반에서 3년 정도의 오랜 기간에 걸친 개발을 요구하는 장기적인 전자상거래 '로드맵'의 부분으로서 우선순위가 정해진다.

인터넷 투자액은 목표 부분에서 설명한 바와 같이 인터넷이 기업에 미칠 것으로 예상

표 7.6 효과적인 디지털 마케팅의 여섯 가지 기둥에 걸친 전자상거래 관련 전략적 이니셔티브의 예

디지털 마케팅 전략 이니셔티브의 종류	설명	전략 실행의 예
전략적: 새로운 고객 제안(제품, 위치, 가격)	새로운 제품 또는 서비스 제공과 직접적으로 관련된 새로운 사이트 기능 및 기타 온라인 커뮤니케이션으로, 수익을 창출할 수 있는 새로운 장소에서 제공된다.	• 은행(다른 견적이 필요한 새로운 상품 도입) • 미디어 사이트(비교 서비스 소개) • 서비스 기업(기업 인수로 획득한 새로운 기능 도입) • 새로운 요금 옵션을 제공하는 잡지 또는 음악 서비스 • 채널 통합에 대한 이니셔티브도 참조 필요
목표와 측정	디지털 마케팅의 효과를 높이기 위한 데이터 및 인사이트 활용을 개선한다.	• 디지털 마케팅 대시보드 도입 • 고객 단일 뷰 생성 • 마케팅 지원을 위한 AI 활용 재조명
미디어	다양한 온라인 마케팅 기법을 통해 지속적으로 신규 잠재고객을 확보하기 위한 사이트 기능을 강화하는 전략적 프로젝트이다. 사이트 자체(예: SEO) 또는 백엔드 투자, 제휴사와의 통합 등이 포함된다.	• SEO • PPC • 공동 마케팅 • 집계자 • 전환율 향상(예: 카테고리 또는 제품 랜딩 페이지)
콘텐츠	콘텐츠 마케팅 전략을 재검토하고 고객 생애주기 마케팅 목표를 지원하기 위해 콘텐츠의 효과를 개선한다.	• 콘텐츠 전략 재검토 • SEO를 위한 콘텐츠 품질 향상 • 동영상 및 인터랙티브 콘텐츠 개선 • 다양한 시장을 위한 콘텐츠 현지화 • 제품에 대한 상세한 콘텐츠 또는 리치 미디어(예: 제품 소개 동영상)로 구성된 구매자 가이드
디지털 경험 전략 이니셔티브	사이트의 새로운 고객 기능에 대한 투자로, 전환율과 평균 주문 금액의 증가 등을 기반으로 한다. 새로운 온라인 스토어와 같은 대규모 신규 기능 또는 기존 사이트 기능에 통합된 보다 구체적인 기능을 포함할 수도 있다. 많은 전략적 이니셔티브는 브랜드의 고객 경험 향상을 목표로 한다.	• 온라인 쇼핑몰/보안 결제 도입 • 모바일 앱 도입 • 고객 리뷰 및 평가 소개 • 고객의 니즈에 맞는 프로모션을 제공하는 머천다이징 역량 • 제품 선택에 도움이 되는 대화형 도구 • 사이트 내 검색엔진 세분화 • 사이트 개인화
메시징	마케팅 자동화 플랫폼을 사용하여 잠재고객 및 고객과의 이메일·모바일 메시지를 통한 커뮤니케이션을 개선한다.	• 새로운 마케팅 자동화 플랫폼 구축 • 개인화 웹, 이메일 메시지, 전통적인 다이렉트 커뮤니케이션을 통해 제공되는 통합 콘택트 전략 및 eCRM 전략의 일환으로 신규 온라인 고객을 위한 환영 이메일 전략 수립 • 모바일 푸시 알림 개선 • 고객 커뮤니티를 통한 참여자 모집
채널 통합을 위한 노력	위의 전략을 참고할 수 있다.	• 오프라인 소매업체, '클릭 앤드 리저브' 서비스 개시 • 매장 내 디지털 설비 도입 • 다이렉트 메일 또는 이메일 캠페인에 모바일 마케팅 통합
사이트 인프라 개선을 통한 마케팅 역량 강화	일반적으로 '백엔드 또는 백오피스 기능'과 관련된 것으로, 사이트 사용자는 알지 못하지만 사이트 관리 및 운영에 도움이 되는 기능이다. 고객 인사이트 기능의 개선이 포함되는 경우가 많다.	• CRM 또는 개인화 • 콘텐츠 관리 시스템 • 성능 개선(관리 정보 개선, 다변량 및 AB 테스트 시스템을 포함한 웹 분석 시스템) • 고객 피드백 및 기타 고객 조사 기능 개선 • 새로운 기능 도입을 위한 개발 접근 방식 업데이트

보충 자료 7.1 전자 쇼핑(ES) 테스트

마이클 드카레실버(Michael de Kare-Silver)가 개발한 이 테스트는 소비자가 인터넷을 통해 소매 제품을 구매할 가능성을 평가하며, 다음 요소를 고려한다.

- **제품 특징**: 제품을 구매하기 전에 실제로 사용하고 만져 볼 필요가 있는가?
- **친밀감과 신뢰성**: 소비자가 제품과 브랜드를 얼마나 인지하고 신뢰하는가?
- **소비자 속성**: 이는 구매 행동을 형성한다. 기술 활용에 대한 접근성 측면에서 온라인 구매에 순응적인가, 전통적인 소매 환경에서 제품을 구매하고 싶지 않은가?

드카레실버는 저서에서 제품 순위를 매기는 방법을 설명했다. 제품 특징, 친밀감, 신뢰성은 각각 10점 만점으로, 소비자 속성은 30점 만점으로 평가하여 표 7.7과 같이 제품을 점수화했다. 드카레실버는 시간이 지남에 따라 소비자 속성 점수가 상승할 가능성이 높기 때문에 20점 이상인 제품의 잠재력이 크며, 따라서 기업은 주기적으로 자사 제품의 점수를 재검토해야 한다고 밝혔다.

표 7.7 전자 쇼핑 테스트의 제품 점수(de Kare-Silver, 2000)

제품	제품 특징(10)	친밀감과 신뢰성(10)	소비자 속성(30)	합계
식료품	4	8	15	27
주택담보대출	10	1	4	15
여행	10	6	15	31
도서	8	7	23	38

되는 기여도에 따라 결정되어야 한다. 드카레실버(de Kare-Silver, 2000)는 기업에 미치는 인터넷의 전략적 중요성을 검토하기 위해 전자 쇼핑 테스트[Electronic Shopping(ES) Test]를 개발했다(보충 자료 7.1 참조). 온라인 서비스와 오프라인 서비스의 촉진 요인이 유사하기 때문에 이는 오늘날에도 여전히 유효하다.

온라인 구매 경향에 대한 평가는 다양한 구매 카테고리의 현재 인기도와 비교할 수 있다. 예를 들어 ONS(2022)는 영국 전체 소매 매출에서 다양한 온라인 판매 카테고리의 인기를 평가한다.

- 모든 식품(온라인 9.3%)
- 비식품(온라인 21.6%)
- 섬유, 의류, 신발(온라인 25.8%)
- 가정용품(온라인 22.8%)

시장 및 제품 포지셔닝

디지털 미디어는 새로운 시장에 신제품을 판매할 수 있는 새로운 기회를 제공한다. 이는 Ansoff(1957)가 처음 언급한 선택지를 사용하여 평가할 수 있는 전략적 옵션을 제시한다. 네 가지 옵션, 즉 시장 침투, 시장 개발, 제품 개발, 시장 및 제품 개발(다각화)과 관련된 위험은 다양하다(그림 5.21 참조).

또한 웹을 통해 전달되는 정보 상품 등의 디지털 신상품에 대한 옵션도 있을 것이다. 이러한 상품은 유료가 아니더라도 기존 상품에 부가가치를 부여할 수 있으며, Ghosh(1998)는 신상품을 개발하거나 고객에게 '디지털 가치'를 추가할 것을 제안했다. Ghosh는 오늘날에도 디지털 마케팅 전략의 일환으로 기업이 다음을 고려해야 한다고 말한다.

- 기존 고객 기반에 추가 정보 및 거래 서비스를 제공할 수 있는가?
- 현재의 정보 자산을 재포장 또는 인터넷을 활용한 새로운 비즈니스 제안을 통해 새로운 고객층의 니즈를 설명할 수 있는가?
- 광고, 보완 상품 판매 등의 새로운 수익원을 창출하기 위해 고객의 집객력을 활용할 수 있는가?
- 현재 제공하고 있는 가치의 일부를 다른 기업이 제공함으로써 현재의 비즈니스가 크게 훼손되지 않는가?

또한 Ghosh(1998)는 기업이 청중을 모으는 데 도움이 되는 무료 디지털 가치를 제공해야 한다고 제안했다. 그는 이 과정을 '고객 자석(customer magnet)' 구축이라고 불렀으며, 오늘날에 이는 '포털' 또는 '커뮤니티'라고 불린다. B2B 기업이 서비스를 제공하는 전문 수직적 통합 시장에서는 고객 자석의 잠재력이 크다. 예를 들어 건축, 농약, 생명공학, 독립 재무설계사 등을 위한 고객 자석을 개발할 수 있다. 오늘날 이는 콘텐츠 마케팅 또는 인바운드 마케팅이라고 한다.

타깃 마케팅 전략

디지털 미디어를 통해 새로운 시장을 개척하거나 기존 시장을 발전시키기 위한 다양한 옵션을 검토할 필요가 있다. 두 경우 모두 목표 시장을 더 자세히 분석하여 니즈와 잠재력을 파악한 후, 시장을 충족하고 수익을 극대화하는 전략을 수립해야 한다. 이것이 바로 타깃 마케팅 전략이며, 그림 7.11과 같은 4단계로 이루어진다.

세분화 목표 시장의 고객 집단을 파악하여 다양한 제품과 커뮤니케이션을 개발 및 제공하는 것

그림 7.11의 첫 번째 단계는 **세분화**(segmentation)로, 목표 시장의 고객 집단을 파악하여 각각에 맞는 다양한 제품과 커뮤니케이션을 개발한다. 이때 수익의 근원이 되는 고객의 니즈와 잠재력을 파악하여 고객 집단을 충족하는 동시에 수익을 극대화하는 전략을 수립한다. Dibb 등(2000)은 다음과 같이 말한다.

> 시장 세분화는 강건한 마케팅 전략 수립의 핵심이다. … 단순히 고객을 세분 시장으로 묶는 것 이상으로 … 세분 시장을 파악하고, 목표로 삼고, 포지셔닝하고, 경쟁업체 대비 차별적 우위를 확보하는 것은 마케팅 전략의 기본이다.

디지털 마케팅 계획에서는 세분 시장을 분석하고 평가한다.

- 현재 시장 규모 또는 가치, 미래 시장 규모 예측, 해당 세분 시장에서 기업의 현재 및 미래 시장 점유율

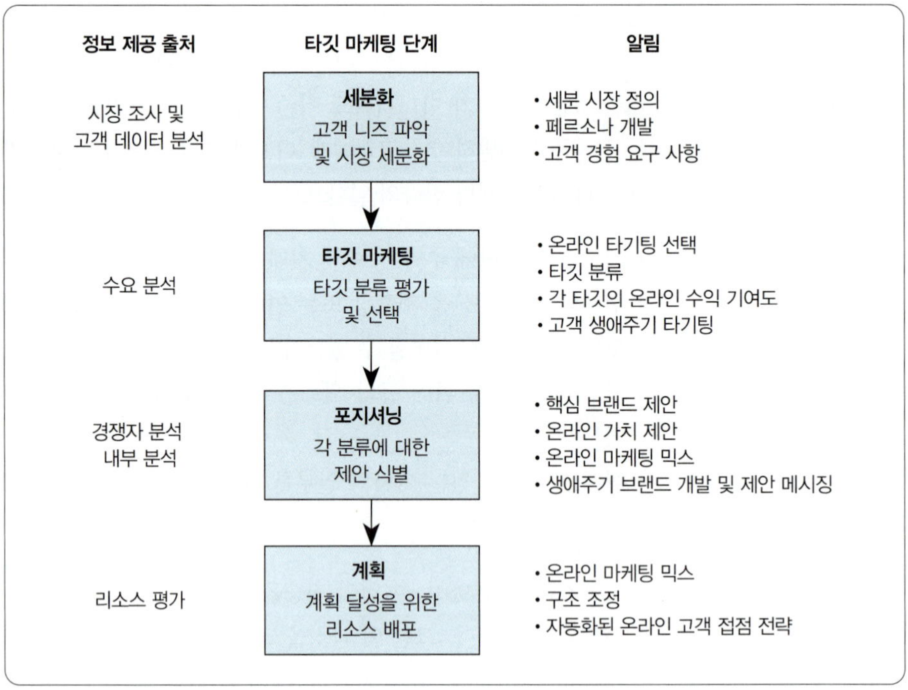

그림 7.11 타깃 마케팅 전략 수립 단계

- 세분 시장 내 경쟁업체의 시장 점유율
- 각 세분 시장의 니즈, 특히 충족되지 않은 니즈
- 구매 프로세스의 모든 측면에서 각 세분 시장에 대한 기업과 경쟁업체의 제안

온라인 고객 확보 및 유지 캠페인에 사용되는 타기팅 접근 방식은 기존에 확립된 세분화 작업에 따라 달라진다. 온라인에서 고객을 타기팅하기 위한 조건을 표 7.8에 정리했다. 디지털 기술의 힘은 기존 미디어에 비하여 웹페이지나 이메일을 통해 타기팅된 메시지를 전달하는 것이 더 쉽고 비용 효율적이라는 것이다.

각 타기팅 변수를 좀 더 자세히 살펴보자.

1. **기업과의 관계**: 캠페인은 신규 고객 또는 기존 고객을 대상으로 하는 경우가 많다. 그러나 둘 다에 가능한 커뮤니케이션도 있다는 것을 유념해야 한다. 마케팅 담당자는 신규 고객, 기존 고객, 만료된 고객에 대해 별도의 커뮤니케이션을 진행하는 것이 비용 효율적일지, 아니면 동일한 커뮤니케이션으로 각 집단을 타기팅하되 각 집단에 맞는 콘텐츠를 사용하는 것이 비용 효율적일지 고려해야 한다. 온라인 또는 오프라인 캠페인을 통한 사이트 방문자에게는 관계성을 인식할 수 있는 카피를 제시하거나 각기 다른 관계성을 인식할 수 있는 다양한 콘텐츠를 제공해야 한다.
2. **인구통계학적 세분화**: 일반적으로 연령, 성별, 사회 집단을 기반으로 한다. 온라인 인구통계는 사이트에서 디스플레이 광고를 구매하거나 이메일 목록을 임대하는 기준으로 종종 사용된다. 또한 클릭당 과금 검색 광고가 표시되는 대상을 제한하거나 초점을 맞추는

표 7.8 디지털 캠페인의 다양한 타기팅 및 세분화 접근 방식

타기팅 변수	세분 시장 및 온라인 타기팅 속성의 예
1. 기업과의 관계	신규 접촉자(잠재고객), 기존 고객, 만료된 고객
2. 인구통계학적 세분화	• B2C: 연령, 성별, 사회 집단, 지리적 위치 • B2B: 기업 규모, 담당 업종, 의사결정 부서의 구성원
3. 심리적 세분화 또는 태도 세분화	구매 시 위험과 가치에 대한 태도(예: 얼리 어답터, 브랜드 충성도, 가격 지향)
4. 가치	현재 또는 과거의 가치, 미래의 가치를 평가한다. 가치 있는 고객을 대상으로 VIP나 고객 클럽의 일환으로 특별 프로모션을 진행할 수 있다.
5. 생애주기 단계	가치, 행동과 관련된 생애주기에서의 포지셔닝(예: 최초 등록 후 시간, 구매 제품 수, 구매 카테고리)
6. 행동 타기팅	• 검색엔진에 입력된 검색어 • 소셜 네트워크에서 공유하거나 '좋아요'를 누른 콘텐츠를 통해 나타난 관심도. 기업은 페이스북, 링크드인, 트위터 이용자를 대상으로 이러한 방식을 이용하여 광고를 게재할 수 있다. • 오퍼 유형(프로모션 및 제품 유형)에 대한 반응성 • 다른 채널의 캠페인에 대한 반응성(채널 선호도) • 빈도, 횟수, 금액 등 제품 카테고리별 구매 내역

데 사용되기도 한다.

3. **심리적 세분화 또는 태도 세분화**: 여기에는 구매 시 위험과 가치에 대한 태도가 포함된다. 인구통계학적 분석에 따라 미디어를 구매하는 것이 더 쉽기 때문에 소비자의 이러한 속성을 타기팅하는 것은 쉽지 않다. 그러나 특정 사이트가 특정 심리적 청중에게 도달하는 데 적합한 경우도 있다. 청중의 심리적 특성은 특정 메시지 개발에 도움이 되는 개요의 중요한 부분이다. 사이트에서 태도 정보를 수집하여 고객 프로필에 추가할 수 있다.
4. **가치**: 고가치 고객(평균 주문 금액이 높고, 수리 모델로 분석된 고객 평생 가치가 높은 고객)은 종종 다양한 제공으로 개별화된 커뮤니케이션을 필요로 한다. 관계 관리자는 가장 가치가 높은 고객과 직접 접촉하기를 원하지만, 디지털 채널은 가치가 낮은 고객과의 보다 비용 효율적인 커뮤니케이션에 사용된다. 또한 이러한 고객에게 이메일을 보내는 빈도를 줄이는 것도 고려해볼 만하다.
5. **생애주기 단계**: 온라인 식료품 쇼핑, 온라인 뱅킹 등 고객이 특정 순서에 따라 서비스를 구매하거나 이용하는 경우에 매우 유용하다. 이러한 고객을 위해 자동화된 이벤트 트리거 이메일 마케팅을 개발할 수 있다(8장 참조). 예를 들어 퍼스트다이렉트 은행은 이메일과 다이렉트 메일 커뮤니케이션을 기반으로 한 6개월간의 환영 전략을 채택하고 있다. 다른 캠페인에서는 고객의 상태(예: 미구매, 서비스 완료, 1회 구매, 5회 이상 구매 및 활성, 5회 이상 구매 및 비활성)를 타기팅에 활용할 수 있다.
6. **행동 타기팅**: 디지털 마케팅이 제공하는 큰 기회 중 하나이다. 링크를 따라가거나, 콘텐츠를 읽거나, 온라인 서비스를 이용하거나, 제품을 구매하는 고객의 과거 행동을 평가하고, 이러한 행동 경향을 기반으로 보다 관련성 높은 메시지로 후속 조치를 할 수 있다. lastminute.com과 같은 여행사의 경우 행동 타깃팅의 온라인 조건은 다음과 같다.

- 구글 애즈와 같은 클릭당 과금형 검색엔진 마케팅에서는 잠재고객이 정보를 검색할 때 입력한 키워드의 유형에 따라 타기팅할 수 있다. 예를 들어 잠재고객이 찾는 휴가지에 특화된 관련 광고(예: 뉴욕 호텔)를 표시할 수 있다.
- 디스플레이 광고는 쿠키를 사용하여 사이트 전체 또는 사이트 간 방문자를 추적하고 관련 광고를 표시할 수 있기 때문에 행동 타기팅이 가능하다. 사이트 이용자가 신문 사이트의 여행 섹션을 방문하면 이 사이트의 다른 콘텐츠 또는 다른 사이트를 방문할 때 lastminute.com에 대한 광고를 제공할 수 있다.
- 이메일 마케팅은 이용자가 클릭한 링크를 통해 드러나는 선호도에 따라 타기팅할 수 있다. 예를 들어 이용자가 북미 여행에 대한 링크를 클릭했다면 해당 상품이나 프로모션과 관련된 타기팅 이메일을 보낼 수 있다. 또한 RFM 분석(8장 참조)을 기반으로 한 고급 분석도 가능하다.

현실적인 차원에서 기업은 전통적인 인구통계학적 타기팅에 의한 광고 타기팅을 넘어서는 관심사 기반 타기팅에 의한 광고 옵션을 이용할 수 있다(미니 사례 연구 7.2 참조).

타기팅에 사용할 변수를 고려할 때 캠페인 기획자는 타기팅을 위해 선택한 변수가 캠페인의 반응 수준에 가장 큰 영향을 미칠 가능성이 높은 변수여야 한다는 점을 염두에 두어야

미니 사례 연구 7.2 마이크로 타기팅에 페이스북, 인스타그램 동영상 광고를 활용한 로레알

페이스북은 전통적인 인구통계학적 타기팅과 제품에 대한 관심, 즉 고객의 의도를 더 잘 예측할 수 있는 옵션을 모두 제공함으로써 온라인 광고 수익을 증대하고 있다. 이러한 옵션은 콘텐츠의 유형, 상호작용하는 사람에 따라 달라진다. 광고주가 페이스북의 오디언스 인사이츠(Audience Insights) 도구를 통해 도달하고자 하는 잠재고객을 선택할 수 있는 타기팅 옵션은 다음과 같다.

- 인구통계: 연령, 성별, 학력, 직위
- 관심사: 선호하는 엔터테인먼트, 취미, 쇼핑, 패션, 스포츠, 아웃도어, 테크놀로지 등
- 행동: '좋아요' 누른 페이지, 과거 구매 내역, 기기 사용 현황
- 주요 행사: 새로운 일, 새로운 관계, 최근 이사 등

로레알의 민감성 피부 전문 라인인 라로슈포제(La Roche-Posay)는 이러한 인사이트를 활용하여 개인화된 광고를 제공함으로써 잠재고객을 보다 밀착된 방식으로 타기팅하고 있다. 라로슈포제는 페이스북 마케팅 파트너인 에이아이타깃(Aitarget)과 함께 관심사 및 인구통계학적 타기팅을 기반으로 한 개인화된 동영상 광고로 사람들에게 관련성 높은 메시지를 전달하는 캠페인을 진행했다. 로레알 러시아의 디지털 및 전자상거래 CRM 매니저인 키릴 니코노프(Kirill Nikonov)는 이렇게 설명했다. "로레알의 선케어 제품은 스무 가지이며, 다양한 피부 타입의 니즈를 충족할 수 있다. 따라서 고객을 정확하게 타기팅하고 피부 상태에 가장 적합한 제품을 제공하는 것이 매우 중요했다."

에이아이타깃의 개인화 동영상 제작 도구를 통해 라로슈포제는 열 가지 유형의 특정 타깃 청중에 맞춘 템플릿을 기반으로 동영상 광고 20개를 제작할 수 있었다. 총 90개 이상의 브랜디드 동영상을 제작하여 라로슈포제 광고 계정에 업로드했으며, 다양한 타깃 청중을 위한 여러 광고 세트가 자동으로 생성되었다. 젊은 엄마, 야외 활동 애호가, 여드름 환자, 피트니스 팬, 알레르기 환자 등의 잠재고객은 페이스북 뉴스피드, 인스타그램 피드와 스토리에서 맞춤형 제품 이미지와 개인화된 메시지가 담긴 동영상 광고를 보았다.

라로슈포제는 이러한 접근 방식을 이용하여 자외선 차단제 구매가 가장 많은 시기에 3주간 캠페인을 펼쳐 3배 이상 많은 잠재고객에게 다가갔고, 관련성이 높은 맞춤형 광고를 통해 참여 비용을 절감했다. 그 결과는 다음과 같이 성공적이었다.

- 도달률 범위 3배 증가
- 클릭당 단가 25% 절감
- 10초 동영상 시청당 비용 1/3로 절감

출처: Facebook Business https://en-gb.facebook.com/business/success/la-roche-posay-aitarget, https://uni.aitarget.com/insights/la-roche -posay/

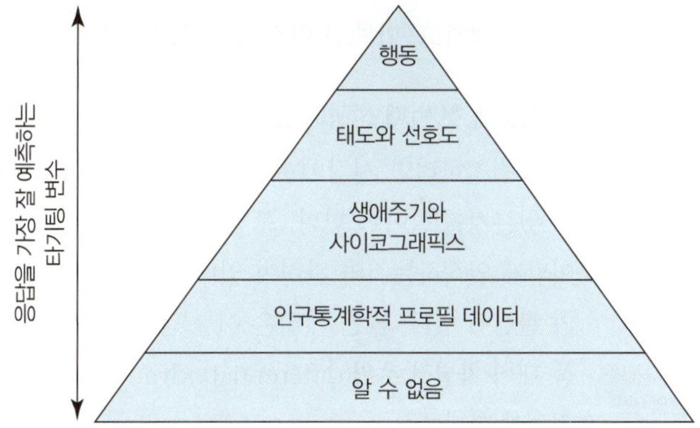

그림 7.12 다양한 유형의 세분화 변수가 반응을 예측하는 경향

한다. 그림 7.12는 사용된 타기팅 변수의 유형에 따른 캠페인 반응의 일반적인 개선을 보여준다. 여행사인 트래블시티(Travelocity)는 이메일 마케팅에 이러한 접근 방식은 사용하고 있으며, 2006년 인터넷 리테일링 포럼에서 구매 의도를 암시하는 고객의 행동에 집중하는 방법을 설명했다. 즉 트래블시티는 자사 사이트 방문자가 특정 유형의 휴가를 클릭하면 고객에게 발송되는 이메일에 해당 내용이 반영되는 업데이트 방식을 도입했다.

Seybold(1999)는 디지털 마케팅을 위한 고객 중심 전략을 개발하는 데 도움이 되는 다섯 가지 질문을 제시했다(이 질문은 오늘날에도 여전히 유효하며, 마케팅에도 동일하게 적용된다).

1. 우리의 고객은 누구인가?

이는 특정 특징과 니즈를 공유하는 타깃 분류를 식별하는 것과 관련이 있다. 분류를 식별하는 기준으로 B2C 시장의 경우 인구통계학적 변수, 지리적 위치 등을, B2B 시장의 경우 기업의 특성, 구매 부서 구성원 등을 들 수 있다.

2. 고객의 니즈가 어떻게 변화하고 있는가?

온라인 비즈니스를 운영할 때 다양한 세분 시장의 니즈를 이해하는 것은 고객에게 가치를 제공하는 다음 단계로 나아가는 데 중요하다. 세분 시장에 따라서는 원래 가격 동기가 있었을지라도 고객 서비스가 더 중요해질 수도 있다. 이는 구매자의 행동과 밀접한 관련이 있다(8장 참조).

3. 어디를 공략할 것인가?

이는 디지털 마케팅에서 중요한 전략적 의사결정이다(5장 '결정 2: 시장 및 제품 개발 전략'에서 언급했다).

4. 어떻게 부가가치를 창출할 수 있는가?

5장과 6장에서는 고객 가치가 주로 제품 품질, 고객 서비스 품질, 배송 시간, 가격의 조합에 따라 달라진다는 것을 살펴보았다. 기업은 세분 시장별로 이러한 요소 중 가장 중요한 것을 결정하고, 마케팅 믹스의 일부로 요소를 적절히 조정해야 한다.

5. 어떻게 첫 번째 선택이 될 수 있는가?

포지셔닝 시장에서 제품에 대한 고객의 인식에 영향을 미치는 것

차별적 우위 현재 경쟁업체의 제품에는 없는 자사 제품의 바람직한 속성

이를 결정하려면 시장에서 경쟁업체의 제품과 비교하여 어떻게 **포지셔닝**(positioning)할 수 있는지를 알아야 한다. 포지셔닝은 앞서 언급한 가치 요소의 관점에서 소비자가 제품을 어떻게 인식하는지와 관련이 있다. 이는 그림 7.11에 나타낸 타깃 마케팅의 포지셔닝 단계와 관련이 있다. 많은 기업은 이를 담기 위해 포지셔닝 진술서를 작성한다. 기업은 경쟁 제품 대비 **차별적 우위**(differential advantage)로서 자사의 효익을 어떻게 강조할 것인지 결정해야 한다.

고객이 처음 제품을 선택할 때 서비스 제공업체를 비교하기가 쉽기 때문에 온라인에서 명확하고 강력한 포지셔닝을 구축하는 것이 매우 중요하다. 또한 브랜드에 대한 첫 경험에 따라 고객은 해당 공급업체를 첫 번째 후보로 선택하거나, 아니면 대체품을 찾기 위해 다시 검색하기 때문에 고객 유지에도 중요하다.

디지털 마케팅의 맥락에서 온라인 가치 제안(OVP) 또는 디지털 가치 제안(DVP)을 개발하여 차별적 우위와 포지셔닝을 명확히 하고 전달할 수 있다(5장 참조). 이는 고유 판매 제안과 유사하지만 전자상거래 서비스를 위해 개발된다. 가치 제안의 범위에는 웹사이트 또는 모바일 앱의 디지털 경험, 콘텐츠, 메시징, 소셜 미디어 등 앞서 소개한 디지털 마케팅의 기둥 외에도 다양한 요소가 포함될 수 있다. 이는 기업이 제공하는 서비스의 '핵심 제안' 위에 구축된다. 제안을 수립할 때 경영자는 다음 사항을 확인해야 한다.

- 제품의 특징 또는 서비스의 품질을 기반으로 경쟁업체와 명확히 차별화한다.
- 제안이 소구하는 세분 시장(복수 선택 가능)을 타깃으로 한다.
- 사이트 방문자와 모든 마케팅 커뮤니케이션에서 제안을 어떻게 전달할 것인가? 구호를 만드는 것이 도움이 될 수 있다.
- 구매 프로세스의 다양한 부분에서 제안을 어떻게 전달할 것인가?
- 자원에 의해 제안을 전달하고 지원할 수 있는 방법은 무엇인가?

이상적으로 전자상거래 사이트는 기업의 제품 또는 서비스를 더욱 차별화할 수 있는 부가 가치 제안을 제공해야 한다. 또한 사이트의 디자인이 브랜드 또는 제품의 핵심 제안을 전달해야 한다. 사이트나 앱의 전자상거래 서비스가 소셜 미디어와 더욱 긴밀하게 통합되는 추세인데, 이것이 바로 소셜 커머스이다. 예를 들어 액센추어(2022)와 매킨지(2022)는 소셜 커머스가 분명한 추세이지만 비교적 미미하다고 지적했으며, 매킨지(2022)는 2025년까지 전체 소매 전자상거래의 약 5%가 소셜 커머스 기반이 될 것으로 예측했다.

명확한 온라인 가치 제안을 마련하는 것은 다음과 같은 장점이 있다.

- 전자상거래 사이트를 경쟁업체의 사이트와 차별화하는 데 도움이 된다(이것이 사이트 디자인의 목적이어야 한다).
- 마케팅 노력에 초점을 맞추고 직원이 사이트의 목적을 명확히 아는 데 도움이 된다.

- 제안이 명확하면 PR이나 입소문 추천에 활용할 수 있다.
- 기업 또는 그 기업 제품의 일반적인 제품 제안과 연결될 수 있다.

많은 전략적 디지털 마케팅 계획의 결정은 온라인 가치 제안과 기업이 제공하는 온라인 고객 경험의 질을 중심으로 이루어진다. 인터랙티브 기능은 사용자 경험을 향상하고 전환과 재구매를 촉진한다는 점에서 거래형 사이트에 특히 중요하다. 기업이 인터랙티브 기능을 통해 온라인 가치 제안을 발전시킨 사례는 고객 리뷰 및 평가, 팟캐스트를 통한 제품 리뷰, 고객 댓글을 활성화한 블로그, 구매자 가이드, 동영상 리뷰 등이다.

콘텐츠 전략

매력적인 온라인 가치 제안에 뛰어난 콘텐츠와 웹사이트, 블로그, 소셜 네트워킹 사이트, 모바일 플랫폼 등을 통해 고객에게 제공되는 매력적인 경험이 필요하다는 것은 분명하다. 오늘날 콘텐츠는 웹페이지를 구성하는 정적인 콘텐츠뿐만 아니라 상호작용을 촉진하는 동적인 리치 미디어 콘텐츠로 이루어진다. 동영상, 팟캐스트, 사용자 생성 콘텐츠, 인터랙티브 제품 선택기 등도 콘텐츠로 간주해야 하며, 참여로 연결되도록 개선되어야 한다.

콘텐츠 전략 참여하는 고객 및 잠재고객이 웹·모바일 플랫폼 등 인쇄 및 디지털 미디어에 게시된 사업 목표를 충족할 수 있도록 텍스트·리치 미디어·오디오·동영상 등의 콘텐츠를 관리하는 것으로, 퍼블리셔 사이트·블로그·소셜 미디어·비교 사이트 등 웹에 존재하는 다양한 형태를 용도 변경하거나 연합하는 것

콘텐츠 전략(content strategy)이 직면한 문제에서 확인할 수 있듯이 오늘날 다양한 유형의 콘텐츠가 다양한 접근 플랫폼, 다양한 장소, 다양한 형태로 제공되고 있음에도 불구하고 소셜 미디어에서 고객 참여의 중요성이 점점 더 커지고 있다.

양질의 콘텐츠 제작 및 관리는 고객 생애주기 전반에 걸쳐 효과적인 콘텐츠를 제공하는 것을 목표로 하는 보다 광범위한 고객 참여 전략의 일부이다. 따라서 이는 고객관계 관리(CRM) 전략 수립의 필수적인 요소이다(8장 참조).

매력적인 온라인 가치 제안을 제공하고자 하는 기업은 발상을 전환해야 한다. 퍼블리셔처럼 생각하고, 경쟁업체보다 더 나은 양질의 콘텐츠에 투자해야 한다. 이를 위해 필요한 것은 다음과 같다.

- 양질의 매력적인 콘텐츠(콘텐츠가 왕이다)
- 양질의 콘텐츠를 제작할 수 있는 유능한 작가(사내 직원 또는 외부 프리랜서 작가)
- 편집 캘린더와 콘텐츠 스케줄링 및 배포를 위한 적절한 프로세스
- 프로세스를 촉진하는 소프트웨어 도구에 대한 투자
- 다양한 잠재고객이 참여할 만한 콘텐츠를 파악하는 고객 조사에 대한 투자
- 고객의 참여를 유도하는 콘텐츠와 그렇지 않은 콘텐츠 추적

디지털 미디어 커뮤니케이션의 특징

Chaffey(2000)의 요약을 기반으로 하는 이 절에서는 TV, 인쇄물, 라디오 등 전통적인 미디어의 마케팅 커뮤니케이션과 웹사이트, 인터랙티브 TV, 모바일 커머스 등 새로운 디지털 미디어의 마케팅 커뮤니케이션이 어떻게 다른지 주요 차이점을 간략하게 살펴본다. 디지털

미디어와 기타 미디어의 차이점을 인식하는 것은 채널 프로모션과 채널 만족도 향상에 중요하며, 이는 채널 성과와 수익성으로 이어질 것이다.

McDonald와 Wilson(1999)은 뉴미디어와 전통적 미디어의 차이점을 디지털 마케팅의 '6I'로 요약했다. 이는 개인화, 직접 응답, 마케팅 조사와 같은 인터넷 마케팅의 실용적 측면뿐만 아니라 산업 재편, 통합 채널 커뮤니케이션과 같은 전략적 문제에도 적용되는 요소를 강조한다. 마케팅 관리자는 뉴미디어의 각 측면을 고려함으로써 뉴미디어의 특성에 맞는 마케팅 계획을 수립할 수 있다. '6I' 프레젠테이션은 이러한 개념을 설명하기 위해 새로운 예시와 도표를 사용하여 새롭게 해석한 것이다.

1. 상호작용성(interactivity)

Deighton(1996)은 기업이 새로운 방식으로 고객과 소통할 수 있는 상호작용성이 인터넷의 중요한 특징이라고 설명한 최초의 저자 중 한 명이다. 그림 7.13(a)와 같이 기존 미디어는 대개 푸시형 미디어로, 마케팅 메시지가 기업으로부터 고객 및 기타 이해관계자에게 전달된다. 이 과정에서는 고객과의 상호작용이 제한적이다. 한편 인터넷에서는 접촉을 시작하고 웹사이트에서 정보를 찾는 것이 일반적으로 고객인데, 이는 **풀형 마케팅 커뮤니케이션**(pull marketing communication) 방식이다[단, 이메일은 **푸시형 마케팅 커뮤니케이션**(push marketing communication) 방식이라고 볼 수 있다]. 그림 7.13(b)는 인터넷을 사용하여 양방향 커뮤니케이션을 촉진하는 것을 보여준다. 이는 직접 응답 접근법의 연장선상일 수도 있다. 예를 들어 네스카페(Nescafé)나 음료 브랜드와 같은 빠르게 움직이는 소비재(FMCG) 공급업체는 웹사이트와 소셜 미디어를 활용하여 경품, 판매 촉진과 같은 인센티브를 통해 고객이 이름, 주소, 나이, 성별 등의 프로필 정보를 제공하도록 유도함으로써

풀형 마케팅 커뮤니케이션 소비자가 검색엔진, 비교 중개업체나 직접 탐색을 통해 기업 사이트 또는 소셜 미디어에서 정보와 엔터테인먼트를 적극적으로 찾고 기업과 상호작용한다.

푸시형 마케팅 커뮤니케이션 광고주로부터 수동적 수신자인 메시지 소비자에게 커뮤니케이션이 전파된다.

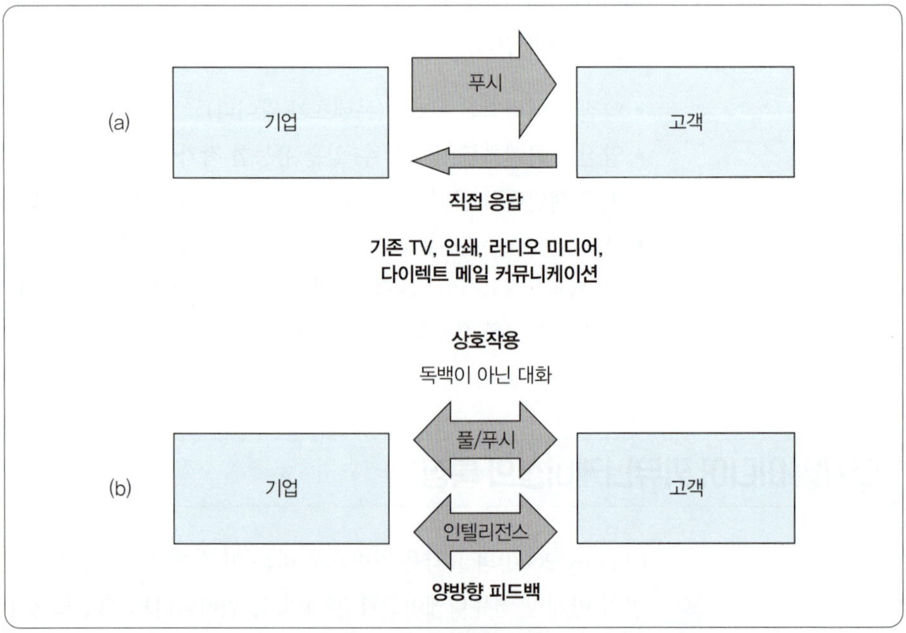

그림 7.13 (a) 전통적 미디어, (b) 뉴미디어의 커뮤니케이션 모델

상호작용을 창출하고 있다.

Hoffman과 Novak(1997)은 웹 개발 초기에 상호작용성이 마케팅의 새로운 모델, 즉 새로운 마케팅 패러다임을 제시할 만큼 중요하다는 것을 깨달았다. 이들은 인터넷 환경이 정보 발신자와 수신자 사이의 상호작용이 아니라 매체 자체와의 상호작용이 이루어지는 컴퓨터를 매개로 한 환경을 의미한다고 주장했다.

고객이 제공할 수 있는 사용자 생성 콘텐츠는 이베이를 통한 소유물 경매와 같이 매우 상업적인 콘텐츠일 수도 있고, 중립적인 사이트(예: www.trustpilot.com) 또는 목적지 사이트(예: www.firebox.com)에 제품이나 공급업체에 대한 의견을 게시하는 콘텐츠일 수도 있다.

2. 인텔리전스(intelligence)

인터넷은 특히 제품과 서비스에 대한 고객의 인식을 수집하는 비교적 저렴한 마케팅 조사에 사용할 수 있다. 예를 들어 네슬레는 설문조사로 얻은 정보를 바탕으로 고객을 프로파일링할 수 있다. 인터넷은 다른 매체에서는 일반적으로 발생하지 않는 양방향 피드백을 생성하는 데 사용할 수 있다.

이용자가 링크를 클릭할 때마다 기록되고 웹 분석 도구(10장 참조)로 분석할 수 있기 때문에 웹사이트 자체에서도 풍부한 마케팅 조사 정보를 얻을 수 있다. 잠재적으로 기업은 구매자의 행동에 실시간으로 대응할 수 있다. 예를 들어 HSBC, 로이즈(Lloyds) 등의 은행은 어도비 마케팅 클라우드(Adobe Marketing Cloud) 서비스를 이용하여 고객이 반응할 가능성이 가장 높은 제안을 평가하여 메시지를 전달한다.

3. 개인화(individualisation)

인터랙티브 마케팅 커뮤니케이션[그림 7.14(b)]의 또 다른 중요한 특징은 모든 사람에게 동일한 메시지가 전파되는 전통적인 미디어[그림 7.14(a)]와 달리 개인에 맞게 맞춤화할 수 있다는 것이다. '개인화'라고도 하는 맞춤화 과정은 온라인에서 고객관계 관리를 달성하기 위한 중요한 측면이다. 개인화는 종종 엑스트라넷을 통해 이루어지며, 엑스트라넷은 구매 및 판매 후 프로세스를 관리하기 위해 주요 계정과 함께 설정된다. 델은 1990년대 중반에 주요 고객(대기업)을 위해 '델 프리미어(Dell Premier)'를 출시하여 특별 혜택과 맞춤형 고객 지원을 제공했다. 델은 지금도 프리미어 서비스를 제공하고 있으며, 온라인 가치 제인이 다음과 같이 요약된다. "IT 구매의 현대화. 고객의 비즈니스를 혁신: 델의 맞춤형 온라인 플랫폼은 개인화된 제품 선택, 간편한 주문, 조달 프로세스 관리를 통해 구매를 간소화한다."

개인화의 또 다른 예는 기업 간 온라인 소매업체인 RS컴포넌츠(RS Components)가 실현하고 있다. 이 회사의 시스템에 접속한 모든 고객은 관심 제품 분야와 구매 부서에서의 역할을 나타내는 정보에 따라 프로파일링된다. 고객이 다음에 사이트에 접속하면 관심 제품과 관련된 정보가 표시된다. 이것은 소위 **대량 맞춤화**(mass customisation)의 한 예로, 일반적인 고객 정보가 특정 세분 시장에 제공된다. 아마존은 협동 필터링 접근 방식 또는

대량 맞춤화 개별 고객 또는 고객 집단을 위해 맞춤형 마케팅 메시지와 제품을 만드는 것. 일반적으로 규모의 경제와 대량 마케팅 및 대량 생산 능력을 유지하기 위한 기술을 사용한다.

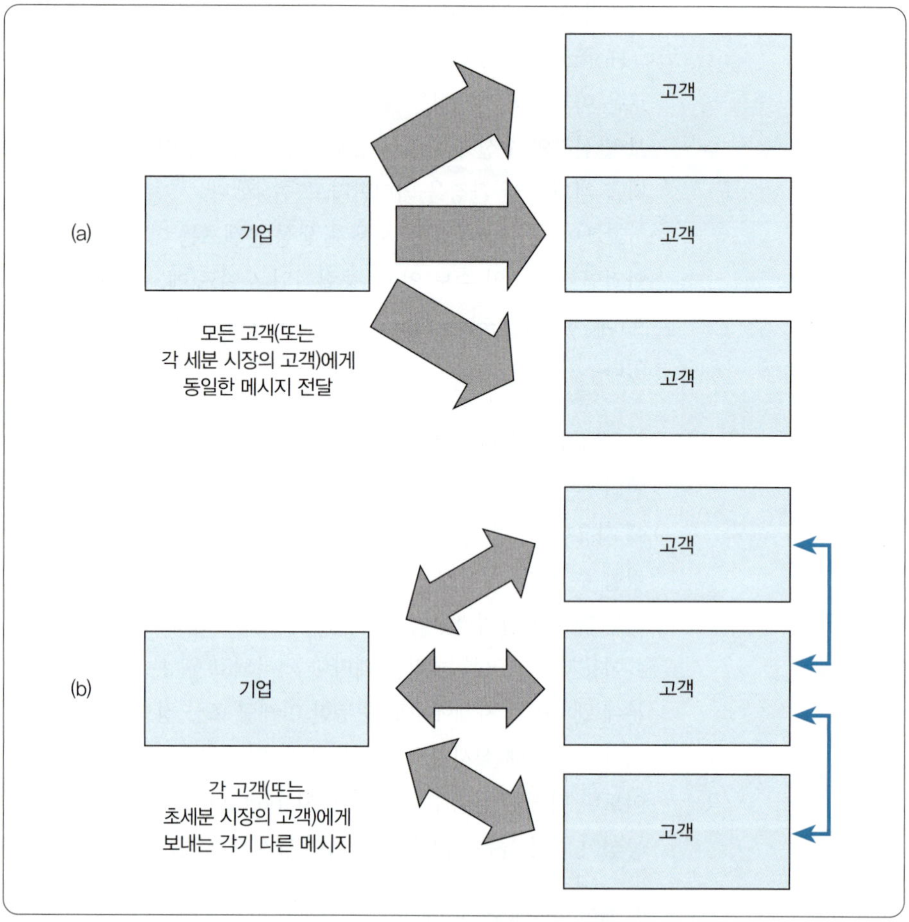

그림 7.14 (a) 전통적 미디어(동일한 메시지), (b) 뉴미디어(고유한 메시지와 고객 간 더 많은 정보 교환)의 개인화 정도 요약

아마존의 'X를 구매한 고객은 Y도 구매'라는 방식으로 유명하다. 또한 아마존에는 'X를 쇼핑한 고객은 …도 쇼핑', 'X를 검색한 고객은 …도 구매'라는 개인화 기능도 있다.

4. 통합(integration)

인터넷은 통합 마케팅 커뮤니케이션의 또 다른 영역을 제공한다. 그림 7.15는 인터넷이 여러 미디어 채널 중 하나에 불과하다는 것을 보여준다(이러한 채널을 중개업체가 제공하기도 한다). 웹사이트의 성공을 평가할 때 고객 및 기타 파트너와의 커뮤니케이션에서 인터넷의 역할을 두 가지 관점에서 고려하는 것이 바람직하다.

- **기업으로부터 고객으로의 방향**: 신규 잠재고객 확보 및 기존 고객 유지 관점에서 신규 고객과 기존 고객에게 자사의 제품과 서비스에 대한 제안을 전달하는 과정에서 디지털이 다른 채널을 어떻게 보완할 수 있는가?
- **고객으로부터 기업으로의 방향**: 고객에게 고객 서비스를 제공하기 위해 디지털 미디어가 다른 채널을 어떻게 보완할 수 있는가?

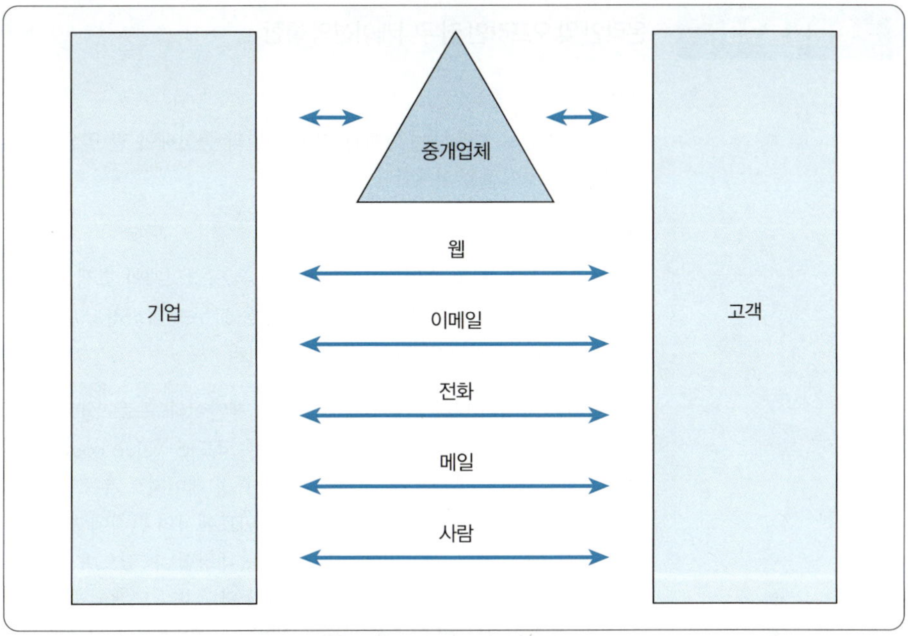

그림 7.15 통합 디지털 마케팅 전략의 일환으로 통합이 필요한 채널

현재 많은 기업은 이메일 대응과 웹사이트의 콜백을 기존 콜센터 또는 고객 서비스 운영에 통합하는 방법을 고려하고 있다. 이를 위해서는 교육 및 새로운 소프트웨어에 많은 투자가 필요할 수 있다.

그림 7.16과 학습활동 7.3에서는 인터넷을 통합 커뮤니케이션 도구로 활용하는 몇 가지 예를 확인할 수 있다.

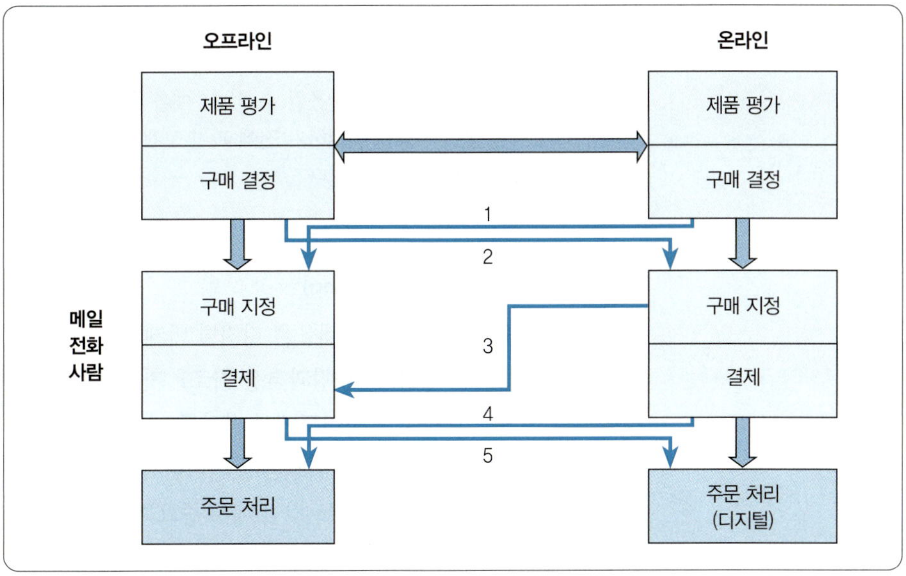

그림 7.16 디지털 마케팅 및 혼합 모드 구매에 필요한 채널 통합

학습활동 7.3 온라인 및 오프라인 커뮤니케이션의 통합

목적

인터넷을 채널로 사용하는 방법과 기존 채널과 통합해야 할 필요성을 알아보고 마케팅 커뮤니케이션에서의 차이점을 이해한다.

활동

스마트폰과 같은 제품 수명주기에서의 휴대폰 공급업체와 고객 간 커뮤니케이션을 나열하라. 인터넷과 기존 미디어를 이용한 커뮤니케이션을 모두 포함하라. 그림 7.16에 제시된 구매 결정 과정의 채널 교환 선택지를 참조하여 답을 도출하라.

- 인터넷은 고객이 다른 미디어에서 공표된 제안이나 프로모션에 반응할 수 있는 직접 반응 도구로 활용될 수 있다. 델은 사용하는 'e-밸류 코드(e-value code)'는 잡지나 오프라인 자료에 게재되어 웹사이트 방문자를 (검색을 통해) 특정 페이지로 유도한다. 이 코드에 포함된 미디어 코드는 어떤 오프라인 커뮤니케이션이 웹사이트에서의 판매에 가장 효과적이었는지를 평가한다.
- 웹사이트에는 직접 응답 또는 콜백 기능을 내장할 수 있으며, AA에는 고객이 이름, 전화번호, 통화 가능한 시간을 입력하면 고객 서비스 담당자가 고객에게 전화할 수 있는 기능이 있다. 최근 몇 년 동안 사용이 급증한 라이브 채팅 기능의 경우 사이트 방문자가 실시간으로 문자를 통해 고객 서비스 담당자와 소통할 수 있다.
- 웹사이트를 통해 구매하지 않더라도 인터넷은 구매 결정을 지원하는 데 활용될 수 있다(그림 7.16의 3번). 구매 과정 중 어떤 채널에서 다른 채널로 변경하는 것을 **채널 스위칭**(channel switching)이라고 한다. 고객이 어떤 채널에서 다른 채널로 변경할 때 지원을 받아야 하기 때문에 이는 온라인 마케팅 커뮤니케이션 계획의 중요한 요소이다. Bazett 등(2005)은 온라인에서 브라우징한 후 온라인에서는 1파운드가 소비되는데 매장에서는 3파운드가 소비되는 것으로 추정된(신용카드 추적 조사를 통해) 한 번화가 체인점을 예로 들었다. 따라서 이 체인점은 매장 위치 검색, 재고 현황 알림 등의 기능으로 고객에게 도움을 주고 있다.

채널 스위칭 구매 과정에서 고객이 온라인 및 오프라인 채널을 변경하는 것

- 웹사이트에서 제공되는 고객 정보는 Seybold(1999)가 '고객에 대한 360도 뷰'라고 부르는 것을 제공하기 위해 콜센터 직원을 통해 액세스할 수 있는 고객 및 주문 정보 데이터베이스와 통합되어야 한다.
- 인터넷은 고객 서비스 지원에 활용될 수 있다. 예를 들어 이지젯과 같은 저비용 항공사는 고객이 고객 지원 팀에 전화로 문의하기 전에 과거 고객 문의를 바탕으로 정리한 자주 묻는 질문(FAQ) 목록을 확인하도록 권장한다.

5. 산업 재편(industry restructuring)

탈중개화, 재중개화, 재중개화 대응은 디지털 마케팅 전략을 수립하는 기업이 고려해야 할 업계 재편의 중요한 개념이다(2장과 4장 참조). 자사의 커뮤니케이션 전략을 정의하는 마케팅 담당자라면 '어떤 중개 사이트에서 자사를 나타낼 것인가?', '기능, 혜택, 가격 측면에서 경쟁 제품과 비교했을 때 자사 제품이 어떠한가?'와 같은 질문에 답함으로써 중개 사이트에서의 자사 대표성을 검토하는 것이 매우 중요하다.

6. 위치 독립성(independence of location)

디지털 미디어는 기업 커뮤니케이션의 범위를 글로벌 시장으로 넓히는 데에도 도움이 되며, 이전에는 접근하기 어려웠던 글로벌 시장에 진출할 수 있는 기회가 생긴다. 페인트 및 코팅 산업에 폴리머와 화학 제품을 공급하는 B2B 기업 스콧베이더(Scott Bader)는 현지 대리점 및 프랜차이즈 네트워크를 통해 거래하던 기존 40여 개국보다 더 많은 국가를 타깃으로 삼고 있다. 인터넷 덕분에 현지에 영업 및 고객 서비스 조직을 두지 않고도 해당 국가에 판매할 수 있게 되었다. 한편 전략 담당자는 발생할지도 모를 유통 채널 간 갈등을 신중하게 고려해야 한다. 고객이 대리점을 통하지 않고 다른 국가의 기업으로부터 직접 구매하면 현지 대리점의 비즈니스가 위축될 수 있으며, 대리점은 판매 노력에 대한 보상을 요구하거나 경쟁사와의 제휴를 모색할 것이다.

전술

전략과 목표를 실현하기 위한 마케팅 전술은 전통적으로 고객관계 관리(CRM)의 일환으로 고객 생애주기 전반에 걸쳐 고객을 어떻게 참여시킬 것인가 하는 마케팅 믹스의 요소와 모델을 기반으로 한다. 이 절에서는 마케팅 믹스에 초점을 맞출 것이다.

제롬 매카시(Jerome McCarthy, 1960)가 제안한 마케팅 믹스의 4P(product, price, place, promotion)는 오늘날에도 많은 실무자가 마케팅 전략 실행의 필수적인 요소로 사용하고 있다. 이 4P에 서비스 제공을 더 잘 반영하는 세 가지 요소(people, process, physical evidence)를 추가하여 7P로 확장되었는데(Booms and Bitner, 1981), 혹자는 이러한 요소가 4P에 포함될 수 있다고 주장하기도 한다. 마케팅 믹스는 그림 7.17과 같이 목표 시장에서 제품 수요에 영향을 미치는 다양한 요소를 변화시킬 수 있는 간단한 프레임워크를 제공하기 때문에 마케팅 전략을 수립할 때 자주 적용된다. 예를 들어 제품 판매를 늘리기 위해 가격을 낮추거나, 프로모션의 양과 종류를 바꾸거나, 이러한 요소를 조합하여 적

마케팅 믹스 다양화를 위한 인터넷 사용

제품	프로모션	가격	유통	사람	프로세스	물적 증거
• 품질 • 이미지 • 브랜딩 • 특징 • 변형 • 믹스 • 지원 • 고객 서비스 • 사용 상황 • 가용성 • 보증	• 마케팅 커뮤니케이션 • 개인 프로모션 • 판매 촉진 • PR • 브랜딩 • 직접 마케팅	• 포지셔닝 • 리스트 • 할인 • 신용 • 결제 방법 • 무료 또는 부가가치 요소	• 거래 채널 • 판매 지원 • 채널 번호 • 세분화된 채널	• 마케팅 활동 담당 개인 • 고객 접점 담당 개인 • 모집 채용 • 문화/이미지 • 교육 및 기술 • 급여	• 고객 중심 • 비즈니스 주도 • IT 지원 • 디자인 특징 • 연구·개발	• 브랜드에 대한 판매원/직원 접점 경험 • 제품 포장 • 온라인 경험

그림 7.17 마케팅 믹스의 요소

용할 수 있다.

전자상거래는 마케팅 믹스를 변화시킬 수 있는 새로운 기회를 마케팅 담당자에게 제공하는데, Allen과 Fjermestad(2001)는 이를 처음으로 잘 요약했다.

디지털 마케팅에서 프로모션 믹스의 요소에는 투자 우선순위에 대한 많은 전술적 결정이 포함되며, 이는 8장과 9장에서 다룰 것이다. 9장에는 웹사이트 및 앱 사용성, 전환율 최적화(CRO), 머천다이징과 개인화, 전자상거래를 위한 빅데이터·인공지능·머신러닝·증강현실·가상현실을 살펴본다.

마케팅 믹스를 마케팅 전략 수립을 위한 유일한 도구로 적용하는 것에 대한 몇 가지 비판이 있다. 첫째, 마케팅 믹스는 마케팅에 대한 밀어붙이기식 접근 방식의 전형으로, 고객의 니즈를 명확하게 인식하지 못한다. 그 결과 마케팅 믹스는 고객 지향적이 아니라 제품 지향적으로 유도되기 쉽다. 이러한 영향을 완화하기 위해 Lautenborn(1990)은 고객 관점에서 4P를 고려하는 4C 프레임워크를 제안했으며, 전자상거래에서 4C는 다음과 같이 해석될 수 있다.

- **고객의 니즈와 욕구(제품 대비)**: 웹사이트는 제품 제안이 이러한 니즈와 욕구를 어떻게 충족할 수 있는지를 설명하는 구조이다.
- **고객의 비용(가격 대비)**: 온라인에서 고객은 다른 웹사이트나 기존 구매처와 가격을 비교할 가능성이 높다.
- **편의성(위치 대비)**: 온라인에서는 주문 프로세스 및 주문 처리 과정에서 고객 경험의 질을 의미한다.
- **커뮤니케이션(프로모션 대비)**: 검색엔진 마케팅, 이메일 마케팅, 소셜 미디어 등 디지털 미디어와 결합된 형태의 웹사이트 및 모바일 앱

따라서 마케팅 믹스의 선택은 시장 조사를 통해 수집된 구매자의 행동에 대한 상세한 지식을 바탕으로 이루어져야 한다. 또한 마케팅 믹스는 목표 시장과 세분화에 따라 조정되는 경우가 많다는 것을 유념해야 한다. 특정 고객에 맞게 오퍼를 조정하는 '원투원 마케팅'에 대한 강조는 7P 프레임워크와 잘 맞지 않는 부분이다.

롱테일 개념 소비자가 선택한 품목이 가진 인기의 상대적 변동을 시사하는 빈도 분포

보충 자료 7.2에서 설명한 **롱테일 개념**(long-tail concept)은 온라인에서 제품, 유통, 가격, 프로모션의 역할을 살펴보는 데 유용하다.

제품

핵심 제품 이용자의 니즈를 충족하는 제품의 근본적인 특징

확장 제품 핵심 제품을 넘어서는 추가적인 특징과 효익

기업이 온라인 전략을 전개할 때 제품을 변화시킬 수 있는 여러 선택지가 있다. 인터넷 관련 제품 결정은 **핵심 제품**(core product)과 **확장 제품**(extended product)에 영향을 미치는 결정으로 나눌 수 있다. 기업에 따라 웹에서 제공되는 정보 상품인 새로운 디지털 상품에 대한 옵션이 있을 수 있다. 몇몇 사례의 경우 제품에 관한 정보로 핵심 제품 제공을 대체할 수 있다. 예를 들어 석유 시추 장비를 제공하는 회사는 시추 관련 정보 분석 및 보급에 중점을 둔다. 제품의 온라인 버전은 더 정기적으로 업데이트할 수 있다는 점에서 고객에게 더 가치가 있을 것이다. 광고 디렉터리 BRAD는 종이 기반 문서에는 없는 검색 기능을 갖

보충 자료 7.2 롱테일 개념의 적용

Anderson(2004)에 의해 현재 '롱테일'이라고 불리는 이 현상은 하버드대학교 언어학 교수인 조지 킹즐리 지프(George Kingsley Zipf)가 단어 사용에서 관찰하여 인간 행동에 처음으로 적용한 것이다. 지프는 한 언어에서 다양한 단어의 인기 편차를 고려하면 사용 빈도와 인기에 체계적인 패턴이 있다는 것을 발견했다. 지프의 '법칙'에 따르면 항목 컬렉션을 인기 순으로 나열하면 두 번째 항목의 인기가 첫 번째 항목의 약 절반, 세 번째 항목의 인기가 첫 번째 항목의 약 1/3이다.

일반적으로 k번째 항목의 인기는 첫 번째 항목의 1/k이다.

그림 7.18은 지프의 법칙에 따라 항목의 '상대적 인기'가 가장 인기 있는 항목의 최대 빈도인 1,000에서 50번째 항목의 20까지 어떻게 감소하는지를 예측한 것이다.

온라인 환경에서 이 '법칙'의 적용은 Anderson(2004) 덕분에 '롱테일'로 알려지게 되었다. 이 법칙은 웹사이트 그룹, 웹페이지 또는 개별 사이트에 있는 제품들의 상대적 인기에도 적용될 수 있다. 온라인에는 매우 인기 있는 소수의 사이트(또는 사이트 내 페이지)(선두가 빈도의 80% 차지)가 있고, 개별적으로는 인기가 낮지만 집합적으로는 중요한 사이트 또는 페이지가 훨씬 더 많다. 한편 Anderson(2004)은 아마존과 같은 기업의 경우 롱테일 또는 지프의 법칙을 적용하여 책, CD, 전자제품, 여행, 금융 서비스 등 다양한 제품 선택과 구매에 대한 선호도 편차를 설명할 수 있다고 주장했다. 이 패턴은 Brynjolfsson 등(2003)도 확인했으며, 전자제품 시장을 통해 이용 가능한 제품 다양성의 증가에 대한 경제적 영향력을 정량화하는 프레임워크를 제안했다.

이 문제를 다른 관점에서 살펴보면 매출의 40%는 판매 순위가 10만 위 밖인 비교적 무명인 도서에서 발생한 것으로 추정된다(아마존에 접속하면 가장 인기 있는 도서가 1위, 가장 인기 없는 도서가 100만 위 이상으로 판매 순위가 나와 있다). 이는 아마존과 같은 온라인 소매업체에 롱테일이 중요하다는 것을 보여준다. 기존 서점에는 재고가 없어 구매할 수 없는 비인기 도서가 매출의 40%를 차지하기 때문이다(오프라인 대형 서점은 보통 10만 권을 보유하고 있다). 가격 책정 측면에서 온라인 소매업체의 또 다른 장점은 오프라인에서는 비인기 제품을 쉽게 구할 수 없기 때문에 아마존이 비인기 도서의 가격을 높게 책정할 수 있다는 것이다. Brynjolfsson 등(2003)은 상위 10만 위에 속하는 도서의 아마존 평균 가격이 29.26달러이고 비인기 도서는 41.60달러라고 추정했다.

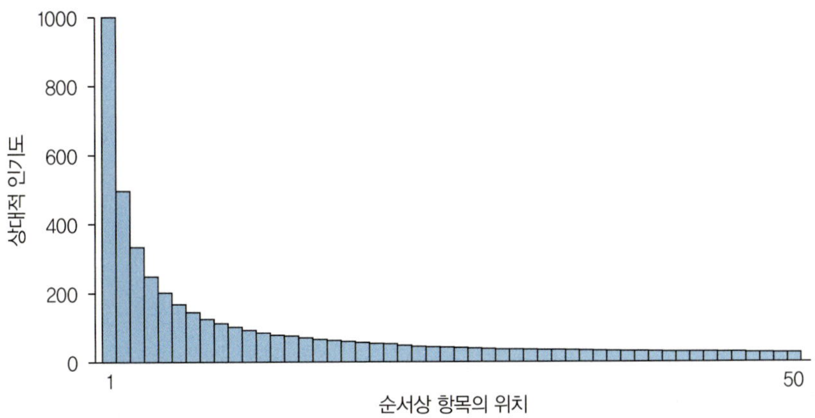

그림 7.18 정해진 순서상 항목의 인기 감소를 보여주는 지프의 법칙

춘 온라인 버전으로 변경되었다.

또한 인터넷은 제품의 대량 맞춤화 옵션을 도입했다. 리바이스가 진정으로 개인화된 서비스를 제공한 것은 1994년에 리바이 스트라우스(Levi Strauss)가 'Personal Pair' 프로그

램을 시작했을 때로 거슬러 올라간다. 일반 가격보다 최대 15달러를 더 지불하고 배송을 기다릴 준비가 되어 있는 여성은 리바이스 매장에 가서 자신의 치수를 측정할 수 있었다.

공동 제작 브랜드와 소비자가 협력하여 더 나은 아이디어, 제품, 서비스를 창출하는 과정

최근 들어 온라인 제품 **공동 제작**(co-creation)과 개방형 혁신(open innovation)의 인기가 높아지고 있다. 선도적 전동 공구 제조업체인 디월트(DeWalt)는 탄탄한 고객 기반을 보유하고 있으며, 고객이 제품 개발 아이디어를 제출할 수 있는 인사이트 커뮤니티(Insight Community)를 2015년에 구축했다.

디월트의 인사이트 커뮤니티는 전문가 8,000명, 일반 사용자 4,000명 등 사용자 1만 2,000명 이상으로 구성되었다. 디월트는 이러한 참여자 집단을 통해 유익한 제품 제안을 받을 수 있다. 이 플랫폼을 통해 디월트는 제품 개발 과정에 고객을 참여시켜 포장, 디자인, 웹사이트 유용성을 테스트한다. 인사이트 커뮤니티는 새로운 무선 해머 드릴 시리즈와 같은 디월트 제품을 개선하는 데 도움을 주고 있다.

묶음 상품 보완적인 서비스를 제공하는 상품

또한 기업은 제공하는 제품의 범위나 조합을 변경하기 위해 인터넷을 어떻게 활용할지 검토할 수 있다. **묶음 상품**(bundling)은 하나의 대안이다. 예를 들어 이지젯은 항공편, 여행 패키지, 렌터카 등 다양한 여행 관련 보완 서비스를 제공하고 있다.

많은 기업의 경우 인터넷을 이용하여 확장 제품을 다양화하는 것이 가장 현실적이다. Chaffey와 Smith(2023)는 인터넷을 이용하여 확장 제품을 다양화할 수 있는 예를 다음과 같이 제시했다.

- 인증
- 수상 경력
- 증언
- 고객 리스트
- 고객 의견
- 보증
- 보장
- 환불 제공
- 고객 서비스('사람, 프로세스, 물적 증거' 참조)
- 제품 사용 중인 사용자를 돕는 도구 내장(디지털 제품의 옵션)

출판 콘텐츠, 음악, 동영상 등 디지털 제품을 제공할 수 있는 출판사, TV 방송국, 기타 미디어 소유주는 현재 다양한 가격대의 다양한 제품 구매 옵션을 제공할 수 있는 큰 유연성을 가지고 있다.

- **구독**: 전통적인 출판사의 수익 모델이며 3개월, 12개월, 2년 등 다양한 기간, 가격대로 제공할 수 있다.
- **페이 퍼 뷰**(pay-per-view): 구독 서비스보다 상대적으로 높은 가격으로 한 번의 다운로드 또는 시청 시간에 대한 요금을 지불하는 방식이다. 음악 서비스 업체인 냅스터(Napster)는 이동통신사의 'pay-as-you-go' 모델과 유사한 방식으로 다운로드 바우처를 제공하고 있다. 여행 출판사인 론리플래닛(Lonely Planet)의 경우 여행자가 인쇄된

전체 가이드의 일부 가격으로 입문 가이드를 다운로드할 수 있다.

- **묶음 상품**: 다양한 채널이나 콘텐츠를 개별로 또는 묶어서 페이 퍼 뷰보다 저렴한 가격으로 제공할 수 있다.
- **광고가 포함된 콘텐츠**: 퍼블리셔의 주요 수입원은 사이트 내 광고(CPM 디스플레이 광고, 고정 스폰서십 계약, 클릭당 과금)이며, 다른 옵션으로는 제삼자 사이트에서의 판매를 통한 제휴 수익, 구독자 리스트에 대한 접근권 제공 등이 있다. 영국에서 가장 인기 있는 신문 사이트인 가디언(Guardian)은 한때 광고 없는 구독 서비스를 시도했지만, 많은 온라인 출판사와 마찬가지로 광고 있는 콘텐츠로 되돌아갔다.

또한 마케팅 믹스의 제품 요소와 관련하여 인터넷을 활용하여 웹사이트 로그를 통해 제품 니즈 평가, 새로운 개념 테스트, 온라인 설문조사와 포커스 그룹 인터뷰(10장의 '그로스 해킹' 참조) 등 신제품 개발을 지원하는 방법도 있다.

Quelch와 Klein(1996)도 인터넷과 세계화가 의미하는 바는 기업이 경쟁력을 유지하기 위해 신제품을 더 빨리 국제 시장에 출시해야 한다는 것임을 지적했다. 또한 맬컴 글래드웰(Malcolm Gladwell)은 저서 《티핑 포인트(Tipping Point)》(2000)에서 입소문 커뮤니케이션이 신제품 채택률에 얼마나 큰 영향을 미치는지 보여주었으며, 이 효과가 종종 인터넷을 통해 증가하거나 촉진된다는 것을 시사하고 있다.

사례 연구 7.2에서는 AI 투자에 대한 전략적 접근 방식이 보다 적절한 커뮤니케이션을 지원하여 국제 소매업체의 성장에 어떻게 도움이 되었는지 살펴본다.

가격

가격 변수 마케팅 믹스의 요소로, 제품 가격과 가격 책정 모델을 정의한다.

가격 책정 모델 완전 구매, 경매, 대여, 대량 구매, 신용 조건 등 결제 형태를 설명한다.

마케팅 믹스의 **가격 변수**(price variable)는 기업의 가격 책정 정책을 의미하며, **가격 책정 모델**(pricing model)을 정의하고 제품 및 서비스 가격을 책정하는 데 사용된다. 인터넷은 많은 분야에서 가격 책정에 큰 영향을 미치며, 이를 다룬 문헌도 많다. Baker 등(2001)과 Xing 등(2006)은 인터넷에서의 가격 책정에 일반적으로 채택되는 두 가지 접근 방식을 지적했다. 신생 기업은 고객 기반을 확보하기 위해 낮은 가격을 채택하는 경향이 있는 반면, 많은 기존 기업은 기존 가격을 웹으로 전환하는 경향이 있다. 이지젯과 같은 저비용 항공사는 온라인 수익 기여라는 목표를 달성하기 위해 온라인 가격을 할인했다. 고객과의 거래를 전화 대신 온라인으로 처리하면 간접비가 낮기 때문에 가격 인하가 가능했다. 마찬가지로 온라인 서점은 고객을 확보하기 위해 카테고리별 상위 25위권 베스트셀러의 경우 50% 할인을 실시할 수 있지만, 이것만으로는 수익이 나지 않기 때문에 롱테일의 덜 인기 있는 책의 경우 상대적으로 낮은 할인을 실시하기도 한다.

인터넷이 마케팅 믹스의 가격 측면에 미치는 주요 영향은 다음과 같다.

1. 가격 투명성 향상과 가격 차별화에 대한 암시

Quelch와 Klein(1996)은 인터넷이 가격 투명성에 미치는 두 가지 상반된 영향을 밝혔다. 첫째, 공급자는 예컨대 다른 국가의 고객에게 가격 차별을 두기 위해 기술을 사용할 수 있다. 그러나 가격 관련 예방 조치를 취하지 않으면 고객은 가격 차별을 즉시 알아차리고 이

사례 연구 7.2 AI를 전략적으로 활용하여 마케팅 및 커뮤니케이션을 개선하는 잘란도

2008년에 경영대학원 동문인 로버트 겐츠(Robert Gentz)와 데이비드 슈나이더(David Schneider)가 베를린에 설립한 잘란도는 유럽의 전자상거래 패션 및 라이프스타일 소매업체이다. 의류, 신발, 액세서리, 뷰티를 제공하는 잘란도는 세계적으로 유명한 브랜드와 국내 브랜드 등 다양한 브랜드로 25개 시장에서 5,000만 명 이상의 활성 고객을 보유하고 있다.

이 사례 연구에서는 잘란도가 어떻게 인공지능(AI)을 도입하여 성장을 지원했는지 알아본다. 잘란도는 사용자 경험 개선, 판매 전환율 향상, 바구니 크기 증가, 충성도 향상을 통한 매출 증대를 주요 목표로 삼았으며, 이는 AI 도입에 고객 중심의 접근 방식을 채택한 것이었다. 또한 보다 정확한 사이즈 추천으로 고객 만족도를 높이고 반품을 줄일 수 있다.

AI가 대중의 주목을 받기 시작한 것은 2022~2023년 오픈AI의 챗GPT 출시이지만, 잘란도는 기술과 인사이트에 대한 전략적 접근으로 수년 전부터 AI 활용에 적극적이었다. 이는 마케팅 팀에 미치는 AI의 영향에 대한 Drapers(2018)의 보고서를 통해 알 수 있는데, 잘란도는 마케팅 및 커뮤니케이션 업무를 크게 줄이고 직원을 알고리즘과 AI로 대체했다. 이러한 변화의 비즈니스적 배경을 살펴보면, 잘란도가 2018년에 20~25%의 매출 성장을 목표로 하고, 기존 직원 1만 5,000명에 더하여 전체적으로 약 2,000개의 일자리를 창출할 것으로 예상했기 때문이다. 이는 마케팅 기능을 잘란도 패션 스토어 팀에 통합하고 개인화된 고객 접근과 AI 기반 마케팅 솔루션을 추진하는 새로운 전략의 일환이었다. 이와 동시에 제품 관리자, 마케팅 분야 전문가, 소프트웨어 엔지니어, 데이터 및 AI 과학자 등으로 구성된 개인화 마케팅 전담 부서를 신설했다. 이 부서의 활동 범위에는 검색, 열람한 제품, 과거 방문을 기반으로 한 홈페이지의 다양한 콘텐츠 컨테이너 개인화 그리고 이 사례 연구의 마지막에서 설명할 미디어 투자 최적화 등 사이트상에서의 추천이 포함된다.

전략적 민첩성은 2022년 말 챗GPT를 출시한 지 불과 몇 달 만에 잘란도(2023)가 설명한 챗GPT 기반 쇼핑 어시스턴트의 출시로 입증되었다. 이 어시스턴트의 첫 번째 버전은 단 5주간의 혁신 및 기술 이전 전략 계획으로 구축되었으며, 첫 번째 버전은 고객 피드백을 기반으로 반복 및 개선되었다. 이는 패션 제품에서 매우 중요한 검색 가능성에 도움이 되어 계절 의존적인 40만 개 이상의 제품을 판매할 수 있다. 예를 들어 고객이 "7월에 산토리니에서 결혼식을 하는데 무엇을 입어야 하나요?"라고 질문하면 잘란도의 패션 어시스턴트는 결혼식이라는 행사, 산토리니의 7월 날씨를 이해하고, 이를 바탕으로 추천 의류를 문서로 제공할 수 있다. 만약 챗봇이 굽이 있는 댄스용

그림 7.19 베를린의 잘란도 본사

출처: 4kckips/Shutterstock

구두를 추천했을 때 고객이 해변 근처라고 말하면 더 적합한 신발을 추천한다. 향후에는 고객이 선호하는 브랜드나 원하는 사이즈가 있는 제품 등 고객의 선호와 결합하여 보다 개인화된 제품 선택을 제공하는 것이 목표이다.

AI네트워크(AI Network, 2023)에 따르면 고객이 직면하는 AI의 또 다른 선행 사례는 AFC(Algorithmic Fashion Companion)이다. 이는 고객의 위시리스트와 과거 구매 품목을 기반으로 하는 디지털 의상 추천 도구로, 인간 스타일리스트의 조정을 통해 알고리즘이 현재 패션 트렌드에 맞게 조정된다. AFC는 장바구니 크기를 40% 증가시키는 원동력이 되었다.

이러한 성공에도 불구하고 잘란도는 AI 활용의 한계에 직면해 있다. 그중 하나는 AI가 유명인이나 소셜 트렌드와 같은 외부 요인이 고객의 선호에 미치는 영향을 고려하지 못한다는 것이다. 그러나 혁신을 통해 룰루레몬(Lululemon)과 랑콤 등 브랜드 간 협업을 증가시켰다. 또한 기업이 보다 개인화된 고객 정보를 수집하기 때문에 데이터 프라이버시에 대한 우려도 있다.

테크와이어아시아(Tech Wire Asia, 2019)는 수석부사장인 모리츠 한(Moritz Hahn)과의 인터뷰를 통해 잘란도가 최첨단 기술을 사용하여 마케팅 전략을 보다 역동적으로 만들기 위해 취한 접근 방식을 정리했다. 모리츠 한은 경영진이 마케팅 부서를 바꾸지 않는 것이 위험하다고 생각했고, 기술과 마케팅을 효과적으로 결합하기 위해 마케팅을 혁신해야 했다고 설명했다. 기술을 갖춘 팀을 마케팅에 배치한 것은 마케팅 커뮤니케이션에 투자할 때 내리는 수백만 건의 일상적인 의사결정을 알고리즘이 도와주길 바랐기 때문이다. 그는 이렇게 설명했다. "우리는 먼저 모든 마케팅 프로세스를 자동화해야 했다. 두 번째 단계는 엄격한 A/B 테스트를 실시하는 것이었다. 무작위로 배치된 통제군과 실험군을 통한 실험으로 마케팅에 투자한 각 금액의 영향을 구분할 수 있었다. 알고리즘을 훈련하는 데 시간을 투자하면 매일 수백만 건의 의사결정에 대한 인과 추론을 확인할 수 있기 때문에 머신러닝의 마법이 이 게임에 적용되었다." 이전에는 페이스북과 인스타그램에 수천 개의 크리에이티브 자산이 있었지만, 지금은 수백만 개의 크리에이티브 자산을 테스트와 타기팅에 활용할 수 있다. 이러한 일이 가능해진 것은 콘텐츠 제작 및 업로드뿐만 아니라 다양한 크리에이티브 자산을 배치하기 위한 라우팅과 미디어 입찰도 자동화할 수 있게 되었기 때문이다. 그럼으로써 각 고객에게 거의 개인화된 마케팅 경험을 제공할 수 있다.

하지만 이러한 유형의 머신러닝 알고리즘을 처음 도입할 때 단기적으로 투자 수익률이 제한적이라는 점을 설명하기가 상당히 어려울 수 있다. 모리츠 한은 "이 때문에 리더십과 조직 수뇌부의 의지가 매우 중요하다"고 말했다.

잘란도의 핵심 팀에는 120명의 연구원이 있으며, 잘란도는 고객의 선호와 광범위한 패션 상황에 대한 이해를 높이기 위해 기술에 투자하고 있다. 잘란도는 연구원과 기술자가 접근 방식을 공유하는 엔지니어링 블로그(https://engineering.zalando.com/)에서 기술 혁신의 일부를 공개하고 있다. 접근 방식을 공유하는 것은 위험 부담이 있을 수 있지만, 잘란도는 기술 인재를 끌어모으고 유지하는 데 도움이 되기 때문에 가치가 있다고 생각하는 것 같다.

문제

1. 잘란도가 AI를 혁신적으로 활용하게 된 이유는 무엇인가?
2. AI 도입이 전략적 접근 방식을 기반으로 한다는 증거는 무엇인가?

AI Network (2023) Case Study: Zalando's Innovative Use of AI.September 23rd, 2023.

https://aiexpert.network/case-study-zalandos-innovative-use-of-ai/

TechwireAsia (2019) McKinsey highlights key agile marketing lessons from Zalando. By Soumik Roy, 30 April, 2019

https://techwireasia.com/04/2019/mckinsey-highlights-key-agile-marketing-lessons-from-zalando/

Drapers (2018) Zalando replaces 250 marketing jobs with AI. By Pui-Guan Man, 13th March 2018.

https://www.drapersonline.com/news/zalando-replaces-250-marketing-jobs-with-ai

Zalando (2023) Zalando to launch a fashion assistant powered by ChatGPT, April 19, 2023.

https://corporate.zalando.com/en/technology/zalando-launch-fashion-assistant-powered-chatgpt

에 대해 이의를 제기할 것이다. 따라서 가격에 대한 고객의 지식이 인터넷을 통해 강화된다. 특히 온라인 소매업체를 통해 판매되는 표준화된 제품의 경우 더욱 그렇다. 고객은 경쟁업체 사이트뿐만 아니라 가격 비교 엔진의 사이트도 방문할 수 있다. 모든 고객이 이러한 가격 차이를 알고 있다면 가격 차이를 유지하기가 어렵다. 현재로서 이것은 해당 사항이 아닐 것이다. 주요한 두 가지 이유는 다음과 같다.

만족 행동 소비자가 제품이나 공급업체를 선택할 때 완벽하게 합리적으로 행동하는 것은 아니다. 소비자는 선택지를 비교하지만 불완전한 정보를 바탕으로 선택하기도 한다.

첫째, 가격 설정은 하나의 변수에 불과하다. 소비자는 브랜드에 대한 다른 측면, 즉 친근감, 신뢰성, 지각된 서비스 수준 등에 따라 공급업체를 결정한다. 둘째, 소비자는 종종 **만족 행동**(satisficing behavior)을 보인다. 'satisfice'라는 단어는 1957년에 허버트 사이먼(Herbert Simon)이 처음 사용한 것으로, 그는 '충분할 만큼만 합리적'일 뿐이며, 합리성이 더 이상 필요하지 않다고 느끼면 그 합리성을 일시 중지하거나 완화한다고 주장했다. 인지심리학자들은 이를 '제한된 합리성'이라고 부른다. 즉 소비자는 제품이나 공급업체를 선택할 때 어떤 변수(가격 등)를 최소화하려고 할 수도 있지만, 대부분의 경우 별다른 노력을 기울이지 않는다.

많은 기업이 채택한 타협적인 접근 방식은 온라인에서 일부 제품에 대해 낮은 가격 혹은 인터넷 오퍼(인터넷으로만 제공하는 기능이 다른 제품)로 차이를 두는 것이다. 이는 커리스(Currys)와 같은 온라인 전자제품 소매업체, TUI와 같은 여행사, 온라인 저축 상품을 취급하는 기업 등이 채택하고 있다.

수요의 가격 탄력성 가격 변화에 대한 제품 및 서비스 수요의 변화를 나타내는 소비자 행동의 척도

수요의 가격 탄력성(price elasticity of demand)은 경제 이론을 기반으로 한 소비자 행동 척도로, 가격 변화에 대한 제품 및 서비스 수요의 변화를 나타낸다. 수요의 가격 탄력성은 제품 가격, 대체 공급업체의 대체 상품 가용성(온라인에서는 증가하는 경향이 있음), 소비자의 소득에 의해 결정된다. 가격의 작은 변화에도 수요가 크게 증가하거나 감소하면 해당 제품은 '탄력적'(또는 가격 변화에 반응)이다. 반대로 가격이 크게 변화하더라도 수요의 변화가 작으면 해당 제품은 '비탄력적'이다. 수요의 가격 탄력성에 대한 자세한 내용은 보충자료 7.3을 참조하라.

2. 가격에 대한 하방 압력(상품화 포함)

산업용 상품의 경우 B2B 거래소의 경매(예: Emiliani, 2001 등)도 가격을 낮추는 유사한 효과를 가져올 수 있다. 전통적으로 상품으로 간주되지 않았던 일부 제품의 구매는 가격에 더 민감하게 반응할지도 모른다. 이 과정은 상품화라고 하는데, 상품화되는 재화로는 전자제품, 자동차 등이 있다.

보충 자료 7.3 수요의 가격 탄력성

수요의 가격 탄력성은 가격 변화가 제품의 수요에 얼마나 영향을 미치는지를 평가한다. 수요의 가격탄력성은 수요량 변화(백분율로 표시)를 가격 변화(백분율로 표시)로 나누어 계산한다. 상대적으로 차별화가 덜한 제품부터 브랜드 인지도가 중요한 고급품, 고도로 차별화된 제품까지 소비자 취향의 연속선상 어디에 위치하느냐에 따라 제품마다 수요의 가격 탄력성 계수도 달라진다.

수요의 가격 탄력성 공식은 다음과 같다.

$$\text{수요의 가격 탄력성 계수} = \frac{\text{수요량 변화율(\%)}}{\text{가격 변화율(\%)}}$$

제품의 가격 탄력성은 일반적으로 다음과 같이 설명할 수 있다.

- **탄력적(가격 탄력성 계수>1)**: 수요량 변화율이 가격 변화율보다 크다. 탄력적 수요에서는 수요 곡선이 상대적으로 완만하고, 가격의 소폭 상승이 수익 감소로 이어진다. 모든 것을 감안할 때 가격이 상승하면 생산자 또는 소매업체의 총수입이 감소하는데, 이는 수입 증가가 수요 감소를 보충하지 못하기 때문이다. 반대로 가격이 하락하면 추가 고객으로부터의 수입이 가격 하락으로 인한 수입 감소를 보충하기 때문에 총수입이 증가한다. 그림 7.20은 비교적 탄력적인 제품(가격 탄력성=1.67)의 수요 곡선을 보여준다.
- **비탄력적(가격 탄력성 계수<1)**: 수요량 변화율이 가격 변화율보다 작다. 비탄력적 수요에서는 수요 곡선이 상대적으로 가파르고, 가격의 소폭 상승이 수요의 소폭 감소로 이어진다. 모든 것을 감안할 때 전체 수익은 가격이 상승하면 증가하고 가격이 하락하면 감소한다. 그림 7.21은 비교적 비탄력적인 제품(가격 탄력성=0.3125)의 수요 곡선을 보여준다.

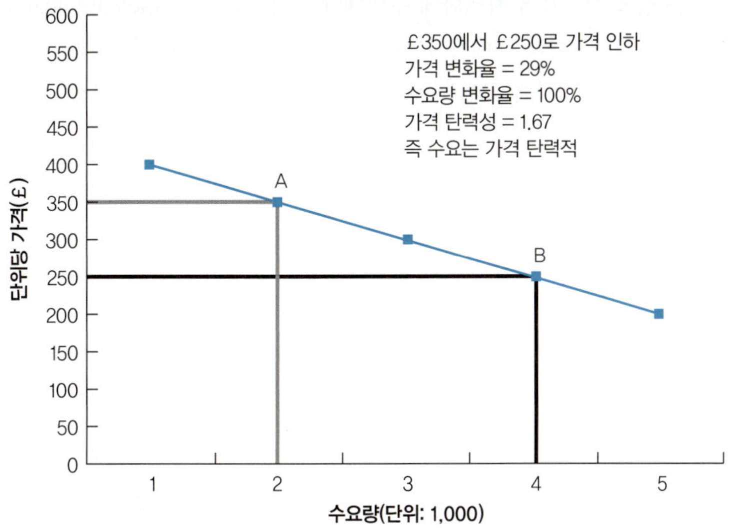

그림 7.20 상대적으로 탄력적인 제품에 대한 수요의 가격 탄력성

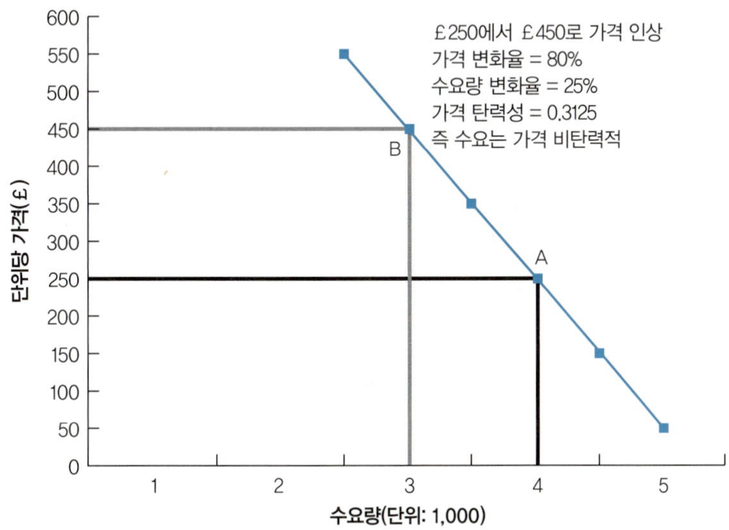

그림 7.21 상대적으로 비탄력적인 제품에 대한 수요의 가격 탄력성

3. 새로운 가격 책정 방법(동적 가격 책정, 경매 포함)

동적 가격 책정 기업이 현재의 시장 수요에 따라 제품 및 서비스 가격을 유연하게 설정하는 가격 전략으로, '서지 가격 책정'이라고도 한다.

최근에 기술 발전으로 **동적 가격 책정**(dynamic pricing)을 시행하는 온라인 기업이 증가하고 있다. 비즈니스인사이더(D'Onfro, 2015)는 아마존의 알고리즘이 1시간에 몇 번씩 제품 가격을 조정한다고(하루에 수백만 번의 가격 변경이 발생함) 보도했다. 즉 아마존은 인기 있는 제품에는 최대 할인을 제공하고, 인기 없는 제품에는 이윤을 남기는 가격 인식 심리를 이용하고 있는 것이다. 그러나 신규 고객에 대한 대폭 할인은 기존 고객의 불만을 초래할 수 있으므로 가격 차별화에 주의해야 한다. www.camelcamelcamel.com과 같은 웹사이트에서는 잠재적 구매자가 시간대별로 변동하는 아마존의 베스트바이 가격을 모니터링할 수 있다. 호텔과 항공사는 동적 가격 책정 또는 서지 가격 책정(surge pricing) 전략을 채택하고 있다.

공동 구매 고객 조합의 한 형태로, 구매자가 많은 항목의 제품을 같은 가격에 집단적으로 구매하여 대량 거래 할인을 받는 것

또 다른 접근법으로 **공동 구매**(aggregated buying)가 있다. 이 접근법은 LetsBuyit.com이 추진했지만, 이 비즈니스 모델은 실행 가능한 것으로 입증되지 않았다. 브랜드 인지도를 높이고 개념을 설명하는 데 드는 비용이 각 거래에서 발생하는 수익으로 상쇄되지 않았기 때문이다.

Baye 등(2007)은 유럽의 전자제품 온라인 소매업체인 픽스마니아(Pixmania)가 고객의 가격 민감도를 알아보기 위해 가격 실험을 실시했다고 보고했다. 그들은 PDA를 대상으로 고객의 가격 민감도를 파악하기 위한 소규모 실험의 일환으로 픽스마니아가 14주 동안 최저 268파운드에서 최고 283파운드까지 제품 가격을 열한 번이나 조정했다고 지적했다. 이러한 가격 책정 전략은 예측 불가능성이라는 전략적 효익도 제공한다.

Baye 등(2007)은 온라인 소매업체가 온라인 가격 책정을 검토할 때 다음과 같은 질문을 해야 한다고 권고했다.

- **특정 시기의 어느 시점에 경쟁자가 얼마나 되는가?** 연구자들은 경쟁자가 줄어들면 제품의 수익 폭을 높이고, 경쟁자가 늘어나면 제품의 수익 폭을 낮춰야 한다고 제안한다. 또한 온라인 경쟁자의 정체성이 기존 오프라인 경쟁자와 다르기 때문에 주요 온라인 경쟁자를 포함하는 것이 중요하다고 제안한다.
- **제품 수명주기에서의 위치는 어디인가?** 제품 수명주기 동안 또는 신제품이 출시될 때 제품의 수익 폭을 줄여야 한다.
- **제품의 가격 민감도 또는 탄력성은 어떠한가?** 연구자들은 제품의 가격 민감도의 변화를 파악하기 위해 지속적으로 실험할 것을 제안한다.
- **가격 책정은 어느 수준에서 이루어져야 하는가?** 최적의 수익 폭 계수는 카테고리나 기업 단위가 아닌 제품 단위의 가격 테스트를 바탕으로 제품 단위에서 적용되어야 한다. 전환율의 편차, 카테고리나 제품 수준의 검색엔진과 공동 구매자의 클릭당 비용에 주의를 기울여야 하는데, 이는 가격 책정을 미시적으로 관리하는 것이 중요하기 때문이다.
- **경쟁자가 우리 가격을 모니터링하고 있는가?** 경쟁자가 모니터링하고 있다면 예측할 수 없게 하고, 모니터링하지 않는다면 '맹점'을 파고들어야 한다.
- **중간에 고착될 것인가?** 중간 지점 가격 책정은 특히 시장 최저가를 목표로 가격을 책정할 수 있는 경우에 최적이라고 할 수 없다.

4. 대체 가격 체계 또는 정책

인터넷에서는 특히 디지털 다운로드 제품의 경우 다양한 유형의 가격 책정이 가능할 수도 있다. 소프트웨어와 음악은 전통적으로 지속적인 사용권이 판매되었다. 인터넷에서는 이용당 지불, 월 고정 비용으로 임대, 리스 계약과 같은 새로운 옵션이 제공되며, 번들 옵션도

더 가능해질 수 있다. 또한 웹사이트 트래픽 모니터링 등의 서비스를 제공하는 SaaS 공급업체를 활용함으로써 새로운 대량 거래 가격 책정 방식을 만들 수 있다.

온라인에서 가격 책정을 변경할 수 있는 옵션은 다음과 같다.

- 기본요금
- 할인
- 부가 사항과 추가 제품 및 서비스
- 보장과 보증
- 환불 정책
- 주문 취소 조건

유통

유통 마케팅 믹스의 한 요소로, 수요에 맞춰 제품을 고객에게 배분하고 재고·운송·보관 비용을 최소화하는 것과 관련된 활동

Allen과 Fjermestad(2001)는 인터넷이 전 세계에 도달할 수 있기 때문에 마케팅 믹스에서 **유통**(place)에 가장 큰 영향을 미친다고 주장했다. 그러나 국제 주문 처리에 비용과 시간이 많이 들고, 상대국에 대한 신뢰, 전화 지원 가용성 문제가 있기 때문에 대부분의 제품이 여전히 현지에서 조달되고 있다. 이러한 제품과 달리 디지털 제품은 주문 처리 업무에 물리적 제한이 없다. 애플의 아이튠즈(iTunes)는 이러한 서비스를 전 세계에 제공하여 성공을 거두었다. 이 절에서 살펴볼 인터넷이 마케팅 믹스의 유통 측면에 미치는 주요 영향은 다음과 같다.

1. 구매처

B2B 환경에서 전자상거래는 제조업체 자체 사이트와 중개업체에서 수행되거나 고객 사이트에서 조달된다.

2. 새로운 채널 구조

탈중개화, 재중개화, 재중개화 대응(2장 참조)에 의한 변화 등 새로운 채널 구조를 말한다.

3. 채널 갈등

디지털 채널의 도입으로 인한 심각한 위협은 탈중개화가 기업에 직접 판매의 기회를 제공하고 제품의 수익성을 높이지만 기존 파트너와의 유통 계약을 위협할 수 있다는 것이다. 이러한 채널 갈등에 대해 설명한 Frazier(1999)는 인터넷을 커뮤니케이션 채널로만 사용해야 하는 몇 가지 상황을 언급했다. 특히 제조업체가 배타적이거나 매우 선택적인 유통 방식을 제공하는 경우이다. 예를 들어 수천 파운드에 달하는 고가 시계를 제조하는 기업은 과거에는 직접 판매하지 않고 소매점을 통해 시계를 판매했을 도매업체를 이용했을 것이다. 도매업체가 시계 유통의 큰손이라면 그 힘이 막강하여 시계 제조업체가 직접 판매하는 것에 반발할 것이다. 도매업체는 대리점 역할을 거부하고, 인터넷에서 구할 수 없는 경쟁업체의 시계만 판매하겠다고 위협할 수도 있다.

채널 갈등에는 판매 대리점, 고객 등 다른 이해관계자도 개입하게 된다. 판매 대리점은

인터넷이 자신의 생계를 직접적으로 위협한다고 생각할 수도 있다. 에이번(Avon) 화장품과 브리태니커백과사전(Encyclopaedia Britannica)처럼 대리점 판매 형식이 부분적으로 또는 완전히 인터넷으로 대체된 경우도 있다. 많은 B2B 구매에서 판매 대리점이 고객과 접촉하고 구매 결정을 지원하는 필수적인 방법임에는 변함이 없다. 이때 인터넷은 영업 지원 및 고객 교육 도구로 활용될 수 있다. 한편 온라인 채널을 이용하지 않는 고객은 온라인 채널의 가격이 더 저렴할 경우 부정적인 반응을 보일 수 있는데, 이는 다른 채널 갈등에 비하면 덜 심각하다.

디지털 채널은 다음과 같은 형태를 취할 수 있다.

- 커뮤니케이션 채널에만 사용
- 중개업체에 대한 유통 채널
- 고객에 대한 직접 판매 채널
- 위 형태의 조합

채널 갈등을 피하려면 적절한 채널 조합을 찾아야 한다.

물론 디지털 채널 전략은 시장의 기존 계약에 따라 달라질 수 있다. 지리적으로 새로운 시장이고 기존 대리점이나 유통업체가 없다면 인터넷으로만 판매하거나 인터넷 판매를 지원하는 새로운 대리점을 선정하거나 두 가지의 조합을 선택할 수 있기 때문에 채널 갈등이 발생할 가능성이 낮다. 많은 중소기업은 대리점을 두지 않고 인터넷을 통해 제품을 판매하려고 하지만, 이러한 전략은 판매 전, 판매 후 지원이 한정적으로 필요한 소매 제품에만 가능하다. 엔지니어링 장비와 같은 고가 제품의 경우 판매 및 판매 후 서비스를 지원할 숙련된 영업 인력을 갖춘 대리점이 있어야 한다.

기업이 이미 대리점이나 유통업체와 같은 형태의 유통 구조를 가지고 있는 기존 지리적 시장이라면 상황이 더욱 복잡해지고 채널 갈등의 위협이 존재한다.

프로모션

프로모션 마케팅 믹스의 한 요소로, 고객 및 기타 이해관계자와의 커뮤니케이션을 통해 제품과 기업에 대한 정보를 제공하는 활동

프로모션(promotion)의 사양은 일반적으로 커뮤니케이션 전략의 일부이며, 여기에는 목표 시장 선정, 포지셔닝, 다양한 커뮤니케이션 도구의 통합이 포함된다. 인터넷은 고객에게 제품의 장점을 알리고 구매 결정을 지원하는 새로운 마케팅 커뮤니케이션 채널을 제공한다. Chaffey와 Smith(2023)가 정리한 프로모션 또는 커뮤니케이션 믹스의 주요 요소와 이에 상응하는 온라인 요소는 표 7.9와 같다.

프로모션 전술을 개발하는 한 가지 방법은 구매의 다양한 단계에 필요한 커뮤니케이션 기법을 파악하는 것이다. 또 다른 방법은 인터넷이 광고, 판촉, PR, 다이렉트 마케팅 등 다양한 프로모션 활동을 어떻게 보완할 수 있는지 검토하는 것이다. (8장에서 이러한 접근 방식을 다루고, 고객이 향후 구매를 위해 사이트에 다시 방문하도록 유도하는 방법도 살펴볼 것이다.)

마케팅 계획의 프로모션 요소에는 투자에 관한 세 가지 중요한 결정이 필요하다.

표 7.9 프로모션 믹스의 주요 요소

커뮤니케이션 도구	온라인 실시
광고	인터랙티브 디스플레이 광고, 클릭당 과금 검색 광고
판매	가상 판매 직원, 사이트 머천다이징, 채팅, 제휴 마케팅, 소셜 커머스
판매 촉진	쿠폰, 리워드, 온라인 로열티 등 인센티브 제공
PR	온라인 에디토리얼, 게스트 블로그, 피드, e-뉴스레터, 뉴스레터, 소셜 네트워크, 인플루언서 마케팅, 바이럴 캠페인
스폰서십	온라인 이벤트, 사이트, 서비스 후원
다이렉트 메일	e-뉴스레터나 e-블래스트를 이용한 옵트인 메일(단독 메일)
전시회	가상 전시회 및 백서 배포
머천다이징	소매 사이트에서의 프로모션 광고 게재, 개인화된 추천 및 디지털 알림
패키징	가상 투어, 실제 패키징을 온라인으로 전시하는 가상 투어
입소문	바이럴 마케팅, 제휴 마케팅, 친구에게 이메일 전송, 링크

1. **사이트 제작 및 유지·보수 대비 프로모션에 대한 투자**: 사이트 제작, 유지·보수, 프로모션의 예산이 정해져 있는 경우가 많기 때문에 디지털 마케팅 계획에 각각의 예산을 명시하고 적절한 균형이 유지되게 해야 한다.
2. **오프라인 프로모션 대비 온라인 프로모션 기법에 대한 투자**: 이 두 가지 기법의 균형을 맞출 필요가 있다. 그림 7.22는 기업의 전술적 선택지를 정리하여 나타낸 것이다. 순수 온라인 기업과 비교했을 때 기존 기업에 가장 좋은 선택지는 무엇이라고 생각하는가?

   온라인 마케팅 도구에 지출하는 비용은 기업과 고객의 전자상거래 수용 수준에 따라 차이가 있을 수밖에 없다. 모든 기업에서 온라인 미디어에 지출하는 비율에 영향을 미치는 요인은 다음과 같다.

   - 한 세분 시장 내에서 기존 미디어 또는 디지털 미디어를 통해 도달할 수 있는 고객 비율
   - 목표 시장에서 고객이 온라인으로 제품을 조사하고 구매하는 비율
   - 고객이 기존 채널을 통해 제품을 구매하는 경향

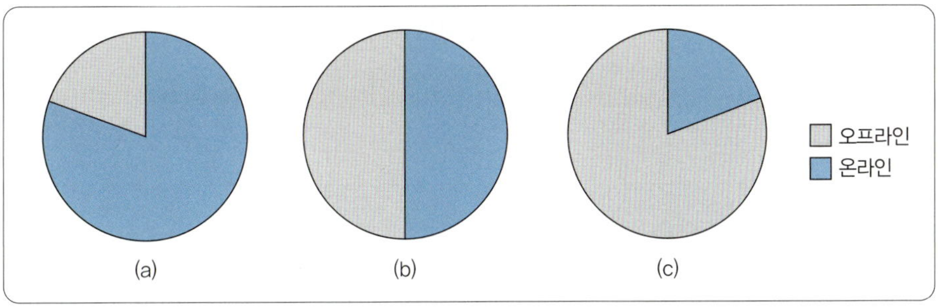

그림 7.22 온라인과 오프라인 커뮤니케이션 믹스의 선택지: (a) 온라인 > 오프라인, (b) 유사한 온라인과 오프라인, (c) 오프라인 > 온라인

- TV, 인쇄물 등 전통적인 미디어와 비교했을 때 다양한 온라인 미디어의 상대적 비용 효율성(8장 참조)

전환 가능성이 낮을지라도 판매 비용이 덜 드는 웹사이트로 방문자를 유도할 것인지 여부에는 미묘한 균형이 필요하다. 어떤 매체든 비용을 많이 들여도 그만큼 성과가 나오지 않는 수확 체감의 지점이 있다. 많은 기업은 변곡점을 훨씬 지나쳐버리지 않기 위해 디지털에 대한 지출을 점진적으로 늘리는 전략을 취하고 있다.

3. **다양한 온라인 프로모션 기법에 대한 투자**: 예를 들어 온라인 PR 대비 배너 광고에 얼마를 지불할 것인지, 검색엔진 등록에 얼마를 지불할 것인지 등이다(이에 대한 내용과 기타 트래픽 구축 기법은 8장과 10장에서 설명할 것이다).

사람, 프로세스, 물적 증거

사람 마케팅 믹스의 한 요소로, 고객과 상호작용하는 동안 고객에게 서비스를 전달하는 것과 관련된 활동

프로세스 마케팅 믹스의 한 요소로, 모든 마케팅 기능을 달성하기 위해 기업이 사용하는 방법 및 절차와 관련된 것

물적 증거 마케팅 믹스의 한 요소로, 제품의 유형적인 표현, 구매 및 사용법과 관련된 활동

사람(people), **프로세스**(process), **물적 증거**(physical evidence)는 서비스 전달에 특히 중요한 변수이다. 서비스 전달은 전자상거래 사이트의 중요한 측면이므로 8장과 9장에서 다룰 것이다. 서비스 제고 또한 온라인 브랜딩의 중요한 요소이며, 이 장의 다음 '포커스 온' 섹션에서 설명한다. 물적 증거는 사이트 디자인이나 제품 배송 시 포장재에 적용될 수 있다. 이러한 요소는 확장된 제품의 일부로 해석할 수도 있다.

Chaffey와 Smith(2022)는 온라인에서 마케팅 믹스의 사람 요소를 고려할 때 사람이 대체되거나 사람의 업무가 자동화되는 전술을 고려해야 한다고 밝혔다. 다음은 이러한 선택지의 일부이다.

- **자동 응답기**: 기업이나 고객이 조직에 이메일을 보내거나 온라인 양식을 제출하면 자동으로 회신을 생성한다.
- **이메일 알림**: 기업 시스템에 의해 자동으로 생성되어 주문 접수, 제품 입고, 주문 발송 등 고객의 주문 상태를 업데이트한다.
- **콜백 기능**: 고객이 양식에 전화번호를 기입하고 통화가 가능한 시간을 지정한다.
- **자주 묻는 질문(FAQ)**: 고객이 질문과 유용한 답변을 쉽게 찾을 수 있도록 질문을 정리하여 분류한 것이다.
- **사이트 내 검색엔진**: 고객이 원하는 것을 빠르게 찾을 수 있도록 도와주며, 사이트 맵은 관련 기능이다.
- **가상 비서/챗봇**: 정교함의 수준이 다양하며, 일반적으로 미로와 같은 선택지 중에서 고객을 안내하는 데 도움을 준다.

디지털 브랜딩

성공적인 온라인 브랜드는 무엇으로 구성되는가? 트래픽이 많은 전자상거래 사이트일까? 인지도가 높은 브랜드일까? 수익성이 높은 브랜드일까? 아니면 매출이 대단하지는 않지

만 고객이 좋은 서비스를 제공한다고 인식하는 사이트일까? 이러한 기준 중 일부라도 충족하는 사이트를 성공적인 브랜드라고 하지만, 성공적인 브랜드는 다양한 요인에 따라 달라진다.

Erdem 등(2002)은 브랜드 신뢰도가 소비자의 가격 민감도에 미치는 영향을 연구했다. 그 결과 신뢰할 수 있는 브랜드 시그널 효과는 ① 지각된 위험을 줄이고, ② 정보 검색 비용을 줄이며, ③ 기업에 대한 우호적이고 신뢰할 수 있는 인식을 창출함으로써 고객 가치를 생성하는 데 도움이 된다고 밝혔다. 이는 온라인 브랜딩의 중요성을 보여준다. 웹사이트는 첫 판매와 재판매를 장려하기 위해 신뢰감을 주고 호의적인 경험을 전달해야 하기 때문이다.

브랜딩 성공적인 브랜드를 창출하여 진화시키는 과정

많은 사람은 **브랜딩**(branding)을 기업 또는 제품과 관련된 이름, 로고와 같은 브랜드 아이덴티티 측면에서만 생각하지만, 브랜딩의 대가들은 브랜딩이 그 이상, 즉 제품에 대한 고객의 심리적 친밀감에 달려 있다는 데 동의하는 것 같다. 레슬리 데체르나토니(Leslie de Chernatony)와 맬컴 맥도날드(Malcolm McDonald)는 1992년에 펴낸 명저 《강력한 브랜드의 창조(Creating Powerful Brands)》에서 브랜드를 다음과 같이 설명했다.

> 구매자 또는 이용자가 자신의 니즈에 가장 가깝고 관련성 있는 고유한 부가가치로 인식할 수 있도록 제품 또는 서비스를 식별 가능하게 확장하는 것이다. 또한 브랜드의 성공은 경쟁 속에서도 그러한 부가가치를 유지할 수 있는 데에서 비롯된다.

이 정의는 온라인 환경과 연관 지을 필요가 있는 성공적인 브랜드의 세 가지 필수 특징을 강조한다.

- 브랜드는 고객의 인식에 달려 있다.
- 인식은 제품이 지닌 부가가치 특성의 영향을 받는다.
- 부가가치 특성은 지속 가능해야 한다.

de Chernatony(2001)는 인터넷에서 브랜드 개념의 관련성을 평가했다. 또한 그는 브랜드 가치와 브랜드 전략의 주요 요소가 인터넷 환경에서도 동일하다고 본다. 그러나 인터넷상의 소비자가 브랜드에 부가가치를 부여하기 위해 토론 집단을 통해 피드백을 제공하는 적극적인 가치 공동 생산자가 될 수 있다고 제안한다. de Chernatony는 기업이 고객의 토론을 통제하는 것이 아니라 오히려 촉진하는 보다 완화된 형태의 브랜드 통제를 주장한다.

Jevons와 Gabbot(2000)에 따르면 인터넷이 브랜딩을 변화시킬 수 있는 또 다른 방법은 온라인에서의 "브랜드에 대한 직접적인 경험이 브랜드에 대한 인식보다 더 강력한 신뢰의 증거"라는 것이다. 온라인 환경에서 고객은 더 자주, 더 깊이 브랜드를 경험하고 상호작용할 수 있다. Dayal 등(2000)은 "월드와이드웹에서 브랜드는 경험이고, 경험은 브랜드"라고 말했다. 이들은 성공적인 온라인 브랜드를 구축하기 위해 기업이 다음과 같은 브랜드 약속을 바탕으로 자신의 제안을 어떻게 구축할 수 있는지 고려해야 한다고 밝혔다.

- **편리함에 대한 약속**: 실제 구매 경험보다 또는 경쟁업체의 구매 경험보다 더 편리하다.

- **성과에 대한 약속**: 목표를 달성하려는 소비자를 돕는다(예: 온라인 투자자의 의사결정을 지원, 회사원의 일상 업무 지원).
- **재미와 모험에 대한 약속**: B2C 서비스와 더 관련이 있다.
- **자기표현과 인식에 대한 약속**: 소비자가 직접 웹사이트를 구축할 수 있는 윅스(Wix)와 같은 개인화 서비스에 의해 제공된다.
- **소속감의 약속**: 온라인 커뮤니티가 제공하고 있다.

de Chernatony(2001)는 성공적인 온라인 브랜딩을 위해서는 브랜드의 세 가지 측면, 즉 합리적 가치, 감성적 가치, (합리적 가치와 감성적 가치를 기반으로 한) 약속된 경험을 전달해야 한다고 주장했다.

웹사이트, 앱, 디지털 커뮤니케이션의 디자인과 콘텐츠를 통해 브랜드의 핵심 특성이 어떻게 표현되는지 생각해보는 것은 모든 기업에 도움이 될 것이다. Aaker와 Joachimsthaler (2000)는 **브랜드 자산**(brand equity)을 다음과 같이 정의했다.

브랜드 자산 제품 또는 서비스에 가감되는 브랜드 이름, 상징과 관련된 자산(또는 부채)

> 제품 또는 서비스를 통해 기업 및 그 기업의 고객에게 제공되는 가치에 더해지거나 감해지는, 명칭과 상징, 브랜드에 연결된 브랜드 자산과 부채의 집합

Jobber와 Ellis-Chadwick(2020)에 따르면 브랜드 자산은 "목표 시장을 신중하게 선택하고, 관련 시장에서 사람들의 마음속에 뚜렷한 차별성을 확립함으로써 독보적인 입지를 다지는 데 중요하다." 하나의 서비스에 가감되는 브랜드 이름, 상징과 관련된 자산(또는 부채)은 다음과 같다.

- **브랜드 도메인**: 브랜드가 경쟁하는 주요 목표 시장
- **브랜드 유산**: 브랜드의 배경과 문화
- **브랜드 가치**: 가격, 품질, 성능 등 핵심 특징
- **브랜드 자산**: 독특한 이름, 상징, 이미지
- **브랜드 개성**: 브랜드의 독특한 특성
- **브랜드 반영**: 고객이 브랜드 구매를 통해 자사를 인식하는 방식

이러한 브랜딩 원칙은 온라인과 오프라인 둘 다에 적용되지만, 온라인 브랜드의 경우 디지털 환경과 물리적 환경 양측에서 자사의 제안에 대한 인지도 차이를 통합해야 할 필요성이 점점 더 커지고 있다. 예를 들어 슈퍼마켓 브랜드인 테스코는 Tesco.com을 개발하여 오프라인에서 오랫동안 구축한 브랜드의 이점을 온라인에서도 활용하고 신뢰를 쌓을 수 있었다. 1995년 이후 테스코는 온라인 서비스를 성장시켜 세계 최대의 온라인 식료품 소매업체 중 하나가 되었다(Dunning, 2017).

따라서 브랜드 자산은 브랜드를 통해 기업 또는 고객에게 제공되는 가치를 나타낸다. Christodoulides와 de Chernatony(2004)가 지적했듯이 웹에서의 브랜드 자산을 평가하려면 컴퓨터를 매개로 한 환경의 독특한 특성을 고려해야 한다. 이들은 온라인에서 브랜드 자산을 측정할 수 있는 추가 척도가 필요한지 연구했으며, 전문가 인터뷰를 바탕으로 온라

표 7.10 전통적인 브랜드 자산 측정 척도와 온라인을 통한 브랜드 자산 측정 척도

전통적인 브랜드 자산 측정 척도 (Aaker와 Joachimsthaler, 2000)	온라인을 통한 브랜드 자산 측정 척도 (Christodoulides와 de Chernatony, 2004)
프리미엄 가격	온라인 브랜드 경험
만족도/충성도	인터랙티브
지각된 품질	사용자 정의
리더십의 인기	관련성
지각된 가치	사이트 디자인
브랜드 개성	고객 서비스
기업 조직	주문 처리
브랜드 인지도	브랜드와의 관계의 질
시장 점유율	커뮤니티
시장 가격 및 유통 커버리지	웹사이트 로그(8장 참조)

인에서 중요한 브랜드 자산의 추가 척도를 파악했다(표 7.10 참조). 예상할 수 있듯이 여기에는 상호작용성, 맞춤화와 같은 디지털 미디어의 속성이 포함되며, 이러한 속성이 결합되어 관련성과 온라인 경험을 형성한다. 디자인에 중요한 콘텐츠는 맞춤화, 관련성, 전반적인 경험과 같은 다른 속성의 핵심 측면이라고 언급했지만 별도로 강조되지는 않았다. (웹사이트의 약속된 경험과 함께 이성적·감성적 소구의 필요성에 대한 Christodoulides와 de Chernatony의 연구는 그림 9.3에 제시했다.)

브랜드 아이덴티티

브랜드 아이덴티티 브랜드 이름과 상징 등 전달해야 하는 브랜드 연상의 총체

Aaker와 Joachimsthaler(2000)도 **브랜드 아이덴티티**(brand identity)의 주요 특징을 전달하고 브랜드 인지도를 높이기 위한 계획 수립의 중요성을 강조했다. 브랜드 아이덴티티는 단순한 이름 그 이상이다. 이 연구자들은 브랜드 아이덴티티를 기업이 고객에게 약속하는 것을 의미하는 일련의 브랜드 연상의 집합으로 정의했다. 많은 온라인 소매업체가 달성하고자 하는 효과적인 체크리스트인 브랜드 아이덴티티의 다양한 요소는 미니 사례 연구 7.3을 참고하라.

Ries와 Ries(2000)는 브랜드 네이밍에 대한 두 가지 규칙을 제안했다. 첫 번째 규칙은 '흔한 이름의 법칙'이다. 인터넷 브랜드에서 죽음의 키스는 흔한 이름이다. 예를 들어 Art.com 또는 Advertising.com과 같은 이름은 특징적이지 않기 때문에 바람직하지 않다. 두 번째 규칙은 '고유 이름의 법칙'이다. 이름은 인터넷상에서 유일할 것이기 때문에 좋은 이름으로 정하는 것이 좋다. 이들이 제안한 가장 좋은 이름은 여덟 가지 원칙 — ① 짧음, ② 단순함, ③ 카테고리를 연상시킴, ④ 독특함, ⑤ 두운이 맞음, ⑥ 말하기 쉬움, ⑦ 충격적, ⑧ 개성적 — 을 따르는 것이다. 이는 '불변의 법칙'으로 여겨지지만 물론 예외도 있다.

미니 사례 연구 7.3 호텔쇼콜라의 브랜드 아이덴티티

Aaker와 Joachimsthaler(2000)는 브랜드 구축 캠페인을 시작할 때 다음과 같은 아이덴티티의 특성을 정의해야 한다고 제안했다. 그리고 이러한 아이덴티티를 창조하고 강화하는 마케팅 커뮤니케이션을 개발할 수 있다. 여기서는 호텔쇼콜라(Hotel Chocolat)에 이를 적용해보자.

1. 브랜드 에센스(브랜드가 상징하는 것의 요약)

- 반드시 슬로건일 필요는 없지만, 카카오가 듬뿍 들어간 고급 초콜릿 공급업체인 호텔쇼콜라는 초콜릿을 흥미진진하게 만드는 것을 목표로 하고 있다.

2. 핵심 아이덴티티(주요 특징)

- 독창성: 카리브해의 호텔, 런던의 레스토랑, 카페, '초콜릿 학교' 등 신선하고 창의적이며 혁신적인 브랜드가 되기 위해 노력하고 있다.
- 진실성: 영국 브랜드이다. 세인트루시아에 있는 자체 농장에서 재배한 고품질 카카오를 사용한다. 카카오 함량이 높고 설탕 함량이 낮은 초콜릿을 만든다.
- 윤리: '참여 윤리' 프로그램을 구축하고 운영하는 등 카카오 생산자를 공정하게 지원한다.

3. 확장된 아이덴티티

- 개성: 고급스럽고 세심하게 배려한다. 고객에게 100% 만족을 제공하고, 환경에 대해 강력한 기업 책임을 표명하고 있다.
- 개인화: 웹사이트 방문자가 '기프트 크리에이터' 기능을 통해 선물 상자/가방을 고르고, 선택한 제품을 추가하고, 크기와 수량을 변경할 수 있다.
- 커뮤니티: 테이스팅 클럽의 월간 정기 구독 박스
- 심벌: 심플하고 세련된 흑백 색상, 캘리그래피 스타일로 쓰인 브랜드명

4. 가치 제안

- 기능적 효익: 높은 카카오 함량(설탕이 적음), 개인화, 새로운 맛의 발견
- 정서적 효익: 기분이 좋고 먹는 즐거움을 느낄 수 있다.
- 자기표현 효익: 자신의 취향에 맞는 초콜릿, 새로운 유형의 초콜릿을 발견할 수 있다.

5. 온라인 가치 제안

- 호텔쇼콜라 VIP.ME는 2023년에 웹사이트와 모바일 앱을 통해 다음과 같은 혜택을 전했다.
  - 웰컴 15% 할인: 온라인과 매장에서 제공하는 1회 한정 환영 할인
  - 생일 선물: 생년월일을 입력하면 생일에 제공되는 서프라이즈 선물
  - 음료와 빙과류 20% 할인: 참여 매장의 음료, 아이스바, 아이스크림 할인
  - VIP.ME 회원 혜택: 사전 체험, 미리 보기 등 맞춤형 특별 혜택

6. 고객관계

- 고객은 높은 윤리 의식을 가지고 고품질 제품을 제공하며, 초콜릿을 흥미롭고 즐겁게 먹을 수 있게 하려는 기업을 높이 평가하여 충성도를 드러낸다.

온라인 브랜드의 중요성

기존 브랜드에게 인터넷은 '양날의 검'이다. 이미 브랜드를 알고 있는 소비자는 그 브랜드를 신뢰할 가능성이 높지만, 인터넷을 통해 소비자는 다른 브랜드에도 눈길을 돌리기 때문에 충성도가 떨어질 수 있다.

따라서 전자상거래 서비스는 우수한 서비스 품질을 달성하는 동시에 비용 효율적인 방식으로 브랜드 인지도를 구축하는 것이 중요하다(온라인 브랜드 구축의 성공 요인은 8장에서 자세히 설명한다). 긍정적인 고객 경험을 창출하는 핵심 요소는 다음과 같다.

- 콘텐츠의 질: 고객이 관련성 있는 최신 콘텐츠를 쉽게 찾을 수 있는가? 오류가 없는가?
- 가용성, 다운로드 속도 측면에서 웹사이트 인프라의 적절한 성능
- 기업 지원 연락의 용이성

- 이메일 문의 대응의 품질, 고객 주문 처리 과정의 품질
- 고객 프라이버시에 대한 인지
- 오프라인 브랜드의 특성 반영 및 지원

서비스 전달에 필요한 기술과 고객 데이터베이스 관리는 디지털 마케팅의 중요한 측면으로, 마케팅 담당자와 IT 부서 또는 외부 컨설턴트의 긴밀한 상호작용이 필요하다.

액션

디지털 마케팅 계획에서 액션 요소는 계획을 실행하기 위해 관리자가 수행하는 활동을 의미한다. 액션을 구체적으로 정할 때 해결해야 할 문제는 다음과 같다.

- 서비스를 제공하기 위해 디지털 채널에 얼마나 투자해야 하는가? 투자 회수는 어느 정도 가능한가?
- 직원에게 어떤 교육을 해야 하는가?
- 효과적인 디지털 마케팅에 필요한 새로운 책임은 무엇인가?
- 인터넷 기반 서비스를 제공하기 위해 조직 구조의 변화가 필요한가?
- 웹사이트를 구축하고 유지하는 데 어떠한 활동이 필요한가?

이 단계에서는 실행해야 할 액션을 요약한 디지털 마케팅 계획을 최종적으로 결정한다. 보충 자료 7.4는 전형적인 디지털 마케팅 계획의 예시로, 이 장의 요약으로도 볼 수 있다.

통제

디지털 마케팅 계획의 통제 요소는 고객의 관점과 의견을 얻기 위한 마케팅 조사와 같은 전통적 기법, 웹사이트 및 모바일 앱의 효과를 평가하기 위한 구글 애널리틱스(Google Analytics), 어도비 애널리틱스(Adobe Analytics) 등의 디지털 분석 서비스와 같은 표준 기법의 조합을 통해 달성할 수 있다(이러한 기법은 10장에서 자세히 다룰 것이다). 모든 프로세스 관리와 마찬가지로, 전략에서 설정한 목표에 대한 진행 상황을 분기별 또는 월별로 정기적으로 검토하고 시정 조치를 취하는 것이 중요하다. 스마트인사이츠는 90일 계획 시스템, 즉 이전 90일을 검토하고 다음 90일 동안의 조치에 대한 우선순위를 정할 것을 권장한다.

보충 자료 7.4 전형적인 디지털 마케팅 계획 프레임워크

1. 상황 분석

내부 감사

- 현재 인터넷 마케팅 감사(비즈니스, 마케팅, 인터넷 마케팅의 효과)
- 청중의 구성 및 특징
- 웹사이트의 도달 범위, 매출 기여도, 수익성
- 경쟁 상황에서 온라인 서비스를 제공하기 위한 자원의 적합성

외부 감사

- 거시적 환경(4장 참조)
- 미시적 환경: 새로운 시장 구조, 예측되는 고객 활동
- 경쟁: 기존 경쟁업체, 신규 서비스, 신규 기업, 중개업체의 위협

기회와 위협 평가(SWOT 분석)

- 시장 및 제품 포지셔닝
- 디지털 가치 창출 방법과 고객 가치 제안에 대한 자세한 설명
- 시장에서의 포지셔닝(구매자, 판매자, 중립적 시장)
- 마케팅 기능의 범위

2. 목적 선언문

- 온라인 마케팅의 기업 목적(사명 선언문)
- 세부 목표: 유형·무형의 이익, 구체적인 핵심 성공 요인
- 온라인 마케팅의 프로모션 및 판매 활동 기여
- 온라인 가치 제안

3. 전략 정의

- 온라인 채널에 대한 투자와 헌신(오프라인 매장과 클릭의 혼합)
- 시장 및 제품 포지셔닝: 도달 범위 확대, 새로운 디지털 제품, 새로운 비즈니스 및 수익 모델
- 목표 시장 전략: 우선 세분 시장, 신규 세분 시장, 온라인 가치 제안, 차별적 우위, 비고객 청중의 중요성
- 변경 관리 전략: 어떤 새로운 프로세스, 구조, 책임이 필요한가?

4. 전술

- 제품: 고객을 위한 새로운 핵심 가치와 확장 가치 창출, 브랜드의 온라인 전환을 위한 옵션
- 프로모션: 온라인 및 오프라인 프로모션 방법의 균형 구체화, CRM의 역할(8장 참조)
- 가격: 온라인 판매 할인, 가격 책정 옵션, 새로운 가격 책정 옵션(예: 경매)
- 유통: 탈중개화 및 재중개화, 판매자, 구매자, 중립적 판매
- 사람, 프로세스, 물적 증거: 웹사이트 지원 및 기능을 통한 온라인 서비스 제공

5. 액션

명시

- 업무
- 자원
- 제휴 및 아웃소싱
- 개발, 프로모션, 유지·보수 비용을 포함한 예산
- 직원

실행

- 주요 개발 과제: 비즈니스 및 청중의 니즈 분석, 시나리오 기반 설계, 콘텐츠 개발, 데이터베이스 통합, 데이터 이전, 테스트 및 전환
- 프로젝트 및 변경 관리
- 팀 구성 및 책임
- 위험 평가(위험 파악, 위험 대책)
- 법적 문제
- 개발 및 유지·보수 프로세스

6. 통제

측정 프로세스와 측정 지표를 파악한다(10장 참조).

- 비즈니스 기여도(채널 수익성: 수익, 비용, 투자 수익률)
- 마케팅 효과(채널 성과: 잠재고객, 매출, 전환율, 채널 만족도)
- 온라인 마케팅 효과(채널 행동: 페이지 노출, 방문자, 재방문, 전환율)

요약

1. 디지털 마케팅은 마케팅 목표를 달성하기 위한 기술을 적용하는 것으로, CIM은 "고객의 요구사항을 파악하고, 예측하고, 충족하면서 수익을 창출하는 관리 과정"으로 정의하고 있다.
2. 디지털 마케팅은 디지털 비즈니스의 한 부분으로 볼 수 있으며, 판매 측 전자상거래를 지원한다.
3. 디지털 마케팅 계획은 디지털 비즈니스 전략과 별개로 수립되는 경우가 많다. 이 장에서는 SOSTAC™ 프레임워크를 사용하여 디지털 마케팅 계획의 요소를 살펴보았다.
4. 상황 분석: 고객의 인터넷 접속 수준, 경쟁업체 및 신규 진입 기업의 벤치마킹에 중점을 두고 외부 환경을 고려한다.
5. 목표 설정: 핵심 목표는 온라인 매출 기여도 또는 온라인을 통한 매출 백분율을 설정하는 것이다. 제품의 특성상 직접 판매가 현실적이지 않은 기업의 경우 웹이 마케팅 커뮤니케이션, 고객 서비스, 비용 절감에 미치는 영향에 대한 목표를 설정할 수 있다.
6. 전략: 기업은 제품이 직접 판매에 적합한지 평가하여 대체 전략(예: 항공권과 같이 직접 판매에 적합한 제품) 또는 보완 전략(예: FMCG, 컨설팅 서비스와 같이 직접 판매에 적합하지 않은 제품)을 정의할 수 있다. 대체 전략은 유통망의 변화를 수반할 수 있으며, 보완 전략에는 인터넷을 추가적인 마케팅 커뮤니케이션 채널로 활용하는 것이 포함된다.
7. 전술: 디지털 마케팅의 전술은 가격, 유통, 제품, 프로모션, 사람, 프로세스, 물적 증거 등 마케팅 믹스의 요소를 변화시킴으로써 재검토할 수 있다.
8. 액션: 경영 자원과 기간을 파악하여 디지털 마케팅 전략을 수립한다.
9. 통제: 웹사이트와 기존 채널을 통해 고객 만족도와 채널의 성과를 모니터링하여 통제할 수 있다.

연습문제

자가 평가 문제

1. 디지털 마케팅과 디지털 비즈니스의 연관성을 설명하라. 왜 두 가지를 분리하여 생각해야 하는가?
2. 전략적 디지털 마케팅 계획 프로세스의 단계를 개괄하고, 각 단계에서 디지털 마케팅에 특히 중요한 두 가지 측면을 설명하라.
3. 인터넷 기여란 무엇이며, 디지털 마케팅 전략과 어떤 관련이 있는가?
4. 특정 기업에 설정된 디지털 기여도는 어떤 요인에 의해 결정되는가?
5. 기업은 왜 그리고 어떻게 온라인 경쟁업체에 대한 벤치마킹을 해야 하는가?
6. 보완적 인터넷 채널 전략과 대안적 인터넷 채널 전략의 의미를 설명하라. 기업이 각 접근 방식을 따르는 제품의 예를 들라.
7. 인터넷을 활용하여 마케팅 믹스를 변화시킬 수 있는 새로운 기회에 대해 설명하라.
8. 전략의 통제 단계에서 온라인 및 오프라인 기술을 어떻게 이용할 수 있는가?

토론 문제

1. 특정 시장 부문을 선정하고, 제품 선택 및 구매 매체로서 인터넷의 과거·현재·미래 고객의 이용 현황을 평가하라.
2. 자신이 잘 알고 있는 기업에 대한 전략적 디지털 마케팅 계획의 개요를 작성하라.
3. "시장의 역동성을 고려할 때 전통적인 전략 계획은 스타트업과 관련이 없다." 이에 대해 토론하라.
4. 디지털 마케팅의 목표 설정에서 다른 가능한 목표와 관련하여 인터넷 기여도의 가치와 중요성을 평가하라.
5. 디지털 비즈니스가 어떻게 기술을 활용하여 업무를 모니터링하고 통제할 수 있는지 설명하라.

시험 문제

1. 전략적 디지털 마케팅 계획 수립과 관련된 단계를 간략하게 설명하라.
2. 인터넷 기여란 무엇이고, 기업은 현실적인 목표를 어떻게 결정할 수 있는지 간략하게 설명하라.
3. 인터넷을 통해 서비스를 제공하면 마케팅 믹스의 가격 및 유통 요소에 어떤 변화를 가져올 수 있는가?
4. 보완적 인터넷 채널 전략이란 무엇이고, 어떤 기업에 가장 적절한가?
5. 디지털 마케팅을 통제하기 위해 디지털 마케팅의 어떤 측면을 모니터링해야 하는가? 모니터링을 지원하기 위해 기술을 어떻게 활용할 수 있는지 세 가지 예를 들라.
6. 현재 대부분의 제품을 단일 국가에서 판매하는 기업의 제품 및 시장 포지셔닝에 대한 전략적 선택지를 설명하라.
7. 재중개화와 탈중개화 개념은 기업이 마케팅 믹스의 프로모션, 유통 요소에 채택하는 전술에 어떻게 적용될 수 있는가?
8. 효과적인 마케팅 커뮤니케이션을 위해 전자 매체가 어떻게 다른 전술을 필요로 하는지 간략하게 설명하라.

참고 문헌

Aaker, D. and Joachimsthaler, E. (2000) *Brand Leadership*. Free Press, New York.

Abboud, L. (2020) Jean-Paul Agon: L'Oréal has a culture that's not to everyone's liking, Financial Times, 6 December, https://www.ft.com/content/a7940cea-8cfd-488c-8ce1-af019e60f928.

Accenture (2019) The post-digital era is coming: Are you ready? Article by Paul Daugherty. 12 February 2019. https://www.accenture.com/us-en/blogs/technology-innovation/daugherty-digital-transformation (accessed January 2021).

Accenture (2022) The future of Shopping and Social Commerce. 2 January, https://www.accenture.com/us-en/insights/software-platforms/why-shopping-set-social-revolution.

Agnew, H. (2018) L'Oréal buys beauty tech company ModiFace, Financial Times, 16 March, https://www.ft.com/content/0abc9a28-28f0-11e8-b27e-cc62a39d57a0.

Ahssen, S. (2019) L'Oréal presents systems for large-scale personalisation of cosmetic products, Fashion Network, 13 May, https://us.fashionnetwork.com/news/L-oreal-presents-system-for large-scale-personalisation-of-cosmetics-products,1098448.html.

Allen, E. and Fjermestad, J. (2001) E-commerce marketing strategies: a framework and case analysis. *Logistics Information Management,* 14 (1/2), 14-23.

Anderson, C. (2004) The Long Tail. *Wired,* 12 (10), October.

Ansoff, H. (1957) Strategies for diversification. *Harvard Business Review,* September–October, 113-24.

Baker, W., Marn, M. and Zawada, C. (2001) Price smarter on the Net. *Harvard Business Review,* February, 2-7.

Baye, M., Gatti, J., Kattuman, P. and Morgan, J. (2007) Dashboard for online pricing. *The California Management Review,* Fall, 50 (1), 202-16.

Bazett, M., Bowden, I., Love, J., Street, R. and Wilson, H. (2005) Measuring multichannel effectiveness using the balanced scorecard. *Interactive Marketing,* 6 (3), 224-31.

Binet, L. (2020) Share of Search as a Predictive Measure. Video research summary. October 2020, https://ipa.co.uk/effworks/effworksglobal-2020/share-of-search-as-a-predictive-measure/.

Booms, B. and Bitner, M. (1981) Marketing strategies and organization structure for service firms. In *Marketing of Services,* eds J. Donelly and W. George, American Marketing Association, New York.

Brynjolfsson, E., Smith, D. and Hu, Y. (2003) Consumer surplus in the digital economy: estimating the value of increased product variety at online booksellers. *Management Science,* 49 (11), 580-96: http://ebusiness.mit.edu/research/papers/176_ErikB_OnlineBooksellers2.pdf.

Buffer (2011) Idea to Paying Customers in 7 Weeks: How We Did It. By Joel Gas-coigne. Buffer Blog. 16 February 2011, https://buffer.com/resources/idea-to-paying-customers-in-7-weeks-how-we-did-it/ (accessed January 2021).

Buffer (2018) Why We're Changing the Buffer Free Plan. By Joel Gascoigne. Buffer Blog. 12 March 2018, https://buffer.com/resources/changing-buffer-free-plan/.

Buffer (2020) Reflecting on 10 Years of Building Buffer By Joel Gascoigne. Buffer Blog. 30 November 2020, https://buffer.com/resources/10-years/ (accessed January 2021).

Chaffey, D. (2000) Achieving success in Internet marketing. *Marketing Review,* 1, 1-23.

Chaffey, D. and Ellis-Chadwick, F. (2022) *Digital Marketing: Strategy, Implementation and Practice,* 8th edn. Pearson Education Limited, Harlow.

Chaffey, D. and Smith, P. (2023) *Digital Marketing Excellence. Planning and Optimising Your Digital Marketing,* 6th edn. Butterworth-Heinemann, Oxford.

Chaffey, D. and Smith, P.R. (2022) *Digital Marketing Excellence: Planning, Optimizing and Integrating Online Marketing,* 6th edn. Taylor & Francis.

Chaffey, D. (2023) Digital Marketing: A simple definition. https://www.davechaffey.com/digital-marketing-definitions/digital-marketing-a-simple-explanation/.

Christodoulides, G. and de Chernatony, L. (2004) Dimensionalising on- and offline brands' composite equity. *Journal of Product and Brand Management,* 13 (3), 168-79.

D'Onfro, J. (2015) The clever way Amazon gets away with not always offering the lowest prices. *Business Insider UK.* Available from: http://uk.businessinsider.com/how-amazon-adjusts-its-prices-2015-1.

Dayal, S., Landesberg, H. and Zeissberg, M. (2000) Building digital brands. *McKinsey*

Quarterly, no. 2.

de Chernatony, L. (2001) Succeeding with brands on the Internet. *Journal of Brand Management*, 8 (3), 186–95.

de Chernatony, L. and McDonald, M. (1992) *Creating Powerful Brands*. Butterworth-Heinemann, Oxford.

Deighton, J. (1996) The future of interactive marketing. *Harvard Business Review*, November–December, 151–62.

de Kare-Silver, M. (2000) *EShock 2000. The Electronic Shopping Revolution: Strategies for Retailers and Manufacturers*. Macmillan, London.

Dibb, S., Simkin, L., Pride, W. and Ferrell, O. (2000) *Marketing. Concepts and Strategies*, 4th edn. Houghton Mifflin, Boston.

Dunning, A. (2017) The UK is named the world's third largest online grocery market, Neilsen Brandbank, 4 May, https://www.brandbank.com/blog/uk-third-largest-online-grocery-market/.

Econsultancy (2008) Managing Digital Teams. Integrating digital marketing into your organisation. 60-page report. Author: Dave Chaffey. Available from www.econsultancy.com.

Emiliani, V. (2001) Business-to-business online auctions: key issues for purchasing process improvement. *Supply Chain Management: An International Journal*, 5 (4), 176–86.

Erdem, T., Swait, J. and Louviere, J. (2002) The impact of brand credibility on consumer price sensitivity, *International Journal of Research in Marketing*, 19 (1), 1–19.

Fleming, M. (2020) An accelerator and a stress test: how Covid has shaken-up L'Oréal's digital plans, Marketing Week, 16 November, https://www.marketingweek.com/loreal-ecommerce-business/ (accessed June 2021).

Frazier, G. (1999) Organising and managing channels of distribution. *Journal of the Academy of Marketing Science*, 27 (2), 222–40.

Ghosh, S. (1998) Making business sense of the Internet. *Harvard Business Review*, March–April, 126–35.

Gladwell, M. (2000) *The Tipping Point: How Little Things Can Make a Big Difference*. Little, Brown, New York.

Hoffman, D.L. and Novak, T.P. (1997) A new marketing paradigm for electronic commerce. *The Information Society*, Special issue on electronic commerce, 13 (January–March), 43–54.

Jackson, S. (2009) *Cult of Analytics, Driving Online Marketing Strategies using Web Analytics*, Elsevier, Oxford.

Jevons, C. and Gabbot, M. (2000) Trust, brand equity and brand reality in Internet business relationships: An interdisciplinary approach. *Journal of Marketing Management*, 16, 619–34.

Jobber, D. and Ellis-Chadwick, F. (2020) *Principles and Practices of Marketing*, 9th edn, McGraw-Hill, Maidenhead.

Lautenborn, R. (1990) New marketing litany: 4Ps passes, 4Cs takeovers. *Advertising Age*, 1 October, 26.

L'Oréal (2019) Blonde is back, https://www.loreal-finance.com/en/annual-report-2019/professional-products-3-5-0/blonde-is-back-3-5-3.

L'Oréal (2021a) Purpose, https://www.loreal.com/en/group/about-loreal/our-purpose/.

L'Oréal (2021b) Decoding the digital transformation: reinventing the future of beauty, https://www.loreal.com/en/beauty-science-and-technology/beauty-tech/digital-transformation/.

L'Oréal (2021c) Brands and consumers increasingly connected, https://www.loreal-finance.com/en/annual-report-2019/digital-4-4-0/brands-consumers-increasingly-connected-4-4-3/.

ONS (2022) Office of National Statistics: Retail sales, Great Britain: May 2022 https://www.ons.gov.uk/businessindustryandtrade/retailindustry/bulletins/retailsales/may2022#online-retail.

Marketer (2009) Shelf Life, a profile of Anna Rafferty, October 2009. The Marketer CIM member magazine: www.themarketer.co.uk/archives/interviews/profiles/shelf-life (no longer available).

Marketer (2013) Mobilising the Fleet. Interview with Peter Duffy, published May 2013. www.themarketer.co.uk/in-practice/profiles/mobilising-the-fleet (no longer available).

Marketing Week (2021) Want a job? Pretend you believe in 'digital marketing' by Mark Ritson, 7 January 2021 https://www.marketingweek.com/mark-ritson-digital-marketing-jobs. (accessed January 2021).

MarketLine (2021) L'Oréal Covid-19 has accelerated company's digital plans, 26 February, https://www.marketline.com/blog/loreal-covid-19-has-accelerated-companys-digital-plans/# (accessed June 2021).

McCarthy, J. (1960) *Basic Marketing: A Managerial Approach.* Irwin, Homewood, IL.

McDonald, M. and Wilson, H. (1999) *Digital Marketing: Improving Marketing Effectiveness in a Digital World.* Financial Times Prentice Hall, Harlow.

McKinsey (2022) Social commerce: The future of how consumers interact with brands, Article, 19 October, https://www.mckinsey.com/capabilities/growth-marketing-and-sales/our-insights/social-commerce-the-future-of-how-consumers-interact-with-brands.

Quelch, J. and Klein, L. (1996) The Internet and international marketing. *Sloan Management Review,* Spring, 60-75.

Ries, A. and Ries, L. (2000) *The 11 Immutable Laws of Internet Branding.* HarperCollins Business, London.

Serrano, S. (2020) L'Oréal Paris responds to the pandemic with first digital make-up line, Campaign (Middle East), 25 November, https://campaignme.com/loreal-paris-responds-to-pandemic-with-first-digital-make-up-line/ (accessed June 2021).

Seybold, P. (1999) Customers.com. Century Business Books, Random House, London.

Simon, Herbert A. (1957) *Models of Man.* Wiley, New York.

Smart Insights (2010) *Introducing RACE: a practical framework to improve your digital marketing.* Blog post by Dave Chaffey, 15 July, smartinsights.com/digital-marketing-strategy/race-a-practical-framework-to-improve-your-digital-marketing.

Smart Insights (2012) The content marketing matrix. Blog post by Danyl Bosomworth published 16 May 2013. Available from http://bit.ly/smartercontent.

Smart Insights (2021) Digital Marketing Maturity Benchmarks 2020 (accessed January 2021).

Smart Insights (2022) Free digital marketing plan template https://www.smartinsights.com/guides/digital-marketing-plan-template/.

Smart Insights (2023) Free digital marketing maturity templates. https://www.smartinsights.com/guides/digital-marketing-benchmarking-templates/.

Smith, P. (1999) *Marketing Communications: An Integrated Approach,* 2nd edn. Kogan Page, London.

Smith, P. and Chaffey, D. (2023) *Digital Marketing Excellence at the Heart of E-Business.* Butterworth-Heinemann, Oxford.

Smith, P.R. (2018) SOSTAC® Guide to your Perfect Digital Marketing Plan, published by PR Smith Marketing Ltd. www.PRSmith.org.

Sultan, F. and Rohm, A. (2004) The evolving role of the Internet in marketing strategy. *Journal of Interactive Marketing,* 19 (2), Spring.

Variani, V. and Vaturi, D. (2000) Marketing lessons from e-failures. *McKinsey Quarterly,* 4, 86-97.

Weed, K. (2017) Marketers must follow the '5Cs' to connect with today's consumers, MarketingWeek, 25 September, https://www.marketingweek.com/2017/09/25/keith-weed-five-cs-connect-todays-consumers/.

Williams, R. (2018) L'Oréal buys beauty tech firm ModiFace, *The Business of Fashion, Bloomberg,* 16 March, https://www.businessoffashion.com/articles/beauty/loreal-buys-beauty-tech-firm-modiface (accessed June 2021).

Xing, X., Yang, S. and Tang, F. (2006) A comparison of time-varying online price and price dispersion between multichannel and dotcom DVD retailers. *Journal of Interactive Marketing* 20 (2), 3-20.

웹 링크

추천 동영상, 분석 도구, 통계 자료 등의 추천 웹사이트 링크 디렉터리는 데이브 채피가 관리하는 https://www.davechaffey.com/book-support에서 확인할 수 있다.

Chapter 8

디지털 커뮤니케이션

핵심 주제

1. 디지털 커뮤니케이션의 효과를 평가하기 위한 목표와 척도
2. 온라인 구매 프로세스
3. 고객 확보 관리
4. 디지털 마케팅 커뮤니케이션 채널
5. 오프라인 마케팅 커뮤니케이션
6. 전자상거래의 서비스 품질 관리
7. 고객관계 관리를 위한 기술 솔루션

사례 연구

8.1 스마트인사이츠

8.2 제품 구색을 늘리고 트리거 커뮤니케이션을 통해 CRM을 강화한 테스코

QR 코드를 통해 이 장의 주제에 관한 최신 자료를 확인할 수 있다.

학습 목표

- 디지털 미디어를 통해 신규 고객을 확보할 수 있는 다양한 방법을 알아본다.
- 온라인 고객의 다양한 구매 행동을 평가한다.
- 디지털 미디어 커뮤니케이션을 활용한 고객 유지, 교차 판매, 상향 판매 기법을 알아본다.

경영 과제

- 새로운 잠재고객을 확보하기 위해 어떤 디지털 미디어에 투자해야 하는가?
- 디지털 미디어를 이용하여 보다 효과적으로 고객을 확보하기 위한 실질적인 성공 요인은 무엇인가?
- 온라인 관계를 구축하고 유지하기 위해 어떤 기술을 사용할 수 있는가?

관련된 주요 장

- 4장에서 디지털 커뮤니케이션이 사회적·법적·윤리적 요인에 의해 어떻게 제약을 받는지 살펴본다.
- 5장에서 디지털 커뮤니케이션이 디지털 비즈니스 전략을 어떻게 지원하는지 살펴본다.
- 9장에서 웹사이트와 모바일 앱 등 디지털 경험과 관련된 디지털 커뮤니케이션에 대해 살펴본다. 또한 전환율 최적화(CRO), 머천다이징과 개인화, 빅데이터, 인공지능과 머신러닝, 전자상거래를 위한 증강현실과 가상현실도 다룬다.

개요

소비자와 기업의 디지털 기기 도입이 증가함에 따라 디지털 미디어 채널은 캠페인과 상시 접속 커뮤니케이션에서 그 중요성이 더욱 커지고 있다. 그림 8.1은 소비자가 제품을 조사할 때 다양한 디지털 미디어의 상대적 중요성을 보여준다.

트래픽 빌딩 사이트 이용자(신규 고객과 기존 고객)를 늘리기 위해 온라인 및 오프라인 프로모션 방법을 사용해야 한다.

즉각적인 응답을 위해 디지털 미디어를 활용하는 것을 **트래픽 빌딩**(traffic-building)이라고 부르기도 한다. 이는 커뮤니케이션 방법 선택의 목적이 비즈니스에 중요한 마케팅 성과를 달성하기 위해 웹사이트 방문자를 늘리는 것으로 설정되는 경우가 많기 때문이다. 그러나 디지털 미디어는 단순히 트래픽을 늘리는 것뿐만 아니라 브랜드를 구축하는 역할도 수행한다.

가장 비용 효율적인 디지털 커뮤니케이션 기법을 선택하고, 이를 정교화하여 고객과 방문자를 확보하는 것은 이제 온라인 비즈니스와 멀티채널 비즈니스에서 주요 마케팅 활동이 되었다. 이 장에서는 다양한 디지털 채널의 차이점을 설명하고, 각 커뮤니케이션 기법의 장단점과 실질적인 성공 요인을 살펴본다.

검색 마케팅을 예로 들면, 자연 검색 마케팅과 유료 검색 마케팅에서 구글을 활용하는 것이 기업의 성공 여부를 좌우하는 기술적 '모범 사례'가 많이 존재한다. 이 장에서는 디지털 마케팅 전문가가 아닌 마케터가 디지털 커뮤니케이션의 원칙을 이해함으로써, 함께 일하는 디지털 마케팅 전문가와 캠페인 구현에 대해 논의하거나 이러한 주제의 정보를 더 많이 얻

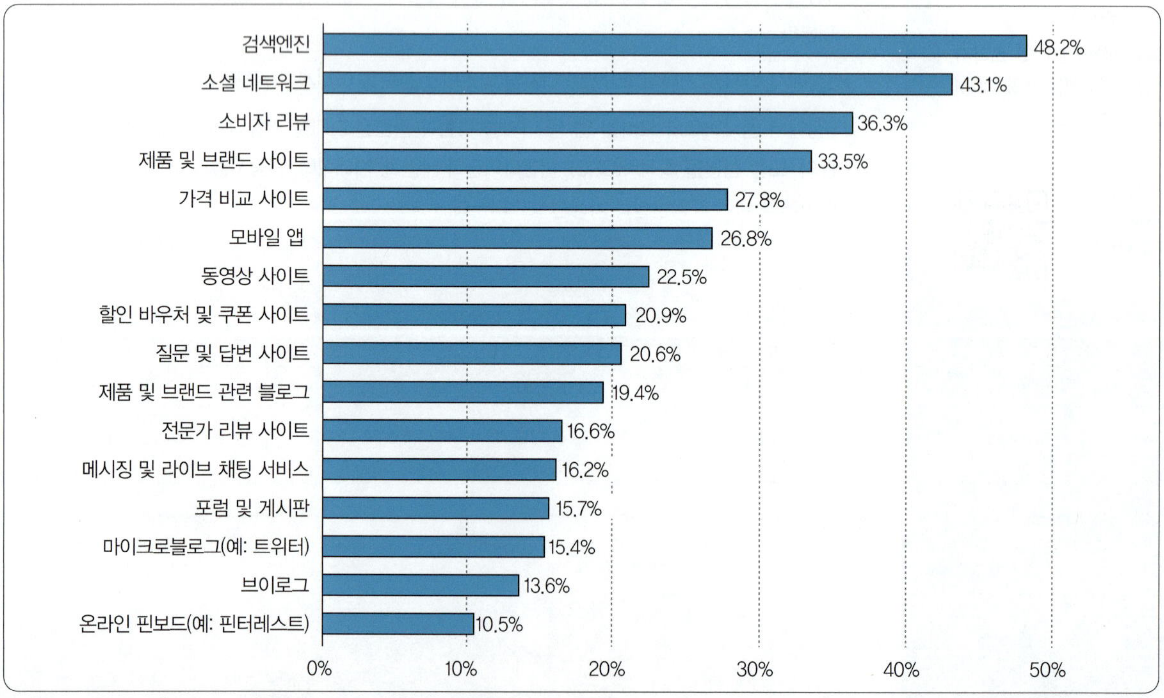

그림 8.1 소비자의 브랜드 리서치를 지원하는 다양한 디지털 미디어의 인기

출처: Datareportal(2023)

는 데 도움이 되는 내용을 알아본다.

이 장의 구성

이 장은 기업이 고려해야 할 여섯 가지 주요 디지털 미디어 채널(표 8.1 참조)을 중심으로 구성되어 있다(개요를 그림 1.9에 도식화했다). 각 채널에 대해 알아보기 전에 각 채널에서 목표를 설정하는 방법과 성과 측정 방법을 소개하고, 구매자 여정의 단계별로 소비자에게 어떤 영향을 미칠 수 있는지 짚고 넘어가자.

앞의 장들에서 강조했듯이 콘텐츠 마케팅 전략은 이러한 채널을 효과적으로 활용하기 위

표 8.1 각종 디지털 미디어 채널 개요

디지털 미디어 채널	설명	다양한 통신 기술
검색엔진 마케팅	주요 검색엔진인 구글과 빙, 유튜브, 국가별 인기 검색엔진 검색 결과 페이지에 게재되는 것을 목표로 한다. 또한 검색 디스플레이 네트워크의 일부인 서드파티 퍼블리셔 사이트에 광고를 게재하여 인지도를 높이고 리마케팅을 할 수 있다.	자연 검색 또는 검색엔진 최적화(SEO)는 구글의 첫 페이지 자연 검색 결과에 노출되는 것을 목표로 하며, 클릭당 과금이 발생하지 않는다.
디지털 홍보(PR)	인플루언서를 통해 미디어 사이트, 소셜 네트워크, 블로그 등 타깃 청중이 방문할 가능성이 높은 제삼자 사이트에서 기업, 브랜드, 제품, 웹사이트에 대한 긍정적인 언급을 극대화할 수 있다. 또한 부정적인 언급을 모니터링하고 필요시 대응하며, 프레스 센터, 블로그 등을 통해 홍보 활동을 수행하는 것도 포함된다.	• 인플루언서를 통해 긍정적인 언급을 얻기 위한 콘텐츠와 보도자료 공동 작성, 제삼자 사이트(특히 포럼, 소셜 네트워크)에서의 평판 관리 • 온드 미디어(자사 피드, 블로그) 활용 • 블로거와 인플루언서 아웃리치를 통한 언드 미디어 활용
제휴 마케팅, 공동 마케팅을 포함한 온라인 파트너십	공동 마케팅, 링크 구축, 제휴 또는 퍼포먼스 마케팅, 가격 비교 사이트와 같은 집계자, 온라인 스폰서, 공동 브랜드 등 다양한 형태의 파트너십이 있다.	• 거래형 전자상거래 사이트의 커미션 기반 제휴 마케팅 • 스폰서십, 링크 구축, 공동 편집 등 장기적인 파트너십 관계 구축
디지털 디스플레이 광고	퍼블리셔와 소셜 네트워킹 사이트의 배너, 동영상 광고 등 온라인 디스플레이 광고를 이용하여 브랜드 인지도를 높이고 목적지 사이트로의 클릭을 유도한다.	• 프로그래매틱 광고 • 사이트별 미디어 바잉 • 광고 네트워크 활용 • 행동 기반 리타기팅 또는 리마케팅
이메일 마케팅	이메일 수신을 허용한 잠재고객에게 합법적인 방식으로 이메일을 보낸다. 예를 들어 솔루스(Solus) 이메일의 경우 퍼블리셔가 브랜드를 대신하여 이메일을 보내거나, 브랜드를 이메일 매거진에 소개할 수 있다. 기업은 고객 및 잠재고객의 상세 정보를 포함한 자체 '하우스 리스트'를 생성하고 기업 이메일을 통해 구매를 유도할 수 있다.	• 리스트 대여(현재 법적으로 허용되는 경우가 거의 없음), 공동 브랜드 퍼블리셔 캠페인, 전자 뉴스레터 광고 등 획득 이메일 활동 • 전자 뉴스레터용 하우스 리스트, 고객 대상 이메일 캠페인 등 유지 및 성장 활동 • 이벤트를 트리거로 하는 이메일 생애주기 활동의 마케팅 자동화
바이럴 마케팅, 전자 입소문 마케팅을 포함한 소셜 미디어 마케팅	유기적 소셜 미디어 마케팅(6장 참조)은 매력적인 브랜드 관련 콘텐츠가 전자적으로 공유 또는 전달되거나 오프라인에서 논의되어 인지도를 높이고, 경우에 따라서는 반응을 촉진하는 온라인 입소문을 말한다.	• 소셜 네트워크에서 기업 페이지 또는 광고의 브랜드 존재감 • '바이럴 에이전트' 또는 매력적인 인터랙티브 콘텐츠 제작 • 바이럴 메시지 증폭 촉진 • 소셜 광고 활용 • 고객 옹호 효과 활용 • 위젯 활용

한 중요한 성공 요인이다. 여기에는 구매 프로세스의 다양한 시점에 다양한 청중을 참여시키기 위해 적절한 콘텐츠 유형 및 형식을 식별하고 제작하는 것이 포함된다. 양질의 콘텐츠는 이러한 채널의 대부분을 움직이는 '연료'이며, 기업이 경쟁업체보다 우위를 점할 수 있게 해준다.

이 장은 다양한 기술을 쉽게 비교하고 과제와 복습에 도움이 되도록 구성되어 있다.

- **주요 개념**: 각각의 디지털 미디어 채널에 대해 설명한다.
- **장단점**: 각 채널의 장점과 단점을 구조적으로 살펴본다.
- **계획 및 관리 모범 사례**: 타기팅, 측정, 크리에이티브 등 각 디지털 채널에서 캠페인을 진행할 때 고려해야 할 사항을 알아본다.

각 절을 읽으면서 다양한 방법론의 상대적 장단점을 비교하고, 소비자가 신뢰의 관점에서 다양한 선택지를 어떻게 받아들이는지 확인해야 한다.

이 모든 채널에서 현재 마케팅에 종사하는 사람들의 관심사는 챗GPT와 같은 인공지능 도구로 카피를 작성하는 것이 현실적인지 여부이다. 또한 자신의 업무가 그러한 도구로 대체될 위험이 없는지도 당연히 궁금할 것이다. 미니 사례 연구 8.1에서 소개하는 것과 같은 서비스를 이용하면 다양한 채널을 통한 마케팅을 지원하는 카피를 작성할 수 있다. 주목할 쟁점 8.1을 통해 이러한 도구의 의미에 대해 토의해보자.

> **주목할 쟁점 8.1**
>
> 디지털 커뮤니케이션을 위한 카피 제작에 제너레이티브 AI를 사용하는 것의 장단점에 대해 토의해보자. 자신이 전자상거래 팀의 커뮤니케이션 관리자라면 AI를 어떻게 효과적으로 활용하겠는가?

디지털 커뮤니케이션의 효과를 평가하기 위한 목표와 척도

마케팅 담당자는 다양한 기간에 맞춰 디지털 미디어의 커뮤니케이션 목표를 세울 수 있다.

- **연간 마케팅 커뮤니케이션 목표**: 예를 들어 신규 사이트 방문자 확보 및 적격 리드 확보는 검색엔진, 소셜 미디어, 기타 디지털 활동을 통한 방문자 확보를 기반으로 한 지속적·상시적 활동이므로 연중 내내 예측할 수 있다(필요시 계절에 따라 월별로 세분화할 수 있다). 이러한 목표를 달성하기 위해 연간 예산을 설정한다.
- **캠페인별 커뮤니케이션 목표**: 계절별 프로모션, 온라인 광고, 바이럴 마케팅을 활용한 제품 출시 등 연중 내내 전술적 이니셔티브를 지원하는 마케팅 캠페인으로, 각각에 대해 신규 방문자 확보, 방문자 고객화, 재구매 촉진과 같은 구체적인 목표를 제시할 수 있다. 캠페인 목표는 기존 마케팅 목표를 기반으로 하며 특정 타깃층을 대상으로 한다. 또한 특정 캠페인에 따른 성과를 측정할 수 있어야 한다.

이 절에서 다루는 대책은 장기적인 경우와 단기적인 경우에 모두 적용할 수 있다.

마케팅 캠페인, 특히 대규모 광고 캠페인의 목표는 브랜드 인지도 향상을 목표로 하는 **브랜드 구축 캠페인**(brand-building campaign) 또는 판매 활성화에 초점을 맞춘 **직접 반응 캠페인**(direct response campaign)으로 구분할 수 있다. 디지털 미디어의 성장과 잠재고

브랜드 구축 캠페인 브랜드 인지도, 브랜드 검토, 브랜드 선호도 구축에 캠페인의 초점을 맞추며, 보통은 장기적인 캠페인이 많다.

직접 반응 캠페인 즉각적인 구매 욕구를 높이는 것('판매 활성화'라고도 함)에 캠페인의 초점을 맞춘다. 보통은 단기적인 캠페인이 많으며, 디지털 미디어는 판매를 촉진하는 커뮤니케이션이나 샘플링에 대한 즉각적인 옵트인을 위한 선택의 폭을 넓혀 준다.

미니 사례 연구 8.1 전 세계 마케터에게 AI 카피라이팅 도구를 제공하는 라이트소닉

2020년, 기술 애호가인 사만유 가르그(Samanyou Garg)는 부업으로 다양한 디지털 제품을 만들고 있었다. 새로운 멋진 아이디어와 강한 의지에도 불구하고 가르그는 제품 랜딩 페이지의 콘텐츠 제작에 계속 어려움을 겪고 있었다. 그는 마케팅이나 카피라이팅 경험이 없었지만, 매력적인 랜딩 페이지 카피를 생성할 수 있는 도구를 발명하기 위해 인공지능을 이용한 실험을 생각해냈다. 사실 어떤 종류의 마케팅 콘텐츠든 상관없었다. 이 도구는 바로 지금의 라이트소닉(Writesonic)이다.

뜻이 있는 곳에 길이 있다는 말처럼 가르그는 오픈AI가 GPT-3를 발표한 것을 알게 되었다. 며칠 만에 그는 GPT-3를 사용하여 AI가 탑재된 랜딩 페이지 생성기를 구축했다. 이후 GPT-3는 G2 Crowd와 같은 소프트웨어 추천 사이트에서 최고 수준의 AI 작가가 되었다.

2021년에 라이트소닉은 AI 기사/블로그 라이터(AI Article/Blog Writer)를 제공하기 시작했고, 이는 곧 라이트소닉의 가장 인기 있는 기능이 되었다. 테크레이다(TechRadar)와 같은 최고의 미디어는 라이트소닉을 2021년, 2022년 '최고의 AI 작가'로 선정했다. 라이트소닉은 지금까지 와이콤비네이터(Y Combinator), 브룸벤처스(Broom Ventures), 소마캐피털(Soma Capital) 등 미국 투자자 그룹으로부터 약 300만 달러의 벤처 자금을 유치했다.

가르그는 2019년 글로벌 언더그레듀에이트 어워즈(Global Undergraduate Award, 일명 주니어 노벨상)를 수상했으며, 인공지능으로 현실 세계의 문제를 해결하는 데 열정을 가지고 있다. 한편 그는 티엘디알디스(TLDR This), 제스처(Zesture) 등의 스타트업을 설립한 바 있다.

출처: https://writesonic.com/about-us

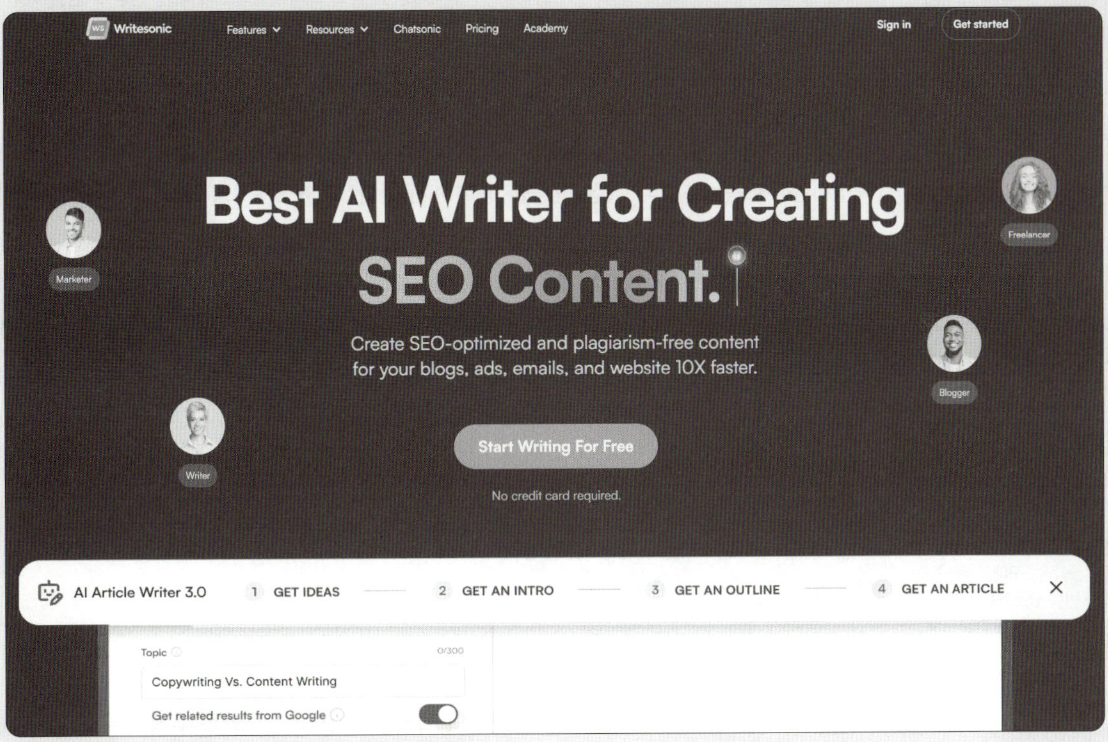

그림 8.2 라이트소닉의 인공지능 기반 카피라이팅 서비스

객에게 도달하는 데 디지털 미디어의 중요성이 커짐에 따라 어떤 디지털 미디어가 이러한 목표 달성에 가장 효과적인지 평가하는 것은 유익할 것이다. 디지털 미디어는 이러한 목표를 달성하기 위해 검색, 소셜 미디어, 동영상 광고와 같은 새로운 유료 옵션을 제공하고, 향

표 8.2 브랜드 구축 캠페인과 직접 반응 캠페인의 전형적인 차이점

특징	브랜드 구축 캠페인	직접 반응 캠페인
목표	• 브랜드 인지도 향상 • 선택적으로 브랜드에 대한 친밀감과 선호도 향상 가능	• 구매 의욕 향상 • 판매, 옵트인, 문의 등 판매 활성화 달성
성공 기준 및 결제 모델	• 캠페인 도달 범위와 브랜드 인지도 향상 • 보통은 노출 기반 지불	• 구매 의욕, 매출, 리드, 옵트인 향상 • 일반적으로 성과 기반
창의적 접근법	• TV, 동영상, 리치 미디어를 활용한 스토리텔링으로 강한 감정적 임팩트 전달 • 브랜드명의 특징	• 오퍼의 특징과 개인적 혜택을 전달하여 검색, 사이트 방문, 전화로 이어지는 강력한 콜투액션 유도
웹사이트 통합	• 보통은 홈페이지에 통합 • 크로스사이트 또는 캠페인 전용 마이크로사이트에 통합되는 경우도 있음	• 반응을 노린 전용 랜딩 페이지
디지털 타기팅 접근법	• 인구통계학적 타기팅 또는 유사 청중 • 리타기팅 가능성이 낮음	• 검색 키워드를 통한 인텐트 기반 타기팅 • 검색 또는 소셜 미디어에서 '시장에 있는' 사람들을 위한 선호도 타기팅 및 검색 광고, 소셜 광고, 디스플레이 광고를 통한 리타기팅
최적화 접근법	• 제한적인 최적화	• 다양한 광고 크리에이티브에 대한 반응과 랜딩 페이지의 전환을 기반으로 광범위한 최적화 수행

후 커뮤니케이션에 대한 옵트인을 달성하며, 대화형 메시징과 리타기팅을 사용하여 판매로 육성하는 새로운 유형의 직접 반응을 용이하게 한다. 표 8.2에 브랜드 구축 캠페인과 직접 반응 캠페인의 주요 차이점을 정리했다.

영국 광고 캠페인의 목표와 결과에 대한 Binet와 Field(2017)의 연구는 각 유형의 캠페인에 대한 근거를 살펴보고, 소비자 브랜드에서 장기적인 브랜드 반응과 직접 반응 투자의 이상적인 비율이 60:40이라고 밝혔다. 이는 소비자 브랜드에 초점을 둔 연구이지만, 최근에는 브랜드 구축과 직접 반응의 균형이 일반적으로 비슷한 B2B 기업에도 적용되고 있다(The Drum, 2019).

Binet와 Field는 브랜드 캠페인과 직접 반응 캠페인 사이에 연속성이 있으며, 두 가지 목표를 결합하려는 **브랜드 반응 캠페인**(brand response campaign)이 인기를 끌고 있다고 지적했다.

브랜드 반응 캠페인 옵트인, 트라이얼, 상담, 구매를 촉진하는 직접적 반응 요소들을 섞어 브랜드를 구축하는 데 초점을 맞추는 캠페인

디지털 미디어를 측정하는 용어

마케팅 캠페인의 일환으로 디지털 미디어의 목표를 설정하고 효과를 추적하는 데 사용되는 용어가 다양하므로 이 절에서는 먼저 캠페인 계획 모델과 온라인 캠페인의 보고에서 발생하는 주요 지표를 알아본다. 5장에서 설명했듯이 목표 설정 및 추적 시 사이트 유입량 측정뿐만 아니라 VQVC(volume, quality, value, cost of visitors) 측정의 전체 범위를 사용하는 것이 중요하다는 점을 유념해야 한다.

그림 8.3은 디지털 미디어 캠페인 구성 요소의 목표 설정 및 추적에 대한 지표로, 가장 정교하지 않은 것부터 가장 정교한 것까지 다양한 수단을 보여준다.

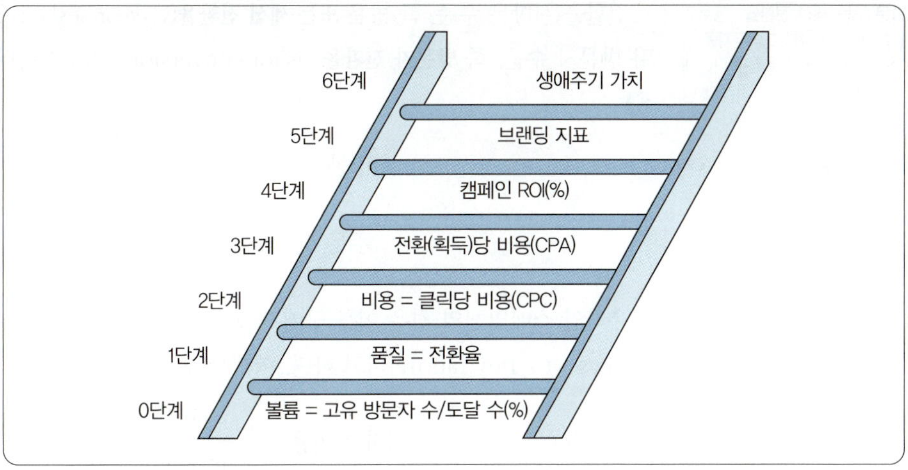

그림 8.3 디지털 미디어의 목표 설정과 효과 측정에 사용되는 지표(아래에서 위로 갈수록 고도화)

0단계: 볼륨 측정(노출 수, 클릭 수, 방문자 세션, 고유 방문자 등)

OTS(임프레션) 일정 기간 동안 광고나 캠페인 콘텐츠가 조회된 횟수를 기준으로 캠페인의 도달률을 측정하는 지표. 채널에 따라 정의가 다르며, 누군가가 광고를 본 평균 횟수(빈도)를 의미하기도 한다. 온라인 노출은 광고가 전달되거나 표시되는 횟수, 소셜 미디어 피드에 게시물이 표시되는 횟수를 측정하는 데 사용된다.

OTS(opportunities to see) 또는 **임프레션**(impressions)은 다양한 캠페인에서 온라인 또는 기존 미디어에서 조회된 콘텐츠의 양을 벤치마킹하는 데 사용할 수 있다. 이는 웹사이트의 클릭 수로 이어질 수도 있고, 클릭 수를 측정할 수 없는 경우 브랜드 또는 캠페인 이름을 검색하여 '조회'로 연결될 수도 있다. 예를 들어 영국의 글로벌 액션 플랜(Global Action Plan)은 'Clean Air Day'의 효과를 평가하기 위해 유사한 '조회 기회(Opportunities to View)'를 활용하고 있다. 최근 캠페인에서는 온라인, 인쇄물, 방송, 소셜 미디어(3억 8,000만 조회 기회)를 통해 대기오염에 대해 학습하는 기회를 10억 회 이상 제공했다.

방문자 세션 한 사용자에게 제공되는 하나 이상의 페이지 노출 시리즈로, 해당 사용자에 대한 연속적인 페이지 노출 사이에 30분 이상의 간격이 있으면 종료된다.

고유 방문자 개별 컴퓨터의 쿠키 또는 IP 주소를 통해 측정되는 개별 사이트 방문자

캠페인에 대한 온라인 반응을 기반으로 한 트래픽양은 일반적으로 사이트나 캠페인 랜딩 페이지의 클릭 수 또는 방문 수, 즉 **방문자 세션**(visitor session)으로 측정하는데, **고유 방문자**(unique visitor) 파악이 가능하다면 트래픽을 보다 정확히 측정할 수 있다. 고유 방문자 수는 개인과 소통할 수 있는 기회를 나타내므로 페이지 뷰 또는 조회 수 지표보다 효과를 측정하는 데 보다 중요한 지표가 될 수 있다. 그러나 쿠키를 기반으로 측정한다는 점에서 '고유' 여부를 정확히 계산하는 것은 기술적으로 어려울 수 있다. 상대적으로 이보다 정교한 지표는 도달률(%) 또는 온라인 시청자 점유율인데, 이는 www.comscore.com 또는 www.nielsen.com과 같은 패널 데이터/시청자 데이터 도구를 통해서만 수집이 가능하다.

예 한 온라인 은행의 월간 고유 방문자 수는 100만 명에 달한다.

1단계: 품질 측정(전환율, 이탈률 등)

0단계에서 측정한 트래픽의 볼륨은 사이트에 접속한 사용자가 사이트에서 실제로 어떤 활동을 하고 있는지, 금방 이탈했는지 등을 알 수 없다는 점에서 트래픽의 품질에 대한 측정이 필요하다. 전환율은 가장 잘 알려진 품질 지표로, 정의된 기간 동안 다양한 출처로부터 온 방문자 중 리드, 판매, 구독 등 웹에서 특정 마케팅 성과로 전환된 비율을 나타낸다.

예 방문자의 10%가 계정 로그인, 제품 견적 요청 등의 성과로 전환된다.

방문 또는 세션 전환율 등록과 같은 정의된 결과로 방문자를 전환하는 사이트의 능력을 나타내는 지표로, 전환 수를 기간 내 방문자 수로 나누어 계산한다.

방문자 전환율 방문자를 등록과 같은 정의된 결과로 전환하는 사이트의 능력을 나타내는 지표로, 전환 수를 정의된 기간 내 순 방문자 수로 나누어 계산한다.

전환율은 방문 수준, 즉 **방문 또는 세션 전환율**(visit or session conversion rate) 또는 고유 방문자 수준, 즉 **방문자 전환율**(visitor conversion rate)로 나타낼 수 있다.

예

$$\text{방문 전환율} = \frac{\text{전환 10건}}{\text{방문 1,000건}} = 1\%$$

$$\text{주문 전환율} = \frac{\text{판매 10건}}{\text{방문 1,000건}} = 1\%$$

온라인 소매업체의 경우 이를 구매자 전환율(buyer conversion rate) 또는 탐색 전환율(browse-to-buy ratio)이라고 하며, 여행사의 경우 예약률(look to book)이라고도 한다.

$$\text{구매자 전환율} = \frac{\text{판매 10건}}{\text{고유 방문자 800명}} = 1.25\%$$

전환 기간 미디어 채널 및 광고와의 상호작용(광고 클릭, 동영상 시청 등) 후 리드, 구매 등의 성과가 미디어 채널에 적립되는 기간

전환율은 클릭에 따른 전환이 측정되는 **전환 기간**(conversion window)에 비례하여 상대적으로 계산된다는 것에 유의해야 한다. 기본적으로 구글 광고의 전환 기간은 30일이지만 더 긴 구매 주기를 위해 연장할 수도 있다. 예를 들어 B2B 공급업체는 이를 90일 또는 180일로 연장할 수 있다.

이탈률 페이지 또는 사이트 방문자 중 한 페이지만 보고 바로 이탈한 비율로, 보통은 백분율로 나타낸다.

한편 캠페인 기간 동안의 성과를 모니터링하기에 유용한 관련 지표는 **이탈률**(bounce rate)이다. 이는 특정 페이지 또는 사이트 방문자 중 한 페이지만 확인한 후 이탈한 방문자(즉 사이트에 접속한 후 관련성을 발견하지 못하여 이탈한 사람)의 비율을 말하며, 일반적으로 백분율로 나타낸다.

이탈률이나 참여율을 검토함으로써 랜딩 페이지의 효과 품질을 개선할 수 있다. 전환율 대신 이탈률을 사용하면 페이지별로 이탈률 편차가 크다는 것이 장점이다(전환율은 10% 이하인 반면 이탈률은 보통 20~80%이다). 이탈률은 다음과 같이 계산한다.

$$\text{이탈률(\%)} = \frac{100 \times \text{단독 페이지만 조회한 방문 횟수}}{\text{페이지 또는 사이트의 전체 방문 횟수}}$$

$$\text{참여율(\%)} = 100 - \text{이탈률(\%)}$$

2단계: 미디어 비용(클릭당 비용, 1,000건당 비용 등)

클릭당 비용(CPC) 타사 사이트 링크가 클릭될 때마다 광고주에게 지불되는 비용(또는 퍼블리셔가 얻는 수익)

방문자 획득 비용은 보통 **클릭당 비용**(cost-per-click, CPC)으로 측정된다. 클릭당 비용은 검색엔진의 클릭당 비용처럼 디지털 미디어 채널에 따라 특화되어 있는데, 이는 오프라인 광고로부터 유입된 방문자가 많은 사이트 전체에 대해 비용을 추정하기가 어렵기 때문이다.

예 CPC 2파운드(구글 광고에서 500회 클릭은 1,000파운드)

CPM 1,000명이 보는 광고를 게재하는 데 드는 비용

CPM(cost-per-thousand, M = mille)은 일반적으로 디스플레이 광고 공간을 구매할 때의 통화로 사용된다. 예를 들어 CPM 10파운드는 1,000명의 방문자(기술적으로는 방문자 세션)에게 광고가 게재되는 것을 의미한다. 클릭당 과금 광고와 같은 다른 미디어 채널에 대해서도 효과적인 CPM을 계산하여 비교할 수 있다.

3단계: 획득 비용(획득당 비용 등)

사이트 방문자 및 고객 확보라는 목적을 달성하기 위해 너무 많은 비용이 소요된다면 디지털 캠페인이 성공할 가능성이 낮다. 특정 목적을 달성하고 사이트 방문자를 유도하여 거래로 연결하려면 다양한 디지털 미디어 채널 사용에 대한 구체적인 목적과 정확한 비용 계산이 필수적인데, 이는 **획득당 비용**(cost-per-acquisition 또는 cost-per-action, CPA)으로 표시된다. 일반적인 비용 목표는 다음과 같다.

획득당 비용(CPA) 신규 고객을 확보하기 위한 비용. 일반적으로 커뮤니케이션 비용에 한정되며, 신규 고객의 매출 단가를 의미한다.

- 방문자 획득 단가
- 리드 획득 단가
- 판매 획득 단가(CPA의 가장 전형적인 형태로 CPS라고도 함)

허용 획득당 비용 리드 또는 신규 고객을 수익성 있게 창출하기 위한 목표 최대 비용

비용을 관리하기 위해서는 관리자가 목표하는 **허용 획득당 비용**(allowable cost-per-acquisition)(예: 비즈니스 리드 획득에 30파운드, 신용카드 가입에 50파운드 등)을 설정하는 것이 중요하다. 방문자 획득 비용과 성과 전환을 합치면 (고객) 획득 비용이 된다.

예 CPA 20파운드(CPC 2파운드, 전환율 10%, 10회 방문당 판매)

4단계: 가치 척도(투자 수익률 등)

투자 수익률(ROI)은 마케팅 활동이나 투자의 수익성을 평가하는 데 사용된다. 수익성을 계산하는 방법에 따라 ROI는 다양한 형태로 나타날 수 있는데, 여기서는 클릭당 단가와 전환율에 따른 매출 또는 수익성만을 기준으로 한다고 가정해보자.

$$\text{투자 수익률(ROI)} = \frac{\text{추천인으로부터 발생한 수익}}{\text{추천인에게 사용된 광고액}}$$

수익성을 고려하지 않았지만 관련 지표로 광고비 수익률(return on advertising spend, ROAS)이 있는데, 이는 다음과 같이 계산한다.

$$\text{광고비 수익률(ROAS)} = \frac{\text{추천인으로부터 발생한 총수익}}{\text{추천인에게 사용된 광고액}}$$

소매업을 제외하고는 투자 수익률을 통한 수익성 계산이 어렵기 때문에 광고비 수익률이 수익성을 보고하는 데 더 널리 사용되고 있다. 따라서 금융 서비스, 여행, B2B SaaS 모델에서는 광고비 수익률 벤치마킹을 통해 다양한 캠페인 활동을 비교한다. Berry(2020)는 광고비 수익률의 일반적인 벤치마크를 검토하여 구글 광고의 평균 광고비 수익률이 4:1 또는 400%라고 밝혔다.

5단계: 브랜딩 척도

브랜딩 척도는 디지털 광고, 스폰서십과 가장 관련성이 큰 경향이 있으며, 노출 및 시청 기회를 측정하고 캠페인 간의 성과를 비교하는 데 사용된다. 오프라인 광고의 지표에 해당하는 것으로는 총평점(gross rating point, GRP), 브랜드 인지도(보조 및 비보조), 광고 회상도, 브랜드 친밀감, 브랜드 호감도, 구매 의향 등이 있다. 이러한 지표는 디스플레이 광고

의 홀드아웃 테스트를 사용하여 조사할 수 있으며, 광고를 보지 않은 대조군과 광고에 노출된 사람들의 브랜드 지표 상승을 비교하는 방식으로 계산한다. 다만 이 방법은 조사 비용이 높고 복잡성이 크기 때문에 널리 보급되지 않았다.

6단계: 생애주기 가치 기반 투자 수익률 측정

고객 획득 가치는 첫 구매뿐만 아니라 고객과 관련된 평생 가치(및 비용)를 기반으로 한다. 따라서 온라인 소매업체와 온라인 금융 서비스 제공업체를 위해 가장 쉽게 개발할 수 있는 보다 정교한 모델이 필요하다.

예 한 은행은 보험 상품의 순 현재 가치 모델을 사용하여 10년간의 가치를 보지만, 주로 획득 비용, 유지율, 고객 요구, 비용 등에 대해 5년간의 가치 평가를 반영한다. 이는 5년간의 수익을 얻는 데 필요한 현실적인 '판매 1건당 허용 비용'을 계산하는 데 도움이 되기 때문이다. 예를 들어 기업은 구글 애즈의 다양한 키워드에 대한 투자 수익률을 파악하여 그에 따라 키워드와 입찰 전략을 선택한다.

그림 8.4는 한 보험 상품을 위한 온라인 광고 캠페인의 예로, 이 절에서 다룬 볼륨, 품질, 비용 측정의 많은 부분을 맥락에 맞게 보여준다. 여기서 기회 또는 리드는 고객이 보험 상품에 대한 견적을 요청하는 경우를 말한다. 획득 비용이 높지만 오프라인 캠페인과 온라인 광고의 시너지를 고려하지 않았다는 것에 유의해야 하는데, 이는 '노출 트래킹' 또는 '포스트임프레션(post-impression)' 효과라고도 불린다. 마케팅 담당자는 구글 애즈의 노출 트래킹 전환을 추적하여 광고를 본 사람 중 얼마나 많이 전환되었는지 파악할 수 있다.

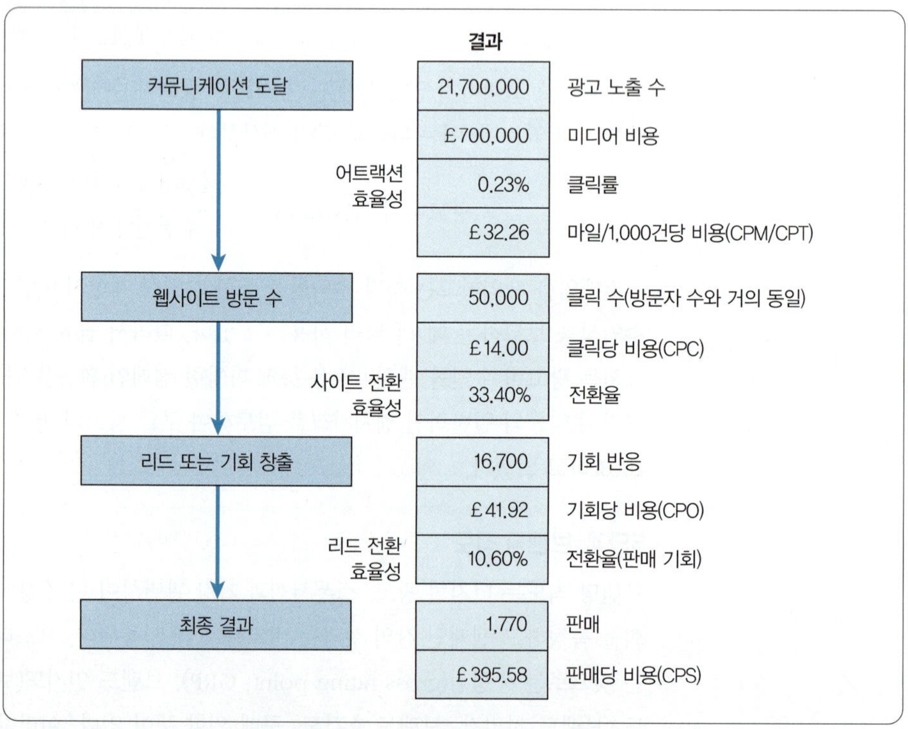

그림 8.4 온라인 광고 캠페인 효과 측정의 예

온라인 구매 프로세스

고객이 구매 의사결정을 할 때 디지털 미디어를 어떻게 사용하는지 이해하는 기업은 구매 프로세스의 각 단계에서 고객을 지원하는 통합 커뮤니케이션 전략을 개발할 수 있다. 한 채널에서 다른 채널로 전환하는 고객을 지원해야 하기 때문에 혼합 모드 구매를 고려하는 것은 디지털 마케팅 커뮤니케이션을 고안하는 데 중요한 측면이다.

그림 8.5에 제시한 구매 프로세스의 간단한 모델은 각 비즈니스 프로세스의 각 단계를 지원하는 적절한 온라인 마케팅 전술을 개발하는 데 도움이 된다.

검색 행동 정보를 찾는 접근 방식은 방향성이 있는 것부터 무방향성까지 다양하다.

Lewis와 Lewis(1997)는 인터넷 이용 목적에 따라 다양한 **검색 행동**(searching behavior)을 보이는 웹 사용자를 다음과 같이 다섯 가지 유형으로 구분했다.

- **직접 정보를 찾는 사람**: 인터넷에서 주로 제품, 시장, 레저 정보를 찾는데, 이러한 잠재고객은 '의도성'이 있다. 즉 친밀도가 높고 '시장 내'에 있기 때문에 응답률이 높다. 그림 8.1에서는 검색엔진을 사용하는 사람이 이 범주에 속하지만, 소셜 미디어 사용자도 이렇게 행동할 수 있다.
- **무방향성 정보 탐색자**: 엔터테인먼트와 정보를 얻기 위해 인터넷을 이용한다.

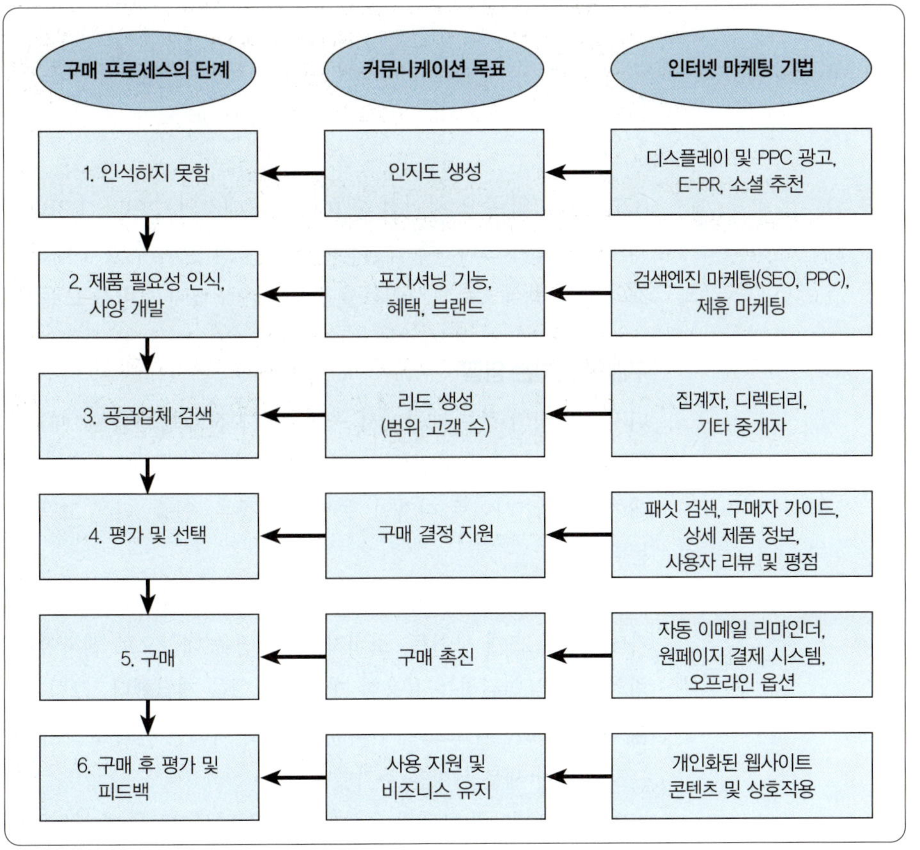

그림 8.5 디지털 커뮤니케이션이 구매자의 구매 프로세스에 미치는 영향

- **방향성 구매자**: 특정 제품을 구매하기 위해 인터넷을 이용한다. 이들에게 제품의 특징과 가격을 비교하는 브로커 또는 중개업체는 중요한 방문처이다.
- **바겐세일 사냥꾼**: 무료 샘플, 경품 등 판매 촉진 시 제공되는 혜택을 이용하고자 한다.
- **엔터테인먼트 선호자**: 퀴즈 등의 콘테스트에 참여하여 웹과의 상호작용을 즐기고자 한다.

같은 사람이라도 온라인상의 다른 세션에서 다양한 행동을 보일 수 있고, 드물지만 같은 세션에서도 다양한 행동을 보일 수 있다.

목표 시장에서 구매 행동의 차이

사용자의 접속 비율은 국가마다 크게 다르다(4장의 '사용자 액세스 요구 사항 이해' 참조). 이는 고객의 인터넷 이용이 얼마나 정교한지에 따라 국가 간 또는 세분 시장 간 구매 행동에 차이를 유발한다.

B2C 구매 행동과 B2B 구매 행동의 차이점

B2B 시장과 B2C 시장의 구매 행동에는 큰 차이가 있으며, 디지털 마케팅 커뮤니케이션은 이러한 차이에 대응해야 한다. 주요 차이점은 다음과 같다.

- 시장 구조
- 구매 단위
- 구매 유형
- 구매 결정 유형
- 소통 방식

B2B와 B2C의 주요 차이점 중 하나는 구매자의 수이다. B2B의 경우 구매자가 압도적으로 적지만 규모가 크다. 즉 공급자의 존재가 잘 알려져 있기 때문에 배너 광고나 검색엔진 게재와 같은 방식으로 웹사이트를 홍보하는 노력이 소비자 브랜드보다 덜 중요하다.

구매에 미치는 영향

디지털 환경의 경우 매장에서 구매하거나 전화 통화를 할 때와 같은 물리적 안정감이 없으며, 사기나 보안과 관련된 문제를 고려해야 한다. 따라서 소비자는 사이트에서 브랜드에 대한 친밀감, 사이트 디자인, 콘텐츠의 종류, 인증, 다른 고객의 추천 등 신뢰의 단서를 찾는다.

Bart 등(2005)은 소매, 여행, 금융 서비스, 포털, 커뮤니티 사이트 등 여덟 가지 웹사이트 카테고리의 25개 사이트, 소비자 6,831명을 대상으로 웹사이트와 소비자 특성, 온라인 신뢰와 행동을 연결하는 유용한 개념적 모델을 개발했다. 그림 8.6은 이 연구에서 도출된 여덟 가지 주요 신뢰 요소를 나타낸 것으로, 이러한 신뢰 요소가 웹사이트에서 어떻게 입증되는지에 대한 세부 사항을 추가했다.

Bart 등(2005)의 모델과 유사한 모델은 웹사이트를 중심으로 한 것이지만, 그림 8.1에 나타낸 조사를 통해 알 수 있듯이 신뢰에 대한 인식은 특히 소셜 미디어와 친구를 비롯한 외

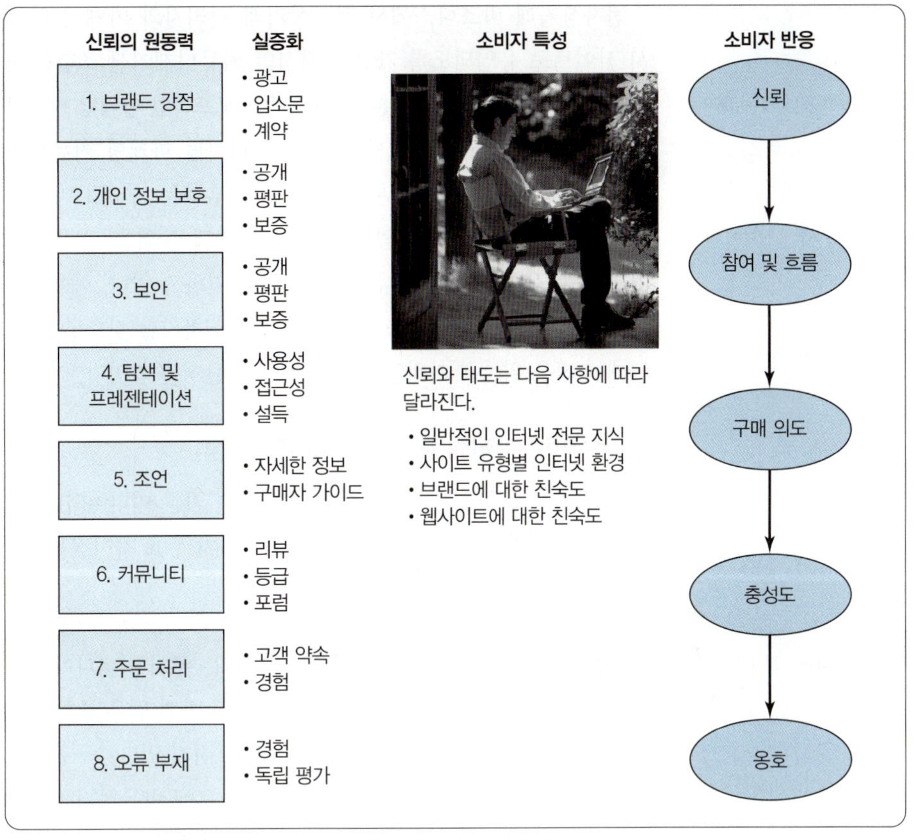

그림 8.6 Bart 등(2005)의 웹사이트 카테고리를 기반으로 한 신뢰의 다양한 측면과 소비자 반응의 관계 모델

출처: Bart et al.(2005)

부 출처에 의해서도 형성되어 구매에 큰 영향을 미칠 수 있다.

고객 확보 관리

고객 확보 새로운 잠재고객과 고객을 확보하는 데 사용되는 기술

디지털 커뮤니케이션에서 **고객 확보**(customer acquisition)는 두 가지를 의미한다. 첫째는 기업의 신규 고객을 확보하기 위해 웹사이트를 이용하는 것이고, 둘째는 기존 고객이 온라인 구매 및 서비스 이용으로 '전환'하도록 유도하는 것이다. 많은 기업이 전자에 집중하고 있지만, 고객 확보가 잘 관리되고 있는 경우 온라인 전환을 달성하기 위한 캠페인이 진행된다. 예를 들어 아메리칸익스프레스는 'Go Paperless' 캠페인을 통해 우편이 아닌 온라인으로 명세서를 받고 확인하도록 고객을 설득했다. 인터넷 은행인 퍼스트다이렉트는 콜센터 담당자를 이용하여 고객에게 온라인 명세서를 확인하는 이점을 알렸다. 또한 직원에게 온라인 서비스 이용을 독려함으로써 직원이 고객의 니즈를 보다 정확하게 파악할 수 있었다.

사이트 콘텐츠를 통해 고객을 확보하려면 기업은 당연히 사이트 방문자를 끌어들이기 위한 마케팅 커뮤니케이션 전략을 수립해야 한다.

전자상거래 비즈니스에서 전자상거래 관리자와 마케팅 담당자는 잠재적 구매자가 자사 사이트로 유입되도록 가장 효과적인 커뮤니케이션 조합을 제공하기 위해 끊임없이 노력하고 있다. 다양한 방법론은 전통적인 **오프라인 마케팅 커뮤니케이션**(offline marketing communication), 빠르게 진화하는 **디지털 마케팅 커뮤니케이션**(digital marketing communication)으로 구분할 수 있으며, 후자는 디지털 미디어 채널이라고도 한다. 미디어 지출에 대한 각국 IAB의 조사에 따르면 많은 업종, 많은 국가에서 현재 미디어 지출의 가장 큰 비율을 디지털 커뮤니케이션이 차지하고 있다. 예를 들어 영국 IAB(2022)는 2022년 영국 광고비의 74.3%를 디지털 미디어가 차지할 것으로 추정했다. 재방문 고객 확보 및 판매 촉진을 위한 추가적인 방법은 뒤에서 살펴볼 것이다.

오프라인 마케팅 커뮤니케이션 인쇄 및 TV 광고와 같은 전통적인 방법은 웹사이트 트래픽을 생성하는 데 사용된다.

디지털 마케팅 커뮤니케이션 웹사이트 트래픽을 생성하는 데 사용되는 온라인 기술

인터랙티브 마케팅 커뮤니케이션의 특징

디지털 미디어의 특성을 최대한 활용하려면 기존 미디어와 뉴미디어의 다양한 커뮤니케이션 특성을 이해하는 것이 중요하다. 여덟 가지 주요 차이점을 살펴보자.

1. 푸시형에서 풀형으로의 이동

인쇄물, TV, 라디오와 같은 전통적 미디어는 **푸시형 미디어**(push media)로, 주로 기업에서 고객에게 정보가 일방통행으로 전달된다. 반면 웹은 **풀형 미디어**(pull media)의 한 예이며, 오늘날 인바운드 마케팅으로 더 널리 알려져 있다. 즉 잠재고객 또는 고객은 자신이 원하는 경우나 명확한 니즈가 있을 때만 사이트에 방문하기 때문에 주체적이고 자기 선택적이다. 온라인 활동이 풀형 미디어라는 것은 정해진 타깃에게 메시지가 전달되는 기존 커뮤니케이션에 비해 온라인상에서는 마케터의 통제력이 떨어질 수 있음을 의미한다.

푸시형 미디어 광고주로부터 수동적 메시지 수신자인 소비자에게로 커뮤니케이션이 이루어진다.

풀형 미디어 소비자가 인바운드 마케팅의 신호에 반응하며, 적극적으로 웹사이트를 찾아다니고 메시지를 선택한다.

그렇다면 풀형 미디어가 디지털 마케팅에 주는 시사점은 무엇인가? 첫째, 웹사이트 방문을 유도할 수 있는 물리적 자극을 제공해야 한다. 이는 전통적인 광고, 다이렉트 메일 또는 물리적 알림을 의미할 수 있다. 둘째, 검색엔진에 최적화된 사이트를 만들어야 한다. 셋째, 이메일은 온라인 푸시형 미디어이므로 사이트 디자인의 최우선 목표는 고객의 이메일 주소를 획득하는 것이며, 이를 통해 옵트인 이메일로 고객에게 관련성 있고 시의적절한 메시지를 푸시할 수 있다.

2. 독백에서 대화로의 변화

상호작용성을 통해 대화를 만들어내는 것이 중요하다. 인터넷은 디지털 미디어이며, 커뮤니케이션은 웹 콘텐츠를 호스팅하는 웹 서버의 소프트웨어를 매개로 하기 때문에 고객과의 양방향 대화 기회가 제공된다는 것이 특징이다(Peters, 1998). 예를 들어 등록한 고객이 정보를 요청하거나 특정 제품을 주문했을 때 공급업체는 향후 해당 고객의 특정 관심사와 관련된 새로운 제안에 대한 세부 정보를 이메일로 보낼 수 있다.

마케팅 담당자는 웹사이트, 인터랙티브 디지털 TV, 휴대폰을 통해 고객과 대화할 수 있다. 한편 디지털 대화는 고객 인텔리전스 획득이라는 눈에 잘 띄지 않는 장점도 있다. 고객이 자기 자신을 위해 사용하는 인터랙티브 도구는 고객에 관한 추가 정보 수집에 도움이 된

다. 웹 분석에 기록된 클릭 스트림은 고객의 취향에 대한 귀중한 정보를 축적하여 마케팅 담당자가 감지하고 대응하는 데 이용할 수 있다.

3. 일대 다수에서 일대 소수 및 일대일 커뮤니케이션으로의 변화

TV, 인쇄물과 같은 전통적인 푸시형 커뮤니케이션은 일대다로 이루어진다. 뉴미디어의 일대다는 틈새시장과 초세분 시장에 대한 도달이 더 현실적으로 이루어지며, e-마케터는 다양한 세분 시장에 대한 메시지를 맞춤화하여 타기팅할 수 있다.

4. 일대다 커뮤니케이션에서 다대다 커뮤니케이션으로의 변화

뉴미디어는 다대다 커뮤니케이션을 가능하게 한다. Hoffman과 Novak(1996)은 뉴미디어가 다대다 미디어라고 지적했다. 여기서 고객은 웹사이트나 독립적인 커뮤니티를 통해 다른 고객과 교류할 수 있으며, 이베이와 같은 온라인 경매의 성공은 다대다 커뮤니케이션의 힘을 보여준다.

5. 린백(lean-back)에서 린포워드(lean-forward)로의 변화

뉴미디어는 강렬한 미디어이다. 즉 웹사이트가 방문자의 시선을 온전히 끌어당기는 린포워드 미디어이다. 이러한 강렬함은 고객이 주도권을 갖고 흐름과 요구에 대한 대응을 경험하고자 한다는 것을 의미한다. 첫인상이 중요하다.

6. 광고와 같은 표준 마케팅 커뮤니케이션 도구의 변화

인터넷은 일대일 마케팅의 기회를 제공할 뿐만 아니라 일대다 광고에도 광범위하게 이용될 수 있으며, 현재 그렇게 활용되고 있다. 인터넷에서 광고주의 전체적인 메시지는 더 이상 중요하지 않으며, 일반적으로 사용자가 원하는 것은 자세한 정보이다. 웹사이트 자체가 광고와 유사한 기능을 한다고 볼 수 있는데, 이는 전통적인 광고처럼 비용이 지불되지 않지만 고객에게 오퍼에 대해 알리고 설득하고 상기시킬 수 있기 때문이다. Berthon 등(1996)은 웹사이트를 광고와 직접 판매의 혼합으로 간주했다. 웹사이트와 전통적인 매스미디어 광고의 차이점은 웹상에서는 시간 또는 공간의 제약이 덜 중요하다는 것이다.

Peters(1998)는 뉴미디어를 통한 커뮤니케이션이 기존 미디어를 통한 커뮤니케이션에 비해 네 가지 차이점이 있다고 보았다. 첫째, 커뮤니케이션 스타일이 변화하여 온라인 고객 서비스를 통한 즉각적 또는 동기적 정보 전달이 가능하다. 또한 이메일과 같이 정보 송수신에 시간차가 있는 비동기식 커뮤니케이션도 발생한다. 둘째, 웹사이트 개인화를 통해 사회적 존재감, 즉 커뮤니케이션이 사교적이고, 따뜻하고, 개인적이고, 활발하다는 느낌을 줄 수 있다. 셋째, 소비자는 기업과의 접촉에서 더 많은 통제력을 가질 수 있다. 넷째, 사용자는 콘텐츠 선택과 개인화 기능을 통해 콘텐츠를 제어할 수 있다.

7. 커뮤니케이션 중개업체 증가

전통적인 미디어에서의 광고와 PR은 TV, 라디오, 인쇄물 등 수많은 잠재적 미디어 소유자를 통해 이루어진다. 디지털 시대에는 마케팅 담당자가 자신의 서비스를 홍보하고, 특히 자신의 웹사이트에 대한 링크를 얻을 수 있는 미디어 소유자나 퍼블리셔가 크게 증가하고 있다. 유명인, 업계 평론가, 블로거, 소셜 미디어를 적극적으로 사용하는 사람 등 개인 인플루언서도 퍼블리셔에 포함된다. 전통적인 라디오 채널, 신문, 인쇄물이 온라인으로 전환하고 있으며, 검색엔진과 같은 수평적 포털(2장 참조), 산업별 사이트와 같은 전문 사이트 등 수많은 온라인 전용 게시자도 있다. 따라서 온라인 마케팅 담당자는 이러한 방대한 사이트 중에서 자사 웹사이트로 트래픽을 유도할 수 있는 최적의 사이트를 선택해야 한다.

8. 여전히 중요한 통합

전통적인 미디어와 비교했을 때 뉴미디어는 분명한 특징이 있지만, 그렇다고 해서 반드시 뉴미디어에만 커뮤니케이션을 집중해야 하는 것은 아니다. 오히려 뉴미디어와 전통적인 미디어를 각자의 강점에 따라 조합하고 통합해야 한다. 그래야 부분의 합보다 더 큰 시너지 효과를 낼 수 있다. 우리는 가상 세계보다 현실 세계에서 많은 시간을 보내고 있기 때문에 웹사이트를 찾도록 제안하는 오프라인 프로모션이 여전히 중요하다. 또한 온라인과 오프라인이 혼재된 상황에서의 구매를 지원하는 것도 중요하다.

마찬가지로 기업에 대한 인바운드 커뮤니케이션도 관리해야 한다. 시스템 오류로 인해 고객에게 기업의 지원이 필요한 경우를 생각해보자. 고객은 먼저 현장 진단을 사용해보지만 문제가 해결되지 않아 고객 지원 팀에 전화를 건다. 이때 고객 지원 담당자가 고객이 진단 패키지에 입력한 문제의 세부 사항에 접근할 수 있다면 이 문제 해결 프로세스가 훨씬 더 효과적일 것이다.

마케팅 커뮤니케이션 효과 평가

리퍼러 사이트 방문 출처(예: 유료 검색, 제휴 마케팅, 온라인 광고 또는 '추천인 없음'으로 기록된 경우, 즉 URL을 직접 입력한 경우)

사이트 방문자 또는 고객 확보라는 목적을 달성하더라도 이를 위한 비용이 너무 높으면 캠페인이 성공할 수 없다. 캠페인 예산을 단순히 정하기보다는 다양한 **리퍼러**(referrer)를 통해 사이트 방문자를 확보하는 데 드는 비용과 방문 중 성과를 달성하는 데 드는 비용을 결합하여 구체적인 목표 예산을 정해야 한다. 이와 같은 방법으로 캠페인 예산을 정하는 것은 획득당 비용(액션당 비용, CPA)으로 구체화된다. 사이트의 맥락과 산업에 따라 획득당 비용은 방문자 획득, 리드, 판매 등 다양한 성과를 기준으로 나타낼 수 있다.

비용을 효율적으로 관리하려면 비즈니스 리드 획득에 30파운드, 신용카드 가입 달성 시 50파운드와 같이 목표를 달성하기까지 허용할 수 있는 허용 획등당 비용을 설정하는 것이 중요하다.

디지털 마케팅 커뮤니케이션 채널

상시 마케팅 캠페인 온라인 및 오프라인 프로모션 기법을 사용하여 사이트 이용자(신규 및 기존 고객)를 늘리는 것

이 장에서는 그림 1.9의 다양한 도구를 활용한 온라인 프로모션 접근법을 살펴본다. 트래픽 빌딩 또는 **상시 마케팅 캠페인**(always-on marketing campaign)은 다양한 온라인 및 오프라인 기법을 사용하여 사이트 방문자를 늘리는 방법을 말한다.

기업이 고객을 확보하기 위해 그림 1.9의 방식에 투자할 때는 앞에서 언급한 여러 지표를 기준으로 삼아야 한다. 가장 중요한 것은 필요한 판매량 또는 고객 수 대비 획득 비용을 최소화하는 것이다.

검색엔진 마케팅

검색엔진 마케팅(SEM) 검색자의 검색 목록에 관련성 높은 콘텐츠를 표시하고 원하는 사이트로의 클릭을 유도함으로써 검색엔진을 통해 기업의 목적을 달성하기 위해 홍보하는 것으로, 두 가지 주요 기술은 검색엔진 최적화(SEO)를 통한 자연 검색 결과 개선, 유료 검색 마케팅을 통한 스폰서 검색 결과 개선이다.

검색엔진은 기업이나 제품에 대한 정보를 찾는 주요 수단이다. 새로운 제품 또는 서비스, 엔터테인먼트를 찾을 때 누구나 자연스럽게 검색엔진을 이용하게 되었다. 구글, 빙 또는 중국의 바이두, 한국의 네이버, 러시아의 얀덱스 등 국가마다 인기 있는 검색엔진이 있다. 검색엔진을 통하지 않고 웹사이트 방문자를 늘리려면 해당 기업의 브랜드 파워와 오프라인 커뮤니케이션에 의존할 수밖에 없기 때문에 기업은 **검색엔진 마케팅**(search engine marketing, SEM)에 많은 노력을 기울이고 있다.

Chaffey와 Smith(2023)는 다음과 같이 트래픽 구축 타이밍의 중요성을 강조했다.

> 디지털 마케팅 담당자 중 일부는 트래픽 구축을 지속적인 과정으로 생각하기도 하고, 사이트 오픈이나 대규모 기능 강화와 같은 특정 캠페인으로 생각하는 사람도 있을 것이다. 어떤 방법은 지속적으로 하는 것이 가장 효과적이고, 어떤 방법은 단기간에 하는 것이 가장 효과적이다. 단기 캠페인은 사이트 론칭이나 온라인 전시회와 같은 이벤트를 위한 것이다.

현재 대부분의 기업은 검색엔진 마케팅에 지속적으로 투자하며, 자연 검색 마케팅과 유료 검색 마케팅을 병행하고 있다.

검색엔진 마케팅은 크게 두 가지 유형으로 나뉘고, 이를 관리하는 데 필요한 마케팅 활동이 전혀 다르다. 그래서 다음과 같이 구분하여 소개하지만 실제로는 둘을 통합하여 동시에 실행해야 한다.

검색엔진 결과 페이지(SERP) 사용자가 검색엔진에 키워드를 입력한 후 표시되는 페이지로, 자연(유기적) 목록과 유료(스폰서) 목록이 모두 포함된다.

자연(유기적) 목록 검색엔진의 검색 결과가 나열되는 페이지로, 검색엔진이 사용하는 순위 알고리즘에 따라 검색엔진에 입력된 키워드와 웹페이지의 일치도에 따라 광고 아래에 순서대로 표시된다.

- 검색엔진 최적화(SEO) 또는 자연 검색은 검색엔진 사용자가 입력한 키워드(또는 핵심 문구)의 특정 조합 범위에 걸쳐 **검색엔진 결과 페이지**(search engine results page, SERP)의 광고 아래 무료로 웹사이트 링크가 노출되는 공간인 **자연(유기적) 목록**(natural or organic listing)에 최상의 위치 또는 높은 순위를 달성하는 것을 포함한다.

  검색엔진 결과 페이지에는 검색엔진이 해당 페이지에 포함된 텍스트 및 해당 페이지로 연결되는 링크와 같은 요소에 따라 검색과 관련이 있다고 판단한 페이지가 나열될 뿐만 아니라 검색자가 유용하다고 생각할 수 있는 다른 도구도 포함된다. 처음 도입되었을 때 구글은 이를 유니버설 검색 또는 블렌디드 검색이라고 불렀는데, 오늘날에는 특정 SERP 기능에 대해 다른 레이블을 붙이고 있다. 이와 관련된 학습활동 8.1을 수행하라.
- 클릭당 과금(PPC) 검색 마케팅은 기존 광고와 유사하다. 검색엔진 사용자가 특정 문구를 입력하면 기업 웹페이지의 링크와 관련 텍스트 광고가 표시된다. 일반적으로 '광고' 또는 '스폰서 링크'로 표시되는 일련의 텍스트 광고는 유기적 목록의 상단 또는 오른쪽에 표시된다. 많은 검색자는 자연 검색 결과를 클릭하고자 하지만 상당수가 유료 목록의 링크를 클릭하게 된다(일반적으로 전체 클릭의 1/4 또는 1/3에서 절반 정도). 또한 타사 사이트

학습활동 8.1 변화하는 SERP의 특징

검색엔진 마케팅 도구 서비스인 모즈(Moz)는 모즈캐스트(MozCast)라는 조사를 정기적으로 업데이트하여 가장 인기 있는 검색어에 대한 검색 결과 페이지 내 다양한 기능의 인기를 보여준다. SERPS 기능의 예로는 'People also Ask'라는 제목 아래의 'Related questions'를 들 수 있다.

활동

모즈캐스트에 접속하여 최신 SERP 기능(그림 8.7)을 살펴보고 각각의 차이점을 이해해보자. 선택한 분야의 제품에 대해 다양한 탐색 검색, 일반 검색, 특정 검색을 수행하여 다양한 유형의 쿼리에 대해 얼마나 많은 것을 식별할 수 있는지 확인하라. 다른 기업에 비해 가시성이 높은 기업이 있는가?

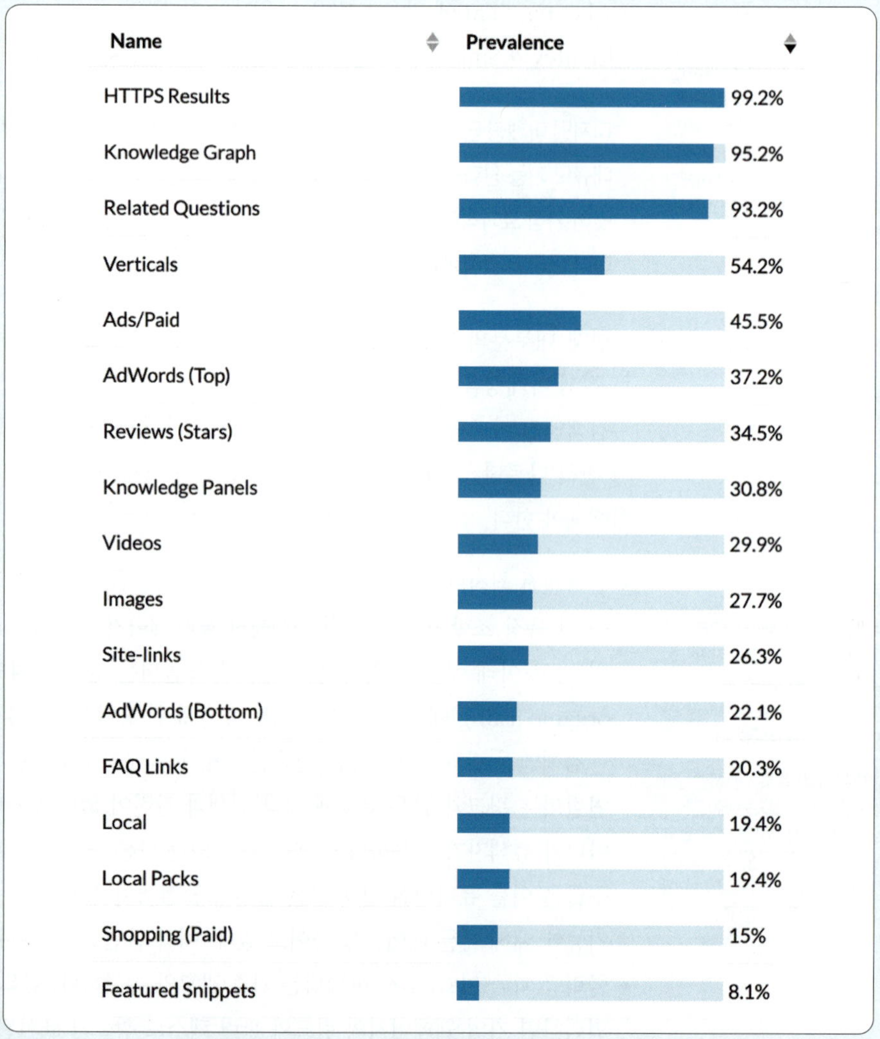

그림 8.7 SERP 기능의 상대적 인기도

출처: Moz

에 표시되는 클릭당 과금 광고를 통해 인지도와 반응을 창출하는 기회도 있다.

검색엔진 최적화 모범 사례

많은 특허와 구글 서치 센트럴(Google Search Central)의 '웹마스터 가이드라인'에 공개한 구글의 기술을 이해하는 것은 유기적 검색 관리자에게 도움이 될 것이다. 그림 8.8은 검색 기술이 이러한 주요 프로세스를 포함하고 있음을 보여준다.

스파이더 기술적으로는 '로봇'으로 알려진 소프트웨어 프로세스로, 검색엔진이 등록된 사이트의 웹페이지를 정기적으로 인덱싱하는 데 사용된다.

- **크롤링**: 인덱스와 관련된 페이지를 식별하고 해당 페이지가 변경되었는지 여부를 평가하는 것이 목적이다. 크롤링을 수행하는 로봇(봇)은 **스파이더**(spider)라고도 하며, 웹페이지에 액세스하여 나중에 분석 및 색인을 위해 페이지의 참조 URL을 가져온다. '봇'이나 '스파이더'라고 하니 물리적인 무언가가 사이트를 방문하는 것 같지만, 실은 단순히 검색엔진의 서버에서 실행되는 소프트웨어 프로세스로, 페이지를 요청하고 해당 페이지에 포함된 링크를 따라 관련 URL이 포함된 일련의 페이지를 요청하고 관련 URL을 가진 일련의 페이지 참조를 생성한다. 이는 재귀적인 프로세스이며, 링크를 따라갈 때마다 크롤링이 필요한 추가 링크가 발견된다.
- **색인**: 검색엔진은 쿼리 문구에 대해 각 페이지를 검색하는 대신 색인 순서를 도치시켜 특정 단어가 포함된 문서의 룩업 테이블을 생성한다. 색인 정보는 문서 내에 저장된 문구과 문서 제목, 메타 설명, 페이지 순위, 신뢰도 또는 권한, 스팸 평가 등 페이지를 특징짓는 기타 정보로 구성된다. 문서 내 키워드에 대해서는 시맨틱 마크업(HTML 내 〈h1〉, 〈h2〉

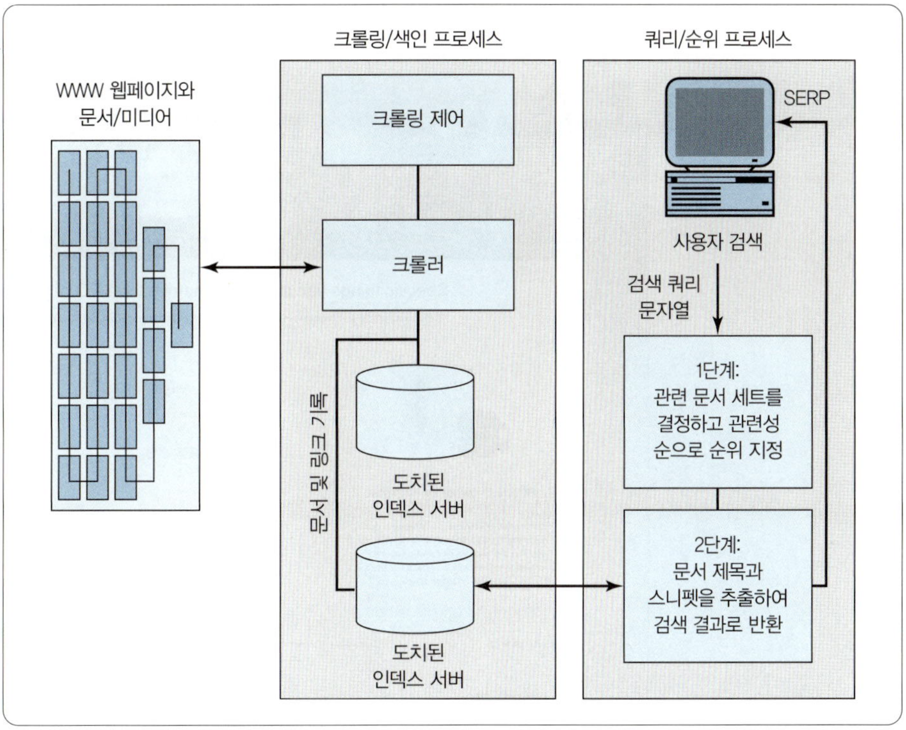

그림 8.8 유기적 검색 목록을 제작하는 과정

링크 앵커 텍스트 HTML 소스에 정의된 텍스트는 웹 브라우저에 표시되는 파란색 밑줄 하이퍼링크를 형성하는 데 사용된다.

제목), **링크 앵커 텍스트**(link anchor text)에서의 출현율, 근접성, 빈도 또는 밀도, 문서 내 위치 등의 속성이 추가로 저장된다.

- **순위 또는 점수 매기기**: 색인 프로세스에서는 쿼리에 특정 단어가 포함된 모든 페이지를 조회하지만, 관련성 측면에서 정렬되지는 않는다. 검색엔진 결과 페이지에서 가장 관련성이 높은 문서 집합을 평가하기 위한 문서 순위는 입력된 검색어에 대해 실시간으로 이루어진다. 먼저 특정 데이터센터에 있는 색인 런타임 버전에서 관련 문서를 검색한 다음 여러 랭킹 요소를 기반으로 각 문서의 검색엔진 결과 페이지 순위를 계산한다.
- **쿼리 요청 및 결과 제공**: 익숙한 검색엔진 인터페이스가 검색자의 쿼리를 받아들인다. 사용자의 위치는 IP 주소로 평가되고, 쿼리는 처리를 위해 관련 데이터 센터로 전달된다. 그 후 특정 쿼리에 대해 실시간으로 순위를 매기고, 관련 문서의 정렬된 목록이 반환되어 검색 결과 페이지에 표시된다.

구글은 검색 순위 알고리즘에 200개 이상의 요소와 신호를 사용한다고 밝혔다. 여기에는 순위를 높이는 데 도움이 되는 긍정적인 랭킹 요소, 색인에서 검색엔진 스팸을 제거하는 데 사용되는 부정적인 요소와 필터가 포함된다. SearchengineJournal.com, Semrush.com, Moz.com 등은 구글의 랭킹 요소에 대한 추측과 알고리즘 변경 관련 최신 정보를 얻을 수 있는 유용한 사이트이다. 그러나 구글의 직접적인 지침은 구글 서치 센트럴을 참고하는 것

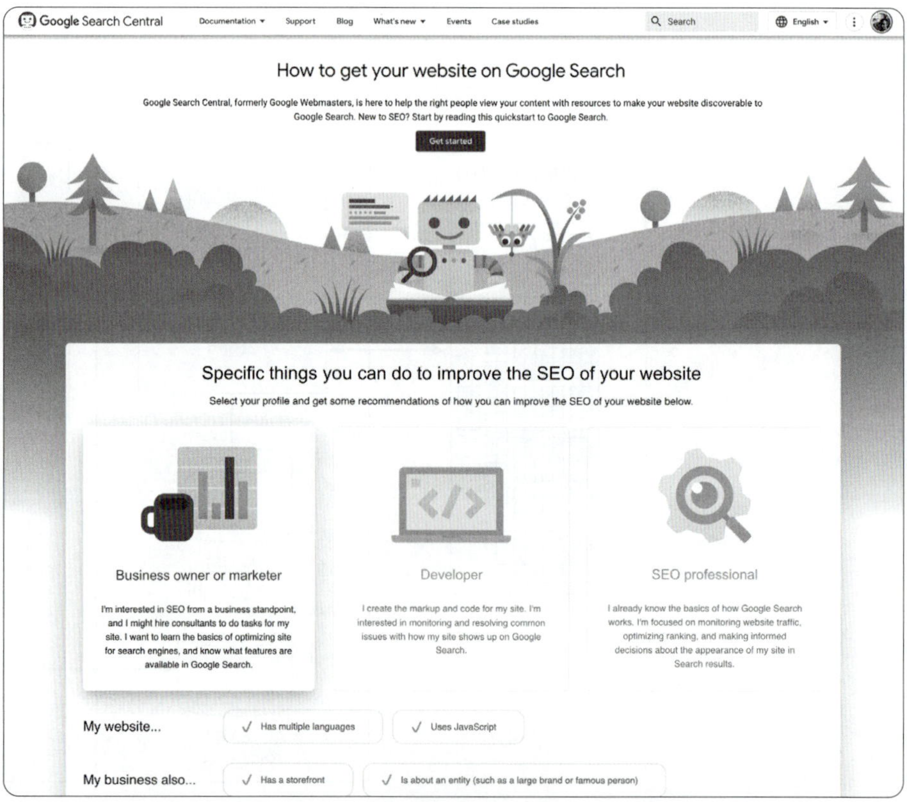

그림 8.9 검색엔진 최적화 개선을 지원하는 구글 서치 센트럴 서비스

이 좋다. 구글(2022)은 검색 품질 평가 가이드라인에 명시된 알고리즘 내 경험, 전문성, 권위성, 신뢰성의 중요성을 강조했다. 이는 구글이 지정한 평가자(봇이 아닌 실제 사람)가 콘텐츠의 품질, 작성자와 사이트의 권위성에 대한 검토를 바탕으로 알고리즘이 효과적으로 작동하는지 확인하기 위해 사이트를 수동으로 점검할 때 사용된다.

매년 구글의 알고리즘에 수백 가지의 미세한 변경이 있었는데, 이는 최근 검색엔진 최적화 전문가가 애널리틱스를 통해 사이트의 중요성과 사이트에 미치는 영향을 평가해야 하는 '핵심 업데이트'로 그룹화된 것이다. 많은 사람이 검색엔진 최적화 업계에 종사하는 이유 중 하나가 바로 이것이다.

구글(2019)은 핵심 업데이트의 중요성을 다음과 같이 설명한다.

> 구글은 매일 한 가지 이상의 검색 결과 개선을 위한 변경 사항을 발표한다. 대부분의 경우 눈에 띄지 않지만 조금씩 개선해나가고 있다. 구글은 1년에 몇 번 검색 알고리즘과 시스템을 대규모로 광범위하게 변경하는데, 이를 '핵심 업데이트'라고 부른다. 이러한 업데이트는 전반적으로 검색자에게 적절하고 신뢰할 수 있는 콘텐츠를 제공한다는 사명을 달성하기 위한 것이다.

키워드 분석

키프레이즈 검색엔진 사용자가 검색창에 입력하는 단어의 조합

성공적인 검색엔진 마케팅의 출발점은 적절한 핵심 문구를 타기팅하는 것이다. 구글과 같은 검색엔진은 사용자가 입력한 키워드와 페이지의 문구 사이에 일치 또는 근접성이 있을 때 더 관련성이 높다고 판단하기 때문에 키워드가 아닌 **키프레이즈**(keyphrase, 'keyword phrase'의 약자)를 더 많이 사용한다는 것에 유의해야 한다. 이때 기업은 '갭 분석'을 수행해야 하는데, 이는 각 문구에 대해 실제 순위 및 방문자 수와 비교하여 잠재적으로 수집할 수 있는 방문자 수를 표시하고 타기팅할 키워드를 식별하는 것이다.

고객이 제품을 검색할 때 입력할 가능성이 높은 키워드를 파악하기 위한 주요 정보원으로는 시장 지식, 경쟁업체 사이트, 사이트 방문자의 키워드(웹 분석을 통해 파악), 사이트 내 검색 도구, 구글 애즈의 일부로 사용할 수 있는 구글 키워드 플래너 도구 등이 있다.

각 검색엔진에는 자체적으로 진화한 알고리즘이 있고, 수백 가지의 가중치 요소에 대해서는 해당 엔진이 고용한 검색 엔지니어만 알 수 있지만, 다행히도 검색엔진의 순위에 영향을 미치는 공통 요소가 있다. 이를 중요도가 높은 순서대로 나열하면 다음과 같다.

1. **콘텐츠**: 구글의 검색 품질 수석 전략가인 안드레이 리파체프(Andrey Lipattsev)에 따르면 콘텐츠의 품질은 구글의 랭킹 요소 중 가장 중요한 요소의 하나이다. 최근에는 키워드 중심의 콘텐츠에서 자연어로 작성된 관련성 높은 콘텐츠로 전환하고 있다. 허밍버드(Hummingbird, 2013년 9월), 랭크브레인(RankBrain, 2015년 10월)과 같은 구글 알고리즘 업데이트는 시맨틱 관련 광고의 최적화에 큰 가치를 부여하고 있다. 즉 평이한 영어로 한 가지 주제에 대해 깊이 있게 논의하는 것이 관련성이 낮고 흥미롭지 않은 키워드가 밀집된 콘텐츠보다 훨씬 더 높은 순위를 얻을 수 있다는 의미이다. 관련성은 제목(〈H1〉, 〈H2〉)에 키워드를 추가하고, 하이퍼링크에 앵커 텍스트를 연결하거나 문서의 시작 부분으로 갈수록 밀도를 높여 관련성을 높일 수 있다.

페이지 랭크 구글이 인바운드 링크(링크 인기도)의 수에 따라 웹사이트의 중요도를 평가하기 위해 사용하는 0부터 10까지의 척도

2. **인바운드 링크 수**: 양질의 사이트 링크가 많을수록 순위가 올라간다. 순위를 결정하기 위한 인바운드 링크 또는 백링크 평가는 구글이 인기를 얻게 된 주요 이유 중 하나이다. 구글은 **페이지 랭크**(page rank)라는 평가를 사용하여 다른 사이트의 각 링크 또는 '인용'을 투표로 간주하기 때문에 관련성이 높은 결과를 제공한다. 이전에는 각 페이지에 대해 0~10이라는 점수를 표시하는 구글 툴바를 통해 공개되었으나 이제는 이 기능을 사용할 수 없다. 그러나 모든 투표가 동일한 것은 아니며, 구글은 페이지 순위가 높고 링크된 페이지와 동일한 맥락이나 주제의 콘텐츠를 가진 페이지의 링크에 더 큰 가중치를 부여한다. 또한 하이퍼링크의 앵커 텍스트나 인접 텍스트에 키프레이즈와 관련된 텍스트가 포함되어 있는 경우, 즉 링크된 페이지에 콘텍스트가 있는 경우에도 가산점을 부여한다.

   양질의 링크에는 대개 링크된 콘텐츠와 관련된 앵커 텍스트(설명 텍스트)가 포함되어 있다.

   구글의 웹마스터 가이드라인에는 다음과 같은 내용이 있다.

   > 다른 사이트에서 고품질의 관련성 높은 링크를 생성하는 가장 좋은 방법은 인터넷 커뮤니티에서 자연스럽게 인기를 얻을 수 있는 독특하고 관련성 높은 콘텐츠를 만드는 것이다. 좋은 콘텐츠를 만들면 보상을 받을 수 있다. 링크는 일반적으로 선택에 의해 주어지는 편집 투표이며, 더 유익한 콘텐츠가 많을수록 다른 사람이 해당 콘텐츠를 독자에게 가치가 있다고 판단하고 링크를 걸 가능성이 높아진다.

   링크의 또 다른 중요한 측면은 사이트 내 내부 링크의 구조이다. 다양한 형태의 내비게이션 하이퍼텍스트에 등장하는 키워드는 구글이 페이지의 맥락을 파악하는 데 중요한 역할을 한다.

3. **모바일 우선 사용자 경험**: 2016년에 구글은 모바일 우선 색인으로 전환했다. 이는 데스크톱 버전이 아닌 모바일 버전의 웹사이트를 주로 크롤링한다는 것을 의미한다. 모즈에 따르면 모바일 검색엔진 최적화의 모범 사례는 다음과 같다.

   - CSS, 자바스크립트, 이미지를 차단하지 않는다.
   - 플래시나 팝업을 사용하지 않고 '굵은 손가락에 맞게' 모바일용 사이트를 디자인한다(터치스크린 내비게이션은 버튼이 너무 크거나 작거나 또는 '스크롤 경로'를 방해하면 실수로 클릭할 수 있다).
   - 제목과 메타디스크립션을 최적화한다(적은 화면 공간에서 작업한다).
   - schema.org로 구조화한 데이터를 사용한다.
   - 로컬 검색에 최적화한다.
   - 모바일 사이트 구성을 고려한다(구글은 반응형 디자인을 선호한다).

   또 다른 요소는 페이지 로딩 속도이며, 이는 사용자 경험에 영향을 미친다. 데스크톱 사이트는 3초 이내, 모바일 사이트는 2초 이내에 로딩되어야 한다는 것이 일반적인 경험 법칙이다.

4. **제목 HTML 태그**: 브라우저 창 상단에 표시되는 웹페이지 제목 태그의 키워드는 HTML

코드에서 〈Title〉 키워드로 표시된다(예: 〈title〉Digital Insights from Dr Dave Chaffey-Personal site 〈/title〉). 제목 HTML 태그는 검색엔진 목록에서 중요한데, 키프레이즈가 제목에 표시되면 페이지 본문에 표시되는 것보다 더 높은 순위에 표시될 가능성이 높기 때문이다. 따라서 사이트의 각 페이지에는 회사명과 해당 페이지에서 소개되는 제품, 서비스, 오퍼를 나타내는 특정 제목을 붙여야 한다. 제목 태그의 왼쪽에 있는 키프레이즈 또는 키프레이즈의 밀도가 높을수록 중요하게 여겨진다. 제목 HTML 태그는 검색 결과 페이지 내에서 밑줄로 웹사이트에 대한 하이퍼링크를 형성하는 텍스트이므로 검색 마케팅에서도 중요하다. 검색 결과 페이지에 표시되는 Title 태그가 관련성을 나타내는 콜투액션이면 클릭 수와 방문 수가 증가한다(참고로 구글은 사이트 클릭 수를 모니터링하여 콘텐츠 관련성이 있다고 판단되면 검색엔진 목록상 순위를 올려준다).

메타태그 HTML 페이지의 일부로, 입력된 키워드와 일치할 때 검색 상위에 표시되는 키워드

5. **메타태그**(meta-tag): 웹페이지 제작자가 콘텐츠 관리 시스템에 입력하는 HTML 소스 파일의 일부로, 검색엔진의 스파이더나 로봇이 읽는다. 사용자에게는 보이지 않지만, 일부 검색엔진에서는 스파이더나 로봇이 색인을 생성할 때 이용한다. 과거에는 검색엔진이 메타태그에 키프레이즈가 포함된 사이트의 관련성을 그렇지 않은 사이트보다 더 높게 평가했지만 지금은 그다지 중요하지 않다. HTML 페이지 상단에 〈meta name= "content=" 〉라는 HTML 키워드를 사용하여 지정하는 두 가지 중요한 메타 태그가 있다.
   - 'keywords' 메타태그는 웹페이지에서 다루는 주요 주제를 강조한다(예: 〈meta name="keywords" content="digital business advice, E-commerce advice" 〉).
   - 'description' 메타태그는 검색 결과 페이지에 표시되는 정보를 나타내므로 검색자의 클릭을 유도하기 위해 웹페이지가 어떤 가치를 제공하는지 기술하는 것이 매우 중요하다(예: 〈meta name="description" content="Free resources to support digital business and Digital marketing - DaveChaffey.com"〉.
6. **대체 그래픽 텍스트**: 그래픽 소재나 플러그인이 많이 사용된 사이트는 상위 노출이 어렵다. 페이지가 색인화되는 유일한 텍스트는 〈Title〉 키워드로, 이를 개선하기 위해 그래픽 이미지에 숨겨진 텍스트를 연결할 수 있다. (그래픽 이미지가 꺼져 있지 않는 한) 사용자에게는 보이지 않지만 검색엔진에 표시되고 색인화된다. 예를 들어 〈IMG NAME="Logo" SRC="logo.gif" ALT="Digital business links and articles-DaveChaffey.com"〉와 같이 회사명이나 제품에 대한 텍스트를 'ALT' 태그를 사용하여 회사 로고에 할당할 수 있다. 한편 이 요소는 검색엔진 스팸으로 인해 이전보다 관련성이 낮아졌지만(이미지가 링크가 아닌 경우), 접근성법(시각장애인이 사용하는 스크린리더는 ALT 태그에 할당된 텍스트를 읽어줌)에서도 의무화되어 있기 때문에 이 요소를 사용하는 것이 좋다.

유료 검색 마케팅

검색엔진 사용자가 특정 문구를 입력하면 기업 페이지로 연결되는 링크가 포함된 관련 텍스트 광고가 표시된다. 또한 제품 사진이 포함된 광고도 한 번쯤은 본 적이 있을 것이다.

이러한 구글 쇼핑 애즈(Google Shopping Ads)는 방문자가 제품을 검색하는 동안 방문자의 의도를 파악할 수 있는 기회로, 구글은 이러한 광고 유형에 대한 최적화 관리의 복잡성을 줄이도록 광고주를 위한 스마트 쇼핑(Smart Shopping), 퍼포먼스 맥스(Performance Max) 등의 광고 프로그램을 제공하고 있다. 이러한 프로그램은 인공지능 알고리즘과 예측 분석을 통해 광고의 과거 성과를 검증하고 입찰가와 광고 크리에이티브에 대한 정보를 제공한다.

기존 광고와 달리 광고주는 청중 타기팅이나 광고 소재 제작에 또는 심지어 광고가 표시될 때도 광고비를 지불하지 않고 오직 광고가 클릭되어 광고주의 웹사이트 방문으로 이어지는 경우에만 광고비를 지불한다. 따라서 이것은 '클릭당 과금 마케팅' 또는 '퍼포먼스 마케팅'이라고 한다. 유료 검색 마케팅에서 상대적으로 검색 결과 상단에 노출되는 것은 각 키프레이즈의 최고 입찰 단가와 기타 요소를 고려하여 결정된다.

많은 사람이 생각하는 것처럼 단순히 클릭당 단가를 가장 많이 지불할 수 있는 기업이 상위 순위에 오르는 것은 아니다. 검색엔진은 스폰서십 순위를 매길 때 광고의 위치에 따른 상대적인 클릭률(위치가 낮으면 당연히 클릭률도 낮음)도 고려하기 때문에, 클릭하는 사람이 적어 관련성이 낮다고 판단되는 광고는 순위가 떨어지거나 게재에서 사라질 수도 있다. 검색 결과로 노출되는 광고의 위치를 결정하기 위한 CTR 분석은 **품질 점수**(quality score)의 일부이다. 이는 원래 구글이 개발한 개념이지만 현재 야후/빙 검색 네트워크의 일부로 통합되었다.

품질 점수 구글 애즈(및 현재 다른 검색엔진)의 유료 검색에서 키워드를 트리거로 한 개별 광고의 평가. 입찰 금액과 조합하여 경쟁업체 광고와의 상대적 순위를 결정한다.

검색엔진 내 유료 검색 광고뿐만 아니라 텍스트 광고는 **콘텍스트 디스플레이 네트워크**(contextual display network)를 형성하는 타사 사이트에도 표시되며, 콘텐츠 유형에 따라 '콘텍스트 광고'가 자동으로 표시되는 구글 디스플레이 네트워크, 빙 네트워크와 같은 곳에도 광고가 표시된다. 이러한 광고는 일반적으로 클릭당 비용(CPC)으로 지불되지만 노출당 비용(CPM)으로 지불될 수도 있으며, 검색 네트워크와 퍼블리셔가 수수료를 분담한다. 구글의 연례 보고서에 따르면 검색 네트워크는 구글 수익의 약 20%를 차지한다. 검색 네트워크를 통해 마케팅 담당자는 선택할 수 있는 타사 사이트에서 더 많은 잠재고객에게 도달할 수 있지만, 다양한 메시지를 전달하기 위해 이를 어떻게 사용할지 결정해야 한다.

콘텍스트 디스플레이 네트워크 콘텍스트 광고는 검색엔진에 의해 파트너 퍼블리셔 사이트의 콘텐츠 유형에 따라 자동으로 표시된다.

가짜 클릭, 광고 사기, 측정 오류 주의

마케팅 담당자에게 PPC 마케팅의 원리를 설명하면 "경쟁사 링크를 무한히 클릭하여 경쟁사를 파산시킬 수 있나요?"라고 묻는 경우가 있다. 그럴듯하지만 실제로는 가능성이 낮다. PPC 광고 네트워크는 동일한 컴퓨터(IP 주소)에서의 많은 클릭을 감지하고 필터링한다. 그러나 클릭을 위장하는 소프트웨어 도구 또는 링크를 클릭하도록 전 세계 사람들에게 보상을 지불하는 서비스 등 다양한 위치에서 여러 번의 클릭을 모방하는 기법이 존재한다. 경쟁이 치열한 시장에서는 클릭 다섯 번 중 한 번은 가짜로 추정된다. 가짜 클릭을 감시하고, 입증되면 환불을 받을 수 있지만, 궁극적으로 디지털 미디어 부문에 피해를 줄 수 있다.

디지털 마케팅 업계의 또 다른 문제는 광고 사기이다. 미국광고주협회(Association of National Advertisers, 2017)의 보고서에 따르면 비인간(또는 봇) 디지털 트래픽으로 인해

70억 달러 이상의 광고 투자가 낭비된다고 한다. 이러한 유형의 사기는 지난 몇 년 동안 진화해왔으며, 하이엔드(및 고비용) 디지털 동영상 분야까지 침투했다. 최근 적발된 두 가지 주요 사기 봇 네트워크는 메스봇(Methbot)과 하이프봇(Hyphbot)으로, 후자는 매우 교묘하게 인간 트래픽의 행동을 모방하여 하루에 15억 건의 가짜 광고 요청을 생성했다. 또한 모바일 앱을 둘러싼 업계의 우려도 있다. 새로운 사기 모델이 앱에 많이 등장하고 있는데, 이러한 사기 모델은 광고 사기를 통한 수익 창출을 목적으로 한다. 모바일 광고 봇 사기가 증가하는 주된 이유 중 하나는 추적/검증 문제 때문으로, 광고주는 제삼자 검증과 함께 면밀한 계획과 인벤토리 선택을 통해 문제를 극복하기 위해 노력해야 한다.

이 책을 작성하는 시점에 페이스북은 많은 측정 오류(2016~2017년에 10건)로 곤욕을 치르고 있다. 예를 들어 2016년 9월에 소셜 미디어 플랫폼은 사용자가 타임라인 동영상을 시청하는 시간을 최대 80%까지 과대평가하고 있었다는 사실을 밝혔다. 그리고 2017년 5월에는 동영상 캐러셀 광고와 관련된 측정 오류로 인해 광고주에게 손실을 입혔다고 인정했다. 이에 따라 페이스북이 사용하는 측정 기준이 신뢰할 수 있는 것인지, 광고주가 가능한 한 효율적·효과적으로 자금을 지출하고 있는지 보장할 수 있도록 독립적인 제삼자 검증을 요구하는 목소리가 커지고 있다.

세계광고주연맹(World Federation of Advertisers, 2016)은 광고 사기가 2025년까지 광고 생태계에 연간 500억 달러의 피해를 입힐 것이라고 밝혔다. 현재로서는 광고 사기를 근절하기가 매우 어렵기 때문에, 디지털 광고 캠페인을 계획하고 실행할 때 이러한 문제를 인지하는 것이 중요하다.

미니 사례 연구 8.2에서는 온라인 여행사인 퍼스트초이스(First Choice)가 블로그 트래픽을 늘리기 위해 콘텐츠 및 소셜 공유 캠페인을 어떻게 진행했는지 소개한다.

디지털 PR

영국의 CIPR(Chartered Institute of Public Relations, 2018)은 PR을 다음과 같이 정의했다.

> PR(public relation)은 평판을 의미하며, 이해와 지지를 얻고 의견과 행동에 영향을 미치는 것을 목적으로 한다. PR은 조직과 일반 시민 사이에 호의와 상호 이해를 구축하고 유지하기 위한 계획적이고 지속적인 노력이다.

디지털 PR은 인터넷의 네트워크 효과를 활용하기에 적합한 수단이다. 인터넷은 'interconnected networks(상호 연결된 네트워크)'의 약자라는 것을 잊지 말라. 다른 사이트에서 자사의 브랜드와 사이트가 언급되는 것은 대중의 의견을 형성하고 방문자를 사이트로 유도하는 데 큰 효과가 있다. 디지털 PR의 주요 요소는 타깃 고객이 방문할 가능성이 높은 타사 사이트에서 기업, 브랜드, 제품, 웹사이트에 대한 긍정적인 언급을 극대화하는 것이다. 또한 검색엔진 최적화를 다룰 때 언급했듯이 사이트에 대한 링크가 다른 사이트에 많을수록 검색엔진의 자연 검색 목록에서 더 높은 순위를 차지할 수 있다. 온라인 평판 관리를 통해 브랜드에 대한 불리한 언급을 최소화하는 것도 디지털 PR의 한 측면이다.

미니 사례 연구 8.2 소셜 인터랙션과 블로그 트래픽을 증가시킨 퍼스트초이스

퍼스트초이스의 캠페인 콘셉트는 인터랙티브 HTML5 인포그래픽 공간을 만들어 사람들이 세계에서 가장 아름다운 나라에 투표할 수 있게 하는 것이었다. 그래서 뉴스거리가 되는 주제로 심플한 비주얼 디자인을 제작하여 미디어(PR)의 관심을 끌기 위해 SEO 및 콘텐츠 마케팅 에이전시인 캘리버(Calibre)에 의뢰했다. 투표는 핀터레스트를 통해 이루어졌고, 사용자가 만든 콘텐츠는 인포그래픽 자체의 국가별 피드로 분석되었다. 트위터도 투표 채널로 이용되었다.

실시간으로 투표가 인터랙티브 히트맵으로 업데이트되었고, 사용자는 특정 국가를 클릭하여 풍경, 사람, 문화에 대한 투표와 핀보드를 볼 수 있었다. 이러한 대화형 요소를 통해 전 세계 사람들은 특정 장소에 대한 애정으로 활발한 토론을 벌였다. 투표자들은 퍼스트초이스가 제공하는 경품을 받을 수 있는 콘테스트에도 참가했다.

캠페인의 구체적인 내용은 다음과 같다.

- Mashable.com 편집자의 취향을 고려한 인포그래픽을 개발했다(캠페인의 바이럴을 돕기 위해).
- 인포그래픽을 통해 투표를 유도하는 매력적인 공모전을 열었다.
- 출시 전에 전통적 매체의 저널리스트들과 대화하는 자리를 마련했다(이때 마이크로사이트가 일반 청중 또는 오프라인 청중에게 호소력이 약하다는 것을 알게 되어 소셜 아웃리치에 캠페인의 초점을 맞추었다).
- Mashable.com에서 독점적으로 특집으로 다루었고, 트위터와 페이스북에서 즉각적인 소셜 공유가 시작되었다. 트위터, 스텀블어폰(StumbleUpon), 페이스북에서 유료 소셜 미디어 캠페인을 실시하여 더 많은 인터랙션을 확보했다.
- 디지털 PR을 활용하여 바이럴 단계까지 기세를 이어갔다. 이때 관광청과 주요 인플루언서에게 연락을 취하여 팔로워에게 특정 국가에 대한 투표를 독려하게 했다. 그 결과 라트비아, 멕시코, 튀르키예의 온라인 커뮤니티에서 인포그래픽이 인기를 끌어 많은 사람이 투표에 참여했다.

다음은 캠페인의 결과이다.

- 인포그래픽이 300개 이상의 웹사이트에 게재되었고 《트래블 트레이드 가제트(Travel Trade Gazette)》(온라인 및 인쇄물), 매셔블(Mashable), 《데일리 메일(Daily Mail)》, 《허핑턴 포스트(Huffington Post)》, 개들링(Gadling) 등의 언론에도 소개되었다.
- 72,109회 이상의 소셜 인터랙션(7 × KPI)이 발생했다.
- 페이스북에서 16,680개의 '좋아요'를 얻고 공유되었다.
- 인포그래픽이 11,439회 트윗되었다.
- 핀터레스트에서 831개의 핀을 얻었다.
- 링크드인에서 654회 공유되었다.
- 고유 페이지 뷰가 114,002회에 달했다.
- 아웃리치와 바이럴을 통해 300개 이상의 링크가 생성되었고, 구글 검색 결과의 최상단에 5개의 키워드가 올랐으며, 4월 한 달 동안 퍼스트초이스 블로그의 트래픽이 500% 급증했다.

영국 TUI의 SEO 관리자인 아드리아노 코메냐(Adriano Coméña)는 이렇게 말했다.

> "우리가 이 캠페인을 선택한 것은 HTML5/CSS3와 같은 새로운 웹 기술을 시험해볼 뿐만 아니라, 고객이 최종 결과를 결정하도록 함으로써 고객을 캠페인의 원동력으로 삼고, 영국 여행 산업을 혁신하는 것이 중요하다고 생각했기 때문이다. 마케팅은 고객 중심적, 소비자 참여형 모델로 빠르게 변화하고 있으며, 콘텐츠와 소셜 공유가 브랜드의 다음 격전지가 될 것이라고 믿는다."

출처: Case study posting, 5 January 2013, www.thedrum.com/news/2013/01/04/conflict-pinterest-how-first-choice-used-content-and-social-sharing-increase-blog

디지털 PR의 활동에는 다음과 같은 것이 있다.

미디어(저널리스트)와의 온라인 커뮤니케이션

인터넷을 새로운 연결 고리로 삼아 이메일, 현장 또는 제삼자 사이트를 통해 검색엔진 최적화에 적합한 보도 자료를 배포한다. 옵션으로는 웹사이트에 보도 자료 영역 설치, 저널리스트 및 기타 제삼자가 등록할 수 있는 뉴스 관련 이메일 알림 생성, 온라인 뉴스 피드에 뉴스 기사 및 릴리스 전송 등이 있다.

링크 구축

링크 구축 페이지 순위가 높은 관련 사이트에서 자사 사이트로의 양질의 하이퍼링크를 포함하는 구조화된 활동

상호 링크 자기 조직과 다른 조직 간에 합의된 링크

검색엔진 최적화를 위한 중요한 활동이다. **링크 구축**(link-building)은 제삼자 사이트에서 브랜드를 인지시키는 것으로, 온라인 PR의 한 요소라고 할 수 있다. 일반적으로 **상호 링크**(reciprocal link)가 포함된 참조 사이트에서 가능한 한 많은 링크를 사이트로 가져오기 위한 구조적 노력이어야 한다.

McGaffin(2004)은 구조화된 링크 구축 프로그램을 실행하는 것에 대해 잘 소개했다. 그는 "좋은 콘텐츠를 만들고, 좋은 콘텐츠에 링크하고, 좋은 콘텐츠가 당신을 연결한다"고 말했다. 또한 자사 사이트에 대한 기존 링크와 경쟁업체의 링크를 검토하고, 타깃을 설정하며, 적절한 사이트 소유자에게 적극적으로 링크를 문의하는 방법을 설명했다.

미디어 사이트, 블로그, 비디오 스트림, 팟캐스트를 통한 공개

블로그는 온라인 저널, 일기, 뉴스, 이벤트 목록으로 적합한 콘텐츠를 정기적으로 게시할 수 있는 간편한 방법을 제공한다. 어떤 의미에서 인플루언서 및 미디어 사이트의 선구자이며, 팟캐스트나 유튜브와 같은 동영상 채널을 통해 정기적으로 콘텐츠를 공유하고 있다. 다른 사이트 또는 해당 사이트에 올린 사람들의 피드백(트레이스백) 댓글이 포함되기도 한다. 업데이트 빈도는 1시간, 매일, 매주 또는 그 이상일 수도 있지만, 매일 업데이트하는 것이 일반적이다. 효과적인 크리에이티브 자산이 고안되고 다양한 매체에 대한 아웃리치를 통해 공유될 때 사이트는 메시지를 증폭하고 브랜드와의 상호작용을 촉진하는 데 도움이 될 수 있다.

팟캐스트는 개인 또는 기업이 오디오(보통 MP3)나 동영상으로 의견을 제시하기 위해 생성할 수 있기 때문에 블로그와 관련이 있다. 팟캐스트는 BBC와 같은 미디어 조직에서 잘 활용하고 있으며, 영화 리뷰나 토론과 같은 인기 프로그램 또는 라이브 녹화에 활용되고 있다. 또한 '소트 리더십(thought leadership)' 콘텐츠를 생산하고 B2B 인플루언서가 되기에 좋은 채널로 인식되고 있다. 예를 들어 스콧 스트래튼(Scott Stratten)은 〈Unpodcast: The Business Podcast for the Fed-Up〉이라는 비즈니스 팟캐스트를 매주 진행하고 있으며, 소셜 미디어 팔로워가 20만 명 이상이다. 팟캐스트의 인지도를 높이는 데 큰 걸림돌이 되는 것은 현재 콘텐츠가 태그만으로 인식할 수 있고, 팟캐스트의 시작 부분을 듣지 않고는 품질을 평가하기 어렵다는 점이다. 팟캐스트는 BBC 아이플레이어(BBC iPlayer)와 같은 미디어 퍼블리셔의 스트리밍 미디어 서비스가 성장함에 따라 인기가 떨어지고 있다.

인플루언서 마케팅

인플루언서 (관계) 마케팅(IRM) 인플루언서 아웃리치를 정의된 목표에 대한 콘텐츠 자산과 '상시' 활동을 기반으로 한 캠페인 프로그램으로, 지속적으로 관리하고 측정하는 구조화된 프로세스

인플루언서 마케팅(influencer marketing) 또는 **인플루언서 관계 마케팅**(influencer relationship marketing, IRM)은 다양한 사람들 또는 미디어 사이트의 온라인 네트워크를 이용하여 자신의 팔로워와 콘텐츠를 공유하는 것이다. 인플루언서는 '모양과 크기'가 다양하며, 어떤 사람들은 다른 사람들보다 잠재적으로 더 영향력이 있다. 기업은 영향력 기준을 정의하고 유사한 유형의 인플루언서를 묶음으로써 관리 자원 사용의 우선순위를 정할 수 있다. 오날리티카(Onalytica, 2017)는 이러한 유형을 다음과 같이 정의했다.

- **일상적인 인플루언서**: 스스로 인플루언서라고 생각하지는 않지만 친구나 동료에게 영향을 미칠 수 있는 전형적인 웹 및 소셜 미디어 사용자이다.
- **브랜드 옹호자**: 제품 또는 브랜드에 매우 만족하는 고객으로, 돈을 받지 않고도 긍정적인 입소문, 콘텐츠, 추천을 퍼뜨리는 경향이 있다.
- **마이크로인플루언서**: 도달 범위가 상대적으로 좁지만, 관련성이 높고 참여율이 높으며 블로그와 소셜 미디어에서 양질의 콘텐츠를 만드는 경향이 있다. (예: 샤론, 21세, 패션 전공 학생, 인스타그램 팔로워 2,000명. 카메라를 좋아하고 멋진 콘텐츠를 만들고 있는데, 브랜드와 협력하여 콘텐츠를 만들고 그 과정에서 돈을 벌 수 있는 특전이 마음에 든다.)
- **전문 인플루언서**: 충분한 도달 범위와 잠재적 영향력을 가지고 있으며, 보상을 받거나 콘텐츠가 그들의 비즈니스 또는 개인적 목적을 지원한다. 일반적으로 특정 주제나 제품 카테고리에 대한 권위자로서 동종업계의 인플루언서가 참고하는 경우가 많다. (예: 데이브, 40세, 핀테크 전문가, 트위터 팔로워 6만 명. 책을 집필하고 북미·유럽·아시아의 행사에서 강연을 하며, 금융 산업에 혁신을 가져오는 브랜드를 상대로 컨설팅을 한다.)
- **매크로인플루언서**: 개성과 콘텐츠가 확립되어 있고, 명성이 높아서 매니저나 연예기획사가 대리인 역할을 하는 수준에 이르렀다. (예: 조는 2012년부터 비디오게임 유튜브 동영상을 제작하고 있으며, 지난 몇 년 동안 꾸준히 브랜드와 함께 일했다. 20만 명의 구독자를 보유하고 있으며, 인플루언서로의 성장을 돕는 연예기획사로부터 러브콜을 받았다.)
- **셀러브리티 인플루언서**: 매니저나 연예기획사를 통해 활동하며, 영감을 주는 존재로 인식되어 소비자가 이들로부터 영감을 얻곤 한다. 이러한 유형의 인플루언서에게는 프리미엄을 지불해야 하며, 팔로워 수가 적은 인플루언서보다 참여율이 훨씬 낮다. (예: 전 세계적으로 수많은 팔로워를 보유한 킴 카다시안)

영향력 평가

여러 인플루언서의 상대적 가치를 평가하기는 어렵다. 일반적으로 트위터 팔로워 수와 같은 도달 범위의 크기로 시작하는 것이 일반적이지만, 이러한 지표에만 의존하는 것은 위험할 수 있다. 일부 트위터 사용자들은 트위터가 막기 전에 '자동 팔로우' 봇을 통해 팔로워를 단숨에 늘리기도 했다. 팔로워웡크(Followerwonk)와 같은 무료 도구를 설치하여 상위 사용자가 수십만 명의 사용자를 팔로우할 수 있는데, 이러한 작업은 수동적으로는 불가능한 일이다.

오날리티카(2017)가 추천하는 인플루언서 인기 평가를 위한 4R 프레임워크는 도달 범위에서 시작하는 것이 아니라 다른 요소에서 시작한다.

- 높은 연관성(relevance)은 청중이 관심을 가지고 있고 제품 또는 서비스와 관련된 주제에 대해 인플루언서가 중점적으로 논의하거나 알려져 있는 것을 의미한다.
- 높은 공명도(resonance)는 인플루언서가 많은 청중을 끌어들이지 못하는 것이 아니라 청중에게 영향을 미치다는 것을 의미한다.
- 높은 참조율(reference)은 동종업계의 인플루언서들이 권위자로서 존경하는 업계 리더

나 컨퍼런스 연사를 식별하는 데 유용하다. 이는 인플루언서들의 인맥이 콘텐츠를 공유할 가능성이 있기 때문에 네트워크의 효율성을 강조할 수 있다.

- 높은 도달 범위(reach)는 단순히 인플루언서의 청중 규모와 그 인기를 의미한다.

인플루언서 활용을 극대화하는 효과적인 콘텐츠 제작

특히 B2B 마케팅에서 인플루언서를 활용하려면 그들이 만들고, 토론하고, 공유할 수 있는 적절한 유형의 콘텐츠를 정의하는 것이 성공에 매우 중요하다. 인플루언서는 브랜드에 대한 열정이 클수록 양질의 콘텐츠와 제품 추천을 공유할 가능성이 높다.

일반적으로 시장 인식에 영향을 미치려는 홍보 담당자는 인맥이 넓은 개인을 타깃으로 삼는 것이 중요하다고 생각한다. 그러나 온라인 인플루언서의 영향력에 대해서는 많은 논란이 있다. 커뮤니티 상호작용 연구자들은 전형적인 네트워크 구성원들(일반적으로 '적당히 연결된 대다수') 간의 집단적 상호작용도 중요하다고 생각한다. 예를 들어 Watts와 Dodds(2007)는 '영향력 가설'은 검증되지 않은 가정을 기반으로 하며, 대부분의 경우 확산이 실세계에서 어떻게 작용하는지와 일치하지 않는다고 주장한다. 이들은 "대부분의 사회 변화는 영향력 있는 사람에 의해서가 아니라, 영향을 받기 쉬운 개인이 영향을 받기 쉬운 다른 개인에게 영향을 미침으로써 발생한다"고 말했다. 보충 자료 8.1에서는 마이크로인플루언서 마케팅의 성장에 대해 자세히 다루었다.

온라인에서 교류하고 싶은 욕구가 있는 것은 사실이지만, 사이트 소유자는 여러 사이트를 오가는 온라인 잠재고객을 끌어들이기가 쉽지 않다는 것을 유념해야 한다. 사이트 방문자 중 적극적으로 참여하는 사람의 비율이 상대적으로 낮다(미니 사례 연구 8.3 참조).

제삼자 사이트에서의 자사 브랜드 표시 방법 관리

디지털 PR 전략의 일환으로 모니터링 서비스를 설정하는 것은 효과적이다. 또한 온라인 평판 관리의 일환으로 부정적인 PR에 대응할 수 있는 자원을 보유해야 한다. 마이크로소프트의 PR 에이전시에는 온라인 PR에 대응할 수 있는 '신속 대응 유닛'이 있다. 알림 서비스의 예로는 구글 알리미 등이 있다.

미니 사례 연구 8.3 90-9-1 참여 불평등 규칙

온라인 커뮤니티 참여를 유도하는 것은 커뮤니티 방문자의 대다수가 잠복하거나 참여하지 않기 때문에 어려운 일이다. 사용성 전문가인 야코브 닐센(Jakob Nielsen)은 위키피디아(방문자의 0.2%만이 활동)와 아마존(1% 미만이 리뷰 게시)의 참여 사례를 예로 들었다.

- 사용자 중 90%는 잠복자(lurker, 읽거나 관찰만 하고 포스팅은 하지 않는 사람)이다.
- 사용자 중 9%는 가끔 글을 올리지만 다른 우선순위에 시간을 많이 쏟는다.
- 사용자 중 1%는 적극적으로 참여하며 대부분의 게시물을 작성한다. 댓글이 달린 이벤트가 발생한 지 불과 몇 분 만에 게시하는 경우가 많다.

보충 자료 8.1 마이크로인플루언서 마케팅

2017년에는 마이크로인플루언서 캠페인을 진행하는 기업이 증가했다. 마이크로인플루언서는 보통 자연적으로 성장한 소셜 채널을 가지고 있고, 그 수가 많지는 않지만 진정성 있고 참여도가 높은 팔로워를 거느린 개인으로 간주된다. 이들은 청중에게 공감을 불러일으키는 고품질의 틈새 콘텐츠, 즉 틈새 커뮤니티를 보유하고 있으며, 개인적으로 알고 있거나 디지털 여정을 따라다니는 팬의 비율이 높다.

마이크로인플루언서의 활용이 증가하는 주된 이유는 인플루언서가 성장함에 따라 그 힘이 약해지기 때문이다. 이는 팔로워 수가 적은 사람이 더 독특하고 개인화된 방식으로 대화를 촉진하는 경향이 있음을 의미한다. 예를 들어 마컬리(Markerly, 2017)가 소셜 미디어 인플루언서 200만 명을 대상으로 실시한 조사에 따르면 팔로워가 1,000명 미만인 인스타그램 인플루언서의 '좋아요' 비율이 약 8%인 반면, 팔로워가 1,000~1만 명인 인플루언서의 '좋아요' 비율은 4%로 나타났다. 즉 팔로워가 증가함에 따라 '좋아요' 비율이 떨어진다. 1만~10만 팔로워의 '좋아요' 비율은 2.4%, 100만~1,000만 팔로워의 '좋아요' 비율은 1.7%였다. 업계 관계자들은 일반적으로 팔로워가 10만 명 이하인 경우를 마이크로인플루언서로 본다. 유료 파트너십의 경우 인스타그램 게시물 하나당 평균 800파운드의 비용이 소요된다.

스마트인사이츠(2017)는 인플루언서 마케팅 캠페인을 확장하려면 좋은 계획, 좋은 커뮤니케이션, 적절한 도구를 사용해야 한다면서 다음과 같이 조언했다.

마케팅 목표 설정

인플루언서 캠페인으로 달성하고자 하는 성과를 결정한다.

- 인식 제고
- 판매 촉진
- 리드 수집
- 이메일 등록
- 소셜 미디어 팔로워 증대
- 평판 확인
- 언박싱 동영상
- SEO 링크
- 멋진 영상 창작

플랫폼과 형식 선택

목표에 따라 어떤 플랫폼과 형식을 캠페인의 타깃으로 삼을지 결정할 수 있다. 인플루언서 마케팅 캠페인의 최종 목표는 어떤 형태로든 콘텐츠를 만드는 것이다. 이러한 콘텐츠에는 유튜브 동영상, 인스타그램 게시물, 핀터레스트 핀, 트윗, 블로그 게시물 등이 포함된다.

타기팅할 인플루언서 결정

만들고 싶은 콘텐츠와 브랜드에 가장 적합한 플랫폼을 파악했다면 캠페인에 적합한 인플루언서를 정의할 수 있다.

- 팔로워 수가 얼마나 되는가?
- 무슨 이야기를 하는가?
- 어떤 플랫폼에서 참여를 높일 것인가?
- 청중의 특성이 어떠한가? 팔로워의 연령, 성별, 위치가 타깃 고객과 일치해야 한다.

목표와 타기팅할 인플루언서가 정해지면 다음 단계(가장 어려운 단계)는 실제로 인플루언서를 찾아 브랜드를 홍보하도록 설득하는 것이다. 일반적으로 세 가지 방법이 있다.

- 인플루언서 마켓플레이스 이용
- 자체 데이터베이스 구축(DIY 접근법)
- 풀서비스 인플루언서 마케팅 서비스와 제휴

각각은 장단점이 있으며, 이를 보완하는 인플루언서 마케팅 도구도 다양하게 마련되어 있다.

인플루언서 마켓플레이스 이용

마켓플레이스 이용의 주요 장점은 속도와 효율성이다. 다음은 이용 가능한 마켓플레이스의 예이다.

- Famebit.com(유튜브 인플루언서)
- Octoly.com(유튜브 인플루언서)
- Inflenster.com(제품 리뷰어를 위한 쇼핑 커뮤니티 사이트)
- Takumi.com(인스타그램 인플루언서)
- Webfluential.com(여러 플랫폼의 인플루언서)
- Traackr.com(인플루언서 마케팅에 특화된 CRM 플랫폼)
- Tapinfluence.com(여러 플랫폼의 인플루언서)

인플루언서 찾기

자신만의 인플루언서 데이터베이스를 구축하고 싶을 때 유용한 몇 가지 도구가 있다.

- Buzzsumo.com(인플루언서와 콘텐츠 검색)
- BuzzStream.com(인플루언서와 블로거 검색 및 리서치)
- Ahrefs.com(주로 검색엔진 최적화에 특화된 서비스이지만 편리한 콘텐츠 검색 도구가 있음)

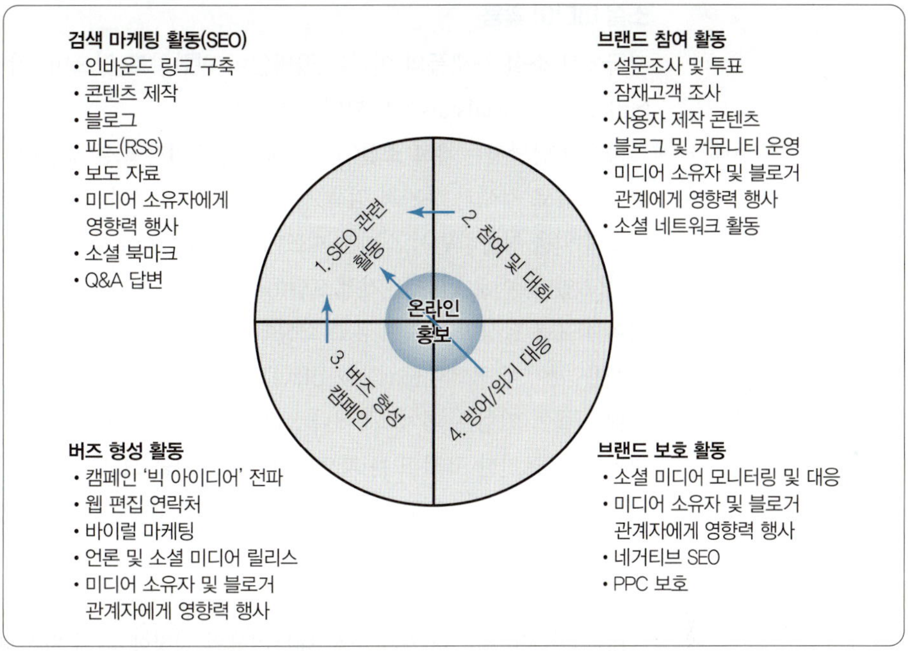

그림 8.10 온라인 PR의 카테고리 및 활동

화제성 창출(온라인 바이럴 마케팅)

기능적 관점에서 볼 때 온라인 바이럴 마케팅은 입소문이나 사이트 링크를 생성하는 경우가 많으며, 디지털 PR의 일부로 간주할 수 있다.

그림 8.10에 디지털 PR을 정리하여 나타냈다. 이는 참여를 수반하는 활동의 중요성과 모든 디지털 PR 활동이 생성된 링크를 통해 SEO에 어떻게 피드백되는지를 강조하고 있다.

소셜 미디어 마케팅

소셜 미디어의 지속적인 인기는 디지털 비즈니스에서 확고한 트렌드로 자리 잡았다. 특히 페이스북, 인스타그램, 트위터 그리고 B2B 사용자를 위한 링크드인 등 소셜 네트워킹 사이트(SNS)에서 공유되는 사용자 생성 콘텐츠(UGC)가 대표적이다. 최근 몇 년 사이에 스냅챗, 틱톡과 같은 다른 네트워크도 등장했다. 소셜 미디어 마케팅, 팟캐스트의 오디오 및 동영상 스트리밍 이용도 포함되며, 유튜브도 소셜 네트워크로 볼 수 있다. 또한 〈마인크래프트(Minecraft)〉와 같은 게임 환경도 틈새 소셜 미디어 사이트에 포함될 수 있다. 뿐만 아니라 블로그나 퍼블리셔 사이트는 소셜 요소를 가질 수 있지만, 블로그에서의 교류에 대한 일반적인 욕구 감소와 블로그 스팸(검색엔진 최적화에 도움이 될 수 있다는 잘못된 생각으로 작성된 관련 없는 댓글)의 증가로 인해 소셜 교류가 덜 중요해졌다. 청중에게 다가갈 수 있는 다른 기회는 B2B, B2C 청중을 아우르는 Q&A 사이트인 쿼라(Quora), 기술 분야 청중에게 인기가 있는 B2B Q&A 사이트인 스택오버플로(Stackoverflow), 미디엄과 같은 블로그 집계자를 통해 청중이 관심을 가진 질문에 대해 토론하는 것이다.

소셜 미디어 활용

각국에서 소셜 플랫폼의 인기는 끊임없이 변화하고 있으며, 각국의 최신 정보는 http://bit.ly/smartsocialstats에서 확인할 수 있다.

유료 소셜 브랜드 인지도, 리드, 판매를 달성하기 위해 소셜 네트워크에서 참여와 트래픽 구축을 촉진하는 데 사용되는 광고 프로그램

유기적 소셜 텍스트, 이미지, 동영상 게시물은 기업 소셜 네트워크 페이지에 무료로 추가되고, 기업 및 브랜드 팔로워의 피드에 표시될 수 있다.

마케팅 담당자는 **유료 소셜**(paid social), **유기적 소셜**(organic social) 등의 채널에 대한 투자를 유료 검색과 유기적 검색으로 구분하는 경우가 많다. SNS가 유료 프로그램을 개발하고 수익을 창출하면서 소비자 피드에 유기적 게시물을 선별하고 제한하는 알고리즘을 설정하고 있다. 이로 인해 '유기적 도달(organic reach)'이 줄어들었고, 기업은 청중에게 도달하여 목표를 달성하기 위해 유료 소셜에 더 많이 투자해야만 했다. 마케팅 담당자는 이러한 추세를 '페이 투 플레이(pay-to-play)'라고 일컫는다.

예를 들어 기업은 페이스북이나 트위터를 통해 자사 페이지의 피드에 최신 정보를 게시하거나, 옵트인한 고객 또는 파트너에게 메시지를 보낼 수 있다. 그러나 소셜 미디어의 이점을 활용하려면 고객과 대화를 시작하거나 참여하는 것도 효과적이다. 이러한 대화는 제품, 프로모션 또는 고객 서비스와 관련될 수 있으며, 고객에 대해 더 많이 알고 지원을 제공함으로써 기업의 인지도를 향상하는 것을 목표로 한다.

Boyd와 Ellison(2007)은 소셜 네트워크의 성장에 대해 밝히면서 소셜 네트워킹 사이트를 다음과 같이 설명했다.

> 웹 기반 서비스로, ① 경계 시스템 내에서 공개 또는 반공개 프로필을 생성하고, ② 연결을 공유하는 다른 사용자 목록을 생성하며, ③ 자신의 연결 목록과 시스템 내 다른 사용자가 생성한 연결 목록을 보고 열람할 수 있다.

이 정의에는 댓글 또는 기타 콘텐츠를 게시하거나 콘텐츠를 평가할 수 있는 인터랙티브한 기능이 빠져 있다.

오늘날에는 소셜 네트워킹 사이트, 온라인 커뮤니티, 기업 사이트에서의 상호작용을 통해 고객과 소통할 수 있는 기회가 매우 많아졌고, 소셜 미디어 전략이 디지털 비즈니스 전략의 핵심 요소로 자리 잡았다. 그러나 소셜 미디어 전략 또는 고객 참여 전략을 수립하는 것은 어려운 일이다. 고객과의 효과적인 커뮤니케이션을 위해 메시징을 어느 정도 통제하는 것을 포기해야 할 수도 있기 때문에 발상의 전환이 필요하다. 접근 방식의 변화가 필요하다는 것은 1999년 미국에서 시작된 클루트레인 매니페스토(Cluetrain manifesto) 운동에서 잘 드러난다. 저자인 Levine 등(2000)은 다음과 같이 말한다.

> 인간과 인간의 대화는 인간답게 들린다. 인간과 인간의 대화는 인간적인 목소리로 이루어진다. 반면 대다수 기업의 커뮤니케이션은 사명 선언문을 알리거나 유머가 없는 마케팅 브로슈어를 전달하는 데 그친다. 단, 네트워크로 연결된 시장이 자신과 같은 말을 할 수 없거나 말하기를 꺼리는 기업을 존중하지 않는 것은 당연하다. 기업의 방화벽이 똑똑한 직원들을 가두고 똑똑한 시장을 차단하고 있는 것이다. 그 벽을 허무는 것은 정말 어려운 일이지만 그 결과로 새로운 종류의 대화가 생겨날 수 있다. 그리고 그것은 기업이 지금까지 해온 것 중 가장 흥미로운 대화가 될 것이다.

물론 사고방식을 바꾸는 것 이상이 필요하다. 이러한 규모의 변화를 달성하려면 고위 경영진의 후원, 투자 및 프로세스와 도구의 변화가 필요하다. 클루트레인의 선언문은 행동을 촉구하는 것으로, 경영진이 기업 문화를 바꾸며 직원들이 책임감 있는 방식으로 고객을 대하고 고객의 요구에 귀 기울일 수 있는 프로세스와 도구를 제공하도록 장려하고 있다.

소셜 미디어 전략 수립

소셜 미디어 전략을 수립할 때 경영자는 인스타그램에 가장 많이 투자할 것인가, 페이스북에 가장 많이 투자할 것인가와 같이 사용할 도구로 직행하는 경향이 있는 것 같다. 이는 전략 수립에서 최악의 방법이다. 실은 전략이 아니라 전술이다. 소셜 미디어 전략 수립은 고객 채널의 도입과 소셜 플랫폼의 상업적 가능성에 대한 수요 분석을 통해 이루어져야 한다.

고객의 소셜 미디어 도구 선택은 고객 분류와 시장에 따라 다르다. 따라서 시장 분석(2장 참조)을 통해 어떤 소셜 도구와 참여 방법이 타깃층에게 가장 효과적인지 확인하는 것부터 시작하는 것이 중요하다.

다음으로 소셜 미디어의 상업적 이익을 검토하고 목표를 설정해야 한다. 일부 마케팅 담당자는 소셜 미디어를 주로 기존 고객이나 거래처가 자사 콘텐츠나 제품에 대해 이야기하고 추천하는 바이럴 효과로 신규 고객을 확보하는 방법으로 생각하기도 한다. 또한 추천, 리뷰, 평가를 통해 전환율을 높이는 데 중점을 두는 경우도 있다. 홍보 전문가는 브랜드에 대한 긍정적인 감정과 부정적인 감정의 대화에 귀를 기울여 긍정적인 감정을 높이고 부정적인 감정을 관리하도록 요구할 것이다. 그리고 소셜 미디어는 고객 참여 및 유지 도구로 볼 수 있다. 이때 소셜 미디어는 고객 서비스를 제공하는 데 사용되기도 하고, 신제품 출시나 프로모션을 고객에게 알리기 위해 이메일 마케팅의 대체 채널로 사용되기도 한다.

SNS는 단순한 웹사이트가 아니다. 기술적 관점에서 볼 때 이러한 웹사이트의 대부분은 소프트웨어 응용 프로그램 또는 웹 서비스로 생각할 수 있으며, 다양한 수준으로 사용자에게 액세스 권한을 부여하고 다양한 형태의 사용자 생성 콘텐츠를 관리 및 저장할 수 있다. 또한 메시징은 특히 주요 소셜 네트워크에서 중요한 기능으로, 자신의 콘텐츠 및 연결과 관련된 새로운 콘텐츠가 게시될 때 사용자에게 경고를 보낸다. 다른 웹 서비스 인터페이스와 데이터를 교환하기 위한 API도 소셜 네트워크의 중요한 특징인데, 이를 통해 소셜 네트워크와 그 회원들이 다른 사이트에 통합되어 도달 범위와 영향력이 확대될 수 있다.

1990년대에 커뮤니티가 처음 등장했을 때는 기업 사이트에서의 상호작용에 큰 잠재력을 가진 것처럼 보였다. 예를 들어 Hagel과 Armstrong(1997)은 다음과 같이 말했다.

> 온라인 네트워크에서 가상 커뮤니티의 부상은 제품과 서비스 판매자로부터 그것을 구매하는 고객으로 전례 없는 전환을 일으키고 있다. 이러한 힘의 이동을 이해하고 가상 커뮤니티를 조직하여 이를 활용하려는 공급업체는 비교할 수 없는 고객 충성도와 높은 경제적 수익을 통해 풍부한 보상을 받게 될 것이다.

시장 분야에 따라 기업은 B2C의 경우 다양한 유형의 커뮤니티를, B2B의 경우 목적, 포지션, 관심사, 분야에 따라 커뮤니티를 개발할 수 있다.

- **목적**: 같은 과정을 거치거나 특정 목적을 달성하기 위해 노력하는 커뮤니티이다. 오토트레이더(Auto Trader)와 같은 자동차 리서치, 더모틀리풀(The Motley Fool)과 같은 온라인 주식 리서치, 켈쿠·트러스트파일럿과 같은 가격 및 제품 리뷰, 비교 서비스가 그 예이다.
- **포지션**: 건강상의 장애 또는 인생의 특정 단계 등 특정 상황에 처한 사람들을 위해 특별히 개설된 커뮤니티이다. 육아 사이트인 멈스넷(Mumsnet)과 베이비센터(Babycenter), 프로 및 아마추어 운동선수를 위한 스트라바(Strava), 동물을 키우는 사람들을 위한 펫포럼스(Petforums) 등이 그 예이다.
- **관심사**: 풋볼365(Football365, 스포츠), 뮤직밴터(Music Banter, 음악), UK클라이밍(UKClimbing, 레저) 등 관심사와 열정을 공유하는 사람들을 위한 커뮤니티이다.
- **분야**: 커뮤니티는 B2B 서비스를 추진하는 기업에 중요한데, B2B 잡지나 이벤트 주최자 관련 서비스의 연장선상에 있는 경우가 많다. 길드(Guild)는 이러한 요구에 부응하기 위해 영국에서 시작된 서비스이다.

오늘날 소셜 네트워크는 기업이 커뮤니티를 만들 수 있는 저비용의 방법을 제공하고 있지만, 제품 또는 고객 서비스에 대한 적절한 열정이 있거나 청중이 토론을 하거나 해결책을 찾도록 유도하는 경우가 아니라면 커뮤니티가 기업 사이트에 포함되는 경우가 비교적 드물다. 지금까지의 커뮤니티 사례는 대부분 특정 제조업체나 소매업체로부터 독립된 중개 사이트이다. 커뮤니티 구축 프로그램에 착수하기 전에 던져야 할 중요한 질문은 '기업에 의존하지 않는 커뮤니티를 통해 고객의 이익에 가장 많이 기여할 수 있는가'이다.

다음은 전자상거래 브랜드와 관련된 커뮤니티의 예이다.

- **패션**: ASOS와 같은 일부 브랜드는 패션 트렌드와 제품에 대해 토론하는 커뮤니티를 성공적으로 구축했다.
- **화장품**: 로레알 등의 커뮤니티에서 최고의 제품과 미용법에 대해 이야기를 나눈다.
- **모바일 네트워크 지원**: O2, 보다폰, EE 등 영국의 주요 통신사는 모두 커뮤니티를 가지고 있다.
- **B2B 지원 서비스**: B2B 전자상거래 플랫폼으로 쇼피파이 등이 있다.

문제를 피하는 효과적인 접근법은 기업이 커뮤니티를 구축하고자 할 때 직면할 수 있는 어려움을 생각해보는 것이다. 커뮤니티 관리자는 위에서 언급한 플랫폼의 참여를 유도하고 상호작용을 관리하는데, 이들이 겪는 일반적인 문제는 다음과 같다.

- **텅 빈 커뮤니티**: 사람이 없는 커뮤니티는 커뮤니티가 아니다. 커뮤니티의 명제를 전달하려면 앞서 언급한 트래픽 구축 기법을 사용할 필요가 있다.
- **말 없는 커뮤니티**: 커뮤니티에 등록된 회원이 많더라도 대화가 없다면 커뮤니티라고 할 수 없다. 다음은 회원의 참여를 유도할 수 있는 방법이다.
  - 커뮤니티에 씨앗을 뿌린다. 중재자를 통해 질문을 하거나, 중재자가 글을 쓰거나, 고객

보충 자료 8.2 소비자 행동의 최신 트렌드가 된 소셜 네트워크

GWI(Global Web Index)는 정기적인 조사를 통해 온라인 활동 이용 현황과 인식을 공유하는 글로벌 소비자 패널을 만들었다. 그들의 핵심 조사는 온라인 소비자에 대한 세계 최대 규모의 지속적인 조사로, 많은 시장에서 95만 명의 표본을 대상으로 같은 종류의 질문을 사용하여 분기별로 업데이트되고 있다. 이는 유료 서비스로 기업에도 제공되지만, 학생들은 GWI의 블로그와 연간 소셜 미디어 트렌드 보고서를 통해 최신 트렌드를 파악할 수 있다. 예를 들어 GWI(2023)는 소셜 미디어 이용과 그것이 구매에 미치는 영향에 대해 다음과 같은 인사이트를 밝혔다. 평균적으로 소비자는 하루에 2.5시간 가까이 소셜 미디어를 이용하고 있다.

- 소셜 미디어 사용자의 28%는 소셜 미디어에 너무 많은 시간을 쏟는 것을 걱정하고 있다.
- 소비자의 27%는 소셜 미디어 광고를 통해 새로운 브랜드와 제품을 발견했다.
- 소비자의 22%는 소셜 미디어의 추천이나 댓글을 통해 발견했다.
- 소비자의 16%는 브랜드 소셜 미디어 페이지의 업데이트된 정보를 통해 발견했다.

이 올린 질문을 매주 또는 매월 게시한다. 질문에 답변할 전문가를 둔다.
–선택제로 한다. 주요 계정 고객으로 한정하거나, 가치가 큰 고객에게만 제공하는 엑스트라넷 서비스로 설정한다. 회원의 참여가 쉬워질 수도 있다.

- **비판적인 커뮤니티**: 제조업체와 소매업체 사이트에는 브랜드에 대해 비판적인 커뮤니티도 많고, 부정적인 댓글로 인해 폐쇄된 커뮤니티도 있다.

끝으로 메시지를 읽지만 적극적으로 기여하지 않는 '잠복자'의 존재를 잊지 말자. 적극적인 참여자 1명 대비 잠복자가 10명일 수도 있다. 커뮤니티는 이들에게도 좋은 영향을 미치고 브랜드를 구축할 수 있다.

소셜 미디어 플랫폼은 커뮤니티를 구축하는 좋은 방법이다. 흥미로운 사실은 이러한 플랫폼을 이용하는 사람들의 동기가 지난 몇 년 동안 변화하고 있다는 것이다.

커뮤니티 또는 소셜 네트워크의 구성원은 다른 사람들과 연결되는 정도가 다르다. 가장 영향력이 있는 네트워크 회원은 인맥이 넓고, 인맥이 적은 회원보다 더 넓은 범위의 인맥과 관심사에 대해 논의한다.

유료 소셜 광고

페이스북(현 메타)은 수년 동안 페이스북과 인스타그램 사용자를 수익화하기 위해 구글의 성공적인 클릭당 과금 모델을 채택해왔다. 미니 사례 연구 7.3에서는 로레알이 채택한 유료 소셜 접근 방식의 장점과 그 방법을 소개한다. 이 사례 연구는 CPC 투자를 통해 노출을 제한하면서도 페이스북에서 효과적으로 타기팅하고, 구글 외의 서비스 인지도를 높이는 방법을 보여준다. 흥미롭게도 이는 B2B 소프트웨어에 대한 것으로, 페이스북이 단순한 소비자 마케팅 채널이 아님을 드러낸다.

한편 링크드인, 핀터레스트, 스냅챗, 틱톡 등 기타 소셜 네트워크에도 수익 모델의 주요 구성 요소인 유료 광고 프로그램이 있다.

온라인 파트너십

Smith와 Chaffey(2005)는 파트너십이 오늘날 마케팅 믹스의 중요한 부분이며, 여덟 번째 'P'가 파트너십이라고 말했다(7장 참조). 온라인에서도 마찬가지이다. 온라인 파트너십에는 크게 세 가지 유형이 있다. 링크 구축(온라인 PR의 일부로 간주할 수 있음), 제휴 마케팅, 온라인 스폰서십이 그것으로, 이는 모두 사이트 링크를 관리하기 위한 구조적인 접근이 필요하다. 파트너와의 중요한 계약 유형은 다음과 같다.

제휴 마케팅

제휴 마케팅 전자 소매업체가 판매를 이끄는 연결된 사이트(CPA 기반)나 또는 덜 일반적이지만 연결된 사이트로부터의 방문자(CPC 기반)에 대해 지불하는 수수료 기반 계약

제휴 마케팅(affiliate marketing)은 전자상거래 기업에서 매우 인기가 있으며, 많은 기업은 온라인 매출의 20% 이상을 제휴사(다른 공급자의 오퍼를 통합하기 때문에 '집계자'라고도 함)를 통해 달성하고 있다. 온라인 소매업체의 경우 제휴 마케팅의 가장 큰 장점은 제품이 팔리거나 리드가 생성될 때까지 광고주가 비용을 지불하지 않는다는 것이다. 이를 흔히 '성과 보상형 마케팅' 또는 '제로 리스크(zero-risk) 광고'라고 한다(그림 8.11 참조).

아마존은 제휴 마케팅을 가장 먼저 도입한 기업 중 하나이며, 현재 수십만 제휴사가 링크를 통해 방문자를 아마존으로 유도하고 제품이 팔리면 커미션을 받는 구조이다. 인터넷의 전설에 따르면 아마존 창시자인 제프 베이조스는 어느 칵테일파티에서 자신의 웹사이트를 통해 이혼에 관한 책을 팔고 싶다는 사람과 대화를 나누었다고 한다. 이후 아마존닷컴은 1996년 7월 어소시에이츠 프로그램(Associates Program)을 시작했고, 이는 지금도 계속되고 있다. 많은 기업이 제휴사 발굴, 제품 정보 업데이트, 클릭 수 추적, 결제 등의 프로세스를 관리하기 위해 제휴 네트워크 또는 제휴 관리자를 이용하고 있다. 그 예로 구글의 더블클릭(DoubleClick), 트레이드더블러(Tradedoubler) 등이 있다.

온라인 스폰서

온라인 스폰서십은 간단하지 않다. 기존 '현실 세계'의 스폰서십 계약을 '가상 세계'에 그대로 반영하면 되는 것도 아니다. 큰 예산이 없어도 온라인 스폰서십의 기회는 얼마든지 있다.

Ryan과 Whiteman(2000)은 온라인 스폰서십을 다음과 같이 정의했다.

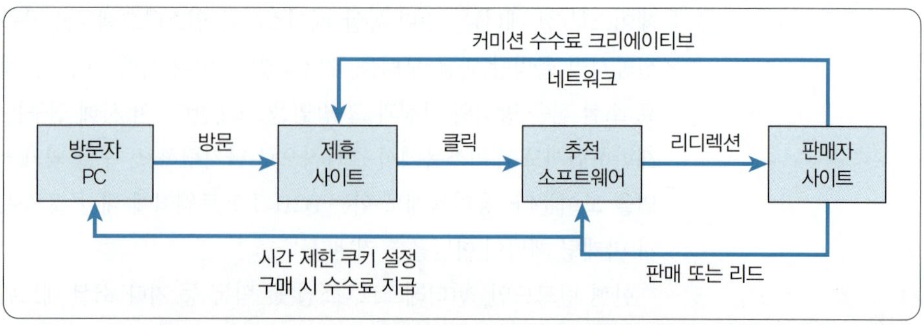

그림 8.11 제휴 마케팅 모델(추적 소프트웨어 및 수수료 지급은 독립적인 제휴 네트워크 관리자가 관리할 수 있음)

배너, 버튼 및 기타 표준 광고 단위와 명확하게 구분할 수 있는 방식으로 브랜드를 관련 콘텐츠 및 콘텍스트와 연결하여 브랜드 인지도를 높이고 브랜드 어필을 강화하는 것을 목표로 한다.

광고주의 입장에서 온라인 스폰서십은 사이트 방문자가 이미 친숙한 온라인 브랜드와 이름이 연결된다는 장점이 있다. 스폰서십은 이러한 기존 관계와 신뢰를 바탕으로 구축된다. 밀접하게 연관된 것은 온라인상의 '공동 브랜드'로, 이는 두 브랜드 사이에 연관성이 있다.

디지털 광고

우리는 배너 광고, 동영상 광고 등 다양한 형태의 온라인 광고에 익숙하다. 이러한 광고는 우리가 콘텐츠를 읽을 때 게시자 사이트에서 제공되는 경우가 많기 때문에 누군가가 제품을 검색할 때 관련 광고보다 클릭률이 낮은 경향이 있다. 스마트인사이츠(2023)의 집계에 따르면 소셜 미디어 및 퍼블리셔 사이트 광고의 일반적인 광고 클릭률이 1% 미만인 반면 검색 광고의 클릭률은 평균 1% 이상이다.

온라인 광고는 웹사이트에 대한 클릭을 유도할 뿐만 아니라 알림 역할을 하고, 브랜드 인지도를 높이며, **미디어 승수**(media multiplier) 또는 **후광 효과**(halo effct)를 통해 다른 온라인 미디어의 반응률을 높이는 데 도움이 될 수 있다. 예를 들어 웹 사용자가 배너 광고를 접하면 검색 연동형 광고에 대한 반응이 커짐으로써 브랜드 인지도와 신뢰도가 올라가 사이트 내 전환 가능성도 높아질 수 있다.

미디어 승수(후광 효과) 특정 미디어 채널이 브랜드 판매 및 지표 상승에 미치는 영향. 일반적으로 온라인 디스플레이 광고에 적용되며, 이러한 광고에 노출된 소비자는 나중에 다른 매체를 통해 브랜드와 접촉할 때 클릭률이 높아질 수 있다.

MAD(2007)가 여행 시장에서 보고한 조사는 이러한 효과를 보여준다. 이 조사에서는 응답자에게 클릭할 만큼 매력적인 온라인 광고에 대한 반응을 물었다. 실제로 결과는 다음과 같이 나뉘었다.

- 광고와 관련된 일반 용어를 검색한다(31%).
- 광고주 사이트로 바로 이동한다(29%).
- 광고주 이름을 검색한다(26%).
- 배너를 클릭하여 응답한다(26%).
- 소매점을 방문한다(4%).

물론 이 방법론은 실제 행동이 아닌 보고된 행동을 보여주는 것이지만, 그럼에도 불구하고 배너 광고를 통해 검색엔진으로 유도되는 사람의 수가 배너를 직접 클릭하는 사람보다 2배 이상 많다는 것은 중요한 사실이다. 이 연구는 배너 광고에 의해 유도될 가능성이 높은 검색을 예측하고 검색 결과의 상위 순위를 확보함으로써 유료 검색 마케팅이 배너 광고와 연동되도록 최적화해야 한다고 결론지었다. 예를 들어 사이프러스 휴가 상품을 제공하는 브랜드는 브랜드 검색이 아닌 '사이프러스 패키지 휴가'와 같은 일반적인 검색 키워드를 생성할 것이다.

한편 Abraham(2008)은 온라인 광고가 오프라인 판매를 촉진한다는 것을 밝혔다. 150억 달러의 매출을 자랑하는 한 소매업체의 조사에 따르면 3개월 동안 온라인에서 40%, 오프라인에서 50% 매출이 증가했다(대조군과 비교). 이 소매업체의 경우 인터넷보다 오프라인 매장의 기본 판매량이 더 많았기 때문에 오프라인에서 훨씬 더 많은 수익을 창출할 수 있었다.

온라인 광고의 기초

웹상의 광고는 광고주가 다른 사이트에 광고 콘텐츠를 게재하기 위해 비용을 지불하는 방식으로 이루어진다. 이 프로세스에는 일반적으로 페이지가 호스팅되는 서버와 다른 서버에서 광고를 게재하는 것이 포함된다(유사한 방식으로 광고를 게재하는 대상 사이트에도 광고를 게재할 수 있다).

마이크로사이트 미디어 소유자 사이트의 일부로, 클릭을 통해 도달하는 소규모 목적지 사이트

다양한 사이트에 광고를 게재함으로써 기업의 목적지 사이트나 **마이크로사이트**(micro-site) 또는 미디어 소유자의 사이트나 목적지 사이트에 중첩된 광고 콘텐츠로 트래픽을 유도할 수 있다.

디지털 광고의 목적

Robinson 등(2007)은 온라인 디스플레이 광고에 두 가지 주요 목표가 있다고 보았다. 첫째, 브랜드 인지도를 높이기 위한 마케팅 커뮤니케이션의 한 형태로 디스플레이 광고를 사용하는 것, 둘째, 반응을 생성하는 데 초점을 맞춘 직접 응답 미디어로 사용하는 것이다. 또한 Cartellieri 등(1997)은 디지털 광고의 목적을 다음과 같이 분류했다.

- **콘텐츠 배포**: 배너 광고의 클릭을 통해 해당 오퍼에 대한 자세한 정보를 제공하는 목적지 사이트로 연결되는 것이 일반적인 경우이며, 이때 직접적인 반응이 요구된다.
- **거래로의 연결**: 클릭을 통해 여행 사이트나 온라인 서점 등 가맹점으로 연결되면 직접 판매로 연결될 수 있다. 이때도 직접적인 반응이 요구된다.
- **태도 형성**: 기업 브랜드와 일치하는 광고는 브랜드 인지도를 구축하는 데 도움이 된다. 인지도를 높이는 것은 온라인 광고의 중요한 측면이다.
- **반응 요구**: 광고는 새로운 리드를 식별하거나 양방향 커뮤니케이션을 유도하려는 목적으로 사용될 수 있다. 이때 인터랙티브 광고는 사용자에게 이메일 주소나 기타 정보를 입력하도록 유도할 수 있다.
- **리텐션 촉진**: 광고를 게재함으로써 기업이나 서비스에 대한 주의를 환기하고, 추첨을 통해 현장에서의 판매를 촉진할 수 있다.

디지털 광고의 타기팅 옵션

온라인 광고는 다음과 같은 곳에 광고를 게재함으로써 타기팅될 수 있다.

- **특정 유형의 사이트(또는 사이트의 일부) 타기팅**: 가령 자동차 제조업체는 멈스넷의 첫 페이지에 광고를 게재하여 새내기 엄마에게 어필할 수 있다. 금융 서비스 제공업체는 사이트의 머니 섹션에 광고를 게재하여 이러한 상품에 관심이 있는 사람들을 타기팅할 수 있다. 또한 대규모 매스마켓 잠재고객에게 도달하려면 매일 수백만 명이 접속하는 MSN과 같은 대형 포털의 홈페이지에 광고를 게재한다[광고 재고를 모두 가져가는 경우 '로드블록(road-block)' 또는 '인수'라고 한다].

- **등록 사용자 프로필 타기팅**: 이러한 비즈니스 소프트웨어 제공업체는 재무 책임자나 IT 관리자를 대상으로 《파이낸셜타임스》 사이트에 광고를 게재할 수 있다.
- **특정 요일과 시간 타기팅**
- **관련성 있는 온라인 행동이 있는 곳 타기팅**: 행동 타기팅 광고는 사이트 방문자의 특성에 대한 추측을 바탕으로 사이트 방문자의 관심사에 맞는 관련성 높은 콘텐츠, 메시징 또는 광고를 동적으로 제공하는 것을 말한다. 이러한 추측은 사이트 방문 중 또는 여러 세션에 걸쳐 사이트 이용자가 방문한 다양한 유형의 페이지를 익명으로 추적하여 이루어진다. 방문자가 사용하는 환경의 다른 측면, 즉 위치, 브라우저, 운영체제 등을 식별할 수도 있다.

디지털 광고 포맷

전통적인 468×60 픽셀의 회전식 GIF 배너 광고는 인기가 줄어들고 있지만, 미디어 소유주는 현재 웹 사용자가 더 주목하기 쉬운 더 크고 풍부한 형식을 제공하고 있다. 연구에 따르면 플래시 기반 광고, 리치 미디어 광고, 더 큰 포맷의 렉탱글[rectangle, 다목적 유닛(multipurpose unit, MPU)], 스카이스크레이퍼(skyscraper)의 경우 메시지 연관성과 인지도가 훨씬 더 높은 것으로 나타났다. 특정 광고 포맷은 소셜 네트워크 내에서 사용할 수 있는데, 페이스북 인게이지먼트 광고, 프로모션 트윗, 유튜브 프로모션 동영상 등이 그 예이다.

인터스티셜 웹사이트를 탐색하는 동안 한 페이지와 다음 페이지 사이에 표시되는 광고

오버레이 일반적으로 웹사이트 콘텐츠에 겹쳐서 표시되고 페이지 내에서 움직이는 애니메이션 광고

또 다른 온라인 광고 용어로 **인터스티셜**(interstitial, 다른 페이지가 표시되기 전의 중간 광고), **오버레이**(overlay, 콘텐츠 위에 표시되는 광고) 등이 있다. 팝업 창은 높은 침입성으로 인해 지금은 그다지 널리 사용되지 않는다. 온라인 광고주는 팝업 차단기, 광고 차단 소프트웨어를 도입한 사용자와 끊임없이 싸워야 하지만, 가장 큰 반향을 불러일으키는 리치 미디어 포맷을 계속 사용할 것이다.

Robinson 등(2007)은 배너 광고에 대한 클릭률 증가 요인에 대한 연구를 수행했다. 이들이 제시한 주요 변수는 다음과 같다.

- 배너 크기
- 메시지 길이
- 프로모션 인센티브
- 애니메이션
- 액션 문구(보통은 콜투액션이라고 함)
- 기업 브랜드/로고

미디어 기획: 광고의 온라인/오프라인 믹스 결정

크로스미디어 최적화 조사(XMOS) 최상의 결과를 도출하기 위해 다양한 매체에 걸쳐 최적의 비용을 결정하는 조사

일반적으로 미디어 기획자가 이를 결정한다. 온라인 및 오프라인 비용의 조합은 소비자의 미디어 소비와 각 미디어의 비용 효율성을 반영해야 한다. 하지만 대행사에 따라서는 자신이 가장 익숙하고 수수료 측면에서 보상이 가장 큰 매체, 즉 오프라인 매체에 광고비를 투입하여 안전장치를 마련할 수도 있다. **크로스미디어 최적화 조사**(cross-media optimisation studies, XMOS)에 따르면 관여도가 낮은 제품에 대한 최적의 온라인 비용이 총비용의 10~15%로 밝혀졌다. 이는 결코 큰 금액이 아니지만, 많은 기업이 1% 미만을 지출하는 것과 비교하면 그 차이가 분명하다.

XMOS의 설문조사는 마케팅 담당자와 대행사가 '어떤 캠페인이 마케팅 목표를 달성하기 위해 빈도, 도달 범위, 예산 배분 측면에서 다양한 매체를 아우르는 최적의 광고 매체 조합은 무엇인가'라는 (다소 복잡한) 질문에 답하는 데 도움이 되도록 설계되었다.

먼저 도달 범위, 브랜드 인지도, 구매 의향과 같은 캠페인 지표를 극대화하기 위해 온라인 및 오프라인 비용의 조합을 설정한다. 예를 들어 도브(Dove)는 디지털 광고 수준을 15%로 올리면 전체 브랜딩 지표가 8% 향상되는 것을 발견했다. 온라인 비중은 작지만, 많은 기업이 광고 예산의 1% 미만을 온라인에 지출하고 있으며, 오프라인 빈도가 너무 높아 많은 소비자에게 도달하지 못할 수 있다는 것을 유념해야 한다.

Sissors와 Baron(2002)이 언급했듯이 미디어 믹스에서 온라인을 이용하고 그 중요성을 높이는 이유는 모든 미디어 믹스를 이용하는 이유와 같다.

- 도달 범위를 확대한다(단일 매체나 다른 매체에 노출되지 않는 잠재고객을 추가한다).
- 빈도 분포를 평탄하게 한다(TV 광고를 보는 시청자의 노출 횟수가 너무 많으면 수확 체감의 법칙에 따라 그 예산을 다른 매체로 돌리는 것이 더 나을 수도 있다).
- 다양한 유형의 청중에게 다가간다.
- 각 미디어의 특성에 따라 각기 다른 장점을 강조하는 고유한 이점을 제공해야 한다.
- 다양한 창의적 실행을 가능하게 한다.
- 다른 미디어가 비용 효율적일 때 총노출을 추가할 수 있다.
- 다양한 창의적 자극을 통해 메시지를 강화한다.

이 모든 요인, 특히 처음 세 가지 요인은 XMOS가 온라인 미디어에 두 자릿수 비율을 투자할 가치가 있는 이유를 알려준다.

최근 프로그래매틱 광고가 크게 성장하여 미국 디스플레이 광고비의 80%에 육박하고 있다. 2019년까지 프로그래매틱 광고비는 450억 달러 이상에 달할 것으로 예상된다(Adweek, 2017). 디스플레이트레이딩협의회(Display Trading Council)는 프로그래매틱 광고를 다음과 같이 정의했다.

> 프로그래매틱은 미디어 매매의 자동화를 의미하며, 디스플레이부터 디지털 아웃오브홈, TV에 이르기까지 모든 것에 적용될 수 있다.

기본적으로 브랜드와 대행사는 수요 측 플랫폼(DSP)을 통해 어떤 노출을 구매하고 얼마를 지불할지를 결정할 수 있고, 퍼블리셔는 공급 측 플랫폼(SSP)을 통해 광고 공간을 브랜드에 판매할 수 있다. 이 두 플랫폼은 실시간으로 매칭된다. 프로그래매틱 광고의 가장 큰 장점은 효율성이다. 이 프로세스가 자동화되기 전에는 인간 광고 구매자와 영업 담당자가 디지털 광고를 구매하고 판매했지만, 비용이 많이 들고 신뢰성이 떨어지기도 했다. 또한 기업이 더 많은 데이터를 보유할수록 광고는 더 개인화될 수 있고, 브랜드는 '적절한 사람에게, 적절한 시기에, 적절한 메시지를 보내는 것'이라는 성배에 더 가까이 다가갈 수 있다.

예를 들어 2017년 2월 《타임스》의 조사에 따르면 웨이트로즈(Waitrose), 마리퀴리(Marie Curie), 메르세데스벤츠(Mercedes-Benz) 등의 브랜드가 모르는 사이에 테러 단체 지지자들이 만든 유튜브 동영상 옆 혐오 사이트에 게재되었다. 그러나 브랜드 평판 관리는 항상 광고의 일부였다는 것은 주목할 만하다. 전통적인 미디어에서도 브랜드 포지셔닝에 맞지 않거나 문맥상 맞지 않을 수 있는 콘텐츠 옆에 광고가 표시되는 문제가 있었다(예: 비행기 사고 기사 옆에 표시된 항공사 광고). 프로그래매틱의 또 다른 주요 문제는 앞에서도 언급한 광고 사기이다.

이메일 마케팅

마케팅 담당자는 이메일 마케팅 커뮤니케이션을 계획할 때 다음을 계획해야 한다.

아웃바운드 이메일 마케팅 기업으로부터 고객 및 잠재고객에게 이메일이 발송된다.

인바운드 이메일 마케팅 기업이 고객으로부터 받은 이메일을 관리한다.

- **아웃바운드 이메일 마케팅**(outbound email marketin): 이메일 캠페인은 체험과 구매를 유도하는 다이렉트 마케팅의 한 형태이자 CRM 대화의 일부로 활용된다.
- **인바운드 이메일 마케팅**(inbound email marketing): 지원 문의 등 고객으로부터 오는 이메일을 관리한다. 오늘날에는 채팅, 공동 브라우징 세션과 연동하여 관리하는 경우가 많다.

스팸이 증가하고 이메일의 대부분이 스팸 또는 바이러스임에도 불구하고(80% 이상이라는 추정도 있음) 이메일은 여전히 양호한 응답 수준을 유지할 수 있다.

이메일 마케팅을 평가하기 위한 주요 지표는 다음과 같다.

- **배달률**: 이메일의 '반송'을 제외한 수치로, 이메일 주소가 유효하지 않거나 스팸 필터에 의해 이메일이 차단되면 이메일이 반송된다. 따라서 온라인 마케팅 담당자는 스팸 방지 소프트웨어가 자신의 메시지를 '오탐지'로 인식하지 못하도록 '배달률'을 확인한다. 핫메일, 야후 메일과 같은 웹 기반 이메일 제공업체는 발신자 ID 또는 도메인 키로 알려진 표준 인증 기술을 도입하여 이메일 발신자가 본인임을 확인하고 주소 스푸핑을 하지 못하게 한다.
- **오픈율**: HTML 메시지의 경우 다운로드된 이미지를 통해 측정된다. 얼마나 많은 고객이 이메일을 열었는지를 나타내는 지표이지만, 일부 사용자는 이메일을 읽지 않고 삭제하더라도 자신의 이메일 리더에 메시지가 뜨는 미리 보기 창이 있어 부정확하다. 그래서 아웃룩 익스프레스(Outlook Express)와 같은 일부 이메일 리더는 현재 자동으로 이미지를 차단한다(그로 인해 시간이 지남에 따라 오픈율이 낮아졌다).
- **클릭률**: 발송된 이메일 중 클릭한 사람의 수(총클릭 수가 아니라 엄밀히 말하면 고유 클릭 수)를 나타낸다. 반응률이 10% 내외로 상당히 높다.

고객 획득을 위한 옵트인 이메일 옵션

신규 방문자 및 고객을 확보하기 위해 이메일 마케팅에는 크게 세 가지 옵션이 있다. 수신자 입장에서 살펴보자.

- **콜드 이메일 캠페인**: 수신자는 소비자 또는 비즈니스 이메일 목록 제공업체에게 이메일 목록을 빌린 기업으로부터 옵트인 이메일을 받는다. 수신자는 이메일 제안을 받는 것에 동의하지만, 이메일은 사실상 콜드 메일이다.
- **공동 브랜드 이메일**: 수신자가 어느 정도 친밀감이 있는 기업이 보내는 이메일을 수신하는 것이다. 예를 들어 신용카드 회사가 보다폰과 같은 모바일 서비스 제공업체와 제휴하여 해당 고객(제삼자로부터 이메일 수신에 동의한 고객)에게 오퍼를 보낼 수 있다. 이는 일종의 콜드 메일이라고 할 수 있지만, 두 브랜드 중 한 브랜드와 더 깊은 관계가 있고 제목과 크리에이티브가 두 브랜드를 모두 언급하기 때문에 더 따뜻하게 느껴진다.
- **타사 전자 뉴스레터**: 기업은 타사 이메일 뉴스레터를 통해 자신을 홍보하는데, 이는 광고, 스폰서십 또는 목적지 사이트로 연결되는 논설을 통한 PR의 형태가 될 수 있다. 많은 이메일 매거진은 웹사이트에 상설화되어 있기 때문에 이러한 게재는 인터랙티브 광고의 일부로 설정되기도 한다. 이메일 매거진 수신자는 헤드라인을 스캔하거나, 시간이 있다면 읽으면서 이메일 매거진과 접촉하는 경향이 있기 때문에 이메일 매거진 게재는 비교적 비용 효율적이라고 할 수 있다.

하우스 리스트 기업이 보유한 잠재고객 및 고객의 이름, 이메일 주소, 프로필 정보 목록

다음 절에서 설명할 바이럴 마케팅도 이메일을 메시지 전달 메커니즘으로 활용한다. 이메일은 옵트인 또는 **하우스 리스트**(house list)를 통해 잠재고객 전환 및 고객 유지 도구로 가장 널리 사용되고 있다.

오프라인 마케팅 커뮤니케이션

오프라인 커뮤니케이션은 절대 사라지지 않을 것이다. 청중에게 다가가고 사이트 방문을 유도하는 데 효과적일 뿐만 아니라, 임팩트를 주거나 복잡한 제안을 설명하는 수단으로도 효과적이다.

이 장에서 다룬 디지털 미디어 채널의 장단점을 표 8.3에 정리했다. 사례 연구 8.1에서는 한 온라인 B2B 기업이 다른 획득 채널을 어떻게 활용하는지를 소개한다.

옵트인 이메일

옵트인 이메일은 뉴스레터와 같은 정기적인 이메일 커뮤니케이션이나 제품 출시 세부 정보와 같은 영향력 있는 비정기적 이메일 커뮤니케이션을 통해 리텐션 오퍼를 전달하는 데 필수적인 요소이다. 옵트인 이메일의 경우 타기팅된 메시지를 고객에게 푸시하여 알림과 리마인딩을 제공할 수 있다. 그러나 스팸, 프라이버시 문제로 인해 마케팅에 이메일을 사용하는 것이 부정적인 의미가 있기 때문에 이메일 마케팅은 허가 기반이 필요하다.

이메일 주소를 수집한 후 관리자는 이메일 커뮤니케이션의 빈도를 계획해야 한다. 이때 고려할 수 있는 옵션은 다음과 같다.

표 8.3 온라인 프레젠스를 높이기 위한 다양한 커뮤니케이션 채널의 장단점

프로모션 방법	장점	단점
1a. 검색엔진 최적화(SEO)	타깃이 세분화되어 있고, PPC 비용이 상대적으로 낮다. 효과적이라면 트래픽이 많은 검색자에게 신뢰받을 수 있다.	경쟁이 심하여 사이트 외관이 손상될 수 있다. 랭킹 알고리즘 변경이 복잡하다.
1b. 클릭당 과금(PPC) 마케팅	획득 비용을 낮춘 고도의 타기팅이 가능하다. 콘텐츠 네트워크를 통해 도달 범위를 확대할 수 있다.	경쟁이 치열한 분야는 상대적으로 비용이 높고 SEO에 비해 볼륨이 작다.
1c. 신뢰할 수 있는 피드	제품 라인과 가격 변경을 반영하여 가독성을 높이기 위해 업데이트한다.	상대적으로 비용이 높고, 주로 전자 소매업체와 관련이 있다
2. 디지털 PR	비교적 저렴한 비용으로 뛰어난 타기팅이 가능하다. 백링크 생성을 통해 SEO를 지원할 수 있다.	온라인 인플루언서를 파악하고 파트너십을 구축하는 데 시간이 걸린다. 제삼자 사이트의 댓글을 모니터링해야 한다.
3a. 제휴 마케팅	성과급으로 지불한다(예: 매출이나 리드의 10%를 소개 사이트에 지급)	제휴 네트워크에 대한 설정비와 관리비를 지불해야 한다. 랭킹 알고리즘의 변경은 제휴사의 거래량에 영향을 미칠 수 있다.
3b. 온라인 스폰서	가장 효과적인 것은 저비용으로 시너지 효과가 있는 사이트와 장기적인 공동 브랜드 계약을 맺는 경우이다.	인지도가 높아질 수 있지만 매출과 직결되는 것은 아니다.
4. 인터랙티브 광고	방문을 달성하기 위한 주된 의도, 즉 직접 반응 모델이다. 그러나 미디어 승수 효과에 의한 브랜딩 역할도 있다.	배너 블라인드로 인해 응답률이 낮아지고 있다.
5. 이메일 마케팅	푸시형 미디어: 사용자의 받은 편지함에서 무시할 수 없다. 웹사이트로의 다이렉트 응답 링크에 사용 가능하다. 다이렉트 메일의 응답 메커니즘으로 통합할 수 있다.	효과를 내려면 옵트인이 필요하다. 고객 확보보다 고객 유지가 더 효과적이다. 메시지가 다른 이메일과 섞인다.
6. 소셜 미디어와 바이럴 마케팅	효과적인 바이럴 에이전트를 사용하면 비교적 저렴한 비용으로 많은 사람에게 도달할 수 있다. 소셜 네트워크의 인플루언서가 중요하다.	강력한 바이럴 콘셉트를 만들어내고 타기팅을 통제하기가 어렵다. 스팸 메시지로 브랜드에 피해를 줄 수 있다.
7. 전통적인 오프라인 광고 (TV, 인쇄물 등)	일반적인 온라인 기법보다 도달 범위가 넓다. 창의성이 커서 더 강력한 영향력을 발휘할 수 있다.	온라인에 비해 타기팅이 쉽지 않다. 일반적으로 획득 비용이 높다.

- **정기적 뉴스레터 유형**: 1일 1회, 주 1회, 월 1회 등이며, 고객이 빈도를 선택할 수 있게 하는 것이 좋다.
- **이벤트 관련**: 정기적이지 않은 경향이 있으며, 3개월 또는 6개월에 한 번씩 신상품 출시나 특별 행사 소식이 있을 때 발송되는 경우가 대부분이다.
- **이메일 시퀀스**: 일련의 이메일을 보내는 소프트웨어를 구입할 수 있다. 예를 들어 온라인 매거진의 평가판을 구독하면 3일, 10일, 25일, 28일 후에 이메일을 보내어 평가판이 끝나기 전에 구독을 유도할 수 있다.

고객의 활동과 가치를 관리하는 기술

기업의 온라인 고객 기반에는 온라인 서비스 이용 및 판매에서의 활동 수준이 다양한 고객이 존재한다. 대표적인 예는 은행으로, 일주일에 한 번 온라인 계좌를 이용하는 고객도 있

사례 연구 8.1 스마트인사이츠

스마트인사이츠는 영국 리즈에 본사를 둔 온라인 마케팅 교육 플랫폼이다. 2010년에 설립된 이 기업은 데이터 기반 마케팅에 대한 계획적인 접근 방식을 통해 마케팅 담당자가 디지털 마케팅을 보다 효과적으로 활용할 수 있도록 돕는 것을 목표로 하고 있다. 스마트인사이츠는 목표 고객인 마케팅 실무자가 참여하는 것을 돕고 그들의 조언이 자리 잡도록 마케팅의 미래 성공을 위한 매니페스토(다섯 가지 행동 선언)를 중심으로 런칭 캠페인을 진행했다.

- 디지털 마케팅은 마케팅이다.
- 전략이 필요하다.
- 측정과 최적화를 기반으로 하라.
- 통합된 고객 중심 마케팅이 필수적이다.
- 민첩하게 움직여라.

검색 마케팅, 소셜 마케팅, 이메일 마케팅 등 각각의 디지털 미디어 전술을 다루는 블로그는 많지만, 데이터 기반 접근 방식을 사용하여 이러한 전술을 모든 마케팅 커뮤니케이션의 일부로 통합하는 전략과 계획에 대한 실용적인 가이드를 제공하는 퍼블리셔나 교육 솔루션은 거의 없었기 때문에 새로운 시장 기회가 생겨났다. 조사에 따르면 미디어 투자에 대한 수익을 증명하고 커뮤니케이션을 통합하는 최선의 방법을 결정하는 것은 마케팅 담당자에게 중요한 과제이며, 많은 기업이 이를 달성하기 위한 전용 계획을 가지고 있지 않다.

가치 제안, 비즈니스, 수익 모델

스마트인사이츠는 디지털 트랜스포메이션과 데이터 기반 마케팅을 중심으로 마케팅 담당자가 마케팅 성과를 향상할 수 있는 실제 기술을 습득하는 온라인 교육 플랫폼이다. 액션 플랜을 작성할 수 있는 템플릿과 통합된 학습 경로를 통해 인터랙티브 디지털 학습이 제공된다. 학습 경로는 디지털 마케팅 전략, 디지털 트랜스포메이션, 캠페인 기획부터 유기적 검색, 소셜 미디어 마케팅, 구글 애널리틱스 및 웹사이트 전환율 최적화 기술 개발 등 개별 채널의 성과 개선에 이르기까지 다양한 기술 개발 니즈를 기반으로 한 툴킷이다.

스마트인사이츠는 무료 구독 모델을 제공하고 있으며, 무료 회원으로 가입한 사람들은 교육/훈련에 대한 조언과 기획 템플릿을 시험하는 동안 어떻게 접근 방식을 개선하고 기술을 개발하는지 배울 수 있다. 유료 회원으로 전환될 잠재력이 있는 4,000~5,000명의 무료 회원이 매달 가입하고 있다.

스마트인사이츠는 주요 온라인 교육에 대한 구독 기반 제안을 보완하기 위해 인지도를 높이고 리드를 창출하려는 마케팅 벤더를 위한 광고도 제공함으로써 다른 교육 플랫폼, B2B 퍼블리셔와 유사한 하이브리드 수익 모델을 개발했다. 교육 제안에 관심이 없는 무료 회원은 이메일, 마케팅 자동화, 디지털 경험 SaaS 제공업체 및 대행사와 같은 B2B 마테크 공급업체를 포함한 B2B 공급업체의 서비스에 관심이 있을 수 있다. 노출 수가 제한적이기 때문에 구글 애드센스나 구글 디스플레이 네트워크와 같은 광고 네트워크에 배너 광고를 게재하는 단순한 광고 기금 모델을 사용하여 클릭당 수익을 얻는 것이 효과적이지 않음을 알게 되었다. 대신 콘텐츠 마케팅 파트너십이 개발되어 B2B 벤더가 뉴스레터를 통해 자사 백서를 소개하거나 약 20만 명의 활성 옵트인 구독자 이메일 목록을 대상으로 전용 '솔러스(solus)' 이메일을 보내는 등 리드를 생성할 수 있는 옵션 패키지를 선택할 수 있게 되었다. 다른 옵션으로는 웨비나(webinar), 보고서와 같은 공동 브랜드 콘텐츠가 있다. 이 모델은 단순 노출 기반 광고 모델보다 높은 수수료를 받을 수 있지만, 양질의 콘텐츠를 개발하기 위한 투자와 옵션 설명, 고객 계정 관리를 전담할 영업 팀이 필요하다.

팀과 기술

공동 창업자인 스튜어트 밀러(Stuart Miller), 대닐 보솜워스(Danyl Bosomworth), 데이브 채피는 기업 마케팅, 컨설턴트, 다양한 업종의 기업을 다루는 에이전시에서 일하며 쌓은 케팅 기술, 브랜드 마케팅, 디지털 마케팅, 분석 등 다양한 경험을 결합했다.

블로그 콘텐츠는 공동 창업자들이 매니페스토에 부합하는 주제로 만들었다. 블로그에는 마케팅 전략, 분석, 검색엔진 최적화, 소셜, 이메일 마케팅 등 디지털 마케팅의 전문 분야에 대한 경험을 자유롭게 이야기할 수 있는 다양한 '엑스퍼트 카먼테이터(Expert commentator)'를 초빙하여 양질의 글을 기고하게 했다. 이 인플루언서들이 자신의 팔로워와 기사를 공유하고 존경받는 출판사에 기고함으로써 더 많은 독자에게 다가갈 수 있었고, 2012년 유료 구독을 시작한 후 웹사이트는 월 10만 명의 방문자 수를 기록했으며, 업워크(Upwork)를 통한 파트타임 가상 팀원을 통해 회원의 자원과 블로그 업데이트 빈도를 확대할 수 있는 예산이 확보되었다.

구독 및 콘텐츠 파트너십 수익이 증가하고 흑자로 전환됨에 따라 리즈 소재 사무실에 마케팅 관리자, 블로그 및 소셜 미디어 편집자, 이메일 마케팅 및 CRM 관리자, 웹 개발 및 디자인 등 마케팅의 주요 역할을 담당하는 팀을 구성했다. 또한 영업 담당자, 계정 관리자, 고객 성공 관리자 등으로 구성된 사업 개발 팀을 관리하는 영업 및 마케팅 디렉터는 대기업에 플랫폼의 이점을 시연하고 고객을 유치하는 업무를 담당했다.

외부 투자를 유치하지 않았기 때문에 오픈소스 CMS인 워드프레스로 사이트를 구축하고 저비용의 SaaS 기술을 비즈니스 마케팅 기술로 이용했다. 효과 측정에는 구글 애널리틱스를, AB 테스트에는 구글 옵티마이즈와 옵트인몬스터(OptInMonster)를, CRM·리드 관리·이메일 마케팅에는 세일즈포스와 파도트(Pardot)를 사용하여 고객 이해도를 높이고 있다.

고객

매달 약 400~50만 명이 방문하는 스마트인사이츠는 100만 페이지

뷰를 기록했다. 트래픽에는 계절성이 있는데, 대학생이나 전문 자격증을 따려는 많은 학생이 스마트인사이츠를 이용하기 때문에 가을, 새해, 봄에 트래픽이 증가한다. 또한 이러한 시기에는 많은 경영자가 마케팅 계획에 대해 고민하고 계획을 개선하기 위해 조언을 구하는 경우가 많다.

스마트인사이츠는 영어권 고객을 중심으로 글로벌 독자를 확보하고 있다. B2B 사이트이기 때문에 방문자의 대부분은 데스크톱을 사용하고 있으며(75%), 스마트폰은 23%, 태블릿은 2%를 차지한다. 방문자 수 상위 국가는 다음과 같으며, 이는 인바운드 마케팅을 활용하여 어떻게 글로벌 시청자를 끌어들일 수 있는지를 보여준다.

1. 미국 22%
2. 인도 14%
3. 영국 13%
4. 호주 4%
5. 캐나다 4%
6. 필리핀 3%
7. 말레이시아 2%
8. 싱가포르 2%
9. 독일 2%
10. 남아공 2%

다양한 니즈를 가진 고객에 초점을 맞춘 제안과 커뮤니케이션을 전개하기 위해 스마트인사이츠는 마케팅 전반, 디지털 활동(디지털 마케팅 관리자, 전자상거래 관리자, 채널 전문가 등), 중소기업 소유주, 대행사 소유주 및 관리자, 마케팅 기술 기업 책임자 등 유료 서비스에 관심이 있는 주요 역할에 대한 페르소나 및 콘텐츠 맵을 개발했다. 분야마다 구체적인 인사이트와 마케팅 방법이 다르기 때문에 스마트인사이츠는 소매, 금융 서비스, 여행, 건강관리, 다양한 B2B 분야 등에서 일하는 사람들을 위한 콘텐츠도 개발했다.

스마트인사이츠는 등록 시 또는 열람한 콘텐츠를 기반으로 프로파일링을 통해 잠재고객의 특성과 니즈를 파악한다. 세분화된 탐색을 사용하여 특정 콘텐츠로 이러한 역할과 다양한 비즈니스 부문에 어필할 수 있다. 그림 8.12는 '세분화된 고객 여정'을 보여주며, 필요에 따라 자체적으로 세분화된 각 잠재고객에 대해 다음 페이지가 조정된 네 가지 선택지를 제공한다. 세분화된 접근 방식은 관련성을 높이고 전환을 향상하는 데 도움이 될 뿐만 아니라, 얼마나 많은 사람이 관심을 공유하는지에 대한 인사이트를 분석에서 얻을 수 있다. 여기서 버튼을 클릭하는 상대적인 비율을 살펴보면, 40%는 자신의 기술을 향상하기 위해(주로 개인), 40%는 자신의 비즈니스를 성장시키기 위해(주로 기업 경영자), 20%는 자신의 팀을 향상하기 위해(교육이 필요한 기업 내 관리자) 사용하는 것으로 파악되었다. 그러나 추가 조사 결과에 따르면 비즈니스 성장을 목표로 하는 중소기업 경영자 중 상당수가 개인 역량 강화에도 관심을 갖는 등 중복되는 부분이 있다.

마케팅 커뮤니케이션 믹스

구글 애널리틱스의 트래픽 보고서는 온드 미디어와 언드 미디어의 상대적 중요성을 보여준다. 2021년 라스트클릭 모델(last-click model)로 측정된 주요 채널과 전환은 다음과 같다.

- **자연 검색**: 방문의 82%, 무료 회원 전환의 70%, 유료 회원 전환의 44%
- **직접 방문**: 방문의 11%, 무료 회원 전환의 15%, 유료 회원 전환의 20%

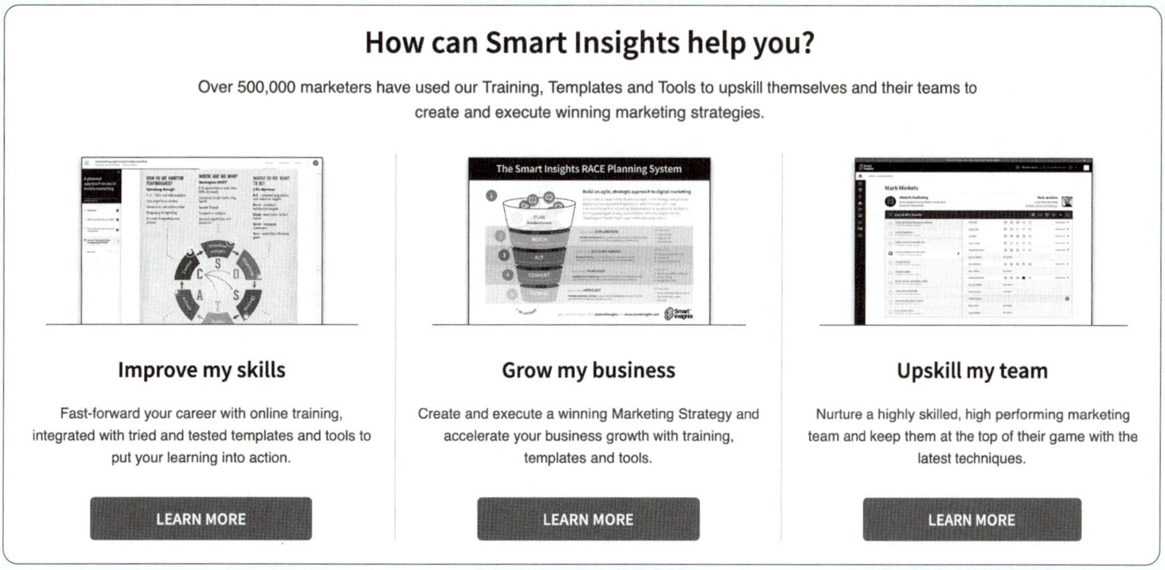

그림 8.12 청중에 따라 어필할 수 있는 옵션이 표시된 스마트인사이츠 홈페이지

- **타 사이트 추천**: 방문의 3%, 무료 회원 전환의 7%, 유료 회원 전환의 5%
- **소셜 미디어**: 방문의 1%, 무료 회원 전환의 2%, 유료 회원 전환의 3%
- **이메일 마케팅**: 방문의 1%, 무료 회원 전환의 3%, 유료 회원 전환의 16%
- **유료 검색(구글 애즈)**: 방문의 1% 미만, 무료 회원 전환의 1.5%, 유료 회원 전환의 2%
- **디스플레이 광고**: 방문의 1% 미만, 무료 회원 전환의 1.5% 미만, 유료 회원 전환의 1% 미만

자연 검색이 방문과 전환을 유도하는 데 큰 도움이 되는 것은 분명하다. 그러나 다른 채널은 방문자가 바로 전환으로 이어지지 않더라도 잠재고객이 될 수 있는 이들을 지원하는 데 효과적이다. 특히 이메일 마케팅, 소셜 미디어, 디스플레이, 유료 검색은 방문에 비해 전환에 기여하는 비율이 높다.

소셜 미디어는 방문자 수나 전환 수로 볼 때 수익에 미치는 영향이 미미한 듯하다. 그러나 다양한 소셜 네트워크에 걸쳐 10만 명 이상의 팔로워가 존재한다는 사실만으로도 인지도, 친밀감, 호감, 선호도, 구매 의욕을 높여 브랜드 발전을 지원하는 중요한 채널로 여겨지고 있다. 소셜 네트워크의 상대적 중요도는 방문 수 기준으로 다음과 같다.

- 페이스북 41%
- 링크트인 23%
- 트위터 16%
- 핀터레스트 9%
- 유튜브 3%
- 인스타그램 1% 미만

자연 검색와 소셜 미디어의 성공 요인

비슷한 타깃층의 인지도와 리드 확대를 목표로 하는 경쟁 시장에서는 자연 검색과 전환율 최적화에 '상시' 집중하여 많은 방문자 수를 달성하는 것이 중요하며, 이를 위해 많은 전문가, 퍼블리셔, 교육 및 마케팅 기술 공급업체가 협력하고 있다. 이 사례의 마지막 부분에서는 자연 검색과 소셜 미디어를 통한 성공을 달성하는 데 사용된 커뮤니케이션 기법을 살펴본다.

구글 키워드 플래너는 디지털 마케팅이 마케팅 커뮤니케이션의 일부에 불과하지만 디지털 기술 향상을 원하는 사람들의 검색 의도가 매우 높다는 것을 밝혀냈다. 검색 행동을 이해하기 위해 상세한 키워드 갭 분석을 통해 '디지털 마케팅 전략 및 계획'과 같은 특정 '롱테일' 키워드와 템플릿, 가이드, 교육 과정과 같은 특정 요구를 나타내는 수식어를 타깃으로 삼았다.

블로그에 게시할 내용을 정의하는 콘텐츠 전략은 블로그에서 사용할 주제, 콘텐츠, 형식의 범위를 정의하고 소셜 미디어를 통해 사람들을 끌어들이는 적절한 속도를 달성하는 데 중요하다. 이 전략은 마케팅 담당자가 자신의 기술과 지식을 향상하고 의사결정에 도움이 될 수 있는 실제 유용한 내용을 기반으로 하며, 여기에는 다음과 같은 주제가 포함될 수 있다.

- 구글과 소셜 네트워크의 플랫폼 개발에 대한 경각심을 고취 및 새로운 마케팅 기법 제시
- 디지털 마케팅 트렌드에 대해 회원을 대상으로 실시한 설문조사를 바탕으로 무료 보고서 발행
- 소비자 디지털 도입에 대한 통계 및 벤치마킹
- 더 나은 결과를 얻기 위해 다양한 채널과 분석을 활용하는 모범 사례

이러한 주제에 대한 양질의 기사, 보고서, 인포그래픽을 제시하는 것은 리드 생성 및 구독을 지원하는 데 가장 효과적이다. 예를 들어 최신 통계를 제시하는 것은 자신의 기사에 정보를 제공하려는 다른 블로거로부터 백링크를 모으는 경향이 있다. 이는 '선순환'의 일부이며, 성공적인 기사는 최신 상태로 유지되고 재게시됨으로써 계속해서 매력적인 기사가 되고, 구글에서 상위에 노출될 수 있다. 스마트 인사이츠가 개발한 RACE 계획 프레임워크와 같은 시각적 프레임워크를 만들기 위한 디자인 투자는 이러한 콘텐츠가 '소트 리더십(thought leadership)'을 강조하고 소셜 미디어에서 좋은 수준의 증폭을 얻을 수 있기 때문에 가치 있는 것으로 여겨진다.

콘텐츠 마케팅 전략은 사내 작가와 엄선된 전문 해설자를 활용한 게스트 블로그 모델을 통해 실행되었다. 이 장에서 언급했듯이 이는 구글이 권장하는 방식은 아니지만, 권위 있는 작가와 블로그 스타일 가이드를 사용하여 기사의 품질을 보장함으로써 효과적임이 입증되었다. 그러나 콘텐츠 마케팅과 게스트 블로그의 인기가 높아지면서 매월 수백 건의 기고 요청이 들어오고, 경험상 블로그 스타일 가이드를 사용해도 구글의 E-E-A-T(경험, 전문성, 권위성, 신뢰성) 가이드라인에 필요한 품질을 달성하기 어렵기 때문에 현재는 초청된 작가만 활용하고 있다. 디지털 경험이 이 사례의 초점은 아니지만, 마케팅 담당자의 마케팅 역량과 디지털 마케팅 기술을 벤치마킹하는 데 도움이 되는 인터랙티브 도구에 투자하는 것도 콘텐츠 전략의 일환이다.

무료 회원이나 유료 회원이 등록하면 관련성 있고 가치 있는 콘텐츠를 통해 회원의 관심을 유도하는 것이 중요하다. 이메일 자동 발송은 구독 후 잠재고객 또는 고객의 관심사를 타기팅한 자동 이메일을 발송하는 중요한 전술이다. 이것은 자동화된 '상시' 프로세스이지만 청중의 관심사에 맞는 최신 조언으로 업데이트되어야 한다. 또한 유익한 정보와 홍보를 모두 다루어 정보 제공-판매-엔터테인먼트의 적절한 균형을 추구하는 주간 정기 뉴스 레터를 통해 달성할 수 있다.

마케팅 담당자의 관심사와 우려 사항에 초점을 맞춰 연중 정기적인 캠페인을 기획하고 이를 무료 보고서 및 관련 교육과 연계하여 상업적 목표를 달성할 수 있다. 이러한 '소트 리더십' 캠페인의 주제는 디지털 트랜스포메이션, 실용적 분석, 다양한 분야에서 성장을 촉진

하는 방법 등이다. 소셜 미디어, 이메일 마케팅, 검색 연동 광고, 현장 패널, 웨비나 등이 이를 강조하는 가장 중요한 채널이다.

데이브 채피는 수많은 업계 회의 및 전문가 모임에서 연구와 조언을 발표하는 등 신뢰할 수 있는 정보원으로서 신뢰도를 높여왔다. 온라인에서는 스마트인사이츠의 정기적인 웨비나 관련 브랜드와의 웨비나 팟캐스트를 통해 이를 실현하고 있다. 하이브리드 수익 모델의 또 다른 장점은 어도비, 오라클, 허브스폿, 세일즈포스 등의 초대형 기업, 독자적인 청중을 보유한 다른 많은 소규모 마테크 벤더와의 공동 마케팅을 통해 공동 보고서 및 웨비나를 배포하고 인지도를 높이는 데 활용할 수 있다는 것이다. 신뢰성은 트러스트파일럿의 평가가 '엑설런트'로 표시되며, 고객이 만든 콘텐츠는 제안의 가치를 검증하는 데 중요한 역할을 한다.

문제

1. 다양한 효과 측정은 스마트인사이츠에 가장 효과적인 디지털 커뮤니케이션 채널을 어떻게 보여주는가?
2. 디지털 마케팅 기술 개발에 초점을 맞춘 혼잡한 시장에서 스마트인사이츠는 어떻게 자신의 제안을 차별화할 수 있는가?
3. 자연 검색은 양적으로 가장 중요한 채널인데, 구글 내에서 인지도를 확보하고 유지하려면 어떤 요소가 중요한가?

고, 훨씬 덜 이용하는 고객도 있고, 아예 이용하지 않는 고객도 있다. 그림 8.13은 활동 수준의 차이를 보여준다.

비용 절감에 도움이 되는 '디지털 셀프서비스'의 도입을 개선하기 위해서는 활동 수준을 나타내는 지표를 정의하고, 더 자주 사용함으로써 활동 수준을 향상할 수 있는 전술을 수립

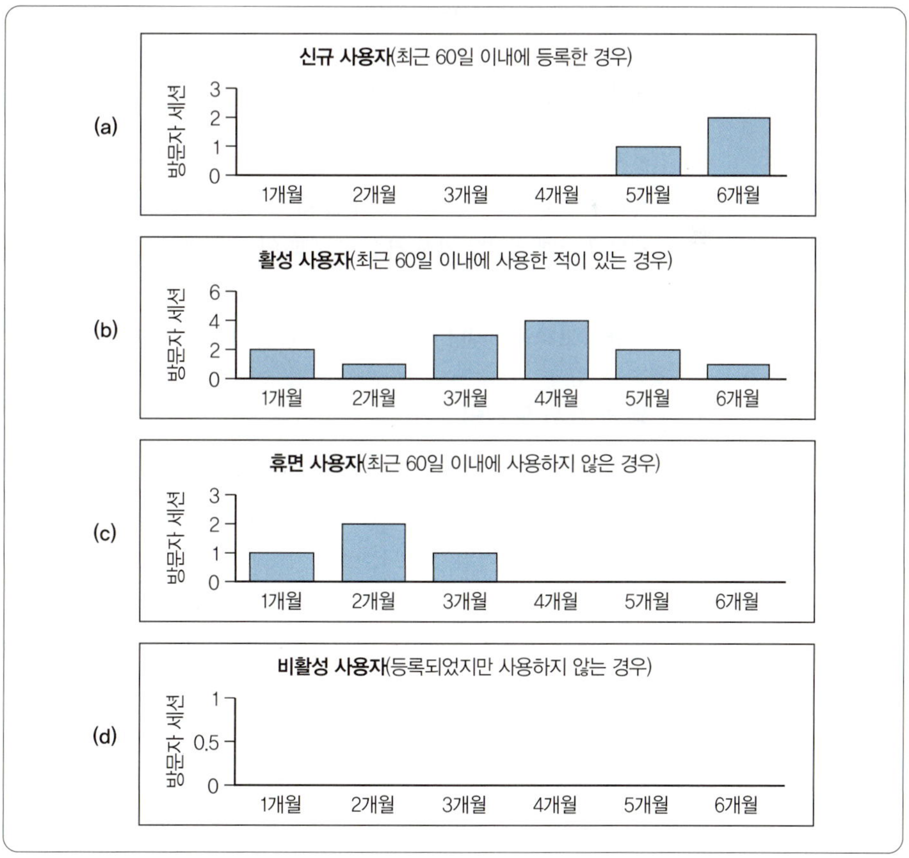

그림 8.13 등록이 필요한 사이트의 사용자 세분화

하는 것이 중요하다. 목표와 그에 따른 전술은 다음과 같이 설정할 수 있다.

- 웹사이트 방문을 유도하는 온라인 서비스 홍보를 통해 월별 및 연간 신규 이용자 수를 증가시킨다(기존 고객과 신규 고객에 대해 별도의 목표를 설정한다).
- 활성 사용자의 비율을 증가시킨다(이때 적절한 임계값 사용할 수 있다). 이메일, 개인화된 웹사이트 메시지, 다이렉트 메일, 전화 등 직접적인 커뮤니케이션을 이용하여 신규 사용자를 확보하고 활성 사용자의 비율을 높인다.
- 휴면 사용자(신규 또는 활성 상태이나 활성으로 분류되는 기간 동안 사용하지 않은 휴면 사용자)의 비율을 줄인다.
- 비활성 사용자(또는 비활성화된 사용자)의 비율을 줄인다. 비활성 사용자란 온라인 뱅킹과 같은 서비스에 등록하고 사용자 이름을 발급받았지만 서비스를 이용하지 않는 사용자를 말한다.

이러한 전략에 각각 대응하는 전략을 세울 수 있다. 흥미롭게도 이 장을 작성하는 시점에 스코틀랜드왕립은행(Royal Bank of Scotland)과 내셔널웨스트민스터은행(National Westminster Bank)은 많은 고객이 전자 결제와 디지털/모바일 뱅킹을 이용함에 따라 259개 지점을 폐쇄한다고 발표했다.

또 다른 주요 지표는 실제로 전자상거래 사이트의 핵심 리텐션 지표인 재방문율이다. Agrawal 등(2001)은 재방문율 지표의 중요성을 강조했으며, 수익성에 영향을 미치는 주요 리텐션 지표를 다음과 같이 밝혔다.

- **재구매 전환율**: 전체 구매 고객 중 재구매 고객의 비율을 말한다.
- **재구매 고객층**: 첫 구매 고객 중 다시 제품을 구매하는 고객을 의미한다.
- **단골 고객 일인당 거래 건수**: 고객과의 관계에서 고객의 발전 단계를 나타낸다(또 다른 유사한 지표는 구매된 제품 카테고리 수이다).
- **단골 고객의 거래당 수익**: 평균 주문 금액을 나타내므로 평생 가치를 대변하는 지표이다.

평생 가치 모델링

평생 가치(LTV) 고객 또는 고객 집단이 기업과의 관계 전반에 걸쳐 기업에 제공하는 순이익의 총합

평생 가치(lifetime value, LTV)를 이해하는 것은 고객관계 관리 이론 및 실천의 핵심이기도 하다. 이는 자주 사용되는 용어이지만, 계산하기가 쉽지 않기 때문에 구체적인 수치로 계산하지 않는 기업이 많다. 평생 가치는 고객 또는 고객 집단이 기업과의 관계 전반에 걸쳐 기업에 제공하는 순이익의 총합으로 정의된다. 모델링은 일정 기간 동안 각 고객과 관련된 수입과 비용을 추정하고 그 기간 동안 적용되는 할인율 값을 이용하여 현재 화폐 가치로 계산한 순 현재 가치를 기반으로 한다.

LTV 계산에는 여러 단계가 있는데, 이를 그림 8.14에 나타냈다. 옵션 1은 미래 LTV의 실용적인 방법 또는 근사적인 대리인인 반면, 진정한 LTV는 개인 수준에서 고객의 미래 가치이다. 세분 시장 수준(4)에서의 LTV 모델링은 마케팅에서 매우 중요한데, 이는 다음 질문에 대한 답을 얻을 수 있기 때문이다.

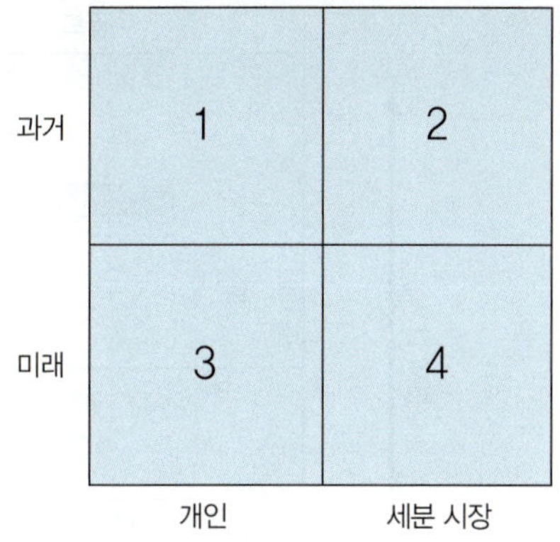

그림 8.14 LTV 계산의 다양한 표현

신규 고객 확보에 얼마를 투자할 수 있는가?

마케팅 담당자는 LTV 분석을 통해 다음과 같은 것을 할 수 있다.

- 고객 확보 프로그램에 대한 투자를 계획하고 측정한다.
- 중요한 타깃 세분 시장을 파악하고 비교한다.
- 대체 고객 유지 전략의 효과를 측정한다.
- 기업의 고객 기반에 대한 진정한 가치를 확립한다.
- 제품과 제안에 대한 의사결정을 내린다.
- 새로운 eCRM 기술 도입의 가치에 대한 결정을 내린다.

그림 8.15는 다양한 고객 집단에 대한 CRM 전략을 수립하기 위해 LTV를 사용하는 방법의 예를 보여준다. 주요 고객 유형인 브론즈, 실버, 골드, 플래티넘이 현재 가치와 미래 가치로 표시되어 있다. 현재 가치(현재 수익성으로 표시되는 현재 가치)와 LTV 계산으로 표시되는 미래 가치에 따라 다양한 고객 집단(원)이 식별된다. 각 집단은 인구통계를 기반으로 한 고객 프로필의 시그니처를 가지고 있기 때문에 고객 선택에 사용할 수 있다. 2개의 주요 가치 집단 내 여러 고객 집단에 대해 다양한 전략이 개발된다. 집단 A, B와 같은 일부 브론즈 고객은 현실적으로 발전 가능성이 없고 일반적으로 수익성이 낮기 때문에 커뮤니케이션 비용을 절감하는 것이 목적이며, 고객으로 남지 않더라도 용인될 수 있다. 집단 C와 같은 일부 브론즈 고객은 성장 잠재력이 있을 수 있기 때문에 이들에 대한 전략은 구매를 확대하는 것이다. 실버 고객은 고객 확대 캠페인으로 공략하고 골드 고객은 가능한 한 확대하지만, 이들은 상대적으로 성장 가능성이 낮다. 플래티넘 고객은 우량 고객이므로 이들의 커뮤니케이션 선호도를 이해하는 것이 중요하며, 이탈할 가능성이 있다는 증거가 없는 한 과도하게 커뮤니케이션을 하지 말아야 한다.

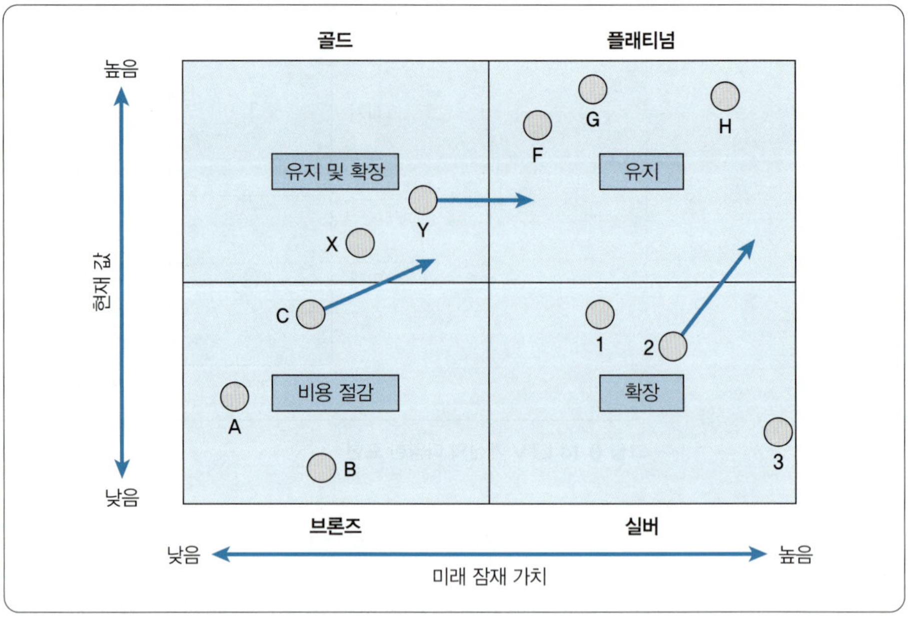

그림 8.15 LTV를 기반으로 한 세분화 계획의 예

전자상거래의 서비스 품질 관리

가상 세계에서 고객 서비스는 브랜드 간의 중요한 차별화 포인트가 될 수 있다. Jevons와 Gabbot(2000)은 "브랜드에 대한 실제 경험은 브랜드 인지보다 더 강력한 신뢰의 증거가 된다"고 설명했다.

Feinberg 등(2000)의 보고에 따르면 고객 이탈 이유는 68% 이상이 '서비스 경험의 질적 저하', 가격(10%), 제품 문제(17%) 등의 요인은 그다지 중요하지 않은 것으로 나타났다.

5장에서 살펴보았듯이 자포스는 우수한 고객 서비스를 기반으로 10억 달러 규모의 비즈니스를 구축했다(사례 연구 5.3 참조).

온라인 서비스 품질 향상

전자상거래에서의 서비스 품질 제공은 서비스 품질 수준을 결정하기 위한 기존 프레임워크를 검토함으로써 평가할 수 있다. 가장 많이 사용되는 것은 고객이 기대하는 서비스 수준(과거 경험이나 입소문)과 실제 서비스 제공 수준에 대한 고객의 인식 사이에 존재하는 '서비스 품질 격차'라는 개념을 기반으로 한다.

Parasuraman 등(1985)은 소비자가 기대하는 서비스 품질 수준과 제공된 서비스 품질 수준을 판단하는 서비스 품질 차원을 다음과 같이 밝혔다.

- **유형성**: 시설의 물리적 외관과 시각적 매력
- **신뢰성**: 서비스를 일관되고 정확하게 실행하는 능력

- **반응성**: 고객을 돕고 신속한 서비스를 제공하려는 의지
- **보증**: 직원의 지식과 예의, 신뢰와 신용을 전달할 수 있는 능력
- **공감**: 배려와 개별화된 돌봄을 제공하는 능력

서비스 품질을 결정하는 데 이 SERVQUAL 척도 프레임워크(Parasuraman et al., 1985)의 타당성에 대한 논쟁이 치열하게 전개되었다. 예를 들어 Cronin과 Taylor(1992)를 참조하라. 그럼에도 불구하고 이러한 서비스 품질 차원을 웹상의 고객 서비스에 적용하는 것은 유익하니 SERVQUAL의 각 차원을 살펴보자.

유형성

유형성(tangibles) 차원은 사이트의 구조와 그래픽 디자인을 기반으로 한 사용 편의성과 시각적 매력의 영향을 받는 것으로 나타났다. 이러한 요소가 소비자에게 중요하다는 것은 포레스터리서치(Forrester Research)가 1999년 미국 소비자 8,600명을 대상으로 실시한 조사에서 나타났다. 이에 따르면 사이트를 재방문하는 주된 이유는 고품질 콘텐츠(75%), 사용 편의성(66%), 다운로드 속도(58%), 업데이트 빈도(54%)로, 이는 사이트의 품질에 대한 가장 중요한 측면이다.

신뢰성

신뢰성(reliability) 차원은 사이트의 가용성, 즉 사용자로서 사이트에 얼마나 쉽게 접속할 수 있는지에 따라 달라진다. Chaffey와 Edgar(2000)는 다양한 분야의 영국 사이트 361개를 조사한 결과를 보고했다. 조사 대상 사이트 중 조사 시점에 접속이 가능한 사이트는 331개(92%)였고, 그중 299개가 이메일 문의처를 제공하고 있었다. 299개 사이트에 모두 이메일로 문의했는데 9개는 연락이 닿지 않았다. 조사 시점에 서비스를 이용할 수 있었던 것은 결코 보편적인 서비스가 아니었음을 알 수 있다.

반응성

조사에 따르면 290건의 이메일 발송 중 62%만이 28일 이내에 회신을 받았고, 1/3 이상의 기업은 응답이 전혀 없었다. 응답한 기업의 응답 시간(즉시 발송 자동 응답 제외)은 8분에서 19영업일 이상 차이가 났다. 전체 평균은 2영업일 5시간 11분, 전체 부문의 중앙값(가장 빠른 응답을 받은 50% 기준)은 1영업일 34분이었다. 이 중앙값은 영업일 기준 1일 이내 답변이 모범 사례이고 소비자 기대의 기초가 될 수 있음을 시사한다.

반응성(responsiveness)은 사이트의 성능(페이지 요청이 사용자의 브라우저에 페이지 노출로 전달되기까지의 시간)으로도 나타낼 수 있는데, ISP에서 호스팅되는 웹 서버의 정보 전달, 즉 서비스 품질에 큰 편차가 있기 때문에 기업은 이를 서비스 수준 계약(service level agreement, SLA)에서 공급업체와 품질 수준을 지정해야 한다. 조나리서치(Zona Research, 1999)는 고객이 정보 다운로드를 기다리지 않는 '구제 조치'로 인해 전자상거래 수익이 43억 5,000만 달러 손실될 수 있다는 분석을 내놓았다. 이 보고서는 많은 고객이 8초 이상 기다릴 준비가 되어 있지 않을 수 있다고 지적했다.

물류를 비롯한 전체 프로세스의 효과적인 이행 또한 반응성의 본질적인 부분이다(7장 참조).

보증

이메일의 경우 보증(assurance)은 응답의 품질로 간주하는 것이 가장 적절하다. Chaffey와 Edgar(2000)의 연구에 따르면 180개의 응답 중 91%가 사람에 의한 개인적 응답이었고, 9%는 개별 문의에 대응하지 않는 자동화된 응답이었다. 전체적으로 38%는 구체적 질문에 대한 답변이 없었다.

전자상거래 사이트의 또 다른 보증 문제는 고객 정보의 프라이버시와 보안이다. 트러스크아크(TrustArc)의 인증에 가입한 기업은 그렇지 않은 기업보다 더 강한 보증을 제공할 수 있다. 전자상거래 사이트의 보증을 실현하기 위해 다음과 같은 조치를 제안할 수 있다.

- 명확하고 효과적인 개인 정보 보호에 관한 성명서를 제공한다.
- 모든 지역 시장에서 개인 정보 보호 및 소비자 보호 가이드라인을 준수해야 한다.
- 고객 데이터 보안을 최우선으로 한다.
- 독립적인 인증 기관을 이용한다.
- 모든 커뮤니케이션에서 탁월한 서비스 품질을 강조한다.

공감

공감(empathy)은 인간적인 개인적 접촉을 전제로 성립한다고 생각할 수 있지만, 이메일로도 어느 정도 가능하다. Chaffey와 Edgar(2000)에 따르면 수신된 응답 중 91%가 사람에 의한 개인적 응답을 제공했고, 29%(53건)는 기업 내에서 문의를 인수인계했다. 이 53건 중 23건은 28일 이내에 추가 답변을 받았고, 30건(57%)은 더 이상 응답하지 않았다.

개인화 기능의 제공은 사이트가 제공하는 공감을 보여주는 것이기도 하지만, 고객의 정보 니즈에 맞춰 동적으로 생성되는 웹페이지의 가치에 대한 고객의 인식은 더 많은 조사가 필요하다.

전자상거래를 통해 서비스 품질을 어떻게 제공할 수 있는지에 대한 또 다른 접근 방식은 그림 8.5와 같이 구매 결정의 여러 단계에서 사이트가 어떻게 고객 서비스를 제공하는지 생각해보는 것이다. 이처럼 양질의 서비스는 구매 자체가 얼마나 원활하게 이루어지는지뿐만 아니라 고객이 얼마나 쉽게 제품을 선택할 수 있는지 그리고 이행의 질을 포함한 애프터서비스에 따라 좌우된다. 영국 엡손(Epson) 사이트는 구매 과정의 모든 단계에서 사이트가 어떻게 도움이 되는지를 보여준다. 사용자가 특정 프린터를 선택하거나 고장을 진단하고 해결하는 데 도움이 되는 인터랙티브 도구를 제공하며, 기술 브로슈어를 다운로드할 수도 있다. 이러한 서비스가 고객의 니즈를 얼마나 잘 충족하는지에 대한 피드백을 요청한다.

SERVQUAL 요소는 Jun과 Cai(2001)의 상세한 연구에서 온라인 뱅킹에 적용되었다. 이는 온라인 환경에서 기존 SERVQUAL 요소의 중요성을 뒷받침한다. 이 연구에서는 고객 문의에 대한 적시의 정확한 답변이 중요함을 강조하고, 온라인 서비스의 특성, 즉 고객이 사이트 서비스의 지속적인 개선을 기대한다는 것을 밝히며, 적극적인 변화가 이루어지지 않을 경우 만족도가 낮아질 수 있음을 시사한다.

요컨대 SERVQUAL과 같은 프레임워크를 전자상거래 환경에 적용하려는 관리자에게는 프로세스를 관리하는 데 적합한 세 가지 단계가 있다.

- **기대치 이해**: 반응성, 공감 등의 고객 요구 사항을 이해하는 데 시장 조사 및 기타 사이트 벤치마킹과 함께 SERVQUAL 프레임워크를 사용할 수 있다. 또한 시나리오를 사용하여 사이트 서비스 이용에 대한 고객의 기대치를 파악할 수 있다.
- **서비스 약속의 설정과 전달**: 기대치를 이해하면 마케팅 커뮤니케이션을 통해 고객에게 서비스 수준을 알릴 수 있다. 이는 고객 서비스 보증 또는 약속을 통해 달성할 수 있다. 과도한 약속보다 과소한 약속이 더 낫다. 책 소매업체가 3일이 걸린다고 약속했다가 2일 만에 배송하면, 1일이 걸린다고 약속했다가 2일 만에 배송하는 경우보다 고객의 충성도가 높아질 수 있다. 현명한 기업은 약속을 지키지 못하는 경우의 대응에 대해서도 설명할 수 있다. 서비스 약속은 내부적으로 전달되어야 하며, 서비스가 확실히 제공될 수 있도록 훈련과 결합되어야 한다.
- **서비스 약속 실현**: 약속은 현장 서비스, 직원 지원, 물리적 이행을 통해 제공되어야 한다. 그렇지 않으면 온라인상의 신뢰가 무너지고 고객이 절대 돌아오지 않을 수도 있다.

감지, 대응, 조정을 통한 고객의 행동 모니터링 및 적절한 커뮤니케이션 제공

가치, 성장, 반응성, 이탈 위험의 범주로 고객을 식별하려면 구매 행동과 캠페인 반응 행동을 나타내는 정보를 사용하여 고객을 개인화해야 한다. 과거와 현재의 실제 행동은 종종 미래 행동을 가장 잘 예측할 수 있는 요소이다.

디지털 마케팅을 통해 마케팅 담당자는 다음과 같은 사이클을 만들 수 있다.

- 고객의 행동을 모니터링한다.
- 적절한 메시지와 제안으로 반응하고 바람직한 행동을 유도한다.
- 이러한 메시지에 대한 반응을 모니터링하고 추가 커뮤니케이션과 모니터링을 계속한다.

아니면 단순히 다음과 같이 할 수도 있다.

감지 → 대응 → 조정

감지 작업은 웹사이트의 특정 콘텐츠 방문이나 이메일 내 특정 링크 클릭을 모니터링하는 기술을 통해 이루어진다. 구매 이력을 모니터링할 수도 있지만, 구매 정보는 종종 레거시 판매 시스템에 저장되는 경우가 많기 때문에 고객과의 커뮤니케이션에 사용되는 시스템과 통합하는 것이 중요하다. 대응은 현장 메시지나 이메일을 통해 이루어질 수 있으며, 이후 추가적인 감지와 대응을 통해 조정이 이루어진다.

이러한 '감지 및 대응' 기법은 전통적으로 아고스, 리틀우즈인덱스(Littlewoods Index)와 같은 카탈로그 소매업체에서 'RFM(recency, frequency, monetary) 분석'으로 알려진 기술을 사용해왔다. 이 기법은 소매업계 외에는 잘 알려지지 않지만, eCRM에서는 구매 이력 분석뿐만 아니라 사이트나 온라인 서비스 방문 빈도, 로그인 빈도, 이메일 커뮤니케이션에 대한 반응률 등을 분석할 수 있기 때문에 다양한 기법에 응용할 가능성이 있다.

최신성, 빈도, 금전적 가치 분석

RFM을 'FRAC'라고도 하는데, 이는 frequency(빈도), recency(최신성), amount(금액), category(구매 제품의 종류, RFM에 포함되지 않음)의 머리글자를 딴 것이다. 여기서는 온라인 마케팅을 중심으로 RFM 접근법을 적용하는 방법을 알아본다. 또한 관련 지연 시간과 최소 달성 비율(hurdle rate) 개념도 다룬다.

최신성

고객 행동(예: 구매, 사이트 방문, 계정 접속, 이메일 응답)의 최신성을 나타낸다. Novo (2004)는 다음과 같이 최신성을 강조했다.

> 최신성, 즉 고객이 특정 행동(구매, 로그인, 다운로드 등)을 완료한 후 경과한 일수는 고객이 해당 행동을 반복할 것인지 여부를 가장 강력하게 예측하는 요소이다. 최신성 덕분에 해당 회사에서 처음 구매한 직후 또 다른 카탈로그를 받게 된다.

최신성 분석의 온라인 적용 사례로는 변덕스러운 고객을 파악하기 위해 시간을 두고 모니터링하거나, 비용 절감에 더 민감한 고객을 우선적으로 타기팅하기 위해 고객을 점수화하는 것 등이 있다.

빈도

고객 행동(예: 구매, 방문, 이메일 응답 등) 기간 동안 완료된 행동의 횟수를 의미한다. 예를 들어 연 5회 구매, 월 5회 방문, 주 5회 로그인, 월 5회 이메일 열기, 연 5회 이메일 클릭 등이다. 이 분석의 온라인 적용에는 RF 타기팅을 위한 재귀성과 결합하는 것이 포함된다.

금전적 가치

예를 들면 평균 주문 금액 50파운드, 연간 총 구매 금액 5,000파운드 등으로 금전적 가치를 계산할 수 있다. 일반적으로 금전적 가치가 높은 고객은 과거에 많은 제품을 구매했기 때문에 충성도가 높고 미래 가치가 높은 경향이 있다. 일례로 적극적으로 구매한다는 것을 RF 점수가 시사하는 경우의 고객은 특별 캠페인에서 제외할 수 있다. 구매 횟수가 많을수록 총 금액이 높아지기 때문에 구매 횟수는 종종 연간 구매 금액의 대용이 되기도 한다. 따라서 최신성과 빈도만으로 분석을 단순화할 수 있다. 한편 첫 고가 구매의 경우 금전적 가치로 인해 분석이 왜곡될 수 있다.

지연 시간

지연 시간은 빈도와 관련이 있으며, 고객 생애주기에서 고객 이벤트 사이의 평균 시간이다. 예를 들어 웹사이트 방문, 두세 번째 구매, 이메일 클릭 등의 평균 시간이다. 온라인에서 지연 시간의 적용 예로는 고객의 관심이 높아지거나 낮아지는 등 평소와 다른 고객의 행동을 기업에 알리는 트리거를 설정하고, 전자 커뮤니케이션 또는 전통적인 커뮤니케이션을 통해 이 행동을 관리하는 것을 들 수 있다. 예컨대 구매 간격이 긴 B2B 또는 B2C 기업에서 특정 고객의 평균 대기 시간이 짧아지면 해당 고객이 추가 구매를 고려하고 있을 가능성이 높다(그 빈도가 높아질 가능성도 높다). 이 경우 그 고객이 찾고 있는 것에 따라 이메일, 전화, 다이렉트 메일로 관련 제품을 제안할 수 있다.

최소 달성 비율

Novo(2004)에 따르면 최소 달성 비율은 어떤 집단(세분 시장, 리스트 등) 내에서 특정 행동을 완료한 고객의 비율을 말한다. 이 용어는 그 용도를 나타내지는 않지만 유용한 개념이다. 다음 예에서 보듯이 다양한 집단의 참여를 비교하거나 온라인 채널에서 참여를 높이기 위한 목표를 설정하는 데 사용할 수 있다.

- 지난 6개월 동안 매장을 방문한 적이 있는 고객이 20%이다.
- 5%의 고객이 1년에 3회 이상 구매한다.
- 연간 등록자의 60%가 시스템에 로그인한다.
- 지난 1년 동안 이메일을 클릭한 사람이 30%이다.

다양한 RFM 카테고리로 고객 그룹화

앞에서는 최신성, 빈도, 금전적 가치를 임의의 위치에 배치하고 각 집단에 거의 동일한 수의 고객을 배치했다. 이러한 접근 방식은 마케팅 담당자가 고객 이해와 관련된 가치 임곗값을 설정할 수 있기 때문에 유용하다.

RFM 분석에서 고객을 그룹화하는 방법은 두 가지이다.

- **통계적 RFM 분석**: 그림 8.16과 같이 20%의 5분위수(대규모 데이터베이스의 경우 10분위수를 사용할 수도 있음)를 사용하여 각 RFM 카테고리에 동일한 수의 고객을 배치하는 것이다. 그림 8.16은 커뮤니케이션 채널을 보다 효과적으로 활용하기 위한 RFM의 적용 예를 보여준다. 온라인 서비스를 자주 이용하는 고객의 경우 이러한 채널을 선호하기 때문에 보다 저렴한 전자 커뮤니케이션을 활용하고, 전통적인 채널을 선호하는 고객에

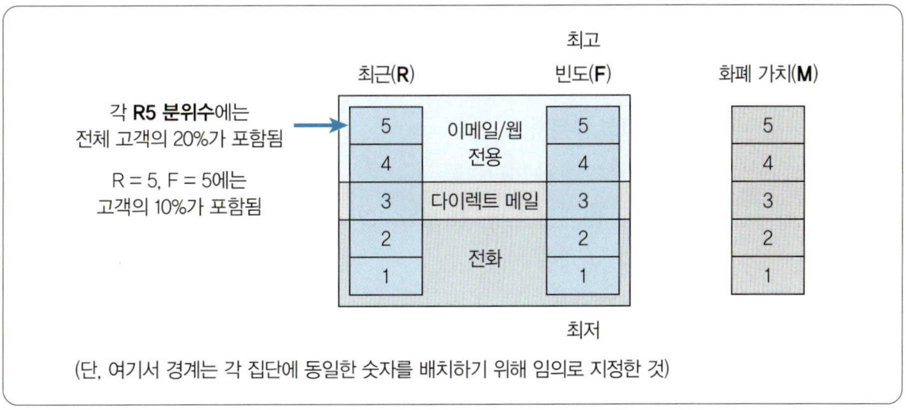

그림 8.16 RFM 분석

게는 보다 비싼 커뮤니케이션을 활용할 수 있는데, 이러한 과정을 '라이트 채널링(right-channeling)' 또는 '라이트 터치(right-touching)'라고도 한다.

- **고객 데이터베이스의 임의 분할**: 마케터가 고객 이해와 관련된 가치 임곗값을 설정할 수 있기 때문에 유용하다.

예를 들어 RFM 분석은 고객이 전자상거래 사이트와 상호작용하는 방식에 따라 이메일을 통한 타기팅에 적용될 수 있다. 각 고객에게 다음과 같이 값을 할당할 수 있다.

최신성

1－12개월 이상

2－12개월 이내

3－6개월 이내

4－3개월 이내

5－1개월 이내

빈도

1－6개월에 1회 이하

2－6개월마다

3－3개월마다

4－2개월마다

5－매월

금전적 가치

1－£10 미만

2－£10～£50

3－£50～£100

4－£100～£200

5－£200 이상

이 분석의 단순화된 버전을 만들어 쉽게 관리할 수 있다. 예를 들어 연극 극단은 다이렉트 마케팅을 할 때 다음 아홉 가지 카테고리를 사용할 수 있다.

1회 방문자

- 12개월 미만
- 12개월 이상, 36개월 미만
- 36개월 이상

2회 방문자

- 12개월 미만
- 12개월 이상, 36개월 미만
- 36개월 이상

2회 초과 방문자

- 이번 시즌에 두 번 이상 예매
- 지난 시즌에 두 번 이상 예매
- 지난 시즌 전에 두 번 이상 예매

제품 추천 및 트렌드 모델링

성향 모델링 고객의 특성과 행동을 평가하고 미래 제품을 추천하는 접근 방식을 일컫는 명칭

성향 모델링(propensity modelling)은 고객의 특성과 행동, 특히 과거에 구매한 제품 또는 서비스를 평가하여 다음에 적합한 제품 또는 서비스를 추천하는 접근 방식을 일컫는 명칭 중 하나이다. 그러나 가장 잘 알려진 것은 기존 고객에게 '차선책'을 추천하는 것이다. 이와 관련된 획득 접근법으로는 다이렉트 메일 또는 이메일 목록을 빌리거나 비슷한 장소에서 온라인 광고를 게재하는 등 비슷한 특성을 가진 잠재고객을 타기팅하는 방법이 있다.

다음은 van Duyne 등(2002)이 권장하는 것이다.

- 자동 제품 관계(차선책 제품)를 만든다. 이를 위한 로테크 접근법은 각 제품에 대해 이전에 함께 구매한 제품을 묶는 것이다. 그런 다음 각 제품에 대해 함께 구매한 횟수로 제품 순위를 매겨 관계를 찾는다.
- 관련 제품에 할애되는 영역을 통제하고 최소화한다. 상향 판매 또는 교차 판매를 위한 '차선책 제품 프롬프트'의 화면 영역을 확보해야 한다. 이를 기존 제품의 일부로 만들 수 있다면 더욱 효과적일 수 있다.
- 익숙한 '트리거 문구'를 사용한다. 이는 아마존과 같은 다른 사이트에서 흔히 볼 수 있는 문구로, 예를 들면 '관련 제품, 추천 제품, 유사 제품, TOP3' 등이다.
- 관련 제품에 대한 카피를 작성한다.
- 관련 제품의 빠른 구매를 유도한다.
- 결제 시 관련 제품을 판매한다. 또한 한 제품이 장바구니에 추가되거나 구매된 후에도 마찬가지이다.

대규모 사이트를 제외하고는 고가의 추천 엔진이 반드시 필요한 것은 아니다.

고객관계 관리를 위한 기술 솔루션

데이터베이스 기술은 CRM 애플리케이션의 핵심이다. 종종 데이터베이스는 직원이 액세스하는 인트라넷 웹사이트를 통해 접근할 수 있으며, 고객 또는 파트너가 접근하는 엑스트라넷은 전체 고객관계 관리 시스템과의 인터페이스를 제공한다. 오늘날 오라클 CRM on Demand, 세일즈포스와 같은 주문형 웹 서비스가 점점 더 널리 보급되고 있다.

eCRM 시스템에서 관리되는 인바운드, 아웃바운드, 사내 커뮤니케이션의 대부분을 관리하는 데 이메일이 사용된다. 이메일을 통한 커뮤니케이션에는 세일즈포스, 오라클과 같은 eCRM 시스템에서 제공하는 서비스를 이용할 수 있고, 중소기업의 경우 메일침프 등의 이

메일 마케팅 ASP 서비스를 이용할 수 있다.

워크플로 시스템은 종종 CRM 프로세스 자동화에 사용된다. 예를 들어 영업 담당자에게 고객과의 접촉을 상기시키거나 모기지 대출 준비와 같은 서비스 제공을 관리하는 데 워크플로 시스템을 사용할 수 있다. CRM을 위해 고객 데이터베이스에 테이블 형태로 저장되는 주요 고객 데이터 유형은 다음과 같다.

- **개인 및 프로필 데이터**: 연락처 정보, 연령 및 성별(B2C), 기업 규모, 업종, 구매 결정에서 개인의 역할(B2B) 등 고객 프로파일링에 필요한 특성
- **거래 데이터**: 구매된 특정 제품, 수량, 카테고리, 장소, 날짜, 시간, 구매 채널 등 각 구매 거래에 대한 기록
- **커뮤니케이션 데이터**: 어떤 고객이 캠페인의 대상이 되었는지 그리고 그 반응에 대한 기록(아웃바운드 커뮤니케이션), 인바운드 문의나 영업 담당자의 방문 및 보고(B2B)에 대한 기록

거래 데이터와 커뮤니케이션 데이터를 통해 얻은 행동 데이터는 고객의 니즈를 보다 정확하게 충족할 수 있는 타기팅에 매우 중요하다.

마케팅 자동화 이메일, 소셜 미디어, 웹사이트 액션 등 다양한 디지털 채널에서 수용적 마케팅 작업을 자동화하는 소프트웨어

최근 몇 년 동안 CRM 시스템 내 **마케팅 자동화**(marketing automation)가 증가하고 있다. (평균적인 사용 패턴에 따라) 제품이 떨어질 것 같은 고객에게 자동으로 이메일을 보내거나 보험 만기가 다가오는 고객에게 자동으로 이메일을 보내는 것이 그 예이다. 이를 통해 기업은 고객관계 또는 브랜드와의 과거 상호작용에 반응하는 매개변수를 기반으로 지정된 시간에 다양한 고객 분류 또는 페르소나(9장 참조)와 연결할 수 있다.

이러한 기술 유형의 기본 개념은 리드가 유입 경로의 상단에서 하단(판매가 이루어지는 곳)으로 이동하는 것을 자동화·최적화하는 것이다. 마케팅 팀은 기존 고객 및 잠재고객과 더 빈번하고 맞춤화된 대화를 구축해야 하기 때문에 대부분의 디지털 마케팅 팀에서 마케팅 자동화 소프트웨어는 필수품이 되었다.

Ratcliff(2015)에 따르면 기업이 마케팅 자동화를 도입하는 주요 이유는 다음과 같다.

- **시간 절약**: 여러 캠페인을 미리 스케줄링하고, 원하는 설정에 따라 출시할 수 있다.
- **효율성**: 기존의 수작업을 대체할 수 있는 간소화된 자동화된 프로세스를 제공한다. 시간과 노동력을 절약함으로써 비용도 절감할 수 있다.
- **CRM과의 통합**: 몇 번의 접촉 실패에도 불구하고 리드가 레이더에서 사라지지 않도록 도와준다.
- **데이터 수집**: 자동화된 마케팅은 반드시 판매 중심은 아닌 고객과의 접점을 제공한다. 더 나은 통찰력을 제공하고 향후 캠페인과 커뮤니케이션을 개선하기 위해 특정 데이터를 수집하는 데 사용할 수 있다.
- **멀티채널 관리**: 과거에는 하나의 이메일 채널을 관리하기가 쉬웠지만, 지금은 소비자가 사용할 수 있는 채널이 여러 개이므로 모든 채널을 파악하기가 어려워졌다. 마케팅 자동화는 모든 채널을 파악하는 데 도움이 된다.

- **일관성**: 모든 마케팅 활동을 하나의 프로세스로 통합하여 통일된 브랜드 톤 오브 보이스(tone of voice)를 유지할 수 있다.
- **개인화**: 자동화를 통해 사용자에 맞게 경험을 조정할 수 있다.

중소기업을 위한 주요 마케팅 자동화 시스템으로는 인퓨전소프트(Infusionsoft), 허브스폿이 있고, 기업용 솔루션으로는 마케토(Marketo), 세일즈포스가 소유한 파도트, 오라클 엘로콰(Oracle Eloqua) 등이 있다.

Stone 등(2001)의 조사에 따르면 CRM 시스템 내의 데이터는 마케팅 용도로 사용되고 있다.

타깃 마케팅	80%
세분화	65%
적합한 고객 유지	47.5%
트렌드 분석	45%
충성도 향상	42.5%
맞춤형 제안	32.5%
고객 점유율 확대	27.5%

휴슨컨설팅그룹(Hewson Consulting Group)은 CRM 시스템이 고객에게 가져다주는 장점을 다음과 같이 꼽았다.

- 고객의 정보 요청에 대한 응답 시간이 개선된다.
- 납품된 제품이 고객의 요구 사항을 충족한다.
- 제품 또는 서비스 구매 및 이용 시 비용이 절감된다.
- 주문 현황을 즉시 확인할 수 있고, 보다 신속한 기술 지원을 받을 수 있다.

소비자 셀프서비스 고객이 고객 지원 직원과 접촉하지 않고 웹 인터페이스를 통해 정보를 요청하거나 거래한다.

이러한 장점의 대부분은 CRM 시스템에 액세스하는 고객 지원 직원에게 전화하여 얻을 수 있지만, 웹 인터페이스를 통해 이러한 정보에 액세스할 수 있다면 고객의 편의성이 향상되고 기업의 비용이 절감되는 것은 분명하다. 이러한 접근 방식은 **소비자 셀프서비스**(customer self-service)라고 불린다.

이 장에서 설명한 CRM의 장점에도 불구하고 실패율이 높다는 것을 강조하지 않을 수 없다. 분석 기관인 가트너와 버틀러그룹(Butler Group)이 2000년에 독자적으로 실시한 조사에 따르면 CRM 프로젝트의 약 60~70%가 실패한 것으로 나타났다(Mello, 2001). 이는 반드시 CRM 개념의 약점을 보여주는 것이 아니라, 기업의 프로세스를 크게 변경해야 하고 직원에게 큰 영향을 미치는 복잡한 정보 시스템을 도입하기가 어렵다는 것을 보여준다. 이러한 실패율은 다른 많은 정보 시스템 프로젝트에서도 발생하고 있다. 변경 관리의 문제(10장 참조)와 더불어 eCRM 시스템을 선택하는 관리자에게 중요한 기술적 문제는 다음과 같다.

- CRM 애플리케이션의 종류

- 백오피스 시스템과의 통합
- 단일 벤더의 솔루션과 보다 세분화된 솔루션 중의 선택
- 데이터 품질

CRM 애플리케이션의 종류

그림 8.17은 CRM 솔루션 제공의 복잡성을 설명하기 위한 것이다. CRM 기술의 목적은 고객과 직원 간의 직접 대화를 대체하거나 촉진하는 인터페이스를 제공하는 것이다. 고객과 직원의 관점에서 볼 때 CRM 시스템의 궁극적인 목적은 고객이 원하는 커뮤니케이션 채널(전화, 팩스 등 전통적인 방식이든 새로운 디지털 기술이든)에 관계없이 접촉할 수 있게 하는 것이다. 따라서 이상적인 CRM 시스템은 멀티채널 커뮤니케이션 또는 고객이 선호하는 채널을 지원한다. 채널에 관계없이 고객은 구매 프로세스의 단계에 따라 각기 다른 니즈를 가지고 있다. 그림 8.17에서는 고객의 세 가지 핵심 니즈, 즉 제품에 대한 자세한 정보를 알고 싶고, 주문을 하고 싶고, 판매 후 지원을 받고 싶어 하는 니즈를 식별한다. 이러한 각각의 니즈를 지원하기 위해 애플리케이션이 제공되어야 한다. 마찬가지로 직원도 고객과 기업의 영업 및 마케팅 목표를 지원하기 위한 애플리케이션 요구 사항이 있다. 그림 8.17에서는 전화, 팩스 또는 직접 방문 주문을 위한 영업 인력 자동화, 지원 시스템 및 지식 기반을 통한 고객 질문에 대한 답변이 이에 해당한다. 시스템의 핵심은 이러한 애플리케이션을 지원하는 데 필요한 데이터베이스 스토리지이다. 그림 8.17에는 서버, 미들웨어, 네트워킹 등의 IT 인프라가 표시되지 않았다.

백오피스 시스템과의 통합

CRM 시스템을 도입할 때 기업은 판매 주문 처리, 고객 지원과 같은 다른 주요 비즈니스 기능을 위해 이미 시스템에 투자한 경험이 있을 것이다. 이러한 기존 레거시 시스템은 그림 8.17의 애플리케이션과 데이터베이스 수준에서 모두 존재할 수 있다. 이러한 애플리케이션을 폐기하는 것은 재정적으로 불가능할 테지만, 고객 정보를 조직 전체에 가시화하고 우수한 고객 지원을 제공하기 위해서는 이러한 애플리케이션과의 통합이 필수적이다. 레거시 시스템의 통합은 CRM 시스템을 결정하고 도입하는 데 필수 불가결한 요소이다.

단일 벤더의 솔루션과 보다 세분화된 솔루션 중의 선택

그림 8.17은 CRM을 지원하는 시스템을 결정하고 설계할 때 중요한 문제점이 무엇인지 잘 보여준다. 다음과 같이 이상적인 상황을 생각해보자.

- 모든 커뮤니케이션 채널을 지원하는 단일 고객 및 직원용 애플리케이션이 있다.
- 단일 통합 데이터베이스를 통해 모든 직원이 고객에 대한 모든 정보를 파악할 수 있고 모든 방문 이력, 판매 이력, 지원 이력에 접근할 수 있다.
- 도입과 지원을 용이하게 하기 위해 단일 공급업체에서 제공한다.

아마도 시스템에는 통신 채널마다 다른 애플리케이션이 있고, 기능 분야마다 별도의 데이

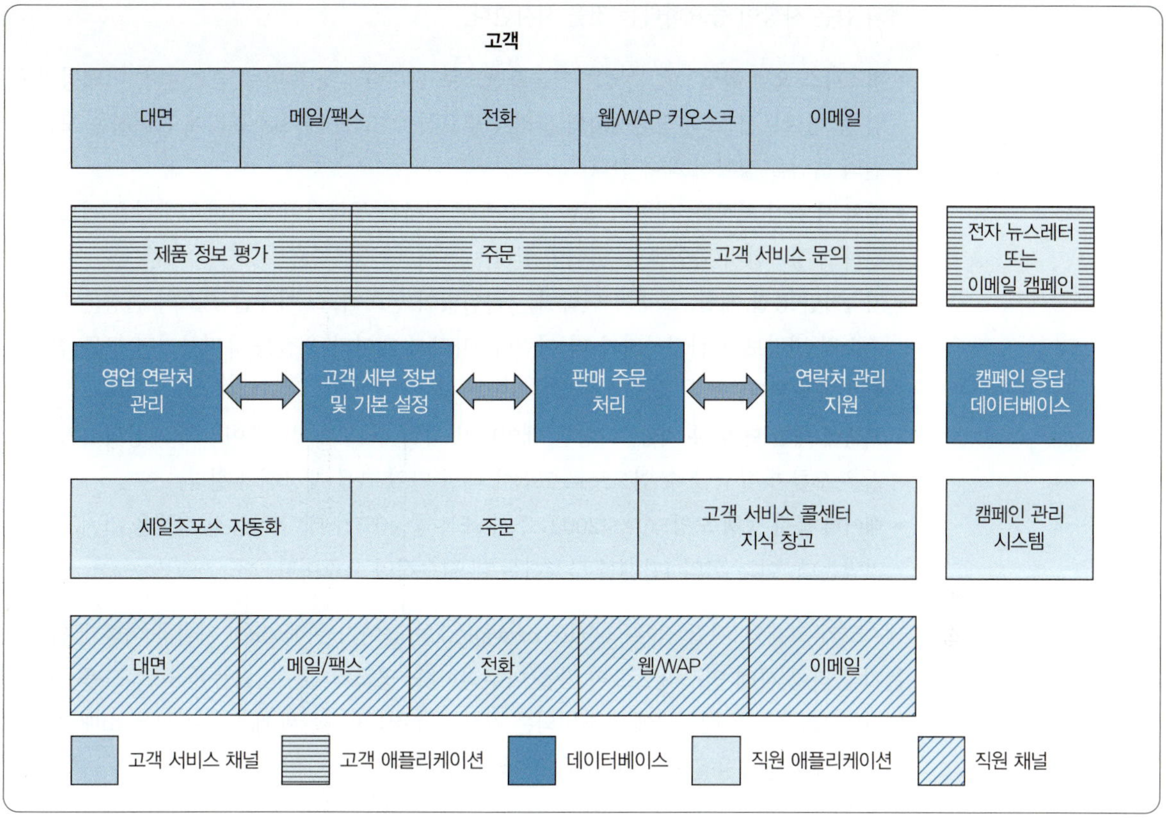

그림 8.17 CRM 기술의 구성 요소

터베이스가 있고, 여러 공급업체가 존재할 수 있으며, 전자상거래 시스템은 종종 기존 시스템과 분리된 경우가 많다. 이러한 파편화로 인해 시스템 도입과 유지·보수가 관리자의 골칫거리가 되고, 고객에 대한 서비스 수준이 떨어지곤 한다. 많은 기업이 변화를 고려하고 있는 솔루션의 방향은 위의 이상적인 시나리오에 가깝다. SAP, 오라클과 같은 전사적 자원관리 시스템의 중요성을 높이는 이유가 바로 이러한 니즈이다. 하지만 이때 맞닥뜨리는 제약은 한 기업이 모든 분야에서 최고의 애플리케이션을 제공할 수 있는 것은 아니라는 사실이다. 경쟁력을 갖추려면 예컨대 WAP와 같은 새로운 채널을 지원하고 지식경영 솔루션 또는 영업 관리 솔루션을 제공하는 혁신 기업의 솔루션을 사용해야 할 수도 있다. 따라서 관리자는 표준화된 제품을 선택할 것인지, 아니면 각 CRM 기능에 대해 보다 진보된 시스템을 통합할 것인지 고민해야 한다.

데이터 품질

모든 CRM 시스템은 데이터베이스의 최신성, 완전성, 정확성에 크게 의존한다. 도입 후 가장 큰 과제 중 하나는 데이터 품질 유지이다. 이러한 중요성은 120개 중대형 영국 B2C 기업의 CRM 및 마케팅 관리자를 대상으로 한 설문조사(QAS, 2002)에서도 잘 드러났다. 이 중 86%는 정확한 데이터가 CRM 시스템에 '매우 중요하다'고 평가했다. 그러나 대다수는 데이터 품질이 목표에 도달하지 못했다고 평가했다. 이는 데이터 품질을 잘 관리하려면 다음과 같은 사항이 중요하다는 것을 시사한다.

- **비즈니스 오너 확립**: 이 문제는 기술자만으로 관리하기에는 너무 중요하며, 마케팅의 책임 중 하나로서 고객 접점에서의 관리가 필요하다. 고객 데이터 관리에 관여하는 모든 직원의 책임을 명확히 해야 한다.
- **캡처 시 품질 최적화**: 데이터 입력 시 유효성 검사를 통합하여 우편번호와 같은 필드가 완전하고 정확한지 확인할 수 있어야 한다.
- **지속적인 품질 개선**: 고객의 연락처는 끊임없이 변화하고, 이메일 주소의 변경은 물리적 주소의 변경보다 관리하기가 더 어렵다. 따라서 데이터 품질을 유지하려면 모든 접점을 활용해야 한다.
- **고객에 대한 단일 뷰 지향**: 다양한 데이터가 각기 다른 데이터베이스에 저장되어 있으면 많은 오류가 발생할 수 있으므로 고객에 대한 단일 뷰를 제공해야 한다.
- **데이터 품질 정책 도입**: QAS(2002) 조사 표본 중 40%가 데이터 품질 정책을 가지고 있지 않았는데, 이는 위의 4단계를 달성하는 데 필수적인 요소이다.

테스코가 고객의 '지갑 점유율(share of wallet)'을 높이기 위해 CRM 기술을 어떻게 활용했는지를 다룬 사례 연구 8.2로 이 장을 마무리한다. 영국에서는 식료품에 8파운드를 지출할 때마다 1파운드가 테스코에서 소비되는 것으로 추정되며, 현재 테스코는 모든 소매 카테고리에서 매출 점유율을 높이기 위해 노력하고 있다.

사례 연구 8.2 제품 구색을 늘리고 트리거 커뮤니케이션을 통해 CRM을 강화한 테스코

콘텍스트

영국을 대표하는 식품 소매 그룹으로서 유럽과 아시아에 진출한 테스코는 온라인에서도 선구적인 역할을 하고 있다.

제품 범위

테스코 사이트는 다양한 비식품 시리즈, 테스코 퍼스널 파이낸스, 통신 사업 등 테스코의 대다수 제품에 대한 포털 역할을 하며, 의류·다이어트 클럽·항공권·휴가·음악 다운로드·가스·전기·DVD 대여 등 전문 회사와의 제휴를 통해 제공되는 서비스도 있다.

경쟁업체

테스코는 현재 시장 점유율에서 영국의 식료품 소매업계를 선도하고 있으며, 이는 온라인에서도 마찬가지이다. 다음은 히트와이즈(Hitwise, 2005)에 근거한 집계이며, 괄호 안의 숫자는 Taylor Nelson Sofres Super Panel에 근거한 전통적인 오프라인 소매업계의 시장 점유율이다.

1. 테스코 슈퍼마켓 27.28%(소매업의 29%)
2. ASDA 13.36%
3. ASDA at Home 10.13%(17.1%)
4. Sainsbury's 8.42%
5. Tesco Wine Warehouse 8.19%
6. Sainsbury's to You 5.86%(15.9%)
7. Waitrose.com 3.42%(3.6%)
8. Ocado 3.32%(웨이트로즈 소유 3.6%)
9. Lidl 2.49%(1.8%)
10. ALDI-UK 2.10%(2.3%)

일부 기업은 메인 사이트와 온라인 쇼핑 사이트가 별도로 보고되기 때문에 중복되는 기업도 있는데, ASDA는 현재 온라인과 오프라인에서 일관된 성과를 내고 있는 것으로 보인다. 그러나 세인즈버리스의 온라인 실적은 오프라인 실적에 비해 눈에 띄게 낮은 것으로 보인다. 오카도처럼 원래 런던 지역에서만 운영되던 업체도 있지만 현지에서의 실적은 양호한 편이다.

주목할 만한 점은 테스코의 경쟁사인 모리슨스(Morrisons, 소매 점유율 12.5%), 소머필드(Somerfield, 5.5%), 코옵(Co-op, 5.0%)이 히트와이즈의 리스트에 포함되지 않았다는 것이다.

서비스 홍보

다른 온라인 소매업체와 마찬가지로 테스코는 온라인 쇼핑을 이용하는 고객을 설득하기 위해 매장 내 광고와 슈퍼마켓의 클럽카드 로열티 제도의 고객 기반에 대한 마케팅에 의존하고 있다. 《뉴미디어 에이지》(2005)는 테스코의 마케팅 이사 나이절 도드(Nigel Dodd)의 말을 인용했다. "우리는 강력한 고객 기반을 가지고 있기 때문에 이는 귀중한 정보원이다." 그러나 비식품 제품의 경우 슈퍼마켓은 키워드 타기팅 광고를 사용하여 온라인 광고를 게재하고 있다.

기존 고객에게는 이메일 마케팅과 다이렉트 메일 마케팅을 통해 특별한 혜택과 프로모션을 제공하는 것이 중요하다.

Humby와 Hunt(2003)에 따르면 온라인 소매업체인 테스코는 'commitment-based segmentation' 또는 'loyalty ladder'라고 표현하는 것을 사용하고 있다. 이 세분화는 구매의 반복성, 구매 빈도, 구매 가치에 따라 여섯 가지 생애주기 카테고리를 식별하는 데 사용된다.

- 로그온 상태
- 주의 상태
- 발전 중 상태
- 확립된 상태
- 헌신적 상태
- 로그오프 상태(되찾는 것이 목적)

테스코는 이벤트 트리거에 의한 자동 메시징을 활용하여 지속적인 구매를 유도하고 있다. 예를 들어 고객 생애주기의 다양한 이벤트 이후 일련의 후속 커뮤니케이션을 수행하는 터치 전략을 가지고 있다. 아래 예시에서 이벤트 1 이후의 커뮤니케이션은 웹사이트 방문을 행동으로 옮기는 목적을 달성하기 위한 것이고, 이벤트 2 이후의 커뮤니케이션은 고객을 첫 구매자에서 정기 구매자로 전환하기 위한 것이며, 이벤트 3은 만료된 구매자를 다시 활성화하기 위한 것이다. 활성화시키기 위한 것이다.

- 트리거 이벤트 1: 고객이 사이트에 처음 등록(구매는 하지 않음)
  AR(자동 응답) 1: 등록한 지 2일 후 전화 지원, 첫 구매 시 5파운드 할인을 제공하는 이메일을 보내 체험을 권유한다.
- 트리거 이벤트 2: 고객이 처음 온라인 구매
  AR1: 즉시 주문을 확인한다.
  AR2: 구매한 지 5일 후 기사 및 피커의 서비스 품질(제품 품질, 대체품 등)을 묻는 온라인 고객 만족도 조사 링크를 이메일로 발송한다.
  AR3: 처음 구매한 지 2주 후 다이렉트 메일을 통해 서비스 이용 팁과 다음 구매 시 5파운드 할인을 제공하는데, 이는 온라인 서비스 재사용을 유도하기 위한 것이다.
  AR4: 교차 판매를 촉진하는 온라인 전용 혜택이 포함된 일반 월간 전자 뉴스레터를 발송한다.
  AR5: 격주로 고객에게 개인화된 오퍼를 알려준다.
  AR6: 2개월 후 다음 방문 시 5파운드 할인을 제공한다.
  AR7: 분기별로 쿠폰을 우편으로 발송하여 재구매 및 교차 판매를 유도한다.
- 트리거 이벤트 3: 고객이 장기간 구매하지 않음
  AR1: 고객이 어떻게 서비스를 이용하고 있는지 조사하고(문제 파악) 5파운드의 인센티브가 포함된 재활성화 메일을 보낸다.
  AR2: 연휴가 끝나고 나서 첫 번째 쇼핑 이후에도 지속적인 이용을 유도하기 위해 추가 할인 혜택을 제공한다.

온라인 상품 전략

《뉴미디어 에이지》(2005)는 2004년 1월 테스코의 CEO에 오른 로라 웨이드게리(Laura Wade-Gery)의 프로필을 실었다. 부임한 첫해의 매출은 24% 증가한 7억 1,900만 파운드였다. 그녀는 옥스퍼드 모들린 컬리지에서 역사학 석사 학위를, 인시아드에서 MBA를 받았으며, 클라인워트벤슨(Kleinwort Benson)의 매니저 겸 파트너, 제미니 컨설팅(Gemini Consulting)의 매니저 겸 수석 컨설턴트를 거쳐 테스코 클럽카드의 타깃 마케팅 디렉터, 테스코 스토어스의 그룹 전략 디렉터 등 다양한 경력을 쌓았다.

웨이드게리가 이끄는 성장은 다양한 이니셔티브를 결합함으로써 이루어졌다. 제품 개발은 중요한 분야 중 하나로, 2005년 초에 테스코는 주당 15만 건의 식료품 주문을 처리했지만 지금은 이다이어츠(eDiets), 음악 다운로드와 같은 무형 상품도 제공하고 있다.

웨이드게리는 온라인 고객 경험 개선에도 힘을 쏟았다. 신규 고객이 첫 주문을 완료하는 데 걸리는 시간이 대규모 사이트 개편을 정점으로 한 사용성 작업을 통해 1시간 이상에서 35분으로 단축되었다.

《뉴미디어 에이지》(2005)에 따르면 새로운 분야로 다각화되는 사업을 뒷받침하기 위해 웨이드게리의 전략은 '택배를 테스코 DNA의 일부로 만드는 것'이자, '테스코의 서비스를 집으로 가져다주는 것'이었다. 2005년 5월까지 테스코는 파트너인 비디오아일랜드[Video Island, 경쟁사인 스크린셀렉트(Screenselect) 서비스 운영]를 통해 DVD 대여 서비스의 고객 3만 명을 확보했다. 향후 1년 동안 웨이드게리의 목표는 이 수치를 3배로 늘리는 동시에 벌크 와인, 가전제품 등의 택배 서비스도 확대하는 것이었다.

웨이드게리는 제공하는 서비스 간의 시너지 효과를 노리고 있다. 예를 들어 이다이어츠와의 제휴는 테스코 클럽카드의 로열티 제도를 통해 추진될 수 있으며, 연간 1,000만 명의 고객에게 이메일을 보낼 수 있다. 2004년 7월 테스코는 200만 파운드를 지불하고 영국과 아일랜드에서 이다이어츠의 독점 라이선스를 획득했다. 테스코는 다이어트 사업을 통해 Tesco.com 서비스 이용을 늘리고 매장 내 판매를 향상할 수 있었다.

2004년 3월, 웨이드게리는 여성 포털 사이트 아이빌리지(iVillage)를 미공개 금액으로 미국 소유주에게 매각했다. 그녀는 《뉴미디어 에이지》와의 인터뷰에서 이렇게 설명했다.

우리가 착수하고 있는 다른 서비스와는 전혀 다른 종류의 제품이다. 내가 생각하기에 우리는 여러분이 구매하는 서비스나 제품을 제공하는 입장이기 때문에 정보를 제공하는 세상과는 조금 다르다.

그 의미는 아이빌리지에서 광고 판매를 통한 수익이 충분하지 않았고, Tesco.com의 판매를 촉진할 수 있는 기회도 충분하지 않았다는 것이다. 하지만 아이빌리지는 게시판, 커뮤니티 어드바이저 등 아이빌리지와 유사한 점이 많다는 점에서 유익한 학습 경험이 되었다.

웨이드게리는 테스코 모바일(Tesco Mobile)의 이사이기도 하다. 테스코 모바일은 O_2와의 'pay-as-you-go' 합작 회사로 주로 온라인에서 서비스를 제공하지만, 매장과 다이렉트 메일을 통해서도 홍보하고 있다. 테스코는 광대역과 전화 접속 ISP 서비스도 제공하지만, 인터넷 전화[예: 스카이프(Skype)와 보네이지(Vonage)를 통해 제공]의 시장이 충분히 발달하지 않았다고 생각하며, 수요가 있는 전통적인 서비스에 집중하고 있다. 예를 들어 테스코 텔레콤(Tesco Telecom)의 유선전화 서비스는 첫해에 100만 명 이상의 고객을 유치했다.

하지만 테스코가 비교적 새로운 서비스에 투자하지 않는 것은 아니다. 2004년 11월, 테스코는 음악 다운로드 서비스를 도입했고, 불과 6개월 만에 시장 점유율이 10% 정도에 이르렀다고 웨이드게리는 추정한다. 이번에도 하드웨어 판매와의 시너지 효과가 있었다. 《뉴미디어 에이지》(2005)는 MP3 플레이어의 포장이 풀리면서 크리스마스 당일에도 매출이 증가했다고 밝혔다. 웨이드게리는 다음과 같이 말했다.

디지털의 흥미로운 점은 앞으로 어디로 가져갈 수 있느냐이다. 기술이 발전하면 테스코를 음악뿐만 아니라 모든 종류의 디지털 다운로드 스토어로 만들 수 있을 것이다. 다음 단계는 분명히 주문형 비디오에 의한 영화가 될 것이다.

그러나 그것은 고객의 수요 분석에 근거를 두어야 한다. 이와 관련하여 웨이드게리는 "우리에게 가장 중요한 것은 그 제품이 고객이 원하는 제품인지 아닌지 여부"라고 말했다. 또한 단순화의 여지도 필요하다. 《뉴미디어 에이지》(2005)는 테스코가 편리함과 가치를 핵심으로 하는 기업임을 지적하며, 웨이드게리는 테스코가 휴대폰 요금제, 광대역 패키지, 음악 다운로드에 대해 이미 선보인 서비스가 소매 기업의 (가치) 제안을 일관되게 흐르게 하는 요령을 보여주는 좋은 예라고 생각한다. 그녀는 이렇게 말했다. "우리는 전화 접속 서비스를 한 번도 이용해본 적이 없는 사람들까지 광대역 서비스에 가입시키는 데 성공했다."

출처: Humby and Hunt(2003), New Media Age(2005), Hitwise(2005), Wikipedia(2005).

문제

사례 연구와 경쟁사 조사를 바탕으로 테스코가 온라인에서 성공을 거두는 데 도움이 된 전략적 접근 방식을 요약하라.

요약

1. 고객관계 관리는 고객 충성도를 높여 수익성을 향상하는 것이 목적이며, 모든 측면에서 고객 서비스 수준을 향상하는 것을 목표로 한다.
2. 고객관계 관리의 전술은 기업과 고객 간 이상적인 관계의 획득-유지-확대 모델을 중심으로 이루어질 수 있다.
3. 전자상거래에서 고객 확보는 신규 고객 확보와 기존 고객의 온라인 서비스 전환을 의미한다. 온라인 관계를 구축하기 위해서는 고객 프로파일링을 통해 고객의 니즈와 기대치를 파악하고, 대화를 지속하기 위한 옵트인 이메일 동의를 얻는 것이 중요하다.
4. 획득, 유지, 확대를 달성하기 위한 마케팅 커뮤니케이션 기법에는 전통적인 온라인 매스미디어 기법을 비롯해 검색엔진 등록, 링크 구축, 이메일 마케팅, 배너 광고 등 온라인 전문 기법이 있다.
5. 고객 유지를 위한 방법으로는 엑스트라넷, 온라인 커뮤니티, 온라인 판매 촉진, 이메일 마케팅 등이 있다.
6. 고객 확대에는 신상품 개발에 대한 피드백을 통해 고객을 더 잘 이해하고, 보완적인 제품 제

공과 구매 빈도 증가를 통해 고객과의 관계를 강화하도록 유도하는 것이 포함된다.

7. 온라인 구매자의 행동, 특히 구매 의사결정의 여러 단계에서 고객의 다양한 니즈에 대한 지식은 고객관계 관리 개선에 활용될 수 있다.
8. 고객 서비스 품질은 고객 충성도를 달성하는 데 중요하며, 이를 달성하기 위해 인터넷을 어떻게 활용할 수 있는지 검토하기 위해 SERVQUAL 프레임워크를 채택할 수 있다.
9. 고객관계 관리를 위한 기술 솔루션은 모든 고객 정보를 단일 데이터베이스에 저장하고 다양한 커뮤니케이션 채널을 통해 직원과 고객 간의 상호작용을 제공하여 직원이 고객을 완벽하게 파악하는 것을 목표로 한다. 경영진은 이러한 목표를 달성하기 위해 협업하는 솔루션 파트너의 수를 최소화하고자 한다.
10. 고객관계 관리에 필요한 구체적인 기술 애플리케이션은 문의 그리고 어떤 문의가 검토될 수 있는지에 대한 지식 베이스를 관리하는 워크플로를 통합한 영업 인력 자동화(콘택트 관리)와 콜센터 애플리케이션이다.

연습문제

자가 평가 문제

1. 온라인에서 획득과 유지의 목표는 무엇인가?
2. '옵트인'과 '옵트아웃'이라는 용어를 포함하여 퍼미션 마케팅과 인터랙션 마케팅의 차이점을 설명하라.
3. 트래픽 구축을 위한 주요 온라인 마케팅 커뮤니케이션의 종류를 설명하라.
4. 전자상거래 사이트 관리자가 혼합 모드 구매를 이해해야 하는 이유를 설명하라.
5. 웹사이트 재방문을 유도하는 다양한 기법에 대해 설명하라.
6. 개인화와 대량 맞춤화의 차이점은 무엇인가?
7. 고객관계 관리의 확장을 달성하기 위해 전자상거래 사이트를 어떻게 활용할 수 있는가?
8. 고객관계 관리에서 데이터와 애플리케이션 통합 관리의 관리적 문제점은 무엇인가?

토론 문제

1. 마케팅 관리자는 어떤 근거를 바탕으로 전자상거래 사이트의 커뮤니케이션 믹스를 결정해야 하는가?
2. 한 온라인 쇼핑몰을 선택하여 현재 커뮤니케이션 믹스를 평가하고, 고객 확보와 고객 유지를 위한 향후 커뮤니케이션을 제안하라.
3. 온라인 구매 프로세스를 이해함으로써 마케팅 커뮤니케이션을 재검토할 수 있는 방법을 설명하라.
4. 디지털 커뮤니케이션을 위한 카피 제작에 제너레이티브 AI를 사용하는 것의 장단점에 대해 토론하라. 자신이 전자상거래 팀의 커뮤니케이션 관리자라면 AI를 어떻게 효과적으로 활용하겠는가?
5. 퓨어플레이의 전자상거래 사이트와 관련하여 고객 만족도, 충성도, 매출의 관계를 검증하라.

6. 개인화, 커뮤니티 형성, 다이렉트 메일의 장단점에 대해 토론하라. 한 기업을 선택하여 이러한 전자 마케팅 도구의 적절한 균형을 제안하라.
7. eCRM 시스템을 도입할 때 멀티벤더 전략이 최적인지, 단일 벤더 전략(제한적인 수)이 최적인지 평가하라.
8. 관련 레거시 시스템과의 통합을 제공하는 B2C 기업을 위한 소셜 CRM 데이터 및 애플리케이션 아키텍처를 제안하라.

시험 문제

1. 퓨어플레이의 전자상거래 서점을 예로 들어 혼합 모드 구매의 개념을 설명하라.
2. 자신이 B2C 사이트의 전자상거래 관리자라고 가정하고, 퍼미션 마케팅 접근법이 필요한 이유, 경영자에게 보고할 때 설명할 내용을 작성하라.
3. 온라인 사용자의 검색 행동에는 어떤 종류가 있으며, 사이트 트래픽을 구축하는 담당자에게 어떤 영향을 미치는지 설명하라.
4. 고객 확보 및 고객 유지와 관련하여 전자상거래 사이트 관리자에게 요구되는 두 가지 목표를 각각 설명하라.
5. 웹사이트 트래픽을 구축하는 네 가지 방법은 무엇인가?
6. 기업의 온라인 및 오프라인 사이트 홍보의 균형을 좌우하는 세 가지 요소에 대해 설명하라.
7. 전자상거래 사이트는 고객과의 커뮤니케이션에 마케팅 자동화를 어떻게 활용할 수 있는가?
8. 레거시 시스템이란 무엇이며, CRM과는 어떤 연관성이 있는가?

참고 문헌

Abraham, M. (2008) The off-line impact of online ads. *Harvard Business Review,* 86 (4), 28.

Adweek (2017) Programmatic digital display ads now account for nearly 80% of US display spending. Blog post by Sami Main published on 18 April. www.adweek.com/tv-video/programmatic-digital-display-ads-now-account-for-nearly-80-of-us-display-spending/#/.

Agrawal, V., Arjona, V. and Lemmens, R. (2001) E-performance: the path to rational exuberance. *McKinsey Quarterly,* 1, 31-43.

Altimeter (2010) Social CRM: The New Rules of Relationship Management. White paper published April 2010, Editor Charlene Li. Published online at www.altimetergroup.com/2010/03/altimeter-report-the-18-use-cases-of-social-crm-the-new-rules-of-relationship-management.html (no longer available).

Association of National Advertisers (ANA) (2017) Bot Baseline 2016–2017: Fraud in Digital Advertising. Report published at: www.ana.net/content/show/id/botfraud-2017.

Bart, Y., Shankar, V., Sultan, E. and Urban, G. (2005) Are the drivers and role of online trust the same for all web sites and consumers? A large-scale exploratory empirical study. *Journal of Marketing,* October, 133-52.

Berthon, B., Pitt, L. and Watson, R. (1996) Resurfing W3: research perspectives on marketing communication and buyer behaviour on the World Wide Web. *International Journal of Advertising,* 15, 287-301.

Binet, L. and Field, P. (2017)Media in Focus: Marketing Effectiveness in the Digital Era. Report available from: https://www.effworks.co.uk/download-media-in-focus/. Accessed, January 2021.

Boyd, D. and Ellison, N. (2007) Social network sites: definition, history and scholarship, *Journal of Computer-Mediated Communication,* 13 (1), 210-30.

Cartellieri, C., Parsons, A., Rao, V. and Zeisser, M. (1997) The real impact of Internet advertising. *McKinsey Quarterly,* 3, 44-63.

Chaffey, D. and Edgar, M. (2000) Measuring online service quality. *Journal of Targeting, Analysis and Measurement for Marketing,* 8 (4), 363-78.

Chaffey, D. and Smith, P.R. (2023) *Digital Marketing Excellence: Planning and Optimizing your Digital Marketing,* 6th edn. Routledge, London.

CIPR (2018) *What is PR?* Available at: www.cipr.co.uk/content/policy/careers-advice/what-pr.

Cronin, J. and Taylor, S. (1992) Measuring service quality: a re-examination and extension. *Journal of Marketing,* 56, 55-63.

Datareportal (2023) Global Digital Marketing Statistics overview. www.datareportal.com. Online Brand research sourced from Global Web Index. No reference given.

Feinberg, R., Trotter, M. and Anton, J. (2000) At any time - from anywhere - in any form. In D. Renner (ed.) *Defying the Limits, Reaching New Heights in Customer Relationship Management.* Report from Montgomery Research Inc, San Francisco, CA.

Forrester (2007) Consumer Trends Survey North America - leveraging user-generated content. January 2007. Brian Haven.

Forrester (2010) Making Proactive Chat Work. Forrester Research report. 4 June.

Forrester Research (1999) Strong content means a loyal audience. Forrester Research report. 27 January.

GlobalWebIndex (2023) The 10 most important social media statistics for 2023 https://blog.gwi.com/marketing/social-media-stats/.

Google (2019) What site owners should know about Google's core updates, 1 August, https://developers.google.com/search/blog/2019/08/core-updates.

Google (2022) Our latest update to the quality rater guidelines: E-A-T gets an extra E for Experience https://developers.google.com/search/blog/2022/12/google-raters-guidelines-e-e-a-t.

Godin, S. (1999) *Permission Marketing.* Simon & Schuster, New York.

Hagel, J. and Armstrong, A. (1997) *Net Gain: Expanding Markets Through Virtual Communities.* Harvard Business School Press, Cambridge, MA.

Hitwise (2005) Press release: The top UK Grocery and Alcohol websites, week ending 1 October, ranked by market share of website visits, from Hitwise.co.uk. www.hitwise.com.

Hoffman, D.L. and Novak, T.P. (1996) Marketing in Hypermedia computer-mediated environments: conceptual foundations. *Journal of Marketing,* 60 (July), 50-68.

Humby, C. and Hunt, T. (2003) *Scoring Points. How Tesco Is Winning Customer Loyalty.* Kogan Page, London.

IAB UK (2022) Digital set to account for 74.3% of UK ad spend in 2022, Press release, 28 July 2023. https://www.iabuk.com/news-article/digital-set-account-743-uk-ad-spend-2022.

Jevons, C. and Gabbot, M. (2000) Trust, brand equity and brand reality in Internet business relationships: an interdisciplinary approach. *Journal of Marketing Management,* 16 (6), 619-34.

Jun, M. and Cai, S. (2001) The key determinants of banking service quality: a content analysis. *International Journal of Bank Marketing,* 19 (7), 276-91.

Levine, R., Locke, C., Searls, D. and Weinberger, D. (2000) *The Cluetrain Manifesto.* Perseus Books, Cambridge, MA.

Lewis, H. and Lewis, R. (1997) Give your customers what they want. *Selling on the Net. Executive Book Summaries,* 19 (3).

McGaffin, K. (2004) Linking matters: how to create an effective linking strategy to promote your website.

MAD (2007) How online display advertising influences search volumes. Published 4 June 2007. MAD Network (*Marketing Week*), Centaur Communications.

Markerly (2017) Instagram Marketing: Does Influencer Size Matter? Blog post. Published online at: http://markerly.com/blog/122onetizin-marketing-does-influencer-size-matter/.

Marketing Week (2017) UK ad spend hits record £21.4bn as digital dominates again. Article written by Thomas Hobbs published 25 April. www.marketingweek.com/2017/04/25/uk-ad-spend-digital.

Mello, A. (2001) Watch out for CRM's hidden costs. ZdNet online, 15 October.

Microsoft (2016) State of global customer service report. Published at: http://info.microsoft.com/rs/157-GQE-382/images/dynamics365-en-global-state-customer-service.pdf.

Microsoft (2007) Word of the web guidelines for advertisers: understanding trends and monetosing social networks. Research report.

New Media Age (2005) Delivering the goods. By Nic Howell. *New Media Age,* 5 May.

New Media Age (2007) Impulse buying. By Emma Rubach. *New Media Age,* 30 August.

Nielsen, J. (2000) Web research: believe the data. *Jakob Nielsen's Alertbox,* 11 July 1999: www.useit.com/alertbox/990711.html.

Novo, J. (2004) Drilling Down: Turning customer data into profits with a spreadsheet. Available at: www.jimnovo.com.

Onalytica (2017) Definitive guide to influencer relationship management, report summarised in this blog post: http://www.onalytica.com/blog/posts/white-paper-the-definitive-practical-guide-to-influencer-relationship-management/.

Parasuraman, A., Zeithaml, V. and Berry, L. (1985) A conceptual model of service quality and its implications for future research. *Journal of Marketing,* 49, Fall, 41-50.

Peters, L. (1998) The new interactive media: one-to-one but to whom? *Marketing Intelligence and Planning,* 16 (1), 22-30.

QAS (2002) Data Quality – the Reality Gap. Executive summary of a report commissioned by QAS.

Ratcliff, C. (2015) What is marketing automation and why do you need it? Blog post on Econsultancy.com published 25 July. http://econsultancy.com/blog/65212-what-is-marketing-automation-and-why-do-you-need-it.

Revolution (2005) Email marketing report. By Justin Pugsley. *Revolution,* September, 58-60.

Robinson, H., Wysocka, A. and Hand, C. (2007) Internet advertising effectiveness: the effect of design on click-through rates for banner ads. *International Journal of Advertising,* 26 (4), 527-41.

Ryan, J. and Whiteman, N. (2000) Online Advertising Glossary: Sponsorships. ClickZ Media Selling Channel, 15 May.

Sissors, J. and Baron, R. (2002) *Advertising Media Planning,* 6th edn. McGraw-Hill, Chicago.

Smart Insights (2010) Introducing RACE = A practical framework to improve your digital marketing. Blog post by Dave Chaffey, 15 July. Available from: www.smartinsights.com/digital-marketing-strategy.

Smart Insights (2012) Comparison of Google Clickthrough rate by position. Blog post by Dave Chaffey published 24 September. www.smartinsights.com/search-engineoptimisation-seo/seo-analytics/comparison-of-google-clickthrough-rates-by-position/.

Smart Insights (2017) How to scale a micro-influencer marketing campaign. Blog post by Michael Quoc published 5 September. www.smartinsights.com/online-pr/influencermarketing/scale-micro-influencer-marketing-campaign.

Smart Insights (2023) 2023 average ad click through rates (CTRs) for paid search, display and social media https://www.smartinsights.com/internet-advertising/internet-advertising-analytics/display-advertising-clickthrough-rates/.

Smith, P.R. and Chaffey, D. (2005) *EMarketing Excellence – at the Heart of EBusiness,* 2nd edn. Butterworth-Heinemann, Oxford.

Statista (2017) Most trusted sources of information for consumers on products and services in the United Kingdom (UK) in 2014. Published at: www.statista.com/statistics/324550/most-trusted-source-of-information-on-products-services-in-the-united-kingdom-uk.

Stone, M., Abbott, J. and Buttle, E. (2001) Integrating customer data into CRM strategy. In B. Foss and M. Stone (eds) *Successful Customer Relationship Marketing.* Wiley, Chichester.

The Drum (2019) An exclusive look at Binet and Field's new B2B marketing research. Article by Samuel Scott, 23rd May, 2019. https://www.thedrum.com/opinion/2019/05/23/exclusive-look-binet-and-field-s-new-b2b-marketing-research.

Transversal (2008) UK companies fail the multi-channel customer service test. Research report, March.

van Duyne, D., Landay, J. and Hong, J. (2002) *The Design of Sites: Patterns, Principles, and Processes for Crafting a Customer-Centered Web Experience.* Addison-Wesley, Reading, MA.

Watts, D. and Dodds, S. (2007) Influentials, networks, and public opinion formation. *Journal of Consumer Research,* 34 (4), 441-58.

Wikipedia (2005) Tesco. Wikipedia, the free encyclopaedia: http://en.wikipedia.org/wiki/Tesco.

World Federation of Advertisers (2016) WFA issues first advice for combatting ad fraud. Available at: www.wfanet.org/news-centre/wfa-issues-first-advice-for-combatting-ad-fraud/.

Zona Research (1999) The economic impacts of unacceptable website download speeds. White paper, April.

웹 링크

추천 동영상, 분석 도구, 통계 자료 등의 추천 웹사이트 링크 디렉터리는 데이브 채피가 관리하는 https://www.davechaffey.com/book-support에서 확인할 수 있다.

Part 3 실행

3부에서는 디지털 비즈니스 도입의 관리에 대해 살펴보고, 디지털 비즈니스 솔루션의 생성 및 유지·관리와 관련된 관리 문제를 다룬다.

9 디지털 경험과 서비스 디자인

- 디지털 경험을 정의하는 프레임워크
- 데스크톱 및 모바일 고객 경험을 위한 사용성
- 모바일 디자인 요건과 기법
- 정보 아키텍처
- 전자상거래의 접근성
- 전자상거래의 성과
- 전자상거래 결제 시스템
- 전자상거래 보안 설계
- 전자상거래를 위한 빅데이터, 인공지능, 머신러닝
- 전자상거래의 고객관계 관리

10 디지털 트랜스포메이션 관리

- 디지털 트랜스포메이션 전략
- 디지털 트랜스포메이션의 프레임워크
- 디지털 트랜스포메이션의 주요 과제
- 그로스 해킹과 전략적 민첩성
- 디지털 기술 채택
- 디지털 트랜스포메이션을 위한 변화 관리
- 디지털 트랜스포메이션의 모니터링과 거버넌스

Chapter 9

디지털 경험과 서비스 디자인

핵심 주제

1. 디지털 경험을 정의하는 프레임워크
2. 데스크톱 및 모바일 고객 경험을 위한 사용성
3. 모바일 디자인 요건과 기법
4. 정보 아키텍처
5. 전자상거래의 접근성
6. 전자상거래의 성과
7. 전자상거래 결제 시스템
8. 전자상거래 보안 설계
9. 전자상거래를 위한 빅데이터, 인공지능, 머신러닝
10. 전자상거래의 고객관계 관리

사례 연구

9.1 스마트인사이츠

9.2 안경 산업을 혁신한 와비파커

QR 코드를 통해 이 장의 주제에 관한 최신 자료를 확인할 수 있다.

학습 목표

- 디지털 비즈니스 시스템 요구 사항 분석을 위한 접근 방식을 이해한다.
- 온라인 비즈니스의 고객 경험을 평가한다.
- 전자상거래 시스템의 인터페이스 디자인 및 보안 설계를 개선하기 위한 접근 방식의 주요 요소를 파악한다.
- 디지털 비즈니스에서 고객관계 관리 및 서비스 품질 향상을 위한 접근 방식의 주요 요소를 파악한다.

경영 과제

- 기업은 고객 여정의 모든 접점에서 어떻게 고객 경험을 향상할 수 있는가?
- 디지털 비즈니스 시스템 분석 및 설계에서 중요한 성공 요인은 무엇인가?
- 사용하기 쉽고 안전한 시스템에 대한 요구 사항과 이러한 시스템을 설계하는 데 드는 비용 간의 균형은 무엇인가?

관련된 주요 장

- 4장에서는 디지털 환경, 특히 데이터 보호법과 관련된 사이버 보안 문제를 다룬다.
- 10장에는 고객 경험, 페르소나, 모바일 사이트 디자인으로 이어지는 그로스 해킹과 전환율 최적화에 대해 알아본다.

개요

전자상거래 전환 퍼널 방문자가 사이트에 처음 접속한 후 구매에 이르기까지의 단계. 방문자의 세션 수에 따라 전환이 달라질 수 있다.

이 장에서는 효과적인 고객 접점 디지털 경험을 창출하기 위한 성공 요인에 초점을 맞춘다. 기업의 웹사이트와 모바일 앱에 집중할 것이다. 전자상거래 경험의 효과를 결정하는 요인을 검토하려면 **전자상거래 전환 퍼널**(e-commerce conversion funnel)로 알려진 구매까지의 전체 고객 여정을 생각해보는 것이 도움이 될 수 있다.

그림 9.1과 같은 전자상거래 사이트를 예로 살펴보자. 구글 머천다이즈 스토어(Google Merchandise Store)는 구글 애널리틱스 사용자가 구글 애널리틱스에서 데이터를 확인하는 방법을 배우기 위해 사용할 수 있는 '데모 계정'의 데이터를 수집하는 데 활용된다. 메인 페이지에는 구매에 이르기까지의 다양한 고객 여정이 있다.

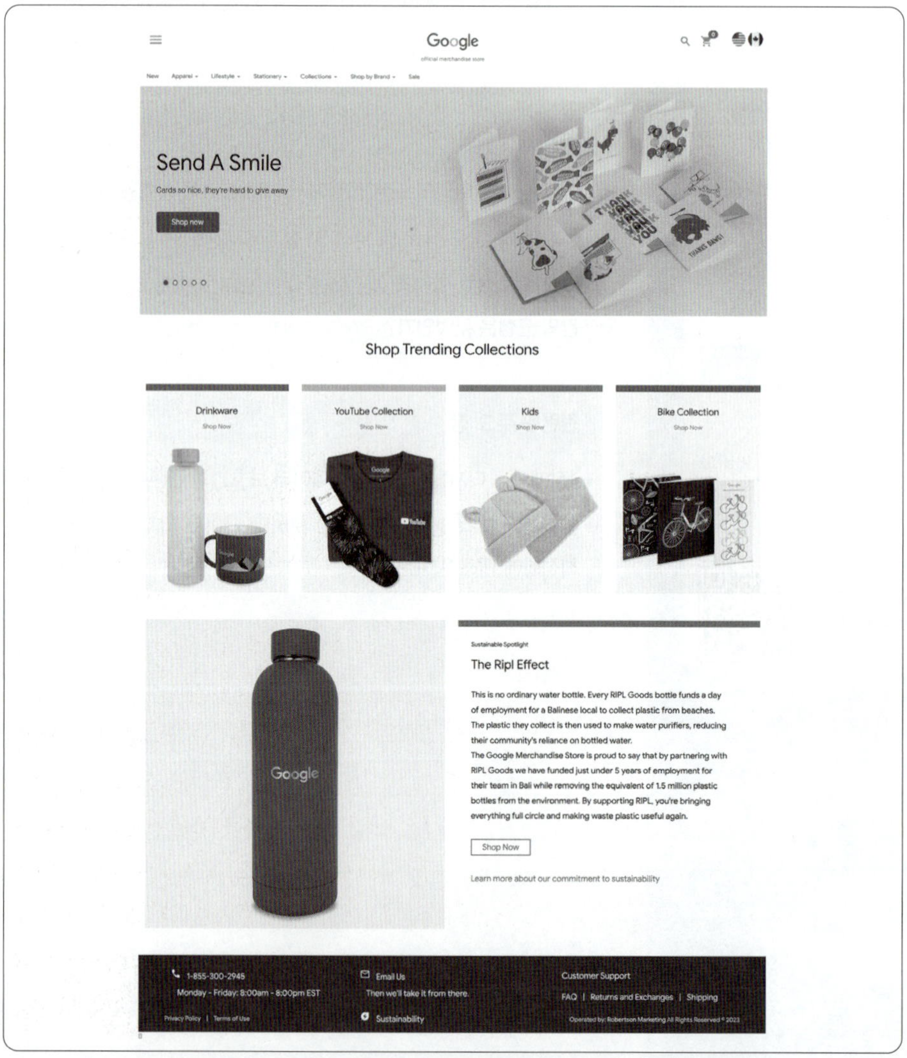

그림 9.1 구글 굿즈 스토어(shop.googlemerchandisestore.com)

출처: Google Inc. 허락하에 게재

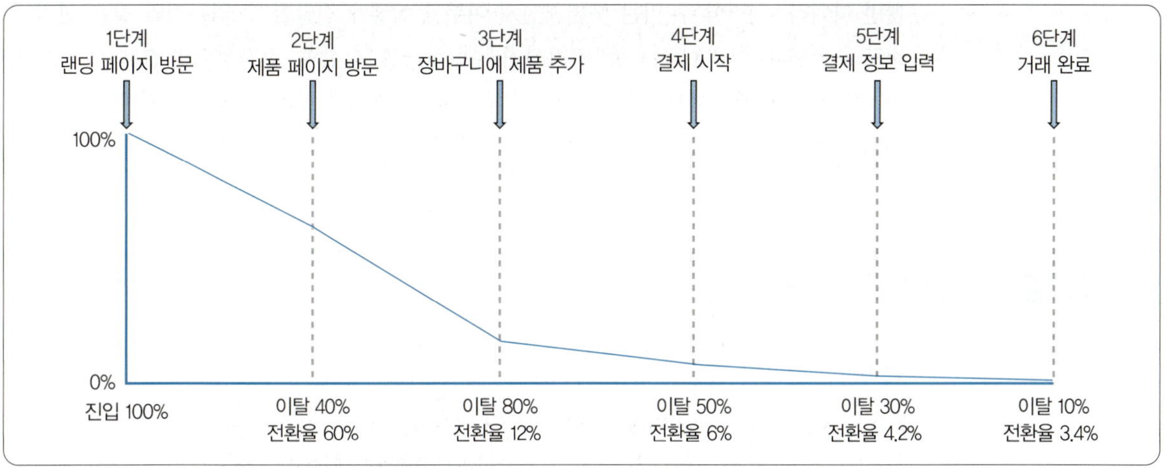

그림 9.2 전자상거래 사이트의 고객 여정 중 일부를 구성하는 전환 퍼널 단계의 개략도. 이탈률은 키보(Kibo, 2022)와 같은 전자상거래 서비스 제공업체가 발표한 데이터를 바탕으로 대표성을 띤 것을 선택했다.

특정 구매자는 구매를 고려하고 검색하는 것으로 시작할 수 있고, 선물을 찾는 등 방향성이 분명하지 않은 사람은 단순한 탐색을 선호할 수 있다. 어떤 경로로 고객 여정을 따라가든 구매에 이르는 데에는 공통 단계가 있으며, 그림 9.2에 이를 나타냈다.

제품 검색, 카테고리 페이지 탐색과 같은 선택적 경로가 표시되지 않았기 때문에 전환 퍼널의 완전한 뷰는 아니라는 것에 유의해야 한다. 물론 일부 구매자는 반품을 원할 수도 있다. 이 시각 자료는 사이트 방문에서 성공적인 전환을 이끌어내기 위한 전자상거래 관리자의 과제를 보여준다. 전자상거래 사이트의 잠재적 전환을 극대화하는 효과적인 경험을 창출하려면 분석 및 디자인 프로세스의 일환으로 이러한 단계와 각 단계의 잠재적 이탈을 파악해야 한다. 이때 각 단계에서의 잠재적 이탈 가능성을 고려하는 것이 바람직하다.

전환을 촉진하는 성공 요인을 검토하는 일환으로 학습활동 9.1을 완료하고, 불충분한 분석 및 설계 결과 중 일부를 검토하고, 전환을 높이기 위해 어떤 요인을 관리해야 하는지를 검토한다.

이 장에서는 효과적인 고객 경험을 제공함으로써 전환율을 높이는 데 도움이 되는 다양한 실무적 성공 요인을 살펴본다. 먼저 경험의 전반적인 효과성에 대한 프레임워크를 검토하는 것으로 시작한다. 여기에는 경험의 사용성(학습활동 9.1 참조)과 같은 실질적인 문제

학습활동 9.1 효과적인 전자상거래 경험 설계의 성공 요인

목적

불충분한 분석과 설계가 전환과 고객 만족도에 미치는 영향을 이해한다.

활동

포커스 그룹을 만들어 온라인 구매 경험에 대해 토론하라. 다양한 유형의 제품을 구매하려다 중단한 경우의 문제나 불만을 그림 9.2의 고객 여정 및 전환 유입 경로 단계와 연관 지어 생각해보라.

뿐만 아니라, 신뢰할 수 있는 구매처인지 여부를 어떻게 전달할 수 있는지와 같은 신뢰 요소도 포함된다. 그리고 사용성, 전자상거래의 접근성 및 성과, 전자상거래 결제 시스템, 보안, 전자상거래를 위한 빅데이터·인공지능·머신러닝, 전자상거래의 고객관계 관리 등에 대해 알아본다.

디지털 경험을 정의하는 프레임워크

효과적인 온라인 경험의 성공 요인을 살펴보기 위한 첫 번째 프레임워크 중 하나는 그림 9.3과 같다. 이는 de Chernatony(2001)의 도표를 토대로 다양한 성공 요인을 포함한 것으로, 브랜드가 약속한 온라인 경험을 제공하기 위해서는 이성적 가치, 감성적 가치, 약속된 경험(이성적 가치와 감성적 가치를 기반으로 함)을 제공해야 함을 시사한다. 또한 그림 9.3은 Trocchia와 Janda(2003)가 지적했듯이 온라인 서비스 품질 제공의 중요성을 강조하고 있다. Christodoulides 등(2006)은 온라인 소매 및 서비스 기업의 다양한 온라인 브랜드 자

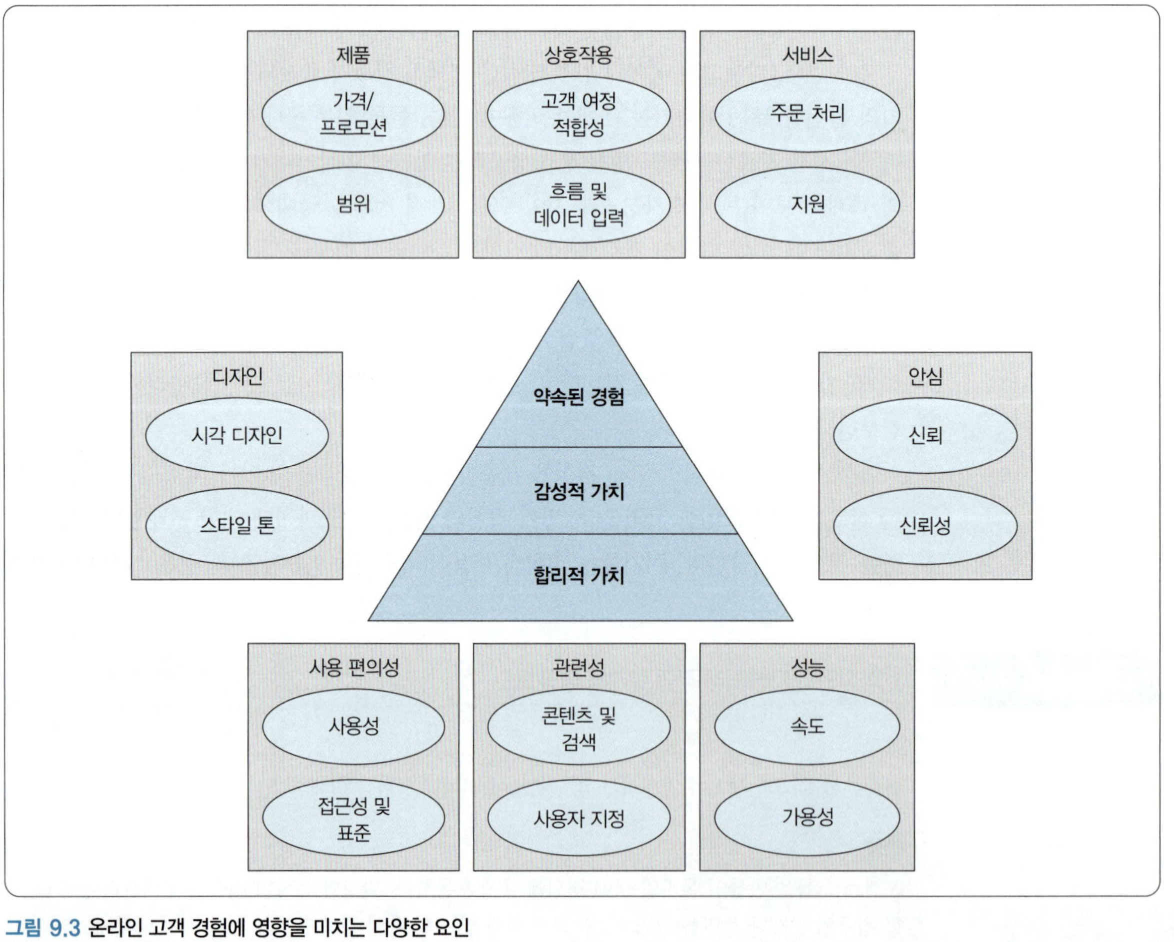

그림 9.3 온라인 고객 경험에 영향을 미치는 다양한 요인

산 지표의 중요성을 검증했다. 이 분석은 브랜드 자산의 다섯 가지 차원에 걸쳐 이루어졌으며, 다음과 같은 질문으로 평가되었다.

1. 정서적 연결
   Q1. [X]의 고객 유형과 나는 관련이 깊다고 느낀다.
   Q2. [X]가 실제로 나를 신경 쓴다고 느낀다.
   Q3. [X]가 나를 정말 잘 이해하고 있다고 느낀다.
2. 온라인 경험
   Q4. [X]의 웹사이트는 검색 경로를 쉽게 찾을 수 있다.
   Q5. [X]의 웹사이트를 보면서 길을 잃은 적이 없다.
   Q6. 원하는 정보를 바로 얻을 수 있었다.
3. 대응력 있는 서비스
   Q7. [X]는 고객의 요구에 대응할 준비가 되어 있다.
   Q8. [X]의 웹사이트는 방문자가 대꾸할 수 있는 기회를 제공한다.
4. 신뢰
   Q9. [X]가 내 개인 정보를 안전하게 보관할 것이라고 믿는다.
   Q10. [X]와의 거래가 안전하다고 느낀다.
5. 이행
   Q11. [X]의 웹사이트에서 주문한 물건을 잘 받았다.
   Q12. [X]가 약속한 시간까지 제품이 도착했다.

서비스 품질 프레임워크

다음은 전자상거래의 성공 요인을 평가하는 또 다른 중요한 프레임워크로, 온라인 서비스 품질과 관련이 있다.

1. WEBQUAL(Loiacono et al., 2000, 2007)은 서비스의 문제라기보다는 기능적 디자인의 문제와 지나치게 관련된다는 비판이 있다. 콘텐츠 및 제품 평가, 신뢰 요소, 다양한 디지털 기기 대응, 기타 온오프라인 채널과의 통합 등 다른 한계도 고려해야 한다. 예를 들어 Green과 Pearson(2011)은 신뢰 요소와 지각된 위험을 다루었다. WEBQUAL의 차원은 다음과 같다.
   - 정보의 질: 제공되는 정보가 정확하고, 업데이트되고, 적절한지에 대한 우려를 의미한다.
   - 작업과의 기능적 적합성: 웹사이트가 자신의 필요에 적합하다고 사용자가 생각하는 정도를 말한다.
   - 맞춤형 커뮤니케이션: 사용자의 필요에 따라 커뮤니케이션을 맞춤화할 수 있다.
   - 신뢰: 커뮤니케이션 보안과 정보 프라이버시를 준수한다.
   - 응답 시간: 요청 또는 웹사이트와의 상호작용 후 응답을 받기까지의 시간을 말한다.
   - 이해의 용이성: 읽고 이해하기가 쉽다.

- 직관적 조작: 조작과 탐색이 용이한 정도를 말한다.
- 시각적 매력: 사이트의 미학을 의미한다.
- 혁신성: 웹사이트의 창의성과 독창성을 말한다.
- 정서적 호소력: 웹사이트 이용에 따른 정서적 효과와 참여의 강도를 말한다.
- 일관된 이미지: 웹사이트가 다른 매체를 통해 기업이 투영하는 이미지와 상충되어 사용자에게 불협화음을 일으키지 않는다.
- 온라인 완결성: 필요한 거래의 전부 또는 대부분을 온라인으로 완료할 수 있다(예: 웹사이트에서의 구매).
- 상대적 우월성: 다른 기업과의 교류 수단과 동등하거나 그보다 우수하다.
- 고객 서비스: 고객 문의, 의견, 피드백에 대한 대응이 포함된다.

2. E-SERVQUAL(Zeithaml et al., 2002)의 첫 네 가지 차원은 핵심 서비스 척도로 분류되고, 나머지 세 가지 차원은 온라인 고객이 질문이나 문제가 있는 경우에만 해당되기 때문에 복구 척도로 간주된다.
   - 효율성: 고객이 웹사이트에 접속해 정보를 검색하고 필요한 거래를 할 수 있는 능력을 말한다.
   - 이행: 상품의 재고 상태, 약속된 시간 내에 상품을 배송하는 등 서비스 약속의 정확성을 포함한다.
   - 안정성: 가용성, 성능 등 사이트의 기술적 기능에 관한 것을 포함한다.
   - 프라이버시: 쇼핑 행동 데이터가 공유되지 않고, 신용카드 정보가 안전하다는 것을 보장하는 것과 관련이 있다.
   - 반응성: 온라인 구매사이트가 고객의 요청에 따라 적절한 지원 정보를 제공하는 능력을 말한다.
   - 보상: 환불을 위한 반품 시설과 반품 배송비 및 수수료가 포함된다.
   - 고객 응대 서비스: 고객이 온라인에서 실시간 서비스 상담원과 대화할 수 있는 능력을 말한다.

두 가지 모두 오늘날에도 온라인 서비스 품질을 평가하는 데 적용할 수 있는 유용한 프레임워크임은 자명하다. 하지만 이러한 프레임워크는 접근성, 검색 가능성 기술, 멀티채널 통합, 고객 리뷰 및 평가의 중요성을 간과하고 있다(만족도를 결정하는 요인으로서의 머천다이징은 다음 절에서 설명한다).

전자상거래 사이트 관리자는 이러한 각 분야에서 고객의 기대치를 평가하고, 고객의 기대와 현재 제공되는 서비스 사이에 **온라인 서비스 품질 격차**(online service-quality gap)가 있는 곳을 파악해야 한다.

온라인 서비스 품질 격차 온라인 프레젠스에 의해 기대되는 것과 제공되는 것의 불일치

Klaus(2014)는 Klaus와 Maklan(2012)이 개발한 서비스 경험을 평가하기 위한 다항목 척도인 EXQ와 같은 보다 광범위한 고객 경험 관리 평가가 개발되고 있음에도 불구하고, 보다 포괄적인 디지털 고객 경험을 검토하려는 시도가 제한적이라고 지적했다.

온라인 서비스 품질의 다섯 가지 결정 요인이 온라인에서 어떻게 적용되는지 살펴보자.

유형성

유형성 차원은 웹사이트의 구조와 그래픽 디자인에 따른 사용 편의성과 시각적 매력의 영향을 받는다고 할 수 있다. 이 변수에 영향을 미치는 디자인 요인은 뒤에서 살펴보겠다.

신뢰성과 반응성

신뢰성 차원은 웹사이트의 가용성, 즉 사용자가 웹사이트에 접속하기가 얼마나 쉬운지에 따라 달라진다. 많은 기업이 100% 가용성을 달성하지 못하며, 가용성이 없을 때 웹사이트를 이용하려고 하면 잠재고객을 영원히 잃을 수 있다.

Superoffice(2017)가 전 세계 500대 기업의 고객 서비스 품질을 분석한 결과에 따르면 이메일 및 소셜 미디어 대응의 신뢰성은 여전히 중요한 과제로, 다음과 같은 사실이 드러났다.

- 41%의 기업이 고객 서비스 요청에 응하지 않았다.
- 90%의 기업이 이메일 수신 사실을 인지하지 못했다.
- 99%의 기업이 고객에 대한 후속 조치를 취하지 않았다.
- 첫 번째 답변에서 두 가지 질문에 모두 답한 기업은 11%에 불과했다.

고객 서비스 요청에 대한 평균 응답 시간은 15시간이었다.

반응성은 웹사이트의 성능, 즉 페이지 요청이 사용자의 브라우저에 페이지 노출로 전달되기까지의 시간으로 나타내기도 한다.

보증

이메일 또는 소셜 미디어 응답 맥락에서 보증은 응답의 질에 대한 최선이라고 볼 수 있다.

멀티채널 고객 서비스 선호도

CMO Council(2019)은 침묵 세대, 베이비붐 세대, X 세대, 밀레니얼 세대, Z 세대 등 5개 세대의 비율이 거의 같은 2,000명 이상의 소비자를 대상으로 설문조사를 실시했다. 응답자의 81%는 미국 출신, 나머지는 캐나다, 영국, 아일랜드, 호주/뉴질랜드 출신이었다.

소비자의 59%는 기업이 '옴니채널'인 것이 중요하다는 데 동의했으며, '꼭 필요할 때를 제외하고는 기업이 어디에나 있을 필요는 없다'는 의견에 동의했다. 특정 채널이 필수적인 이유는 편의성(50%), 신뢰성(45%), 속도(41%) 순으로 나타났다. 또한 기업이 어떤 커뮤니케이션 채널을 제공하기를 바라는지 물은 결과 다음 5개 채널이 가장 큰 비중을 차지했다.

- 이메일 86%
- 전화 65%
- 웹사이트 53%
- 텍스트 52%
- 대면 48%

조사 대상자들에게 필수적인 커뮤니케이션 채널이 무엇인지 물었을 때 가장 많이 꼽혔던 전화(28%)와 대면(17%)은 디지털이 아닌 채널이다.

전자상거래 웹사이트의 또 다른 보증 문제는 고객 정보의 프라이버시와 보안이다. 영국의 ISIS(Internet Shopping Is Safe)와 트러스트아크의 원칙을 준수하는 기업은 그렇지 않은 기업보다 더 높은 보증을 제공할 수 있다. 보안과 관련해서는 맥아피(McAfee™)가 소유하고 있는 스캔얼러트(Scan Alert™)로부터 '해커 안전' 인증을 받을 수 있다. 이는 사이트의 보안을 테스트하기 위해 매일 자동 스캔을 수행한다.

공감

공감에는 인간적인 개인적 접촉이 필요하다고 생각할 수 있지만, 이메일이나 웹을 통한 커뮤니케이션으로도 어느 정도 가능하다. 개인화 기능은 웹사이트가 제공하는 공감을 나타낼 수 있으나, 고객의 정보 니즈에 맞춰 동적으로 생성되는 웹페이지의 가치에 대한 고객의 인식에 대해서는 더 많은 조사가 필요하다.

전자상거래 환경에 SERVQUAL과 같은 프레임워크를 적용하고자 하는 경우 프로세스를 관리하는 데 적합한 세 단계가 있다.

- **기대치 이해**: 특정 시장 분야의 전자상거래 환경에 대한 고객의 기대치를 이해해야 한다. 반응성, 공감 등의 고객 요구 사항을 이해하는 데 시장 조사 및 타 사이트 벤치마킹과 함께 SERVQUAL 프레임워크를 사용할 수 있다. 또한 시나리오를 사용하여 사이트 서비스 이용에 대한 고객의 기대치를 파악할 수 있다.
- **서비스 약속 설정 및 전달**: 기대치를 이해하면 마케팅 커뮤니케이션을 통해 고객에게 서비스 수준을 알릴 수 있다. 이는 고객 서비스 보증 또는 약속을 통해 달성할 수 있다. 과도한 약속보다 과소한 약속이 더 낫다. 책 소매업체가 3일이 걸린다고 약속했다가 2일 만에 배송하면, 1일이 걸린다고 약속했다가 2일 만에 배송하는 경우보다 고객의 충성도가 높아질 수 있다. 현명한 기업은 약속을 지키지 못하는 경우의 대응에 대해서도 설명할 수 있다. 서비스 약속은 내부적으로 전달되어야 하며, 서비스가 확실히 제공될 수 있도록 훈련과 결합되어야 한다.
- **서비스 약속 실현**: 약속은 현장 서비스, 직원 지원, 물리적 이행을 통해 제공되어야 한다. 그렇지 않으면 온라인상의 신뢰가 무너지고 고객이 절대 돌아오지 않을 수도 있다.

서비스 품질 요소에 대한 온라인 소비자의 주요 관심사를 표 9.1에 정리했다.

이메일 회신 요구 사항

- 자동 회신 이메일을 이용하여 문의 처리를 확인한다.
- 대응 시간과 책임자를 명확히 정한다.
- 적절한 경우 개인화된 이메일을 제공한다.
- 고객 정보와 교환하여 적절한 혜택의 프로모션 이메일에 대해 옵트인, 옵트아웃을 제공한다.

표 9.1 서비스 품질의 온라인 요소

유형성	신뢰성	반응성	보증과 공감
사용 편의성 콘텐츠 품질 가격	가용성 신뢰성 이메일 회신	다운로드 속도 이메일 답변 콜백 이행	콜센터와의 접촉 개인화 프라이버시 보안

- 고객이 원하는 대응 유형(이메일, 전화)을 고려하여 인바운드 메일에 대해 정확히 대응한다.
- 레이아웃이 명확해야 한다.

웹사이트 요구 사항

- 사이트 성능 및 가용성에 대한 기업의 목표를 세운다.
- 고객이 원하는 채널(이메일, 전화, 방문, 우편 등)을 통해 지원한다.
- 이메일을 보내거나 양식으로 유도하기 위해 지정된 링크(mailto)를 포함하여 연락처를 명확하게 명시한다.
- 개인화 옵션을 제공한다.
- FAQ, 대화형 데이터베이스 등 사용자가 특정 질문에 답하는 데 도움이 되는 도구를 제공한다.
- 접근성을 극대화하기 위해 링크, HTML, 플러그인, 브라우저의 사용성 및 효율성을 테스트한다.
- 사용 편의성과 콘텐츠의 관련성을 시각적으로 보여주도록 그래픽과 사이트를 디자인한다.

전환율 최적화, 머천다이징, 개인화

페이지 템플릿 웹사이트의 각 페이지에 적용되는 표준 페이지 레이아웃 형식으로, 보통은 페이지 카테고리별(예: 카테고리 페이지, 상품 페이지, 검색 페이지)로 정의된다.

앞에서 언급한 개념적 접근 방식은 전환을 높이기 위해 개선할 수 있는 성공 요인 중 일부를 보여준다. 많은 사이트에서는 표준 디자인 패턴의 **페이지 템플릿**(page template)을 사용하고 있으며, 사용자의 학습과 효과적인 경험을 위한 대부분의 요구 사항을 충족하는 인터페이스를 갖추고 있다.

이미 최소한의 요건을 충족하는 사이트의 추가적인 개선을 위해 많은 기업과 대행사는 전환율 최적화(conversion rate optimization, CRO)를 이용하고 있다. CRO의 가치는 전자상거래 전환을 달성하기 위한 과제를 보여주는 그림 9.4에서 확인할 수 있다. 그림 9.4는 영국, 미국, EMEA에 기반을 둔 대형 브랜드에 개인화 소프트웨어를 제공하는 키보의 데이터를 토대로 제작된 것이다. 머천다이징과 전환에 초점을 맞춘 팀을 보유한 유명 브랜드조차도 일반적인 전환율이 방문자 10명 중 1명에 훨씬 못 미친다. CRO에는 그림 9.4에 표시된 고객 여정 또는 퍼널을 통해 전환을 증가시킬 수 있는 기회를 세분화하는 것이 포함

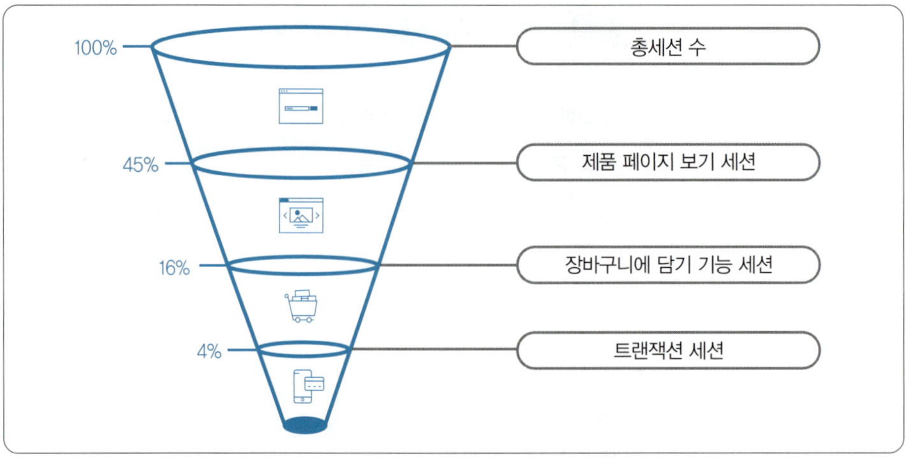

그림 9.4 퍼널을 통과하는 대표적인 전환 수치를 보여주는 전자상거래 사이트의 전환 퍼널

출처: Kibo(2022). 영국 모바일 단말기 시청자 수를 기준으로 한 수치이며, 데스크톱의 경우도 이와 유사함

된다. 벤치마킹을 통해 사람들이 제품 페이지를 탐색하고, 장바구니에 추가하고, 전환하는 각 단계의 전환율을 높이기 위한 테스트를 실시하여 전체 전환율을 개선할 수 있다. 각 단계에서 각 성과에 대한 전환을 개선하기 위한 옵션은 다음과 같다.

- **제품 페이지**: 홈페이지 상단의 머천다이징 소셜 미디어 캐러셀을 통해 인기 제품 소개, 방문자와 재방문자에게 가장 관련성이 높은 제품과 혜택을 강조하는 개인화
- **장바구니에 담기**: 이메일(이메일 구독 시) 또는 소셜 미디어를 통해 첫 구매자에게 제공되는 할인 쿠폰, 다른 고객의 리뷰를 통한 사회적 인증
- **판매로 전환**: 브랜드, 보안, 가치에 대한 확신을 통해 신뢰도 향상

CRO는 단일 방법론이나 프레임워크가 아니라 고객 여정 중 다양한 부분의 개선을 테스트하여 전환을 높이기 위한 데이터 기반 프로세스를 사용한다는 점에 유의해야 한다. 또한 CRO는 사이트 내 잠재적인 전환 장벽을 이해하기 위한 조사를 기반으로 개선 목표를 합의하고 전환을 높일 수 있는 잠재적인 테스트를 식별하는 것에서 시작한다.

'CRO'라는 용어에서 전환율을 높이는 것이 유일한 목표라고 예상할 수 있지만, 사이트에 들어온 방문자 중 한 페이지만 보고 바로 이탈한 방문자의 비율('단일 페이지 방문'이라고도 함) 또는 평균 주문 금액(AOV), 방문당 매출(RPV) 등의 지표가 목표 변수가 될 수도 있다 Croxen-John과 van Tonder(2021)는 전환율과 평균 주문 금액에 대한 테스트의 영향을 통합하여 소매업체가 RPV에 미치는 영향을 검토하는 것이 바람직하다고 지적했다. 미니 사례 연구 9.1에서는 RPV를 개선하는 과정을 다룬다.

AB 테스트를 실시할 때는 구글 애널리틱스와 같은 분석 서비스를 통해 다양한 페이지 유형의 '방문자 수'를 확인하는 것이 효과적이다. 전자상거래 사이트의 경우 가장 빨리 결과를 확인할 수 있는 테스트는 상단 탐색(전체 페이지), 제품 페이지, 카테고리 페이지 등 방문자 수가 가장 많은 페이지 템플릿에 대한 테스트이다. 전자상거래 외의 사이트에서는 전환율(리드, 판매, 구독)에 미치는 영향을 확인하는 것이 가장 일반적이다.

미니 사례 연구 9.1 **AB 테스트로 홈페이지 RPV를 개선한 제로슈즈**

제로슈즈(Xero Shoes)는 가볍고 슬림한 러닝 샌들이다. AWA가 제로슈즈와 협력하여 개선점을 모색하기 시작할 당시에는 홈페이지가 단출하고 제품 링크도 없었다. 사이트 방문자를 대상으로 실시한 설문조사에 따르면 방문자가 다양한 신발의 정보를 파악하기 어려운 것으로 나타났다. 이러한 문제를 해결하기 위해, 홈페이지에 제품을 표시하면 제품 상세 페이지로 트래픽이 증가하여 매출 증가로 이어질 것이라는 가설을 세웠다. 이에 따라 홈페이지의 디자인을 개편한 결과 RPV가 6.45% 증가했다.

그림 9.5는 전자상거래 사이트의 고객 여정에서 잠재적인 진입 페이지와 목적지 페이지를 보여준다. 가장 인기 있는 진입 페이지와 랜딩 페이지는 구글 애널리틱스의 관련 보고서에서 확인할 수 있다. 딥링크 페이지는 다른 사이트에서 직접 링크된 페이지이다.

분석가는 **순방향 경로 분석**(forward path analysis)과 **역방향 경로 분석**(reverse path analysis)을 이용하여 개선 가능한 페이지를 검토한다. 순방향 경로 분석은 사람들이 주요 랜딩 페이지에서 사이트를 어떻게 이동하는지를 살펴본다. 이는 '행동 유도'가 시각적으로 얼마나 눈에 띄는지, 사용자에게 어떤 가치를 제공하는지 그리고 '주요 작업'과의 적합성에 따라 결정된다. 반면에 역방향 경로 분석은 페이지를 역추적하여 사람들이 해당 페이지로 방문하도록 유도한 이전 페이지를 파악하는 것이다. 이는 리드 생성 양식이나 체크아웃 페이지와 같은 중요한 성과 페이지에서 역으로 거슬러 올라가 어떤 페이지가 가장 많은 방문을 유도했는지 알아내는 데 가장 유용하다.

순방향 경로 분석 페이지에서 발생한 후속 클릭의 인기도를 검토한다. 이러한 형태의 분석은 홈 페이지, 카테고리 페이지, 솔루션 페이지와 같은 중요한 페이지에서 수행하는 것이 가장 효과적이다. 이 기법을 사용하여 페이지에서 가장 많은 클릭을 유도하는 메시징과 내비게이션의 조합을 파악한다.

역방향 경로 분석 페이지로 연결되는 가장 인기 있는 페이지 또는 클릭 유도 문안의 조합을 보여준다. 이는 소비자 사이트의 첫 번째 결제 페이지, B2B 사이트의 리드 생성 및 문의 페이지, 이메일 구독 페이지, 콜백 옵션과 같은 트랜잭션 페이지에 특히 유용하다.

전환율 최적화

전환율 최적화(CRO)는 웹 분석, AB 테스트, 다변량 테스트를 사용하여 고객 행동 평가와 고객 및 경쟁사 조사를 결합하여 매출, 견적, 예약, 리드 등 주요 목표로의 전환을 증가시킴으로써 트랜잭션 사이트에서 상업적 수익을 개선한다. 전자상거래 사이트 관리자는 그림 9.5에 나타낸 다양한 페이지 유형의 목적을 인식하고, 분석을 통해 그 효과를 분석하여 개선 사항을 테스트하는 방법을 알고 있어야 한다. 전자상거래 사이트의 주요 페이지 유형은 표 9.2에 정리했다. 다양한 페이지 유형을 이해하려면 구글 머천다이즈 스토어와 비교해보라.

CRO 에이전시인 와이더퍼널(Wider Funnel)의 수석 실험 전략가인 제임스 플로리(James Flory)는 PIE의 잠재적 테스트 채점 방법을 추천한다. 그는 다음과 같이 PIE를 설명했다(Wider Funnel, 2021).

- **가능성**(potential): 얼마나 개선할 수 있는가? (해결하고자 하는 전환 장벽이 얼마나 큰지 생각해보라. 해결하고자 하는 것이 정말로 사람들의 전환을 방해하고 있는가? 그 변화를 뒷받침하는 강력한 증거가 있는가? 다른 곳에서 이 전술의 효과를 본 적이 있는가?)
- **중요성**(importance): 이러한 개선이 주요 비즈니스 목표에 얼마나 큰 영향을 미칠 수 있는가? (트래픽양과 전환율에 영향을 미칠 수 있다고 생각해보라. 트래픽이 많은 페이지에 시간과 리소스를 투자할 가치가 있는가? 유료 트래픽이 많은 주요 랜딩 페이지를 변

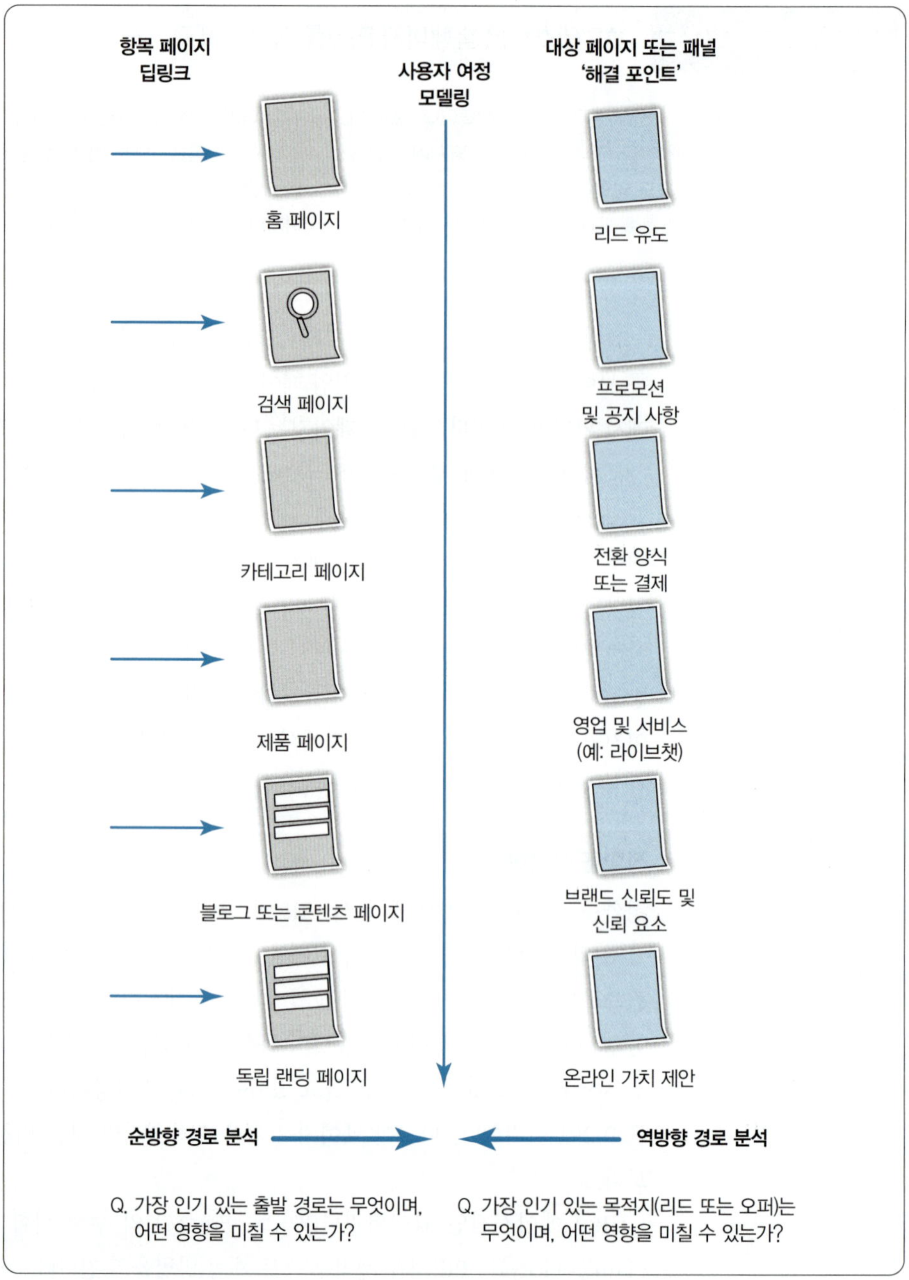

그림 9.5 전자상거래 사이트의 다양한 페이지 유형에 대한 잠재적 접점

경할 것인가, 아니면 단일 블로그 페이지를 변경할 것인가?)

- **용이성**(ease): 이러한 개선이 실제로 얼마나 쉽게 이루어질 수 있는가? (기술적·정치적 측면을 모두 고려해야 한다.)

각 가설을 세 가지 영역으로 점수화하여 각 테스트를 어떤 순서로 진행해야 하는지 확인할 수 있다.

표 9.2 전자상거래 사이트의 페이지 템플릿 유형별 주요 역할과 그 효과를 높이기 위한 대응 기법

페이지 유형	목적	테스트 및 머천다이징
홈 페이지	인지도가 높은 브랜드를 찾기 위한 입구이기 때문에 첫 방문자나 재방문자에게 어필하고 브랜드의 약속을 설명하며 신뢰를 보여주어야 한다.	• 브랜딩과 제품 카테고리의 균형, 제품 카테고리와 비주얼, 프로모션의 포지셔닝, 첫 방문자를 위한 프로모션은 무엇인가? • 짧은 페이지와 긴 페이지 중 어느 것이 더 좋은 대안인가? 더 간단한 페이지가 가장 좋은 결과를 가져올 것이라고 예상할 수도 있지만, 더 긴 페이지는 다양한 독자에게 광범위한 선택지를 설명할 수 있다.
검색 페이지	사람들이 원하는 특정 제품을 찾을 수 있다. 분석에 따르면 검색을 통해 많은 방문이 이루어지기 때문에 검색을 향상하는 머천다이징이 중요하다.	• 애널리틱스는 얼마나 많은 검색이 성공했는지, 실패했는지에 대한 통찰력을 제공한다.
카테고리 페이지 (제품 목록 페이지)	검색엔진에서 특정 제품이 아닌 제품 카테고리를 검색하는 방문자를 끌어들이는 경우가 많다.	• 개인화를 통해 카테고리 내 상위 제품을 추천하는 것이 중요하다. • 일반적인 랜딩 페이지이므로 브랜드에 대한 신뢰를 전달할 필요가 있다.
제품 페이지 (제품 설명 페이지)	제품의 특징과 장점을 자세히 설명하고 구매를 유도한다.	• 텍스트와 비주얼의 레이아웃과 균형을 테스트할 수 있다. • 다양한 유형의 비주얼과 동영상의 효과를 테스트할 수 있다.
블로그 또는 콘텐츠 페이지	유기적 검색 또는 소셜 미디어에 공유하여 제품에 대한 관심을 높이는 데 중요할 수 있다.	• 보통은 테스트할 수 있을 만큼 접속자 수가 많은 것은 아니다.
리드 마그넷	전환을 지원하는 이메일 커뮤니케이션에 가입하도록 유도하는 데 사용할 수 있다. 소매점에서는 이메일 주소와 교환하여 첫 구매자에게 할인을 제공하는 것이 일반적이다.	• 사람들의 관심을 끌기 위해 '라이트박스'나 팝업을 사용하는 것이 가장 효과적이며, 시각적 효과를 테스트할 수도 있다. • 전자상거래 사이트에서 잠재고객에게 보내는 일련의 이메일 '웰컴' 시퀀스를 테스트할 수 있다.
프로모션 및 공지 사항	전체 비즈니스 또는 다양한 카테고리의 특가 정보를 한곳에서 볼 수 있다.	• 특가 제품은 메인 내비게이션에서 특정 색상으로 강조되는 경우가 많다.
전환 양식 또는 결제	고객 정보 및 결제를 수집하기 위한 일련의 양식이다.	• 대규모 사이트에서는 이를 최적화하는 것이 좋다.
판매 및 서비스	배송과 반품에 대한 FAQ는 해결의 핵심 포인트가 될 수 있다.	• 질문과 답변의 범위와 유형을 테스트할 수 있다.
온라인 가치 제안을 포함한 브랜드 신뢰도 페이지	공급업체가 좋은 평판과 신뢰를 보여줄 수 있기 때문에 인지도가 낮은 브랜드의 경우 특히 중요하다.	• 온라인 가치 제안은 종종 사이트의 각 페이지에 요약되어 있고, OVP의 각 부분(예: 배송, 반품, 제품 범위)마다 페이지가 다르다.

가장 간단한 형태의 AB 테스트 또는 A/B 테스트는 두 가지 버전의 페이지 또는 제목, 이미지, 버튼과 같은 페이지 요소를 테스트하는 것을 말한다. 일부 사이트 방문자에게는 이러한 두 가지 버전이 번갈아 제공되며, 페이지 방문자는 두 페이지 중 하나의 조건에 무작위로 배정되기 때문에 '실시간 분할 테스트'라고도 한다.

AB 테스트(A/B 테스트)

두 가지 버전의 페이지 또는 제목, 이미지, 버튼과 같은 페이지 요소에 대한 핵심 성과지표

를 비교하여 유효성을 확인하는 테스트 방법이다. AB 테스트를 수행할 때는 새로운 '챌린저' 페이지를 기존 기준선 또는 대조군 페이지(또는 잠재고객 샘플)와 비교한다. 2개의 새로운 대안이 대조군 페이지와 비교될 수 있어 ABC 테스트라고 한다.

- 다변량 테스트는 AB 테스트의 보다 정교한 형태로, 테스트 대상 페이지 요소의 다양한 조합에 대해 동시에 페이지를 테스트할 수 있다. 원하는 목표를 달성하기 위해 가장 효과적인 디자인 요소의 조합을 선택할 수 있다.
- 테스트 후보 페이지를 주기적으로 검토하고, 테스트한 다양한 페이지 요소의 결과를 기록한다. 또한 비즈니스 영향력(리드 및 매출 증가로 추정되는 보상, 전략적 및 브랜드 적합성 등)을 도입 용이성(비용, 리소스, 기술적 차이 등)과 비교하여 평가해야 한다.

테스트 후보에는 다양한 페이지 유형과 페이지 내 요소가 포함될 수 있다. 예를 들어 랜딩 페이지에서는 다음과 같은 영향을 테스트할 수 있다.

- 주요 가치 제안 또는 캠페인 메시지
- 히어로 샷(hero shot, 메인 사진 또는 제품 사진)
- 오퍼에 대한 자세한 내용을 설명하는 본문
- 글머리 기호(특징과 장점)
- 클릭 유도 문안(콜투액션)의 문구 변경
- 리드 생성 양식 변경

모든 테스트에는 가설이 있어야 한다.

> 'X'를 하면 'Y'가 좋아질 것이다.

새로운 페이지 변형의 유효성을 검토하려면 통계적 유의성 신뢰 수준에 대한 지식이 필요하다. 옵티마이즐리(Optimizely), 비주얼 웹사이트 옵티마이저(Visual Website Optimizer), 언바운스(Unbounce, 랜딩 페이지 전문) 등은 AB 테스트를 위한 전문 서비스이다.

웹사이트 개인화

잠재고객 또는 고객이 기업의 웹사이트나 앱을 사용할 때 기술을 통해 그들의 행동, 선호도, 특징을 파악할 수 있다. 여기에는 행동을 기반으로 한 암묵적 데이터와 프로파일링 양식, 설문지, 퀴즈 등을 통해 수집한 명시적 데이터가 모두 포함된다.

개인화는 리드 및 판매 전환을 개선하거나 브랜드와의 참여를 향상하는 맞춤형 추천을 통해 보다 적절한 경험을 제공하는 것을 목표로 한다. 아마존과 같은 소매업체에서 제품 추천을 통해 개인화를 경험한 독자가 많을 것이다. 개인화는 이러한 소매업뿐만 아니라 모든 유형의 비즈니스와 관련이 있다. 예를 들어 온라인에서 판매하지 않는 B2B 기업도 개인화를 통해 관련 콘텐츠를 추천함으로써 비즈니스에 대한 잠재고객의 관심을 유지하고 판매를 유도할 수 있다.

디지털 개인화 제공업체인 모네테이트(Monetate, 2017)(키보에 인수됨)는 거래형 전자상거래 비즈니스에서 개인화 기회를 주요 암묵적 데이터 분석으로부터 얻을 수 있다고 보았다.

- **콘텍스트**: 첫 방문인지 재방문인지, 기기의 종류, 장소, 시간대, 추천인 등
- **행동**: 열람한 콘텐츠, 특히 열람한 제품 및 카테고리, 장바구니에서 삭제한 품목 등

4장에서 설명했듯이 오늘날 대부분의 국가에서는 데이터 보호법, 개인 정보 보호법에 따라 개인화를 위해 개인 데이터를 어떻게 사용하는지 공개하는 것이 의무 사항이다. 모네테이트(2017)는 '개인화 피라미드'에서 개인화를 세 가지 수준으로 구분했는데, 이는 기업이 역량을 검토하는 데 유용하다.

- **AB 테스트를 통한 최적화**: 전환율 최적화의 일부로 사용되는 이 기법은 전환율을 높이기 위해 어떤 페이지 요소나 변형이 중요한지 파악할 수 있다. 일반적으로 수집된 데이터를 기반으로 개인화하기보다는 대조군과 비교하여 특정 집단의 사용자에게 다른 콘텐츠를 제공하는 것을 포함한다.
- **규칙 기반 타기팅에 의한 세분화**: 개인화 시스템에 규칙을 설정하고, 데이터를 기반으로 각기 다른 잠재고객 집단에 다른 콘텐츠를 제공하는 것이다. 예를 들어 첫 방문자에게는 재방문자와는 다른 메시지를 제공하고, 이전 구매자에게는 '차선책'을 추천할 수 있다.
- **일대일 개인화**: 사전 정의된 규칙에 국한되지 않고 머신러닝 및 예측 분석을 사용하여 알려진 모든 프로필 정보와 과거에 유사한 특성을 가진 다른 사람들이 어떻게 반응했는지를 기반으로 개인에게 가장 관련성이 높은 메시지를 제공한다.

온라인 소매 머천다이징

오프라인 매장 소유자와 마찬가지로 온라인 소매 사이트 소유자에게도 **웹 머천다이징**(web merchandising)은 매우 중요한 활동이다. 둘 다 목표가 동일하고, 매장 방문자의 매출을 극대화하기 위해 노력한다. 온라인에서는 사이트 방문자에게 관련 제품과 프로모션을 제시함으로써 전환율, 평균 주문 금액과 같은 사이트 성능의 주요 지표를 향상하는 데 도움이 된다. 이러한 접근 방식 중 상당수는 **검색 가능성**(findability)의 개념과 관련이 있다는 것을 알 수 있다. 가장 일반적인 접근 방식은 다음과 같다.

- 유사어를 이용하여 탐색을 확장한다. 동일한 제품에 적용될 수 있는 다양한 용어를 사용하면 사이트 방문자가 특정 표현으로 검색할 때 제품을 더 쉽게 찾을 수 있다.
- **패싯 내비게이션**(faceted navigation)과 검색 접근법을 적용한다. 검색 결과 페이지는 온라인 머천다이징에서 매우 중요하다. 웹사이트 사용자가 다양한 제품 속성을 선택하여 관련 제품을 쉽게 선택할 수 있는 '드릴다운(drill-down)'을 가능하게 한다.
- 인기 상품을 돋보이게 한다. 이는 일반적인 접근 방식으로, 소매업체는 '상위 10위' 또는 '상위 20위' 상품을 표시하곤 한다.
- 묶음 상품을 활용한다. 고전적인 소매 접근법인 BOGOF(buy on get on free)는 보완적

웹 머천다이징 각 방문자에 대해 온라인 매장의 판매 잠재력을 극대화하는 것이 목적이다. 이는 적절한 방문자에게 적절한 제품을 적절한 제안과 연결하는 것을 의미하며, 온라인 매장이 온라인 및 오프라인 광고, 매장 방문, 고객 서비스, 배송 등 광범위한 경험의 일부임을 유념해야 한다.

검색 가능성 웹 사용자가 하나의 콘텐츠 개체를 찾는 것 또는 브라우징 내비게이션이나 검색 시스템을 통해 콘텐츠를 찾는 것이 얼마나 쉬운지를 평가한다. 사용성과 마찬가지로 효율성(콘텐츠를 찾는 데 걸리는 시간), 유효성(찾은 콘텐츠의 경험과 관련성에 대한 사용자의 만족도)으로 평가한다.

패싯 내비게이션 제품의 속성이나 특징에 따라 제품을 분류하는 다양한 방법을 기반으로 사용자가 제품 검색 결과를 빠르게 필터링할 수 있게 해준다(예: 브랜드별, 하위 제품 카테고리별, 가격대별).

미니 사례 연구 9.2 AI로 수작업 머천다이징의 필요성을 최소화한 뤼코

1952년에 문을 연 뤼코(Lyko Hair AB)는 헤어·뷰티 분야 선구자이다. 오늘날 뤼코는 스웨덴 전역에서 살롱을 운영하면서 전자상거래 사이트를 통해 EU 전역의 방대한 고객 기반에 제품을 판매하고 있으며, 전환율을 높이고 고객 경험을 개선하기 위해 끊임없이 노력 중이다.

CEO인 리카르드 리코(Rickard Rico)의 설명에 따르면 카탈로그를 처음 온라인화한 것은 2003년으로, 그 이후 많은 변화가 있었다.

> 우리의 온라인 프레젠스는 첫 번째 온라인 카탈로그에서 먼 길을 걸어왔다. 예컨대 현재 644가지 이상의 핑크색 매니큐어를 판매하고 있다.

뤼코는 전환을 늘리고 고객 경험을 개선하기 위한 노력을 게을리하지 않는 기업이다. 최근에는 '룩 앤드 필(look and feel)'에 다시 초점을 맞추었지만, 더 중요한 것은 모든 제품을 보다 효율적으로 판매하고 모든 방문자에게 적절한 경험을 제공하는 방법을 찾는 것이다.

> 궁극적인 목표는 판매자가 기기에 관계없이 적절한 시기에 적절한 환경에서 최적의 선택을 제시함으로써 무한한 세분 시장에 도달할 수 있게 하는 것이었다. 그 결과 고객 경험이 단순화되고, 수는 적지만 더 관련성 높은 제품 선택이 제공될 것이다.

뤼코 방문자의 30%가 사이트 내 검색을 이용한다는 점을 감안할 때 검색 및 머천다이징 솔루션의 재검토가 이러한 목표를 달성하는 데 핵심적인 역할을 할 것임이 분명했다.

뤼코에서 마케팅은 점점 더 기술적인 분야가 되고 있다. 실제로 뤼코의 전자상거래 비즈니스는 통계, 컴퓨터 과학, 마케팅의 교차점에 위치하며, 기하급수적으로 증가하는 고객 데이터는 이러한 추세의 주요 원동력이 되고 있다. 리코가 지적했듯이 이는 뤼코의 머천다이징 솔루션 선택에도 영향을 미쳤다.

> 뤼코의 머천다이저들이 적절한 제품 노출을 달성하는 데에는 마테크 솔루션이 필수적이며, 이 분야의 선두 주자로서 우리는 최첨단 솔루션을 추구한다. 보야도엘리베이트(Voyado Elevate)는 사이트 검색, 사이트 탐색, 제품 추천 등 우리가 필요로 하는 모든 기능을 제공하는 단일 통합 솔루션을 제안했다.

보야도엘리베이트는 뤼코가 필요로 하는 모든 확장 기능을 제공하여 고객 경험을 크게 향상하고 수익을 개선하는 동시에 일상적인 머천다이징 업무의 자동화를 통해 시간과 비용을 절감할 수 있게 해주었다. 리코는 다음과 같이 말했다.

> 먼저 자동화를 활용했다. 보야도엘리베이트는 각 개인의 현장 행동에 실시간으로 대응함으로써 번거로운 수작업 머천다이징의 필요성을 최소화했다. 이를 통해 머천다이징 팀은 일주일에 몇 시간 또는 며칠을 절약하고, 더 전략적이고 가치 있는 활동에 집중할 수 있었다.

보야도엘리베이트로의 전환은 뤼코가 트렌드에 더 민감하게 반응하고 장기적인 베스트셀러 피크뿐만 아니라 미세한 수요의 피크에도 한 발 앞서가는 데에도 도움이 된다.

> 이 솔루션 덕분에 훌륭한 고객 경험을 제공하는 전자상거래 사이트를 유지할 수 있으며, 고객은 필요한 제품과 영감을 쉽게 찾을 수 있다. 고객 중심의 방식으로 시장과 소통할 수 있고, 궁극적으로 수익을 향상할 수 있다. 보야도엘리베이트 덕분에 실시간 고객 데이터를 행동 검색, 패싯 탐색, 트렌드에 민감한 문맥적 추천을 위한 연료로 사용할 수 있게 되었다.

인 제품을 함께 소개하는 것으로, 온라인에서 흔히 적용되고 있다. 예를 들어 아마존은 관련 도서 2권을 할인된 가격으로 제공하고 있다. 관련 상품은 상품 페이지나 결제 시에도 표시되지만, 전환율을 낮출 수 있으므로 주의가 필요하다.

- 고객 평가와 리뷰를 활용한다. 리뷰는 판매에 영향을 미치는 중요한 요소이다. 온라인 평가 서비스인 바자보이스(Bazaarvoice)의 조사에 따르면 이 회사의 고객사 중 하나인 컴프USA(CompUSA)에서는 리뷰 활용이 성과를 거두고 있다.
  - 60% 더 높은 전환율
  - 50% 더 높은 주문 금액
  - 방문자 일인당 페이지 뷰 82% 증가

고객 경험 프레임워크

고객 경험 관리(CXM) 고객과 기업 간 상호작용의 모든 측면을 평가하고 개선하기 위한 적극적 접근 방식

고객 확보 및 유지에서 고객 경험의 중요성을 인식함에 따라 비즈니스에서 **고객 경험 관리**(customer experience management, CXM)가 점점 더 많은 관심을 받고 있다. 고객 경험 관리는 여행, 소매, 금융 서비스와 같은 멀티채널 또는 옴니채널 트랜잭션 사이트에 특히 중요하다.

Forrester(2011)는 고객 경험을 제공하는 데 사용할 수 있는 다양한 시스템이라는 관점에서 CXM을 설명했다. 여기에는 웹 콘텐츠 관리, 개인화, 마케팅 자동화, 전자상거래 플랫폼, 고객 서비스 인터랙션 관리, 사이트 내 검색, 머천다이징, 분석과 테스트 및 최적화의 조합 등이 포함된다. 이러한 설명은 전체 경험을 형성하는 다양한 시스템과 서비스의 통합을 기반으로 효과적인 고객 경험을 창출하는 설계상의 과제를 시사한다. 또한 CXM은 새로운 사이트를 만들 때 일시적인 활동이 아니라 전환율 최적화(CRO) 프로그램의 일환으로 분석과 구조화된 테스트를 통한 지속적인 개선 프로세스이다. 즉 전자상거래를 위한 디자인은 새로운 사이트나 서비스를 만들 때의 일시적인 투자가 아니라 지속적인 투자로 생각해야 한다. 보충 자료 9.1은 이를 더욱 강조하고 있다.

CXM 실천의 첫 번째 단계는 고객 경험의 전체 그림을 파악하기 위한 조사 및 감사 활동이다. 여기에는 다음이 포함된다.

- **고객 경험 생애주기 조사**: 현재의 다양한 채널과 접점을 이해하고 새로운 인터랙션 채널의 기회를 파악할 수 있다.
- **고객 조사**: 무엇이 고객 가치를 구성하는지, 무엇이 고객 만족과 고객 지지의 원동력이 되는지 이해한다. 고객 세분화도 여기에 포함된다.
- **조직 조정**: 현재 프로세스와 정책을 이해하고 고객 인사이트를 위해 각 부서를 조정한다.

고객뿐만 아니라 기업의 제품, 서비스, 정책도 시간이 지남에 따라 변화하기 때문에 이러한 활동을 정기적으로 실시하여 고객 경험을 재평가하고 프레임워크를 재조정할 필요가 있다.

'고객 경험 전략 도입'에 대한 접근을 권장하는 이컨설턴시의 기사(2017b)에서는 고객 경험 모범 사례를 실천할 수 있는 열 가지 팁을 제시했다.

1. 좋은 고객 경험 정의하기

이제 가격은 고객 선택의 중요한 원동력이 아니다. 고객의 생애주기 변화와 모바일 사용이 고객 경험에 대한 기대를 지배하고 있다. 이러한 요구에 부응하기 위해 브랜드는 원활한 상호작용에 초점을 맞춰야 한다.

모바일이 고객이 기업과 소통하는 방식을 정의하고 있음에도 불구하고 이를 받아들일 준비가 되어 있는 기업은 거의 없다(이 장의 뒷부분에서 자세히 설명할 것이다). 고객이 생각하는 훌륭한 고객 경험을 발견하고, 이를 일반적인 고객 경험과 병행하여 실행하며, 향후 고객의 선호도가 변화할 수 있는 트렌드에 민감하게 반응해야 한다.

보충 자료 9.1 고객 경험 향상을 위한 핵심 요소

KPMG 넌우드(KPMG Nunwood)의 조사(The Connected Experience Imperative, 2017)에 따르면 고객 경험을 비즈니스 가치의 원천으로 삼고 있는 영국 기업은 극소수에 불과하다.

매출을 향상하는 고객 여정 개선

고객 경험의 핵심은 고객 여정이며, 이는 조직 설계의 핵심 구성 요소이자 경제적 측정 단위이기도 하다. 한 연구에 따르면 고객 여정을 개선한 브랜드는 매출을 10~15% 향상하고 서비스 제공 비용은 15~20% 절감할 수 있다고 한다. 일반적인 고객 여정에는 큰 비효율이 존재하기 때문에 여정 매핑을 통해 비용 절감이 가능하다. 고객 여정은 기업의 여러 부서(웹사이트, 영업, 콜센터, 운영, 물류 등)가 관리하는 다양한 접점을 포괄하는 경우가 많다. 예를 들어 콜센터가 고객 불만을 처리하더라도 근본 원인을 파악하지 못하여 다른 고객이 같은 문제에 대해 계속 불만을 제기할 수 있다. 절차가 중복되고 설계가 잘못되면 전체 프로세스가 느려지고 한다.

KPMG 넌우드는 고객 경험의 질과 기업의 재무 성과에 뚜렷한 상관관계가 있다고 밝혔다. 예를 들어 상위 10개 브랜드의 매출과 이익 성장률은 하위 10개 브랜드의 4배에 달했다. 또한 상위 100개 브랜드는 하위 100개 브랜드보다 전년 대비 평균 2배의 이익 성장률을 달성했다.

우수한 고객 경험의 여섯 가지 핵심 요소

8년간의 연구와 여러 시장에서 185만 건 이상의 평가를 통해 모든 우수한 고객 경험의 기본 구성 요소 여섯 가지를 확인했다. 개인화는 옹호와 충성도를 정의하는 기둥이다. 기술 발전은 기대치를 재설정하는 것을 의미한다. 예를 들어 우버는 택시 이용 방식에 대한 기대치를 재설정했고, 에어비앤비는 민박에 대한 기대치를 재설정했다. 세계 일류 기업이 되려면 기대가 어떻게 형성되는지, 기업이 어떻게 그 기대에 부응하는지에 주목해야 한다. 예를 들어 아마존은 3일 이내 무료 배송을 위해 노력하고 있다. 즉 기대치를 설정하고 이를 초과 달성하기 위해 다양한 배송 방법을 사용하고 있다.

기대의 황금률

1. **기대치를 정확히 설정한다.** 고객의 물류 기대치를 설정하고 이에 부응하는 등 기대치 관리 접근 방식을 신중하게 구성하는 것을 고려한다.
2. **타이밍을 맞춘다.** 계획과 고객이 해야 할 일을 명확히 한다.
3. **예상보다 빠르게 대응한다.** 고객은 문의나 문제, 불만에 대한 신속한 대응을 기대한다. 이는 있을 때 만족도를 높이는 기쁨의 요소가 아니라, 없을 때 불만족이 심화되는 불만의 요소이다.
4. **전문 용어 대신 쉬운 용어를 사용한다.** 모호한 약속은 좌절로 이어진다.
5. **약속을 이행하거나 그 이상을 한다.** 약속을 지키지 않는 것은 아예 약속을 하지 않는 것보다 더 나쁘다.
6. **프로세스를 통해 세심하게 안내한다.** 이는 기대치를 정확히 설정하고 충족할 수 있음을 의미한다.

고객 경험 혁신에는 시간이 걸린다. 일반적으로 최소 3~5년 정도의 변화 계획이 필요하다.

2. 채널 포커스 분해하기

채널을 중시하는 기업은 우수한 고객 경험을 제공하기 위해 고군분투하고 있다. 경영진은 여전히 채널별로 고객 경험을 측정하고 설계하는 것을 선호하며, 고객 여정을 이해하거나 기대에 부응하기에는 너무 복잡한 상황을 목격하는 것에 대해 의아해하는 것 같다. 채널에 집중하다 보면 한 채널의 캠페인이 다른 채널에 어떤 영향을 미치는지 무시하고, 소비자 행동의 변화를 고려하지 못하게 된다. 대신 고객 경험 목표에 초점을 맞추고 그에 따라 채널 활동을 조작해야 한다. 이는 특히 어려운 상황에 대응하기 위해 피벗을 해야 할 때 민첩성을 높일 수 있다(이에 대해서는 10장 '그로스 해킹'에서 자세히 다룰 것이다).

3. 무엇보다 가장 중요한 고객 여정

고객 여정 뷰를 구축하려고 할 때도 채널 중심주의가 실패할 수 있다. 채널별로 데이터를 수집하면 호환되지 않는 결과를 낳는다. 만약 모든 전략이 퍼스트 파티의 식별 가능한 데이터에 의존하고, 고객과의 상호작용이 대부분 모바일에서 이루어지며, 고객이 쿠키 없는 블랙홀로 빠져드는 경우 이는 더욱 심각해진다. 한 발짝 물러서서 고객 행동의 개요를 파악해야 한다. 어느 정도의 세부적 데이터는 유용하지만 그것에 매몰되어서는 안 된다.

4. 책임감 갖기

많은 기업에서는 고객 경험을 정의된 전략이 아닌 개념적인 차원으로만 생각하는 경향이 있으며, 마케팅 부서만이 고객 경험을 담당한다고 오인한다. 그 결과 광고 캠페인이나 고객 서비스 센터 구축과 같은 구체적인 업무에 착수하는 동안 고객 경험을 다소 무궤도에 놓아두어도 괜찮다고 생각하기도 한다.

고객 경험의 목표를 명확히 하면 이를 실현할 수 있는 역량을 갖춘 인재가 명확해진다. 기업 전체가 아직 고객 경험의 가치를 충분히 받아들이지 못하더라도, 명확하게 정의된 리더를 중심으로 한 워킹 그룹을 만들면 고객 경험을 비즈니스 현실로 정착시킬 수 있다.

5. 차별화의 기본인 브랜드 구축

적어도 지난 10년간 데이터라는 주제는 고객의 주요 화두였고, 그 결과 브랜드 구축의 중요성이 줄어들었다. 오늘날 기업은 고객 경험의 실질적인 요소를 제공하는 능력의 차이로 차별화를 꾀할 수 있다.

결국 경쟁의 장은 평평해질 것이다. 브랜드는 고객의 고려 요소에서 보다 기본적인 것이 될 것이다. 감각, 감성과 같은 부가가치가 차별화에 필수적인 요소가 될 것이다. 살아남는 브랜드는 브랜드 가치를 오늘날의 고객 경험과 연결 짓는 브랜드가 될 것이다.

6. 자사만의 프레임워크 만들기

비즈니스 환경은 빠르게 변화하고 진화한다. 오늘날에는 아주 젊은 스타트업을 제외하고는 처음부터 다시 시작하는 것이 불가능하다. 혁신에 적응하여 현상 유지를 시도할 뿐만 아니라, 이미 존재하는 레거시 시스템과 행동을 해결해야 하며, 고객 경험에서 성공하기 위해 기업이 채택해야 할 행동과 목표를 정의하는 프레임워크를 구축하면 강점과 약점이 명확해진다. 이는 기업이 어디로 돌아가야 하는지, 어떤 행동을 정리해야 하는지를 알려준다.

보편적인 프레임워크는 존재하지 않지만, 좋은 고객 경험을 제공하기 위한 주요 구성 요소에 따라 SWOT 분석(5장 참조)을 수행하면 공격 계획을 세울 수 있다. 또한 현재 목표가 순수하게 고객 경험을 실현하기 위해 기업을 움직이고 있는지, 아니면 결국 비즈니스가 아직 컴포트 존에서 벗어나지 못하고 있는지를 파악하는 데에도 도움이 될 것이다.

7. 기술은 도구이지 해결책이 아니다

기술은 매혹적이다. 대부분의 기업이 기술에 환멸을 느끼는 것은 기술이 그 약속을 이행할 수 있는 적절한 기반을 마련하지 못했기 때문이다. 많은 기업에서 기술은 처음에는 문제를 해결하지만, 필연적으로 실패하고 더 큰 어려움을 초래할 수 있는 매우 값비싼 반창고와 같다.

기업은 부트스트랩(bootstrap)을 장려해야 한다. 새로운 기술을 도입하기 전에 업무 관행의 미묘한 변화, 직원 교육 개선, 새로운 관점을 통해 직면한 문제를 얼마나 해결할 수 있을까? 새로운 시스템이 진정한 해결책이 되려면 직원, 데이터, 통합 시스템 등 비즈니스의 다른 부분들이 적절히 연계되어 있는지 확인해야 한다. 이것이 어렵다면 내부 역량이 늘어날 때까지 외부에서 관리하는 서비스나 아웃소싱의 가능성을 모색해야 한다.

8. 혁신의 여지를 두되 현명하게 선택하기

일반적인 기술이 고객 경험의 과제에 대한 해답처럼 보이듯이, 마케팅 담당자는 자신이 혁신적이어야 한다는 것을 강하게 인식하고 있다. 새로운 결제 수단인 챗봇과 인공지능이 이를 지원하지만, 고객 경험의 일관성을 유지하기 위한 기반이 필요하다. 혁신을 도입할 때는 그것이 제공하는 경험이 일관되고, 브랜드에 부합하며, 유지될 수 있는 경험인지 확인해야 한다.

9. 리더십이 중요하다

고객 경험에 대한 투자와 조직적 협력을 보장하는 데에는 CEO의 책임이 있다. 운 좋게도 이미 민첩한 고객 중심 문화가 뿌리내린 기업도 있고, 적응과 진화를 겪는 중인 기업도 있다.

고객 경험은 이를 뒷받침하는 많은 증거가 있는 움직임일 수도 있지만, 리더십 팀은 다양한 압력에 대한 대응을 고려하고 정당화해야 한다. 고객 경험 실행에 대한 지지를 얻으려면 반복적이고 작은 시작일지라도 강력한 개념 증명이 필요하다. 목표를 설정하고, 목표를 달성하기 위한 명확한 경로를 제시하며, 성공을 측정하고 전달해야 한다.

10. 지금 바로 시작하기

실행에 옮기지 않는 것의 대가는 크다. 고객은 더 나은 경험을 원하며, 고객 경험과 무관한 분야는 없다고 해도 과언이 아니다. 가격에 민감한 공공 부문에서도 고객 경험 도입이 향후 재구매와 충성도를 높이는 데 필수적이라는 인식이 확산되고 있다. 또한 고객 경험/사용자 경험을 제대로 이해하는 데 오랜 시간이 걸린다는 것도 보충 자료 9.1에서 살펴보았다. 그러나 고객 경험/사용자 경험이 바람직하게 실현되면 결국 기업의 수익에 긍정적인 영향을 미친다.

컨설턴트이자 리츠칼튼(Ritz Carlton)의 CMO를 역임한 브루스 하이멜슈타인(Bruce Heimelstein)은 다음과 같이 말했다(Econsultancy, 2017b).

> 고객의 목소리에 귀를 기울이고 고객 경험에 대해 무언가를 하겠다고 고위 경영진에게 약속하라. 하루아침에 이루어지는 것은 없겠지만 고객은 당신이 노력하고 있다는 것을 알고 있다. 고객은 당신에게 홀패스(hall pass)를 줄 것이다.

고객 경험 벤치마크 평가

현재 많은 기업은 고객 만족도 지수를 이용하여 자사의 고객 만족도를 다른 기업과 비교하고 있다. 고객 만족도 지수는 고객 경험의 효과를 벤치마킹하고 개선하는 데 도움이 될 수 있다. 오늘날에는 많은 고객과의 교류가 온라인상에서 이루어지고 있으며, 일부에서는 온라인 경험의 품질에 대한 보다 상세한 보고서를 제공하고 있다. 예를 들어 ACSI(2023)는 일반 상품 소매업체에 대해 '주문의 정확성' 84%, '수령 절차의 용이성' 84%, '주문 준비의 신속성' 81%라고 평가했다. 이 수치가 평균이라는 점을 감안하면, 많은 기업은 개선 가능한 프로세스를 가지고 있을 것이다.

순 프로모터 점수

순 프로모터 점수(NPS) 기업(또는 웹사이트)을 추천하는 지지자 수와 추천하지 않는 지지자 수를 비교한 지표

순 프로모터 점수(net promoter score, NPS)는 고객 경험의 전반적인 유효성을 검토하기 위해 널리 채택되고 있는 또 다른 접근법이다. 이는 프레드릭 라이켈트(Frederick Reichheld, 2006)가 저서 《The Ultimate Question》에서 전파한 고객 지지도 지표로, '우리 회사를 추천할 의향이 있는가'라는 질문이다. 추천은 고객을 확보하는 데 중요하기 때문에 전자상거래 비즈니스와 매우 관련성이 높지만, 고객 유지를 촉진하는 데 필요한 고객 만족도의 궁극적인 척도이기도 하다.

라이켈트는 NPS의 주요 프로세스를 다음과 같이 설명했다.

1. 고객을 옹호자(promoter), 단순 이용자(passive), 비방자(detractor)로 체계적으로 분류한다. 경우에 따라 충성스러운 지지자(loyal advocate), 공정한 친구(fair-weather friend), 적대자(adversary)라고 부를 수도 있다.
2. 폐쇄적인 루프 프로세스를 구축하여 적절한 직원이 고객이 세 가지 범주에 해당하게 되는 근본 원인을 직접 조사할 수 있게 한다.
3. 옹호자를 늘리고 비방자를 줄이는 것을 최우선 과제로 삼고, 기업의 상급자와 하급자가 근본 원인 조사에서 얻은 지식을 바탕으로 행동으로 옮긴다.

실제로 소비자는 '[브랜드/기업 X]를 친구나 동료에게 추천하고 싶습니까?'라는 질문에 0(전혀 추천하지 않음)~10(매우 추천함)으로 응답한다. 실제 점수는 옹호자(9~10)에서 비방자(0~6)의 비율을 뺀 값이다. 중간인 7~8은 단순 이용자이다.

NPS의 개념은 기업의 고객 기반에 대한 경제적 분석을 토대로 한다. 라이켈트의 분석에 따르면 델의 경우 평균 소비자는 210달러의 가치가 있으며[순 현재 가치(NPV)로 계산된 5년 미래 가치의 평생 가치 계산 기준], 비방자는 57달러의 비용을 유발하고 옹호자는 328달러를 창출하는 것으로 추정되었다. 온라인에서 델은 오피니언랩(OpinionLab)의 소프트웨어를 사용하여 피드백을 수집하고 부정적인 경험에 대한 후속 조치를 취하여 부정적인 감정이 큰 비방자의 수를 줄이고 있다.

즉 가능한 한 많은 고객을 조사하고(대표성 확보), 귀를 기울이고 있다는 것을 보여준 후, 브랜드와의 상호작용 경험 중 어떤 측면이 옹호자와 비방자를 만들어내는지 역으로 계산하는 것이다. 디지털 경험의 NPS 향상에 도움이 되는 구체적인 접근법은 다음과 같다.

온라인 옹호 활동 촉진하기

- 페이지 템플릿에 '친구에게 전달/추천' 옵션이 포함되어 있다.
- 이메일 템플릿에 '친구에게 보내기' 옵션이 포함되어 있다.
- 고객의 의견과 NPS 평가를 이메일로 요청하는 체계적인 프로그램을 통해 그리고 사이트 소유자가 쉽게 댓글을 달 수 있도록 하여 고객의 피드백을 촉진한다.
- 전자상거래 사이트에는 제품에 대한 평가란 또는 댓글란이 있는 경우가 많다.
- 웹서비스와 주력 제품 개발에 고객을 더 많이 참여시킨다.

인터넷 악플러 관리하기

- 온라인 평판 관리 도구를 사용하여 부정적 (및 긍정적) 댓글에 대해 알릴 수 있다.
- 자연스럽고 개방적인 접근 방식을 사용하여 부정적 의견에 신속하게 대응할 수 있는 프로세스를 개발하고 리소스를 식별한다.
- 검색엔진 자연 목록 내 부정적 댓글의 영향력을 평가하고 관리한다.
- 제품 또는 서비스에 대한 고객의 목소리에 귀를 기울이고, 이를 바로잡아 상황을 되돌리기 위해 노력한다는 마케팅의 기본 원칙을 실천한다.

Kirby와 Samson(2008)은 NPS를 실제로 사용하는 것에 대해 비판했다. 예를 들어 이들은 다음과 같이 묻는다. "70%의 옹호자와 30%의 비방자로 구성된 40개의 NPS는 40%의 옹호자와 0%의 비방자로 구성된 40개의 NPS와 동일한가?" 또한 Kumar 등(2007)의 연구를 인용하여, 미국 통신 및 금융 서비스 고객의 약 3/4이 추천할 의향이 있다고 응답했지만, 실제로 추천하는 고객은 1/3 정도이고, 신규 고객을 창출하는 것은 전체 추천의 약 13% 정도에 불과하다고 밝혔다. Keiningham 등(2007)은 고객 생애 가치 결정 요인으로서 추천 지수의 가치를 평가하면서 NPS의 사용이 오해를 불러일으킬 수 있다고 보았다. 이들은 단순히 NPS에만 초점을 맞추는 경우 고객의 추천 의도에 대해 근시안적인 관점에 따른 결함 있는 전략으로 인해 고객 만족 및 충성도 자원이 잘못 배분될 수 있다고 지적했다.

다음 절에서는 사용성과 접근성에서 디지털 고객 경험을 개선하는 데 사용되는 구체적인 기법을 살펴본다.

데스크톱 및 모바일 고객 경험을 위한 사용성

디지털 경험 설계자와 관리자는 사용성을 향상하기 위해 확립된 사용자 중심 원칙을 도입하는 것이 중요하다. Bevan(1999a)은 웹사이트 디자인에 대해 다음과 같이 말했다.

> 웹사이트가 의도한 사용자의 요구를 충족하지 못하면 웹사이트를 제공하는 조직의 요구를 충족할 수 없다. 웹사이트 개발은 사용자 중심적이어야 하며, 진화하는 디자인을 사용자의 요구에 비춰 평가해야 한다.

사용자 중심 디자인(UX) 사용자 인터페이스를 포함하여 사용자 경험에 영향을 미치는 모든 요소를 기반으로 사용자 경험을 최적화하는 디자인

Noyes와 Baber(1999)는 **사용자 중심 디자인**[user-centered design, 현재는 일반적으로 UX(user experience)로 약칭함]이 사용자 인터페이스 디자인 이상의 것을 포함한다고 설명했다. UX는 인간을 중심으로 하면서도 사용자 인터페이스, 컴퓨터, 작업장, 환경 등 사용성에 영향을 미치는 요소를 동심원으로 둘러싸고 있다고 볼 수 있다. 여기서는 특히 사용자 인터페이스를 살펴보겠다.

디지털 플랫폼이 발전함에 따라 데스크톱 컴퓨터로 접속하는 기업 웹사이트, 태블릿이나 휴대폰으로 접속하는 모바일 사이트 및 앱, 페이스북·인스타그램·링크드인·트위터와 같은 주요 소셜 네트워크의 소셜 프레젠스 등 온라인 브랜드가 점점 더 많이 등장하고 있다. 이에 따라 시스템 UX 개선은 사용자 위치 내 시스템 접근의 맥락을 고려하도록 확장되었다.

사용 콘텍스트에는 장치 유형, 위치, 고객 서비스와의 상호작용이 포함된다.

- 스마트폰이나 모바일 기기를 사용한다.
- 스마트폰이나 태블릿을 TV 등의 기기에 연결하여 듀얼스크린 또는 멀티스크린으로 사용한다.
- 멀티채널 쇼핑 행동은 모바일 기기가 매장에서 구매 결정의 일부로 사용되거나, 오프라인 구매 결정이 온라인 경험에 의해 촉진되거나, 그 반대의 경우도 마찬가지다.
- 웹사이트 경험이 기업의 소셜 네트워크 페이지, 이메일 커뮤니케이션과 같은 기업의 다른 온라인 플랫폼과 긴밀하게 통합되어 있다.
- 웹사이트에 통합된 라이브 채팅, 콜백 등의 서비스를 통해 오프라인 고객 서비스와 온라인 고객 서비스를 통합할 수 있다.

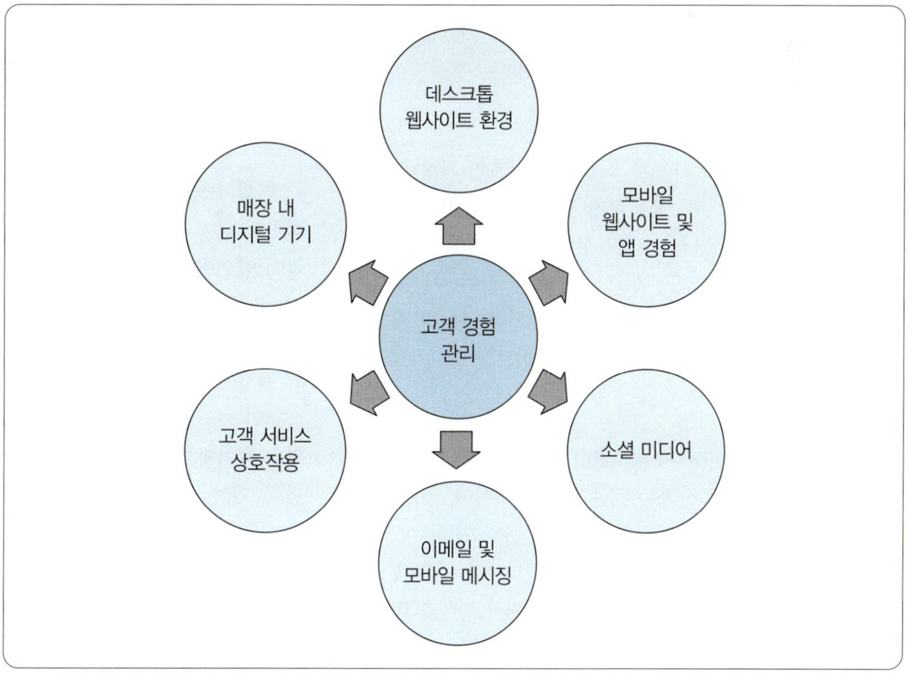

그림 9.6 고객 경험 관리의 요소

그림 9.6은 다양한 사용 맥락(환경)을 보여준다. 모바일 경험을 효과적으로 만드는 것이 점점 더 중요해지고 있기 때문에 이 절의 후반부에서는 이러한 경험을 만들기 위한 선택지를 살펴볼 것이다.

Bevan(1999a)에 따르면 사용자 중심 설계는 사용자 집단의 특성과 사용자 집단 내에서의 차이를 이해하는 것에서 시작되며, 고려해야 할 문제는 다음과 같다.

- 중요한 사용자는 누구인가?
- 그들이 사이트에 접속하는 목적은 무엇인가?
- 그들이 사이트를 방문하는 빈도는 어떠한가?
- 그들은 어떤 경험과 전문성을 가지고 있는가?
- 그들의 국적과 선호하는 언어는 무엇인가?
- 그들은 어떤 정보를 찾고 있는가?
- 그들은 정보를 화면에서 읽는가, 인쇄하는가, 다운로드하는가?

보충 자료 9.2 기업이 UX 디자인에 실패하는 이유

디지털 시대에 웹사이트를 비롯한 서비스의 성공을 위한 UX 디자인의 중요성은 아무리 강조해도 지나치지 않다. 하지만 많은 기업이 UX 원칙을 효과적으로 도입하는 데 어려움을 겪고 있는 것이 현실이다. 이 조사에서는 기업이 UX 디자인에 어려움을 겪는 열네 가지 이유를 살펴보고 실용적인 해결책을 제시한다. 이러한 문제를 이해하고 해결하는 것은 사용자와 진정으로 공감할 수 있는 제품을 만들기 위해 노력하는 모든 기업에 매우 중요하다.

1. 사용자 조사 생략의 함정

많은 기업이 충분한 사용자 조사 없이 디자인 과정에 뛰어들어 사용자의 요구를 충족하지 못하는 제품 또는 웹사이트를 만들어내고 있다. 이러한 상황을 피하기 위해 기업은 타깃 고객의 행동, 요구, 선호도 등을 이해하는 데 시간과 자원을 투자해야 한다. 이는 매력적일 뿐만 아니라 기능적이고 사용자 친화적인 제품 또는 웹사이트를 만드는 데 필수적이다.

2. 사용자 피드백의 가치 과소평가

사용자 피드백을 무시하는 것은 흔한 실수이다. 디자인 과정에서 사용자와의 정기적인 교류는 필수적이다. 이 피드백 루프는 설문조사, 사용자 테스트, 인터뷰를 통해 촉진할 수 있다. 이를 통해 실제 사용자의 통찰력과 경험을 바탕으로 제품이 진화하도록 보장할 수 있다. 사용자의 피드백을 적극적으로 구하고 반영하는 기업은 사용자의 기대 및 요구와 밀접하게 일치하는 제품을 개발할 가능성이 높다.

3. 접근성 간과

웹사이트를 비롯한 UX 디자인에서 접근성은 후순위로 밀려나곤 하며, 이는 장애를 가진 사용자를 배제하는 결과를 초래한다. 이에 기업은 처음부터 접근성을 고려해야 하며, 여기에는 다양한 시각장애를 감안한 디자인, 접근성 표준 준수, 접근성 문제에 대한 정기적인 테스트 등이 포함된다. 제품을 접근 가능하게 함으로써 기업은 시장을 확대할 수 있을 뿐만 아니라 사회적 책임과 포용성을 보여줄 수 있다.

4. 변화 수용에 대한 저항

디지털 환경은 끊임없이 진화하고 있으며, 변화에 대한 저항이 있으면 기업의 제품이 시대에 뒤떨어질 수 있다. 최신 UX 트렌드, 플랫폼 기술, 모범 사례에 대한 최신 정보를 파악하는 것은 매우 중요하다. 다른 웹사이트보다 낡아 보이는 웹사이트는 신뢰도를 떨어뜨릴 수 있다. 디자인 팀에 지속적인 학습 및 적응의 문화를 장려하는 것은 기업이 경쟁력을 유지하고 혁신적인 UX 접근 방식을 취하는 데 도움이 될 수 있다.

5. 분야 간 협업에 대한 도전

효과적인 UX 디자인을 위해서는 다양한 부서를 넘나드는 원활한 협업이 필요하다. 사일로화된 부서는 각기 다른 사용자 경험으로 이어지는 경우가 많다. 디자이너, 개발자,

다양한 마케팅 담당자 및 기타 이해관계자가 긴밀하게 협력하는 통합적 접근 방식을 추진하면 보다 응집력 있고 완성도 높은 사용자 경험을 제공할 수 있다. 정기적인 부서 간 회의와 협업 도구는 이러한 과정을 촉진할 수 있다.

6. 충분한 UX 교육의 필요성

적절한 UX 교육이 부족하면 디자인 결과물이 제대로 나오지 않을 수 있다. 팀을 위한 종합적인 교육 및 전문성 개발에 대한 투자는 필수적이며, 여기에는 워크숍, 세미나, 온라인 강좌 등이 포함된다. 잘 훈련된 팀은 복잡한 UX 과제를 해결하고 보다 효과적으로 혁신하는 역량을 갖출 수 있다.

7. 미학과 기능의 불균형

아름다움도 중요하지만, 이를 너무 강조하다 보면 기능성을 잃어 사용성이 떨어지는 제품이 될 수 있다. 따라서 시각적인 매력과 실용적인 사용성의 균형을 맞추는 것이 중요하다. 디자인을 결정할 때는 항상 사용자가 제품을 접하는 방식을 고려하여 아름다움과 기능성을 동시에 고려해야 한다.

8. 사용 상황 무시

제품이 사용되는 맥락을 고려하지 않으면 사용자 경험의 질이 떨어질 수 있다. 제품이 사용되는 다양한 환경과 시나리오를 이해하는 것은 매우 중요하다. 이러한 통찰력은 디자인 선택을 안내하고, 제품이 매력적일 뿐만 아니라 실제 사용 시 실용적일 수 있도록 보장한다.

9. 한정된 예산과 자원의 제약

한정된 예산과 자원은 UX 디자인 프로세스의 걸림돌로 작용할 수 있다. 하지만 자원 배분에 대한 창의적 접근을 통해 이를 완화할 수 있으며, UX의 중요한 측면에 우선순위를 두고 비용 효율적인 도구와 방법론을 활용하면 과도한 지출 없이도 양질의 디자인을 구현할 수 있다. 또한 반복적인 디자인 프로세스를 통해 예산의 제약 속에서 점진적인 개선이 가능하다.

10. UX의 문화적 과소평가

UX는 기업 문화에 뿌리내리지 못하면 종종 뒷전으로 밀려나기 때문에 UX의 중요성을 평가하고 이해하는 문화를 조성하는 것이 매우 중요하다. 여기에는 좋은 UX 디자인의 이점 그리고 이것이 제품 및 비즈니스의 성공에 어떻게 기여하는지에 대해 기업의 모든 계층을 교육하는 것이 포함된다.

11. 사용자 데이터를 반복 작업에 활용하지 않음

많은 기업이 제품 반복에 사용자 데이터를 효과적으로 활용하지 못하고 있다. 사용자 데이터 수집 및 분석은 지속적인 프로세스가 되어야 한다. 이 데이터는 사용자의 행동과 선호도에 대한 귀중한 통찰력을 제공하고 지속적인 제품 개선의 지침이 될 수 있다. 기업은 이 데이터를 정기적으로 수집하고 분석하여 정보에 입각한 디자인 의사결정을 내릴 수 있는 체계를 구축해야 한다.

12. 간과하기 쉬운 디자인의 감성적 측면

감성적 디자인은 간과되기 쉬우며, 사용자와 깊은 수준의 연결을 이루지 못하는 제품으로 전락하기 쉽다. 긍정적인 감정을 불러일으키는 요소를 도입하면 사용자 경험을 크게 향상할 수 있다. 사용자의 감정적 여정을 이해하고 공감하는 디자인을 통해 보다 매력적이고 만족스러운 사용자 경험을 창출할 수 있다.

13. 비즈니스 목표와 사용자 요구의 불일치

비즈니스가 원하는 것과 사용자가 필요로 하는 것이 때로 불일치할 수도 있다. 비즈니스 목표와 사용자 요구를 일치시키는 것은 제품의 성공을 위해 필수적이다. 비즈니스 전략 담당자와 디자인 팀이 정기적으로 소통하여 디자인 과정에서 비즈니스 목표와 사용자 요구가 모두 고려되도록 함으로써 이러한 조화가 이루어질 수 있다.

14. UX 디자인의 복잡성 과소평가

UX 디자인은 복잡한 분야이며, 그 복잡성을 과소평가하면 지나치게 단순화되어 비효율적인 디자인이 될 수 있기 때문에 UX의 다면성을 인식하고 디자인 프로세스에 적절한 시간과 자원을 투자하는 것이 중요하다. 여기에는 사용자 심리, 기술적 제약, 끊임없이 변화하는 디지털 환경 등에 대한 이해가 포함된다.

결론

UX 디자인의 복잡성을 극복하려면 다각적인 접근이 필요하다. 이 열네 가지 공통 과제를 이해하고 전략적 솔루션을 도입함으로써 기업은 UX 디자인 프로세스를 크게 강화할 수 있다. 이를 위해서는 지속적인 학습, 다분야 협업, 사용자 참여, 사용자 니즈와 경험에 대한 확고한 집중, 지속적 학습에 대한 헌신이 필요하다. 이러한 요소에 우선순위를 두면 기업은 기능적이고 보기 좋고 타깃 고객의 마음을 사로잡는 제품을 만들 수 있으며, 이는 결국 제품의 성공과 고객 만족도 향상으로 이어질 수 있다.

- 그들은 어떤 브라우저를 사용하고, 통신 속도는 어떠한가?
- 그들은 얼마나 큰 화면/창을 얼마나 많은 색상으로 사용하는가?

보충 자료 9.2에서는 기업이 웹사이트에서 계속 저지르는 실수를 현대적인 관점에서 살펴보고, 기업이 사용성 이니셔티브에 투자하도록 설득할 수 있는 방법을 제안한다.

사용자 중심 디자인의 모범 사례를 살펴보기 전에 사용성과 접근성은 방문자 경험을 결정하는 전체 패키지의 일부일 뿐이라는 점에 유의해야 한다(그림 9.6 참조). 브랜드의 온라인 표현이 고객에게 무엇을 제공할 것인지에 대한 약속이 얼마나 중요한지는 5장에서 설명했다. 존루이스다이렉트(John Lewis Direct)의 마케팅 및 카탈로그 책임자를 역임하고 현재 찰스티릿(Charles Tyrrwhitt)의 마케팅 책임자를 맡고 있는 앨리슨 랭커스터(Alison Lancaster)는 고객 중심의 온라인 프레젠스를 만드는 데 필요한 노력의 지표에 대해 다음과 같이 말했다.

> 좋은 사이트는 항상 사용자로부터 시작해야 한다. 고객이 누구인지, 그들이 어떤 채널을 통해 어떻게 쇼핑하는지 그리고 해당 카테고리의 시장 구조를 이해해야 한다. 여기에는 경쟁자가 어떤 회사이고 온라인에서 어떻게 활동하고 있는지 파악하는 것도 포함된다. 지속적인 조사, 피드백, 사용성 테스트를 통해 온라인 고객 경험을 지속적으로 모니터링하고 발전시켜야 한다. 고객은 편리함과 주문의 용이성을 원한다. 빠르게 다운로드할 수 있고, 구조화되어 있으며, 탐색하기 쉬운 사이트를 원한다.

사용성은 사용자 중심 디자인의 핵심 개념으로, 다양한 제품의 분석 및 설계에 적용되어 제품의 사용 편의성을 나타낸다. 영국표준협회(British Standards Institute)의 ISO 표준 '인터랙티브 시스템을 위한 인간 중심 디자인 프로세스'(1999)에서는 사용성을 다음과 같이 정의하고 있다.

> 특정 사용자가 특정 사용 상황에서 특정 목표를 달성하기 위해 제품을 효과적, 효율적, 만족스럽게 사용할 수 있는 정도

사이트 디자인에 이 개념을 얼마나 쉽게 적용할 수 있는지 알 수 있다. 웹 방문자는 종종 특정 정보를 찾거나 특정 작업을 완료하는 것과 같은 명확한 목표를 가지고 있다. 야코프 닐센은 저서 《Designing Web Usability》(Nielsen, 2000a)에서 사용성을 다음과 같이 설명했다.

전문가 검토 숙련된 사용성 전문가가 웹 디자인 원칙과 모범 사례에 대한 지식을 바탕으로 기존 사이트와 프로토타입을 분석하여 결함이나 개선점을 파악한다.

사용성 테스트 대표적인 사용자가 시스템을 사용하여 대표적인 작업을 수행하는 모습을 관찰한다.

> 사이트의 사용자 인터페이스가 학습 가능하고, 기억에 남고, 오류가 없고, 효율적이며, 사용자에게 만족감을 줄 수 있는, 사이트 디자인에 대한 공학적 접근 방식이다. 최대한 짧은 시간 내에 정보에 액세스할 수 있도록 정보 아키텍처의 프로세스를 설계해야 하며, 탐색 및 링크의 최적 사용을 보장하기 위해 테스트와 평가가 내장되어 있다.

사용성에는 중요한 프로젝트 활동인 **전문가 검토**(expert review)와 **사용성 테스트**(usability testing)이 포함된다. 전문가 검토는 이전 디자인의 문제점을 파악하는 방법으로, 재설계

프로젝트 초기에 수행되곤 한다.

1. 사이트의 대표적인 사용자와 일반적인 작업을 파악한다.
2. 제품 검색, 주문 완료 등 특정 작업을 수행하도록 요청한다.
3. 그들이 무엇을 하고, 어떻게 성공하는지 관찰한다.

사이트가 성공하려면 사용자의 작업과 행동이 효과적이면서도 효율적으로 완료되어야 한다.

- **효과적 달성**: ISO 9241-210은 유효성을 '사용자가 특정 목표를 달성하는 정확성 및 완전성'으로 정의하고 있다. 디지털 경험 사용성 전문가는 작업의 완성도를 측정한다. 사이트 방문자 10명 중 3명만이 전화번호나 기타 정보를 찾을 수 있는 경우가 그 예이다.
- **효율적 달성**: ISO 9241-210에서는 효율성을 '사용자가 목표를 달성하는 정확성 및 완전성과 관련하여 소비되는 자원'으로 정의하고 있다. 디지털 경험 사용성 전문가는 현장에서 작업을 완료하는 데 걸리는 시간과 클릭 수를 측정한다.

야코프 닐센은 '사용성 101'에서 사용성의 필요성에 대해 다음과 같이 설명했다.

> 웹에서 사용성은 생존을 위한 필수 조건이다. 사이트가 사용하기에 불편하면 사람들은 떠나간다. 해당 기업이 무엇을 제공하는지, 사용자가 사이트에서 무엇을 할 수 있는지가 명시되어 있지 않으면 사용자는 이탈한다. 사이트에서 길을 잃으면 사용자는 이탈한다. 사이트의 정보가 읽기 어렵거나 사용자의 중요한 질문에 대한 답을 제공하지 않으면 사용자는 이탈한다. 여기에 패턴이 있다는 것을 알 수 있는가? 사이트의 매뉴얼을 읽거나 인터페이스를 이해하는 데 많은 시간을 쏟는 사용자는 없다. 사이트는 얼마든지 있다. 어려움은 겪은 사용자가 가장 먼저 취할 수 있는 방어선은 이탈이다.

이러한 이유로 닐센은 디자인 프로젝트 예산의 약 10%를 사용성에 투자해야 한다고 제안하지만, 실제 지출이 훨씬 적은 경우가 많다.

미니 사례 연구 9.3은 은행 부문의 사용자 경험을 비교하기 위해 사용성을 측정할 수 있는 방법을 보여준다.

이 원칙은 오늘날에도 유효하다. 실제로 사용성에는 두 가지 접근 방식이 있다. 첫 번째

미니 사례 연구 9.3 전통적인 은행과 챌린저 은행의 사용성 격차

빌트 포 마스(Built for Mars, 2020)의 분석에 따르면 사용성 지표로 측정했을 때 은행들 사이에 사용성 격차가 있는 것으로 나타났다. 이 조사에서는 양식 입력을 포함하여 계좌 개설까지의 클릭 수를 평가했는데, 최단 시간과 최장 시간에 큰 차이가 있었다.

- 최단 3건: 레볼루트(24), 스탈링뱅크(38), 몬조(45)
- 최장 3건: 퍼스트다이렉트(120), HSBC(99), 코옵(92)

이는 전통적인 은행이 기존 '백오피스' 시스템을 재구축하는 데 어려움을 겪고 있음을 시사한다. 챌린저 은행의 모바일 앱 사용도 간소화를 촉진하고 있다.

또한 만족도 지표는 전반적인 프로세스를 고려할 수 있다는 점을 주목하라. 이 조사에서는 계좌가 활성화되기까지 가장 짧은 영업일이 2일(몬조, 스탈링뱅크, 바클레이스), 일주일 이상이 6일, 가장 긴 경우는 36일로 나타났다.

는 빌트 포 마스가 수행하는 것과 같은 '전문가 검토'로, 종종 재설계 프로젝트 초기에 이전 설계의 문제점을 파악하기 위한 방법으로 수행된다. 두 번째는 '사용성 테스트'로, 다음과 같이 수행된다.

1. 사이트의 대표적인 사용자를 파악한다. 페르소나를 구축하기 위한 인터뷰를 통해 그들의 특징과 니즈를 파악한다.
2. 기존 사이트에 대한 의견을 구한다(예: 포커스 그룹, 인터뷰, 온라인 피드백을 구하는 사이트 종료 의향 조사 등).
3. 제품 검색, 주문 완료 등 특정 작업을 수행하도록 요청한다.
4. 그들이 무엇을 하고, 어떻게 성공하는지 관찰한다(예: 포커스 그룹 또는 이 장의 끝부분에 언급된 개별 비디오 피드백 도구를 사용한다). 핫자와 같은 서비스를 통해 히트맵과 사이트 녹화를 얻을 수도 있다.
5. 이후 만족스러운 개선이 이루어질 때까지 평가와 반복을 반복하면서 경험을 다듬어나간다.

디지털 고객 경험 피드백 도구는 고객 여정을 알려주지만, 방문자의 의견까지 알려주지는 않는다. 피드백 도구는 고객과의 거리를 좁히는 데 도움이 되기 때문에 웹 분석의 중요한 파트너이다.

디자인 평가

Bevan(1999b)에 따르면 사용성을 위한 효과적인 디자인 테스트는 다음 세 가지 영역에 따라 달라진다.

- **유효성**: 사용자가 작업을 정확하고 완벽하게 완료할 수 있는가?

보충 자료 9.3 웹사이트의 주요 작업 분석

McGovern(2018)은 〈고객의 최우선 작업을 이해하여 고객에게 더 나은 서비스를 제공한다(Serving the customer better by understanding their top tasks)〉라는 논문에서 이용 가능한 선택지의 수를 단순화하여 많은 기업 사이트의 사용성을 개선하기 위해 적용한 '주요 작업(Top Tasks)' 조사 기법을 설명했다. 그는 서론에서 이 기법의 가치를 다음과 같이 밝혔다.

> 고객에게 가장 중요한 것이 무엇인지 이해하는 것이 그 어느 때보다 중요해졌다. 신뢰가 매우 중요하고, 사람들은 브랜드와 조직에 대해 회의적이며, 사실 냉소적인 경우가 많다. 웹사이트나 앱을 방문했다가 원하는 것을 바로 찾지 못하면 그들의 첫 번째 충동은 뒤로 돌아가기 버튼을 누르는 것이다. 조급함이 지배하고 있다. … 중요한 것은 고객 여정을 고안하고 디자인하는 것이 아니라, 고객이 이미 걸어가고 있는 여정을 발견하고 지원하는 것이다.

McGovern은 고객 설문조사, 비즈니스 요구, 검색 분석, 상위 섹션 사이트 분석, 경쟁사 리뷰를 통해 작업 목록을 작성하는 방법을 설명한다. 그는 투표가 어떻게 진행되는지를 예로 들면서, 사이트나 앱에 100개의 과제가 있는 설문조사의 경우 보통은 상위 4~5개 과제가 투표의 25%를 차지하고, 다음 10~14개 과제가 25%, 다음 20~30개 과제가 25%, 나머지 50~60개 과제가 25%를 차지한다고 주장했다. 그는 대부분의 경우 400명의 투표자가 상위 5개 작업을 식별하고 순위를 매기기에 충분하다고 보았다.

- **생산성**: 작업이 허용 가능한 시간 내에 완료되는가?
- **만족도**: 사용자는 상호작용에 만족하는가?

사용자 참여는 디자인의 효과를 평가하는 데 필수적이며, 포커스 그룹은 전통적으로 사이트 프로토타이핑 접근법의 일부로서 그리고 전환율 최적화(CRO)를 위해 사용되었다.

출구 의향 조사 사이트 또는 앱 사용자가 의도한 작업에 대한 완성도나 만족도를 확인하기 위한 사용성 기법

또한 **출구 의향 조사**(exit intent survey)는 '주요 작업'과 VoC(고객의 소리) 만족도를 평가하는 데 자주 사용된다. 보통은 방문자 샘플을 대상으로 사이트 이용 후 네 가지 질문을 던져 그들이 원하는 것과 성공 여부의 차이를 판단한다. 이 네 가지 질문은 고객 여정의 효과를 검증하기 위해 고객 의향 만족도 조사에 적용할 수 있다.

1. 오늘 우리 사이트를 방문한 목적은 무엇인가?
2. 오늘 작업을 잘 해낼 수 있었는가?
3. 잘 해낼 수 있었다면 만족도를 어떻게 평가하겠는가?
4. 만약 만족스럽지 않다면 그 이유는 무엇인가?

2번과 3번에서는 작업 완료율과 만족도를 평가하기 위해 비공개 질문을 하며, 조사 대상 지역에 따라 다른 서비스를 벤치마킹하는 데 사용할 수 있다.

시선 추적 사용성 테스트의 한 방법으로, 방문자가 화면에서 가장 많이 보는 위치(히트맵)와 개별 경로 또는 공통 경로(시선의 궤적)를 시각적으로 오버레이하여 표시한다.

시선 추적(eyetracking)은 디자인의 효과성을 평가하는 데 효과적인 기법이다. 많은 사용성 에이전시는 포커스 그룹의 일환으로 잠재고객의 시선 추적을 제공하고 있다(예: www.youtube.com/user/SimpleUsability에서 시선 추적의 예시 참조). 또한 왓유저스두(WhatUsersDo)와 같은 서비스를 이용한 원격 테스트도 있다.

기존에는 사용성 테스트가 분석과 디자인 사이에 완료되었지만, 현재 많은 기업은 도구를 통해 지속적으로 피드백을 받고 있다. 스마트인사이츠(2010)는 다음과 같은 다섯 가지 유형의 도구를 확인했다.

- **웹사이트 피드백 도구**: 'VoC'라고도 불리는 이 도구는 고객이 각 페이지에 프롬프트를 표시하고 피드백을 할 수 있는 영속적 도구를 제공한다.
- **크라우드소싱 제품 의견 소프트웨어**: 새로운 기능 또는 서비스 제공에 대해 피드백을 한다.
- **간단한 페이지 및 콘셉트에 대한 피드백 도구**: 다른 사이트 사용자로부터 기본적인 피드백을 받는다.
- **사이트 이탈 조사 도구**: 만족도에 대한 의도(사이트 방문 이유)를 평가한다. 디자인 변경을 위해 사용하기도 하고, 사이트의 효과를 지속적으로 추적하기 위해 사용하기도 한다.
- **일반적인 온라인 설문조사 도구**: 많은 기업은 대중의 의견을 조사하기 위해 일반적인 저가 또는 무료 설문 조사 도구를 사용한다.

페르소나 및 시나리오 분석

사이트 디자이너와 마케팅 담당자는 용어는 다르지만 비슷한 모델을 사용한다. 마케팅 담당자는 전형적인 사이트 방문자를 가정하여 **웹 디자인 페르소나**(web design persona)를 만든다. 이는 온라인 캠페인 계획, 사이트 사용성, 고객 중심주의에 영향을 미치는 강력한

웹 디자인 페르소나 일반적인 사이트 사용자의 특징, 니즈, 동기, 환경에 대한 요약

방법이다.

페르소나는 기본적으로 어떤 유형의 인간에 대한 '섬네일(thumbnail)'과 같은 설명이다. 페르소나는 오랫동안 세분화와 광고를 위한 조사에서 사용되어왔지만, 최근에는 이 기법을 적용한 기업들에 의해 사이트 디자인 개선에도 효과적이라는 것이 입증되고 있다.

고객 시나리오는 페르소나별로 만들어진다. 퍼트리샤 세이볼드(Patricia Seybold)는 《The Customer Revolution》(Seybold and Marshak, 2001)에서 고객 시나리오에 대해 다음과 같이 설명했다.

> 고객 시나리오는 특정 고객이 원하는 결과를 달성하기 위해 고객이 원하거나 필요로 하는 일련의 작업을 말한다.

페르소나에 따라 시나리오를 만들 수 있는데, 각 시나리오는 일련의 단계 또는 작업으로 나뉜다. 이것은 방문자가 묻는 일련의 질문이라고 생각하는 것이 가장 좋다. 이러한 질문을 식별함으로써 사이트 디자이너는 구매 프로세스의 여러 단계에서 다양한 고객 유형의 정보 요구 사항을 파악할 수 있다.

시나리오를 사용하는 것은 간단하지만 매우 강력한 웹 디자인 기법이다. 시나리오는 상황 분석의 일환으로 경쟁 사이트를 벤치마킹할 때도 사용할 수 있다. 다음은 페르소나를 만들 때 참고할 수 있는 가이드라인과 아이디어이다. 각 페르소나에 이름을 붙이는 것이 시작점이자 도착점이다. 세부 단계는 다음과 같다.

1. 개인의 속성을 페르소나에 반영한다.
   - 인구통계: 연령, 성별, 학력, 직업, B2B의 경우 기업 규모와 구매 부문에서의 지위
   - 사이코그래픽: 목표, 과제, 동기 부여
   - 웹 통계: 웹 경험(월), 사용 장소(집 또는 직장), 사용 플랫폼(전화 접속, 브로드밴드), 사용 빈도, 즐겨 찾는 사이트
2. 페르소나는 특성과 환경의 모델일 뿐이라는 것을 잊지 말아야 한다.
   - 설계 목표
   - 고정 관념
   - 일반적인 사용성을 향상하는 데에는 보통 3~4개면 충분하지만 특정 행동에는 더 많은 것이 필요하다.
   - 만족하면 다른 사람들도 만족할 가능성이 높은 주요 페르소나를 하나 선택한다.
3. 뒤에서 자세히 설명하겠지만, 각 페르소나마다 다른 시나리오를 작성할 수 있다. 예를 들어 다음과 같이 3~4개의 시나리오를 작성해보라.
   - 정보 탐색 시나리오(사이트 등록으로 이어짐)
   - 구매 시나리오: 신규 고객(판매로 이어짐)
   - 구매 시나리오: 기존 고객(판매로 이어짐)

주요 페르소나 사이트 효율성에 전략적으로 중요하지만, 그 요구를 충족하기 어려운 전형적인 사이트 이용자

주요 사이트 방문자 유형 또는 고객 유형을 대표하는 다양한 페르소나가 개발되면 **주요 페**

미니 사례 연구 9.4 리드 생성에 페르소나를 활용하는 밀레

캠페인 목적

밀레는 고품질 가전제품의 선두 주자이다. 상업용 사업부는 전문가용 세탁기, 식기세척기, 살균기를 생산하고 있다. 밀레는 전국적인 공인 대리점 네트워크를 통해 기업용 가전제품을 판매하고 있다. 이 회사는 기존의 광고, 홍보 활동과 병행하여 고객 및 잠재고객과 효과적으로 연결하고 육성할 수 있는 새로운 방법을 모색하고 있었다. 당시 캠페인의 주요 목적은 다음과 같다.

- 판매 가능한 리드의 가치를 높인다.
- 밀레 브랜드에 대한 몰입도를 높인다.

전략

밀레는 데이터 마이닝과 리서치를 통해 잠재고객을 종합적으로 분석했다. 사용 가능한 데이터베이스를 업종별, 의사결정자별로 나누고, 샘플 집단에 전화하여 고충, 해결책, 반대 의견, 목표에 대해 미리 작성된 약 10개의 질문을 던졌다. 같은 집단에 온라인 설문지 링크가 포함된 이메일도 발송했다.

이와 더불어 연구원들은 관련 포럼, 소셜 미디어 플랫폼, 기존 콘텐츠를 통해 유사한 업계/의사결정자 연구를 수행하는 임무를 부여받았다. 이러한 정보를 수집한 후 결과를 분석하여 잠재고객에게 영향을 미치는 주요 트렌드와 패턴을 파악했다. 데이터 분류 내에서 도출된 트렌드는 각 의사결정권자에 대한 개별 페르소나 문서를 작성하는 데 사용되었다.

조사 결과로 타깃 사용자를 명확하게 정의한 페르소나 자료가 만들어졌다. 그 대상은 대부분 시간적 여유가 없고, 예산이 빠듯하며, 높은 가동률을 유지하기 위해 노력하는 중·소규모 요양원과 호텔의 소유주 및 경영자였다.

세분화된 메시징 계층 구조를 만들고, 의사결정권자의 절실한 문제별로 분류된 리더십 콘텐츠의 주제를 계획했다. 이러한 문서는 캠페인 전반에 걸쳐 그리고 콘텐츠 기획부터 크리에이티브 콘셉트 수립에 이르기까지 모든 결정에서 핵심적인 역할을 했다.

커뮤니케이션 채널

캠페인에 선정된 콘텐츠는 다음과 같다.

- 인쇄물
- 전자책
- 인포그래픽

캠페인에서는 콘텐츠 접근성을 우선적으로 고려했다. 따라서 인쇄 가능한 형태로 문서를 제작하여 의사결정권자의 편의에 따라 인쇄하여 읽을 수 있었다. 또한 각 의사결정권자가 선호하는 미디어를 통해 콘텐츠를 소화할 수 있도록 일련의 짧은 동영상도 제작했다.

잠재고객에게 관련 콘텐츠를 알리기 위해 데이터베이스에 이메일을 발송하고, 새로 만든 맞춤형 랜딩 페이지로 연락처를 유도했다. 후속 이메일은 관련 딜러를 대신하여 일반 텍스트 형식으로 발송했다. 그리고 캠페인 전 조사를 통해 대상자를 세분화하여 마케팅 담당자가 각 의사결정권자에게 타기팅된 다이렉트 메일을 보낼 수 있었다. 또한 텔레마케터는 잠재고객과 리드를 후속 조치하여 관련성 있는 다음 콘텐츠로 안내하고 판매 퍼널을 통과하도록 유도했다.

결과

멀티채널 캠페인의 결과는 성공적이었다. 콘텐츠 활용은 전체 캠페인에서 목표 이상의 ROI를 창출하는 데 도움이 되었을 뿐만 아니라, 연락처 데이터베이스를 새로운 형태의 마케팅에 도입하는 데에도 도움이 되었다. 적절한 콘텐츠가 제공되어 의사결정자들은 그 가치를 이해하고 업계 전문가와 협력하는 것의 이점을 깨닫게 되었다. 이렇게 더 자세한 정보를 찾는 수요로 인해 밀레의 매출 중 19%가 콘텐츠에서 발생했다.

이뿐만 아니라 캠페인은 다음과 같은 성과를 냈다.

- 콘텐츠 다운로드가 566건에 달했다(데이터베이스의 4.3%).
- 276개의 바로 판매 가능한 인바운드 리드는 순전히 콘텐츠에 의한 것이었다.
- 인바운드 및 아웃바운드 후속 조치(이메일, 텔레마케팅)를 통해 1,206개의 리드를 생성했다.
- 2013년 대비 일반 웹 리드가 23% 증가했다(총 785건).
- 2013년 이전에는 아웃바운드 텔레마케팅이 100%였다면, 현재는 매출의 19%가 콘텐츠에 의한 것이다.
- 인바운드 콘텐츠에서 생성된 리드당 가치가 202% 증가했다.
- 321%의 ROI를 기록했다.
- 전체 캠페인에서 2,260건의 리드를 확보했다.

출처: http://cdn2.hubspot.net/hubfs/196544/Really_B2B_Case_Study_with_Miele_Professional.pdf?t=1512989436275

www.slideshare.net/ReallyB2B/b2b-marketing-with-success-kirsty-dawe-speaks-at-shoretel

http://link.springer.com/article/10.1057/dddmp.2015.25

르소나(primary persona)를 식별할 수 있다. Wodtke(2002)는 다음과 같이 말했다.

> 주요 페르소나는 제품의 사업적 성공에 중요하면서도 디자인 측면에서 도움이 필요한 일반적인 사용자 유형(초보 사용자나 기술적으로 어려움을 겪는 사용자)이어야 한다.

Wodtke(2002)에 따르면 슈퍼유저나 초보자와 같은 보조 페르소나도 개발할 수 있다. 보완적 페르소나는 주요 범주에 속하지 않는 특이한 행동을 보이는 페르소나를 말한다. 이는 '틀을 벗어난 사고'를 하도록 돕고, 모든 사용자에게 어필할 수 있는 선택과 콘텐츠를 제공한다.

미니 사례 연구 9.4에서는 페르소나 개발 및 활용의 예로 고급 가전업체 밀레(Miele)를 소개했다.

사용 사례 분석 단계

Schneider와 Winters(1998)는 사용 사례 방법을 이용한 분석을 위해 다음과 같은 단계를 제시했다.

1. 액터 식별

액터 시스템과의 인터페이스가 되는 사람, 소프트웨어, 기타 장비

액터(actor) 시스템의 사용 또는 상호작용에 관여하는 사람이나 사물을 말한다. 액터는 시스템의 일부가 아니다. 명백한 액터는 시스템의 사용자이다. 고객 서비스 애플리케이션에서 액터는 고객과 기업의 고객 서비스 담당자일 수 있다. 프로세스 분석을 수행할 때는 '이 프로세스의 액터는 누구인가?', '이 액터는 어떤 서비스를 제공하는가?', '액터의 작업은 무엇인가?', '액터가 전체 프로세스의 상태를 어떻게 변경하는가?'와 같은 질문이 필요하다. 액터는 시스템에 정보를 추가하거나 보고 기능을 통해 정보를 받을 수 있다. 여러 역할을 가진 직원은 두 가지 액터로 표현된다.

Schneider와 Winters(1998)는 다른 액터에 프로세스의 상태를 변화시키는 소프트웨어 및 하드웨어 제어 장치, 대상 시스템과 연동되는 외부 시스템 등이 포함된다고 지적했다. 이들은 사실상 자동화된 인간 액터이다. 액터는 그림 9.7과 같이 이해하기 쉬운 방식으로 나타낼 수 있다.

2. 사용 사례 파악

사용 사례 액터 및 액터의 활동을 지원하는 시스템 간 일련의 트랜잭션

사용 사례(use-case)는 시스템 사용자가 수행하기를 원하는 다양한 일을 말한다. 이는 액터와 시스템 간 상호작용의 일부인 활동 또는 작업이라고 할 수 있다. 사용 사례는 시스템이 제공하는 기능을 설명하기 위해 각 액터의 시스템에 대한 요구 사항을 요약한 것이다. 일반적인 사용 사례는 다음과 같다.

- 시스템 시작, 중지, 수정
- 시스템에 정보 추가 또는 수정(예: 전자상거래 주문, 이메일을 통한 불만 사항 기록)
- 보고 또는 의사결정 지원을 위한 시스템 사용

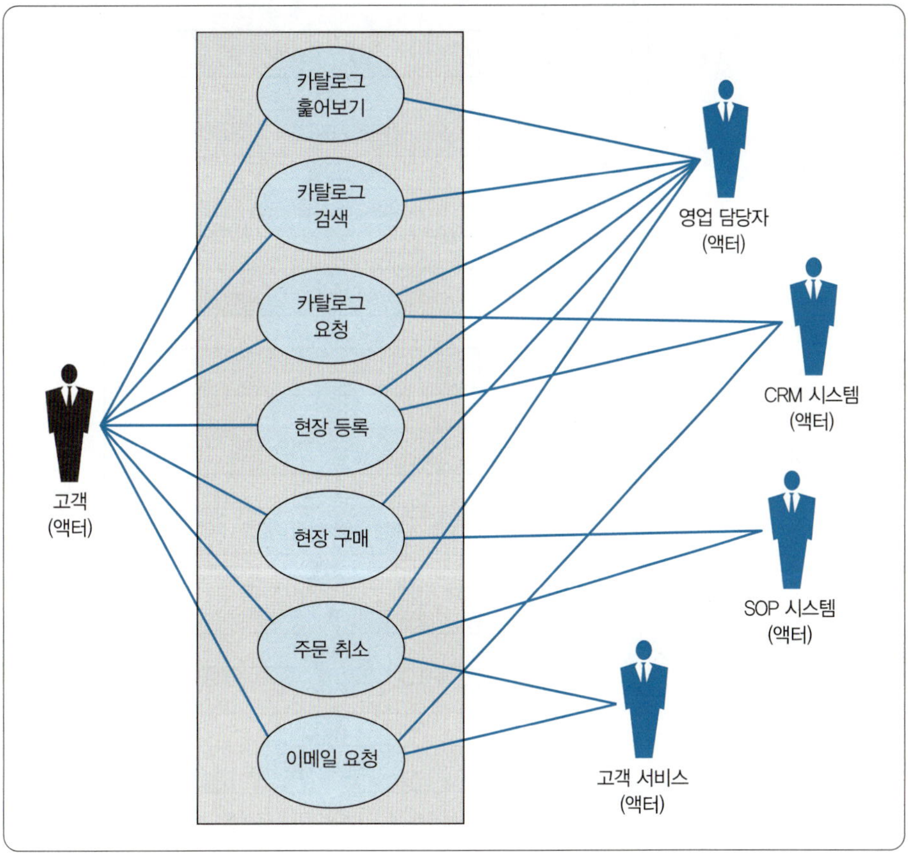

그림 9.7 B2C 기업, 판매 측 전자상거래 사이트의 액터와 사용 사례의 관계

그림 9.8은 B2C 기업의 사용 사례를 보여준다.

Bevan(1999b)도 주요 사용 시나리오를 정의하는 것의 중요성을 강조했다. 이 단계는 흔히 '지식 추출'로 알려져 있으며, 사용자를 인터뷰하고 현재의 작업 방법 또는 바람직한 작업 방법에 대해 이야기하도록 요청하는 것이 포함된다. 일단 시나리오가 수립되면 Noyes와 Baber(1999)가 설명했듯이 카드 분류 기술을 사용할 수 있다. 이들은 사용자를 인터뷰한 후 일반적인 작업과 행동을 카드에 기록하고, 메뉴 시스템에서 사용자가 필요로 하는 일련의 행동을 파악하는 데 사용했다. Noyes와 Baber는 고안된 메뉴 시스템이 소프트웨어 엔지니어가 예상했던 것과 상당히 달랐다고 설명했다. 카드 정렬 기법은 카드의 **토크스루**(talk-through)부터 **워크스루**(walk-through)가 수행되는 동안 누락된 단계가 없는지 확인하는 데에도 사용할 수 있다.

토크스루 사용자가 구두로 필요한 행동을 설명한다.

워크스루 사용자가 시스템이나 모형을 통해 자신의 행동을 실행한다.

3. 액터와 사용 사례의 관계

그림 9.8은 액터와 사용 사례의 관계도 보여준다. 이는 책임을 식별하고 누락된 활동을 확인하는 데 사용할 수 있다. 예를 들어 '주문 진행 상황 확인'은 누락된 사용 사례이며, 기업은 특정 제품에 불만을 가진 고객을 대신하여 고객 서비스 담당자가 주문을 할 수 있는지 여부를 논의해야 한다.

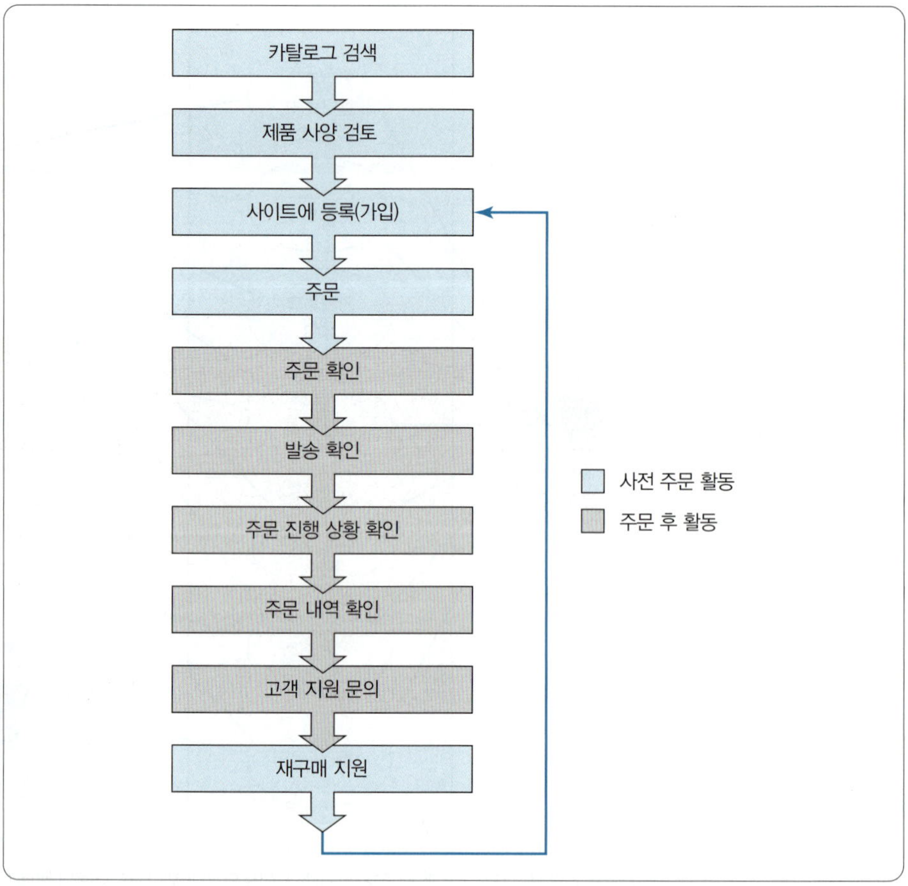

그림 9.8 전자상거래 전체 구매 주기의 주요 사용 사례 시나리오

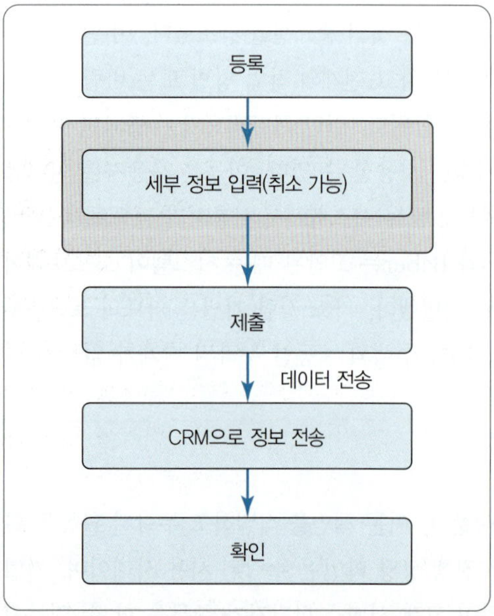

그림 9.9 B2C 기업에서 '등록' 사용 사례의 주요 시나리오

4. 사용 사례 시나리오 작성

이후 시나리오를 상세히 작성하여 각 사용 사례의 다양한 이벤트와 활동 경로를 자세히 설명한다. 기본 시나리오는 아무런 문제가 발생하지 않는 일반적인 경우이다. 사용 사례에는 활동과 기능의 세부 사항, 대안 또는 결정이 있거나 오류가 발생했을 때 어떤 일이 벌어지는지 등이 포함된다. 사용 사례에 포함되기 위한 전제 조건, 사용 사례에서 빼기 위한 사후 조건도 지정한다.

그림 9.8은 전자상거래 전체 구매 주기의 주요 시나리오를 보여준다. 그림 9.9의 고객 액터 관점에서 작성된 '등록' 사용 사례의 보다 상세한 1차 시나리오는 다음과 같다.

전제 조건: 사용자가 웹사이트에서 활동 중이어야 한다.

시나리오: 등록하기

기본 경로:

1. 사용 사례는 고객이 '등록'을 눌렀을 때 시작된다.

2. 고객이 이름, 주소, 이메일을 입력한다.
3. 입력 후 우편번호와 이메일 주소(@ 표시)의 유효성을 확인하고, 오류가 있으면 사용자에게 프롬프트가 표시된다.
4. 고객이 '제출'을 선택한다.
5. 시스템은 모든 필드가 존재하는지 확인하고 고객 정보가 CRM 시스템으로 전달된다.
6. 리디렉션 페이지가 표시되고, 등록에 대한 감사와 홈페이지로 돌아갈 수 있는 옵션이 제공되며, 사용 사례가 종료된다.

사후 조건: 고객 정보가 저장된다.

대체 경로: 고객은 '제출'을 눌러 사용 사례가 종료되기 전에 2~4단계의 과정을 취소할 수 있다.

이렇게 사용 사례를 기술하면 다양한 문제가 명확해진다. 1차 시나리오가 완성되면 2차 시나리오나 대체 시나리오를 개발하여 1차 시나리오에 대체 시나리오로 추가할 수 있다. 등록 시나리오의 경우에는 취소가 2차 시나리오이며, 그 외 우편번호가 유효하지 않은 경우와 같은 오류 조건을 포함할 수 있다.

모바일 디자인 요건과 기법

사람들이 업무 중에도 솔루션을 조사하는 B2B 분야를 제외하고는 스마트폰으로 접속하는 것이 웹사이트 접속의 주류를 이루고 있다. 따라서 모바일과 데스크톱 기기 모두에서 효과적인 웹사이트를 디자인하는 것은 이제 모든 기업에 중요한 고려 사항이 되었다. 모바일 사용자의 비율을 고려하여 마케팅 담당자는 모바일 디자인에 사용할 수 있는 기술적 옵션을 알고 가장 적합한 옵션을 사용해야 한다.

2010년 모바일 월드 콩그레스(Mobile World Congress)에서 구글의 CEO인 에릭 슈밋(Eric Schmidt)은 휴대전화의 중요성이 급증함에 따라 앞으로 **모바일 우선 디자인**(mobile first design)을 사용해야 한다고 제안했다(Zdnet, 2010). 이 용어는 지금도 사용되고 있는데, 그 단순함과 미니멀리즘의 목적은 칭찬할 만하지만 합의된 방법론이나 디자인 방법을 설명하지 않기 때문에 오해를 불러일으킬 수 있다. 또한 B2B와 같은 분야에서는 더 많은 사용자가 더 큰 화면의 데스크톱 플랫폼을 사용할 가능성이 있기 때문에 모바일 우선 디자인이라는 용어를 상황에 맞게 조정할 필요가 있다. 최신 수치를 살펴보면, 영국과 미국 등 선진국에서의 데스크톱 접속 비율은 50%에 육박한다(https://gs.statcounter.com). 그러나 모바일 우선 디자인을 옹호하는 디자인러시(DesignRush, 2020)에 따르면 다양한 산업군에서 간단한 모바일 우선 디자인의 개요와 기능에서 시작하여 더 복잡한 데스크톱 솔루션을 설계하는 방식으로 모바일 우선 디자인을 적용하는 것이 가능하다.

모바일 우선 디자인 스마트폰으로 웹사이트를 이용하는 사람들에게 최고의 사용자 경험을 제공하기 위해 더 작은 모바일 화면에서 시작하는 과정으로, 단순하고 미니멀한 디자인을 장려하는 것이 목적이다.

스마트폰이 빠르게 보급된 초기에는 http://m.company.com과 같은 도메인으로 데스크톱 사이트와 완전히 다른 콘텐츠 관리 시스템 및 디자인을 사용하여 모바일 전용 사이트를 만드는 등 몇 가지 현실적인 솔루션이 등장했다. 그러나 별도의 사이트를 유지하는 것이

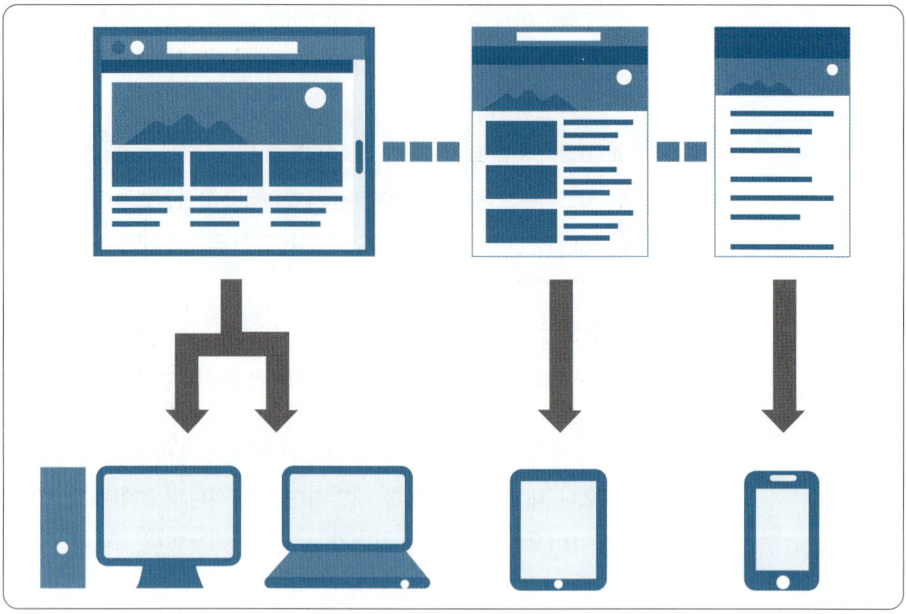

그림 9.10 다양한 콘텐츠 블록의 레이아웃을 업데이트하는 반응형 디자인

반응형 웹 디자인(RWD) 데스크톱, 태블릿, 스마트폰 등 다양한 기기의 사용자에게 더 나은 경험을 제공하기 위해 CSS, 이미지 스케일링 등의 웹 개발 기법을 사용하여 웹사이트 콘텐츠의 레이아웃과 포맷을 다양한 화면 해상도와 기능에 맞게 렌더링 시점에 맞춰 변경한다.

비효율적이었기 때문에 현재 대부분의 기업은 **반응형 웹 디자인**(responsive web design, RWD) 접근 방식으로 스마트폰 및 데스크톱 콘텐츠를 제공하기 위해 유사한 기술을 사용하고 있다. 이뿐만 아니라 새로운 접근 방식이 등장하고 있는데, 이러한 기술은 상호 배타적이지 않으며, 미디어 사이트는 많은 사용자와 광고주에게 최적의 솔루션을 제공하는 것이 중요하기 때문에 이러한 기술을 동시에 사용할 수 있다. 그러나 대부분의 중소기업은 비용 효율성이 가장 높은 반응형 웹 디자인만 사용하고 있다. 각 기술에 대해 자세히 살펴보자.

모바일 디자인의 주요 선택지는 다음과 같다.

1. 반응형 웹 디자인

반응형 웹 디자인은 다양한 해상도에 적응하는 단일 버전의 사이트와 콘텐츠를 유지할 수 있게 해준다. 이전에는 '유동적 디자인(fluid design)'이라고 불렀는데, 이는 해상도가 변경될 때(예: 브라우저의 뷰포트 창 크기 변경) 레이아웃이 유동적이기 때문이었다. 그림 9.10에서 보듯이 콘텐츠 블록은 화면 해상도에 따라 이동하고 확대/축소된다. 이는 스마트폰으로 비반응형 사이트를 탐색할 때 흔히 볼 수 있는 작은 텍스트와 선택하기 어려운 버튼, 내비게이션과는 대조적이다.

미디어 쿼리 CSS 내 스타일링 접근 방법으로, 픽셀의 다양한 화면 넓이를 위한 구분점을 특정하여 기기의 유형에 따라 레이아웃을 변경할 수 있게 한다.

2010년에 처음 도입된 반응형 디자인은 CSS(cascading style sheets) **미디어 쿼리**(media query), 이미지 스케일링 등 최신 웹 개발 기법을 사용하여 다양한 모바일 및 데스크톱 기기 사용자에 맞게 디스플레이 레이아웃을 변경하는 웹 사이트 스타일링을 디자인하는 웹 개발자가 선호하는 기법이다. 이는 다양한 기기에서 사용자 경험을 향상하지만, 일반적이지 않은 기기에 대한 중단점이 지원되지 않거나 '상향 반응형'이 아닌 사이트(고해상도 디스

표 9.3 모바일에 최적화된 웹사이트 옵션의 장단점

구분	옵션	장점	단점
반응형 웹 디자인	CSS 미디어 쿼리가 기기의 해상도에 맞게 디스플레이를 변경한다.	모든 기기에 단일 템플릿을 사용하면 속도와 비용 측면에서 이점이 있다.	페이지가 무겁고, 고해상도를 위해 경험을 희생해야 한다.
클라이언트 측 적응형	사용자 기기의 자바스크립트가 기기의 해상도에 따라 다른 템플릿을 로딩한다.	• CSS를 완전히 재구축할 필요가 없다. • 필요한 리소스만 클라이언트에 로딩하면 된다. • 기기에 맞는 맞춤형 경험을 제공한다.	추가 코드를 유지·관리해야 한다.
서버 측 적응형	기기 감지 기반 동적 스타일을 제공한다.	다른 접근 방식보다 모바일 페이지가 작다.	여러 개의 템플릿을 유지해야 한다.

플레이)가 저해상도보다 덜 지원되는 등 한계가 있다.

반응형 디자인은 구현과 테스트가 기술적으로 복잡하고 비용이 많이 들며, 코드베이스(특히 스타일시트) 로딩이 많아지고 페이지 로딩 시간이 길어진다는 것 등이 단점이다. 그럼에도 불구하고 현재 많은 사이트에서 구현되고 있다.

2. 적응형 설계

적응형 모바일 웹 디자인 일반적으로 반응형 웹 디자인보다 더 정교한 접근 방식으로, 타깃 단말기에 최적화된 경험을 제공하고, 클라이언트와 서버가 서로 다른 단말기에서 렌더링을 위한 코드와 처리를 분담한다.

적응형 모바일 웹 디자인(adaptive mobile web design)은 클라이언트 기반과 서버 기반이라는 서로 다른 로직을 결합한 하이브리드 접근 방식으로, 반응형 접근 방식보다 속도 제한이 적고 우선순위가 높은 기기에서 최고의 성능과 경험을 제공한다. 표 9.3에 적응형 모바일 웹 디자인과 반응형 웹 디자인을 비교하여 정리했다. 특정 모바일 기기에 필요한 코드와 스타일링만 제공하는 이 접근 방식은 더 빠른 경험을 제공하지만 개발 시간과 비용이 더 많이 들기 때문에 대규모 비즈니스에 적합하다.

3. 가속 모바일 페이지

가속 모바일 페이지(AMP) 모바일 기기에서 페이지 다운로드 속도를 향상하기 위한 표준 규격인 AMP 프레임워크는 웹 컴포넌트를 포함한 표준 HTML인 AMP HTML, 리소스 로딩을 관리하는 AMP 자바스크립트, AMP 페이지의 전달과 검증을 담당하는 AMP 캐시로 구성되어 있다.

2016년 8월, 구글이 로딩 속도가 빠른 페이지 포맷을 뉴스 결과뿐만 아니라 모든 검색 결과에 표시한다고 발표함에 따라 미디어 회사뿐만 아니라 모든 비즈니스에서 **가속 모바일 페이지**(accelerated mobile page, AMP)가 중요해졌다. AMP는 스타일이 적고, 게시자의 서버가 아닌 구글의 서버에서 직접 로딩되기 때문에 로딩 속도가 빠른 페이지를 의미한다.

AMP는 콘텐츠 관리 시스템에서 사용할 수 있는 플러그인이나 확장 기능을 통해 구현할 수 있는 경우가 많다. 예를 들어 워드프레스에는 AMP를 구현하는 플러그인이 있으며, PWA와 밀접하게 연관된 이메일 가입 등 다양한 인터랙션 옵션이 표준으로 제공된다. AMP는 상호작용성을 향상하기 위해 계속 확장되고 있으며, 인스타그램의 스토리와 유사하지만 웹사이트에서 제공되는 웹 스토리스(Web Stories)가 여기에 포함된다. AMP는 동일한 콘텐츠 기반을 사용함으로써 속도가 빠르고 설정이 비교적 쉽다는 장점이 있지만, 여전히 주로 퍼블리셔가 사용하고 있다. 출시 이후 많은 퍼블리셔와 전자상거래 사이트가 AMP 방식을 채택했지만 아직은 채택률이 높지 않다.

4. 프로그레시브 웹 애플리케이션

프로그레시브 웹 애플리케이션 (PWA) 웹 앱과 모바일 앱의 장점을 결합한 개발 방식으로, 홈 화면에 웹 앱을 설치하고 푸시 알림을 받거나 오프라인에서 작업할 수 있는 디지털 경험을 제공한다.

프로그레시브 웹 애플리케이션(progressive web application, PWA)은 비교적 최근의 기법으로, 구글이 지원하고 있다. 웹 데브(Web Dev, 2020)에 따르면 AMP와 마찬가지로 오픈 소스를 사용하고 있다. PWA의 사용을 지지하는 웹 데브는 "최신 API를 사용하여 향상된 기능, 안정성, 설치성을 제공하는 동시에 단일 코드베이스로 누구나, 어디서나, 모든 기기에서 사용할 수 있다"고 설명한다. 즉 PWA는 앱의 많은 이점을 제공하지만, 다른 앱스토어와 웹사이트를 위해 별도로 만들 필요가 없다.

구글(2017a)은 PWA의 장점을 설명하면서 모바일 앱과 대비되는 PWA의 장점을 다음과 같이 밝혔다.

> 일류 브랜드가 PWA를 채택하는 이유는 간단하다. 플랫폼에 관계없이 사용자에게 최고의 모바일 경험을 제공해야 할 필요성을 인식하고 있으며, PWA는 웹을 통해 앱 수준의 경험을 제공함으로써 마찰을 제거하기 때문이다. 소비자는 앱스토어에서 앱을 찾아 설치할 필요 없이 크롬이나 사파리 등 모든 브라우저를 통해 사이트로 이동하기만 하면 된다. PWA의 기술은 더 빠르게 (오프라인에서도) 안정적으로 로딩하고 더 적은 데이터를 사용하는 데 중점을 둔다.

PWA는 2015년에 처음 도입되어 중국, 인도 등 인터넷 연결이 열악한 국가에서 많이 사용되었다. 구글(2017a)은 사이트 로딩에 3초 이상 걸리면 모바일 방문의 53%가 포기한다고 밝히며 빠른 다운로드 속도의 중요성을 강조했다. 인도의 여행 예약 사이트인 메이크마이트립(MakeMyTrip)은 시간, 장소, 네트워크 가용성에 관계없이 모든 인도 스마트폰 사용자에게 효과적이고 신뢰할 수 있는 모바일 예약 경험을 제공하기 위해 PWA를 출시했다. 그 결과 전체 전환율이 3배, 쇼핑객 세션이 160% 증가했다. 세계 최대 온라인 B2B 거래 플랫폼인 알리바바 또한 모바일 사이트를 PWA로 업그레이드한 후 전환율이 76%, 인터랙션이 4배 증가했다. 뷰티 브랜드인 랑콤의 경우 세션 길이가 53% 증가하고, 아이폰 사용자의 이탈률이 10% 감소했다.

이러한 장점에도 불구하고 PWA는 아직 중소기업의 주류가 되지 못하고 있다. 가장 일반적인 사용 사례는 스타벅스(Starbucks)와 같이 앱스토어에서 네이티브 앱을 다운로드하고 싶지 않은 고객을 위해 브라우저에서 우수한 모바일 경험을 제공하고자 하는 기업일 것이다. 스타벅스의 PWA는 매장 검색, 로열티 카드, 주문 중인 고객에게 프로모션을 제공하는 사용하기 쉬운 기능 등 앱과 유사한 기능을 제공하고 있다. 하지만 스타벅스는 고객이 편리하게 여기고 충성도를 높일 수 있는 네이티브 앱을 여전히 제공하고 있다.

앞에서 언급한 디자인 접근 방식은 모두 최신 버전의 HTML인 HTML5를 사용하고 있을 가능성이 높다. 이로 인해 이전 버전보다 더 다양한 형식의 인터랙션과 상호작용성에 대한 선택의 폭이 넓어졌다. 앱 개발에도 활용되고 있지만 PWA와 네이티브 모바일 앱이 더 선호되고 있다.

5. 네이티브 모바일 애플리케이션

안드로이드의 구글 플레이스토어나 iOS의 애플 앱스토어에서 스마트폰이나 태블릿에 설치하는 네이티브 모바일 애플리케이션은 보다 매력적이고 개인화된 모바일 경험을 제공하기 위해 추가적으로 고려할 수 있는 또 다른 옵션이다. 모바일 브라우저에서 사용할 수 있는 기능적인 웹사이트가 필수적이라는 것은 누구나 인정하지만, 특히 반응형, 적응형 웹사이트 및 PWA 디자인 옵션이 발달한 오늘날에는 대규모 조직이 아닌 경우 전용 모바일 앱이 필수적인지는 확실치 않다.

모바일 애플리케이션은 모든 비즈니스에 적합한가

많은 B2C 사이트의 경우 대부분의 국가에서 모바일 사이트 방문자가 데스크톱 방문자보다 많다는 점에서 모바일 앱 개발에 대한 주장은 설득력이 있다. 또한 소비자가 모바일을 사용하는 시간의 90% 이상이 앱에서 소비되고 있지만, 쇼핑이나 브랜드 앱보다는 소셜 미디어, 이메일, 뉴스 확인 등에 사용하는 경우가 많다.

기존 사이트 또는 사용자 기반이 없는 신생 기업의 경우 모바일 앱이 중심이 될 수 있으며, 데스크톱 앱이 필요하지 않을 수도 있다. 금융 서비스 등 일부 분야는 모바일 앱 중심의 경험에 적합하며, 플랫폼 구축 및 유지·관리 비용을 절감할 수 있다.

기업은 인기 있는 앱의 종류를 살펴봄으로써 자사의 잠재고객을 위한 앱 개발 가능성을 평가해야 한다. 이때 중요한 질문은 다음과 같다.

1. **앱이 전략적 우선순위인가?** 대부분의 기업에서 앱의 목표는 인지도와 매출 또는 광고와 구독을 통한 퍼블리셔의 수익 증가일 것이다. 다른 채널보다 충성도가 높은 앱이 있기 때문에, 앱은 증분 수익을 얻을 수 있는 규모의 기업에만 우선순위가 될 가능성이 높다. 많은 기업은 모바일 사이트 등 다른 모바일 인터랙션과 비교했을 때 모바일 앱이 얼마나 더 많은 수익을 창출할 수 있는지 입증하기가 어려울 것이다. 이 경우에 데스크톱 및 모바일 사이트 경험 개선, 미디어 투자 등 더 우선순위가 높은 분야에 예산을 배정해야 하므로 앱은 우선순위가 떨어질 수 있다. 다른 플랫폼을 통해 도달하는 사용자 수가 많기 때문에 점진적으로 개선하는 것이 더 나은 수익을 얻을 가능성이 높다.
2. **자체적으로 앱을 만들 것인가, 기존 앱을 활용할 것인가?** 앱 제작은 마케팅 옵션 중 하나에 불과하다. 광고나 스폰서십 옵션이 브랜드 도달 범위와 인지도를 높이는 더 비용 효율적인 방법일 수 있다.
3. **무료 앱인가, 유료 앱인가?** 소매업체는 일반적으로 충성도에 대한 대가로 선택권과 편의성을 제공하는 무료 앱을 제공한다. 엔터테인먼트를 제공하는 브랜드도 고객 참여를 높이기 위해 무료 앱을 제공할 것이다. 반면에 퍼블리셔 또는 소프트웨어 회사는 무료 앱으로 서비스를 소개하고 인앱 결제를 통해 기능이나 콘텐츠를 향상하는 프리미엄 접근 방식이 일반적이다.
4. **어떤 카테고리의 앱을 타깃으로 삼을 것인가?** 예상할 수 있듯이 앱을 통해 소셜 네트워크와 음악에 액세스하는 것이 가장 인기 있는 카테고리이다.
5. **모바일 앱을 가장 잘 홍보할 수 있는 방법은 무엇인가?** 앱 발견의 가장 일반적인 방법은 다음과 같다.

- 앱스토어 검색: 이는 매우 중요하기 때문에 일부 컨설턴트는 앱스토어 최적화(app store optimization, ASO)라는 틈새 활동을 제공하고 있다.
- 친구 및 가족 추천
- 장치 또는 네트워크 사업자 페이지에서 확인
- 이메일 프로모션
- TV, 인쇄물 등 오프라인에서의 언급

6. **피드백에 따라 앱을 개선하는 방법은 무엇인가?** 앱의 성공 여부는 앱스토어에서의 피드백에 크게 좌우되며, 경쟁에서 이기려면 버그를 수정하고 기능을 추가해야 하기 때문에 잦은 업데이트를 통한 지속적인 개발 주기가 필요하다. 앱과 앱의 다양한 기능을 사용하는 사용자 기반의 장애율을 면밀히 검토하는 것이 KPI가 될 수 있다.

개인화 기능을 갖춘 모바일 앱은 개인화된 웹사이트의 많은 특징을 공유한다. 개인화된 모바일 앱 사이트는 위치 정보와 같은 콘텍스트와 행동에 따라 모바일 사용자를 위한 특정 기능을 개발할 수 있다는 것이 장점이다. 개별 고객 기록에 대한 링크를 허용하는 백엔드 통합을 통해 각 사용자의 프로필에 맞는 맞춤형 사이트를 구축할 수 있다.

정보 아키텍처

지금까지 살펴본 바와 같이 사용성은 작업 분석을 통해 디지털 경험을 향상하고, 작업 완료를 위해 디자인을 개선하는 데 중점을 둔다. 만족스러운 정보를 제공하는 데 필요한 정보 유형에 대한 분석은 관련 분야이지만, 사용성의 일부로 언급되는 것은 아니다. 상업용 웹사이트가 태동하던 시절에 Rosenfeld와 Morville(2002)은 효과적인 웹사이트 설계를 위해 **정보 아키텍처**(information architecture)의 중요성을 강조했다. 이들은 저서에서 정보 아키텍처에 대한 정의를 제시했다.

정보 아키텍처 정보 시스템을 구성하는 조직, 레이블링, 탐색 체계의 조합

- 정보 시스템을 구성하는 조직, 레이블링, 탐색 체계의 조합
- 작업 완료와 콘텐츠에 대한 직관적인 접근을 용이하게 하는 정보 공간의 구조 설계
- 웹사이트와 인트라넷을 구조화하고 분류하여 사람들이 쉽게 정보를 검색하고 관리할 수 있게 하는 기술 및 과학
- 디자인 및 건축의 원리를 디지털 랜드스케이프에 도입하는 데 초점을 맞춘 새로운 학문 분야와 실무 커뮤니티

실제로 정보 아키텍처를 만드는 데에는 정보를 논리적으로 그룹화하는 계획을 세우는 것이 포함된다. 즉 흔히 **사이트 맵**(site map)이라고 하는 사이트 구조를 만드는 것이 포함된다. 그러나 이는 단순화한 설명이며, 정보 아키텍처에 대해 제대로 설명하려면 책 한 권 분량이 필요하다. 잘 짜인 정보 아키텍처는 탐색 옵션을 결정하기 때문에 사용성에 매우 중요하다. 또한 검색엔진 최적화에도 중요한데, 사용자가 검색할 수 있는 다양한 유형의 콘텐츠

사이트 맵 웹사이트의 다양한 콘텐츠 모음 간 관계를 그래프 또는 텍스트로 나타낸 것

가 어떻게 분류되고 그룹화되는지를 결정하기 때문이다.

대량 제품 또는 지원 문서가 포함된 대규모 사이트는 계획적인 정보 아키텍처를 필수적으로 갖춰야 한다. 소규모 사이트나 브랜드 사이트는 정보 아키텍처의 중요성이 덜하지만, 이 경우에도 정보 아키텍처의 원칙을 즉시 적용할 수 있으며, 검색엔진의 가시성과 사용성이 좋은 사이트를 만드는 데 도움이 될 수 있다. 정보 아키텍처를 만드는 것의 이점은 다음과 같다.

- 정보의 명확한 구조와 분류는 사용자와 기업의 목표를 달성하는 데 도움이 된다. 즉 사용성을 높인다.
- 콘텐츠가 어디에 있는지에 대한 사용자의 예상에 부합하게 사이트의 콘텐츠를 배열할 수 있다.
- 정보를 구조화하고 레이블링하는 것은 높은 검색 순위를 차지하는 데 도움이 된다(검색엔진 최적화).
- 광고나 다이렉트 메일을 제품 또는 캠페인의 랜딩 페이지로 연결함으로써 직접적인 반응을 얻을 수 있으며 건전한 URL 전략이 도움이 될 수 있다.
- 관련 콘텐츠끼리 묶음으로써 사이트의 효과를 분석할 수 있다.

카드 정렬

카드 정렬(웹 분류) 웹사이트의 객체를 일관된 방식으로 정리하는 과정

정보 사용자보다는 디자이너의 관점에서 웹사이트가 설계되어 사용자에게 직관적이지 않은 레이블, 주제 묶음, 카테고리가 생성되기도 한다. **카드 정렬**(card sorting) 또는 **웹 분류**(web classification)에서는 정보 작업을 완료하고 사용자가 설정한 정보 목표를 쉽게 달성할 수 있도록 웹 개체(예: 문서)를 분류해야 한다.

Robertson(2003)은 웹 분류 시스템을 모델링하는 과정을 지원하기 위해 카드 정렬을 사용할 때 다음과 같은 의문이 있다고 지적했다.

- 사용자는 주제, 작업, 기업 또는 고객 집단, 정보 유형별로 묶인 정보를 보고 싶어 하는가?
- 메인 메뉴에 배치해야 할 가장 중요한 항목은 무엇인가?
- 메뉴가 몇 개이고, 어느 정도 깊이여야 하는가?
- 기업 전체의 사용자 니즈가 얼마나 비슷하거나 다른가?

선정된 사용자 또는 대표 집단에게는 카드 정렬의 목적에 따라 다음과 같은 내용이 적힌 인덱스카드를 제공한다.

- 문서의 종류
- 기업의 키워드와 콘셉트
- 문서 제목
- 문서 설명
- 내비게이션 레이블

사용자 집단에 요구되는 사항은 다음과 같다.

- 서로 연관성이 있다고 생각되는 카드를 정리한다.
- 주어진 주제나 분야를 정확히 반영하는 카드를 선택한다.
- 높은 수준의 용어(광범위한 용어)부터 낮은 수준의 용어까지 계층적으로 카드를 정리한다.

세션이 끝나면 분석가는 카드의 결과를 스프레드시트에 매핑하여 가장 많이 사용되는 용어, 설명, 관계를 찾으며, 집단이 2개 이상이라면 결과를 비교하고 차이의 이유를 분석해야 한다.

청사진

청사진 페이지와 다른 콘텐츠 컴포넌트 간의 관계를 나타낸 것

Rosenfeld와 Morville(2002)은 **청사진**(blueprint)의 개념을 다음과 같이 설명했다.

> 청사진은 페이지와 다른 콘텐츠 구성 요소의 관계를 보여주며, 조직·탐색·레이블링 시스템을 묘사하는 데 사용할 수 있다.

청사진을 흔히 사이트 맵 또는 사이트 구조도라고도 한다. 이들은 공통점이 많지만, 사이트 맵 또는 사이트 구조도가 탐색을 보조하기 위한 웹사이트의 페이지 역할을 하는 반면, 청사진은 정보 그룹화나 페이지 간 링크를 명확하게 보여주는 디자인적 장치로 사용된다는 점이 다르다.

그림 9.11은 장난감 제조업체의 사이트 구조도로, 콘텐츠 그룹화와 작업 완료 과정을 보여준다.

와이어프레임

와이어프레임 개별 웹페이지의 레이아웃을 도식화하는 방법

웹 디자이너는 웹페이지의 최종 레이아웃을 보여주기 위해 **와이어프레임**[wireframe, '스키매틱(schematic)'이라고도 함]을 사용한다. 그림 9.12와 같이 와이어프레임은 콘텐츠와 내비게이션의 서로 다른 영역을 공백으로 구분하는 와이어와 페이지의 윤곽선으로만 구성되어 있기 때문에 이렇게 불리게 되었다.

Wodtke(2002)는 와이어프레임을 다음과 같이 설명했다.

> 개별 페이지의 기본 개요로, 페이지의 요소와 그 관계, 상대적 중요성을 보여주기 위해 그린다.

와이어프레임은 정보 아키텍처를 만드는 청사진(사이트 맵) 단계에서 식별된 모든 유형의 유사한 페이지 묶음에 대해 만든다. 와이어프레임은 개별 페이지에 초점을 맞추고, 내비게이션의 초점은 웹사이트 내 어디에 배치될 것인지에 초점을 맞춘다.

스토리보딩 웹사이트 내 다양한 부분의 정적 도면과 스크린샷을 이용하여 사용자 집단과 디자인 콘셉트를 검토하는 과정

와이어프레임을 검토하는 과정을 **스토리보딩**(storyboarding)이라고 부르기도 한다. 이 용어는 공식적인 디자인 안이라기보다는 창의적인 아이디어를 검토하는 데 사용되는 경우가 많다. 초기 디자인 단계에는 큰 종이에 그림을 그리거나 도면 또는 페인트 프로그램을 사용하여 모형을 만들기도 한다.

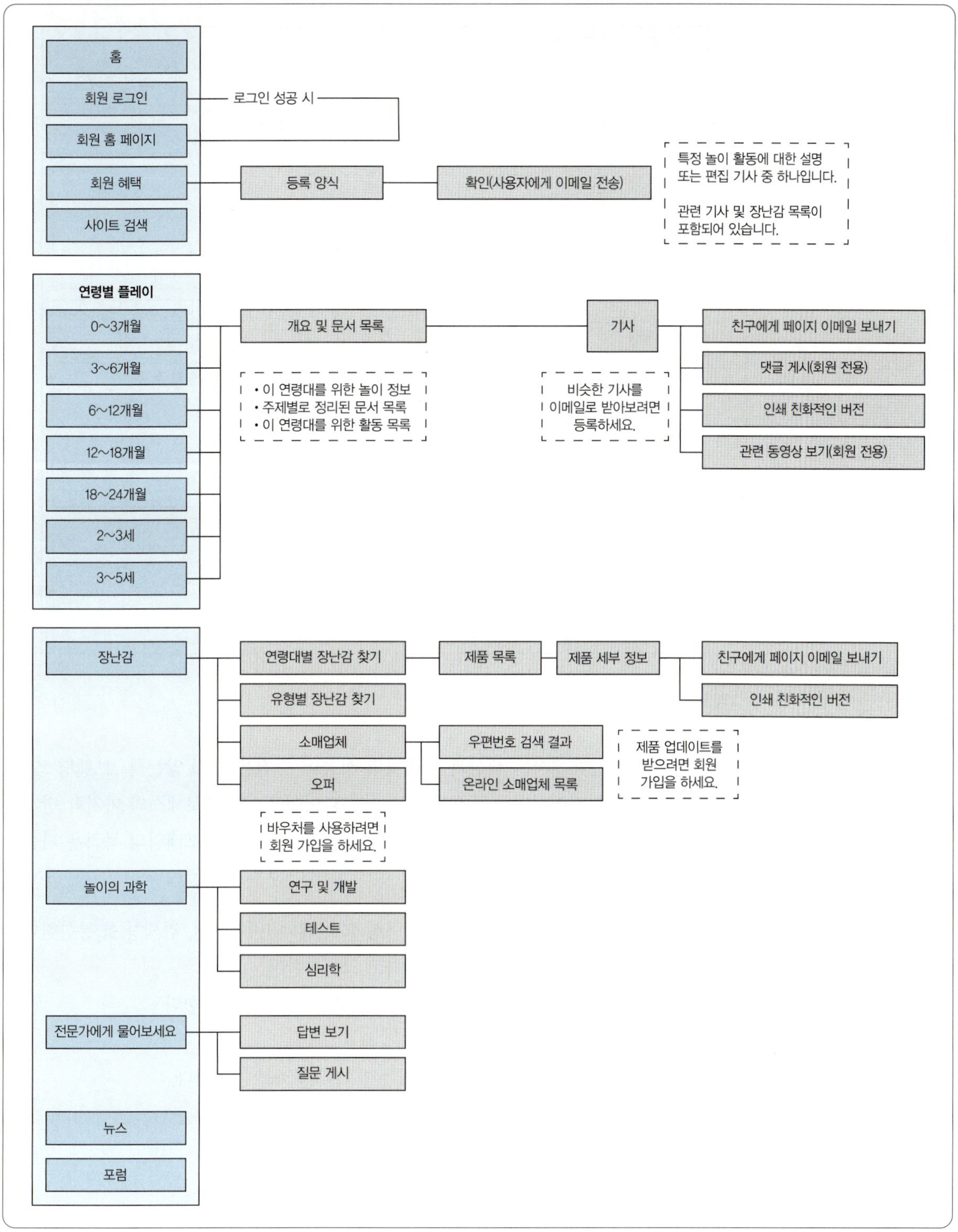

그림 9.11 레이아웃과 페이지 간의 관계를 보여주는 사이트 구조도(청사진)

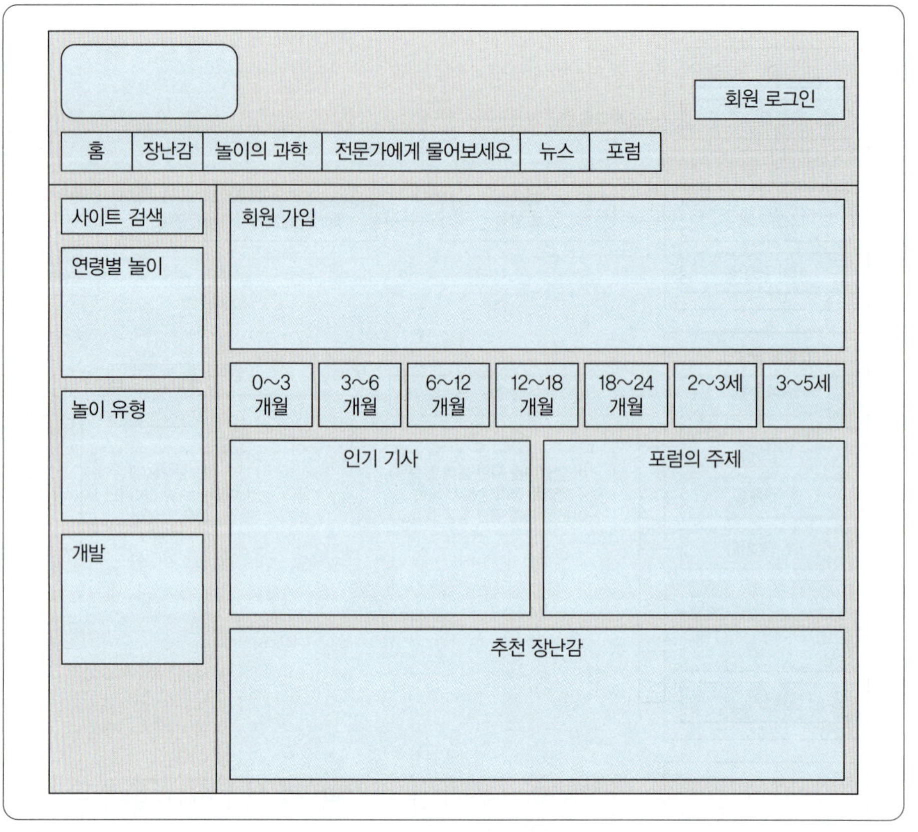

그림 9.12 어린이 장난감 사이트의 와이어프레임

와이어프레임 단계에서는 색상과 그래픽의 사용에 중점을 두지 않는다. 브랜딩 및 마케팅 팀, 그래픽 디자이너와 공동으로 개발하여 와이어프레임 프로세스의 마지막 단계에서 사이트에 통합한다. Chaffey와 Wood(2005)에 따르면 와이어프레임의 목적은 다음과 같다.

- 웹페이지에서 일관되게 사용할 수 있는 구성 요소(예: 내비게이션, 검색창)를 통합한다.
- 주요 구성 요소의 종류를 순서대로 정렬하고 그룹화한다.
- 사용자가 핵심 메시지와 콘텐츠에 집중할 수 있는 디자인을 개발한다.
- 여백을 잘 활용하여 페이지를 구성한다.
- 다른 웹 디자이너가 쉽게 재사용할 수 있는 페이지 구조를 개발한다.

일반적인 와이어프레임과 템플릿의 특징은 다음과 같다.

- 탐색을 왼쪽 또는 오른쪽, 위 또는 아래 열로 표시한다.
- 헤더 영역과 푸터 영역
- 슬롯(slot) 또는 포틀릿(portlet): 화면의 상자에 배치된 기사 또는 기사 목록과 같은 콘텐츠 영역으로, 종종 슬롯은 콘텐츠 관리 시스템에서 동적으로 입력된다.

홈페이지의 슬롯은 다음과 같은 용도로 사용할 수 있다.

- 온라인 가치 제안 요약
- 쇼 프로모션
- 관련 상품 추천
- 특집 뉴스 등
- 광고 포함

와이어프레임은 이후 실제 사이트 디자인 페이지 템플릿으로 변환된다. 이제는 표준화된 CSS로 만들어져 사이트의 다양한 섹션에 표준 룩앤드필을 적용할 수 있다.

표준화 단체인 W3C는 CSS를 다음과 같이 정의하고 있다.

> 웹 문서에 스타일(예: 글꼴, 색상, 간격)을 추가하는 간단한 메커니즘

CSS를 사용하면 사이트 전체 또는 일부에서 다양한 스타일 요소를 제어할 수 있다. 일반적으로 제어할 수 있는 스타일 요소는 다음과 같다.

- 타이포그래피
- 배경색과 이미지
- 테두리와 여백

스타일 시트는 선택한 요소의 표시 방식을 제어하는 일련의 규칙으로 구성된다. 다음은 그 예로, HTML의 'body' 태그가 선택자이고, 중괄호 사이에 정의된 텍스트에 필요한 스타일이 명시되어 있다.

```
body {font-family: Verdana, Arial, Helvetica, Sans Serif, Sans; font-size: 0.7em; text-align:center; margin: 0; background-color: white; color: black;}
```

- **대역폭**: 스타일 정의는 각 페이지가 아닌 개별 파일로 한 번만 다운로드하면 되기 때문에 첫 페이지 로딩 후 페이지 다운로드 속도가 빨라진다.
- **보다 효율적인 개발**: 사이트 스타일에 동의하고 페이지 템플릿의 일부로 CSS로 구현하여 보다 효율적으로 사이트를 디자인할 수 있다.
- **업데이트 및 유지·보수 기간 단축**: 프레젠테이션 마크업이 콘텐츠와 별도로 저장되므로 글로벌 사이트를 빠르게 업데이트할 수 있다.
- **상호 운용성 향상**: W3C 권고 사항을 준수하면 여러 브라우저를 지원하는 데 도움이 된다.
- **접근성 향상**: 사용자는 브라우저 및 기타 접근성 지원 도구를 사용하여 사이트의 모양과 음성을 보다 쉽게 설정할 수 있다. PDA, 스마트폰 등 다양한 접근성 플랫폼에서 사이트가 더 쉽게 렌더링되고, 프린터에서도 제대로 표시될 수 있다.

고객 지향적 디자인

고객 지향적 다양한 고객층과 잠재고객에게 어필할 수 있는 사이트 콘텐츠 및 서비스 개발

고객 지향적(customer orientation) 또는 고객 중심주의를 실현하기 위해 좋은 디자인의 웹사이트가 개발되고 있다. B2B 기업의 경우 고객, 다른 기업 및 조직, 직원 등 크게 세 가지 유형의 잠재고객으로 나눌 수 있으며, 이들에 대한 자세한 분석은 그림 9.13에서 확인할 수 있다. 예를 들어 델이 홈 페이지에서 고객층을 어떻게 구분하고 있는지 살펴보자.

- 소규모 사무실 및 가정 사용자
- 중소기업
- 중견 기업
- 대기업
- 일반 기업
- 정부 기관

이 접근법이 얼마나 효과적인지 생각해보자. 만약 자신이 단순한 중소기업이나 주택 소유자로 분류된다면 어떻게 반응할 것인가? 이것이 효과적인 접근법이라고 생각되는가? 비슷한 접근법으로 마이크로소프트는 IS 관리자를 위해 투자 결정에 도움이 되는 전문 콘텐츠를 제공하고 있다.

Rosen과 Purinton(2004)은 학생 집단을 대상으로 실시한 설문조사를 바탕으로 소비자에게 영향을 미치는 디자인 요소의 상대적 중요성을 평가했다. 이들은 전자상거래 사이트의 효과를 결정하는 몇 가지 기본 요인이 있다고 밝혔다.

- **일관성**: 단순한 디자인, 가독성, 카테고리 사용(제품 또는 주제 탐색용), 정보 과부하 방지, 적절한 글꼴 크기, 혼잡하지 않은 프레젠테이션
- **복잡성**: 텍스트의 다양한 카테고리
- **가독성**: '미니 홈페이지'를 이후 모든 페이지에 사용, 모든 페이지에 동일한 메뉴 표시, 사이트 맵

이들은 디자인의 단순성이 중요하다는 것을 강조한다. 사이트 디자인 요소에 대한 또 다른

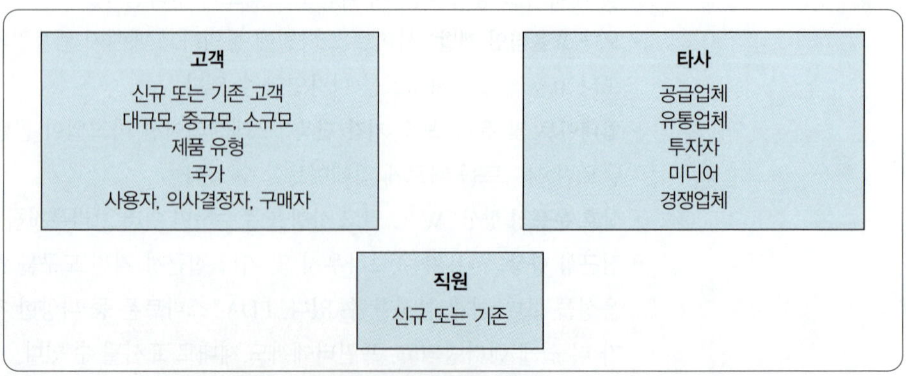

그림 9.13 일반적인 B2B 사이트의 다양한 잠재고객 유형

연구 사례도 디자인의 중요성을 뒷받침하고 있다. Fogg 등(2003)은 학생들에게 사이트를 검토시킨 후 사이트 디자인에 따라 다른 공급업체의 신뢰도를 평가하게 하여 다음과 같은 결과를 얻었다.

디자인 룩	46.1%
정보 설계 및 구조	28.5%
정보 초점	25.1%
기업의 동기	15.5%
정보의 유용성	14.8%
정보의 정확성	14.3%
인지도와 평판	14.1%
광고	13.8%
정보의 편향성	11.6%
문장 톤	9.0%
사이트 스폰서의 신원	8.8%
사이트의 기능	8.6%
고객 서비스	6.4%
과거 경험	4.6%
정보의 명확성	3.7%
테스트 성능	3.6%
가독성	3.6%
소속	3.4%

그러나 이러한 일반화는 사용된 방법론에 따라 오해를 불러일으킬 수 있다는 것을 염두에 두어야 한다. 보고된 행동은 실제로 관찰된 행동과 상당히 다를 수 있다.

사이트 구성

정보 조직 체계 정보를 그룹화하고 분류하기 위해 선택한 구조

Rosenfeld와 Morville(2002)은 웹을 위한 정보 아키텍처를 다룬 책에서 몇 가지 다른 **정보 조직 체계**(information organization scheme)를 언급했다. 이는 사이트 전체에서 다양한 부분에 이르기까지 전자상거래 사이트의 다양한 측면에 적용될 수 있다.

Rosenfeld와 Morville(2002)은 다음과 같은 정보 조직 체계를 제시했다.

- **정확성**: 여기서는 정보를 자연스럽게 색인화할 수 있다. 책을 예로 들면 알파벳순(저자명, 제목 순), 연대기 순(날짜 순), 지리 순(장소 순) 등이 있다. 전자상거래 사이트의 정보를 알파벳순으로 표시하는 경우도 있지만, 이는 브라우징에 적합하지 않다.
- **모호성**: 여기서는 정보를 분류해야 한다. 책을 예로 들면 듀이 십진분류법은 모호한 분류법이며, 전자상거래 사이트에서는 제품 또는 서비스를 여러 가지 방법으로 분류할 수 있기 때문에 이러한 접근이 일반적이다. 콘텐츠는 주제별, 작업별, 독자별로 분류할 수도 있다. 웹사이트가 친숙한 실제 상황에 대응되는 곳에서는 은유의 사용도 일반적이다. 마

이크로소프트의 윈도우 탐색기에서는 정보가 폴더, 파일, 휴지통에 따라 분류되어 있는데, 이는 은유의 한 예이며, 전자상거래 사이트에서는 장바구니 은유가 널리 사용되고 있다. 한편 Nielsen(2000a)은 은유를 즉시 이해하지 못하거나 잘못 해석하면 혼란을 야기할 수 있다고 보았다.

- **하이브리드**: Rosenfeld와 Morville(2002)은 사이트에서 다양한 접근 방식을 사용하는 것이 일반적이지만, 사용자가 어떤 정신적 모델을 따르고 있는지 명확하지 않기 때문에 혼란을 불러일으킬 수 있다고 지적했다. 아마도 정보 구성 체계의 수를 최소화하는 것이 최선일 것이다.

사이트 내비게이션 체계

사이트 내비게이션 체계 웹사이트의 다양한 정보 사이를 이동하도록 사용자에게 제공되는 도구

플로 웹사이트의 다양한 콘텐츠 페이지 사이를 사용자가 얼마나 쉽게 이동할 수 있는지를 나타낸 것

사용하기 쉬운 사이트를 고안하는 것은 **사이트 내비게이션 체계**(site navigation scheme)를 어떻게 설계하느냐에 따라 크게 달라진다. Hoffman과 Novak(1997)은 **플로**(flow)라는 개념의 중요성을 강조했다. 이 개념은 사용자가 한 페이지에서 다음 페이지로 이동하기 위해 필요한 정보를 얼마나 쉽게 찾을 수 있는지를 나타내는 것으로, 화면의 양식 입력 및 기타 상호작용을 포함한다. Rettie(2001)는 플로의 개념을 설명하면서 어떻게 이를 활용하여 방문자의 경험을 향상할 수 있는지에 대한 가이드라인을 제시했다. 플로의 개념은 원래 Csikszentmihalyi(1990)가 주창했으며, Rettie(2001)는 사이트 경험에 이를 적용했다.

- 내 마음은 방황하지 않는다. 다른 생각을 하는 것도 아니다. 내가 하고 있는 일에 완전히 몰입하고 있다. 몸이 좋다고 느껴진다. 아무 소리도 들리지 않는다. 세상이 나와 분리되어 있는 것 같다. 나 자신과 내 문제를 잘 알아차리지 못한다.
- 내 집중력은 호흡과 같다. 그것을 생각해본 적도 없다. 본격적으로 활동을 시작한 후에는 주변을 전혀 의식하지 못한다. 전화벨이 울릴 수도 있고, 초인종이 울릴 수도 있고, 집에 불이 날 수도 있다고 생각한다. 일단 시작하면 정말 온 세상과 단절된다. 하지만 멈추고 나면 세상과 소통할 수 있다.
- 나는 내가 하는 일에 몰두하기 때문에 내가 하는 일과 나 자신을 분리해서 생각하지 않는다.

Rettie(2001)는 긴 다운로드 시간, 플러그인 다운로드 지연, 긴 등록 양식, 제한된 자극, 지루한 사이트, 느린 응답, 직관적이지 않은 사이트, 실패한 탐색 링크, 기술 이상의 과제, 무관한 광고, 관련 없는 광고 등의 요인이 흐름을 제한한다고 밝혔다. 따라서 이러한 요소를 반대로 뒤집으면 흐름을 개선할 수 있다. 이를테면 짧은 다운로드 시간, 대체 버전(예: 텍스트, 그래픽), 양식 자동 완성, 상호작용 기회, 빠른 반응, 선택권을 창출하는 탐색, 제어를 위한 예측 가능한 탐색, 인터넷 경험에 따른 세분화를 가능하게 하는 것이다. 대부분의 내비게이션 시스템은 계층적 사이트 구조를 기반으로 한다.

구조를 만들 때 설계자는 그림 9.14에 나타낸 두 가지 접근법 사이에서 타협해야 한다. 좁고 깊은 접근 방식은 각 페이지의 선택지가 적고 사용자가 쉽게 선택할 수 있다는 것이 장점이지만, 특정 정보에 도달하기 위해 더 많이 클릭해야 한다[그림 9.14(a)]. 반면에 넓고 얕은 접근 방식은 동일한 정보에 도달하기까지의 클릭 수가 적지만 화면 디자인이 복잡해

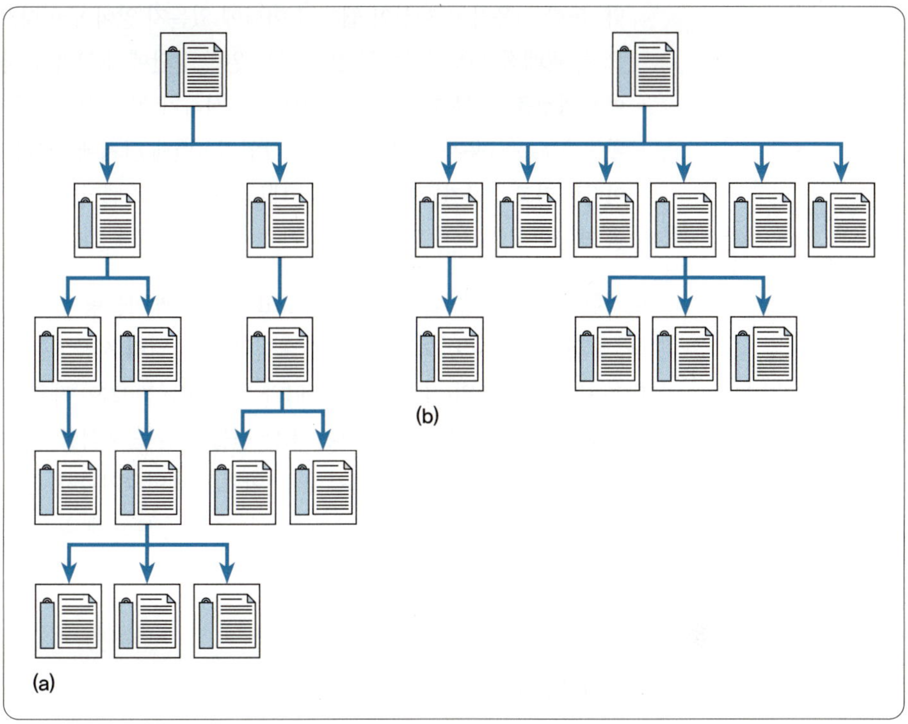

그림 9.14 (a) 좁고 깊은 접근 방식, (b) 넓고 얕은 접근 방식

질 수 있다[그림 9.14(b)]. 전자는 비기술적 독자에게, 후자는 기술적 독자에게 적합하다.

사이트 내 모든 정보에 세 번의 클릭만으로 도달하는 것이 일반적인 원칙이다. 이에 대부분의 대규모 사이트에서는 광범위하고 얕은 접근 방식을 사용하고 있다. 이는 검색엔진 최적화 측면에서도 유익하다. Lynch와 Horton(1999)은 넓고 얕은 접근 방식을 권장하며, 설계자는 고객이 사이트에 도달하는 단일 홈페이지가 아니라 다양한 잠재고객 유형에 따라 다양한 홈페이지를 구상해야 한다고 지적했다.

그림 9.14(b)에서 두 번째 줄의 각 페이지는 방문자가 북마크를 할 수 있는 홈페이지의 한 예이다. Nielsen(2000a)은 많은 사용자가 첫 페이지에 도달하지 않고 다른 사이트나 광고에서 특정 페이지를 참조할 가능성이 있다고 지적하면서 이 과정을 **딥 링킹**(deep linking)이라고 일컬었다. 사이트 설계자는 이러한 페이지에 도달한 사용자에게 적절한 탐색과 콘텍스트를 제공해야 한다.

딥 링킹 사용자가 사이트 구조의 깊숙한 곳까지 도달하는 것

사이트 내 링크의 깊이뿐만 아니라 메뉴에 할애하는 공간의 양에 대해서도 타협이 필요하다. Nielsen(2000b)은 탐색 바에 많은 공간을 할애하여 콘텐츠에 사용할 수 있는 공간이 한정된 사이트가 있다고 지적한다. 그는 내비게이션 시스템 설계자는 사이트 사용자가 알고자 하는 다음과 같은 정보를 고려해야 한다고 제안했다.

- **여기가 어디인가?** 사용자는 자신이 어디에 있는지 알아야 하며, 이는 현재 위치를 강조하거나 페이지 제목을 명확히 함으로써 나타낼 수 있다. Chaffey 등(2009)은 이를 '콘텍스트'라고 불렀다. 인지를 돕기 위해서는 다른 페이지의 메뉴 위치에 일관성이 있어야 한

다. 또한 사용자는 자신이 웹에서 어디에 있는지 알아야 한다. 이는 로고로 나타낼 수 있으며, 관례적으로 사이트의 상단 또는 왼쪽 상단에 로고가 위치한다.

- **어떤 과정을 거치는가?** 이는 사이트에 표시하기 어렵지만, 제품 구매와 같은 작업 지향적 활동에서는 사용자가 구매와 같은 작업의 n번째 단계에 있다는 것을 표시할 수 있다.
- **어디로 가고 싶은가?** 이것은 메인 내비게이션 시스템이며, 앞으로의 조작에 대한 선택권을 제공한다.

이러한 질문의 답을 얻으려면 명확하고 간결한 레이블링이 필요하다. 홈, 메인 페이지, 검색, 둘러보기, FAQ, 도움말, 회사 소개와 같이 널리 사용되는 표준이 바람직하다. 그러나 다른 특정 레이블의 경우 Rosenfeld와 Morville(2002)이 제안한 '범위 노트(scope note)', 즉 보충 설명이 있으면 편리하다. 또한 이들은 잘못 해석할 가능성이 있고 처리 시간이 오래 걸리기 때문에 해당 텍스트가 없는 아이콘 레이블이나 사진의 사용에 반대했다. 내비게이션 시스템을 사용해도 사용자가 원하는 정보를 빠르게 찾을 수 없기 때문에 사이트 설계자는 대안을 제공해야 한다. 검색, 상세 검색, 둘러보기, 사이트 맵 등의 기능이 이에 해당한다.

페이지 디자인

페이지 디자인은 각 페이지에 적합한 레이아웃을 만드는 것이다. 특정 페이지 레이아웃의 주요 요소는 제목, 탐색, 콘텐츠이다. 저작권과 같은 표준 콘텐츠는 각 페이지에 푸터로 추가될 수 있다. 페이지 디자인을 할 때 일반적으로 고려해야 할 사항은 다음과 같다.

- **페이지 요소**: 헤더, 푸터, 탐색 요소 등 다른 모든 콘텐츠에 비해 콘텐츠에 할당된 페이지의 비율을 말한다. 이러한 요소의 위치도 고려해야 하는데, 메인 메뉴는 상단 또는 왼쪽에 배치하는 것이 일반적이다. 브라우저 창 상단에 메뉴 시스템을 사용하면 아래 콘텐츠에 더 많은 공간을 할당할 수 있다.
- **프레임 사용**: 일반적으로 권장되지 않는다.
- **크기 조정**: 사용자가 텍스트의 크기를 변경하거나 다른 모니터 해상도에서 작업할 수 있는 것이 좋은 페이지 레이아웃 디자인이다.
- **일관성**: 토론 포럼이나 제품 데모와 같이 더 큰 공간이 필요한 경우를 제외하고는 사이트의 모든 영역에서 동일한 페이지 레이아웃을 유지해야 한다.
- **인쇄**: 레이아웃은 인쇄가 가능하거나 대체 인쇄 형식을 제공해야 한다.

콘텐츠 디자인

웹용 카피라이팅은 계속 진화하는 예술이지만, 좋은 카피라이팅의 많은 규칙은 모든 매체에 공통적으로 적용될 수 있다. 다음은 웹사이트에서 흔히 볼 수 있는 오류이다.

- 기업이나 제품, 서비스에 대해 방문자가 많은 지식을 가지고 있다는 오해
- 제품, 서비스, 부서 관련 사내 전문 용어(해독할 수 없는 약어) 사용

표 9.4 정보 웹의 단계 요약(Hofacker, 2001)

단계	설명	애플리케이션
1. 노출	콘텐츠는 처리될 수 있을 만큼 충분한 시간 동안 존재해야 한다.	배너 광고의 콘텐츠가 처리 및 인지를 위해 충분한 시간 동안 화면에 표시되지 않을 수도 있다.
2. 주의	사용자의 시선은 웹페이지의 그래픽이나 움직이는 아이템이 아닌 제목과 콘텐츠에 집중된다(Nielsen, 2000a).	사용자의 관심을 끌려면 제목을 강조하고 정확하게 표시해야 한다. 그렇지 않으면 사용자가 배너 광고를 알아차리지 못하고 '배너 블라인드'에 빠진다.
3. 이해력과 지각력	콘텐츠에 대한 사용자의 해석을 말한다.	공통의 기준과 비유를 사용하고 단순한 디자인은 더 쉽게 이해할 수 있다.
4. 굴복과 수용	사용자가 제시된 정보(사본)를 받아들이는지를 의미한다.	사본은 신뢰할 수 있는 출처를 참조하고, 필요시 반론을 제기해야 한다.
5. 보유	전통적인 광고의 경우 정보가 기억되는 정도를 나타낸다.	특이한 스타일, 플로와 사용자 만족으로 이어지는 고도의 상호작용은 더 자주 떠오를 가능성이 높다.

출처: Hofacker(2001)

웹 카피라이터는 화면에서 콘텐츠를 읽는 사용자도 고려해야 한다. 모니터 사용자에 대한 제한을 해결하기 위한 접근 방식은 다음과 같다.

- 팸플릿보다 간결하게 쓴다.
- 이를 통해 사용자는 웹페이지의 정보를 읽는 것이 아니라 스캔할 수 있다.
- 제목 텍스트를 큰 글꼴로 표시한 목록을 사용한다.
- 단, 보고서처럼 긴 정보를 제시하는 경우에는 한 페이지가 더 읽기 쉬울 수 있다.
- 하이퍼링크를 사용하여 페이지 크기를 줄이거나, 페이지 아래쪽 섹션으로 연결하거나, 다른 페이지로 연결하여 사본의 흐름을 만들 수 있다.

Hofacker(2001)는 웹사이트 이용 시 인간의 정보 처리에 대해 5단계로 설명했다. 이는 사용성을 향상하기 위한 페이지 디자인과 콘텐츠 디자인 모두에 적용될 수 있다. 표 9.4에 정리된 5단계는 각각 장애물로 작용한다. 사이트 디자인과 콘텐츠 처리가 너무 어렵다면 고객이 다음 단계로 넘어갈 수 없기 때문이다.

이러한 단계를 사용하면 다양한 액세스 수준에 콘텐츠를 매핑하여 방문자의 요구에 맞게 통합된 사이트를 만들 수 있다. 정보에 따라 액세스 수준이 달라질 수 있기 때문에 이는 보안 섹션과도 관련이 있다.

전자상거래의 접근성

디지털 접근성 유니버설 사용성을 목표로 웹사이트, 앱, 디지털 기기의 디자인에 대한 접근 방식으로, 영어가 모국어가 아닌 사용자도 지원할 수 있다.

디지털 접근성(digital accessibility) 또한 디지털 경험을 창출하기 위한 핵심 요건이다. 이는 웹사이트를 이용하는 모든 사용자가 장애 유무 또는 웹사이트 접속에 사용하는 웹 브라우저나 플랫폼에 관계없이 웹사이트와 상호작용할 수 있도록 하는 것이다. 시각장애인은 접근성이 뛰어난 웹사이트를 설계하여 도움을 줄 수 있는 주요 대상이다. 또한 모바일 기기의 사용이 증가하고 있는 것도 접근성과 관련된 중요한 고려 사항이다.

다음 인용문은 내비게이션 옵션과 콘텐츠를 읽어주는 스크린 리더를 이용하는 시각장애 사용자를 위한 접근성의 중요성을 보여준다.

> 온라인은 나의 모든 것이다. 나의 하이파이(hi-fi), 수입원, 슈퍼마켓, 전화기이다. 그것은 나의 모든 수단이다. —린 홀스워스(Lynn Holdsworth, 스크린 리더 사용자, 웹 개발자, RNIB의 프로그래머)

오늘날 많은 국가에서는 웹사이트 소유자가 준수해야 할 특정 접근성 관련 법률이 제정되어 있으며, 이는 대개 장애인 차별 금지법에 포함되어 있다. 영국에서는 2010년 평등법(Equality Act 2010)이 적용되고, 북아일랜드에서는 1995년 장애인 차별 금지법(Disability and Discrimination Act 1995)이 적용된다. 이 법은 기업이 사람을 모집 및 고용하거나, 서비스를 제공하거나, 교육을 제공할 때 장애인을 차별하는 것을 불법으로 규정하고 있다. 서비스 제공은 사이트 디자인에 적용되는 법의 일부이다.

접근성에는 도덕적·법적 요구뿐만 아니라 비즈니스적 요구도 있다. 접근성의 중요성을 강조하는 주요 근거는 다음과 같다.

- **시각장애인의 수**: 수많은 시각장애인이 있고 색맹, 부분 시력, 전맹 등 유형이 다양하다.
- **덜 보급된 브라우저의 사용자 수 또는 화면 표시 해상도의 편차**: 마이크로소프트 인터넷 익스플로러가 주류 브라우저이지만 시각장애인(예: 스크린 리더, 텍스트 전용 브라우저인 링스)과 얼리 어답터(예: 모질라 파이어폭스, 사파리, 오페라) 중에는 다른 브라우저에 대한 충성도가 높은 사용자가 있다. 이러한 브라우저에서 사이트가 제대로 표시되지 않으면 잠재고객을 잃을 수 있다. 학습활동 9.4에서 접속률의 편차를 확인해보라.
- **검색엔진의 자연 목록을 통한 방문자 증가**: 사이트 사용 편의성을 높이는 데 사용되는 많은 기술은 검색엔진 최적화에도 도움이 된다. 더 쉬운 탐색, 이미지의 대체 텍스트, 사이트 맵은 검색엔진의 검색 결과 순위를 높이는 데 도움이 된다.
- **법적 요건**: 많은 국가에서 사이트 접근성 확보는 법적 요건이다.

학습활동 9.4 액세스 장비의 범위를 고려한 설계

접근성 요구 사항의 장점 중 하나는 사이트 소유자와 웹 에이전시가 사이트와 앱에 액세스하는 데 사용되는 플랫폼의 다양성을 고려하도록 장려하는 것이다.

문제

1. 스탯카운터(Statcounter)의 최신 데이터(gs.statcounter.com)에서 가장 일반적인 브라우저와 화면 해상도를 확인하라.
2. 브라우저에 따라 어떤 차이가 있는가? 어떤 브라우저와 화면 해상도가 이상적이라고 생각하는가?

각국 정부와 자선 단체 등의 비정부 기구는 접근성 높은 웹사이트를 위한 가이드라인을 만들고 있다. 월드와이드웹컨소시엄과 같은 인터넷 표준화 단체는 웹 접근성 가이드라인을 적극적으로 추진하고 있으며, 그 예로 웹사이트 접근성 이니셔티브(Website Accessibility Initiative, WAI)를 들 수 있다(https://www.w3.org/ 참조).

사례 연구 9.1 더 나은 온라인 사용자 경험을 제공하는 B2B 시장

B2B 전문 유통업체인 RS컴포넌츠의 사이트에서는 매달 수백만 건의 접속이 이루어지고 있으며, 이 장에서 다룬 접근성, 사용성, 설득력 원칙을 활용한 고객 중심의 혁신이 전자상거래 매출 확대에 직접적인 영향을 미쳤다.

배경

1937년 워링(J. H. Waring)과 세베스티엔(P. M. Sebestyen)이 설립한 RS컴포넌츠는 라디오스페어스(Radiospares Limited)라는 이름으로 사업을 시작했다. 1954년부터 라디오 수리 공장에 예비 부품을 공급하기 시작했고, 1971년에 지금의 사명으로 변경했다. 2012년 창립 75주년을 맞은 RS컴포넌츠는 세계적인 입지를 토대로 시장을 선도하는 기업으로 자리매김하고 있다.

현재 RS컴포넌츠는 유럽과 아시아·태평양 지역에서 전자 및 유지·보수 제품 분야의 최고 수준 서비스를 제공하고 있다. 전자, 자동화 및 제어, 테스트 및 측정, 전기 및 기계 부품 등 광범위한 제품군을 2,500개 공급업체로부터 조달받아 판매하고 있다. 프랑스, 이탈리아, 독일 등 30개국에 지사를 두고 칠레, 뉴질랜드, 중국 등에서도 사업을 전개할 정도로 성장한 RS컴포넌츠는 전 세계 100만 명 이상의 엔지니어(최종 사용자, 구매 담당자)에게 2,500개 공급업체의 약 50만 개 제품을 공급하고 4만 6,000개의 소포를 당일 배송한다.

RS컴포넌츠는 웹, 전화, 팩스, 카탈로그, 23개의 무역 카운터를 통해 고객에게 서비스를 제공하는 멀티채널 기업이다. 과거에는 카탈로그를 통한 판매가 주를 이루었으나 2004년에는 온라인 판매가 15%였고 2015년에는 EU 매출의 70%를 차지했다.

주요 성과

RS컴포넌츠는 지난 75년 동안 중요한 이정표를 수없이 세웠다.

- 전자 및 유지·보수 제품 회사로서는 최초로 자체 브랜드 제품을 개발했다(1937년).
- 유통업체로서는 최초로 익일 배송을 실현했다(1937년).
- 코비 물류센터를 설립했다(1984년).
- 카탈로그 판매 회사로서는 최초로 시디롬 버전을 도입했다(1995년).
- 누니튼 물류센터를 설립하고 영국에 약 46,450평방미터의 창고를 추가했다(1997년).
- 업계 최초로 트랜잭션 웹사이트를 개설했다(1998년).
- 업계 최초로 무료 액세스 PCB 회로도 도구인 디자인스파크 PCB(DesignSpark PCB)를 도입했다(2010년).
- 고객용 잡지 '이테크(eTech)'의 아이패드 버전을 출시했다(2011년).
- 지점 네트워크용 전문 앱 '마이로컬RS(MyLocalRS)'를 출시했다(2012년).

문제점

RS컴포넌츠는 전자상거래(익일 배송 포함)로의 전환에도 불구하고 UX(사용자 경험)가 판매에 방해가 된다는 것을 알고 있었다. 수백만 고객이 웹사이트를 떠나고 있었고, 고객 불만의 1위는 사이트 검색과 제품 정보였다.

UX 전략 및 목표

전환율을 높이려면 고객이 더 쉽고, 더 빠르고, 스트레스 없이 구매할 수 있어야 했다. 이를 위해 60개의 현지 언어로 된 웹사이트를 통합해야 하는 과제도 있었다.

RS컴포넌츠의 접근 방식은 두 가지 지침에 따라 결정되었다.

- **고객 중심주의**: 더 나은 상업적 의사결정을 내릴 수 있도록 고객 데이터를 기반으로 한 강력한 UX 중심의 프로세스와 전달을 도입한다.
- **속도**: 협업 강화와 애자일 도입을 통해 납품 속도를 향상하고, 상업적 책임을 강화하여 더 나은 의사결정을 더 빨리 내릴 수 있도록 지원한다.

2015 회계연도에 1억 1,000만 건의 방문에 대해 전체 전환율을 0.5% 증가시키기 위해 점진적으로 개선하는 것이 목표였다.

사용자 조사

RS컴포넌츠는 2014년 초부터 고객 피드백과 사용자 분석에 집중하여 다음과 같은 정량적·정성적 데이터를 조사했다.

- 6,000여 건의 고객 피드백
- 온라인 조사
- 실시간 고객 실험실 테스트
- 내부 포럼

일관되게 지적된 것은 크게 다섯 가지 분야였다.

- 검색

- 필터링
- 사용성
- 내용
- 애자일 방식 채택

2014년 2월부터 2015년 8월까지 한 팀이 적은 예산으로 일련의 변경 작업을 진행했다. 애자일 방식을 도입함으로써 구매 여정 개선을 기존보다 4배 빠른 속도로 개발하고 적용할 수 있었다. RS컴포넌츠는 사용자 중심 디자인 접근 방식을 통해 실제 성과와 고객 데이터에 따라 지속적으로 개선할 수 있었다. 고객의 삶을 편리하게 하는 동시에 고객을 기쁘게 하는 요소를 포함하도록 기능을 설계했다.

검색 관련성 개선

- RS컴포넌츠는 전 세계에서 엔지니어 팀을 모았다.
- 초기에는 검색 관련성을 위해 노력하여 제조업체의 부품 번호부터 일반적인 검색 키워드에 이르기까지 매월 수백만 건의 사이트 내 검색을 처리했다.

사이트 헤더

- 탐색이 용이하도록 사이트 헤더를 재설계했다.
- 새로운 헤더에는 '클릭 확대', '커서 확대' 카테고리가 사용되었다. 항상 표시되고 다루기 힘든 클릭으로 확대되는 카테고리 메뉴가 특징이었던 이전 헤더를 개선했다.

이미지 지원 예측 검색

- 연구 팀은 이미지가 포함된 예측 검색을 구현했다.
- 자동 완성 기능은 고객의 긍정적인 반응을 기반으로 하며, 데이터가 시스템에 피드백되어 '인기 상품'에 표시할 최적의 이미지와 제안할 카테고리를 결정한다.
- 예측 검색에 대한 반응이 호의적이어서 더 많은 고객이 이 기능을 이용하고 더 많이 구매하게 되었다.

검색에서의 인기 카테고리 강화

- 검색 결과 페이지 상단에 7개 카테고리를 표시하고 '제품으로 이동' 액션을 호출하거나, 아래로 스크롤하여 브랜드별로 표시하거나, 전체 제품 목록을 표시할 수 있게 했다.
- 데이터를 이용하여 각 제품 검색에서 가장 인기 있는 카테고리를 파악하고 이러한 카테고리를 보다 쉽게 볼 수 있게 했다. 예를 들어 LED에는 47개의 제품 카테고리가 있는데, 이 중 적절한 카테고리가 검색에 제시된다.
- 카테고리 이미지를 통해 카테고리 및 제품 식별을 보다 빠르게 할 수 있다.
- 인기 카테고리 검색(검색 상단에 카테고리를 이동)은 클릭률을 높인다.
- RS컴포넌츠 예측 검색이 가능하게 되었다.

검색 필터링 개선(속도)

- 사용자의 주요 불만 중 하나는 패싯 검색 속도였다.
- 100시간에 걸친 고객 조사를 통해 결과 필터링 기능을 70% 더 빠르게 개선하여 고객이 한 번에 여러 필터링 옵션을 선택할 수 있게 되었다.
- 4개의 필터를 선택하는 시간이 평균 10초에서 3.2초로 단축되었고, 검색 필터링으로 인한 전환이 40% 증가했다(18개월 만에 최고치).

검색 필터링 개선(비교 기능)

- 사용자가 한 페이지에서 속성 비교, 데이터시트 열람, 재고 확인 등을 쉽게 할 수 있게 되었다.
- 비교 페이지에서 상품을 바로 장바구니에 담을 수 있게 되었다.
- 첫 달에 많은 고객이 비교 기능을 이용했고 전환율이 사이트 평균을 상회했다.

UX의 변화

고객은 구매할 때마다 로그인하여 정보를 입력해야 하는 것에 대해 불만을 토로했다(RS컴포넌츠를 창고처럼 이용하는 중소기업은 하루에 일곱 번 입력해야 하는 경우도 있었다).

따라서 다음 요소를 개선했다.

- **익스프레스 체크아웃**: 기존 고객의 경우 장바구니에서 주문 확인까지 소요되는 시간이 두 번 클릭(배송 및 결제 정보 추가 포함)에서 한 번 클릭으로 단축되었다.
- **리멤버 미**(Remember me): 고객이 로그인한 상태에서 맞춤형 할인 혜택을 볼 수 있게 되었다. 그 결과 매달 수천 명의 고객이 이 옵션을 선택함으로써 전환율이 증가했다.
- **가격 및 재고 현황**: 제품 페이지가 업데이트되어 가격과 재고 현황이 보다 명확하게 표시되었다.
- **부품 목록(즐겨 찾기)**: 고객이 좋아하는 제품을 저장하거나 '부품 목록에 저장' 버튼으로 목록을 만들 수 있는 기능을 추가했다. 이를 통해 재주문이 더욱 쉬워졌다.

콘텐츠와 디자인 개선

고객이 RS컴포넌츠 사이트를 어떻게 사용하는지 철저히 조사한 결과, 제품 페이지가 레이아웃 개선의 주요 영역으로 밝혀졌다. RS컴포넌츠는 다음 사항에 주목하여 5만 개 이상의 제품 페이지를 재설계했다.

더 크고 역동적인 제품 이미지

- 고품질의 전문 사진 스튜디오를 2개 구축하고 주당 2,000점 이상의 프리미엄급 제품 이미지를 제작하고 있다.
- 개발 키트의 이미지를 제품 상자 사진에서 내용물 사진으로 변경했다.

제품 상세 정보 강화

- 기술 콘텐츠를 보강하여 데이터시트 및 제품 세부 정보에 쉽게 접근할 수 있게 되었다.

임베디드 동영상

- 고객에게 더 많은 교육을 제공하기 위해 제품 튜토리얼과 3D 모델을 포함했다.

제품 페이지 개선 성과

새로운 레이아웃을 채택한 제품은 기존 제품 페이지에 비해 다음과 같이 성장했다.

- 전환율 향상
- 페이지 이탈률 감소
- 제품 페이지에 대한 만족도 향상
- 전환율 향상에 도움이 되는 동영상 콘텐츠

전체 프로젝트의 성공

이 프로젝트와 웹 트래픽 증가로 RS컴포넌츠는 41개월 만에 최고 매출을 기록했다. 2015 회계연도의 매출 목표를 42% 초과 달성했으며, 2016 회계연도 말 첫 4개월 동안 목표치를 100% 초과 달성했다. 전환 증가율(전년 대비)이 10% 증가하여 4년 반 만에 최고치를 기록했다.

고객에게 사이트의 어떤 점이 가장 마음에 드는지 물었더니 RS컴포넌츠가 목표로 했던 것과 비슷한 답변이 돌아왔다. 그중에는 '빠른 속도', '탐색', '쉬운 사용성', '빠른 주문', '단순함', '가격의 용이성', '제품 상세 정보' 등이 포함되었다.

문제

1. 마우저(Mouser) 사이트(www.mouser.co.uk)에 접속하여 살펴보라. 업무와 제품 니즈를 기반으로 페르소나를 정의하고, 해당 페르소나의 주요 고객 여정을 파악하라. 제품을 찾기 위해 사이트 내에서 어떤 검색 행동을 하는가? 결제 페이지에 도달하기까지 어떤 여정을 거치는가?
2. 이 사례 연구를 토대로 마우저 사이트의 UX를 검토하라.
3. 사이트 테스트 및 리뷰를 바탕으로 마우저 사이트의 UX를 개선하기 위한 주요 영역을 파악하라.

RS컴포넌츠는 애자일 접근 방식을 통해 전자상거래 팀, 일선 대행사, 콘텐츠 팀, IT 부서 간의 사내 협력 체계가 크게 강화되었다고 믿는다. 현재는 새로운 프런트엔드 플랫폼에 투자하며 변화의 속도를 더욱 높이고 있다.

출처: https://uk.rs-online.com/web/generalDisplay.html?id=aboutRS/history
https://econsultancy.com/blog/67239-the-ultimate-ecommerce-cro-ux-case-study-rs-components/

전자상거래의 성과

코어 웹 바이탈 구글은 품질이 낮을 경우 순위에 부정적인 영향을 미칠 수 있는 모바일 친화감, 안전한 브라우징, HTTPS 보안, 침입적 인터스티셜 가이드라인을 포함하여 구글이 정의한 측정 지표를 페이지 경험을 위한 기존 검색 신호에 추가했다. LCP(Largest Contentful Paint)는 페이지 로딩 성능, FID(First Input Delay)는 브라우저가 인터랙션에 가장 먼저 반응할 수 있는 시점을 기준으로 한 웹 페이지의 반응성, 누적 레이아웃 시프트(Cumulative Layout Shift)는 페이지 로딩에 따른 예상치 못한 레이아웃 변경 빈도를 의미한다.

오늘날 많은 사용자가 광대역 연결을 사용하고 있음에도 불구하고 페이지 다운로드의 성능은 사이트의 성공에 필수적이다. 사이트 성능은 일반적으로 데스크톱보다 대역폭이 낮은 스마트폰의 보급과 함께 더욱 중요해지고 있다. 구글(2017b)에 따르면 평균 사용자가 허용 가능한 다운로드 시간은 2초인 반면, 유럽의 평균 웹사이트는 약 8초로 나타났다. 기업이 사이트 성능을 개선하도록 장려하기 위해 구글은 벤치마크 데이터를 제공하고 성능을 제한하는 병목 현상을 식별하는 페이지스피드 인사이츠(PageSpeed Insights)와 같은 도구를 개발했다. 구글(2021)은 한 페이지 로딩 시간이 길면 이탈률(페이지/사이트에 머무르거나 이탈하는 방문자의 비율)에 심각한 영향을 미친다고 지적했다.

- 페이지 로딩 시간이 1초에서 3초로 증가하면 이탈률이 32% 증가한다.
- 페이지 로딩 시간이 1초에서 6초로 증가하면 이탈률이 106% 증가한다.

또한 구글(2021)은 웹마스터가 구글 서치 콘솔에서 페이지의 성능을 확인할 수 있는 새로운 **코어 웹 바이탈**(Core Web Vitals)을 도입한 이유를 밝혔다. 사용자 경험이 좋지 않으면 검색엔진 순위가 낮아질 수 있기 때문에 모든 기업은 이를 모니터링해야 한다.

사이트 관리자와 개발자가 성능 향상을 위해 사용하는 기법에는 다음과 같은 것들이 있다.

- 레이지 로딩을 활용하여 렌더링 속도를 높인다. 이는 사용자가 스크롤을 내릴수록 웹페이지의 로딩 부분을 점차적으로 최적화하는 방식이다. 즉 페이지 하단에 있는 고해상도 이미지의 경우 사용자가 해당 지점에 도달할 때까지 완전히 로딩되지 않는다.
- 파일을 최소화하거나 결합하여 HTTP 요청을 줄인다. 여러 개의 CSS 파일이나 자바스크립트 파일을 하나의 큰 파일로 묶어 요청 수를 줄인다.
- JPEG 2000, JPEG XR, WebP 등 차세대 이미지 포맷을 사용한다. 이미지를 압축 및 변환하여 기존 PNG, JPG보다 훨씬 작지만 화질에 악영향을 미치지 않는다.
- 페이지 내 요소의 최적화 홈페이지에서 흔히 볼 수 있는 이미지 슬라이더, 이미지 캐러셀 등 일부 페이지 요소는 유해할 수 있다.
- **콘텐츠 전송 네트워크**(content delivery network, CDN)를 이용한다. 기본적으로 CDN은 전 세계에 분산되어 있는 서버의 네트워크로, 콘텐츠를 전송하기 위해 서로 협력한다. 아카마이(Akamai), 클라우드플레어(Cloudflare)와 같은 CDN은 콘텐츠를 더 빠르게 전송할 수 있게 해준다. 클라우드플레어는 무료로 사용할 수 있고 분산 서비스 거부(DDos) 공격으로부터 보호하는 기능도 제공한다.

콘텐츠 전송 네트워크(CDN) 콘텐츠의 빠른 다운로드를 위해 데이터 사본을 로컬에 저장하고 전 세계에 분산된 서버 시스템을 통해 콘텐츠를 보다 빠르게 다운로드할 수 있다. 스트리밍 동영상, 매우 복잡한 웹 애플리케이션의 증가와 함께 이용이 증가하고 있다.

데이터 전송에 사용되는 프로토콜의 혁신이 사이트 성능에도 도움이 된다는 것은 주목할 만하다. HTTP/2는 웹 브라우저와 서버 간의 데이터 전송을 위해 월드와이드웹에서 사용되는 HTTP 네트워크 프로토콜을 대폭 수정한 것으로, 더 빠른 속도를 낼 수 있다. 현재 대부분의 사이트는 안전한 HTTPS 프로토콜을 사용하고 있다(브라우저 바에 자물쇠 모양으로 표시된다). 구글은 더 안전하다는 이유로 HTTPS 사용을 권장하며, 사이트 순위에서 'https://' 사이트를 우선순위에 두고 있다.

웹사이트의 가용성

웹사이트의 가용성은 사용자가 얼마나 쉽게 접속할 수 있는지를 나타낸다. 이론적으로 이 수치는 100%여야 하지만, 서버 하드웨어의 고장이나 소프트웨어 업그레이드와 같은 기술적 이유로 인해 훨씬 낮을 수 있다.

또한 판매 기간 등 특정 시간대에 부하가 증가할 때 대응할 수 있도록 사이트를 구성해야 한다. 사이비섬(SciVisum, 2005)은 다음과 같이 권고했다.

- 사이트의 각 고객 여정에 대해 피크 시간대 방문자 처리량 요구 사항을 정의한다. 예를 들어 1초당 약 10회의 체크아웃 여정, 1초당 30회의 장바구니 담기 여정, 1초당 5회의 등록 여정, 1초당 2회의 주문 상태 확인 여정을 동시에 지원할 수 있어야 한다.
- 서비스 수준 계약서(각 거래 단계의 보다 상세한 기술적 요구 사항에 대한 합의)가 있어야 한다. 홈 페이지의 전달 시간, 서버 가동 시간 등의 세부 사항이 불충분하다.
- 합의된 이동을 365일 24시간 동안 측정하고 보고하는 모니터링 프로그램을 설정한다.

대기업은 일반적으로 웹사이트의 성능 및 가용성 문제를 모니터링하고 수정하는 전문 팀을 보유하고 있다. 중소기업과 대리점은 핑돔(Pingdom), 업트렌즈(Uptrends)와 같은 자동화 저비용 도구나 무료 모니터링 도구를 도입해야 한다.

전자상거래 결제 시스템

디지털 지갑(모바일 지갑) 휴대폰 보안을 기반으로 수취인의 인증을 통해 카드 결제를 검증하는 결제 시스템

결제 프로세서(결제 게이트웨이) 다양한 결제 옵션을 통해 지불된 거래를 처리하는 것으로, 고객에게 수수료를 받고 신원 확인 후 결제한다.

온라인에서 제품을 구매할 때 많은 결제 옵션을 직접 경험해보았을 것이다. 수년 동안 신용카드, 직불카드, 페이팔은 소비자가 주로 이용하는 결제 수단이었다. 오늘날에는 애플페이·구글페이와 같은 글로벌 시스템, 알리페이(AliPay)·위페이(WePay)와 같은 지역 시스템, **디지털 지갑**(digital wallet) 또는 **모바일 지갑**(mobile wallet)을 통한 모바일 앱 기반 결제 등 더 다양한 선택지가 있다. 이를 통해 인증 및 연락처 정보를 보다 빠르게 추가할 수 있어 구매가 더욱 편리해졌다. 또한 애프터페이, 클리어페이(ClearPay), 클라나와 같은 구매 후 지불(BNPL) 플랫폼을 통해 결제를 연기할 수 있는 선택지도 있는데, 결제를 분산하는 것을 선호하는 사용자를 대상으로 하는 경우 특히 인기가 있다.

판매자는 고객에게 선택권을 제공하고 싶지만, 각 결제 수단에 대한 개별적인 링크를 설정하는 비용은 피하고 싶다. 영국문화원(British Council)과 같은 조직이 국가마다 다른 결제 수단에 대응하는 것도 어려운 일이다. 이들은 결제 설정을 단순화하기 위해 페이팔, 스트라이프(Stripe), 스퀘어(Square) 등의 **결제 프로세서**(payment processor) 또는 **결제 게이트웨이**(payment gateway)를 이용한다. 또한 페이먼트디포(Payment Depot), 스택스

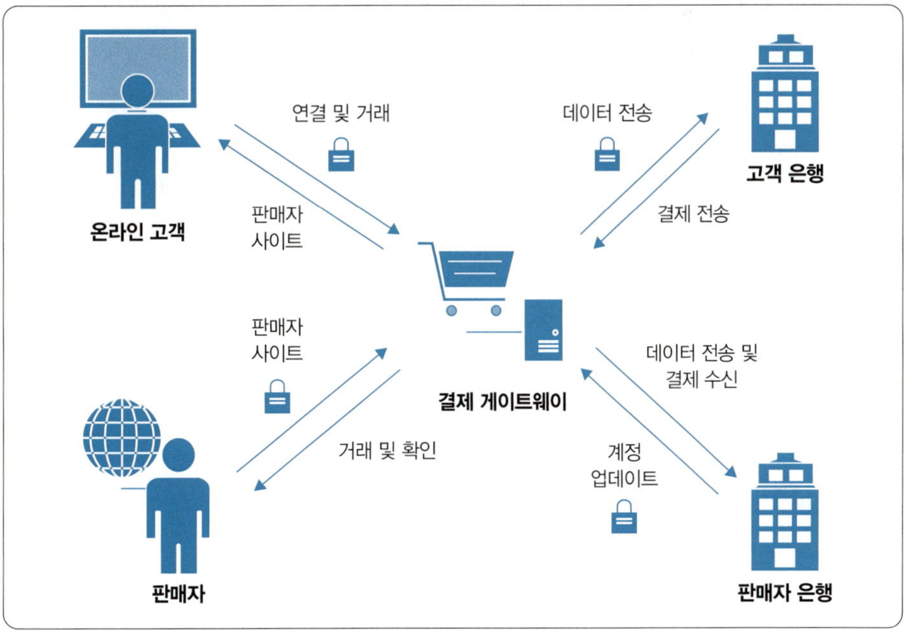

그림 9.15 결제 게이트웨이를 통한 전자상거래 결제 프로세스

출처: https://www.researchgate.net/figure/Payment-gateway-model_fig2_318076004

미니 사례 연구 9.5 스마트인사이츠가 스트라이프를 결제 대행사로 선정한 이유

스트라이프는 디지털 비즈니스를 위한 결제, 인보이스 발행, 청구 인프라를 제공하는 기술 기업이다. 2010년에 패트릭 콜리슨(Patrick Collison), 존 콜리슨(John Collison) 형제가 설립한 스트라이프는 온라인 비즈니스에서 가장 인기 있는 결제 처리 플랫폼 중 하나가 되었다. 스트라이프는 수백만 명의 고객을 보유하고 있으며, 수익 모델은 각 거래에 대한 일정 비율의 수수료를 기반으로 한다. 구독과 같은 일부 서비스에는 요금이 추가된다.

스마트인사이츠는 소규모 디지털 비즈니스의 일례로, 처음에는 당시 유명했던 페이팔을 결제 처리에 사용하다가 스트라이프로 전환했다. 이 회사는 100개국 이상에 회원을 보유하고 있으며, 디지털 마케팅을 포괄하는 온라인 교육 및 표준 운영 절차(SOP) 템플릿 다운로드를 유료로 제공한다. 스마트인사이츠는 스트라이프 플랫폼을 계속 사용하면서 그 혜택을 누리고 있다.

스트라이프의 주요 특징은 다음과 같다.

- **결제 처리**: 스트라이프의 주요 기능은 온라인 결제 처리이다. 신용카드, 직불카드, 애플페이, 구글페이와 같은 대체 결제 수단 등 다양한 결제 수단을 지원한다.
- **개발자 친화적인 플랫폼**: 강력한 API를 제공하기 때문에 개발자는 고도의 커스터마이징과 유연성으로 웹사이트나 애플리케이션에 결제 처리를 통합할 수 있다.
- **글로벌 도달 범위**: 많은 국가의 비즈니스를 지원하고 다양한 통화를 처리할 수 있기 때문에 국제적으로 비즈니스를 운영하는 기업에게 인기 있는 선택지이다.
- **추가 금융 서비스**: 기본적인 결제 처리 외에도 구독 청구, 고객 포털, 사기 방지, 회계 및 재무 보고 도구와의 통합 등 다양한 금융 서비스를 제공한다.
- **안전한 거래**: 보안은 스트라이프의 핵심 사항이다. 안전한 거래를 보장하기 위해 다양한 보안 조치를 채택하고 PCI DSS(Payment Card Industry Data Security Standard)를 준수하고 있다.
- **사용자 친화적인 대시보드와 도구**: 결제 관리, 분석, 보고를 위한 사용자 친화적인 대시보드와 도구를 제공한다.
- **전자상거래 플랫폼과의 통합**: 많은 전자상거래 플랫폼 및 시스템과 쉽게 통합할 수 있어 온라인 소매업체에게 편리한 선택지이다.

스마트인사이츠는 스트라이프를 통해 얻는 주요 이점은 보다 현대적인 디자인을 통한 결제 양식의 사용자 경험 향상, 상품 및 가격의 유연한 변경, 향상된 보고, PCI 컴플라이언스 도구 등이다.

(Stax)와 같은 가맹점 계정 제공업체에 등록할 수도 있다. 가맹점이 결제 프로세서를 사용하면 웹사이트 개발자는 페이팔이나 스트라이프와 같은 단일 게이트웨이 제공업체와 통합하여 결제를 구현하기만 하면 된다(미니 사례 연구 9.5 참조). 이러한 공급자는 API를 사용하여 사이트와 통합할 수 있는 다양한 방법을 갖추고 있다. 카드 발급사가 요구하는 카드의 3D 신원 확인도 여기에 포함된다.

PCI 컴플라이언스 신용카드 정보를 수락·처리·저장·전송하는 모든 기업이 안전한 환경을 유지하도록 보장하기 위해 수립된 일련의 보안 기준. 가맹점은 자사 사이트의 보안 프로세스 테스트를 통해 PCI 컴플라이언스를 충족하고 있음을 증명해야 한다.

전자상거래 가맹점은 준수 **PCI 컴플라이언스**(PCI compliance)를 준수해야 한다. 미국 일부 지역(미네소타, 네바다, 워싱턴 등)에서는 PCI 컴플라이언스를 법으로 규정하고 있으며, PCI DSS 준수 수준과 수행해야 할 보안 점검은 연간 처리되는 거래 수에 따라 달라진다. 결제 게이트웨이 제공업체 및 전자상거래 플랫폼은 가맹점의 PCI 컴플라이언스를 지원할 수 있다.

전자상거래 보안 설계

보안은 디지털 비즈니스 관리자에게 가장 큰 관심사이다. 주요 관심사는 고객 정보, 재무, 물류, 마케팅, 직원에 관한 기업 내 데이터에 대한 정보 보안이다. 4장에서는 고객 정보 보호가 많은 국가의 데이터 보호법에 따른 법적 요건임을 살펴보았다. 이러한 위험은 모든 기업에 해당되지만, 대기업일수록 표적형 공격의 위험이 크다. 디지털 비즈니스 시스템에서 사용되는 정보는 다양한 위험으로부터 보호되어야 한다. 보충 자료 9.4에서는 기업이 직면할 수 있는 위험의 범위를 다루고, 보충 자료 9.5에서는 대기업 브랜드에 미치는 영향의 예를 확인할 수 있다.

영국사이버보안센터(National Cyber Security Centre, 2016)는 모든 규모의 기업이 비즈니스 보안을 개선하기 위한 아홉 가지 단계를 권장하고 있다. 다음은 중소기업에서 보편화되고 있는 개인 기기, 클라우드 서비스, 소셜 미디어 등의 사용을 반영하여 몇 가지 아이

보충 자료 9.4 디지털 비즈니스에 공통적으로 나타나는 보안 위협과 해결 방안

영국의 '사이버 보안 침해 조사'는 기업의 디지털 보안 문제가 어느 정도인지 파악하기 위한 정부 캠페인이다. 지난 12개월 동안 영국 내 1,200개 기업에서 침해 및 공격을 확인한 비율을 살펴보면 잠재적 위험이 높다는 것을 알 수 있다.

- 기업 전체 39%
- 영세 기업 36%
- 소규모 기업 48%
- 중견 기업 59%
- 대기업 72%

표 9.5에 가장 흔한 보안 사고를 정리했는데, 내부 보안 문제가 증가하고 있음을 확인할 수 있다.

그렇다면 이러한 침해는 어떤 영향은 미칠까? 지난 12개월 동안 침해 및 공격을 확인한 기업 가운데 피해가 하나라도 발생한 기업의 비율은 다음과 같다.

- 웹사이트 또는 온라인 서비스 중단 또는 속도 저하 7%
- 파일 및 네트워크에 대한 일시적 접근 불가 6%
- 소프트웨어 또는 시스템 손상 5%
- 부정한 목적을 위한 유출 계정 또는 시스템 5%
- 이용 중인 타사 서비스에 대한 접근성 상실 5%
- 현금 도난 3%
- 물리적 장치 및 장비 손상 또는 파손 3%
- 자산, 영업 비밀, 지적 재산권 분실 또는 도난 1%
- 개인 정보 변조, 파기, 유출 1%
- 영구적 파일 손실(개인 정보 제외) 1%
- 몸값 지불 1%

표 9.5 보안 사고의 유형

지난 12개월 동안 자사에서 확인된 침해와 공격	비율
피싱 공격	83%
이메일 또는 온라인에서의 기업 사칭 행위	27%
바이러스, 스파이웨어, 악성 코드(랜섬웨어 제외)	12%
서비스 거부 공격	10%
온라인 은행 계좌 해킹 또는 해킹 시도	8%
기업 계정 또는 사용자 계정 탈취	8%
랜섬웨어	4%
파일 및 네트워크에 대한 외부인의 무단 액세스	2%
화상회의 및 인스턴트 메시지 무단 도청	1%
파일 및 네트워크에 대한 직원의 무단 액세스	1%
기타 위반 및 공격	3%

출처: UK Cyber Security Breaches Survey

디어를 추가한 것이다.

1. 네트워크 보호(네트워크 보안)

- ISP(인터넷 서비스 제공업체)가 제공하는 라우터 등 기업이 인터넷과 연결되는 장비에 방화벽이 있는지 확인한다. 방화벽이 없다면 PC나 노트북에 전용 방화벽[예: 시만텍(Symantec), 소포스(Sophos), 카스퍼스키(Kaspersky)와 같은 주류 공급업체가 제공하는 방화벽]을 설치한다. 설명서에 따라 적절히 설정하고 업데이트한다.
- 경고 메시지에 주의를 기울이고 제시된 지침을 따른다.
- 네트워크가 침해당했다고 생각되면 전문가와 상담한다. 비정상적으로 활동이 많거나 활동이 없으면 침해가 발생한 것이다.

2. 사용자 교육 및 인식 개선

- 신입사원에게 보안 정책 관련 지식을 전달하고, 정책 준수를 직원 계약에 포함한다.
- 특히 위험이나 정책이 변경된 경우 정기적으로 보안 관행에 대해 직원의 주의를 환기해야 한다. 출처가 불분명한 이메일의 링크를 클릭하지 않도록 주지시킨다.
- 비즈니스 목적으로 소셜 미디어를 사용하는 경우 기밀 자료, 지적 재산권 등의 자료가 공개되면 안 된다는 것을 모든 직원에게 주지시키고, 직원은 비즈니스 목적 또는 개인적 목적으로 소셜 미디어를 사용할 때 직간접적으로 기업을 대표한다는 점을 염두에 두고 책임감 있게 행동해야 한다.

3. IT 접근 관리(사용자 권한 관리)

- 로그인을 관리하기 위해 사용자 이름과 적절한 비밀번호를 사용한다.
- 바람직한 비밀번호는 대문자와 소문자, 숫자, 기호가 포함된 것이다.
- 비밀번호를 메모하거나 사용자 간에 공유하지 않도록 한다. 관리자 권한은 필요한 사람에게만 부여한다.
- 직원이 필요한 폴더에만 접근할 수 있게 한다. 기밀 데이터는 별도로 관리한다.

4. 항상 최신 상태로 IT 유지(보안 설정)

- IT 자산을 문서화하여 보유하고 있는 자산을 파악한다. IT 자산에는 하드웨어, 소프트웨어, 주요 IT 직원도 포함된다.
- 최신 소프트웨어, 운영체제 패치, 펌웨어 업데이트 등이 발행되는 즉시 설치한다. 일반적으로 이러한 옵션은 소프트웨어 설치 시 표시된다. 모든 소프트웨어에 라이선스가 부여되었는지 확인한다.
- 기술적 약점을 정기적으로 점검한다(예: 취약점 테스트, 침투 테스트). '정기적'이란 위험평가를 업데이트할 때를 의미한다.

5. 이동식 미디어(이동식 미디어 컨트롤)

CD, DVD, USB, SD 또는 모든 유형의 플래시 메모리 드라이브를 사용하여 데이터를 전송

하는 경우

- 업무 시스템에서 사용할 수 있는 기기는 업무 시 발급하고 관리하는 기기에 한한다.
- 모든 기기가 어디에 있는지, 누가 가지고 있는지, 그리고 이상적으로는 각 기기에 어떤 소프트웨어가 들어 있는지 파악한다.
- 이동식 미디어가 암호화되어 있고(일부 이동식 미디어에는 암호화 소프트웨어가 내장되어 있음) 악성 코드가 없는지 매번 검사한다. 시중에 판매되는 많은 안티멀웨어 패키지(안티바이러스)에는 이동식 미디어를 검사하는 기능이 있다.

6. 모바일 워크(재택근무와 모바일 근무)

- 비즈니스 목적의 모바일 기기(개인 또는 회사 소유)를 사용하려면 회사의 승인이 필요하다. 이러한 기기는 최소한 다음과 같은 기능을 갖추어야 한다.
  - **멀웨어**(malware) 방지 소프트웨어를 설치하고 매일 업데이트한다(자동으로 업데이트하도록 설정할 수 있다).
  - PIN, 비밀번호 및 기타 인증을 설치한다.
  - 가능한 한 암호화한다.
  - 원격으로 추적하고 지울 수 있어야 한다.

멀웨어 일반적으로 인터넷을 통해 다운로드되는 악성 소프트웨어나 툴바는 사용자의 비밀번호를 키로깅하거나 이메일 주소를 수집하는 바이러스 등 원치 않는 활동을 수행하는 '트로이 목마' 역할을 한다.

- 위의 모든 것은 기술적 전문 지식 없이도 거의 또는 전혀 비용을 들이지 않고도 가능하다. 대부분의 모바일 기기, 특히 최신 기종의 경우 옵션이나 설정 화면에서 이러한 설정이 가능하다.
- 직원은 기기를 분실하거나 도난당했을 때 회사에 보고하고, 기기를 원격으로 삭제해야 한다.

7. 멀웨어 방지 수행

- 자체적인 멀웨어 방지 및 보안 패키지[예: 시만텍, 소포스, 카스퍼스키와 같은 주류 공급업체에서 구입 가능)를 기업 전체에 걸쳐 사용한다.
- 안티멀웨어 패키지의 모든 기능을 사용한다. 자동으로 '스위핑'이 이루어지게 한다.
- 가능한 한 자주 보호 기능을 업데이트한다. 이러한 IT 기능 공급업체는 일반적으로 무료 자동 업데이트를 제공한다.

8. 모니터링(감시)

- 모니터링은 잠재적인 하드웨어 오류나 네트워크 및 인터넷에 연결된 장치의 비정상적인 활동을 감지할 수 있다. 최근 출시되는 노트북에는 하드웨어 모니터링 기능이 탑재된 경우가 많으며, 일부 안티멀웨어 패키지에는 장치 모니터링 기능이 포함되어 있다.
- 대규모 네트워크를 사용하는 경우 네트워크 관리 도구로 비정상적인 활동을 감지해야 한다. 여기에는 트래픽 흐름, IP 사용량 등의 모니터링이 포함된다.
- 직원이 비정상적인 활동을 보고하고 신속하게 대응할 수 있는 충분한 계획과 전문 지식을 갖추고 있는지 확인한다.

9. 사고 관리 및 비즈니스 연속성

- 방화벽 또는 보안 패키지가 공격을 감지해야 한다. 업무에 지장을 초래하는 것은 모두 사고이다.
- 악성 코드 공격, 데이터 분실 및 손상, 노트북 도난 등의 사고가 발생했을 때 대응(누가 할 것인가)을 결정하고, 회사의 승인을 받아 문서화한다.
- 사고에 대응할 수 있는 사내 또는 아웃소싱 전문 지식을 갖추고 있어야 한다. 관련 기술을 보유한 업체를 알아두면 즉시 연락할 수 있다.
- 모든 사건을 기록하고 원인과 수리 비용, 앞으로 더 잘할 수 있는 것을 판단한다.
- 비즈니스에 중요한 정보, 애플리케이션, 시스템, 네트워크 등에 치명적인 장애가 발생했을 때 무엇을 해야 하는지(해야 할 행동을 문서화) 확실히 파악해야 한다.

정보 보안 관리 시스템 정보 자산을 보호하기 위한 체계적인 프로세스

정보 보안 정책 정보 보안에 대한 조직적 접근 방식과 정보 보호에 대한 직원의 책임에 대한 정의

보충 자료 9.4에서 설명한 보안 위험의 정도를 고려할 때, 현재 많은 기업은 공식적인 **정보 보안 관리 시스템**(information security management system)을 도입하고 있다. 정보 관리 전략에서는 **정보 보안 정책**(information security policy)의 수립을 의무화하고 있다. 이는 사내에서 수립한 정책일 수도 있고, 영국 표준 BS 7799(현재 국제 표준 ISO/IEC 17799로 업그레이드되어 비준된 상태)와 같은 보안 표준을 채택할 수도 있다.

ISO 17799는 다양한 위험 및 보안 관리 접근 방식을 포괄적으로 다루며, 다음과 같은 프로세스를 권장한다.

1. **계획**: 비즈니스 리스크 분석을 수행한다.
2. **수행**: 해당 리스크를 관리하기 위해 내부 통제를 수행한다.
3. **점검**: 유효성을 확인하기 위한 관리를 검토한다.
4. **행동**: 필요한 경우 검토의 일환으로 변경을 수행한다.

ISO 17799/BS 7799는 정보에 대한 위험을 관리할 수 있는 프레임워크를 제시하고 있다. 이 표준은 정보 보안 관리의 다음 분야를 정의할 것을 요구한다.

- **섹션 1(보안 정책)**: 각 사업 분야 및 거점별로 기업의 보안 요구 사항과 그 범위를 기술한다. 또한 보안을 관리하고 소유하는 고위 경영진의 지지를 나타낸다.
- **섹션 2(조직적 보안)**: 보안에 대한 다양한 직원의 책임, 보안 사고가 어떻게 보고되고 처리되는지, 보안을 개선하기 위한 표준 업무 활동으로 검토되는지 등 기업의 보안 관리 방법을 설명한다.
- **섹션 3(자산 분류 및 관리)**: BS 7799는 데이터베이스, 인사 기록, 계약서, 소프트웨어 라이선스, 홍보 자료 등 기업 내 모든 정보 자산을 상세히 기재한 정보 자산 등록부(information asset register, IAR)를 작성할 것을 권장하고 있다. 각 자산에 대한 책임을 정의하며, 각 자산의 가치를 판단하고 적절한 보안이 보장될 수 있게 한다.
- **섹션 4(인적 보안)**: 직무 정의와 고용 계약을 명확히 하고, 인적 실수로 인한 정보 손실의 위험을 줄이며, 직원이 정보 보안에 대한 권리와 책임을 이해하게 한다. 이를 위한 직원 교육도 중요하다.

- **섹션 5(물리적·환경적 보안)**: 건물에 대한 물리적 접근을 정의한다. 또한 화재, 홍수 등의 위협으로부터 정보를 보호하는 방법도 다루고 있다.
- **섹션 6(통신 및 운영 관리)**: 정보 시스템의 일상적 운영에 관한 가이드라인은 BS7799의 가장 큰 섹션이다. 신규 시스템 및 업데이트 시스템 수용 기준, 바이러스 방어 소프트웨어, 이메일 및 웹사이트 사용, 네트워크 액세스, 백업 및 복원 시스템 등을 다루고 있다.
- **섹션 7(접근 제어)**: 액세스 제어 메커니즘(응용 프로그램 및 정보 유형에 따라 보안 허가가 다른 사용자 이름과 암호 절차)을 통해 정보 시스템에 대한 액세스를 보호하는 방법을 정의한다.
- **섹션 8(시스템 개발 및 유지·보수)**: 보안을 고려하여 새로운 시스템을 어떻게 설계하고 조달해야 하는지를 규정한다.
- **섹션 9(비즈니스 연속성 관리)**: 화재, 홍수 또는 정보 시스템에 대한 기타 손상과 같은 중대한 사건이 발생했을 때 기업이 어떻게 기능을 지속할 수 있는지를 규정한다. 오프사이트 백업과 대체 시스템 사용이 핵심이다.
- **섹션 10(컴플라이언스)**: 기업이 정보 보안 관리와 관련된 영국 및 EU의 관련 법률을 준수하는 방법을 규정한다. IS 7799를 도입하는 것은 기업이 이러한 요구 사항을 준수하도록 보장하는 좋은 방법이다. 기업이 컴플라이언스를 유지하기 위해서는 정기적인 감사와 검토가 필요하다.

보안 설계에 대한 고민이 점점 더 중요해지고 있다. 보충 자료 9.5에서 보듯이 해마다 사이버 공격이 증가하고 있기 때문이다.

전자상거래 보안

온라인 판매를 제공하는 디지털 비즈니스의 경우 고객 및 판매자 관점에서의 추가적인 보안 위험도 존재한다.

- 결제 진행 중에 거래 정보 또는 신용카드 정보가 도난당하는 경우
- 판매자의 서버에서 고객의 신용카드 정보가 도난당하는 경우
- 판매자 또는 고객이 본인이 아니라고 주장하는 경우

이 절에서는 이러한 전자상거래 보안 침해 위험을 줄이기 위해 취할 수 있는 조치를 알아본다. 먼저 온라인 보안의 이론에 대해 개괄적으로 설명하고 현재 사용되고 있는 기술을 살펴본다.

안전한 시스템의 원칙

보안 시스템의 원리를 알아보기 전에 거래와 관련된 다양한 관계자의 표준 용어를 짚고 넘어가자.

- **구매자**: 상품을 구매하는 소비자
- **판매자**: 소매업자

보충 자료 9.5 대규모 보안 공격을 당한 톡톡과 우버

영국 정부의 디지털·문화·미디어·스포츠부에 따르면 영국 기업의 약 절반(46%)이 지난 1년 동안 최소 한 번 이상 사이버 보안 공격을 발견했다(BBC, 2017). 구글과 맥아피(McAfee)는 전 세계적으로 매일 2,000건의 사이버 공격이 발생하여 세계 경제에 연간 약 3,000억 파운드의 피해를 입히고 있다고 추정했다. 한편 IoD(Institute of Directors)는 '심각한 침해'만이 헤드라인을 장식할 뿐, 영국 기업에 대한 공격이 '끊임없이 일어나고 있다'고 밝혔다. 이처럼 최근 몇 년 동안 사이버 보안 공격이 잇따르고 있다.

톡톡

2015년 10월, 400만 명 이상의 영국 고객을 보유한 전화 및 브로드밴드 제공업체 톡톡이 사이버 범죄자의 공격을 받았다. 이로 인해 고객 156,959명의 이름, 주소, 생년월일, 전화번호, 이메일 주소 등이 유출되고, 고객 15,656명의 은행 계좌 정보와 분류 코드가 도난당했다.

톡톡은 해커들이 기업의 디지털 시스템에 과부하를 일으켜 오프라인으로 끌어내리기 위해 인터넷 트래픽을 웹사이트에 쏟아붓는 분산 서비스 거부(DDoS) 공격을 당했다. 보안 분석가들은 침입자들이 톡톡의 고객 기반을 노린 2차 공격이 동시에 발생했다고 추정했다. 가장 큰 의문은 데이터가 암호화되지 않은 이유였다.

해킹이 발생한 지 1년 후 영국의 ICO는 톡톡이 사이버 보안의 기본 원칙을 지키지 않고 데이터 보호법을 위반했다고 발표했다. 톡톡은 40만 파운드의 벌금을 부과받았지만, 해킹으로 인한 추정 비용 6,000만 파운드와 해킹 후 몇 달 동안 10만 명 이상의 고객을 잃은 것에 비하면 미미한 수준이었다. 데이터 유출은 톡톡의 평판에 악영향을 끼쳤다.

2014년에 딜로이트(Deloitte)가 300명 이상의 임원을 대상으로 실시한 평판 리스크에 대한 글로벌 설문조사에 따르면 보안(물리적 보안 또는 사이버 보안)이 평판 리스크의 3대 요인 중 하나로 나타났다. 이는 해당 임원 집단이 우려하는 바를 보여주는 흥미로운 지표로, 평판에 대한 안팎의 시각을 잘 반영하고 있다.

우버

우버는 해킹을 숨기고 전 세계의 고객과 운전자 5,700만 명, 영국 사용자 270만 명에게 영향을 미쳤다. 보안 침해는 2016년에 발생했으며, 1년이 지난 2017년 11월에 해커는 우버로부터 10만 달러(8만 파운드)를 받고 데이터를 삭제했다.

우버는 고객의 이름, 이메일 주소, 전화번호가 유출된 것을 확인했으며, 영향을 받은 5,700만 명 중 운전자 60만 명의 이름과 면허증 정보가 유출된 것으로 드러났다. 운전자에게는 무료 신용 조회 서비스를 제공했지만, 영향을 받은 고객에게는 아직까지 아무것도 제공되지 않았다.

우버의 CEO인 다라 코스로우사히(Dara Khosrowshahi)는 문서를 통해 다음과 같이 밝혔다.

> 이번 사건과 관련된 부정행위나 부정사용의 증거가 발견되지는 않았지만, 영향을 받은 계정을 모니터링하고 부정행위 방지를 위해 추가적으로 경보를 발령하고 있다. 이는 있어서는 안 되는 일이며, 변명할 생각이 추호도 없다.

우버는 영국 정보위원회에 영국 우버 사용자의 절반 이상인 270만 명이 영향을 받았다고 밝혔다. 영국사이버보안센터는 이번 해킹을 계기로 이메일 피싱과 사기 전화에 주의를 기울일 것을 당부했다.

영국의 정보 감시 기관인 ICO의 제임스 디플-존스턴(James Dipple-Johnstone) 부국장은 다음과 같이 말했다.

> 지난해 10월, 우버의 데이터 유출 은폐 발표는 우버의 데이터 보호 정책과 윤리관에 큰 우려를 불러일으켰다. 영국 시민이 영향을 받았다면, 유출된 데이터가 유출된 사람들에게 미치는 영향을 평가하고 검증할 수 있도록 통지를 받았어야 했다.

출처: www.telegraph.co.uk/technology/2016/10/05/talktalk-hit-with-record-fine-for-cyber-attack

www.alva-group.com/en/the-reputational-risk-of-cyber-attacks-talktalk-case-study

www.ft.com/content/9bfb4e72-7965-11e5-a95a-27d368e1ddf7

www.telegraph.co.uk/news/2017/11/22/british-spy-chiefs-launch-investigation-uber-hacking-scandal

- **인증 기관**: 구매자와 판매자의 신원을 확인하는 디지털 인증서를 발급하는 기관
- **은행**: 전통적인 은행
- **전자 토큰 발행 회사**: 디지털 화폐를 발행하는 가상 은행

이러한 다양한 거래 당사자들이 보안 시스템에 요구하는 기본적인 요구 사항은 다음과 같다.

- **인증**: 거래 당사자가 본인임을 주장하는가? (인증 기관)
- **프라이버시와 기밀성**: 거래 데이터가 보호되고 있는가? 소비자는 익명으로 구매하고자 할 수 있다. 거래에 필요하지 않은 모든 흔적이 공공 네트워크에서 삭제되고 모든 중개 기록이 제거되었는가? (판매자, 인증 기관)
- **무결성**: 전송된 메시지가 완전한가? 즉 손상되지 않았는지 확인했는가?
- **부인 방지**: 발신자가 메시지 전송을 거부할 수 없도록 보장하는가?
- **가용성**: 시스템의 연속성과 성능에 대한 위협을 어떻게 제거할 수 있는가?

Kesh 등(2002)은 전자상거래의 보안 요구 사항에 대해 좀 더 상세히 검토했다.

안전한 시스템 개발을 위한 접근 방식

디지털 인증서

디지털 인증서 고유한 개인을 식별하는 데 사용되는 큰 숫자의 키로 구성된다.

디지털 인증서(digital certificate)를 이용한 암호화에는 크게 두 가지 방법이 있다.

1. 개인키(대칭) 암호화

대칭형 암호화 트랜잭션의 양 당사자가 메시지의 암호화와 복호화에 동일한 키를 사용한다.

대칭 암호화(symmetric encryption)에서는 양 당사자만이 알고 있는 동일한 (공유)키가 있으며, 메시지의 암호화와 복호화에 이 키만 사용할 수 있다. 정보 수신자에게 안전한 서류가방 안에 키 사본을 보내는 것과 마찬가지로, 비밀키는 사용 전에 한 당사자가 다른 당사자에게 전달해야 한다. 이 방법은 전통적으로 EDI를 수행하는 대기업 등이 두 당사자 간의 보안을 보장하는 데 사용되었다. 이때 개인키가 복사되지 않도록 전자적으로 또는 택배로 보낸다.

그러나 이 방법은 일반적인 전자상거래에서는 실용적이지 않다. 구매자가 개인키를 판매자에게 넘기면 그 키를 다른 용도로 사용할 수 없기 때문이다. 또한 판매자는 많은 고객키를 관리해야 한다.

2. 공개키(비대칭) 암호화

비대칭 암호화 트랜잭션의 양 당사자가 메시지의 암호화와 복호화에 서로 다른 키를 사용한다.

비대칭 암호화(asymmetric encryption)에서는 정보 발신자와 수신자가 사용하는 키가 다르다. 두 키는 숫자 코드로 연관되며, 정보 암호화 및 복호화에 두 키의 조합만 사용할 수 있다. 그림 9.16은 전자상거래의 공개키 암호화 메커니즘을 보여준다. 고객은 판매자의 공개키를 자동으로 조회하고, 이 키로 주문을 포함한 메시지를 암호화하여 판매자에게 주문할 수 있다. 스크램블링된 메시지는 인터넷을 통해 전송되고, 판매자가 이를 수신하면 판매자의 개인키를 사용하여 읽는다. 이렇게 하면 (개인키의 유일한 사본을 가지고 있는) 판매자만 주문을 읽을 수 있다. 반대로 판매자는 고객의 공개키를 사용하여, 고객의 개인키로 암호화된 디지털 서명 등의 신원 정보를 읽어 고객의 신원을 확인할 수 있다. PGP(Pretty Good Privacy)는 이메일 메시지 암호화에 사용되는 공개키 암호화 시스템이다.

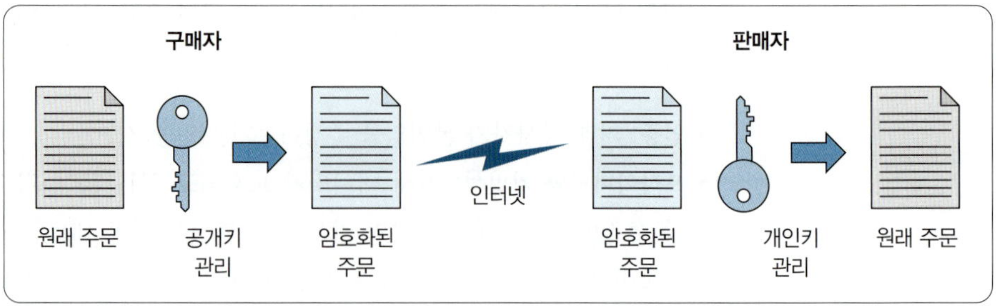

그림 9.16 공개키(비대칭) 암호화

디지털 서명

디지털 서명 공개키 암호를 사용하여 개인 또는 기업을 식별하는 방법

디지털 서명(digital signature)은 인증을 실현하기 위해 공개키 암호화를 사용하여 상업 시스템을 구축하는 데 이용할 수 있다. 구매자의 디지털 서명은 메시지를 전송하기 전에 개인키를 사용하여 암호화되고, 수신 시 구매자의 공개키를 사용하여 디지털 서명을 해독한다. 이를 통해 고객이 진짜임을 증명할 수 있다. 디지털 서명은 거래 설정이 어렵기 때문에 현재는 많이 보급되지 않았지만, 공개키 기반(public key infrastructure, PKI)이 안정화되고 인증 기관의 이용이 늘어나면 보급될 것이다.

공개키 기반 및 인증 기관

인증 기관(CA) 인증서는 개인 또는 조직의 공개키의 유효한 사본이며, 신원 확인 정보가 포함되어 있다. 인증서는 신뢰할 수 있는 제삼자 또는 인증 기관이 발급한다.

디지털 서명과 공개키 암호화를 효과적으로 수행하기 위해서는 문서를 복호화하려는 공개키가 실제로 문서를 보낸 것으로 추정되는 사람의 것임을 확인해야 한다. 이를 해결하기 위해 신뢰할 수 있는 제삼자(trusted third party, TTP)가 소유자 식별 정보와 그 사람의 공개키 사본이 포함된 메시지(인증서)를 발행한다. TTP는 일반적으로 **인증 기관**(certificate authority, CA)으로 불리며, 은행 등 다양한 기관이 이 역할을 수행하고 있다. 실제로 비대칭 암호화는 시간이 많이 걸리기 때문에 암호화되어 대표적인 전자 서명으로 사용되는 것은 메시지 샘플뿐인 경우가 많다.

인증서 정보에는 다음과 같은 것들이 포함된다.

- 사용자 식별 데이터
- 발행 기관 식별 및 디지털 서명
- 사용자의 공개키
- 인증서의 유효 기간
- 인증서의 클래스
- 인증서의 디지털 식별 코드

포함되는 정보의 종류에 따라 인증서의 클래스가 다른데, 예를 들면 다음과 같다.

- 이름, 이메일 주소
- 운전면허증, 주민등록번호, 생년월일
- 신용 조사

- 조직별 보안 허가 데이터

가상 사설망

가상 사설망(VPN) 인터넷의 공용 네트워크 인프라를 이용하여 구축된 사설망

가상 사설망(virtual private network, VPN)은 값비싼 사설망이 아닌 공용 네트워크에서 운영되는 사설 광역 네트워크이다. VPN을 운영하는 기술은 '터널링(tunnelling)'이라고도 하며, IPSec이라는 보안 인터넷 프로토콜을 사용하여 패킷의 헤더와 콘텐츠를 모두 암호화한다. VPN을 통해 글로벌 조직은 값비싼 전용 시스템이 아닌 공용 인터넷을 사용하여 안전하게 비즈니스를 수행할 수 있다.

전자상거래 보안에 대한 접근 방식

앞에서 언급한 기술을 이용하여 보안을 달성하기 위해 전자상거래 사이트에서 활용되는 접근 방식을 알아보자.

보안 소켓 계층 프로토콜

보안 소켓 계층(SSL) 고객의 웹 브라우저에서 가맹점의 웹 서버까지 인터넷을 통과하는 데이터를 섞어놓는 데 일반적으로 사용되는 암호화 기술

보안 소켓 계층(secure sockets layer, SSL) 프로토콜은 별도의 소프트웨어나 인증서를 다운로드할 필요가 없고 고객이 쉽게 사용할 수 있어 대부분의 B2C 전자상거래에서 이용되는 보안 프로토콜이다.

고객이 전자상거래 사이트의 보안 결제 영역에 들어가면 SSL이 사용되고, '보안 연결을 통해 정보를 표시하려고 한다'라는 프롬프트가 표시되며, 이 보안을 나타내기 위해 키 기호가 사용된다. 암호화가 완료되면 브라우저의 웹 주소 접두사가 'http://'에서 'https://'로 바뀌고 브라우저 창 하단에 자물쇠가 표시된다.

SSL이 제공하는 주요 기능은 보안과 기밀성이며, SSL을 통해 고객과 판매자 사이에 비공개 링크를 설정할 수 있다. 암호화는 전자상거래 세부 정보가 발신자와 수신자 사이를 통과할 때 데이터를 섞어놓는 데 사용된다. 이러한 메시지를 가로채고 해독하려면 단호한 시도가 필요하다. SSL은 경쟁 방식인 S-HTTP보다 더 널리 사용되고 있다. 충분한 컴퓨팅 능력과 시간, 의욕만 있으면 SSL로 암호화된 메시지를 복호화할 수 있기 때문에 **SET**(Secure Electronic Transaction)와 같은 더 안전한 암호화 방법을 찾는 데 많은 노력을 기울이고 있다. 판매자 입장에서는 신용 조회 등 다른 방법에 의존하지 않으면 고객 인증을 할 수 없다는 문제도 있다.

SET 마스터카드와 비자가 주축이 되어 개발한 프로토콜 표준

인증 기관

안전한 전자상거래를 위해서는 방대한 양의 공개키를 관리해야 한다. 이러한 관리에는 타임스탬프 및 아카이브 관리 기능과 함께 키의 수명(생성, 배포, 소멸, 변경) 전반에 걸쳐 필요한 절차와 프로토콜이 포함된다. 인증 기관을 성공적으로 구축하는 것은 신뢰 구축과 복잡한 관리라는 거대한 문제로, 이를 어떻게 해결해야 하는지에 대해서는 두 가지 상반된 견해가 있다.

- **분산형**: 시장 주도형으로, 소비자협회와 같은 브랜드명을 기반으로 한 '신뢰의 섬'을 형성

한다. 여권, 운전면허증 등 증명할 수 있는 증명서를 제시하기 위해서는 현지의 물리적 사무실이 필요하며, 은행이나 우체국에 큰 이점이 있다.

- **중앙 집권형**: 영국에서는 통상산업부가 최종적으로 정부로 연결되는 계층 구조를 제안하고 있다.

상업용 인증 기관으로 가장 잘 알려진 시만텍 SSL은 가맹점 인증에 많이 사용된다. 영국에서는 우체국과 통신사도 인증 기관 역할을 하고 있다.

전자상거래를 위한 빅데이터, 인공지능, 머신러닝

빅데이터는 현재 기업이 수집하는 대량의 데이터를 활용하는 분석 기술 및 시스템을 의미하는 용어로 사용되고 있다. 빅데이터의 마케팅 애플리케이션은 기업이 고객과 상호작용할 때 수집되는 다양한 유형의 데이터를 활용한다. 마케팅에서 빅데이터의 주요 이점은 다음과 같다.

- 상호 연관된 대규모의 복잡한 데이터 세트를 분석하여 트렌드, 패턴 등의 통찰력을 파악하여 향후 전략과 전술에 활용할 수 있다.
- 최적의 타이밍, 카피, 오퍼 선택 등 메시징을 개선하여 커뮤니케이션의 성공 요인을 파악하여 보다 적절한 커뮤니케이션을 할 수 있다.

빅데이터를 통해 얻은 통찰력을 적용한 예로 미국의 소매업체 타깃을 들 수 있다. 타깃은 여성의 쇼핑 습관에 대한 데이터를 통해 무향 로션, 면봉, 보충제, 빨래집게 등을 대량으로 구매하는 여성은 임신부일 가능성이 높다는 것을 파악했다. 물론 이러한 접근법에는 위험이 도사리고 있다. 예를 들어 한 10대 소녀가 아버지에게 임신 사실을 알리기 전에 타깃으로부터 '유아용 침대와 스타일'이라는 다이렉트 메일을 받았다.

마케팅을 위한 빅데이터의 기회와 과제는 종종 기술적 관점에서 그림 9.17과 같은 세 가지 차원으로 설명된다.

- **데이터의 양**: 웹사이트나 소셜 미디어를 통한 온라인 상호작용으로 인해 이용 가능한 데이터의 증가를 의미한다.
- **데이터의 속도**: 마케팅 담당자가 웹과 모바일 사이트에서의 인터랙션, 소셜 미디어에서의 인터랙션에 대한 실시간 분석 등 실시간 데이터에 접근할 수 있게 되었음을 보여준다.
- **데이터의 다양성**: 소셜 미디어와의 상호작용을 포함한 새로운 유형의 비정형 데이터가 얼마나 많은 가능성을 가지고 있는지를 보여준다. 또한 더 많은 고객 인사이트를 얻기 위해 다양한 데이터 출처를 통합할 수 있는 가능성을 시사한다.

빅데이터는 우화 '벌거벗은 임금님'의 전형적인 예이다. 시스템 벤더나 컨설턴트가 이전에는 다른 이름으로 제공되던 서비스에 대한 수요를 불러일으키기 위해 만들어낸 용어라고

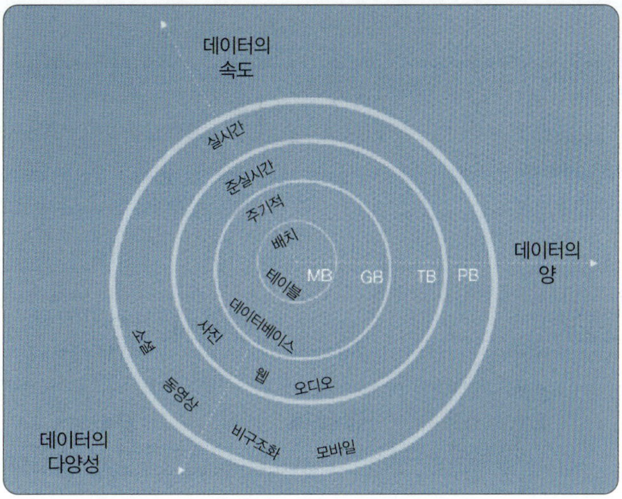

그림 9.17 빅데이터의 세 가지 측면

출처: Soubra(2012)

주장하는 사람들도 있다. 또한 캠페인 보고서와 디지털 분석을 통해 얻을 수 있는 '스몰 데이터'를 많은 마케팅 담당자가 활용하지 못하고 있다고 지적하는 목소리도 있다. 그럼에도 불구하고 빅데이터의 개념이 발표된 이후 마케팅 담당자가 인사이트를 분석하고 활용할 수 있는 실용적인 인공지능과 머신러닝 기술이 새롭게 개발되고 있다.

마케팅을 위한 인공지능

그림 9.18은 1장에서 소개한 RACE의 고객 생애주기를 중심으로 마케팅에 인공지능을 적

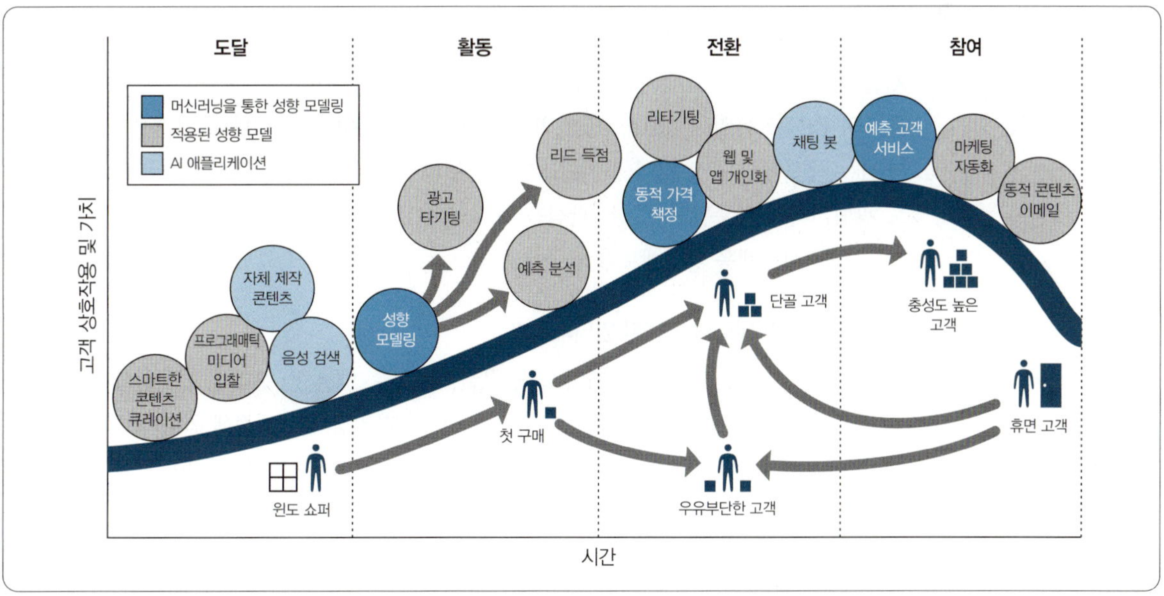

그림 9.18 고객 생애주기에 걸친 마케팅에의 인공지능 적용

출처: Smart Insights(https://www.smartinsights.com/tag/artificial-intelligence-ai-for-marketing/)

용할 수 있는 많은 기회를 보여준다.

1. AI가 생성한 콘텐츠

콘텐츠의 종류에 따라 AI의 콘텐츠 자연어 생성(NLG) 및 작성 프로그램은 데이터 세트에서 요소를 선별하여 '사람처럼' 기사를 구성할 수 있다. 글쓰기 프로그램은 여러 분야에 적용되고 있다.

- AP통신은 분기별로 4,000개에 가까운 기업 결산 기사를 작성하고 있는데, 이는 수작업으로 하던 때보다 12배나 증가한 수치이다.
- 프로세서 벤더인 엔비디아(NVIDIA)는 NLG와 태블로(Tableau)의 시각적 애널리틱스를 사용하여 사내 보고를 최적화하고 있다.
- 비빈트스마트홈(Vivint Smart Home)은 현지화된 수천 개의 웹페이지를 생성하고 검색엔진 최적화 노력을 강화하여 매출을 5배 증가시켰다.
- 그레이트콜(GreatCall)은 NLG를 통해 주당 5만 개 이상의 개인화된 내레이션을 제공하고 있다.
- 보디빌딩닷컴(Bodybuilding.com)은 매주 10만 건 이상의 운동 기록을 생성하여 사용자의 피트니스 목표 달성을 돕고 있다.

이메일 마케팅 담당자가 사용할 수 있는 마케팅 기반 AI 애플리케이션인 프레이즈(Phrasee)는 AI 기술을 사용하여 이메일의 효과적인 제목을 생성하고 최적화한다. 이메일 제목 효과에 대한 방대한 데이터를 사용하여 인간 카피라이터보다 더 나은 결과를 얻을 수 있다. 또 다른 NLG 예측 분석 도구를 제공하는 퍼사도(Persado)는 감성적 영향력을 기반으로 이메일 콘텐츠를 분류하고 추천한다.

2. 스마트한 콘텐츠 큐레이션

AI를 활용한 콘텐츠 큐레이션은 방문자에게 관련성 있는 콘텐츠를 보여줌으로써 사이트 방문자의 관심을 높일 수 있다. 이 기법은 많은 사이트에서 'X를 구매한 고객은 Y도 구매했다'라는 섹션에서 가장 많이 볼 수 있지만 블로그 콘텐츠, 사이트 메시징, 서비스 개인화에도 광범위하게 적용될 수 있다. 관심을 가질 만한 프로그램을 지속적으로 추천하는 넷플릭스의 추천 시스템을 생각해보라.

3. 음성 검색 및 대화형 사용자 인터페이스

아마존 알렉사가 출시된 이후 페이스북, 구글, 아마존, 애플 등 온라인 플랫폼에서 음성 검색 기기 또는 개인 비서가 개발되었다. 마케팅 담당자 입장에서는 검색 쿼리가 점점 더 대화형이 됨에 따라 검색이 던지는 질문에 자연어로 확실하게 대답할 수 있어야 함을 의미한다.

4. 프로그래매틱 미디어 입찰

프로그래매틱 미디어 구매는 머신러닝 알고리즘에 의해 생성된 트렌드 모델을 사용하여 가장 관련성이 높은 고객에게 보다 효과적으로 광고를 타기팅할 수 있다. 퍼블리셔가 광고를 게재할 때 콘텐츠에 가장 적합한 청중 입찰이 실시간으로 이루어지기 때문에 빅데이터의 실시간 기능을 활용하고 있다.

5. 트렌드 모델링

트렌드 모델링은 머신러닝 프로젝트의 목표이다. 머신러닝 알고리즘은 대량의 과거 데이터를 공급받고, 이 데이터를 이용하여 현실 세계에 대한 정확한 예측을 할 수 있는 트렌드 모델을 만든다.

6. 예측 분석

트렌드 모델링은 특정 고객이 전환할 가능성 예측, 고객이 전환하기 쉬운 가격 예측, 반복 구매 가능성이 높은 고객 예측 등 다양한 분야에 적용될 수 있다. 이 애플리케이션은 분석 데이터를 사용하여 고객의 행동을 예측하기 때문에 예측 분석이라고 한다. 기억해야 할 중요한 점은, 트렌드 모델은 그것을 만들기 위해 제공된 데이터에 의해서만 우수하다는 것이다. 따라서 데이터에 오류가 있거나 무작위성이 높으면 정확히 예측할 수 없다. 마케팅 담당자는 분석가에게 데이터 세트의 대표성, 예측 모델의 통계적 타당성에 대해 질문해야 한다.

7. 리드 스코어링

머신러닝으로 생성된 트렌드 모델은 특정 기준에 따라 리드를 점수화하도록 훈련하여 영업 팀이 주어진 리드가 얼마나 핫한지, 시간을 투자할 가치가 있는지 파악할 수 있도록 도와준다. 이는 영업 팀이 각 영업에 상당한 시간을 할애하는 컨설팅형 영업 프로세스를 가진 B2B 비즈니스에서 특히 중요하다. 영업 팀은 가장 관련성이 높은 리드를 접촉함으로써 시간을 절약하고 가장 효과적인 곳에 에너지를 집중할 수 있다. 또한 리드의 구매 경향에 대한 통찰력은 가장 효과적인 판매 및 할인을 타기팅하는 데에도 사용할 수 있다.

8. 광고 타기팅

머신러닝 알고리즘은 방대한 양의 과거 데이터를 통해 어떤 광고가 어떤 구매 프로세스의 어떤 단계에서 어떤 사람들에게 가장 효과적인지 파악할 수 있다. 이 데이터를 활용하면 기업은 적절한 시기에 가장 효과적인 콘텐츠를 제공할 수 있다. 머신러닝을 통해 수천 개의 변수를 지속적으로 최적화함으로써 기존 방식보다 더 효과적인 광고 배치와 콘텐츠를 구현할 수 있다.

9. 동적 가격 책정

마케팅 담당자라면 누구나 세일이 더 많은 제품을 판매하는 데 효과적이라는 것을 알고 있다. 할인은 매우 강력하지만 수익성을 악화시킬 수도 있다. 즉 마진을 2/3로 낮춰 매출을 2배로 올리면 세일을 하지 않았을 때보다 이익이 줄어든다.

10. 웹과 앱의 개인화

트렌드 모델을 통해 고객의 구매 여정 단계를 예측하면 앱이든 웹페이지든 해당 고객에게 가장 관련성 높은 콘텐츠를 제공할 수 있다. 만약 사이트에 방문한 적이 없는 사람이라면 정보를 제공하고 흥미를 유지할 수 있는 콘텐츠가 가장 효과적일 것이다. 반면에 사이트에 여러 번 방문했고 해당 제품에 관심이 있는 사람이라면 제품의 장점에 대한 보다 상세한 콘텐츠가 더 효과적이다.

11. 챗봇

챗봇은 인간의 지능을 모방하여 소비자의 문의를 해석하고 주문을 완료할 수 있다. 전문 챗봇 서비스는 소매업체와 같은 기업이 고객 서비스를 관리하는 데 사용할 수 있다. 또한 브랜드는 구글의 다이얼로그플로(DialogFlow) 챗봇 생성 플랫폼에서 만들 수 있는 페이스북 메신저 및 구글 어시스턴트와 같은 플랫폼 제공업체의 API를 사용하여 고유한 접근 방식을 개발할 수 있다.

페이스북은 대화형 UI의 또 다른 형태인 메신저 애플리케이션을 통해 브랜드용 챗봇 개발을 촉진하고 있다. 예를 들어 피자익스프레스(Pizza Express)는 페이스북 메신저에서 새로운 챗봇을 출시하여 사용자가 레스토랑을 예약할 수 있게 했다. 메신저에 내장된 자연어 처리(NLP)는 페이스북 페이지에서 활성화할 수 있으며, Wit.ai 플랫폼을 사용하면 문자 메시지의 의미와 의도를 자동으로 감지하고 그에 따라 응답할 수 있다.

2022~2023년, 오픈 AI의 챗GPT 출시와 그에 이은 빙 서치(Bing Search) 출시에 엄청난 관심이 쏠리면서 비즈니스에서의 챗봇 도입도 주목받게 되었다. 챗GPT가 이러한 관심을 끌게 된 것은 전례 없는 고품질 자연어 처리와 고품질 자연어 생성을 결합했기 때문이다.

12. 리타기팅

광고 타기팅과 마찬가지로 머신러닝은 과거 데이터를 기반으로 어떤 콘텐츠와 제안이 고객을 다시 사이트로 불러와 구매를 유도할 가능성이 가장 높은지 파악하는 데 사용될 수 있다. 어떤 콘텐츠가 다양한 유형의 고객을 다시 불러들이는 데 가장 효과적인지에 대해 정확한 예측 모델을 구축함으로써 머신러닝을 사용하여 리타기팅 광고를 최적화하고 가능한 한 효과적인 광고를 만들 수 있다.

13. 예측적 고객 서비스

모든 유형의 인바운드 문의는 일련의 질문을 통해 관련 지원 기사 및 고객 지원 담당자에게 라우팅할 수 있다. 이러한 규칙 기반 고객 서비스는 음성 통화에도 사용된다. AI는 보다 자연스러운 언어로 질문을 할 수 있고, 가장 관련성이 높은 기사 및 담당자에게 라우팅하는 데 도움이 된다. 벤토웹(BentoWeb), 나노렙(NanoRep), 라이브월드(LiveWorld)는 이러한 용도의 서비스 중 하나이다.

14. 마케팅 자동화와 동적 콘텐츠 이메일

마케팅 자동화 기법은 일반적으로 일련의 규칙을 설정하고 이메일 메시징, 스마트폰 알림, 웹 개인화 등을 통해 고객과의 상호작용을 트리거하는 방식이다. 마케팅 자동화의 도입은 이러한 규칙을 설정하고 최적화하는 데 필요한 시간으로 인해 제한적이었다. 머신러닝은 고객과의 상호작용 데이터를 분석하여 언제 연락을 취하는 것이 가장 효과적인지, 제목에 어떤 단어를 넣는 것이 가장 효과적인지 등을 확립할 수 있다.

Pant와 Ravichandran(2001)은 직원과 파트너에게 양질의 정보를 제공하거나 프로세스 간에 정보를 교환하는 것이 효율성과 고객 서비스를 향상하는 정보 시스템을 구축하는 데 핵심적인 요소임을 인식하고 있다.

> 정보는 조정과 통제의 주체이며 조직, 프랜차이즈, 공급사슬, 유통 채널을 하나로 묶는 접착제 역할을 한다. 모든 조직에서 물질 및 기타 자원의 흐름과 함께 정보의 흐름도 효과적으로 처리되어야 한다.

정보를 접착제에 비유한 것이 마음에 들어 이 말을 인용했다. 이는 디지털 비즈니스 시대에 분석이 기업 내외부의 정보 흐름을 최적화하기 위한 도구로 사용되어야 한다는 것을 보여준다. 이 절에서는 먼저 워크플로 관리가 시간 기반의 정보 흐름을 관리하는 데 얼마나 중요한지 살펴본다. 그리고 비즈니스 프로세스를 최적화하기 위해 정보 흐름을 분석하는 데 프로세스 모델링이 어떻게 사용되는지 검토하고, 데이터 모델링에 대한 간략한 검토를 통해 정보 저장소 분석에 대해 살펴본다.

빅데이터와 데이터 웨어하우스

디지털 비즈니스 시스템은 방대한 양의 트랜잭션을 관리하고 각각의 데이터를 기록한다. 2012~2013년에 이 문제를 관리하는 기업들 사이에서는 1990년대에 사용되던 '데이터 웨어하우스'라는 용어 대신 '빅데이터'라는 용어를 사용하는 것이 일반화되었다. 이 개념은 오늘날 디지털 비즈니스에서 수집되는 데이터의 양이 증가함에 따라 생겨나는 가치 창출의 기회가 반영된 것이다(보충 자료 9.6 참조).

사물 인터넷과 M2M의 상호작용

M2M 가정 및 사무실 보안 및 자동화, 스마트 미터링 및 유틸리티, 유지·관리, 건물 자동화, 자동차, 의료 및 가전 제품 등의 연결

사물 인터넷(IoT)은 **M2M**(machine-to-machine)과 결합하여 우리 삶의 모든 측면에 인터넷 연결성을 가져다준다. Tariq 등(2020)은 신제품 개발, 고객 지원, CRM 등 사물 인터넷 기술을 활용하여 할 수 있는 다양한 마케팅 성과를 정리했다. 제품의 윤리적 조달과 공급에 대한 고객의 관심이 높아짐에 따라 소비재 품목에 사물 인터넷 지원 라벨을 부착하는 것은 고객의 우려에 대응하고 충성도를 높이는 데 기여할 수 있다. 아디다스의 브랜드 지속가능성 혁신 비즈니스 모델 디렉터인 데이비드 쿠아스(David Quass)는 다음과 같이 설명했다.

> 아디다스는 하루에 약 130만 켤레의 운동화를 판매한다. 전 세계에는 수십억 개의 아디다스 운동화가 존재한다. 하지만 현재로서는 개별 제품의 생애주기를 추적할 수 없다. 소비 패턴이 어떻게 변화할지 생각해보자. 더 큰 자기표현의 필요성, 의식 있는 쇼핑 행동의 증가, 업사이클과 재활용의 매력, 제품을 자원으로 간주하는 사고방식… 즉 운동화는 자동차처럼 거래할 수 있는 자산, 잔존 가치가 있는 재화가 되고 있다.
>
> (출처: Avery Dennison, 2020)

보충 자료 9.6 빅데이터의 비즈니스 애플리케이션 분석

빅데이터란 무엇인가

빅데이터는 오늘날 비즈니스에서 수집되는 데이터양의 증가로 인한 기회를 최대한 활용하기 위해 관리해야 하는 비즈니스 문제를 나타내는 개념으로 발전해왔다. 빅데이터 관리에는 데이터 보안과 고객 프라이버시 보호라는 과제도 있다. 빅데이터의 범위와 적용을 정의하고 이를 위한 서비스를 개발해온 선두 주자 중 하나인 IBM(2013)은 빅데이터를 특징짓는 4V를 정의했다. 4V는 빅데이터 관리의 과제가 데이터양에만 국한된 것이 아님을 보여준다.

- **양**(volume): IBM은 2013년에 우리가 매일 25억 바이트의 데이터를 생성하고 있다고 추정했다. 이 증가율은 현재 전 세계 데이터의 90%가 지난 2년 동안에만 생성되었다는 것을 의미한다. 이에 비해 지구의 바다에는 3해 5,200경 갤런의 물이 있다. 바이트 단위의 데이터를 양동이에 비유하면, 바다를 채우는 데 필요한 정보 수집은 약 20주밖에 걸리지 않는다.
- **다양성**(variety): 텍스트, 센서 데이터, 오디오, 동영상, 클릭 스트림, 로그 파일 등 정형 데이터부터 비정형 데이터까지 데이터 유형은 다양하다. 이러한 데이터 유형을 함께 분석하면 새로운 통찰력을 얻을 수 있다.
- **속도**(velocity): 데이터를 실시간으로 활용하는 것을 말한다. 예를 들어 온라인 사기를 포착하려면 문제를 감지하기 위해 데이터를 빠르게 검토해야 한다. 사기 적발과 같이 촌각을 다투는 과정에서는 빅데이터의 가치를 극대화하기 위해 기업에 유입되는 데이터를 그대로 활용해야 한다.
- **정확성**(veracity): 기업은 의사결정에 사용되는 정보를 출처, 정확성, 관련성 측면에서 신뢰할 수 있어야 한다. 빅데이터는 다양한 출처의 데이터를 포함하고 종종 모델로 제시되기 때문에 신뢰할 수 없고 의사결정을 지원하는 적절한 형태가 아닐 위험이 있다.

Eaton 등(2012)에 따르면 빅데이터로 인해 가능해진 데이터양의 증가는 시간을 통해 '이벤트'를 포착하고 이를 시스템에 통합할 수 있는 더 많은 형태의 계측기를 통해 가능해졌다고 한다. 이러한 측정은 단순히 데이터 수집일 수도 있고, 이벤트는 웹 분석이나 소셜 분석을 통해 데스크톱 또는 모바일 사이트, 소셜 미디어를 통해 기업과 고객 간 일련의 상호작용을 의미할 수도 있다. 이벤트를 이해하는 것은 미디어에 대한 투자나 멀티채널 경험의 구축이 중요한지 여부를 이해하는 데 중요하다. 기계 간 상호 연결도 일반적으로 데이터 수집에 관여하고 있다. Eaton 등(2012)은 하둡(Hadoop)과 같은 빅데이터 시스템의 경우 데이터 무결성이 강제되는 고도로 구조화된 기존 데이터 웨어하우스에 비해 클렌징이 필요 없는 비정형 데이터를 처리하는 경향이 강하다고 지적했다.

그렇다면 빅데이터 애플리케이션의 범위란 무엇일까? 오라클의 데이터베이스 서버 기술 담당 수석 부사장인 앤디 멘델슨(Andy Mendelsohn)은 다음과 같이 설명했다.

> 오늘날 우리는 비즈니스 인텔리전스를 위한 정보 시스템을 가지고 있다. 데이터 마트 또는 데이터 웨어하우스라고 불리는 이 시스템에는 이비즈니스 스위트(E-Business Suite) 및 기타 애플리케이션 벤더와 같은 트랜잭션 처리 시스템에서 발생하는 모든 트랜잭션 정보가 로딩되어 있다. 이 정보는 정말 귀중하기 때문에 회사의 보물이라고 할 수 있다. 그것은 결코 사라지지 않을 것이다. 빅데이터에서 정말 중요한 것은 이러한 데이터가 많다는 것을 이해하는 것이다. 대부분은 비즈니스에 전혀 가치가 없지만, 그중에는 보석 같은 정보도 있고 알짜배기 정보도 있다. 사람들은 그 정보를 데이터 웨어하우스에 있는 기존 트랜잭션 데이터와 통합하여 더 나은 비즈니스 의사결정을 내리고 회사의 수익을 향상하고자 한다.

빅데이터 적용 사례

IBM은 디지털 비즈니스에서 활용할 수 있는 다양한 유형의 실시간 데이터 변환에 대해 다음과 같은 간단한 예를 들었다.

- 매일 생성되는 12테라바이트의 트윗을 더 나은 제품 감성 분석으로 전환한다.
- 연간 3,500억 건의 검침표를 변환하여 전력 소비를 보다 정확하게 예측한다.
- 부정행위 적발과 같은 과정에서는 빅데이터의 가치를 극대화하기 위해 기업 내부로 유입된 단계부터 활용해야 한다.
- 하루 5억 건의 통화 내역을 실시간으로 분석하여 고객 이탈을 빠르게 예측한다.

스마트인사이츠(2013)는 멘델슨이 제시한 빅데이터 애플리케이션의 세 가지 예를 인용했다. 이를 통해 빅데이터 애플리케이션은 대부분 데이터 웨어하우스에 저장된 고객의 구매 거래에 대한 기존 데이터를 기반으로 구축되는 경우가 많지만, 추가적인 유형의 데이터를 도입하고 있다는 것을 알 수 있다.

1. 자동차 보험 부문의 예

멘델슨에 따르면 이 회사는 이미 엑사데이터(Exadata) 데이터 웨어하우스를 통해 고객, 사고, 보험 계약 정보 등 모든 거래 보험 정보를 수집하고 있다.

> 그들이 원하는 것은 그 데이터를 자동차에서 얻을 수 있는 새로운 종류의 데이터로 강화하는 것이다. 현재 자동차에는 센서가 장착되어 있어 그곳에서 무슨 일이 일어나고 있는지 당신의 모든 움직임을 포착하고 있다. 이러한 정보를 이용하여 고객의 실제 운전 행동을 조사하고, 보험료율과 운전 습관을 더 잘 이해하며, 고객이 더 잘 운전할 수 있도록 돕는다. 이는 전형적인 사용 사례라고 할 수 있다. 그래서 이 회사는 엑사데이터 시스템을 BDA(Big Data Appliance)로 보강하는 데 관심을 갖고 있다.

2. 여행자 보험 부문의 예

이 회사는 다양한 유형의 휴가를 비교하고 제공하는 온라인 기업이다. 이미 고객에 대한 모든 거래 데이터를 확보하여 어떤 여행을 구매했는지 알 수 있다.

> 그들이 원하는 것은 정보를 자사 사이트에서 일어나고 있는 일로 보강하는 것이다. 웹 로그를 수집하고, 소셜 미디어 데이터를 수집하여 고객이 무엇을 하고 있는지, 어떤 여행을 할 것으로 예상되는지 더 잘 이해하며, 그 정보를 고객의 과거 거래에 대한 기존 정보와 결합하여 고객에게 더 나은 프로모션을 제공하고 비즈니스를 성장시키는 데 도움을 주고자 한다.

3. 게임 부문의 예

이 회사는 다양한 종류의 게임기 및 인터넷 게임을 판매하는 사업을 하고 있으며, 그 정보를 분석하기 위한 대규모 엑사데이터 데이터 웨어하우스를 보유하고 있다. 이 회사는 엑사데이터 데이터 웨어하우스를 비즈니스 의사결정 분석으로 보강하려고 하며, 고객 간의 관계를 이해하고자 한다. 게임에서 정말 흥미로운 것 중 하나는 사람들이 함께 게임을 한다는 것이다. 그리고 함께 게임을 하는 사람들의 소셜 네트워크를 이해하고 싶어 한다. 네트워크에서 한 사람이 무언가를 하고 싶어 하면 다른 사람들도 그것을 하고 싶어 할 가능성이 높기 때문이다. 그래서 정보를 이용하여 게임 공간에서 더 나은 정보를 상향 판매할 수 있는 것이다. 회사 측은 이렇게 말했다. "단순히 데이터를 통합하는 것만으로는 가치를 창출할 수 없다. 분석 모델링과 그 결과물을 해석할 수 있는 도구가 필요하다. 데이터 기반 최적화(예: 직원 스케줄, 배송 네트워크)나 예측(예: 항공편 지연, 구매 이력이나 웹사이트에서의 행동으로 고객이 무엇을 원하는지, 무엇을 할 것인지)이 가능하려면 고도의 분석 모델이 필요하다. 그리고 모델이 어떤 비즈니스 가치를 창출하는지, 누가 그것을 사용해야 하는지, 모델이 기업 전체로 확장될 때 모순이나 불필요한 확산을 어떻게 피할 수 있는지를 파악하는 계획도 필요하다." 또한 의사결정 지원 도구의 중요성도 언급했다.

> 모델링의 결과물은 놀라울 정도로 풍부할 수 있지만, 관리자나 현장 직원들이 이를 이해하고 활용할 수 있을 때만 가치가 있다. 너무 복잡한 결과물은 그들을 압도하거나 심지어 불신하게 만들 수도 있다. 필요한 것은 데이터를 일상적인 프로세스에 통합하고 모델링 결과물을 구체적인 비즈니스 행동으로 전환할 수 있는 직관적인 도구이다. 예를 들어 직원 스케줄링을 위한 명확한 인터페이스, 콜센터 상담원을 위한 세밀한 교차 판매 제안, 마케팅 관리자가 실시간으로 할인에 대한 의사결정을 내릴 수 있는 방법 등이 있다.

중요한 설계상의 문제는 이러한 거래에 대한 정보를 어떻게 유용하게 활용하여 시스템의 효과와 비즈니스 기여도를 향상할 수 있는가 하는 것이다. 10장에서는 판매 측 전자상거래 시스템의 효율성을 분석하고 개선하는 데 웹 분석 시스템이 어떻게 활용되고 있는지 알아본다.

독립적인 분석 시스템도 있지만, 대기업은 웹 분석 정보를 사내 영업 및 주문 시스템과 통합하여 데이터 웨어하우스를 구축해야만 가용한 통찰력을 활용할 수 있음을 알아가고 있다.

파트너 간 협업을 통해 더 많은 제품이 사물 인터넷을 지원하게 될 것이다. 예를 들어 사물 인터넷 업체인 에브리싱(EVRYTHING)과 라벨 업체인 에이버리데니슨(Avery Dennison)의 협약에 따라 36개월 동안 최소 100억 개의 의류 및 신발 제품이 웹 지원 #BornDigital 물리적 제품으로 시장에 출시될 예정이다(EVRYTHING, 2017). 미니 사례 연구 9.6을 참

미니 사례 연구 9.6 IoT 지원 위스키로 개인화된 메시지를 보내는 디아지오브라질

디아지오브라질(Diageo Brasil)은 10만 병의 위스키를 인터넷에 연결하여 아버지의 날에 아버지에게 일대일 개인 디지털 영상 메시지를 보내는 데 사용함으로써 아버지를 축하하는 음료로 포지셔닝하기로 했다. 위스키를 선물하는 사람은 자기 마음대로 메시지를 개인화할 수 있었다. 이는 사실상 제품을 강화하는 광고 메시지를 작성하도록 요청하는 참여형(및 대규모 크라우드소싱) 크리에이티브의 한 예가 되었다.

그 결과 디아지오브라질은 아버지의 날에 매출이 72% 증가하고 캠페인 비용을 5배 이상 회수했다. 또한 이 캠페인은 브랜드를 혁신적으로 표현하고 위스키를 아버지의 날에 완벽한 선물로 포지셔닝하여 향후 몇 년 동안 이익을 안겨줄 수 있었다. 이 캠페인은 IAA(International Advertising Associations)로부터 최우수상을 수상하기도 했다.

출처: http://thedigitals.storystream.it/the-digitals-2013/items/67934/evrythng-for-diageo(2018년 5월 접속)

조하라.

Porter와 Heppelman(2015)에 따르면 가전제품부터 산업 장비에 이르기까지 모든 커넥티드 제품은 세 가지 핵심 요소를 공유한다. 이는 '물리적' 구성 요소(기계 및 전기 부품 등), '스마트' 구성 요소(센서, 마이크로프로세서, 데이터 스토리지, 제어 장치, 소프트웨어, 임베디드 운영체제, 디지털 사용자 인터페이스), '연결성' 구성 요소(원격 서버에서 작동하고 제품의 외부 운영체제를 포함한 제품 클라우드와 통신할 수 있는 포트, 안테나, 프로토콜, 네트워크)이다. 커넥티드 제품은 인프라와 함께 다음과 같은 새로운 제품 기능을 제공한다. 첫째, 제품은 자신의 상태와 환경을 스스로 모니터링하고 보고할 수 있다. 둘째, 사용자는 원격으로 제품을 제어하고 커스터마이징할 수 있다. 셋째, 최적화 알고리즘을 통해 제품의 성능, 가동률, 가동 시간을 크게 향상할 수 있다.

그렇다면 커넥티드 제품의 마케팅 활용 방안에는 어떤 것들이 있을까? 일반적으로 다음과 같이 언급되고 있다.

- **미디어로서의 제품**: 스크린이 있는 커넥티드 제품 중 일부는 광고에 활용될 수 있으며, 개인화된 제품이라면 그 가치가 더욱 높아질 것이다. 미니 사례 연구 9.6에서 소개했듯이 제품 팩에 부착된 IoT 지원 태그는 정보, 엔터테인먼트, 제안에 연결될 수 있다. 또 다른 사례로 리베카민코프(Rebecca Minkoff)는 미래의 모든 가방을 스마트 가방으로 만들겠다고 발표했다. 이 코드를 통해 고객은 리베카민코프의 한정된 혜택과 경험을 잠금 해제하고, 자동으로 로열티 프로그램 자격을 얻게 된다. 또한 전자상거래 서비스, 개인 스타일링 세션, 스타일 추천, 동영상 콘텐츠, 다음 패션쇼 초대 등 다양한 혜택을 받을 수 있다.
- **서비스로서의 제품**: '스마트홈' 제어 제품이 그 예이다. 이러한 서비스는 모바일 앱 또는 데스크톱 앱으로 관리되는 경우가 많다. 이는 월별 청구서라는 전통적인 시스템 대신 적시에 알림을 제공함으로써 청중의 관심을 유지할 수 있는 기회를 제공한다.
- **연결된 생태계로서의 제품**: 홈킷(Homekit), 네스트(Nest), 스마트싱스(SmartThings), 윙크(Wink) 등 시장에서 인기 있는 스마트홈 IoT 클라우드가 점점 더 많이 등장하고 있다. 새로운 가전제품은 기존 제품 및 이들과 통합된 다른 제품과의 상호 운용을 지원해야 한다.

전자상거래의 고객관계 관리

앞에서는 순 프로모터 점수를 다루었는데, 여기서는 반복 구매와 고객 지지를 유도하기 위한 고객관계 구축 접근법을 살펴본다. CIO 매거진(Wailgum, 2017)은 고객관계 관리(CRM) 시스템을 다음과 같이 설명했다.

> CRM 시스템은 이메일, 웹사이트, 오프라인 매장, 콜센터, 모바일 판매, 마케팅, 광고 활동 등 다양한 출처에서 수집한 고객 정보를 연계한다. CRM 데이터는 업무 시스템(판매 및 재고 시스템 등)는 CRM 데이터의 패턴을 선별하는 분석 시스템과 연결된다.

효과적인 CRM 전략은 다음과 같이 기업의 수익을 증가시킬 수 있다.

- 고객이 원하는 제품과 서비스를 제공한다.
- 더 나은 고객 서비스를 제공한다.
- 제품의 교차 판매를 보다 효과적으로 수행한다.
- 영업 직원이 더 빨리 거래를 완료할 수 있도록 지원한다.
- 기존 고객을 유지하고 신규 고객을 발굴한다.

CRM을 지원하는 기술의 활용은 디지털 비즈니스의 중요한 요소이다. 지속 가능한 비즈니스를 위해서는 고객과의 장기적인 관계 구축이 필수적이다. 고객 확보에 막대한 비용을 투자한 많은 온라인 기업이 실패한 것의 주요 원인은 관계 구축의 실패였다. 그러나 Reichheld와 Schefter(2000)의 연구에 따르면 소매업에서 온라인 고객 확보는 매우 비싸기 때문에(기존 비즈니스보다 비용이 20~30% 더 높음) 이러한 스타트업은 적어도 2~3년 동안은 수익성이 떨어질 수 있다. 또한 온라인 기업은 단 5%라도 더 많은 고객을 유지함으로써 이익을 25%에서 95%까지 늘릴 수 있다. Reichheld와 Schefter는 다음과 같이 말했다.

> 고객의 충성도를 유지할 수 있다면 그 수익성은 기존 비즈니스보다 훨씬 더 빠르게 가속화된다. 고객에게 서비스를 제공하는 데 드는 비용은 점점 줄어들고 있다.

한편 고객 충성도와 수익성의 관계에 대해서는 Reinartz와 Kumar(2002)가 4개의 기업 데이터베이스를 분석한 결과를 통해 알 수 있듯이 다음과 같은 의문이 제기되고 있다.

> 오랫동안 꾸준히 특정 기업에서 구매하는 고객이 반드시 서비스 비용이 저렴하다거나, 가격 민감도가 낮다거나, 신규 비즈니스 확보에 특히 효과적이라는 증거는 거의 없었다.

충성도가 높은 고객이 가장 수익성이 높다는 단순한 가정에 따라 마케팅에 집중하는 기업은 잠재적으로 수익성이 높은 다른 고객을 공략할 수 있는 기회를 놓치게 된다는 것이 이들의 주장이다.

온라인 소매업체가 충성도를 창출하는 데 특히 중요한 CRM 기법이 있다.

- **브랜드 선호도 육성**: 소셜 미디어 스트림과 이메일 마케팅을 통해 달성할 수 있다. 브랜드의 긍정적인 특징을 부각함으로써 브랜드에 대한 관심을 높일 수 있다.
- **재판매**: 기존 고객에게 유사한 제품을 판매하는 것을 말한다. B2B 환경에서는 재구매 또는 수정 재구매이며, 특히 중요할 수 있다.
- **교차 판매**: 처음 구매한 제품과 연관성이 높은 제품을 추가로 판매한다.
- **상향 판매**: 교차 판매의 하위 범주이지만, 이 경우에는 더 비싼 제품을 판매한다.
- **재활성화**: 한동안 구매하지 않았거나 유효 기간이 만료된 고객에게 재구매를 유도할 수 있다.
- **소개**: 기존 고객의 추천을 통해 매출을 창출할 수 있다.

고전적인 디지털 CRM은 기업이 이를 활용하여 소비자의 '지갑 점유율' 또는 'share of throat'를 높이는 데에만 혈안이 된다는 비판을 받지만, 때로 CRM은 선한 변화를 위한 힘으로 활용될 수도 있다. 미니 사례 연구 9.7에서는 서아프리카의 아동 노동을 줄이기 위한 캠페인에 디지털 플랫폼을 활용하고 있는 한 윤리적 브랜드를 소개한다.

마케팅에의 고객관계 관리 적용

네 가지 활동을 지원하는 CRM 시스템은 다양한 마케팅 애플리케이션으로 구성되어 있다.

- **영업 인력 자동화**: 영업 담당자는 고객 문의 및 방문을 주선하고 기록하는 도구를 통해 계정 관리 및 전화 영업을 지원받는다.
- **고객 서비스 관리**: 콜센터 담당자는 인트라넷을 통해 고객, 제품, 과거 문의에 대한 정보가 포함된 데이터베이스에 접속하여 고객의 정보 요청에 대응한다.
- **판매 프로세스 관리**: 전자상거래 사이트를 통해 또는 B2B의 환경에서는 판매 프로세스를 기록하여 영업 담당자를 지원함으로써 가능하다.
- **캠페인 관리**: 광고, 다이렉트 메일, 이메일 및 기타 캠페인을 관리한다.
- **분석**: 데이터 웨어하우스와 같은 기술, 이 장에서 후술할 데이터 마이닝과 같은 접근 방식을 통해 고객의 특성, 구매 행동, 캠페인 등을 분석하여 마케팅 믹스를 최적화할 수 있다.

웹의 양방향성과 이메일 커뮤니케이션의 조합은 고객과의 관계를 발전시키기 위한 이상적인 환경을 제공하며, 데이터베이스는 관계에 대한 정보를 저장하고 개선된 개인화 서비스로 관계를 강화하기 위한 정보를 제공하는 기반이 된다. 이러한 CRM에 대한 디지털 접근 방식은 한동안 eCRM으로 알려졌으나, 지금은 단순히 CRM이라고 한다.

Payne(2008)에 따르면 eCRM은 다음과 같이 정의할 수 있다.

> 고객 가치와 기업 수익성을 향상하고 이를 통해 주주 가치를 극대화하기 위해 세심하게 타기팅된 고객과의 관계를 구축·개발·강화하려는 비즈니스 접근 방식이다.

미니 사례 연구 9.7 디지털 CRM으로 목적 지향적인 브랜드를 구축한 토니스초콜론리

초콜릿을 제조·판매하는 토니스초콜론리(Tony's Chocolonely)는 2005년 네덜란드에 설립된 윤리적 B-코퍼레이션이다. 이 회사는 불공정한 보상, 착취, 콩 원산지 및 재배 조건의 투명성 부족과 같은 카카오 농장의 노동자 문제 상황을 해결함으로써 전 세계 초콜릿을 100% 노예 없는 초콜릿으로 만들기 위해 노력하고 있다.

브랜드명은 창립자인 네덜란드 언론인 퇸 판데르쾨컨(Teun van der Keuken)의 이름을 영어로 표기한 것으로, 'Chocolonely'는 카카오 산업의 불평등에 맞서 싸우는 전사라는 의미의 별명이다. 2000년대 초에 판데르쾨컨은 초콜릿 생산 현장을 취재하러 서아프리카에 갔다. 취재 과정에서 그는 현지 노동자의 열악한 노동 조건, 즉 생활 임금에 못 미치는 임금, 현대판 노예제, 아동 노동을 폭로했다. 귀국 후 그는 초콜릿 바를 먹었다는 이유로 현지 경찰에 체포해달라고 요청했다. 그리고 현지 판사에게 아동 노예를 지원한 죄로 유죄를 선고해달라고 요구했다.

2005년, 그는 다른 언론인들과 함께 공정 무역, 100% 추적 가능한 윤리적 초콜릿 브랜드인 토니스초콜론리를 설립했다. 웹사이트, 이메일, 소셜 미디어 활동 그리고 무엇보다도 오프라인 홍보 활동의 지원과 지지를 통해 광고에 전혀 투자하지 않고도 네덜란드 초콜릿 시장에서 두 자릿수 점유율을 달성했다.

2020년에 토니스초콜론리는 본국인 네덜란드뿐만 아니라 벨기에, 덴마크, 핀란드, 독일, 스웨덴, 영국, 미국에서도 판매되었다. 2018년 네덜란드 시장 점유율은 19%로, 다국적 기업인 베르카더(Verkade), 마스(Mars), 네슬레를 제치고 1위를 차지했다.

이 회사는 브랜드 인지도를 높이기 위해 다양한 온라인 접근 방식을 활용하고 있다.

- 동영상 마케팅이 소셜 공유에 널리 활용되고 있으며, 2016년에는 초콜릿 업계의 노동 관행에 대한 1시간 30분짜리 조사 다큐멘터리를 발표하기도 했다. 가나, 시에라리온 출신 부모를 둔 유명인 이드리스 엘바(Idris Elba)가 내레이션을 맡은 이 동영상은 소비자가 브랜드의 사명에 관심을 가져야 하는 이유, 이 활동을 지원하기 위해 무엇을 할 수 있는지를 설명한다.
- 웹사이트는 친구나 가족과 브랜드를 공유할 수 있는 개별화된 포장지를 제공한다.
- 온라인 스토어에서 대량 구매 시 무료로 배송해준다.
- 윤리적 콘텐츠 캘린더를 비롯한 기타 온라인 캠페인을 벌인다.
- 서명 운동과 옹호자를 위한 뉴스레터에 이메일을 사용한다.
- 동영상 및 기타 소셜 업데이트를 통한 캠페인에 소셜 미디어를 활용한다.

CRM의 개념은 현재 마케팅 사고에 널리 퍼져 있으며 충성도와 수익성을 높이는 전술에 대한 귀중한 프레임워크를 제공하지만, 고객이 기업과의 거래를 보는 방식을 정확하게 반영하지 못할 수도 있다. O'Malley와 Tynan(2001)은 장기적인 관계와 파트너십의 개념이 소비자 마케팅보다 B2B 마케팅에 더 잘 적용될 수 있다고 지적했다.

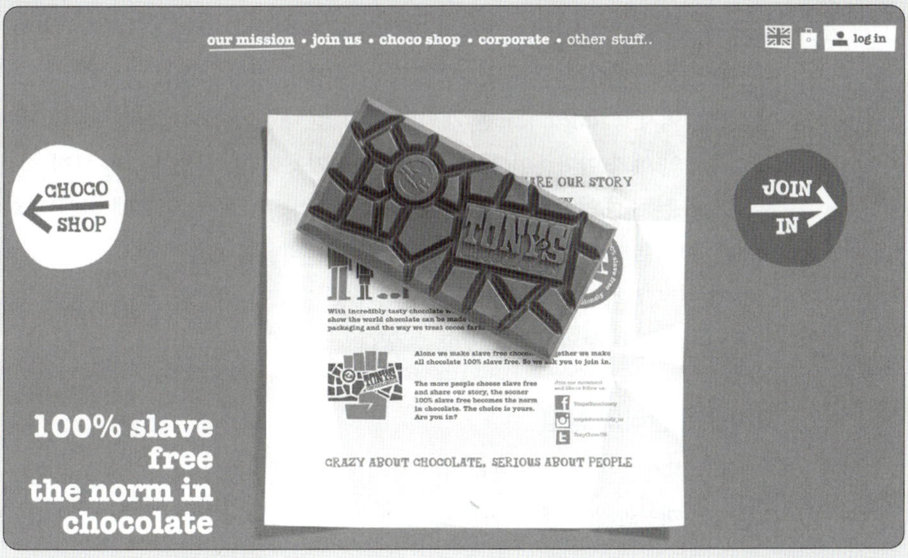

그림 9.19 토니스초콜론리

출처: www.chocoloney.com

CRM의 범위에 포함되는 디지털 마케팅 활동에는 다음과 같은 것들이 있다.

- 웹사이트와 온라인 소셜 미디어를 활용하여 고객을 발굴하고, 리드 생성에서 이메일과 웹 콘텐츠를 통해 온라인 또는 오프라인 판매로 전환하여 구매를 유도한다.
- 고객 프로파일 정보 및 이메일 목록의 품질을 관리한다(타기팅이 가능하도록 이메일 주소의 범위와 다른 데이터베이스의 고객 프로파일 정보를 통합한다).
- 모바일, 이메일, 소셜 네트워크를 통해 고객과의 접촉 옵션을 관리하고, 상향 판매와 교차 판매를 지원한다.
- 타기팅을 개선하기 위해 데이터 마이닝을 활용한다.
- 온라인 개인화 또는 매스 커스터마이징 기능을 제공하고, '차선책'을 자동으로 추천한다.
- 온라인 고객 서비스 기능(예: FAQ, 콜백, 채팅 지원)을 제공한다.
- 온라인 서비스 품질을 관리하고, 처음 구매하는 고객이 다시 구매하고 싶게 만드는 훌륭한 고객 경험을 제공한다.
- 구매 프로세스 및 고객 생애주기의 일환으로 다양한 미디어를 활용한 멀티채널 고객 경험을 관리한다.

eCRM과 겹치는 분야는 고객 조사, 소셜 미디어를 통한 신규 고객 발굴, 소셜 미디어를 통한 고객 서비스 관리이다.

Sharma와 Sheth(2004)는 매스 마케팅에서 벗어나 현재 널리 알려진 일대일 마케팅 또는 고객 중심 마케팅으로의 전환 추세를 강조했다. 이들은 e채널이 상대적으로 저렴한 비용으로 고객에게 적절한 메시지와 제안을 전달할 수 있다는 것이 이점이라고 지적했다. 또한 제품 커스터마이징을 지원하는 데에도 활용할 수 있다. 이들은 특정 고객의 요구에 따라 '주문형'으로 각 PC를 제조 및 판매하는 델의 모델을 예로 들었다. 이러한 변화의 또 다른 측면은 온라인에서 웹 마케터가 고객의 과거와 현재 행동을 추적하여 향후 구매를 유도하는 맞춤형 커뮤니케이션을 할 수 있다는 것이다. 이러한 접근 방식은 리버스 마케팅의 또 다른 측면이자, CRM의 중요한 개념인 감지 및 대응 커뮤니케이션으로 특징지을 수 있다. 그 대표적인 예가 아마존이 제공하는 개인화 기능이다. 또한 기업은 보험 회사에서 사용하는 견적 또는 소매업체에서 사용하는 버려진 장바구니와 같은 고객 이벤트 후에 구매를 유도하기 위해 트리거 또는 후속 이메일 활동을 준비할 수 있다.

CRM 프로그램은 고객 중심의 전체 마케팅 전략 중 일부가 되어야 한다. 따라서 두 가지 접근 방식은 상호 보완적이라고 할 수 있다.

고객관계 관리의 장점

관계 마케팅에 인터넷을 활용하려면 고객 데이터베이스와 웹사이트를 통합하여 관계를 타기팅하고 개인화해야 한다. 이를 통해 마케팅을 다음과 같이 개선할 수 있다.

- **비용 효율적인 타기팅**: 전통적인 타기팅에 해당하는 다이렉트 메일의 경우, 모든 사람이 목표 시장에 있는 것은 아니라는 기준에 따라 작성된 메일링 목록을 기반으로 하는 경우

가 많다. 예를 들어 새로운 부유층을 확보하고자 하는 기업은 우편번호를 사용하여 적절한 인구통계의 지역을 타기팅할 수 있지만, 지역 내 인구가 이질적일 수 있다. 불충분한 타기팅의 결과로 응답률이 낮을 것이다. 인터넷은 연락처 목록이 자기 선택적이거나 사전 자격이 있다는 것이 장점이다. 기업은 웹사이트를 방문하고 이름과 주소를 등록하여 자사 제품에 관심을 보인 사람들과만 관계를 맺는 것을 목표로 한다. 웹사이트를 방문하고 열람하는 행위는 타깃 고객이 될 수 있음을 의미한다. 이처럼 관계 구축의 대상이 되는 신규 고객을 확보하려면 고객을 웹사이트로 유인하고, 기업이 오퍼를 제공하고 등록하게 하는 접근 방식이 필요하며, 이는 전통적인 타기팅과는 근본적으로 다르다.

- **마케팅 메시지(경우에 따라서는 제품)의 대량 맞춤화**: 이 프로세스는 뒤에서 설명하겠다. 기술을 통해 다이렉트 메일보다 훨씬 저렴한 비용으로 맞춤형 이메일을 보낼 수 있으며, 더 작은 고객 집단(초세분 시장)에 맞춤형 웹페이지를 제공할 수도 있다.
- **관계의 깊이, 넓이, 성격 강화**: 인터넷이라는 매체의 특성상 필요에 따라 고객에게 더 많은 정보를 제공할 수 있다. 고객과의 접촉 빈도를 늘리면 관계의 성격을 바꿀 수 있다. 고객과의 접촉 빈도는 고객 스스로 결정할 수도 있다(개인화된 페이지에 접속할 필요가 있을 때 언제든지).
- **다양한 도구를 사용하여 고객 생애주기 전반에 걸쳐 학습 관계 형성**: 예를 들어 아마존 및 기타 소매업체의 도구는 그 자리에서 구매된 제품과 이러한 제품이 구매되기 전에 수행된 검색 행동을 요약한다. 고객이 무료 정보를 요청할 때 사이트 및 제품에 대한 온라인 피드백 양식을 작성한다. 온라인 고객 서비스 기능에 양식 또는 이메일을 통해 질문한다. 상품 카테고리에 대한 관심이나 경쟁사에 대한 의견을 묻는 온라인 설문지를 작성한다. 신상품 개발에 대해 평가한다(신제품 프로토타입에 대한 의견을 제시한다).
- **저렴한 비용**: 이메일 또는 웹페이지를 보는 고객과 접촉하는 것은 실제 우편물을 사용하는 것보다 비용이 덜 들지만, 더 중요한 점은 정보를 원한다고 밝힌 고객에게만 정보를 보내야 하기 때문에 우편물 발송 횟수가 줄어든다는 것이다. 개인화 기술을 구입하면 대부분의 타기팅과 커뮤니케이션을 자동으로 수행할 수 있다.

고객 참여 전략

모든 유형의 사이트에서 주목을 끌 수 있는 기회를 찾기가 어렵기 때문에 고객 참여라는 개념이 등장했고, 이는 디지털 마케터가 점점 더 많은 관심을 기울이는 중요한 과제가 되었다. 스케이프(cScape, 2008)는 고객 참여를 다음과 같이 설명했다.

> 고객이 브랜드에 대한 정서적·심리적·물리적 투자를 강화할 수 있는 상호작용을 반복하는 것이다.

한편 Haven(2007)은 다음과 같이 정의했다.

> 브랜드에 대한 개인의 참여, 상호작용, 친밀감, 영향력 수준

디지털 미디어와 웹의 성장이 가져온 커뮤니케이션의 가장 큰 차이점은 고객과의 대화가

커뮤니케이션의 필수적인 부분이라는 것이다. 오늘날에는 소셜 미디어를 통해 소비자의 참여를 적극적으로 관리하는 것이 필수로 여겨지고 있다.

퍼미션 마케팅

퍼미션 마케팅 고객이 기업의 마케팅 활동에 참여하는 데 동의(옵트인)하는 것

중단 마케팅 고객의 활동을 방해하는 마케팅 커뮤니케이션

퍼미션 마케팅(permission marketing)은 CRM과 온라인 고객 참여의 실용적인 기초를 형성하는 확립된 접근 방식으로, 세스 고딘(Seth Godin)이 만든 용어이다. 그는 이전에는 개인들이 하루에 500개의 마케팅 메시지에 노출되었으나, 웹과 디지털 TV의 등장으로 현재는 하루에 3,000개 이상의 메시지에 노출된다고 밝혔다(Godin, 1999). 조직의 관점에서 보면 이는 메시지의 효과를 희석시키는 결과를 초래한다. 고객의 입장에서 보면 시간은 점점 더 짧아지고, 인내심을 잃어가며, 관심·시간·정보에 대한 보상을 기대하게 된다. 고딘은 전통적인 접근 방식을 **중단 마케팅**(interruption marketing)이라고 일컬었다.

소셜 미디어 마케팅의 성장에도 불구하고 퍼미션 마케팅은 소셜 미디어와 통합될 때 잘 작동하는 현대 디지털 미디어의 핵심 개념이다. 소비자 브랜드부터 소매업체, 여행사, B2B 스타트업에 이르기까지 모든 기업은 사이트 방문자가 이메일에 등록하고 이후 관계를 발전시키기를 바란다. 오늘날에 이는 인바운드 마케팅으로 알려져 있으며, 퍼미션 마케팅이 검색엔진 최적화, 소셜미디어 등 디지털 마케팅 기법과 어떻게 조화를 이루는지 설명한다. 인바운드 마케팅은 고객과 관계를 맺고 그 대가로 무언가를 제공하기 전에 고객의 허락을 구하는 것이다. 고전적인 교환은 정보와 엔터테인먼트를 기반으로 한다. B2B 사이트는 고객이 이메일 주소를 공유하는 대신 무료 보고서를 제공할 수 있고, B2C 사이트는 귀중한 콘텐츠나 제안이 담긴 뉴스레터를 제공할 수 있다.

전자상거래 관점에서 고객이 웹 양식의 체크박스에 표시하고 기업으로부터 지속적인 커뮤니케이션을 받는 데 동의하면 고객은 관계를 맺는 데 동의한 것이다. 이를 옵트인이라고 한다. 이는 고객이 의식적으로 향후 정보를 받지 않기로 동의하는 상황(옵트아웃)보다 바람직하다. 많은 국가에서는 스팸메일을 막기 위해 고객이 통신을 받기 전에 옵트인을 요구하고 옵트아웃을 포함하도록 의무화하는 데이터 보호법이 도입하고 있다. 사실상 법은 퍼미션 마케팅을 모범 사례로 의무화하고 있는 것이다.

고딘은 퍼미션 마케팅에서 인센티브의 중요성은 강조했다. 그는 고객 확보 및 유지 과정을 누군가와 데이트하는 것에 비유했다.

1. 잠재고객에게 자원봉사를 할 수 있는 동기를 부여한다.
2. 잠재고객이 제공하는 관심을 이용하여 시간을 들여 커리큘럼을 제공하고 소비자에게 제품 및 서비스에 대해 가르친다.
3. 잠재고객이 허가를 유지할 수 있도록 인센티브를 강화한다.
4. 소비자로부터 더 많은 허가를 받기 위해 더 많은 인센티브를 제공한다.
5. 시간을 두고 소비자의 행동을 이익으로 바꿀 수 있는 권한을 활용한다.

각 단계별 인센티브의 중요성에 주목하라. 관계를 시작할 때 그리고 관계 전반에 걸쳐 인센티브를 활용하는 것이 관계 성공의 열쇠이다. 다음 절에서 설명하겠지만, 이메일은 퍼미션

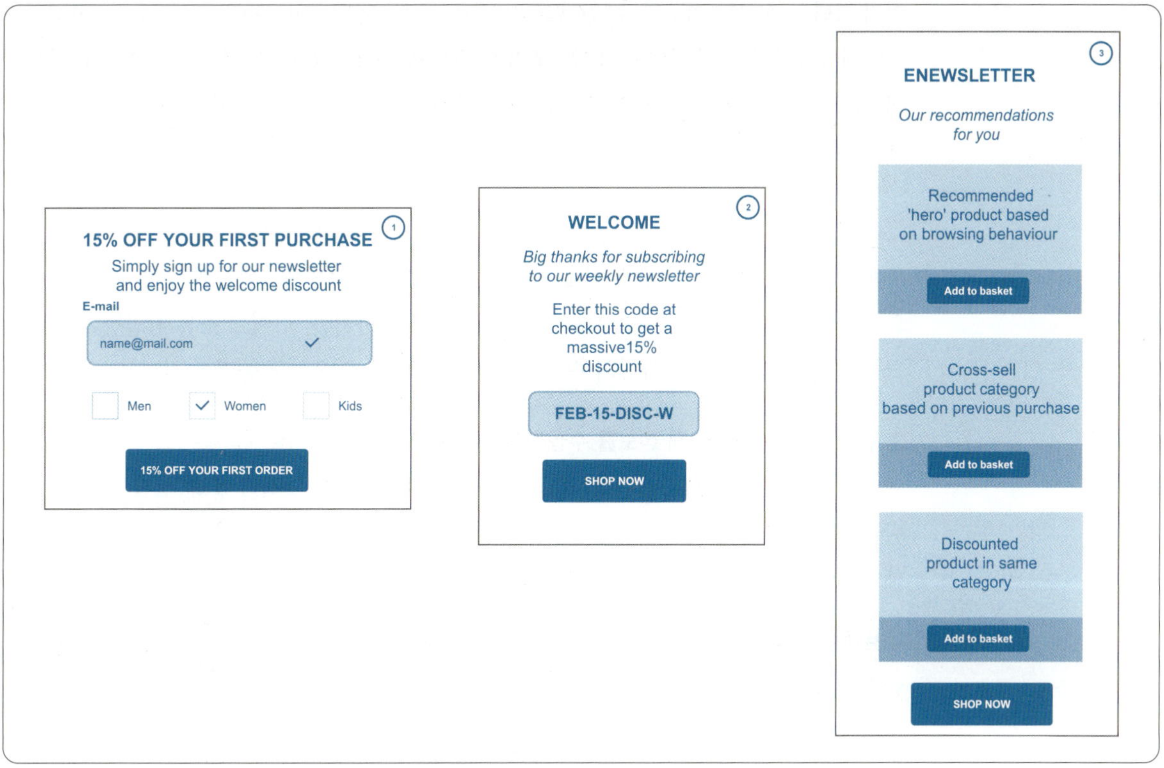

그림 9.20 퍼미션 기반 온라인 관계 구축의 효과적인 프로세스를 정리한 와이어프레임

마케팅에서 기업과 고객 간의 대화를 유지하는 데 매우 중요하다.

그림 9.20은 고객 생애주기의 여러 단계에 걸쳐 참여를 지원하는 퍼미션 기반 온라인 관계 구축을 위한 일반적이고 효과적인 프로세스의 개요를 보여준다. 이는 소매업의 예이지만, B2B 마케팅에서는 가령 조언이 담긴 백서에의 접근에 대한 대가로 이메일 주소를 제공하는 등 다른 유형의 가치 교환에서 유사한 접근 방식을 사용할 수 있다.

프로세스는 다음과 같다.

1. 신규 및 기존 고객을 온라인 프레젠스로 유도한다.

검색, 소셜 미디어 마케팅, 다이렉트 메일 등 9장에서 설명한 디지털 인바운드 커뮤니케이션 및 오프라인 커뮤니케이션 채널은 웹사이트, 페이스북 또는 옵트인을 가능하게 하는 앱과 같은 다른 형태의 프레젠스로 방문자를 유도하는 데 사용된다. B2B 마케팅에서는 구글 애즈나 링크드인 광고와 같은 유료 미디어를 통해 방문자를 전용 랜딩 페이지로 유도할 수 있다.

리드 생성 오퍼 고객이 연락처나 특징을 알려주는 대가로 제공된다. B2B 마케팅에서 보고서, 세미나 등의 무료 정보를 제공하는 데 자주 사용된다.

세일즈 생성 오퍼 제품 체험을 유도하며, 구매와 교환할 수 있는 쿠폰이 대표적인 예이다.

2. 방문자에게 행동을 유도하고 인센티브를 제공한다.

고려해야 할 두 가지 주요 인센티브 유형은 **리드 생성 오퍼**(lead generation offer)와 **세일즈 생성 오퍼**(sales generation offer)이다. B2C 시장에서 일반적으로 사용되는 '라이트박스' 또는 '팝업'은 사이트 방문자가 오퍼를 보고 반응할 수 있게 한다. 눈에 잘 띄지 않는 페이지 하단의 패널도 이용할 수 있다.

마케팅 담당자가 고안할 수 있는 오퍼의 종류에는 정보적 가치, 오락적 가치, 금전적 가치, 정보에 대한 특권적 접근 등이 있다. 디지털 마케팅의 장점은 AB 테스트 또는 다변량 테스트를 통해 잠재고객마다 다른 오퍼를 테스트하고, 반응을 높이기 위해 오퍼를 개선할 수 있다는 것이다.

방문자의 관심을 끌기 위한 콜투액션이나 팝업은 전환율을 높일 수 있다. 예를 들어 그림 9.20의 팝업은 데이브 채피가 몇 년 동안 저항했지만 스마트인사이츠에 도입한 후 리드 전환이 40% 증가했다. 많은 웹 사용자는 팝업을 귀찮아하지만, 사이트 소유자 입장에서는 리드를 증가시키기 때문에 팝업의 수가 증가하고 있으며, 앞으로도 증가할 것이다.

3. 관계 유지를 위해 고객 정보를 수집한다.

프로필 정보 수집은 그림 9.20의 라이트박스와 같은 온라인 양식을 통해 수집하는 것이 일반적이다. 이러한 양식은 작성률을 극대화할 수 있도록 설계하는 것이 중요하다. 이때 고려해야 하는 주요 요소는 다음과 같다.

- **브랜딩**: 고객을 안심시키는 브랜딩이어야 한다.
- **주요 프로파일 정보**: 고객을 세분화하기 위해 가장 중요한 정보를 포함한다. 우편번호, 공항, 좋아하는 활동 등(너무 많은 질문은 하지 않는 것이 좋음)이 해당한다.
- **필수 항목**: 반드시 작성해야 하는 항목에 표시한다.
- **프라이버시**: 세부 정보 유출에 대한 고객의 두려움에 대응하는 문구(우리는 고객 정보를 공유하지 않습니다)를 제시하며, 완전한 개인 정보 보호 정책은 필요한 모든 사람이 이용할 수 있게 해야 한다.
- **KISS**(Keep it simple, stupid): 단순하게, 멍청하게
- **WIFM**(What's in it for me?): 무엇을 위해, 왜 고객 데이터를 수집하는지, 그것이 고객에게 어떤 이익을 가져다주는지 설명한다.
- **검증**: 이메일, 우편번호 등의 데이터를 가능한 한 정확하게 확인한다.

온라인 데이터 수집뿐만 아니라 모든 고객 접점을 통해 정보를 수집하고 항상 최신 정보를 유지하는 것이 중요하다.

고객 프로파일링 웹사이트를 통해 고객의 특정 관심사나 특성을 파악할 수 있다.

연락처 정보 외에 수집해야 할 중요한 정보는 **고객 프로파일링**(customer profiling)을 통해 관련 콘텐츠와 오퍼를 전달하는 것이다.

라이브 채팅

온라인 쇼핑을 하는 고객의 과제 중 하나는 많은 고객이 실시간으로 질문에 답할 수 있는 누군가와 단절되어 있다는 것이다. 최근 몇 년 동안 이 문제는 라이브 채팅 지원을 제공하는 디지털 비즈니스의 증가를 촉진하고 있다.

온라인 채팅 시스템은 고객에게 즉각적인 도움에 대한 즉각적인 액세스를 제공하며, 대기 시간이 콜센터보다 훨씬 짧은 경우가 많다. 비즈니스 관점에서 볼 때 라이브 채팅 소프

트웨어는 특히 비용 절감으로 이어진다.

- 평균 인터랙션 비용을 낮춰 콜센터 비용을 절감할 수 있다.
- 라이브 채팅 담당자가 동시에 여러 개의 채팅을 처리할 수 있도록 함으로써 더 많은 인력을 고용할 필요성을 줄이고 효율성을 향상할 수 있다.

사례 연구 9.2 안경 산업을 혁신한 와비파커

와비파커(Warby Parker)는 와튼비즈니스스쿨에서 함께 MBA를 공부했던 닐 블루먼솔(Neil Blumenthal), 데이브 길보아(Dave Gilboa), 앤디 헌트(Andy Hunt), 제프 레이더(Jeff Raider)가 2010년에 설립한 회사로, 2022년까지 228만 명의 활성 고객을 확보했다. 5억 9,800만 달러의 매출을 달성했는데, 이는 고객 일인당 평균 매출 263달러에 해당한다.

데이브 길보아는 와튼비즈니스스쿨에 입학하기 전 여행을 하다가 700달러짜리 안경을 잃어버렸다. 당시에 그는 '안경이 왜 이렇게 비싸지?'라는 의문을 품게 되었다. 마침 닐 블루먼솔은 개발도상국 여성에게 안과 검진과 안경 판매를 가르치는 비전스프링(Vision Spring)이라는 비영리 단체를 5년 동안 운영하고 있었다. 안경 시장을 겪어본 그는 높은 가격을 정당화할 만큼 재료비가 높지 않다는 것을 깨닫게 했다.

그들은 룩소티카(Luxottica)가 안경 산업을 지배하고 있다는 알게 되었다. 이 이탈리아 기업은 연간 200억 달러의 매출을 올리며 레이밴(Rayban), 오클리(Oakley), 선글라스헛(Sunglass Hut), 프라다(Prada), 샤넬(Chanel) 등 업계 주요 브랜드의 80%를 장악하고 있었다. 업계 독점은 디자이너 안경의 가격이 치솟는 것을 의미했다.

와비파커 팀은 소매점, 렌즈를 3.5배나 비싸게 파는 중간 상인을 거치지 않고 소비자에게 직접 판매함으로써 절감된 비용으로 '수직 통합형 기업'을 설립하여 안경 산업을 혁신하기로 결심했다. 그들은 안경을 온라인으로 판매함으로써 이를 실현하기로 했다.

그러나 학교 친구들은 이 아이디어에 별로 흥미를 보이지 않았고, 사람들은 인터넷에서 안경을 사지 않을 것이라고 생각했다. 또한 첫 번째 피드백은 가격이 시장 평균보다 훨씬 저렴하기 때문에 소비자가 제품의 품질에 대해 회의적일 수 있다는 것이었다. 이 피드백에서 영감을 얻은 와비파커 팀은 고객이 구매하기 전에 집에서 안경테 5개를 무료로 착용해볼 수 있는 서비스를 고안했다.

첫 번째 컬렉션을 디자인할 때 그들은 세심한 주의를 기울여 3개 색상, 27개 모양으로 제품 라인업을 한정했다. 단초점 렌즈의 아세테이트 프레임으로 시작하여 1년 후 일반 선글라스와 도수가 있는 선글라스를 선보였다. 이듬해에는 티타늄과 혼합 소재의 프레임을 선보였다.

문제점이 기회로 바뀐 출시일

와비파커를 구상한 지 2년 후, 닐 블루먼솔은 《GQ》 잡지로부터 사업 관련 기사를 싣고 싶다는 연락을 받았다. 당시에는 웹사이트가 아직 공개되지 않았지만 창업자들은 3월호 잡지에 실릴 것으로 예상했다. 《GQ》는 와비파커를 '안경의 넷플릭스'라고 불렀고, 잡지가 발행된 지 48시간 만에 웹사이트에 95달러(의도적으로 100달러 이하로 책정)의 안경 주문이 쇄도했다. 주문이 폭주하여 '홈 트라이온(Home Try-On)' 프로그램을 중단할 수밖에 없었다.

웹사이트 출시가 빨랐기 때문에 '품절' 기능이 없었고, 고객은 제품이 매진된 후에도 주문했다. 이때 고객 대기자 명단이 2만 명에 달했다. 와비파커는 불과 3주 만에 첫해 매출 목표를 달성했다. 이러한 상황은 패닉을 불러일으켰지만 창업자들은 훌륭한 고객 서비스를 제공할 수 있는 기회라고 생각했다. 그들은 대기자 명단에 있는 모든 사람에게 개인 이메일을 보내 사과하고 문제를 설명했다. 그들은 이러한 개방적이고 솔직한 접근 방식으로 고객 서비스를 지속적으로 운영하고 있다.

한편 와비파커는 CRM 시스템을 사용하여 '홈 트라이온' 프로그램의 주문을 추적하고 처리한다.

브랜드 구축

블루먼솔은 항상 브랜드 구축이 중요하다고 생각해왔다. 브랜드 구축은 우리가 누구이고, 무엇을 위해 존재하는지를 명확히 하는 데 도움이 되며, 보다 '지키기 쉬운' 회사로 만들어준다.

레러히포벤처스(Lerer Hippeau Ventures)의 벤 레러(Ben Lerer)는 이렇게 말했다. "분명한 것은 그들이 소비자를 생각하는 정도가 크다는 것이다. 그들은 내가 본 그 어떤 브랜드보다 고객의 목소리에 귀를 기울이고 있다."

와비파커 창업자들은 고객의 인식부터 구매 후 커뮤니케이션에 이르기까지 구매 경로를 체계적이고 치밀하게 만들었다. 또한 기본에 충실하여 고객의 니즈를 충족하기 위해 노력했다. 고객은 어떻게 안경을 구매할까? 자신의 얼굴에 어울리는 안경을 찾는다. 그래서 와비파커는 스스로를 패션 브랜드로 포지셔닝했다.

와비파커는 사회적 의식이 높은 브랜드이기도 하다. 그들은 한 다국적 기업이 독점하고 가격이 매우 비쌌던 안경 산업을 혁신했다. 또한 비전스프링과 같은 비영리 단체와 협력하여 안경 하나가 팔릴 때마다 안경이 필요한 사람에게 하나를 나눠주고 있다. 와비파커의 'Buy a Pair, Give a Pair' 프로그램은 300만 개 이상의 안경을 배포하는 데 기여했다.

온라인에서 오프라인 소매로

고객은 와비파커에 이메일을 보내 사무실 위치를 묻기 시작했다. 당시에 와비파커는 사무실이 없었기 때문에 공동 창업자 중 한 명이 필라델피아에 있는 자기 집 식탁에 안경을 진열해놓고 고객들을 초대했다. 고객들은 브랜드 지지자들과의 만남을 즐겼고, 방문한 모든 사람에게 안경을 판매했다.

와비파커는 높은 수요 덕분에 셀렉트숍에 입점할 수 있겠다는 자신감을 얻었다. 또한 15개 도시를 순회하는 스쿨버스에 매장을 넣은 '와비파커 클래스 트립(Warby Parker Class Trip)'을 시작했다. 이 버스는 출점 장소에 대한 시장 정보도 제공했다. 첫 번째 매장은 뉴욕 소호로, 매장 내부가 도서관처럼 꾸며졌다. 고객 경험 디자인의 일환으로 POS 시스템을 도입했다. 이를 통해 고객은 자신의 눈 처방을 온라인으로 입력할 수 있고, (구매 시점이 아니라) 제품이 도착했을 때 결제되며, 고객 서비스 담당자는 각 매장에서 고객과 브랜드의 관계(온라인과 오프라인)에 대한 전체 이력을 얻을 수 있다. 향후에는 매장에서 안경을 구매하지 않은 고객에게 시착 사진을 전송하여 추후 주문에 도움을 줄 계획이다.

개별 대응

와비파커는 모든 채널에서 고객에게 개인화된 경험을 제공하고자 한다. 이 회사는 트위터의 글자 수 제한으로 인해 고객 서비스 관련 질문(예: 처방전 관련 질문)에 대한 답변이 어렵다는 것을 깨달았다. 그래서 소셜 미디어 팀은 질문에 답하는 짧은 동영상을 만들어 유튜브에 업로드하고 해당 동영상 링크를 트윗에 답장하는 방식을 도입했다. 그 결과 동영상이 포함된 고객 서비스 트윗이 다른 트윗보다 65배 더 많이 리트윗되었다.

또한 와비파커는 구매 과정을 통해 고객을 지원하는 자동화된 이메일 캠페인도 진행하고 있다. 모든 이메일은 구매 과정의 각 단계에 대응하고 있다.

- 홈 트라이온 주문 및 선택한 안경에 대한 개요를 확인한다.
- 홈 트라이온 주문이 발송되어 추적 번호가 표시된다.
- 안경이 나오기를 기다리는 동안 고객은 와비파커 팀이 좋아하는 안경 등 재미있는 이메일에 빠져든다.
- 홈 트라이온 상자가 도착했는지 확인한다.
- 주문이 접수된 다음 날에는 안과 의사 처방을 받는 방법을 포함하여 고객이 안경을 선택하고 주문할 수 있도록 도와주는 콜투액션 메시지를 발송한다.
- 안경이 도착한 지 3일 후 안경 선택에 대한 지원 메시지와 소셜 미디어(페이스북, 트위터, 인스타그램, 이메일)를 통해 와비파커 담당자로부터 피드백을 받을 수 있는 방법을 설명한다. 이는 직원의 피드백을 통해 '매장 내 경험'을 창출하는 좋은 방법이다.
- 안경이 도착한 지 5일 후 고객에게 안경 반송을 촉구하는 이메일과 명확한 지침을 발송한다.
- 안경을 수령한 지 8일 후 고객이 전화나 이메일로 질문할 수 있다는 이메일을 발송한다.
- 안경이 반송된 후 반송에 대한 감사를 전하면서 어떤 안경을 구매하고 싶은지 물어보는 이메일을 발송한다.

또한 와비파커는 스포티파이에 직접 연결되는 섬머잼(summer jam) 플레이리스트를 만드는 등 이메일 구독자에게 추가 콘텐츠를 제공하고 있다. 이를 통해 새로운 방식으로 고객과 소통하고, 새로운 디지털 채널에서 '마음속의 브랜드'로 유지될 수 있다.

와비파커는 기술을 활용하여 고객과 소통하고 더 나은 고객 경험을 제공하는 데 능숙하다. 예를 들어 새로운 아이폰 X가 출시된 지 며칠 되지 않았을 때 아이폰의 새로운 얼굴 매핑 기술을 활용한 앱을 출시했다. 이 앱은 페이스 매핑 데이터를 이용하여 얼굴형에 가장 잘 어울리는 안경을 추천해준다.

문제

와비파커가 고객과 효과적인 관계를 구축하는 방법을 설명하라.

출처: www.warbyparker.com/history

www.huffingtonpost.co.uk/entry/warby-parker-founders_us_575710f2e4b0b60682df2107

www.forbes.com/sites/stevedenning/2016/03/23/whats-behind-warby-parkers-success/2/#6cb81f382cb4

www.inc.com/magazine/201505/graham-winfrey/neil-blumenthal-icons-of-entrepreneurship.html

www.fastcompany.com/3009501/why-warby-parker-invited-20000-customers-to-their-apartment

www.forbes.com/sites/anaswanson/2014/09/10/meet-the-four-eyed-eight-tentacled-monopoly-that-is-making-your-glasses-so-expensive/#329804316b66

www.adweek.com/digital/how-warby-parker-created-a-unique-customer-experience/#/

www.forbes.com/sites/jackiehuba/2015/05/11/create-buzz-worthy-moments-with-customers-using-personalized-videos/#2feec231711a

http://rejoiner.com/resources/case-study/warby-parker-magical-moments-email/

요약

1. 디지털 비즈니스 시스템의 비즈니스 요구 사항과 사용자 요구 사항을 분석하는 것은 사용 가능하고 적합한 시스템을 제공하는 데 중요하다.
2. 프로세스 모델링은 기존 비즈니스 프로세스를 평가하고 수정 프로세스를 제안하는 데 사용된다. 워크플로 설계의 작업 분석이나 플로 프로세스 차트와 같은 기법은 시스템에서 지원해야 하는 작업과 현재 프로세스의 약점을 이해하는 데 효과적이다.
3. 디지털 비즈니스 시스템의 데이터 모델링에는 주로 전통적인 엔티티 관계 접근법이 사용된다.
4. 아키텍처 설계에는 레거시 시스템과 새로운 전자상거래 시스템의 적절한 통합을 평가하는 것이 포함된다. 이러한 설계는 클라이언트-서버 접근 방식을 기반으로 한다.
5. 고객 경험은 판매를 촉진하는 데 중요하며, 한 부서나 채널별로 개발되는 것이 아니라 전체 비즈니스의 핵심이 되어야 한다. 고객 경험의 6개 기둥은 개인화, 성실성, 기대, 해결, 시간과 노력, 공감이다.
6. 사용자 인터페이스 디자인은 사용 사례와 같은 구조화된 접근 방식을 사용하고 사이트 구조, 페이지 구조, 콘텐츠에 대한 진화하는 표준을 준수함으로써 개선될 수 있다.
7. 보안 설계는 고객 기반의 신뢰를 유지하는 데 중요하다. 보안 솔루션은 공격으로부터 서버를 보호하고 전송 중인 메시지를 가로채는 것을 방지하는 것을 목표로 한다.

연습문제

자가 평가 문제

1. 분석과 설계가 제대로 이루어지지 않으면 어떤 위험이 있는가?
2. 프로세스 분석과 데이터 분석을 구분하여 설명하라.
3. 워크플로 분석 시스템과 워크플로 관리 시스템에 대해 설명하라.
4. 레거시 데이터란 무엇이며, 이를 전자상거래 시스템에 통합할 수 있는 옵션은 무엇인가?
5. 고객 경험의 중요한 측면은 무엇인가?
6. 모바일 사이트 개발의 네 가지 주요 옵션은 무엇인가?
7. 야코프 닐센이 제시한 사용하기 쉬운 웹사이트의 특징을 요약하라(www.useit.com 참조).
8. 전자상거래 기업이 사이버 범죄로부터 스스로를 보호할 수 있는 방법을 설명하라.

토론 문제

1. 전자상거래 사이트 분석 및 설계 계획을 작성하고, 어떤 측면에서 프로세스와 데이터 분석을 수행해야 하는지, 어떻게 통합해야 하는지 설명하라.
2. 디지털 비즈니스에서 워크플로 시스템의 중요성에 대해 기업을 예로 들어 설명하라.
3. 사용성이 좋은 웹사이트의 특징에 대한 보고서를 작성하라.
4. 전자상거래 사이트 디자인에 고객 경험의 개념을 어떻게 반영할 수 있는가?
5. 안전한 전자상거래 시스템 설계는 온라인 소매업체의 성공 여부에 어떤 영향을 미치는가?

시험 문제

1. 전환율 최적화의 목적과 프로세스에 대해 간략히 설명하라.
2. 사용자 중심 디자인이란 무엇인가?
3. 고객이 온라인으로 주문하는 경우를 예로 들어 작업 분석의 개념을 설명하라.
4. 고객이 온라인으로 주문하는 경우를 예로 들어 사용 사례 분석과 관련된 단계를 설명하라.
5. 전자 조달 시스템의 데이터베이스를 참조하여 데이터 모델링의 단계를 설명하라.
6. 전자상거래 사이트가 고려해야 할 고객 경험의 주요 요소에 대해 설명하라.
7. 고객과 기업의 관점에서 안전한 전자상거래 사이트의 속성은 어떻게 다른가?
8. 전자상거래 사이트의 분석, 설계, 구현 간 관계를 설명하라.

참고 문헌

ACSI (2023) Press Release Retail and Consumer Shipping Study 2022-2023 https://www.theacsi.org/news-and-resources/press-releases/2023/02/21/press-release-retail-and-consumer-shipping-study-2022-2023.

Avery Dennison (2020), IoT and the Imminent Supply Chain Digital Transformation. Whitepaper, July 2020. https://rfid.averydennison.com/content/dam/rfid/en/news-and-insights/insights/white-papers/SupplyChain-MarketInsightsReport.pdf.

BBC (2017) 'Nearly half' of firms had a cyber-attack or breach. BBC News Online: www.bbc.co.uk/news/technology-39641292.

Bevan, N. (1999a) Usability issues in web site design. *Proceedings of the 6th Interactive Publishing Conference,* November.

Bevan, N. (1999b) Common industry format usability tests. *Proceedings of UPA 98,* Usability Professionals Association, Scottsdale, AZ, 29 June – 2 July.

Bocij, P., Greasley, A. and Hickie, S. (2008) *Business Information Systems. Technology, Development and Management,* 4th edn. Financial Times Prentice Hall, Harlow.

British Standards Institute (1999) BS 13407 Human-Centred Design Processes for Interactive Systems.

Built for Mars (2020) Opening 12 bank accounts, by Peter Ramsey, 21 May 2020. https://builtformars.com/case-studies/opening-12-bank-accounts.

cScape (2008) Second Annual Online Customer Engagement Report 2008. Produced by EConsultancy in association with cScape, www.econsultancy.com.

Chaffey, D. and Wood, S. (2005) *Business Information Management: Improving Performance Using Information Systems.* Financial Times Prentice Hall, Harlow.

Chaffey, D., Mayer, R., Johnston, K. and Ellis-Chadwick, F. (2009) *Internet Marketing: Strategy, Implementation and Practice,* 3rd edn. Financial Times Prentice Hall, Harlow.

Christodoulides, G., de Chernatony, L., Furrer, O., Shiu, E. and Temi, A. (2006) Conceptualising and measuring the equity of online brands. *Journal of Marketing Management,* 22 (7/8), 799-825.

CMO Council (2019) Critical Channels of Choice. Meeting the Customer Expectation for Omnichannel Relationships. https://cmocouncil.org/thought-leadership/reports/critical-channels-of-choice.

Croxen John, D. and van Tonder, J. (2021) E-commerce website optimization. Kogan Page. Second edition.

Csikszentmihalyi, M. (1990) *Flow: The Psychology of Optimal Experience.* Harper Collins, New York.

Curtis, B., Kellner, M. and Over, J. (1992) Process modeling. *Communications of the ACM,* 35 (9), 75-90.

Davenport, T.H. (1993) *Process Innovation: Re-Engineering Work Through Information Technology.* Harvard Business School Press, Boston.

de Chernatony, L. (2001) Succeeding with brands on the Internet. *Journal of Brand Management,* 8 (3), 186-95.

Deloitte (2014) Global survey on reputational risk. Available at: www2.deloitte.com/content/dam/Deloitte/pl/Documents/Reports/pl_Reputation_Risk_survey_EN.pdf.

Design Rush (2020) Mobile-First Design: Why It Matters, Key Elements And 5 Best Examples. Last updated: October 2020. https://www.designrush.com/trends/mobile-first-web-design. Accessed January 2021.

DTI (2006) Identity access and E-mail and Web Usage factsheets. A survey of UK business practice, managed by PricewaterhouseCoopers on behalf of the Department of Trade and Industry (DTI). Published at DTI Information Security Breaches Survey.

Eaton, C., Deroos, D., Deutsch, T., Lapis, G. and Zikopoulos, P. (2012) *Understanding Big Data: Analytics for Enterprise Class Hadoop and Streaming Data.* McGraw Hill, New York.

Econsultancy (2009) Q&A: Hiscox's Mike Beddington on selling financial services online, Posted 16 July: http://econsultancy.com/blog/4227-q-a-hiscox-on-selling-financial-services-online.

Econsultancy (2017a) 14 reasons businesses are failing at user-centred design. Blog post by Ben Davis, 30 May. http://econsultancy.com/blog/69118-14-reasons-businesses-are-failing-at-user-centred-design.

Econsultancy (2017b) Implementing a customer experience (CX) strategy: best practice guide. Published in March by Econsultancy.com. Report originally available at: http://econsultancy.com/reports/implementing-a-customer-experience-cx-strategy-best-practice-guide/.

Evrythng (2017) The big switch-on: 10 billion apparel products 'born digital', EVRYTHNG, 17 April, https://evrythng.com/big-switch-10-billion-apparel-industry-prod-ucts-born-digital-digital-identities/.

Fogg, B.J. (2009) In *Proceedings of the 4th International Conference on Persuasive Technology* (2009), 1-7. Available at: www.behaviormodel.org.

Fogg, B.J., Soohoo, C., Danielson, D., Marable, L., Stanford, J. and Tauber, E. (2003) How do people evaluate a web site's credibility? A Consumer WebWatch research report, prepared by Stanford Persuasive Technology Lab.

Forrester (2011) The Forrester Wave™: Web Content Management For Online Customer Experience, Q3 2011. Research report by Stephen Powers. Summarised at: www.forrester.com/report/The+Forrester+Wave+Web+Content+Management+For+Online+Customer+Experience+Q3+2011/-/E-RES58958.

Georgakoupoulos, D., Hornick, M. and Sheth, A. (1995) An overview of workflow management: from process modeling to workflow automation infrastructure. *Distributed and Parallel Databases*, 3, 119-53.

Gigya (2015) The landscape of customer identity: has Facebook peaked? Blog post,

2 November 2015. www.gigya.com/blog/the-landscape-of-customer-identity-has-facebook-peaked.

Godin, S. (1999) *Permission Marketing,* Simon and Schuster, New York.

Google (2017a) Why a progressive web app might be right for you, Jason Spero, July 2017 https://www.thinkwithgoogle.com/marketing-resources/experience-design/progressive-web-apps-benefit-brands/

Google (2017b) European Mobile speed rankings are in: how does your site compare?, Marcin Karnowski, Sep 2017.

Google (2021) Core Web Vitals report from Google Search Console help. https://support.google.com/webmasters/answer/9205520.

Green, D.T. and Pearson, J.M. (2011) Integrating website usability with the electronic commerce acceptance model. *Behaviour and Information Technology,* 30 (2), 181-99.

Haven, B. (2007) Marketing's new key metric: engagement, 8 August, Forrester.

Hofacker, C. (2001) *Internet Marketing.* John Wiley & Sons, New York.

Hoffman, D.L. and Novak, T.P. (1997) A new marketing paradigm for electronic commerce. *The Information Society,* special issue on electronic commerce, 13 (January-March), 43-54.

IAB (2015) An open letter from publishers to advertisers. Available at: www.iab.com/guidelines/an-open-letter-from-publishers-to-advertisers.

IBM (2013) What is Big Data? Service solutions page. www.ibm.com/software/data/bigdata. Accessed 20 July 2013. No publication date.

Jacobsen, I., Ericsson, M. and Jacobsen, A. (1994) *The Object Advantage. Business Process Re-Engineering with Object Technology*. Addison-Wesley, Wokingham.

Keiningham, T., Cooil, B., Aksoy, L., Andreassen, T. and Weiner, J. (2007) The value of different customer satisfaction and loyalty metrics in predicting customer retention, recommendation and share-of-wallet. *Managing Service Quality,* 17(4), 172-81.

Kesh, S., Ramanujan, S. and Nerur, S. (2002) A framework for analyzing e-commerce security. *Information Management and Computer Security,* 10 (4), 149-58.

Kibo (2022) Q2 2022 Ecommerce Quarterly Benchmarks report https://kibocommerce.com/resource-center/q2-2022-ecommerce-quarterly-benchmarks/.

Kirby, K. and Samson, A. (2008) Customer advocacy metrics: the NPS theory in practice. *AdMap,* February, 17-19.

Klaus, P. (2014) Towards practical relevance: delivering superior firm performance through digital customer experience strategies. *Journal of Direct, Data and Digital Marketing Practice,* 15 (4), 306-16.

Klaus, P. and Maklan, S. (2012) EXQ: a multiple-item scale for assessing service experience. *Journal of Service Management,* 23 (1), 5-33.

Kumar, V., Peterson, J. and Leone, R. (2007) How valuable is word of mouth? *Harvard Business Review,* 85(10), 139-46.

Lynch, P. and Horton, S. (1999) *Web Style Guide. Basic Design Principles for Creating Web Sites.* Yale University Press, New Haven, CT. Available online at: http://info.med.yale.edu/caim/manual/contents.html.

McGovern, G. (2018) Serving the customer better by understanding their top tasks. *Applied Marketing Analytics* Vol 4, 2 108-116.

Monetate (2017) The Essential Guide to Personalization, http://info.monetate.com/ebook-essential-guide-personalization.html.

National Cyber Security Centre (2016) 10 steps to cyber security. Available online at: www.

ncsc.gov.uk/guidance/10-steps-cyber-security.

Nielsen, J. (2000a) *Designing Web Usability.* New Riders, San Francisco.

Nielsen, J. (2000b) Details in Study Methodology Can Give Misleading Results. Jakob Nielsen's Alert, 21 February: www.nngroup.com/articles/details-in-study-methodology-can-give-misleading-results/.

Noyes, J. and Baber, C. (1999) *User-Centred Design of Systems.* Springer-Verlag, Berlin.

KPMG Nunwood (2017) The Connected Experience Imperative - 2017 UK Customer Experience Excellence Analysis. Available at: www.nunwood.com/excellence-centre/publications/uk-cee-analysis/2017-uk-cee-analysis.

O'Malley, L. and Tynan, C. (2001) Reframing relationship marketing for consumer markets. *Interactive Marketing,* 2(3), 240-46.

Pant, S. and Ravichandran, T. (2001) A framework for information systems planning for digital business. *Logistics Information Management,* 14 (1), 85-98.

Payne, A. (2008) *Handbook of CRM: Achieving Excellence Through Customer Management.* Elsevier, London.

Porter, M.E. and Heppelmann, J.E. (2014) How smart, connected products are transforming competition. *Harvard Business Review,* 92 (11), 64-88.

Reichheld, F. (2006) *The Ultimate Question: Driving Good Profits and True Growth.* Harvard Business School Publishing, Boston.

Reichheld, F. and Schefter, P. (2000) E-loyalty, your secret weapon on the web. *Harvard Business Review* (July - August), 105-13.

Reinartz, W. and Kumar, V. (2002) The mismanagement of customer loyalty. *Harvard Business Review,* July, 4-12.

Rettie, R. (2001) An exploration of flow during Internet use. *Internet Research: Electronic Networking Applications and Policy,* 11 (2), 103-13.

Robertson, J. (2003) Information design using card sorting. Step Two. Available online at: www.steptwo.com.au/papers/cardsorting/index.html.

Rosen, D. and Purinton, E. (2004) Website design: viewing the web as a cognitive landscape, *Journal of Business Research,* 57 (7), 787-94.

Rosenfeld, L. and Morville, P. (2002) *Information Architecture for the World Wide Web,* 2nd edn. O'Reilly, Sebastopol, CA.

Schneider, G. and Winters, J. (1998) *Applying Use Cases. A Practical Guide.* Addison-Wesley, Reading, MA.

SciVisum (2005) Internet campaign effectiveness study, press release, July, www.scivisum.co.uk.

Seybold, P. and Marshak, R. (2001) *The Customer Revolution.* Crown Business, London.

Sharma, A. and Sheth, J. (2004) Web-based marketing: the coming revolution in marketing thought and strategy. *Journal of Business Research,* 57(7), 696-702.

Smart Insights (2010) Website Feedback Tools review, published 7 April: www.smartinsights.com/digital-marketing-software/website-feedback-tools-review/.

Smart Insights (2013) Social sign-on: the implications for ecommerce sites. Article by Dave Chaffey, 9 July 2013: www.smartinsights.com/social-media-marketing/social-media-platforms/social-sign-on-the-implications-for-ecommerce-sites/.

Superoffice (2017) Customer service benchmark report, https://www.superoffice.com/resources/guides/customer-service-benchmark-report/ (accessed July 2021).

Tariq, B., Taimoor, S., Najam, H., Law, R., Hassen, W. and Han, H. (2020) Generating

Marketing Outcomes through Internet of Things (IoT) Technologies, *Sustainability* 2020, *12*, 9670.

Taylor, D. (1995) *Business Engineering with Object Technology.* John Wiley & Sons, New York.

Thurner, R. (2016). *Mobile Marketing Strategy Guide.* Published by Smart Insights.

Trocchia, P. and Janda, S. (2003) How do consumers evaluate Internet retail service quality? *Journal of Services Marketing,* 17 (3), 243–53.

UK Government (2022) Cyber Security Breaches Survey 2022 https://www.gov.uk/government/statistics/cyber-security-breaches-survey-2022.

Web dev (2020) What are Progressive Web Apps? By Sam Richard and Pete La Page, February 2020, web.dev/what-are-pwas.

Wider Funnel (2021) Prioritize your test ideas with the PIE Framework https://www.widerfunnel.com/pie-framework/.

Wodtke, C. (2002) *Information Architecture: Blueprints for the Web.* New Riders, Indianapolis, IN.

Workflow Management Coalition (WfMC) (1996) Reference model. Version 1. In *The Workflow Management Coalition Specification. Terminology and Glossary.* Workflow Management Coalition, Brussels.

Wroblewski, L. (2011) Why separate mobile and desktop web pages? Blog Post, 1 September. www.lukew.com/ff/entry.asp?1390.

ZDNet (2010) Google's new app strategy: mobile comes first, ZDNnet, 17 February, https://www.zdnet.com/article/googles-new-app-strategy-mobile-comes-first/.

웹 링크

추천 동영상, 분석 도구, 통계 자료 등의 추천 웹사이트 링크 디렉터리는 데이브 채피가 관리하는 https://www.davechaffey.com/book-support에서 확인할 수 있다.

Chapter 10

디지털 트랜스포메이션 관리

핵심 주제

1. 디지털 트랜스포메이션 전략
2. 디지털 트랜스포메이션의 프레임워크
3. 디지털 트랜스포메이션의 주요 과제
4. 그로스 해킹과 전략적 민첩성
5. 디지털 기술 채택
6. 디지털 트랜스포메이션을 위한 변화 관리
7. 디지털 트랜스포메이션의 모니터링 및 거버넌스

사례 연구

10.1 아프리카의 위조 의약품 문제 해결에 활용되는 디지털 트랜스포메이션

10.2 NHS의 디지털 트랜스포메이션

10.3 디지털 성숙도를 발전시킨 화이자

10.4 월마트의 디지털 트랜스포메이션

QR 코드를 통해 이 장의 주제에 관한 최신 자료를 확인할 수 있다.

학습 목표

- 기업이 걸어온 여정을 트랜스포메이션을 통해 비판적으로 분석한다.
- 디지털 트랜스포메이션에서 취해야 할 접근 방식에 대해 알아본다.
- 디지털 트랜스포메이션이 미치는 다양한 조직적 영향을 이해한다.

경영 과제

- 디지털 트랜스포메이션 프로젝트가 실패했을 때 발생하는 조직적 위험은 무엇인가?
- 디지털 트랜스포메이션 프로젝트의 비기술적 측면은 무엇인가?
- 변화 관리가 디지털 트랜스포메이션의 핵심인 이유는 무엇인가?
- 레거시 시스템의 디지털화와 데이터 거버넌스를 둘러싼 문제는 무엇인가?

관련된 주요 장

이 장에서는 디지털 비즈니스 혁신에 대한 진화하는 사고방식을 소개한다. 고객 경험부터 공급사슬 관리에 이르기까지 기업의 다양한 요소가 디지털을 통해 어떻게 변화하는지 살펴본다. 2, 3, 4, 5, 6, 9장은 디지털 비즈니스 혁신과 필연적으로 연관된다.

개요

디지털 트랜스포메이션은 기업의 경쟁력을 높이기 위해 디지털 비즈니스 관행을 채택하는 데 필요한 변화를 관리하는 접근 방식이다. 경제협력개발기구(OECD, 2020a)가 지적했듯이 COVID-19 팬데믹은 디지털 혁신을 가속화했다. 집에서 인터넷에 접속할 수 있는 학생은 온라인 수업을 받고, 많은 사람이 재택근무를 했으며, 많은 기업이 수익원을 유지하고 사업을 지속하기 위해 디지털 수익 모델을 채택했다. 또한 연구자들은 인공지능을 이용하여 바이러스에 대해 더 많이 배우고 백신을 더 빨리 찾을 수 있게 되었다. 전염병의 확산을 추적하기 위한 모바일 애플리케이션도 만들어졌다. 팬데믹은 디지털 가속화를 불러일으켰고, 일부 국가에서는 발병 직후 인터넷 트래픽이 최대 60%까지 증가하기도 했다(OECD, 2020b).

COVID-19는 재택근무, 전자상거래, e-헬스, 전자 결제 등 경제와 사회를 가상으로 움직이는 기술을 빠르게 도입하는 촉매제 역할을 했다. 이는 고품질 연결성을 구축해야 한다는 압박을 유지할 뿐만 아니라, 점점 더 고도화되는 디지털 솔루션을 활용하는 사람과 기업의 능력을 향상할 것이다. 정부 정책 수준부터 소비자 행동의 변화에 이르기까지 이 모든 변화는 디지털 트랜스포메이션이 다양한 산업 분야에서 사업을 영위하는 모든 규모의 기업에 전략적으로 필수적인 요소로 자리 잡았음을 의미한다.

이 장에서는 기업이 디지털 기술을 활용하여 비즈니스 운영과 고객 가치 제공 방식을 근본적으로 혁신하는 방법을 살펴본다. 여기에는 새로운 기술을 도입하고, 비즈니스 모델을 재검토하며, 내부 프로세스를 개선하여 보다 민첩하고 효율적이며 고객 중심적으로 변화하는 것이 포함된다.

디지털 트랜스포메이션의 정의

기존 문헌은 이 분야에 대한 학문적 관심의 새로운 수준과 비즈니스 리더들이 디지털 트랜스포메이션의 여정에 참여한 방식을 보여주지만, 이 개념에 대한 공통된 이해가 부족하다는 증거도 있다. 디지털 트랜스포메이션의 기본 개념에 대해서는 연구 측과 실무 측의 견해가 일관되지 않다(Morakanyane et al., 2017).

Morakanyane 등(2017)의 체계적 학술 문헌 검토에 따르면 디지털 트랜스포메이션은 흔히 특징, 추진 요인, 영향, 변화 영역으로 설명된다.

디지털 트랜스포메이션의 특징

이는 디지털 트랜스포메이션의 특징을 행동 특성으로 보고, 디지털 트랜스포메이션이 기업에 미치는 장기적인 영향과 연결 짓는다. 궁극적으로는 트랜스포메이션 과정에서 발생하는 영향의 정도, 즉 영향이 작거나 큰지, 점진적이거나 갑작스러운지 등에 따라 달라질 수 있다.

디지털 트랜스포메이션의 추진 요인

디지털 트랜스포메이션의 추진 요인은 디지털 트랜스포메이션 프로세스에 영향을 미치고 그 과정을 촉진하는 특성을 말한다. 이러한 특성에는 디지털 역량과 성숙도, 기술, 전략, 비즈니스 모델 등 기업의 디지털 트랜스포메이션 어젠다를 추진하는 요소가 포함된다. Ezeokoli 등(2016)에 따르면 여러 연구는 디지털 트랜스포메이션의 추진 요인으로 수익성 및 신규 수익 성장, 고객 만족도, 업무 효율성 향상, 편의성, 고품질 기술 표준 유지, 비즈니스 민첩성 향상, 직원 생산성 향상, 경쟁 우위 등을 꼽았다.

어떤 품질이 더 큰 디지털 추진력을 가지고 있는지는 논란의 여지가 있지만, Morakanyane 등(2017)은 디지털 기술이 디지털 트랜스포메이션 프로세스에 필수적이라고 생각한다. 이들은 문화, 전략, 디지털에 정통한 인적 자본 등 다른 요소와 결합된 이러한 기술의 역량이 디지털 트랜스포메이션 프로세스를 가능하게 한다고 주장한다. 한편 Kane 등(2015)은 디지털 트랜스포메이션 프로세스를 추진하려면 디지털 기술을 활용하는 것만으로는 충분하지 않고 디지털 역량, 전략, 문화, 인재 육성도 필요하다고 주장한다.

디지털 트랜스포메이션의 영향

이는 트랜스포메이션 프로세스의 결과로 기업이 경험하는 영향을 말한다. 일반적으로 이러한 영향은 고객 중심의 영향과 기업 중심의 영향으로 구분할 수 있다.

- 고객 중심의 영향은 고객에게 영향을 미치는 효과이다.
- 기업 중심의 영향은 기업 자체에 영향을 미치는 효과이다.

이러한 영향은 고객과 기업에 긍정적이거나 부정적인 영향을 미칠 수 있다. 일반적으로 기업이 디지털 트랜스포메이션을 통해 얻고자 하는 주된 영향은 기업과 고객에게 가치를 창출하는 것이다.

변화된 영역

디지털 트랜스포메이션 프로세스에서 영향을 받는 다양한 영역이 연구를 통해 확인되고 있다. Westerman(2014)은 디지털 트랜스포메이션이 기업의 세 가지 주요 영역, 즉 고객 경험, 업무 프로세스, 비즈니스 모델에서 이루어진다고 밝혔다. 그는 경영자가 '조직 오케스트레이션' 관점에서 기업의 혁신 노력에 초점을 맞춰야 할 영역이 바로 이 세 가지 영역이라고 주장했다. 디지털 트랜스포메이션의 여정에 직원을 참여시키는 것이 중요하며, 이러한 종류의 변화는 종종 조직 구조에 영향을 미친다는 것을 잊지 말아야 한다.

요컨대 디지털 트랜스포메이션은 기업의 모든 영역에 영향을 미칠 수 있는 능력이 있다. 그것은 가치 창출에 관한 것이다. 따라서 세일즈포스가 디지털 트랜스포메이션을 다음과 같이 정의한 것은 적절한 일반적 요약이다.

> 디지털 트랜스포메이션은 변화하는 비즈니스와 시장의 요구에 대응하기 위해 디지털 기술을 활용하여 새로운 (또는 기존) 비즈니스 프로세스, 기업 문화, 고객 경험을 창출하는 과정이다.

또한 디지털 비즈니스 트랜스포메이션을 위한 기술 '채택'과 기술 '적응'의 차이에 주목할 필요가 있다. 디지털 비즈니스 트랜스포메이션 글로벌 센터는 디지털 비즈니스 트랜스포메이션을 "기업이 디지털 기술과 비즈니스 모델을 채택하여 성과를 개선하는 여정"으로 정의했다(Wade, 2015). 이는 많은 기업이 반드시 자신을 바꾸지 않고도 기술을 도입하는 경우가 많기 때문이다. 디지털 비즈니스 트랜스포메이션 글로벌 센터도 "디지털 비즈니스 트랜스포메이션은 디지털 기술과 비즈니스 모델을 활용하여 성과를 향상하기 위해 조직을 변화시키는 것"이라고 밝혔다(Wade, 2015).

포레스터(Gill, 2015)는 디지털 비즈니스를 "고객을 위해 새로운 가치의 원천을 창출하고 고객에게 서비스를 제공하는 운영의 민첩성을 높이기 위해 디지털 기술을 활용하는 것"으로 정의했다. 여기서도 '적응'이라는 원칙이 생략되고 '채택'이라는 원칙만 남아 있다. 디지털 트랜스포메이션에서는 기업의 변화와 운영의 민첩성이라는 개념이 중요한데, 이 장의 후반부에서 이에 대해 자세히 설명할 것이다.

디지털 비즈니스 트랜스포메이션이 기술만의 문제가 아닌 이유

고객 경험, 업무 프로세스, 비즈니스 모델 등 디지털 트랜스포메이션이 가져올 광범위한 영향에 대해 살펴보았다. 그런데 디지털 (비즈니스) 트랜스포메이션이 왜 IT만의 문제가 아닌지 궁금한 독자가 많을 것이다. 이러한 의문은 디지털이 단순히 기술에 관한 것이라는 생각에서 비롯되며, 기술 '채택'과 기술 '적응'의 차이와 깊이 연관된다. 기업의 IT 자원(IT 인프라, 투자, 지원 인력 등)이 디지털 비즈니스 트랜스포메이션 노력과 필연적으로 관련된다는 것은 사실이다. 하지만 전통적인 IT 의사결정이 어디서부터 시작되었는지 그리고 디지털 비즈니스 트랜스포메이션과 어떻게 다른지 살펴볼 필요가 있다.

애플리케이션 포트폴리오(디지털 비즈니스 트랜스포메이션의 선두 주자)

Ward와 Peppard(2002)는 경영자가 기술 투자의 의미를 이해할 수 있도록 기업에서 정보기술의 역할을 이해하기 위한 모델을 개발했다. 이 모델에서 기술의 역할은 기업 자체가 기술에 부여하는 전략적 중요성에 따라 결정된다.

Ward와 Peppard는 그 역할을 이해할 수 있도록 기술 투자를 네 가지 유형으로 분류하고, 애플리케이션 포트폴리오에 역할을 표시했다(그림 10.1 참조). 흥미롭게도 이들은 이러한 항목을 소프트웨어, 프로그램, IT라고 부르지 않고 비즈니스 애플리케이션이라고 부른다. 애플리케이션에 대한 이들의 관점은 데이터, 정보, 지식 흐름의 설계된 요소와 함께 많은 IT 하드웨어 및 소프트웨어 요소를 포함하는 매우 크고 복잡한 비즈니스 프로세스라는 것이다. 이러한 맥락에서 비즈니스 애플리케이션은 단순한 소프트웨어가 아니라 전체 비즈니스 프로세스이며, 각 애플리케이션은 기업에서 수행하는 역할에 따라 정의된다.

1. 잠재력이 큰 애플리케이션

잠재력이 큰 애플리케이션은 대부분 '내부'에서 개발된다. 특정 요소는 외부 출처에서 가져올 수 있지만, 애플리케이션의 결과는 내부 개발의 결과이다. 이 과정의 구성은 대부분 해

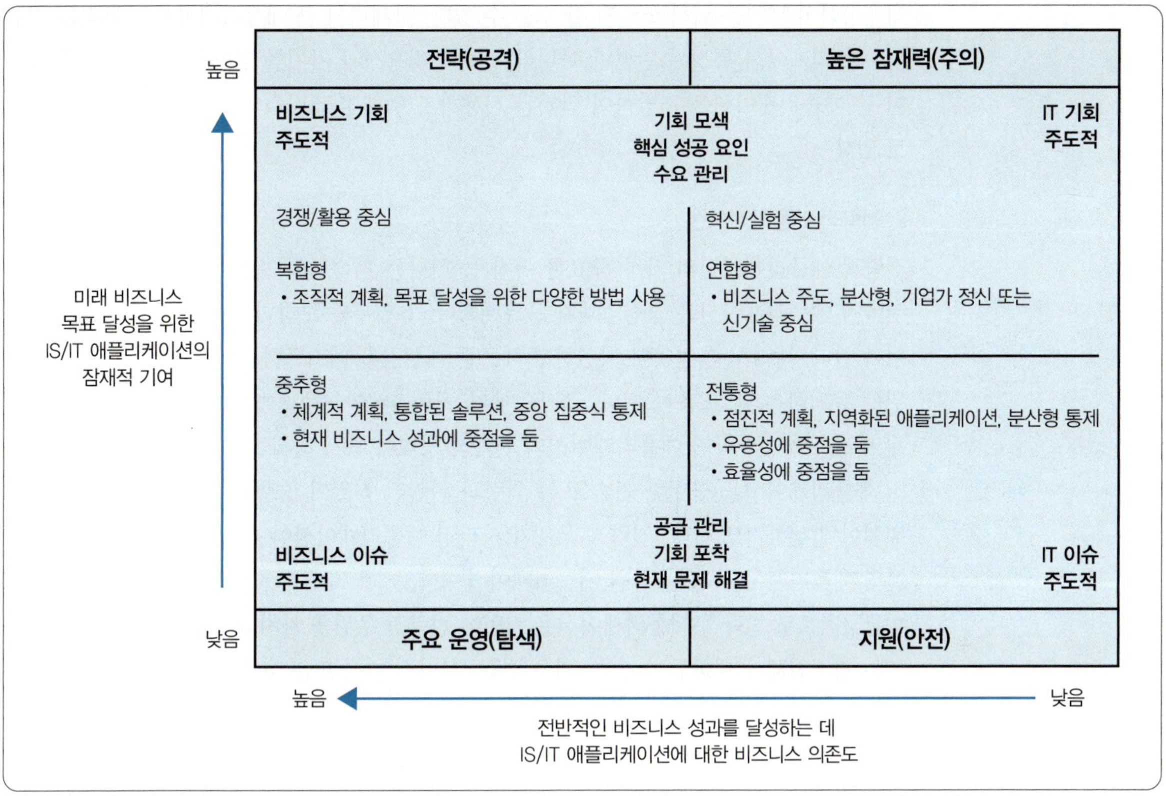

그림 10.1 Ward와 Peppard의 IT 포트폴리오 그리드

출처: Ward and Peppard(2002)

당 비즈니스의 고유한 방식이 된다. 결과적으로 디지털 기회와 관련된 많은 기술과 역량이 기업 내부(또는 외부)에 (아직) 존재하지 않을 수 있으며, 따라서 이러한 기술은 프로젝트 자체와 동시에 개발될 수 있다.

잠재력이 큰 애플리케이션의 중요한 측면 중 하나는 비즈니스가 해당 애플리케이션을 종료할지 아는 것이다. 이 범주에 속하는 애플리케이션이 일정 기간 내에 그 가치와 잠재력을 보여주지 못하면 폐쇄해야 한다. 큰 잠재력이 수익을 창출하거나 즉각적인 비용 효율성을 입증할 것이라고 기대되지는 않더라도, 분석 결과는 이러한 일이 일어날 가능성이 있음을 보여주어야 한다. 그렇지 않다면 모든 가능성을 조사하고 수정 및 개발 과정을 거친 후 전체 애플리케이션을 종료하는 것이 유일한 결론이다. 만약 큰 잠재력이 수익이나 가치 창출 또는 비용 편익의 증거를 보여줄 가능성이 높다면 기업은 해당 애플리케이션에 투자하고 전략적 애플리케이션으로 활용할지 여부를 검토해야 한다.

잠재력이 큰 애플리케이션은 현재로서는 아직 기업에 가치가 없지만 미래에는 가치를 가져다줄 가능성이 있는 애플리케이션을 말한다. 이러한 애플리케이션은 본질적으로 실험적일 수 있으며, '알파' 또는 '베타' 프로젝트라고 불리기도 한다. 또한 기업 내부뿐만 아니라 바깥세상의 매우 새로운 문제를 해결하려는 경우가 많고, 기업가 정신이 뚜렷하게 반영되기도 한다. 일반적으로 목적과 범위를 정량화하기 어렵고, 사업적 측면에서도 이러한 애플리케이션이 무엇을 위해 쓰일지 잘 모를 수 있다. 잠재력이 큰 애플리케이션의 목적은 기업이 애플리케이션 특정 측면뿐만 아니라 전체의 필요성과 가치를 검증하는 것이다. 잠재력이 큰 애플리케이션을 개발하여 단기간 사용하기 위해 비즈니스의 작은 영역이 선택될 수도 있다.

2. 전략적 애플리케이션

전략적 애플리케이션의 가장 중요한 특징 중 하나는 지속적인 개선이 필요하다는 것이다. 전략적 애플리케이션은 경쟁업체가 프로세스나 그 일부를 모방하지 않도록 계속 혁신적이어야 한다. 따라서 끊임없이 혁신하고 새로운 개선점을 테스트하는 것은 기업의 전략적 우위를 유지하는 데 도움이 된다. 경쟁업체가 애플리케이션을 모방하거나, 더 나아가 개선된 버전을 제공한다면 애플리케이션의 전략적 성격이 즉시 사라질 수 있다. 중요한 비즈니스 애플리케이션을 구현한 기술 또는 역량과 관련된 직원이 경쟁업체로 옮겨갈 때 이러한 위험이 발생하기도 한다. 전략적 우위가 사라진 애플리케이션이 취할 수 있는 경로는 '핵심 운영 애플리케이션' 또는 '지원 애플리케이션'이다.

궁극적으로 전략적 애플리케이션은 기업에 전략적 우위를 가져다주는 것이다. 이러한 우위는 경쟁업체가 제공할 수 없는 비용 절감, 서비스 개선 또는 고객에 대한 가치 창출의 형태로 나타날 수 있다. 전략적 애플리케이션은 본질적으로 고유하기 때문에 구성 요소에 '비밀'이 포함된다. 애플리케이션의 모든 디지털 기회가 기업 내에서 개발될 가능성이 높다. 이는 전체 프로세스의 '구성 요소'가 기업의 고유한 것이라 복제하기 매우 어렵다는 것을 의미한다. 디지털 기회와 관련된 기술과 역량은 상대적으로 해당 기업만의 것이며, 기업은 이러한 기술을 보유하는 것을 중요하게 생각해야 한다. 전략적 애플리케이션의 기타 디지털 측면은 외부 출처에서 도입할 수 있지만, 다른 곳에서 공개적으로 사용할 수 있고 내부 개발에 특별한 이점이 없는 경우에만 가능하다.

3. 핵심 운영 애플리케이션

그 결과 거의 모든 핵심 운영 애플리케이션은 잘 알려진 비즈니스 및 산업의 니즈를 기반으로 한 철저한 테스트를 거쳐 개발된다. 따라서 특정 산업의 니즈를 충족하기 위해 특화된 벤더가 등장하는 경우가 종종 있다. 이러한 벤더는 업계 핵심 운영 애플리케이션의 생애주기에 걸쳐 유사한 프로젝트를 진행하는 프리랜서일 수도 있고 대규모 서비스 공급업체일 수도 있다. 예를 들어 아마존 웹 서비스는 대규모 플랫폼 소유자가 마켓플레이스의 다양한 사업자에게 유사한 서비스를 제공하는 경우이다. 이때 비즈니스 니즈는 명확히 정의되어 있으며, 산업 내 모든 운영자는 그 서비스를 사용하지 않으면 경쟁에서 불리한 위치에 놓이게 된다. 즉 아마존 웹 서비스는 운영자 간의 경쟁 환경을 평등하게 만드는 역할을 한다.

그리고 특정 산업 내에서 필요한 역량과 기술을 갖춘 풍부한 인재 풀이 형성되어 있는 경우가 많기 때문에 직원이 해당 영역에서 숙련도를 높이는 데 시간과 노력을 기꺼이 쏟으려는 경향이 있다. 그러나 인력 수요가 공급을 초과하거나, 유능한 인재가 더 흥미롭거나 수익성이 높은 기술 또는 다른 산업 영역으로 이동한다면 문제가 발생할 수도 있다.

보충 자료 10.1 데이터센터와 핵심 운영 애플리케이션

데이터센터를 보유한 거의 모든 기업은 이를 다른 기업에 제공하지 않는다. 데이터센터는 중요한 데이터 처리가 이루어지는 기업의 핵심 영역으로, 은행의 금융 거래 처리, 전자상거래 상점의 소매, 물류 회사의 배송을 예로 들 수 있다. 과거에는 데이터센터를 제공하는 공급업체가 없었기 때문에 기업에 데이터센터가 필요했지만, 데이터센터 운영은 기업의 핵심 비즈니스가 아니었다.

이 책을 쓰는 시점에는 데이터 처리 업무에 활용할 수 있는 클라우드 컴퓨팅 서비스 제공업체가 다수 존재한다. 이러한 클라우드 컴퓨팅 기업은 데이터 처리를 핵심 비즈니스로 삼고 상품으로 판매하고 있다. 따라서 이들은 위험을 관리할 수 있는 시스템을 구축하고, 투자 비용을 고객 간에 분배하는 기술에 투자하고 있다.

클라우드 컴퓨팅의 사용은 조직이 데이터 처리를 핵심 운영 애플리케이션으로 이전하는 순간을 의미한다. 이 경우에는 자체 데이터센터를 관리하는 데 아무런 이점이 없다. 실제로 데이터센터를 직접 관리하는 것은 비용이 많이 들 뿐만 아니라, 데이터센터에 장애가 발생했을 때 비즈니스에 미치는 리스크 측면에서 경쟁에 불리하다.

핵심 운영 애플리케이션은 시간이 지남에 따라 레거시 시스템으로 인식되는 경향이 있다. 따라서 기업은 비즈니스 니즈의 변화 또는 기존 핵심 시스템을 대체할 수 있는 전략적 애플리케이션의 등장 가능성에 대비하여 시장 상황을 지속적으로 모니터링해야 한다.

핵심 운영 애플리케이션은 기업이 속한 산업 또는 환경에서 운영에 필수적인 애플리케이션이다. 본질적으로 기업은 (이 애플리케이션을 보유한) 경쟁자들로부터의 경쟁 열세, (해당 프로세스를 이용하여 힘을 강화하려는) 공급업체의 영향력 강화, (이 애플리케이션의 부재를 이용하여 관계를 지배하거나 교란시키려는) 고객의 우위 점유를 피하기 위해 핵심 운영 애플리케이션을 사용한다. 핵심 운영 애플리케이션은 기업이 속한 분야에서의 비즈니스 운영에 필수적인 것이므로 기업은 이러한 시스템 없이 해당 영역에서 성공적으로 기능할 수 없다.

4. 지원 애플리케이션

지원 애플리케이션은 비교적 일상적이거나 법적인 목적을 위한 애플리케이션으로, 이미 확립된 비즈니스 요구를 가장 저렴한 비용으로 장기적으로 해결하는 데 사용된다. 이는 비즈니스에 직접적인 이점을 제공하지 않으며, 단기간 사용하지 못하더라도 큰 불이익이 발생하지 않는다. 대신에 불편을 초래할 가능성이 있다. 예를 들어 대부분의 기업은 급여 관리 방식이 이미 정착되어 있는데, 지원 애플리케이션의 한 특징은 전문 제공업체나 서비스 기관에 쉽게 아웃소싱할 수 있다는 것이다. 이 분야의 디지털 기회는 지원 애플리케이션의 비용을 크게 낮추는 데 종종 활용된다. 실제로 지원 애플리케이션을 다른 기업에 제공하는 것이 디지털 기회가 될 수도 있다. MS오피스 제품군의 지속적인 개발과 진화는 마이크로소프트의 전략적 이점이다. 상대적으로 경쟁자가 적기 때문에(판매량 면에서 따라잡을 경쟁업체가 없음) 전 세계 사무직 근로자가 대부분 MS오피스 교육을 받고 있다. 이는 전 세계 대부분의 기업에서 MS오피스를 지원 애플리케이션으로 사용하는 근거가 된다.

어떤 애플리케이션이 법적으로 의무화되어 있으면(예: 건강 및 안전, 재무 규정 준수 등) 해당 기업은 가장 저렴하고 장기적인 솔루션을 찾을 것이다. 대부분의 경우에 이러한 애플

보충 자료 10.2 디지털화된 비즈니스 환경에서 MS오피스가 계속 사용되는 이유

이 글은 MS워드로 작성되었지만, 검색엔진과 소셜 미디어 플랫폼에서는 MS오피스(및 그 구성 애플리케이션인 워드, 엑셀, 파워포인트 등)가 얼마나 끔찍한지에 대한 댓글을 쉽게 찾을 수 있다. 그러나 이러한 악평에도 불구하고 MS오피스 제품군은 번창하고 있다. MS오피스는 전 세계에서 사용되는 기업용 오피스 소프트웨어 패키지이다. 그 경쟁자는 클라우드 기반 애플리케이션인 구글 워크스페이스(Google Workspace), 애플 아이워크(iWork, 애플 기기에 한함), 리브레오피스(Libre Office) 등이며, 이들은 앞으로도 계속 존재할 것이다.

직관적으로 MS오피스의 비용은 다른 선택지보다 비싸다. 실제로 마이크로소프트의 월 엔터프라이즈 가격은 구글 워크스페이스보다 2배 이상 비싸다. 그럼에도 불구하고 MS오피스를 지원 애플리케이션으로 선택하는 이유는 무엇일까?

중요한 문제는 교육과 관련된 총 소유 비용이다. 유럽, 미국 등 MS오피스 애플리케이션을 주로 사용하는 환경에서 MS오피스 애플리케이션 숙련도는 직원의 일반적인 역량 요건이다. 따라서 MS오피스 교육 자료를 쉽게 구할 수 있고, MS오피스 환경에 대응할 수 있는 인력이 풍부하다. 즉 다른 제품에 비해 총비용이 훨씬 저렴하고 지원 인력이 덜 필요하다.

이러한 상황이 지속될 수 있을까? MS오피스는 클라우드 기반 애플리케이션(마이크로소프트 365)으로 전환됨으로써 구글 워크스페이스와 정면으로 경쟁하게 되었다. 앞으로 예상되는 변화는 사무실에 특정 도구가 필요한 것이 아니라 특정 업무나 일련의 작업을 수행하는 데 특정 도구가 필요하다는 것이다. 이러한 환경에서 마이크로소프트가 살아남을 수 있는 방법은 '오피스' 자체에 중점을 두는 것이 아니라, 디지털 리터러시가 높은 사용자가 작업을 수행할 수 있는 솔루션을 제공하는 것이다. 사용자가 점점 더 모바일화되고 웨어러블 기기를 통해 솔루션에 접근하게 되면 기존 오피스 소프트웨어의 모습이 달라질 것이다.

리케이션은 해당 분야의 외부 전문업체가 제공하며, 애플리케이션의 디지털 구성 요소를 제공하는 것은 외부 전문업체에 디지털 비즈니스 기회가 된다.

가트너는 기업 내에서 전략적으로 활용할 수 있는 신기술을 조사할 때 매년 신기술의 하이프사이클/레이더를 작성한다. 그림 10.2는 가트너가 제시한 2023년 신기술을 보여주며, 이러한 기술은 널리 채택되기까지 3~8년이 걸릴 것이다. 가트너는 향후 몇 년 동안 중요한 혁신을 가져올 네 가지 신기술을 소개했다(Nguyen, 2023).

- **뉴로모픽 컴퓨팅**(neuromorphic computing): 인간의 뇌 구조와 기능에서 영감을 얻은 컴퓨팅 접근 방식이다. 이러한 종류의 시스템은 예측할 수 없는 세계의 특성에 더 잘 반응할 수 있는 AI 시스템을 만들어 제품 개발을 단순화하는 데 도움이 될 수 있다. 현재 이벤트 감지, 패턴 인식, 소규모 데이터 세트의 훈련에 사용되고 있으며, 정보와 사건에 실시간으로 신속하게 반응할 수 있는 자율적 능력은 향후 많은 AI 제품의 기반이 될 것이다.
- **자가 학습**(self-supervised learning): 정보가 다른 정보와 어떻게 연관되어 있는지, 즉 어떤 상황이 일반적으로 다른 상황에 선행하거나 후행하는지를 모델이 스스로 학습하는 것으로, 머신러닝 프로세스에 포함된다. 데이터에 주석을 달거나 라벨을 붙이는 등 자동화된 접근 방식을 사용하여 생산성을 가속화할 수 있다. 자연어 처리(NLP) 및 컴퓨터 비전 제품을 전문으로 하는 몇몇 기업은 제품 로드맵에 자가 학습을 통합하기 시작했다.
- **메타버스**(metaverse): 몰입형 디지털 환경으로, 사회적·경제적 연결에 초점을 맞춘 3D 가상 세계의 네트워크이다. 예를 들어 뮌헨의 BMW 파일럿 공장에서는 엔지니어들이 증

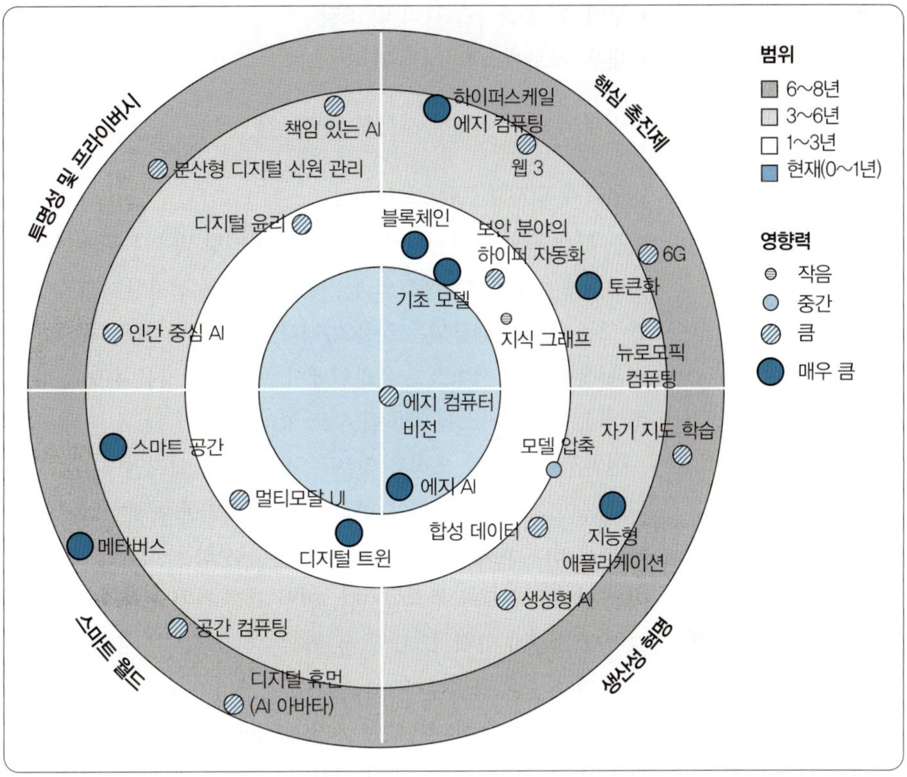

그림 10.2 2023년 가트너의 신기술 및 트렌드 영향 레이더

출처: Source: https://www.gartner.com/en/articles/4-emerging-technologies-you-need-to-know-about

강현실(AR) 헤드셋을 착용하고 새로운 프로토타입 차량에서 새로 설계된 부품의 적합성을 점검한다. 또한 메타버스는 실습 교육, 수술 계획 및 지원, 직원 온보딩, 전문적 유지·보수 및 수리 작업 등 실제 작업의 가이드 지원에도 활용되고 있다.

- **인간 중심 인공지능**(human-centred AI, HCAI): 인간의 입력과 협력을 통해 학습하는 기술로, 더 큰 규모의 인간 기반 시스템에 존재하는 알고리즘에 초점을 맞추고 있다. AI의 설계 원칙은 기본적으로 AI가 사람과 사회를 이롭게 하고 투명성과 프라이버시를 향상하는 것을 목표로 한다. HCAI는 인간의 능력을 활용하여 인간의 생산성을 높이고, 피할 수 있는 한계와 편견, 맹점을 제거하기 때문에 잠재적 영향력이 크다.

디지털 트랜스포메이션의 범위

디지털 트랜스포메이션은 기업이 기술을 통해 고객과의 상호작용(판매 측), 공급업체와의 상호작용(구매 측)에서 효율성을 높일 수 있는 기회를 제공한다. 1장의 그림 1.3과 같이 대규모 기업의 경우 사내 인트라넷과 관련된 사내 커뮤니케이션 및 지식 관리도 포함될 수 있다. 간단히 말해 디지털 트랜스포메이션은 비즈니스의 세 가지 주요 분야에 혁명을 일으킬 수 있다.

- **판매 측**: 마케팅 및 전자상거래

- **구매 측**: 공급사슬 관리 및 조달
- **내부**: 프로세스 및 지식 관리

이제 각 분야에 대해 자세히 살펴보자.

1. 판매 측 디지털 트랜스포메이션

이는 고객 확보를 지원하기 위한 고객 마케팅 및 커뮤니케이션 개선에 초점을 맞추고 있다. 트랜스포메이션 프로젝트의 범위에는 거래용 전자상거래 플랫폼의 도입도 포함될 수 있지만 모든 업종에 해당되는 것은 아니다. 예를 들어 비즈니스에서 많은 사람이 선택하는 고가의 복잡한 B2B 서비스는 온라인에서 판매되지 않을 수도 있다. 또한 전자상거래 설비가 부품이나 고객 서비스에 국한될 수도 있다.

여기서 기술에만 초점을 맞추는 것은 너무 쉽지만, 이는 잘못된 생각이다. 기술은 고객과의 상호작용을 가능하게 하고 다양한 기기를 통해 프로세스를 지원하는 도구에 불과하기 때문이다. **마테크**(martech) 스택을 구성하는 적절한 도구를 선택하는 것은 트랜스포메이션 전략의 중요한 부분이지만, 먼저 고객 가치 제안과 고객 경험에 어떤 영향을 미치는지 그리고 그것이 고객 확보 및 유지라는 비즈니스 목표에 어떻게 부합하는지부터 고려하는 것이 가장 좋은 방법이다. 새로운 시장 진입자가 가져오는 디지털 혁신에 대응하려면 새로운 비즈니스 모델과 비즈니스 추진 방식에 대한 기회도 고려해야 한다.

마테크 마케팅 담당자가 마케팅 활동을 최적화하고 목표 달성을 지원하기 위해 사용하는 소프트웨어와 도구로, '마케팅 기술'이라고도 한다.

《하버드 비즈니스 리뷰》의 기사 '디지털 트랜스포메이션은 기술에 관한 것이 아니다'를 쓴 Tabrizi 등(2019)은 고객 가치 제안과 고객 경험을 개선하기 위해 디지털 트랜스포메이션을 활용한다는 개념을 다음과 같이 강조했다.

> … 대부분의 디지털 기술은 효율성 향상, 친밀한 고객관계를 구축할 수 있는 잠재력을 가지고 있기 때문이다. 그러나 사람들이 변화에 대한 올바른 사고방식을 가지고 있지 않고, 현재의 조직 관행에 결함이 있다면 디지털 트랜스포메이션은 단순히 그 결함을 확대할 뿐이다.

이는 디지털 트랜스포메이션이 단순한 기술 그 이상이며, 변화 관리가 디지털 트랜스포메이션 프로젝트를 성공시키기 위한 중요한 요소라는 것을 다시 한번 강조했다.

Chaffey와 Ellis-Chadwick(2022)은 '디지털의 7D'를 정의했는데, 이는 디지털 트랜스포메이션에서 관리해야 할 범위를 마케팅 관점으로 생각해볼 수 있는 효과적인 방법이다. 1장에서 '디지털 마케팅의 7D'를 다루었으며, 이는 소비자가 브랜드와 상호작용할 수 있는 기회, 기업이 다양한 방식으로 청중에게 도달하고 그로부터 배울 수 있는 기회를 정의하고 있다.

- 디지털 목표와 전략
- 디지털 청중
- 디지털 기기
- 디지털 플랫폼
- 디지털 미디어

- 디지털 데이터
- 디지털 기술

2. 구매 측 디지털 트랜스포메이션

이는 6장에서 자세히 살펴본 공급사슬 관리(SCM)와 조달에 관한 것이다. 이 장의 서두에서 언급했듯이 디지털 트랜스포메이션은 COVID-19 팬데믹 이후에 기업의 과제로서 더욱 중요한 위치를 차지하게 되었다. Alabdali와 Salam(2022)에 따르면 디지털 트랜스포메이션이 다음과 같은 공급사슬의 측면을 개선하는 데 도움이 된다는 증거가 점점 더 증가하고 있다.

- 비용 효율성
- 영업 및 재무 실적
- 서류 현금화
- 고객 중심주의
- 여러 공급업체의 제휴 관계 관리

디지털 트랜스포메이션은 구매와 조달에서 중요한 역할을 하기 때문에 창고 자동화, 로봇 배송, 전자상거래 실현, 네트워크화, 운송, 인더스트리 4.0 형성(6장 참조) 등의 기능은 귀중한 자원이 된다.

적절한 비용과 품질로 공급을 확보하고 공급업체와 장기적인 파트너십을 구축하는 것은 지속 가능한 우위를 가져온다. 조달 기능을 디지털화하면 방대한 데이터와 정보를 필요로 하는 다양한 이해관계자를 관리할 수 있다. 공급사슬의 디지털 트랜스포메이션은 때로 방대한 인력과 시스템 전반의 기술적 역량을 필요로 하지만 기업의 비용, 시간, 노력을 절감하고 생산성, 효율성, 품질을 향상하는 데 도움이 된다.

디지털 트랜스포메이션은 더 투명하고 추적 가능한 조달 거래를 실현하는 데 필수적이다. 개방성과 추적성 향상은 기업에 이익을 가져다주고, 구매자와 공급업체 간의 관계와 신뢰도를 강화하며, 조달 기능을 보다 전략적으로 만들고, 기업 전체의 목표를 지원한다.

Stackpole(2020)은 경쟁 우위를 가져오는 핵심 공급사슬 기술을 다음과 같이 제시했다.

- **사물 인터넷**: 센서, 소프트웨어 및 기타 기술을 통합한 물리적 사물의 네트워크로, 인터넷을 통해 다른 장치와 시스템에 연결하고 데이터를 교환할 수 있다. 완제품에 대한 공급사슬 관리 맥락에서 운송 컨테이너나 창고는 정보를 전달하고 기존 공급사슬 관행을 뒤엎는 통찰력을 제공할 수 있다. 물류의 전 과정에 걸쳐 자산을 모니터링할 수 있는 능력은 재고 오입고와 배송 분실을 방지하고, 위험과 수익 손실을 더욱 줄여준다. 예를 들어 공급업체는 위치 정보, 기상 조건, 환경 상태, 교통 패턴 등을 추적함으로써 AI와 고급 분석을 활용하여 냉장 제품 배송의 장비 고장 위험을 예측할 수 있다. 이러한 정보를 바탕으로 공급업체는 더 가까운 물류센터로 배송 경로를 자동으로 재조정하거나, 제품 손상을 방지하기 위해 미리 수리 인력을 파견할 수 있다.
- **블록체인**: 컴퓨터 네트워크에서 공유되는 분산형 데이터베이스(또는 디지털 원장)이다. 일련의 정보를 담는 '블록'이라는 집합으로 정보가 수집되며, 각 블록은 일정한 저장 용

량이 있다. 일단 블록이 채워지면 닫히고, 이전에 채워진 블록과 연결되어 블록체인이라는 데이터 사슬을 형성한다. 특정 개인이나 조직이 관리하지 않고 데이터를 변경할 수 없기 때문에 거래가 영구적으로 기록되고 누구나 열람할 수 있다. 따라서 공급사슬 관리에서 블록체인의 가장 큰 잠재력은 기업이 상품의 소유권 이력을 문서화할 수 있도록 도와주는 추적·추적(track-and-trace) 애플리케이션을 촉진하는 데 있다. 이를 통해 유출을 방지하고, 위조품과 부정행위를 식별하고, 위험에 처한 공급업체를 파악하고, 규제 요건이 충족되었음을 증명하고, 조달에 대한 투명성을 확보할 수 있다.

- **인공지능, 머신러닝, 분석**: 과거의 공급사슬은 복잡한 글로벌 공급사슬에 대한 통찰력을 얻을 수 있을 만큼 데이터가 충분하지 않다는 것이 문제였다. 그러나 이제는 데이터가 너무 많아서 어떻게 활용할 수 있을지가 문제이며, 여기에 AI와 머신러닝이 도움이 될 수 있다. 기업은 알고리즘과 예측 기법을 통해 대규모 데이터 세트를 분석하여 세분화된 통찰력을 얻을 수 있다. 이러한 기술을 활용하면 창고 운영을 자동화하고, 납기를 개선하고, 재고를 선제적으로 관리하고, 전략적 조달 관계를 최적화하며, 만족도를 높이고 매출을 증가시키는 새로운 고객 경험을 창출할 수 있다. 예측 분석은 재고 가시성 및 최적화, 전략적 조달 및 최적화, 실시간 제품 인텔리전스 등의 활동에도 중요하다.
- **로봇과 자동화**: 로봇은 이미 오래전부터 공급사슬에 사용되었으며, 창고 내 또는 운송 중 주문 처리 과정의 일부로 제품과 자재의 이동을 지원하고 있다. 현재 사람이 하는 많은 수작업을 앞으로 적재 작업의 자동화를 통해 로봇이 맡게 될 것이다. 예를 들어 아마존이 사용하는 코봇(인간과 로봇이 직접 대화하는 협동 로봇)은 물품 피킹, 분류, 운송, 보관을 돕는다. 배송하기 위해 제품을 스캔하고 상자에 포장하는 로봇은 평균적인 인간 작업자보다 4~5배 속도가 빠르다.
- **3D 프린팅**: 컴퓨터 지원 설계로 삼차원 물체를 만드는 것으로, '적층 제조'라고도 한다. 물체를 만들 때 보통은 재료를 쌓아올려 물리적인 형태를 얻는다. 소비자가 맞춤용 제품을 선호하고 주문 생산 및 현지 생산이 추진됨에 따라 3D 프린팅에 대한 관심이 높아지고 있다. 이 기술을 통해 공급사슬은 생산을 분산하고 지역 조립 거점에서 제품/부품을 제조할 수 있다. 즉 기업은 물류 및 운송 비용을 절감하고, 이산화탄소 배출량을 줄이며, 해외 아웃소싱으로 인한 지정학적 위험과 배송상의 정체를 피하고, 소비자에게 제품을 더 빨리 전달할 수 있다. 주문형 생산으로 기업은 창고와 재고에 대한 대규모 투자를 피하고 더 나은 고객 서비스를 제공할 수 있다.

3. 내부

최근에 기업들은 지식 관리와 새로운 데이터 및 프로세스 관리 도구를 결합하여 인더스트리 4.0을 개선하는 데 시행착오를 겪고 있다. 기업 내부에서 디지털 트랜스포메이션의 이러한 요소는 운영 우수성, 환경적 지속가능성, 가치 창출의 개선이라는 전략적 목표를 달성하는 데 도움이 된다(Bettiol et al., 2020; Rodriguez-Molano et al., 2018).

지식경영은 의사결정, 혁신, 전반적인 성과 향상을 위해 기업 내에서 지식을 수집·축적·공유하는 과정이다. 여기에는 지식경영 시스템, 지식 공유를 위한 모범 사례, 지식 공유 및

사례 연구 10.1 아프리카의 위조 의약품 문제 해결에 활용되는 디지털 트랜스포메이션

위조 의약품은 아프리카 보건 부문의 심각한 문제로, 취약한 규제 프레임워크와 공급사슬 관리 부족으로 인해 더욱 악화되고 있다. 최근 몇 년 동안 아프리카의 공급사슬에서 이 문제를 해결하기 위해 기술이 활용되고 있다. 아프리카에서 위조 의약품에 대응하기 위해 공급사슬 디지털 트랜스포메이션이 어떻게 활용되고 있는지 살펴보자.

배경

아프리카에서는 위조 의약품이 심각한 문제로 대두되고 있으며, 유통되는 의약품의 30%가 위조 의약품으로 추정된다. 이러한 위조 의약품은 환자에게 효과가 없거나 위험하고, 심지어 사망을 초래할 수도 있다. 세계보건기구(WHO)의 추산에 따르면 아프리카에서는 매년 20만 명이 위조 의약품 때문에 목숨을 잃고 있다.

과제

위조 의약품을 탐지하는 데에는 많은 어려움이 있다. 위조 의약품은 외관이 정품과 매우 유사하여 잘 구분되지 않고, 공급사슬의 어느 지점에서든 반입될 수 있어 출처를 추적하기 힘들다. 또한 아프리카 국가 중에는 규제 프레임워크가 없어 의약품의 품질을 규제하기 어려운 국가도 있다.

기술 솔루션

이러한 문제를 극복하기 위해 다양한 기술 솔루션이 채택되고 있는데, 대표적인 것은 다음과 같다.

블록체인

블록체인은 공급사슬 관리에 적합한 분산형 원장 기술로, 안전하고 투명한 거래 기록을 생성하고 쉽게 추적할 수 있다. 블록체인을 사용하면 의약품의 원산지부터 최종 사용자까지 추적할 수 있으며, 공급사슬의 어느 지점에서든 위조 의약품을 식별할 수 있다. 예를 들어 제약사 컨소시엄인 메디레저(Mediledger)는 미국에서 위조 의약품을 퇴치하기 위해 블록체인 기술을 활용하고 있다. 또한 나이지리아에서는 제조업체부터 약국까지 의약품을 추적하는 데 블록체인이 사용되어 괄목할 만한 성과를 거두고 있다.

그림 10.3 말리 시장에서 판매되는 의약품

출처: Bert Spiertz/Hollandse Hoogte/Shutterstock

모바일 기술

환자나 의료진이 휴대폰으로 의약품의 진위 여부를 확인할 수 있도록 모바일 기술이 활용되고 있다. 예를 들어 엠피디그리(mPedigree)는 모바일 기술을 이용한 플랫폼으로, 환자가 의약품 포장의 고유 코드를 문자 메시지로 전송하여 의약품의 진위 여부를 확인할 수 있다. 이 플랫폼 덕분에 가나, 나이지리아 등 아프리카의 여러 나라에서 위조 의약품의 확산이 약화되었다.

RFID

RFID는 전파를 이용하여 물체를 식별하고 추적하는 기술로, 공급사슬 관리에서 물품의 이동을 추적하는 데 사용된다. 제약업계에서는 RFID 태그를 의약품 포장에 부착하여 공급사슬을 통한 의약품의 이동을 추적할 수 있다. 남아프리카공화국에서는 제조업체에서 약국으로의 의약품 이동을 추적하는 데 RFID 기술이 이용되고 있다.

결론

블록체인, 모바일 기술, RFID와 같은 기술 솔루션은 아프리카의 공급사슬에서 위조 의약품 문제를 해결하는 데 유망한 것으로 나타났다. 이러한 기술은 더 안전하고 투명한 공급사슬을 제공하여 위조 의약품을 식별하고 제거하는 데 도움이 될 수 있다. 그러나 기술을 널리 보급하려면 정부, 제약사, 기술 제공업체 등 다양한 이해관계자의 많은 투자와 협력이 필요하다.

출처: Adegoke, Y. (2020) Blockchain and supply chain management in Nigeria. Journal of Business Research, 117, 23-32.

Awoleye, O.M., Olawumi, T.O. and Atayero, A.A. (2017) mPedigree: using mobile phones to fight counterfeit drugs. Journal of Information Technology Impact, 17 (2), 69-78.

Barlow, A. and McCathie, L. (2011) Using RFID in the pharmaceutical industry. Journal of Information Technology Case and Application Research, 13 (1), 39-52.

Cheung, K.Y. and Kwok, S.K. (2009) A case study of RFID deployment in a pharmaceutical supply chain. International Journal of Production Economics, 118 (1), 289-295.

Fadare, J.O., Olatunya, O.S. and Oluwayemi, O.S. (2017) Counterfeit drugs in Nigeria: a threat to public health. African Health Sciences, 17 (3), 810-818.

Pilkington, M. (2017) Blockchain technology: principles and applications. Research Handbook on Digital Transformations. Edward Elgar Publishing.

협업 문화를 조성하기 위한 전략 등이 포함된다. 전통적인 지식 관리 프로세스는 최근 들어 기계를 통합하고 상호 연결하며 자율적으로 데이터를 학습하고 공유하는 기술의 영향을 받아 변화하고 있다.

Machado 등(2022)은 지식경영과 디지털 트랜스포메이션에 관한 연구를 분석하여 다음과 같은 사실을 밝혀냈다.

- 디지털 생태계는 비즈니스 프로세스와 인적 자원 관리를 변화시킨다. 조직의 학습 프로세스는 내부 디지털 커뮤니케이션 네트워크, 외부 커뮤니케이션 네트워크, 내부 지식 저장소/포털, 조직 간 지식 저장소의 혜택을 누릴 수 있다.
- 기술은 채용 단계 및 직원 선발, 교육, 훈련, 역량 개발, 보상, 보너스 등 다양한 부분에서 직원 임파워먼트에 중요한 역할을 한다. 따라서 지식경영과 기술은 기업의 지식을 직접적으로 향상하여 직원과 생산 공정에 대한 기업의 의사결정 과정을 지원한다.
- 인공지능과 같은 기술의 활용은 의사결정 지원 시스템 및 데이터 웨어하우스와 같은 새로운 도구를 도입하는 데 도움이 된다. 혁신적인 기업 아키텍처를 통해 데이터와 지식의 검증, 저장, 조직화, 직원 간 전파를 지원할 수 있다.

디지털 트랜스포메이션이 기업의 프로세스를 개선한 몇 가지 방법은 다음과 같다.

- **프로세스 간소화**: 디지털 트랜스포메이션은 반복적인 작업을 자동화하고 종이 기반 프로세스를 제거하여 프로세스 간소화에 도움이 된다. 그럼으로써 실수를 줄이고 효율성을 높이며 궁극적으로 기업의 전체 시스템 성능을 향상할 수 있다.
- **커뮤니케이션 및 협업 강화**: 디지털 트랜스포메이션은 정보와 아이디어를 실시간으로 공유할 수 있는 플랫폼을 제공하여 팀 간의 커뮤니케이션과 협업을 개선할 수 있다. 그럼으로써 조직 내 사일로를 해소하고 전반적인 생산성을 향상할 수 있다.
- **데이터 관리 개선**: 디지털 트랜스포메이션은 데이터 저장, 분석, 액세스를 위한 통합 플랫폼을 제공하여 기업의 데이터 관리를 개선할 수 있다. 그럼으로써 의사결정이 개선되고 기업은 고객과 시장 동향을 더 깊이 이해할 수 있다.
- **유연성 향상**: 디지털 트랜스포메이션은 원격 근무, 클라우드 기반 스토리지, 정보에 대한 모바일 액세스를 가능하게 하여 기업의 시스템이 더욱 유연해진다. 따라서 기업은 변화하는 시장 환경에 적응하고 고객의 요구에 더 빠르게 대응할 수 있다.
- **고객 경험 향상**: 디지털 트랜스포메이션은 보다 개인화되고 타기팅된 고객 경험을 가능하게 하여 기업의 시스템이 개선될 수 있다. 기업은 데이터와 분석을 활용하여 고객을 더 잘 이해하고, 더 적절하고 매력적인 경험을 제공할 수 있다.

이는 몇 가지 예에 불과하다. 기업과 목표에 따라 그 혜택이 다르지만, 전반적으로 볼 때 디지털 트랜스포메이션은 오늘날의 급변하는 비즈니스 환경에서 기업이 보다 효율적·효과적이면서 경쟁력을 갖추는 데 도움이 된다.

디지털 트랜스포메이션은 비즈니스의 한 요소에만 영향을 미칠 가능성이 낮으며, 이를 사일로로 보지 말아야 한다는 것을 다시 한번 강조하고 싶다. 흔히 이러한 영역은 조직 생

미니 사례 연구 10.1 디지털 트랜스포메이션으로 지식경영과 프로세스를 개선한 지멘스

독일의 다국적 대기업인 지멘스(Siemens AG)는 지식경영과 프로세스를 개선하기 위해 디지털 트랜스포메이션을 실시했다. 지멘스는 모든 사업 부문에서 정보를 저장하고 공유하기 위한 통합 플랫폼의 필요성을 인식했다.

지멘스는 지식경영 플랫폼인 지멘스 셰어넷(Siemens ShareNet)을 도입하여 직원이 기업 전체에서 정보에 접근하고 공유할 수 있게 했다. 이 플랫폼을 통해 팀 간의 실시간 협업과 커뮤니케이션이 가능해짐으로써 의사결정이 개선되고 프로젝트 완료 시간이 단축되었다.

디지털 트랜스포메이션의 결과로 지멘스는 지식경영 프로세스를 다음과 같이 개선할 수 있었다.

- **협업 향상**: 지멘스 셰어넷을 도입함으로써 직원이 장소에 구애받지 않고 실시간으로 협업함으로써 사일로를 없애고 지식 공유를 개선할 수 있게 되었다.
- **효율성 향상**: 통합 플랫폼은 프로세스를 간소화하고 중복 작업을 줄임으로써 효율성을 높였다.
- **더 나은 의사결정**: 데이터 및 정보 실시간 액세스를 통해 더 나은 의사결정과 신속한 문제 해결이 가능해짐으로써 생산성이 향상되고 다운타임이 감소했다.
- **혁신 강화**: 지멘스 셰어넷은 직원이 아이디어를 공유하고 새로운 프로젝트를 공동으로 작업할 수 있는 플랫폼을 제공하여 기업 내 혁신과 창의성이 향상되었다.

결론적으로 지멘스는 디지털 트랜스포메이션을 통해 협업 개선, 효율성 향상, 혁신 강화를 위한 통합 플랫폼을 도입하여 지식경영과 프로세스를 개선할 수 있었다.

출처: Hutterer, P. and Hutterer, G. (2019) Digitalization of knowledge management in the industry 4.0 era. Journal of Competitiveness, 11 (2), 98-113. Available at: https://doi.org/10.7441/joc.2019.02.07

Kagermann, H. and Walther, M. (2017) Industry 4.0: From the fourth industrial revolution to smart factories. Journal of Innovation Management, 4 (1), 6-11. Available at: https://www.journalofinnovationmanagement.com/wp-content/uploads/2017/03/Kagermann-Walther-2017.pdf

Siemens AG. (n.d.). ShareNet. Available at: https://new.siemens.com/global/en/products/services/sharenet.html

Tavares, M.A. and Cunha, P.F. (2021) Knowledge management and Industry 4.0: A systematic literature review. Journal of Business Research, 132, 734-749. Available at: https://doi.org/10.1016/j.jbusres.2021.02.002

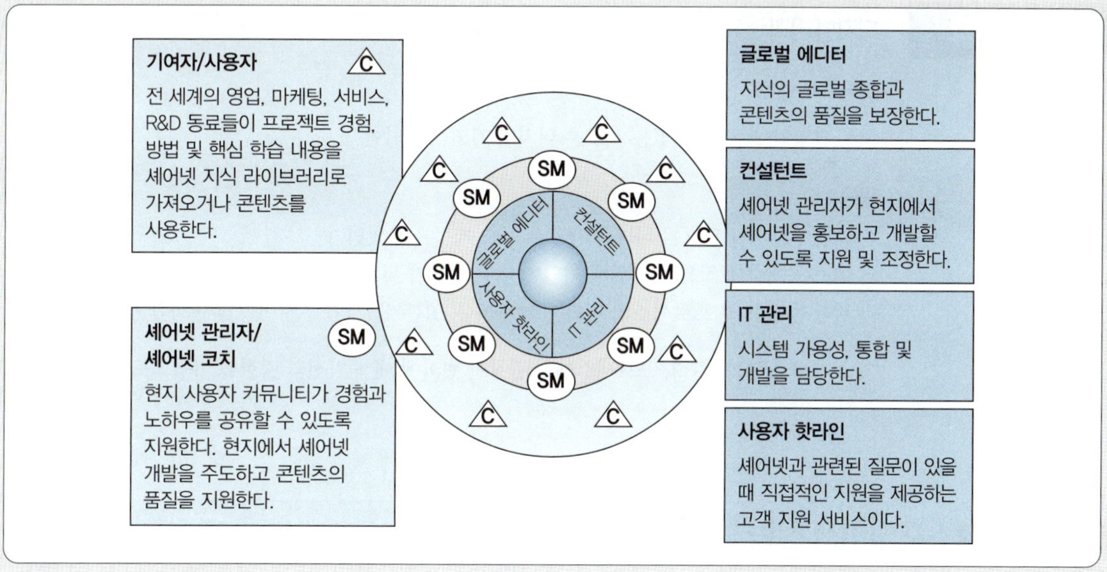

그림 10.4 지멘스의 셰어넷

출처: https://www.semanticscholar.org/paper/Siemens-ShareNet%3A-Knowledge-Management-in-Practice-Nielsen-Ciabuschi/7e3961c949b71ed8f7d3fecd4be6e7c7e518444e

태계의 일부로서 서로 연관되어 있으며, 한 요소를 변경하면 다른 요소에 영향을 미치는 경우가 많다. 디지털 트랜스포메이션을 성공적으로 수행하려는 기업은 디지털 트랜스포메이션을 전체적으로 파악해야 하는 이유가 바로 여기에 있다.

미니 사례 연구 10.2 까르푸의 디지털 트랜스포메이션 여정

프랑스의 다국적 유통 기업인 까르푸(Carrefour)는 비즈니스 운영과 고객 경험을 혁신하기 위해 2018년에 디지털 트랜스포메이션을 시작했다. 까르푸는 고객에게 더 가까이 다가서고 시장에서 경쟁력을 유지하는 데 디지털 채널이 중요하다는 것을 인지하고 있었다.

까르푸는 프랑스에서 전자상거래 플랫폼을 출시하고 고객에게 다양한 제품을 당일 배송으로 제공했다. 그리고 쇼핑 기록과 취향에 따라 고객이 맞춤형 혜택, 쿠폰, 추천 제품에 접근할 수 있는 모바일 앱도 내놓았다.

한편 까르푸는 제품의 추적성과 투명성을 높이기 위해 블록체인과 같은 신기술을 도입하고 공급사슬 운영에 투자했다. 또한 고객의 행동과 취향을 더 깊이 이해하고 보다 개인화된 마케팅과 제품 추천을 위해 새로운 데이터 분석 플랫폼을 도입했다.

까르푸의 디지털 트랜스포메이션 성과는 인상적이었다. 이 회사는 2020년 온라인 매출이 60% 증가할 것으로 예상하고, 모바일 앱 다운로드 수가 1,000만 건을 넘어섰다고 보고했다. 또한 고객 만족도 향상과 공급사슬 효율화를 통해 비용 절감을 실현했다고 밝혔다.

까르푸의 디지털 트랜스포메이션 여정은 시장에서 경쟁력을 유지하고 고객 경험을 개선하기 위해 디지털 기술을 도입하는 것이 얼마나 중요한지를 드러낸다. 까르푸는 신기술에 투자하고 운영을 최적화함으로써 매출, 고객 만족도, 효율성을 크게 향상할 수 있었다.

출처: Carrefour. (2021) Carrefour 2022: A solid growth strategy. Available at: https://www.carrefour.com/sites/default/files/document/action_plan_carrefour_2022_en.pdf

Carrefour. (2021) Our digital transformation. Available at: https://www.carrefour.com/en/our-digital-transformation

Grant, E. (2020) Carrefour sees 60% rise in online sales. Retail Gazette. Available at: https://www.retailgazette.co.uk/blog/2020/04/carrefour-sees-60-rise-in-online-sales/

Johnson, K. (2019) Carrefour: Digital Transformation case study. HYPE Innovation. Available at: https://blog.hypeinnovation.com/carrefour-digital-transformation-case-study

학습활동 10.1 디지털 기회

목적

모든 기업이 활용할 수 있는 새로운 디지털 기회를 파악한다.

활동

1. 지난 1년 동안 갑자기 나타난 새로운 기술 개발은 무엇인가?
2. 이러한 기술에 적응하기 위해 기업에 어떤 변화가 필요한지 검토하라. 그 기술은 어떤 문화적·관행적 변화 및 프로세스의 변화를 가져올 수 있는가? 사람들은 어떻게 변화할 것인가?

기술 개발과 문화, 관행, 프로세스에서 관찰한 변화에 대해 자신의 경험을 바탕으로 답변하라.

디지털 트랜스포메이션 전략

디지털 트랜스포메이션 전략은 디지털 기술을 이용하여 기업의 비즈니스 모델, 운영, 고객 경험을 혁신하는 과정을 말한다. 다시 말해 혁신이 필요한 주요 영역인 비즈니스 프로세스, 제품 및 서비스, 고객 참여 등을 파악하고, 디지털 기술을 활용하여 이러한 영역을 개선한다. 보다 효율적·효과적이고 민첩한 조직을 구축하여 디지털 시대의 경쟁에서 우위를 점하는 것이 그 목표이다.

디지털 트랜스포메이션 전략을 수립할 때 고려해야 할 주요 사항은 다음과 같다.

- **명확한 목적 정의**: 디지털 트랜스포메이션 여정을 시작하기 전에 기업이 달성하고자 하는 목적과 성과를 명확하게 정의하는 것이 중요하다. 이는 프로세스 전반에 걸쳐 의사결정의 지침이 되고, 혁신이 기업의 전반적인 전략 목표에 부합하게 된다.
- **현재 역량 평가**: 인프라, 프로세스, 인력 등 기업의 현재 디지털 역량을 평가하고, 원하는 성과를 달성하기 위해 해결해야 할 격차를 파악해야 한다.
- **로드맵 작성**: 디지털 트랜스포메이션 로드맵은 원하는 결과를 달성하기 위한 단계의 개요를 나타낸 것이다. 여기에는 사용할 디지털 기술, 변경해야 할 프로세스, 필요한 자원이 포함된다.
- **이해관계자 참여**: 디지털 트랜스포메이션에는 직원, 고객, 파트너 등 기업 내 모든 이해관계자의 참여와 동의가 필요하다. 이러한 이해관계자를 초기 단계부터 자주 참여시켜 그들의 요구와 기대에 부합하는 변화를 이끌어내는 것이 중요하다.
- **지속적인 모니터링과 적응**: 디지털 트랜스포메이션은 지속적인 모니터링과 적응이 필요한 지속적인 과정이다. 목표에 대한 진행 상황을 정기적으로 평가하고, 개선해야 할 영역을 파악하며, 필요에 따라 조정해야 한다.

디지털 트랜스포메이션 전략을 수립하기 위해서는 기업의 목적, 역량, 이해관계자에 대한 깊은 이해와 더불어 변화를 수용하고 진화하는 시장 환경에 지속적으로 적응하려는 의지가 필요하다.

디지털 트랜스포메이션의 필수 요소

Chamorro-Premuzic(2021)은 《하버드 비즈니스 리뷰》에 실린 기사에 다음과 같이 썼다.

> … 흔히 저지르는 실수 중 하나는 단순히 기술을 구매하거나 호황을 누리고 있는 하이테크 시장의 화려한 도구 또는 반짝이는 신제품에 투자하면 조직이 어떻게든 변화할 수 있을 것이라는 순진한 생각이다. 하지만 이를 활용할 수 있는 적절한 프로세스, 문화, 인재가 없다면 아무리 좋은 기술도 무용지물이 될 수 있다. 스탠퍼드대학교의 에릭 브리뇰프슨(Eric Brynjolfsson)이 지적했듯이 인공지능을 비롯한 신기술이 생산성을 향상하지 못하는 주된 이유는 기술 투자 실패로, 특히 직원의 재교육과 기술 향상이 부족하기 때문이다.

그림 10.5는 기업이 디지털 트랜스포메이션을 실행하는 데 필요한 다섯 가지 요소를 보여준다.

- **사람**: 데이터, 특히 가치 있는 데이터를 이야기할 때 그 끝에는 반드시 사람이 있다. 그래서 디지털 트랜스포메이션은 '사람'으로부터 시작된다. 대부분의 기업에서 디지털 트랜스포메이션의 '사람' 측면은 고객, 거래처, 직원에 대한 접근을 의미한다. 중소기업 경영자는 기술이나 데이터에 대한 필요성이 적고 소수의 직원에 대해 잘 알고 있을 테지만, 조직이 크고 복잡해져서 고객과 직원에 대해 개인적으로 알 수 없게 되면 어떻게 될까?
- **데이터**: 기업이 고객과 직원에 대한 지식을 확장하려면 데이터가 필요하다. 기술이 사람들의 디지털 기록(예: 그들이 무엇을 하는지, 누구인지, 무엇을 좋아하는지)을 수집하거

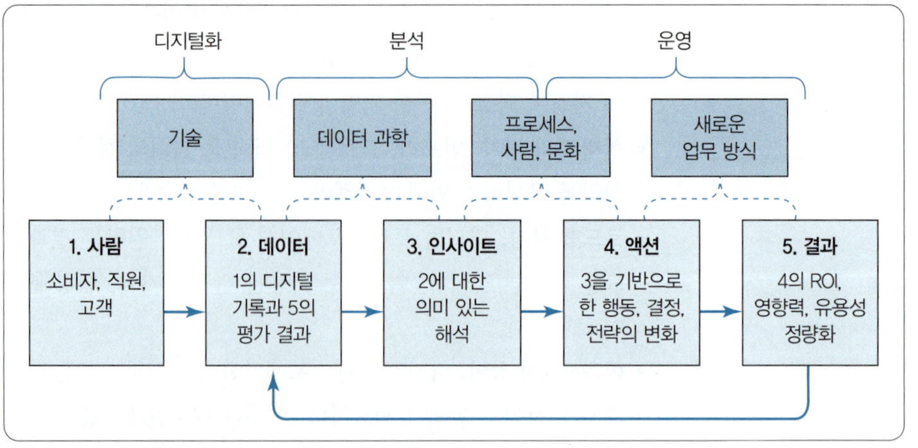

그림 10.5 디지털 트랜스포메이션의 다섯 가지 필수 요소

출처: https://hbr.org/2021/11/the-essential-components-of-digital-transformation

나 생성하는 과정에서 가장 큰 차이가 발생할 수 있다. 인간의 행동을 데이터화하여 표준화된 신호로 바꾸는 과정을 '디지털화'라고 한다. 그 예로 영국의 국민보건서비스(NHS)가 디지털 도구를 사용하여 개인 맞춤형 치료를 지원하는 것을 들 수 있다(사례 연구 10.2 참조).

- **인사이트**: 모델, 시스템, 프레임워크, 신뢰할 수 있는 데이터 과학이 없다면 어떤 데이터도 쓸모가 없다. 하지만 적절한 전문 지식과 도구가 있다면 데이터를 인사이트로 전환할 수 있는데, 이때 분석(데이터에 의미를 부여하는 과학)이 중요한 역할을 한다.
- **액션**: 최고의 인공지능, 데이터 과학, 분석을 활용하더라도 예측을 어떻게 활용할 것인지는 사람이 결정해야 한다. 인사이트를 통해 특정 유형의 리더가 방향을 잃기 쉽다는 것을 알게 된다면 사내 채용 및 육성 절차를 어떻게 조정할 것인가? 고객이 어떤 제품을 좋아하지 않는다면 제품 개발 또는 마케팅 전략에 어떤 영향을 미칠 것인가? 그렇기 때문에 액션이 중요하고 관련 기술, 프로세스, 변화 관리가 필요하다. 이 단계에서 인재는 디지털 트랜스포메이션을 촉진하거나 저지하는 데 중요한 역할을 한다.
- **결과**: 결과와 영향력을 평가하는 것이 중요하다. 그러나 여기서 끝나는 것이 아니라 보다 예측 가능하고 의미와 가치가 있는 인사이트를 도출하기 위해 데이터를 다시 검토하는 반복적인 접근이 필요하다.

요컨대 디지털 트랜스포메이션에서 중요한 것은 '디지털'이 아니라 '트랜스포메이션'이다. 거시적 환경의 변화에 조직을 적응시키는 것은 하루아침에 이룰 수 있는 일이 아니며, 새로운 기술을 구입하거나 더 많은 데이터를 수집하는 것도 아니다. 오히려 사고방식, 문화, 인재의 전환이 필요하다. 여기에는 직원의 기술 향상과 재교육도 포함된다. 이에 대해서는 '디지털 트랜스포메이션을 위한 변화 관리'에서 자세히 설명한다.

사례 연구 10.2 NHS의 디지털 트랜스포메이션

영국의 국민보건서비스(NHS)는 최근 몇 년 동안 환자의 예후를 개선하고 보다 효율적인 의료 서비스를 제공하기 위해 대대적인 디지털 트랜스포메이션을 단행하고 있다.

소개

NHS는 영국의 공공 의료 시스템으로, 영국 국민 모두에게 무료로 의료 서비스를 제공한다. 최근에 NHS는 환자의 예후를 개선하고 효율성을 높이며 비용을 절감하기 위해 대대적인 디지털 트랜스포메이션을 추진하고 있다.

배경

2014년에 NHS는 영국의 의료 서비스 제공 방식을 바꾸기 위한 '5개년 계획'을 발표했다. 이 계획에는 환자의 치료와 예후를 개선하기 위한 기술 활용 등 몇 가지 중요한 개선 분야가 포함되어 있다.

디지털 트랜스포메이션 이니셔티브

NHS는 최근 몇 년 동안 디지털 트랜스포메이션을 위해 다양한 노력을 기울이고 있다.

- **전자 의무 기록**(EHR): 환자 기록을 디지털화하여 전국의 의료진이 접근할 수 있는 프로그램을 도입했다. 이 프로그램은 의료진이 실시간으로 환자의 정보에 접근 가능함으로써 환자의 건강을 개선하고 실수를 줄이는 것을 목표로 하고 있다.
- **원격 진료**: 의료 제공자가 원격으로 환자를 모니터링하고 진단할 수 있는 원격 진료 서비스를 도입했다. 이는 의료 서비스 접근성이 제한된 지역에서 특히 유용하게 활용되고 있다.
- **환자 포털**: 환자가 온라인으로 자신의 의료 기록에 액세스하고, 예약하고, 의료 서비스 제공자와 연락할 수 있다. 이를 통해 환자의 참여도를 높이고 환자가 자신의 치료를 더 잘 관리할 수 있다.
- **모바일 헬스**(mHealth): 환자가 자신의 건강과 웰빙을 추적하고, 건

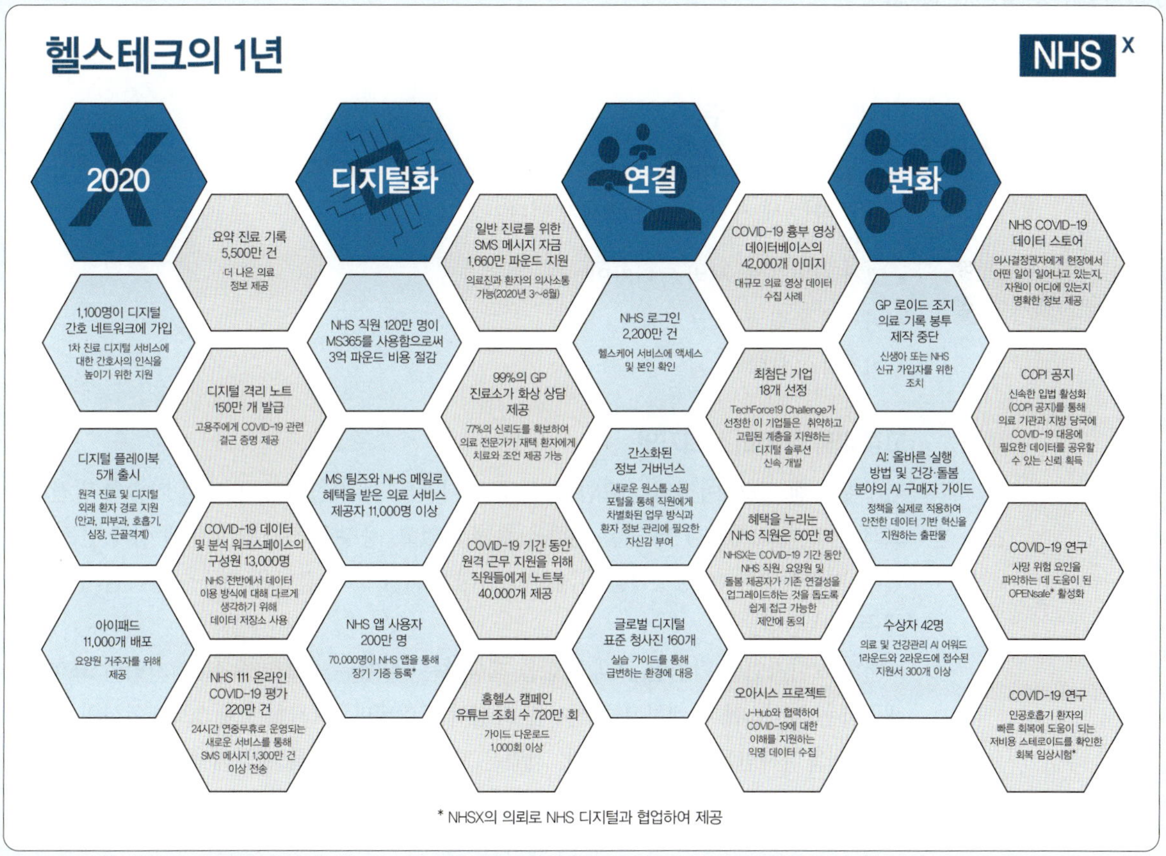

그림 10.6 NHS의 2020년 헬스테크 보고서

출처: https://transform.england.nhs.uk/blogs/2020-year-health-technology/

강 상태에 대한 정보를 얻으며, 의료 제공자와 소통할 수 있는 모바일 앱이다. 이를 통해 환자의 참여도를 높이고 환자가 자신의 건강을 더 잘 관리할 수 있다.

성과

NHS의 디지털 트랜스포메이션 이니셔티브는 다음과 같은 긍정적인 결과를 가져왔다.

- **환자의 예후 개선**: 전자 의무 기록과 원격 진료를 통해 의료 제공자가 환자의 정보에 실시간으로 접근하고 원격 모니터링 및 진단이 가능해짐으로써 환자의 예후가 개선되었다.
- **효율성 향상**: 디지털 기술을 활용함으로써 NHS의 효율성을 높이고 의료 서비스 제공에 드는 시간과 비용이 줄어들었다.
- **환자의 참여도 향상**: 환자 포털과 모바일 헬스 앱을 통해 환자의 참여도가 높아져 환자가 자신의 치료 관리에 보다 적극적인 역할을 할 수 있게 되었다.

과제

NHS의 디지털 트랜스포메이션 이니셔티브는 긍정적인 성과를 얻었지만 다음과 같은 문제점도 있었다.

- **데이터 프라이버시 및 보안**: 환자 기록의 디지털화로 인해 데이터 프라이버시 및 보안에 대한 우려가 커져 일부 환자는 개인 정보 보안을 걱정하고 있다.
- **인프라**: NHS에 디지털 기술을 도입하는 데에는 하드웨어, 소프트웨어, 네트워크 등의 인프라에 대한 막대한 투자가 필요하다.
- **직원 교육**: 디지털 기술을 도입하려면 의료진이 기술을 효과적으로 활용할 수 있도록 교육과 지원을 해야 한다.

결론

NHS의 디지털 트랜스포메이션은 중요한 사업으로서 환자와 의료 서비스 제공자 모두에게 좋은 결과를 가져왔다. 디지털 기술을 활용함으로써 환자의 예후가 개선되고 효율성이 향상되고 환자의 참여도가 높아졌다. 문제점도 있었지만 NHS는 디지털 트랜스포메이션에 대한 강한 의지를 드러냈으며, 앞으로도 영국 의료의 미래에 중요한 역할을 할 것이다.

출처: NHS Digital. (2021) Digital Transformation. Available at: https://digital.nhs.uk/digital-transformation

NHS England. (2014) Five Year Forward View. Available at: https://www.england.nhs.uk/wp-content/uploads/2014/10/5yfv-web.pdf

디지털이 가져다주는 기회

많은 연구자(Westerman et al., 2011)에 따르면 주요 영향과 성공의 기회가 어디에 있는지를 강조하는 세 가지 중요한 주제가 있다.

- 고객 서비스 및 서비스 디자인
- 비즈니스 및 조직 프로세스
- 비즈니스 모델

고객 경험 및 서비스 디자인

디지털 트랜스포메이션의 중요한 요소 중 하나는 고객 경험이다. 디지털 기술의 발전으로 고객은 그 어느 때보다 더 많은 권한을 갖게 되었고, 풍부한 정보와 선택에 쉽게 접근할 수 있다. 따라서 기업은 경쟁력을 유지하기 위해 탁월한 고객 경험을 제공하는 것을 우선순위에 두어야 한다.

서비스 디자인은 탁월한 고객 경험을 제공하는 데 매우 중요한 요소로, 기업이 고객에게 제공하는 서비스를 설계하고 개선하는 과정이 포함된다. 디지털 트랜스포메이션의 맥락에서 서비스 디자인은 특히 중요하다. 기업은 고품질의 서비스를 제공해야 할 뿐만 아니라 모든 디지털 채널에서 원활하고 효율적인 방식으로 서비스를 제공해야 하기 때문이다.

따라서 성공적인 디지털 트랜스포메이션을 위해 기업은 고객 경험과 서비스 설계를 우선순위에 두어야 한다. 여기에는 고객의 니즈, 불편 사항, 선호도를 이해하고 모든 디지털 접점에서 그 니즈와 선호도를 충족하는 서비스를 설계하는 것이 포함된다. 또한 인공지능, 자동화, 데이터 분석 등의 기술을 활용하여 고객 경험을 개인화하고 보다 효율적·효과적인 서비스를 제공하는 것도 포함된다.

디지털 트랜스포메이션의 고객 경험 및 서비스 디자인과 관련하여 참고할 몇 가지 주요 모범 사례가 있다.

- **고객으로부터 시작**: 디지털 트랜스포메이션 이니셔티브는 고객 중심, 즉 고객의 니즈와 선호도를 염두에 두고 설계되어야 한다.
- **원활한 경험 창출**: 기업은 웹, 모바일, 소셜 미디어, 이메일 등 모든 디지털 채널에서 일관되고 원활한 고객 경험을 제공해야 한다.
- **데이터 활용**: 데이터 분석은 기업이 고객의 행동과 취향을 이해하고, 고객 경험을 개인화하며, 서비스 디자인을 개선하는 데 도움이 된다.
- **자동화 수용**: 자동화는 프로세스를 간소화하고, 비용을 절감하며, 보다 빠르고 효율적인 서비스를 제공하여 고객 경험을 향상하는 데 도움이 된다.
- **혁신 문화 조성**: 기업은 디지털 서비스의 실험과 지속적인 개선을 장려하는 혁신 문화를 조성해야 한다.

다음은 디지털 트랜스포메이션의 일환으로 고객 경험과 서비스 디자인 전략을 성공적으로 도입한 기업의 예이다.

- **아마존**: 디지털 트랜스포메이션에서 고객 경험과 서비스 디자인을 우선시한 대표적인 기업이다. 사용하기 쉬운 웹사이트와 모바일 앱부터 고객 데이터를 기반으로 한 맞춤형 추천에 이르기까지 아마존은 고객을 위해 일관되고 개인화된 경험을 설계해왔다. 또한 자동화와 데이터 분석을 활용하여 공급사슬과 배송 프로세스를 개선하여 보다 빠르고 효율적인 서비스를 제공하고 있다.
- **우버**: 모바일 앱을 통해 고객에게 원활하고 편리한 경험을 제공함으로써 교통 산업을 혁신했다. 고객은 이 앱으로 쉽게 차량을 호출하고, 운전자의 위치를 추적하며, 결제를 할 수 있다. 우버는 데이터 분석을 통해 고객 경험을 개인화하고 가격 책정과 공급-수요의 균형을 최적화하고 있다.
- **에어비앤비**: 고객을 위해 독특하고 개인화된 경험을 설계함으로써 숙박업계를 혁신적으로 변화시키고 있다. 고객은 웹사이트와 모바일 앱을 통해 전 세계의 독특한 숙박 시설을 검색하고 예약할 수 있다. 에어비앤비는 데이터 분석을 통해 추천 객실을 개인화하고 가격 책정과 공급-수요의 균형을 최적화하고 있다.
- **세포라**: 고객에게 매력적이고 개인화된 경험을 제공하는 데 중점을 둔 디지털 트랜스포메이션 전략을 성공적으로 실행하고 있다. 고객은 웹사이트와 모바일 앱을 통해 제품을 검색 및 구매하고, 취향에 맞는 개인화된 추천 제품을 받아볼 수 있으며, 세포라 전문가의 가상 컨설팅을 예약할 수 있다. 세포라는 데이터 분석을 활용하여 프로모션을 개인화하고 재고 관리를 최적화하고 있다.

비즈니스 및 조직 프로세스

디지털 트랜스포메이션은 업무, 프로세스, 기업 문화 등 비즈니스의 모든 측면에 디지털 기술을 통합하는 것을 의미한다. 디지털 트랜스포메이션의 중요한 구성 요소 중 하나는 디지털 기술의 이점을 활용하기 위한 비즈니스 및 조직 프로세스의 혁신이다.

디지털 기술은 기업의 업무 효율성을 높이고, 민첩성을 향상하며, 고객의 니즈에 대한 대응력을 강화하는 데 도움이 된다. 이러한 이점을 얻으려면 기업은 워크플로 재설계, 조직 구조 재검토, 새로운 기술 도입 등 비즈니스 및 조직 프로세스를 혁신해야 한다.

기업이 디지털 트랜스포메이션을 위한 노력의 일환으로 프로세스를 혁신한 몇 가지 사례를 살펴보자.

- **제너럴일렉트릭**: 운영을 현대화하고 효율성을 높이기 위해 디지털 트랜스포메이션을 추진했다. 이러한 혁신의 일환으로 산업용 사물 인터넷, 빅데이터 분석, 인공지능 등 다양한 디지털 기술을 도입했으며, 이러한 기술을 통해 운영 및 유지·보수 프로세스를 최적화하여 생산성 향상, 비용 절감, 고객 만족도 향상을 실현했다.
- **프록터앤드갬블**: 디지털 트랜스포메이션의 일환으로 공급사슬 운영을 혁신하고, 고급 분석과 머신러닝을 통해 재고 관리를 최적화하고 비용을 절감하며, 납기를 개선하는 디지털 공급사슬 플랫폼을 도입했다. 이 플랫폼을 통해 고객 수요와 시장 트렌드 변화에 더 빠르게 대응할 수 있게 되었다.
- **볼보**: 제조 공정을 개선하고 생산 능력을 향상하기 위해 디지털 트랜스포메이션을 실시했다. 자동화, 로봇 공학, 인공지능 등 다양한 디지털 기술을 도입하여 생산 라인을 최적화했으며, 이러한 기술을 통해 생산 능력을 90% 증대하는 동시에 비용을 절감하고 제품의 품질을 향상했다.
- **월마트**: 소매업을 현대화하고 민첩성을 높이기 위해 디지털 트랜스포메이션을 실시했다. 인공지능, 빅데이터 분석, 클라우드 컴퓨팅 등 다양한 디지털 기술을 도입하여 공급사슬 개선, 재고 관리 최적화, 고객 경험 향상을 이루었다. 이러한 기술을 통해 고객 수요와 시장 트렌드 변화에 더 빠르게 대응할 수 있게 되었고, 수익성과 고객 만족도를 높였다.
- **지멘스**: 디지털 트랜스포메이션의 일환으로 비즈니스와 조직의 프로세스를 혁신했다. 인공지능, 빅데이터 분석, 블록체인 등 다양한 디지털 기술을 도입하여 운영 최적화, 제품 개발 프로세스 개선, 고객 경험 향상을 이루었다. 이러한 기술을 통해 워크플로를 간소화하고 비용을 절감했으며 시장 경쟁력을 강화할 수 있었다.

비즈니스 모델

앞서 언급했듯이 디지털 트랜스포메이션은 디지털 기술을 활용하여 비즈니스를 혁신함으로써 운영, 프로세스, 고객과의 상호작용에 큰 변화를 가져오는 과정이다. 이러한 변화는 기업의 효율성, 효과성, 경쟁력 향상에 도움이 된다.

디지털 트랜스포메이션이 비즈니스 모델에 영향을 미치는 방법 중 하나는 새로운 수익원을 창출하는 것이다. 예를 들어 미디어 및 엔터테인먼트 업계에서는 많은 기업이 물리적 미

미니 사례 연구 10.3 허츠의 마케팅

렌터카 회사인 허츠(Hertz)는 고객 경험 향상과 업무 효율성 개선을 위해 최근 몇 년 동안 디지털 트랜스포메이션을 추진해왔다. 이는 우버, 리프트 등 기존 렌터카 비즈니스 모델을 파괴한 새로운 렌터카 시장 진입자에 대응하기 위한 것이다.

이러한 디지털 트랜스포메이션의 핵심 요소 중 하나는 고객이 스마트폰으로 렌터카를 예약할 수 있는 새로운 모바일 앱의 도입이다. 이 앱은 렌터카 검색 및 예약, 대여 내역 및 영수증 조회, 허츠 렌터카 지점 검색 등 다양한 기능을 갖추고 있으며, 원하는 차종을 선택하고 픽업 및 반납 시간을 지정하는 기능 등 다양한 사용자 정의 옵션도 있다.

또한 허츠는 자동화된 체크인/체크아웃 프로세스, 렌털 거점에 설치된 셀프서비스 키오스크 등 다양한 디지털 기술을 도입하여 업무 효율성을 향상했다. 이러한 기술은 고객의 대기 시간을 단축하고 렌털 프로세스의 속도와 정확성을 높였다.

허츠는 디지털 트랜스포메이션을 실시하면서 데이터 분석에도 집중했다. 허츠는 고객을 더 잘 이해하고 서비스를 개선하기 위해 다양한 분석 도구를 도입했다. 예를 들어 데이터 분석을 통해 가격 책정 및 재고 관리 프로세스를 최적화하고 고객을 위한 맞춤형 프로모션과 제안을 개발하고 있다. 또한 디지털 기술을 활용하여 대여 프로세스 이외의 고객 경험을 향상하고 있다. 예를 들어 차량용 GPS 시스템, 실시간 교통 정보를 제공하는 모바일 앱 등 낯선 도시를 탐색할 수 있는 다양한 디지털 도구를 도입했다.

허츠의 디지털 트랜스포메이션은 빠르게 진화하는 렌터카 시장에서 더 나은 경쟁을 가능하게 했다. 허츠는 디지털 기술을 활용하여 고객 경험을 개선하고 업무 효율성을 향상함으로써 경쟁업체와의 차별화를 통해 렌터카 업계의 선두 주자라는 지위를 유지할 수 있었다. 그러나 앞으로도 계속 성공을 거두려면 지속적으로 해결해야 할 과제가 있다.

출처: Hertz Global Holdings, Inc. (2021) About us. Available at: https://www.hertz.com/rentacar/misc/index.jsp?targetPage=aboutUsView.jsp

Hertz Global Holdings, Inc. (2019) Hertz launches new app for customers. Available at: https://www.hertz.com/rentacar/productservice/index.jsp?targetPage=Hertz-Launches-New-App-for-Customers.jsp

The Hertz Corporation (2019) Hertz introduces fast lane powered by CLEAR for easier rentals and returns. Available at: https://www.prnewswire.com/news-releases/hertz-introduces-fast-lane-powered-by-clear-for-easier-rentals-and-returns-300811822.html

Hertz Global Holdings, Inc. (2019) Hertz expands its customer loyalty program, Hertz Gold Plus Rewards, with new benefits and features. Available at: https://www.hertz.com/rentacar/misc/index.jsp?targetPage=gold-plus-rewards-benefits-features.jsp

디어 판매에서 디지털 구독 서비스로 비즈니스 모델을 전환하고 있다. 한 예로 넷플릭스는 DVD 대여에서 영화 및 TV 프로그램 온라인 스트리밍으로 비즈니스 모델을 전환하여 더 많은 시청자를 확보하고 큰 수익을 얻고 있다.

디지털 트랜스포메이션이 비즈니스 모델에 영향을 미치는 또 다른 방법은 기업이 고객을 대하는 방식을 바꾸는 것이다. 디지털 기술을 통해 기업은 더 많은 고객 데이터를 수집하고, 보다 개인화되고 타기팅된 경험을 제공할 수 있다. 예를 들어 아마존은 데이터를 활용하여 고객에게 개인화된 추천 제품과 혜택을 제공하고, 이를 통해 쇼핑 경험을 개선하고 매출을 늘린다.

디지털 트랜스포메이션은 기업의 공급사슬과 운영에도 영향을 미쳐 비용 절감과 효율성 향상을 가져온다. 예를 들어 월마트는 공급사슬 최적화, 재고 관리 개선을 위해 인공지능, 머신러닝 등 디지털 기술에 많이 투자해왔으며, 이는 낭비를 줄이고 효율성을 높이며 고객 서비스를 개선하는 결과를 가져왔다.

전반적으로 디지털 트랜스포메이션은 새로운 수익원 창출부터 고객 경험 개선, 운영 최적화에 이르기까지 다양한 방식으로 기업에 영향을 미칠 수 있다. 성공적인 디지털 트랜스포메이션을 위해서는 고객과 니즈에 대한 깊은 이해뿐만 아니라 실험과 혁신에 대한 적극적인 자세가 필요하다.

다음은 비즈니스 모델의 디지털 트랜스포메이션에 성공한 기업의 예이다.

- **도미노피자**: 모바일 앱과 온라인 주문 시스템 등 디지털 기술에 투자하여 비즈니스 모델을 혁신했다. 고객이 언제 어디서나 피자를 주문할 수 있게 됨으로써 수익이 크게 증가했다.
- **힐튼**: 모바일 체크인, 디지털 룸 키와 같은 디지털 기술에 투자하여 고객 경험을 혁신했다. 체크인 프로세스를 간소화함으로써 고객 경험이 개선되고 업무 효율성이 향상되었다.
- **포드**: 자동화, 로봇 공학 등의 디지털 기술에 투자하여 운영을 혁신했다. 이를 통해 자동차를 보다 효율적으로 생산하고 낭비를 줄여 비용을 절감했으며 수익성을 높였다.
- **제너럴일렉트릭**: 산업용 사물 인터넷과 같은 디지털 기술에 투자하여 비즈니스 모델을 혁신했다. 이를 통해 산업 장비로 데이터를 수집하고 분석함으로써 효율성을 높이고 다운타임을 줄일 수 있었다.
- **스타벅스**: 모바일 주문 및 결제 등 디지털 기술에 투자하여 고객 경험을 혁신했다. 이를 통해 고객 서비스를 향상하고 대기 시간을 줄임으로써 고객 충성도 및 수익 증가로 이어졌다.

디지털 트랜스포메이션의 프레임워크

많은 기업이 디지털 트랜스포메이션의 성공 공식을 가지고 있다고 주장하며, 많은 컨설팅 업체는 독자적인 방법론을 가지고 있다. 그러나 성공적인 디지털 트랜스포메이션 프로젝트에는 공통된 프로세스 주제가 있다(Nylén and Holmström, 2015). 디지털 트랜스포메이션의 프레임워크는 선형적이고 구분되어 있어 한 번만 실행되도록 설계된 것처럼 보일 수 있지만, 주제가 반복적이며 프로세스 전반에 걸쳐 활동이 서로 피드백을 주고받는다. 더욱이 디지털 트랜스포메이션은 지속적이고 끊임없는 과정이며, 혹자는 이를 끝없는 여정에 비유하기도 한다.

검토 프로세스

성공적인 디지털 트랜스포메이션 프로젝트는 혁신과 구현에 바로 뛰어드는 것이 아니다. 기술을 기업 내 전략이나 비즈니스 문제보다 우선시하여 결과적으로 실패한 사례가 많다. 따라서 적절한 전략 프로세스와 마찬가지로 기업의 현황을 파악하는 검토 단계가 중요하다. 이러한 전략적 검토에는 구체적인 요소가 포함된다.

앞서 언급했듯이 디지털 트랜스포메이션은 기업의 핵심에 디지털 혁신을 통합할 수 있는 기회에 의해 시작될 수 있다. 혁신은 디지털 기술, 디지털 문화, 디지털 관행, 디지털 프로세스 등 다양한 형태로 나타날 수 있다.

따라서 기업은 검토 단계에서 다음과 같은 문제에 주목해야 한다.

- 디지털 기회
- 기업이 기회를 확신하는 정도

- 리더십 팀의 디지털 기술 수준
- 기업이 믿는 디지털 성숙도

이러한 문제는 순차적으로 검토되는 것이 아니라 상호 연관성 속에서 동시에 검토되어야 하는 통합적인 검토 프로세스의 일부이다.

디지털 기회

디지털 기회를 파악하려면 정기적으로 환경 스캐닝을 해야 한다. 디지털의 고유한 특성은 기술, 문화, 프로세스, 관행이 빠르게 진화하고 예측하기 어렵다는 것을 의미한다. 이러한 스캐닝 활동은 새로운 기술, 기기, 채널뿐만 아니라 디지털 관행에 기여하는 새로운 기술과 역량에 대한 정보도 수집해야 한다. 또한 디지털 문화의 변화와 디지털 프로세스 혁신에 대한 정보도 수집해야 한다. 기술에 집착하는 것은 쉽지만 스캐닝 활동은 이를 넘어 가능한 모든 기회를 파악해야 한다.

기업이 기회를 확신하는 정도

조직 내 열성적인 지지자들은 새로운 디지털 혁신의 흥분에 휩쓸리기 쉽다. 앞서 언급했듯이 이는 역사적으로 기업이 조직의 전략적 관점과 일치하지 않는 기술에 관여하는 결과로 이어졌다. 프로세스에서 이 부분은 디지털 기회를 구체적인 언어로 표현하고 기업에 이익을 가져다줄 수 있는 잠재력을 평가하는 것을 목표로 한다. 기업이 그 기회의 성공을 보장할 수 있는지 평가하는 것은 매우 중요하다.

기회를 분석할 때는 전통적인 사고방식에 따른 다음과 같은 의문을 검토한다(단, 다음 질문에 모든 의문이 포함되는 것은 아니다).

- 기존 고객 또는 신규 고객을 대상으로 사업을 성장시킬 수 있는 기회가 있는가?
- 어떤 수익을 기대할 수 있는가?
- 고객에게 어떤 가치를 창출할 수 있는가?

성공 보장은 보다 내부적인 문제를 다루며, 여기에는 다음과 같은 전통적 접근 방식이 포함된다.

- 새로운 기술, 문화, 프로세스, 관행은 얼마나 안정적이고 지속 가능하며 신뢰할 수 있는가?
- 이 기회를 확장할 수 있는가?
- 기업이 이 디지털 기회를 수용하는 것이 얼마나 안전한가?

기회 보장 및 성공 보장 접근 방식은 이미 기업의 전략적 검토 프로세스에 존재할 수도 있고, 새로 도입해야 할 수도 있다. 스타트업의 경우 효과적인 조직이 되려면 이러한 활동을 기업 내에서 견고한 전략적 관행으로 정착시켜야 한다.

리더십 팀의 디지털 기술 수준

기업의 디지털 리더십을 평가하려면 이사회와 고위 경영자의 수준을 살펴볼 필요가 있다.

현재 디지털 트랜스포메이션을 이끌 자질을 갖춘 고위 경영자와 리더를 찾는 수요가 많지만 적합한 인재가 부족하다. 디지털 리더십의 문제는 다음과 같은 이유로 어려울 수 있다.

- 기존 디지털 리더는 디지털 기술 분야에 고도로 전문화되어 있고, 종종 기술 기업에서만 일하기 때문에 조직 전체에 대한 폭넓은 이해가 부족할 수 있다.
- 폭넓은 리더는 전체 비즈니스에 대해 통합적으로 이해하지만, 디지털 기회의 영향을 이해하는 데 필요한 경험, 문화, 역량이 부족할 수 있다.

역사적으로 디지털에 매료된 리더는 전통적인 경영자와 매우 다른 경력 경로를 걸어왔다. 디지털 리더는 종종 고도로 전문화된 반면, 폭넓은 리더는 사람들에게 동기를 부여하고 조직에 영향을 미칠 수 있는 역량을 가지고 있다.

기존 조직에는 폭넓은 리더가 더 많고 디지털 리더가 적으며, 기술 스타트업은 그 반대일 가능성이 높다. 그러나 현실적으로는 두 가지 유형의 리더가 모두 필요하며, 둘 다 발전해 나가야 한다. 기업은 두 가지 유형의 리더를 아우르는 리더십 프로파일을 고려해야 한다.

기업이 믿는 디지털 성숙도

전통적인 전략적 사고에서 기업은 성숙도를 평가하여 스스로를 이해하려고 한다. 디지털 트랜스포메이션에서는 기업이 '디지털 성숙도'를 고려하는 것은 매우 중요하다. 많은 컨설팅 기관은 기업의 디지털 성숙도를 평가하여 '디지털 성숙도 지수'를 내놓곤 한다. 이러한 평가는 동일한 산업 내 유사한 기업과 비교하는 데 활용할 수 있다.

기업의 디지털 성숙도를 평가하기 위해 기업 내 다양한 이해관계자를 대상으로 태도, 역량에 대한 이해, 고객에 대한 이해, 디지털 활동에 대한 설문조사가 이루어진다. 이해관계자는 혁신, 프로세스 관행, 기술과 같은 분야뿐만 아니라 경영, 리더십, 조직 구조화 방식과 같은 보다 광범위한 개념의 디지털 수준에 대한 견해를 자주 묻는다(Kane, 2017). 디지털 트랜스포메이션 프로젝트 및 프로그램은 디지털 성숙도 지수에서 조직의 성과를 향상할 것으로 기대되고, 이러한 지수의 점수를 높이는 것을 목표로 삼는 것을 고려해야 한다.

그림 10.7에 제시된 BCG의 디지털 조직 성숙도 모델은 대규모 조직에 가장 적합하다. 이 모델은 기업 전반에 걸쳐 디지털에 대한 임시방편적인 접근 방식을 보여준다. 이러한 접근 방식은 혁신을 특징으로 하지만, 중복과 경험 부족으로 인해 비효율과 낭비를 초래할 수 있다. 그러나 기업이 전체 전략 차원에서 디지털의 중요성을 인식하기 시작하면 디지털 개발 및 실행을 중앙 집중화하여 집중력을 높이고, 규모를 확대하며, 인재와 역량을 육성하게 된다. 또한 이를 위해 디지털 어젠다를 진두지휘하는 최고디지털책임자(chief digital officer, CDO)를 임명하기도 한다.

다음 단계에서는 중앙 팀이 모범 사례를 설정하고 현지 팀을 자문 역할로 지원하는 한편, 사업부가 디지털 실행을 담당하는 하이브리드형 디지털 기능을 도입할 것이다. 초기에는 사업부가 디지털 실행의 대부분을 주도하고, CoE(center of excellence)가 현지 조정, 집중, 규모 확대, 인력 및 역량 육성을 지원한다. 보다 고도화된 단계에서는 디지털 역량이 조직 전반에 걸쳐 내재화되고 디지털 기술 및 업무 방식이 전략과 실행의 핵심이 되면서 CoE

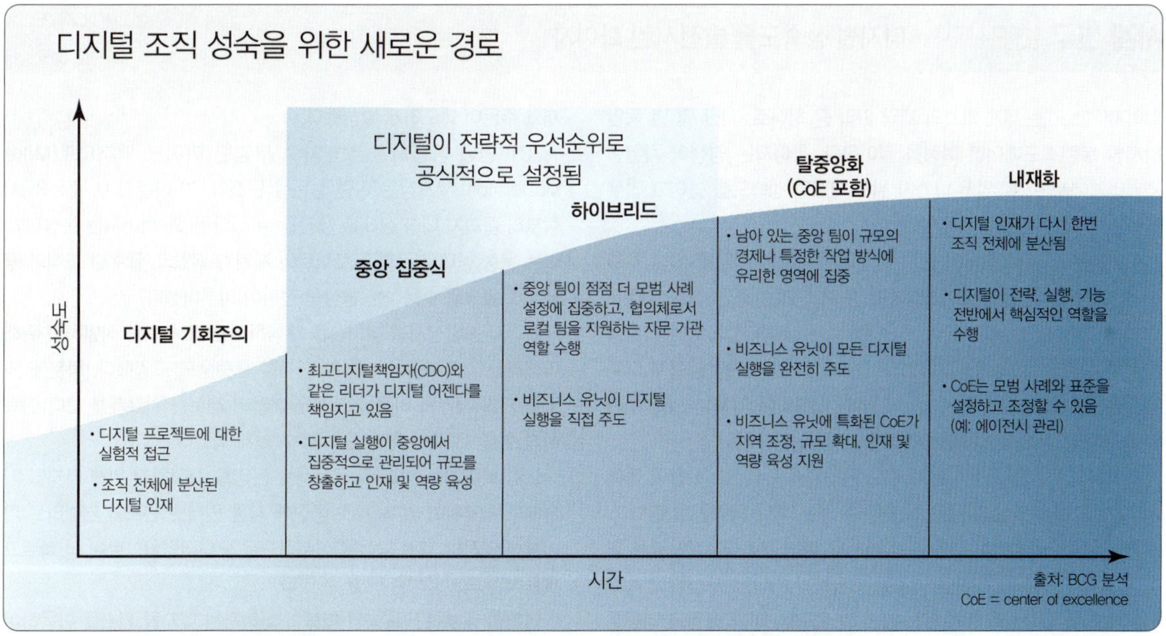

그림 10.7 BCG의 디지털 조직 성숙도

출처: https://www.bcg.com/publications/2018/most-innovative-companies-2018-organizing-digital

의 역할이 줄어들게 된다.

Moller 등(2018)은 조직 설계를 위한 일련의 전제 조건을 다음과 같이 제안했는데, 이는 디지털 CoE의 체크리스트로 유용하게 활용될 수 있다.

- **고객 중심적**: 비즈니스의 모든 측면에서 고객의 요구와 희망에 초점을 맞춘다.
- **민첩성**: 의사결정과 자원 할당에서 짧은 응답 시간과 실행 시간을 지킨다.
- **실험적**: 디지털 조직의 비즈니스 모델은 실험을 장려한다. 이러한 모델은 시도하고 실패하고 개선하도록 설계되며, 효과가 있는 것은 빠르게 확장된다.
- **간소화 및 표준화**: 표준화된 구조, (조직)단위, 프로세스 및 명확한 역할과 책임을 갖고자 한다. 의사결정에서 간소화는 중요한 고려 사항이다.
- **운영 우수성 중시**: 디지털 조직은 효율성, 린(lean) 기법, 경쟁력 있는 비용 구조, 지속적인 개선을 중시하며, 높은 수준의 조직 규율을 유지한다.
- **권한과 책임 부여**: 관리자에게 실행 가능한 권한을 부여하고, 성과를 모니터링하며, 책임을 묻는다. 간단하고 명확한 소수의 KPI에 집중한다.
- **교차 기능적**: 팀은 디지털 및 비즈니스 관련 모든 유형의 전문 지식을 목적에 맞게 결합한다. 디지털 조직은 기능적 사일로를 피함으로써 아이디어, 전문 지식, 데이터가 쉽게 공유되고 실행될 수 있게 한다.

광범위한 전략 검토의 일환으로 조직의 디지털 성숙도를 검토하는 프로세스는 디지털 트랜스포메이션 전략 수립에 필요한 통찰력을 제공할 것이다.

사례 연구 10.3 디지털 성숙도를 발전시킨 화이자

화이자(Pfizer)는 세계 최고의 제약 기업 중 하나로, 지난 몇 년 동안 디지털 트랜스포메이션 여정을 걸어왔다. 화이자는 경쟁이 치열한 제약업계에서 한 발 앞서 나가기 위해 디지털 성숙도를 높이고 업무를 혁신하여 큰 진전을 이루었다.

화이자는 디지털 혁신의 초기 단계에서 탄탄한 디지털 기반 구축이 중요하다는 것을 알고 있었다. 첫 번째 단계는 중앙 집중식 디지털 팀인 DCoE(Digital Centers of Excellence)를 설립하여 디지털 전략과 실행을 주도하는 것이었다. DCoE는 조직 전반에 걸쳐 디지털 역량을 개발하고 구현하며, 사업부와 협력하여 디지털 기술이 가치를 창출할 수 있는 영역을 파악하는 역할을 담당한다.

화이자의 디지털 팀은 R&D, 제조, 공급사슬 관리, 고객 참여 등에서 디지털 기술이 큰 가치를 창출할 수 있는 주요 영역을 발견했다. 또한 성공적인 디지털 트랜스포메이션을 위해 조직 전반에 걸쳐 혁신 문화를 조성하고 디지털 역량을 개발해야 한다는 사실을 인식했다. 이에 화이자는 최신 디지털 기술 및 도구에 대한 직원의 역량을 강화하는 종합 교육 프로그램을 시작했다. 또한 조직 전반의 디지털 혁신과 지식 공유를 지원하기 위해 데이터 분석, 인공지능, 머신러닝 등의 주요 분야에 CoE를 설립했다.

화이자의 가장 중요한 디지털 트랜스포메이션 이니셔티브 중 하나는 데이터 기반 조직으로의 전환이었다. 화이자는 데이터 분석에 대규모 투자를 했으며, 고급 도구와 기술을 활용하여 운영과 고객에 대해 더 깊은 통찰력을 얻었다. 그 예 중 하나는 공급사슬의 디지털 트랜스포메이션이다. 화이자는 175개 시장에서 엄격하게 규제된 800여 개 제품을 취급하고 있다. 일부는 의료 필수품(특정 질병을 치료하는 유일한 의약품)이며, 콜드체인 제품 중 상당수는 냉장 보관을 해야 하고 운송 중에도 특정 온도 범위를 유지해야 한다. 유효 성분 공장의 선적 부두에서 물류센터의 하역 부두까지 이어지는 국제 기업 간 공급사슬에는 항공 운송 2만 건, 해상 운송 2,000건, 도로 운송 3만 5,000건이 포함된다.

하지만 이 모든 기업 간 배송을 가시화하는 것은 매우 비효율적인 과정이었다. 디지털 트랜스포메이션 프로세스 전에는 거의 실시간으로 운송 상태를 파악할 수 없었다. 비효율의 원인 중 하나는 공급사슬의 핵심을 다루는 200명의 담당자가 화물 위치를 확인하기 위해 주고받는 전화와 이메일이었다. 푸에르토리코의 한 제조 관리자는 일주일에 이메일을 600통 받았는데, 이 이메일이 24시간 내내 수신되었다. 이로 인해 수많은 문제가 발생했고, 만약을 대비한 불필요한 재고 주문이 과도하게 발생했다.

2016년에 공급사슬 책임자로 부임한 마이크 맥더모트(Mike McDermott) 부사장은 이런 질문을 던졌다. "아마존이 내 주문의 시작부터 끝까지 배송 상태를 제공할 수 있다면, 왜 화이자는 못할까?" 이는 운송 상태 시각화 프로젝트의 계기가 되었고, 글로벌 조직화 공급 네트워크를 수용하는 발상의 전환이 이루어졌다.

화이자는 임상시험 데이터를 분석하고 신약 후보를 식별하기 위해 머신러닝 알고리즘을 사용한 디지털 플랫폼도 도입했다. 덕분에 의약품 개발 시간과 비용을 크게 줄어들어 새로운 치료제를 보다 신속하게 효율적으로 시장에 출시할 수 있게 되었다.

또한 화이자는 제조 및 공급사슬 운영을 개선하기 위해 디지털 기술에도 투자하고 있다. 제조 공장에 사물 인터넷 센서와 커넥티드 기기를 도입하여 제조 공정을 실시간으로 모니터링함으로써 더 빠르고 효율적인 의사결정을 내릴 수 있다.

이러한 내부적인 노력과 더불어 화이자는 디지털 기술을 활용하여 고객과의 소통을 강화하고 있다. 모바일 앱과 온라인 포털 등 다양한 디지털 플랫폼을 구축하여 고객이 제품 정보를 쉽게 얻고 지원을 받을 수 있다.

전반적으로 화이자의 디지털 트랜스포메이션 여정은 명확한 비전, 강력한 리더십, 혁신 및 디지털 역량의 문화가 주도한 것이다. 화이자는 디지털 기술에 투자하고 직원의 역량을 강화하여 운영을 개선하고 고객 참여를 향상했으며, 경쟁이 치열한 업계에서 성장을 이끌 수 있었다.

출처: Banker, S. (2018) Pfizer embraces digitalization for in-transit visibility. Forbes. Available at: https://www.forbes.com/sites/stevebanker/2018/10/18/pfizer-embraces-digitalization-for-in-transit-visibility/?sh=4d39ba582d38

Pfizer. (2021) Our Purpose & Strategy. Available at: https://www.pfizer.com/about/our_purpose_and_strategy

Pfizer. (2021) Transforming the Customer Experience. Available at: https://www.pfizer.com/files/investors/presentations/Transforming%20the%20Customer%20Experience%20PDF.pdf

Spitzer, J. (2019) Pfizer: Digital transformation puts customers first. Available at: https://enterprisersproject.com/article/2019/7/pfizer-digital-transformation-customers

Wilder, C. (2020) How Pfizer is digitally transforming its supply chain. Available at: https://www.healthcareitnews.com/news/how-pfizer-digitally-transforming-its-supply-chain

Wixted, B. (2020) Pfizer's Digital Transformation Journey. Available at: https://www.btwvisas.com/pfizers-digital-transformation-journey/

전략 프로세스

디지털 트랜스포메이션은 기업의 전략적 사고를 형성하는 데 중요한 역할을 한다. 일부 전문가는 전통적인 전략 모델이 20세기 후반, 즉 경쟁 환경이 예측 가능했던 시기에 더 적합한 사고방식에 갇혀 있다고 비판한다(Reeves et al., 2015). 혁신과 변화의 속도가 덜 중요했던 시기에 개발된 모델에 의존하는 것은 매우 위험하다는 우려가 있다(Warren, 2012).

디지털 트랜스포메이션 전략을 수립할 때 기업은 전통적인 전략 수립과 관련된 특징을 채택할 수 있다. 성공적인 디지털 전략은 다음과 같은 몇 가지 공통된 주제를 가지고 있다.

- **미래 지향적인 접근**: 기존 문제를 해결하는 것보다 미래 목표에 중점을 두어야 한다. 문제 해결도 중요하지만, 디지털 트랜스포메이션 전략은 문제를 넘어서 기회를 포착하는 데 초점을 맞춰야 한다. 이 전략은 기업의 핵심 주제를 기반으로 하여 달성 가능한 목표를 설정하고, 그러한 주제가 미래에 더 중요한 역할을 할 것으로 전망해야 한다.
- **시간 프레임에 대한 이해**: 전통적인 전략 목표와 디지털 트랜스포메이션 목표의 주요 차이점은 변화의 속도와 시간축이다. 전통적인 전략적 사고는 5년 계획과 같은 다년간의 장기적 목표와 목적에 초점을 맞추는 경우가 많다. 반면에 디지털 트랜스포메이션은 훨씬 더 짧은 간격, 때로는 몇 달 또는 몇 주 단위로 목표를 설정하는 경향이 있다. 이는 디지털 분야, 특히 기술의 빠른 발전 속도 때문이며, 기술적 기회와 혁신에 의해 추진되는 그로스 해킹 등 디지털 전략 관리의 다양한 방법을 뒤에서 다룰 것이다.
- **목표의 정렬**: 디지털 트랜스포메이션 목표는 비즈니스 목표와 일치해야 한다. 비즈니스

보충 자료 10.3 영국 정부의 디지털 우선 주제

영국 정부는 수년간 디지털 우선 접근 방식으로 서비스를 제공해왔다. 이러한 접근 방식의 목표는 디지털을 통해 더 접근하기 쉽고, 효율적이며, 비용 효과적인 서비스를 제공하는 것이다. 2012년에 영국 정부는 디지털 우선 전략을 발표하고 공공 서비스에 대한 디지털 우선 접근 방식을 제시했다. 이 전략은 '사용자의 요구를 최우선으로 하여 더 간단하고 명확하며 신속한 서비스를 제공하는 것'을 목표로 한다.

이후 영국 정부는 디지털 우선 접근 방식을 구현하는 데 큰 진전을 이루었다. 2017년에는 정부 디지털 서비스(Government Digital Service, GDS)가 새로운 전략을 발표하고, 지난 5년 동안의 성과를 바탕으로 한 향후 계획을 제시했다. 이 전략은 정부 서비스의 사용자 경험을 개선하고, 정부 서비스용 공통 기술 플랫폼을 구축하며, 정부의 디지털 서비스 조달 및 관리 방법을 혁신하는 데 중점을 두었다.

영국 정부가 디지털 우선 접근 방식을 지원하기 위해 시작한 중요한 이니셔티브 중 하나는 정부 디지털 서비스 표준(Government Digital Service Standard)이다. 이는 공공 사용에 적합한 디지털 서비스가 충족해야 할 열여섯 가지 기준을 제시했는데, 여기에는 사용자 연구, 접근성, 보안, 성능에 대한 요구 사항이 포함되어 있다.

영국 정부의 디지털 우선 접근 방식에서 또 다른 중요한 진전은 디지털 마켓플레이스의 설립이다. 2014년에 출범한 이 마켓플레이스는 정부 부처가 다양한 공급업체로부터 클라우드 기반 소프트웨어와 서비스를 구매할 수 있는 온라인 플랫폼으로, 정부가 디지털 서비스를 보다 효율적이고 비용 효과적으로 제공할 수 있도록 지원하고 있다.

요컨대 영국 정부의 디지털 우선 접근 방식은 공공 서비스를 접근하기 쉽고, 효율적이며, 사용자 친화적으로 변화시켜 공공 서비스를 혁신하는 것을 목표로 하는 장기적 전략이다. 이는 다양한 이니셔티브와 표준을 기반으로 하며, 영국 정부는 최근 몇 년 동안 디지털 우선 접근 방식을 성공적으로 구현해왔다.

출처: UK Government Digital Service. (2012) Digital Strategy. Available at: https://www.gov.uk/government/publications/government-digital-strategy

UK Government Digital Service. (2017) Government Digital Service Strategy 2017-2020. Available at: https://www.gov.uk/government/publications/government-digital-service-strategy-2017-to-2020

UK Government Digital Service. (n.d.) Government Digital Service Standard. Available at: https://www.gov.uk/service-manual/service-standard

UK Government Digital Service. (n.d.) The Digital Marketplace. Available at: https://www.gov.uk/guidance/the-digital-marketplace

전략의 목표와 일치하지 않는 디지털 목표는 신중히 검토해야 한다. 이러한 경우 기업은 디지털 기회를 활용하기 위해 상위 목표를 수정하거나 새로운 목표를 설정할 수도 있고, 디지털 트랜스포메이션 목표 자체를 조정하거나 포기해야 할 수도 있다.

디지털 트랜스포메이션의 전략 프로세스는 리소스 요구 사항과 도입에 대한 이해에 초점을 맞춰야 한다.

리소싱 및 계획 프로세스

디지털 트랜스포메이션 로드맵이 완성되면 디지털 트랜스포메이션 프로젝트가 고려해야 할 사항은 다음과 같다.

- 트랜스포메이션 설계
- 변화를 위한 프로그램

트랜스포메이션 설계

트랜스포메이션 프로젝트를 실행하려면 마스터플랜이 있어야 한다. 궁극적으로 디지털 트랜스포메이션 설계에는 기업의 고유한 니즈와 목표를 고려한 전략적 접근이 필요하다. 이를 위해서는 일반적으로 비즈니스 프로세스, 고객 니즈, 경쟁 상황을 깊이 이해해야 한다. 또한 성공적인 디지털 트랜스포메이션 전략은 전체 비즈니스 전략과 일치해야 하며, 미래에 대한 명확한 비전을 바탕으로 추진해야 한다.

디지털 트랜스포메이션 설계의 핵심 측면 중 하나는 적절한 디지털 도구 및 기술을 파악하는 것으로, 여기에는 클라우드 컴퓨팅, 빅데이터 분석, 인공지능, 사물 인터넷 등이 포함된다. 이러한 도구는 조직의 요구, 역량, 자원을 신중하게 평가하고 잠재적인 위험과 이점을 이해한 후 선택해야 한다.

디지털 트랜스포메이션 설계의 또 다른 중요한 요소는 디지털 기술을 활용한 새로운 프로세스와 워크플로의 개발이다. 여기에는 기존 비즈니스 프로세스를 재검토하고 보다 효율적·효과적인 새로운 접근 방식을 채택하는 것이 포함된다. 자동화로 반복적인 작업을 간소화하고, 데이터 분석으로 고객 행동에 대한 통찰력을 확보하는 것을 예로 들 수 있다. 새로운 프로세스와 워크플로를 개발할 수 있는 기회를 모색하는 방법 중 하나는 **가치 흐름 매핑**(value stream mapping)이다.

가치 흐름 매핑 기업이 제품 또는 서비스를 제공하는 데 필요한 모든 구성 요소를 시각적으로 안내하기 위해 사용하는 방법으로, 전체 프로세스를 분석하고 최적화하는 것을 목표로 한다.

변화를 위한 프로그램

디지털 트랜스포메이션의 혁신 프로그램은 기업 내에서 디지털 트랜스포메이션 이니셔티브를 실행하기 위한 체계적인 접근 방식을 의미한다. 이러한 프로그램에는 디지털 트랜스포메이션 프로젝트를 식별·계획·실행하기 위한 구조화된 프로세스와 이러한 프로젝트가 기업에 미치는 영향을 측정하고 평가하기 위한 프레임워크가 포함되어야 한다.

디지털 트랜스포메이션의 변화를 위한 프로그램에 포함될 수 있는 주요 단계는 다음과 같다.

1. **현재 상태 평가**: 디지털 트랜스포메이션 프로그램의 첫 번째 단계는 기업의 현재 상태를 철저하게 평가하는 것이다. 여기에는 기존 비즈니스 프로세스, 시스템, 기술, 디지털 트랜스포메이션의 과제와 기회를 파악하는 것이 포함된다.
2. **비전과 전략 수립**: 현재 상태를 평가하고 나면 디지털 트랜스포메이션을 위한 명확한 비전과 전략을 수립한다. 여기에는 목표 설정, 개선 분야 파악, 목표 달성에 필요한 디지털 기술 및 도구 결정이 포함된다.
3. **디지털 트랜스포메이션 이니셔티브의 우선순위 결정**: 디지털 트랜스포메이션 이니셔티브의 우선순위는 실현 가능성이나 리소스 요구 사항뿐만 아니라 기업의 목표와 목적에 미치는 잠재적 영향력을 기준으로 정해야 한다. 이를 통해 가장 중요한 프로젝트에 필요한 관심과 리소스를 제공할 수 있다.
4. **로드맵 작성**: 우선순위를 정한 다음에는 디지털 트랜스포메이션 이니셔티브를 실행하기 위한 로드맵을 작성한다. 이 로드맵에는 각 이니셔티브의 구체적인 프로젝트, 일정, 필요한 리소스뿐만 아니라 성공 여부를 측정할 수 있는 측정 기준도 포함된다.
5. **동의와 지원 확보**: 디지털 트랜스포메이션 이니셔티브는 파괴적이기 때문에 기업의 문화, 프로세스, 워크플로를 크게 변화시켜야 한다. 성공적인 도입을 위해서는 경영진, 직원, 고객 등 주요 이해관계자의 동의와 지지를 확보하는 것이 필수적이다.
6. **실행 및 진행 상황 측정**: 로드맵이 수립되었다면 이제 디지털 트랜스포메이션을 실행할 차례이다. 여기에는 로드맵에 따라 프로젝트를 실행하고, 진행 상황을 모니터링하며, 필요에 따라 조정하는 것이 포함된다. 프로그램이 기대한 결과를 가져오는지 확인하기 위해 설정된 측정 기준에 따라 진행 상황을 측정해야 한다.
7. **지속적인 개선**: 디지털 트랜스포메이션의 혁신 프로그램에는 지속적인 개선이 수반되어야 한다. 이는 디지털 트랜스포메이션 이니셔티브의 영향을 평가하고, 추가 개선의 기회를 파악하며, 필요시 프로그램을 조정하는 것을 의미한다.

디지털 트랜스포메이션의 변화를 위한 프로그램에는 디지털 트랜스포메이션 이니셔티브의 신중한 계획, 우선순위 결정, 실행을 포함한 체계적인 전략적 접근이 필요하다. 적절한 프로그램을 실행하면 기업은 효율성, 수익 성장, 고객 만족도 측면에서 큰 이득을 얻을 수 있다.

도입 프로세스

디지털 트랜스포메이션 프로젝트 실행을 계획하는 전통적인 접근 방식은 다른 혁신 이니셔티브와 마찬가지로 디지털 트랜스포메이션 프로젝트를 다루는 것이다. 기존의 프로젝트 관리 방식의 경우 복잡한 대규모 프로젝트를 다룰 때는 의미가 있다. 그러나 더 많은 유연성이 필요한 소규모 신속 프로젝트의 경우 도입을 관리하는 더 나은 방법이 있을 수 있다.

디지털 환경은 특히 디지털 문화에의 적응에 새로운 접근 방식을 모색할 수 있는 독특한 기회를 제공한다. 최근 기술 전문 팀, 특히 소프트웨어 개발 팀은 애자일 개발 프로세스를 통해 프로젝트를 수행하는 새로운 방법을 채택하기 시작했다. 애자일 방식은 디지털 트랜스포메이션 프로젝트 수행을 고려하는 데 매우 유용한 도구가 될 수 있다.

애자일 소프트웨어 개발의 열두 가지 원칙은 2001년에 켄트 벡(Kent Beck)을 비롯한 소프트웨어 개발자 집단에 의해 애자일 선언의 일부로 처음 명시되었다(Beck, 2001). 이 원칙은 고객의 니즈를 충족하며, 신속하고 효율적으로 전달되는 고품질 소프트웨어를 만들기 위한 노력 측면에서 소프트웨어 개발 팀을 안내하기 위해 고안되었다. 다음과 같은 열두 가지 원칙은 디지털 트랜스포메이션의 특징을 정의하는 데에도 유용하다.

1. **가치 있는 소프트웨어를 제공하여 고객 만족을 실현한다.** 가치 있는 소프트웨어를 조기에 그리고 지속적으로 제공함으로써 고객을 만족시키는 것이 최우선 과제이다.
2. **개발 후반부에도 변화하는 요구 사항을 환영한다.** 애자일 프로세스는 변화를 고객의 경쟁 우위로 활용한다.
3. **작동하는 소프트웨어를 짧은 시간 단위로 자주 제공한다.** 애자일 프로세스는 지속 가능한 개발을 촉진한다. 스폰서, 개발자, 사용자는 언제까지나 일정한 속도를 유지할 수 있어야 한다.
4. **프로젝트를 통해 고객 및 이해관계자와 협력한다.** 사업 부문의 직원과 개발자는 프로젝트를 통해 매일 협력해야 한다.
5. **동기 부여된 개인을 중심으로 프로젝트를 진행한다.** 그들에게 필요한 환경과 지원을 제공하고, 그들이 일을 해낼 수 있도록 신뢰해야 한다.
6. **가급적 대면 커뮤니케이션을 한다.** 개발 팀에 정보를 전달하거나 개발 팀 내에서 정보를 전달하는 가장 효율적·효과적인 방법은 얼굴을 맞대고 대화하는 것이다.
7. **작동하는 소프트웨어가 진행 상황의 주요 척도가 되어야 한다.** 애자일 프로세스는 작동하는 소프트웨어를 자주 제공하는 것을 중요시한다.
8. **일정한 속도를 유지할 수 있는 지속 가능한 개발을 한다.** 애자일 프로세스는 지속 가능한 개발을 촉진한다.
9. **뛰어난 기술과 설계에 대해 지속적으로 관심을 가져야 한다.** 뛰어난 기술과 설계에 대한 지속적인 관심은 민첩성을 향상한다.
10. **단순성, 즉 하지 않아도 될 일을 최대한 줄이는 기술이 필수적이다.** 애자일 프로세스는 일을 단순하게 유지하는 것의 중요성을 강조한다.
11. **자기 조직화 팀은 우수한 아키텍처, 요구 사항, 설계를 만들어낸다.** 최고의 아키텍처, 요구 사항, 설계는 자기 조직화 팀에서 나온다.
12. **주기적으로 성공과 실패를 되돌아보고 조정한다.** 팀을 어떻게 하면 더 효과적일 수 있는지 주기적으로 되돌아보고 그에 따라 행동을 조정한다.

이러한 애자일 원칙은 팀이 효과적으로 협력하여 고객의 니즈를 충족하면서 변화하는 요구사항과 기술에 적응하는 고품질 소프트웨어를 제공하는 데 유용한 프레임워크를 제공한다.

또한 최근 해커톤이 소규모 트랜스포메이션 프로젝트 구축에 활용되고 있으며(Grijpink et al., 2015), 실제로 디지털 트랜스포메이션 프레임워크의 광범위한 원칙을 포괄하고 있다는 것도 주목할 만하다. 이러한 접근 방식은 디지털 트랜스포메이션의 목표에 영향을 미치는 속도 및 시간 문제를 드러낸다.

수용 및 평가 프로세스

앞에서 언급했듯이 디지털 트랜스포메이션은 반복적인 과정으로, 광범위한 디지털 트랜스포메이션 프레임워크의 주제가 상호 의존적이고, 도입 프로세스 자체가 변화를 가져올 수 있다. 그러나 안타깝게도 디지털 트랜스포메이션 프로젝트 중 상당수가 실패로 끝난다. 마이클 게일(Michael Gale)은 《포브스(Forbes)》와의 인터뷰에서 디지털 트랜스포메이션이 완전히 성공한 사례는 8건 중 1건에 불과하며 절반 이상은 완전히 실패했다고 밝혔다(Gale, 2016). 수많은 연구에 따르면 트랜스포메이션 프로젝트의 실패율도 마찬가지로 높으며, 일부는 트랜스포메이션의 실패가 비즈니스의 실패로 이어질 수 있음을 시사한다(Couchbase, 2017).

디지털 트랜스포메이션 프로젝트의 초기 단계에서 검토를 실시하고 전략을 수립하면 프로젝트(지속적인 프로세스로 간주되는 트랜스포메이션의 단계)의 지속적인 평가를 용이하게 할 수 있다. 디지털 트랜스포메이션의 단계를 수용하는 것은 프로세스의 지속적 평가와 관련이 있고, 다양한 접근 방식을 고려할 필요가 있다. 애자일 접근 방식을 채택한 기업, 특히 리더는 혁신 팀과 직원을 정기적으로 점검해야 한다. 이러한 접근 방식을 통해 진행 상황을 모니터링하고, 전략 단계부터 변경 사항이 성과에 부합하는지 평가하며, 필요한 경우 경로 수정이나 시정 조치를 취할 수 있다.

필연적으로 전체 프로젝트의 성공 여부를 평가해야 하는 시기가 있다. 이때 프로젝트 초기 단계에 제기된 문제를 검토한다.

- 디지털 트랜스포메이션을 통해 기존 또는 신규 고객을 확보하여 비즈니스가 성장했는가?
- 예상하거나 기대했던 수익을 창출했는가?
- 고객이 원하는 가치를 창출했는가?
- 작은 아이디어에서 훨씬 더 큰 제안으로 기회를 확장할 수 있었는가?

보충 자료 10.4 중소기업의 디지털 트랜스포메이션

디지털 트랜스포메이션은 복잡한 구조를 가진 대기업만의 특권이 아니다. 2016년에 소규모 IT 서비스 기업인 티렉스솔루션스(T-Rex Solutions)는 기술 인프라를 현대화하고 서비스를 강화하기 위해 디지털 트랜스포메이션을 실시했다. 이는 회사의 경쟁력, 민첩성, 고객 경험을 향상하는 것을 목표로 했다.

티렉스솔루션스의 디지털 트랜스포메이션은 클라우드 기반 솔루션 도입, 애자일 기법 도입, 사내 프로세스 자동화를 포함하고 있었다. 티렉스솔루션스는 애플리케이션과 데이터를 아마존 웹 서비스 클라우드로 이전하여 필요에 따라 서비스를 확장 및 축소할 수 있도록 함으로써 인프라 비용을 절감했다. 또한 애자일 기법을 도입하여 소프트웨어 개발 프로세스를 개선하고 팀 간 협업과 커뮤니케이션을 강화했다.

한편 티렉스솔루션스는 사내 프로세스를 자동화하기 위해 로보틱 프로세스 자동화(robotic process automation, RPA) 기술을 활용하여 데이터 입력, 보고서 작성, 송장 처리 등의 작업을 효율화했다. 이를 통해 실수를 줄이고, 시간을 절약하며, 효율성을 높일 수 있었다.

디지털 트랜스포메이션은 인프라 비용 40% 절감, 수익 30% 증가, 고객 만족도 향상 등 큰 성과를 거두었다. 또한 사내 프로세스의 자동화로 직원은 혁신, 고객 서비스와 같은 더 가치 있는 활동에 집중할 수 있게 되었다.

출처: 'Digital Transformation at T-Rex Solutions': https://www.cio.com/article/3255535/digital-transformation-at-t-rex-solutions.html

T-Rex Solutions Case Study: https://aws.amazon.com/solutions/case-studies/t-rex-solutions/

또한 다음과 같은 사항도 검토한다.

- 조직이 새로운 기술, 문화, 프로세스 또는 실천 방식을 도입한 지금, 그것은 얼마나 안정적인가?
- 이제 새로운 기술, 문화, 프로세스 또는 실천 방식이 조직 내에서 얼마나 '지속적으로 유지될 수 있는' 구조로 자리 잡았는가?
- 이제 새로운 기술, 문화, 프로세스 또는 실천 방식이 조직 내에서 얼마나 신뢰할 수 있는 방식으로 작동하고 있는가?
- 새로운 기술, 문화, 프로세스, 실천 방식에 수반되는 모든 위험과 문제점이 충분히 파악되었고, 그에 대한 대응책이 적절했는가?

또한 기업은 디지털 성숙도 지수를 재검토하고 혁신이 성공적이었는지, 직원이 인식하고 있는지 평가해야 한다. 리더십을 검토하면 디지털 문화에 대한 인식이 높아지고, 조직의 디지털 비전을 수용하는 폭넓은 리더십이 발휘되고 있음을 알 수 있다. 마찬가지로 디지털 리더는 조직의 광범위한 목표를 더 깊이 이해해야 한다.

전략을 평가할 때는 트랜스포메이션의 목표가 비즈니스 전반의 목표를 효과적으로 달성하고 있는지를 판단하는 것이 중요하다.

디지털 트랜스포메이션의 주요 과제

디지털 트랜스포메이션의 6단계

Solis(2016)는 디지털 트랜스포메이션의 6단계를 제시했다(표 10.1 참조). 이는 기업이 진

표 10.1 디지털 트랜스포메이션의 6단계(Solis, 2016)

단계	특징
1. 일상적 업무 단계	대부분의 조직이 전통적인 방식으로 운영되고 디지털 기술이 그다지 중요하지 않다. 디지털 도구를 실험적으로 사용할 수는 있지만 조직 전략의 핵심적인 부분이 아니다.
2. 현재 활동 중인 단계	조직이 디지털 기술을 실험하기 시작했고, 이러한 도구를 사용하여 운영을 개선할 수 있는 영역을 식별한다. 그러나 이러한 노력이 종종 사일로화되며, 더 큰 디지털 트랜스포메이션 전략의 일부가 되지 못한다.
3. 공식적 단계	조직이 공식적인 디지털 트랜스포메이션 전략을 수립하고 이를 뒷받침하는 데 필요한 기술과 인력에 대한 투자를 시작한다. 그러나 그 전략이 아직 조직의 전체 비즈니스 전략에 완전히 통합되지 않았을 수 있다.
4. 전략적 단계	디지털 트랜스포메이션이 조직의 비즈니스 전략에 완전히 통합되어 있으며, 조직의 성공에 필수적인 요소로 간주된다. 디지털 트랜스포메이션을 전담하는 전문 팀이 존재하며, 이니셔티브가 비즈니스 목표와 긴밀하게 연계되어 있다.
5. 융합적 단계	디지털 트랜스포메이션이 조직의 문화와 업무에 완전히 녹아든 상태이다. 모든 직원이 디지털 도구 및 기술에 익숙해져야 하기 때문에 별도의 디지털 트랜스포메이션 팀이 존재하지 않는다.
6. 혁신적·적응적 단계	조직이 끊임없이 혁신하고 새로운 기술과 시장 환경에 적응한다. 디지털 트랜스포메이션이 일회성 프로젝트가 아닌 지속적인 개선 과정으로 인식된다.

행 상황을 평가하고 디지털 트랜스포메이션 노력을 개선할 수 있는 영역을 식별하는 데 유용한 프레임워크를 제공한다.

디지털 트랜스포메이션 프레임워크의 단계별로 비즈니스의 예를 살펴보자.

1. **일상적 업무 단계**: 전통적인 마케팅 방법을 사용하고 전자상거래 사이트가 없는 소규모 지역 소매업체
2. **현재 활동 중인 단계**: 사물 인터넷 센서를 사용하여 기계 성능에 대한 데이터를 수집하는 제조 기업으로, 아직은 이 데이터가 전체 비즈니스 전략에 완전히 통합되지 않은 상태
3. **공식적 단계**: 공식적인 디지털 트랜스포메이션 전략을 수립하고 전자 의무 기록 시스템과 원격 진료 기술에 투자하는 의료 기관
4. **전략적 단계**: 디지털 트랜스포메이션 전문 팀을 보유하고 모바일 뱅킹 앱, 챗봇 등 디지털 도구를 개발하여 고객 경험을 향상하는 금융 서비스 기업
5. **융합적 단계**: 공급사슬 관리부터 POS 시스템에 이르기까지 비즈니스의 모든 측면에 디지털 기술을 완벽하게 통합하고, 모든 직원이 디지털 도구 및 기술 관련 교육을 받는 소매 체인
6. **혁신적·적응적 단계**: 인공지능, 블록체인과 같은 새로운 디지털 기술을 끊임없이 시도하면서 제품과 서비스를 개선하고 경쟁에서 살아남는 기술 기업

이는 일부 예일 뿐이며 디지털 트랜스포메이션의 구체적인 단계는 산업과 기업에 따라 다를 수 있다. 중요한 것은 진행 상황을 평가하고 개선점을 파악하기 위한 프레임워크로 이 단계를 활용하는 것이다.

가치 흐름 매핑

가치 흐름 매핑은 린 생산의 한 방법론으로, 이를 통해 기업은 자신의 프로세스를 분석하고 낭비를 없애며 효율성을 개선할 수 있는 영역을 파악할 수 있다(Kilpatrick, 2017). 디지털 트랜스포메이션의 맥락에서는 프로세스를 간소화하고 고객 경험을 개선하기 위해 기술을 사용할 수 있는 영역을 파악하는 데 가치 흐름 매핑을 이용할 수 있다. 이는 처음 입력부터 최종 출력까지 프로세스에 관련된 단계를 시각적으로 나타내고, 가치를 더하는 부분과 낭비가 발생하는 부분을 식별하는 것이다.

디지털 트랜스포메이션을 추진할 때 다음과 같이 가치 흐름 매핑을 활용할 수 있다.

- **비효율적인 영역 파악**: 프로세스 관련 단계를 매핑하면 불필요한 단계, 중복, 병목 현상 등 비효율적인 영역을 쉽게 파악할 수 있다.
- **프로세스 최적화**: 비효율적인 영역이 확인되면 가치 흐름 매핑을 통해 프로세스를 최적화하고 낭비를 제거함으로써 효율성을 개선하고 비용을 절감할 수 있다.
- **진행 상황 모니터링**: 가치 흐름 매핑은 시간이 지남에 따라 진행 상황을 모니터링하는 데 사용할 수 있으며, 기업은 프로세스 개선의 영향을 추적하고 추가 최적화를 위한 영역을 식별할 수 있다.

이는 디지털 트랜스포메이션 이니셔티브에서 중요한 도구로, 기업은 이를 이용하여 프로세스를 명확하게 이해하고 개선 영역을 파악할 수 있다. 기업은 프로세스를 최적화하고 낭비를 제거함으로써 효율성을 개선하고 비용을 절감하여 고객과 이해관계자에게 더 나은 결과를 안겨줄 수 있다. 예를 들어 소매업체는 가치 흐름 매핑을 통해 공급사슬 프로세스를 분석하여 재고 관리를 개선하고 리드타임을 단축하기 위해 기술을 활용할 수 있는 영역을 파악하면 된다. 또한 실시간으로 재고를 추적하고 제품 보충에 소요되는 시간을 단축할 수 있다.

디지털 트랜스포메이션에 가치 흐름 매핑이 활용되는 또 다른 사례는 건강관리 산업이다. 병원은 환자 진료 프로세스를 분석하고 환자의 예후를 개선하기 위해 기술을 활용할 수 있는 분야를 파악하는 데 가치 흐름 매핑을 이용할 수 있다. 예를 들어 병원은 전자 의무 기록이나 원격 진료 기술을 활용하여 환자 모니터링을 개선하고 재입원율을 낮출 수 있다.

가치 흐름 매핑은 고객 경험을 개인화하기 위해 기술을 활용할 수 있는 영역을 파악하는 데에도 이용 가능하다. 예를 들어 은행은 고객 온보딩 프로세스를 분석하기 위해 가치 흐름 매핑을 사용하고, 이 과정에서 기술을 활용하여 프로세스를 간소화하고 보다 개인화된 경험을 제공할 수 있는 영역을 파악할 수 있다. 은행은 데이터 분석과 인공지능을 고객 온보딩 프로세스에 통합함으로써 맞춤형 제안을 제공하고 고객 경험을 향상할 수 있다.

요컨대 가치 흐름 매핑은 디지털 트랜스포메이션의 형식적·전략적·융합적·혁신적·적응적 단계에서 사용할 수 있다.

- **형식적 단계**: 현재 프로세스의 기준선을 만들고 개선 영역을 파악하는 데 가치 흐름 매핑을 사용할 수 있다.
- **전략적 단계**: 프로세스 개선을 기업의 목표와 일치시키고 디지털 트랜스포메이션 이니셔티브의 우선순위를 결정하는 데 가치 흐름 매핑을 사용할 수 있다.
- **융합적 단계**: 새로운 디지털 기술을 기존 프로세스에 통합하고 보다 원활한 고객 경험을 창출하기 위해 가치 흐름 매핑을 사용할 수 있다.
- **혁신적·적응적 단계**: 지속적으로 프로세스를 평가하고 개선하며 새로운 디지털 기술을 시도하여 경쟁 우위를 차지하기 위해 가치 흐름 매핑을 사용할 수 있다.

그러나 디지털 트랜스포메이션의 구체적인 단계는 사용하는 프레임워크에 따라 달라질 수 있다. 예를 들어 앨티미터(Altimeter)의 디지털 트랜스포메이션 6단계는 비즈니스와 문화적 변화에 초점을 맞추지만, 다른 프레임워크에서는 기술 채택이나 고객 중심주의에 초점을 맞출 수도 있다.

Rossen에 따르면 디지털 트랜스포메이션을 추진하는 여섯 가지 핵심 가치 흐름이 있는데, 그 주요 개념은 지속적 개선이다. 지속적인 개선이라는 개념은 새로운 것이 아니지만, 기업 규모의 혁신적 디지털 서비스 계획, 개발, 제공에 걸쳐 민첩한 개선을 효율적으로 관리하는 것은 여전히 어려운 과제이다. 이를 위해서는 발상의 전환이 필요하며, 많은 노력이 선행되어야 한다. 그러나 이를 달성하는 데 도움이 되는 여섯 가지 가치 흐름이 있다.

- **지속적인 빌드 및 테스트(첫 번째 가치 흐름)**: 지속적인 통합의 개념을 중심으로 전개되며, 기업 내 다양한 개발 팀에서 프로세스를 표준화하는 것을 포함한다. 여기에는 팀 간 자원과 코드 재사용, 사용자 요구 사항의 중앙 집중식 관리, 전사적 차원의 지속적인 보안 테스트 등이 포함된다.
- **지속적인 배포(두 번째 가치 흐름)**: 특히 글로벌 규모로 여러 버전을 관리할 때 장기간 제품을 유지하기는 어렵다. 전체 애플리케이션을 모니터링하고, 종속성을 판단하며, 개별 버전에 패치를 적용하는 것이 매우 중요하다.
- **예측적인 서비스 관리(세 번째 가치 흐름)**: 하나의 중앙 집중식 콘솔에서 프로덕션 서비스를 효율적이고 일관성 있게 관리하는 것이다. 이는 본질적으로 예측이 가능해야 하며, 개별 서비스의 비즈니스 중요도에 따라 위험 평가를 수행할 수 있어야 한다. 또한 시스템은 클라우드와 데이터센터에서 일어나는 일을 체계적으로 파악하고 문제 조사, 에스컬레이션, 수정을 위한 런북(run book)을 자동화해야 한다.
- **지속적인 피드백(네 번째 가치 흐름)**: 예측적인 서비스 관리를 통해 생성된 피드백을 효율적이고 자동으로 수집하여 제품 팀에 전달하고 지속적인 개발 노력에 통합하는 것을 포함한다. 이 피드백은 기획 조직이 우선순위를 정하고 향후 제품 설계 노력에 도움을 줄 수 있다.

보충 자료 10.5 가치 흐름 매핑의 예

가상의 뱅크엑스는 수십 년의 역사를 자랑하는 대형 금융기관으로, 오랜 기간 동안 수많은 레거시 시스템을 축적해 왔다. 각 시스템은 독립적으로 운영되며 고유한 프로세스 세트를 가지고 있다.

뱅크엑스는 디지털 트랜스포메이션 이니셔티브의 일환으로 보다 효율적이고 통합된 워크플로를 구축하기 위해 시스템을 통합하고 현대화하기로 했다. 이는 복잡한 작업이지만, 프로세스를 간소화하고 고객에게 더 나은 경험을 제공하기 위한 결정이었다.

이 프로세스를 시작하기 위해 뱅크엑스는 IT, 운영, 고객 서비스 등 조직 전반의 관계자를 모아 팀을 구성하고 가치 흐름 매핑을 수행했다. 팀이 협력하여 모든 관련 시스템, 도구, 자원을 포함한 프로세스의 현재 상태를 매핑했는데, 수작업에 의한 데이터 입력, 인력 중복, 시스템 간 통합 부족 등 중복되고 비효율적인 부분이 발견되었다. 또한 거래의 상태를 확인할 수 없는 등 프로세스에 몇 가지 병목 현상이 있는 것으로 나타났다.

팀은 이러한 문제를 파악한 후 중복성을 제거하고 전체 프로세스를 개선할 수 있는 미래 상태도를 만들기 위해 힘을 모았다. 머신러닝을 사용하여 데이터 입력을 자동화하고 시스템을 통합하여 워크플로를 간소화하는 등 몇 가지 자동화 기회를 확인했다.

이러한 변화를 실행하기 위해 뱅크엑스는 목표 달성에 필요한 주요 단계와 작업을 식별하는 로드맵을 만들었다. 또한 각 작업의 소유권을 특정 팀원에게 할당하여 책임과 진행 상황을 추적하게 했다.

뱅크엑스는 몇 달에 걸쳐 가치 흐름 매핑에서 확인된 변경 사항을 구현했다. 새로운 시스템과 도구를 도입하고, 기존 시스템을 통합하고, 일부 수동 프로세스를 자동화했다. 그 결과 보다 효율적이고 간소화된 워크플로가 실현되어 중복성과 병목 현상이 줄어듦으로써 고객의 거래 시간이 단축되고 거래 현황에 대한 가시성이 향상되었다. 뱅크엑스는 수작업이 사라지고 효율성이 높아져 상당한 비용을 절감할 수 있었다.

결론적으로 가치 흐름 매핑은 뱅크엑스의 디지털 트랜스포메이션 이니셔티브에서 중요한 역할을 했다. 현재 상태를 매핑하고 개선 기회를 파악함으로써 중복성을 제거하고 전체 프로세스가 개선된 미래 상태를 확보하게 되었다. 그 결과 보다 효율적이고 비용 효과적인 워크플로를 실현하고 고객 만족도를 높일 수 있었다.

- **지속적인 탐색(다섯 번째 가치 흐름)**: 사용자의 피드백을 고려하면서 다양한 개발 팀에 할당된 범위와 예산을 지속적으로 수정하는 것이다. 이를 통해 개발 중인 것과 비즈니스가 요구하는 것 사이를 오가며 자금 사용의 균형을 맞추고, 현실 세계의 새로운 비즈니스 요구 사항에 대응할 수 있는 능력을 제공한다.
- **서비스 온보딩과 소비(여섯 번째 가치 흐름)**: 사용자가 서비스를 쉽게 찾고 소비할 수 있도록 서비스의 중앙 집중식 카탈로그를 만드는 것이다. 이를 통해 기업은 감독이나 책임 없이 서비스를 프로덕션에 투입하는 것이 아니라, 서비스의 소유자와 현재 상태를 파악하고 그 사용을 모니터링할 수 있다.

가치 흐름 매핑은 디지털 혁신을 통해 프로세스를 최적화하고 업무를 개선하고자 하는 조직에게 유용한 도구가 될 수 있다.

탁월한 디지털 트랜스포메이션

다음은 이 분야의 전문가들이 자주 언급하는 디지털 트랜스포메이션 성공의 여섯 가지 핵심 요소이다(Burka, 2022; Newman, 2019; Westerman et al., 2014).

- **리더십과 비전**: 탁월한 디지털 트랜스포메이션을 추진하기 위해서는 명확한 비전과 강력한 리더십이 필수적이다. 리더는 설득력 있는 미래 비전을 명확히 하고, 변화의 과정을 통해 기업에 방향성과 지원을 제공할 수 있어야 한다.
- **고객 중심**: 탁월한 디지털 트랜스포메이션을 위해서는 고객 중심적 접근이 필수적이다. 기업은 고객의 니즈와 취향을 이해하고, 기술을 활용하여 원활하고 개인화된 경험을 제공하는 데 집중해야 한다.
- **민첩성과 유연성**: 디지털 트랜스포메이션은 기업에 민첩성과 변화에 대한 적응력을 요구한다. 기업은 새로운 기회와 도전에 신속하게 대응하고 필요에 따라 전략을 조정할 수 있어야 한다.
- **데이터와 분석**: 탁월한 디지털 트랜스포메이션의 핵심 요소이다. 기업은 정보에 입각한

보충 자료 10.6 넷플릭스의 개인화

넷플릭스는 디지털 트랜스포메이션을 통해 고객 경험을 개인화하고 성장을 촉진하는 선도적인 동영상 스트리밍 서비스이다. 데이터 분석과 머신러닝 알고리즘을 통해 사용자의 행동과 취향을 분석하여 TV 프로그램과 영화에 대한 맞춤형 추천을 제공하고 있다.

넷플릭스는 개인화를 통해 고객 만족도와 참여도를 높일 수 있었다. 파크스어소시에이츠(Parks Associates)의 조사에 따르면 서비스에 '매우 만족한다'고 답한 가입자의 비율이 넷플릭스는 57%로 나타난 반면 훌루는 48%, 아마존 프라임 비디오는 40%였다.

이처럼 개인화에 초점을 맞춘 넷플릭스는 빠르게 성장하고 있다. 2021년을 기준으로 전 세계 가입자 수가 2억 명을 넘어 세계에서 가장 가치 있는 미디어 기업 중 하나가 되었다.

출처: 'The Personalization of Netflix' by Matt Wood, Amazon Web Services, September 2018.

'How Netflix Uses Big Data to Drive Success' by Bernard Marr, Forbes, March 2017.

'Why Netflix is Winning in Customer Satisfaction' by Todd Spangler, Variety, December 2019.

'Netflix Q4 2020 Earnings Report' by Netflix, January 2021.

의사결정을 내리고 비즈니스 성과를 도출하기 위해 실시간으로 데이터를 수집·분석·활용할 수 있어야 한다.

- **인재와 문화**: 디지털 트랜스포메이션에는 문화와 사고방식의 전환이 필요하다. 기업은 디지털 혁신을 추진하는 데 필요한 기술과 전문성을 갖춘 우수한 인재를 확보하고 실험, 위험 감수, 지속적인 학습을 지원하는 문화를 조성해야 한다.
- **기술 인프라**: 뛰어난 디지털 트랜스포메이션을 뒷받침하는 데에는 견고한 기술 인프라가 필수적이다. 기업은 디지털 혁신을 실현하고 보안과 확장성을 보장하기 위해 적절한 하드웨어, 소프트웨어, 시스템을 도입해야 한다.

이는 서로 연관되어 있으며, 디지털 트랜스포메이션에 대한 전반적인 접근 방식에 통합되어야 한다. 이러한 요소를 우선시하는 기업은 디지털 트랜스포메이션에 성공할 가능성이 높다.

극복해야 할 주요 과제

디지털 트랜스포메이션은 디지털 기술을 비즈니스의 모든 분야에 통합하여 비즈니스 운영 방식과 고객에게 가치를 제공하는 방식을 근본적으로 변화시키는 과정이다. 디지털 트랜스포메이션은 기업이 혁신하고 경쟁에서 이길 수 있는 많은 기회를 가져다주지만, 성공하기 위해 극복해야 할 도전 과제도 많다. 일반적으로 디지털 트랜스포메이션의 네 가지 핵심 도전 과제는 사람, 데이터, 인프라, 시스템에 관한 것이다.

- **변화에 대한 저항**: 디지털 트랜스포메이션의 가장 큰 과제 중 하나는 직원과 리더의 변화에 대한 저항이다. 이는 실직에 대한 두려움, 새로운 기술에 대한 이해 부족, 새로운 업무 방식에 대한 불편함 등 다양한 요인에 기인한다. 영국의 국민보건서비스(NHS)가 환자 치료 개선 및 비용 절감을 목표로 디지털 트랜스포메이션 프로그램을 시작했을 때를 예로 들 수 있다. 당시에 의료 종사자들은 기술이 자신의 업무와 환자 치료에 미칠 영향을 우려하여 크게 저항했고, 그 결과 프로그램 실행이 지연되었다.
- **레거시 시스템 및 인프라**: 많은 기업이 새로운 기술과 호환되지 않는 오래된 레거시 시스템 및 인프라로 인해 새로운 솔루션의 통합에 어려움을 겪고 트랜스포메이션 프로세스를 진전시키지 못하고 있다. 예를 들어 독일 항공사 루프트한자는 승객 경험과 업무 효율성을 개선하기 위해 2011년에 디지털 트랜스포메이션 프로그램을 시작했다. 하지만 기존 시스템과 모바일 앱, 셀프체크인 키오스크 등의 새로운 기술을 통합하는 데 어려움을 겪었고, 이는 지연과 비용 증가로 이어졌다.
- **데이터 관리 및 거버넌스**: 디지털 기술로 생성되는 데이터의 양이 급증함에 따라 기업은 데이터 관리·보관·보안 문제를 겪고 있다. 이는 의료, 금융 등 민감한 데이터를 다루는 산업에서 특히 중요하다. 예를 들어 2017년에 미국 최대 규모의 신용 조사 기관인 에퀴팩스(Equifax)에서 고객 100만 명의 개인 정보가 유출되는 사건이 있었다. 이는 기업의 디지털 인프라 취약점을 패치하지 않아 발생한 것으로, 디지털 트랜스포메이션에서 효과적인 데이터 관리와 거버넌스의 중요성을 드러내는 계기가 되었다.

보충 자료 10.7 디지털 트랜스포메이션에 실패한 타깃 캐나다

2011년에 타깃 캐나다(Target Canada)는 캐나다에 100개 이상의 매장을 오픈한다는 계획을 발표하며 첫 해외 진출에 나섰다. 그러나 이는 디지털 트랜스포메이션을 실패한 사례로 꼽힌다. 타깃은 이러한 사업 확장을 지원하기 위해 재고 관리 및 공급사슬 시스템 등의 기술에 많은 투자를 했다. 그러나 이 사업은 결국 실패로 끝났고, 타깃은 2년 만에 캐나다의 모든 매장을 폐쇄하기로 결정했다.

캐나다 소매 시장의 복잡성을 과소평가하고, 공급사슬 및 물류 관리에 실수가 발생했으며, 직원의 인력 배치와 교육이 제대로 이루어지지 않는 등 다양한 실패 원인이 있었다. 또한 월마트, 캐나디안타이어(Canadian Tire)와 같은 기존 캐나다 소매업체와 치열한 경쟁을 벌여야 했다. 이 사례는 매크로 환경을 이해하는 것이 얼마나 중요한지를 보여준다.

출처: Why Target Failed in Canada', Harvard Business Review. Available at: https://hbr.org/2015/04/why-target-failed-in-canada

Marina Strauss, 'The untold story of Target Canada's difficult birth, tough life and brutal death,' The Globe and Mail. Available at: https://www.theglobeandmail.com/report-on-business/rob-magazine/the-untold-story-of-target-canadas-difficult-birth-tough-life-and-brutal-death/article33024787/

- **기술 및 인재 부족**: 많은 기업은 디지털 기술과 전문성을 갖춘 인재를 뽑고 유지하는 데 어려움을 겪으며, 이로 인해 트랜스포메이션 프로세스가 지연되고 신기술이 효과를 발휘하지 못하고 있다. 2015년에 독일의 자동차 제조업체인 폭스바겐(Volkswagen)은 자율주행, 커넥티드 카 등의 신기술을 자사 제품에 통합하는 것을 목표로 디지털 트랜스포메이션 프로그램을 시작했다. 하지만 디지털 인재를 확보하기가 어려워 지연과 비용 증가로 이어졌다.

요컨대 디지털 트랜스포메이션은 기업에 큰 이익을 가져다주지만, 그에 따른 도전 과제를 인식하여 극복하고 성공적인 트랜스포메이션을 위한 명확한 전략을 세우는 것이 중요하다.

그로스 해킹과 전략적 민첩성

그로스 해킹 구조화된 테스트와 마케팅 접근 방식의 최적화로 온라인 서비스의 상업적 성과를 향상하는 접근 방식

디지털 시대에 기업은 민첩하면서도 시장과 고객의 니즈 변화에 빠르게 적응해야 하는데, 이때 **그로스 해킹**(growth hacking)이 특히 유용하다. 그로스 해킹은 기술과 데이터를 활용하여 틀에 얽매이지 않는 창의적인 전술로 기업을 빠르게 효율적으로 성장시키는 것을 목표로 하는 마케팅 기법이다.

그로스 해킹 기법은 기업이 성장을 촉진할 수 있는 새로운 마케팅 전략과 전술을 신속하게 식별하고 테스트할 수 있도록 고안되었다. 예를 들어 소셜 미디어, 이메일 마케팅 등 다양한 디지털 마케팅 채널을 테스트하고, 어떤 채널이 트래픽과 전환을 촉진하는 데 가장 효과적인지 확인하기 위해 그로스 해킹 기법을 사용할 수 있다. 또한 사이트 디자인과 메시지를 최적화하기 위해 AB 테스트를 사용하기도 하고, 새로운 제품의 기능이나 가격 전략을 테스트하기 위해 실험을 하기도 한다.

기업은 그로스 해킹 전략을 효과적으로 실행하기 위해 전략적 민첩성이 강한 문화를 조성해야 한다. 이는 적극적으로 실험하고, 위험을 감수하며, 피드백과 데이터에 따라 빠르

게 방향을 전환할 준비가 되어 있어야 함을 의미한다.

전략적 민첩성은 디지털 트랜스포메이션의 맥락에서 특히 중요하다. 여기에는 인공지능, 블록체인 등의 신기술을 활용한 새로운 제품 및 서비스 개발 또는 디지털 경제에 적합한 새로운 비즈니스 모델로의 전환 등이 포함된다.

전략적 민첩성을 달성하려면 기업은 새로운 기회를 신속하게 식별하고, 이를 추구할 때 발생할 수 있는 잠재적 위험과 이익을 평가해야 한다. 이를 위해서는 실시간 분석과 고객 피드백을 활용한 강력한 데이터 기반 의사결정 프로세스가 필요하다.

'해킹'이라는 단어에는 기술이라는 의미가 담겨 있지만, 리저스(Regus)나 펭귄북스(Penguin Books)와 같은 전통적인 기업도 그로스 해킹의 원리를 활용하고 있다. 이는 그 개념이 기술 스타트업에만 국한된 것이 아니라 더 넓은 의미가 있음을 나타낸다. 기술은 마케팅 담당자가 사용자의 행동을 이해하고 더 빠르게 대응할 수 있는 수단이기 때문이다.

그로스 해킹(디지털 마케팅 기법의 목록이라기보다는 마음가짐)의 개념을 이해하려면 해킹의 배후에 있는 사고방식을 이해해야 한다. Gorbis(2013)는 《하버드 비즈니스 리뷰》에서 이에 대해 다음과 같이 밝혔다. "우리가 다양한 시스템을 설계해온 방식은 미리 정해져 있거나 불변의 것이 아니다. 우리는 그것들을 가지고 놀고, 재설계하고, 놀 수 있다. … (해커는) '우리가 하는 일에 대해 허락을 구하지 않는다'는 것이다. … 그들은 기술 자체에 관심이 있는 것이 아니라 기존의 행동방식, 기존의 사고방식, 창조하는 방식, 학습하는 방식, 존재하는 방식을 가지고 노는 데 관심이 있다."

마케팅 예산이 있으면 자칫 전통적인 접근 방식에 치우쳐 창의성을 저해할 수 있다. 그러나 그로스 해커는 많은 사용자 또는 방문자 확보를 목표로 설정하고, 마케팅 예산 없이, 즉 시간과 창의력을 활용하여 목표를 달성할 수 있는 방법을 찾아내는데, 특히 PR과 소셜 미디어가 적합한 방법이다(7장과 8장 참조).

웡거(Wonga) 설립자이자 CEO인 에롤 다멜린(Errol Damelin)은 이러한 접근 방식을 다음과 같이 잘 요약했다(Tobin, 2012).

> 수요와 공급의 법칙은 기존 기업이 현재 하고 있는 마케팅이 이미 비용이 많이 든다는 것을 보여준다. 기업가로서 당신은 비전통적이어야 한다. 더 큰 예산을 가진 대기업과 맞닥뜨리면 불리한 상황에 처하게 된다. 게릴라 마케팅이든, 논란을 일으키든, 스토리를 만들든, 고객이 되고 싶은 사람들을 찾아내어 그들을 확보해야 한다. 동종업계가 하는 일을 하겠다는 직감은 아마도 잘못된 것일 수 있다.

따라서 성장에 초점을 맞추는 것과 창의적/비전통적이라는 것은 그로스 해커의 무기로서 중요한 두 가지 부분이다. 그렇다면 '디지털' 요소는 어떨까?

스크럼 복잡하고 적응적인 문제에 대한 효과적인 팀 협업용 애자일 프레임워크로, 주로 소프트웨어 개발에 사용된다.

여기서 소프트웨어 설계의 애자일 방법론[특히 **스크럼**(scrum)]이 등장한다. 마케팅 담당자는 '테스트, 학습, 커밋' 순환을 사용한다. 이들은 하나의 큰 아이디어를 생각해내는 대신 작은 최적화와 테스트를 통해 무엇이 효과적인지 (그리고 무엇이 효과적이지 않은지) 알아내는 일련의 과정을 거치게 된다.

미니 사례 연구 10.4 그로스 해킹을 활용한 에어비앤비

에어비앤비의 성공은 종종 초기 그로스 해킹에 기인한 것으로 알려져 있는데, 이는 마케터와 코더를 혼합하여 사용하는 것이 얼마나 강력한지를 보여주는 사례이다. 에어비앤비는 사용자 기반을 늘리기 위해 수백만 명의 숙소를 찾는 사용자가 있는 플랫폼인 크레이그리스트를 활용했다. 사용자가 에어비앤비에 숙소를 등록하기 위해 양식을 작성하면 기본적으로 크레이그리스트에도 등록할 수 있는 옵션이 주어졌고, 이로 인해 리스트와 에어비앤비에 대한 인바운드 링크가 생성되었다.

크레이그리스트는 공개 API가 없었다(즉 기업이 리스팅 광고를 상호 게재할 수 있는 간단한 솔루션을 제공하지 않았다). 그래서 에어비앤비는 크레이그리스트의 양식이 어떻게 작동하는지 리버스 엔지니어링하고, 그 과정을 자동화하기 위해 자사 제품을 호환 가능하게 만들어야 했다.

크레이그리스트는 즉시 통합을 가능하게 하는 취약점을 수정했고, 에어비앤비는 더 이상 리스팅을 상호 홍보할 수 없게 되었다. 이 단계에서는 숙소 임대 플랫폼이 사용자 기반을 크게 확장하고 있었다. 정말 좋은 그로스 해킹은 일반적으로 짧은 시간 동안 효과를 발휘한다(다른 기업이 모방하기 시작하고 아이디어가 포화 상태에 이르러 매력을 잃기 전까지).

에어비앤비의 크레이그리스트 통합은 다른 플랫폼에 업혀서 그 도달 범위와 마케팅 노력을 활용한 예이다. 이는 페이팔이 페이스북 내 이베이, 징가(Zynga)와 제휴를 맺을 때 사용한 그로스 해킹과 마찬가지이다.

디지털 마케팅에서의 스크럼 활용

마케팅 담당자의 업무 진행 방식에는 때때로 긴장이 따른다. 주로 직관과 엄격함, 예술과 과학 사이에 긴장이 있다. 마케팅 기술이 폭발적으로 성장한 덕분에 마케팅 담당자는 마케팅 캠페인을 치밀하게 계획하는 데 몇 달을 소비하는 대신 첫 번째 아이디어를 시험해보고 그 결과를 통해 '테스트, 학습, 커밋' 순환으로 캠페인을 개선할 수 있게 되었다.

포레스터(2013)에 따르면 "전통적인 연간 계획 수립 방식은 곧 사라질 위기에 처해 있다. B2B 마케팅 리더 중 69%는 상황이 너무 빠르게 변하여 계획을 현재 상태로 유지할 수 없다고 말한다." 이에 대해 IBM의 글로벌 커뮤니케이션 및 디지털 마케팅 부사장인 벤 에드워즈(Ben Edwards)도 같은 의견을 밝혔다(Friedlein, 2014).

> 기존의 마케팅은 광고, 전단지를 통한 다이렉트 메일 등 복잡하고 무겁고 비용이 많이 드는 것을 다루었다. 여기에는 긴 선행적 계획 주기와 확정된 실행 방식이 사용되었다.
> 디지털 제품 및 디지털 제품 개발로 전환한 것처럼 디지털 마케팅으로 전환하면서 변화와 실패의 비용이 급격히 줄어들고 초기 계획 주기가 크게 단축되어 더 짧은 기간 동안 실행하고 결과를 측정하여 빠르게 반복할 수 있는 좋은 기회가 생긴다.
> 따라서 전반적인 해답은 초기 계획을 단축하고, 지속적인 개선을 기반으로 한 반복적 계획 및 실행 주기를 사용하는 것이다.

애자일 마케팅은 진화하는 고객의 니즈와 새로운 기술에 빠르게 대응하는 것을 말한다. 애자일은 마케팅 계획을 수립하고 이를 실행한 후 프로세스의 마지막에 성공 여부를 평가하는 전통적인 접근 방식이 아니라, 가정을 테스트하기 위해 소규모 마케팅 '실험'을 수행하고 그 성과를 지속적으로 모니터링하여 활동을 유지하거나 적응 또는 변경하는 것이다. 이러한 지속적인 사이클은 그림 10.8과 같은 반복 작업이다.

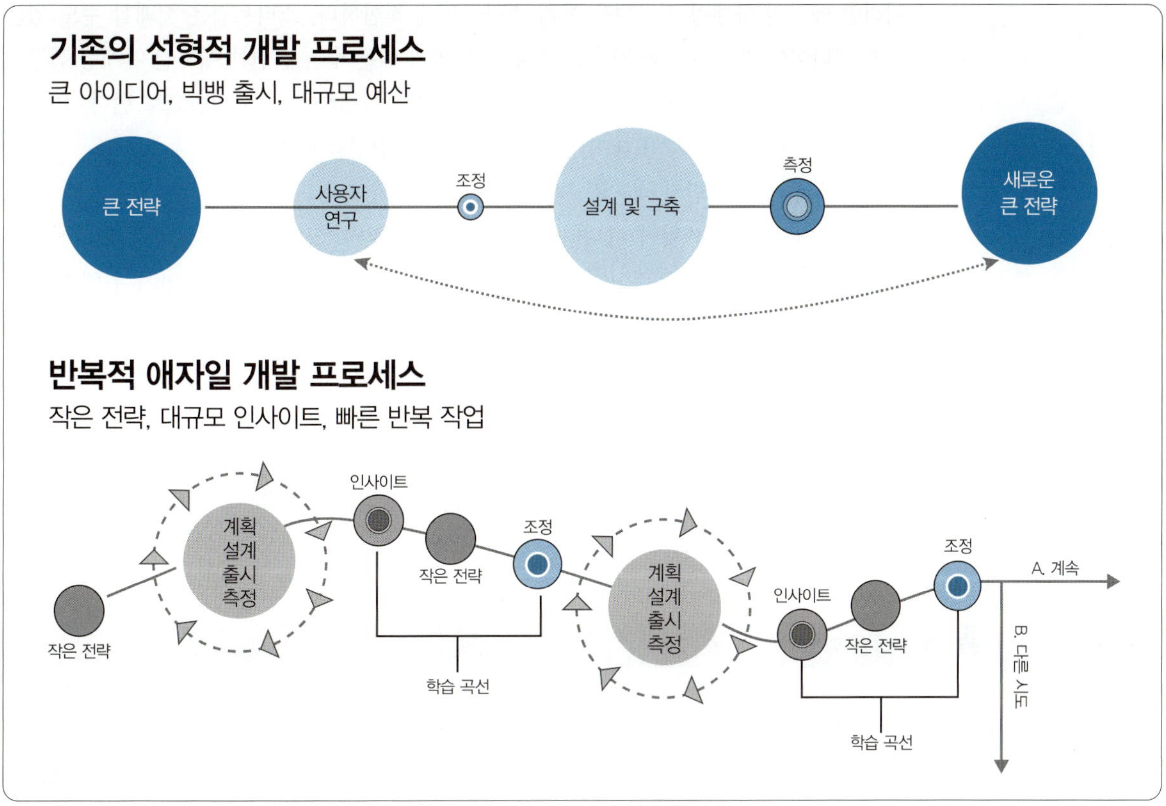

그림 10.8 반복적 프로세스

가장 많이 사용되는 애자일 기법 중 하나인 스크럼은 제품 개발 현장에서 탄생한 방법론이다. 제품 개발 프로세스에 대한 기존의 접근 방식은 한 전문가 집단이 다음 집단에게 바통을 넘기는 릴레이 경주와 같다. 하지만 경쟁이 치열한 시장에서 우위를 차지하려면 속도와 유연성이 요구된다. 그래서 필요한 것이 '럭비'와 같은 접근 방식(예: 스크럼)이다. 즉 팀은 처음부터 끝까지 공을 앞뒤로 주고받으며 하나의 단위로 협력한다.

애자일 비즈니스는 무언가를 세상에 내놓고 그것을 테스트해야 한다. 이는 대개 규모가 크고, 측정 가능하고, 반응이 빠르고, 비용이 저렴한 디지털 채널을 통해 이루어지며, 그런 다음 학습한 내용을 바탕으로 계속 진행한다. 또 다른 장점은 다음과 같다.

- 고객이 진정으로 원하는 것이 무엇인지 이해하고, 그것을 지속적으로 검토함으로써 마케팅이 적절하게 유지될 수 있다.
- 전체 마케팅 캠페인의 작은 요소들을 지속적으로 테스트하여 고객에게 가장 좋은 영향을 미치는 요소를 발견한다.
- 캠페인을 그 자리에서 반복적으로 테스트하고, 학습한 내용을 반영하여 캠페인을 진행한다.
- 지속적인 캠페인을 전달하고, 성과에 따라 캠페인 요소를 즉석에서 변경한다.
- 마케팅, 운영, 재무의 긴밀한 협업이 이루어진다.

이러한 애자일 마케팅 접근법은 특히 스타트업에 적합하다. 스타트업은 실패할 수도 있는 큰 아이디어에 많은 시간과 자금을 투자할 수 없기 때문이다. 반면에 애자일 마케팅 접근법 방법론은 소규모 반복 프로젝트를 빠르고 저렴하게 실행하는 것을 기반으로 한다. 의견이나 경험이 아니라 테스트와 데이터를 기반으로 의사결정을 내린다.

그러나 신속한 실험과 과학적 방법을 통한 가설의 증명과 반증이라는 개념은 비단 스타트업에만 존재하는 것이 아니다. 스코티시엔터프라이즈에이전시(Scottish Enterprise Agency)와 트랜스포트포런던(Transport for London)은 경쟁력을 유지하기 위해 마케팅 캠페인과 제품 및 서비스 개발에 애자일 접근법을 도입하고 있다.

스크럼 미팅

스크럼은 팀 운영상의 프로젝트 관리에도 사용할 수 있다. 비록 마케팅 팀 관리에 널리 사용되지는 않지만, 이를 사용한 조직은 반복적인 캠페인을 효과적으로 관리할 수 있는 좋은 방법이라고 평가했다.

표 10.2 RACE 90일 목표-활동 매핑

목표(90일 목표)	전술(90일 노력)	자원 및 콘텐츠 자산
계획 목표(전체 기여도) 90일 목표: 리드 매출액	마케팅 및 콘텐츠 캠페인 계획 • 1개월 차: 새해 캠페인 • 2개월 차: 예약 및 회수 캠페인 • 3개월 차: 부활절 캠페인 계획	• 1개월 차: 캠페인 자원 • 2개월 차: 캠페인 자원 • 3개월 차: 캠페인 자원
목표 달성 90일 목표: 고유 방문자 전년 대비 25% 증가	인지도와 방문 향상을 위한 활동 • SEO: 유기적(내부 링크 업데이트) • SEO: 블로그를 통한 롱테일 • SEO: 게스트 블로그 • 구글 애즈: 캠페인 리뷰 강화 • 구글 애즈, 리마케팅	• 인포그래픽 • 구글 애즈 리마케팅 크리에이티브
행동 목표 90일 목표: 장바구니에 추가로의 전환 검색으로의 전환 제품 페이지로의 전환	고객 경험을 향상하는 활동: 콘텐츠 효과 • 가치 제안 테스트 • 제품 페이지 강화 • 블로그 통합 개선	• 고객 피드백 도구 선택 • 새로운 제품 페이지 템플릿 개발
목표 전환 90일 목표: AOV 방문 1회당 수익 전체 전환율 스마트폰 전환	전환율과 평균 주문 금액을 향상하는 활동 • 체크아웃 시작 페이지 테스트 • 장바구니 포기 이메일 테스트	• 체크아웃 시작 페이지 • 장바구니 포기 템플릿
참여 목표 90일 목표: 이메일 1통당 수익 반복 판매로의 전환 고객 일인당 리뷰	기존 고객 참여 및 옹호를 향상하는 활동 • 웰컴 시퀀스 이메일 테스트 • 업데이트 메일 • 페이스북의 맞춤형 청중 및 프로모션 트윗 테스트 • 고객 리뷰 이메일	• 웰컴 이메일 크리에이티브 • 이메일 크리에이티브 재검토

출처: Smart Insights, 'Company XYZ-90-day (Q4) Marketing Activity Plan (January-March '17)'

캠페인 계획과 관련하여 모범 사례는 90일 이내의 계획 주기를 권장한다. 스마트인사이츠는 이를 위해 90일 계획 템플릿을 만들었다(표 10.2 참조). 목표와 핵심 성과지표(KPI)에 대한 내용은 기업의 목표를 결정하는 데 도움이 될 것이다.

또한 베이스캠프(Basecamp)와 같은 훌륭한 온라인 프로젝트 관리 도구가 있어 팀이 활동을 파악하는 데 도움이 된다.

그로스 해킹 프로세스

그림 10.9는 Hemphill(2020)이 만든 그로스 해킹 프레임워크이다. 각 요소를 자세히 살펴보자.

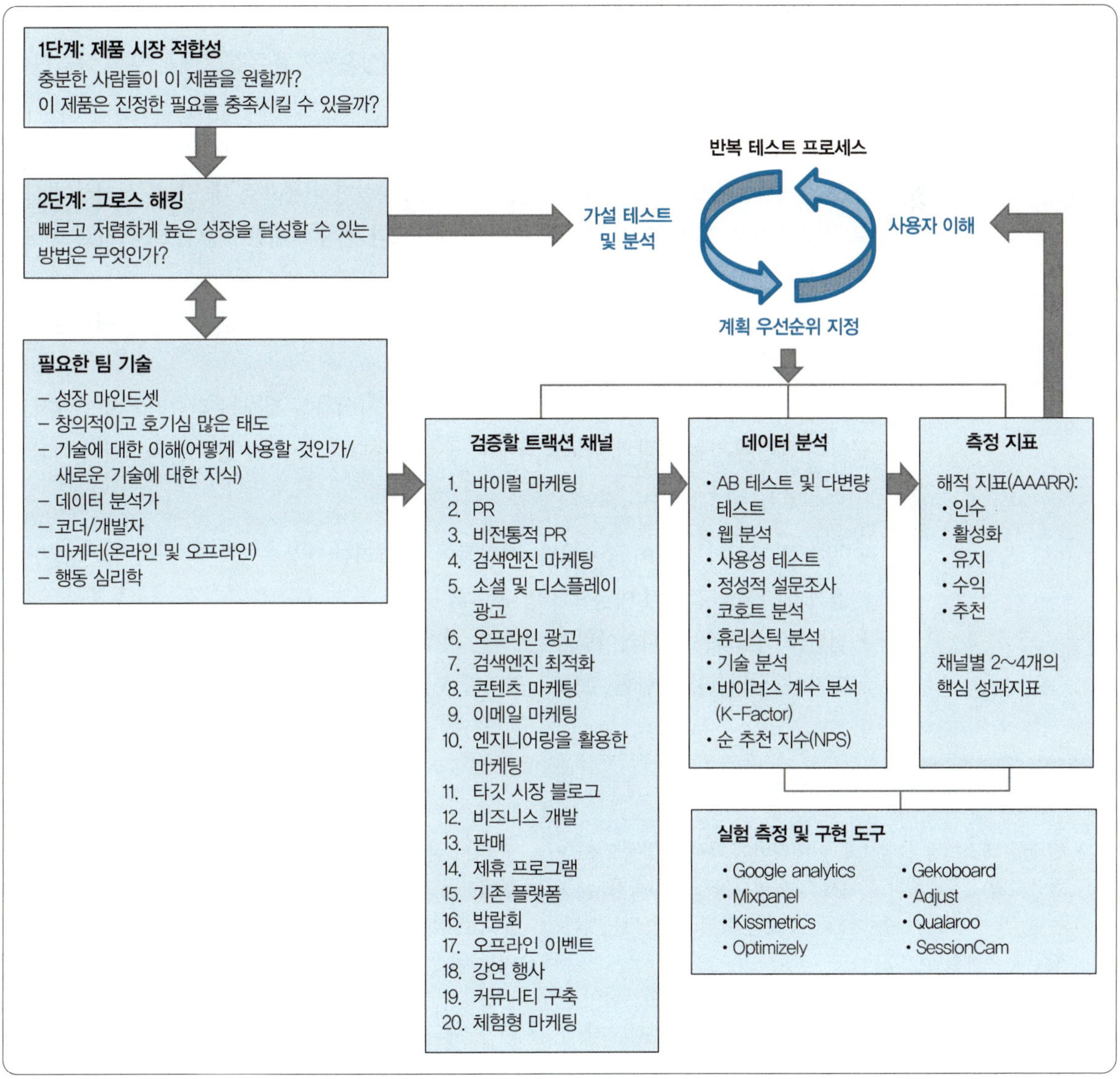

그림 10.9 실용적인 그로스 해킹 프레임워크(Hemphill, 2020)

1단계: 제품 시장 적합성

그로스 해킹은 스타트업이 제품 시장 적합성(product market fit)을 달성한 후에만 가능하다. 제품 시장 적합성을 달성하기 전에 마케팅을 확대하려는 기업은 자금을 낭비하게 된다. 제품을 판매하기 위해 '강력한 추진'이 필요하다면 그로스 해킹은 적합하지 않다.

최소 실행 가능한 제품을 만들고 이를 테스트하여 제품 개선을 위한 사용자 피드백을 얻는 린 스타트업의 개념을 사용하는 것은 비즈니스적으로 합리적이다. 일반적으로 구축 단계에 상당한 비용이 드는 점을 감안하면 이는 '경제적인 사고방식'이며, 최대한 빨리 수익을 창출하는 데 도움이 된다. 그러나 스타트업 창업자는 대개 자신의 아이디어에 매우 열정적이고 제품에 변화를 주는 것을 매우 꺼린다. 다시 한번 마인드셋이 필요하다.

2단계: 그로스 해킹

어떻게 하면 빠르고 저렴하게 고성장을 달성할 수 있을까? 최종 목표에서 눈을 돌리면 안 된다. 성장에 집착해야 한다.

성공적인 그로스 해킹을 위해서는 데이터를 기반으로 한 마케팅이 필요하다. 성장 마인드셋인 마케팅 담당자는 검증된 가정을 바탕으로 저렴한 비용으로 테스트를 실시하여 실제로 무엇이 가장 효과적인지 확인해야 한다. 테스트와 분석에 대한 개요는 보충 자료 10.8을 참조하라.

이러한 실험 중심의 마케팅 접근 방식은 '테스트, 학습, 커밋' 순환을 이용한 애자일 방법론에 뿌리를 두고 있다.

'테스트 및 분석'과 '전환율 최적화(CRO)'의 주요 차이점은 전자는 전술적인 측면에서 접근하는 반면 후자는 전략과 사고방식에 더 중점을 둔다는 것이다. 전환율 최적화의 핵심 요소는 다음과 같다.

- '감정'을 분석하는 것이 중요하다. 사람들이 왜 그러한 행동을 하는지 파악하고, 전환 시점까지 그들을 감정적 여정으로 안내한다.
- 전환율 최적화는 카피라이팅, 검색엔진 최적화, 클릭당 과금, 소셜 미디어, 사용자 중심 디자인, 심리학을 혼합한 것으로, 결과를 분석하고 주요 성과 지표를 살펴보는 것이 포함

보충 자료 10.8 **테스트와 분석**

- 엄격한 테스트를 실행하고, 아이디어에 대해 감정적으로 반응하거나 실패했다고 해서 그 아이디어를 부정하지 않는다. 모든 요소에 주목하고, 무엇이 잘되고 안 되는지 원인을 이해한다.
- 수많은 테스트를 실시하고, 엑셀 파일이나 파이프파이(Pipefy)와 같은 도구를 사용하여 기록한다. 정기적인 테스트 프로그램을 통해 매우 귀중한 통찰력을 얻을 수 있다. 계절 변화만으로도 결과가 달라질 수 있으므로 실험을 다시 실행해본다.
- 무언가를 할 때는 동적인 환경에서 작업하고 있다는 것을 인식한다는 의미에서 테스트라고 생각해야 한다. 일어난 일을 분석하고 그 결과를 바탕으로 반복, 최적화, 변경을 한다.
- 시간, 에너지, 노력이 한정적이기 때문에 데이터 분석과 비즈니스 모델링을 통해 기회가 있는 곳을 찾아내어 가장 큰 차이를 만들어내는 데 집중해야 한다.

된다.

- 전환율 최적화는 채널에 초점을 맞추어야 하고 페이드 미디어, 온드 미디어, 언드 미디어의 '버킷'에 포함되어야 한다.

테스트할 트랙션 채널

대부분의 기업 경영자, 관리자, 마케팅 담당자는 자신이 알고 있는 마케팅 (또는 트랙션) 채널에 의존하는 경향이 있다. 그로스 해킹은 안전지대에서 벗어나 기본에 충실할 것을 요구한다. 이를 수행하는 한 가지 방법은 마케팅에 대해 아무것도 모르는 것처럼 행동하고, 높은 매출을 달성하기 위해 가장 효과적인 솔루션을 찾는 실험을 진행하는 것이다. Weinberg와 Mares(2015)는 19개의 트랙션 채널을 발견했는데, 우리는 하나를 추가하여 20개의 주요 온라인 및 오프라인 트랙션 채널을 정의했다(표 10.3 참조).

그림 10.10은 실리콘밸리의 투자자인 데이브 매클루어(Dave McClure)가 만든 것으로, 테스트해야 할 채널의 우선순위를 정하는 데 도움이 된다. 매클루어는 종종 마케팅 퍼널과 스타트업 해적 지표(AAARR)에 대해 언급했는데, 이는 모든 유형의 기업에 유용한 도구이다.

표 10.3 테스트할 20개의 트랙션 채널

채널	설명
바이럴 마케팅	사용자가 제품과 서비스를 마케팅하게 한다.
PR	기존 미디어에서 호의적으로 다루어지게 한다.
비전통적 PR	이벤트를 개최하고 특별한 서비스를 제공하여 입소문 마케팅을 유도한다.
검색엔진 마케팅(SEM)	검색엔진에 광고를 게재하여 세분화된 타깃에 도달한다.
소셜 및 디스플레이 광고	소셜 미디어와 웹사이트에 광고를 게재하여 수많은 잠재고객에게 도달한다.
오프라인 광고	신규 고객을 발굴하기 위해 합리적인 TV, 라디오, 인쇄물을 활용한다.
검색엔진 최적화(SEO)	자연 검색 결과 목록의 상단에 노출되게 한다.
콘텐츠 마케팅	블로그와 같은 온드 미디어를 활용하여 고객을 교육하고 도달한다.
이메일 마케팅	타기팅된 이메일을 통해 잠재고객과 소통하고 전환을 유도한다.
엔지니어링을 활용한 마케팅	엔지니어링 리소스를 활용하여 고객을 확보할 수 있는 툴을 구축한다.
타깃 시장 블로그	영향력 있는 블로그를 타깃으로 새로운 청중을 조사한다.
비즈니스 개발	파트너십을 활용하여 고객을 확보한다.
판매	기업 및 기타 고객에게 제품과 서비스를 판매한다.
제휴 프로그램	제휴업체가 제품을 판매하고 매출의 일정 비율을 가져가게 한다.
기존 플랫폼	페이스북, 링크드인, 앱스토어 등 더 큰 플랫폼에 연계하여 성장시킨다.
박람회	업계 박람회에 참여하여 고객과 파트너를 모집한다.
오프라인 이벤트	고객 유치 이벤트를 개최한다.
강연 행사	많은 잠재고객에게 전문 지식을 전달한다.
커뮤니티 구축	기업 및 제품 중심의 커뮤니티를 구축한다.
체험형 마케팅	라이브 마케팅을 통해 잠재고객이 즐겁고 기억에 남는 경험에 몰입하게 하여 참여를 유도한다.

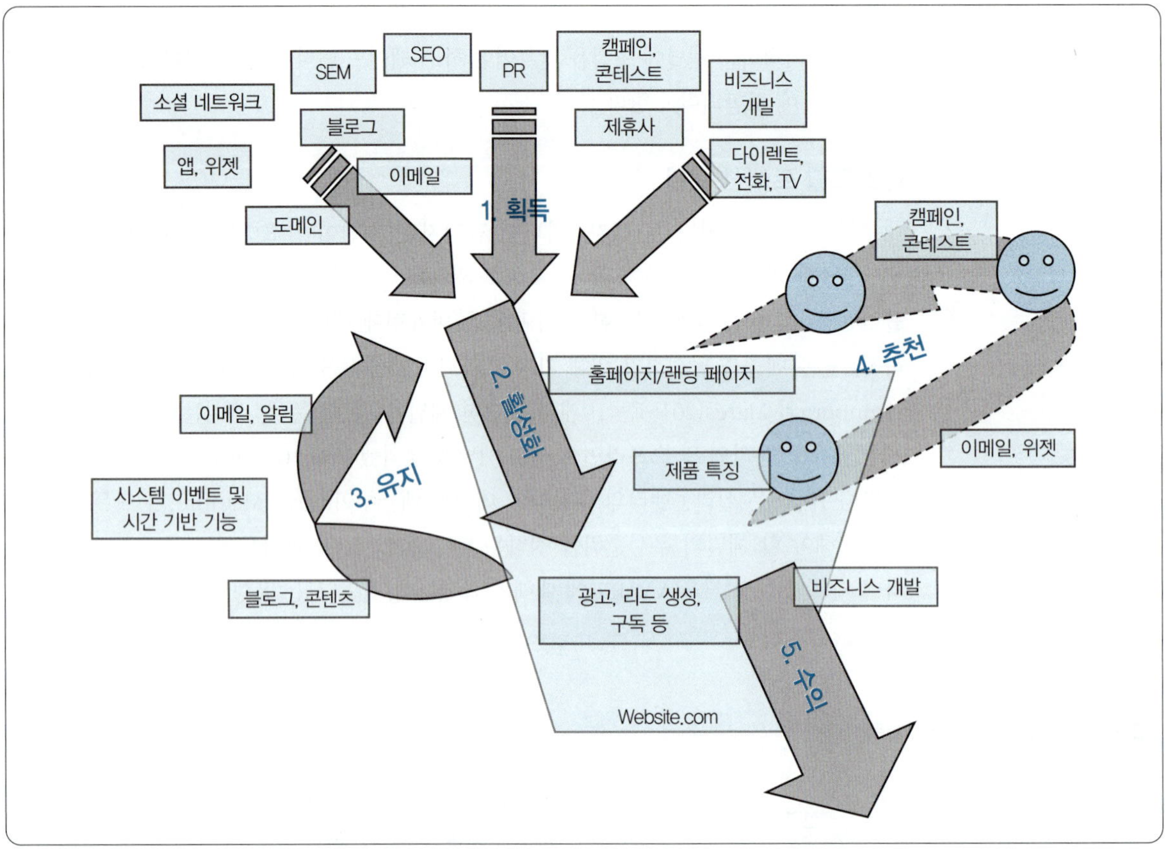

그림 10.10 데이브 매클루어의 고객 생애주기/전환 행동

- **획득**(acquisition): 사용자가 우리를 어떻게 발견하는가?
- **활성화**(activation): 사용자의 첫 경험이 긍정적인가?
- **유지**(retention): 사용자가 다시 돌아오는가?
- **수익**(revenue): 어떻게 수익을 내는가?
- **추천**(referral): 사용자가 다른 사람에게 추천하는가?

또한 마케팅 퍼널을 다양한 트랙션 채널과 교차 참조하여 성장에 중점을 둔 마케팅 전략을 수립할 수 있다.

데이터 분석

정량적 데이터와 정성적 데이터의 융합은 그로스 해킹의 중요한 요소이다. 정량적 데이터는 웹사이트나 모바일 앱에서 '무슨 일'이 일어나고 있는지 파악하는 데 도움이 되고, 정성적 데이터는 '왜' 그러한 일이 일어나는지 설명하는 데 도움이 된다. 두 가지 유형의 데이터 분석이 모두 중요하다는 것은 널리 알려져 있지만, 정성적 데이터 수집은 항상 수행되는 것은 아니며 기업(특히 신생 기업)에서 종종 무시되는 경향이 있다.

다음은 기업이 사용자 데이터 분석을 위해 정보를 수집하는 데 도움이 되는 도구이다(전

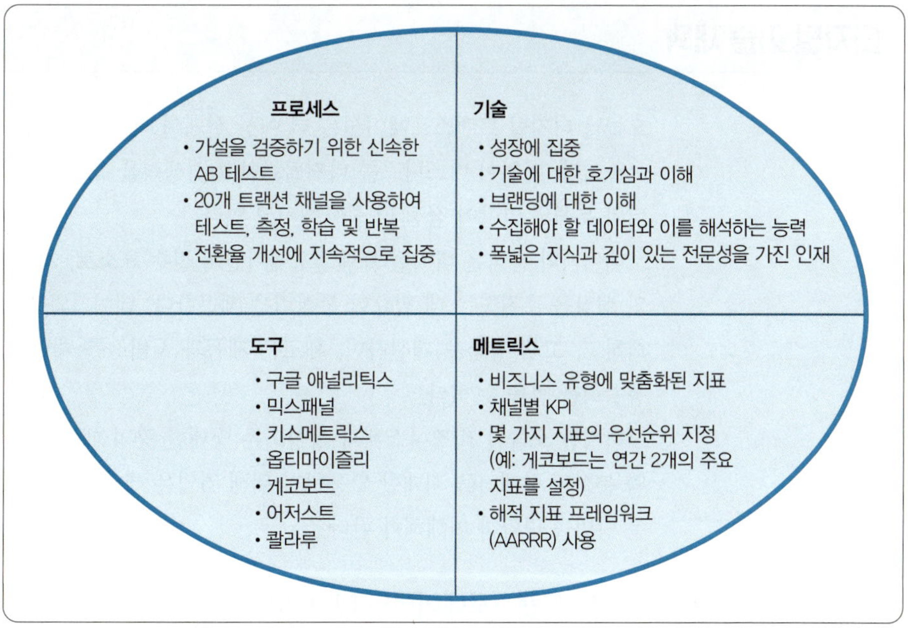

그림 10.11 그로스 해킹의 운영 요소(Hemphill, 2020)

환율 최적화, 테스트와 분석에도 사용된다).

- **구글 애널리틱스**(Google Analytics): 구글의 무료 웹 분석 플랫폼
- **믹스패널**(Mixpanel): 유료 고급 모바일 및 웹 분석 서비스
- **키스메트릭스**(Kissmetrics): 유료 집단 및 세분 시장 분석
- **옵티마이즐리**(Optimizely): 웹사이트 및 모바일 앱 테스트 플랫폼
- **게코보드**(Gekoboard): KPI 대시보드 소프트웨어
- **어저스트**(Adjust): 앱의 속성 및 분석
- **콸라루**(Qualaroo): 고객 인사이트를 위한 웹사이트 설문
- **세션캠**(SessionCam): 실제 사용자가 웹사이트와 어떻게 상호작용하는지 확인할 수 있어 웹사이트 전환을 개선하는 데 도움이 되는 도구

그림 10.11은 그로스 해킹의 운영 요소를 보여준다(Hemphill, 2020).

정리하자면 그로스 해킹은 단기간에 성장을 달성하기 위해 '평범하지 않은' 해결책을 찾는 것이다. 모두가 똑같이 하면 효과가 없기 때문에 모든 그로스 해킹은 다르다.

다양한 팀을 참여시켜 창의성을 발휘할 수 있게 하고, 창의적 사고에 적절한 환경을 제공한다. 필요하다면 퍼실리테이터(촉진자)를 초대하여 새로운 아이디어를 창출하는 데 도움을 구한다.

그로스 해킹과 전략적 민첩성은 디지털 트랜스포메이션 전략을 성공으로 이끄는 핵심 요소이다. 기업은 그로스 해킹 기법을 활용하여 마케팅 전략과 제품을 빠르게 테스트하고 최적화하며 시장과 기술의 변화에 빠르게 적응할 수 있는 전략적 민첩성 문화를 조성함으로써 디지털 시대의 경쟁력을 유지할 수 있다.

디지털 기술 채택

오늘날 디지털 트랜스포메이션은 더 이상 선택이 아니며, 기업의 생존과 번영을 위한 필수 요소이다. 기업이 비즈니스를 디지털화하고 경쟁력을 유지하기 위해 노력하는 가운데 데이터와 분석의 역할이 점점 더 중요해지고 있다.

데이터와 분석은 디지털 트랜스포메이션의 필수 요소로, 기업이 정보에 입각한 의사결정과 성장을 추진하는 데 필요한 통찰력을 제공한다. 데이터와 분석을 활용하면 업무를 최적화하고, 고객 경험을 개선하며, 새로운 제품과 서비스를 개발하는 데 도움이 되는 귀중한 통찰력을 얻을 수 있다.

하지만 오늘날 비즈니스에서 생성되는 방대한 양의 데이터에 압도당할 수 있다. 데이터와 분석의 잠재력을 최대한 활용하기 위해 기업은 데이터를 효과적으로 수집·관리·분석하는 방법을 명확히 이해해야 한다.

디지털 트랜스포메이션의 데이터와 분석

분석은 의사결정을 지원하기 위해 데이터에서 의미 있는 통찰력과 정보를 추출하는 프로세스라고 정의할 수 있다. 데이터와 분석은 디지털 트랜스포메이션에서 중요한 역할을 하며, 이를 통해 기업은 비즈니스와 고객에 대한 새로운 통찰력을 얻고 더 많은 정보를 토대로 의사결정을 내릴 수 있다. 고객과의 상호작용, 소셜 미디어, 사물 인터넷 기기 등 다양한 출처의 데이터가 점점 더 많이 제공됨에 따라 기업은 분석을 통해 과거에는 감지하기 어렵거나 불가능했던 패턴과 추세를 식별할 수 있게 되었다.

Davenport와 Harris(2017)는 기술 시스템에서 의사결정과 행동을 촉진하는 데 사용할 수 있는 분석을 다음과 같이 분류했다.

- **기술적 분석**: 판매 데이터, 웹사이트 트래픽 등 과거의 사건이나 추세를 기술하는 데 중점을 둔다.
- **예측적 분석**: 통계 모델과 머신러닝 알고리즘을 사용하여 고객 행동, 제품 수요 등 미래의 사건과 추세를 예측한다.
- **처방적 분석**: 예측 분석을 통해 생성된 예측에 따라 취할 수 있는 행동 권장 사항을 제공함으로써 한 단계 더 나아간다.
- **자율적 분석**: 데이터를 통해 학습하고 시간이 지남에 따라 스스로 성능을 향상하는 시스템이 포함된다.

이러한 분석 범주의 정교함 수준은 기본적인 기술적 시스템부터 복잡한 자율적 시스템에 이르기까지 다양하다. 기업이 분석 및 기술 활용에 익숙해짐에 따라 분석 성숙도 모델에서 더 높은 단계로 이동할 수 있다.

그러나 대규모 조직에서 주요한 과제 중 하나는 기업, 공공 행정, 다양한 산업 및 비영리 부문, 과학 연구 등에서 생성 및 공유되는 방대한 양의 데이터이다. 일명 '빅데이터'라고 불리는 이 데이터 세트는 기존의 데이터 처리 애플리케이션 도구로는 처리할 수 없을 만큼 거대하고 복잡하다. Sivarajah 등(2016)에 따르면 빅데이터는 구조화 데이터, 비정형 데이터, 반구조화 데이터로 분류되며, 빅데이터를 적절히 관리·처리·분석하면 새로운 지식을 창출하고 기업에 혁신적이고 실용적인 통찰력을 제공할 수 있다. 그러나 장점만 있는 것이 아니라 다음과 같은 도전 과제도 따른다.

- 데이터 통합의 복잡성
- 숙련된 직원과 자원 부족
- 데이터 보안 및 프라이버시 문제
- 불충분한 인프라와 미미한 데이터 웨어하우스 아키텍처
- 대용량 데이터 동기화

Zhang 등(2015)은 단순한 통계 분석만으로는 빅데이터의 잠재적 가치를 발굴할 수 없다고 주장한다. 이러한 문제를 극복하기 위해서는 데이터 형식(텍스트, 멀티미디어 등)을 불문하고 대량의 데이터를 관리할 수 있는 매우 효율적이고 확장 가능하며 유연한 기술이 필요하다.

한편 Sivarajah 등(2016)은 빅데이터의 광범위한 도전 과제를 데이터 수명주기에 따라 데이터, 프로세스, 관리로 분류할 수 있다고 보았다(그림 10.12 참조).

- **데이터**: 데이터 자체의 특성(양, 다양성, 속도, 진실성, 변동성, 품질, 발견 가능성, 독단성 등)과 관련이 있다.
- **프로세스**: 데이터 수집 방법, 데이터 통합 방법, 데이터 변환 방법, 분석에 적합한 모델 선택 방법, 결과 제공 방법 등 일련의 '어떻게'라는 기술적 문제와 관련이 있다.
- **관리**: 프라이버시, 보안, 거버넌스, 윤리적 측면 등이 포함된다.

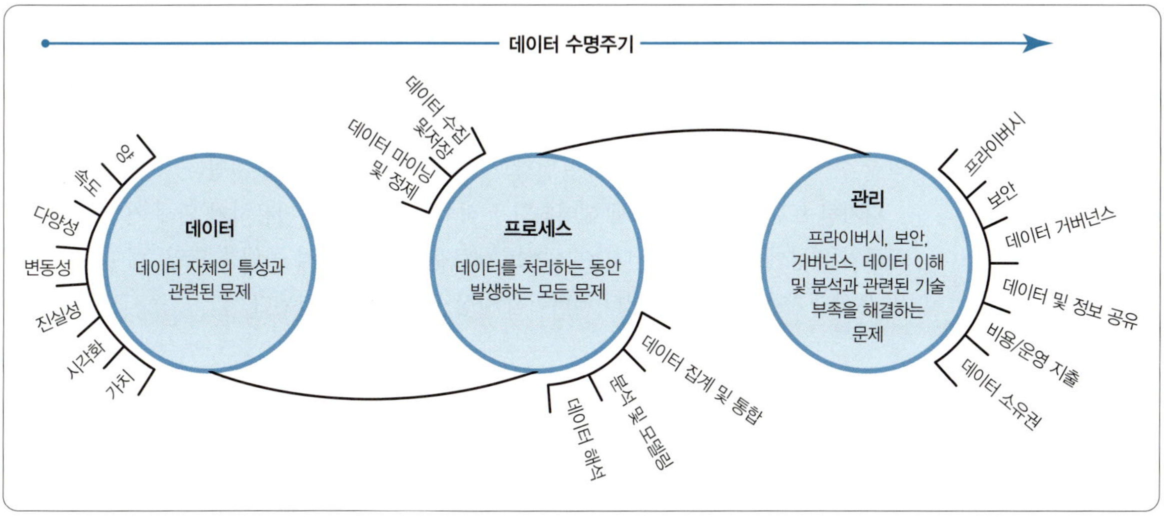

그림 10.12 빅데이터의 도전 과제 분류(Sivarajah et al., 2017)

출처: https://www.sciencedirect.com/science/article/pii/S014829631630488X

빅데이터가 의사결정을 강화하고 기업의 산출물을 증가시킬 수 있다는 것을 기반으로 데이터로부터 통찰력을 도출하기 위한 분석 기법을 선택할 수 있다(Sivarajah et al., 2016).

- **기술적 분석**: 데이터와 정보를 면밀히 조사하여 비즈니스의 현재 상태를 정의하고 전개, 패턴, 예외를 파악한다. 이는 표준 보고서, 임시 보고서, 경고를 생성하는 형태로 이루어진다.
- **탐색적 분석**: 데이터에 대해 심층적으로 조사하여 비즈니스 제안을 검증하거나 반박하는 것과 관련이 있다. 데이터에 대한 분석적 세부 탐색, 통계 분석, 요인 분석 등을 예로 들 수 있다.
- **예측적 분석**: 미래의 가능성을 판단하기 위한 예측 및 통계적 모델링에 관한 것이다.
- **처방적 분석**: 최적화 및 무작위 테스트에 관한 것으로, 기업이 비용을 절감하면서 서비스 수준을 향상할 수 있는 방법을 평가한다.
- **선제적 분석**: 기업의 성과에 좋지 않은 영향을 미칠 수 있는 사건에 대해 예방적 조치를 취할 수 있는 능력이다. 발생할 수 있는 위험을 미리 파악하여 완화 조치를 권장하는 것이 그 예이다.

요컨대 기업은 기술 시스템에 분석을 활용하여 고객, 제품, 업무에 대한 귀중한 통찰력을 얻고, 비즈니스 성과를 향상하는 데이터 기반 의사결정을 내릴 수 있다. 분석과 디지털 트랜스포메이션에 지속적으로 투자하는 기업은 더 높은 수준의 분석 기능을 이용하여 경쟁우위를 확보하고 비즈니스 성공을 촉진할 수 있다.

기업의 혁신을 위한 데이터 활용

디지털 트랜스포메이션에서 데이터와 분석의 주요 이점 중 하나는 개인화된 고객 경험을 창출하는 능력이다. 기업은 고객 데이터를 분석함으로써 고객의 니즈와 선호도를 더 깊이 이해하고 그에 따라 제품과 서비스를 조정할 수 있다. 그 결과 고객 충성도가 향상되고 수익이 증가할 것이다.

데이터와 분석은 기업이 업무 효율성을 개선하고 비용을 절감하는 데에도 도움이 된다. 예를 들어 공급사슬 데이터를 분석함으로써 운영을 간소화하고 낭비가 발생하는 영역을 파악할 수 있다. 그 결과 상당한 비용 절감과 수익성 향상을 실현할 수 있다.

디지털 트랜스포메이션에서 데이터와 분석의 힘을 충분히 활용하기 위해 기업은 적절한 도구와 역량에 투자해야 한다. 여기에는 새로운 데이터 관리 플랫폼 도입, 데이터 과학자 및 분석가 채용, 직원의 데이터 리터러시 향상 교육 등이 포함된다.

자동화된 프로세스

자동화된 프로세스는 사람의 개입 없이 기술을 통해 수행되는 작업이나 워크플로를 말한다. 이러한 프로세스는 데이터 입력이나 파일 백업과 같은 단순한 반복 작업부터 여러 시스템과 의사결정 지점이 포함된 복잡한 워크플로에 이르기까지 다양하다.

오늘날과 같은 디지털 시대에 효율성을 높이고 비용을 절감하고자 하는 기업에서는 프로세스 자동화가 점점 더 중요해지고 있다. 정형화된 업무를 자동화함으로써 직원이 보다 전략적인 활동에 집중하고, 실수 위험을 줄이며, 업무의 일관성과 속도를 향상할 수 있다.

자동화 프로세스에는 다양한 종류가 있으며, 기업은 이러한 도구와 기술 중에서 선택하여 도입하면 된다. 예를 들어 로봇 프로세스 자동화(robotic process automation, RPA)는 반복적인 작업을 자동화하는 데 사용할 수 있고, 머신러닝 알고리즘은 의사결정 프로세스를 자동화하는 데 사용할 수 있다.

자동화된 프로세스의 이점을 충분히 활용하기 위해 기업은 프로세스를 면밀히 평가하고 자동화에 적합한 프로세스를 식별해야 한다. 데이터를 분석하여 자동화 패턴과 기회를 파악하고, 직원과 협력하여 시간이 많이 걸리거나 실수가 발생하기 쉬운 업무를 파악한다.

자동화 프로세스를 도입하려면 세심한 계획 그리고 그것이 의도대로 작동하는지 확인하기 위한 테스트도 필요하다. 기업은 자동화 프로세스에 대한 명확한 목표를 설정하고, 그 효과를 측정할 수 있는 지표를 개발해야 한다. 또한 이러한 프로세스를 사용하고 관리하는 방법을 직원에게 교육하고, 이를 유지하는 데 필요한 인프라와 지원을 마련해야 한다.

통합 디지털 기술

기업은 기술을 통합함으로써 고객에 대한 새로운 통찰력을 얻고, 제품 수요를 예측하며, 고객의 니즈를 충족하는 새로운 제품과 서비스를 개발할 수 있다. 다양한 출처의 데이터를 결합함으로써 고객을 보다 완벽하게 파악하고, 이전에는 감지하기 어려웠던 패턴과 추세를 고급 분석을 통해 식별할 수 있다.

고객 통찰력을 위한 기술 통합의 예로는 고객관계 관리(CRM) 소프트웨어의 활용을 들 수 있다. 이 소프트웨어는 이메일, 소셜 미디어, 전화 등 여러 채널에 걸친 고객과의 상호작용을 추적하는 데 도움이 된다. 이러한 데이터를 인구통계, 행동 데이터와 같은 다른 출처와 결합하면 고객의 선호도와 니즈를 더 깊이 이해할 수 있다.

수요 예측을 위한 기술 통합의 또 다른 예는 예측 분석의 활용이다. 예측 분석은 기업이 자사 제품 및 서비스에 대한 미래 수요를 예측하는 데 도움이 된다. 과거 판매 데이터 및 소셜 미디어, 경제 지표와 같은 외부 출처의 데이터를 분석함으로써 보다 정확한 수요 예측을 만들어 생산 및 재고 관리 프로세스를 최적화하는 데 이용할 수 있다.

또한 기술을 통합하는 것은 기업이 고객의 니즈를 더 잘 충족할 수 있는 새로운 제품과 서비스를 개발하는 데에도 도움이 된다. 예를 들어 고객 설문조사, 소셜 미디어, 온라인 리뷰의 데이터를 결합하여 고객의 불편 사항을 파악하고 이러한 문제를 해결하는 신제품을 개발할 수 있다.

기업은 고객 인사이트, 수요 예측, 제품 개발을 위한 기술 통합의 이점을 충분히 활용하기 위해 기술 투자에 대한 명확한 전략과 로드맵을 가지고 있어야 한다. 적절한 기술을 식별하고 도입 계획을 수립하기 위해 외부 파트너 및 컨설턴트와 협력해야 할 수도 있다.

디지털 트랜스포메이션을 위한 변화 관리

많은 변화 관리 전문가는 세계화와 기술 혁신을 기업 내 변화의 주요 외부 요인으로 제시한다. 그러나 이는 Strebel(1996)이 말했듯이 변화가 직원과 같은 기업 내부적 요인에서 발생하지 않는다는 것을 의미한다. 또한 기업의 문화, 구조, 비즈니스 루틴 등 기업의 특정 측면이 변화를 구현하기 어렵게 만드는 방식으로 확립되어 있을 수도 있다.

디지털 비즈니스 트랜스포메이션 프로젝트에서는 디지털 혁신이 기업의 수익성과 비용 절감뿐만 아니라 조직 문화, 사업 구조 및 프로세스를 변화시키는 능력에 미치는 영향도 고려해야 한다. 디지털 비즈니스 트랜스포메이션이 기술 도입과 다른 점은 새로운 디지털 혁신이 문화, 구조, 프로세스를 재구성할 수 있다는 것이다. 그 결과 '디지털'은 기업에서 중요한 전략적 위치를 차지하게 될 것이다.

그러나 디지털 트랜스포메이션은 특히 변화 관리에서 어려운 과정이 될 수 있다. 이러한 이유로 변화 관리 접근법을 이해하는 것이 중요하다. Westerman 등(2011)은 이렇게 밝혔다. "디지털 트랜스포메이션은 단순한 기술이 아니라 고객과 이해관계자를 위해 새로운 가치를 창출하기 위해 사람, 데이터, 프로세스의 잠재력을 끌어내는 것이다. 성공적인 디지털 트랜스포메이션을 위해서는 채택, 협업, 혁신을 추진하는 강력한 변화 관리 역량이 필요하다."

다음은 디지털 트랜스포메이션의 변화 관리에서의 중요한 고려 사항이다.

- **리더십**: 디지털 트랜스포메이션에서는 강력한 리더십이 필수적이다. 리더는 프로세스에 전념하고 조직의 구성원에게 변화의 비전과 목표를 전달할 수 있어야 한다.
- **문화**: 디지털 트랜스포메이션을 위해 조직 문화의 전환이 필요한 경우가 많다. 리더는 변화와 혁신을 수용할 수 있는 환경을 조성할 수 있어야 한다.
- **커뮤니케이션**: 디지털 트랜스포메이션에서는 커뮤니케이션이 필수적이다. 리더는 변화의 이유, 변화의 목표, 변화의 진행 상황을 모든 이해관계자에게 전달할 수 있어야 한다.
- **교육**: 디지털 트랜스포메이션은 새로운 기술과 능력을 필요로 하는 경우가 많다. 리더는 직원이 새로운 환경에서 일할 수 있도록 교육 및 역량 개발 기회를 제공할 수 있어야 한다.
- **데이터 관리**: 디지털 트랜스포메이션에서는 조직이 수집·관리하는 데이터의 양이 급증하는 경우가 많다. 리더는 데이터의 안전성과 유용성을 보장하기 위해 데이터를 효과적으로 관리할 수 있어야 한다.

Kotter(2019)의 변화 주도 8단계 프로세스는 조직의 변화를 관리하는 가장 효과적인 프레임워크 중 하나로 널리 알려져 있다(그림 10.13 참조). 이 프로세스는 리더가 따라야 할 단계별 접근 방식을 제공함으로써 변화를 효과적·지속적으로 실행하는 데 도움을 준다.

이 모델이 비즈니스의 디지털 트랜스포메이션을 주도하는 데 도움이 되는 주요 이유는 다음과 같다.

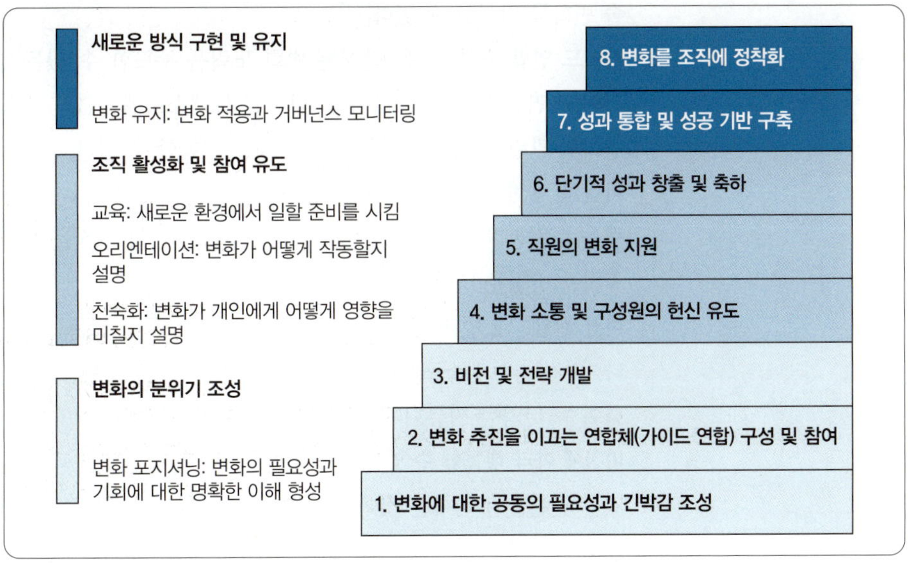

그림 10.13 Kotter(2019)의 변혁을 이끄는 8단계 프로세스

출처: https://www.researchgate.net/figure/John-Kotters-Eight-Step-Process-for-Leading-Change-Source-Change-Management-best_fig2_337815090

- **명확한 로드맵을 제공한다.** 필요한 모든 단계를 밟고, 간과되는 부분이 없는지 확인하는 데 도움이 된다.
- **커뮤니케이션의 중요성을 강조한다.** 효과적인 커뮤니케이션은 변화 관리 동안 필수적이며, Kotter의 프로세스는 다양한 이해관계자와 효과적으로 커뮤니케이션하는 방법에 대한 지침을 제공한다.
- **동의 확보에 중점을 두는 프로세스이다.** 이해관계자로부터 동의를 얻는 것의 중요성을 인식한다. 리더는 이해관계자를 변화 과정에 참여시키고 이들의 우려를 다룸으로써 변화에 대한 소유감과 헌신을 창출할 수 있다.
- **가이드 연합의 형성을 장려하는 프로세스이다.** 변화를 이끌어갈 주요 이해관계자의 가이드 연합을 형성하는 것의 중요성을 강조한다. 이는 변화 노력이 성공할 수 있도록 필요한 지원과 자원을 확보하는 데 도움이 된다.
- **단기적 승리의 필요성을 강조한다.** 모멘텀을 구축하고 이해관계자의 참여를 유지하기 위해 단기적 승리를 창출하는 것의 중요성을 인식한다. 리더는 달성 가능한 목표에 초점을 맞추고 성공을 축하함으로써 변화 노력을 궤도에 올려놓을 수 있다.
- **지속가능성 확보에 도움이 된다.** 조직의 문화와 프로세스에 변화를 뿌리내리는 것의 중요성을 강조한다. 이는 장기적으로 변화를 지속하는 데 도움이 된다.

이 프로세스는 디지털 트랜스포메이션 이니셔티브에 다음과 같이 적용할 수 있다.

1. **긴박감 조성**: Kotter가 제시한 프로세스의 첫 번째 단계는 긴박감을 조성하는 것이다. 디지털 트랜스포메이션의 맥락에서는 변화의 필요성과 변화하지 않았을 때의 위험 강조가 포함될 수 있다. 리더는 경쟁 환경, 고객 기대치의 변화 또는 조직의 적응을 요구하는 기

술 변화를 지적할 수 있다.

2. **가이드 연합 구성**: 다음 단계는 변화 노력을 주도할 수 있는 주요 이해관계자로 구성된 가이드 연합을 만드는 것이다. 디지털 트랜스포메이션의 맥락에서 이는 조직 전체에서 변화와 관련이 있는 리더를 모으는 것을 포함할 수 있다.
3. **비전 및 전략 수립**: 세 번째 단계에서는 디지털 트랜스포메이션에 대한 명확한 비전과 전략을 수립한다. 여기에는 디지털 기술을 활용하여 조직을 혁신하고 고객에게 가치를 제공하는 방법을 명확히 하는 것이 포함된다.
4. **비전 전달**: 네 번째 단계는 비전과 전략을 조직 내 모든 이해관계자에게 전달하는 것이다. 디지털 트랜스포메이션의 맥락에서는 타운홀 미팅, 이메일 업데이트, 사내 소셜 미디어 등 다양한 커뮤니케이션 채널을 사용하게 된다.
5. **비전에 따라 행동할 수 있는 권한 부여**: 다섯 번째 단계는 직원에게 비전에 따라 행동할 수 있는 권한을 부여하는 것이다. 여기에는 직원이 새로운 디지털 환경에서 일하는 데 필요한 기술을 습득할 수 있도록 교육 및 역량 개발 기회를 제공하는 것이 포함된다.
6. **단기적 성과 창출**: 여섯 번째 단계는 진전을 입증하고 추진력을 높일 수 있는 단기적 성과를 창출하는 것이다. 디지털 트랜스포메이션의 맥락에서는 혁신의 이점을 보여주는 파일럿 프로젝트나 새로운 디지털 제품을 출시하는 것이 포함될 수 있다.
7. **이익 통합 및 추가 변화 창출**: 일곱 번째 단계는 이익을 통합하고 추가 변화를 창출하는 것이다. 디지털 트랜스포메이션의 맥락에서는 성공적인 파일럿 프로젝트를 확장하고 조직 전체에서 디지털 기술 사용을 확대하는 것이 포함될 수 있다.
8. **조직 문화에 새로운 접근 방식 정착**: 마지막 단계는 새로운 접근 방식을 조직 문화에 정착시키는 것이다. 디지털 트랜스포메이션의 맥락에서는 조직의 새로운 디지털 역량을 반영하는 새로운 프로세스와 업무 방식을 구축하는 것이 포함될 수 있다.

Kotter의 8단계 프로세스를 따름으로써 리더는 디지털 트랜스포메이션을 효과적·지속적으로 실행하여 조직이 목표를 달성할 수 있도록 도울 수 있다.

앞서 언급했듯이 기업은 디지털 트랜스포메이션을 통해 지금까지와는 다른 방식으로 일을 진행해야 한다. 따라서 변화 관리의 주요 원칙을 이해하는 것이 중요하다.

변화의 노력이 실패하는 주된 이유는 다음과 같다.

- 직원의 참여 부족
- 명확한 비전 부족
- 관리자의 이해 부족

변화를 관리할 때는 내부 및 외부의 도전에 그때그때 즉흥적으로 대응하는 것('불 끄기'에만 급급한 것)보다 선제적 사고와 구조화된 계획을 통해 접근하는 것이 더 나은 방식이다.

조직의 변화 관리와 관련된 주요 문제 중 하나는 변화 이니셔티브의 50%가 실패하고 34%만이 뚜렷한 성공을 거둔다는 것이다(Gartner, 2018). 따라서 성공의 핵심 원칙을 이해하는 것이 중요하다.

하버드비즈니스스쿨 온라인(2020)에 따르면 조직 변화의 스펙트럼 양 끝에는 적응적 변화와 혁신적 변화가 있다.

적응적 변화

적응적 변화란 조직과 관리자가 일상, 주간, 월간 비즈니스 과제에 적응하기 위해 수행하는 소규모의 점진적 조정을 말한다. 이러한 변화는 종종 기존 프로세스, 제품, 기업 문화의 미세 조정과 관련이 있으며, 일반적인 변화의 경우처럼 조직 전체를 근본적으로 변화시키는 것은 아니다. 다음은 적응적 변화의 예이다.

- 온라인으로 주문을 완료한 고객을 위해 새로운 결제 옵션을 추가한다.
- 고객 또는 공급업체를 위해 새로운 신청 양식을 도입한다.
- 고객의 불만에 대응하기 위해 또는 고객의 니즈에 더 잘 대응하기 위해 기존 제품을 개선한다.
- 기존 제품을 폐기하거나 기존 브랜드 구조를 변경하지 않고, 변화하는 고객 수요에 대응하기 위해 신제품을 테스트한다.
- 기능상의 큰 변화 없이 소프트웨어나 장비를 다른 버전으로 업그레이드한다.
- 직원의 퇴직으로 생긴 빈자리를 채우기 위해 새로운 마케팅 직원을 채용한다.

적응적 변화를 효과적으로 관리하기 위해 관리자는 변화의 과정을 주도하고 통제할 필요가 있다. 첫째, 큰 그림을 파악하고 조직의 장기적인 성공을 위해 왜 작은 적응이 필요한지 이해해야 한다. 둘째, 성공에 필요한 동의를 얻기 위해 직원과 주요 이해관계자에게 작은 변화가 조직 전체에 이익이 된다는 것을 설득해야 한다. 셋째, 관리자는 적응적 변화의 단계를 계획·실행·검토하는 방식에서 질서정연한 태도를 취하여 변화가 효과적이고 지속 가능하며 가치 있는지 확인해야 한다. 만약 그렇지 않다면 적절히 조정해야 한다.

혁신적 변화

일반적으로 혁신적 변화는 점진적·적응적 변화보다 훨씬 더 큰 규모의 변화를 의미한다. 혁신적 변화는 흔히 전략, 기업 문화, 조직, 물리적 구조, 공급사슬, 프로세스 등 비즈니스의 기본 구조 자체를 극적으로 변화시키는 것을 가리킨다.

적응적 변화는 시간이 지남에 따라 점진적으로 일어나는 반면, 혁신적 변화는 종종 갑작스럽게 극적으로 일어난다. 항상 그런 것은 아니지만, 혁신적 변화는 기업이 직면한 큰 문제나 과제를 해결하기 위해 추진되는 경우가 많다. 이러한 혁신적 변화의 예로는 다음과 같은 것들이 있다.

- 기존 오프라인 비즈니스를 전자상거래 및 옴니채널 비즈니스로 전환한다.
- 고객과 벤더의 온보딩 프로세스를 재검토한다.
- 기업 웹사이트를 다시 디자인하고 처음부터 다시 만든다.
- 신제품 개발에 자금과 자원을 투입하기 위해 기존 제품을 폐기한다.
- 부서를 신설하거나 팀을 개혁하고 기업 구조를 재검토한다.

적응적 변화에는 관리자의 합리적인 분석력이 필요하지만 혁신적 변화에는 설득력과 선견지명이 필요하다. 급격한 변화에 직면했을 때 관리자의 첫 번째 책임은 직원이 변화를 믿고, 새로운 비전에 맞춰 직원을 이끌며, 성공에 대한 동기 부여를 강화하는 것이다.

중간적 변화

혁신적 변화나 적응적 변화 중 어느 한쪽에만 해당하는 변화는 거의 없다. 조직의 변화를 스펙트럼으로 보면 혁신적 변화와 적응적 변화의 중간에 위치한 모든 것을 고려할 수 있다. 예를 들어 기업이 성장함에 따라 예측 가능하며 점진적이고 혁신적인 변화를 경험할 수 있다. 비공식적 경영에서 공식적 경영으로의 전환이 그 예이다. 기업의 전략은 변하지 않을 수도 있지만, 전환을 효과적으로 관리하려면 많은 노력이 필요하다.

이때 고위 경영진은 이성적인 태도와 선견지명을 겸비해야 한다. 변화만큼 급격한 전환은 아니더라도 직원은 전략과 표준 업무 절차가 바뀌는 것에 대해 경계심을 가질 수 있다. 직원이 새로운 방향에 동의하도록 동기 부여를 한 후 측정과 조정이 가능한 프로세스를 통해 변화를 실행해야 한다.

변화 관리의 중요한 문제는 80% 이상의 조직이 하향식으로 변화를 관리하고 있다는 것이다(Chiu and Salerno, 2019). 이는 일반적으로 고위 경영진이 전적으로 전략적 의사결정을 내리고, 실행 계획을 수립하며, 직원의 동의를 얻기 위해 조직 전체의 커뮤니케이션을 전개하는 것을 의미한다. 그러나 오늘날의 조직은 더 복잡한 매트릭스 보고 체계와 상호 의존적인 관계를 가지고 있고, 직원은 자신의 직무, 비즈니스 환경 및 서로에 대한 정보에 더 쉽게 접근할 수 있기 때문에 이러한 접근 방식은 더 이상 효과적이지 않다.

가트너가 전 세계의 직원 6,500명 이상, 최고인사책임자(CHRO) 100명 이상을 대상으로 실시한 설문조사에 따르면 변화 관리에는 세 가지 대규모 전환이 있는 것으로 나타났다(Chiu and Salerno, 2019).

- 리더가 직원을 참여시켜 전략적 의사결정을 공동으로 만들었다.
- 직원이 변화를 어떻게 실행할 것인지 계획할 책임이 있었다.
- 소통이 변화에 대한 열린 대화를 유도했다.

이는 '오픈소스'에 비유된다. 1990년대에 소프트웨어 업계에서 탄생한 오픈소스의 목표는 '누구나 소프트웨어에 접근할 수 있게 하는 것'과 '누구나 빠르게 편집하고 버그를 수정할 수 있게 하여 소프트웨어를 개선하는 것'이다. 가트너의 설문조사(Chiu and Salerno, 2019)에 따르면 오픈소스 원칙을 변화 관리에 적용했을 때 조직이 변화를 성공시킬 확률이 34%에서 58%로 높아진다고 한다. 또한 오픈소스를 통해 기업은 더 빠르게 변화할 수 있고, 직원의 참여도가 높아지며, 직원이 더 쉽게 정착할 수 있다.

오픈소스 변경 관리를 채택하는 방법은 다음과 같다.

- 변화 전략을 공동으로 창출하기
- 실행 계획 수립 과정에 직원을 적극적으로 참여시키기
- 소통의 초점을 ('전달하기'가 아닌) '말하기'에 맞추기

변화 전략을 공동으로 창출하기

이는 고객의 니즈와 현장의 업무 방식에 대한 직원의 의견이 중요하다는 것을 고위 경영진이 인식하고 있는 경우이다. 그러나 리더의 74%가 직원을 변화 전략 수립에 참여시켰다고 응답한 반면에 실제로 참여했다고 느낀 직원은 42%에 불과했다(Chiu and Salerno, 2019). 리더는 마감일을 맞춰야 할 때 의견에 압도당할 것을 두려워하기 때문에 보통은 변화 전략을 수립하고 결정을 내린 후 직원의 피드백을 받는다. 그러나 피드백을 받는 것은 공동 창출이 아니다.

그렇다면 어떻게 조직은 의견 과잉으로 인해 마비되지 않으면서 더 많은 직원을 변화 전략의 공동 창출에 참여시킬 수 있을까? 급변하는 조직 구조에 직면한 한 소프트웨어 회사가 더 나은 의사결정 프로세스를 필요로 하다 '개방형 결정 프레임워크(Open Decision Framework)'라는 도구를 만들어냈다. 이는 리더가 의사결정 시 누구를 어떻게 참여시켜야 하는지에 대한 가이드라인을 제공한다. 이 프레임워크에 따르면 지위나 근속 연수에 따라 개인의 발언권이 큰 것이 아니라 리더는 전문성, 영향력, 고객 중심주의와 같은 요소를 고려해야 한다.

또한 개방형 결정 프레임워크는 누가 참여했는지뿐만 아니라 어떻게 결정을 내렸는지에 대한 투명성을 보장한다. 누구도 결정에 놀라지 않고, 비록 마음에 들지 않는 결정일지라도 그것이 최선의 선택이라고 모두가 믿는다. 기업에서 개방형 의사결정이 작동하는 이유는, 그것이 민주주의가 아닌 능력주의이므로 최고의 아이디어가 어디서 나왔든 간에 항상 성공하기 때문이다. 이러한 접근 방식의 경우 의사결정이 다소 느려질 수 있지만, 더 나은 의사결정을 위해 미리 시간을 투자하면 미래에 더 많은 시간을 절약할 수 있다.

실행 계획 수립 과정에 직원을 적극적으로 참여시키기

일관성 있고 빠른 변화를 이루기 위해 보통은 리더가 변화 도입 방법을 결정하고 직원에게 그 방향을 전달한다. 그러나 가트너의 조사에 따르면 리더의 72%는 직원의 업무와 너무 분리되어 있고, 우선순위가 급변하여 리더가 이를 따라잡을 수 없기 때문에, 직원이 변화하는 동안 기존과 다른 행동을 취해야 한다는 것을 이해하지 못한다고 인정했다(Chiu and Salerno, 2019). 직원이 실행 계획 수립 과정에 적극적으로 참여하게 하면 변화의 성공 확률을 12% 높일 수 있다. 성공적인 조직은 직원이 솔루션과 새로운 아이디어를 시도하고 실험할 수 있도록 권한을 부여하는 동시에 변화가 엉뚱한 방향으로 진행되지 않도록 가이드라인을 설정한다.

또 다른 소프트웨어 회사는 목표를 설정할 때 CEO로부터 비전과 가치를 받고, 모든 직원이 그 토대 위에서 자신의 비전을 설정하며, 이를 이루기 위해 해야 할 일, 직면할 수 있는 장애물, 성공의 평가 기준을 설정한다. 또한 직원은 동료의 목표를 볼 수 있어 모두가 같은 목표를 향해 나아가고 있는지 확인하고 서로에 대한 책임감을 가지게 된다. 이렇게 한 울타리 안에서 자유롭게 근무함으로써 직원은 더 빠르게 변화를 실행하고, 이를 방해하는 장애물을 발견하며, 모범 사례를 전사적으로 공유할 수 있다. 리더와 관리자는 장애물을 제거하고 전략적 과제의 협업을 보장함으로써 직원을 지원하는 데 더 많은 시간을 할애할 수 있다. 이러한 시스템을 통해 2만 명 이상의 직원이 큰 변화가 발생했을 때 우선순위를 재조정하는 데 단 6주밖에 걸리지 않는다. 그렇다고 해서 이 시스템을 모방할 필요는 없다. 실행 계획을 직원에게 이양하고 직원에게 책임을 부여할 수 있는 적절한 가이드라인을 설정하면 직원 스스로 변화를 성공적으로 이끌 수 있다.

소통의 초점을 ('전달하기'가 아닌) '말하기'에 맞추기

대부분의 기업은 변화를 하향식으로 전달한다. 리더는 직원의 동의를 얻기 위해 변화를 긍정적인 스토리로 만들어서 자주 전달하고 이해도를 높이고자 한다. 그러나 직원에게 변화를 전달하는 것(또는 명령하는 것)만으로는 직원의 이해와 변화에 대한 헌신을 촉진할 수 없다. 하향식 커뮤니케이션은 오히려 변화에 대한 직원의 이해를 떨어뜨리고 분노, 불안, 저항을 키우는 것으로 나타났다.

한 의료보험 회사는 큰 변화를 준비하는 과정에서 하향식 커뮤니케이션이 직원들로 하여금 자신에게 변화가 일어나는 것처럼 느끼게 만든다는 사실을 깨달았다. 이에 회사는 직원

미니 사례 연구 10.5 아디다스의 변화 관리와 디지털 트랜스포메이션

변화하는 비즈니스 환경에 적응하고 경쟁력을 유지하고자 하는 기업에서 변화 관리와 디지털 트랜스포메이션은 중요한 화두이다. 운동화, 의류, 액세서리를 전문으로 취급하는 다국적 기업 아디다스가 어떻게 변화 관리와 디지털 트랜스포메이션을 성공적으로 수행했는지 살펴보자.

배경

2010년대 초에 아디다스는 매출이 감소하고 나이키, 언더아머(Under Armour) 등의 경쟁업체에 점유율을 빼앗기는 등 많은 어려움을 겪었다. 아디다스는 변화의 필요성을 인식하고 전자상거래, 데이터 분석, 소셜 미디어 마케팅으로의 전환을 비롯한 디지털 트랜스포메이션에 많이 투자하기 시작했다.

변화 관리

아디다스는 디지털 트랜스포메이션 이니셔티브를 성공적으로 도입하기 위해 종합적인 변화 관리 프로그램을 진행했다. 이 프로그램은 리더십, 문화, 커뮤니케이션, 교육, 훈련 등의 주요 영역에 초점을 맞췄다. 리더십 팀은 전 직원에게 디지털 트랜스포메이션의 중요성을 알리고 혁신 및 협업 문화를 조성하는 임무를 맡았다. 모든 직원이 변화와 그 근거를 이해하는 데 효과적인 커뮤니케이션이 매우 중요했다. 또한 직원이 새로운 디지털 도구와 프로세스를 사용하는 데 필요한 기술을 습득할 수 있도록 교육을 실시했다.

디지털 트랜스포메이션

아디다스는 디지털 기술을 활용하여 제품 디자인부터 고객 경험에 이르기까지 모든 업무를 혁신했다. 데이터 분석을 통해 고객의 취향과 행동을 파악하여 보다 개인화된 제품을 추천하고 타기팅된 마케팅 캠페인을 실시했으며, 전자상거래로 전환하여 고객이 아디다스 사이트에서 직접 제품을 구매할 수 있게 했다. 소셜 미디어 마케팅은 브랜드 인지도를 높이고 고객과의 소통을 강화하는 데 도움이 되었다.

결과

아디다스의 변화 관리와 디지털 트랜스포메이션 이니셔티브는 성공을 거두고 있다. 전자상거래 매출이 크게 증가했는데, 2019년 온라인 매출은 50% 상승을 기록했다. 회사 전체 매출도 늘어 2019년 매출이 전년 대비 13% 증가했다. 또한 아디다스는 디지털 트랜스포메이션 노력과 데이터 분석 활용을 인정받아 2019 CIO 100 어워드 등의 상을 수상하기도 했다.

결론

아디다스의 성공적인 변화 관리와 디지털 트랜스포메이션 이니셔티브의 실행은 변화에 대한 포괄적인 접근의 중요성을 보여준다. 아디다스는 리더십, 문화, 커뮤니케이션, 교육에 집중함으로써 디지털 기술을 성공적으로 도입할 수 있었고, 그 결과가 수익 성장과 디지털 변환 노력으로 분명히 나타났다. 이는 디지털 트랜스포메이션을 추진하고자 하는 기업이 본받을 만한 사례라고 할 수 있다.

출처: Chizhova, A., Egorova, Y. and Shilova, K. (2020) Change management and digital transformation: a case study of Adidas. Journal of Information Technology Case and Application Research, 22 (2), 82-98.

들에게 변화를 개인화하고 소속감을 느끼게 하는 진솔한 대화를 시작할 수 있는 권한을 부여했다.

즉 회사는 직원을 대상으로 변화 관리 워크숍을 개최하여 직원이 변화에 대한 부정적인 감정을 공유하는 것을 억누르지 않고 집단 차원에서 불안을 표현하도록 장려했다. 직원은 부정적인 감정을 먼저 인정함으로써 변화에 대한 이성적인 대응을 모색할 수 있었다. 워크숍은 여기서 그치지 않았다. 직원의 변화를 유도하기 위해 회사는 질문 기반의 액션 플랜을 제공하여 직원이 주도권을 갖도록 유도했다. 질문에는 '이 노력으로 어떤 변화가 일어날 수 있는가?', '동료는 어떤 영향을 받을 것인가?', '나에게 필요한 새로운 기술은 무엇인가?' 등이 포함되었다. 직원이 답을 모를 때는 답을 찾는 방법을 계획하고 기한을 정하도록 했다. 이러한 질문을 통해 조직 전체의 동료, 관리자, 리더와 양방향 대화를 시작함으로써 직원은 변화에 대한 정보를 받는 사람이 아닌 정보를 요청하는 사람이 되었다. 이러한 조치를 통해 직원 전체가 저항에 빠르게 대처하고 앞으로 나아가 변화를 주도할 수 있게 되었다. 이를 통해 우리는 조직 문화가 변화 지향적 사고방식(transformation mindset)에 부합하지 않더라도, 이를 극복하는 데 도움이 되는 특정 유형의 변화 관리 기법이 존재한다는 것을 알 수 있다.

디지털 트랜스포메이션의 모니터링과 거버넌스

분석과 빅데이터에 대해 설명하면서 언급했듯이 관리적 과제에는 프라이버시, 보안, 거버넌스, 윤리적 측면이 포함된다(그림 10.12 참조). 데이터 거버넌스는 데이터 자산을 관리하고 비즈니스 성과를 촉진하는 데 효과적으로 사용될 수 있는 프레임워크를 제공하기 때문에 디지털 트랜스포메이션의 중요한 측면이다. 가트너(2022)에 따르면 2025년까지 디지털 비즈니스 확장을 목표로 하는 기업의 80%가 데이터 거버넌스에 대한 최신 접근 방식을 취하지 않아 실패할 것이라고 한다.

디지털 트랜스포메이션에서 데이터 거버넌스와 관련된 주요 고려 사항은 다음과 같다.

- **데이터 거버넌스 목적 정의**: 디지털 트랜스포메이션 프로젝트에서 데이터 거버넌스 도입의 첫 번째 단계는 데이터 거버넌스 프로그램의 목적을 정의하는 것이다. 여기에는 조직의 성공에 필수적인 데이터 자산 그리고 이러한 자산을 적절히 관리하기 위한 데이터 거버넌스 정책 및 프로세스를 식별하는 것이 포함된다.
- **데이터 거버넌스 정책 수립**: 데이터 거버넌스의 목적을 정의한 다음에는 조직 내 데이터 수집·저장·사용 방법을 관리하는 정책을 수립한다. 이는 데이터 품질, 보안, 프라이버시, 규정 준수와 관련된 정책이다.
- **데이터 거버넌스 프레임워크 구축**: 데이터 거버넌스 정책이 제대로 이행될 수 있도록 역할과 책임, 프로세스와 절차, 도구와 기술이 포함된 데이터 거버넌스 프레임워크를 만드는 것이 중요하다.

- **데이터 카탈로그 생성**: 데이터 카탈로그는 모든 데이터 자산과 메타데이터의 중앙 집중식 저장소를 제공하기 때문에 디지털 트랜스포메이션에서 데이터 거버넌스의 중요한 도구이다. 이를 통해 사용자는 조직 내에서 사용 가능한 데이터를 빠르고 쉽게 발견하고 이해할 수 있다.
- **데이터 관리 책임 확립**: 데이터 관리 책임(data stewardship)은 특정 데이터 자산에 대한 소유권과 책임을 조직 내 개인에게 할당하는 것이다. 이를 통해 조직은 데이터가 적절하게 관리되고 비즈니스 목표를 지원하는 방식으로 사용되도록 보장할 수 있다.
- **데이터 관리 프로세스 도입**: 데이터 거버넌스 정책이 제대로 이행되려면 데이터를 모니터링·측정·보고할 수 있는 데이터 관리 프로세스를 도입해야 한다. 여기에는 데이터 품질 관리, 데이터 계보, 데이터 사용 추적 등의 프로세스가 포함된다.

ISACA(Information Systems Audit and Control Association)가 개발한 COBIT(Control Objectives for Information and Related Technology)는 IT 거버넌스, 위험 관리, 규정 준수를 위한 프레임워크로 널리 사용되고 있다. 디지털 트랜스포메이션과 관련된 내용을 포함하여 IT 프로세스 관리를 위한 포괄적인 가이드라인과 모범 사례를 제공한다. 이 프레임워크는 다음과 같은 다섯 가지 주요 영역을 중심으로 구성되어 있다.

- **거버넌스**: 역할과 책임 정의, IT와 비즈니스 목표의 일관성, 규제 요건 준수 등 IT 거버넌스 프레임워크를 구축하는 데 중점을 둔다.
- **관리**: IT 자원 및 활동 계획·조직화·관리 등 IT 프로세스의 일상적인 관리를 다룬다.
- **리스크**: 보안 리스크, 규정 준수 리스크, 운영 리스크 등 IT 관련 리스크를 식별·평가·관리한다.
- **통제**: 정책, 절차, 기술 사용 등 IT 관련 위험 관리 조치의 실행을 다룬다.
- **모니터링**: 성능 측정, 문제 감지·해결, 진행 상황 보고 등 IT 프로세스의 효율성을 모니터링하고 평가한다.

또한 COBIT는 네 가지 범주로 분류된 37개의 IT 프로세스를 제공한다.

- **계획 및 조직화**: IT 전략 수립, 자원 배분, 프로젝트 관리와 관련된 프로세스가 포함된다.
- **획득 및 구현**: IT 솔루션 획득·개발·도입과 관련된 프로세스가 포함된다.
- **제공 및 지원**: 인시던트(예상치 못한 서비스 중단) 관리, 문제 관리, 서비스 데스크 업무 등 IT 서비스 제공·지원과 관련된 프로세스가 포함된다.
- **모니터링 및 평가**: 성능 관리, 규정 준수 관리, 감사 관리 등 IT 성능 및 규정 준수 모니터링·평가와 관련된 프로세스가 포함된다.

요컨대 COBIT는 IT 프로세스를 관리하고 통제하기 위한 체계적인 접근 방식을 제공하는 포괄적인 프레임워크이다. 전 세계 기업에서 널리 사용되고 있으며, IT 거버넌스 및 관리 모범 사례로 인정받고 있다. 이는 IT 거버넌스, 위험 관리, 규정 준수를 위한 포괄적인 프레임워크를 제공함으로써 디지털 트랜스포메이션 이니셔티브를 지원하는 데 중요한 역할을 할 수 있다. 기업은 기술 투자를 비즈니스 목표에 맞추고, 위험을 관리하고, 규정 준수를 보장하고, IT 프로세스를 개선함으로써 기술을 효과적으로 활용하여 성공을 이룰 수 있다.

가트너(2022)는 기업이 특정 비즈니스 시나리오에 다양한 거버넌스 접근 방식을 유연하게 적용할 수 있는 적응형 데이터 거버넌스를 사용할 것을 권장한다. 이러한 유형의 거버넌스는 다음 네 가지 스타일 중 하나 또는 그 조합을 사용하는 것을 의미한다.

- **통제**: 규칙, 정책, 표준, 지침에 따라 의사결정을 내릴 때는 마스터 데이터 관리(master data management, MDM), GDPR과 같은 요구 사항 준수를 고려한다.
- **성과**: 투자에 대한 위험, 수익, 성과 사이의 균형을 유지하면서 비즈니스 성과를 달성한다.
- **민첩성**: 이해관계자를 위해 가치를 창출할 수 있는 분산된 또는 의무화된 의사결정 권한을 역할과 팀에 부여한다.
- **자율성**: 사람과 '사물'에 의해 의사결정이 실시간으로 이루어지는 경우이다. 예를 들어 가스 채굴의 경우 처방적 분석은 실시간 데이터를 사용하여 경제적 알고리즘을 기반으로 거버넌스 의사결정을 내린다.

그러나 단일 유형의 거버넌스 접근 방식에서 적응형 거버넌스로의 전환은 하루아침에 이루어질 수 있는 것이 아니다. 여기에는 내부 및 외부 비즈니스 이해관계자와의 계획과 조정이 필요하다. 또 다른 중요한 측면은 조직의 성숙도이다. 기업이 성공하려면 데이터 및 분석 전략을 재평가하고, 세심하게 설계 및 테스트하며, 기술과 역량(개방적이고 투명한 데이터 거버넌스 운영 등)에 투자해야 한다.

레거시 시스템의 디지털화

핵심 레거시 시스템의 디지털화는 레거시 IT 시스템을 현대화하여 현대의 디지털 기술을 활용할 수 있도록 변환하는 프로세스를 말한다. 레거시 시스템은 오래되고 복잡하며 유지·보수가 어려운 경우가 많기 때문에 변화하는 비즈니스 요구 사항에 적응하고 새로운 기회를 활용하는 기업의 능력을 저해할 수도 있다(Deloitte, n.d.). 핵심 레거시 시스템을 디지털화할 때는 다음 사항을 고려해야 한다.

- **비즈니스 요구 사항 이해**: 레거시 시스템을 디지털화하는 첫 번째 단계는 기업의 비즈니스 요구 사항과 목적을 이해하는 것이다. 여기에는 어떤 시스템이 기업 운영에 필수적인지, 어떤 시스템을 폐기하거나 대체할 수 있는지 파악하는 것이 포함된다.
- **현재 IT 환경 평가**: 비즈니스 요구 사항이 확인되면 현재 IT 환경을 평가하고 기존 레거시 시스템과의 상호 의존성을 이해해야 한다. 이를 통해 디지털화 프로세스에 영향을 미치는 기술적 또는 아키텍처적 제약 조건을 파악할 수 있다.
- **디지털 트랜스포메이션 전략 정의**: 비즈니스 요구 사항과 IT 환경에 대한 평가를 바탕으로 디지털 트랜스포메이션 전략을 정의해야 한다. 여기에는 어떤 시스템을 현대화하거나 교체해야 하는지, 어떤 기술 스택과 아키텍처를 사용할지 파악하는 것이 포함된다.
- **단계적 전환의 우선순위 결정**: 핵심 레거시 시스템의 디지털화는 종종 복잡하고 시간이 많이 소요되는 프로세스이며, 모든 시스템을 한 번에 전환하는 것이 불가능할 수도 있다. 단계적 접근 방식은 리스크를 줄이고 더 빨리 이득을 얻는 데 도움이 되며, 실제 결과를

토대로 한 피드백과 개선을 가능하게 한다.

- **데이터 관리에 집중**: 모든 조직의 중요한 자산인 데이터는 대개 레거시 시스템에 저장되어 있다. 디지털화 프로세스의 일환으로 데이터 관리에 집중하여 데이터가 적절하게 마이그레이션·변환·보호되는지 확인하는 것이 중요하다.
- **애자일 방법론 채택**: 전통적인 폭포수 방법론은 핵심 레거시 시스템의 디지털화에 적합하지 않을 수도 있다. 애자일 방법론(이 장의 '그로스 해킹과 전략적 민첩성' 참조)은 반복적 개발, 지속적 피드백, 신속한 프로토타이핑에 중점을 두어 디지털 트랜스포메이션 프로세스의 유연성과 적응성을 유지하는 데 도움이 될 수 있다.

가트너(2019)는 애플리케이션 현대화 접근 방식을 결정할 때 방향을 제시하는 3단계 평가 프로세스를 제안했다(표 10.4 참조). 최적의 접근 방식은 해결해야 할 문제에 따라 다르다.

핵심 레거시 시스템의 디지털화는 최신 디지털 기술을 이용하여 경쟁력을 유지하고자 하는 기업에 중요한 프로세스이다. 기업은 비즈니스 요구 사항을 이해하고, 현재 IT 상황을 평가하고, 디지털 혁신 전략을 정의하고, 단계적 변화의 우선순위를 정하고, 데이터 관리에 집중하고, 애자일 방식을 채택함으로써 레거시 시스템을 제대로 현대화하여 성공을 촉진할 수 있다.

표 10.4 레거시 시스템의 현대화를 위한 3단계 평가 프로세스(Gartner, 2019)

단계	접근 방식
1. 여섯 가지 핵심 촉진 요인을 사용하여 레거시 시스템 평가	애플리케이션 현대화에는 여섯 가지 핵심 촉진 요인이 있으며, 이는 비즈니스 측면과 IT 측면으로 구분된다. 가장 좋은 기회는 비즈니스 및 IT 측면에서 여러 가지 추진 요인이 있는 것이다. • 비즈니스 측면: 비즈니스 적합성, 비즈니스 가치, 민첩성 • IT 측면: 비싼 소유 비용, 기술의 복잡성, 위험(보안, 규정 준수, 지원, 확장성 저하)
2. 현대화 평가	기회를 선택하고 문제를 확인한 다음에는 현대화 기회를 검토한다. 가트너는 구현의 용이성을 기준으로 일곱 가지 선택지의 순위를 매겼다. 1. **캡슐화**: 애플리케이션의 데이터와 기능을 캡슐화하여 API를 통해 서비스로 제공함으로써 애플리케이션의 기능을 활용하고 확장한다. 2. **리호스팅**: 애플리케이션 구성 요소의 코드, 기능, 특징을 변경하지 않고 다른 인프라(물리적, 가상, 클라우드)에 다시 배포하는 것을 말한다. 3. **리플랫폼**: 코드의 구조, 기능, 특징은 그대로 유지하면서 최소한의 수정을 가하여 새로운 런타임 플랫폼으로 마이그레이션한다. 4. **리팩토링**: 기존 코드를 재구성하고 최적화하여 기술적 부채를 제거하고 비기능적 속성을 개선한다. 5. **리아키텍트**: 코드를 대폭 수정하고 새로운 애플리케이션 아키텍처로 전환하여 새롭고 뛰어난 기능을 활용한다. 6. **재구축**: 애플리케이션 구성 요소의 범위와 사양을 유지하면서 처음부터 다시 설계하거나 작성한다. 7. **교체**: 이전 애플리케이션 구성 요소를 완전히 제거하고 새로운 요구 사항을 고려하여 교체한다. 주: 구현하기 쉬울수록 시스템이나 비즈니스 프로세스에 미치는 리스크와 영향이 줄어들고, 구현하기 어려울수록 리스크와 영향이 커진다.
3. 가장 효과적이고 가치 있는 현대화 접근 방식 선택	기술, 아키텍처, 기능, 비용, 리스크의 영향 측면에서 일곱 가지 현대화 옵션을 매핑하여 조직에 가장 효과적이고 가치 있는 현대화 접근 방식을 선택한다. 결국 레거시 애플리케이션의 현대화는 리아키텍트, 재구축, 교체 중 하나를 선택하는 것을 의미한다. 리아키텍트는 비용과 리스크가 중간 정도인 반면, 재구축이나 교체는 비용과 리스크가 크지만 최상의 결과를 가져온다. 모든 선택지를 비교·검토하여 최소한의 노력으로 최대의 긍정적 효과를 얻을 수 있는 것을 파악해야 한다.

디지털 트랜스포메이션 프로젝트 관리

디지털 트랜스포메이션은 복잡하고 다면적인 과정이며, 성공적인 디지털 트랜스포메이션을 위해서는 신중한 프로젝트 관리가 필요하다. 여기서는 디지털 트랜스포메이션의 프로젝트 관리에 대해 고려해야 할 몇 가지 사항을 알아보자.

- **명확한 프로젝트 범위 설정**: 디지털 트랜스포메이션 프로젝트를 관리하는 첫 번째 단계는 명확한 프로젝트 범위를 설정하는 것이다. 명확하게 정의된 프로젝트 범위는 모든 프로젝트, 특히 디지털 트랜스포메이션과 같은 복잡한 프로젝트의 성공에 필수적이다(Project Management Institute, 2021).
- **포괄적인 프로젝트 계획 수립**: 프로젝트 범위를 설정한 후 프로젝트 목표를 달성하는 데 필요한 작업, 일정, 자원을 정리한 포괄적인 프로젝트 계획을 수립한다. 이때 발생 가능한 위험과 문제를 파악하고 이를 완화하기 위한 전략을 수립해야 한다.
- **프로젝트 전반에 걸친 이해관계자 참여**: 디지털 트랜스포메이션 프로젝트에는 리더, IT 전문가, 최종 사용자 등 다양한 이해관계자가 참여한다. 이러한 이해관계자의 요구와 우려에 대응하려면 프로젝트 전반에 걸쳐 이해관계자가 참여하는 것이 중요하며, 이를 위해 프로젝트 진행 상황을 정기적으로 보고하고 이해관계자를 의사결정 과정에 참여시킨다. 가트너(2021)에 따르면 디지털 트랜스포메이션 프로젝트에 대한 동의와 지지를 확보하기 위해서는 이해관계자의 참여가 중요하다.
- **프로젝트 성과 모니터링 및 측정**: 디지털 트랜스포메이션 프로젝트를 성공적으로 진행하려면 프로젝트 성과를 지속적으로 모니터링하고 측정해야 한다. 여기에는 프로젝트 계획 대비 진행 상황을 추적하고, 편차나 지연을 식별하며, 필요시 시정 조치를 취하는 것이 포함된다.
- **프로젝트 성과 평가**: 디지털 트랜스포메이션 프로젝트가 완료되면 그 성과를 평가하여 프로젝트의 목적이 달성되었는지 판단해야 한다. 여기에는 프로젝트가 기업의 운영, 재무, 고객 만족도에 미치는 영향에 대한 평가도 포함된다.

프로젝트 관리를 통해 기업은 디지털 트랜스포메이션의 복잡하고 다면적인 프로세스를 효과적으로 관리할 수 있기 때문에 프로젝트 관리는 디지털 트랜스포메이션의 중요한 측면이다. 기업은 명확한 프로젝트 범위를 설정하고, 포괄적인 프로젝트 계획을 수립하고, 프로젝트 전반에 걸쳐 이해관계자를 참여시키고, 프로젝트 성과를 모니터링하고 측정하며, 프로젝트 성과를 평가함으로써 디지털 트랜스포메이션 프로젝트를 성공적으로 관리하고 비즈니스 목표를 달성할 수 있다.

디지털 트랜스포메이션의 성공 평가

디지털 트랜스포메이션 이니셔티브의 성공 여부를 평가하는 것은 어려운 일이다. 고객 경험, 직원 참여, 운영 효율성, 재무 성과에 미치는 영향 등 다양한 요소를 고려해야 한다. 디지털 트랜스포메이션을 평가하기 위한 핵심 고려 사항을 표 10.5에 정리했다.

디지털 트랜스포메이션 이니셔티브의 성공을 평가하기 위해서는 고객 경험, 직원 참여,

운영 효율성, 재무 성과에 미치는 영향을 고려하는 종합적인 접근 방식이 필요하다. 기업은 이러한 주요 지표를 추적하고 업계 연구 및 모범 사례를 참조하여 디지털 트랜스포메이션에 대한 투자 수익률을 효과적으로 측정할 수 있다.

사례 연구 10.4 월마트의 디지털 트랜스포메이션

월마트는 전 세계 27개국에서 1만 1,000개 이상의 매장을 운영하고 있는 세계 최대 규모의 유통 기업이다. 최근 월마트는 빠르게 변화하는 유통업계에서 경쟁력을 유지하기 위해 디지털 트랜스포메이션을 추진하고 있다. 월마트의 디지털 트랜스포메이션을 통해 성과에 미치는 영향을 살펴보자.

디지털 트랜스포메이션 이니셔티브

월마트의 디지털 트랜스포메이션 이니셔티브는 2011년 월마트가 글로벌 전자상거래 사업부를 설립하면서 시작되었다. 이 사업부는 월마트의 온라인 입지를 구축하고 고객 경험을 향상하는 새로운 디지털 솔루션을 개발하는 임무를 맡았다.

월마트가 가장 먼저 개발한 디지털 솔루션 중 하나는 고객이 온라인으로 제품을 주문하고 매장에서 수령할 수 있는 사이트 투 스토어(Site-to-Store) 서비스였다. 이 서비스는 월마트의 오프라인 매장 방문자 수를 늘리고, 기존 매장 네트워크를 이용하여 아마존과 같은 전자상거래 대기업에 대항하기 위한 것이었다.

공급사슬 관리

월마트의 디지털 트랜스포메이션은 공급사슬 관리 개선에도 초점을 맞추었다. 재고 관리를 최적화하고 낭비를 줄이기 위해 데이터 분석과 인공지능에 대규모 투자를 했다. 또한 월마트의 공급사슬 팀은 IT 팀과 긴밀히 협력하여 공급사슬 가시성을 개선하고 리드타임을 단축하는 새로운 솔루션을 개발했다.

생산 프로세스

월마트는 생산 프로세스를 개선하기 위해 디지털 솔루션을 도입했다. 센서와 데이터 분석을 통해 제품 배치를 최적화하고 제품 공급력을 향상하는 스마트 선반 시스템을 도입했다. 또한 데이터 분석을 통해 가격 전략을 최적화하여 제품 가격 경쟁력을 확보했다.

판매 및 마케팅

월마트는 판매 및 마케팅 활동을 개선하기 위해 디지털 마케팅 캠페인에 많은 투자를 하고 특정 고객층을 대상으로 개인화 마케팅 전략을 채택했다. 또한 고객관계 관리(CRM) 시스템을 도입하여 고객과의 상호작용과 선호도를 추적함으로써 고객에게 개인화된 서비스를 제공할 수 있었다.

고객 서비스

월마트는 고객 서비스를 개선하기 위해 몇 가지 디지털 솔루션을 도입했다. 그중 챗봇 시스템은 고객의 일반적인 질문에 답변을 하여 문제를 신속하게 해결했다. 또한 월마트는 고객의 피드백과 감정을 모니터링하고 고객의 우려에 적시에 대응할 수 있도록 소셜 미디어 청취 전략을 채택했다.

디지털 트랜스포메이션 평가

월마트의 디지털 트랜스포메이션은 성과에 큰 영향을 미치고 있다. 스토어 서비스는 출시 이후 1,000만 건 이상의 주문을 처리하는 등 성공을 거두었고, 공급사슬 관리에 대한 투자는 재고 수준과 낭비를 줄여 비용 절감과 수익성 향상으로 이어졌다. 스마트 선반 시스템은 제품 가동률을 높이고 더 나은 고객 경험을 제공하며, 개인화된 마케팅 전략은 고객 참여와 충성도를 높이는 데 기여한다.

결론

이 사례는 디지털 트랜스포메이션이 비즈니스에 미치는 영향력이 얼마나 지대한지를 보여준다. 월마트는 공급사슬 관리, 생산 프로세스, 판매 및 마케팅, 고객 서비스를 개선하는 디지털 솔루션에 투자함으로써 급변하는 소매업계에서 경쟁력을 유지할 수 있었다. 월마트의 성공은 오늘날 비즈니스 환경에서 디지털 트랜스포메이션의 중요성을 강조하며, 비즈니스 혁신을 추구하는 다른 기업에 청사진을 제시한다.

출처: Harvard Business Review (2018). 'Walmart's Digital Transformation.' Available at: https://hbr.org/2018/12/walmarts-digital-transformation.

Forbes (2020). 'How Walmart Is Using AI, Machine Learning and IoT to Transform Retail.' Available at: https://www.forbes.com/sites/bernardmarr/2020/11/13/how-walmart-is-using-ai-machine-learning-and-iot-to-transform-retail/?sh=1db7ab052b96.

ZDNet (2020). 'Walmart Takes on Amazon's Retail Reign with Digital Transformation.' Available at: https://www.zdnet.com/article/walmart-takes-on-amazons-retail-reign-with-digital-transformation/.

Business Insider (2019). 'How Walmart's Digital Transformation Helped It Compete with Amazon'. Available at: https://www.businessinsider.com/walmart-digital-transformation-strategy-2019-4.

Appnovation, (2020). 'Walmart: A Case Study in Digital Transformation.' Available at: https://www.appnovation.com/blog/walmart-case-study-digital-transformation.

McKinsey & Company (2020). 'Walmart's Digital Transformation Journey: Lessons Learned.' Available at: https://www.mckinsey.com/business-functions/mckinsey-digital/our-insights/walmarts-digital-transformation-journey-lessons-learned.

표 10.5 디지털 트랜스포메이션 평가

지역	설명	추적 가능한 지표
고객 경험	디지털 트랜스포메이션 이니셔티브가 성공하기 위해서는 조직과의 상호작용을 보다 쉽고 빠르고 편리하게 만들어 고객 경험을 향상해야 한다.	• 고객만족도 • 순 프로모터 점수(NPS) • 고객 유지율
직원 참여	디지털 트랜스포메이션 이니셔티브는 직원의 업무를 개선하고 업무 만족도를 높일 수 있는 새로운 도구와 프로세스를 제공함으로써 직원의 참여에도 큰 영향을 미칠 수 있다.	• 직원 만족도 • 직원 유지율 • 생산성 지표
운영 효율성	디지털 트랜스포메이션은 프로세스를 간소화하고 수작업을 줄임으로써 운영 효율성을 향상할 수 있다.	• 주기 시간 • 오류율 • 비용 절감
재무 성과	디지털 트랜스포메이션 이니셔티브의 성공 여부는 기업의 재무 성과에 반영되어야 한다.	• 수익성 • 투자 수익률(ROI)

요약

1. 디지털 트랜스포메이션의 주요 원동력은 수익성 및 신규 매출 성장, 고객 만족도, 운영 효율성 향상, 편의성과 동일한 고품질 기술 수준, 비즈니스 민첩성 향상, 직원 생산성 향상, 경쟁 우위 등이다.
2. 기업은 단순히 기술을 채택하는 것이 아니라 디지털 혁신에 적응해야 한다.
3. 디지털 트랜스포메이션은 비즈니스의 세 가지 주요 영역, 즉 판매 측(마케팅과 전자상거래), 구매 측(공급사슬 관리와 조달), 내부(프로세스와 지식경영)에 혁명을 가져온다.
4. 디지털 트랜스포메이션의 필수 요소는 사람, 데이터, 인사이트, 액션, 결과이다.
5. 성공적인 디지털 트랜스포메이션 전략의 공통된 주제는 미래 지향적인 접근, 시간 프레임에 대한 이해, 비즈니스 목표의 정렬 등이다.
6. 가치 흐름 매핑은 프로세스를 간소화하고 고객 경험을 개선하기 위해 기술을 사용할 수 있는 분야를 식별하는 데 사용된다.
7. 디지털 트랜스포메이션에서 극복해야 할 주요 과제는 변화에 대한 저항, 레거시 시스템 및 인프라, 데이터 관리 및 거버넌스, 기술 및 인재 부족이다.
8. 그로스 해킹의 핵심 원칙은 마케팅 아이디어를 빠르고 저렴하게 테스트하고, 데이터를 사용하여 결과를 분석하며, 실험을 반복·최적화·실행·변경하는 것이다. 이 과정에서는 분석 소프트웨어로 데이터를 확인하는 것이 필수적이다.
9. 성공적인 디지털 트랜스포메이션을 위해서는 채용, 협업, 혁신을 촉진하는 강력한 변화 관리 역량이 필요하다.
10. 디지털 트랜스포메이션 관리의 도전 과제는 프라이버시, 보안, 거버넌스, 윤리적 측면 등이다.

연습문제

자가 평가 문제

1. 디지털 적응과 디지털 기술 채택의 차이점은 무엇인가?
2. 디지털 트랜스포메이션의 주요 추진 요인에 대해 설명하라.
3. 전자상거래 기업의 판매 측, 구매 측, 내부 요소에 대해 설명하라.
4. 경쟁 우위를 가져다주는 주요 공급사슬 기술은 무엇인가?
5. 가치 흐름 매핑에 대해 예를 들어 설명하라.
6. 디지털 트랜스포메이션 전략을 수립할 때 중요하게 고려해야 할 사항은 무엇인가?
7. 그로스 해킹이란 무엇인가?
8. 디지털 트랜스포메이션 프로젝트 실행을 계획할 때 변화 관리 원칙을 포함해야 하는 이유를 설명하라.
9. 기업은 빅데이터를 어떻게 분류할 수 있는가?

토론 문제

1. "디지털 트랜스포메이션을 하지 않는 조직은 실패할 가능성이 높다." 이에 대해 토론하라.
2. 자신이 스타트업의 디지털 트랜스포메이션 컨설턴트라고 가정하라. 창업자를 위해 리더십 문제를 특별히 언급하는 디지털 트랜스포메이션 프로세스에 대한 가이드를 작성하라.
3. 자신이 기존 기업의 디지털 트랜스포메이션 컨설턴트라고 가정하라. 이사회를 위한 디지털 트랜스포메이션 프로세스에 대한 가이드를 작성하고, 그들이 거쳐야 할 단계를 파악하라.
4. 디지털 비즈니스가 어떻게 그로스 해킹 접근 방식을 취할 수 있는지 설명하라.
5. 디지털 트랜스포메이션을 위한 기술과 인재의 관계에 대해 예를 들어 설명하라.
6. 레거시 시스템의 주요 문제점은 무엇인가?
7. 데이터 분석은 왜 디지털 트랜스포메이션에서 중요한 요소인가?
8. 데이터 거버넌스는 왜 디지털 트랜스포메이션에서 중요한 주제인가?

시험 문제

1. 기존 조직의 디지털 트랜스포메이션 프로세스를 설명하라.
2. 디지털 트랜스포메이션에서 기업이 디지털 프로세스, 관행, 문화를 탐구해야 하는 이유를 설명하라.
3. 인터페이스의 변경 또는 비즈니스 수행 방식의 변경을 통해 고객관계를 관리하는 방식을 바꾼 기업을 알아보고 그 기업의 특징을 설명하라.
4. 그로스 해킹적 접근 방식의 장단점을 설명하라.
5. 디지털 트랜스포메이션 프로젝트에서 고려해야 할 변화 관리 원칙은 무엇인가?
6. 디지털 트랜스포메이션을 도입할 때 경영진은 판매 측, 구매 측, 내부의 무엇을 고려해야 하는가?

참고 문헌

Alabdali, M.A and Salam M.A. (2022) The impact of digital transformation on supply chain procurement for creating competitive advantage: an empirical study. *Sustainability* 14 (19): 12269. Available at: https://doi.org/10.3390/su141912269.

Beck, K. e. a. (2001) Manifesto for Agile Software Development. [Online]. Available at: http://agilemanifesto.org/.

Bettiol, M., Di Maria, E. and Micelli, S. (2020) *Knowledge Management and Industry 4.0: New Paradigms for Value Creation* (Vol. 9). Springer.

Burka, K. (2022) *What is digital transformation.* Chief Martech. Available at: https://martech.org/what-is-digital-transformation/.

Chaffey, D. and Ellis-Chadwick, F. (2022) *Digital Marketing: Strategy, Implementation and Practice.* 8th edn. Pearson.

Chamorrow-Premuzic, T. (2021) The essential components of digital transformation. *Harvard Business Review.* Available at: https://hbr.org/2021/11/the-essential-components-of-digital-transformation.

Chiu, M. and Salerno, H. (2019) *Managing Organisational Change.* Gartner. Available at: https://www.gartner.com/en/human-resources/insights/organizational-change-management.

Chizhova, A., Egorova, Y. and Shilova, K. (2020) change management and digital transformation: a case study of Adidas. *Journal of Information Technology Case and Application Research,* 22 (2), 82-98.

Couchbase. (2017) Is the data dilemma holding back digital innovation? Mountain View, California: Couchbase.

Davenport, T.H. and Harris, J.G. (2017) *Competing on Analytics: The New Science of Winning.* Harvard Business Review Press.

Deloitte (n.d.). 'Legacy Modernization: A digital Transformation'. Available at: https://www2.deloitte.com/us/en/pages/technology/articles/legacy-infrastructure-modernization.html.

Ezeokoli, F.O. *et.al.* (2016) Digital transformation in the Nigeria construction industry: the professionals' view. *World Journal of Computer Application and Technology,* 4 (3), 23-30.

Forrester (2013) *B2B CMOs: Is It Time for you to Evolve or Move On?* Laura Ramos, VP, Principal Analyst, July 2013 https://www.forrester.com/blogs/13-07-16-b2b_cmos_is_it_time_for_you_to_evolve_or_move_on/.

Friedlein, A. (2014) *IBM on is Agile Marketing Strategy: The Theory and The Practice.* Published by Econsultancy. Available at: http://econsultancy.com/blog/65191-ibm-on-its-agile-marketing-strategy-the-theory-and-the-practice/.

Gale, M. (2016) Why 84% of companies fail at digital transformation. In: Rogers, B (ed.). *Forbes.*

Gartner (2018) *Organizational Change Management. Deliver on complex organizational change management initiatives.* Available at: https://www.gartner.com/en/human-resources/insights/organizational-change-management.

Gartner (2019) *'7 Options to Modernize Legacy Systems'.* Available at: https://www.gartner.com/smarterwithgartner/7-options-to-modernize-legacy-systems.

Gartner (2021) *Engage Stakeholders in Building a Digital Business Roadmap.* Available at: https://www.gartner.com/en/documents/4003473.

Gartner (2022) *Choose Adaptive Data Governance Over One-Size-Fits-All for Greater Flexibility.* Available at: https://www.gartner.com/en/articles/choose-adaptive-data-governance-over-one-size-fits-all-for-greater-flexibility.

Gill, M. (2015) *Digitize Your Business Strategy.* Forrester.

Gorbis, M. (2013) The reality of what makes Silicon Valley tick. *Harvard Business Review,* 9 April, 2013. Available from: https://hbr.org/2013/04/the-reality-of-what-makes-sili.

Grijpink, F., Lau, A. and Vara, J. (2015) Demystifying the hackathon. *Digital McKinsey Insights.* Vol. 2017. McKinsey & Company.

Harvard Business School Online (2020) *Common types of organisational change & how to manage them.* [Online] Available at: https://online.hbs.edu/blog/post/types-of-organizational-change.

Hemphill, T. (2020) *Growth Hacking Guide.* Smart Insights. Available at: https://www.smartinsights.com/guides/growth-hacking-guide/.

Kane, G.C. *et al.* (2015) Is your business ready for a digital future? *MITSloan Management Review,* 37-44.

Kane, G.C. (2017) Digital maturity, not digital transformation. MIT Sloan Management Review Blog. Vol. 2017. *MIT Sloan Management Review.*

Kane, G.C., Palmer, D., Philips Nguyen, A., Kiron, D. and Buckley, N. (2015) Strategy, not technology, drives digital transformation. https://sloanreview.mit.edu/projects/strategy-drives-digital-transformation/.

Kilpatrick, D. (2017) *Value Stream Mapping for Lean Development.* Leanpub.

Kotter, J.P. (2019) *Leading Change.* Harvard Business Review Press.

Machado, A.D.B., Secinaro, S., Calandra, D. and Lanzalonga, F. (2022) Knowledge management and digital transformation for Industry 4.0: a structured literature review. *Knowledge Management Research & Practice,* 20 (2), 320-338, DOI: 10.1080/14778238.2021.2015261.

McKinsey & Company (2020) The eight essentials of innovation. Available at: https://www.mckinsey.com/~/media/McKinsey/Email/Classics/2020/2020-07-classic.html.

Moller, C., Ringel, M. and Zablit, H. (2018) Organizing for Digital Innovation/ BCG. Available at: https://www.bcg.com/publications/2018/most-innovative-companies-2018-organizing-digital.

Morakanyane, R., Grace, A. and O'Reilly, P. (2017) Conceptualizing digital transformation in business organizations: a systematic review of literature. BLED 2017 Proceedings. 21. https://aisel.aisnet.org/bled2017/21.

Newman, D. (2018) *Understanding the Six Pillars of Digital Transformation Beyond Tech.* Forbes. Available at: https://www.forbes.com/sites/danielnewman/2018/05/21/understanding-the-six-pillars-of-digital-transformation-beyond-tech/?sh=80fee023f3b3.

Nguyen, T. (2023) 4 Emerging *Technologies you Need to Know About.* Gartner. Available at: https://www.gartner.com/en/articles/4-emerging-technologies-you-need-to-know-about.

Nylén, D. and Holmström, J. (2015) Digital innovation strategy: A framework for diagnosing and improving digital product and service innovation. *Business Horizons* 58 (1), 57-67.

OECD (2020a) Digital Transformation in the Age of COVID-19: Building Resilience and Bridging Divides. Digital Economy Outlook 2020 Supplement, OECD, Paris. Available at: www.oecd.org/digital/digital-economy-outlook-covid.pdf.

OECD (2020b) Keeping the Internet Up and Running in Times of Crisis. OECD, Paris.

Available at: https://www.oecd.org/coronavirus/policy-responses/keeping-the-internet-up-and-running-in-times-of-crisis-4017c4c9/.

Reeves, M., Haanaes, K. and Sinha, J. (2015) *Your Strategy Needs a Strategy: How to Choose and Execute the Right Approach.* Harvard Business Review Press.

Rodríguez-Molano, J.I., Contreras-Bravo, L.E. and Rivas-Trujillo, E. (2018) Industry knowledge management model 4.0. International Conference on Information Technology & Systems, pp. 275-283. Available at: https://doi.org/10.1007/978-3-319-73450-7_27.

Rossen, L (n.d.) '6 Key Value Streams that Drive Digital Transformation', TechBeacon. Available at: https://techbeacon.com/enterprise-it/6-key-value-streams-drive-digital-transformation.

Salesforce (n.d.) 'What is digital transformation?'.Salesforce. Available at: https://www.salesforce.com/eu/products/platform/what-is-digital-transformation/#:~:text=Digital%20transformation%20is%20the%20process,digital%20age%20is%20digital%20transformation.

Schmarzo, B. (2021) *Analytics Maturity: from Descriptive to Autonomous Analytics.* Data Science Central. Available at: https://www.datasciencecentral.com/analytics-maturity-from-descriptive-to-autonomous-analytics/.

Sivarjah, U., Kamal, M.M., Irani, Z. and Weeakkody, V. (2016) Critical analysis of big data challenges and analytical methods. *Journal of Business Research,* 70, 263-286. Available at: https://doi.org/10.1016/j.jbusres.2016.08.001.

Solis, B. (2016) The 6 stages of digital transformation. Available at: https://www.briansolis.com/2016/07/dmn-the-6-stages-of-digital-transformation/.

Stackpole, B. (2020) *5 Supply Chain Technologies that Deliver Competitive Advantage.* MIT Management. Available at: https://mitsloan.mit.edu/ideas-made-to-matter/5-supply-chain-technologies-deliver-competitive-advantage.

Stolterman, E. and Fors, A.C. (2004) Information technology and the good life. In Kaplan, B., Truex, D.P., Wastell, D., Wood-Harper, A.T. and DeGross, J.I. (eds.) *Information Systems Research: Relevant Theory and Informed Practice.* Boston, MA: Springer US, pp. 687-692.

Strebel, P. (1996) Why do employees resist change? *Harvard Business Review,* 74 (3), 86-92.

Tabrizi, B., Lam, E., Girard, K. and Irvin, V. (2019) Digital transformation is not about technology. *Harvard Business Review.* Available at: https://hbr.org/2019/03/digital-transformation-is-not-about-technology.

Tobin, L. (2012) *Entrepreneur: How to Start an Online Business.* Capstone Publishing Ltd, West Sussex.

Wade, M. (2015) 'Digital Business Transformation.' IMD and Cisco, Working Paper.

Ward, J. and Peppard, J. (2002) *Strategic Planning for Information Systems,* 3rd edn. Wiley Series in Information Systems. Chichester, West Sussex, England: John Wiley and Sons, Inc.

Warren, K. (2012) *The Trouble with Strategy.* Global Strategy Dynamics, Limited.

Weinberg, G. and Mares, J. (2015) *Traction: How any startup can achieve explosive customer growth.* Penguin Books Ltd, London.

Westerman, G. (2014) *Leading Digital: Turning Technology into Business Transformation.* Harvard Business Press.

Westerman, G., Bonnet, D. and McAfee, A. (2019) *Leading Digital: Turning Technology into Business Transformation.* Harvard Business Press.

Westerman, G., Calméjane, C., Bonnet, D., Ferraris, P. and McAfee, A. (2011) Digital Transformation: A Road-Map for Billion-Dollar Organizations. MIT Center for Digital

Business and Capgemini Consulting, pp. 1-68.
Zhang, F., Liu M., Gui F., Shen W., Shami A., Ma Y.(2015) A distributed frequent item set mining algorithm using Spark for Big Data analytics. *Cluster Computing*, 18 (4), 1493-1501.

웹 링크

Andrew Chen (http://andrewchen.co). 우버의 성장 총괄 사장을 역임한 Andrew는 현재 실리콘 밸리 최고의 벤처캐피털 회사 중 하나인 앤드리슨호로위츠(Andreessen Horowitz)의 무한책임사원(GP)이며, 그로스 해킹에 관한 블로그를 운영하고 있다.

Brian Solis (www.briansolis.com). Brian은 디지털 인류학자이자 미래학자로, 파괴적 기술과 비즈니스 변혁에 관한 글을 쓰고 있다.

Global Center for Digital Business Transformation (https://www.imd.org/centers/dbt/imd-digital-business-transformation-center/). 디지털 비즈니스 트랜스포메이션에 대한 세계 최고의 연구 및 분석을 제공한다.

Martech (https://martech.org/what-is-digital-transformation/). 마케팅 기술 및 디지털 트랜스포메이션에 관한 유용한 자료이다.

MIT Initiative on the Digital Economy (IDE) (https://ide.mit.edu/). 디지털 트랜스포메이션 시기에 기업이 어떻게 성공할 수 있는지 살펴본다.

Sean Ellis (www.startup-marketing.com). 드롭박스의 첫 마케팅 담당자였던 Sean은 콸라루와 그로스해커스(Growthhackers)의 창립자이자 CEO로, 그로스 해킹 분야의 최고 전문가 중 한 사람이다.

Tanya Arturi (www.tanyaarturi.com). 이 책의 저자 중 한 사람으로 마케팅과 디지털 트랜스포메이션에 대한 인사이트를 제공한다.

The Data Governance Institute (https://datagovernance.com/). 업계에서 가장 오래되고 잘 알려진 심층적 데이터 거버넌스 모범 사례와 지침의 출처이다.

용어 사전

가격 변수 마케팅 믹스의 요소로, 제품 가격과 가격 책정 모델을 정의한다.

가격 책정 모델 완전 구매, 경매, 대여, 대량 구매, 신용 조건 등 결제 형태를 설명한다.

가상 사설망(VPN) 인터넷의 공용 네트워크 인프라를 이용하여 구축된 사설망

가상 통합 대부분의 공급사슬 활동이 조직 외부에서 제삼자에 의해 수행되고 통제된다.

가상현실(VR) 가상현실 헤드셋과 소프트웨어 기술이 사용자가 가상의 환경에서 물리적으로 존재하는 것처럼 느끼게 하는 몰입형 삼차원 공간을 생성한다.

가속 모바일 페이지(AMP) 모바일 기기에서 페이지 다운로드 속도를 향상하기 위한 표준 규격인 AMP 프레임워크는 웹 컴포넌트를 포함한 표준 HTML인 AMP HTML, 리소스 로딩을 관리하는 AMP 자바스크립트, AMP 페이지의 전달과 검증을 담당하는 AMP 캐시로 구성되어 있다.

가치 네트워크 기업과 외부 가치사슬을 형성하는 전략적·비전략적 파트너와의 연결

가치사슬 공급사슬 활동이 고객에게 제공되는 제품 또는 서비스에 어떤 부가가치를 부여할 수 있는지 분석하는 모델

가치 흐름 고객에게 제품과 서비스를 통해 가치를 전달하는 데 필요한 행동들의 조합

가치 흐름 매핑 기업이 제품 또는 서비스를 제공하는 데 필요한 모든 구성 요소를 시각적으로 안내하기 위해 사용하는 방법으로, 전체 프로세스를 분석하고 최적화하는 것을 목표로 한다.

감정 AI 인공지능 알고리즘이 메시지에 대한 인간의 반응에 영향을 미치는 크리에이티브, 타기팅 등의 요소를 평가하고, 반응을 이끌어내기 위해 가장 적합한 크리에이티브를 추천한다.

감지 및 대응 커뮤니케이션 기업이 웹사이트나 이메일 커뮤니케이션에 대한 고객의 반응을 통해 나타나는 선호도를 모니터링하여 관련 있고 개인화된 타깃 커뮤니케이션으로 고객을 목표로 삼는다.

개인 간(P2P) 결제 온라인 플랫폼을 통해 개인 간에 결제와 송금이 이루어진다.

개인 쇼핑 경험 전통적인 고급 소매점에서 개인 쇼퍼는 고객이 제품을 구매하는 데 도움을 주도록 고용된 사람이었다. 소매점에서 개인 쇼퍼는 고객이 관심을 가질 만한 제품을 추천하거나 알려주었다. 또한 쇼핑을 할 수 없거나 선호하지 않는 고객을 대신하여 제품을 구매하기도 했다.

거래자 운영 모델 은행과 같은 서비스를 제공하기 때문에 고전적인 소매 전자상거래와는 다르다.

검색 가능성 웹 사용자가 하나의 콘텐츠 개체를 찾는 것 또는 브라우징 내비게이션이나 검색 시스템을 통해 콘텐츠를 찾는 것이 얼마나 쉬운지를 평가한다. 사용성과 마찬가지로 효율성(콘텐츠를 찾는 데 걸리는 시간), 유효성(찾은 콘텐츠의 경험과 관련성에 대한 사용자의 만족도)으로 평가한다.

검색 마케팅 기업은 검색엔진 결과 페이지에서의 존재감을 높여 관련 검색어에 대한 검색엔진의 가시성을 개선하고자 한다.

검색어 점유율 특정 시장에서 특정 고객이 달성한 인터넷 검색에서의 점유율

검색엔진 사용자가 키워드를 입력하여 검색하면 관련 페이지의 목록을 제공한다.

검색엔진 결과 페이지(SERP) 사용자가 검색엔진에 키워드를 입력한 후 표시되는 페이지로, 자연(유기적) 목록과 유료(스폰서) 목록이 모두 포함된다.

검색엔진 마케팅(SEM) 검색자의 검색 목록에 관련성 높은 콘텐츠를 표시하고 원하는 사이트로의 클릭을 유도함으로써 검색엔진을 통해 기업의 목적을 달성하기 위해 홍보하는 것으로, 두 가지 주요 기술은 검색엔진 최적화(SEO)를 통한 자연 검색 결과 개선, 유료 검색 마케팅을 통한 스폰서 검색 결과 개선이다.

검색엔진 최적화(SEO) 검색엔진의 자연 검색 결과 또는 유기적 검색 결과 목록(검색 결과 페이지의 본문)에서 선택한 키워

드나 문구에 대한 기업 또는 제품의 위치를 높이기 위해 사용되는 구조화된 접근 방식

검색 의도 검색 쿼리의 목적을 의미하며, 쿼리의 이유와 동기를 제공한다. SEO 전문가는 검색 의도를 파악하여 사용자에게 가장 적절한 콘텐츠를 제공하려고 한다.

검색 행동 정보를 찾는 접근 방식은 방향성이 있는 것부터 무방향성까지 다양하다.

결제 프로세서(결제 게이트웨이) 다양한 결제 옵션을 통해 지불된 거래를 처리하는 것으로, 고객에게 수수료를 받고 신원 확인 후 결제한다.

경쟁자 분석 기존 및 신규 경쟁자가 제공하는 디지털 비즈니스 서비스와 고객의 채택에 대해 검토하는 것

고객 가치 제품 품질, 서비스 품질, 가격, 이행 시간에 의존하는 가치

고객 경험 관리(CXM) 고객과 기업 간 상호작용의 모든 측면을 평가하고 개선하기 위한 적극적 접근 방식

고객관계 관리(CRM) 고객과의 장기적 비즈니스를 구축하고 유지하기 위한 접근 방식

고객 여정 오늘날 소비자가 다양한 매체를 활용하여 공급업체를 선택하고, 구매하고, 고객 지원을 받는 멀티채널 구매 행동에 대한 것

고객 인사이트 정성적·정량적 데이터 분석을 기반으로 고객의 요구, 특성, 선호도, 행동에 관한 지식. 특정 인사이트를 통해 공통된 특성을 가진 고객 그룹을 대상으로 마케팅 전략을 수립할 수 있다.

고객 중심 마케팅 타깃 고객의 행동에 대한 세부적인 지식을 바탕으로 고객의 개별 요구와 욕구를 충족하는 마케팅 접근 방식

고객 지향적 다양한 고객층과 잠재고객에게 어필할 수 있는 사이트 콘텐츠 및 서비스 개발

고객 프로파일링 웹사이트를 통해 고객의 특정 관심사나 특성을 파악할 수 있다.

고객 확보 새로운 잠재고객과 고객을 확보하는 데 사용되는 기술

고유 방문자 개별 컴퓨터의 쿠키 또는 IP 주소를 통해 측정되는 개별 사이트 방문자

공급사슬 가시성 다양한 이해관계자들이 공급사슬 프로세스에 대한 정확하고 관련성 있는 최신 정보에 접근할 수 있게 하는 것

공급사슬 관리(SCM) 공급업체, 파트너, 고객에 이르기까지 기업의 모든 공급 활동을 조정하는 것

공급사슬 네트워크 기업과 여러 공급사슬에 관여하는 모든 파트너와의 연결

공급업체 관리 재고(VMI) 공급사슬 파트너는 제조 및 판매에 사용되는 제품의 수요 변동과 재고 수준에 대한 정보를 공유하여 부품 및 판매용 품목의 보충을 관리한다.

공동 구매 고객 조합의 한 형태로, 구매자가 많은 항목의 제품을 같은 가격에 집단적으로 구매하여 대량 거래 할인을 받는 것

공동 제작 브랜드와 소비자가 협력하여 더 나은 아이디어, 제품, 서비스를 창출하는 과정

교차 판매 주요 제품만으로는 채워지지 않는 니즈를 충족하기 위해 관련 제품이나 보완적인 제품 및 서비스를 판매하는 것

구매 경로 소비자가 제품 또는 서비스 구매를 결정하기 위해 이용하는 다양한 사이트, 채널, 기기, 정보 원천. '사이트 내 전환 경로'라고도 한다.

구매 측 전자상거래 구매 조직과 공급업체 간의 전자상거래

구매 후 지불(BNPL) 시스템 소비자(또는 기업)가 전액을 선불로 지불하지 않고도 제품을 구매할 수 있는 서비스. 구매 금액의 일부 또는 전체를 빌리고 (이자와 수수료가 있는 경우 이를 포함하여) 나중에 갚는다.

균형 성과표 비즈니스 성과를 설정하고 모니터링하기 위한 프레임워크로, 지표가 고객 이슈, 내부 효율성 지표, 재무 지표, 혁신성에 따라 구조화된다.

그로스 해킹 구조화된 테스트와 마케팅 접근 방식의 최적화로 온라인 서비스의 상업적 성과를 향상하는 접근 방식

기술 스카우팅 축구 스카우팅과 유사한 구조화된 접근 방식으로 기술 혁신을 검토하는 것

기업용 소셜 미디어 소프트웨어 고객 서비스, 공급사슬 관리, 신제품 개발 등의 비즈니스 프로세스를 지원하기 위해 조직 내에서 직원, 고객, 공급업체 등의 이해관계자가 실시간 협업에 사용하는 시스템

다운스트림 공급사슬 기업과 고객 및 중개업체 간의 거래가

판매 측 전자상거래와 동일하다.

단계 모델 기업이 다양한 프로세스를 지원하기 위해 정보통신 기술을 활용할 때 어느 정도 진척이 있는지 확인하는 데 사용되는 모델

단일 채널 전자상거래 온라인(웹사이트, 모바일 앱)으로만 제품을 구매할 수 있는 온라인 전자상거래 비즈니스

닷 정부 정부 및 공공 서비스에 디지털 기술을 적용하여 시민과 기업에 제공하는 것

대량 맞춤화 개별 고객 또는 고객 집단을 위해 맞춤형 마케팅 메시지와 제품을 만드는 것. 일반적으로 규모의 경제와 대량 마케팅 및 대량 생산 능력을 유지하기 위한 기술을 사용한다.

대칭형 암호화 트랜잭션의 양 당사자가 메시지의 암호화와 복호화에 동일한 키를 사용한다.

대화형 마케팅 '메신저 마케팅'으로도 알려진 이 마케팅 방식은 고객과의 양방향 대화를 통해 이루어진다. 청중에게 일방적으로 메시지를 전달하는 것이 아니라 개별 고객과 상호작용하고 소통하는 것을 목표로 한다. 초기의 대화형 마케팅은 사람들이 주도했는데, 이는 비교적 노동 집약적인 활동이라 인건비가 높아 고가의 거래에서만 실현 가능했다. 그러나 챗봇은 전자상거래 사이트의 실시간 상담원뿐만 아니라 페이스북 메신저, 왓츠앱과 같은 개인 메시징 채널을 통해 대화형 마케팅을 대규모로 실행할 기회를 제공한다. 이는 음성이 추가되면서 점점 더 흥미로운 제안이 된다.

대화형 상거래 일반적으로 챗봇과의 텍스트 기반 상호작용을 통해 제품 또는 서비스가 지정된다. 사용자는 원하는 것을 지정하기 위해 자유 형식의 텍스트를 입력하고, 인터페이스에서 제시되는 옵션 중에서 선택할 수 있다.

도매 운영 모델 전통적인 도매 모델의 온라인 등가물로, 기업이 대량의 상품을 할인된 가격에 판매하며, 주로 소매업체에게 판매한다.

도메인 이름 웹 서버의 이름을 말하며, 보통은 회사명과 동일하게 정한다.

동적 가격 책정 기업이 현재의 시장 수요에 따라 제품 및 서비스 가격을 유연하게 설정하는 가격 전략으로, '서지 가격 책정'이라고도 한다.

디앱(분산형 애플리케이션) 스마트 계약과 프런트엔드 사용자 인터페이스를 결합한 분산형 네트워크에 구축된 애플리케이션. 스마트 계약은 오픈 API처럼 접근성이 높고 투명하며, 이더리움과 같은 암호화폐 플랫폼에서 이용할 수 있다.

디지털 가치 제안(DVP) 조직의 핵심 제안을 강화하고 비디지털 서비스 및 경쟁사 서비스와 차별화되는 디지털 서비스의 이점에 대한 설명

디지털 경제 사회적 또는 경제적 이익을 달성하기 위해 온라인 기술, 미디어, 네트워크를 기반으로 하는 국민, 기업, 정부 간 디지털 교류 및 전자상거래의 역동적 시스템

디지털 네이티브 브랜드(DNB) 웹사이트나 앱을 통해 온라인으로만 자사 제품이나 서비스를 홍보하고 판매하는 브랜드(물리적 채널을 통해 서비스를 제공하기도 함). 또한 틈새시장을 타깃으로 자사 제품을 유통하는 DNB를 '디지털 네이티브 버티컬 브랜드(DNVB)'라고도 부른다.

디지털 마케팅 마케팅 목표를 달성하기 위해 전통적인 마케팅 커뮤니케이션에 디지털 미디어, 데이터, 기술을 통합하여 활용하는 것

디지털 마케팅 계획 디지털 비즈니스 전략의 마케팅 목표를 달성하기 위한 계획

디지털 마케팅 커뮤니케이션 웹사이트 트래픽을 생성하는 데 사용되는 온라인 기술

디지털 마켓플레이스 검색엔진, 소셜 네트워크, 비교 사이트, 목적지 사이트 등 다양한 형태의 온라인 프레젠스를 통해 소비자, 기업, 정부 간의 정보 교환 및 상거래가 이루어진다.

디지털 미디어 채널 디지털 커뮤니케이션 기술은 브랜드 인지도, 친근감, 호감도 등의 목표를 달성하고, 디지털 미디어 사용자가 웹사이트 방문을 통해 브랜드 및 상품과 관계를 맺으며, 최종적으로 전화, 매장과 같은 기존 미디어 채널을 통해 디지털 또는 오프라인 구매로 이어지도록 유도하는 데 사용된다.

디지털 비즈니스 기업이 디지털 기술과 미디어를 활용하여 온라인과 전통적 시장 및 공급 채널을 통해 내부 프로세스를 최적화함으로써 기업의 경쟁력을 향상하는 방법

디지털 비즈니스 전략 디지털 기술, 미디어, 데이터를 기존 비즈니스 활동에 적용하여 비즈니스 전략을 지원하고 영향을 미치며 경쟁 우위를 확보할 수 있는 접근 방식으로, '디지털 전략'이라고도 한다.

디지털 서명 공개키 암호를 사용하여 개인 또는 기업을 식별하는 방법

디지털 인증서 고유한 개인을 식별하는 데 사용되는 큰 숫자의 키로 구성된다.

디지털 저작권 관리(DRM) 소프트웨어, 음악, 영화 또는 기타 디지털 데이터와 같은 디지털 서비스나 콘텐츠의 배포를 보호하기 위해 다양한 기술을 사용하는 것

디지털 전략 프로세스 디지털화와 비즈니스 모델 검토를 통해 비즈니스 경쟁력을 강화하기 위해 디지털 기술에 대한 기업의 미래 투자 우선순위를 정의한 것으로, 디지털 기술이 비즈니스 전반의 목표를 어떻게 지원할 수 있는지를 포괄한다.

디지털 접근성 유니버설 사용성을 목표로 웹사이트, 앱, 디지털 기기의 디자인에 대한 접근 방식으로, 영어가 모국어가 아닌 사용자도 지원할 수 있다.

디지털 지갑(모바일 지갑) 휴대폰 보안을 기반으로 수취인의 인증을 통해 카드 결제를 검증하는 결제 시스템

디지털 채널 서비스 기여도 서비스형 프로세스 중 전자 채널을 통해 완료되는 프로세스의 비율

디지털 채널 전략 기업이 전자 미디어를 통해 고객 및 파트너와 소통하기 위해 어떻게 구체적인 목표를 설정하고 차별화 전략을 수립해야 하는지를 뜻한다.

디지털 트랜스포메이션 Stolterman과 Forse는 디지털 기술의 적용으로 인간 사회의 모든 부분에 발생하는 변화라고 설명한다. 비즈니스의 디지털 트랜스포메이션은 조직의 프로세스, 구조, 시스템에 큰 변화가 있으며, 디지털 기술의 적용을 확대하여 조직의 성과를 향상하기 위해 시행된다.

디지털화 개선된 비즈니스 프로세스 및 비즈니스 모델의 선택을 통해 비즈니스 경쟁력을 향상하기 위해 디지털 기술, 미디어, 데이터를 활용하는 과정

딥 링킹 사용자가 사이트 구조의 깊숙한 곳까지 도달하는 것

롱테일 개념 소비자가 선택한 품목이 가진 인기의 상대적 변동을 시사하는 빈도 분포

리드 생성 오퍼 고객이 연락처나 특징을 알려주는 대가로 제공된다. B2B 마케팅에서 보고서, 세미나 등의 무료 정보를 제공하는 데 자주 사용된다.

리퍼러 사이트 방문 출처(예: 유료 검색, 제휴 마케팅, 온라인 광고 또는 '추천인 없음'으로 기록된 경우, 즉 URL을 직접 입력한 경우)

링크 구축 페이지 순위가 높은 관련 사이트에서 자사 사이트로의 양질의 하이퍼링크를 포함하는 구조화된 활동

링크 앵커 텍스트 HTML 소스에 정의된 텍스트는 웹 브라우저에 표시되는 파란색 밑줄 하이퍼링크를 형성하는 데 사용된다.

마이크로사이트 미디어 소유자 사이트의 일부로, 클릭을 통해 도달하는 소규모 목적지 사이트

마이크로인플루언서 소셜 미디어 팔로워 수가 많지 않지만 한정된 네트워크를 통해 영향력을 보유한 사람으로, 이들이 모이면 큰 영향력을 행사할 수 있다.

마케팅 믹스 기업이 제공하는 고객 제안을 요약하는 다양한 요소로, 마케팅 믹스의 7P는 가격(price), 제품(product, 브랜딩 포함), 유통(place), 프로모션(promotion), 사람(people), 프로세스(process), 물리적 증거(physical evidence)를 말한다.

마케팅 자동화 이메일, 소셜 미디어, 웹사이트 액션 등 다양한 디지털 채널에서 수용적 마케팅 작업을 자동화하는 소프트웨어

마켓플레이스 운영 모델 집계자의 한 형태로 간주될 수 있으며 소비자 및 기업 간의 판매가 가능하다.

마테크 마케팅 담당자가 마케팅 활동을 최적화하고 목표 달성을 지원하기 위해 사용하는 소프트웨어와 도구로, '마케팅 기술'이라고도 한다.

만족 행동 소비자가 제품이나 공급업체를 선택할 때 완벽하게 합리적으로 행동하는 것은 아니다. 소비자는 선택지를 비교하지만 불완전한 정보를 바탕으로 선택하기도 한다.

멀웨어 일반적으로 인터넷을 통해 다운로드되는 악성 소프트웨어나 툴바는 사용자의 비밀번호를 키로깅하거나 이메일 주소를 수집하는 바이러스 등 원치 않는 활동을 수행하는 '트로이 목마' 역할을 한다.

멀티스크리닝 디지털 TV와 태블릿을 동시에 사용하는 것

멀티채널 디지털 비즈니스 전략 기업이 직접 및 간접 커뮤니케이션 채널을 결합하여 고객과 상호작용하는 방법

멀티채널 마케팅 전략 고객과 기업에 대한 상대적 이점에 따라 다양한 마케팅 채널이 제안 개발 및 커뮤니케이션에서 어떻게 통합되고 서로를 지원해야 하는지를 정의한다.

멀티채널 및 옴니채널 마케팅 고객과의 커뮤니케이션 및 제품 유통은 구매 주기의 다양한 시점에 디지털 채널과 기존 채널의 조합으로 지원된다. 옴니채널은 구매 정보를 알려주는 데 소셜 미디어와 모바일 기반 상호작용의 중요성을 말한다.

멀티채널 전자상거래 온라인 및 오프라인 매장을 통해 제품 유통이 결합된 소매업체

메타버스 가상 환경에서 게임, 작업, 커뮤니케이션을 할 수 있는 온라인 세계로, 보통은 VR 헤드셋, 채팅, 동영상이 지원된다.

메타중개자 고객과 공급업체 간에 단일 창구와 다양한 서비스를 제공하는 제삼자

메타태그 HTML 페이지의 일부로, 입력된 키워드와 일치할 때 검색 상위에 표시되는 키워드

모바일 기술 플랫폼 스마트폰, 태블릿, 웨어러블 기술 등 소비자가 다른 소비자 및 기업과 교류하기 위해 사용하는 기기와 서비스

모바일 비즈니스 모바일 기기와 관련된 기술을 활용하여 직원과 이해관계자가 정해진 장소에서 벗어나는 이점을 누릴 수 있는 비즈니스 모델

모바일 앱 휴대폰이나 태블릿에서 사용하도록 개발된 소프트웨어 응용 프로그램으로, 보통은 앱 스토어에서 다운로드한다. 아이폰과 안드로이드 앱이 잘 알려져 있으나 모든 스마트폰이 앱 사용을 지원하며, 사용자에게 정보, 엔터테인먼트, 지도 및 기타 위치 정보 서비스를 제공한다.

모바일 우선 디자인 스마트폰으로 웹사이트를 이용하는 사람들에게 최고의 사용자 경험을 제공하기 위해 더 작은 모바일 화면에서 시작하는 과정으로, 단순하고 미니멀한 디자인을 장려하는 것이 목적이다.

모바일 커머스 스마트폰, 태블릿 등의 모바일 기기를 사용하여 무선 연결로 이루어지는 온라인 거래 및 통신

모바일 통신 노트북, 태블릿, 휴대폰(고정 액세스 플랫폼 포함), 무선 랜, 3G, 4G, 5G, 위성 등 다양한 무선 연결 형태의 유비쿼터스 기기와 같은 모바일 기기를 사용하여 수행되는 디지털 비즈니스 프로세스 및 커뮤니케이션

목적지 사이트 판매 및 서비스 정보를 제공하는 소매업체 또는 제조업체의 사이트. 미디어 사이트 등과 같은 중개업체가 목적지인 경우도 있다.

묶음 상품 보완적인 서비스를 제공하는 상품

물적 증거 마케팅 믹스의 한 요소로, 제품의 유형적인 표현, 구매 및 사용법과 관련된 활동

미니텔 1981년에 프랑스에서 도입된 미니텔은 오늘날의 기준으로는 작은 화면을 사용하는 비디오, 문자, 전화가 결합된 시스템으로, 표준 전화 네트워크를 통해 통신했다. 프랑스 전화 가입자는 무료로 서비스를 이용할 수 있었고, 신용카드가 아닌 전화 요금으로 결제되었다. 전성기에는 사용자가 300만 명에 달했으며, 이 네트워크를 통해 1만 3,000개 이상의 서비스를 이용할 수 있었다.

미디어 승수(후광 효과) 특정 미디어 채널이 브랜드 판매 및 지표 상승에 미치는 영향. 일반적으로 온라인 디스플레이 광고에 적용되며, 이러한 광고에 노출된 소비자는 나중에 다른 매체를 통해 브랜드와 접촉할 때 클릭률이 높아질 수 있다.

미디어 쿼리 CSS 내 스타일링 접근 방법으로, 픽셀의 다양한 화면 넓이를 위한 구분점을 특정하여 기기의 유형에 따라 레이아웃을 변경할 수 있게 한다.

바이럴 이메일 마케팅 온라인 환경에서 다른 사람에게 홍보 메시지를 전송하는 데 이메일을 사용하는 것

반응형 웹 디자인(RWD) 데스크톱, 태블릿, 스마트폰 등 다양한 기기의 사용자에게 더 나은 경험을 제공하기 위해 CSS, 이미지 스케일링 등의 웹 개발 기법을 사용하여 웹사이트 콘텐츠의 레이아웃과 포맷을 다양한 화면 해상도와 기능에 맞게 렌더링 시점에 맞춰 변경한다.

방문 또는 세션 전환율 등록과 같은 정의된 결과로 방문자를 전환하는 사이트의 능력을 나타내는 지표로, 전환 수를 기간 내 방문자 수로 나누어 계산한다.

방문자 세션 한 사용자에게 제공되는 하나 이상의 페이지 노출 시리즈로, 해당 사용자에 대한 연속적인 페이지 노출 사이에 30분 이상의 간격이 있으면 종료된다.

방문자 전환율 방문자를 등록과 같은 정의된 결과로 전환하는 사이트의 능력을 나타내는 지표로, 전환 수를 정의된 기간 내 순 방문자 수로 나누어 계산한다.

보안 소켓 계층(SSL) 고객의 웹 브라우저에서 가맹점의 웹 서버까지 인터넷을 통과하는 데이터를 섞어놓는 데 일반적으로 사용되는 암호화 기술

브랜드 구축 캠페인 브랜드 인지도, 브랜드 검토, 브랜드 선호도 구축에 캠페인의 초점을 맞추며, 보통은 장기적인 캠페인이 많다.

브랜드 반응 캠페인 옵트인, 트라이얼, 상담, 구매를 촉진하는 직접적 반응 요소들을 섞어 브랜드를 구축하는 데 초점을 맞추는 캠페인

브랜드 아이덴티티 브랜드 이름과 상징 등 전달해야 하는 브랜드 연상의 총체

브랜드 자산 제품 또는 서비스에 가감되는 브랜드 이름, 상징

과 관련된 자산(또는 부채)

브랜딩 성공적인 브랜드를 창출하여 진화시키는 과정

브로슈어웨어 기업이 웹사이트에 필요한 차이점을 인지하지 못하고 기존의 종이 기반 홍보물을 단순히 웹사이트에 옮겨놓은 것

블록체인 암호화된 거래 기록('블록'이라고 불림)의 묶음으로 구성된 분산형 원장으로, 인터넷 등 P2P 네트워크상에서 보호될 수 있다. 시스템이 안전하며, 거래 내역은 감사 기록을 제공하기 위해 변경될 수 없다.

비대칭 암호화 트랜잭션의 양 당사자가 메시지의 암호화와 복호화에 서로 다른 키를 사용한다.

비전 선언문 기업의 명확하고 고무적인 장기적 방향을 나타낸다.

비즈니스 영향 정보 시스템 전략은 새로운 기술과 프로세스가 비즈니스 전략에 긍정적인 영향을 미칠 수 있는 기회를 분석한다.

비즈니스 조정 접근법 정보 시스템 전략은 CSF 분석과 같은 기법을 통해 비즈니스 전략에서 생성된다.

빅데이터 복잡하고 방대한 데이터로, 그 특징을 흔히 '3V(volume, velocity, variety)'로 나타낸다.

사람 마케팅 믹스의 한 요소로, 고객과 상호작용하는 동안 고객에게 서비스를 전달하는 것과 관련된 활동

사명 선언문 기업이 하는 것과 그 목적을 명확하게 전달한다.

사물 인터넷(IoT) 고유 식별자가 있는 기기, 소프트웨어, 사물, 사람 또는 동물로 구성된 시스템으로, 사람의 개입 없이 M2M(기계 간 상호작용)으로 네트워크를 통해 데이터를 전송할 수 있다.

사설 B2B 조달 플랫폼 운영 모델 일반적으로 사설 수직 운영 모델은 특정 산업을 위한 사설 조달 마켓플레이스로, 해당 산업의 전체 공급사슬을 위해 공급업체를 한곳에 모은다.

사용 사례 액터 및 액터의 활동을 지원하는 시스템 간 일련의 트랜잭션

사용성 테스트 대표적인 사용자가 시스템을 사용하여 대표적인 작업을 수행하는 모습을 관찰한다.

사용자 중심 디자인(UX) 사용자 인터페이스를 포함하여 사용자 경험에 영향을 미치는 모든 요소를 기반으로 사용자 경험을 최적화하는 디자인

사이버 물리 시스템(CPS) 지능형 컴퓨터 기반 시스템으로, 컴퓨터 기반 알고리즘이 프로세스를 제어하거나 모니터링한다. 네트워크로 연결된 임베디드 시스템 하드웨어 및 소프트웨어와 상호작용하며, 다양한 위치와 플랫폼에 설치된 센서와 제어 장치를 통해 작동한다.

사이트 내비게이션 체계 웹사이트의 다양한 정보 사이를 이동하도록 사용자에게 제공되는 도구

사이트 맵 웹사이트의 다양한 콘텐츠 모음 간 관계를 그래프 또는 텍스트로 나타낸 것

사회적 증거 설득 심리학의 한 요소로, 제품 사용자가 제품의 인기에 대한 신뢰성을 입증한다. 사용자 사회적 증거에서 잠재고객은 제품을 사용해본 고객이 작성한 리뷰를 신뢰한다.

상시 마케팅 캠페인 온라인 및 오프라인 프로모션 기법을 사용하여 사이트 이용자(신규 및 기존 고객)를 늘리는 것

상표 기업을 나타내는 고유한 단어 또는 문구로, 일반 텍스트나 디자인된 텍스트, 아트워크 또는 이것들의 조합으로 등록할 수 있다.

상품화 제품 선택이 차별화된 특징, 장점, 부가가치 서비스보다 가격에 더 의존하게 되는 과정

상호 링크 자기 조직과 다른 조직 간에 합의된 링크

상황 분석 조직의 외부 환경, 내부 프로세스, 내부 자원에 대한 정보를 수집하고 검토하여 전략에 반영하는 것

성향 모델링 고객의 특성과 행동을 평가하고 미래 제품을 추천하는 접근 방식을 일컫는 명칭

세분화 목표 시장의 고객 집단을 파악하여 다양한 제품과 커뮤니케이션을 개발 및 제공하는 것

세일즈 생성 오퍼 제품 체험을 유도하며, 구매와 교환할 수 있는 쿠폰이 대표적인 예이다.

소매 운영 모델 고전적인 전자상거래로, 온라인에서 상품을 판매하고 자택 배송 또는 클릭 앤드 컬렉트 픽업 방식을 제공한다.

소비자 셀프서비스 고객이 고객 지원 직원과 접촉하지 않고 웹 인터페이스를 통해 정보를 요청하거나 거래한다.

소셜 네트워크 운영 모델 소셜 네트워크 및 데이팅과 같은 전문 커뮤니티를 포함한 전자상거래 서비스가 C2C 플랫폼의 일부로 제공된다.

소셜 미디어 사용자 생성 콘텐츠(user-generated content,

UGC)를 개발하여 사용자들끼리 메시지와 댓글을 주고받는 기능을 제공하는 사이트

소셜 미디어 마케팅 웹에서 고객 및 고객의 상호작용과 참여를 모니터링하고 촉진하여 기업과 브랜드에 대한 긍정적인 참여를 유도한다.

소셜 전자상거래 전자상거래 판매는 페이스북, 인스타그램, 위챗과 같은 소셜 네트워킹 사이트에서 촉진되거나 지원되며, 종종 인플루언서가 촉진하기도 한다. 통합된 거래는 소셜 네트워크 내에서 직접 결제로 이루어지거나 버튼을 통해 별도의 사이트로 연결될 수 있다.

소셜 커머스 전자상거래의 하위 집합으로서 상품 평가, 선택, 구매, 기타 소셜 미디어의 상호작용에서 고객의 참여와 상호작용을 유도하는 것. 전자상거래 사이트 또는 제삼자 사이트에서 이러한 참여가 이루어진다.

소프트 록인 고객이나 공급업체는 전환 비용 때문에 특정 디지털 서비스를 계속 사용한다.

소프트웨어 에이전트 사용자가 제공한 매개변수를 기반으로 인터넷에서 정보를 자동으로 수집하거나 다른 에이전트와 데이터를 교환하는 소프트웨어 프로그램

쇼루밍 소비자가 오프라인 매장에서 제품을 본 후 온라인 구매를 결정하는 것으로, 온라인에서 더 저렴하게 구매할 수 있는지(또는 프로모션이나 혜택이 있는지) 확인하기 위해 주로 모바일 기기를 사용한다.

수요 분석 전자상거래 서비스에 대한 기존 고객과 잠재고객의 수요를 평가하는 것

수요의 가격 탄력성 가격 변화에 대한 제품 및 서비스 수요의 변화를 나타내는 소비자 행동의 척도

수익 모델 조직의 수입을 창출하는 방법을 설명하는 것

수직적 통합 공급사슬 활동이 조직 내에서 수행되고 통제된다.

순방향 경로 분석 페이지에서 발생한 후속 클릭의 인기도를 검토한다. 이러한 형태의 분석은 홈 페이지, 카테고리 페이지, 솔루션 페이지와 같은 중요한 페이지에서 수행하는 것이 가장 효과적이다. 이 기법을 사용하여 페이지에서 가장 많은 클릭을 유도하는 메시징과 내비게이션의 조합을 파악한다.

순 프로모터 점수(NPS) 기업(또는 웹사이트)을 추천하는 지지자 수와 추천하지 않는 지지자 수를 비교한 지표

스크럼 복잡하고 적응적인 문제에 대한 효과적인 팀 협업용 애자일 프레임워크로, 주로 소프트웨어 개발에 사용된다.

스타트업 인큐베이터 교육, 전문가 멘토링, 고문 및 투자자 접근, 사무실 공간 등의 서비스를 제공하여 스타트업의 발전을 지원하는 기업. 비즈니스에 대한 소액 지분의 대가로 시드머니를 제공하기도 한다.

스토리보딩 웹사이트 내 다양한 부분의 정적 도면과 스크린샷을 이용하여 사용자 집단과 디자인 콘셉트를 검토하는 과정

스파이더 기술적으로는 '로봇'으로 알려진 소프트웨어 프로세스로, 검색엔진이 등록된 사이트의 웹페이지를 정기적으로 인덱싱하는 데 사용된다.

시나리오 웹사이트 방문자가 요구하는 대안적 과업 또는 결과물로, 다양한 정보 니즈나 경험과 관련된 다양한 과업으로 구성된 일련의 과정 속에서 수행된다.

시나리오 기반 분석 미래 환경 모델을 다양한 출발점에서 개발하는 것

시선 추적 사용성 테스트의 한 방법으로, 방문자가 화면에서 가장 많이 보는 위치(히트맵)와 개별 경로 또는 공통 경로(시선의 궤적)를 시각적으로 오버레이하여 표시한다.

시장 견인력 제품/서비스에 대해 시장 수요가 있다는 증거. 높은 견인력은 투자자들이 스타트업에 매력을 느낄 가능성이 높다는 것을 의미한다.

신뢰 신호 자물쇠 기호, 최근에 구매한 고객 수, 브랜드 유산에 대한 설명 등 웹사이트 디자인 요소

신원 도용 타인의 신원을 당사자의 승인이나 동의 없이 도용하는 행위

실드 입찰 입찰자들이 공모하여 다른 입찰자들을 경쟁에서 배제하는 행위. 첫 번째 입찰자는 매우 낮은 가격으로 입찰하고, 두 번째 입찰자는 인위적으로 높은 가격을 제시하여 잠재 입찰자들의 관심을 즉시 제거한다. 마지막 순간에(대개 경매 종료 직전에) 높은 가격의 입찰자가 경매에서 철회하여 결국 매우 낮은 입찰가로 경매가 낙찰된다. 많은 마켓플레이스는 이러한 활동을 추적할 수 있는 시스템을 갖추고 있지만 종종 감지되지 않고 넘어간다.

아웃바운드 기업이 고객과 중개업체에 공급하는 자원을 관리하는 것

아웃바운드 이메일 마케팅 기업으로부터 고객 및 잠재고객에게 이메일이 발송된다.

암호화폐 암호화 기술로 안전성이 확보되어 위조나 이중 사

용이 극히 어려운 디지털 화폐 또는 가상 화폐. 비트코인, 이더리움 등의 암호화폐는 블록체인 기술을 기반으로 한 분산형 네트워크이다.

액터 시스템과의 인터페이스가 되는 사람, 소프트웨어, 기타 장비

얼리 어답터 새로운 기술과 기법에 투자하는 기업이나 부서

업셀링 원래 구매하려는 제품의 상위 버전을 판매하는 것

업스트림 공급사슬 기업과 공급업체 및 중개업체 간의 거래가 구매 측 전자상거래와 동일하다.

엑스트라넷 회사를 넘어 고객, 공급업체, 협력업체까지 인트라넷을 확장하여 인터넷과 웹 기술을 통해 제공되는 서비스

엔젤 엔젤 투자자 또는 비즈니스 엔젤은 고액의 사적 순자산을 가진 개인 또는 시드 투자자로, 보통은 기업의 주식 지분(일부 소유권)을 대가로 사업 시작에 필요한 자본을 댄다. 개인으로 투자할 수도 있고 신디케이트(엔젤 집단)의 일원으로 투자할 수도 있으며, 일반적으로 1만~5만 파운드를 투자하고 3~8년 동안 투자 수익을 추구한다.

역방향 경로 분석 페이지로 연결되는 가장 인기 있는 페이지 또는 클릭 유도 문안의 조합을 보여준다. 이는 소비자 사이트의 첫 번째 결제 페이지, B2B 사이트의 리드 생성 및 문의 페이지, 이메일 구독 페이지, 콜백 옵션과 같은 트랜잭션 페이지에 특히 유용하다.

오버레이 일반적으로 웹사이트 콘텐츠에 겹쳐서 표시되고 페이지 내에서 움직이는 애니메이션 광고

오프라인 마케팅 커뮤니케이션 인쇄 및 TV 광고와 같은 전통적인 방법은 웹사이트 트래픽을 생성하는 데 사용된다.

온라인 가치 제안(OVP) 온라인에서 고객을 참여시키는 데 도움이 되는 브랜드 포지셔닝(콘텐츠, 제품, 서비스, 경험)의 효익에 대한 설명으로, 이상적으로는 경쟁사의 제공물에서 얻을 수 없다.

온라인 구매 행동 소비자와 사업자가 제품과 서비스를 선택하거나 구매할 때 인터넷을 다른 커뮤니케이션 채널과 함께 어떻게 활용하는지 평가하는 것

온라인 비즈니스 모델 핵심 제품 및 서비스의 가치 제안, 다양한 시장의 목표 고객, 경쟁적인 온라인 시장 또는 가치사슬에서의 포지셔닝, 수익과 비용 예측 등 기업이 수익을 창출하는 방법을 요약한 것

온라인 생태계 검색엔진, 미디어 사이트 및 기타 중개업체에서 조직과 경쟁사로 유입되는 온라인 방문자의 행동 또는 흐름

온라인 서비스 품질 격차 온라인 프레젠스에 의해 기대되는 것과 제공되는 것의 불일치

온라인 수익 기여도(ORC) 인터넷이 매출에 직접적 또는 간접적으로 기여한 정도를 평가한 것으로, 보통은 전체 매출에서 차지하는 비율로 나타낸다.

온라인 수익 모델 온라인 서비스에서 수익을 창출하는 방법인 디지털 판매, 구독, 광고 등

옴니채널 간단히 말해 '다양한' 채널을 의미한다. 판매 관점에서 보면 전통적인 소매업체뿐만 아니라 웹사이트, 모바일 앱 또는 소셜 커머스를 통한 온라인 소매가 포함될 수 있다. 커뮤니케이션 관점에서 보면 유기적 검색과 소셜, 유료 검색, 유료 소셜과 같은 다양한 채널을 통해 소매업체를 홍보하는 것을 의미할 수 있다.

옴니채널 비즈니스 전략 온라인 및 오프라인 채널에 걸친 사용자 경험을 통합하여 고객에게 완전히 통합된 쇼핑 경험을 제공하는 접근 방식

옵트인 고객이 추가 정보 수신에 적극적으로 동의하는 것

와이어프레임 개별 웹페이지의 레이아웃을 도식화하는 방법

외부 가치사슬(가치 네트워크) 기업과 전략적 파트너 및 비전략적 파트너가 연결되어 외부 가치사슬을 형성한다.

워크스루 사용자가 시스템이나 모형을 통해 자신의 행동을 실행한다.

월드 와이드 웹(WWW) 인터넷에 정보를 공개하는 가장 일반적인 방법. 데스크톱 또는 모바일 웹 브라우저를 통해 접속하여 임베디드 그래픽과 HTML/XML로 인코딩된 텍스트를 포함한 인터랙티브 웹 페이지를 표시한다.

웹 2.0 사용자 생성 콘텐츠를 창출하고 커뮤니티 및 소셜 네트워크 참여, 매시업, 표준 데이터 교환 형식, 콘텐츠 등급, 위젯 사용, 태그 지정 등을 장려하기 위해 웹 사용자와 사이트 간의 상호작용을 촉진하는 웹 서비스의 총칭

웹 3.0 블록체인, 암호화폐와 같은 디지털 거래의 보안 분산화를 지원하는 관련 기술을 가리킨다. 이전에 팀 버너스리 경은 자동화된 애플리케이션이 다양한 디지털 서비스에서 데이터에 접근하고, 검색자가 공급자를 선택하는 복잡한 작업을 수행하도록 지원하는 지능형 또는 의미론적 웹을 표현하는 데 웹 3.0이라는 용어를 사용했다.

웹 디자인 페르소나 일반적인 사이트 사용자의 특징, 니즈, 동기, 환경에 대한 요약

웹 머천다이징 각 방문자에 대해 온라인 매장의 판매 잠재력을 극대화하는 것이 목적이다. 이는 적절한 방문자에게 적절한 제품을 적절한 제안과 연결하는 것을 의미하며, 온라인 매장이 온라인 및 오프라인 광고, 매장 방문, 고객 서비스, 배송 등 광범위한 경험의 일부임을 유념해야 한다.

위젯 사이트 또는 소셜 네트워크의 공간에 소유자가 내장하는 배지나 버튼으로, 보통은 콘텐츠나 서비스가 다른 사이트에서 제공된다. 위젯이 로드될 때마다 서버와 상호작용하기 때문에 콘텐츠가 실시간으로 업데이트될 수 있다.

유기적 소셜 텍스트, 이미지, 동영상 게시물은 기업 소셜 네트워크 페이지에 무료로 추가되고, 기업 및 브랜드 팔로워의 피드에 표시될 수 있다.

유니콘 기업 가치가 10억 달러 이상인 하이테크 스타트업. 우버, 에어비앤비, 스냅챗, 드롭박스, 핀터레스트 등이 여기에 포함된다. 기업 가치가 100억 달러 이상인 스타트업은 '데카콘(decacorn)'이라고 한다.

유료 소셜 브랜드 인지도, 리드, 판매를 달성하기 위해 소셜 네트워크에서 참여와 트래픽 구축을 촉진하는 데 사용되는 광고 프로그램

유통 마케팅 믹스의 한 요소로, 수요에 맞춰 제품을 고객에게 배분하고 재고·운송·보관 비용을 최소화하는 것과 관련된 활동

윤리 기준 사회적·도덕적으로 용인되는 습관이나 행동

이탈률 일정 기간 내에 기업의 제품 또는 서비스를 더 이상 구매하지 않는 고객(보통의 가입자)의 비율

이탈률 페이지 또는 사이트 방문자 중 한 페이지만 보고 바로 이탈한 비율로, 보통은 백분율로 나타낸다.

인더스트리 4.0 4차 산업혁명의 약자로 사물 인터넷, 클라우드 컴퓨팅, 인공지능, 머신러닝 등의 신기술을 이용하여 제조 공정 및 공급사슬의 효율성과 탄력성을 향상하는 것

인바운드 공급업체 및 기타 파트너로부터 기업에 유입되는 물질적 자원을 관리하는 것

인바운드 마케팅 고객은 자신의 요구에 맞는 정보를 적극적으로 찾고 있으며, 콘텐츠 마케팅·검색 마케팅·소셜 미디어 마케팅을 통해 브랜드와의 상호작용이 이루어진다.

인바운드 이메일 마케팅 기업이 고객으로부터 받은 이메일을 관리한다.

인증 기관(CA) 인증서는 개인 또는 조직의 공개키의 유효한 사본이며, 신원 확인 정보가 포함되어 있다. 인증서는 신뢰할 수 있는 제삼자 또는 인증 기관이 발급한다.

인터넷 전 세계 컴퓨터를 연결하는 물리적 네트워크. 네트워크 서버의 인프라, 클라이언트 장치와 웹 서버 간에 데이터를 저장하고 전송하는 데 사용되는 서버 간 유무선 통신 링크로 구성된다.

인터넷 거버넌스 인터넷의 운영과 활용을 관리하는 것

인터스티셜 웹사이트를 탐색하는 동안 한 페이지와 다음 페이지 사이에 표시되는 광고

인트라넷 웹 기술을 통해 직원이 정보에 접근하고 공유할 수 있도록 인터넷 표준을 사용하는 사내 사설 네트워크

인플루언서 (관계) 마케팅(IRM) 인플루언서 아웃리치를 정의된 목표에 대한 콘텐츠 자산과 '상시' 활동을 기반으로 한 캠페인 프로그램으로, 지속적으로 관리하고 측정하는 구조화된 프로세스

자연(유기적) 목록 검색엔진의 검색 결과가 나열되는 페이지로, 검색엔진이 사용하는 순위 알고리즘에 따라 검색엔진에 입력된 키워드와 웹페이지의 일치도에 따라 광고 아래에 순서대로 표시된다.

자원 분석 기업의 기술적·재정적·인적 자원 그리고 이러한 자원이 비즈니스 프로세스에서 어떻게 활용되는지를 검토하는 것

재고 회전율 매출 원가를 평균 재고로 나눈 값으로, 재고 회전의 효율성을 나타내는 지표

재중개화 고객과 공급업체 간에 공급업체 검색, 제품 평가 등의 서비스를 제공하는 새로운 중개업체가 등장하는 것

재중개화 대응 기존 기업이 퍼블리셔나 비교 사이트와 같은 새로운 중개업체를 설립하는 것. 이는 신규 사이트일 수도 있고, 인수나 제휴를 통해 획득한 사이트일 수도 있다.

적응형 모바일 웹 디자인 일반적으로 반응형 웹 디자인보다 더 정교한 접근 방식으로, 타깃 단말기에 최적화된 경험을 제공하고, 클라이언트와 서버가 서로 다른 단말기에서 렌더링을 위한 코드와 처리를 분담한다.

전략 기업의 미래 방향과 행동을 정의한 것으로, 특정 목표를 달성하기 위한 접근 방식

전략 목표 기업의 사명, 비전, 목표에 대한 기업의 성명과 커뮤니케이션

전략 분석 기업의 내부 프로세스와 자원, 외부 시장 요인에 대한 정보를 수집하고 검토하여 전략 정의에 반영하는 것

전략 실행 전략 목표를 달성하는 데 필요한 계획, 행동, 통제

전략적 민첩성 기업의 마켓플레이스 내 변화를 모니터링하고, 대체 전략을 효율적으로 평가하며, 적절한 전략 후보를 선택·검토·실행함으로써 마켓플레이스 내에서 혁신적인 경쟁우위를 확보할 수 있는 능력

전략 정의 전략 목표를 달성하기 위한 전략 수립, 검토, 선택

전략 프로세스 모델 전략 개발에 접근하기 위한 프레임워크

전문가 검토 숙련된 사용성 전문가가 웹 디자인 원칙과 모범 사례에 대한 지식을 바탕으로 기존 사이트와 프로토타입을 분석하여 결함이나 개선점을 파악한다.

전자 B2B 마켓플레이스 구매자와 판매자 간의 거래를 가능하게 하는 가상 거래 장소

전자상거래 조직과 외부 이해관계자 간에 전자적으로 이루어지는 모든 정보 교환

전자상거래의 가치 현재 사용되는 언어 방식으로 인해 가치의 의미를 혼동하기 쉽다. '저렴함'과 동의어가 되었지만, 가치는 고객이 제안에 참여할 때 추구하는 '혜택'을 의미해야 한다. 전자상거래에서의 가치 창출은 고객을 끌어들이기 위해 전자상거래 제안에 혜택을 설계하는 것을 의미한다.

전자상거래의 가치 제안 전자상거래 고객이 기업의 전자상거래 제공에서 기대할 수 있는 이점으로, 경쟁사와 비교하여 해당 기업의 서비스 차이를 이해하는 데 도움이 되는 것이다. 여기에는 가격, 서비스, 배송 옵션과 사용자 가이드 또는 조언과 같은 덜 실체적인 혜택이 포함될 수 있다.

전자상거래 전환 퍼널 방문자가 사이트에 처음 접속한 후 구매에 이르기까지의 단계. 방문자의 세션 수에 따라 전환이 달라질 수 있다.

전자 조달 구매 요청, 승인, 발주, 납품, 결제 등 구매자와 공급업체 간의 모든 조달 활동을 전자적으로 통합하고 관리하는 것

전자 조달 시스템 조달 기능의 전체 또는 일부를 자동화하는 데 사용되는 전자 시스템

전환 기간 미디어 채널 및 광고와의 상호작용(광고 클릭, 동영상 시청 등) 후 리드, 구매 등의 성과가 미디어 채널에 적립되는 기간

전환 최적화 마케팅 커뮤니케이션을 이용하여 잠재고객에서 실제 고객으로의 전환을 극대화하는 것

접근성법 청각장애, 시각장애 등의 장애를 가진 웹사이트 사용자를 보호하는 법

정보 공급사슬(ISC) 공급사슬에 대한 정보 중심적 관점으로, 기술 기반 공급사슬 관리의 효율성과 효과성을 달성하기 위한 조직적·기술적 도전 과제를 다룬다.

정보 보안 관리 시스템 정보 자산을 보호하기 위한 체계적인 프로세스

정보 보안 정책 정보 보안에 대한 조직적 접근 방식과 정보 보호에 대한 직원의 책임에 대한 정의

정보 비대칭성 공급사슬 구성원 간의 불완전한 정보 공유는 수요와 가격에 대한 불확실성을 증가시킨다.

정보 사회 기업과 지역사회 내에서 디지털 정보에 대한 광범위한 접근과 전송이 가능한 사회

정보 아키텍처 정보 시스템을 구성하는 조직, 레이블링, 탐색 체계의 조합

정보 조직 체계 정보를 그룹화하고 분류하기 위해 선택한 구조

제너레이티브 AI 인공지능 알고리즘이 대규모 언어 모델(LLM)과 이미지를 사용하여 자연어 생성(NLG)을 통해 이미지와 사본을 만드는 데 사용된다.

제휴 마케팅 전자 소매업체가 판매를 이끄는 연결된 사이트(CPA 기반)나 또는 덜 일반적이지만 연결된 사이트로부터의 방문자(CPC 기반)에 대해 지불하는 수수료 기반 계약

제휴사 보통은 직접 또는 제휴 네트워크를 통해 수수료 기반 계약에 따라 판매자를 홍보하는 회사

조달 마켓플레이스 운영 모델 구매 기업과 판매 기업이 온라인 마켓플레이스에서 제품 및 서비스 구매를 촉진한다.

주요 온라인 인플루언서 유명인, 해당 분야에서 잘 알려진 사람, 온라인에서 타깃 청중이 귀를 기울이고 교류하는 퍼블리셔 등을 말한다. 온라인 인플루언서 아웃리치 또는 블로거 아웃리치는 기업이 더 많은 고객에게 다가가고 참여시키도록 돕는다. 최근에는 동영상 블로거(유튜버)가 인기를 끌고 있다.

주요 페르소나 사이트 효율성에 전략적으로 중요하지만, 그

요구를 충족하기 어려운 전형적인 사이트 이용자

중단 마케팅 고객의 활동을 방해하는 마케팅 커뮤니케이션

증강현실(AR) 웹캠이나 휴대폰의 디지털카메라로 촬영한 실제 디지털 데이터를 혼합하여 현실 세계에 디지털 오버레이를 생성한다.

지식 재산권(IPR) 저작권법, 영업 비밀 보호법, 특허법에 의해 보호되는, 기업 또는 개인이 만든 무형 자산

직접 거래(D2C) 소매 기업 또는 브랜드가 매장이나 도매업체를 통하지 않고 소비자에게 직접 제품을 판매하는 것

직접 반응 캠페인 즉각적인 구매 욕구를 높이는 것('판매 활성화'라고도 함)에 캠페인의 초점을 맞춘다. 보통은 단기적인 캠페인이 많으며, 디지털 미디어는 판매를 촉진하는 커뮤니케이션이나 샘플링에 대한 즉각적인 옵트인을 위한 선택의 폭을 넓혀준다.

집계자 가격 비교 사이트를 가리키는 용어. 금융 서비스, 소매, 여행과 같은 특정 부문에서의 제품, 가격, 서비스 정보, 경쟁업체 비교가 포함된다. 수익 모델은 일반적으로 제휴 수익(CPA), 클릭당 과금 검색 광고(PPC), 디스플레이 광고(CPM) 등이다.

집계자 운영 모델 소매, 여행, 금융 서비스와 같은 부문에서 다양한 공급자의 구매 옵션을 제시하는 비교 사이트가 대표적인 예이다.

차별적 우위 현재 경쟁업체의 제품에는 없는 자사 제품의 바람직한 속성

창발적 전략 전략 분석, 전략 수립, 전략 실행이 서로 연관되어 있어 함께 이루어진다.

채널 스위칭 구매 과정에서 고객이 온라인 및 오프라인 채널을 변경하는 것

처방적 전략 전략 분석, 전략 수립, 전략 실행이 순차적으로 연결되어 있다.

청사진 페이지와 다른 콘텐츠 컴포넌트 간의 관계를 나타낸 것

출구 의향 조사 사이트 또는 앱 사용자가 의도한 작업에 대한 완성도나 만족도를 확인하기 위한 사용성 기법

카드 정렬(웹 분류) 웹사이트의 객체를 일관된 방식으로 정리하는 과정

카탈로그 진화형 고객의 집에서 직접 판매하던 전통적인 카탈로그 비즈니스. 방대하고 탄탄한 고객층을 보유한 카탈로그 소매업체는 비교적 쉽게 전자상거래 채널로 전환할 수 있었다.

코어 웹 바이탈 구글은 품질이 낮을 경우 순위에 부정적인 영향을 미칠 수 있는 모바일 친화감, 안전한 브라우징, HTTPS 보안, 침입적 인터스티셜 가이드라인을 포함하여 구글이 정의한 측정 지표를 페이지 경험을 위한 기존 검색 신호에 추가했다. LCP는 페이지 로딩 성능, FID는 브라우저가 인터랙션에 가장 먼저 반응할 수 있는 시점을 기준으로 한 웹 페이지의 반응성, 누적 레이아웃 시프트는 페이지 로딩에 따른 예상치 못한 레이아웃 변경 빈도를 의미한다.

콘텍스트 디스플레이 네트워크 콘텍스트 광고는 검색엔진에 의해 파트너 퍼블리셔 사이트의 콘텐츠 유형에 따라 자동으로 표시된다.

콘텐츠 마케팅 수익성 있는 고객 행동을 유도하는 것을 목표로 명확하게 정의된 타깃 고객을 유치·확보·참여시키기 위해 관련성 있고 가치 있는 콘텐츠를 제작·배포하는 마케팅 및 비즈니스 프로세스

콘텐츠 운영 모델 콘텐츠 전자상거래에는 사운드, 동영상, 이미지, 예술품 등의 산출물 거래가 포함되고, 구독 수익 모델이 흔히 사용된다.

콘텐츠 전략 참여하는 고객 및 잠재고객이 웹·모바일 플랫폼 등 인쇄 및 디지털 미디어에 게시된 사업 목표를 충족할 수 있도록 텍스트·리치 미디어·오디오·동영상 등의 콘텐츠를 관리하는 것으로, 퍼블리셔 사이트·블로그·소셜 미디어·비교 사이트 등 웹에 존재하는 다양한 형태를 용도 변경하거나 연합하는 것

콘텐츠 전송 네트워크(CDN) 콘텐츠의 빠른 다운로드를 위해 데이터 사본을 로컬에 저장하고 전 세계에 분산된 서버 시스템을 통해 콘텐츠를 보다 빠르게 다운로드할 수 있다. 스트리밍 동영상, 매우 복잡한 웹 애플리케이션의 증가와 함께 이용이 증가하고 있다.

크라우드소싱 고객 또는 파트너와의 네트워크를 활용하여 신제품 및 프로세스 혁신을 위한 통찰력을 얻는 것

크로스미디어 최적화 조사(XMOS) 최상의 결과를 도출하기 위해 다양한 매체에 걸쳐 최적의 비용을 결정하는 조사

클릭당 과금(PPC) 검색 마케팅 검색 사용자가 특정 키워드를 입력하면 검색엔진의 검색 결과 페이지에 스폰서 링크로 표시되는 텍스트 광고(일반적으로 자연 목록의 상단, 오른쪽 또는

하단에 위치)에 기업이 비용을 지불하는 것. 광고 내 하이퍼텍스트 링크가 클릭될 때마다 비용을 지불하지만, 링크가 여러 번 클릭되면 검색엔진에 의해 클릭 사기로 감지되어 비용이 청구되지 않는다.

클릭당 비용(CPC) 타사 사이트 링크가 클릭될 때마다 광고주에게 지불되는 비용(또는 퍼블리셔가 얻는 수익)

클릭 앤드 컬렉트 고객이 전자상거래 사이트나 앱에서 주문하고 물리적 주문 처리 지점에서 상품을 수령하는 거래 모델이다. 많은 기업이 이미 이러한 시스템을 운영하고 있었지만 봉쇄 기간 동안 많은 국가에서 대규모로 확산되었다. 소매업체들이 자택 배송 인프라의 부담을 덜고 불필요한 매장 방문을 줄이려고 했기 때문이다. 일반적인 운영에서 클릭 앤드 컬렉트는 고객과 기업에 많은 이점을 제공한다. 수령 지점이 가까운 경우 고객은 집에서 기다리다 배송받을 필요 없이 편한 시간에 상품을 수령할 수 있다. 또한 기업 입장에서는 여러 주문을 한 장소로 일괄 배송함으로써 배송 비용을 절감할 수 있다. 많은 클릭 앤드 컬렉트는 물리적 소매점을 이미 보유한 업체가 운영하고 있기 때문에 상품 배송이 종종 매장의 정기적 배송과 함께 이루어져 효율성이 더욱 높다.

키프레이즈 검색엔진 사용자가 검색창에 입력하는 단어의 조합

타깃 마케팅 전략 적절한 고객 집단을 평가하고 선택하며, 적절한 제안을 개발하는 것

탈중개화 지금까지 기업과 고객을 연결해주던 분배업체, 브로커와 같은 중개업체를 배제하는 것

토크스루 사용자가 구두로 필요한 행동을 설명한다.

트래픽 빌딩 사이트 이용자(신규 고객과 기존 고객)를 늘리기 위해 온라인 및 오프라인 프로모션 방법을 사용해야 한다.

파괴적인 디지털 기술 구매자, 공급업체, 파트너, 고객에게 새로운 제품과 서비스의 비즈니스 기회를 제공하고 비즈니스 프로세스를 변화시키는 기술. Danneels(2004)는 파괴적인 기술을 '기업이 경쟁하는 성과 지표를 변화시킴으로써 경쟁의 기반을 변화시키는 기술'로 정의했다. 고객의 요구는 고객이 사용하는 제품에 특정 이점을 추구하도록 유도하고, 경쟁 제품 간 고객 선택의 기초를 형성한다.

파괴적 혁신 혁신이 새로운 시장을 창출하거나 기존 시장에서 비즈니스를 용이하게 하는 것으로, 기존 시장을 선도하는 기업이나 일반적인 방식을 대체하는 경우가 많다.

판매 측 전자상거래 공급업체 조직과 고객 간의 전자상거래

패싯 내비게이션 제품의 속성이나 특징에 따라 제품을 분류하는 다양한 방법을 기반으로 사용자가 제품 검색 결과를 빠르게 필터링할 수 있게 해준다(예: 브랜드별, 하위 제품 카테고리별, 가격대별).

퍼미션 마케팅 고객이 기업의 마케팅 활동에 참여하는 데 동의(옵트인)하는 것

펀치아웃 카탈로그 구매 기업이 공급업체나 중개자가 호스팅하는 동적 실시간 카탈로그에 액세스하여 상세한 제품 정보, 가격, 제품 이미지를 확인할 수 있다.

페르소나 웹사이트 이용자의 전형적인 특징, 니즈, 동기, 환경에 관한 요약

페이지 랭크 구글이 인바운드 링크(링크 인기도)의 수에 따라 웹사이트의 중요도를 평가하기 위해 사용하는 0부터 10까지의 척도

페이지 템플릿 웹사이트의 각 페이지에 적용되는 표준 페이지 레이아웃 형식으로, 보통은 페이지 카테고리별(예: 카테고리 페이지, 상품 페이지, 검색 페이지)로 정의된다.

평생 가치(LTV) 고객 또는 고객 집단이 기업과의 관계 전반에 걸쳐 기업에 제공하는 순이익의 총합

포지셔닝 시장에서 제품에 대한 고객의 인식에 영향을 미치는 것

푸시 공급사슬 고객이 수동적으로 제품을 수령하는 것을 강조하는 공급사슬

푸시형 마케팅 커뮤니케이션 광고주로부터 수동적 수신자인 메시지 소비자에게 커뮤니케이션이 전파된다.

푸시형 미디어 광고주로부터 수동적 메시지 수신자인 소비자에게로 커뮤니케이션이 이루어진다.

풀 공급사슬 제품 및 서비스 사양에 적극적으로 참여하는 고객에게 가치를 제공하기 위해 공급사슬을 활용하는 데 중점을 둔다.

풀형 마케팅 커뮤니케이션 소비자가 검색엔진, 비교 중개업체나 직접 탐색을 통해 기업 사이트 또는 소셜 미디어에서 정보와 엔터테인먼트를 적극적으로 찾고 기업과 상호작용한다.

풀형 미디어 소비자가 인바운드 마케팅의 신호에 반응하며, 적극적으로 웹사이트를 찾아다니고 메시지를 선택한다.

품질 점수 구글 애즈(및 현재 다른 검색엔진)의 유료 검색에서 키워드를 트리거로 한 개별 광고의 평가. 입찰 금액과 조합

하여 경쟁업체 광고와의 상대적 순위를 결정한다.

프라이버시 개인이 사생활을 침해받지 않을 도덕적 권리

프로그레시브 웹 애플리케이션(PWA) 웹 앱과 모바일 앱의 장점을 결합한 개발 방식으로, 홈 화면에 웹 앱을 설치하고 푸시 알림을 받거나 오프라인에서 작업할 수 있는 디지털 경험을 제공한다.

프로모션 마케팅 믹스의 한 요소로, 고객 및 기타 이해관계자와의 커뮤니케이션을 통해 제품과 기업에 대한 정보를 제공하는 활동

프로세스 마케팅 믹스의 한 요소로, 모든 마케팅 기능을 달성하기 위해 기업이 사용하는 방법 및 절차와 관련된 것

프리미엄 서비스 체험이나 소량 이용은 무료로 하고 대량 이용이나 더 많은 기능 사용은 유료로 하여 수익을 얻는 모델

플로 웹사이트의 다양한 콘텐츠 페이지 사이를 사용자가 얼마나 쉽게 이동할 수 있는지를 나타낸 것

하우스 리스트 기업이 보유한 잠재고객 및 고객의 이름, 이메일 주소, 프로필 정보 목록

하이프 사이클 특정 기술의 채택, 비즈니스에의 적용, 성숙도를 도식화한 것

핵심 역량 고객에게 특정한 이익을 제공하는 기술 또는 기술력을 포함한 자원

핵심 제품 이용자의 니즈를 충족하는 제품의 근본적인 특징

행동 타기팅 광고 방문자가 사이트 내에서 이동하거나 사이트 간에 이동할 때 방문자의 선호도를 나타내는 특정 사이트나 콘텐츠 유형에 따라 광고 타깃을 설정하는 것

허용 획득당 비용 리드 또는 신규 고객을 수익성 있게 창출하기 위한 목표 최대 비용

허위 입찰 판매자와 연결된 경매 입찰자가 의도적으로 상품 가격을 올리기 위해 입찰하여 다른 구매자들이 더 높은 가격에 입찰하도록 유도하는 행위로, 이로 인해 최종 가격이 인위적으로 상승하게 된다. 허위 입찰자들은 대개 새로운 입찰 계정을 사용하거나 가끔씩만 구매 활동을 한다. 많은 마켓플레이스는 이러한 활동을 추적할 수 있는 시스템을 갖추고 있지만, 감지되지 않고 넘어가는 경우도 있다.

헤드리스 전자상거래 프런트엔드 사용자 인터페이스(헤드)가 백엔드 전자상거래 및 데이터베이스 기능과 분리된 전자상거래 아키텍처이다. 이는 백엔드 코드의 변경을 최소화하면서 프런트엔드를 업데이트하거나 수정할 수 있다.

혼합현실(MR) 현실 세계와 가상 세계를 융합하여 물리적 세계와 디지털 세계가 공존하고 실시간으로 상호작용할 수 있는 새로운 환경과 시각화를 창출하는 것

확장 제품 핵심 제품을 넘어서는 추가적인 특징과 효익

확장현실(XR) 증강현실, 혼합현실, 가상현실을 통틀어 일컫는 포괄적인 용어

환경 스캐닝 환경과 사건을 지속적으로 모니터링하고 그에 따라 대응하는 프로세스

환경 스캐닝 및 분석 환경과 사건을 지속적으로 모니터링하고 그에 따라 대응하는 프로세스

환불 은행이나 신용카드 서비스 내에서 고객이 배송되지 않은 제품 또는 서비스에 대해 돈을 환불받을 수 있도록 마련된 프로세스이다. 다양한 관할 구역에서 이는 법적으로 의무화되어 있거나 카드 제공업체가 부가 서비스로 제공하기도 한다. 사실상 환불은 판매자와 카드 발급자 간의 결제 취소를 통해 분쟁 해결 과정의 일환으로 결제를 되돌리는 형태이다.

획득당 비용(CPA) 신규 고객을 확보하기 위한 비용. 일반적으로 커뮤니케이션 비용에 한정되며, 신규 고객의 매출 단가를 의미한다.

효과성 프로세스 목표를 달성하고 필요한 산출물과 성과를 창출하는 것, 즉 올바른 일을 하는 것

효율성 프로세스를 완료하는 데 필요한 자원이나 시간을 최소화하는 것, 즉 올바르게 일을 하는 것

효율적인 소비자 대응(ECR) 제품 구성 전략, 프로모션, 신제품 도입을 최적화하여 고객 수요를 창출하고 충족하는 것

B2B 기업들 간의 거래 또는 마케팅

B2B 사설 거래소 다양한 제조업체에 제품을 공급하는 제조업체나 주요 공급업체가 조달의 모든 측면을 관리하기 위해 생성하는 포털

B2B 전자상거래 판매 및 기타 거래(문의, 고객 서비스 등)가 공급업체와 고객, 도매업체를 비롯한 다양한 기업 간에 전자적으로 이루어진다.

B2C 기업과 소비자 간의 거래

B2C 전자상거래 소매, 여행(특히 온라인 여행사), 금융(특히 은행과 보험), 부동산 거래(부동산 중개업자) 등 다양한 부문에서 기업과 소비자 간의 판매 및 기타 거래가 전자적으로 이

루어진다.

C2B 소비자가 오퍼를 가지고 기업에 접근하는 거래

C2C 소비자가 어떤 제안을 가지고 다른 소비자(또는 동종업계)에게 접근하는 거래

C2C 전자상거래 소비자 간 전자상거래는 온라인 마켓플레이스에서 이루어진다. 기업도 온라인 마켓플레이스에서 제품을 판매할 수 있다.

CPA 제삼자 사이트 클릭 후 발생한 잠재고객 또는 판매 등의 성과에 따라 광고주에게 부과되는 비용

CPC 제삼자 사이트의 링크가 클릭될 때마다 광고주에게 부과되는 비용

CPM 광고가 1,000회 게재되었을 때 광고주에게 부과되는 비용

D2C 전자상거래 기존 브랜드와 디지털 네이티브 브랜드는 웹사이트, 소셜 미디어, 모바일 앱으로 촉진되는 전자상거래를 통해 고객에게 직접 판매한다.

EDI EDI가 표준이었음에도 불구하고(지금도 표준), 두 컴퓨터 간의 사적이고 (상대적으로) 독점적인 네트워크에서 B2B 교환 및 상업 거래가 이루어졌다.

M2M 가정 및 사무실 보안 및 자동화, 스마트 미터링 및 유틸리티, 유지·관리, 건물 자동화, 자동차, 의료 및 가전 제품 등의 연결

MRO 물품 생산 공정에서 소비되는 소모품이며, 최종 제품의 일부가 아니다(예: 사무용품, 항공권, 예비 부품).

OTS(임프레션) 일정 기간 동안 광고나 캠페인 콘텐츠가 조회된 횟수를 기준으로 캠페인의 도달률을 측정하는 지표. 채널에 따라 정의가 다르며, 누군가가 광고를 본 평균 횟수(빈도)를 의미하기도 한다. 온라인 노출은 광고가 전달되거나 표시되는 횟수, 소셜 미디어 피드에 게시물이 표시되는 횟수를 측정하는 데 사용된다.

PCI 컴플라이언스 신용카드 정보를 수락·처리·저장·전송하는 모든 기업이 안전한 환경을 유지하도록 보장하기 위해 수립된 일련의 보안 기준. 가맹점은 자사 사이트의 보안 프로세스 테스트를 통해 PCI 컴플라이언스를 충족하고 있음을 증명해야 한다.

RFID 무생물(제품)이든 생물(사람)이든 부착된 것을 모니터링하는 데 사용되는 마이크로칩 기반 전자 태그

ROPO 구글이 만든 용어로, 'research online purchase offline'을 의미한다.

SaaS 비즈니스 애플리케이션과 소프트웨어 서비스가 인터넷과 웹 프로토콜을 통해 제공되고, 애플리케이션이 별도의 서버에서 관리되고 최종 사용자 컴퓨터의 웹 브라우저를 통해 액세스되며, 데이터가 클라우드에 저장된다.

SET 마스터카드와 비자가 주축이 되어 개발한 프로토콜 표준

SWOT 분석 강점, 약점, 기회, 위협에 대한 분석

찾아보기

용어

기업